camping.info
DIE SCHÖNSTEN CAMPINGPLÄTZE
DIE MEISTEN BEWERTUNGEN
DIE GRÖSSTE COMMUNITY
Von Campern für Camper
WIR SIND CAMPEN.

INHALTSVERZEICHNIS

LIEBER CAMPINGFREUND,

wir freuen uns sehr, dass du dich für unseren einzigartigen camping.info Campingführer entschieden hast und ich möchte die Gelegenheit nutzen, dir zu erklären, warum unser Campingführer für uns eine wahre Herzensangelegenheit ist und was ihn so besonders macht.

Von Campern für Camper

Das Konzept unseres Campingführers besteht seit jeher darin, die Angaben über einen Campingplatz – sei es die Lage, Ausstattung, Preis und vieles mehr – direkt von den Betreibern zu erheben und diese Daten mit tausenden Gästebewertungen unserer User zu kombinieren. Somit kommen die Fakten vom Platz und die Bewertung vom Camper selbst. Durch die Bewertungen der Camper ist unser Campingführer wahrscheinlich der ehrlichste und für dich informativste auf dem Markt.

Warum unser Campingführer der richtige für dich ist

Unsere Gästebewertungen machen unseren Campingführer zu einem lebendigen Ratgeber, der dich bestmöglich bei der Auswahl eines passenden Urlaubsziels unterstützt. Selbstverständlich achten wir tagtäglich darauf, dass unsere Bewertungen von echten Gästen stammen. Wir wissen, dass dir dein Urlaub sehr wichtig ist, und mithilfe unserer Gästebewertungen gelingt es uns, dir einen authentischen Eindruck von den Campingplätzen zu vermitteln.

Welche Plätze kommen in den Campingführer?

Jeder Camper ist anders und hat dementsprechend unterschiedliche Anforderungen an einen Campingplatz. Aus diesem Grund ist es uns besonders wichtig, eine große Vielfalt an einzigartigen Plätzen anzubieten. Daher haben wir sowohl große Camping-Resorts wie auch Mini-Campingplätze abgedruckt. Solltest du auf deinen Reisen Plätze entdecken, die es in diesem Jahr nicht in unseren Campingführer geschafft haben, dann hilf diesen mit einer Bewertung auf unserer Webseite www.camping.info. Jede Bewertung von dir erhöht die Wahrscheinlichkeit, dass der Campingplatz im nächsten Jahr auch in unserem Buch erscheint.

Ich wünsche dir viel Spaß bei der Urlaubsplanung mit unserem Campingführer und einen erlebnisreichen und erholsamen Campingurlaub.

Maximilian Möhrle
Geschäftsführer camping.info

VON CAMPERN FÜR CAMPER

Mit einem Team, bestehend aus leidenschaftlichen Campern und mit mehrjähriger Erfahrung in der Campingbranche, entwickeln wir all unsere Produkte, um dich bei der Planung des perfekten Campingurlaubs bestmöglich zu unterstützen. Dafür stellen wir dir nicht nur eine Auswahl von über 23.000 Campingplätzen aus 44 europäischen Ländern zur Verfügung und versorgen dich mit wertvollen Details, sondern sorgen auch mit über 208.600 Gästebewertungen dafür, dass du dir ein realistisches Bild vom Platz machen kannst. Mehr als 173.000 Camper gehören bereits zur camping.info-Community, werde auch du ein Teil von uns!

DAS CAMPINGFÜHRER-TEAM

Nicole, Content

Carina, Content

Max, Projektmanagement

Martin, Sales

Henry, IT

BEWERTUNGEN

DAS HERZSTÜCK UNSERES CAMPINGFÜHRERS

Wir vertrauen auf die Meinung unserer Community, daher erstellen wir unsere Campingführer jährlich auf der Basis der abgegebenen Bewertungen auf camping.info. Das macht unseren Campingführer zu einem Produkt, das von Campern für Camper erstellt wurde und somit einzigartig ist.

AUF EINEN BLICK:

4,07

Durchschnittsbewertung der Campingplätze in diesem Campingführer.

96.436

Camperbewertungen, die in diese Ausgabe geflossen sind.

Was sagen Bewertungen aus?

Die Bewertungen bei camping.info stammen ausschließlich von Gästen. Dabei geben die Camper sowohl einen allgemeinen Gesamteindruck als auch eine Bewertung in Kategorien wie Lage, Ruhe, Sanitär, Sauberkeit, Freundlichkeit, Infrastruktur, Verpflegung, Freizeit oder Preis-Leistungs-Verhältnis ab.

5,0 = Luxus-Campingplatz?

Ein Gesamteindruck von 4,9 bedeutet nicht automatisch, dass es sich um einen absoluten Luxuscampingplatz handelt. Auch kleine Naturcampingplätze ohne ausgefallene Infrastruktur können mit Freundlichkeit, Sauberkeit oder einer besonderen Lage begeistern. Andersrum kann ein Luxus-Campingplatz mit jeglichem Komfort durch fehlende Sauberkeit oder Unfreundlichkeit enttäuschen.

Achte auf die Anzahl

Nicht nur der Bewertungsdurchschnitt des Campingplatzes spielt eine Rolle, sondern auch die Anzahl der abgegebenen Bewertungen. Denn je mehr Camper diesen bewertet haben, desto objektiver ist das Ergebnis. Die Anzahl haben wir jeweils neben der Bewertung abgedruckt.

Mehr Infos online

Noch ausführlichere Informationen findest du in den detaillierten Bewertungstexten der Gäste auf camping.info. Dazu findest du in jedem Eintrag einen Link (z. B. www.camping.info/19127), der dich auf die Detailseite des jeweiligen Platzes führt. Unter allen abgegebenen Bewertungen verlosen wir monatlich 3 x 100 €.

WELCHE PLÄTZE HABEN WIR ABGEDRUCKT?

Wir versuchen grundsätzlich alle Campingplätze aufzunehmen. Es gibt keine Mindestanforderungen hinsichtlich der Größe oder Ausstattung; was für uns zählt, sind die Bewertungen. Je häufiger und besser ein Platz bewertet wurde, desto wahrscheinlicher ist es, dass er in unserem Campingführer zu finden ist. In der Regel nehmen wir nur Campingplätze auf, deren Bewertungsdurchschnitt bei 3,0 oder besser liegt.

AUF EINEN BLICK:

✓

- Durchschnittsbewertung von mind. 3,0
- aktuelle Daten
- In weniger dicht besiedelten Regionen auch Plätze ohne Bewertung

×

- schlecht bewertete Plätze
- alte oder mangelhafte Daten
- Plätze, die keine Bewertungen akzeptieren

Ist dein Lieblingsplatz nicht dabei?
Sollte dein Lieblingsplatz nicht dabei sein, weil er zu wenig Bewertungen bekommen hat, kannst du dafür sorgen, dass es im nächsten Jahr anders ist: Animiere den Campingplatz bei deinem nächsten Besuch, seine Gäste auf uns hinzuweisen und eine Bewertung abzugeben – so klappt es bestimmt in der nächsten Ausgabe.

WERDE AUCH DU TEIL DER CAMPING.INFO-COMMUNITY

Wir freuen uns sehr, wenn auch du die von dir besuchten Campingplätze bei uns bewertest. So einfach geht's:

© Adobe Stock/Mirko

WARUM DU UNSEREN BEWERTUNGEN VERTRAUEN KANNST

Du hast sicher gemerkt, dass uns Bewertungen sehr wichtig sind. Daher investieren wir viel Zeit und Mühe dafür, dass nur echte Gästebewertungen abgegeben werden. Wie wir das sicherstellen, erfährst du hier.

WIE WIR DABEI VORGEHEN:

✕ Keine anonymen Bewertungen
Nur registrierte Nutzer können Bewertungen abgeben. So kann der Betreiber im Zweifelsfall kontrollieren, ob der Bewerter bei ihm zu Gast war.

✕ Keine Bevorzugung von Campingplätzen
Ob Werbepartner oder nicht: Kein Betreiber kann Bewertungen grundlos entfernen. Diese werden nur gelöscht, wenn es sich um einen Richtlinienverstoß oder um illegalen Inhalt handelt.

✕ Keine Bewertungen von Eigentümern, Mitarbeitern oder beauftragten Personen
Sollte dies doch vorkommen, werden die Betreiber abgemahnt und bei Wiederholung aus unserem Verzeichnis gelöscht.

WAS WIR FÜR GUTE QUALITÄT TUN:

✓ Transparenz
Redaktionelle Eingriffe werden sowohl mit dem Gast als auch mit dem Betreiber besprochen.

✓ Inhaltliche Kontrollen
Unsere jahrelange Erfahrung und einige technische Mittel helfen uns, Missbrauch aufzudecken. Zum Glück kommt dies nur selten vor.

✓ Hinweise durch User
Wir gehen regelmäßig Hinweisen von engagierten Nutzern nach, die uns auf unstimmige Bewertungen aufmerksam machen. Sollte auch dir etwas auffallen, sag uns gerne Bescheid.

1. Campingplatz auf camping.info suchen.

2. Bewertung abgeben & optional noch Bilder/Videos hochladen.

3. Anderen Campern bei der Auswahl des Campingplatzes helfen.

DER CAMPING.INFO AWARD

Gewinner des camping.info Awards 2020: Robert und Maria Stainer vom Grubhof © Fam. Stainer

Seit 2012 vergeben wir jedes Jahr den camping.info Award an die 100 bestbewerteten Campingplätze Europas. Bei uns gibt es keine Jury, denn auch hier zählen ausschließlich die Bewertungen. Dabei erfolgt eine Gewichtung nach Aktualität der Bewertungen, deren Anzahl und nach der Vertrauenswürdigkeit des Bewerters. Je mehr Bewertungen ein Camper abgegeben hat und je nützlicher seine Bewertungen für andere User sind, desto vertrauenswürdiger wird er von uns eingestuft. Uns ist Transparenz äußerst wichtig, daher sind alle Faktoren sowie die Formel öffentlich einsehbar. Mehr Informationen dazu bekommst du unter camping.info/award.

Auch Geheimtipps unter den Preisträgern

In den Top 100 findest du europaweit nicht nur bekannte Betriebe, sondern auch einige Geheimtipps. Andererseits kann der Award keine Vollständigkeit bieten: Es gibt viele Plätze, die es ebenfalls wert wären, eine solche Auszeichnung zu erhalten, aber nur knapp nicht in die Top 100 gerutscht sind. Denn die Werte liegen oft eng beisammen.

Award-Gewinner in dieser Ausgabe

Alle Campingplätze, die mit dem camping.info Award ausgezeichnet wurden, sind mit einem entsprechenden Logo versehen, sodass du direkt auf einem Blick siehst, wer es unter die Top 100 geschafft hat. Auf camping.info/award findest du ab Januar 2021 auch die Preisträger aus dem Jahr 2021, die bei Redaktionsschluss des Campingführers leider noch nicht feststanden.

64 PREISTRÄGER IN DEUTSCHLAND

Im Jahr 2020 gab es in Deutschland 64 Campingplätze, die mit dem camping.info Award ausgezeichnet wurden. Wir stellen dir hier die Top 5 etwas genauer vor:

S. 198

Naturisten FamilienSport- und Natur-Camp Sonnensee, Niedersachsen, Platz 2

Freikörperkultur im Einklang mit der Natur erleben. Der im Landschaftsschutzgebiet nahe Hannover gelegene Campingplatz bietet auf 640.000 m^2 Natur pur.

S. 230

Campingpark Kühlungsborn, Mecklenburg-Vorpommern, Platz 3

Strand- und Stadtnah – Auf 12 ha herrlichem Naturgrundstück direkt an der Ostsee findest du ein familienfreundliches Urlaubsparadies.

S. 72

Rosenfelder Strand Ostsee Camping, Schleswig Holstein, Platz 4

Erholung mit Meeresluft! Ruhig und direkt an der Ostsee gelegen mit eigenem Naturbadestrand.

S. 705

Camping Hopfensee, Bayern, Platz 6

Bester Campingplatz in Deutschland im schönen Allgäu. Der 5-Sterne-Platz bietet großzügige Stellplätze in traumhafter Lage und ein vielfältiges Angebot an Wellnessanwendungen.

S. 66

Naturcamping Spitzenort, Schleswig Holstein, Platz 10

Wunderschön gelegener Campingplatz direkt am Großen Plöner See. Besonders geeignet für große und kleine Wasserratten.

DU HAST NOCH NICHT GENUG?

ENTDECKE NOCH MEHR CAMPING.INFO

Newsletter

In unserem Newsletter stellen wir dir regelmäßig verschiedene Campingplätze vor, informieren dich über Ratgeber-Themen oder geben Einblick in Neuigkeiten aus der Campingbranche. Außerdem verlosen wir immer wieder Gutscheine für einen Campingplatz-Aufenthalt.

Camping.info FANCLUB

Der camping.info FANCLUB bietet dir gemeinsam mit starken Partnern tolle Angebote und Vergünstigungen, Gewinnspiele, Veranstaltungen, Tipps rund um das Thema Camping und die wohl größte Camping-Community im deutschsprachigen Raum. Unter dem Motto „WIR SIND CAMPEN." bringen wir im Club Campingfreunde zusammen. Sei dabei - natürlich kostenlos und unverbindlich.

Social Media

Ob Facebook oder Instagram: Uns findest du natürlich auch in den sozialen Netzwerken. Lass dich von uns inspirieren und entdecke neue Campingplätze oder Reiseziele. Schau doch mal vorbei!.

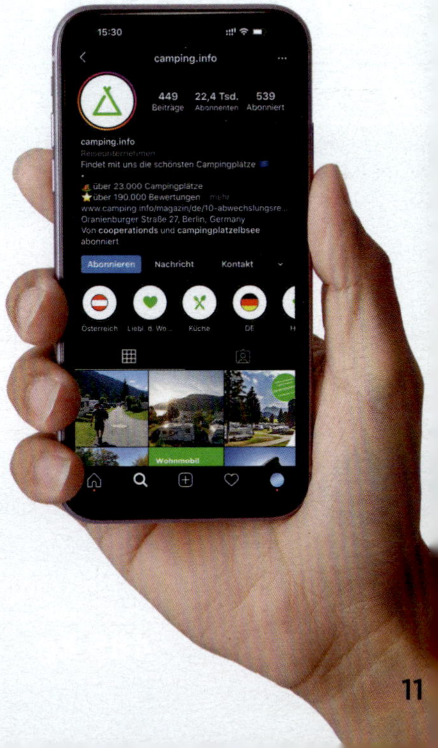

Magazin

Camping-Rezepte, Reiserouten oder Tipps für deinen ersten Camping-Urlaub gibt es in unserem Online-Magazin. Schau vorbei und werde zum echten Camping-Experten.

camping.info App

Der Campingführer für die Hosentasche: Lade dir unsere kostenlose App für iOS oder Android herunter und suche den Campingplatz für deinen nächsten Urlaub einfach von unterwegs.

GREEN CAMPING – WARUM CAMPING DER UMWELT GUT TUT

Camping bedeutet nicht nur Freiheit, Unabhängigkeit und Naturverbundenheit, sondern stellt darüber hinaus eine der umweltfreundlichsten und nachhaltigsten Urlaubsformen dar. Wer im Sommer eine Nacht im Wohnmobil auf einem Stellplatz verbringt, verbraucht z. B. nur 1,5 kg CO2-Äquivalente, während eine Hotelübernachtung mit 17,2 kg zu Buche schlägt. Wir zeigen dir, wie grün Camping wirklich ist und wie du deinen Urlaub noch nachhaltiger gestalten kannst.

URLAUBSFORMEN IM VERGLEICH

Vergleich CO2-Ausstoß je Unterkunft

Vergleich CO2-Ausstoß Rügen-Reise je nach Reiseart

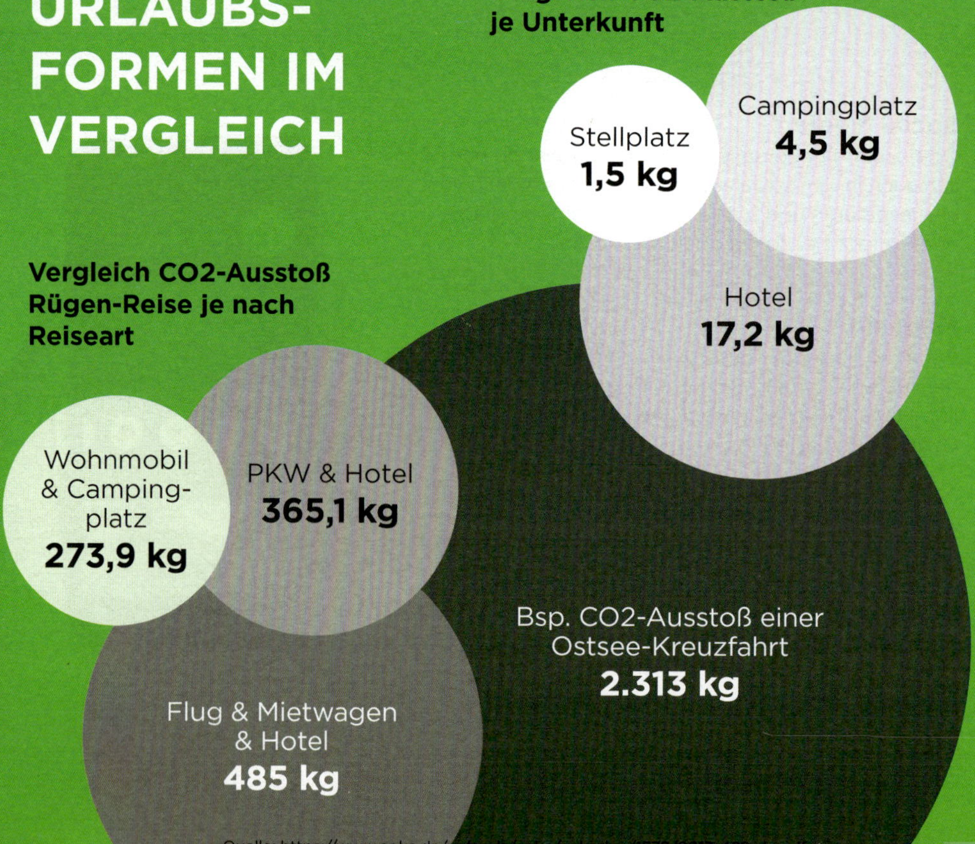

Quelle: https://www.oeko.de/uploads/oeko/oekodoc/1572/2013-428-de.pdf

© Adobe Stock/igishevamaria

5 TIPPS FÜR EINEN UMWELTFREUNDLICHEN CAMPINGURLAUB

1 Kurze statt lange Strecken

Statt in die Ferne zu schweifen vielleicht einfach mal die Natur in der näheren Umgebung erkunden. Wer in der Heimat campt, spart nicht nur Spritkosten, sondern tut auch der Umwelt etwas Gutes.

2 Fahrrad statt Auto

Ab auf die Fiets! Wer seinen PKW oder Wohnmobil auf dem Campingplatz lässt und stattdessen aufs Rad steigt, verbraucht kaum CO2 und hat den Frühsport gleich hinter sich.

3 Müll vermeiden

Beim Campen lässt es sich nicht immer vermeiden, Müll zu produzieren. Wenn du jedoch darauf achtest, so wenig Verpackungsmaterial, Einweg-Geschirr oder Plastikflaschen wie möglich zu benutzen, freut sich nicht nur die Umwelt, sondern bestimmt auch dein Geldbeutel.

4 Achtsam mit Ressourcen umgehen

Aufgrund von Duschmarken achten wir oft ganz automatisch darauf, nicht zu viel Wasser zu verbrauchen. Wenn wir auch außerhalb der Dusche darauf achten, nicht zu viel Wasser oder zu viel Strom für die Klimaanlage zu verwenden, sparen wir CO2 und campen grüner.

5 Nachhaltige Campingplätze ansteuern

Campingplätze mit besonders nachhaltigen Konzepten und einem Fokus auf den Umweltschutz sind in unserem Campingführer mit dem ECOCAMPING-Logo ausgezeichnet. Dazu gehören z. B. nachhaltige Konzepte zur Abfalltrennung, Angebote regionaler Produkte oder der Einsatz von wasser- und energiesparender Technik. Unser Partner ECOCAMPING unterstützt die Betreiber beim Erreichen der Ziele und bietet Vor-Ort-Checks, umfassende Analysen sowie Workshops. Und du kannst dir sicher sein, besonders nachhaltig zu campen, wenn du einen Platz mit der ECOCAMPING-Auszeichnung ansteuerst.

> i Weitere Informationen über unseren Partner ECOCAMPING findest du unter: www.ecocamping.de

MAKE CAMPING GREEN AGAIN

GEBRAUCHSANWEISUNG

Wer liest schon Gebrauchsanweisungen? Wir haben unseren Campingführer so gestaltet, dass du sofort mit der Urlaubsplanung beginnen kannst. Es gibt fast keine Piktogramme oder Abkürzungen. Eigentlich sollte alles selbsterklärend sein. Um sicherzugehen, findest du hier die wichtigsten Punkte auf einen Blick:

Liste aller Icons, Piktogramme und Abkürzungen:

- Markernummer (Nummer auf der Karte)
- Geokoordinaten (im Format Latitude | Longitude)
- Bewertunganzeige
- FKK FKK
- camping.info Award Gewinner
- Auf www.camping.info online buchbar (Stand 10/2020)
- Ecocamping
- ✓ steht für „ja" oder „vorhanden"
- × steht für „nein" oder „nicht vorhanden"
- ❄ steht für „auch Wintercamping möglich"

HS: Hauptsaison **NS:** Nebensaison

am P.: am Platz

nat. Gewässer: natürliches Gewässer

k. A.: keine Angabe

teilw.: teilweise, nicht am ganzen Platz

Vergleichspreis: Preis für zwei Personen + Standard-Stellplatz + Strom + Taxe für eine Nacht

Stellplätze vor Schranke: Wohnmobilstellplätze vor der Schranke bzw. außerhalb des Campingplatzes (z. B. für nächtliche Ankünfte)

€€€ Vergleichspreis

Der Vergleichspreis soll als grobe Richtlinie dienen, um das Preisniveau einschätzen zu können. Es handelt sich dabei um den Preis für zwei Personen + Standard-Stellplatz + Strom + Taxe für eine Nacht, jeweils für die Haupt- und die Nebensaison. Der tatsächliche Preis hängt von weiteren Faktoren, wie z. B. der Kategorie des Stellplatzes, von einmaligen Anschlussgebühren, Duschmünzen etc. ab. Zudem können sich die Preise für das kommende Jahr ändern. Denn manche Betreiber wussten bereits den Preis für 2021, einige beziehen sich noch auf 2020. Wer sichergehen möchte, schaut sich am besten die jeweilige Preisliste des Campingplatzes an.

Karten & Lage der Campingplätze

Wir haben das ganze Land in zahlreiche Karten-Regionen aufgeteilt. Achte bitte darauf, dass die Karten verschiedene Maßstäbe haben. Um die Darstellung der Karte zu optimieren, haben wir uns bei der Aufteilung in einzelne Kartenabschnitte nicht immer an offizielle Regionen-Grenzen gehalten. Wir haben alle Campingplätze direkt auf den Karten eingezeichnet. Die Nummern auf der Karte und der daneben stehenden Tabelle führen dich zu den detaillierten Infos des jeweiligen Campingplatzes. Dort findest du auch genaue Infos zur Lage sowie eine GPS-Angabe. Beachte bitte, dass diese Angaben vom Platzbetreiber stammen. Wir haben diese auf Plausibilität hin überprüft, trotzdem können wir keine Gewähr für die Korrektheit der Information übernehmen.

Öffnungszeiten

Manche Plätze machen die Öffnung bzw. Schließung z. B. auch vom Wetter oder von bestimmten Feiertagen (insbesondere Ostern) abhängig. Falls du besonders früh oder spät unterwegs bist, frag am besten vorher beim Campingplatz nach.

ANZEIGE von Campingplätzen

Die Einträge in unserem Campingführer sind für die Plätze kostenlos. Dadurch kann jeder Platz eingetragen werden – auch wenn er noch so klein ist. Campingplätze, die sich gerne umfassender darstellen, konnten eine Erweiterung auf eine volle Seite oder eine Doppelseite buchen.

CAMPING IN DEUTSCHLAND

Die meisten Deutschen machen am liebsten Urlaub im eigenen Land – denn ob Erholung in der Natur, Sonnenbaden am Strand, Sport in den Bergen oder Sightseeing in interessanten Städten, Deutschland hat für jeden Geschmack etwas zu bieten. Die Rekordzahl von knapp 36 Millionen Campingübernachtungen im Jahr 2019 spiegelt Deutschlands Beliebtheit als Reiseziel wider. Am beliebtesten bei Campern sind Bayern, Mecklenburg-Vorpommern und Niedersachsen. Plätze mit höchster Qualität finden sich aber im ganzen Land: Laut des camping.info Awards befinden sich 64 der 100 beliebtesten Campingplätze Europas in Deutschland – die durchschnittliche Gästebewertung von 3,82 Sternen auf camping.info spricht ebenfalls für sich. Hohe Qualität bedeutet aber nicht gleich hohe Kosten. Und dank des hervorragend ausgebauten Straßennetzes sind auch weite Strecken schnell zu meistern.

Länderinformationen:

- Hauptstadt: Berlin
- Einwohner: 83 Millionen
- Währung: Euro
- Deutschland auf camping.info: www.camping.info/deutschland

Straßenverkehr:

Licht am Tag: Licht am Tag wird empfohlen, Lichtpflicht nur im Tunnel.

Im Auto/Wohnmobil mitzuführen: Warndreieck, bei Fahrzeugen über 3,5 t tragbare und gelb blinkende Warnleuchte, Warnwesten für alle Fahrzeuginsassen (müssen bei Verlassen des Fahrzeuges bei Panne oder Unfall getragen werden), Verbandszeug.

Mautsystem und Straßengebühren: Maut für LKW ab 7,5 t; Umweltzonen in Städten können nur mit entsprechender Plakette befahren werden; je nach Schadstoffausstoß erhält man grüne, gelbe oder rote Plaketten, Kosten für die Plakette bis zu 15 €.

Zustand der Straßen: Straßen sind in gutem oder sehr gutem Zustand; Deutschland gilt als Land mit einem der best ausgebauten Straßennetze, ca. 13.000 Autobahn-Kilometer durchziehen das Land.

Tanken: flächendeckendes Tankstellennetz, auf Autobahnen und in und um größere Städte meist rund um die Uhr geöffnet, Kreditkartenzahlung fast immer möglich, Autogas-Tankstellennetz gut ausgebaut, ca. 6.000 Autogas-Tankstellen verfügbar.

Kfz-Papiere: nationaler Führerschein und Zulassungsschein; eine Internationale Grüne Versicherungskarte wird empfohlen.

Weitere Hinweise: situative Winterreifenpflicht bei Schneeglätte, Schneematsch, Reifglätte und Glatteis; Schneeketten sind erlaubt (Geschwindigkeitsbegrenzung von 50 km/h), Spike-Reifen größtenteils verboten; bei Staubildung auf Straßen mit zwei Fahrstreifen gilt die Rettungsgasse. Promillegrenze: 0,5 Promille.

Höchstgeschwindigkeiten	innerorts	außerorts	Autobahn
PKW, Wohnmobil bis 3,5t	50	100	130
Wohnmobil bis 7,5 t	50	80	100
Wohnmobil über 7,5 t	50	60	80
Gespann*	50	80	80

* 100 km/h auf Autobahnen für Gespanne, die die 9. Ausnahmeverordnung zur Straßenverkehrs-Ordnung erfüllen.

Touristische Informationen

Einreise: Deutschland ist Mitglied des Schengen Raums; mit Grenzkontrollen, speziell von Österreich kommend, ist dennoch zu rechnen; mitzuführen ist ein Reisepass (max. 5 Jahre abgelaufen) oder ein gültiger Personalausweis; ebenso benötigen Kinder ein eigenes Ausweisdokument.

Haustiere: EU-Heimtierausweis mit Kennzeichnung des Tieres (durch Mikrochip oder Tätowierung) nötig, gültige Tollwutimpfung muss eingetragen sein.

Informationen zu Öffnungszeiten:
Ladenöffnungszeiten je nach Bundesland, Geschäfte öffnen zwischen 8 und 10 Uhr, Bäckereien und Kioske bereits früher; Ladenschluss zwischen 18 Uhr und 20 Uhr, Supermärkte teils länger geöffnet, Banken und Postämter maximal bis 18 Uhr geöffnet, sonntags sind die Geschäfte geschlossen.

Notrufnummern:

- internationale Notrufnummer: 112
- Feuerwehr: 112
- Polizei: 110
- Rettung: 112

IMPRESSUM UND KLEINGEDRUCKTES

Herausgeber
Camping.info GmbH
Oranienburger Straße 27, D 10117 Berlin
www.camping.info | office@camping.info
Tel. +49 (0) 30 994 048 620
Fax +49 (0) 30 994 048 629

Geschäftsführung
Maximilian Möhrle

Redaktion, Datenverwaltung und Korrektur
Nicole Scheerschmidt, Henry Hesse, Carina Hofmeister

Anzeigenverwaltung
vertrieb@camping.info

Datapublishing
co-operation design and system

Titelbild
Camping Sulzbachtal, Seite 590

Bilder
camping.info, Roland Bamberger, Campingplatzbetreiber, nationale und regionale Tourismusorganisationen, istockphoto.com, shutterstock

Kartografie
mapz.com – Map Data: OpenStreetMap ODbL

Druck und Herstellung
Gutenberg-Werbering Gesellschaft m.b.H., Linz

Haftungsausschluss
Unsere Redaktion hat sich bemüht, alle Daten mit großer Sorgfalt zu recherchieren und zu verarbeiten. Die Daten stammen im Wesentlichen direkt von den Campingplatzbetreibern, die Daten zu den Bewertungen von tausenden Campinggästen. Jedoch können wir nicht ausschließen, dass Daten fehlerhaft oder nicht mehr aktuell sind.

Wir können für die Daten daher keine Gewähr übernehmen. Eine Haftung aufgrund von Fehlern oder Lücken in den Informationen wird ausgeschlossen. Der Inhalt von Anzeigen liegt außerhalb der Verantwortung der Redaktion.

5. Ausgabe / November 2020
ISBN: 978-3-9820880-5-1

SCHLESWIG-HOLSTEIN UND HAMBURG

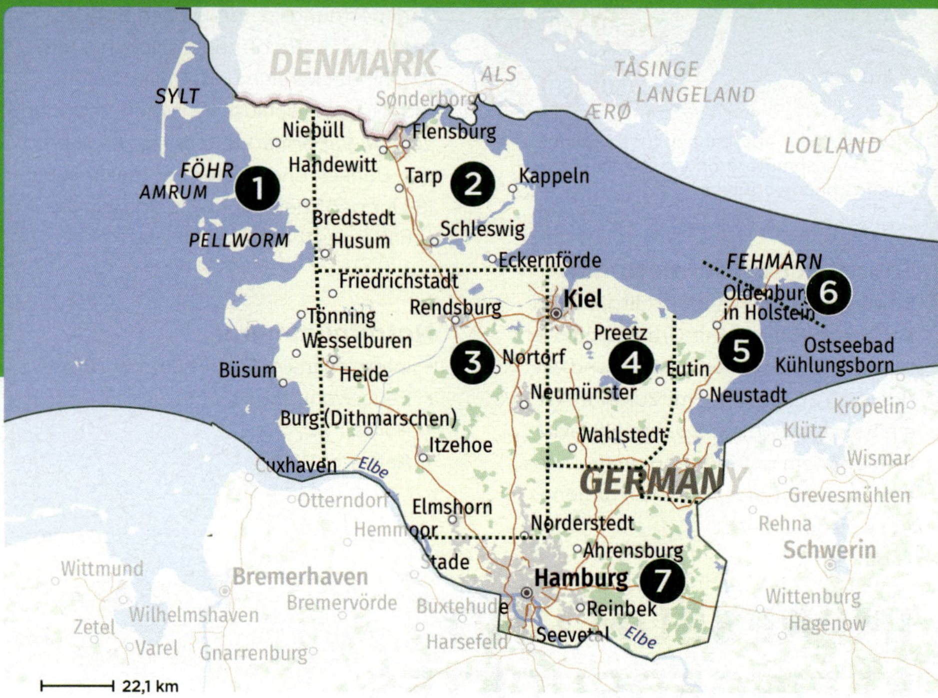

REGIONEN

TIPP DER REDAKTION

© Rainer Deutschmann

Seecamping Weisser Brunnen

Ostsee & Holst. Schweiz | Nr. 27 | Seite 67

Laut Gästen ideal geeignet zum:

- Schwimmen
- Radfahren
- Entspannen

4.4

CAMPING ZWISCHEN DEN MEEREN

Herzogtum Lauenburg Raps © HLMS_Mersiowski

Im hohen Norden Deutschlands wird das Campingleben meist vom Meer bestimmt. Im Fall von Schleswig-Holstein sind es gleich zwei: Die Nordsee im Westen und die Ostsee auf der gegenüberliegenden Seite. Dazwischen liegen verträumte Städtchen, kleine Fischerdörfer und jede Menge plattes Land mit ein paar Erhebungen, die man hier stolz die Holsteinische Schweiz nennt. Mit einer Höhe von etwas mehr als 167 Metern ist der Bungsberg zwar der höchste Berg der Region, zählt aber nicht gerade zu den Giganten auf dem Globus.

CAMPING AN DER NORD- UND OSTSEEKÜSTE

Die meisten Campingplätze der Region liegen natürlich am Meer. Ganz gleich, ob man den rauen Charme der Nordsee mitsamt dem Weltnaturerbe Wattenmeer bevorzugt oder die feinen Sandstrände an der Ostseeküste – Camper finden in Schleswig-Holstein immer ein passendes Plätzchen. Bei Radfahrern und Wassersportlern ist die Gegend besonders beliebt, denn das weite, platte Land eignet sich hervorragend, um es auf dem Drahtesel zu erkunden und dabei interessante Orte und traumhafte Strände zu entdecken. Nicht nur auf den Inseln Sylt, Amrum und Föhr, sondern auch an den grünen Stränden von Büsum oder Friedrichskoog lassen sich entspannte Stunden verbringen. Wer es gern sportlich mag, kommt in Schleswig-Holstein ebenfalls nicht zu kurz – Segeln und Kiten ist hier genauso möglich wie Kanufahren oder Stand Up Paddling.

Giebelhäuser in Friedrichstadt © MakS_Jens Koenig

HAMBURG: DIE PERLE AN DER ELBE

Im Norden grenzt Schleswig-Holstein an Dänemark, im Süden an Niedersachsen und die stolze Hafen- und Hansestadt Hamburg. Viele Camper, die ihren Urlaub an Nord- oder Ostsee verbringen, nutzen die Nähe für einen Abstecher in die zweitgrößte Stadt der Bundesrepublik. Immer mehr mobile Reisende nächtigen auch in direkter Nähe zur Stadt. Eine Besichtigungstour durch Hamburg beginnt nicht selten mit einem Besuch auf dem berühmten Fischmarkt am Morgen und endet dann am Abend in einem der Etablissements auf der sündigen Meile, der Reeperbahn. Dazwischen kann man in einem schicken Café an der Alster eine Pause einlegen, das Treppenviertel im noblen Blankenese und den Park „Planten un Blomen" durchstreifen oder sich in den bunten Kneipen und Geschäften des alternativen Schanzenviertels umschauen. Hamburg ist so bunt und vielfältig, dass es mehr als einen Tag braucht, um einen Eindruck davon zu bekommen, was die Stadt alles zu bieten hat.

Travemündung © LTM_K.E. Vögele

Inselstadt Ratzeburg © HLMS_Tourist-Info RZ

Nordsee Pellworm Leuchtturm © www.nordseetourismus.de

STÄDTE MIT TRADITION

Hamburgs traditionsreiche Hanse-Schwester Lübeck präsentiert sich dagegen etwas gemächlicher. Die sehenswerte Altstadt mit dem berühmten Holstentor ist jedoch auf alle Fälle ebenso einen Besuch wert. Genau wie die vielen kleinen Städte im Binnenland und an der Küste, die mit ihrem maritimen Charme und ihrer so typischen Gemütlichkeit punkten. Mölln im Herzogtum Lauenburg, wo Till Eulenspiegel sein Unwesen trieb, ist nicht weniger sehenswert als Friedrichstadt an der Eider, wo der Einfluss holländischer Siedler bis heute am Stil der imposanten Häuser und an den zahlreichen Grachten zu erkennen ist. Wer sich für gigantische Schiffe interessiert, sollte einmal in Rendsburg vorbeischauen, wo die Ozeanriesen auf dem Nord-Ostsee-Kanal zu bewundern sind. Entlang der Wasserstraße findet ihr zahlreiche Plätze, auf denen ihr direkt vom Stellplatz aus einen Blick auf die Containerriesen und Kreuzfahrtschiffe werfen könnt.

SCHLESWIG-HOLSTEIN / HAMBURG

❶ Nordfriesland

	Platz	Seite	Bewertung	Öffnungszeiten	
1	Camping Kampen	24	4.0	saisonal	
2	Campingplatz Wenningstedt	24	4.4	saisonal	
3	Camping Südhörn	24	4.2	ganzjährig	✱
4	Campingplatz Rantum	24	4.4	saisonal	
5	Camping Mühlenhof	25	4.8	ganzjährig	✱
6	Camping Hörnum	25	3.8	saisonal	
7	FKK-Zeltplatz Amrum	25	4.7	saisonal	FKK
8	Camping Karlsmark	26	4.3	k. A.	
9	Camping Elisabeth-Sophien-Koog	26	3.4	saisonal	
10	WomoLand-Nordstrand	26	4.7	saisonal	✱
11	Camping Seeblick	26	3.9	saisonal	
12	Regenbogen Husum	27	3.8	saisonal	
13	NordseeCamping zum Seehund	27	4.8	saisonal	🍃 ⚡ 👍
14	Camping Nordstrand Platz Margarethenruh	27	4.0	ganzjährig	✱
15	Campingplatz Biehl	28	3.4	saisonal	
16	Campingplatz Sass	28	3.3	saisonal	✱
17	Camping Schulz	28	4.2	saisonal	
18	meerGrün-lodge Ferienpark Martendorf	28	4.1	ganzjährig	✱
19	Wohnmobil- und Campingpark Olsdorf	29	4.2	ganzjährig	✱
20	Rosen-Camp Kniese	29	4.3	saisonal	
21	Comfort-Camp Eider	29	4.3	ganzjährig	✱
22	Camping Wesselburenerkoog	31	4.1	saisonal	
23	Camping Am alten Seedeich	31	5.0	saisonal	
24	Camping Deichtraum Hedwigenkoog	31	5.0	saisonal	
25	Nordseecamping in Lee	33	4.6	saisonal	
26	Camping an de Waterkant	33	3.4	k. A.	
27	Camping Nordsee	30	4.3	saisonal	
28	Camping zur Perle	32	4.6	saisonal	👍
29	Zeltcamp Helgoland Düne	33	5.0	saisonal	

✱ Wintercamping FKK Textilfrei (ganz/teilweise) 🍃 Ecocamping 👍 Award ⚡ Onlinebuchung

1 Camping Kampen

Möwenweg 4
25999 Kampen-Sylt
+49 465 142 086
54.94926 | 8.33382

15.03. - 31.10.
HS: 32,50 € | NS: 28,20 €
Mehr Infos & Anfrage:
www.camping.info/18319

Baden im Meer	500m
Pool & Hallenbad	✗
Spielplatz am Platz	✓
Hunde	✗
Schatten	✗
WLAN	✓
Lebensmittel	2km
Brötchen am Platz	✗
Restaurant/Imbiss	250m/2km
Ver-/Entsorgung Womo	✓
in den Ort	200m
Gesamt/Touristen	110/65
Mietunterkünfte	✓
Stellplätze vor Schranke	✗

4.0 SEHR GUT – 9 Bewertungen

Lage	4.6
Ruhe	4.6
Sanitäranlagen	4.0
Sauberkeit Ø	4.2
Freundlichkeit	4.3
Stellplatz	4.1
Verpflegung	2.2
Freizeit	3.8
Preis-Leistung	4.1
Mietunterkünfte	5.0

Geeignet für

Kinder b. 6 J.	3.4
Kinder b. 12 J.	3.2
Kinder b. 18 J.	2.7
Paare	4.7
Senioren	4.5
Gäste mit Zelt	2.6
Hunde n. erlaubt	-

Empfohlene Aktivitäten

- Radfahren
- Schwimmen
- Entspannen

2 Campingplatz Wenningstedt

Osetal 3
25996 Wenningstedt-Braderup
+49 465 194 4004
54.94361 | 8.32726

19.03. - 31.10.
22.12. - 04.01.
HS: 40,00 € | NS: 34,00 €
Mehr Infos & Anfrage:
www.camping.info/18317

Baden im Meer	300m
Pool/Hallenbad	5km
Spielplatz am Platz	✓
Hunde erlaubt	✓
Schatten	✗
WLAN (gegen Gebühr)	✓
Lebensmittel	✓
Brötchen am Platz	✓
Restaurant & Imbiss	✓
Ver-/Entsorgung Womo	✗
in den Ort	500m
Touristenplätze	280
Mietunterkünfte	✗
Stellplätze vor Schranke	✗

4.4 SEHR GUT – 49 Bewertungen

Lage	4.6
Ruhe	4.3
Sanitäranlagen	4.6
Sauberkeit Ø	4.8
Freundlichkeit	4.5
Stellplatz	4.1
Verpflegung	3.7
Freizeit	4.1
Preis-Leistung	4.3
Mietunterkünfte	-

Geeignet für

Kinder b. 6 J.	4.1
Kinder b. 12 J.	4.0
Kinder b. 18 J.	3.7
Paare	4.7
Senioren	4.8
Gäste mit Zelt	4.0
Gäste mit Hund	4.7

Empfohlene Aktivitäten

- Wandern
- Radfahren
- Schwimmen

3 Camping Südhörn

❄

Ziegeleiweg
25980 Tinnum-Sylt
+49 4651 3607
54.8956 | 8.32767

ganzjährig
keine Angabe
Mehr Infos & Anfrage:
www.camping.info/18315

Baden im Meer	2km
Pool/Hallenbad	2km
Spielplatz am Platz	✓
Hunde erlaubt	✓
Schatten	✗
WLAN (gegen Gebühr)	✓
Lebensmittel	✓
Brötchen am Platz	✓
Restaurant & Imbiss	✓
Ver-/Entsorgung Womo	✓
in den Ort	500m
Gesamt/Touristen	165/130
Mietunterkünfte	✓
Stellplätze vor Schranke	✗

4.2 SEHR GUT – 10 Bewertungen

Lage	4.5
Ruhe	4.6
Sanitäranlagen	4.5
Sauberkeit Ø	4.5
Freundlichkeit	4.8
Stellplatz	4.4
Verpflegung	4.4
Freizeit	3.8
Preis-Leistung	4.5
Mietunterkünfte	-

Geeignet für

Kinder b. 6 J.	4.0
Kinder b. 12 J.	3.8
Kinder b. 18 J.	2.8
Paare	4.7
Senioren	4.8
Gäste mit Zelt	4.2
Gäste mit Hund	4.5

Empfohlene Aktivitäten

- Entspannen
- Radfahren
- Kulinarik

4 Campingplatz Rantum

Hörnumer Straße 3
25980 Sylt - OT Rantum
+49 4651 8892008
54.86365 | 8.29578

29.03. - 31.10.
HS: 34,70 € | NS: 28,00 €
Mehr Infos & Anfrage:
www.camping.info/18314

Baden im Meer	300m
Pool/Hallenbad	6km
Spielplatz am Platz	✓
Hunde willkommen	✓
kein Schatten	✓
WLAN (gegen Gebühr)	✓
Lebensmittel	✓
Brötchen am Platz	✓
Restaurant & Imbiss	✓
Ver-/Entsorgung Womo	✓
in den Ort	2km
Gesamt/Touristen	400/200
Mietunterkünfte	✓
Stellplätze vor Schranke	✓

4.4 SEHR GUT – 64 Bewertungen

Lage	4.4
Ruhe	4.1
Sanitäranlagen	4.6
Sauberkeit Ø	4.5
Freundlichkeit	4.6
Stellplatz	4.0
Verpflegung	3.8
Freizeit	3.9
Preis-Leistung	3.9
Mietunterkünfte	4.6

Geeignet für

Kinder b. 6 J.	4.4
Kinder b. 12 J.	4.4
Kinder b. 18 J.	4.0
Paare	4.5
Senioren	4.4
Gäste mit Zelt	4.1
Gäste mit Hund	4.7

Empfohlene Aktivitäten

- Radfahren
- Entspannen
- Wandern

Karte auf Seite 22

5 Camping Mühlenhof

✻

Melnstich 7
25980 Sylt OT Morsum
+49 4651 890444
54.86598 | 8.42174

Öffnungszeiten	ganzjährig
Vergleichspreis	HS: 34,10 € | NS: 27,80 €
Link	**Mehr Infos & Anfrage:** www.camping.info/18313

Ausstattung

Freizeit	Baden im Meer	1km
	Pool/Hallenbad	13km
	Spielplatz am Platz	✓
Campingplatz	Hunde willkommen	✓
	zur Hälfte Schatten	✓
	WLAN	✓
Versorgung	Lebensmittel	1km
	Brötchen am Platz	nur HS
	Restaurant	800m
	Ver-/Entsorgung Womo	✓
	in den Ort	1km
Anzahl der Plätze	Gesamt/Touristen	60/42
	Mietunterkünfte	✓
	Stellplätze vor Schranke	✗

4.8 SEHR GUT – 21 Bewertungen

Lage	4.3
Ruhe	4.9
Sanitäranlagen	4.7
Sauberkeit Ø	4.9
Freundlichkeit	4.8
Stellplatz	4.7
Verpflegung	3.2
Freizeit	4.0
Preis-Leistung	4.7
Mietunterkünfte	4.7

Geeignet für

Kinder b. 6 J.	4.2
Kinder b. 12 J.	4.3
Kinder b. 18 J.	3.9
Paare	4.9
Senioren	4.9
Gäste mit Zelt	4.9
Gäste mit Hund	4.9

Empfohlene Aktivitäten

- Entspannen
- Radfahren
- Wandern

6 Camping Hörnum

25997 Hörnum-Sylt
+49 4651 8358431
54.76718 | 8.28226

Öffnungszeiten	01.04. - 31.10.
Vergleichspreis	HS: 25,00 € | NS: 25,00 €
Link	**Mehr Infos & Anfrage:** www.camping.info/18318

Ausstattung

Freizeit	Baden im Meer am Platz	✓
	Pool & Hallenbad	✗
	Spielplatz am Platz	✓
Campingplatz	Hunde erlaubt	✓
	Schatten	✗
	WLAN	✓
Versorgung	Lebensmittel	750m
	Brötchen am Platz	✓
	Restaurant/Imbiss	✓/750m
	Ver-/Entsorgung Womo	✓
	in den Ort	700m
Anzahl der Plätze	Gesamt/Touristen	210/125
	Mietunterkünfte	✓
	Stellplätze vor Schranke	✓

3.8 GUT – 13 Bewertungen

Lage	4.8
Ruhe	4.8
Sanitäranlagen	3.6
Sauberkeit Ø	4.0
Freundlichkeit	3.8
Stellplatz	3.5
Verpflegung	3.2
Freizeit	3.3
Preis-Leistung	4.1
Mietunterkünfte	-

Geeignet für

Kinder b. 6 J.	4.6
Kinder b. 12 J.	3.8
Kinder b. 18 J.	3.0
Paare	4.7
Senioren	4.3
Gäste mit Zelt	3.6
Gäste mit Hund	3.8

Empfohlene Aktivitäten

- Entspannen
- Schwimmen
- Radfahren

7 FKK-Zeltplatz Amrum

FKK

Inselstr. 127
25946 Wittdün
+49 4682 9681555
54.63276 | 8.33812

Öffnungszeiten	15.04. - 15.09.
Vergleichspreis	HS: 27,00 € | NS: 19,00 €
Link	**Mehr Infos & Anfrage:** www.camping.info/24876

Ausstattung

Freizeit	Baden in nat. Gewässer	k. A.
	Pool & Hallenbad	✗
	Spielplatz	keine Angabe
Campingplatz	Hunde	✗
	kein Schatten	✓
	WLAN	✗
Versorgung	Lebensmittel	3km
	Brötchen am Platz	nur HS
	Restaurant/Imbiss	3km
	Ver-/Entsorgung Womo	✗
	in den Ort	keine Angabe
Anzahl der Plätze	Gesamt	170
	Mietunterkünfte	✗
	Stellplätze vor Schranke	✗

4.7 SEHR GUT – 6 Bewertungen

Lage	4.8
Ruhe	4.8
Sanitäranlagen	4.0
Sauberkeit Ø	4.5
Freundlichkeit	4.5
Stellplatz	4.0
Verpflegung	2.0
Freizeit	3.8
Preis-Leistung	4.3
Mietunterkünfte	-

Geeignet für

Kinder b. 6 J.	4.8
Kinder b. 12 J.	4.5
Kinder b. 18 J.	3.0
Paare	5.0
Senioren	4.2
Gäste mit Zelt	5.0
Hunde n. erlaubt	-

Empfohlene Aktivitäten

- Radfahren
- Entspannen
- Schwimmen

8 Camping Karlsmark

Karlsmark 1
25917 Leck
+49 4662 1850

54.75865 | 8.99176

keine Angabe

keine Angabe

Mehr Infos & Anfrage: www.camping.info/18311

Baden in nat. Gewässer	k. A.
Pool & Hallenbad	✗
Spielplatz am Platz	✓
Hunde erlaubt	✓
Schatten	✗
WLAN	keine Angabe
Lebensmittel	k.A.
Brötchen	keine Angabe
Restaurant & Imbiss	✗
Ver-/Entsorgung Womo	✗
in den Ort	2km
Gesamt	keine Angabe
Mietunterkünfte	✗
Stellplätze vor Schranke	✗

4.3 SEHR GUT – 11 Bewertungen

Lage	4.1
Ruhe	4.7
Sanitäranlagen	3.9
Sauberkeit Ø	4.4
Freundlichkeit	5.0
Stellplatz	4.0
Verpflegung	2.9
Freizeit	3.5
Preis-Leistung	4.5
Mietunterkünfte	-

Geeignet für

Kinder b. 6 J.	2.6
Kinder b. 12 J.	2.2
Kinder b. 18 J.	2.1
Paare	4.4
Senioren	4.6
Gäste mit Zelt	4.6
Gäste mit Hund	4.7

Empfohlene Aktivitäten

- Wandern
- Entspannen
- Radfahren

9 Camping Elisabeth-Sophien-Koog

Elisabeth-Sophien-Koog 17
25845 Insel Nordstrand
+49 4842 8534

54.51613 | 8.85647

28.03. - 06.10.

HS: 25,60 € | NS: 25,60 €

Mehr Infos & Anfrage: www.camping.info/18305

Baden im Meer am Platz	✓
Hallenbad	3km
Spielplatz am Platz	✓
Hunde willkommen	✓
wenig Schatten	✓
WLAN	✓
Lebensmittel	✓
Brötchen am Platz	✓
Restaurant & Imbiss	✓
Ver-/Entsorgung Womo	✓
in den Ort	2km
Gesamt/Touristen	120/100
Mietunterkünfte	✓
Stellplätze vor Schranke	✗

3.4 GUT – 28 Bewertungen

Lage	4.1
Ruhe	4.6
Sanitäranlagen	3.2
Sauberkeit Ø	3.9
Freundlichkeit	3.4
Stellplatz	3.7
Verpflegung	3.3
Freizeit	3.2
Preis-Leistung	3.5
Mietunterkünfte	4.0

Geeignet für

Kinder b. 6 J.	3.4
Kinder b. 12 J.	3.1
Kinder b. 18 J.	2.2
Paare	4.1
Senioren	4.4
Gäste mit Zelt	3.7
Gäste mit Hund	4.2

Empfohlene Aktivitäten

- Radfahren
- Entspannen
- Wandern

10 WomoLand-Nordstrand

✻

Norderquerweg 2
25845 Nordstrand
+49 4842 473

54.51802 | 8.93164

15.03. - 31.10.
15.12. - 15.01.

HS: 23,60 €

Mehr Infos & Anfrage: www.camping.info/18306

Baden im Meer	5km
Pool/Hallenbad	4/10km
Spielplatz	✗
Hunde willkommen	✓
zur Hälfte Schatten	✓
WLAN	✗
Lebensmittel	✓
Brötchen am Platz	✓
Restaurant & Imbiss	✓
Ver-/Entsorgung Womo	✓
in den Ort	5km
Touristenplätze	44
Mietunterkünfte	✓
Stellplätze vor Schranke	✗

4.7 SEHR GUT – 22 Bewertungen

Lage	4.5
Ruhe	5.0
Sanitäranlagen	4.5
Sauberkeit Ø	4.9
Freundlichkeit	4.9
Stellplatz	4.5
Verpflegung	4.2
Freizeit	3.4
Preis-Leistung	4.3
Mietunterkünfte	4.7

Geeignet für

Kinder b. 6 J.	2.8
Kinder b. 12 J.	3.0
Kinder b. 18 J.	3.2
Paare	4.7
Senioren	4.8
Gäste mit Zelt	3.5
Gäste mit Hund	4.5

Empfohlene Aktivitäten

- Radfahren
- Entspannen
- Wandern

11 Camping Seeblick

Nordseestr. 39
25813 Husum / OT. Schobüll
+49 4841 3321

54.50986 | 9.00294

22.03. - 20.10.

HS: 24,20 € | NS: 20,70 €

Mehr Infos & Anfrage: www.camping.info/18308

Baden im Meer am Platz	✓
Pool/Hallenbad	200m/6km
Spielplatz am Platz	✓
Hunde willkommen	✓
wenig Schatten	✓
WLAN (gegen Gebühr)	✓
Lebensmittel	✓
Brötchen am Platz	✓
Restaurant/Imbiss	100m/✓
Ver-/Entsorgung Womo	✓
in den Ort	3km
Gesamt/Touristen	180/140
Mietunterkünfte	✓
Stellplätze vor Schranke	✗

3.9 GUT – 41 Bewertungen

Lage	4.5
Ruhe	4.3
Sanitäranlagen	4.2
Sauberkeit Ø	4.0
Freundlichkeit	4.2
Stellplatz	3.8
Verpflegung	3.6
Freizeit	3.8
Preis-Leistung	4.2
Mietunterkünfte	3.4

Geeignet für

Kinder b. 6 J.	3.9
Kinder b. 12 J.	3.9
Kinder b. 18 J.	3.4
Paare	4.5
Senioren	4.4
Gäste mit Zelt	4.1
Gäste mit Hund	4.7

Empfohlene Aktivitäten

- Radfahren
- Entspannen
- Schwimmen

Karte auf Seite 22

	12	13	14
	Regenbogen Husum	**NordseeCamping zum Seehund**	**Camping Nordstrand Platz Margarethenruh**
	Dookkoog 17 25813 Husum +49 431 237 237 0 54.47947 | 9.01046	Lundenbergweg 4 25813 Husum-Simonsberg +49 4841 3999 54.455 | 8.97222	Süderhafen 8 25845 Nordstrand +49 4842 8553 54.4691 | 8.91027
Infos			
Öffnungszeiten	01.04. - 31.10.	25.03. - 31.10.	ganzjährig
Vergleichspreis	HS: 30,00 € | NS: 26,00 €	HS: 43,00 € | NS: 29,00 €	HS: 25,60 € | NS: 23,80 €
Link	**Mehr Infos & Anfrage:** www.camping.info/18294	**Mehr Infos & online buchen:** www.camping.info/18295	**Mehr Infos & Anfrage:** www.camping.info/18307
Ausstattung			
Freizeit	Baden im Meer 500m Pool/Hallenbad 4/5km Spielplatz 500m	Baden in nat. Gewässer k. A. Pool/Hallenbad ✓/8km Spielplatz am Platz ✓	Baden im Meer 200m Pool/Hallenbad 7km Spielplatz am Platz ✓
Campingplatz	Hunde willkommen ✓ wenig Schatten ✓ WLAN ✓	Hunde willkommen ✓ zur Hälfte Schatten ✓ WLAN ✓	Hunde willkommen ✓ wenig Schatten ✓ WLAN ✓
Versorgung	Lebensmittel k.A. Brötchen am Platz ✓ Imbiss 500m Ver-/Entsorgung Womo ✓ in den Ort 2km	Lebensmittel ✓ Brötchen am Platz ✓ Imbiss ✓ Ver-/Entsorgung Womo ✓ in den Ort 2km	Lebensmittel 2km Brötchen am Platz ✓ Restaurant/Imbiss 200m Ver-/Entsorgung Womo ✓ in den Ort 200m
Anzahl der Plätze	Gesamt 95 Mietunterkünfte ✗ Stellplätze vor Schranke ✓	Touristenplätze 200 Mietunterkünfte ✓ Stellplätze vor Schranke ✓	Gesamt/Touristen 24/16 Mietunterkünfte ✓ Stellplätze vor Schranke ✓

	12	13	14
Bewertung	3.8 GUT, 36 Bewertungen	4.8 SEHR GUT, 738 Bewertungen	4.0 SEHR GUT, 25 Bewertungen
Lage	4.4	4.3	4.2
Ruhe	4.5	4.7	4.5
Sanitäranlagen	3.6	4.8	4.0
Sauberkeit Ø	3.9	4.8	4.6
Freundlichkeit	3.8	4.8	4.4
Stellplatz	3.6	4.7	3.5
Verpflegung	2.9	4.2	2.6
Freizeit	3.8	4.3	3.3
Preis-Leistung	3.6	4.5	3.6
Mietunterkünfte	-	4.5	5.0
Geeignet für			
Kinder b. 6 J.	3.9	4.6	2.9
Kinder b. 12 J.	3.6	4.6	2.8
Kinder b. 18 J.	2.8	3.8	2.5
Paare	4.5	4.8	4.4
Senioren	4.5	4.8	4.6
Gäste mit Zelt	4.5	4.6	3.7
Gäste mit Hund	4.4	4.7	4.4
Empfohlene Aktivitäten	Radfahren Entspannen Wandern	Entspannen Radfahren Wellness	Radfahren Wandern Entspannen
		keine Partygruppen.	keine WOMOs ab 12 m

15 Campingplatz Biehl

Utholmer Straße 1
25826 St. Peter-Ording
+49 4863 96010
54.33623 | 8.60442

15.03. - 31.10.
HS: 43,00 € | NS: 37,00 €
Mehr Infos & Anfrage:
www.camping.info/18299

Baden im Meer	1km
Hallenbad	2km
Spielplatz am Platz	✓
Hunde willkommen	✓
kein Schatten	✓
WLAN	✓
Lebensmittel	✓
Brötchen am Platz	✓
Restaurant & Imbiss	✓
Ver-/Entsorgung Womo	✓
in den Ort	1km
Gesamt/Touristen	180/120
Mietunterkünfte	✗
Stellplätze vor Schranke	✗

3.4 GUT
63 Bewertungen

Lage	4.4
Ruhe	3.2
Sanitäranlagen	3.5
Sauberkeit Ø	3.8
Freundlichkeit	3.5
Stellplatz	3.2
Verpflegung	3.9
Freizeit	3.8
Preis-Leistung	3.1
Mietunterkünfte	-

Geeignet für

Kinder b. 6 J.	3.4
Kinder b. 12 J.	3.5
Kinder b. 18 J.	3.3
Paare	3.9
Senioren	3.5
Gäste mit Zelt	3.5
Gäste mit Hund	4.2

Empfohlene Aktivitäten

- Radfahren
- Schwimmen
- Surfen

16 Campingplatz Sass

❄

Grudeweg 1
25826 St. Peter-Ording-Brösum
+49 4863 8171
54.33239 | 8.62084

01.01. - 31.10.
15.12. - 31.10.
HS: 25,00 € | NS: 25,00 €
Mehr Infos & Anfrage:
www.camping.info/18300

Baden im Meer	1km
Pool/Hallenbad	1km
Spielplatz am Platz	✓
Hunde willkommen	✓
wenig Schatten	✓
WLAN (gegen Gebühr)	✓
Lebensmittel	✓
Brötchen am Platz	✓
Restaurant/Imbiss	1km/✓
Ver-/Entsorgung Womo	✓
in den Ort	1km
Gesamt/Touristen	120/100
Mietunterkünfte	✓
Stellplätze vor Schranke	✓

3.3 GUT
54 Bewertungen

Lage	3.6
Ruhe	3.5
Sanitäranlagen	3.7
Sauberkeit Ø	4.5
Freundlichkeit	3.5
Stellplatz	3.5
Verpflegung	3.0
Freizeit	3.5
Preis-Leistung	3.2
Mietunterkünfte	4.2

Geeignet für

Kinder b. 6 J.	3.3
Kinder b. 12 J.	3.4
Kinder b. 18 J.	3.0
Paare	4.1
Senioren	4.1
Gäste mit Zelt	3.7
Gäste mit Hund	4.1

Empfohlene Aktivitäten

- Radfahren
- Entspannen
- Wandern

17 Camping Schulz

Grudeweg 2
25826 St. Peter-Ording-Brösum
+49 4863 2770
54.33474 | 8.62063

14.03. - 30.10.
HS: 23,50 € | NS: 23,50 €
Mehr Infos & Anfrage:
www.camping.info/18301

Baden in nat. Gewässer	k. A.
Pool & Hallenbad	✗
Spielplatz am Platz	✓
Hunde erlaubt	✓
Schatten	✗
WLAN	✓
Lebensmittel	✓
Brötchen am Platz	✓
Restaurant & Imbiss	✗
Ver-/Entsorgung Womo	✓
in den Ort	2km
Touristenplätze	75
Mietunterkünfte	✓
Stellplätze vor Schranke	✗

4.2 SEHR GUT
20 Bewertungen

Lage	4.1
Ruhe	4.4
Sanitäranlagen	4.6
Sauberkeit Ø	4.8
Freundlichkeit	4.4
Stellplatz	4.2
Verpflegung	3.1
Freizeit	4.0
Preis-Leistung	4.1
Mietunterkünfte	2.5

Geeignet für

Kinder b. 6 J.	4.4
Kinder b. 12 J.	4.2
Kinder b. 18 J.	4.0
Paare	4.6
Senioren	4.7
Gäste mit Zelt	4.2
Gäste mit Hund	4.4

Empfohlene Aktivitäten

- Radfahren
- Entspannen
- Schwimmen

18 meerGrün-lodge Ferienpark Martendorf

❄

Martendorf 4
25881 Tating
+49 4862 2019851
54.32393 | 8.6965

ganzjährig
HS: 27,00 € | NS: 24,50 €
Mehr Infos & Anfrage:
www.camping.info/26190

Baden im Teich am Platz	✓
Pool/Hallenbad	✓/5km
Spielplatz am Platz	✓
Hunde willkommen	✓
wenig Schatten	✓
WLAN	✓
Lebensmittel	3km
Brötchen am Platz	✓
Restaurant	500m
Ver-/Entsorgung Womo	✓
in den Ort	5km
Gesamt/Touristen	90/60
Mietunterkünfte	✗
Stellplätze vor Schranke	✓

4.1 SEHR GUT
24 Bewertungen

Lage	3.8
Ruhe	3.7
Sanitäranlagen	4.8
Sauberkeit Ø	4.3
Freundlichkeit	4.4
Stellplatz	4.0
Verpflegung	2.9
Freizeit	3.8
Preis-Leistung	4.0
Mietunterkünfte	-

Geeignet für

Kinder b. 6 J.	4.3
Kinder b. 12 J.	4.3
Kinder b. 18 J.	3.1
Paare	4.0
Senioren	3.9
Gäste mit Zelt	3.6
Gäste mit Hund	2.9

Empfohlene Aktivitäten

- Radfahren
- Schwimmen
- Entspannen

Karte auf Seite 22

	19 Wohnmobil- und Campingpark Olsdorf ✻	20 Rosen-Camp Kniese	21 Comfort-Camp Eider ✻
Adresse	Bövergeest 56, 25826 St. Peter-Ording	Böhler Landstraße 185, 25826 St. Peter-Ording	Am Freizeitpark 1 A, 25832 Tönning
Telefon	+49 4863 476317	+49 48 63 - 36 76	+49 4861 617148
Koordinaten	54.30698 | 8.64797	54.28465 | 8.66332	54.31109 | 8.93662

Infos

	19	20	21
Öffnungszeiten	ganzjährig	01.04. - 15.10.	ganzjährig
Vergleichspreis	HS: 30,50 € | NS: 26,50 €	HS: 27,60 € | NS: 19,60 €	HS: 27,00 € | NS: 21,00 €
Link	**Mehr Infos & Anfrage:** www.camping.info/18298	**Mehr Infos & Anfrage:** www.camping.info/18302	**Mehr Infos & Anfrage:** www.camping.info/22313

Ausstattung

	19	20	21
Freizeit	Baden im Meer 2km Hallenbad 3km Spielplatz am Platz ✓	Baden im Meer 1km Pool/Hallenbad 5km Spielplatz am Platz ✓	Baden im Fluss am Platz ✓ Pool/Hallenbad ✓/20km Spielplatz am Platz ✓
Campingplatz	Hunde willkommen ✓ zur Hälfte Schatten ✓ WLAN ✓	Hunde willkommen ✓ wenig Schatten ✓ WLAN ✓	Hunde willkommen ✓ zur Hälfte Schatten ✓ WLAN (gegen Gebühr) ✓
Versorgung	Lebensmittel 100m Brötchen am Platz ✗ Restaurant/Imbiss 100m Ver-/Entsorgung Womo ✓ in den Ort 500m	Lebensmittel 3km Brötchen am Platz ✗ Restaurant/Imbiss 200m/3km Ver-/Entsorgung Womo ✓ in den Ort 1km	Lebensmittel ✓ Brötchen am Platz ✓ Restaurant & Imbiss ✓ Ver-/Entsorgung Womo ✓ im Ort ✓
Anzahl der Plätze	Gesamt/Touristen 73/65 Mietunterkünfte ✗ Stellplätze vor Schranke ✗	Gesamt/Touristen 136/68 Mietunterkünfte ✗ Stellplätze vor Schranke ✗	Gesamt/Touristen 300/220 Mietunterkünfte ✓ Stellplätze vor Schranke ✗

Bewertungen

	19	20	21
Gesamt	4.2 SEHR GUT, 71 Bewertungen	4.3 SEHR GUT, 33 Bewertungen	4.3 SEHR GUT, 68 Bewertungen
Lage	4.0	4.4	4.2
Ruhe	4.0	4.3	4.2
Sanitäranlagen	4.3	4.2	4.6
Sauberkeit Ø	4.3	4.8	4.5
Freundlichkeit	4.4	4.9	4.7
Stellplatz	4.1	4.1	4.5
Verpflegung	4.0	2.5	3.9
Freizeit	3.9	3.7	4.0
Preis-Leistung	4.2	4.4	4.2
Mietunterkünfte	-	-	4.2
Geeignet für			
Kinder b. 6 J.	3.5	4.1	4.5
Kinder b. 12 J.	3.5	4.2	4.6
Kinder b. 18 J.	3.4	3.5	3.7
Paare	4.7	4.7	4.5
Senioren	4.7	4.4	4.7
Gäste mit Zelt	3.8	4.3	4.5
Gäste mit Hund	4.3	4.8	4.3
Empfohlene Aktivitäten	Radfahren Entspannen Wandern	Radfahren Wandern Entspannen	Radfahren Entspannen Wandern

27 Camping Nordsee

Dithmarscher Strasse 41
25761 Büsum
+49 4834 9621170
www.camping-nordsee.de
info@camping-nordsee.de

26.03. - 17.10.

HS: 32,00 € | NS: 28,00 €

Mehr Infos & Anfrage:
www.camping.info/18286

Baden im Meer	200m
Hallenbad	1km
Spielplatz am Platz	✓
Hunde willkommen	✓
wenig Schatten	✓
WLAN (gegen Gebühr)	✓
Lebensmittel	500m
Brötchen am Platz	✓
Restaurant & Imbiss	✓
Ver-/Entsorgung Womo	✓
in den Ort	1km
Gesamt/Touristen	220/170
Mietunterkünfte	✗
Stellplätze vor Schranke	✓

54.13768 | 8.84364

Sonnenuntergang an der Familienlagune direkt am Platz.

Lage & Stellplatz

Liebevoll geführter Platz direkt an der Familienlagune (Dünenlandschaft mit Spielgeräten, Badebecken mit Wassergarantie und einer Wassersportschule) am Ortsrand von Büsum. Alle Plätze verfügen über einen Stromanschluss direkt am Platz. Wasseranschlüsse sind an zentralen Stellen vorhanden.

Verpflegung

Tägliche Brötchenversorgung ohne Vorbestellung direkt neben dem Platz vorhanden. Drei Restaurants in direkter Umgebung des Platzes lassen für das leibliche Wohl keine Wünsche offen. Zum Einkaufen sind im Ort mehrere Supermärkte und Discounter vertreten.

Sanitär

Der Campingplatz verfügt über ein neues, modernes Sanitärgebäude. Im großen Sanitärgebäude befinden sich zusätzlich ein behindertengerechtes Bad und ein Kinderbad (mit erhöhten Duschen, Babybadewanne und Wickeltisch). Die Sauberkeit in den Anlagen wird von den Gästen sehr geschätzt.

Freizeit

Das Wattenmeer bietet nicht nur für Wassersportler und Badende ideale Bedingungen. Auch Spaziergänger, Fahrradfahrer und Familien kommen hier voll auf ihre Kosten. Büsum ist der ideale Ausgangspunkt für Schifffahrten zu den Seehundbänken oder nach Helgoland und liegt sehr zentral für Tagesausflüge.

Kiter in der Nordsee.

Großzügige Rasenplätze.

4.3 SEHR GUT
56 Bewertungen

Lage	4.7
Ruhe	3.9
Sanitäranlagen	4.7
Sauberkeit Ø	4.7
Freundlichkeit	4.4
Stellplatz	4.0
Verpflegung	3.4
Freizeit	4.2
Preis-Leistung	4.1
Mietunterkünfte	-

Geeignet für

4.6 Paare

4.5 Senioren
4.3 Kinder b. 6 J.
4.3 Gäste mit Hund
4.4 Kinder b. 12 J.
4.3 Gäste mit Zelt
4.2 Kinder b. 18 J.

Empfohlene Aktivitäten

Schwimmen
Radfahren
Entspannen
Surfen
Spazieren

Karte auf Seite 22

22 Camping Wesselburenerkoog

Dammstrasse 1
25764 Wesselburenerkoog
+49 4833 14 41
54.24728 | 8.84152

31.03. - 30.09.
HS: 18,00 € | NS: 18,00 €
Mehr Infos & Anfrage:
www.camping.info/24544

Baden im Meer am Platz	✓
Hallenbad	19km
Spielplatz am Platz	✓
Hunde erlaubt	✓
Schatten	✗
WLAN	✗
Lebensmittel	6km
Brötchen am Platz	✗
Restaurant/Imbiss	3km/500m
Ver-/Entsorgung Womo	✓
in den Ort	6km
Gesamt	150
Mietunterkünfte	✓
Stellplätze vor Schranke	✗

4.1 SEHR GUT
29 Bewertungen

Lage	4.3
Ruhe	4.8
Sanitäranlagen	3.8
Sauberkeit Ø	4.2
Freundlichkeit	4.9
Stellplatz	3.7
Verpflegung	2.4
Freizeit	3.7
Preis-Leistung	4.8
Mietunterkünfte	5.0

Geeignet für

Kinder b. 6 J.	4.5
Kinder b. 12 J.	4.2
Kinder b. 18 J.	3.8
Paare	4.5
Senioren	4.6
Gäste mit Zelt	4.4
Gäste mit Hund	4.5

Empfohlene Aktivitäten

- Entspannen
- Radfahren
- Wandern

23 Camping Am alten Seedeich

Westerkoog 19
25761 Hedwigenkoog
+49 4834 962623
54.17785 | 8.81904

01.05. - 30.09.
HS: 18,00 € | NS: 18,00 €
Mehr Infos & Anfrage:
www.camping.info/22285

Baden im Meer	500m
Pool/Hallenbad	7km
Spielplatz	500m
Hunde willkommen	✓
wenig Schatten	✓
WLAN	✗
Lebensmittel	7km
Brötchen am Platz	✓
Restaurant/Imbiss	3/7km
Ver-/Entsorgung Womo	✗
in den Ort	3km
Gesamt/Touristen	5/4
Mietunterkünfte	✗
Stellplätze vor Schranke	✗

5.0 AUSGEZEICHNET
66 Bewertungen

Lage	4.8
Ruhe	4.9
Sanitäranlagen	4.9
Sauberkeit Ø	5.0
Freundlichkeit	5.0
Stellplatz	4.8
Verpflegung	3.8
Freizeit	4.4
Preis-Leistung	5.0
Mietunterkünfte	-

Geeignet für

Kinder b. 6 J.	4.7
Kinder b. 12 J.	4.5
Kinder b. 18 J.	4.1
Paare	5.0
Senioren	5.0
Gäste mit Zelt	4.7
Gäste mit Hund	4.9

Empfohlene Aktivitäten

- Radfahren
- Entspannen
- Wandern

24 Camping Deichtraum Hedwigenkoog

Westerkoog 13
25761 Hedwigenkoog
+49 160 97958082
54.17821 | 8.81858

01.05. - 31.10.
HS: 20,00 € | NS: 20,00 €
Mehr Infos & Anfrage:
www.camping.info/26476

Baden im Meer	300m
Pool/Hallenbad	10/8km
Spielplatz	300m
Hunde willkommen	✓
wenig Schatten	✓
WLAN	✗
Lebensmittel	8km
Brötchen am Platz	✓
Restaurant/Imbiss	8km
Ver-/Entsorgung Womo	✗
in den Ort	4km
Touristenplätze	5
Mietunterkünfte	✗
Stellplätze vor Schranke	✗

5.0 AUSGEZEICHNET
24 Bewertungen

Lage	4.8
Ruhe	5.0
Sanitäranlagen	4.9
Sauberkeit Ø	4.8
Freundlichkeit	4.9
Stellplatz	4.4
Verpflegung	3.6
Freizeit	4.2
Preis-Leistung	4.9
Mietunterkünfte	-

Geeignet für

Kinder b. 6 J.	4.5
Kinder b. 12 J.	4.5
Kinder b. 18 J.	3.6
Paare	5.0
Senioren	5.0
Gäste mit Zelt	4.8
Gäste mit Hund	5.0

Empfohlene Aktivitäten

- Radfahren
- Entspannen
- Wandern

Infos

Öffnungszeiten
Vergleichspreis
Link

Ausstattung

Freizeit
Campingplatz
Versorgung
Anzahl der Plätze

28 Camping zur Perle

Dithmarscher Straße 43
25761 Büsum
+49 4834 96 211 80
www.campingplatz-zur-perle.de
info@campingplatz-zur-perle.de

28.03. - 31.10.

HS: 36,50 € | NS: 31,10 €

Mehr Infos & Anfrage:
www.camping.info/18287

Baden im Meer	50m
Pool/Hallenbad	1/1km
Spielplatz am Platz	✓
Hunde erlaubt	✓
wenig Schatten	✓
WLAN (gegen Gebühr)	✓
Lebensmittel	1km
Brötchen am Platz	✓
Restaurant/Imbiss	✓/500m
Ver-/Entsorgung Womo	✓
in den Ort	200m
Gesamt/Touristen	240/165
Mietunterkünfte	✓
Stellplätze vor Schranke	✗

Lage des Platzes direkt an der Familienlagune.

Lage & Stellplatz

Der Platz liegt am Ortsrand Büsums und nur eine kleine Nebenstraße trennt den Platz vom Deich mit der dahinterliegenden Familienlagune. Büsums Zentrum ist nur 1,5 km entfernt. Es gibt große, parzellierte Plätze mit Strom-, Wasser- und Abwasseranschluss, einen Spielplatz und Restaurant auf dem Platz.

Verpflegung

Der Bäckerwagen hat die gesamte Saison täglich von 7.30 Uhr bis 10.00 Uhr geöffnet. Hier erhalten Sie ohne Vorbestellung nicht nur Backwaren, sondern auch weitere Snacks. Das Restaurant „Büsumer Krabbe" bietet direkt auf dem Platz frische Küche. Außerdem sind im Ort mehrere Supermärkte vertreten.

Sanitär

Der Campingplatz verfügt über zwei moderne, frisch renovierte und saubere Sanitärgebäude. Im großen Sanitärgebäude befinden sich zusätzlich ein behindertengerechtes Bad und ein Kinderbad mit erhöhten Duschen und Wickeltisch. Im kleinen Gebäude finden Sie mehrere Waschmaschinen und Trockner.

Freizeit

Das Wattenmeer bietet nicht nur für Wassersportler ideale Bedingungen, auch Spaziergänger, Fahrradfahrer, Golfer, Reiter und Familien kommen hier voll auf ihre Kosten. Büsum ist der ideale Ausgangspunkt für Schifffahrten, zum Beispiel zu Deutschlands Hochseeinsel Helgoland oder zu den Seehundbänken.

Büsumer Fischereihafen.

Sonnenuntergang an der Lagune.

4.6 SEHR GUT
311 Bewertungen

Lage	4.7
Ruhe	4.3
Sanitäranlagen	4.7
Sauberkeit Ø	4.8
Freundlichkeit	4.6
Stellplatz	4.7
Verpflegung	3.7
Freizeit	4.4
Preis-Leistung	4.3
Mietunterkünfte	4.2

Geeignet für

4.7 Paare

4.7 Senioren	4.5 Kinder b. 12 J.	4.4 Gäste mit Hund
4.5 Kinder b. 6 J.	4.4 Gäste mit Zelt	4.0 Kinder b. 18 J.

Empfohlene Aktivitäten

Radfahren, Schwimmen, Entspannen, Surfen, Spazieren

AWARD 2020

Karte auf Seite 22

25 Nordseecamping in Lee

Stinteck 37
25761 Westerdeichstrich
+49 483 481 97

54.15849 | 8.83335

01.04. - 18.10.
HS: 29,10 € | NS: 23,50 €
Mehr Infos & Anfrage:
www.camping.info/18285

Baden im Meer	500m
Pool/Hallenbad	3km
Spielplatz am Platz	✓
Hunde willkommen	✓
wenig Schatten	✓
WLAN (gegen Gebühr)	✓
Lebensmittel	✓
Brötchen am Platz	✓
Restaurant/Imbiss	200m
Ver-/Entsorgung Womo	✓
im Ort	✓
Gesamt/Touristen	300/200
Mietunterkünfte	✗
Stellplätze vor Schranke	✓

4.6 SEHR GUT
81 Bewertungen

Lage	4.5
Ruhe	4.6
Sanitäranlagen	4.5
Sauberkeit Ø	4.8
Freundlichkeit	4.8
Stellplatz	4.4
Verpflegung	3.7
Freizeit	4.1
Preis-Leistung	4.6
Mietunterkünfte	-

Geeignet für

Kinder b. 6 J.	4.6
Kinder b. 12 J.	4.5
Kinder b. 18 J.	4.0
Paare	4.6
Senioren	4.7
Gäste mit Zelt	4.5
Gäste mit Hund	4.8

Empfohlene Aktivitäten

- Radfahren
- Entspannen
- Wandern

26 Camping an de Waterkant

Neuenkoog 8 - 9
25761 Westerdeichstrich

54.15111 | 8.82583

keine Angabe
keine Angabe
Mehr Infos & Anfrage:
www.camping.info/18288

Baden in nat. Gewässer	k. A.
Pool & Hallenbad	✗
Spielplatz	keine Angabe
Hunde	✗
Schatten	✗
WLAN	keine Angabe
Lebensmittel	k.A.
Brötchen	keine Angabe
Restaurant & Imbiss	✗
Ver-/Entsorgung Womo	✗
in den Ort	keine Angabe
Gesamt	keine Angabe
Mietunterkünfte	✗
Stellplätze vor Schranke	✗

3.4 GUT
7 Bewertungen

Lage	4.4
Ruhe	4.6
Sanitäranlagen	2.9
Sauberkeit Ø	3.8
Freundlichkeit	4.6
Stellplatz	3.6
Verpflegung	2.6
Freizeit	3.4
Preis-Leistung	4.1
Mietunterkünfte	-

Geeignet für

Kinder b. 6 J.	3.5
Kinder b. 12 J.	4.5
Kinder b. 18 J.	3.5
Paare	4.2
Senioren	4.5
Gäste mit Zelt	5.0
Hunde n. erlaubt	-

Empfohlene Aktivitäten

- Wandern
- Schwimmen
- Radfahren

29 Zeltcamp Helgoland Düne

27498 Insel Helgoland-Düne
+49 4725 7695

54.1864 | 7.91076

01.05. - 15.10.
HS: 22,00 € | NS: 22,00 €
Mehr Infos & Anfrage:
www.camping.info/18380

Baden in nat. Gewässer	k. A.
Pool & Hallenbad	✗
Spielplatz am Platz	✓
Hunde	✗
Schatten	✗
WLAN	✗
Lebensmittel	50m
Brötchen am Platz	✗
Restaurant/Imbiss	50m/1km
Ver-/Entsorgung Womo	✗
in den Ort	keine Angabe
Gesamt/Touristen	120/100
Mietunterkünfte	✓
Stellplätze vor Schranke	✗

5.0 AUSGEZEICHNET
6 Bewertungen

Lage	5.0
Ruhe	5.0
Sanitäranlagen	4.2
Sauberkeit Ø	5.0
Freundlichkeit	5.0
Stellplatz	3.4
Verpflegung	4.4
Freizeit	4.4
Preis-Leistung	4.8
Mietunterkünfte	-

Geeignet für

Kinder b. 6 J.	4.8
Kinder b. 12 J.	5.0
Kinder b. 18 J.	4.6
Paare	4.8
Senioren	3.4
Gäste mit Zelt	5.0
Hunde n. erlaubt	-

Empfohlene Aktivitäten

- Schwimmen
- Entspannen
- Spazieren

Infos

Öffnungszeiten
Vergleichspreis
Link

Ausstattung

Freizeit
Campingplatz
Versorgung
Anzahl der Plätze

❷ Nördliche Ostsee

	Platz	Seite	Bewertung		Öffnungszeiten	
1	Camping Jarplund	36	3.4		saisonal	
2	Camping Süderholz	36	4.3		ganzjährig	✻
3	Ostseecamp Glücksburg-Holnis	36	3.4		saisonal	ϟ
4	Fördeferien Bockholmwik	36	3.8		saisonal	
5	Camping Langballigau	37	3.8		saisonal	
6	Camping "Fördeblick" Westerholz	37	3.6		saisonal	
7	Camping Habernis	37	4.3		saisonal	
8	Camping Nordstern Norgaardholz	38	4.3		saisonal	ϟ
9	Camping Steinberghaff	38	4.3		ganzjährig	✻
10	Campingplatz Seehof	38	4.2		saisonal	
11	Campingplatz Ostseesonne	38	3.7		saisonal	FKK
12	Ostsee Campingplatz Hoeck	39	4.0		saisonal	
13	Camping Hasselberg	39	3.9		saisonal	
14	Ostseecamping Gut Oehe	40	3.0		saisonal	
15	Schlei-Camping Karschau	39	3.7		ganzjährig	✻
16	Camping Lindaunis	41	4.2		saisonal	
17	Camping Hellör	41	4.2		saisonal	
18	Camping Wees	41	4.2		saisonal	
19	Campingplatz Damp ****	42	4.1		saisonal	
20	Campingplatz Koralle	42	3.5		k. A.	
21	Ostsee-Freizeitpark Booknis	42	4.1		saisonal	
22	Campingplatz Hökholz	42	3.8		saisonal	
23	Ostseecamping Familie Heide	44	4.3		saisonal	ϟ
24	Campingplatz Jordan	43	-		saisonal	
25	Camp Langholz	43	4.1		saisonal	
26	Ostseecamp Lehmberg	46	4.1		saisonal	
27	Ostsee-Camping Gut Ludwigsburg	43	4.0		k. A.	
28	Ostseecamping - Gut Karlsminde	47	3.4		saisonal	
29	Camping Hemmelmark	47	3.3		saisonal	
30	Camping Grönwohld	47	3.2		saisonal	

✻ Wintercamping FKK Textilfrei (ganz/teilweise) Ecocamping Award ϟ Onlinebuchung

1 Camping Jarplund

Am Campingplatz 1
24941 Flensburg-Jarplund
+49 461 979 024
54.7445 | 9.43744

15.03. - 15.11.
HS: 23,50 € | NS: 23,50 €
Mehr Infos & Anfrage:
www.camping.info/18270

Baden in nat. Gewässer	k. A.
Pool/Hallenbad	✓/3km
Spielplatz am Platz	✓
Hunde erlaubt	✓
Schatten	✗
WLAN (gegen Gebühr)	✓
Lebensmittel	50m
Brötchen am Platz	✗
Imbiss	2km
Ver-/Entsorgung Womo	✗
in den Ort	1km
Gesamt/Touristen	100/60
Mietunterkünfte	✓
Stellplätze vor Schranke	✗

3.4 GUT
26 Bewertungen

Lage	3.6
Ruhe	3.7
Sanitäranlagen	2.8
Sauberkeit Ø	3.9
Freundlichkeit	4.3
Stellplatz	3.5
Verpflegung	3.5
Freizeit	2.5
Preis-Leistung	3.7
Mietunterkünfte	3.0

Geeignet für

Kinder b. 6 J.	3.5
Kinder b. 12 J.	3.8
Kinder b. 18 J.	3.4
Paare	3.8
Senioren	4.2
Gäste mit Zelt	4.6
Gäste mit Hund	4.3

Empfohlene Aktivitäten

- Sightseeing
- Radfahren
- Entspannen

2 Camping Süderholz

Süderholz 11
24885 Sieverstedt
+49 4638 213841
54.65238 | 9.44984

ganzjährig
HS: 15,00 € | NS: 15,00 €
Mehr Infos & Anfrage:
www.camping.info/18269

Baden in nat. Gewässer	k. A.
Pool & Hallenbad	✗
Spielplatz am Platz	✓
Hunde willkommen	✓
zur Hälfte Schatten	✓
WLAN	keine Angabe
Lebensmittel	4km
Brötchen	keine Angabe
Restaurant/Imbiss	4km
Ver-/Entsorgung Womo	✓
in den Ort	3km
Touristenplätze	35
Mietunterkünfte	✗
Stellplätze vor Schranke	✓

4.3 SEHR GUT
23 Bewertungen

Lage	4.5
Ruhe	4.5
Sanitäranlagen	3.1
Sauberkeit Ø	4.4
Freundlichkeit	5.0
Stellplatz	3.8
Verpflegung	3.3
Freizeit	3.6
Preis-Leistung	4.7
Mietunterkünfte	-

Geeignet für

Kinder b. 6 J.	4.0
Kinder b. 12 J.	3.9
Kinder b. 18 J.	3.4
Paare	4.6
Senioren	4.7
Gäste mit Zelt	4.4
Gäste mit Hund	4.8

Empfohlene Aktivitäten

- Radfahren
- Wandern
- Entspannen

3 Ostseecamp Glücksburg-Holnis

An der Promenade 1
24960 Glücksburg-Holnis
+49 463 162 2071
54.85863 | 9.59026

01.04. - 31.10.
HS: 31,50 € | NS: 29,70 €
Mehr Infos & online buchen:
www.camping.info/18272

Baden im Meer am Platz	✓
Hallenbad	7km
Spielplatz am Platz	✓
Hunde erlaubt	✓
Schatten	✗
WLAN	✓
Lebensmittel	✓
Brötchen am Platz	✓
Restaurant/Imbiss	100m/✓
Ver-/Entsorgung Womo	✓
in den Ort	6km
Gesamt/Touristen	200/150
Mietunterkünfte	✓
Stellplätze vor Schranke	✗

3.4 GUT
65 Bewertungen

Lage	4.4
Ruhe	3.8
Sanitäranlagen	3.7
Sauberkeit Ø	3.7
Freundlichkeit	3.9
Stellplatz	3.2
Verpflegung	2.6
Freizeit	3.7
Preis-Leistung	3.4
Mietunterkünfte	3.0

Geeignet für

Kinder b. 6 J.	4.0
Kinder b. 12 J.	4.0
Kinder b. 18 J.	3.5
Paare	4.1
Senioren	4.0
Gäste mit Zelt	3.6
Gäste mit Hund	3.4

Empfohlene Aktivitäten

- Schwimmen
- Radfahren
- Entspannen

keine WOMOs ab 13 m

4 Fördeferien Bockholmwik

Bockholmwik 19
24960 Bockholmwik / Ostsee
+49 4631 2088
54.82897 | 9.60865

01.04. - 31.10.
HS: 21,00 € | NS: 19,20 €
Mehr Infos & Anfrage:
www.camping.info/18271

Baden im Meer am Platz	✓
Pool/Hallenbad	18/6km
Spielplatz am Platz	✓
Hunde willkommen	✓
Schatten	✗
WLAN	✓
Lebensmittel	✓
Brötchen am Platz	✓
Restaurant am P.	✓
Ver-/Entsorgung Womo	✓
in den Ort	6km
Gesamt/Touristen	200/70
Mietunterkünfte	✓
Stellplätze vor Schranke	✓

3.8 GUT
31 Bewertungen

Lage	4.7
Ruhe	4.1
Sanitäranlagen	3.1
Sauberkeit Ø	3.9
Freundlichkeit	4.5
Stellplatz	3.6
Verpflegung	3.6
Freizeit	3.9
Preis-Leistung	4.0
Mietunterkünfte	4.1

Geeignet für

Kinder b. 6 J.	3.9
Kinder b. 12 J.	4.1
Kinder b. 18 J.	3.5
Paare	4.0
Senioren	4.0
Gäste mit Zelt	3.9
Gäste mit Hund	4.4

Empfohlene Aktivitäten

- Schwimmen
- Entspannen
- Radfahren

5 Camping Langballigau

Strandweg 3
24977 Langballigau
+49 4636 308
54.82161 | 9.65884

01.04. - 31.10.
HS: 18,50 € | NS: 18,50 €
Mehr Infos & Anfrage:
www.camping.info/18278

Baden im Meer am Platz	✓
Hallenbad	10km
Spielplatz am Platz	✓
Hunde willkommen	✓
wenig Schatten	✓
WLAN (gegen Gebühr)	teilweise
Lebensmittel	3km
Brötchen am Platz	✓
Restaurant & Imbiss	✓
Ver-/Entsorgung Womo	✓
in den Ort	3km
Gesamt/Touristen	200/100
Mietunterkünfte	✓
Stellplätze vor Schranke	✓

3.8 GUT – 33 Bewertungen

Lage	4.3
Ruhe	3.9
Sanitäranlagen	3.6
Sauberkeit Ø	4.1
Freundlichkeit	4.3
Stellplatz	3.7
Verpflegung	3.7
Freizeit	3.8
Preis-Leistung	4.3
Mietunterkünfte	3.4

Geeignet für

Kinder b. 6 J.	4.0
Kinder b. 12 J.	4.1
Kinder b. 18 J.	3.3
Paare	4.4
Senioren	4.5
Gäste mit Zelt	4.1
Gäste mit Hund	4.2

Empfohlene Aktivitäten
- Schwimmen
- Segeln
- Wandern

6 Camping "Fördeblick" Westerholz

Kummle 1
24977 Westerholz
+49 4636 8385
54.81944 | 9.66638

01.04. - 30.09.
HS: 27,00 € | NS: 24,00 €
Mehr Infos & Anfrage:
www.camping.info/18277

Baden in nat. Gewässer	k. A.
Hallenbad	20km
Spielplatz am Platz	✓
Hunde willkommen	✓
kein Schatten	✓
WLAN	✓
Lebensmittel	1km
Brötchen am Platz	nur HS
Restaurant/Imbiss	1km/600m
Ver-/Entsorgung Womo	✓
in den Ort	3km
Gesamt/Touristen	150/30
Mietunterkünfte	✗
Stellplätze vor Schranke	✓

3.6 GUT – 8 Bewertungen

Lage	4.0
Ruhe	4.2
Sanitäranlagen	4.3
Sauberkeit Ø	4.5
Freundlichkeit	4.6
Stellplatz	3.8
Verpflegung	3.4
Freizeit	3.8
Preis-Leistung	4.6
Mietunterkünfte	-

Geeignet für

Kinder b. 6 J.	4.7
Kinder b. 12 J.	4.0
Kinder b. 18 J.	4.0
Paare	5.0
Senioren	4.2
Gäste mit Zelt	4.7
Gäste mit Hund	4.7

Empfohlene Aktivitäten
- Schwimmen
- Radfahren
- Motorboot

7 Camping Habernis

Habernis 7
24972 Habernis
+49 4632 7616
54.79416 | 9.77444

01.04. - 31.10.
HS: 18,00 € | NS: 18,00 €
Mehr Infos & Anfrage:
www.camping.info/18274

Baden in nat. Gewässer	k. A.
Pool & Hallenbad	✗
Spielplatz am Platz	✓
Hunde erlaubt	✓
Schatten	✗
WLAN (gegen Gebühr)	✓
Lebensmittel	5km
Brötchen am Platz	✓
Restaurant/Imbiss	✓/5km
Ver-/Entsorgung Womo	✓
in den Ort	5km
Gesamt/Touristen	61/30
Mietunterkünfte	✓
Stellplätze vor Schranke	✗

4.3 SEHR GUT – 6 Bewertungen

Lage	4.8
Ruhe	4.5
Sanitäranlagen	4.2
Sauberkeit Ø	4.6
Freundlichkeit	4.6
Stellplatz	4.5
Verpflegung	4.2
Freizeit	3.7
Preis-Leistung	4.8
Mietunterkünfte	5.0

Geeignet für

Kinder b. 6 J.	4.8
Kinder b. 12 J.	5.0
Kinder b. 18 J.	4.0
Paare	4.7
Senioren	5.0
Gäste mit Zelt	5.0
Gäste mit Hund	5.0

Empfohlene Aktivitäten
- Radfahren
- Angeln
- Wandern

Karte auf Seite 34

Infos
Öffnungszeiten
Vergleichspreis
Link

Ausstattung
Freizeit
Campingplatz
Versorgung
Anzahl der Plätze

8 Camping Nordstern Norgaardholz

Nordstern 1
24972 Steinberg
+49 171 328 1210
54.78506 | 9.79974

01.04. - 30.09.
HS: 16,00 € | NS: 20,00 €
Mehr Infos & online buchen:
www.camping.info/18275

Baden im Meer am Platz	✓
Hallenbad	15km
Spielplatz am Platz	✓
Hunde willkommen	✓
wenig Schatten	✓
WLAN (gegen Gebühr)	✓
Lebensmittel	4km
Brötchen am Platz	nur HS
Restaurant am P.	✓
Ver-/Entsorgung Womo	✓
in den Ort	4km
Gesamt/Touristen	250/30
Mietunterkünfte	✓
Stellplätze vor Schranke	✓

4.3 SEHR GUT
15 Bewertungen

Lage	4.6
Ruhe	4.7
Sanitäranlagen	4.9
Sauberkeit Ø	4.9
Freundlichkeit	4.8
Stellplatz	4.3
Verpflegung	3.9
Freizeit	3.9
Preis-Leistung	4.8
Mietunterkünfte	5.0

Geeignet für

Kinder b. 6 J.	4.6
Kinder b. 12 J.	4.4
Kinder b. 18 J.	3.2
Paare	4.8
Senioren	4.5
Gäste mit Zelt	4.4
Gäste mit Hund	4.9

Empfohlene Aktivitäten

- Schwimmen
- Radfahren
- Angeln

9 Camping Steinberghaff

Fischerstraße 21
24972 Steinberghaff
+49 4632 247
54.76772 | 9.82057

ganzjährig
HS: 16,00 €
Mehr Infos & Anfrage:
www.camping.info/18276

Baden in nat. Gewässer	k. A.
Pool & Hallenbad	✗
Spielplatz am Platz	✓
Hunde erlaubt	✓
wenig Schatten	✓
WLAN	keine Angabe
Lebensmittel	5km
Brötchen	keine Angabe
Restaurant & Imbiss	✓
Ver-/Entsorgung Womo	✓
in den Ort	5km
Gesamt/Touristen	220/15
Mietunterkünfte	✓
Stellplätze vor Schranke	✗

4.3 SEHR GUT
9 Bewertungen

Lage	4.9
Ruhe	4.9
Sanitäranlagen	3.4
Sauberkeit Ø	3.6
Freundlichkeit	5.0
Stellplatz	3.7
Verpflegung	3.4
Freizeit	4.1
Preis-Leistung	4.6
Mietunterkünfte	5.0

Geeignet für

Kinder b. 6 J.	4.6
Kinder b. 12 J.	4.3
Kinder b. 18 J.	4.4
Paare	5.0
Senioren	5.0
Gäste mit Zelt	5.0
Gäste mit Hund	4.8

Empfohlene Aktivitäten

- Radfahren
- Schwimmen
- Motorboot

NS: 21.10. - 30.03

10 Campingplatz Seehof

Gammeldamm 5
24395 Pommerby
+49 4643 693
54.76511 | 9.96788

01.04. - 31.10.
HS: 20,00 € | NS: 22,00 €
Mehr Infos & Anfrage:
www.camping.info/18254

Baden im Meer am Platz	✓
Hallenbad	13km
Spielplatz	✗
Hunde erlaubt	✓
zur Hälfte Schatten	✓
WLAN (gegen Gebühr)	✓
Lebensmittel	6km
Brötchen am Platz	✓
Restaurant/Imbiss	3/2km
Ver-/Entsorgung Womo	✓
in den Ort	5km
Gesamt/Touristen	150/40
Mietunterkünfte	✓
Stellplätze vor Schranke	✗

4.2 SEHR GUT
9 Bewertungen

Lage	4.7
Ruhe	4.4
Sanitäranlagen	3.4
Sauberkeit Ø	4.7
Freundlichkeit	5.0
Stellplatz	3.8
Verpflegung	3.8
Freizeit	4.0
Preis-Leistung	4.2
Mietunterkünfte	5.0

Geeignet für

Kinder b. 6 J.	4.1
Kinder b. 12 J.	4.0
Kinder b. 18 J.	3.8
Paare	4.5
Senioren	4.5
Gäste mit Zelt	4.7
Gäste mit Hund	5.0

Empfohlene Aktivitäten

- Schwimmen
- Wandern
- Entspannen

11 Campingplatz Ostseesonne

FKK

Gammeldamm 6
24395 Pommerby
+49 4643 2223
54.76321 | 9.97075

01.04. - 31.10.
HS: 24,00 € | NS: 21,00 €
Mehr Infos & Anfrage:
www.camping.info/26169

Baden im Meer am Platz	✓
Pool & Hallenbad	✗
Spielplatz am Platz	✓
Hunde willkommen	✓
wenig Schatten	✓
WLAN (gegen Gebühr)	✓
Lebensmittel	✓
Brötchen am Platz	✓
Restaurant & Imbiss	✓
Ver-/Entsorgung Womo	✓
in den Ort	4km
Gesamt/Touristen	175/100
Mietunterkünfte	✓
Stellplätze vor Schranke	✓

3.7 GUT
39 Bewertungen

Lage	4.8
Ruhe	4.5
Sanitäranlagen	3.4
Sauberkeit Ø	3.9
Freundlichkeit	4.0
Stellplatz	3.6
Verpflegung	3.7
Freizeit	3.3
Preis-Leistung	3.5
Mietunterkünfte	4.0

Geeignet für

Kinder b. 6 J.	3.8
Kinder b. 12 J.	3.8
Kinder b. 18 J.	3.3
Paare	4.2
Senioren	4.1
Gäste mit Zelt	3.4
Gäste mit Hund	4.1

Empfohlene Aktivitäten

- Radfahren
- Wandern
- Schwimmen

Karte auf Seite 34

12 Ostsee Camping-platz Hoeck

Dänische Straße 3
24395 Kronsgaard
+49 4643 2547
54.72784 | 9.97497

01.04. - 01.10.
HS: 19,20 € | NS: 19,20 €
Mehr Infos & Anfrage:
www.camping.info/24054

Baden im Meer	300m
Hallenbad	12km
Spielplatz am Platz	✓
Hunde	✗
zur Hälfte Schatten	✓
WLAN	✗
Lebensmittel	500m
Brötchen am Platz	✗
Restaurant/Imbiss	600/300m
Ver-/Entsorgung Womo	✗
in den Ort	6km
Gesamt/Touristen	80/20
Mietunterkünfte	✓
Stellplätze vor Schranke	✓

4.0 SEHR GUT
28 Bewertungen

Lage	4.7
Ruhe	4.4
Sanitäranlagen	3.3
Sauberkeit Ø	4.1
Freundlichkeit	4.4
Stellplatz	4.1
Verpflegung	2.8
Freizeit	3.7
Preis-Leistung	4.4
Mietunterkünfte	4.7

Geeignet für

Kinder b. 6 J.	4.4
Kinder b. 12 J.	4.3
Kinder b. 18 J.	4.0
Paare	4.0
Senioren	4.0
Gäste mit Zelt	4.3
Hunde n. erlaubt	-

Empfohlene Aktivitäten

- Schwimmen
- Radfahren
- Entspannen

13 Camping Hasselberg

Drecht 7
24376 Hasselberg
+49 4642 6383
54.71583 | 9.99028

01.04. - 03.10.
HS: 16,00 € | NS: 16,00 €
Mehr Infos & Anfrage:
www.camping.info/18252

Baden im Meer am Platz	✓
Pool & Hallenbad	✗
Spielplatz am Platz	✓
Hunde erlaubt	✓
Schatten	✗
WLAN (gegen Gebühr)	✓
Lebensmittel	✓
Brötchen am Platz	✓
Restaurant & Imbiss	✓
Ver-/Entsorgung Womo	✓
in den Ort	11km
Gesamt/Touristen	500/200
Mietunterkünfte	✓
Stellplätze vor Schranke	✓

3.9 GUT
18 Bewertungen

Lage	4.9
Ruhe	4.0
Sanitäranlagen	3.2
Sauberkeit Ø	3.7
Freundlichkeit	4.6
Stellplatz	3.9
Verpflegung	4.1
Freizeit	4.1
Preis-Leistung	4.4
Mietunterkünfte	3.3

Geeignet für

Kinder b. 6 J.	3.9
Kinder b. 12 J.	4.1
Kinder b. 18 J.	3.6
Paare	4.2
Senioren	4.0
Gäste mit Zelt	4.2
Gäste mit Hund	4.7

Empfohlene Aktivitäten

- Schwimmen
- Radfahren
- Wandern

15 Schlei-Camping Karschau

*

Karschau 56
24407 Karschau
+49 4642 920 820
54.62002 | 9.88348

ganzjährig
HS: 29,00 € | NS: 26,00 €
Mehr Infos & Anfrage:
www.camping.info/18259

Baden im Fluss am Platz	✓
Hallenbad	8km
Spielplatz am Platz	✓
Hunde willkommen	✓
wenig Schatten	✓
WLAN	✓
Lebensmittel	6km
Brötchen am Platz	nur HS
Restaurant & Imbiss	✓
Ver-/Entsorgung Womo	✓
in den Ort	3km
Gesamt/Touristen	175/75
Mietunterkünfte	✓
Stellplätze vor Schranke	✓

3.7 GUT
34 Bewertungen

Lage	3.9
Ruhe	4.1
Sanitäranlagen	3.5
Sauberkeit Ø	4.1
Freundlichkeit	4.0
Stellplatz	3.6
Verpflegung	3.5
Freizeit	3.5
Preis-Leistung	3.8
Mietunterkünfte	3.9

Geeignet für

Kinder b. 6 J.	3.4
Kinder b. 12 J.	3.3
Kinder b. 18 J.	3.1
Paare	4.2
Senioren	4.4
Gäste mit Zelt	4.0
Gäste mit Hund	4.2

Empfohlene Aktivitäten

- Radfahren
- Kayak/Kanu
- Segeln

Infos

Öffnungszeiten
Vergleichspreis
Link

Ausstattung

Freizeit
Campingplatz
Versorgung
Anzahl der Plätze

ANZEIGE

14 Ostseecamping Gut Oehe

Drecht 6
24376 Hasselberg
+49 4642 6124
www.camping-oehe.de
camping@gut-oehe.de

01.04. - 17.10.

HS: 27,00 € | NS: 24,00 €

Mehr Infos & Anfrage:
www.camping.info/18258

Baden im Meer am Platz	✓
Hallenbad	10km
Spielplatz am Platz	✓
Hunde willkommen	✓
wenig Schatten	✓
WLAN	✓
Lebensmittel	✓
Brötchen am Platz	✓
Restaurant & Imbiss	✓
Ver-/Entsorgung Womo	✓
in den Ort	2km
Gesamt/Touristen	500/250
Mietunterkünfte	✓
Stellplätze vor Schranke	✓

Luftaufnahme des Campingplatzes.

Lage & Stellplatz

Der Platz liegt inmitten Angeliter Landschaft und hat eine der schönsten Lagen für Naturliebhaber – direkt zwischen dem Naturschutzgebiet Oehe, der Ostsee und der Schlei. Der Platz liegt auf der Landseite des Deiches, zum herrlichen Naturstrand sind es nur wenige Schritte.

Sanitär

Der Campingplatz Gut Oehe verfügt über zwei gepflegte sanitäre Einrichtungen. Es befinden sich außerdem Waschmaschinen und Trockner und ein behindertengerechtes Bad am Platz.

Verpflegung

Der Supermarkt bietet alles für den täglichen Gebrauch: Hier finden Sie eine große Frischetheke mit Obst, Grillfleisch, täglich frische Brötchen, Kuchen, Eis für die Kleinen, Weine und Gasflaschen. In dem platzeigenen Restaurant können Sie innen und außen den Blick auf die Ostsee genießen.

Freizeit

Hier kommen Naturliebhaber, Fahrradfahrer, Spaziergänger, Strandgänger, Familien und Kindergruppen auf ihre Kosten. Surfschule, Hüpfburg, Kinderanimation und Strand befinden sich direkt am Platz. In der Nähe gibt es Barfuß- und Tierparks, den Freizeitpark in Tolk oder schöne Städte wie Flensburg.

Campingplatz, Deich und Ostsee.

Der platzeigene Supermarkt.

3.0 GUT
47 Bewertungen

Lage	4.0
Ruhe	4.0
Sanitäranlagen	3.1
Sauberkeit Ø	3.2
Freundlichkeit	3.1
Stellplatz	3.0
Verpflegung	3.2
Freizeit	3.0
Preis-Leistung	3.3
Mietunterkünfte	2.0

Geeignet für

- 3.7 Gäste mit Hund
- 3.5 Senioren
- 3.3 Kinder b. 6 J.
- 3.2 Kinder b. 12 J.
- 3.4 Paare
- 3.3 Gäste mit Zelt
- 2.8 Kinder b. 18 J.

Empfohlene Aktivitäten

Radfahren | Schwimmen | Surfen | Angeln | Wandern

Karte auf Seite 34

	16	17	18
	Camping Lindaunis	**Camping Hellör**	**Camping Wees**
	Schleistraße 1 24392 Boren OT Lindaunis +49 4641 7317	Hellör 1 24864 Brodersby-Goltoft +49 4622 533	An de Wees 16 24354 Missunde +49 4354 98430
	54.58747 | 9.81408	54.53635 | 9.73359	54.52391 | 9.72359
Infos			
Öffnungszeiten	01.04. - 15.10.	01.04. - 03.10.	01.04. - 31.10.
Vergleichspreis	HS: 25,50 € | NS: 25,50 €	HS: 25,50 € | NS: 25,50 €	HS: 26,50 € | NS: 26,50 €
Link	**Mehr Infos & Anfrage:** www.camping.info/18253	**Mehr Infos & Anfrage:** www.camping.info/18267	**Mehr Infos & Anfrage:** www.camping.info/18244
Ausstattung			
Freizeit	Baden im Fluss am Platz ✓ Pool & Hallenbad ✗ Spielplatz am Platz ✓	Baden im Fluss am Platz ✓ Pool/Hallenbad 14/15km Spielplatz am Platz ✓	Baden in nat. Gewässer k. A. Hallenbad 15km Spielplatz am Platz ✓
Campingplatz	Hunde willkommen ✓ wenig Schatten ✓ WLAN (gegen Gebühr) ✓	Hunde willkommen ✓ zur Hälfte Schatten ✓ WLAN ✗	Hunde willkommen ✓ wenig Schatten ✓ WLAN (gegen Gebühr) ✓
Versorgung	Lebensmittel ✓ Brötchen am Platz ✓ Restaurant & Imbiss ✓ Ver-/Entsorgung Womo ✗ in den Ort 8km	Lebensmittel ✓ Brötchen am Platz ✓ Restaurant/Imbiss 3km Ver-/Entsorgung Womo ✗ in den Ort 1km	Lebensmittel ✓ Brötchen am Platz ✓ Restaurant/Imbiss 3/7km Ver-/Entsorgung Womo ✓ in den Ort 6km
Anzahl der Plätze	Gesamt/Touristen 200/35 Mietunterkünfte ✗ Stellplätze vor Schranke ✗	Gesamt/Touristen 110/55 Mietunterkünfte ✗ Stellplätze vor Schranke ✓	Gesamt/Touristen 150/40 Mietunterkünfte ✗ Stellplätze vor Schranke ✗
Bewertung	4.2 SEHR GUT, 22 Bewertungen	4.2 SEHR GUT, 27 Bewertungen	4.2 SEHR GUT, 30 Bewertungen
Lage	4.6	4.7	4.6
Ruhe	4.1	4.9	4.8
Sanitäranlagen	3.9	3.6	4.2
Sauberkeit Ø	4.5	4.6	4.5
Freundlichkeit	4.9	4.5	4.9
Stellplatz	3.8	4.1	4.1
Verpflegung	3.6	3.1	4.0
Freizeit	3.7	3.9	3.8
Preis-Leistung	4.1	4.1	4.3
Mietunterkünfte	-	-	-
Geeignet für			
Kinder b. 6 J.	3.9	4.3	4.3
Kinder b. 12 J.	3.6	3.9	4.5
Kinder b. 18 J.	2.9	3.3	3.8
Paare	4.4	4.6	4.6
Senioren	4.6	4.7	4.7
Gäste mit Zelt	4.1	4.4	4.6
Gäste mit Hund	4.5	4.4	4.7
Empfohlene Aktivitäten	Segeln Kayak/Kanu Radfahren	Kayak/Kanu Schwimmen Radfahren	Kayak/Kanu Entspannen Radfahren

19 Campingplatz Damp ****

Dorotheenthal
24351 Damp
+49 4352 5121
54.57178 | 10.02222

31.03. - 30.10.
HS: 22,60 € | NS: 19,50 €
Mehr Infos & Anfrage:
www.camping.info/18243

Baden im Meer am Platz	✓
Pool/Hallenbad	1km
Spielplatz am Platz	✓
Hunde willkommen	✓
wenig Schatten	✓
WLAN (gegen Gebühr)	✓
Lebensmittel	✓
Brötchen am Platz	✓
Restaurant & Imbiss	✓
Ver-/Entsorgung Womo	✓
in den Ort	1km
Gesamt/Touristen	260/80
Mietunterkünfte	✓
Stellplätze vor Schranke	✓

4.1 SEHR GUT
19 Bewertungen

Lage	4.5
Ruhe	4.1
Sanitäranlagen	4.1
Sauberkeit Ø	4.3
Freundlichkeit	4.2
Stellplatz	4.0
Verpflegung	3.5
Freizeit	3.8
Preis-Leistung	4.3
Mietunterkünfte	4.0

Geeignet für

Kinder b. 6 J.	3.9
Kinder b. 12 J.	4.2
Kinder b. 18 J.	3.6
Paare	4.1
Senioren	4.1
Gäste mit Zelt	3.9
Gäste mit Hund	4.2

Empfohlene Aktivitäten

- Radfahren
- Entspannen
- Reiten

20 Campingplatz Koralle

Fischlegerstrand
24351 Damp-Fischlegerstrand
+49 4352 5109
54.56734 | 10.02167

keine Angabe
HS: 16,50 € | NS: 16,50 €
Mehr Infos & Anfrage:
www.camping.info/18242

Baden im Meer	40m
Hallenbad	2km
Spielplatz am Platz	✓
Hunde erlaubt	✓
Schatten	✗
WLAN	✗
Lebensmittel	200m
Brötchen am Platz	✓
Restaurant & Imbiss	✓
Ver-/Entsorgung Womo	✓
in den Ort	1km
Gesamt	keine Angabe
Mietunterkünfte	✓
Stellplätze vor Schranke	✗

3.5 GUT
14 Bewertungen

Lage	4.3
Ruhe	3.6
Sanitäranlagen	3.5
Sauberkeit Ø	3.4
Freundlichkeit	3.8
Stellplatz	3.3
Verpflegung	2.7
Freizeit	3.4
Preis-Leistung	4.2
Mietunterkünfte	3.0

Geeignet für

Kinder b. 6 J.	3.8
Kinder b. 12 J.	3.8
Kinder b. 18 J.	3.9
Paare	4.2
Senioren	3.9
Gäste mit Zelt	3.8
Gäste mit Hund	4.5

Empfohlene Aktivitäten

- Wandern
- Radfahren
- Entspannen

21 Ostsee-Freizeitpark Booknis

Seestraße
24369 Booknis
+49 4352 2311
54.56283 | 10.02305

01.04. - 10.10.
HS: 26,00 € | NS: 19,00 €
Mehr Infos & Anfrage:
www.camping.info/18248

Baden im Meer am Platz	✓
Pool & Hallenbad	✗
Spielplatz am Platz	✓
Hunde willkommen	✓
wenig Schatten	✓
WLAN (gegen Gebühr)	✓
Lebensmittel	✓
Brötchen am Platz	✓
Restaurant & Imbiss	✓
Ver-/Entsorgung Womo	✗
in den Ort	2km
Gesamt/Touristen	850/140
Mietunterkünfte	✓
Stellplätze vor Schranke	✗

4.1 SEHR GUT
29 Bewertungen

Lage	4.7
Ruhe	4.5
Sanitäranlagen	4.0
Sauberkeit Ø	4.2
Freundlichkeit	4.1
Stellplatz	4.1
Verpflegung	4.3
Freizeit	4.0
Preis-Leistung	4.0
Mietunterkünfte	3.8

Geeignet für

Kinder b. 6 J.	4.6
Kinder b. 12 J.	4.4
Kinder b. 18 J.	3.5
Paare	4.5
Senioren	4.7
Gäste mit Zelt	4.1
Gäste mit Hund	4.8

Empfohlene Aktivitäten

- Schwimmen
- Radfahren
- Wandern

22 Campingplatz Hökholz

Ritenrade 4
24369 Waabs
+49 4352 9117031
54.54056 | 10.00861

01.04. - 30.09.
HS: 16,50 € | NS: 16,50 €
Mehr Infos & Anfrage:
www.camping.info/22314

Baden im Meer am Platz	✓
Hallenbad	8km
Spielplatz am Platz	✓
Hunde willkommen	✓
Schatten	✗
WLAN	✗
Lebensmittel	✓
Brötchen am Platz	✓
Restaurant/Imbiss	3km/✓
Ver-/Entsorgung Womo	✓
in den Ort	3km
Gesamt/Touristen	192/40
Mietunterkünfte	✓
Stellplätze vor Schranke	✗

3.8 GUT
18 Bewertungen

Lage	4.4
Ruhe	4.3
Sanitäranlagen	4.2
Sauberkeit Ø	4.2
Freundlichkeit	4.6
Stellplatz	3.8
Verpflegung	3.4
Freizeit	3.6
Preis-Leistung	4.6
Mietunterkünfte	2.3

Geeignet für

Kinder b. 6 J.	4.3
Kinder b. 12 J.	4.2
Kinder b. 18 J.	3.0
Paare	4.5
Senioren	4.5
Gäste mit Zelt	3.9
Gäste mit Hund	4.8

Empfohlene Aktivitäten

- Radfahren
- Wandern
- Entspannen

Karte auf Seite 34

24 Campingplatz Jordan

Strandbek
24369 Klein-Waabs
+49 4352 2820
54.52881 | 10.00036

01.04. - 30.09.

HS: 34,70 €

Mehr Infos & Anfrage:
www.camping.info/18250

Baden in nat. Gewässer	k. A.
Pool & Hallenbad	✗
Spielplatz am Platz	✓
Hunde	✗
Schatten	✗
WLAN	✓
Lebensmittel	✓
Brötchen	keine Angabe
Restaurant & Imbiss	✓
Ver-/Entsorgung Womo	✓
in den Ort	500m
Gesamt/Touristen	85/35
Mietunterkünfte	✗
Stellplätze vor Schranke	✗

- JETZT BEWERTEN!

Für diese Auswertung liegen leider noch nicht genügend Bewertungen vor.

Sei einer der Ersten, der diesen Campingplatz bewertet. Unter den Bewertern werden regelmäßig Gewinne verlost!

Mehr Infos dazu findest du in unserem allgemeinen Intro.

25 Camp Langholz

Fischerstrasse 9
24369 Waabs
+49 4352 911484
54.51278 | 9.98167

01.04. - 08.10.

HS: 19,50 € | NS: 15,50 €

Mehr Infos & Anfrage:
www.camping.info/18247

Baden im Meer am Platz	✓
Hallenbad	10km
Spielplatz am Platz	✓
Hunde willkommen	✓
wenig Schatten	✓
WLAN	✗
Lebensmittel	✓
Brötchen am Platz	✓
Restaurant & Imbiss	✓
Ver-/Entsorgung Womo	✓
in den Ort	2km
Gesamt/Touristen	140/40
Mietunterkünfte	✓
Stellplätze vor Schranke	✗

4.1 SEHR GUT
42 Bewertungen

Lage	4.6
Ruhe	4.4
Sanitäranlagen	3.1
Sauberkeit Ø	3.6
Freundlichkeit	4.3
Stellplatz	3.9
Verpflegung	3.6
Freizeit	3.7
Preis-Leistung	4.2
Mietunterkünfte	4.2

Geeignet für

Kinder b. 6 J.	4.1
Kinder b. 12 J.	4.2
Kinder b. 18 J.	3.9
Paare	4.4
Senioren	4.0
Gäste mit Zelt	4.1
Gäste mit Hund	4.5

Empfohlene Aktivitäten

- Entspannen
- Angeln
- Schwimmen

27 Ostsee-Camping Gut Ludwigsburg

Ludwigsburg 4
24368 Waabs
+49 4358 370
54.5031 | 9.95773

keine Angabe

keine Angabe

Mehr Infos & Anfrage:
www.camping.info/23795

Baden in nat. Gewässer	k. A.
Pool & Hallenbad	✗
Spielplatz	keine Angabe
Hunde	✗
Schatten	✗
WLAN	keine Angabe
Lebensmittel	k.A.
Brötchen	keine Angabe
Restaurant & Imbiss	✗
Ver-/Entsorgung Womo	✗
in den Ort	keine Angabe
Gesamt	keine Angabe
Mietunterkünfte	✗
Stellplätze vor Schranke	✗

4.0 SEHR GUT
81 Bewertungen

Lage	4.2
Ruhe	4.0
Sanitäranlagen	4.6
Sauberkeit Ø	4.4
Freundlichkeit	4.1
Stellplatz	3.9
Verpflegung	3.8
Freizeit	3.7
Preis-Leistung	4.2
Mietunterkünfte	-

Geeignet für

Kinder b. 6 J.	4.1
Kinder b. 12 J.	4.0
Kinder b. 18 J.	3.7
Paare	4.3
Senioren	4.3
Gäste mit Zelt	4.1
Hunde n. erlaubt	-

Empfohlene Aktivitäten

- Schwimmen
- Radfahren
- Entspannen

Infos

Öffnungszeiten
Vergleichspreis
Link

Ausstattung

Freizeit
Campingplatz
Versorgung
Anzahl der Plätze

23 Ostseecamping Familie Heide

Strandweg 31
24369 Kleinwaabs
+49 4352 2530
www.waabs.de
info@waabs.de

10.04. - 28.10.

HS: 39,60 € | NS: 26,60 €

Mehr Infos & online buchen:
www.camping.info/18251

Baden im Meer am Platz	✓
Hallenbad	✓
Spielplatz am Platz	✓
Hunde willkommen	✓
Schatten	✗
WLAN	✓
Lebensmittel	✓
Brötchen am Platz	✓
Restaurant & Imbiss	✓
Ver-/Entsorgung Womo	✓
in den Ort	500m
Gesamt/Touristen	805/285
Mietunterkünfte	✓
Stellplätze vor Schranke	✓

ADAC Klassifikation 2020 SUPER 2020 ★★★★★ PINCAMP.DE ADAC

ServiceQualität DEUTSCHLAND

Stellplatz mit Blick auf die Ostsee.

Lage & Stellplatz

Zwischen Eckernförde und Damp befindet sich der familiengeführte Platz. Der Campingplatz erhält stets Bestnoten von ADAC, ANWB und DCC. Das weitläufige Gelände reicht bis an die Steilküste. Die Stellplätze sind parzelliert, teilweise durch Hecken getrennt sowie mit gepflasterten Elementen für das Vorzelt versehen. Drei verschiedenen Platzgrößen, zum Teil mit Blick auf die Ostsee. Die Plätze sind über gut asphaltierte Wege zu erreichen, die meisten verfügen über Wasser- und Abwasseranschlüsse. WLAN verfügbar. Unterhalb der Steilküste finden Sie den ca. 500 m langen, kiesdurchsetzten Sandstrand.

Sanitär

In den verschiedenen Sanitärbereichen stehen 21 Familienbäder zur freien Verfügung. Die beliebten Mietbäder mit Badewanne können für den kompletten Urlaub gemietet werden. Die Kinderbäder wurden speziell auf die Bedürfnisse der kleinen Gäste ausgestattet, mit kindgerechten Toiletten und Waschbecken. Natürlich gibt es für Gäste mit Handicap spezielle Bereiche mit Toiletten und Duschen. Für die vierbeinigen Besucher steht eine Hundedusche bereit. Es gibt verschiedene Waschmaschinen- und Trocknerräume.

Badestrand am Campingplatz.

Abenteuerspielplatz.

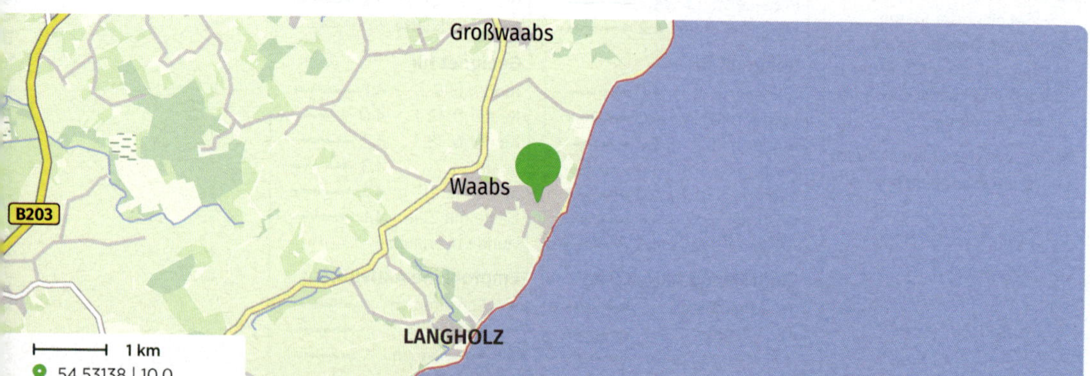

Neue kostenfreie Familienbäder in allen Sanitäranlagen. E-Scooter Verleih.

Luftaufnahme mit Blick auf den Platz, im Hintergrund Camp Heideby und die Ostsee Ferienhäuser.

Verpflegung

Für den täglichen Bedarf erwartet Sie der Ostseemarkt mit eigener Fleischerei, eine Bäckerei verwöhnt Sie mit frischen Backwaren. Im Eingangsbereich lädt das Restaurant „Meeresblick“ mit zahlreichen Gerichten ein, von deutscher bis griechischer Küche. Direkt am Strand mit einem atemberaubenden Blick befindet sich die Pizzeria „Strandgut“, die für ihre Flammkuchen bekannt ist. Der Imbiss im Eingangsbereich mit Fischbrötchen, Crêpes, Slush und einem klassischen Imbissangebot rundet das kulinarische Angebot ab, Sitzplätze sind dort vorhanden. Auch im Biergarten oder Beachclub ist immer was los.

Freizeit

Nach dem Frühstück beginnt das Animationsprogramm für Groß und Klein (nur in der Hauptsaison). Der Kinderclub „Rabennest“ bietet eine Vielzahl an Aktivitäten, z. B. verschiedene Basteleien, Malen, Spielen. Es gibt ein Hüpfburgenland, Stockbrot, Bummelzug und Kino. Das Sportprogramm reicht von Fußball, Volleyball, Hockey bis zu einem eigenen Fitnessstudio. Das Musikzimmer hat eine große Auswahl an Instrumenten. Eigener Fahrradverleih am Platz. Massagepraxis und Schwimmbad mit Sauna und Wellness-Oase. Eine Windsurf- und Tauchschule runden das Angebot ab. Surfkurse, SUP und ein Tretbootverleih.

5.0

Wir haben mit unserem Hund eine tolle Woche auf dem Campingplatz verbringen dürfen. Unser Platz war ausreichend groß und an besonderer Stelle mit Blick direkt auf das Wasser. Die Anlage ist sehr großzügig mit Zugang zum Strand. Sehr positiv ist der Hundeauslauf, der zum Gelände gehört. Es war alles in allem ein gelungener Urlaub auf einer tollen und gepflegten Anlage. Immer wieder gern. Das Personal war immer gut drauf bei Nachfragen. Vielen Dank Familie Heide!

Gabi und Thomas P.

Gabi und Thomas P. haben zusammen mit ihrem Hund den Platz im Juni 2020 besucht. Camper sind die beiden bereits seit über 30 Jahren.

Mobilheime, Baujahr 2018.

Blick in das Schwimmbad.

4.3 **SEHR GUT**
296 Bewertungen

Lage	4.6
Ruhe	4.3
Sanitäranlagen	4.4
Sauberkeit Ø	4.3
Freundlichkeit	4.4
Stellplatz	4.4
Verpflegung	4.4
Freizeit	4.2
Preis-Leistung	3.6
Mietunterkünfte	4.3

Geeignet für

Kinder b. 6 J.	4.6
Kinder b. 12 J.	4.6
Paare	4.4
Gäste mit Hund	4.3
Senioren	4.2
Kinder b. 18 J.	4.1
Gäste mit Zelt	3.8

Empfohlene Aktivitäten

Radfahren · Schwimmen · Entspannen · Wandern · Surfen

26 Ostseecamp Lehmberg

Lehmberger Straße 11
24368 Waabs
+4943589893230
www.ostseecamp-lehmberg.de
info@ostseecamp-lehmberg.de

01.04. - 31.10.

HS: 27,50 € | NS: 21,50 €

Mehr Infos & Anfrage:
www.camping.info/23269

Baden im Meer am Platz	✓
Pool/Hallenbad	12km
Spielplatz am Platz	✓
Hunde willkommen	✓
wenig Schatten	✓
WLAN	✓
Lebensmittel	✓
Brötchen am Platz	✓
Restaurant & Imbiss	✓
Ver-/Entsorgung Womo	✓
in den Ort	3km
Gesamt/Touristen	250/100
Mietunterkünfte	✗
Stellplätze vor Schranke	✓

1 km
54.50915 | 9.97279

Luftaufnahme des Ostseecamps - Mit Stellplätzen in erster Reihe am Meer.

Lage & Stellplatz

Genießen Sie Ihren Urlaub in der schönen Natur der Halbinsel Schwansen. Stehen Sie mit Ihrem Caravan oder Wohnmobil in der ersten Reihe zur Ostsee und genießen Sie die idyllische Ruhe. Alle Stellplätze verfügen über einen eigenen Strom- und Wasseranschluss und sind zwischen 100 und 130 m² groß.

Verpflegung

Im platzeigenen Shop finden Sie alles, was Sie für Ihren täglichen Bedarf benötigen. Ebenso bekommen Sie hier täglich frische Brötchen. Angeschlossen befindet sich das kleine Bistro mit großer Terrasse. Genießen Sie den Abend bei einem Glas Wein und lassen Sie den Blick über die Ostsee schweifen.

Sanitär

Die sauberen Sanitäranlagen sind alle neu gebaut und verfügen somit über neuesten Standard und Komfort. Neben großzügigen Toiletten und Duschen haben Sie ebenfalls die Möglichkeit, ihre Wäsche zu waschen. Die Nutzung der Duschen ist für alle Gäste kostenfrei.

Freizeit

Um das Ostseecamp Lehmberg herum befindet sich eine Vielzahl an Freizeitmöglichkeiten. Ob Sport (Fußball und Volleyball), Entspannung oder kulturelle Angebote, hier ist für jeden etwas dabei! Für Wassersportler: Bootsliegeplatz mit Slipanlage, angeln, surfen, segeln und SUP möglich.

Sonnenterrasse mit Ostseeblick.

Naturstrand direkt am Platz.

4.1 **SEHR GUT**
58 Bewertungen

Lage	4.7
Ruhe	4.5
Sanitäranlagen	3.9
Sauberkeit Ø	4.5
Freundlichkeit	4.5
Stellplatz	4.1
Verpflegung	3.8
Freizeit	3.6
Preis-Leistung	4.3
Mietunterkünfte	-

Geeignet für

4.6	Paare
4.6	Senioren
4.5	Gäste mit Hund
4.2	Gäste mit Zelt
4.0	Kinder b. 6 J.
3.9	Kinder b. 12 J.
3.3	Kinder b. 18 J.

Empfohlene Aktivitäten

Schwimmen
Entspannen
Angeln
Radfahren
Wandern

28 Ostseecamping - Gut Karlsminde

Karlsminde 10
24369 Waabs
+49 4358 344
54.49601 | 9.9372

27.03. - 25.10.

HS: 23,50 € | NS: 21,50 €

Mehr Infos & Anfrage:
www.camping.info/22316

Baden im Meer am Platz	✓
Hallenbad	10km
Spielplatz am Platz	✓
Hunde willkommen	✓
wenig Schatten	✓
WLAN (gegen Gebühr)	✓
Lebensmittel	✓
Brötchen am Platz	✓
Restaurant & Imbiss	✓
Ver-/Entsorgung Womo	✓
in den Ort	5km
Gesamt/Touristen	550/80
Mietunterkünfte	✓
Stellplätze vor Schranke	✓

3.4 GUT
72 Bewertungen

Lage	4.2
Ruhe	3.4
Sanitäranlagen	3.1
Sauberkeit Ø	3.5
Freundlichkeit	4.0
Stellplatz	3.3
Verpflegung	3.6
Freizeit	3.3
Preis-Leistung	3.7
Mietunterkünfte	3.4

Geeignet für

Kinder b. 6 J.	3.5
Kinder b. 12 J.	3.5
Kinder b. 18 J.	3.3
Paare	3.9
Senioren	3.8
Gäste mit Zelt	3.7
Gäste mit Hund	4.8

Empfohlene Aktivitäten

- Schwimmen
- Radfahren
- Angeln

29 Camping Hemmelmark

Hemmelmark
24360 Barkelsby bei Eckernförde
+49 435 187 06
54.4784 | 9.88356

01.04. - 02.10.

HS: 21,00 € | NS: 21,00 €

Mehr Infos & Anfrage:
www.camping.info/18246

Baden im Meer am Platz	✓
Pool/Hallenbad	5km
Spielplatz am Platz	✓
Hunde willkommen	✓
Schatten	✗
WLAN	✗
Lebensmittel	4km
Brötchen am Platz	✗
Restaurant & Imbiss	✓
Ver-/Entsorgung Womo	✗
in den Ort	4km
Gesamt/Touristen	400/60
Mietunterkünfte	✓
Stellplätze vor Schranke	✗

3.3 GUT
39 Bewertungen

Lage	4.0
Ruhe	3.8
Sanitäranlagen	3.8
Sauberkeit Ø	3.6
Freundlichkeit	3.5
Stellplatz	3.2
Verpflegung	2.9
Freizeit	3.0
Preis-Leistung	3.9
Mietunterkünfte	3.5

Geeignet für

Kinder b. 6 J.	3.8
Kinder b. 12 J.	3.7
Kinder b. 18 J.	3.0
Paare	3.8
Senioren	4.1
Gäste mit Zelt	4.0
Gäste mit Hund	4.2

Empfohlene Aktivitäten

- Schwimmen
- Segeln
- Motorboot

30 Camping Grönwohld

Kronshörn
24229 Grönwohld Schwedeneck
+49 430 818 9972
54.47441 | 10.03085

01.04. - 30.10.

HS: 21,50 € | NS: 21,50 €

Mehr Infos & Anfrage:
www.camping.info/18227

Baden im Meer am Platz	✓
Pool	20km
Spielplatz am Platz	✓
Hunde willkommen	✓
wenig Schatten	✓
WLAN (gegen Gebühr)	✓
Lebensmittel	✓
Brötchen am Platz	✓
Restaurant & Imbiss	✓
Ver-/Entsorgung Womo	✓
in den Ort	2km
Gesamt/Touristen	550/150
Mietunterkünfte	✓
Stellplätze vor Schranke	✗

3.2 GUT
40 Bewertungen

Lage	4.3
Ruhe	3.7
Sanitäranlagen	3.2
Sauberkeit Ø	2.9
Freundlichkeit	3.6
Stellplatz	3.1
Verpflegung	3.3
Freizeit	3.5
Preis-Leistung	3.6
Mietunterkünfte	1.5

Geeignet für

Kinder b. 6 J.	3.9
Kinder b. 12 J.	3.9
Kinder b. 18 J.	3.3
Paare	3.8
Senioren	3.8
Gäste mit Zelt	3.2
Gäste mit Hund	4.2

Empfohlene Aktivitäten

- Surfen
- Schwimmen
- Segeln

Infos

Öffnungszeiten

Vergleichspreis

Link

Ausstattung

Freizeit

Campingplatz

Versorgung

Anzahl der Plätze

SCHLESWIG-HOLSTEIN / HAMBURG

❸ Binnenland

FREIZEITTIPPS

- **A** Storchendorf, Bergenhusen
- **B** Rendsburger Hochbrücke
- **C** Naturpark Aukrug
- **D** Museum Tuch + Technik, Neumünster
- **E** Wildpark Eekholt, Großenaspe

	Platz	Seite	Bewertung	Öffnungszeiten	
1	Camping Oase Eider	50	4.8	saisonal	
2	Ferienpark Süderstapel	50	3.8	saisonal	ϟ
3	Eidertal Camping	50	3.2	ganzjährig	✻ ϟ
4	Camping Bistensee	50	4.0	k. A.	
5	Naturcampingplatz Wrohe am Westensee	51	3.9	saisonal	
6	See-Camping Bum	51	3.2	saisonal	✻
7	Camping Ritzebüttel	51	3.6	k. A.	
8	Bootsmann - Lokal | Camping | Lodge	52	4.3	saisonal	
9	Campingplatz Hohenhörn	52	4.4	k. A.	
10	Camping Klein-Westerland	52	3.2	saisonal	
11	Hohenkamp Camping	52	4.5	k. A.	
12	Familien-Camping Forellensee	53	3.9	ganzjährig	✻
13	Camping Vogelzunge	53	4.1	k. A.	
14	Elbdeich Camping Kollmar	53	4.3	saisonal	

✻ Wintercamping FKK Textilfrei (ganz/teilweise) Ecocamping Award ϟ Onlinebuchung

1 Camping Oase Eider

Horst 1
25779 Hennstedt
+49 4836 9968800
54.31442 | 9.18886

01.04. - 31.10.
HS: 20,50 € | NS: 20,50 €
Mehr Infos & Anfrage:
www.camping.info/18291

Baden im Fluss am Platz	✓
Pool/Hallenbad	✓/12km
Spielplatz am Platz	✓
Hunde willkommen	✓
zur Hälfte Schatten	✓
WLAN	✗
Lebensmittel	4km
Brötchen	keine Angabe
Restaurant/Imbiss	4km/✓
Ver-/Entsorgung Womo	✗
in den Ort	4km
Gesamt/Touristen	130/75
Mietunterkünfte	✓
Stellplätze vor Schranke	✗

4.8 SEHR GUT
5 Bewertungen

Lage	4.4
Ruhe	4.6
Sanitäranlagen	4.0
Sauberkeit Ø	4.5
Freundlichkeit	4.6
Stellplatz	4.0
Verpflegung	4.0
Freizeit	4.0
Preis-Leistung	4.5
Mietunterkünfte	5.0

Geeignet für

Kinder b. 6 J.	4.7
Kinder b. 12 J.	5.0
Kinder b. 18 J.	5.0
Paare	5.0
Senioren	4.2
Gäste mit Zelt	5.0
Gäste mit Hund	4.2

Empfohlene Aktivitäten

- Entspannen
- Kayak/Kanu
- Schwimmen

2 Ferienpark Süderstapel

Alter Fährweg 1
25879 Süderstapel
+49 (0) 175 7693414
54.34755 | 9.21952

01.04. - 31.10.
HS: 20,00 € | NS: 15,00 €
Mehr Infos & online buchen:
www.camping.info/18309

Baden im Fluss	200m
Pool/Hallenbad	9/18km
Spielplatz	500m
Hunde willkommen	✓
wenig Schatten	✓
WLAN (gratis)	teilweise
Lebensmittel	300m
Brötchen	keine Angabe
Restaurant/Imbiss	2km/300m
Ver-/Entsorgung Womo	✓
im Ort	✓
Gesamt/Touristen	30/20
Mietunterkünfte	✓
Stellplätze vor Schranke	✗

3.8 GUT
19 Bewertungen

Lage	4.4
Ruhe	4.7
Sanitäranlagen	3.1
Sauberkeit Ø	4.0
Freundlichkeit	4.2
Stellplatz	3.4
Verpflegung	2.8
Freizeit	3.6
Preis-Leistung	4.0
Mietunterkünfte	4.8

Geeignet für

Kinder b. 6 J.	3.2
Kinder b. 12 J.	3.7
Kinder b. 18 J.	3.5
Paare	4.6
Senioren	4.4
Gäste mit Zelt	4.0
Gäste mit Hund	4.3

Empfohlene Aktivitäten

- Entspannen
- Schwimmen
- Angeln

3 Eidertal Camping

Eiderstraße 20
25788 Delve
+49 4803 1058
54.30583 | 9.2575

ganzjährig
HS: 20,50 € | NS: 20,50 €
Mehr Infos & online buchen:
www.camping.info/18293

Baden im Fluss am Platz	✓
Pool/Hallenbad	✓/16km
Spielplatz am Platz	✓
Hunde willkommen	✓
zur Hälfte Schatten	✓
WLAN	✓
Lebensmittel	500m
Brötchen am Platz	nur HS
Restaurant & Imbiss	✓
Ver-/Entsorgung Womo	✓
in den Ort	200m
Gesamt/Touristen	145/45
Mietunterkünfte	✗
Stellplätze vor Schranke	✓

3.2 GUT
6 Bewertungen

Lage	3.5
Ruhe	4.3
Sanitäranlagen	2.2
Sauberkeit Ø	3.0
Freundlichkeit	4.0
Stellplatz	3.4
Verpflegung	2.8
Freizeit	2.6
Preis-Leistung	3.5
Mietunterkünfte	-

Geeignet für

Kinder b. 6 J.	3.2
Kinder b. 12 J.	3.0
Kinder b. 18 J.	2.5
Paare	3.6
Senioren	4.0
Gäste mit Zelt	3.8
Gäste mit Hund	3.0

Empfohlene Aktivitäten

- Angeln
- Schwimmen
- Kayak/Kanu

4 Camping Bistensee

Uferweg 16
24358 Bistensee
54.39352 | 9.70073

keine Angabe
keine Angabe
Mehr Infos & Anfrage:
www.camping.info/24053

Baden in nat. Gewässer	k. A.
Pool & Hallenbad	✗
Spielplatz	keine Angabe
Hunde	✗
Schatten	✗
WLAN	keine Angabe
Lebensmittel	k.A.
Brötchen	keine Angabe
Restaurant & Imbiss	✗
Ver-/Entsorgung Womo	✗
in den Ort	keine Angabe
Gesamt	keine Angabe
Mietunterkünfte	✗
Stellplätze vor Schranke	✗

4.0 SEHR GUT
6 Bewertungen

Lage	4.3
Ruhe	4.0
Sanitäranlagen	2.5
Sauberkeit Ø	3.2
Freundlichkeit	4.8
Stellplatz	3.3
Verpflegung	3.8
Freizeit	3.4
Preis-Leistung	4.0
Mietunterkünfte	-

Geeignet für

Kinder b. 6 J.	4.4
Kinder b. 12 J.	4.0
Kinder b. 18 J.	3.4
Paare	4.8
Senioren	4.5
Gäste mit Zelt	4.7
Hunde n. erlaubt	-

Empfohlene Aktivitäten

- Wandern
- Radfahren
- Angeln

	5	6	7
	Naturcampingplatz Wrohe am Westensee	**See-Camping Bum** ✻	**Camping Ritzebüttel**
	Seeweg 22 24259 Westensee +49 4305 99 13 01 8	Hauptstrasse 24589 Borgdorf-Seedorf +49 4392 8484 0	Rendsburger Straße 11 24589 Nortorf
	54.26868 | 9.96213	54.18234 | 9.88594	54.1725 | 9.84361

Karte auf Seite 48

Infos

Infos	5	6	7
Öffnungszeiten	01.04. - 31.10.	01.10. - 30.09.	keine Angabe
Vergleichspreis	HS: 18,00 € | NS: 18,00 €	HS: 21,50 € | NS: 19,50 €	keine Angabe
Link	**Mehr Infos & Anfrage:** www.camping.info/18234	**Mehr Infos & Anfrage:** www.camping.info/18264	**Mehr Infos & Anfrage:** www.camping.info/18263

Ausstattung

Ausstattung	5	6	7
Freizeit	Baden im See am Platz ✓ Pool & Hallenbad ✗ Spielplatz 500m	Baden im See am Platz ✓ Pool/Hallenbad 4/15km Spielplatz am Platz ✓	Baden in nat. Gewässer k. A. Pool & Hallenbad ✗ Spielplatz keine Angabe
Campingplatz	Hunde willkommen ✓ zur Hälfte Schatten ✓ WLAN ✓	Hunde willkommen ✓ zur Hälfte Schatten ✓ WLAN (gegen Gebühr) ✓	Hunde ✗ Schatten ✗ WLAN keine Angabe
Versorgung	Lebensmittel 8km Brötchen am Platz nur HS Restaurant/Imbiss 3km/20m Ver-/Entsorgung Womo ✗ in den Ort 4km	Lebensmittel ✓ Brötchen am Platz ✓ Restaurant & Imbiss ✓ Ver-/Entsorgung Womo ✓ in den Ort 500m	Lebensmittel k.A. Brötchen keine Angabe Restaurant & Imbiss ✗ Ver-/Entsorgung Womo ✗ in den Ort keine Angabe
Anzahl der Plätze	Gesamt/Touristen 100/40 Mietunterkünfte ✓ Stellplätze vor Schranke ✗	Gesamt/Touristen 220/120 Mietunterkünfte ✓ Stellplätze vor Schranke ✓	Gesamt keine Angabe Mietunterkünfte ✗ Stellplätze vor Schranke ✗

Bewertung	5	6	7
Gesamt	3.9 GUT, 20 Bewertungen	3.2 GUT, 17 Bewertungen	3.6 GUT, 5 Bewertungen
Lage	4.6	3.9	3.6
Ruhe	4.8	3.0	3.6
Sanitäranlagen	3.2	2.8	3.4
Sauberkeit Ø	3.7	3.2	4.2
Freundlichkeit	4.4	4.1	4.2
Stellplatz	3.6	3.3	3.8
Verpflegung	2.3	3.7	3.8
Freizeit	3.6	3.3	2.0
Preis-Leistung	4.4	3.6	3.6
Mietunterkünfte	3.8	3.0	-
Geeignet für			
Kinder b. 6 J.	3.8	3.8	3.0
Kinder b. 12 J.	3.8	4.0	3.0
Kinder b. 18 J.	3.1	2.7	3.0
Paare	4.5	4.1	4.0
Senioren	4.6	4.2	4.0
Gäste mit Zelt	4.6	3.8	3.0
Gäste mit Hund / Hunde n. erlaubt	Gäste mit Hund 4.6	Gäste mit Hund 4.3	Hunde n. erlaubt -
Empfohlene Aktivitäten	Schwimmen Radfahren Wandern	Schwimmen Kayak/Kanu Angeln	Radfahren Wandern Entspannen

8 Bootsmann - Lokal | Camping | Lodge

Fährstraße 1
24797 Breiholz
+49 433 299 642 00

54.21532 | 9.53218

01.04. - 31.10.

HS: 16,00 € | NS: 16,00 €

Mehr Infos & Anfrage:
www.camping.info/24747

Baden im Fluss am Platz	✓
Pool & Hallenbad	✗
Spielplatz	✗
Hunde erlaubt	✓
Schatten	✗
WLAN	✗
Lebensmittel	1km
Brötchen	keine Angabe
Restaurant am P.	✓
Ver-/Entsorgung Womo	✓
in den Ort	keine Angabe
Gesamt/Touristen	40/20
Mietunterkünfte	✓
Stellplätze vor Schranke	✗

4.3 SEHR GUT
7 Bewertungen

Lage	4.4
Ruhe	4.4
Sanitäranlagen	4.7
Sauberkeit Ø	4.3
Freundlichkeit	4.5
Stellplatz	4.0
Verpflegung	3.1
Freizeit	3.7
Preis-Leistung	4.6
Mietunterkünfte	4.0

Geeignet für

Kinder b. 6 J.	3.8
Kinder b. 12 J.	4.0
Kinder b. 18 J.	3.5
Paare	4.7
Senioren	4.7
Gäste mit Zelt	4.4
Gäste mit Hund	5.0

Empfohlene Aktivitäten

- Radfahren
- Kayak/Kanu
- Angeln

9 Campingplatz Hohenhörn

Pathen 1
25725 Schafstedt

54.06662 | 9.30838

keine Angabe

keine Angabe

Mehr Infos & Anfrage:
www.camping.info/24842

Baden in nat. Gewässer	k. A.
Pool & Hallenbad	✗
Spielplatz	keine Angabe
Hunde	✗
Schatten	✗
WLAN	keine Angabe
Lebensmittel	k.A.
Brötchen	keine Angabe
Restaurant & Imbiss	✗
Ver-/Entsorgung Womo	✗
in den Ort	keine Angabe
Gesamt	keine Angabe
Mietunterkünfte	✗
Stellplätze vor Schranke	✗

4.4 SEHR GUT
7 Bewertungen

Lage	4.7
Ruhe	4.6
Sanitäranlagen	4.0
Sauberkeit Ø	4.4
Freundlichkeit	4.9
Stellplatz	4.4
Verpflegung	2.0
Freizeit	4.0
Preis-Leistung	4.9
Mietunterkünfte	-

Geeignet für

Kinder b. 6 J.	4.3
Kinder b. 12 J.	4.3
Kinder b. 18 J.	3.0
Paare	4.6
Senioren	4.7
Gäste mit Zelt	3.8
Hunde n. erlaubt	-

Empfohlene Aktivitäten

- Radfahren
- Wandern
- Entspannen

10 Camping Klein-Westerland

Zur Holstenau 1
25712 Hochdonn
+49 4825 2345

54.02993 | 9.29765

01.04. - 31.10.

HS: 18,50 € | NS: 18,50 €

Mehr Infos & Anfrage:
www.camping.info/24395

Baden in nat. Gewässer	k. A.
Pool & Hallenbad	✗
Spielplatz	keine Angabe
Hunde	✗
Schatten	✗
WLAN	keine Angabe
Lebensmittel	k.A.
Brötchen	keine Angabe
Restaurant am P.	✓
Ver-/Entsorgung Womo	✗
in den Ort	keine Angabe
Gesamt	keine Angabe
Mietunterkünfte	✗
Stellplätze vor Schranke	✗

3.2 GUT
21 Bewertungen

Lage	4.2
Ruhe	4.1
Sanitäranlagen	3.5
Sauberkeit Ø	3.5
Freundlichkeit	2.9
Stellplatz	3.1
Verpflegung	3.4
Freizeit	2.8
Preis-Leistung	3.6
Mietunterkünfte	-

Geeignet für

Kinder b. 6 J.	2.8
Kinder b. 12 J.	3.1
Kinder b. 18 J.	2.6
Paare	4.1
Senioren	4.6
Gäste mit Zelt	3.5
Hunde n. erlaubt	-

Empfohlene Aktivitäten

- Radfahren
- Entspannen
- Schwimmen

11 Hohenkamp Camping

Hopen 55
25693 St.Michaelisdonn

53.97754 | 9.14611

keine Angabe

keine Angabe

Mehr Infos & Anfrage:
www.camping.info/24622

Baden in nat. Gewässer	k. A.
Pool & Hallenbad	✗
Spielplatz	keine Angabe
Hunde	✗
Schatten	✗
WLAN	keine Angabe
Lebensmittel	k.A.
Brötchen	keine Angabe
Restaurant & Imbiss	✗
Ver-/Entsorgung Womo	✗
in den Ort	keine Angabe
Gesamt	keine Angabe
Mietunterkünfte	✗
Stellplätze vor Schranke	✗

4.5 SEHR GUT
11 Bewertungen

Lage	4.3
Ruhe	4.4
Sanitäranlagen	4.5
Sauberkeit Ø	4.9
Freundlichkeit	4.9
Stellplatz	4.1
Verpflegung	3.0
Freizeit	3.7
Preis-Leistung	4.8
Mietunterkünfte	-

Geeignet für

Kinder b. 6 J.	3.7
Kinder b. 12 J.	4.1
Kinder b. 18 J.	3.5
Paare	4.8
Senioren	4.8
Gäste mit Zelt	4.7
Hunde n. erlaubt	-

Empfohlene Aktivitäten

- Wandern
- Radfahren
- Entspannen

Karte auf Seite 48

12 Familien-Camping Forellensee

Humboldredder 5
24634 Padenstedt bei Neumünster
+49 4321 82697
54.04634 | 9.92405

Infos	
Öffnungszeiten	ganzjährig
Vergleichspreis	HS: 24,50 € | NS: 24,50 €
Link	**Mehr Infos & Anfrage:** www.camping.info/18266

Ausstattung		
Freizeit	Baden im See am Platz	✓
	Pool & Hallenbad	✗
	Spielplatz am Platz	✓
Campingplatz	Hunde willkommen	✓
	Schatten	✗
	WLAN	✓
Versorgung	Lebensmittel	✓
	Brötchen am Platz	nur HS
	Restaurant/Imbiss	300m/✓
	Ver-/Entsorgung Womo	✓
	in den Ort	keine Angabe
Anzahl der Plätze	Gesamt/Touristen	270/70
	Mietunterkünfte	✓
	Stellplätze vor Schranke	✓

3.9 GUT – 16 Bewertungen

Lage	3.8
Ruhe	3.1
Sanitäranlagen	4.4
Sauberkeit Ø	4.3
Freundlichkeit	4.3
Stellplatz	4.1
Verpflegung	3.5
Freizeit	4.4
Preis-Leistung	3.9
Mietunterkünfte	3.2

Geeignet für

Kinder b. 6 J.	3.9
Kinder b. 12 J.	4.2
Kinder b. 18 J.	4.1
Paare	3.8
Senioren	3.5
Gäste mit Zelt	3.6
Gäste mit Hund	4.5

Empfohlene Aktivitäten

- Schwimmen
- Angeln
- Radfahren

13 Camping Vogelzunge

24576 Weddelbrock b. Bad Bramstedt
53.905 | 9.82888

Infos	
Öffnungszeiten	keine Angabe
Vergleichspreis	keine Angabe
Link	**Mehr Infos & Anfrage:** www.camping.info/18262

Ausstattung		
Freizeit	Baden in nat. Gewässer	k. A.
	Pool & Hallenbad	✗
	Spielplatz am Platz	✓
Campingplatz	Hunde	✗
	Schatten	✗
	WLAN	✗
Versorgung	Lebensmittel	✓
	Brötchen	keine Angabe
	Restaurant	200m
	Ver-/Entsorgung Womo	✓
	in den Ort	keine Angabe
Anzahl der Plätze	Gesamt	keine Angabe
	Mietunterkünfte	✗
	Stellplätze vor Schranke	✗

4.1 SEHR GUT – 7 Bewertungen

Lage	4.3
Ruhe	4.6
Sanitäranlagen	3.9
Sauberkeit Ø	4.7
Freundlichkeit	5.0
Stellplatz	3.7
Verpflegung	2.8
Freizeit	3.2
Preis-Leistung	4.7
Mietunterkünfte	-

Geeignet für

Kinder b. 6 J.	4.2
Kinder b. 12 J.	3.8
Kinder b. 18 J.	2.8
Paare	5.0
Senioren	5.0
Gäste mit Zelt	4.8
Hunde n. erlaubt	-

Empfohlene Aktivitäten

- Radfahren
- Wandern
- Entspannen

14 Elbdeich Camping Kollmar

Kleine Kirchreihe 22
25377 Kollmar bei Elmshorn
+49 4128 13 79
53.72357 | 9.50218

Infos	
Öffnungszeiten	01.04. - 31.10.
Vergleichspreis	HS: 17,00 € | NS: 17,00 €
Link	**Mehr Infos & Anfrage:** www.camping.info/18279

Ausstattung		
Freizeit	Baden im Fluss	300m
	Pool/Hallenbad	11km
	Spielplatz am Platz	✓
Campingplatz	Hunde willkommen	✓
	wenig Schatten	✓
	WLAN	✗
Versorgung	Lebensmittel	✗
	Brötchen am Platz	✓
	Restaurant/Imbiss	900m
	Ver-/Entsorgung Womo	✓
	in den Ort	900m
Anzahl der Plätze	Gesamt/Touristen	73/30
	Mietunterkünfte	✓
	Stellplätze vor Schranke	✗

4.3 SEHR GUT – 29 Bewertungen

Lage	4.3
Ruhe	4.7
Sanitäranlagen	4.1
Sauberkeit Ø	4.6
Freundlichkeit	4.5
Stellplatz	4.1
Verpflegung	2.2
Freizeit	3.5
Preis-Leistung	4.5
Mietunterkünfte	5.0

Geeignet für

Kinder b. 6 J.	3.4
Kinder b. 12 J.	3.6
Kinder b. 18 J.	3.4
Paare	4.5
Senioren	4.7
Gäste mit Zelt	4.1
Gäste mit Hund	4.4

Empfohlene Aktivitäten

- Entspannen
- Radfahren
- Wandern

Leinenpflicht für Hunde, Brötchenversorgung nur am Wochenende

4 Ostsee & Holsteinische Schweiz

FREIZEITTIPPS

- **A** U-Boot Museum U-995, Laboe
- **B** NOCTALIS Welt der Fledermäuse, Bad Segeberg
- **C** Karl-May-Spiele, Bad Segeberg
- **D** 5-Seen-Fahrt Anleger Fegetasche, Plön

	Platz	Seite	Bewertung	Öffnungszeiten	Extras
1	Camping Falckenstein	56	3.7	saisonal	
2	Camping Möltenort	56	4.3	saisonal	
3	Camping Fördeblick	56	3.9	saisonal	
4	Ostsee-Camp Kliff	56	4.4	saisonal	
5	Campingplatz Neustein	57	4.2	saisonal	
6	Camping Heidkoppel	58	4.4	saisonal	Onlinebuchung
7	Camping-Ferienpark California	57	4.1	saisonal	Ecocamping
8	Camping Hasselkrug	57	-	k. A.	
9	Campingpark Ostseestrand	59	4.4	saisonal	Onlinebuchung
10	Strandcamping Radeland	60	4.0	saisonal	Onlinebuchung
11	Campingpark Waldesruh	59	4.5	saisonal	
12	Ferien- und Campinganlage Schuldt	59	3.2	saisonal	
13	Naturcamping Kirchsee & Wohnmobilpark Preetz	62	4.8	saisonal	
14	Camp Lanker See	61	4.0	saisonal	
15	Camping an der Schwentine	61	4.2	saisonal	
16	Naturpark-Camping Prinzenholz	64	4.6	saisonal	
17	Camping Seeblick	61	4.4	saisonal	Onlinebuchung
18	Naturcamping Spitzenort	66	4.8	saisonal	Ecocamping, Award
19	Campingpark Gut Ruhleben	63	4.6	saisonal	Onlinebuchung
20	Campingpark Augstfelde	63	4.4	saisonal	Ecocamping
21	Campingplatz Bosau	63	3.7	saisonal	
22	Campingplatz Brüne	65	3.2	k. A.	
23	Naturcamping am Stocksee	65	4.0	saisonal	Onlinebuchung
24	Camping Idyll	65	3.5	ganzjährig	Wintercamping
25	KlüthseeCamp&Seeblick	67	4.2	saisonal	Wintercamping
26	Seecamping Segeberg	67	3.6	ganzjährig	Wintercamping
27	Seecamping Weisser Brunnen	67	4.4	ganzjährig	Wintercamping

1 Camping Falckenstein

Palisadenweg 171
24159 Kiel-Friedrichsort
+49 431 392 078
54.41217 | 10.18351

01.04. - 31.10.
HS: 17,50 € | NS: 17,50 €
Mehr Infos & Anfrage:
www.camping.info/18220

Baden im Meer	250m
Hallenbad	2km
Spielplatz	✗
Hunde willkommen	✓
zur Hälfte Schatten	✓
WLAN (gegen Gebühr)	✓
Lebensmittel	1km
Brötchen am Platz	✓
Restaurant & Imbiss	✓
Ver-/Entsorgung Womo	✓
in den Ort	3km
Gesamt/Touristen	200/100
Mietunterkünfte	✗
Stellplätze vor Schranke	✗

3.7 GUT
29 Bewertungen

Lage	4.4
Ruhe	4.5
Sanitäranlagen	2.8
Sauberkeit Ø	3.8
Freundlichkeit	4.6
Stellplatz	3.8
Verpflegung	3.4
Freizeit	4.2
Preis-Leistung	4.1
Mietunterkünfte	-

Geeignet für

Kinder b. 6 J.	3.9
Kinder b. 12 J.	3.8
Kinder b. 18 J.	3.4
Paare	4.7
Senioren	4.6
Gäste mit Zelt	4.5
Gäste mit Hund	4.5

Empfohlene Aktivitäten

- Radfahren
- Schwimmen
- Entspannen

2 Camping Möltenort

Uferweg 24
24226 Heikendorf bei Kiel
+49 431 239 4529
54.38388 | 10.205

01.04. - 31.10.
HS: 26,80 € | NS: 26,80 €
Mehr Infos & Anfrage:
www.camping.info/18226

Baden im Meer am Platz	✓
Hallenbad	3km
Spielplatz am Platz	✓
Hunde	✗
wenig Schatten	✓
WLAN (gegen Gebühr)	✓
Lebensmittel	✓
Brötchen am Platz	✓
Restaurant/Imbiss	1km/✓
Ver-/Entsorgung Womo	✓
in den Ort	1km
Gesamt/Touristen	135/60
Mietunterkünfte	✓
Stellplätze vor Schranke	✗

4.3 SEHR GUT
33 Bewertungen

Lage	4.7
Ruhe	4.5
Sanitäranlagen	4.1
Sauberkeit Ø	4.5
Freundlichkeit	4.1
Stellplatz	4.1
Verpflegung	3.9
Freizeit	4.0
Preis-Leistung	4.4
Mietunterkünfte	3.5

Geeignet für

Kinder b. 6 J.	3.3
Kinder b. 12 J.	3.6
Kinder b. 18 J.	3.6
Paare	4.5
Senioren	4.8
Gäste mit Zelt	4.6
Hunde n. erlaubt	-

Empfohlene Aktivitäten

- Radfahren
- Entspannen
- Schwimmen

Anreise möglich in der Zeit von 8.00-13.00 Uhr und von 15.00-21.00 Uhr

3 Camping Fördeblick

Ellernbrook 12
24235 Stein bei Laboe
+49 4343 7795
54.41391 | 10.24829

29.03. - 21.10.
HS: 28,50 € | NS: 22,50 €
Mehr Infos & Anfrage:
www.camping.info/18230

Baden im Meer am Platz	✓
Hallenbad	2km
Spielplatz am Platz	✓
Hunde	✗
wenig Schatten	✓
WLAN (gegen Gebühr)	✓
Lebensmittel	✓
Brötchen am Platz	✓
Restaurant & Imbiss	✓
Ver-/Entsorgung Womo	✓
in den Ort	1km
Gesamt/Touristen	420/160
Mietunterkünfte	✓
Stellplätze vor Schranke	✗

3.9 GUT
56 Bewertungen

Lage	4.5
Ruhe	4.0
Sanitäranlagen	3.5
Sauberkeit Ø	3.8
Freundlichkeit	3.9
Stellplatz	3.7
Verpflegung	3.5
Freizeit	3.8
Preis-Leistung	3.9
Mietunterkünfte	4.0

Geeignet für

Kinder b. 6 J.	3.5
Kinder b. 12 J.	3.7
Kinder b. 18 J.	3.5
Paare	4.3
Senioren	4.3
Gäste mit Zelt	3.9
Hunde n. erlaubt	-

Empfohlene Aktivitäten

- Radfahren
- Schwimmen
- Entspannen

4 Ostsee-Camp Kliff

Ellernbrook 6
24235 Stein bei Laboe
+49 4343 6222
54.41361 | 10.25222

18.05. - 18.10.
HS: 32,00 € | NS: 27,00 €
Mehr Infos & Anfrage:
www.camping.info/18232

Baden im Meer am Platz	✓
Pool/Hallenbad	20/2km
Spielplatz am Platz	✓
Hunde	✗
zur Hälfte Schatten	✓
WLAN (gegen Gebühr)	✓
Lebensmittel	100m
Brötchen am Platz	✗
Restaurant/Imbiss	100/100m
Ver-/Entsorgung Womo	✓
in den Ort	1km
Gesamt/Touristen	300/70
Mietunterkünfte	✗
Stellplätze vor Schranke	✗

4.4 SEHR GUT
37 Bewertungen

Lage	4.6
Ruhe	4.6
Sanitäranlagen	3.9
Sauberkeit Ø	4.4
Freundlichkeit	4.7
Stellplatz	4.3
Verpflegung	3.4
Freizeit	4.2
Preis-Leistung	4.4
Mietunterkünfte	-

Geeignet für

Kinder b. 6 J.	4.5
Kinder b. 12 J.	4.4
Kinder b. 18 J.	4.2
Paare	4.8
Senioren	4.7
Gäste mit Zelt	4.5
Hunde n. erlaubt	-

Empfohlene Aktivitäten

- Radfahren
- Schwimmen
- Entspannen

Karte auf Seite 54

5 Campingplatz Neustein

An der K 30
24235 Stein bei Laboe
+49 4343 8122

54.41569 | 10.24571

01.04. - 03.10.

HS: 24,70 € | NS: 20,50 €

Mehr Infos & Anfrage:
www.camping.info/18231

Baden im Meer am Platz	✓
Pool/Hallenbad	18/1km
Spielplatz am Platz	✓
Hunde	✗
zur Hälfte Schatten	✓
WLAN (gegen Gebühr)	✓
Lebensmittel	100m
Brötchen am Platz	✓
Restaurant & Imbiss	✓
Ver-/Entsorgung Womo	✓
in den Ort	1km
Gesamt/Touristen	150/45
Mietunterkünfte	✗
Stellplätze vor Schranke	✗

4.2 SEHR GUT
18 Bewertungen

Lage	4.6
Ruhe	4.5
Sanitäranlagen	3.7
Sauberkeit Ø	4.2
Freundlichkeit	4.1
Stellplatz	3.7
Verpflegung	2.9
Freizeit	3.6
Preis-Leistung	3.9
Mietunterkünfte	-

Geeignet für

Kinder b. 6 J.	4.1
Kinder b. 12 J.	4.3
Kinder b. 18 J.	3.7
Paare	4.8
Senioren	4.8
Gäste mit Zelt	4.5
Hunde n. erlaubt	-

Empfohlene Aktivitäten

- Radfahren
- Entspannen
- Surfen

7 Camping-Ferienpark California

Große Heide 26
24217 Schönberg-Kalifornien
+49 4344 9591

54.42845 | 10.36387

01.04. - 30.09.

HS: 32,10 € | NS: 27,10 €

Mehr Infos & Anfrage:
www.camping.info/18225

Baden im Meer am Platz	✓
Pool/Hallenbad	25/8km
Spielplatz am Platz	✓
Hunde erlaubt	nur NS
wenig Schatten	✓
WLAN (gegen Gebühr)	✓
Lebensmittel	✓
Brötchen am Platz	✓
Restaurant & Imbiss	✓
Ver-/Entsorgung Womo	✓
in den Ort	6km
Gesamt/Touristen	500/220
Mietunterkünfte	✓
Stellplätze vor Schranke	✗

4.1 SEHR GUT
67 Bewertungen

Lage	4.7
Ruhe	4.2
Sanitäranlagen	3.7
Sauberkeit Ø	4.2
Freundlichkeit	4.4
Stellplatz	4.1
Verpflegung	4.0
Freizeit	4.1
Preis-Leistung	4.1
Mietunterkünfte	4.0

Geeignet für

Kinder b. 6 J.	4.5
Kinder b. 12 J.	4.5
Kinder b. 18 J.	3.9
Paare	4.5
Senioren	4.3
Gäste mit Zelt	4.3
Gäste mit Hund	3.5

Empfohlene Aktivitäten

- Radfahren
- Schwimmen
- Entspannen

8 Camping Hasselkrug

Korshagener Redder
24217 Schönberger Strand

54.41861 | 10.39889

keine Angabe

keine Angabe

Mehr Infos & Anfrage:
www.camping.info/18221

Baden in nat. Gewässer	k. A.
Pool & Hallenbad	✗
Spielplatz	keine Angabe
Hunde	✗
Schatten	✗
WLAN	keine Angabe
Lebensmittel	k.A.
Brötchen	keine Angabe
Restaurant & Imbiss	✗
Ver-/Entsorgung Womo	✗
in den Ort	keine Angabe
Gesamt	keine Angabe
Mietunterkünfte	✗
Stellplätze vor Schranke	✗

- JETZT BEWERTEN!

Für diese Auswertung liegen leider noch nicht genügend Bewertungen vor.

Sei einer der Ersten, der diesen Campingplatz bewertet. Unter den Bewertern werden regelmäßig Gewinne verlost!

Mehr Infos dazu findest du in unserem allgemeinen Intro.

Infos

Öffnungszeiten

Vergleichspreis

Link

Ausstattung

Freizeit

Campingplatz

Versorgung

Anzahl der Plätze

6 Camping Heidkoppel

Mittelweg 114
24217 Wisch-Heidkate
+49 4344 9098
www.camping-heidkoppel.de
info@camping-heidkoppel.de

30.03. - 31.10.

HS: 33,00 € | NS: 29,00 €

Mehr Infos & online buchen:
www.camping.info/18224

Baden im Meer	500m
Pool/Hallenbad	15/10km
Spielplatz am Platz	✓
Hunde	✗
zur Hälfte Schatten	✓
WLAN (gegen Gebühr)	✓
Lebensmittel	500m
Brötchen am Platz	✗
Restaurant/Imbiss	800m/✓
Ver-/Entsorgung Womo	✓
in den Ort	3km
Gesamt/Touristen	660/60
Mietunterkünfte	✓
Stellplätze vor Schranke	✓

Der Campingplatz aus der Vogelperspektive.

54.43318 | 10.34006

Lage & Stellplatz

Nur durch den Deich vom Meer getrennt und eingerahmt von zwei Waldstücken befindet sich der idyllisch gelegene Campingplatz Heidkoppel direkt am Ostseestrand. Weit weg vom lärmenden Autoverkehr liegt die Anlage am Ende eines Weges im Ortsteil Heidkate und ist somit ausgesprochen ruhig gelegen.

Verpflegung

Direkt auf dem Campingplatz befindet sich ein eigener Imbiss für die hungrigen Gäste. Das Restaurant „Küstenperle" liegt etwa 700 m entfernt und der nächste Supermarkt ist knapp 200 m vom Platz zu finden.

Sanitär

Die fünf Sanitärgebäude sind gleichmäßig über den Platz verteilt, sodass die Gäste kurze Wege haben. Die Sauberkeit und der Zustand der Anlagen nehmen eine zentrale Rolle auf dem Platz ein. Ab der Saison 2021 steht Ihnen ein frisch renoviertes Waschhaus an der großen Urlauberwiese zur Verfügung.

Freizeit

Der 700 m lange, kurtaxenfreie Strand verwöhnt die Gäste den ganzen Tag über mit Sonne. Der feine Natursand, die ausgezeichnete Wasserqualität und nicht zuletzt das milde Klima an der Ostsee schaffen ideale Voraussetzungen für einen erholsamen Urlaub.

Ein Blick über den Campingplatz.

Der wunderbare Ostseestrand.

4.4 SEHR GUT
106 Bewertungen

Lage	4.8
Ruhe	4.4
Sanitäranlagen	4.3
Sauberkeit Ø	4.5
Freundlichkeit	4.5
Stellplatz	4.1
Verpflegung	3.4
Freizeit	3.5
Preis-Leistung	4.2
Mietunterkünfte	4.0

Geeignet für

4.7 Senioren

4.5 Kinder b. 6 J.
4.4 Gäste mit Zelt
3.8 Kinder b. 18 J.
4.5 Paare
4.3 Kinder b. 12 J.
- Gäste mit Hund nicht erlaubt

Empfohlene Aktivitäten

Schwimmen
Radfahren
Entspannen
Surfen
Angeln

Jugendgruppen nur beschränkt zugelassen.Duschen im Preis enthalten.

Karte auf Seite 54

9 Campingpark Ostseestrand

Strandstraße 21
24257 Hohenfelde
+49 4385 620
54.38705 | 10.49112

01.04. - 15.10.
HS: 21,00 € | NS: 19,00 €
Mehr Infos & online buchen:
www.camping.info/18233

Baden im Meer am Platz	✓
Hallenbad	10km
Spielplatz am Platz	✓
Hunde willkommen	✓
Schatten	✗
WLAN (gegen Gebühr)	✓
Lebensmittel	✓
Brötchen am Platz	✓
Restaurant & Imbiss	✓
Ver-/Entsorgung Womo	✓
in den Ort	1km
Gesamt/Touristen	195/47
Mietunterkünfte	✓
Stellplätze vor Schranke	✗

4.4 SEHR GUT
62 Bewertungen

Lage	4.6
Ruhe	4.2
Sanitäranlagen	4.6
Sauberkeit Ø	4.5
Freundlichkeit	4.6
Stellplatz	4.0
Verpflegung	4.5
Freizeit	3.7
Preis-Leistung	4.4
Mietunterkünfte	3.9

Geeignet für

Kinder b. 6 J.	4.2
Kinder b. 12 J.	4.0
Kinder b. 18 J.	3.4
Paare	4.6
Senioren	4.6
Gäste mit Zelt	3.7
Gäste mit Hund	4.4

Empfohlene Aktivitäten

- Radfahren
- Entspannen
- Schwimmen

11 Campingpark Waldesruh

Neuland 5
24321 Behrensdorf-Ostsee
+49 4381 8555
54.35843 | 10.60021

23.03. - 12.10.
HS: 21,00 € | NS: 21,00 €
Mehr Infos & Anfrage:
www.camping.info/23511

Baden im Meer	500m
Hallenbad	15km
Spielplatz am Platz	✓
Hunde willkommen	✓
wenig Schatten	✓
WLAN	✓
Lebensmittel	✓
Brötchen am Platz	✓
Restaurant & Imbiss	✓
Ver-/Entsorgung Womo	✓
in den Ort	2km
Gesamt/Touristen	300/50
Mietunterkünfte	✓
Stellplätze vor Schranke	✓

4.5 SEHR GUT
11 Bewertungen

Lage	4.3
Ruhe	4.7
Sanitäranlagen	4.6
Sauberkeit Ø	4.7
Freundlichkeit	4.9
Stellplatz	4.4
Verpflegung	4.4
Freizeit	4.0
Preis-Leistung	4.7
Mietunterkünfte	5.0

Geeignet für

Kinder b. 6 J.	4.5
Kinder b. 12 J.	4.3
Kinder b. 18 J.	4.4
Paare	4.8
Senioren	4.7
Gäste mit Zelt	4.8
Gäste mit Hund	4.5

Empfohlene Aktivitäten

- Radfahren
- Wandern
- Schwimmen

12 Ferien- und Campinganlage Schuldt

Neuland 3
24321 Behrensdorf
+49 4381 416545
54.35616 | 10.60808

28.03. - 12.10.
HS: 14,00 € | NS: 10,00 €
Mehr Infos & Anfrage:
www.camping.info/19573

Baden im Meer	200m
Hallenbad	20km
Spielplatz am Platz	✓
Hunde willkommen	✓
zur Hälfte Schatten	✓
WLAN (gegen Gebühr)	✓
Lebensmittel	✓
Brötchen am Platz	✓
Restaurant & Imbiss	✓
Ver-/Entsorgung Womo	✓
in den Ort	3km
Gesamt/Touristen	280/30
Mietunterkünfte	✓
Stellplätze vor Schranke	✗

3.2 GUT
24 Bewertungen

Lage	3.9
Ruhe	3.5
Sanitäranlagen	3.1
Sauberkeit Ø	3.5
Freundlichkeit	3.6
Stellplatz	3.3
Verpflegung	3.6
Freizeit	3.0
Preis-Leistung	3.6
Mietunterkünfte	3.7

Geeignet für

Kinder b. 6 J.	3.4
Kinder b. 12 J.	3.4
Kinder b. 18 J.	3.0
Paare	3.4
Senioren	3.6
Gäste mit Zelt	3.9
Gäste mit Hund	4.1

Empfohlene Aktivitäten

- Radfahren
- Entspannen
- Wandern

Infos

Öffnungszeiten
Vergleichspreis
Link

Ausstattung

Freizeit
Campingplatz
Versorgung
Anzahl der Plätze

10 Strandcamping Radeland

Strandstr. 18
24257 Hohenfelde
04385 / 53 88

www.strandcamping-radeland.de
info@strandcamping-radeland.de

01.04. - 24.10.

HS: 20,00 € | NS: 15,50 €

Mehr Infos & online buchen:
www.camping.info/24004

Baden im Meer	500m
Pool/Hallenbad	24km
Spielplatz am Platz	✓
Hunde willkommen	✓
zur Hälfte Schatten	✓
WLAN	teilweise
Lebensmittel	500m
Brötchen am Platz	✗
Restaurant/Imbiss	500m
Ver-/Entsorgung Womo	✓
in den Ort	keine Angabe
Gesamt/Touristen	165/55
Mietunterkünfte	✗
Stellplätze vor Schranke	✗

54.38263 | 10.49533

Hohenfelde ist ein anerkannter Erholungsort und leicht zu erreichen.

Lage & Stellplatz

Strandcamping Radeland liegt 200 m hinter dem Deich an der See zwischen Kieler und Hohwachter Bucht. Die grünen Plätze sind durch Bäume und Hecken in windgeschützte Bereiche aufgeteilt. Ein kleiner Wanderweg führt direkt zum Naturstrand. Der gesamte Platz ist drainiert für einen sicheren Stand.

Sanitär

Die Sanitäranlagen wurden erst 2018 und 2020 neu eröffnet und entsprechen neuesten und modernsten Standards. Auf Sauberkeit wird großer Wert gelegt und von den Gästen als hervorragend bewertet.

Verpflegung

Die „Fischerklause" bietet gute Hausmannskost zu kleinen Preisen, direkt am Strand befindet sich ein weiteres Restaurant. Im kleinen Supermarkt am Platz erhalten Sie Artikel des täglichen Bedarfs und jeden Morgen frische Brötchen. Ein weiterer Supermarkt befindet sich im 2 km entfernten Ort.

Freizeit

Für Tagesausflüge geeignet: Langeland, Hai-Aquarium (Fehmarn), Eselhof (Nessendorf), Sealife-Aquarium (Timmendorfer Strand), Weißenhäuser Strand oder eine 5-Seen-Fahrt auf dem Plöner See. Interessante Veranstaltungen in Schleswig-Holstein: Musik-Festivals, Eutiner Festspiele, Kieler Woche u. v. m.

Der Wohnmobilhafen.

Herzlich willkommen am Meer.

4.0 SEHR GUT
4 Bewertungen

Lage	4.2
Ruhe	4.8
Sanitäranlagen	4.5
Sauberkeit Ø	4.7
Freundlichkeit	4.8
Stellplatz	3.8
Verpflegung	3.3
Freizeit	3.5
Preis-Leistung	4.5
Mietunterkünfte	-

Geeignet für

4.8 Paare

- 4.8 Senioren
- 4.5 Kinder b. 6 J.
- 4.2 Kinder b. 12 J.
- 4.2 Gäste mit Zelt
- 4.0 Gäste mit Hund
- 3.3 Kinder b. 18 J.

Empfohlene Aktivitäten

Radfahren · Entspannen · Angeln · Schwimmen · Golf

Hunde sind hier herzlich willkommen.

Karte auf Seite 54

	14	15	17
	Camp Lanker See	**Camping an der Schwentine**	**Camping Seeblick**
	Gläserkoppel 3 24211 Wahlstorf / Schleswig-Holstein +49 4342 81513	Wiesenweg 14 23714 Bad Malente-Gremsmühlen +49.4523 4327	Dorfstraße 59 24326 Dersau / Holstein +49 4526 1211
	54.21237 | 10.3164	54.1675 | 10.56778	54.11828 | 10.33685

Infos

	14	15	17
Öffnungszeiten	01.04. - 31.10.	12.04. - 13.10.	01.04. - 30.10.
Vergleichspreis	HS: 22,00 € | NS: 20,00 €	HS: 23,50 € | NS: 21,30 €	HS: 20,00 € | NS: 18,50 €
Link	**Mehr Infos & Anfrage:** www.camping.info/18219	**Mehr Infos & Anfrage:** www.camping.info/18161	**Mehr Infos & online buchen:** www.camping.info/18239

Ausstattung

	14	15	17
Freizeit	Baden im See am Platz ✓ Pool/Hallenbad 10/5km Spielplatz am Platz ✓	Baden im Fluss am Platz ✓ Pool/Hallenbad 300/500m Spielplatz am Platz ✓	Baden im See am Platz ✓ Hallenbad 9km Spielplatz am Platz ✓
Campingplatz	Hunde willkommen ✓ wenig Schatten ✓ WLAN ✗	Hunde willkommen ✓ zur Hälfte Schatten ✓ WLAN ✓	Hunde ✗ wenig Schatten ✓ WLAN ✓
Versorgung	Lebensmittel ✓ Brötchen am Platz ✓ Restaurant & Imbiss ✓ Ver-/Entsorgung Womo ✓ in den Ort 4km	Lebensmittel 800m Brötchen am Platz ✓ Restaurant/Imbiss 300/600m Ver-/Entsorgung Womo ✓ in den Ort 600m	Lebensmittel ✓ Brötchen am Platz ✓ Restaurant/Imbiss 100m/✓ Ver-/Entsorgung Womo ✓ in den Ort 100m
Anzahl der Plätze	Gesamt/Touristen 300/150 Mietunterkünfte ✓ Stellplätze vor Schranke ✗	Gesamt/Touristen 66/46 Mietunterkünfte ✗ Stellplätze vor Schranke ✗	Gesamt/Touristen 220/40 Mietunterkünfte ✗ Stellplätze vor Schranke ✗

Bewertungen

	14	15	17
Gesamt	4.0 SEHR GUT, 9 Bewertungen	4.2 SEHR GUT, 4 Bewertungen	4.4 SEHR GUT, 27 Bewertungen
Lage	4.7	4.8	4.5
Ruhe	4.8	4.8	4.5
Sanitäranlagen	3.6	4.0	4.1
Sauberkeit Ø	4.1	4.5	4.5
Freundlichkeit	5.0	4.5	4.9
Stellplatz	3.9	3.5	4.1
Verpflegung	3.6	3.0	4.0
Freizeit	4.0	4.0	3.9
Preis-Leistung	4.6	4.2	4.8
Mietunterkünfte	4.3	-	-

Geeignet für

	14	15	17
Kinder b. 6 J.	4.1	4.0	4.2
Kinder b. 12 J.	3.9	3.7	4.0
Kinder b. 18 J.	3.1	4.5	3.6
Paare	4.4	4.5	4.6
Senioren	4.0	4.7	4.7
Gäste mit Zelt	4.7	3.7	4.0
Gäste mit Hund	4.5	4.0	
Hunde n. erlaubt			-

Empfohlene Aktivitäten

14	15	17
Kayak/Kanu	Radfahren	Radfahren
Radfahren	Entspannen	Kayak/Kanu
Entspannen	Wandern	Schwimmen

13 Naturcamping Kirchsee & Wohnmobilpark Preetz

Kahlbrook 25a
24 211 Preetz
+49 4342 309549
www.naturcampingkirchsee.de
paddeln@t-online.de

01.04. - 30.10.

HS: 30,00 € | NS: 25,00 €

Mehr Infos & Anfrage:
www.camping.info/23191

Baden im See am Platz	✓
Pool/Hallenbad	1/2km
Spielplatz am Platz	✓
Hunde willkommen	✓
zur Hälfte Schatten	✓
WLAN	✓
Lebensmittel	750m
Brötchen am Platz	✓
Restaurant am P.	✓
Ver-/Entsorgung Womo	✓
in den Ort	800m
Gesamt/Touristen	49/47
Mietunterkünfte	✓
Stellplätze vor Schranke	✓

Naturcamping Kirchsee aus der Vogelperspektive.

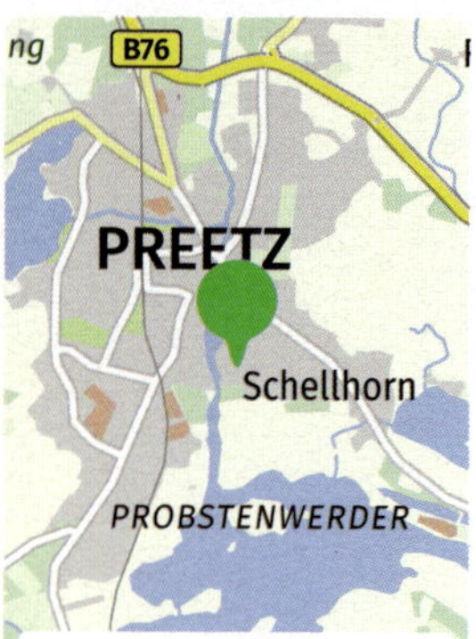

1 km

54.22808 | 10.28702

Lage & Stellplatz

Der Platz liegt direkt am Seeufer, in stadtnaher Lage und vor den Toren zur holsteinischen Schweiz. Umgeben von Wäldern und klaren Seen bietet er großen Erholungswert. Die 47 Touristenplätze sind überwiegend auf Gras angelegt und je mit Strom, Wasser- und Abwasseranschluss versehen. WLAN kostenlos.

Verpflegung

Direkt am See liegt das Restaurant „Bootshaus Kanu – Café & mehr" mit Biergarten (geöffnet 01.04. - 15.10.). Auf der Speisekarte stehen neben heimischer Küche und Fischgerichten verschiedene Eisvariationen und selbstgebackene Kuchen. Brötchenservice wird ebenfalls direkt am Platz geboten.

Sanitär

Das moderne Sanitärgebäude ist behinderten- und familiengerecht gestaltet und verfügt über Mietbäder, Einzelwaschkabinen, einen Wickelraum sowie Waschmaschine und Trockner. Außerdem steht den Gästen eine voll ausgestattete Camperküche zur Verfügung, sowie ein zentraler Lagerfeuerplatz mit Pavillon.

Freizeit

Eine Liege- und Badewiese am Kirchsee, eine Kanu- & Fahrradvermietung sowie Kinderspielplatz und Volleyballplatz sind direkt am Platz. Der Lanker See ist ideal für Angler & Segler. Rad- und Wanderwege direkt vom Platz aus. Freizeitparks, Thermen, Tierparks sowie Kiel und Lübeck in näherer Umgebung.

Gaststätte mit Biergarten.

Gemütlicher Loungebereich.

4.8 SEHR GUT
63 Bewertungen

Lage	4.9
Ruhe	4.7
Sanitäranlagen	4.8
Sauberkeit Ø	4.8
Freundlichkeit	4.9
Stellplatz	4.7
Verpflegung	4.4
Freizeit	4.5
Preis-Leistung	4.7
Mietunterkünfte	4.9

Geeignet für

Paare	4.8
Senioren	4.8
Gäste mit Zelt	4.8
Gäste mit Hund	4.7
Kinder b. 12 J.	4.5
Kinder b. 18 J.	4.4
Kinder b. 6 J.	4.3

Empfohlene Aktivitäten

Kayak/Kanu · Radfahren · Entspannen · Wandern · Angeln

Wohnmobilpark Preetz: ganzjährig geöffnet. Haustiere willkommen.

Karte auf Seite 54

19 Campingpark Gut Ruhleben

Missionsweg 2
24306 Plön
+49 4522 8347
54.14423 | 10.44941

01.04. - 06.10.
HS: 23,50 € | NS: 20,50 €
Mehr Infos & online buchen:
www.camping.info/18235

Baden im See am Platz	✓
Hallenbad	2km
Spielplatz am Platz	✓
Hunde erlaubt	✓
zur Hälfte Schatten	✓
WLAN (begrenzt gratis)	✓
Lebensmittel	✓
Brötchen am Platz	✓
Restaurant & Imbiss	✓
Ver-/Entsorgung Womo	✓
in den Ort	1km
Gesamt/Touristen	300/80
Mietunterkünfte	✓
Stellplätze vor Schranke	✓

4.6 SEHR GUT
96 Bewertungen

Lage	4.9
Ruhe	4.5
Sanitäranlagen	4.2
Sauberkeit Ø	4.2
Freundlichkeit	4.8
Stellplatz	4.6
Verpflegung	3.2
Freizeit	4.3
Preis-Leistung	4.6
Mietunterkünfte	4.2

Geeignet für

Kinder b. 6 J.	4.1
Kinder b. 12 J.	4.3
Kinder b. 18 J.	4.0
Paare	4.8
Senioren	4.6
Gäste mit Zelt	4.5
Gäste mit Hund	4.6

Empfohlene Aktivitäten

- Kayak/Kanu
- Radfahren
- Entspannen

20 Campingpark Augstfelde

Augstfelde 1
24306 Bösdorf bei Plön
+49 4522 8128
54.12873 | 10.455

01.04. - 21.10.
HS: 22,80 €
Mehr Infos & Anfrage:
www.camping.info/18236

Baden im See am Platz	✓
Pool/Hallenbad	8km
Spielplatz am Platz	✓
Hunde erlaubt	✓
zur Hälfte Schatten	✓
WLAN (gegen Gebühr)	✓
Lebensmittel	✓
Brötchen am Platz	✓
Restaurant & Imbiss	✓
Ver-/Entsorgung Womo	✓
in den Ort	3km
Gesamt/Touristen	534/236
Mietunterkünfte	✓
Stellplätze vor Schranke	✓

4.4 SEHR GUT
239 Bewertungen

Lage	4.8
Ruhe	3.8
Sanitäranlagen	4.1
Sauberkeit Ø	4.2
Freundlichkeit	4.6
Stellplatz	4.4
Verpflegung	4.2
Freizeit	4.3
Preis-Leistung	4.3
Mietunterkünfte	4.0

Geeignet für

Kinder b. 6 J.	4.6
Kinder b. 12 J.	4.6
Kinder b. 18 J.	4.1
Paare	4.4
Senioren	4.3
Gäste mit Zelt	4.4
Gäste mit Hund	4.3

Empfohlene Aktivitäten

- Schwimmen
- Radfahren
- Kayak/Kanu

21 Campingplatz Bosau

Strandweg 10
23715 Bosau
+49 4522 8128
54.1022 | 10.42578

01.04. - 14.10.
HS: 24,00 € | NS: 20,10 €
Mehr Infos & Anfrage:
www.camping.info/22319

Baden im See am Platz	✓
Pool/Hallenbad	15/7km
Spielplatz am Platz	✓
Hunde erlaubt	✓
zur Hälfte Schatten	✓
WLAN (gegen Gebühr)	✓
Lebensmittel	3km
Brötchen am Platz	✓
Restaurant/Imbiss	500m/✓
Ver-/Entsorgung Womo	✓
in den Ort	300m
Gesamt/Touristen	170/50
Mietunterkünfte	✓
Stellplätze vor Schranke	✗

3.7 GUT
27 Bewertungen

Lage	4.3
Ruhe	3.7
Sanitäranlagen	4.4
Sauberkeit Ø	4.3
Freundlichkeit	4.5
Stellplatz	3.4
Verpflegung	2.3
Freizeit	3.4
Preis-Leistung	3.8
Mietunterkünfte	3.0

Geeignet für

Kinder b. 6 J.	3.7
Kinder b. 12 J.	3.7
Kinder b. 18 J.	3.6
Paare	4.2
Senioren	4.2
Gäste mit Zelt	2.6
Gäste mit Hund	3.2

Empfohlene Aktivitäten

- Kayak/Kanu
- Radfahren
- Schwimmen

Infos

Öffnungszeiten
Vergleichspreis
Link

Ausstattung

Freizeit
Campingplatz
Versorgung
Anzahl der Plätze

16 Naturpark-Camping Prinzenholz

Prinzenholzweg 20
23701 Eutin-Fissau
+49 4521 5281
www.nc-prinzenholz.de
info@nc-prinzenholz.de

01.04. - 24.10.

HS: 30,60 € | NS: 28,60 €

Mehr Infos & Anfrage:
www.camping.info/18159

Baden im See am Platz	✓
Pool/Hallenbad	2km
Spielplatz am Platz	✓
Hunde willkommen	✓
zur Hälfte Schatten	✓
WLAN	✓
Lebensmittel	✓
Brötchen am Platz	✓
Restaurant/Imbiss	500/800m
Ver-/Entsorgung Womo	✓
in den Ort	1km
Gesamt/Touristen	140/122
Mietunterkünfte	✓
Stellplätze vor Schranke	✓

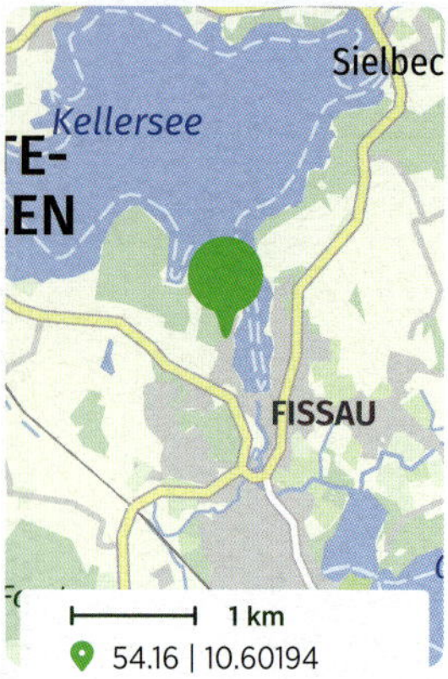

Oase der Ruhe nahe der Festspielstadt Eutin.

Lage & Stellplatz

Der Platz ist terrassenförmig angelegt und bietet von fast jedem der 140 Stellplätze einen zauberhaften Blick auf den Kellersee. Die Caravan- und Wohnmobilareale sind bis zu 140 m² groß. Es gibt WLAN auf dem gesamten Platz und alle Stellplätze verfügen über Wasser-, Abwasser- und Stromanschlüsse.

Verpflegung

Frühstück mit frischen Brötchen und kleine Snacks werden im Bistro serviert. Im Shop kann man sich mit Lebensmitteln und Getränken versorgen. Zum Kochen, Grillen und Schlemmen lädt ein geschützter Speiseplatz im Freien ein. Ein Restaurant und ein Gasthaus befinden sich weniger als 1 km entfernt.

Sanitär

Der Umwelt zuliebe wurde der Platz naturbezogen gestaltet: Ein Grasdach wölbt sich über dem modernen, sehr gepflegten Sanitär- und Waschgebäude. Es ist beheizt, verfügt über ein behindertengerechtes WC, Kabinen-, Baby und Familienduschen sowie eine Sauna, Waschmaschinen und Trockner.

Freizeit

Ein eigener Bootshafen dient als Ausgangspunkt für sämtliche Wasseraktivitäten. Neben Soccer-, Beachvolleyball- und Badminton-Courts sorgen ein Kinderspielplatz sowie ein Aufenthaltsraum mit TV für Unterhaltung. In der Nähe befinden sich ein Reiterhof, Tennisplätze, ein Golfplatz und ein Hallenbad.

Sonnige Aussichten am Kellersee.

Stellplätze direkt am Wasser.

4.6 SEHR GUT
52 Bewertungen

Lage	4.8
Ruhe	4.7
Sanitäranlagen	4.3
Sauberkeit Ø	4.6
Freundlichkeit	4.9
Stellplatz	4.5
Verpflegung	3.5
Freizeit	4.3
Preis-Leistung	4.2
Mietunterkünfte	4.3

Geeignet für

4.8 Paare

4.8	Gäste mit Zelt
4.6	Gäste mit Hund
4.3	Kinder b. 12 J.
4.6	Senioren
4.4	Kinder b. 6 J.
3.4	Kinder b. 18 J.

Empfohlene Aktivitäten

Schwimmen · Wandern · Kayak/Kanu · Entspannen · Radfahren

Karte auf Seite 54

22 Campingplatz Brüne

Pehmer Hörn 1
24326 Nehmten

54.08431 | 10.40757

Infos

Öffnungszeiten	keine Angabe
Vergleichspreis	keine Angabe
Link	**Mehr Infos & Anfrage:** www.camping.info/24006

Ausstattung

Freizeit	Baden in nat. Gewässer	k. A.
	Pool & Hallenbad	×
	Spielplatz	keine Angabe
Campingplatz	Hunde	×
	Schatten	×
	WLAN	keine Angabe
Versorgung	Lebensmittel	k.A.
	Brötchen	keine Angabe
	Restaurant & Imbiss	×
	Ver-/Entsorgung Womo	×
	in den Ort	keine Angabe
Anzahl der Plätze	Gesamt	keine Angabe
	Mietunterkünfte	×
	Stellplätze vor Schranke	×

3.2 GUT – 6 Bewertungen

Lage	4.5
Ruhe	4.5
Sanitäranlagen	2.2
Sauberkeit Ø	2.6
Freundlichkeit	4.5
Stellplatz	3.0
Verpflegung	2.5
Freizeit	3.4
Preis-Leistung	4.2
Mietunterkünfte	-

Geeignet für

Kinder b. 6 J.	4.2
Kinder b. 12 J.	4.0
Kinder b. 18 J.	3.6
Paare	4.5
Senioren	4.2
Gäste mit Zelt	4.2
Hunde n. erlaubt	-

Empfohlene Aktivitäten

- Segeln
- Surfen
- Schwimmen

23 Naturcamping am Stocksee

Holmweg 4
24326 Stocksee
+49 452 633 8792

54.08 | 10.33861

Infos

Öffnungszeiten	15.03. - 06.10.
Vergleichspreis	HS: 18,00 € | NS: 15,60 €
Link	**Mehr Infos & online buchen:** www.camping.info/18240

Ausstattung

Freizeit	Baden im See am Platz	✓
	Pool & Hallenbad	×
	Spielplatz am Platz	✓
Campingplatz	Hunde willkommen	✓
	wenig Schatten	✓
	WLAN (gratis)	teilweise
Versorgung	Lebensmittel	8km
	Brötchen am Platz	nur HS
	Restaurant/Imbiss	5km
	Ver-/Entsorgung Womo	×
	in den Ort	10km
Anzahl der Plätze	Gesamt/Touristen	99/49
	Mietunterkünfte	✓
	Stellplätze vor Schranke	×

4.0 SEHR GUT – 9 Bewertungen

Lage	4.4
Ruhe	4.6
Sanitäranlagen	3.6
Sauberkeit Ø	4.2
Freundlichkeit	4.9
Stellplatz	3.7
Verpflegung	2.3
Freizeit	3.9
Preis-Leistung	4.8
Mietunterkünfte	5.0

Geeignet für

Kinder b. 6 J.	3.6
Kinder b. 12 J.	3.4
Kinder b. 18 J.	2.5
Paare	4.9
Senioren	4.7
Gäste mit Zelt	4.2
Gäste mit Hund	4.0

Empfohlene Aktivitäten

- Schwimmen
- Radfahren
- Wandern

24 Camping Idyll

Seeweg 7
24619 Bornhöved
+49 4323 6427

54.07531 | 10.23396

Infos

Öffnungszeiten	ganzjährig
Vergleichspreis	HS: 18,50 € | NS: 18,50 €
Link	**Mehr Infos & Anfrage:** www.camping.info/18265

Ausstattung

Freizeit	Baden im See am Platz	✓
	Hallenbad	15km
	Spielplatz am Platz	✓
Campingplatz	Hunde willkommen	✓
	wenig Schatten	✓
	WLAN (gegen Gebühr)	✓
Versorgung	Lebensmittel	300m
	Brötchen am Platz	×
	Restaurant & Imbiss	✓
	Ver-/Entsorgung Womo	✓
	in den Ort	300m
Anzahl der Plätze	Gesamt/Touristen	180/40
	Mietunterkünfte	✓
	Stellplätze vor Schranke	×

3.5 GUT – 8 Bewertungen

Lage	3.9
Ruhe	3.9
Sanitäranlagen	4.5
Sauberkeit Ø	4.8
Freundlichkeit	4.8
Stellplatz	3.8
Verpflegung	3.9
Freizeit	3.4
Preis-Leistung	3.8
Mietunterkünfte	4.5

Geeignet für

Kinder b. 6 J.	3.3
Kinder b. 12 J.	3.2
Kinder b. 18 J.	3.0
Paare	3.5
Senioren	3.7
Gäste mit Zelt	4.3
Gäste mit Hund	4.3

Empfohlene Aktivitäten

- Radfahren
- Entspannen
- Schwimmen

18 Naturcamping Spitzenort

Ascheberger Straße 76
24306 Plön
+49 4522 2769
www.spitzenort.de
info@spitzenort.de

27.03. - 31.10.

HS: 40,00 € | NS: 36,00 €

Mehr Infos & Anfrage:
www.camping.info/18237

Baden im See am Platz	✓
Pool/Hallenbad	✓/2km
Spielplatz am Platz	✓
Hunde willkommen	✓
zur Hälfte Schatten	✓
WLAN	✓
Lebensmittel	✓
Brötchen am Platz	✓
Restaurant/Imbiss	✓/800m
Ver-/Entsorgung Womo	✓
in den Ort	1km
Gesamt/Touristen	228/224
Mietunterkünfte	✓
Stellplätze vor Schranke	✓

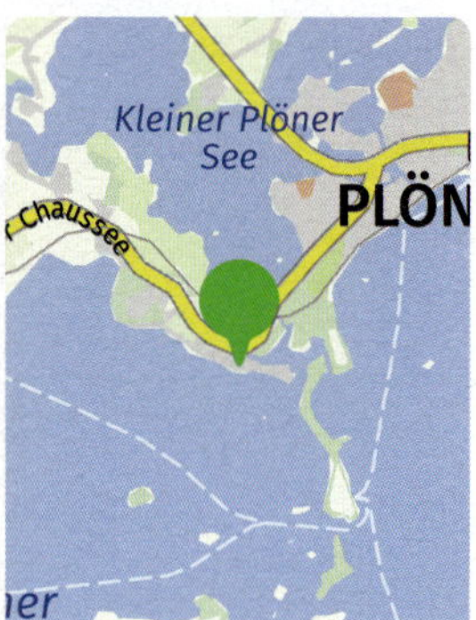

1 km
54.14665 | 10.39779

Ein Paradies für Wassersportler.

camping.info AWARD 2019

Lage & Stellplatz

Naturcamping Spitzenort hat die beste Lage, die man sich für den Urlaub wünschen kann: Das idyllische, an drei Seiten von Wasser umgebene Gelände liegt inmitten einer einmaligen Naturlandschaft und ist doch nur einen Katzensprung von der Kreisstadt Plön entfernt.

Sanitär

Auf Naturcamping Spitzenort finden Sie alle Anlagen, die man von einem modernen Campingplatz erwarten kann: Die sanitäre Ausstattung umfasst hochmoderne, saubere Waschräume, ein Kleinkinderbad, Wickeltische sowie Wasch- und Trockenautomaten.

Verpflegung

Das Restaurant „Seeblick" liegt wunderbar zentral auf dem Campingplatz und bietet hervorragende schleswig-holsteinische Küche mit großer Auswahl. Zusätzlich steht auch leckere Pizza auf dem Programm. Im Seeblick-Shop können Sie frische Brötchen und Artikel des täglichen Bedarfs erwerben.

Freizeit

Wassersport wird großgeschrieben auf Naturcamping Spitzenort: Segeln, Surfen, Paddeln, Angeln – alles ist direkt vom Platz aus möglich. Zusätzlich befindet sich ein Kanuverleih in direkter Nachbarschaft. Auch für Kinder gibt es auf dem Gelände ständig etwas Neues zu entdecken.

Einmalige Lage direkt am See.

Badefloß zum Toben.

4.8 SEHR GUT
982 Bewertungen

Lage	4.8
Ruhe	4.2
Sanitäranlagen	4.8
Sauberkeit Ø	4.7
Freundlichkeit	4.8
Stellplatz	4.7
Verpflegung	4.2
Freizeit	4.7
Preis-Leistung	4.6
Mietunterkünfte	4.6

Geeignet für

- 4.8 Kinder b. 12 J.
- 4.7 Kinder b. 6 J.
- 4.7 Paare
- 4.6 Senioren
- 4.6 Gäste mit Zelt
- 4.5 Gäste mit Hund
- 4.3 Kinder b. 18 J.

Empfohlene Aktivitäten

Kayak/Kanu · Radfahren · Schwimmen · Entspannen · Wandern

eco CAMPING

AWARD 2020

Karte auf Seite 54

25 Klüthsee-Camp&Seeblick

*

Klüthseehof 2
23795 Klein-Rönnau bei Segeberg
+49 4551 82368

53.96138 | 10.3375

Infos

Öffnungszeiten	01.03. - 30.09. 31.10. - 31.01.
Vergleichspreis	HS: 25,00 € | NS: 19,00 €
Link	**Mehr Infos & Anfrage:** www.camping.info/18203

Ausstattung

Freizeit	Baden im See	200m
	Pool/Hallenbad	✓/5km
	Spielplatz am Platz	✓
Campingplatz	Hunde erlaubt	✓
	zur Hälfte Schatten	✓
	WLAN (gratis)	teilweise
Versorgung	Lebensmittel	✓
	Brötchen am Platz	✓
	Restaurant & Imbiss	✓
	Ver-/Entsorgung Womo	✓
	in den Ort	3km
Anzahl der Plätze	Gesamt/Touristen	650/120
	Mietunterkünfte	✓
	Stellplätze vor Schranke	✗

4.2 SEHR GUT – 30 Bewertungen

Lage	4.3
Ruhe	4.4
Sanitäranlagen	4.1
Sauberkeit Ø	3.9
Freundlichkeit	4.5
Stellplatz	4.1
Verpflegung	3.9
Freizeit	4.0
Preis-Leistung	4.4
Mietunterkünfte	3.5

Geeignet für

Kinder b. 6 J.	3.9
Kinder b. 12 J.	4.0
Kinder b. 18 J.	3.4
Paare	4.5
Senioren	4.3
Gäste mit Zelt	3.8
Gäste mit Hund	4.2

Empfohlene Aktivitäten

- Radfahren
- Wandern
- Entspannen

26 Seecamping Segeberg

*

Kastanienweg 8
23795 Bad Segeberg
+49 4551 4713

53.93667 | 10.32472

Infos

Öffnungszeiten	ganzjährig
Vergleichspreis	HS: 27,00 € | NS: 23,00 €
Link	**Mehr Infos & Anfrage:** www.camping.info/22320

Ausstattung

Freizeit	Baden im See am Platz	✓
	Pool/Hallenbad	1/2km
	Spielplatz	1km
Campingplatz	Hunde	✗
	zur Hälfte Schatten	✓
	WLAN	✗
Versorgung	Lebensmittel	3km
	Brötchen am Platz	nur HS
	Imbiss	1km
	Ver-/Entsorgung Womo	✗
	in den Ort	800m
Anzahl der Plätze	Gesamt/Touristen	117/80
	Mietunterkünfte	✓
	Stellplätze vor Schranke	✗

3.6 GUT – 24 Bewertungen

Lage	4.7
Ruhe	4.3
Sanitäranlagen	3.0
Sauberkeit Ø	4.0
Freundlichkeit	4.4
Stellplatz	3.7
Verpflegung	3.5
Freizeit	4.0
Preis-Leistung	3.5
Mietunterkünfte	3.8

Geeignet für

Kinder b. 6 J.	3.5
Kinder b. 12 J.	3.8
Kinder b. 18 J.	4.2
Paare	4.4
Senioren	4.3
Gäste mit Zelt	4.2
Hunde n. erlaubt	-

Empfohlene Aktivitäten

- Schwimmen
- Wandern
- Entspannen

27 Seecamping Weisser Brunnen

*

Seestraße 12
23829 Wittenborn
+49 4554 1413

53.92106 | 10.23556

Infos

Öffnungszeiten	ganzjährig
Vergleichspreis	HS: 25,00 € | NS: 22,00 €
Link	**Mehr Infos & Anfrage:** www.camping.info/18205

Ausstattung

Freizeit	Baden im See am Platz	✓
	Pool/Hallenbad	5/7km
	Spielplatz am Platz	✓
Campingplatz	Hunde willkommen	✓
	zur Hälfte Schatten	✓
	WLAN (gratis)	teilweise
Versorgung	Lebensmittel	✓
	Brötchen am Platz	✓
	Restaurant & Imbiss	✓
	Ver-/Entsorgung Womo	✓
	in den Ort	1km
Anzahl der Plätze	Gesamt/Touristen	400/150
	Mietunterkünfte	✓
	Stellplätze vor Schranke	✓

4.4 SEHR GUT – 23 Bewertungen

Lage	4.6
Ruhe	4.5
Sanitäranlagen	4.3
Sauberkeit Ø	4.5
Freundlichkeit	4.8
Stellplatz	4.3
Verpflegung	3.9
Freizeit	4.1
Preis-Leistung	4.5
Mietunterkünfte	4.7

Geeignet für

Kinder b. 6 J.	4.6
Kinder b. 12 J.	4.6
Kinder b. 18 J.	4.1
Paare	4.6
Senioren	4.5
Gäste mit Zelt	4.6
Gäste mit Hund	4.9

Empfohlene Aktivitäten

- Schwimmen
- Radfahren
- Entspannen

5 Wagrien & Lübeck

	Platz	Seite	Bewertung	Öffnungszeiten	
1	Campingplatz Schöning	70	4.1	saisonal	
2	Campingplatz Triangel	70	3.3	saisonal	
3	Camping Seekamp	70	3.9	saisonal	
4	Campingplatz Sütel	70	3.6	saisonal	
5	Campingplatz Behnke	71	4.0	saisonal	Ecocamping
6	Camping Hohes Ufer	71	4.3	saisonal	Ecocamping
7	Rosenfelder Strand Ostsee Camping	72	4.8	saisonal	Ecocamping, Onlinebuchung, Award
8	FKK Camping Ostsee GmbH	71	3.8	saisonal	FKK
9	Camping Stieglitz	74	4.2	saisonal	Wintercamping, Ecocamping
10	Campingplatz Eurocamping Zedano	75	3.3	ganzjährig	Wintercamping, Ecocamping
11	Camping Hohe Leuchte	75	4.0	saisonal	
12	Camping Mare	76	4.3	ganzjährig	Wintercamping
13	Campingparadies Neumann	75	4.7	saisonal	
14	Ostsee-Campingplatz Kagelbusch	78	4.2	saisonal	Ecocamping
15	Campingland Ostsee GmbH & Co.KG	80	4.6	saisonal	
16	Camping & Ostseeferienpark Walkyrien	82	4.8	saisonal	Award
17	Camping am Hohen Ufer	77	3.8	saisonal	
18	Campingplatz Südstrand	77	4.1	saisonal	
19	Camping Am Strande	77	3.4	saisonal	
20	Camping Süsel	79	4.2	saisonal	
21	OstseeCamp Lübecker Bucht	79	4.5	saisonal	
22	Camping Margarethenhöhe	79	4.5	saisonal	
23	Campingplatz Seepferdchen	81	4.1	saisonal	
24	Ostseestrand Ferienpark Scharbeutz	81	3.3	ganzjährig	Wintercamping
25	Camp Lübeck-Schönböcken	81	3.9	saisonal	

Wintercamping FKK Textilfrei (ganz/teilweise) Ecocamping Award Onlinebuchung

1 Campingplatz Schöning

Wewerin 1
24327 Blekendorf / OT. Sehlendorf Strand
+49 4382 920504
54.30394 | 10.69385

01.04. - 13.10.
HS: 26,50 € | NS: 19,50 €
Mehr Infos & Anfrage:
www.camping.info/18241

Baden im Meer am Platz	✓
Pool/Hallenbad	21/4km
Spielplatz am Platz	✓
Hunde willkommen	✓
kein Schatten	✓
WLAN (gegen Gebühr)	✓
Lebensmittel	✓
Brötchen am Platz	✓
Restaurant/Imbiss	500m/✓
Ver-/Entsorgung Womo	✓
in den Ort	3km
Gesamt/Touristen	320/40
Mietunterkünfte	✓
Stellplätze vor Schranke	✗

4.1 SEHR GUT
13 Bewertungen

Lage	4.7
Ruhe	4.1
Sanitäranlagen	4.5
Sauberkeit Ø	4.5
Freundlichkeit	4.5
Stellplatz	4.1
Verpflegung	4.2
Freizeit	3.9
Preis-Leistung	4.6
Mietunterkünfte	3.5

Geeignet für

Kinder b. 6 J.	4.6
Kinder b. 12 J.	4.7
Kinder b. 18 J.	4.7
Paare	5.0
Senioren	4.9
Gäste mit Zelt	4.7
Gäste mit Hund	4.2

Empfohlene Aktivitäten

- Entspannen
- Schwimmen
- Radfahren

keine WOMOs ab 9 m; Jugendgruppen nur beschränkt zugelassen

2 Campingplatz Triangel

Seestraße 1a
23758 Wangels/Weissenhäuser Strand
+49 4361 50789 0
54.31075 | 10.80361

05.04. - 03.11.
HS: 33,80 € | NS: 29,00 €
Mehr Infos & Anfrage:
www.camping.info/18182

Baden im Meer am Platz	✓
Pool/Hallenbad	20km/100m
Spielplatz am Platz	✓
Hunde willkommen	✓
wenig Schatten	✓
WLAN (gegen Gebühr)	✓
Lebensmittel	✓
Brötchen am Platz	✓
Restaurant & Imbiss	✓
Ver-/Entsorgung Womo	✓
in den Ort	6km
Gesamt/Touristen	700/130
Mietunterkünfte	✗
Stellplätze vor Schranke	✗

3.3 GUT
65 Bewertungen

Lage	4.2
Ruhe	3.2
Sanitäranlagen	3.5
Sauberkeit Ø	3.6
Freundlichkeit	3.3
Stellplatz	3.5
Verpflegung	3.9
Freizeit	3.7
Preis-Leistung	3.2
Mietunterkünfte	-

Geeignet für

Kinder b. 6 J.	4.0
Kinder b. 12 J.	3.9
Kinder b. 18 J.	3.4
Paare	3.8
Senioren	3.5
Gäste mit Zelt	3.5
Gäste mit Hund	3.9

Empfohlene Aktivitäten

- Schwimmen
- Radfahren
- Entspannen

3 Camping Seekamp

Seekamp 1
23779 Neukirchen
04365/456
54.34333 | 11.06374

15.04. - 15.10.
HS: 20,00 € | NS: 20,00 €
Mehr Infos & Anfrage:
www.camping.info/18200

Baden im Meer am Platz	✓
Hallenbad	10km
Spielplatz am Platz	✓
Hunde erlaubt	✓
kein Schatten	✓
WLAN (gegen Gebühr)	✓
Lebensmittel	✓
Brötchen am Platz	✓
Restaurant/Imbiss	500m
Ver-/Entsorgung Womo	✗
in den Ort	3km
Gesamt/Touristen	397/100
Mietunterkünfte	✓
Stellplätze vor Schranke	✗

3.9 GUT
15 Bewertungen

Lage	4.4
Ruhe	4.3
Sanitäranlagen	3.5
Sauberkeit Ø	4.0
Freundlichkeit	4.2
Stellplatz	3.7
Verpflegung	2.9
Freizeit	3.2
Preis-Leistung	4.3
Mietunterkünfte	3.0

Geeignet für

Kinder b. 6 J.	4.4
Kinder b. 12 J.	4.6
Kinder b. 18 J.	3.7
Paare	4.7
Senioren	4.8
Gäste mit Zelt	4.2
Gäste mit Hund	4.3

Empfohlene Aktivitäten

- Surfen
- Schwimmen
- Segeln

4 Campingplatz Sütel

Sütel Strand
23779 Sütel
+49 4365 451
54.33611 | 11.07103

01.04. - 10.10.
HS: 31,00 € | NS: 22,00 €
Mehr Infos & Anfrage:
www.camping.info/18202

Baden im Meer am Platz	✓
Hallenbad	15km
Spielplatz am Platz	✓
Hunde willkommen	✓
wenig Schatten	✓
WLAN (gegen Gebühr)	✓
Lebensmittel	✓
Brötchen am Platz	✓
Restaurant & Imbiss	✓
Ver-/Entsorgung Womo	✓
in den Ort	1km
Gesamt/Touristen	800/150
Mietunterkünfte	✓
Stellplätze vor Schranke	✗

3.6 GUT
55 Bewertungen

Lage	4.4
Ruhe	3.5
Sanitäranlagen	3.4
Sauberkeit Ø	3.8
Freundlichkeit	3.4
Stellplatz	3.6
Verpflegung	3.8
Freizeit	3.4
Preis-Leistung	3.5
Mietunterkünfte	4.5

Geeignet für

Kinder b. 6 J.	3.7
Kinder b. 12 J.	3.9
Kinder b. 18 J.	3.4
Paare	4.0
Senioren	4.0
Gäste mit Zelt	3.6
Gäste mit Hund	3.0

Empfohlene Aktivitäten

- Schwimmen
- Radfahren
- Segeln

Karte auf Seite 68

5 Campingplatz Behnke

Ostermader Kamp 7
23779 Ostermade
+49 4365 431
54.32527 | 11.06968

Infos	
Öffnungszeiten	01.04. - 03.10.
Vergleichspreis	HS: 20,00 € | NS: 20,00 €
Link	**Mehr Infos & Anfrage:** www.camping.info/23986

Ausstattung		
Freizeit	Baden im Meer	200m
	Hallenbad	27km
	Spielplatz am Platz	✓
Campingplatz	Hunde	✗
	wenig Schatten	✓
	WLAN (gegen Gebühr)	teilweise
Versorgung	Lebensmittel	200m
	Brötchen am Platz	✗
	Restaurant/Imbiss	200m
	Ver-/Entsorgung Womo	✓
	im Ort	✓
Anzahl der Plätze	Gesamt/Touristen	180/12
	Mietunterkünfte	✓
	Stellplätze vor Schranke	✗

4.0 SEHR GUT – 6 Bewertungen

Lage	4.0
Ruhe	3.8
Sanitäranlagen	3.8
Sauberkeit Ø	3.9
Freundlichkeit	4.0
Stellplatz	3.6
Verpflegung	2.8
Freizeit	2.4
Preis-Leistung	3.7
Mietunterkünfte	2.0

Geeignet für

Kinder b. 6 J.	2.8
Kinder b. 12 J.	2.2
Kinder b. 18 J.	2.5
Paare	3.6
Senioren	3.6
Gäste mit Zelt	3.7
Hunde n. erlaubt	-

Empfohlene Aktivitäten

- Radfahren
- Surfen
- Schwimmen

6 Camping Hohes Ufer

Ostermade
23779 Ostermade
+49 4365 496
54.32419 | 11.07234

Infos	
Öffnungszeiten	01.04. - 03.10.
Vergleichspreis	HS: 32,00 € | NS: 29,00 €
Link	**Mehr Infos & Anfrage:** www.camping.info/18201

Ausstattung		
Freizeit	Baden im Meer am Platz	✓
	Pool/Hallenbad	25/10km
	Spielplatz am Platz	✓
Campingplatz	Hunde willkommen	✓
	wenig Schatten	✓
	WLAN (gegen Gebühr)	✓
Versorgung	Lebensmittel	✓
	Brötchen am Platz	✓
	Restaurant & Imbiss	✓
	Ver-/Entsorgung Womo	✓
	im Ort	✓
Anzahl der Plätze	Gesamt/Touristen	540/60
	Mietunterkünfte	✓
	Stellplätze vor Schranke	✗

4.3 SEHR GUT – 129 Bewertungen

Lage	4.6
Ruhe	4.3
Sanitäranlagen	4.2
Sauberkeit Ø	4.5
Freundlichkeit	4.6
Stellplatz	4.2
Verpflegung	3.9
Freizeit	3.9
Preis-Leistung	4.3
Mietunterkünfte	4.6

Geeignet für

Kinder b. 6 J.	4.4
Kinder b. 12 J.	4.4
Kinder b. 18 J.	3.7
Paare	4.2
Senioren	4.4
Gäste mit Zelt	4.4
Gäste mit Hund	4.6

Empfohlene Aktivitäten

- Schwimmen
- Entspannen
- Radfahren

Gepflegte, große, naturnahe Plätze. Separater Hundestrand. 2019 Mobilheime.

8 FKK Camping Ostsee GmbH

FKK

Rosenfelder Strand 2
23749 Grube
+49 4365 222
54.25769 | 11.08001

Infos	
Öffnungszeiten	01.04. - 15.11.
Vergleichspreis	HS: 36,50 € | NS: 25,50 €
Link	**Mehr Infos & Anfrage:** www.camping.info/18179

Ausstattung		
Freizeit	Baden im Meer am Platz	✓
	Pool/Hallenbad	7/2km
	Spielplatz am Platz	✓
Campingplatz	Hunde willkommen	✓
	wenig Schatten	✓
	WLAN (gegen Gebühr)	✓
Versorgung	Lebensmittel	✓
	Brötchen am Platz	✓
	Restaurant am P.	✓
	Ver-/Entsorgung Womo	✓
	in den Ort	4km
Anzahl der Plätze	Gesamt/Touristen	1000/350
	Mietunterkünfte	✓
	Stellplätze vor Schranke	✗

3.8 GUT – 18 Bewertungen

Lage	4.2
Ruhe	4.0
Sanitäranlagen	3.8
Sauberkeit Ø	3.9
Freundlichkeit	4.0
Stellplatz	3.7
Verpflegung	2.7
Freizeit	3.5
Preis-Leistung	3.5
Mietunterkünfte	3.0

Geeignet für

Kinder b. 6 J.	4.2
Kinder b. 12 J.	4.2
Kinder b. 18 J.	3.1
Paare	4.1
Senioren	4.5
Gäste mit Zelt	4.5
Gäste mit Hund	3.9

Empfohlene Aktivitäten

- Schwimmen
- Radfahren
- Entspannen

7 Rosenfelder Strand Ostsee Camping

Rosenfelder Strand 1
23749 Rosenfelde-Grube
+49 4365 979722
www.rosenfelder-strand.de
info@rosenfelder-strand.de

05.03. - 24.10.

HS: 41,20 € | NS: 27,40 €

Mehr Infos & online buchen:
www.camping.info/18180

Baden im Meer am Platz	✓
Pool/Hallenbad	7/15km
Spielplatz am Platz	✓
Hunde willkommen	✓
wenig Schatten	✓
WLAN	✓
Lebensmittel	✓
Brötchen am Platz	✓
Restaurant & Imbiss	✓
Ver-/Entsorgung Womo	✓
in den Ort	5km
Gesamt/Touristen	800/350
Mietunterkünfte	✓
Stellplätze vor Schranke	✓

Rasanter Bananenritt.

Lage & Stellplatz

Der von Feldern umgebene Campingplatz Rosenfelder Strand liegt ruhig auf einer Anhöhe direkt an der Ostsee, nördlich von Dahme, mit eigenem Naturstrand. Die 350 Touristen-Stellplätze sind ca. 100 bis 140 m² groß und verfügen über Strom-, Wasser- und Abwasseranschlüsse.

Sanitär

In den vor Kurzem renovierten vier Sanitäranlagen steht Sauberkeit an erster Stelle. Zur Ausstattung gehören z. B. Einzelwasch- und Duschkabinen, Kinderbäder, Mietbäder, behindertengerechte Bäder und Babywickelräume. Darüber hinaus stehen den Gästen Waschmaschinen und Wäschetrockner zur Verfügung.

AWARD 2020
camping.info

ECO CAMPING

ADAC Klassifikation 2020 SUPER 2020 ADAC PINCAMP.DE

Entspannung pur.

Liegewiese und Strand.

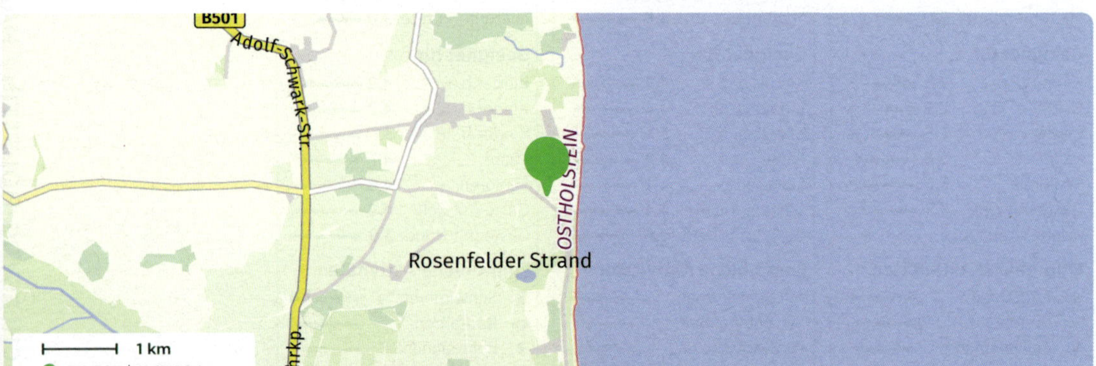

1 km
54.265 | 11.07694

AWARD 2020

Hundefrei von Anfang Juli bis Mitte August.

Herzlich willkommen!

Verpflegung

Auf dem Platz gibt es einen neu gebauten, gut sortierten SB-Markt mit Café-Ecke, der u. a. täglich frische Brötchen und Campingartikel anbietet. Kleine und große Gerichte können im platzeigenen Restaurant in gemütlicher Atmosphäre genossen werden. Zusätzlich befindet sich ein Biergarten mit Imbiss in Strandnähe.

Freizeit

Am Campingplatz gibt es nahezu unbegrenzte Spiel- und Sportmöglichkeiten: Egal ob Wassertrampolin, Banane fahren, Minigolf, verschiedene Spiel- und Sportplätze, Segeln oder Surfen – hier finden alle die passende Aktivität. Ein tägliches Animationsprogramm in der Hauptferienzeit rundet das Angebot ab. WLAN ist auf dem ganzen Platz verfügbar. Von Anfang Juli bis Mitte August ist der Campingplatz hundefrei.

Abenteuerwald.

Hundestrand.

5.0

Ich gebe selten 5 Punkte, aber hier passt für uns (46, 40, 14, 11) einfach alles. Schon beim Empfang hat man gespürt, dass der Gast hier im Mittelpunkt steht. Der Supermarkt ist gut sortiert und auch hier spürt man den Spaß, an dem was man macht. Die Sanitäranlagen sind IMMER sehr sauber. Fußläufig erreichbar ist die Promenade von Dahme, aber auch in Süssau kann man sehr schön in der Kombüse oder der Silbermöwe verweilen und gute Getränke und Speisen genießen.

Maik R.

Maik R. war mit seiner Familie im Oktober 2020 auf dem Campingplatz Rosenfelder Strand.

4.8 **SEHR GUT**
1370 Bewertungen

Lage	4.5
Ruhe	4.6
Sanitäranlagen	4.9
Sauberkeit Ø	4.8
Freundlichkeit	4.8
Stellplatz	4.8
Verpflegung	3.9
Freizeit	4.7
Preis-Leistung	4.5
Mietunterkünfte	4.4

Geeignet für

4.8	Kinder b. 12 J.
4.7	Kinder b. 6 J.
4.6	Paare
4.5	Senioren
4.4	Gäste mit Zelt
4.3	Kinder b. 18 J.
3.6	Gäste mit Hund

Empfohlene Aktivitäten

Schwimmen · Radfahren · Entspannen · Surfen · Wandern

9 Camping Stieglitz

Gothaer Platz 1
23747 Dahme
+49 4364 1435
www.camping-stieglitz.de
thomas@camping-stieglitz.de

20.12. - 06.01.
28.03. - 28.10.

HS: 30,60 € | NS: 25,50 €

Mehr Infos & Anfrage:
www.camping.info/18178

Baden im Meer am Platz	✓
Hallenbad	1km
Spielplatz am Platz	✓
Hunde erlaubt	✓
wenig Schatten	✓
WLAN (gegen Gebühr)	✓
Lebensmittel	✓
Brötchen am Platz	✓
Restaurant & Imbiss	✓
Ver-/Entsorgung Womo	✓
in den Ort	1km
Gesamt/Touristen	500/250
Mietunterkünfte	✓
Stellplätze vor Schranke	✓

1 km

54.24307 | 11.07804

Gelegen zwischen Wiesen, Wald, Strand und Dünen – Camping Stieglitz.

Lage & Stellplatz

Ganz oben im Norden des Ostseebades Dahme, zwischen Wiesen, Wald, Dünen und Ostseestrand liegt Camping Stieglitz in ruhiger Lage, familiengeführt seit über sechzig Jahren. Seit vielen Jahren eine Institution, aber stets gepflegt und sauber mit großzügigen Stellplätzen direkt hinter dem Deich.

Verpflegung

Das kleine Deichgarten-Restaurant bietet Ihnen eine saisonale Karte und gutbürgerliche, norddeutsche Küche. Zusammen mit dem BioMarkt am Platz, wo Sie morgens Brötchen, Zeitung, gute Weine, leckere Marmeladen und Campingzubehör bekommen, sollte es an nichts fehlen.

Sanitär

Duschen sind hier kostenfrei. Es gibt Waschmaschinen und Trockner, Hundedusche und natürlich eine kommunikative Abwaschküche mit den neusten Geschichten vom Campingplatz und Ausflugstipps von anderen Gästen. Einzelwaschkabinen, Kinderbad und behindertengerechtes Bad sind natürlich vorhanden.

Freizeit

Der Platz ist ideal für Rad- und Wandertouren entlang der Ostseebäder und den Gutshöfen der Halbinsel Wagrien und liegt direkt am Ostseeküsten-Radweg. Eine Surf- und Kiteschule ist gleich am Strand, der Platz verleiht zudem Kajaks und SUP-Boards. Doch das Wichtigste: Hier ist Ruhe garantiert!

Großzügige Stellplätze.

Kleines Deichgarten-Restaurant.

4.2 SEHR GUT
87 Bewertungen

Lage	4.5
Ruhe	4.4
Sanitäranlagen	3.8
Sauberkeit Ø	4.3
Freundlichkeit	4.9
Stellplatz	4.1
Verpflegung	3.9
Freizeit	4.0
Preis-Leistung	4.3
Mietunterkünfte	4.1

Geeignet für

4.6 Paare

4.6	Gäste mit Hund
4.5	Senioren
4.3	Kinder b. 6 J.
4.3	Kinder b. 12 J.
3.9	Gäste mit Zelt
3.6	Kinder b. 18 J.

Empfohlene Aktivitäten

Schwimmen · Radfahren · Entspannen · Surfen · Wandern

Weitere Öffnungszeiten:
18.12.2020 - 06.01.2021.

Karte auf Seite 68

10 Campingplatz Eurocamping Zedano

Anhalterplatz 100
23747 Dahme
+49 4364 366
54.23497 | 11.08236

ganzjährig
HS: 31,80 € | NS: 25,00 €
Mehr Infos & Anfrage: www.camping.info/18177

Baden im Meer am Platz	✓
Pool/Hallenbad	500m
Spielplatz am Platz	✓
Hunde willkommen	✓
zur Hälfte Schatten	✓
WLAN (gegen Gebühr)	✓
Lebensmittel	✓
Brötchen am Platz	✓
Restaurant & Imbiss	✓
Ver-/Entsorgung Womo	✓
in den Ort	500m
Gesamt/Touristen	740/215
Mietunterkünfte	✓
Stellplätze vor Schranke	✓

3.3 GUT – 115 Bewertungen

Lage	4.2
Ruhe	3.4
Sanitäranlagen	3.5
Sauberkeit Ø	3.3
Freundlichkeit	3.6
Stellplatz	3.2
Verpflegung	3.5
Freizeit	3.6
Preis-Leistung	3.0
Mietunterkünfte	3.2

Geeignet für

Kinder b. 6 J.	3.7
Kinder b. 12 J.	3.8
Kinder b. 18 J.	3.5
Paare	4.0
Senioren	4.0
Gäste mit Zelt	3.2
Gäste mit Hund	3.9

Empfohlene Aktivitäten
- Schwimmen
- Radfahren
- Entspannen

11 Camping Hohe Leuchte

Mittelweg 164
23743 Grömitz-Lensterstrand
+49 4562 22 55 07
54.16318 | 11.0066

01.04. - 15.10.
HS: 32,00 € | NS: 27,00 €
Mehr Infos & Anfrage: www.camping.info/18170

Baden im Meer am Platz	✓
Hallenbad	3km
Spielplatz am Platz	✓
Hunde erlaubt	✓
Schatten	✗
WLAN	✓
Lebensmittel	✓
Brötchen am Platz	✓
Restaurant & Imbiss	✓
Ver-/Entsorgung Womo	✗
in den Ort	3km
Gesamt/Touristen	220/45
Mietunterkünfte	✓
Stellplätze vor Schranke	✗

4.0 SEHR GUT – 9 Bewertungen

Lage	4.2
Ruhe	4.6
Sanitäranlagen	3.9
Sauberkeit Ø	4.6
Freundlichkeit	4.8
Stellplatz	4.0
Verpflegung	3.8
Freizeit	3.9
Preis-Leistung	3.8
Mietunterkünfte	5.0

Geeignet für

Kinder b. 6 J.	4.0
Kinder b. 12 J.	4.0
Kinder b. 18 J.	3.6
Paare	4.5
Senioren	4.4
Gäste mit Zelt	4.8
Gäste mit Hund	5.0

Empfohlene Aktivitäten
- Radfahren
- Schwimmen
- Entspannen

13 Campingparadies Neumann

Mittelweg 162
23743 Grömitz
+49 4562 5228
54.15 | 10.9667

01.04. - 25.10.
HS: 28,50 € | NS: 28,50 €
Mehr Infos & Anfrage: www.camping.info/23979

Baden im Meer	200m
Pool/Hallenbad	4km
Spielplatz am Platz	✓
Hunde willkommen	✓
wenig Schatten	✓
WLAN (gegen Gebühr)	✓
Lebensmittel	3km
Brötchen am Platz	✗
Restaurant/Imbiss	500m
Ver-/Entsorgung Womo	✓
in den Ort	3km
Gesamt/Touristen	280/20
Mietunterkünfte	✗
Stellplätze vor Schranke	✗

4.7 SEHR GUT – 20 Bewertungen

Lage	4.8
Ruhe	4.7
Sanitäranlagen	4.5
Sauberkeit Ø	4.8
Freundlichkeit	5.0
Stellplatz	4.5
Verpflegung	3.0
Freizeit	4.5
Preis-Leistung	4.5
Mietunterkünfte	-

Geeignet für

Kinder b. 6 J.	4.9
Kinder b. 12 J.	4.8
Kinder b. 18 J.	4.7
Paare	4.9
Senioren	4.9
Gäste mit Zelt	4.6
Gäste mit Hund	4.8

Empfohlene Aktivitäten
- Schwimmen
- Radfahren
- Entspannen

keine WOMOs ab 8m; keine größeren Jugendgruppen od. Minderjährige ohne Erw.

Infos
Öffnungszeiten
Vergleichspreis
Link

Ausstattung
Freizeit
Campingplatz
Versorgung
Anzahl der Plätze

12 Camping Mare

*

Lenster Weg 20
23743 Grömitz-Lensterstrand
+49 4562 8141

www.camping-groemitz.de
mare@camping-groemitz.de

ganzjährig

HS: 36,50 € | NS: 29,50 €

Mehr Infos & Anfrage:
www.camping.info/18172

Baden in nat. Gewässer	k. A.
Hallenbad	1km
Spielplatz	200m
Hunde erlaubt	✓
Schatten	✗
WLAN	✓
Lebensmittel	200m
Brötchen	keine Angabe
Restaurant/Imbiss	300/200m
Ver-/Entsorgung Womo	✓
in den Ort	1km
Gesamt/Touristen	125/28
Mietunterkünfte	✓
Stellplätze vor Schranke	✗

1 km

54.15699 | 10.9895

Luftaufnahme des Campingplatz Mare.

Lage & Stellplatz

Auf dem Campingplatz Mare Camping genießen die Gäste Camping an der Ostsee in erster Reihe. Die Stellplätze sind bis 120 m^2 groß, durch kleine Hecken geteilt und teilweise gepflastert. Jeder Platz verfügt über einen eigenen Wasser-, Abwasser- und Stromanschluss.

Verpflegung

An der Rezeption erhalten Sie auf Vorbestellung frische Bäckerbrötchen. Zudem stehen Ihnen hier Tageszeitungen, Lebensmittel, Eis und Bücher im Angebot.

Sanitär

Auf dem Campingplatz befindet sich ein modernes, voll ausgestattetes 4-Sterne-Waschhaus, in dem hoher Wert auf Sauberkeit gelegt wird. Zusätzlich gibt es vier private Miet-Bäder mit hohem Komfort für den Rundum-Sorglos-Urlaub.

Freizeit

Der Platz ist nur durch eine Straße vom Deich und Strand entfernt. Dort warten dann diverse Wassersportarten sowie gut ausgebaute Radwege auf die Gäste. Für nähere Information zu aktuellen Veranstaltungen in der Umgebung des Campingplatzes empfiehlt es sich, die Homepage der Stadt Grömitz besuchen.

Büro mit Anmeldung und Kiosk.

Die Einfahrt zum Campingplatz.

4.3 SEHR GUT
21 Bewertungen

Lage	4.6
Ruhe	3.9
Sanitäranlagen	4.8
Sauberkeit Ø	4.8
Freundlichkeit	4.5
Stellplatz	4.1
Verpflegung	2.8
Freizeit	3.8
Preis-Leistung	3.8
Mietunterkünfte	3.7

Geeignet für

4.8	Gäste mit Hund
4.6	Senioren
4.4	Paare
3.5	Kinder b. 12 J.
3.5	Kinder b. 18 J.
3.5	Gäste mit Zelt
3.2	Kinder b. 6 J.

Empfohlene Aktivitäten

Radfahren · Schwimmen · Spazieren · Entspannen · Wandern

In der Saison: pro Stellplatz 1 Hund erlaubt. Keine Zeltwiese vorhanden.

Karte auf Seite 68

17 Camping am Hohen Ufer

Pelzerhakener Straße 47
23730 Neustadt-Pelzerhaken
+49 4561 7222
54.09144 | 10.84582

30.03. - 31.10.
HS: 27,50 € | NS: 22,50 €
Mehr Infos & Anfrage:
www.camping.info/18166

Baden im Meer am Platz	✓
Pool/Hallenbad	10/7km
Spielplatz am Platz	✓
Hunde willkommen	✓
wenig Schatten	✓
WLAN (gegen Gebühr)	✓
Lebensmittel	✓
Brötchen am Platz	✓
Restaurant/Imbiss	700m/✓
Ver-/Entsorgung Womo	✗
in den Ort	200m
Gesamt/Touristen	300/30
Mietunterkünfte	✗
Stellplätze vor Schranke	✗

3.8 GUT
24 Bewertungen

Lage	4.5
Ruhe	4.3
Sanitäranlagen	3.2
Sauberkeit Ø	4.1
Freundlichkeit	4.7
Stellplatz	4.2
Verpflegung	3.6
Freizeit	3.7
Preis-Leistung	3.9
Mietunterkünfte	-

Geeignet für

Kinder b. 6 J.	3.8
Kinder b. 12 J.	3.5
Kinder b. 18 J.	3.1
Paare	4.5
Senioren	4.7
Gäste mit Zelt	4.2
Gäste mit Hund	4.9

Empfohlene Aktivitäten

- Radfahren
- Entspannen
- Schwimmen

18 Campingplatz Südstrand

Pelzerhakener Straße 65
23730 Neustadt
+49 4561 7238
54.0896 | 10.83724

01.04. - 31.10.
HS: 33,40 € | NS: 29,30 €
Mehr Infos & Anfrage:
www.camping.info/18167

Baden im Meer am Platz	✓
Pool/Hallenbad	15/8km
Spielplatz am Platz	✓
Hunde	✗
kein Schatten	✓
WLAN (gegen Gebühr)	✓
Lebensmittel	✓
Brötchen am Platz	✓
Restaurant & Imbiss	✓
Ver-/Entsorgung Womo	✓
in den Ort	500m
Gesamt/Touristen	520/120
Mietunterkünfte	✓
Stellplätze vor Schranke	✗

4.1 SEHR GUT
42 Bewertungen

Lage	4.5
Ruhe	4.0
Sanitäranlagen	3.8
Sauberkeit Ø	4.3
Freundlichkeit	4.6
Stellplatz	3.9
Verpflegung	3.9
Freizeit	4.1
Preis-Leistung	4.1
Mietunterkünfte	4.2

Geeignet für

Kinder b. 6 J.	4.3
Kinder b. 12 J.	4.4
Kinder b. 18 J.	4.0
Paare	4.3
Senioren	4.3
Gäste mit Zelt	4.3
Hunde n. erlaubt	-

Empfohlene Aktivitäten

- Schwimmen
- Radfahren
- Entspannen

19 Camping Am Strande

Sandberger Weg 94
23730 Neustadt
+49 4561 4188
54.09289 | 10.82588

01.04. - 30.09.
HS: 35,00 € | NS: 25,00 €
Mehr Infos & Anfrage:
www.camping.info/18163

Baden im Meer am Platz	✓
Pool/Hallenbad	20/25km
Spielplatz am Platz	✓
Hunde erlaubt	nur NS
zur Hälfte Schatten	✓
WLAN	✓
Lebensmittel	✓
Brötchen am Platz	nur HS
Restaurant & Imbiss	✓
Ver-/Entsorgung Womo	✓
im Ort	✓
Gesamt/Touristen	385/180
Mietunterkünfte	✓
Stellplätze vor Schranke	✗

3.4 GUT
30 Bewertungen

Lage	4.3
Ruhe	3.6
Sanitäranlagen	3.2
Sauberkeit Ø	3.4
Freundlichkeit	3.4
Stellplatz	3.5
Verpflegung	3.3
Freizeit	3.8
Preis-Leistung	3.5
Mietunterkünfte	3.0

Geeignet für

Kinder b. 6 J.	3.5
Kinder b. 12 J.	3.6
Kinder b. 18 J.	3.0
Paare	3.4
Senioren	3.6
Gäste mit Zelt	2.6
Gäste mit Hund	3.7

Empfohlene Aktivitäten

- Schwimmen
- Radfahren
- Motorboot

Infos

Öffnungszeiten
Vergleichspreis
Link

Ausstattung

Freizeit
Campingplatz
Versorgung
Anzahl der Plätze

14

Ostsee-Campingplatz Kagelbusch

Scharberg
23730 Bliesdorf-Strand bei Grömitz
+49 4562 7122
www.ostseecamping.de
info@ostseecamping.de

26.03. - 10.10.

HS: 36,50 € | NS: 28,00 €

Mehr Infos & Anfrage:
www.camping.info/18162

Baden im Meer am Platz	✓
Hallenbad	4km
Spielplatz am Platz	✓
Hunde erlaubt	nur NS
wenig Schatten	✓
WLAN (gegen Gebühr)	✓
Lebensmittel	✓
Brötchen am Platz	✓
Restaurant & Imbiss	✓
Ver-/Entsorgung Womo	✓
in den Ort	2km
Gesamt/Touristen	650/70
Mietunterkünfte	✓
Stellplätze vor Schranke	✓

1 km
54.12639 | 10.93028

Stellplätze und Mobilheime direkt an der Ostsee. Keine Kurtaxe!

Lage & Stellplatz

Traumhafte Lage direkt an der Ostsee mit eigenem Zugang zum kilometerlangen, feinsandigen Naturbadestrand, umgeben von Wald und Feldern. Komfortable Stellplätze mit Strom-, Wasser- und Abwasseranschlüssen in sonniger Panoramalage – nahe der Ostsee oder familienorientiert im Spielplatzbereich.

Verpflegung

Das stilvoll eingerichtete Restaurant „Sonneneck" lädt die Gäste zum genussvollen Verweilen ein. Im SB-Markt gibt es frische Brötchen und alles, was man zum täglichen Leben braucht. Für Selbstversorger stehen Küchen mit Kochfeldern und Mikrowellen bereit.

Sanitär

Modernste Sanitäranlagen mit exklusiver Ausstattung, behindertengerechte Sanitärräume und Kinderbad mit Kleinkinder-Duschen, Babybadewannen und Wickeltischen. Ebenso sind Räume mit Waschmaschinen, Wäschetrocknern und Bügelstationen sowie eine Ver- und Entsorgungsstation für Wohnmobile vorhanden.

Freizeit

Relaxen und Baden am Strand, Wellness im Saunafass oder bei einer Massage. Fitness, Spiel und Spaß für Groß und Klein auf den Abenteuerspiel- und Sportplätzen. Tennis, Billard, Fußballkicker, abwechslungsreiches Animationsprogramm, Rad- und Wanderwege sowie viele Ausflugsziele in direkter Umgebung.

Feinsandiger Naturbadestrand.

Viel Platz für Sport und Spiel.

4.2 SEHR GUT
136 Bewertungen

Lage	4.5
Ruhe	4.5
Sanitäranlagen	4.6
Sauberkeit Ø	4.7
Freundlichkeit	4.3
Stellplatz	4.3
Verpflegung	3.7
Freizeit	4.0
Preis-Leistung	4.0
Mietunterkünfte	4.3

Geeignet für

4.4 Paare

4.4	Senioren
4.2	Kinder b. 12 J.
4.1	Kinder b. 6 J.
4.1	Gäste mit Zelt
3.8	Kinder b. 18 J.
2.6	Gäste mit Hund

Empfohlene Aktivitäten

Schwimmen · Radfahren · Wandern · Entspannen · Spazieren

Karte auf Seite 68

Infos: Öffnungszeiten · Vergleichspreis · Link

Ausstattung: Freizeit · Campingplatz · Versorgung · Anzahl der Plätze

20 Camping Süsel

Süseler-Moor 6
23701 Süsel
+49 170 357 5007
54.07325 | 10.68497

01.04. - 15.10.
HS: 22,00 € | NS: 22,00 €
Mehr Infos & Anfrage:
www.camping.info/18160

Baden im See am Platz	✓
Pool & Hallenbad	✗
Spielplatz am Platz	✓
Hunde willkommen	✓
wenig Schatten	✓
WLAN	teilweise
Lebensmittel	7km
Brötchen am Platz	✓
Imbiss	✓
Ver-/Entsorgung Womo	✓
in den Ort	keine Angabe
Gesamt/Touristen	45/30
Mietunterkünfte	✓
Stellplätze vor Schranke	✓

4.2 SEHR GUT
8 Bewertungen

Lage	4.5
Ruhe	4.5
Sanitäranlagen	4.4
Sauberkeit Ø	5.0
Freundlichkeit	4.9
Stellplatz	4.1
Verpflegung	3.8
Freizeit	4.1
Preis-Leistung	4.2
Mietunterkünfte	5.0

Geeignet für

Kinder b. 6 J.	4.0
Kinder b. 12 J.	4.7
Kinder b. 18 J.	4.8
Paare	4.4
Senioren	3.5
Gäste mit Zelt	4.5
Gäste mit Hund	4.3

Empfohlene Aktivitäten
- Schwimmen
- Angeln
- Entspannen

21 OstseeCamp Lübecker Bucht

Bormwiese 1
23683 Scharbeutz
+49 4563 5203
54.05506 | 10.7304

23.03. - 31.10.
HS: 32,00 € | NS: 22,00 €
Mehr Infos & Anfrage:
www.camping.info/27363

Baden im Meer	1km
Pool/Hallenbad	5/11km
Spielplatz am Platz	✓
Hunde willkommen	✓
wenig Schatten	✓
WLAN (gegen Gebühr)	✓
Lebensmittel	1km
Brötchen am Platz	✓
Restaurant/Imbiss	1km/✓
Ver-/Entsorgung Womo	✓
in den Ort	500m
Gesamt/Touristen	250/120
Mietunterkünfte	✓
Stellplätze vor Schranke	✗

4.5 SEHR GUT
8 Bewertungen

Lage	4.0
Ruhe	4.0
Sanitäranlagen	4.2
Sauberkeit Ø	4.2
Freundlichkeit	4.6
Stellplatz	4.4
Verpflegung	3.8
Freizeit	4.2
Preis-Leistung	4.1
Mietunterkünfte	-

Geeignet für

Kinder b. 6 J.	3.7
Kinder b. 12 J.	3.0
Kinder b. 18 J.	3.2
Paare	4.3
Senioren	4.8
Gäste mit Zelt	3.7
Gäste mit Hund	5.0

Empfohlene Aktivitäten
- Radfahren
- Entspannen
- Kulinarik

22 Camping Margarethenhöhe

Margarethenhöhe 1
23684 Scharbeutz (Pönitz am See)
+49 452 474 224
54.0354 | 10.70008

01.04. - 30.09.
HS: 25,00 € | NS: 23,00 €
Mehr Infos & Anfrage:
www.camping.info/18158

Baden im See am Platz	✓
Pool/Hallenbad	5km
Spielplatz am Platz	✓
Hunde willkommen	✓
zur Hälfte Schatten	✓
WLAN (gegen Gebühr)	✓
Lebensmittel	3km
Brötchen am Platz	✓
Restaurant/Imbiss	500/600m
Ver-/Entsorgung Womo	✗
in den Ort	3km
Gesamt/Touristen	120/50
Mietunterkünfte	✗
Stellplätze vor Schranke	✗

4.5 SEHR GUT
35 Bewertungen

Lage	4.7
Ruhe	4.7
Sanitäranlagen	3.9
Sauberkeit Ø	4.8
Freundlichkeit	4.8
Stellplatz	4.0
Verpflegung	3.0
Freizeit	4.1
Preis-Leistung	4.6
Mietunterkünfte	-

Geeignet für

Kinder b. 6 J.	4.3
Kinder b. 12 J.	4.4
Kinder b. 18 J.	3.9
Paare	4.8
Senioren	4.3
Gäste mit Zelt	4.5
Gäste mit Hund	4.9

Empfohlene Aktivitäten
- Schwimmen
- Entspannen
- Radfahren

keine Jugendgruppen

ANZEIGE

15 Campingland Ostsee GmbH & Co.KG

Furthkoppel 1
23730 Schashagen/Bliesdorf
+49 4562 6056
www.campingland-ostsee.de
info@campingland-ostsee.de

17.03. - 31.10.

HS: 34,00 € | NS: 28,00 €

Mehr Infos & Anfrage:
www.camping.info/24742

Baden im Meer am Platz	✓
Pool/Hallenbad	12/1km
Spielplatz am Platz	✓
Hunde willkommen	✓
kein Schatten	✓
WLAN (gegen Gebühr)	✓
Lebensmittel	300m
Brötchen am Platz	✓
Restaurant & Imbiss	✓
Ver-/Entsorgung Womo	✓
in den Ort	1km
Gesamt/Touristen	390/110
Mietunterkünfte	✓
Stellplätze vor Schranke	✗

Direkte Südlage: Kurtaxfreier Strand mit extra Hundebereich.

Lage & Stellplatz

Das Campingland Ostsee liegt im ostholsteinischen Bliesdorf, zwischen dem Ostseebad Grömitz und der Hafenstadt Neustadt direkt am Strand in Südlage. Die zentrale Lage in der Lübecker Bucht ist ideal auch für Ausflüge nach Lübeck, Hamburg oder in die holsteinische Schweiz.

Verpflegung

Richtig lecker essen und das in traumhafter Lage direkt am Wasser. Das „Bootshus" bietet ungezwungene Atmosphäre und eine bunte Speisekarte, die perfekt zur lockeren Ferienstimmung am Ostseestrand passt. Von Pizza, Fisch, Schnitzel bis zu süßen Crêpes reicht das Angebot für die Campingplatzgäste.

Sanitär

Besonders bei den neu errichteten, sehr sauberen Sanitärgebäuden dürfen Sie sich auf ein großes Plus an Privatsphäre freuen: separate große Duschen mit extra Waschbecken und Ablagemöglichkeiten. Gäste mit Rollstuhl können die neue, behindertengerechte Dusche nutzen.

Freizeit

Der kurtaxfreie 5 km lange Strand liegt direkt am Platz. Hier gibt es dank Südlage Sonne satt – und das von vorne. Damit das Baden besonders für die Kinder sicherer ist, wird der Strand von der DLRG bewacht. Hier haben auch Vierbeiner Urlaub: Es gibt einen abgetrennten Hundestrandbereich.

Top Sanitäranlagen.

Das „Bootshuus" am Wasser.

4.6 SEHR GUT
99 Bewertungen

Lage	4.7
Ruhe	4.4
Sanitäranlagen	4.6
Sauberkeit Ø	4.8
Freundlichkeit	4.8
Stellplatz	4.5
Verpflegung	3.6
Freizeit	4.2
Preis-Leistung	4.5
Mietunterkünfte	4.4

Geeignet für

- 4.7 Senioren
- 4.7 Gäste mit Hund
- 4.6 Paare
- 4.4 Kinder b. 12 J.
- 4.6 Kinder b. 6 J.
- 4.6 Gäste mit Zelt
- 4.2 Kinder b. 18 J.

Empfohlene Aktivitäten

Schwimmen | Radfahren | Entspannen | Wandern | Motorboot

NEU: Vermietung von 10 Mobilheime für 4-6 Personen.

Karte auf Seite 68

	23	24	25
	Campingplatz Seepferdchen	**Ostseestrand Ferienpark Scharbeutz**	**Camp Lübeck-Schönböcken**
	Pönitzer Chaussee 1a 23683 Scharbeutz +49 4503 72348 54.03425 | 10.74096	Strandallee 98 b 23683 Scharbeutz +49 450 377 947 55 54.03535 | 10.74737	Steinrader Damm 12 23556 Lübeck-Schönböcken +49 451 893090 53.86969 | 10.63039
Infos			
Öffnungszeiten	01.04. - 30.09.	ganzjährig	15.03. - 10.10.
Vergleichspreis	HS: 33,00 € | NS: 28,00 €	HS: 40,60 € | NS: 40,60 €	HS: 25,00 € | NS: 24,00 €
Link	**Mehr Infos & Anfrage:** www.camping.info/24425	**Mehr Infos & Anfrage:** www.camping.info/25986	**Mehr Infos & Anfrage:** www.camping.info/18153
Ausstattung			
Freizeit	Baden im Meer 500m Pool/Hallenbad 1km Spielplatz am Platz ✓	Baden im Meer 400m Hallenbad 4km Spielplatz am Platz ✓	Baden im Teich 5km Pool/Hallenbad 8/2km Spielplatz am Platz ✓
Campingplatz	Hunde willkommen ✓ zur Hälfte Schatten ✓ WLAN ✓	Hunde willkommen ✓ wenig Schatten ✓ WLAN ✓	Hunde willkommen ✓ wenig Schatten ✓ WLAN (gratis) teilweise
Versorgung	Lebensmittel ✓ Brötchen am Platz nur HS Restaurant/Imbiss 500m Ver-/Entsorgung Womo ✓ im Ort ✓	Lebensmittel ✓ Brötchen am Platz ✓ Restaurant/Imbiss 2km Ver-/Entsorgung Womo ✓ in den Ort 1km	Lebensmittel ✓ Brötchen am Platz ✓ Restaurant 1km Ver-/Entsorgung Womo ✓ im Ort ✓
Anzahl der Plätze	Gesamt/Touristen 250/125 Mietunterkünfte ✓ Stellplätze vor Schranke ✗	Touristenplätze 103 Mietunterkünfte ✓ Stellplätze vor Schranke ✗	Gesamt 70 Mietunterkünfte ✗ Stellplätze vor Schranke ✗

	23	24	25
Gesamt	**4.1** SEHR GUT, 34 Bewertungen	**3.3** GUT, 52 Bewertungen	**3.9** GUT, 62 Bewertungen
Lage	4.3	4.1	4.1
Ruhe	3.9	3.1	3.5
Sanitäranlagen	3.9	3.3	3.7
Sauberkeit Ø	4.2	3.8	4.3
Freundlichkeit	4.6	4.2	4.7
Stellplatz	3.9	3.1	3.7
Verpflegung	3.7	3.1	3.0
Freizeit	4.1	3.8	3.3
Preis-Leistung	4.1	3.3	4.1
Mietunterkünfte	4.0	3.5	-
Geeignet für			
Kinder b. 6 J.	4.0	3.4	3.0
Kinder b. 12 J.	4.0	3.6	3.1
Kinder b. 18 J.	4.1	3.4	3.1
Paare	4.5	4.0	4.1
Senioren	4.4	3.6	4.2
Gäste mit Zelt	4.5	3.1	4.2
Gäste mit Hund	4.8	3.8	4.1
Empfohlene Aktivitäten	Radfahren Schwimmen Entspannen	Schwimmen Radfahren Spazieren	Sightseeing Kultur Radfahren

keine Jugendgruppen

16 Camping & Ostseeferienpark Walkyrien

Strandweg 26
23730 Schashagen OT Bliesdorf-Strand
+49 4562 6787
www.camping-walkyrien.de
info@camping-walkyrien.de

27.03. - 25.10.

HS: 33,00 € | NS: 24, 00 €

Mehr Infos & Anfrage:
www.camping.info/18168

Baden im Meer	250m
Pool/Hallenbad	18/5km
Spielplatz am Platz	✓
Hunde willkommen	✓
wenig Schatten	✓
WLAN (gegen Gebühr)	✓
Lebensmittel	✓
Brötchen am Platz	✓
Restaurant & Imbiss	✓
Ver-/Entsorgung Womo	✓
in den Ort	5km
Gesamt/Touristen	400/105
Mietunterkünfte	✓
Stellplätze vor Schranke	✓

Bliesdorfer Strand an der Ostsee.

Lage & Stellplatz

Nur wenige Schritte vom traumhaften Natursandstrand entfernt und außergewöhnlich idyllisch zwischen dem Hafenstädtchen Neustadt (10 km) und dem Ostseebad Grömitz (3,5 km) gelegen, befindet sich das 5-Sterne-Freilufthotel – der Camping & Ostseeferienpark Walkyrien in Bliesdorf. Umgeben von Wald und Feldern bietet die leicht hügelige Küstenlandschaft einen herrlichen Ostseeblick. Die Stellplätze mit Rasenuntergrund bieten alle Wasser-, Abwasser- sowie Stromanschluss am Platz. Für Wohnmobile stehen 54 WoMo-Plätze ganzjährig mit einmaligem Ostseeblick vor der Schranke zur Verfügung.

Sanitär

Außergewöhnlich komfortabel, sauber und modern stellen sich die ausgezeichneten Sanitäranlagen mit Hotelcharakter dar. Neben familien-/seniorenfreundlichen Anlagen bietet der Campingplatz auch geräumige Mietbäder, Familienbäder und ein barrierefreies Bad an. Die kleinen Camper haben im fantasievollen Kindersanitär „Walky's Badewelt" viel Spaß. Das Warmwasser an Dusche, Waschbecken und Geschirrspülbecken ist kostenlos, somit entfällt das lästige Nachwerfen von Münzen. Eine Campingküche mit Aufenthaltsraum, Chemie-WC-Ausgüsse, Hundedusche und Waschsalons runden das umfangreiche Angebot ab.

WoMo-Park mit Ostseeblick.

Ponyreiten für die Kids.

AWARD 2020

WoMo-Park ganzjährig. Keine Aufnahme von Jugendgruppen!

Großzügige Stellplätze am Camping & Ostseeferienpark Walkyrien in wunderbarer Naturlandschaft.

Verpflegung

Im modern-gemütlichen Restaurant mit großer Sonnenterrasse verwöhnt der Küchenchef die Gäste mit hausgemachten, regionalen Leckereien. Nebenan erhält man im Back-Shop alle Artikel des täglichen Bedarfs: backfrische Brötchen, Zeitungen, Campingartikel, Gasflaschen, Eis u. v. m. Weitere Restaurants sind in Bliesdorf fußläufig zu erreichen. Nach 3,5 km entlang des Küstenwanderweges erreichen Sie den Grömitzer Jachthafen und die quirlige Promenade mit vielen Cafés, Restaurants und Boutiquen. Supermärkte, Discounter und den beliebten Wochenmarkt gibt es im 10 km entfernten Neustadt.

Freizeit

Das Walkyrien SPA „Sauna & Wellness über dem Meer“ bietet sich bestens an, um die Seele baumeln zu lassen: Kosmetik, Massage und der Panorama-Saunabereich mit herrlichem Ostseeblick aus den Blockbohlensaunen und dem Dachterrassen-Whirlpool laden zum Wohlfühlen ein. Währenddessen sorgt ein aktives Animationsprogramm, Ponyreiten, ein Ministreichelzoo, Kinderkino-/disco und ein großer Spiel- und Sportplatz bei den Kids für Unterhaltung. Für die ganz kleinen Gäste gibt es den Walky's Miniclub sowie ein Spielzimmer, das auch bei schlechtem Wetter über tolle Spielmöglichkeiten verfügt.

5.0

Unsere Familie hat sich auf einen Wohnmobilstellplatz in 1. Reihe mit Meerblick sehr wohlgefühlt. Komfortable und saubere Sanitärräume. Toller Spiel- und Fußballplatz, überdachte Hüpfburg und Trampolin. Sehr schöner Radweg ins 4 km entfernte Grömitz mit vielen weiteren Freizeitmöglichkeiten. Sehr netter Kontakt mit den hilfsbereiten Mitarbeitern. Alles wunderbar.

Holger B.

Holger und seine Familie haben den Camping & Ostseeferienpark Walkyrien im Juni 2020 besucht.

Moderne Sanitäreinrichtung.

Whirlpool auf der Dachterrasse.

4.8 **SEHR GUT**
588 Bewertungen

Lage	4.8
Ruhe	4.7
Sanitäranlagen	4.9
Sauberkeit Ø	4.8
Freundlichkeit	4.9
Stellplatz	4.6
Verpflegung	4.5
Freizeit	4.5
Preis-Leistung	4.6
Mietunterkünfte	4.8

Geeignet für

- 4.9 Gäste mit Hund
- 4.8 Kinder b. 6 J.
- 4.8 Kinder b. 12 J.
- 4.8 Paare
- 4.7 Senioren
- 4.6 Gäste mit Zelt
- 4.3 Kinder b. 18 J.

Empfohlene Aktivitäten

Radfahren · Entspannen · Schwimmen · Wellness · Wandern

❻ Fehmarn

KLAIPĖDA - KIEL
RØDBY - PUTTGARDEN
KLAIPĖDA - KI
2
3
4
5
1
Dänschendorf
Puttgarden
A
Petersdorf
B207
OSTHOLSTEIN
14
15/16
FEHMARN
6
Niendorf
C
Landkirchen
7
Burg auf Fehmarn
B207
Burgstaaken
3
13
D
9/10
B
12
11
8
Fehmarnsund
4
Binnensee
Heiligenhafen
Großenbrode
6
1
5
B207
B501
S. 68
Gremersdorf
Neukirchen
1,9 km
FREIZEITTIPPS
A NABU Wasservogelreservat, Wallnau
B Fehmarnsundbrücke, Großenbrode
C Meereszentrum Fehmarn, Burg
D Burgruine GLAMBECK Denkmal, Fehmarn

	Platz	Seite	Bewertung	Öffnungszeiten	
1	Strandcamping Wallnau	86	4.5	saisonal	Award
2	Belt-Camping-Fehmarn	89	4.6	saisonal	Onlinebuchung
3	Camping am Deich	89	4.6	k. A.	
4	Camping am Niobe	89	4.4	saisonal	
5	Campingplatz Puttgarden- Vogelfluglinie	91	3.9	saisonal	
6	Camping Klausdorfer Strand auf Fehmarn	88	4.6	saisonal	Award
7	Camping Ostsee Katharinenhof	90	4.6	saisonal	Award
8	Camping Südstrand	92	4.7	saisonal	Onlinebuchung, Award
9	Insel-Camp Fehmarn	94	4.8	saisonal	Ecocamping, Award
10	Europa-Camping	91	4.0	saisonal	
11	Camping- und Ferienpark Wulfener Hals	96	4.5	ganzjährig	FKK, Wintercamping, Onlinebuchung, Award
12	Camping Miramar GmbH & Co. KG	91	4.2	ganzjährig	Wintercamping, Onlinebuchung
13	Camping Strukkamphuk	98	4.7	saisonal	Wintercamping, Onlinebuchung, Award
14	Minicamping Kleingarn	99	4.5	ganzjährig	Wintercamping
15	Campingplatz Flüggerteich	99	4.8	saisonal	
16	Camping Flügger Strand	99	3.8	saisonal	

Wintercamping · FKK Textilfrei (ganz/teilweise) · Ecocamping · Award · Onlinebuchung

1 Strandcamping Wallnau

Wallnau 1
23769 Fehmarn
+49 4372 456
www.strandcamping.de
wallnau@strandcamping.de

26.03. - 24.10.

HS: 38,60 € | NS: 24,70 €

Mehr Infos & Anfrage:
www.camping.info/18196

Baden im Meer am Platz	✓
Hallenbad	16km
Spielplatz am Platz	✓
Hunde willkommen	✓
wenig Schatten	✓
WLAN (gegen Gebühr)	✓
Lebensmittel	✓
Brötchen am Platz	✓
Restaurant & Imbiss	✓
Ver-/Entsorgung Womo	✓
in den Ort	4km
Gesamt/Touristen	800/400
Mietunterkünfte	✓
Stellplätze vor Schranke	✗

camping.info
dieser Campingführer lebt
AWARD 2019

Blick aus dem Yoga- und Sauna-Ruheraum aufs Meer.

Lage & Stellplatz

Strandcamping Wallnau liegt direkt an der „Sunset-Coast", am weitläufigen Naturstrand der Westküste Fehmarns. Hier genießen Sie den ganzen Tag die Sonne, die im Inselwesten zudem noch intensiver scheint, als woanders. Die größtenteils parzellierten Standplätze sind zwischen 85 und 130 m² groß und haben Rasen- und Sanduntergrund. Ein Stromanschluss ist an jedem Standplatz vorhanden, Wasser- und Abwasseranschlüsse z. T. ebenfalls.

Sanitär

Auf mehreren modernen und sauberen Sanitäranlagen finden die Gäste kostenlose, warme Duschen. Neu sind die modernen Außenduschen, die sowohl zum Abduschen nach dem Bad in der Ostsee geeignet sind als auch für eine Dusche unter freiem Himmel.

Wallnauer Hof mit Wintergarten.

Fleischplatte für Zwei.

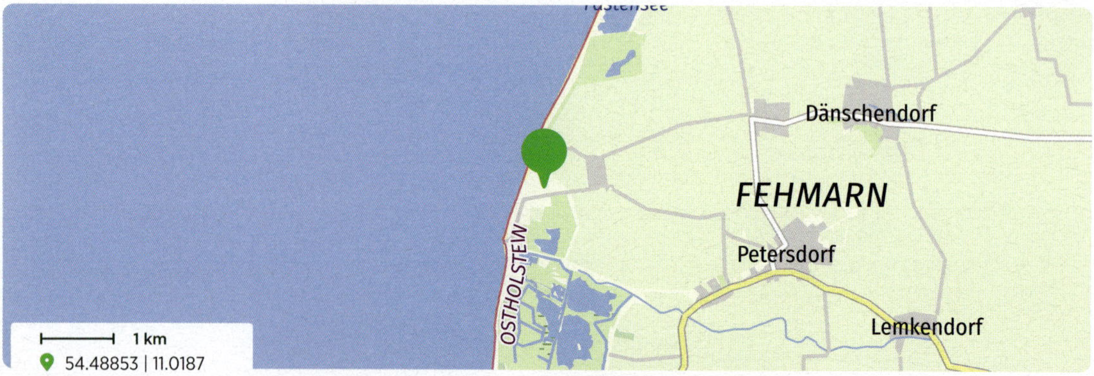

AWARD 2020

Gruppen nur beschränkt zugelassen.

Blick von oben auf Strandcamping Wallnau, nur wenige Meter vom Strand.

Verpflegung

Ein gut sortierter Edeka-Markt bietet täglich frische Brötchen. Im Restaurant „Wallnauer Hof" können Campinggäste im Wintergarten bei jedem Wetter das umfangreiche Speisen- und Getränkeangebot genießen. Bei Bedarf gibt es viele Gerichte auch außer Haus. In der Hauptsaison wird das Angebot durch einen Strandimbiss mit kleinen Leckereien ergänzt.

Freizeit

Das Freizeitangebot umfasst u. a. eine umfangreiche Kinderanimation, viel Sport – von Fußball über Volleyball/Beachvolleyball bis Bogenschießen – sowie Fitnessangebote und Yoga. Direkt neben dem Campingplatz liegt der Pony- und Reiterhof Wallnau, der kleinen und großen Pferdefreunden ein großes Angebot an Unterricht und Ausritten bietet. Wassersportfreunde finden bei der Tauchschule vor Ort oder bei „Windsurfing Fehmarn" und „Windgeister Fehmarn" im 8 km entfernten Orth (Stehrevier Orther Bucht) optimale Schulungsbedingungen vor.

5.0

Wir (2 Erw. und 3 Kinder) waren in den Sommerferien auf dem Platz und waren alle hellauf begeistert. Unseren Kindern (6 - 11 Jahre) hat vor allem der große Spielplatz auf dem Campingplatz gefallen. Er war neu, bot viel zu klettern für jedes Alter und es gab auch zwei Hüpfburgen dort. Ebenfalls positiv: der echt super ausgestattete Supermarkt. Die Lage des Campingplatzes war auch sehr nett und die sanitären Anlagen wurden durchgehend sehr, sehr sauber gehalten.

Famile Hartmann-Bäsler

Familie Hartmann-Bäsler ist ganz frisch mit dem Camping-Fieber befallen und hat den zweiten Camping-Trip im Juli 2020 auf diesen Platz gemacht.

Platzimpression.

Eine der Sanitäranlagen.

4.5 **SEHR GUT**
500 Bewertungen

Lage	4.3
Ruhe	4.2
Sanitäranlagen	4.6
Sauberkeit Ø	4.5
Freundlichkeit	4.6
Stellplatz	4.5
Verpflegung	4.4
Freizeit	4.1
Preis-Leistung	4.1
Mietunterkünfte	4.7

Geeignet für

- 4.6 Kinder b. 12 J.
- 4.5 Kinder b. 6 J.
- 4.5 Paare
- 4.5 Senioren
- 4.3 Gäste mit Hund
- 4.1 Kinder b. 18 J.
- 4.1 Gäste mit Zelt

Empfohlene Aktivitäten

Radfahren · Entspannen · Schwimmen · Reiten · Surfen

6 Camping Klausdorfer Strand auf Fehmarn

Klausdorfer Strandweg 100
23769 Fehmarn
+49 4371 2549
www.camping-klausdorferstrand.de
info@camping-klausdorferstrand.de

26.03. - 17.10.

HS: 36,00 € | NS: 24,00 €

Mehr Infos & Anfrage:
www.camping.info/18191

Baden im Meer am Platz	✓
Pool/Hallenbad	7km
Spielplatz am Platz	✓
Hunde willkommen	✓
kein Schatten	✓
WLAN (gegen Gebühr)	✓
Lebensmittel	✓
Brötchen am Platz	✓
Restaurant & Imbiss	✓
Ver-/Entsorgung Womo	✓
in den Ort	2km
Gesamt/Touristen	450/200
Mietunterkünfte	✓
Stellplätze vor Schranke	✓

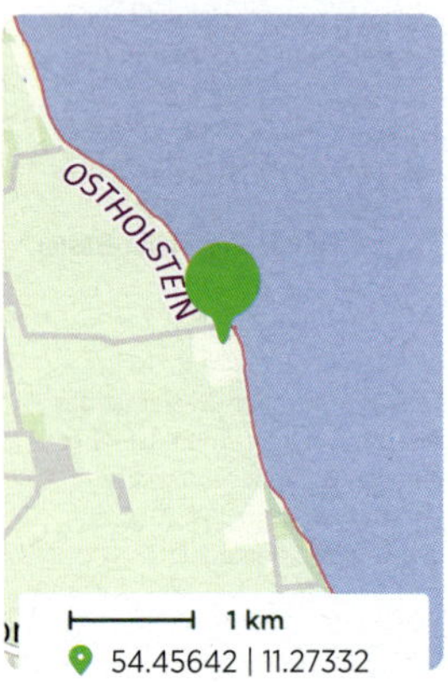

Luftaufnahme vom Campingplatz Klausdorfer Strand auf Fehmarn.

Lage & Stellplatz

Der Platz liegt im Osten der Insel Fehmarn, direkt an einem traumhaften Naturstrand. Dieser ist flach abfallend und somit ideal für Kinder geeignet. Die Stellplätze sind 80 - 220 m² groß und bieten jeglichen Komfort (Strom-, Wasser-, Abwasser- und TV-Anschluss). Warmduschen ist im Preis inbegriffen.

Sanitär

Die drei Sanitäranlagen sind modern, freundlich und behindertengerecht ausgestattet. Mit den privaten Mietbädern haben Urlauber außerdem die Möglichkeit, ihr eigenes Bad und somit mehr Privatsphäre zu genießen. Neu sind auch die Sauna mit Meerblick sowie ein Whirlpool und das Massage-Angebot.

Verpflegung

Der Minimarkt versorgt die Gäste mit frischen Bötchen und vielen weiteren Artikeln des täglichen Bedarfs. Das Restaurant bietet eine abwechslungsreiche Speisekarte, auf der Sonnenterrasse lässt es sich bei Kaffee und selbst gebackenem Kuchen oder einem kühlen Getränk wunderbar entspannen.

Freizeit

Damit keine Langeweile aufkommt, stehen 2 große Spielplätze, das neue Indoor-Spieleparadies und Outdoor-Hüpfkissen zur Verfügung. Neben dem bunten Animationsprogramm gibt es Streetball, Fußball, Tischtennis, eine Drachenwiese, einen Bootsslip sowie einen Fahrradverleih mit E-Bikes und Dino-Kettcars.

Stellplätze an der Ostseeküste.

Mobilheime mit Meerblick.

4.6 SEHR GUT
599 Bewertungen

Lage	4.7
Ruhe	4.3
Sanitäranlagen	4.5
Sauberkeit Ø	4.6
Freundlichkeit	4.8
Stellplatz	4.5
Verpflegung	4.2
Freizeit	4.2
Preis-Leistung	4.5
Mietunterkünfte	4.5

Geeignet für

- 4.8 Gäste mit Hund
- 4.7 Paare
- 4.6 Senioren
- 4.4 Kinder b. 6 J.
- 4.7 Gäste mit Zelt
- 4.5 Kinder b. 12 J.
- 4.2 Kinder b. 18 J.

Empfohlene Aktivitäten

Radfahren · Entspannen · Wandern · Schwimmen · Angeln

AWARD 2020

Karte auf Seite 84

2 Belt-Camping-Fehmarn

Altenteil 24
23769 Fehmarn
+49 4372 391
54.52876 | 11.09361

01.04. - 03.10.
HS: 34,50 € | NS: 25,50 €
Mehr Infos & online buchen:
www.camping.info/24883

Baden im Meer am Platz	✓
Hallenbad	15km
Spielplatz am Platz	✓
Hunde willkommen	✓
wenig Schatten	✓
WLAN (gegen Gebühr)	✓
Lebensmittel	✓
Brötchen am Platz	✓
Restaurant am P.	✓
Ver-/Entsorgung Womo	✓
in den Ort	2km
Gesamt/Touristen	260/160
Mietunterkünfte	✓
Stellplätze vor Schranke	✓

4.6 SEHR GUT
86 Bewertungen

Lage	4.7
Ruhe	4.5
Sanitäranlagen	4.7
Sauberkeit Ø	4.8
Freundlichkeit	4.7
Stellplatz	4.4
Verpflegung	3.9
Freizeit	4.0
Preis-Leistung	4.5
Mietunterkünfte	4.4

Geeignet für

Kinder b. 6 J.	4.6
Kinder b. 12 J.	4.5
Kinder b. 18 J.	4.0
Paare	4.8
Senioren	4.6
Gäste mit Zelt	4.6
Gäste mit Hund	4.8

Empfohlene Aktivitäten

- Radfahren
- Entspannen
- Schwimmen

3 Camping am Deich

Wenkendorf
23769 Fehmarn
54.52665 | 11.11655

keine Angabe
keine Angabe
Mehr Infos & Anfrage:
www.camping.info/18197

Baden in nat. Gewässer	k. A.
Pool & Hallenbad	✗
Spielplatz	keine Angabe
Hunde	✗
Schatten	✗
WLAN	keine Angabe
Lebensmittel	k.A.
Brötchen	keine Angabe
Restaurant & Imbiss	✗
Ver-/Entsorgung Womo	✗
in den Ort	keine Angabe
Gesamt	keine Angabe
Mietunterkünfte	✗
Stellplätze vor Schranke	✗

4.6 SEHR GUT
24 Bewertungen

Lage	4.8
Ruhe	4.9
Sanitäranlagen	3.5
Sauberkeit Ø	4.6
Freundlichkeit	4.9
Stellplatz	4.2
Verpflegung	3.5
Freizeit	3.5
Preis-Leistung	4.4
Mietunterkünfte	-

Geeignet für

Kinder b. 6 J.	3.5
Kinder b. 12 J.	3.5
Kinder b. 18 J.	3.4
Paare	4.8
Senioren	4.6
Gäste mit Zelt	4.7
Hunde n. erlaubt	-

Empfohlene Aktivitäten

- Entspannen
- Radfahren
- Schwimmen

4 Camping am Niobe

Gammendorf - Strand
23769 Fehmarn
+49 4371 32 86
54.52194 | 11.15278

01.04. - 15.10.
HS: 26,50 € | NS: 21,50 €
Mehr Infos & Anfrage:
www.camping.info/18189

Baden im Meer am Platz	✓
Pool & Hallenbad	✗
Spielplatz am Platz	✓
Hunde erlaubt	✓
Schatten	✗
WLAN (gegen Gebühr)	✓
Lebensmittel	✓
Brötchen am Platz	✓
Restaurant & Imbiss	✓
Ver-/Entsorgung Womo	✓
in den Ort	3km
Gesamt/Touristen	280/125
Mietunterkünfte	✓
Stellplätze vor Schranke	✓

4.4 SEHR GUT
45 Bewertungen

Lage	4.8
Ruhe	4.3
Sanitäranlagen	4.3
Sauberkeit Ø	4.4
Freundlichkeit	4.5
Stellplatz	4.4
Verpflegung	3.6
Freizeit	3.8
Preis-Leistung	4.3
Mietunterkünfte	4.5

Geeignet für

Kinder b. 6 J.	4.1
Kinder b. 12 J.	4.1
Kinder b. 18 J.	3.5
Paare	4.7
Senioren	4.5
Gäste mit Zelt	4.6
Gäste mit Hund	4.6

Empfohlene Aktivitäten

- Radfahren
- Entspannen
- Schwimmen

Infos

Öffnungszeiten
Vergleichspreis
Link

Ausstattung

Freizeit
Campingplatz
Versorgung
Anzahl der Plätze

7 Camping Ostsee Katharinenhof

Katharinenhof
23769 Fehmarn
+49 4371 9032
www.camping-katharinenhof.de
info@camping-katharinenhof.de

01.04. - 18.10.

HS: 40,50 € | NS: 28,00 €

Mehr Infos & Anfrage:
www.camping.info/18190

Baden im Meer am Platz	✓
Hallenbad	5km
Spielplatz am Platz	✓
Hunde willkommen	✓
zur Hälfte Schatten	✓
WLAN (gegen Gebühr)	✓
Lebensmittel	✓
Brötchen am Platz	✓
Restaurant & Imbiss	✓
Ver-/Entsorgung Womo	✓
in den Ort	5km
Gesamt/Touristen	570/305
Mietunterkünfte	✓
Stellplätze vor Schranke	✗

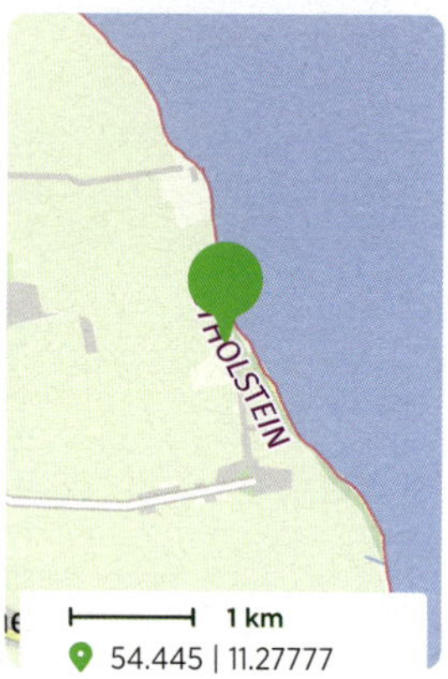

54.445 | 11.27777

Luftaufnahme vom Campingplatz mit Blick Richtung Ostseeküste.

Lage & Stellplatz

Der Campingplatz Ostsee Katharinenhof liegt im Osten der Insel Fehmarn, nur durch einen kleinen Waldstreifen und eine Steilküste von der Ostsee getrennt. Die Stellplätze (ca. 100-130 m² groß) sind großzügig mit vielen Hecken angelegt und mit Strom-, Wasser- und Abwasseranschluss ausgestattet.

Sanitär

Der Platz verfügt über insgesamt vier komfortable, beheizte und behindertengerechte Sanitäranlagen mit Einzelwasch- und Einzelduschkabinen (Warmduschen ist inklusive). Darüber hinaus werden den Gästen Babywickelräume sowie Waschmaschinenräume zur Verfügung gestellt.

Verpflegung

Vor Ort findet man einen SB-Markt, wo neben frischen Brötchen auch Artikel des täglichen Bedarfs gekauft werden können. Außerdem befindet sich ein Restaurant mit Imbiss direkt am Platz. In 100 m Entfernung gibt es ein weiteres Restaurant mit Seeblick.

Freizeit

Gegen Langeweile gibt es vier Spielplätze mit Wassermatschanlage, einen Fußballplatz, Ponyreiten sowie Animation für Groß und Klein während der Hauptsaison. Die Region ist auch sehr gut geeignet für Taucher und Angler. Außerdem gibt es zahlreiche schöne Ausflugsziele in der näheren Umgebung.

Idyllischer Naturstrand.

Einer von 3 tollen Spielplätzen.

4.6 SEHR GUT
988 Bewertungen

Lage	4.3
Ruhe	4.1
Sanitäranlagen	4.7
Sauberkeit Ø	4.5
Freundlichkeit	4.9
Stellplatz	4.8
Verpflegung	4.2
Freizeit	4.6
Preis-Leistung	4.6
Mietunterkünfte	4.0

Geeignet für

Kinder b. 12 J.	4.7
Gäste mit Hund	4.7
Kinder b. 6 J.	4.6
Paare	4.6
Senioren	4.5
Gäste mit Zelt	4.5
Kinder b. 18 J.	4.3

Empfohlene Aktivitäten

Radfahren · Entspannen · Wandern · Reiten · Tauchen

AWARD 2020

Keine Jugendgruppen in der HS.

Karte auf Seite 84

5 Campingplatz Puttgarden-Vogelfluglinie

Strandweg
23769 Puttgarden
+49 4371 3492
54.50325 | 11.21587

01.04. - 03.10.
HS: 25,00 € | NS: 25,00 €
Mehr Infos & Anfrage:
www.camping.info/22318

Baden im Meer am Platz	✓
Pool & Hallenbad	✗
Spielplatz am Platz	✓
Hunde	✗
Schatten	✗
WLAN (gegen Gebühr)	✓
Lebensmittel	✓
Brötchen am Platz	✓
Restaurant am P.	✓
Ver-/Entsorgung Womo	✓
in den Ort	500m
Gesamt/Touristen	130/70
Mietunterkünfte	✗
Stellplätze vor Schranke	✗

3.9 GUT
19 Bewertungen

Lage	4.7
Ruhe	4.3
Sanitäranlagen	3.7
Sauberkeit Ø	4.3
Freundlichkeit	4.4
Stellplatz	3.9
Verpflegung	3.9
Freizeit	3.4
Preis-Leistung	4.4
Mietunterkünfte	-

Geeignet für

Kinder b. 6 J.	3.8
Kinder b. 12 J.	3.6
Kinder b. 18 J.	3.2
Paare	4.7
Senioren	4.7
Gäste mit Zelt	4.7
Hunde n. erlaubt	-

Empfohlene Aktivitäten

- Radfahren
- Angeln
- Wandern

10 Europa-Camping

23769 Meeschendorf
+49 4371 2419
54.41518 | 11.24404

01.04. - 30.09.
HS: 25,00 € | NS: 25,00 €
Mehr Infos & Anfrage:
www.camping.info/18194

Baden in nat. Gewässer	k. A.
Hallenbad	1km
Spielplatz am Platz	✓
Hunde erlaubt	✓
Schatten	✗
WLAN	✓
Lebensmittel	100m
Brötchen am Platz	✗
Restaurant & Imbiss	✓
Ver-/Entsorgung Womo	✗
in den Ort	1km
Gesamt/Touristen	130/65
Mietunterkünfte	✓
Stellplätze vor Schranke	✗

4.0 SEHR GUT
10 Bewertungen

Lage	4.4
Ruhe	4.9
Sanitäranlagen	3.7
Sauberkeit Ø	4.7
Freundlichkeit	4.3
Stellplatz	3.3
Verpflegung	3.1
Freizeit	3.4
Preis-Leistung	4.4
Mietunterkünfte	4.8

Geeignet für

Kinder b. 6 J.	4.3
Kinder b. 12 J.	4.1
Kinder b. 18 J.	3.6
Paare	4.4
Senioren	3.7
Gäste mit Zelt	4.0
Gäste mit Hund	4.7

Empfohlene Aktivitäten

- Radfahren
- Entspannen
- Schwimmen

12 Camping Miramar GmbH & Co. KG

Fehmarnsund 70
23769 Fehmarnsund
+49 4371 3220
54.40469 | 11.13991

ganzjährig
HS: 34,10 € | NS: 23,30 €
Mehr Infos & online buchen:
www.camping.info/18186

Baden im Meer am Platz	✓
Pool & Hallenbad	✗
Spielplatz am Platz	✓
Hunde willkommen	✓
wenig Schatten	✓
WLAN (gegen Gebühr)	✓
Lebensmittel	✓
Brötchen am Platz	✓
Restaurant & Imbiss	✓
Ver-/Entsorgung Womo	✓
in den Ort	1km
Gesamt/Touristen	550/250
Mietunterkünfte	✓
Stellplätze vor Schranke	✓

4.2 SEHR GUT
83 Bewertungen

Lage	4.5
Ruhe	3.9
Sanitäranlagen	4.4
Sauberkeit Ø	4.5
Freundlichkeit	3.9
Stellplatz	4.1
Verpflegung	4.3
Freizeit	4.0
Preis-Leistung	4.1
Mietunterkünfte	4.1

Geeignet für

Kinder b. 6 J.	4.1
Kinder b. 12 J.	4.1
Kinder b. 18 J.	3.7
Paare	4.4
Senioren	4.2
Gäste mit Zelt	3.8
Gäste mit Hund	4.4

Empfohlene Aktivitäten

- Schwimmen
- Radfahren
- Motorboot

Infos

Öffnungszeiten
Vergleichspreis
Link

Ausstattung

Freizeit
Campingplatz
Versorgung
Anzahl der Plätze

8 Camping Südstrand

Meeschendorf
23769 Fehmarn
+49 4371 2189

www.camping-suedstrand.de
info@camping-suedstrand.de

01.04. - 07.10.

HS: 40,00 € | NS: 23,00 €

Mehr Infos & online buchen:
www.camping.info/18193

Baden im Meer am Platz	✓
Hallenbad	5km
Spielplatz am Platz	✓
Hunde willkommen	✓
wenig Schatten	✓
WLAN (gegen Gebühr)	✓
Lebensmittel	✓
Brötchen am Platz	✓
Restaurant & Imbiss	✓
Ver-/Entsorgung Womo	✓
in den Ort	1km
Gesamt/Touristen	460/240
Mietunterkünfte	✓
Stellplätze vor Schranke	✓

54.41263 | 11.25446

Naturnaher Sandstrand und flaches Wasser.

Lage & Stellplatz

Die Platzbetreiber begreifen Campingurlaub als ein Sommerglück und gestalten den Gästen einen unkomplizierten Aufenthalt. Die Vorstellung von „Leben & Leben lassen" macht die Atmosphäre auf diesem Platz aus – hier finden alle Gäste gemeinsam mit vielen sympathischen Mitcampern Ruhe und Erholung.

Sanitär

Gepflegte 4-Sterne-Sanitäranlagen mit einzelnen, komfortablen Kabinen, Babywickelraum und rollstuhlgerechtem Bad. Die Anlagen werden mit umfassender Umwelttechnologie betrieben.

Verpflegung

Auf dem Platz befinden sich ein Campingshop mit Artikeln des täglichen Bedarfs und das sympathische Südstrand-Bistro. In herzlicher, südländischer Gastlichkeit gibt es leckeren, frischen Fisch aus der Ostsee sowie Grill- & Imbissgerichte. Einkäufe und Ausgehmöglichkeiten im 5 km entfernten Burg.

Freizeit

Im Urlaub können die Gäste auf diesem Platz viel erleben. Dazu wurde ein umfangreiches Programm auf die Beine gestellt: Kinder- & Familienanimation, Livemusik, naturnahe Projekte, Cat- und Surfschule, Kletterturm für die Kids, Bogenschießen, Beachvolleyball, Streetball und Boule.

Gepflegte, begrünte Parzellen.

Großzügige Kinderspielplätze.

4.7 SEHR GUT
854 Bewertungen

Lage	4.7
Ruhe	4.4
Sanitäranlagen	4.4
Sauberkeit Ø	4.5
Freundlichkeit	4.8
Stellplatz	4.6
Verpflegung	4.2
Freizeit	4.7
Preis-Leistung	4.6
Mietunterkünfte	4.7

Geeignet für

- 4.8 Kinder b. 12 J.
- 4.7 Kinder b. 6 J.
- 4.7 Gäste mit Hund
- 4.5 Senioren
- 4.7 Gäste mit Zelt
- 4.6 Paare
- 4.4 Kinder b. 18 J.

Empfohlene Aktivitäten

Schwimmen · Radfahren · Surfen · Entspannen · Tauchen

AWARD 2020

9 Insel-Camp Fehmarn

Zum Meeresstrand 100
23769 Fehmarn
+49 4371 50300
www.inselcamp.de
info@inselcamp.de

01.04. - 03.10.

HS: 55,90 € | NS: 36,90 €

Mehr Infos & Anfrage:
www.camping.info/18195

Baden im Meer am Platz	✓
Pool/Hallenbad	2km
Spielplatz am Platz	✓
Hunde willkommen	✓
zur Hälfte Schatten	✓
WLAN (gegen Gebühr)	✓
Lebensmittel	✓
Brötchen am Platz	✓
Restaurant & Imbiss	✓
Ver-/Entsorgung Womo	✓
in den Ort	1km
Gesamt/Touristen	389/350
Mietunterkünfte	✗
Stellplätze vor Schranke	✓

5-Sterne-Camping-Komfort in gepflegter Grünanlage mit Top-Sanitäranlagen.

Lage & Stellplatz

Mit einem Sprung ins Wasser: Freuen Sie sich auf exklusiven Camping-Komfort direkt am feinsandigen, weitläufigen Ostsee-Strand. Wussten Sie, dass die Insel Fehmarn durch günstige Luftströme die meisten Sonnentage Deutschlands im Jahr zählt? Die Südlage des Strandes verwöhnt Sie den ganzen Tag über mit Sonne. Die großzügigen Komfort-Stellplätze verfügen alle über direkten Wasser-, Abwasser-, Strom-, Kabel-TV-Anschluss und WLAN-Empfang. Ihre Wunschkategorie in den Größen von 90 bis 200 m² ist verbindlich buchbar. Es gibt auch Wohnmobilstellplätze vor der Schranke.

Sanitär

Der Sanitärbereich ist lichtdurchflutet, komfortabel eingerichtet und mit Musik untermalt. Genießen Sie die umfangreiche Ausstattung der beiden erstklassigen Sanitärhäuser mit wohliger Fußbodenheizung, freien Warmduschen, privaten Mietbädern, Babywickelraum, gut zugänglicher Einrichtung für Gäste mit Handicap, Waschmaschinen und Wäschetrockner sowie freier Geschirrspülmaschine. Die Gebäude sind durch ihre zentrale Lage von jedem Stellplatz aus bequem in kurzen, barrierefreien Wegen erreichbar. Für die „Katzenwäsche“ von Bello & Rex steht im Außenbereich eine beliebte Hundedusche bereit.

Genussvoll und lokal speisen.

Vielfältiges Wellnessangebot.

AWARD 2020

Nicht geeignet für Jugend- oder Großgruppen.

Badespaß am weitläufigen Sandstrand in Südlage mit herrlichem Ausblick und Sonne pur.

Verpflegung

Wie wäre es mit frisch gebackenen Brötchen zum Frühstück, leckeren Kleinigkeiten tagsüber auf dem Platz und dann zum Tagesausklang genussvoll bei einem Bier oder einem Glas Wein speisen? Egal, ob Sie im gemütlichen Bistrozelt oder im Restaurant bei schönem Ambiente Ihre Zeit verbringen, Sie können sich auf ein vielfältiges, saisonal wechselndes Angebot freuen. Wer lieber selbst kochen möchte, findet im gut sortierten, feinen Supermarkt Lebensmittel, ein Gourmet-Eck, gekühlte Getränke, täglich frische Brötchen und Croissants sowie die passenden Zutaten für den Campingkocher.

Freizeit

Die exklusive Ausstattung sowie das individuelle Animations- und Sportangebot (i. d. Hauptsaison) sorgen für traumhaften Urlaub am Ostsee-Strand. Ein stilvoll angelegter Saunabereich, wohltuende Massagen und Kosmetik- & Fußpflegeangebot laden zum Entspannen ein. Beim Body-Workout, Yoga, Beachvolleyball, Fußball oder im nagelneuen Fitnessraum bleibt man in Bewegung. Kids & Co. vergnügen sich auf dem Spielplatz, der Spielwiese, auf dem Sportfeld oder im Kinder-Animationszelt. In der Umgebung locken panoramareiche Radtouren, Wanderungen, historisch geprägte Orte, Hofcafés oder ein Fischereihafen.

5.0

Wir haben im Juni mit unserem Wohnmobil drei CPs an der Ostsee besucht, dieser war die klare Nr. 1! Unser Stellplatz war sehr groß (wir hätten untervermieten können ;-)). Der Platz ist sehr gepflegt, sobald jemand abreist, kommt der Platzwart mit dem Mäher. Die Sanitäranlagen sind auch immer sauber. Brötchenservice mit großer Auswahl, Restaurant kann man auch empfehlen. Zum Strand kommt man direkt (zum Hundestrand ein paar Schritte mehr).

Olaf R.

Olaf ist bereits seit über 30 Jahren leidenschaftlicher Camper, früher mit Zelt, heute mit Wohnmobil. Im Juni 2020 hat er diesen Platz besucht.

Individueller Kinderspielplatz.

Hunde-Agility/Spieplatz Bereich

4.8 SEHR GUT

509 Bewertungen

Lage	4.8
Ruhe	4.6
Sanitäranlagen	4.8
Sauberkeit Ø	4.8
Freundlichkeit	4.7
Stellplatz	4.8
Verpflegung	4.2
Freizeit	4.4
Preis-Leistung	4.3
Mietunterkünfte	-

Geeignet für

- 4.8 Kinder b. 6 J.
- 4.7 Kinder b. 12 J.
- 4.7 Paare
- 4.7 Senioren
- 4.6 Gäste mit Hund
- 4.5 Gäste mit Zelt
- 4.1 Kinder b. 18 J.

Empfohlene Aktivitäten

Radfahren · Schwimmen · Entspannen · Surfen · Wandern

11 Camping- und Ferienpark Wulfener Hals

FKK

Wulfener Hals Weg 100
23769 Fehmarn
+49 4371 8628 0
www.wulfenerhals.de
info@wulfenerhals.de

ganzjährig

HS: 37,40 € | NS: 28,30 €

Mehr Infos & online buchen:
www.camping.info/18185

Baden im Meer am Platz	✓
Pool/Hallenbad	✓/5km
Spielplatz am Platz	✓
Hunde willkommen	✓
zur Hälfte Schatten	✓
WLAN (gegen Gebühr)	✓
Lebensmittel	✓
Brötchen am Platz	✓
Restaurant & Imbiss	✓
Ver-/Entsorgung Womo	✓
in den Ort	3km
Gesamt/Touristen	752/395
Mietunterkünfte	✓
Stellplätze vor Schranke	✓

Restaurant „Seeblick" mit Terrasse, Chillout Area und Wintergarten.

Lage & Stellplatz

Zwischen Burger Binnensee und Ostsee, an der Südseite der Insel Fehmarn, bietet der Camping- und Ferienpark Wulfener Hals Aktivurlaub und Erholung pur. Als einer der schönsten Campingplätze Europas wurde der Wulfener Hals vom DTV mit 5 Sternen ausgezeichnet und auch der ADAC prämiert den Ferienpark seit vielen Jahren kontinuierlich mit der jeweils höchsten Bewertung. Die meisten Stellplätze verfügen über Strom-, Wasser- und WLAN-Anschluss. Viele Plätze sind zusätzlich mit TV/Kabelanschluss ausgestattet. Ein Wohnmobilpark mit 24-Stunden An- und Abreise wird auch gehobenen Ansprüchen gerecht.

Sanitär

Die Infrastruktur des Platzes ist auf gehobene Camping-Ansprüche ausgerichtet. Fünf modern ausgestattete Sanitärgebäude mit oft frei zugänglichen Familienbädern und Gemeinschaftsküchen bieten höchsten Komfort. Das Kinderbad wurde speziell für die Bedürfnisse von Kindern bis zu sechs Jahren gestaltet (z. B. mit kindgerechten Toiletten, Waschbecken und Spaßduschen). Familien können auch ein eigenes Familienbad mieten, das während des gesamten Aufenthaltes nur ihnen zur Verfügung steht. Natürlich gibt es in den Sanitärgebäuden auch Bereiche, die für Menschen mit Behinderung konzipiert wurden.

EMAS

Paradies für Kinder.

Ferienhäuser im Dünenpark.

AWARD 2020

Luftaufnahme vom Campingplatz auf der deutschen Ostsee-Insel Fehmarn.

Verpflegung

Wer vom umfangreichen Aktiv- und Unterhaltungsprogramm hungrig wird, dem stehen ein Super- und Campingmarkt, drei Restaurants, ein Bistro, eine Bierbar sowie ein Eiscafé und eine Tanzbar zur Verfügung. Das Restaurant „Seeblick“, das im Jahr 2016 grundlegend erneuert wurde, bietet direkt am Ostseestrand maritime Küche. Im Restaurant „Wulfener Hals“ gibt es internationale Gerichte mit Schwerpunkt auf italienischer Küche in angenehmer Atmosphäre. Auf der Loungeterrasse kann Kaffee genossen werden. Morgens lädt hier ein großes Frühstücksbuffet zum entspannten Tagesbeginn ein.

Freizeit

Schon morgens bietet das vielköpfige Animationsteam den großen und kleinen Gästen ein vielseitiges Sport- und Freizeitprogramm. Von Yoga über Wellness bis zu Bogenschießen und Kreativangeboten ist für jeden Gast etwas dabei. Abends gibt es ein buntes Unterhaltungsprogramm für alle Altersklassen. Die Gewässer um den Wulfener Hals sind ideal für Wassersportler: Surfer, Kiter und SUP-Fans haben die Wahl zwischen dem Stehrevier des Burger Binnensees oder dem „Ritt“ auf der Ostsee. Für Wasserratten stehen ein beheizter Pool und ein Jacuzzi bereit. Eine Tauch- und Reitschule runden das Angebot ab.

5.0

Die gesamte Gestaltung vom Platz, eine sehr gelassene Atmosphäre mit sehr angenehmen Gästen, in wunderbarer Natur gelegen, hat uns sehr gut gefallen. Es gab einen schnellen und sympathischen technischen Dienst, der Kleinigkeiten im Mietwohnwagen behoben hat und einen sehr hilfsbereiten und kundenorientierten Nachtwächter. Sehr komfortabler Standard im Mietwohnwagen. Viel Platz an den Strandabschnitten auch in der Hochsaison. Wir kommen gerne wieder.

Tuula S.

Tuula ist bereits seit 1980 aktive Camperin und hat diesen Platz im Juni 2020 besucht.

Beheizter Pool.

Sandstrand an der Ostsee.

4.5 SEHR GUT
1062 Bewertungen

Lage	4.8
Ruhe	4.0
Sanitäranlagen	4.4
Sauberkeit Ø	4.3
Freundlichkeit	4.3
Stellplatz	4.3
Verpflegung	4.1
Freizeit	4.7
Preis-Leistung	3.9
Mietunterkünfte	4.2

Geeignet für

Kinder b. 12 J.	4.7
Kinder b. 6 J.	4.6
Kinder b. 18 J.	4.5
Paare	4.5
Senioren	4.2
Gäste mit Zelt	4.2
Gäste mit Hund	4.2

Empfohlene Aktivitäten

Surfen · Radfahren · Schwimmen · Golf · Entspannen

13 Camping Strukkamphuk

Strukkamphuk
23769 Fehmarn
+49 4371 2194
www.strukkamphuk.de
info@strukkamphuk.de

27.03. - 31.10.

HS: 41,20 € | NS: 30,20 €

Mehr Infos & online buchen:
www.camping.info/18184

Baden im Meer am Platz	✓
Hallenbad	8km
Spielplatz am Platz	✓
Hunde willkommen	✓
wenig Schatten	✓
WLAN	✓
Lebensmittel	✓
Brötchen am Platz	✓
Restaurant & Imbiss	✓
Ver-/Entsorgung Womo	✓
in den Ort	8km
Gesamt/Touristen	638/278
Mietunterkünfte	✓
Stellplätze vor Schranke	✓

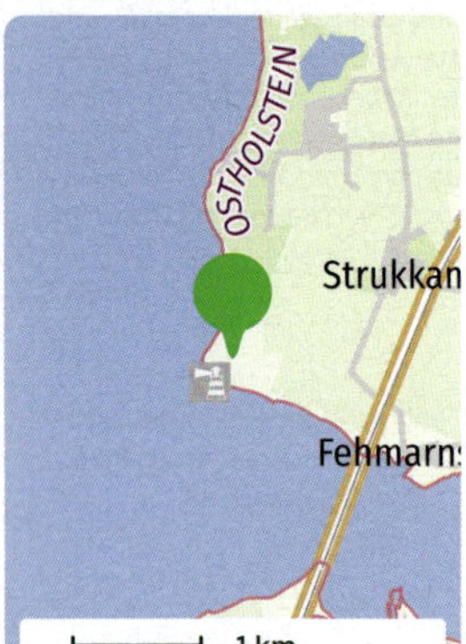

54.41111 | 11.09833

Charmante Stellplätze am Deich. Dahinter warten der Strand und die Ostsee.

Lage & Stellplatz

Der Campingplatz befindet sich im Südwesten Fehmarns direkt am Meer. Umgeben von Feldern und Wiesen verspricht die schöne Lage Erholung mitten in der Natur. Ob ein Platz am Deich, im Schatten oder der Sonnenplatz – die Vielfalt an Stellplätzen bietet für jeden Urlauber den persönlichen Lieblingsort.

Verpflegung

Das maritim gestaltete Restaurant „Zum Huk" befindet sich direkt auf dem Campingplatz und bietet Fischgerichte, deutsche Küche und Klassiker wie Burger oder Currywurst mit Pommes. Auch ein Minimarkt mit einem vielfältigen Sortiment ist vor Ort. Morgens werden hier frische Brötchen verkauft.

Sanitär

Alle Sanitäranlagen sind sehr gut gepflegt. Es gibt vier große Waschhäuser mit moderner und komfortabler Ausstattung. Familienbäder, Hundeduschen, Waschräume im Kinderdesign, Waschmaschinen und alles, was beim Camping benötigt wird, ist auf dem Platz vorhanden. Duschmarken sind nicht erforderlich.

Freizeit

Die Lage ist attraktiv für Wassersportler aller Art. Vor Ort gibt es eine Surf- und Segelschule. Familien erwartet ein abwechslungsreiches Animationsprogramm. Spielplätze, Trampoline, das Volleyballfeld, die Skateranlage und der Kunstrasenplatz laden zum Toben ein. Abends geht es an die Strandbar.

Strandleben am Campingplatz.

Campingidylle im Grünen.

4.7 SEHR GUT
584 Bewertungen

Lage	4.5
Ruhe	4.2
Sanitäranlagen	4.8
Sauberkeit Ø	4.8
Freundlichkeit	4.6
Stellplatz	4.7
Verpflegung	4.5
Freizeit	4.6
Preis-Leistung	4.5
Mietunterkünfte	4.7

Geeignet für

- 4.7 Kinder b. 12 J.
- 4.7 Gäste mit Hund
- 4.6 Paare
- 4.5 Senioren
- 4.6 Kinder b. 6 J.
- 4.6 Gäste mit Zelt
- 4.4 Kinder b. 18 J.

Empfohlene Aktivitäten

Radfahren · Surfen · Entspannen · Segeln · Schwimmen

AWARD 2020

Karte auf Seite 84

14 Minicamping Kleingarn

❄

Dörpdiek 10
23769 Fehmarn

54.45771 | 11.0418

Infos	
Öffnungszeiten	ganzjährig
Vergleichspreis	HS: 15,00 €
Link	**Mehr Infos & Anfrage:** www.camping.info/24974

Ausstattung		
Freizeit	Baden im Meer	1km
	Pool/Hallenbad	12km
	Spielplatz am Platz	✓
Campingplatz	Hunde erlaubt	nur NS
	wenig Schatten	✓
	WLAN	teilweise
Versorgung	Lebensmittel	3km
	Brötchen	keine Angabe
	Restaurant/Imbiss	300m/1km
	Ver-/Entsorgung Womo	✗
	im Ort	✓
Anzahl der Plätze	Touristenplätze	10
	Mietunterkünfte	✓
	Stellplätze vor Schranke	✓

4.5 SEHR GUT – 4 Bewertungen

Lage	4.5
Ruhe	5.0
Sanitäranlagen	4.2
Sauberkeit Ø	4.2
Freundlichkeit	4.8
Stellplatz	4.2
Verpflegung	3.7
Freizeit	4.2
Preis-Leistung	5.0
Mietunterkünfte	4.3

Geeignet für

Kinder b. 6 J.	5.0
Kinder b. 12 J.	4.5
Kinder b. 18 J.	4.5
Paare	4.8
Senioren	4.8
Gäste mit Zelt	4.8
Gäste mit Hund	5.0

Empfohlene Aktivitäten

- Angeln
- Surfen
- Radfahren

15 Campingplatz Flüggerteich

Flüggerteich 1
23769 Fehmarn
+49 4372 349

54.45276 | 11.01247

Infos	
Öffnungszeiten	04.05. - 18.10.
Vergleichspreis	HS: 30,00 € | NS: 23,00 €
Link	**Mehr Infos & Anfrage:** www.camping.info/18188

Ausstattung		
Freizeit	Baden im Meer	400m
	Hallenbad	17km
	Spielplatz am Platz	✓
Campingplatz	Hunde willkommen	✓
	wenig Schatten	✓
	WLAN (gegen Gebühr)	✓
Versorgung	Lebensmittel	300m
	Brötchen am Platz	✓
	Restaurant/Imbiss	300m
	Ver-/Entsorgung Womo	✓
	in den Ort	1km
Anzahl der Plätze	Gesamt/Touristen	109/70
	Mietunterkünfte	✓
	Stellplätze vor Schranke	✗

4.8 SEHR GUT – 29 Bewertungen

Lage	4.5
Ruhe	4.8
Sanitäranlagen	4.6
Sauberkeit Ø	4.8
Freundlichkeit	5.0
Stellplatz	4.5
Verpflegung	3.2
Freizeit	4.4
Preis-Leistung	4.8
Mietunterkünfte	4.9

Geeignet für

Kinder b. 6 J.	4.9
Kinder b. 12 J.	4.8
Kinder b. 18 J.	4.2
Paare	4.8
Senioren	4.9
Gäste mit Zelt	4.9
Gäste mit Hund	4.9

Empfohlene Aktivitäten

- Entspannen
- Radfahren
- Surfen

16 Camping Flügger Strand

Flügge 2
23769 Fehmarn
+49 437 27 14

54.45167 | 11.00694

Infos	
Öffnungszeiten	18.03. - 09.10.
Vergleichspreis	HS: 32,00 € | NS: 20,00 €
Link	**Mehr Infos & Anfrage:** www.camping.info/18183

Ausstattung		
Freizeit	Baden im Meer am Platz	✓
	Hallenbad	17km
	Spielplatz am Platz	✓
Campingplatz	Hunde erlaubt	✓
	wenig Schatten	✓
	WLAN (gegen Gebühr)	✓
Versorgung	Lebensmittel	✓
	Brötchen am Platz	✗
	Restaurant am P.	✓
	Ver-/Entsorgung Womo	✓
	in den Ort	5km
Anzahl der Plätze	Gesamt/Touristen	500/220
	Mietunterkünfte	✓
	Stellplätze vor Schranke	✗

3.8 GUT – 38 Bewertungen

Lage	4.5
Ruhe	3.5
Sanitäranlagen	4.4
Sauberkeit Ø	4.1
Freundlichkeit	3.9
Stellplatz	3.7
Verpflegung	3.9
Freizeit	3.7
Preis-Leistung	3.7
Mietunterkünfte	3.3

Geeignet für

Kinder b. 6 J.	3.7
Kinder b. 12 J.	3.9
Kinder b. 18 J.	3.3
Paare	4.1
Senioren	3.5
Gäste mit Zelt	4.1
Gäste mit Hund	3.3

Empfohlene Aktivitäten

- Schwimmen
- Radfahren
- Entspannen

SCHLESWIG-HOLSTEIN / HAMBURG

7 Hamburg & Südholstein

FREIZEITTIPPS

- **A** St. Pauli-Landungsbrücken, Hamburg
- **B** ARRIBA Erlebnisbad & Saunadorf, Norderstedt
- **C** Schloss Ahrensburg
- **D** Fischtreppe Geesthacht, Elbe
- **E** Ratzeburger See, Ratzeburg

	Platz	Seite	Bewertung	Öffnungszeiten	
1	Campingplatz Elbe Camp	**102**	**3.4**	saisonal	
2	Camping Buchholz Hamburg City	**102**	**3.4**	ganzjährig	✻
3	KNAUS Campingpark Hamburg	**102**	**4.1**	ganzjährig	✻
4	Campingplatz Bredenbeker Teich	**102**	**-**	k. A.	
5	Camping Seerögen	**103**	**4.0**	saisonal	FKK
6	Campingplatz ABC am Großensee b. Hamburg	**103**	**3.5**	saisonal	
7	Camping Land an der Elbe bei Hamburg	**104**	**4.8**	saisonal	👍
8	Camping Hohes Elbufer	**103**	**4.1**	saisonal	
9	Camping Lanzer See	**105**	**4.4**	saisonal	
10	Campingplatz zur Fähre	**105**	**4.3**	k. A.	
11	Campingplatz Freizeitwelt Güster	**105**	**3.6**	ganzjährig	✻
12	Camping am Lütauer See	**106**	**4.0**	ganzjährig	✻
13	Schaalsee Camping	**106**	**3.9**	saisonal	
14	Schaalsee-Camp	**106**	**3.3**	saisonal	
15	Naturcamping Salemer-See	**106**	**3.4**	k. A.	
16	Campingplatz Schwalkenberg	**107**	**3.3**	saisonal	
17	Camping zur schönen Aussicht	**107**	**4.2**	saisonal	
18	Naturcamping Buchholz	**107**	**4.0**	saisonal	ϟ

✻ Wintercamping FKK Textilfrei (ganz/teilweise) Ecocamping 👍 Award ϟ Onlinebuchung

1 Campingplatz Elbe Camp

Falkensteiner Ufer 101
22587 Hamburg
+49 40 812949

53.56407 | 9.76696

24.03. - 05.10.

HS: 30,00 € | NS: 30,00 €

Mehr Infos & Anfrage:
www.camping.info/23336

Baden im Fluss am Platz	✓
Pool & Hallenbad	✗
Spielplatz am Platz	✓
Hunde erlaubt	✓
Schatten	✗
WLAN (gegen Gebühr)	✓
Lebensmittel	✗
Brötchen	keine Angabe
Imbiss	✓
Ver-/Entsorgung Womo	✓
in den Ort	1km
Gesamt	keine Angabe
Mietunterkünfte	✗
Stellplätze vor Schranke	✓

3.4 GUT
83 Bewertungen

Lage	4.7
Ruhe	3.6
Sanitäranlagen	2.7
Sauberkeit Ø	3.2
Freundlichkeit	3.8
Stellplatz	3.3
Verpflegung	3.4
Freizeit	3.7
Preis-Leistung	3.2
Mietunterkünfte	-

Geeignet für

Kinder b. 6 J.	4.3
Kinder b. 12 J.	4.3
Kinder b. 18 J.	4.0
Paare	3.7
Senioren	2.7
Gäste mit Zelt	4.3
Gäste mit Hund	4.3

Empfohlene Aktivitäten

- Radfahren
- Sightseeing
- Entspannen

2 Camping Buchholz Hamburg City

*

Kieler Straße 374
22525 Hamburg
+49 405 404 532

53.59008 | 9.93138

ganzjährig

HS: 39,00 € | NS: 29,00 €

Mehr Infos & Anfrage:
www.camping.info/18152

Baden im See	3km
Pool/Hallenbad	2/3km
Spielplatz	200m
Hunde willkommen	✓
zur Hälfte Schatten	✓
WLAN	✓
Lebensmittel	100m
Brötchen am Platz	✓
Restaurant/Imbiss	100/200m
Ver-/Entsorgung Womo	✓
im Ort	✓
Touristenplätze	30
Mietunterkünfte	✓
Stellplätze vor Schranke	✗

3.4 GUT
71 Bewertungen

Lage	4.3
Ruhe	2.9
Sanitäranlagen	3.4
Sauberkeit Ø	4.2
Freundlichkeit	4.5
Stellplatz	3.1
Verpflegung	2.7
Freizeit	3.7
Preis-Leistung	3.0
Mietunterkünfte	3.7

Geeignet für

Kinder b. 6 J.	2.1
Kinder b. 12 J.	2.6
Kinder b. 18 J.	3.4
Paare	4.0
Senioren	3.7
Gäste mit Zelt	1.6
Gäste mit Hund	3.1

Empfohlene Aktivitäten

- Sightseeing
- Kultur
- Spazieren

3 KNAUS Camping-park Hamburg

*

Wunderbrunnen 2
22457 Hamburg-Schnelsen
+49 40 559 4225

53.65025 | 9.92874

ganzjährig

HS: 36,70 €

Mehr Infos & Anfrage:
www.camping.info/18151

Baden in nat. Gewässer	k. A.
Pool/Hallenbad	6/8km
Spielplatz am Platz	✓
Hunde willkommen	✓
Schatten	✗
WLAN (gegen Gebühr)	✓
Lebensmittel	1km
Brötchen am Platz	✓
Restaurant/Imbiss	800/200m
Ver-/Entsorgung Womo	✓
im Ort	✓
Gesamt/Touristen	140/120
Mietunterkünfte	✓
Stellplätze vor Schranke	✗

4.1 SEHR GUT
381 Bewertungen

Lage	3.8
Ruhe	2.8
Sanitäranlagen	4.0
Sauberkeit Ø	4.3
Freundlichkeit	4.4
Stellplatz	4.3
Verpflegung	3.2
Freizeit	3.6
Preis-Leistung	3.3
Mietunterkünfte	4.2

Geeignet für

Kinder b. 6 J.	3.5
Kinder b. 12 J.	3.7
Kinder b. 18 J.	3.7
Paare	4.4
Senioren	4.3
Gäste mit Zelt	3.9
Gäste mit Hund	3.9

Empfohlene Aktivitäten

- Sightseeing
- Kultur
- Radfahren

4 Campingplatz Bredenbeker Teich

Wulfsdorfer Weg
22949 Ammersbek
+49 40 605 81-0

53.68167 | 10.19033

keine Angabe

keine Angabe

Mehr Infos & Anfrage:
www.camping.info/26987

Baden in nat. Gewässer	k. A.
Pool & Hallenbad	✗
Spielplatz	keine Angabe
Hunde	✗
Schatten	✗
WLAN	keine Angabe
Lebensmittel	k.A.
Brötchen	keine Angabe
Restaurant & Imbiss	✗
Ver-/Entsorgung Womo	✗
in den Ort	keine Angabe
Gesamt	keine Angabe
Mietunterkünfte	✗
Stellplätze vor Schranke	✗

- JETZT BEWERTEN!

Für diese Auswertung liegen leider noch nicht genügend Bewertungen vor.

Sei einer der Ersten, der diesen Campingplatz bewertet. Unter den Bewertern werden regelmäßig Gewinne verlost!

Mehr Infos dazu findest du in unserem allgemeinen Intro.

Karte auf Seite 100

5 Camping Seerögen

FKK

Seeweg 27
23845 Itzstedt
+49 4535 8569
53.80583 | 10.14527

01.04. - 31.10.
HS: 18,00 €
Mehr Infos & Anfrage:
www.camping.info/18207

Baden in nat. Gewässer	k. A.
Pool & Hallenbad	✗
Spielplatz am Platz	✓
Hunde erlaubt	✓
Schatten	✗
WLAN	✗
Lebensmittel	1km
Brötchen	keine Angabe
Restaurant/Imbiss	800m/1km
Ver-/Entsorgung Womo	✗
in den Ort	1km
Gesamt/Touristen	175/15
Mietunterkünfte	✗
Stellplätze vor Schranke	✗

4.0 SEHR GUT
3 Bewertungen

Lage	4.0
Ruhe	4.3
Sanitäranlagen	4.0
Sauberkeit Ø	4.0
Freundlichkeit	4.7
Stellplatz	4.0
Verpflegung	3.0
Freizeit	3.0
Preis-Leistung	4.0
Mietunterkünfte	-

Geeignet für

Kinder b. 6 J.	3.7
Kinder b. 12 J.	4.0
Kinder b. 18 J.	3.5
Paare	4.3
Senioren	4.5
Gäste mit Zelt	4.0
Gäste mit Hund	5.0

6 Campingplatz ABC am Großensee b. Hamburg

Trittauer Straße 11
22946 Großensee
+49 4154 60642
53.61139 | 10.34444

01.04. - 15.10.
HS: 28,50 € | NS: 25,50 €
Mehr Infos & Anfrage:
www.camping.info/19574

Baden im See am Platz	✓
Pool/Hallenbad	✓/10km
Spielplatz am Platz	✓
Hunde willkommen	✓
Schatten	✗
WLAN	✓
Lebensmittel	3km
Brötchen am Platz	✗
Restaurant & Imbiss	✓
Ver-/Entsorgung Womo	✓
in den Ort	3km
Gesamt/Touristen	70/35
Mietunterkünfte	✓
Stellplätze vor Schranke	✓

3.5 GUT
85 Bewertungen

Lage	4.0
Ruhe	3.9
Sanitäranlagen	3.6
Sauberkeit Ø	3.8
Freundlichkeit	4.3
Stellplatz	3.3
Verpflegung	2.6
Freizeit	3.9
Preis-Leistung	3.5
Mietunterkünfte	3.7

Geeignet für

Kinder b. 6 J.	3.5
Kinder b. 12 J.	3.6
Kinder b. 18 J.	3.5
Paare	4.1
Senioren	4.1
Gäste mit Zelt	3.8
Gäste mit Hund	4.0

Empfohlene Aktivitäten

- Schwimmen
- Radfahren
- Entspannen

Wintercamping auf Anfrage möglich

8 Camping Hohes Elbufer

Strandweg 35
21502 Geesthacht-Tesperhude
+49 176 615 738 80
53.39935 | 10.4345

01.04. - 15.10.
HS: 14,00 € | NS: 14,00 €
Mehr Infos & Anfrage:
www.camping.info/18140

Baden im Fluss am Platz	✓
Pool	5km
Spielplatz am Platz	✓
Hunde erlaubt	✓
Schatten	✗
WLAN	✓
Lebensmittel	3km
Brötchen am Platz	✗
Restaurant/Imbiss	300m
Ver-/Entsorgung Womo	✓
in den Ort	300m
Gesamt/Touristen	100/30
Mietunterkünfte	✗
Stellplätze vor Schranke	✗

4.1 SEHR GUT
17 Bewertungen

Lage	4.6
Ruhe	4.9
Sanitäranlagen	3.6
Sauberkeit Ø	4.3
Freundlichkeit	5.0
Stellplatz	4.1
Verpflegung	3.0
Freizeit	3.9
Preis-Leistung	4.8
Mietunterkünfte	-

Geeignet für

Kinder b. 6 J.	4.4
Kinder b. 12 J.	4.6
Kinder b. 18 J.	4.1
Paare	4.8
Senioren	4.7
Gäste mit Zelt	4.8
Gäste mit Hund	4.9

Empfohlene Aktivitäten

- Wandern
- Radfahren
- Entspannen

Infos

Öffnungszeiten
Vergleichspreis
Link

Ausstattung

Freizeit
Campingplatz
Versorgung
Anzahl der Plätze

7 Camping Land an der Elbe bei Hamburg

Stover Strand 7
21423 Stove bei Drage
+49 4176 327
www.camping-land-online.de
info@camping-land-online.de

01.04. - 30.09.

HS: 32,00 € | NS: 32,00 €

Mehr Infos & Anfrage:
www.camping.info/18137

Baden im Fluss am Platz	✓
Pool/Hallenbad	4/12km
Spielplatz am Platz	✓
Hunde willkommen	✓
zur Hälfte Schatten	✓
WLAN (begrenzt gratis)	✓
Lebensmittel	✓
Brötchen am Platz	✓
Restaurant/Imbiss	200m/✓
Ver-/Entsorgung Womo	✓
in den Ort	500m
Gesamt/Touristen	170/50
Mietunterkünfte	✓
Stellplätze vor Schranke	✓

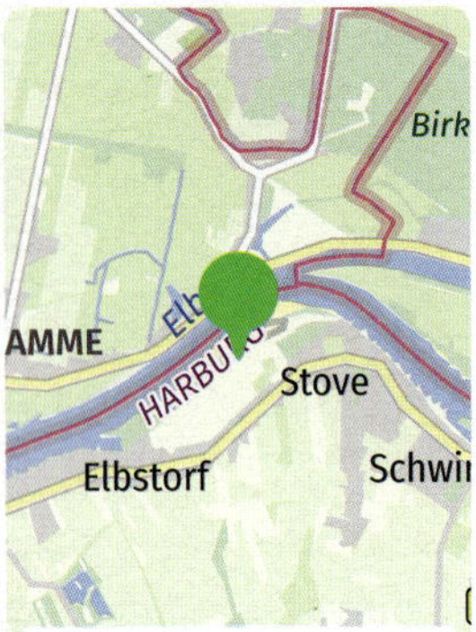

53.42845 | 10.30104

Naturnahe Stellplätze direkt an der Elbe.

Lage & Stellplatz

Der Campingplatz liegt an der Elbe am Stover Strand, südöstlich von Hamburg. Die unparzellierten Stellplätze befinden sich entweder im idyllischen Park an der Elbe (ca. 50 Plätze) oder im Garten (ca. 10 Plätze). Der naturbelassene Campingplatz verspricht Campinggästen Ruhe und Erholung im Grünen.

Verpflegung

Am Wochenende sowie in der Hauptsaison unter der Woche gibt es täglich frische Brötchen auf dem Platz. Die Gäste finden in nur 800 m Entfernung einen Supermarkt (Edeka) vor, in der Nachbarschaft befinden sich außerdem drei Restaurants.

Sanitär

Die Sanitäranlagen wurden mit viel Liebe und Sorgfalt gestaltet. Neben neuester Technik verfügen sie auch über eine barrierefreie Ausstattung und einen Babysanitärbereich für Familien. Den Gästen stehen zudem Waschmaschinen und Trockner sowie Abwasch- und Kochmöglichkeiten zur Verfügung.

Freizeit

Ob Wandern, Inlineskaten oder Radwandern – hier kommt jeder auf seine Kosten! Empfohlen wird ein Besuch im Vogelschutzgebiet Feldmark. In 30 Autominuten erreicht man die schöne Hafenstadt Hamburg, die viele Freizeitmöglichkeiten zu bieten hat. Zum Bummeln lädt auch die gemütliche Stadt Lüneburg ein.

Idyllisch gelegen.

Leckere Torten am Wochenende.

4.8 SEHR GUT
469 Bewertungen

Lage	4.8
Ruhe	4.7
Sanitäranlagen	4.7
Sauberkeit Ø	4.8
Freundlichkeit	4.9
Stellplatz	4.5
Verpflegung	4.0
Freizeit	4.2
Preis-Leistung	4.8
Mietunterkünfte	4.8

Geeignet für

4.9 Paare

4.8	Gäste mit Zelt
4.8	Gäste mit Hund
4.7	Senioren
4.5	Kinder b. 12 J.
4.4	Kinder b. 6 J.
4.2	Kinder b. 18 J.

Empfohlene Aktivitäten

Entspannen, Radfahren, Angeln, Schwimmen, Sightseeing

AWARD 2020

Große Gruppen nicht erlaubt!

Karte auf Seite 100

9 Camping Lanzer See

Am Lanzer See 1
21483 Basedow bei Lauenburg
+49 4153 599171
53.41 | 10.5972

29.03. - 06.10.
HS: 20,50 € | NS: 17,50 €
Mehr Infos & Anfrage:
www.camping.info/18139

Baden im See am Platz	✓
Pool	8km
Spielplatz am Platz	✓
Hunde willkommen	✓
zur Hälfte Schatten	✓
WLAN (gratis)	teilweise
Lebensmittel	7km
Brötchen am Platz	✓
Restaurant & Imbiss	✓
Ver-/Entsorgung Womo	✗
in den Ort	1km
Gesamt/Touristen	210/50
Mietunterkünfte	✗
Stellplätze vor Schranke	✗

4.4 SEHR GUT
52 Bewertungen

Lage	4.6
Ruhe	4.5
Sanitäranlagen	4.1
Sauberkeit Ø	4.7
Freundlichkeit	4.8
Stellplatz	4.2
Verpflegung	3.9
Freizeit	4.0
Preis-Leistung	4.7
Mietunterkünfte	-

Geeignet für

Kinder b. 6 J.	3.7
Kinder b. 12 J.	4.0
Kinder b. 18 J.	3.8
Paare	4.6
Senioren	4.7
Gäste mit Zelt	4.4
Gäste mit Hund	4.5

Empfohlene Aktivitäten
- Radfahren
- Entspannen
- Schwimmen

10 Campingplatz zur Fähre

Zur Fähre 10
21514 Fitzen
53.51304 | 10.62723

keine Angabe
keine Angabe
Mehr Infos & Anfrage:
www.camping.info/24049

Baden in nat. Gewässer	k. A.
Pool & Hallenbad	✗
Spielplatz	keine Angabe
Hunde	✗
Schatten	✗
WLAN	keine Angabe
Lebensmittel	k.A.
Brötchen	keine Angabe
Restaurant & Imbiss	✗
Ver-/Entsorgung Womo	✗
in den Ort	keine Angabe
Gesamt	keine Angabe
Mietunterkünfte	✗
Stellplätze vor Schranke	✗

4.3 SEHR GUT
3 Bewertungen

Lage	4.7
Ruhe	4.7
Sanitäranlagen	4.0
Sauberkeit Ø	4.7
Freundlichkeit	5.0
Stellplatz	4.3
Verpflegung	2.5
Freizeit	4.7
Preis-Leistung	4.7
Mietunterkünfte	-

Geeignet für

Kinder b. 6 J.	4.0
Kinder b. 12 J.	4.0
Kinder b. 18 J.	4.0
Paare	4.3
Senioren	5.0
Gäste mit Zelt	3.5
Hunde n. erlaubt	-

Empfohlene Aktivitäten
- Schwimmen
- Radfahren
- Angeln

11 Campingplatz Freizeitwelt Güster

❄

Am Prüßsee 34
21514 Güster
+49 4158 497
53.52778 | 10.68972

ganzjährig
HS: 28,90 € | NS: 25,90 €
Mehr Infos & Anfrage:
www.camping.info/22321

Baden im See am Platz	✓
Pool/Hallenbad	13/12km
Spielplatz am Platz	✓
Hunde willkommen	✓
zur Hälfte Schatten	✓
WLAN (gegen Gebühr)	✓
Lebensmittel	2km
Brötchen am Platz	nur HS
Restaurant am P.	✓
Ver-/Entsorgung Womo	✓
in den Ort	2km
Gesamt/Touristen	380/80
Mietunterkünfte	✗
Stellplätze vor Schranke	✗

3.6 GUT
34 Bewertungen

Lage	4.4
Ruhe	4.3
Sanitäranlagen	4.0
Sauberkeit Ø	4.0
Freundlichkeit	3.8
Stellplatz	3.6
Verpflegung	2.9
Freizeit	3.3
Preis-Leistung	3.7
Mietunterkünfte	-

Geeignet für

Kinder b. 6 J.	3.8
Kinder b. 12 J.	3.8
Kinder b. 18 J.	3.2
Paare	4.0
Senioren	3.9
Gäste mit Zelt	3.5
Gäste mit Hund	3.4

Empfohlene Aktivitäten
- Radfahren
- Entspannen
- Wandern

Infos
Öffnungszeiten
Vergleichspreis
Link

Ausstattung
Freizeit
Campingplatz
Versorgung
Anzahl der Plätze

12

Camping am Lütauer See

*

Am Lütauer See 6
23883 Lehmrade
+49 4542 2270

53.60218 | 10.71699

ganzjährig

HS: 19,50 € | NS: 18,00 €

Mehr Infos & Anfrage:
www.camping.info/18208

Baden im See am Platz	✓
Pool/Hallenbad	15/4km
Spielplatz am Platz	✓
Hunde erlaubt	✓
Schatten	✗
WLAN (gegen Gebühr)	✓
Lebensmittel	2km
Brötchen am Platz	✓
Restaurant/Imbiss	300m/✓
Ver-/Entsorgung Womo	✓
in den Ort	3km
Gesamt/Touristen	690/90
Mietunterkünfte	✓
Stellplätze vor Schranke	✗

4.0 SEHR GUT
17 Bewertungen

Lage	4.5
Ruhe	3.2
Sanitäranlagen	3.2
Sauberkeit Ø	3.4
Freundlichkeit	4.6
Stellplatz	3.7
Verpflegung	3.3
Freizeit	4.1
Preis-Leistung	4.4
Mietunterkünfte	4.5

Geeignet für

Kinder b. 6 J.	4.1
Kinder b. 12 J.	4.1
Kinder b. 18 J.	3.7
Paare	4.3
Senioren	4.2
Gäste mit Zelt	4.4
Gäste mit Hund	3.7

Empfohlene Aktivitäten

- Schwimmen
- Wandern
- Radfahren

Hunde am Strand nicht erlaubt

13

Schaalsee Camping

Bokop
23883 Groß Zecher
+49 172 4150 744

53.59695 | 10.90926

01.04. - 31.10.

HS: 18,50 € | NS: 18,50 €

Mehr Infos & Anfrage:
www.camping.info/24003

Baden im See am Platz	✓
Pool & Hallenbad	✗
Spielplatz am Platz	✓
Hunde erlaubt	✓
Schatten	✗
WLAN	keine Angabe
Lebensmittel	k.A.
Brötchen	keine Angabe
Restaurant & Imbiss	✗
Ver-/Entsorgung Womo	✗
in den Ort	keine Angabe
Gesamt/Touristen	140/30
Mietunterkünfte	✓
Stellplätze vor Schranke	✗

3.9 GUT
8 Bewertungen

Lage	4.9
Ruhe	4.1
Sanitäranlagen	2.6
Sauberkeit Ø	2.6
Freundlichkeit	4.2
Stellplatz	3.7
Verpflegung	2.4
Freizeit	3.8
Preis-Leistung	4.1
Mietunterkünfte	3.0

Geeignet für

Kinder b. 6 J.	3.7
Kinder b. 12 J.	4.2
Kinder b. 18 J.	4.2
Paare	4.2
Senioren	4.2
Gäste mit Zelt	3.5
Gäste mit Hund	4.5

Empfohlene Aktivitäten

- Wandern
- Kayak/Kanu
- Schwimmen

14

Schaalsee-Camp

An der Piperseebrücke
23883 Sterley-Pipersee

53.6403 | 10.85824

01.05. - 30.09.

HS: 23,00 €

Mehr Infos & Anfrage:
www.camping.info/24975

Baden in nat. Gewässer	k. A.
Hallenbad	10km
Spielplatz	keine Angabe
Hunde willkommen	✓
zur Hälfte Schatten	✓
WLAN	✓
Lebensmittel	5km
Brötchen am Platz	✗
Restaurant & Imbiss	✓
Ver-/Entsorgung Womo	✗
in den Ort	keine Angabe
Touristenplätze	45
Mietunterkünfte	✓
Stellplätze vor Schranke	✗

3.3 GUT
6 Bewertungen

Lage	4.4
Ruhe	4.6
Sanitäranlagen	2.0
Sauberkeit Ø	3.0
Freundlichkeit	2.8
Stellplatz	2.6
Verpflegung	1.8
Freizeit	3.8
Preis-Leistung	3.4
Mietunterkünfte	4.0

Geeignet für

Kinder b. 6 J.	3.7
Kinder b. 12 J.	4.3
Kinder b. 18 J.	3.3
Paare	4.0
Senioren	2.8
Gäste mit Zelt	4.3
Gäste mit Hund	4.2

Empfohlene Aktivitäten

- Wandern
- Kayak/Kanu
- Entspannen

15

Naturcamping Salemer-See

Seestraße
23911 Salem
+49 4541 82554

53.64923 | 10.83501

keine Angabe

keine Angabe

Mehr Infos & Anfrage:
www.camping.info/18212

Baden in nat. Gewässer	k. A.
Pool & Hallenbad	✗
Spielplatz	keine Angabe
Hunde	✗
Schatten	✗
WLAN	keine Angabe
Lebensmittel	k.A.
Brötchen	keine Angabe
Restaurant & Imbiss	✗
Ver-/Entsorgung Womo	✗
in den Ort	1km
Gesamt/Touristen	700/180
Mietunterkünfte	✗
Stellplätze vor Schranke	✗

3.4 GUT
24 Bewertungen

Lage	4.4
Ruhe	3.5
Sanitäranlagen	3.3
Sauberkeit Ø	3.0
Freundlichkeit	3.7
Stellplatz	3.4
Verpflegung	2.1
Freizeit	3.7
Preis-Leistung	3.5
Mietunterkünfte	-

Geeignet für

Kinder b. 6 J.	3.4
Kinder b. 12 J.	3.6
Kinder b. 18 J.	3.2
Paare	3.6
Senioren	3.8
Gäste mit Zelt	3.5
Hunde n. erlaubt	-

Empfohlene Aktivitäten

- Wandern
- Radfahren
- Schwimmen

Karte auf Seite 100

16 Campingplatz Schwalkenberg

Dorfstraße 32a
23909 Ratzeburg Ot. Römnitz
+49 172 4117032
53.70678 | 10.76815

01.03. - 31.10.
HS: 24,00 € | NS: 24,00 €
Mehr Infos & Anfrage:
www.camping.info/18210

Baden im See am Platz	✓
Pool/Hallenbad	5km
Spielplatz am Platz	✓
Hunde willkommen	✓
zur Hälfte Schatten	✓
WLAN	✓
Lebensmittel	4km
Brötchen am Platz	✓
Restaurant/Imbiss	200m/3km
Ver-/Entsorgung Womo	✓
in den Ort	4km
Gesamt/Touristen	130/30
Mietunterkünfte	✓
Stellplätze vor Schranke	✗

3.3 GUT
15 Bewertungen

Lage	4.6
Ruhe	4.0
Sanitäranlagen	2.9
Sauberkeit Ø	3.0
Freundlichkeit	4.2
Stellplatz	3.1
Verpflegung	2.2
Freizeit	4.1
Preis-Leistung	3.8
Mietunterkünfte	4.0

Geeignet für

Kinder b. 6 J.	4.0
Kinder b. 12 J.	4.6
Kinder b. 18 J.	4.2
Paare	4.0
Senioren	4.0
Gäste mit Zelt	4.1
Gäste mit Hund	4.9

Empfohlene Aktivitäten
- Schwimmen
- Kayak/Kanu
- Segeln

17 Camping zur schönen Aussicht

Dorfstraße 3
23909 Römnitz am Ratzeburger See
+49 4541 3348
53.70837 | 10.76717

04.05. - 04.10.
HS: 22,00 €
Mehr Infos & Anfrage:
www.camping.info/18211

Baden im See am Platz	✓
Pool & Hallenbad	✗
Spielplatz	2km
Hunde willkommen	✓
zur Hälfte Schatten	✓
WLAN	✓
Lebensmittel	3km
Brötchen am Platz	✗
Restaurant/Imbiss	100m/3km
Ver-/Entsorgung Womo	✓
in den Ort	3km
Gesamt/Touristen	50/12
Mietunterkünfte	✗
Stellplätze vor Schranke	✗

4.2 SEHR GUT
6 Bewertungen

Lage	4.5
Ruhe	4.8
Sanitäranlagen	3.3
Sauberkeit Ø	3.8
Freundlichkeit	4.2
Stellplatz	4.2
Verpflegung	2.2
Freizeit	3.3
Preis-Leistung	4.3
Mietunterkünfte	-

Geeignet für

Kinder b. 6 J.	3.2
Kinder b. 12 J.	3.4
Kinder b. 18 J.	3.6
Paare	4.3
Senioren	4.6
Gäste mit Zelt	4.0
Gäste mit Hund	3.8

Empfohlene Aktivitäten
- Kayak/Kanu
- Schwimmen
- Angeln

18 Naturcamping Buchholz

Am Campingplatz 1
23911 Buchholz
+49 4541 4255
53.73849 | 10.73996

01.04. - 30.09.
HS: 20,80 € | NS: 20,80 €
Mehr Infos & online buchen:
www.camping.info/18213

Baden im See am Platz	✓
Pool/Hallenbad	6km
Spielplatz am Platz	✓
Hunde willkommen	✓
zur Hälfte Schatten	✓
WLAN (begrenzt gratis)	✓
Lebensmittel	5km
Brötchen am Platz	✓
Restaurant & Imbiss	✓
Ver-/Entsorgung Womo	✓
in den Ort	700m
Gesamt/Touristen	140/100
Mietunterkünfte	✓
Stellplätze vor Schranke	✗

4.0 SEHR GUT
98 Bewertungen

Lage	4.5
Ruhe	4.3
Sanitäranlagen	3.5
Sauberkeit Ø	3.9
Freundlichkeit	4.4
Stellplatz	3.7
Verpflegung	3.4
Freizeit	4.0
Preis-Leistung	4.1
Mietunterkünfte	3.9

Geeignet für

Kinder b. 6 J.	4.1
Kinder b. 12 J.	4.1
Kinder b. 18 J.	3.7
Paare	4.5
Senioren	4.3
Gäste mit Zelt	4.4
Gäste mit Hund	4.6

Empfohlene Aktivitäten
- Radfahren
- Schwimmen
- Kayak/Kanu

Infos
Öffnungszeiten
Vergleichspreis
Link

Ausstattung
Freizeit
Campingplatz
Versorgung
Anzahl der Plätze

NIEDERSACHSEN UND BREMEN

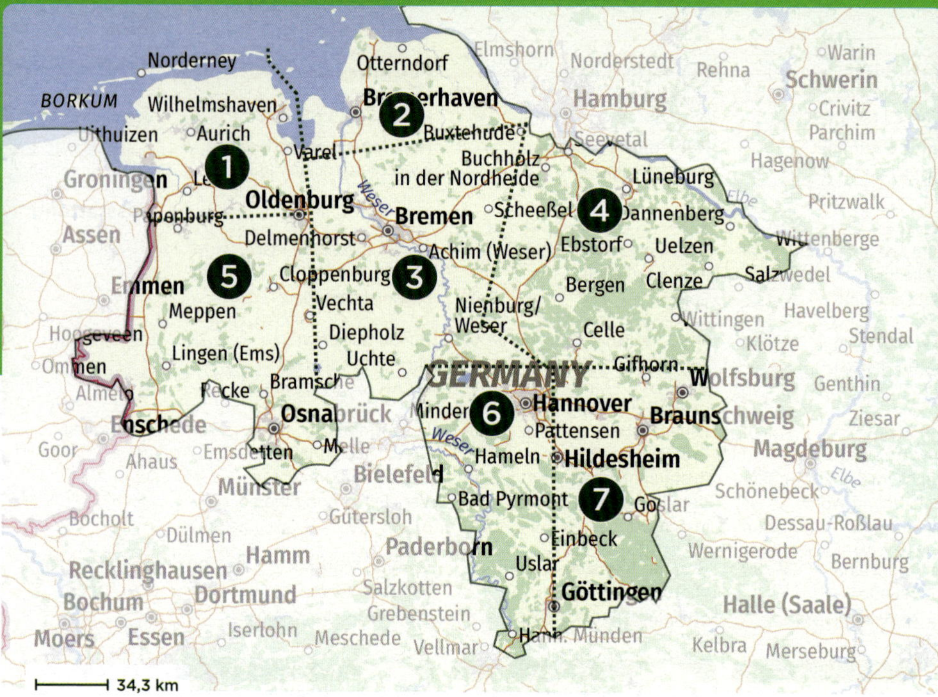

REGIONEN

TIPP DER REDAKTION

Heidehof Radenbeck – Campingplatz

Lüneburger Heide | Nr. 8 | Seite 160

Laut Gästen ideal geeignet zum:

- Entspannen
- Radfahren
- Wandern

4.7

VOM HARZ BIS AN DIE NORDSEE

Ob im Harz, in der Heide oder an den Küsten der Nordsee: Wer seinen Urlaub in Niedersachsen verbringen möchte, hat nicht nur die Wahl zwischen Fahrradtouren über das platte Land und Entspannung am Strand, sondern auch zwischen Wintersport im Mittelgebirge und Wanderungen durch einzigartige Landschaften. Auch die kleinen Fischerdörfer und Städtchen sowie spannende Kulturstädte an der Küste und im Binnenland sind lohnenswerte Ziele. Das flächenmäßig zweitgrößte Land der Bundesrepublik bietet Campern, neben jeder Menge Möglichkeiten ihre Zelte aufzuschlagen, auch ein vielfältiges Freizeitangebot. Dabei hat jede Region ihren ganz besonderen Reiz.

IDYLLISCHE FISCHERDÖRFER UND GROSSE HAFENSTÄDTE

Die Nordseeküste gehört nicht nur bei Campern zu den beliebtesten Urlaubsregionen Niedersachsens – von Ostfriesland bis zur Elbe reiht sich ein Ferienort an den nächsten.

Strandansicht Norddeich © Martin Stöver

Pilsumer Leuchtturm
© TourismusMarketing
Niedersachsen GmbH

Die malerischen Fischerdörfer, von denen aus die Fähren mit Kurs auf die ostfriesischen Inseln in See stechen, sind dabei ebenso beliebt wie die idyllischen Städtchen etwas weiter im Binnenland. Aber auch größere Städte wie Oldenburg mit seiner schicken Innenstadt oder Wilhelmshaven mit dem Südstrand und seiner maritimen Tradition sind beliebte Ziele für einen Tagesausflug. Darüber hinaus bietet sich auch ein Abstecher in den Stadtstaat Bremen an. Die historische Altstadt mit dem bekannten Rathaus sowie die gemütlichen Restaurants und Lädchen in den Gassen des Schnoorviertels sind ebenso einen Besuch wert wie das Universum: In diesem Mitmach-Museum erleben kleine und große Forscher naturwissenschaftliche Phänomene hautnah und mit allen Sinnen. Im 50 Kilometer entfernten Bremerhaven, das ebenfalls zum Stadtstaat Bremen gehört, unternehmt ihr im weltweit einzigartigen Klimahaus eine Reise rund um die Welt entlang des Längengrades 8° und durchquert fünf Kontinente mitsamt ihren Klimazonen und spannenden Geschichten.

Elbe bei Neu Darchau © TourismusMarketing Niedersachsen GmbH_Elbe

DER HARZ – AUCH FÜR WINTERCAMPER

Doch nicht nur an der Küste im Nordwesten Niedersachsens gibt es eine Menge zu entdecken. Auch der Harz im Südosten, der mit dem 1.142 Meter hohen Brocken über den höchsten Berg Norddeutschlands verfügt, hat einiges zu bieten: Die sagenumwobene Region, in der die Hexen in der Walpurgisnacht auf dem Blocksbergs tanzen, hat eine lange Bergbautradition, die besonders gut im historischen Bergwerk Grube Samson in St. Andreasberg bestaunt werden kann. Nicht nur im Sommer, auch im Winter ist der Harz ein beliebtes Urlaubsziel. Viele Campingplätze sind deshalb auch in der kalten Jahreszeit auf Besucher eingestellt und Wintersport ist dann ebenso möglich wie ausgedehnte Wanderungen durch die, mit etwas Glück, tief verschneite, malerische Berglandschaft.

Französische Mühle in der Südheide Gifhorn
© Südheide Gifhorn GmbH

LÜNEBURGER HEIDE, WESERBERGLAND UND EMSLAND

Dünen mit Leuchtturm am Borkumer Südstrand
© TourismusMarketing Niedersachsen GmbH

Zwischen Harz und Nordseeküste gibt es noch zahlreiche andere Regionen mit lohnenden Zielen. Eine der Bekanntesten ist die Lüneburger Heide, die Wanderer, Reiter und Radfahrer gleichermaßen begeistert. Die idyllische Landschaft mit kleinen Dörfern ist perfekt geeignet, um so richtig zu entspannen. Ein Abstecher ins namensgebende Lüneburg mit seinen rot geklinkerten Altbauten, kleinen Gässchen und süßen Cafés sollte dabei auf keinen Fall fehlen! Im Weserbergland locken neben den bekannten, kilometerlangen Fahrrad- und Wanderwegen auch prachtvolle Burgen und Schlösser sowie atmosphärische Altstädte. Auch im Emsland, das mit seinen malerischen Flussläufen zu ausgedehnten Kanutouren einlädt, findet ihr vielfältige Gelegenheiten, die verschiedenen Seiten Niedersachsens zu entdecken – zum Beispiel bei einer Besichtigung der berühmten Meyer Werft, in der gigantische Kreuzfahrtschiffe entstehen.

NIEDERSACHSEN / BREMEN

❶ Ostfriesland

FREIZEITTIPPS

- **A** Pilsumer Leuchtturm
- **B** Strandpromenade Norderney
- **C** Erlebnispark Norddeich, Norden
- **D** Leeraner Miniaturland
- **E** Deutsches Marinemuseum, Wilhelmshaven

	Platz	Seite	Bewertung	Öffnungszeiten	
1	Camping Aggen	117	4.7	saisonal	
2	Nordsee-Camp Norddeich	114	4.5	saisonal	
3	Campingplatz Eiland	117	4.6	saisonal	
4	Campingplatz am Nordseestrand	116	4.2	saisonal	
5	Strand- und Familiencampingplatz Bensersiel	118	4.5	saisonal	Award
6	Zeltplatz Spiekeroog	117	4.3	saisonal	
7	Nordsee-Camping Neuharlingersiel	121	3.7	ganzjährig	Wintercamping
8	Campingplatz Harlesiel	121	3.6	saisonal	Onlinebuchung
9	Camping Altfunnixsiel	120	4.3	saisonal	
10	Campingplatz Hooksiel	121	3.5	saisonal	FKK, Ecocamping
11	Friesland Camping	122	3.7	ganzjährig	Wintercamping
12	Camping am Deich - Nordsee	122	4.6	saisonal	Ecocamping, Onlinebuchung, Award
13	Campingplatz Knock	122	4.1	saisonal	
14	Campingplatz Großes Meer	122	3.7	saisonal	
15	Camping Timmeler Meer	123	4.3	saisonal	
16	Camping- und Bungalowpark Ottermeer	123	4.0	ganzjährig	Wintercamping, Ecocamping
17	Campingplatz Marienfeld	123	4.4	k. A.	
18	Ems-Marina-Camping	125	3.5	ganzjährig	Wintercamping
19	Camping Weener	125	3.2	ganzjährig	
20	Freizeitpark am Emsdeich - Ostfriesland	124	4.3	saisonal	Ecocamping, Onlinebuchung
21	Camping Idasee	126	4.6	ganzjährig	Wintercamping
22	Camping Nordloh	125	3.7	ganzjährig	Wintercamping
23	Campingplatz am Königssee	127	4.7	saisonal	
24	Ferienpark am Bernsteinsee	127	4.1	saisonal	
25	Strandcampingplatz Dangast	128	3.9	saisonal	
26	Nordsee Campingplatz - Rennweide Dangast	127	3.6	saisonal	
27	Camping Oeltjen	129	3.4	saisonal	
28	Camping Lönskrug GbR	129	4.0	saisonal	
29	Camping am Flötenteich	129	3.9	saisonal	

Wintercamping FKK Textilfrei (ganz/teilweise) Ecocamping Award Onlinebuchung

2 Nordsee-Camp Norddeich

Deichstrasse 21
26506 Norden-Norddeich
+49 4931 8073
www.nordsee-camp.de
info@nordsee-camp.de

20.03. - 23.10.

HS: 35,00 € | NS: 28,00 €

Mehr Infos & Anfrage:
www.camping.info/18334

Baden im Meer	1km
Pool/Hallenbad	1km
Spielplatz am Platz	✓
Hunde willkommen	✓
wenig Schatten	✓
WLAN	✓
Lebensmittel	✓
Brötchen am Platz	✗
Restaurant am P.	✓
Ver-/Entsorgung Womo	✓
in den Ort	1km
Gesamt/Touristen	731/528
Mietunterkünfte	✓
Stellplätze vor Schranke	✗

Luftaufnahme vom Nordsee-Camp Norddeich.

Lage & Stellplatz

Das Nordsee-Camp in Norddeich, direkt hinter dem Seedeich gelegen, ist das Tor zum UNESCO Weltnaturerbe Wattenmeer. Die Nordsee liegt einem zu Füßen, die Ostfriesischen Inseln sind zum Greifen nah und laden zu einem Besuch ein. Die Stellplätze werden in drei verschiedenen Größen angeboten (bis 105 m², von 105 bis 135 m² und über 135 m²). Jeder Platz verfügt über eigene Wasser- und Abwasseranschlüsse sowie einen 16-Ampere-Stromanschluss. Als Mietobjekte stehen den Gästen 28 Mobilheime in verschiedenen Varianten sowie neun Woodlodges zur Verfügung. Der Mobilheim-Park ist ganzjährig geöffnet.

Sanitär

Die beiden großen, gepflegten und behindertengerecht ausgestatteten Sanitärhäuser verfügen nicht nur über moderne Waschmaschinen, Trockner und Geschirrspüler sowie ein separates Kinderbad und Wickelräume, sondern auch über praktische CamperClean-Automaten, mit denen sich Kassettentoiletten automatisch reinigen lassen.

Impression Stellplatz-Bereich.

Spielplatz im Hintergrund.

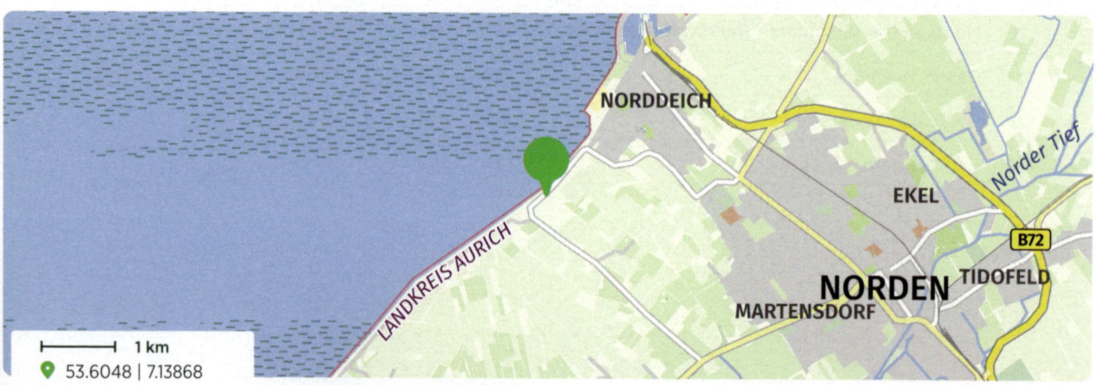

Keine Gruppen größer als 5 Pers.; Keine Minderjährigen ohne Erziehungsb.

Komfortable Mobilheime.

Verpflegung

Der Campingplatz verfügt über einen Supermarkt, der mit sehr viel Leidenschaft und Hingabe betrieben wird. Hier finden die Gäste alles für den täglichen Bedarf und bekommen jeden Morgen ofenfrische Brötchen, auch ohne Vorbestellung. Des Weiteren befindet sich das Restaurant „Funkenpuste" direkt auf dem Platz. Hier werden die Urlauber mit schmackhaften Speisen und erfrischenden Getränken zu moderaten Preisen verwöhnt.

Freizeit

Das Angebot an Freizeitaktivitäten in Norddeich ist beinah grenzenlos. Egal ob Angeln, Radfahren, Inlineskaten, Wandern, Schwimmen, Surfen, Kiten oder Segeln – hier findet jeder eine passende Freizeitbeschäftigung. Auch einem Ausflug in die Stadt steht nichts im Weg, denn vom Platz aus erreicht man bequem mehrere Einkaufsstädte. Das Nordsee-Camp verfügt außerdem über einen platzeigenen Fahrradverleih. Für Kinder gibt es zwei große Spielplätze sowie ein zusätzliches Animationsprogramm während der Hauptsaison.

5.0 

Der Campingplatz ist trotz der Größe sehr übersichtlich angelegt. Man findet seinen Platz ohne Probleme. Das Personal im Empfang sowie im Campingladen war sehr freundlich. Die Brötchen werden täglich frisch gebacken und sind sehr lecker :-) Die Reinigung der Sanitärgebäude erfolgt mehrmals am Tag. Auch der Platz ist sehr sauber. Selbst wenn man einen Stellplatz nahe des Spielplatzes hat, um 22:00 Uhr wird durch das Personal vom Campingplatz für Ruhe gesorgt.

Rainer S.

Rainer S. ist bereits seit 2009 aktiver Camper. Im August 2020 hat er diesen Platz besucht.

Windgeschützte Woodlodges.

Der Strand in Norddeich.

4.5 **SEHR GUT**
381 Bewertungen

Lage	4.3
Ruhe	4.2
Sanitäranlagen	4.6
Sauberkeit Ø	4.6
Freundlichkeit	4.6
Stellplatz	4.5
Verpflegung	4.2
Freizeit	4.1
Preis-Leistung	4.4
Mietunterkünfte	4.4

Geeignet für

- 4.6 Paare
- 4.6 Senioren
- 4.5 Kinder b. 6 J.
- 4.5 Kinder b. 12 J.
- 4.4 Gäste mit Zelt
- 4.4 Gäste mit Hund
- 3.9 Kinder b. 18 J.

Empfohlene Aktivitäten

Radfahren · Entspannen · Wandern · Schwimmen · Spazieren

4 Campingplatz am Nordseestrand

Am Nordseestrand 1
26553 Dornum-Dornumersiel
+49 4933 351
www.campingplatz-am-nordseestrand.de
campingplatz@dornum.de

01.04. - 30.09.

HS: 33,95 € | NS: 33,95 €

Mehr Infos & Anfrage:
www.camping.info/22303

Baden im Meer am Platz	✓
Pool/Hallenbad	✓/8km
Spielplatz am Platz	✓
Hunde willkommen	✓
kein Schatten	✓
WLAN (begrenzt gratis)	✓
Lebensmittel	500m
Brötchen am Platz	✓
Restaurant & Imbiss	✓
Ver-/Entsorgung Womo	✓
in den Ort	500m
Gesamt/Touristen	367/200
Mietunterkünfte	✓
Stellplätze vor Schranke	✗

Campingplatz am Nordseestrand direkt an der Nordseeküste.

53.68066 | 7.48224

Lage & Stellplatz

Der Campingplatz in Dornumersiel liegt direkt an der niedersächsischen Nordseeküste. Der Platz ist ca. 3 ha groß und mit rund 300 Stellplätzen ausgestattet. Eingebettet zwischen Deich und Wattenmeer haben die Gäste einen herrlichen Panoramablick auf Nordsee, Strand und die Ostfriesischen Inseln.

Verpflegung

Bis zum Ortskern von Dornumersiel mit einem Supermarkt, Fahrradverleih, Kur- und Wellnesseinrichtungen, Restaurants und Cafés sind es ca. 15 Gehminuten. Auf dem Campingplatz bietet ein Kiosk täglich frische Brötchen und das Restaurant Hafensänger lockt mit schöner Aussicht über Strand und Nordsee.

Sanitär

Die zwei Sanitärgebäude – Barke und Boje – lassen mit geräumigen Kabinen, Kinderbad, modernen Küchen, Aufenthaltsraum, Rezeption und CamperClean-Station keine Wünsche offen. Die Wäsche landet im komplett ausgestatteten Waschraum mit Waschmaschinen und Wäschetrockner.

Freizeit

Das benachbarte, beheizte Meerwasserfreibad kann kostenlos genutzt werden. Am Hafen starten Ausflugsfahrten mit dem Kutter. Der Strand lockt zum Kiten, Surfen und Schwimmen. Viele Radwege laden zu Radtouren ein, Kinderanimation und Events gibt es im 500 m entfernten Reethaus am Meer.

Sanitäranlagen für die Kleinen.

Moderne Küche an der Boje.

4.3 SEHR GUT
268 Bewertungen

Lage	4.3
Ruhe	3.8
Sanitäranlagen	4.4
Sauberkeit Ø	4.4
Freundlichkeit	4.5
Stellplatz	4.0
Verpflegung	3.7
Freizeit	4.1
Preis-Leistung	3.9
Mietunterkünfte	3.1

Geeignet für

4.3	Kinder b. 12 J.
4.3	Paare
4.3	Senioren
4.2	Kinder b. 6 J.
3.8	Kinder b. 18 J.
3.2	Gäste mit Zelt
2.8	Gäste mit Hund

Empfohlene Aktivitäten

Radfahren · Schwimmen · Entspannen · Wandern · Surfen

Hunde sind willkommen. Gemütliche Pipowagen als Mietunterkünfte.

Karte auf Seite 112

1 Camping Aggen

Ostland 1a
26757 Borkum-Ostland
+49 49 22 22 15
53.6028 | 6.72748

15.03. - 31.10.
HS: 21,90 € | NS: 17,20 €
Mehr Infos & Anfrage:
www.camping.info/18344

Baden im Meer	500m
Pool & Hallenbad	✗
Spielplatz am Platz	✓
Hunde	✗
Schatten	✗
WLAN (gegen Gebühr)	✓
Lebensmittel	500m
Brötchen am Platz	✓
Restaurant	500m
Ver-/Entsorgung Womo	✓
in den Ort	5km
Gesamt/Touristen	40/10
Mietunterkünfte	✗
Stellplätze vor Schranke	✗

4.7 SEHR GUT
9 Bewertungen

Lage	4.7
Ruhe	4.8
Sanitäranlagen	4.3
Sauberkeit Ø	4.8
Freundlichkeit	4.9
Stellplatz	4.2
Verpflegung	3.9
Freizeit	3.8
Preis-Leistung	4.4
Mietunterkünfte	-

Geeignet für

Kinder b. 6 J.	4.9
Kinder b. 12 J.	5.0
Kinder b. 18 J.	4.8
Paare	4.8
Senioren	4.5
Gäste mit Zelt	4.6
Hunde n. erlaubt	-

Empfohlene Aktivitäten

- Radfahren
- Entspannen
- Wandern

3 Campingplatz Eiland

Am Leuchtturm 10
26548 Norderney
+49 4932 2184
53.71248 | 7.24548

01.04. - 31.10.
HS: 29,00 € | NS: 29,00 €
Mehr Infos & Anfrage:
www.camping.info/23870

Baden im Meer	300m
Hallenbad	6km
Spielplatz am Platz	✓
Hunde erlaubt	✓
wenig Schatten	✓
WLAN	✗
Lebensmittel	✓
Brötchen am Platz	✓
Restaurant/Imbiss	1km/✓
Ver-/Entsorgung Womo	✓
in den Ort	6km
Gesamt/Touristen	120/20
Mietunterkünfte	✓
Stellplätze vor Schranke	✓

4.6 SEHR GUT
40 Bewertungen

Lage	4.8
Ruhe	4.8
Sanitäranlagen	4.4
Sauberkeit Ø	4.8
Freundlichkeit	4.7
Stellplatz	4.3
Verpflegung	4.0
Freizeit	4.3
Preis-Leistung	4.7
Mietunterkünfte	4.5

Geeignet für

Kinder b. 6 J.	4.4
Kinder b. 12 J.	4.5
Kinder b. 18 J.	4.1
Paare	4.7
Senioren	4.5
Gäste mit Zelt	4.7
Gäste mit Hund	4.9

Empfohlene Aktivitäten

- Wandern
- Radfahren
- Entspannen

6 Zeltplatz Spiekeroog

Palisadendiek
26474 Spiekeroog
+49 4976 9193226
53.7581 | 7.67033

01.05. - 15.09.
HS: 20,00 € | NS: 20,00 €
Mehr Infos & Anfrage:
www.camping.info/24374

Baden im Meer am Platz	✓
Hallenbad	3km
Spielplatz am Platz	✓
Hunde	✗
kein Schatten	✓
WLAN	✗
Lebensmittel	✓
Brötchen am Platz	✓
Restaurant/Imbiss	3km
Ver-/Entsorgung Womo	✗
in den Ort	3km
Touristenplätze	100
Mietunterkünfte	✗
Stellplätze vor Schranke	✗

4.3 SEHR GUT
12 Bewertungen

Lage	4.7
Ruhe	4.5
Sanitäranlagen	3.2
Sauberkeit Ø	3.8
Freundlichkeit	4.6
Stellplatz	3.8
Verpflegung	4.3
Freizeit	3.7
Preis-Leistung	4.0
Mietunterkünfte	-

Geeignet für

Kinder b. 6 J.	4.5
Kinder b. 12 J.	4.7
Kinder b. 18 J.	3.8
Paare	4.4
Senioren	3.2
Gäste mit Zelt	4.6
Hunde n. erlaubt	-

Empfohlene Aktivitäten

- Entspannen
- Wandern
- Schwimmen

Infos

Öffnungszeiten
Vergleichspreis
Link

Ausstattung

Freizeit
Campingplatz
Versorgung
Anzahl der Plätze

ANZEIGE

5 Strand- und Familiencampingplatz Bensersiel

Am Strand 8
26427 Esens-Bensersiel
+49 4971 917121

www.bensersiel.de
camping@bensersiel.de

26.03. - 24.10.

HS: 33,60 € | NS: 28,00 €

Mehr Infos & Anfrage:
www.camping.info/18331

Baden im Meer am Platz	✓
Pool/Hallenbad	✓/1km
Spielplatz am Platz	✓
Hunde	✗
kein Schatten	✓
WLAN	✓
Lebensmittel	✓
Brötchen am Platz	✓
Restaurant & Imbiss	✓
Ver-/Entsorgung Womo	✓
im Ort	✓
Gesamt/Touristen	750/400
Mietunterkünfte	✓
Stellplätze vor Schranke	✗

camping.info dieser Campingführer lebt! AWARD 2019

bett+bike adfc

Campen vor dem Deich und direkt am UNESCO Weltnaturerbe Wattenmeer.

Lage & Stellplatz

Auf dem modernen und vom DTV/BVCD mit 5 Sternen ausgezeichnetem Campingplatz erleben Campinggäste Nordseecamping direkt am Meer. Herrliche Sandstellplätze am Strand, moderne Sanitärgebäude mit Kinderbadezimmern und Mietbädern sowie eine umfassende Infrastruktur mit kurzen Wegen und komplettem Service – der Campingplatz wird auch höchsten Ansprüchen gerecht und macht Ihren Campingurlaub zum unvergesslichen Erlebnis. Genießen Sie Ihren Urlaub in einmaliger Atmosphäre und lassen Sie sich von erstklassigem und mehrfach prämierten Service überzeugen.

Sanitär

Fünf moderne Sanitärgebäude sorgen für ein komfortables Wohlgefühl. Die Häuser liegen nah beieinander und verfügen über besonders familienfreundliche Angebote: In den geräumigen, kombinierten Dusch-Waschkabinen und den bunten Bädern für Kinder macht das Abbrausen richtig Spaß. Wer sein ganz eigenes Reich möchte, mietet eines der separaten Badezimmer. Der Abwasch lässt sich bequem in der großen Spülküche mit Kochgelegenheit erledigen und die Wäsche landet im komplett ausgestatteten Waschraum mit Waschmaschinen und Wäschetrocknern.

Die Landschaft am Siel erkunden.

Zeit für Entspannung am Strand.

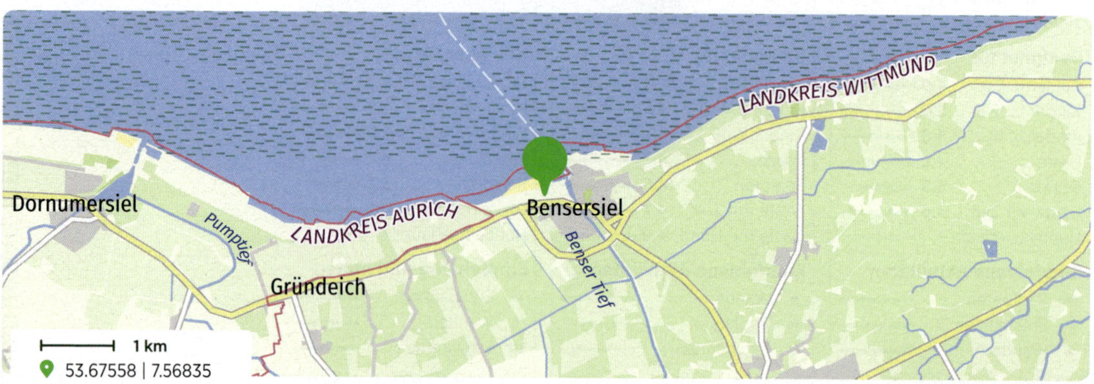

AWARD 2020

Camping an der Nordseeküste in Ostfriesland ist immer ein Erlebnis: Herzlich Willkommen auf dem Strand- und Familiencampingplatz in Bensersiel!

Verpflegung

Nur ein paar Schritte von Ihrem Wohnwagen entfernt erwartet Sie das Haus am Sommerdeich mit dem Restaurant „Castello". Kommen Sie hier in den Genuss kulinarischer Spezialitäten – Vom kleinem Frühstück bis hin zum ausgedehnten Abendessen mit der ganzen Familie ist für jeden etwas dabei. Ebenfalls im Gebäude befindet sich ein Minimarkt für alltägliche Produkte mit einer Auswahl an frischen Brötchen und Backwaren. Hier können Sie auch Gasflaschen kaufen oder umtauschen. Direkt am Strand speisen Sie im Schlemmer-Imbiss mit Wintergarten.

Freizeit

Das Freibad bietet allen Wasserratten auch bei Ebbe jede Menge Platz zum Planschen und Schwimmen. Auf dem großen Abenteuerspielplatz sowie im Indoor-Spielpark „Bennis Abenteuerland" finden kleine Abenteurer genau, was sie suchen. Ein abwechslungsreiches Kinder- und Jugend-Animationsprogramm sorgt für jede Menge Spaß und Action. Ein besonderes Erlebnis ist die komfortable Übernachtung in einem der Schlafstrandkörbe direkt am Strand. Wer es ruhiger mag und entschleunigen möchte, entspannt sich bei einem Aufenthalt in der vielfältigen Saunalandschaft der Nordseetherme.

5.0

Ein äußerst familienfreundlicher Campingplatz mit sehr freundlichem Service, vielen sehr sauberen Waschhäusern. Ein Bäcker mit kleinem Markt, ein italienisches Restaurant mit Abholservice (hervorragende Küche) und mehrere tolle Spielplätze runden das Angebot ab. Der lange Sandstrand fällt ganz flach zum Meer hin ab und bietet sich sehr für Kinder an. Es gibt jede Menge Platz. Wir kommen sehr gerne wieder und können diesen Campingplatz wirklich weiterempfehlen.

Sissy W.

Sissy W. war im Juni 2020 auf dem Strand- und Familiencampingplatz Bensersiel zu Gast.

Bärenstarke Abenteuer.

Das Wattenmeer erleben.

4.5 SEHR GUT
1182 Bewertungen

Lage	4.8
Ruhe	3.9
Sanitäranlagen	4.6
Sauberkeit Ø	4.5
Freundlichkeit	4.5
Stellplatz	4.3
Verpflegung	4.1
Freizeit	4.3
Preis-Leistung	4.2
Mietunterkünfte	3.7

Geeignet für

Kinder b. 6 J.	4.7
Kinder b. 12 J.	4.7
Paare	4.3
Senioren	4.2
Kinder b. 18 J.	4.0
Gäste mit Zelt	4.0
Gäste mit Hund nicht erlaubt	-

Empfohlene Aktivitäten

Radfahren · Schwimmen · Entspannen · Wandern · Surfen

ANZEIGE

9 Camping Altfunnixsiel

Kattrepel 11
26409 Wittmund-Altfunnixsiel
+49 04464 400
www.campingplatz-ostfriesland.de
info@campingplatz-ostfriesland.de

15.03. - 14.11.

HS: 24,40 € | NS: 24,40 €

Mehr Infos & Anfrage:
www.camping.info/18328

Baden im Fluss am Platz	✓
Pool/Hallenbad	6/5km
Spielplatz am Platz	✓
Hunde willkommen	✓
wenig Schatten	✓
WLAN	✓
Lebensmittel	✓
Brötchen am Platz	✓
Restaurant/Imbiss	100m/4km
Ver-/Entsorgung Womo	✓
in den Ort	4km
Gesamt/Touristen	130/20
Mietunterkünfte	✗
Stellplätze vor Schranke	✗

1 km
53.65499 | 7.78482

Campen auf der Landzunge.

Lage & Stellplatz

Der Campingplatz Altfunnixsiel liegt malerisch an der fischreichen Harle unweit der Nordsee. Für Zeltcamper werden schöne Plätze auf dem strukturierten Gelände angeboten. Alle Stellplätze verfügen über einen Stromanschluss. Stationen für Wasser und Abwasser gibt es in unmittelbarer Nähe.

Verpflegung

Ab 07:30 Uhr gibt es im platzeigenen Dorfshop Zeitungen sowie frische Brötchen mit Belag nach Wunsch. Das weit über die Grenzen bekannte Restaurant „Kutscherkroog" liegt direkt vor den Toren des Platzes. Der nächste Supermarkt befindet sich im 4 km entfernten Carolinensiel.

Sanitär

Die beiden Sanitärgebäude werden stets sauber gehalten und sind schnell erreichbar. Das „Retro-Sanitärgebäude" wurde erst kürzlich renoviert. Außerdem stehen Waschmaschinen und Wäschetrockner in der Spülküche zur Benutzung bereit.

Freizeit

Der Campingplatz Altfunnixsiel steht für Erholung pur – ob zu Fuß, per Rad, per Boot oder an der Angel. Das Nordseebad Carolinensiel-Harlesiel liegt nur 4 km entfernt. Darüber hinaus werden viele traditionelle Feste und Veranstaltungen in der Region angeboten, die stets einen Besuch wert sind.

Grüne Uferpromenade.

Harleimpression.

4.3 SEHR GUT
24 Bewertungen

Lage	4.3
Ruhe	4.7
Sanitäranlagen	4.0
Sauberkeit Ø	4.8
Freundlichkeit	4.9
Stellplatz	3.9
Verpflegung	3.8
Freizeit	3.8
Preis-Leistung	4.8
Mietunterkünfte	-

Geeignet für

Gäste mit Hund	4.8
Senioren	4.7
Paare	4.5
Gäste mit Zelt	4.5
Kinder b. 12 J.	3.5
Kinder b. 6 J.	3.4
Kinder b. 18 J.	3.0

Empfohlene Aktivitäten

Radfahren · Entspannen · Wandern · Kayak/Kanu · Angeln

Keine WOMOs ab 10 m; nicht für Gruppen geeignet.

Karte auf Seite 112

7 Nordsee-Camping Neuharlingersiel

Alt-Addenhausen 4
26427 Thalasso-Nordseeheilbad Neuharlingersiel
+49 4974 188 900
53.69619 | 7.69047

ganzjährig
HS: 30,30 € | NS: 23,20 €
Mehr Infos & Anfrage:
www.camping.info/18330

Baden im Meer am Platz	✓
Hallenbad	✓
Spielplatz am Platz	✓
Hunde erlaubt	✓
wenig Schatten	✓
WLAN (gegen Gebühr)	✓
Lebensmittel	200m
Brötchen am Platz	✗
Restaurant/Imbiss	100m
Ver-/Entsorgung Womo	✓
in den Ort	200m
Gesamt/Touristen	1300/580
Mietunterkünfte	✓
Stellplätze vor Schranke	✓

3.7 GUT
132 Bewertungen

Lage	4.5
Ruhe	3.7
Sanitäranlagen	4.1
Sauberkeit Ø	4.2
Freundlichkeit	3.8
Stellplatz	3.6
Verpflegung	3.6
Freizeit	3.9
Preis-Leistung	3.6
Mietunterkünfte	3.4

Geeignet für

Kinder b. 6 J.	4.1
Kinder b. 12 J.	4.1
Kinder b. 18 J.	3.5
Paare	4.2
Senioren	4.4
Gäste mit Zelt	3.6
Gäste mit Hund	2.1

Empfohlene Aktivitäten
- Radfahren
- Schwimmen
- Entspannen

keine WOMOs ab 9,5 m; Schranke 12:30-14:30 und 22-7 Uhr geschlossen

8 Campingplatz Harlesiel

Schwerinsgroden 1
26409 Carolinensiel-Harlesiel
+49 4464 9493-98
53.70765 | 7.80433

12.04. - 22.09.
HS: 28,00 € | NS: 23,80 €
Mehr Infos & online buchen:
www.camping.info/18329

Baden im Meer am Platz	✓
Pool/Hallenbad	✓/1km
Spielplatz am Platz	✓
Hunde willkommen	✓
kein Schatten	✓
WLAN	✓
Lebensmittel	1km
Brötchen am Platz	✓
Restaurant & Imbiss	✓
Ver-/Entsorgung Womo	✓
in den Ort	1km
Gesamt/Touristen	540/260
Mietunterkünfte	✓
Stellplätze vor Schranke	✓

3.6 GUT
81 Bewertungen

Lage	4.2
Ruhe	3.3
Sanitäranlagen	3.6
Sauberkeit Ø	3.9
Freundlichkeit	4.3
Stellplatz	3.6
Verpflegung	3.1
Freizeit	3.7
Preis-Leistung	3.7
Mietunterkünfte	3.1

Geeignet für

Kinder b. 6 J.	4.1
Kinder b. 12 J.	4.1
Kinder b. 18 J.	3.4
Paare	4.1
Senioren	4.0
Gäste mit Zelt	3.9
Gäste mit Hund	3.1

Empfohlene Aktivitäten
- Radfahren
- Schwimmen
- Entspannen

10 Campingplatz Hooksiel

FKK

Straat övert Diek
26434 Nordseeküstenbadeort Hooksiel
+49 4425 958080
53.64167 | 8.03424

05.04. - 20.10.
HS: 31,00 € | NS: 31,00 €
Mehr Infos & Anfrage:
www.camping.info/18332

Baden im Meer am Platz	✓
Pool/Hallenbad	10/2km
Spielplatz am Platz	✓
Hunde willkommen	✓
wenig Schatten	✓
WLAN (gegen Gebühr)	✓
Lebensmittel	✓
Brötchen am Platz	✓
Restaurant & Imbiss	✓
Ver-/Entsorgung Womo	✓
in den Ort	1km
Gesamt/Touristen	1500/900
Mietunterkünfte	✓
Stellplätze vor Schranke	✓

3.5 GUT
103 Bewertungen

Lage	3.9
Ruhe	3.7
Sanitäranlagen	3.8
Sauberkeit Ø	3.8
Freundlichkeit	3.7
Stellplatz	3.6
Verpflegung	3.2
Freizeit	3.5
Preis-Leistung	3.4
Mietunterkünfte	3.5

Geeignet für

Kinder b. 6 J.	3.8
Kinder b. 12 J.	4.0
Kinder b. 18 J.	3.6
Paare	4.1
Senioren	4.0
Gäste mit Zelt	3.4
Gäste mit Hund	3.7

Empfohlene Aktivitäten
- Radfahren
- Entspannen
- Schwimmen

Infos
Öffnungszeiten
Vergleichspreis
Link

Ausstattung
Freizeit
Campingplatz
Versorgung
Anzahl der Plätze

11

Friesland Camping

Am Schwimmbad 2
26419 Schortens
+49 4461 / 758 727
53.55028 | 7.9375

ganzjährig

keine Angabe

Mehr Infos & Anfrage:
www.camping.info/22302

Baden im Teich am Platz	✓
Pool & Hallenbad	✗
Spielplatz am Platz	✓
Hunde willkommen	✓
zur Hälfte Schatten	✓
WLAN	✗
Lebensmittel	k.A.
Brötchen am Platz	nur HS
Imbiss	✓
Ver-/Entsorgung Womo	✓
in den Ort	1km
Gesamt	150
Mietunterkünfte	✓
Stellplätze vor Schranke	✗

3.7 GUT
34 Bewertungen

Lage	3.9
Ruhe	3.6
Sanitäranlagen	3.8
Sauberkeit Ø	4.0
Freundlichkeit	3.9
Stellplatz	4.1
Verpflegung	2.0
Freizeit	3.5
Preis-Leistung	4.2
Mietunterkünfte	5.0

Geeignet für

Kinder b. 6 J.	3.6
Kinder b. 12 J.	3.6
Kinder b. 18 J.	3.2
Paare	4.2
Senioren	4.0
Gäste mit Zelt	4.5
Gäste mit Hund	4.2

Empfohlene Aktivitäten

- Schwimmen
- Radfahren
- Entspannen

12

Camping am Deich - Nordsee

Erbsenbindereistraße 3
26736 Krummhörn-Upleward
+49 4923 525
53.42117 | 7.01551

25.03. - 31.10.

HS: 45,80 € | NS: 31,80 €

Mehr Infos & online buchen:
www.camping.info/18343

Baden im Meer am Platz	✓
Pool/Hallenbad	20/7km
Spielplatz am Platz	✓
Hunde willkommen	✓
zur Hälfte Schatten	✓
WLAN (begrenzt gratis)	✓
Lebensmittel	✓
Brötchen am Platz	✓
Restaurant am P.	✓
Ver-/Entsorgung Womo	✓
in den Ort	3km
Gesamt/Touristen	330/280
Mietunterkünfte	✓
Stellplätze vor Schranke	✗

4.6 SEHR GUT
1064 Bewertungen

Lage	4.3
Ruhe	4.6
Sanitäranlagen	4.8
Sauberkeit Ø	4.8
Freundlichkeit	4.8
Stellplatz	4.7
Verpflegung	3.8
Freizeit	4.2
Preis-Leistung	4.3
Mietunterkünfte	4.4

Geeignet für

Kinder b. 6 J.	4.6
Kinder b. 12 J.	4.5
Kinder b. 18 J.	3.6
Paare	4.7
Senioren	4.7
Gäste mit Zelt	4.5
Gäste mit Hund	4.6

Empfohlene Aktivitäten

- Radfahren
- Entspannen
- Wandern

WOMOs ab 6 m nach Absprache; keine Partygruppen.

13

Campingplatz Knock

Am Mahlbusen 1
26723 Emden-Knock
+49 4927 567
53.34691 | 7.03743

31.03. - 31.10.

HS: 25,00 € | NS: 25,00 €

Mehr Infos & Anfrage:
www.camping.info/18342

Baden im See am Platz	✓
Pool/Hallenbad	15km
Spielplatz am Platz	✓
Hunde erlaubt	✓
Schatten	✗
WLAN	✓
Lebensmittel	✓
Brötchen am Platz	✓
Restaurant/Imbiss	15km/✓
Ver-/Entsorgung Womo	✓
in den Ort	6km
Gesamt/Touristen	120/60
Mietunterkünfte	✗
Stellplätze vor Schranke	✗

4.1 SEHR GUT
22 Bewertungen

Lage	3.7
Ruhe	4.5
Sanitäranlagen	4.0
Sauberkeit Ø	4.8
Freundlichkeit	4.9
Stellplatz	4.0
Verpflegung	3.5
Freizeit	3.2
Preis-Leistung	4.6
Mietunterkünfte	-

Geeignet für

Kinder b. 6 J.	4.2
Kinder b. 12 J.	4.1
Kinder b. 18 J.	3.9
Paare	4.6
Senioren	4.6
Gäste mit Zelt	4.7
Gäste mit Hund	4.8

Empfohlene Aktivitäten

- Entspannen
- Radfahren
- Wandern

14

Campingplatz Großes Meer

Am Gästehafen 1
26624 Südbrookmerland-Bedekaspel
04942-20472028
53.44428 | 7.30739

15.03. - 31.10.

HS: 21,50 €

Mehr Infos & Anfrage:
www.camping.info/18336

Baden im See am Platz	✓
Pool/Hallenbad	15km
Spielplatz am Platz	✓
Hunde willkommen	✓
wenig Schatten	✓
WLAN (gratis)	teilweise
Lebensmittel	✓
Brötchen am Platz	✓
Restaurant/Imbiss	600m/✓
Ver-/Entsorgung Womo	✓
in den Ort	3km
Gesamt/Touristen	150/60
Mietunterkünfte	✗
Stellplätze vor Schranke	✗

3.7 GUT
15 Bewertungen

Lage	4.1
Ruhe	4.0
Sanitäranlagen	3.0
Sauberkeit Ø	4.2
Freundlichkeit	4.6
Stellplatz	3.2
Verpflegung	2.5
Freizeit	3.8
Preis-Leistung	3.7
Mietunterkünfte	-

Geeignet für

Kinder b. 6 J.	3.8
Kinder b. 12 J.	3.7
Kinder b. 18 J.	3.5
Paare	3.9
Senioren	4.0
Gäste mit Zelt	4.2
Gäste mit Hund	4.2

Empfohlene Aktivitäten

- Radfahren
- Kayak/Kanu
- Segeln

Karte auf Seite 112

15 Camping Timmeler Meer

Zur Mühle 13
26629 Großefehn-Timmel
+49 4945 91 97 0
53.36194 | 7.51333

25.03. - 30.10.
HS: 19,00 € | NS: 19,00 €
Mehr Infos & Anfrage: www.camping.info/18337

Baden im See am Platz	✓
Pool/Hallenbad	9/15km
Spielplatz am Platz	✓
Hunde willkommen	✓
zur Hälfte Schatten	✓
WLAN (gegen Gebühr)	✓
Lebensmittel	500m
Brötchen am Platz	✗
Restaurant/Imbiss	500m/✓
Ver-/Entsorgung Womo	✓
in den Ort	500m
Gesamt/Touristen	180/65
Mietunterkünfte	✓
Stellplätze vor Schranke	✓

4.3 SEHR GUT – 29 Bewertungen

Lage	4.6
Ruhe	4.2
Sanitäranlagen	4.3
Sauberkeit Ø	4.5
Freundlichkeit	4.6
Stellplatz	4.3
Verpflegung	3.6
Freizeit	4.4
Preis-Leistung	4.8
Mietunterkünfte	4.6

Geeignet für

Kinder b. 6 J.	4.4
Kinder b. 12 J.	4.3
Kinder b. 18 J.	3.9
Paare	4.6
Senioren	4.6
Gäste mit Zelt	4.4
Gäste mit Hund	4.2

Empfohlene Aktivitäten

- Radfahren
- Schwimmen
- Entspannen

16 Camping- und Bungalowpark Ottermeer

Am Ottermeer 52
26639 Wiesmoor
+49 4944 949893
53.41583 | 7.70944

ganzjährig
HS: 27,30 € | NS: 27,30 €
Mehr Infos & Anfrage: www.camping.info/18338

Baden im See am Platz	✓
Hallenbad	1km
Spielplatz am Platz	✓
Hunde willkommen	✓
Schatten	✗
WLAN	✓
Lebensmittel	✓
Brötchen am Platz	✓
Restaurant & Imbiss	✓
Ver-/Entsorgung Womo	✓
in den Ort	1km
Gesamt/Touristen	280/205
Mietunterkünfte	✓
Stellplätze vor Schranke	✓

4.0 SEHR GUT – 78 Bewertungen

Lage	4.3
Ruhe	4.2
Sanitäranlagen	4.4
Sauberkeit Ø	4.2
Freundlichkeit	4.1
Stellplatz	4.1
Verpflegung	2.9
Freizeit	3.7
Preis-Leistung	3.9
Mietunterkünfte	3.6

Geeignet für

Kinder b. 6 J.	4.0
Kinder b. 12 J.	3.9
Kinder b. 18 J.	3.3
Paare	4.2
Senioren	4.3
Gäste mit Zelt	3.8
Gäste mit Hund	4.0

Empfohlene Aktivitäten

- Radfahren
- Schwimmen
- Entspannen

17 Campingplatz Marienfeld

Schwarzer Berg 8
26446 Friedeburg
+49 4465 9453160
53.44341 | 7.83363

keine Angabe
keine Angabe
Mehr Infos & Anfrage: www.camping.info/24058

Baden in nat. Gewässer	k. A.
Pool & Hallenbad	✗
Spielplatz	keine Angabe
Hunde	✗
Schatten	✗
WLAN	keine Angabe
Lebensmittel	k.A.
Brötchen	keine Angabe
Restaurant & Imbiss	✗
Ver-/Entsorgung Womo	✗
in den Ort	keine Angabe
Gesamt	keine Angabe
Mietunterkünfte	✗
Stellplätze vor Schranke	✗

4.4 SEHR GUT – 5 Bewertungen

Lage	4.2
Ruhe	4.8
Sanitäranlagen	4.2
Sauberkeit Ø	4.5
Freundlichkeit	4.8
Stellplatz	4.4
Verpflegung	3.0
Freizeit	4.0
Preis-Leistung	4.4
Mietunterkünfte	-

Geeignet für

Kinder b. 6 J.	4.4
Kinder b. 12 J.	4.4
Kinder b. 18 J.	4.0
Paare	5.0
Senioren	4.8
Gäste mit Zelt	4.4
Hunde n. erlaubt	-

Empfohlene Aktivitäten

- Schwimmen
- Radfahren
- Entspannen

Infos

Öffnungszeiten
Vergleichspreis
Link

Ausstattung

Freizeit
Campingplatz
Versorgung
Anzahl der Plätze

20 Freizeitpark am Emsdeich - Ostfriesland

Deichstraße 7A
26810 Westoverledingen-Ihrhove
+49 4955 920040
www.ostfriesland-camping.de
info@ostfriesland-camping.de

26.03. - 31.10.

HS: 24,60 € | NS: 22,00 €

Mehr Infos & online buchen:
www.camping.info/18347

Baden im See am Platz	✓
Pool/Hallenbad	10km
Spielplatz am Platz	✓
Hunde	✗
zur Hälfte Schatten	✓
WLAN (gegen Gebühr)	✓
Lebensmittel	✓
Brötchen am Platz	✓
Restaurant/Imbiss	1km/✓
Ver-/Entsorgung Womo	✓
in den Ort	2km
Gesamt/Touristen	410/269
Mietunterkünfte	✓
Stellplätze vor Schranke	✗

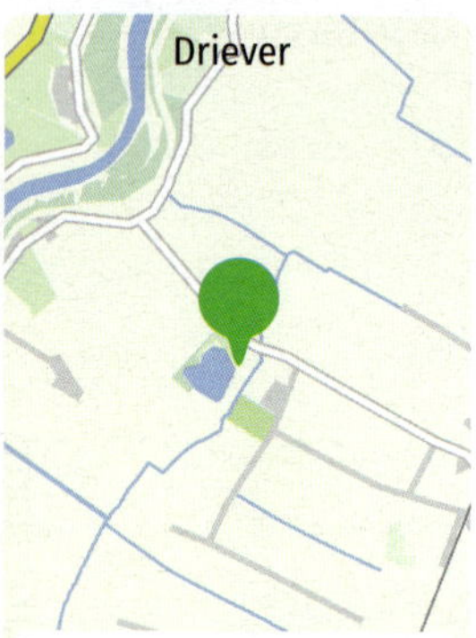

53.17306 | 7.41972

Blick auf den Campingplatz vom See aus.

Lage & Stellplatz

Zwischen den beiden Städten Leer und Papenburg in Ostfriesland, in einer Umgebung wo sich die ganze Familie wohlfühlt, liegt der komfortable Campingplatz mit parkähnlichem Charakter. Er zeichnet sich durch die herrliche Lage an einem Naturbadesee und durch ein besonders großes Freizeitangebot aus.

Sanitär

Insgesamt gibt es fünf modern ausgestattete, saubere Sanitärgebäude, die auf dem Campinggelände so angelegt sind, dass sie von allen Stellplätzen aus in weniger als 3 Gehminuten erreichbar sind.

Verpflegung

So abwechslungsreich wie die ostfriesische Landschaft präsentiert sich auch ihre Küche. Vom Nordseefisch bis hin zum traditionellen Ostfriesentee: Hier gibt es allerhand zu probieren. Das Restaurant Ulenhoff und ein Lebensmittelkiosk bzw. Imbiss für die Gäste befinden sich direkt am Platz.

Freizeit

Rund um den Freizeitpark gibt es unzählige Angebote zu Wasser und an Land. Dort, wo der Himmel und das Land weiter als der Horizont reichen, kann man mehr als nur Ruhe und Weite erleben. In den Sommermonaten erfreuen sich Groß und Klein zudem am besonders abwechslungsreichen Unterhaltungsprogramm.

Stellplätze am See.

Mietunterkunft „Zeltlodge".

4.3 SEHR GUT
106 Bewertungen

Lage	4.5
Ruhe	4.6
Sanitäranlagen	4.2
Sauberkeit Ø	4.5
Freundlichkeit	4.6
Stellplatz	4.4
Verpflegung	3.2
Freizeit	4.2
Preis-Leistung	4.4
Mietunterkünfte	4.3

Geeignet für

Kinder b. 12 J.	4.6
Senioren	4.6
Kinder b. 6 J.	4.5
Paare	4.5
Gäste mit Zelt	4.2
Kinder b. 18 J.	4.0
Gäste mit Hund nicht erlaubt	-

Empfohlene Aktivitäten

Schwimmen · Radfahren · Entspannen · Angeln · Wandern

Karte auf Seite 112

Infos: Öffnungszeiten · Vergleichspreis · Link

Ausstattung: Freizeit · Campingplatz · Versorgung · Anzahl der Plätze

18 Ems-Marina-Camping

*

Marinastraße 14-16
26789 Leer (Ostfriesland)
+49 491 997 515 81
53.22389 | 7.41833

ganzjährig

HS: 19,00 € | NS: 19,00 €

Mehr Infos & Anfrage:
www.camping.info/18346

Baden im See am Platz	✓
Pool/Hallenbad	4km
Spielplatz am Platz	✓
Hunde willkommen	✓
wenig Schatten	✓
WLAN	✗
Lebensmittel	1km
Brötchen am Platz	✓
Restaurant & Imbiss	✓
Ver-/Entsorgung Womo	✓
in den Ort	1km
Gesamt/Touristen	299/170
Mietunterkünfte	✓
Stellplätze vor Schranke	✓

3.5 GUT – 52 Bewertungen

Lage	4.4
Ruhe	4.4
Sanitäranlagen	3.3
Sauberkeit Ø	3.8
Freundlichkeit	4.1
Stellplatz	3.6
Verpflegung	2.6
Freizeit	3.2
Preis-Leistung	3.7
Mietunterkünfte	3.0

Geeignet für

Kinder b. 6 J.	3.1
Kinder b. 12 J.	3.2
Kinder b. 18 J.	3.1
Paare	3.9
Senioren	4.2
Gäste mit Zelt	3.9
Gäste mit Hund	4.1

Empfohlene Aktivitäten

- Radfahren
- Entspannen
- Angeln

19 Camping Weener

Am Erholungsgebiet 4
26826 Weener
+49 49 5195 52 26
53.165 | 7.36556

ganzjährig

HS: 17,70 € | NS: 17,70 €

Mehr Infos & Anfrage:
www.camping.info/18348

Baden im See am Platz	✓
Pool	300m
Spielplatz am Platz	✓
Hunde erlaubt	✓
Schatten	✗
WLAN	✗
Lebensmittel	500m
Brötchen	keine Angabe
Restaurant/Imbiss	500m
Ver-/Entsorgung Womo	✗
in den Ort	500m
Gesamt/Touristen	160/50
Mietunterkünfte	✗
Stellplätze vor Schranke	✗

3.2 GUT – 8 Bewertungen

Lage	3.6
Ruhe	4.0
Sanitäranlagen	3.0
Sauberkeit Ø	3.7
Freundlichkeit	4.8
Stellplatz	3.4
Verpflegung	2.8
Freizeit	2.8
Preis-Leistung	4.4
Mietunterkünfte	-

Geeignet für

Kinder b. 6 J.	3.2
Kinder b. 12 J.	3.5
Kinder b. 18 J.	2.5
Paare	4.5
Senioren	4.4
Gäste mit Zelt	4.0
Gäste mit Hund	4.5

Empfohlene Aktivitäten

- Angeln
- Entspannen
- Kulinarik

22 Camping Nordloh

*

Schanzenweg 4
26689 Apen-Nordloh
+49 4499 2625
53.18125 | 7.77478

ganzjährig

HS: 17,00 € | NS: 17,00 €

Mehr Infos & Anfrage:
www.camping.info/18341

Baden im See am Platz	✓
Pool/Hallenbad	4/2km
Spielplatz am Platz	✓
Hunde erlaubt	✓
Schatten	✗
WLAN	✓
Lebensmittel	✓
Brötchen am Platz	✓
Restaurant & Imbiss	✓
Ver-/Entsorgung Womo	✓
in den Ort	5km
Gesamt/Touristen	220/60
Mietunterkünfte	✓
Stellplätze vor Schranke	✓

3.7 GUT – 14 Bewertungen

Lage	4.0
Ruhe	4.6
Sanitäranlagen	2.8
Sauberkeit Ø	3.4
Freundlichkeit	4.0
Stellplatz	3.8
Verpflegung	3.7
Freizeit	3.4
Preis-Leistung	4.3
Mietunterkünfte	4.0

Geeignet für

Kinder b. 6 J.	3.8
Kinder b. 12 J.	4.2
Kinder b. 18 J.	3.4
Paare	4.1
Senioren	4.3
Gäste mit Zelt	3.7
Gäste mit Hund	4.1

Empfohlene Aktivitäten

- Radfahren
- Schwimmen
- Angeln

21 Camping Idasee

*

Idafehn-Nord 77b
26842 Ostrhauderfehn
+49 4952 994297
www.campingidasee.de
info@campingidasee.de

ganzjährig
HS: 22,00 € | NS: 18,60 €
Mehr Infos & Anfrage:
www.camping.info/18349

Baden im See am Platz	✓
Pool/Hallenbad	15/7km
Spielplatz am Platz	✓
Hunde willkommen	✓
wenig Schatten	✓
WLAN	✓
Lebensmittel	1km
Brötchen am Platz	✓
Restaurant & Imbiss	✓
Ver-/Entsorgung Womo	✓
in den Ort	1km
Gesamt/Touristen	250/80
Mietunterkünfte	✗
Stellplätze vor Schranke	✗

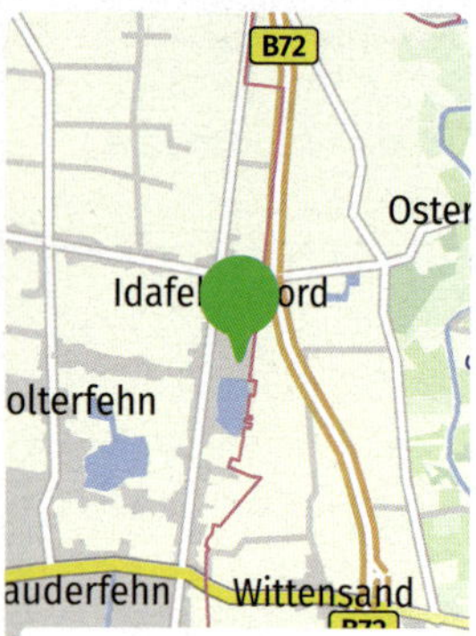

53.15451 | 7.64378

Blick vom Campingplatz aus auf den Idasee.

Lage & Stellplatz

Der ganzjährig geöffnete Campingplatz Idasee befindet sich in der Gemeinde Ostrhauderfehn, direkt neben dem gleichnamigen See und ca. 20 km von der Stadt Leer entfernt. Der Platz und die Umgebung laden in einer intakten Natur zur Erholung und Entspannung ein und sind ideal für Familien und Gruppen.

Verpflegung

Direkt neben dem Campingplatz Idasee befindet sich ein Restaurant. Frische Brötchen können direkt am Platz vorbestellt werden. Die Gemeinde Ostrhauderfehn bietet in ca. 2 km Entfernung eine Vielzahl von Möglichkeiten, um sich mit Lebensmitteln zu versorgen.

Sanitär

Die Sanitäranlagen sind modern eingerichtet. Einzelwaschkabinen sind Standard. Die Warmwassererzeugung wird durch Solarenergie unterstützt. Behindertengerechte Sanitäreinrichtungen, ein Familienbad, eine Waschmaschine und ein Wäschetrockner sind ebenfalls vorhanden.

Freizeit

Der Idasee ist ideal, um einer Vielzahl von Freizeitmöglichkeiten nachzugehen (z. B. Angeln oder Wasserski). Die Umgebung eignet sich bestens für Fahrradtouren, die vielen Kanäle laden zu zahlreichen Wassersportarten ein. Am Campingplatz befindet sich außerdem ein eigener Kinderspielplatz.

Übersicht Stellplätze.

Spazierweg direkt am See.

4.6 SEHR GUT
61 Bewertungen

Lage	4.6
Ruhe	4.6
Sanitäranlagen	4.6
Sauberkeit Ø	5.0
Freundlichkeit	5.0
Stellplatz	4.6
Verpflegung	3.7
Freizeit	4.3
Preis-Leistung	4.7
Mietunterkünfte	-

Geeignet für

4.9	Gäste mit Zelt
4.8	Senioren
4.8	Gäste mit Hund
4.7	Paare
4.6	Kinder b. 12 J.
4.5	Kinder b. 6 J.
4.4	Kinder b. 18 J.

Empfohlene Aktivitäten

Schwimmen · Radfahren · Entspannen · Angeln · Motorrad

Karte auf Seite 112

Infos: Öffnungszeiten · Vergleichspreis · Link

Ausstattung: Freizeit · Campingplatz · Versorgung · Anzahl der Plätze

23 Campingplatz am Königssee

Tarbarger Landstraße 30
26340 Zetel Astederfeld
+49 4452 1706
53.35607 | 7.92744

01.03. - 31.10.
HS: 21,90 € | NS: 21,90 €
Mehr Infos & Anfrage: www.camping.info/18326

Baden im See am Platz	✓
Pool/Hallenbad	6/16km
Spielplatz am Platz	✓
Hunde willkommen	✓
wenig Schatten	✓
WLAN (gegen Gebühr)	✓
Lebensmittel	4km
Brötchen am Platz	✓
Restaurant/Imbiss	4km
Ver-/Entsorgung Womo	✓
in den Ort	4km
Gesamt/Touristen	100/40
Mietunterkünfte	✓
Stellplätze vor Schranke	✗

4.7 SEHR GUT – 32 Bewertungen

Lage	4.4
Ruhe	4.8
Sanitäranlagen	4.6
Sauberkeit Ø	4.8
Freundlichkeit	4.9
Stellplatz	4.3
Verpflegung	3.3
Freizeit	3.8
Preis-Leistung	4.6
Mietunterkünfte	4.6

Geeignet für

Kinder b. 6 J.	4.6
Kinder b. 12 J.	4.6
Kinder b. 18 J.	4.0
Paare	4.6
Senioren	4.7
Gäste mit Zelt	4.8
Gäste mit Hund	4.8

Empfohlene Aktivitäten
- Schwimmen
- Radfahren
- Entspannen

24 Ferienpark am Bernsteinsee

Dorfstraße 11
26215 Conneforde bei Wiefelstede
+49 4458 916 0
53.32639 | 8.06237

15.03. - 01.04.
01.04. - 30.09.
HS: 21,00 € | NS: 15,00 €
Mehr Infos & Anfrage: www.camping.info/18324

Baden im See am Platz	✓
Pool/Hallenbad	✓/7km
Spielplatz am Platz	✓
Hunde erlaubt	✓
Schatten	✗
WLAN	✓
Lebensmittel	✓
Brötchen am Platz	nur HS
Restaurant & Imbiss	✓
Ver-/Entsorgung Womo	✓
in den Ort	1km
Gesamt/Touristen	614/330
Mietunterkünfte	✓
Stellplätze vor Schranke	✓

4.1 SEHR GUT – 39 Bewertungen

Lage	4.3
Ruhe	3.4
Sanitäranlagen	4.2
Sauberkeit Ø	4.2
Freundlichkeit	4.2
Stellplatz	4.1
Verpflegung	3.3
Freizeit	3.9
Preis-Leistung	4.0
Mietunterkünfte	4.0

Geeignet für

Kinder b. 6 J.	4.4
Kinder b. 12 J.	4.5
Kinder b. 18 J.	3.9
Paare	4.0
Senioren	3.8
Gäste mit Zelt	4.1
Gäste mit Hund	4.4

Empfohlene Aktivitäten
- Schwimmen
- Entspannen
- Radfahren

Gruppen nur mit Aufsichtspersonal, keine Paare unter 21 Jahre

26 Nordsee Campingplatz - Rennweide Dangast

Edo-Wiemken-Straße 60
26316 Varel - OT Dangast
+49 4451 3161
53.44958 | 8.11646

11.04. - 08.10.
HS: 23,00 € | NS: 23,00 €
Mehr Infos & Anfrage: www.camping.info/25085

Baden im Meer am Platz	✓
Pool/Hallenbad	100m
Spielplatz am Platz	✓
Hunde erlaubt	✓
wenig Schatten	✓
WLAN (gegen Gebühr)	✓
Lebensmittel	✓
Brötchen am Platz	✓
Restaurant/Imbiss	50m/✓
Ver-/Entsorgung Womo	✓
in den Ort	150m
Gesamt/Touristen	200/60
Mietunterkünfte	✗
Stellplätze vor Schranke	✗

3.6 GUT – 24 Bewertungen

Lage	4.2
Ruhe	3.6
Sanitäranlagen	3.4
Sauberkeit Ø	3.8
Freundlichkeit	4.2
Stellplatz	3.6
Verpflegung	3.4
Freizeit	3.6
Preis-Leistung	3.7
Mietunterkünfte	-

Geeignet für

Kinder b. 6 J.	3.6
Kinder b. 12 J.	3.8
Kinder b. 18 J.	3.5
Paare	4.1
Senioren	3.9
Gäste mit Zelt	3.7
Gäste mit Hund	3.8

Empfohlene Aktivitäten
- Schwimmen
- Radfahren
- Entspannen

25 Strandcampingplatz Dangast

Auf der Gast 40
26316 Nordseebad Dangast
+49 4451 911422
www.dangast.de
camping@dangast.de

09.04. - 04.10.

HS: 26,60 € | NS: 24,40 €

Mehr Infos & Anfrage:
www.camping.info/18325

Baden im Meer am Platz	✓
Pool/Hallenbad	500m
Spielplatz am Platz	✓
Hunde willkommen	✓
kein Schatten	✓
WLAN (gegen Gebühr)	✓
Lebensmittel	600m
Brötchen am Platz	✓
Restaurant/Imbiss	600m/✓
Ver-/Entsorgung Womo	✓
in den Ort	500m
Gesamt/Touristen	400/120
Mietunterkünfte	✓
Stellplätze vor Schranke	✗

Camping direkt am Weltnaturerbe Wattenmeer.

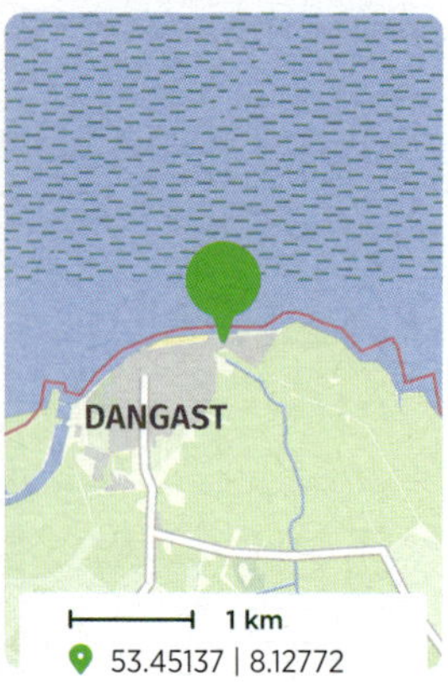

Lage & Stellplatz

Der Strandcampingplatz Dangast befindet sich unmittelbar am Jadebusen und am Nationalpark Niedersächsisches Wattenmeer. Der Sandstrand, das herrliche Wattengebiet des Jadebusens und der Gezeitenwechsel von Ebbe und Flut gehören für die Besucher stets zu den Highlights der Region.

Verpflegung

Verschiedene Kleinigkeiten wie Brötchen, Kaffee, Zeitung etc. können direkt im platzeigenen Kiosk erworben werden. Verschiedene Gaststätten und Schnellrestaurants sowie einige Supermärkte finden die Gäste in unmittelbarer Nähe (ca. 0,5 km entfernt).

Sanitär

Der Strandcampingplatz verfügt über insgesamt vier zentral gelegene Sanitäranlagen. In den Einrichtungen sind alle nötigen Vorrichtungen wie z. B. Duschen, Einzelwaschbecken, Waschmaschine und Wäschetrockner vorhanden. Behindertengerechte Sanitärräume gibt es ebenfalls.

Freizeit

Das milde Reizklima der Nordsee und die heilende Jod-Sole-Quelle können am besten bei Spaziergängen, Watterkundungen und beim Baden im DanGastQuellbad genossen werden. Darüber hinaus bietet das Nordseebad Dangast neben der einzigartigen Natur auch eine beeindruckende künstlerische Vielfalt.

Campen mit der ganzen Familie.

Der Strandcampingplatz von oben.

3.9 GUT
21 Bewertungen

Lage	4.7
Ruhe	3.5
Sanitäranlagen	3.8
Sauberkeit Ø	4.0
Freundlichkeit	4.2
Stellplatz	3.9
Verpflegung	3.3
Freizeit	4.3
Preis-Leistung	4.1
Mietunterkünfte	4.3

Geeignet für

4.6 Paare

4.4	Senioren
4.2	Kinder b. 12 J.
4.0	Kinder b. 6 J.
3.9	Kinder b. 18 J.
3.5	Gäste mit Zelt
2.4	Gäste mit Hund

Empfohlene Aktivitäten

Schwimmen · Radfahren · Entspannen · Wandern · Kultur

Karte auf Seite 112

27 Camping Oeltjen

Wiefelssteder Straße 62
26160 Bad Zwischenahn-Halfstede

53.20306 | 8.04028

Infos	
Öffnungszeiten	01.04. - 01.11.
Vergleichspreis	HS: 21,60 €
Link	**Mehr Infos & Anfrage:** www.camping.info/18322

Ausstattung		
Freizeit	Baden im Meer am Platz	✓
	Pool/Hallenbad	5/3km
	Spielplatz	keine Angabe
Campingplatz	Hunde	✗
	wenig Schatten	✓
	WLAN	✗
Versorgung	Lebensmittel	2km
	Brötchen	keine Angabe
	Imbiss	✓
	Ver-/Entsorgung Womo	✓
	in den Ort	keine Angabe
Anzahl der Plätze	Gesamt/Touristen	90/35
	Mietunterkünfte	✓
	Stellplätze vor Schranke	✗

3.4 GUT
5 Bewertungen

Lage	3.8
Ruhe	4.2
Sanitäranlagen	2.8
Sauberkeit Ø	2.1
Freundlichkeit	3.5
Stellplatz	3.0
Verpflegung	1.5
Freizeit	4.0
Preis-Leistung	3.2
Mietunterkünfte	-

Geeignet für

Kinder b. 6 J.	4.0
Kinder b. 12 J.	4.0
Kinder b. 18 J.	4.0
Paare	4.0
Senioren	4.5
Gäste mit Zelt	-
Hunde n. erlaubt	-

Empfohlene Aktivitäten
- Radfahren
- Wandern
- Kultur

28 Camping Lönskrug GbR

Heinrichstraße 1
26160 Bad Zwischenahn
+49 4403 4034

53.18936 | 8.04139

Infos	
Öffnungszeiten	06.04. - 04.10.
Vergleichspreis	HS: 28,10 €
Link	**Mehr Infos & Anfrage:** www.camping.info/18321

Ausstattung		
Freizeit	Baden im See	2km
	Pool/Hallenbad	4/3km
	Spielplatz	keine Angabe
Campingplatz	Hunde erlaubt	✓
	Schatten	✗
	WLAN (gratis)	teilweise
Versorgung	Lebensmittel	1km
	Brötchen am Platz	nur HS
	Restaurant/Imbiss	200/400m
	Ver-/Entsorgung Womo	✓
	in den Ort	3km
Anzahl der Plätze	Gesamt	44
	Mietunterkünfte	✗
	Stellplätze vor Schranke	✗

4.0 SEHR GUT
24 Bewertungen

Lage	4.5
Ruhe	4.3
Sanitäranlagen	3.6
Sauberkeit Ø	4.4
Freundlichkeit	4.4
Stellplatz	4.0
Verpflegung	2.7
Freizeit	3.8
Preis-Leistung	4.2
Mietunterkünfte	-

Geeignet für

Kinder b. 6 J.	2.6
Kinder b. 12 J.	2.8
Kinder b. 18 J.	3.1
Paare	4.4
Senioren	4.5
Gäste mit Zelt	4.1
Gäste mit Hund	4.1

Empfohlene Aktivitäten
- Radfahren
- Entspannen
- Wandern

29 Camping am Flötenteich

Mühlenhofsweg 80
26125 Oldenburg
+49 4413 2828

53.16757 | 8.23492

Infos	
Öffnungszeiten	01.04. - 31.10.
Vergleichspreis	HS: 21,00 € | NS: 21,00 €
Link	**Mehr Infos & Anfrage:** www.camping.info/18320

Ausstattung		
Freizeit	Baden im Teich am Platz	✓
	Pool am Platz	✓
	Spielplatz am Platz	✓
Campingplatz	Hunde erlaubt	✓
	Schatten	✗
	WLAN	✗
Versorgung	Lebensmittel	500m
	Brötchen am Platz	✗
	Imbiss	✓
	Ver-/Entsorgung Womo	✓
	in den Ort	2km
Anzahl der Plätze	Gesamt/Touristen	100/80
	Mietunterkünfte	✗
	Stellplätze vor Schranke	✗

3.9 GUT
13 Bewertungen

Lage	4.2
Ruhe	3.9
Sanitäranlagen	3.3
Sauberkeit Ø	4.2
Freundlichkeit	4.3
Stellplatz	4.0
Verpflegung	1.3
Freizeit	3.8
Preis-Leistung	4.2
Mietunterkünfte	-

Geeignet für

Kinder b. 6 J.	3.7
Kinder b. 12 J.	4.1
Kinder b. 18 J.	3.8
Paare	4.3
Senioren	4.2
Gäste mit Zelt	4.1
Gäste mit Hund	4.2

Empfohlene Aktivitäten
- Schwimmen
- Sightseeing
- Kultur

NIEDERSACHSEN / BREMEN

❷ Nordsee & Elbe

	Platz	Seite	Bewertung	Öffnungszeiten	
1	Höpkens Hof & Campingplatz	132	3.6	ganzjährig	✱ ϟ
2	KNAUS Campingpark Eckwarderhörne	132	3.2	saisonal	✱
3	KNAUS Campingpark Tossens	132	3.9	saisonal	
4	KNAUS Campingpark Burhave	132	3.8	saisonal	
5	KNAUS Campingpark Fedderwardersiel	133	3.9	saisonal	
6	Campingplatz Nordenham	133	4.1	saisonal	
7	Camping Wremer Tief am Nordseestrand	134	3.7	saisonal	
8	Camping- und Ferienpark Spadener See	133	4.1	saisonal	ϟ
9	Familien-Camping Kransburger See	135	4.5	ganzjährig	✱
10	KNAUS Campingpark Dorum	135	3.8	saisonal	
11	Grube Camping GmbH & Co. KG	136	4.5	ganzjährig	✱
12	Aussendeich Campingplatz Cappel-Neufeld	138	1.7	saisonal	FKK
13	Beckmann Camping GmbH	135	4.6	ganzjährig	✱
14	Campingplatz Wernerwald	137	4.0	ganzjährig	✱
15	Campingplatz Finck	137	3.9	saisonal	
16	Camping Achtern Huus	137	4.5	saisonal	
17	Camping am Bäderring	139	4.6	ganzjährig	✱
18	Camping Wattenlöper	139	3.9	saisonal	
19	Camping Nordsee	139	3.5	ganzjährig	✱
20	Campingplatz Beckmann-Duhnen	140	4.5	saisonal	
21	See Achtern Diek	140	4.6	saisonal	
22	KNAUS Campingpark Wingst	140	4.1	saisonal	
23	Camping am Leuchtturm	140	4.1	saisonal	
24	Campingplatz Krautsand	141	4.6	saisonal	👍
25	Ferien- und Campingpark Geesthof	141	4.0	ganzjährig	✱
26	Camping Nesshof	141	3.1	ganzjährig	✱ ϟ

✱ Wintercamping FKK Textilfrei (ganz/teilweise) Ecocamping 👍 Award ϟ Onlinebuchung

1 Höpkens Hof & Campingplatz

Molkereistraße 64
26349 Jade
+49 4734 910 6833

53.42643 | 8.29902

ganzjährig

HS: 20,00 € | NS: 20,00 €

Mehr Infos & online buchen:
www.camping.info/26572

Baden im Meer	1km
Pool/Hallenbad	18km
Spielplatz am Platz	✓
Hunde willkommen	✓
zur Hälfte Schatten	✓
WLAN	✓
Lebensmittel	800m
Brötchen am Platz	✗
Restaurant/Imbiss	1km
Ver-/Entsorgung Womo	✗
in den Ort	5km
Gesamt/Touristen	28/24
Mietunterkünfte	✓
Stellplätze vor Schranke	✗

3.6 GUT – 59 Bewertungen

Lage	4.0
Ruhe	3.8
Sanitäranlagen	2.8
Sauberkeit Ø	3.8
Freundlichkeit	4.5
Stellplatz	3.5
Verpflegung	2.9
Freizeit	3.4
Preis-Leistung	4.1
Mietunterkünfte	3.7

Geeignet für

Kinder b. 6 J.	4.2
Kinder b. 12 J.	4.1
Kinder b. 18 J.	2.9
Paare	4.0
Senioren	3.8
Gäste mit Zelt	4.1
Gäste mit Hund	4.7

Empfohlene Aktivitäten

- Radfahren
- Wandern
- Entspannen

NS: 26.10. - 31.10.

2 KNAUS Campingpark Eckwarderhörne

Zum Leuchtfeuer 116
26969 Butjadingen
+49 4736 1300

53.52106 | 8.23456

01.03. - 04.11.

HS: 39,20 € | NS: 32,50 €

Mehr Infos & Anfrage:
www.camping.info/18355

Baden im Meer am Platz	✓
Pool & Hallenbad	✗
Spielplatz am Platz	✓
Hunde willkommen	✓
wenig Schatten	✓
WLAN (gegen Gebühr)	✓
Lebensmittel	✗
Brötchen am Platz	nur HS
Restaurant/Imbiss	100/50m
Ver-/Entsorgung Womo	✓
in den Ort	3km
Gesamt/Touristen	160/30
Mietunterkünfte	✓
Stellplätze vor Schranke	✗

3.2 GUT – 106 Bewertungen

Lage	3.8
Ruhe	4.0
Sanitäranlagen	3.6
Sauberkeit Ø	3.8
Freundlichkeit	3.9
Stellplatz	3.3
Verpflegung	2.1
Freizeit	3.0
Preis-Leistung	2.7
Mietunterkünfte	3.1

Geeignet für

Kinder b. 6 J.	3.3
Kinder b. 12 J.	3.4
Kinder b. 18 J.	2.8
Paare	3.6
Senioren	3.8
Gäste mit Zelt	3.0
Gäste mit Hund	3.9

Empfohlene Aktivitäten

- Radfahren
- Entspannen
- Wandern

3 KNAUS Campingpark Tossens

Zum Friesenstrand 1
26969 Tossens
+49 4736 219

53.57694 | 8.24694

15.04. - 15.10.

HS: 37,90 € | NS: 33,20 €

Mehr Infos & Anfrage:
www.camping.info/18353

Baden im Meer am Platz	✓
Pool & Hallenbad	✗
Spielplatz am Platz	✓
Hunde willkommen	✓
wenig Schatten	✓
WLAN (gegen Gebühr)	✓
Lebensmittel	✓
Brötchen am Platz	✓
Restaurant/Imbiss	150m/✓
Ver-/Entsorgung Womo	✓
in den Ort	keine Angabe
Gesamt/Touristen	340/150
Mietunterkünfte	✗
Stellplätze vor Schranke	✓

3.9 GUT – 199 Bewertungen

Lage	4.6
Ruhe	4.2
Sanitäranlagen	3.6
Sauberkeit Ø	3.8
Freundlichkeit	4.3
Stellplatz	3.9
Verpflegung	3.2
Freizeit	4.2
Preis-Leistung	3.5
Mietunterkünfte	-

Geeignet für

Kinder b. 6 J.	4.3
Kinder b. 12 J.	4.3
Kinder b. 18 J.	3.7
Paare	4.3
Senioren	4.3
Gäste mit Zelt	3.8
Gäste mit Hund	3.6

Empfohlene Aktivitäten

- Entspannen
- Schwimmen
- Radfahren

weitere NS: 15.04. - 01.05.

4 KNAUS Campingpark Burhave

An der Nordseelagune 1
26969 Burhave
+49 4733 1683

53.58345 | 8.37091

15.04. - 15.10.

HS: 36,90 € | NS: 41,30 €

Mehr Infos & Anfrage:
www.camping.info/18354

Baden im Meer am Platz	✓
Pool/Hallenbad	200m/1km
Spielplatz am Platz	✓
Hunde willkommen	✓
kein Schatten	✓
WLAN (gegen Gebühr)	✓
Lebensmittel	✓
Brötchen am Platz	✓
Restaurant/Imbiss	160m/✓
Ver-/Entsorgung Womo	✓
in den Ort	300m
Gesamt/Touristen	360/180
Mietunterkünfte	✓
Stellplätze vor Schranke	✓

3.8 GUT – 269 Bewertungen

Lage	4.1
Ruhe	3.6
Sanitäranlagen	3.8
Sauberkeit Ø	3.8
Freundlichkeit	4.1
Stellplatz	4.1
Verpflegung	2.8
Freizeit	4.0
Preis-Leistung	3.0
Mietunterkünfte	3.5

Geeignet für

Kinder b. 6 J.	4.1
Kinder b. 12 J.	4.1
Kinder b. 18 J.	3.5
Paare	4.2
Senioren	4.1
Gäste mit Zelt	3.7
Gäste mit Hund	3.1

Empfohlene Aktivitäten

- Radfahren
- Entspannen
- Schwimmen

weitere NS: 15.04. - 01.05.

Karte auf Seite 130

5 KNAUS Campingpark Fedderwardersiel

Lagunenweg
26969 Burhave
+49 4733 1683
53.58414 | 8.36832

15.04. - 15.10.
HS: 31,80 € | NS: 22,20 €
Mehr Infos & Anfrage:
www.camping.info/24739

Baden im Meer am Platz	✓
Pool & Hallenbad	✗
Spielplatz am Platz	✓
Hunde willkommen	✓
wenig Schatten	✓
WLAN	✗
Lebensmittel	✗
Brötchen am Platz	✗
Restaurant/Imbiss	300m
Ver-/Entsorgung Womo	✓
in den Ort	2km
Gesamt/Touristen	80/50
Mietunterkünfte	✗
Stellplätze vor Schranke	✗

3.9 GUT
15 Bewertungen

Lage	4.3
Ruhe	4.4
Sanitäranlagen	3.9
Sauberkeit Ø	3.9
Freundlichkeit	4.1
Stellplatz	3.9
Verpflegung	3.0
Freizeit	3.9
Preis-Leistung	3.1
Mietunterkünfte	-

Geeignet für

Kinder b. 6 J.	4.2
Kinder b. 12 J.	4.4
Kinder b. 18 J.	3.3
Paare	4.5
Senioren	4.5
Gäste mit Zelt	3.9
Gäste mit Hund	4.7

Empfohlene Aktivitäten

- Wandern
- Entspannen
- Radfahren

weitere NS: 15.04. - 01.05.

6 Campingplatz Nordenham

Strandallee 11
26954 Nordenham
04731 8719919
53.47205 | 8.47979

15.03. - 15.10.
HS: 19,00 €
Mehr Infos & Anfrage:
www.camping.info/24667

Baden im Meer	10km
Pool/Hallenbad	5km
Spielplatz am Platz	✓
Hunde willkommen	✓
zur Hälfte Schatten	✓
WLAN (gratis)	teilweise
Lebensmittel	✓
Brötchen am Platz	✓
Restaurant & Imbiss	✓
Ver-/Entsorgung Womo	✓
in den Ort	300m
Gesamt/Touristen	140/40
Mietunterkünfte	✓
Stellplätze vor Schranke	✗

4.1 SEHR GUT
22 Bewertungen

Lage	4.3
Ruhe	4.4
Sanitäranlagen	4.2
Sauberkeit Ø	4.8
Freundlichkeit	4.8
Stellplatz	4.1
Verpflegung	3.9
Freizeit	3.8
Preis-Leistung	4.6
Mietunterkünfte	4.2

Geeignet für

Kinder b. 6 J.	4.0
Kinder b. 12 J.	3.9
Kinder b. 18 J.	3.6
Paare	4.6
Senioren	4.7
Gäste mit Zelt	4.1
Gäste mit Hund	4.6

Empfohlene Aktivitäten

- Entspannen
- Radfahren
- Wandern

8 Camping- und Ferienpark Spadener See

Seeweg 2
27619 Schiffdorf-Spaden
+49 471 308 364 56
53.57396 | 8.6465

15.03. - 31.10.
HS: 25,50 € | NS: 25,50 €
Mehr Infos & online buchen:
www.camping.info/18382

Baden im See am Platz	✓
Pool/Hallenbad	4km
Spielplatz am Platz	✓
Hunde willkommen	✓
zur Hälfte Schatten	✓
WLAN (gratis)	teilweise
Lebensmittel	1km
Brötchen am Platz	nur HS
Restaurant & Imbiss	✓
Ver-/Entsorgung Womo	✓
in den Ort	1km
Gesamt/Touristen	330/110
Mietunterkünfte	✓
Stellplätze vor Schranke	✗

4.1 SEHR GUT
50 Bewertungen

Lage	4.4
Ruhe	4.8
Sanitäranlagen	3.9
Sauberkeit Ø	4.5
Freundlichkeit	4.7
Stellplatz	4.2
Verpflegung	3.6
Freizeit	4.0
Preis-Leistung	4.3
Mietunterkünfte	3.6

Geeignet für

Kinder b. 6 J.	4.3
Kinder b. 12 J.	4.3
Kinder b. 18 J.	4.0
Paare	4.5
Senioren	4.4
Gäste mit Zelt	4.3
Gäste mit Hund	4.4

Empfohlene Aktivitäten

- Radfahren
- Schwimmen
- Entspannen

Infos

Öffnungszeiten
Vergleichspreis
Link

Ausstattung

Freizeit
Campingplatz
Versorgung
Anzahl der Plätze

7 Camping Wremer Tief am Nordseestrand

Strandstrasse
27639 Wurster Nordseeküste/ OT Wremen
+49 4705 660 3610
www.camping-wremer-tief.de
info@camping-wremer-tief.de

15.04. - 15.09.

HS: 35,30 €

Mehr Infos & Anfrage:
www.camping.info/22141

Baden im Meer am Platz	✓
Pool/Hallenbad	8km
Spielplatz am Platz	✓
Hunde willkommen	✓
kein Schatten	✓
WLAN (gegen Gebühr)	teilweise
Lebensmittel	500m
Brötchen am Platz	✓
Restaurant/Imbiss	500/100m
Ver-/Entsorgung Womo	✓
in den Ort	500m
Gesamt/Touristen	200/150
Mietunterkünfte	✗
Stellplätze vor Schranke	✓

Wohnmobilstellplatz und Rezeption.

Lage & Stellplatz

Der Campingplatz befindet sich direkt am Wasser mit Blick auf die Wesermündung. Von hier aus können Sie den Schiffen beim Ein- und Auslaufen zusehen. Die Stellplätze haben eine Größe von ca. 100 m². Jeder Platz verfügt über einen Stromanschluss mit einer Absicherung von 16 Ampere.

Verpflegung

Im Vordeichbereich gibt es am Hafen kleine Buden. Im Ort finden Sie Restaurants, die fußläufig erreicht werden können. In ca. 2 km Entfernung gibt es einen kleinen Einkaufsladen. Brötchen werden auf Bestellung angeboten. Weitere Einkaufsmöglichkeiten finden Sie ca. 10 km entfernt im nächsten Ort.

Sanitär

Die Sanitäranlagen stehen auf zwei Wurten auf dem Platz. Es ist ein Küchencontainer mit Spülen, Mikrowelle und Herdplatten vorhanden. Auf dem Platz stehen eine Waschmaschine und ein Wäschetrockner zur Verfügung. Die Duschen, Müll, sowie die Ver- und Entsorgung sind im Preis inbegriffen.

Freizeit

Sie haben die Möglichkeit, ausgedehnte Wanderungen auf dem Deich vorzunehmen. Surfer und Kiter können ihren Sport auf einer dafür ausgewiesene Zone ausüben. Die Umgebung lädt ein zum Fahrradfahren. Geführte Wattwanderungen werden von der Kurverwaltung angeboten.

Campingplatz mit Strandbereich.

Ansicht Wasserseite.

3.7 GUT
35 Bewertungen

Lage	4.6
Ruhe	4.3
Sanitäranlagen	3.1
Sauberkeit Ø	3.7
Freundlichkeit	3.9
Stellplatz	3.4
Verpflegung	2.6
Freizeit	3.7
Preis-Leistung	3.4
Mietunterkünfte	-

Geeignet für

4.4 Senioren

4.3 Paare
4.0 Gäste mit Hund
3.6 Kinder b. 6 J.
4.2 Gäste mit Zelt
3.8 Kinder b. 12 J.
3.2 Kinder b. 18 J.

Empfohlene Aktivitäten

Radfahren
Wandern
Entspannen
Schwimmen
Surfen

Der Campingplatz befindet sich im Vordeichgelände/ am Strand.

Karte auf Seite 130

Infos	9 Familien-Camping Kransburger See	10 KNAUS Campingpark Dorum	13 Beckmann Camping GmbH
	*		*
Adresse	Kransburger Straße 1, 27639 Wurster Nordseeküste, +49 4742 92980	Am Kutterhafen, 27639 Wurster Nordseeküste, +49 4741 5020	Wanhödener Str. 28 28, 27639 Wurster Nordseeküste, +4947418588
Koordinaten	53.71131 | 8.63293	53.73861 | 8.51611	53.75338 | 8.63972
Öffnungszeiten	ganzjährig	01.04. - 30.09.	ganzjährig
Vergleichspreis	HS: 29,00 €	HS: 38,60 € | NS: 31,30 €	HS: 19,50 € | NS: 16,00 €
Link	**Mehr Infos & Anfrage:** www.camping.info/18384	**Mehr Infos & Anfrage:** www.camping.info/18386	**Mehr Infos & Anfrage:** www.camping.info/25084

Ausstattung

	9	10	13
Freizeit	Baden im See am Platz ✓	Baden im Meer am Platz ✓	Baden im Meer 5km
	Pool/Hallenbad 5/13km	Pool/Hallenbad 200m	Pool/Hallenbad ✓/5km
	Spielplatz am Platz ✓	Spielplatz am Platz ✓	Spielplatz am Platz ✓
Campingplatz	Hunde willkommen ✓	Hunde willkommen ✓	Hunde willkommen ✓
	wenig Schatten ✓	Schatten ✗	zur Hälfte Schatten ✓
	WLAN (gegen Gebühr) ✓	WLAN (gegen Gebühr) ✓	WLAN (gegen Gebühr) ✓
Versorgung	Lebensmittel 3km	Lebensmittel 300m	Lebensmittel 3km
	Brötchen am Platz ✓	Brötchen am Platz ✓	Brötchen am Platz nur HS
	Restaurant & Imbiss ✓	Restaurant/Imbiss 200m/✓	Restaurant/Imbiss 3km/✓
	Ver-/Entsorgung Womo ✓	Ver-/Entsorgung Womo ✓	Ver-/Entsorgung Womo ✗
	in den Ort 3km	in den Ort 7km	in den Ort 500m
Anzahl der Plätze	Gesamt/Touristen 450/100	Gesamt/Touristen 300/210	Gesamt/Touristen 200/80
	Mietunterkünfte ✓	Mietunterkünfte ✓	Mietunterkünfte ✓
	Stellplätze vor Schranke ✗	Stellplätze vor Schranke ✗	Stellplätze vor Schranke ✗

Bewertungen

	9	10	13
Gesamt	4.5 SEHR GUT, 54 Bewertungen	3.8 GUT, 146 Bewertungen	4.6 SEHR GUT, 23 Bewertungen
Lage	4.5	4.3	4.1
Ruhe	4.4	3.7	4.6
Sanitäranlagen	4.2	3.3	4.4
Sauberkeit Ø	4.5	3.9	4.5
Freundlichkeit	4.7	4.2	4.8
Stellplatz	4.3	3.7	4.5
Verpflegung	3.7	2.9	4.5
Freizeit	4.3	3.6	4.6
Preis-Leistung	4.4	3.1	4.8
Mietunterkünfte	4.8	3.7	4.6
Geeignet für			
Kinder b. 6 J.	4.6	3.8	4.9
Kinder b. 12 J.	4.6	3.8	5.0
Kinder b. 18 J.	4.1	3.4	4.2
Paare	4.5	4.1	4.8
Senioren	4.6	3.8	4.6
Gäste mit Zelt	4.6	3.9	4.8
Gäste mit Hund	4.6	4.1	4.8
Empfohlene Aktivitäten	Schwimmen, Entspannen, Radfahren	Radfahren, Entspannen, Wandern	Radfahren, Schwimmen, Entspannen

10: weitere NS: 20.09. - 30.09.

11 Grube Camping GmbH & Co. KG

*

Kajediek 1
27639 Wurster Nordseeküste
+49 4741 3131
www.campingplatz-grube.de
Info@campingplatz-grube.de

ganzjährig

HS: 37,30 € | NS: 26,00 €

Mehr Infos & Anfrage:
www.camping.info/18385

Baden in nat. Gewässer	k. A.
Pool/Hallenbad	300m
Spielplatz am Platz	✓
Hunde willkommen	✓
zur Hälfte Schatten	✓
WLAN (gegen Gebühr)	✓
Lebensmittel	200m
Brötchen am Platz	✓
Restaurant/Imbiss	200m
Ver-/Entsorgung Womo	✓
in den Ort	7km
Gesamt/Touristen	319/50
Mietunterkünfte	✓
Stellplätze vor Schranke	✗

53.73655 | 8.52347

Der Campingplatz liegt direkt hinterm Deich an der Wurster Nordseeküste.

Lage & Stellplatz

Der familiär geführte Campingplatz liegt an der Wurster Nordseeküste, zwischen den Seestädten Cuxhaven und Bremerhaven, in unmittelbarer Nähe zum Strand und zum Naturpark Wattenmeer. Für Ihren Urlaub stehen jeweils Stellplätze für Wohnmobile oder Wohnwagen mit ca. 80 m² bis 100 m² zur Verfügung.

Verpflegung

Der kleine Kutterhafen in Dorum-Neufeld und dessen Hafenpromenade bieten diverse Möglichkeiten für einen kleinen Imbiss und runden das Bild des idyllischen Ferienörtchens ab. Zudem bedienen verschiedene Restaurants alle Geschmäcker – mit Hausmannskost und kulinarischen Speisen im Angebot.

Sanitär

Der Campingplatz hat zwei Waschhäuser, die dem aktuellen Standard entsprechen. Ein behindertengerechtes WC befindet sich im großen Waschhaus, ebenso jeweils ein Raum zum Abwaschen. Die Waschhäuser werden von einer professionellen Reinigungsfirma gereinigt, um Sauberkeit u. Hygiene zu gewährleisten.

Freizeit

Auf dem Campingplatz befinden sich ein Spielplatz, ein Fußballtor und Volleyballfeld. In nur 5 Gehminuten erreicht man das „Watt'n Bad" und den Grasstrand von Dorum-Neufeld. Zusätzlich verfügt der Strand über mehrere Spielplätze und ein Kinder-Spielhaus für Regentage.

Die Anmeldung mit Kiosk.

Das Sanitärgebäude.

4.5 SEHR GUT
24 Bewertungen

Lage	4.8
Ruhe	4.6
Sanitäranlagen	4.5
Sauberkeit Ø	4.7
Freundlichkeit	4.8
Stellplatz	4.2
Verpflegung	4.1
Freizeit	4.0
Preis-Leistung	4.6
Mietunterkünfte	4.5

Geeignet für

4.8 Paare

4.8 Senioren	4.1 Kinder b. 12 J.	4.0 Kinder b. 6 J.
4.4 Gäste mit Hund	4.1 Gäste mit Zelt	3.9 Kinder b. 18 J.

Empfohlene Aktivitäten

Entspannen | Radfahren | Schwimmen | Wandern | Surfen

In der Haupt- und Nebensaison wird Strom nach Verbrauch/Zähler abgerechnet.

Karte auf Seite 130

Infos: Öffnungszeiten · Vergleichspreis · Link

Ausstattung: Freizeit · Campingplatz · Versorgung · Anzahl der Plätze

14 Campingplatz Wernerwald

❄

Wernerwaldstraße 6
27476 Cuxhaven-Sahlenburg
+49 4721 404331
53.85851 | 8.59098

ganzjährig
HS: 30,60 € | NS: 25,60 €
Mehr Infos & Anfrage:
www.camping.info/18374

Baden im Meer	100m
Pool/Hallenbad	100m/4km
Spielplatz am Platz	✓
Hunde	✗
zur Hälfte Schatten	✓
WLAN	✗
Lebensmittel	100m
Brötchen am Platz	✗
Restaurant/Imbiss	200m
Ver-/Entsorgung Womo	✓
in den Ort	3km
Gesamt/Touristen	500/60
Mietunterkünfte	✓
Stellplätze vor Schranke	✗

4.0 SEHR GUT
21 Bewertungen

Lage	4.9
Ruhe	4.5
Sanitäranlagen	3.4
Sauberkeit Ø	3.5
Freundlichkeit	4.5
Stellplatz	3.8
Verpflegung	3.2
Freizeit	3.7
Preis-Leistung	4.2
Mietunterkünfte	3.7

Geeignet für

Kinder b. 6 J.	3.9
Kinder b. 12 J.	3.9
Kinder b. 18 J.	3.2
Paare	4.4
Senioren	4.3
Gäste mit Zelt	1.9
Hunde n. erlaubt	-

Empfohlene Aktivitäten

- Surfen
- Radfahren
- Entspannen

15 Campingplatz Finck

Am Sahlenburger Strand 25
27476 Cuxhaven-Sahlenburg
+49 4721 399930
53.86056 | 8.59306

15.03. - 31.10.
HS: 30,20 € | NS: 30,20 €
Mehr Infos & Anfrage:
www.camping.info/18375

Baden im Meer	100m
Pool/Hallenbad	200m/✓
Spielplatz	300m
Hunde willkommen	✓
kein Schatten	✓
WLAN	keine Angabe
Lebensmittel	200m
Brötchen	keine Angabe
Restaurant/Imbiss	50m
Ver-/Entsorgung Womo	✓
im Ort	✓
Gesamt/Touristen	500/105
Mietunterkünfte	✓
Stellplätze vor Schranke	✗

3.9 GUT
43 Bewertungen

Lage	4.8
Ruhe	4.0
Sanitäranlagen	4.5
Sauberkeit Ø	4.3
Freundlichkeit	4.2
Stellplatz	3.5
Verpflegung	3.6
Freizeit	3.8
Preis-Leistung	3.8
Mietunterkünfte	3.4

Geeignet für

Kinder b. 6 J.	3.7
Kinder b. 12 J.	3.7
Kinder b. 18 J.	3.4
Paare	4.4
Senioren	4.3
Gäste mit Zelt	3.5
Gäste mit Hund	4.5

Empfohlene Aktivitäten

- Radfahren
- Entspannen
- Wandern

16 Camping Achtern Huus

Sahlenburger Chaussee 51
27476 Cuxhaven-Sahlenburg
+49 4721 28662
53.86472 | 8.63889

16.03. - 31.10.
HS: 27,20 € | NS: 25,00 €
Mehr Infos & Anfrage:
www.camping.info/18379

Baden im Meer	2km
Pool/Hallenbad	3km
Spielplatz am Platz	✓
Hunde willkommen	✓
wenig Schatten	✓
WLAN	✓
Lebensmittel	✓
Brötchen am Platz	✓
Restaurant/Imbiss	✓/1km
Ver-/Entsorgung Womo	✓
in den Ort	300m
Gesamt/Touristen	160/100
Mietunterkünfte	✓
Stellplätze vor Schranke	✗

4.5 SEHR GUT
46 Bewertungen

Lage	4.4
Ruhe	4.5
Sanitäranlagen	4.5
Sauberkeit Ø	4.8
Freundlichkeit	4.8
Stellplatz	4.4
Verpflegung	4.1
Freizeit	4.1
Preis-Leistung	4.4
Mietunterkünfte	4.5

Geeignet für

Kinder b. 6 J.	4.3
Kinder b. 12 J.	4.2
Kinder b. 18 J.	4.0
Paare	4.8
Senioren	4.7
Gäste mit Zelt	4.6
Gäste mit Hund	4.9

Empfohlene Aktivitäten

- Radfahren
- Entspannen
- Wandern

12 Aussendeich Campingplatz Cappel-Neufeld

ANZEIGE

FKK

Deichweg/Außendeich
27639 Wurster Nordseeküste/ OT Cappel-Neufeld
+49 4705 6603615
www.camping-freizeit-gmbh.de
info@camping-freizeit-gmbh.de

01.05. - 15.09.

HS: 33,90 €

Mehr Infos & Anfrage:
www.camping.info/27643

Baden im Meer am Platz	✓
Pool/Hallenbad	4km
Spielplatz am Platz	✓
Hunde	✗
kein Schatten	✓
WLAN (gegen Gebühr)	✓
Lebensmittel	4km
Brötchen am Platz	✓
Restaurant & Imbiss	✓
Ver-/Entsorgung Womo	✗
in den Ort	500m
Gesamt/Touristen	230/100
Mietunterkünfte	✓
Stellplätze vor Schranke	✓

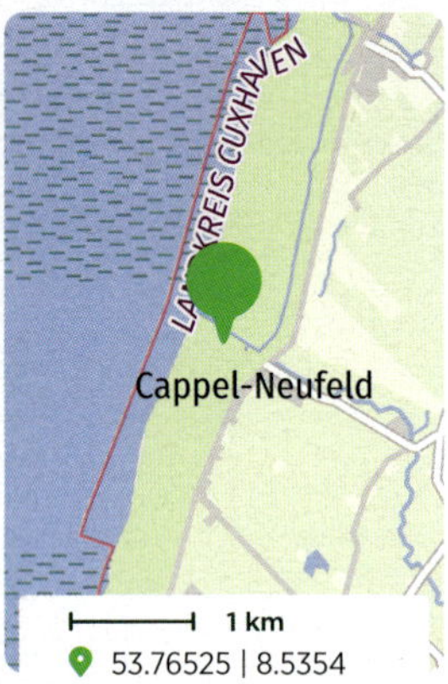

1 km

53.76525 | 8.5354

Lage des Platzes mit Sicht vom Deich.

Lage & Stellplatz

Der Campingplatz befindet sich im Außendeich, direkt am Weltnaturerbe Wattenmeer. Die Stellplätze haben eine Größe von über 100 m² und sind nicht weit vom Wasser entfernt. Der Campingplatz hat einen eigenen Strandbereich, in einem abgelegenen Teil befindet sich auch ein FKK-Strand.

Verpflegung

Auf dem Platz befindet sich ein kleiner Imbiss bzw. Restaurant. Hier haben Gäste die Möglichkeit, eine Kleinigkeit zu essen. Hinter dem Deich befindet sich ein weiteres Restaurant, das fußläufig schnell zu erreichen ist. Frische Brötchen gibt es auf Bestellung direkt am Platz.

Sanitär

Auf dem Platz befinden sich ca. alle 150 m eine Containereinheit mit Duschen und Toiletten. In einem separaten Container befinden sich Küchenzeilen zum Kochen und Abwaschen, eine Mikrowelle, Kühlschränke sowie Waschmaschinen und Wäschetrockner.

Freizeit

Auf dem Campingplatz haben Sie die Möglichkeit bei Hochwasser zu baden, bei Ebbe eine Wattwanderung zu machen oder einfach nur die Ruhe der Natur zu genießen. Für Spaß sorgen ein Volleyballfeld, ein Kleinfeld-Fußballplatz sowie ein Spielplatz. In ca. 4 km gibt es ein Wellenbad, das „Watt'n Bad".

Wattimpressionen.

Die Mietwohnwagen.

1.7 **ZUFRIEDENSTELLEND**
3 Bewertungen

Lage	5.0
Ruhe	5.0
Sanitäranlagen	1.5
Sauberkeit Ø	1.1
Freundlichkeit	1.5
Stellplatz	1.5
Verpflegung	2.0
Freizeit	2.0
Preis-Leistung	1.5
Mietunterkünfte	-

Geeignet für

2.0	Kinder b. 6 J.
2.0	Kinder b. 12 J.
1.5	Kinder b. 18 J.
1.5	Paare
1.5	Senioren
1.0	Gäste mit Zelt
-	Gäste mit Hund nicht erlaubt

Empfohlene Aktivitäten

Radfahren · Entspannen · Schwimmen · Wandern

Auf dem Campingplatz stehen Mietwohnwagen zur Verfügung.

Karte auf Seite 130

17 Camping am Bäderring

✻

Duhner-Allee 5
27476 Cuxhaven-Duhnen
+49 472 1426 161
53.88454 | 8.64946

ganzjährig

HS: 32,60 € | NS: 32,60 €

Mehr Infos & Anfrage:
www.camping.info/18376

Baden im Meer	350m
Pool/Hallenbad	1km/800m
Spielplatz am Platz	✓
Hunde erlaubt	✓
wenig Schatten	✓
WLAN	✓
Lebensmittel	✓
Brötchen am Platz	✓
Restaurant/Imbiss	200m
Ver-/Entsorgung Womo	✓
in den Ort	500m
Gesamt/Touristen	160/60
Mietunterkünfte	✗
Stellplätze vor Schranke	✗

4.6 SEHR GUT
45 Bewertungen

Lage	4.6
Ruhe	4.3
Sanitäranlagen	4.7
Sauberkeit Ø	4.9
Freundlichkeit	4.9
Stellplatz	4.2
Verpflegung	3.5
Freizeit	4.2
Preis-Leistung	4.5
Mietunterkünfte	-

Geeignet für

Kinder b. 6 J.	4.3
Kinder b. 12 J.	3.7
Kinder b. 18 J.	3.5
Paare	4.7
Senioren	4.7
Gäste mit Zelt	3.6
Gäste mit Hund	4.3

Empfohlene Aktivitäten

- Radfahren
- Entspannen
- Wandern

18 Camping Wattenlöper

Cuxhavener Str. 57
27476 Cuxhaven-Duhnen
+49 4721 426051
53.88667 | 8.65056

15.03. - 31.10.

HS: 33,20 € | NS: 31,20 €

Mehr Infos & Anfrage:
www.camping.info/18378

Baden in nat. Gewässer	k. A.
Pool/Hallenbad	400m/1km
Spielplatz am Platz	✓
Hunde willkommen	✓
wenig Schatten	✓
WLAN	✓
Lebensmittel	✓
Brötchen am Platz	✓
Restaurant & Imbiss	✓
Ver-/Entsorgung Womo	✓
im Ort	✓
Gesamt/Touristen	220/120
Mietunterkünfte	✓
Stellplätze vor Schranke	✗

3.9 GUT
61 Bewertungen

Lage	4.5
Ruhe	3.7
Sanitäranlagen	4.3
Sauberkeit Ø	4.5
Freundlichkeit	4.5
Stellplatz	3.6
Verpflegung	4.0
Freizeit	4.1
Preis-Leistung	3.6
Mietunterkünfte	3.7

Geeignet für

Kinder b. 6 J.	4.0
Kinder b. 12 J.	4.0
Kinder b. 18 J.	3.7
Paare	4.3
Senioren	4.4
Gäste mit Zelt	3.6
Gäste mit Hund	4.0

Empfohlene Aktivitäten

- Radfahren
- Entspannen
- Wandern

19 Camping Nordsee

✻

Cuxhavener Str. 17
27476 Cuxhaven-Duhnen
+49 4721 48951
53.88644 | 8.65548

ganzjährig

HS: 32,60 € | NS: 32,60 €

Mehr Infos & Anfrage:
www.camping.info/18377

Baden im Meer	100m
Pool/Hallenbad	100m/1km
Spielplatz am Platz	✓
Hunde willkommen	✓
Schatten	✗
WLAN	✓
Lebensmittel	✓
Brötchen am Platz	nur HS
Restaurant & Imbiss	✓
Ver-/Entsorgung Womo	✓
in den Ort	800m
Gesamt/Touristen	200/35
Mietunterkünfte	✓
Stellplätze vor Schranke	✓

3.5 GUT
16 Bewertungen

Lage	4.2
Ruhe	3.8
Sanitäranlagen	3.3
Sauberkeit Ø	4.3
Freundlichkeit	4.5
Stellplatz	3.2
Verpflegung	3.6
Freizeit	3.7
Preis-Leistung	3.5
Mietunterkünfte	4.0

Geeignet für

Kinder b. 6 J.	3.8
Kinder b. 12 J.	3.9
Kinder b. 18 J.	3.8
Paare	4.1
Senioren	4.2
Gäste mit Zelt	4.5
Gäste mit Hund	5.0

Empfohlene Aktivitäten

- Radfahren
- Schwimmen
- Wandern

Infos

Öffnungszeiten

Vergleichspreis

Link

Ausstattung

Freizeit

Campingplatz

Versorgung

Anzahl der Plätze

20 Campingplatz Beckmann-Duhnen

Windeichenweg 32
27476 Cuxhaven-Duhnen
+49 4721 65191
53.87816 | 8.6519

20.03. - 01.11.
HS: 32,60 € | NS: 32,60 €
Mehr Infos & Anfrage:
www.camping.info/18372

Baden im Meer	1km
Pool/Hallenbad	2km
Spielplatz am Platz	✓
Hunde willkommen	✓
wenig Schatten	✓
WLAN	✓
Lebensmittel	1km
Brötchen am Platz	✓
Restaurant/Imbiss	1km
Ver-/Entsorgung Womo	✓
in den Ort	1km
Gesamt/Touristen	115/65
Mietunterkünfte	✗
Stellplätze vor Schranke	✗

4.5 SEHR GUT – 76 Bewertungen

Lage	4.3
Ruhe	4.6
Sanitäranlagen	4.5
Sauberkeit Ø	4.8
Freundlichkeit	4.8
Stellplatz	4.4
Verpflegung	3.5
Freizeit	4.1
Preis-Leistung	4.5
Mietunterkünfte	-

Geeignet für

Kinder b. 6 J.	3.9
Kinder b. 12 J.	3.7
Kinder b. 18 J.	3.4
Paare	4.7
Senioren	4.7
Gäste mit Zelt	3.7
Gäste mit Hund	4.3

Empfohlene Aktivitäten

- Radfahren
- Entspannen
- Wandern

keine WOMOs ab 8 m; keine Jugendgruppen

21 See Achtern Diek

Am Campingplatz 3
21762 Otterndorf
+49 47 51 29 33
53.82528 | 8.87611

01.04. - 31.10.
HS: 25,00 € | NS: 23,00 €
Mehr Infos & Anfrage:
www.camping.info/18149

Baden im See am Platz	✓
Pool/Hallenbad	3km
Spielplatz am Platz	✓
Hunde willkommen	✓
wenig Schatten	✓
WLAN	✓
Lebensmittel	✓
Brötchen am Platz	✓
Restaurant/Imbiss	150/300m
Ver-/Entsorgung Womo	✓
in den Ort	3km
Gesamt/Touristen	609/282
Mietunterkünfte	✓
Stellplätze vor Schranke	✗

4.6 SEHR GUT – 160 Bewertungen

Lage	4.7
Ruhe	4.3
Sanitäranlagen	4.7
Sauberkeit Ø	4.8
Freundlichkeit	4.6
Stellplatz	4.5
Verpflegung	3.8
Freizeit	4.4
Preis-Leistung	4.4
Mietunterkünfte	4.4

Geeignet für

Kinder b. 6 J.	4.4
Kinder b. 12 J.	4.5
Kinder b. 18 J.	3.9
Paare	4.6
Senioren	4.6
Gäste mit Zelt	4.5
Gäste mit Hund	4.4

Empfohlene Aktivitäten

- Radfahren
- Schwimmen
- Entspannen

22 KNAUS Campingpark Wingst

Schwimmbadallee 13
21789 Wingst
+49 4778 7604
53.75285 | 9.08373

01.03. - 04.11.
HS: 36,80 € | NS: 33,80 €
Mehr Infos & Anfrage:
www.camping.info/18150

Baden im Meer	15km
Pool/Hallenbad	250m
Spielplatz am Platz	✓
Hunde willkommen	✓
zur Hälfte Schatten	✓
WLAN (gegen Gebühr)	✓
Lebensmittel	2km
Brötchen am Platz	✓
Restaurant & Imbiss	✓
Ver-/Entsorgung Womo	✓
in den Ort	2km
Gesamt/Touristen	300/220
Mietunterkünfte	✓
Stellplätze vor Schranke	✗

4.1 SEHR GUT – 71 Bewertungen

Lage	4.2
Ruhe	4.2
Sanitäranlagen	3.7
Sauberkeit Ø	4.5
Freundlichkeit	4.6
Stellplatz	4.1
Verpflegung	3.5
Freizeit	3.8
Preis-Leistung	4.1
Mietunterkünfte	4.3

Geeignet für

Kinder b. 6 J.	4.2
Kinder b. 12 J.	4.1
Kinder b. 18 J.	3.4
Paare	4.2
Senioren	4.2
Gäste mit Zelt	4.6
Gäste mit Hund	4.6

Empfohlene Aktivitäten

- Entspannen
- Radfahren
- Schwimmen

Winter: 18.12. - 10.01.

23 Camping am Leuchtturm

Leuchtturmweg 5a
21706 Drochtersen-Krautsand
+49 4143 5522
53.75878 | 9.377

01.04. - 31.10.
HS: 28,50 € | NS: 28,50 €
Mehr Infos & Anfrage:
www.camping.info/18146

Baden im See am Platz	✓
Pool/Hallenbad	3km
Spielplatz am Platz	✓
Hunde willkommen	✓
zur Hälfte Schatten	✓
WLAN (gegen Gebühr)	✓
Lebensmittel	✓
Brötchen am Platz	✓
Restaurant am P.	✓
Ver-/Entsorgung Womo	✓
in den Ort	4km
Gesamt/Touristen	270/170
Mietunterkünfte	✓
Stellplätze vor Schranke	✗

4.1 SEHR GUT – 47 Bewertungen

Lage	4.5
Ruhe	4.5
Sanitäranlagen	3.6
Sauberkeit Ø	4.2
Freundlichkeit	4.6
Stellplatz	3.9
Verpflegung	3.8
Freizeit	3.6
Preis-Leistung	3.9
Mietunterkünfte	4.0

Geeignet für

Kinder b. 6 J.	4.2
Kinder b. 12 J.	4.1
Kinder b. 18 J.	3.4
Paare	4.6
Senioren	4.4
Gäste mit Zelt	4.3
Gäste mit Hund	4.4

Empfohlene Aktivitäten

- Radfahren
- Entspannen
- Wandern

Karte auf Seite 130

24 Campingplatz Krautsand

Elbinsel Krautsand 58
21706 Drochtersen
+49 4143 1494
53.75199 | 9.38756

Infos	
Öffnungszeiten	29.03. - 31.10.
Vergleichspreis	HS: 29,00 € | NS: 29,00 €
Link	**Mehr Infos & Anfrage:** www.camping.info/24760

Ausstattung		
Freizeit	Baden im Fluss	100m
	Hallenbad	5km
	Spielplatz am Platz	✓
Campingplatz	Hunde willkommen	✓
	wenig Schatten	✓
	WLAN (begrenzt gratis)	✓
Versorgung	Lebensmittel	5km
	Brötchen am Platz	✓
	Restaurant/Imbiss	400/200m
	Ver-/Entsorgung Womo	✗
	in den Ort	5km
Anzahl der Plätze	Gesamt/Touristen	100/40
	Mietunterkünfte	✗
	Stellplätze vor Schranke	✓

4.6 SEHR GUT – 116 Bewertungen

Lage	4.7
Ruhe	4.6
Sanitäranlagen	4.4
Sauberkeit Ø	4.8
Freundlichkeit	4.9
Stellplatz	4.3
Verpflegung	3.4
Freizeit	4.0
Preis-Leistung	4.5
Mietunterkünfte	-

Geeignet für

Kinder b. 6 J.	4.3
Kinder b. 12 J.	4.3
Kinder b. 18 J.	3.9
Paare	4.9
Senioren	4.8
Gäste mit Zelt	4.6
Gäste mit Hund	4.8

Empfohlene Aktivitäten

- Radfahren
- Entspannen
- Wandern

AWARD 2020

25 Ferien- und Campingpark Geesthof

Am Ferienpark 1
21755 Hechthausen-Klint
+49 4774 512
53.62496 | 9.20377

Infos	
Öffnungszeiten	ganzjährig
Vergleichspreis	HS: 22,50 € | NS: 19,50 €
Link	**Mehr Infos & Anfrage:** www.camping.info/18148

Ausstattung		
Freizeit	Baden im See am Platz	✓
	Pool & Hallenbad	✓
	Spielplatz am Platz	✓
Campingplatz	Hunde willkommen	✓
	zur Hälfte Schatten	✓
	WLAN	✓
Versorgung	Lebensmittel	✓
	Brötchen am Platz	✓
	Restaurant & Imbiss	✓
	Ver-/Entsorgung Womo	✓
	in den Ort	1km
Anzahl der Plätze	Gesamt/Touristen	130/100
	Mietunterkünfte	✓
	Stellplätze vor Schranke	✓

4.0 SEHR GUT – 55 Bewertungen

Lage	4.4
Ruhe	4.7
Sanitäranlagen	3.3
Sauberkeit Ø	4.0
Freundlichkeit	4.7
Stellplatz	3.9
Verpflegung	3.6
Freizeit	4.2
Preis-Leistung	4.2
Mietunterkünfte	4.1

Geeignet für

Kinder b. 6 J.	4.4
Kinder b. 12 J.	4.6
Kinder b. 18 J.	4.2
Paare	4.1
Senioren	4.0
Gäste mit Zelt	4.2
Gäste mit Hund	4.6

Empfohlene Aktivitäten

- Angeln
- Reiten
- Radfahren

keine WOMOs ab 7 m

26 Camping Nesshof

Neßstraße 32
21720 Guderhandviertel
+49 414 281 696 82
53.54275 | 9.61681

Infos	
Öffnungszeiten	ganzjährig
Vergleichspreis	HS: 16,00 €
Link	**Mehr Infos & online buchen:** www.camping.info/18147

Ausstattung		
Freizeit	Baden in nat. Gewässer	k. A.
	Pool	9km
	Spielplatz	✗
Campingplatz	Hunde willkommen	✓
	wenig Schatten	✓
	WLAN	✓
Versorgung	Lebensmittel	500m
	Brötchen am Platz	nur HS
	Restaurant/Imbiss	400m/✓
	Ver-/Entsorgung Womo	✗
	in den Ort	2km
Anzahl der Plätze	Gesamt/Touristen	100/60
	Mietunterkünfte	✓
	Stellplätze vor Schranke	✓

3.1 GUT – 32 Bewertungen

Lage	4.0
Ruhe	4.2
Sanitäranlagen	2.9
Sauberkeit Ø	3.4
Freundlichkeit	3.6
Stellplatz	3.1
Verpflegung	3.0
Freizeit	3.2
Preis-Leistung	3.6
Mietunterkünfte	3.5

Geeignet für

Kinder b. 6 J.	2.3
Kinder b. 12 J.	2.8
Kinder b. 18 J.	2.8
Paare	3.9
Senioren	3.9
Gäste mit Zelt	4.0
Gäste mit Hund	4.4

Empfohlene Aktivitäten

- Radfahren
- Wandern
- Entspannen

NIEDERSACHSEN / BREMEN

❸ Bremen & Mittelweser

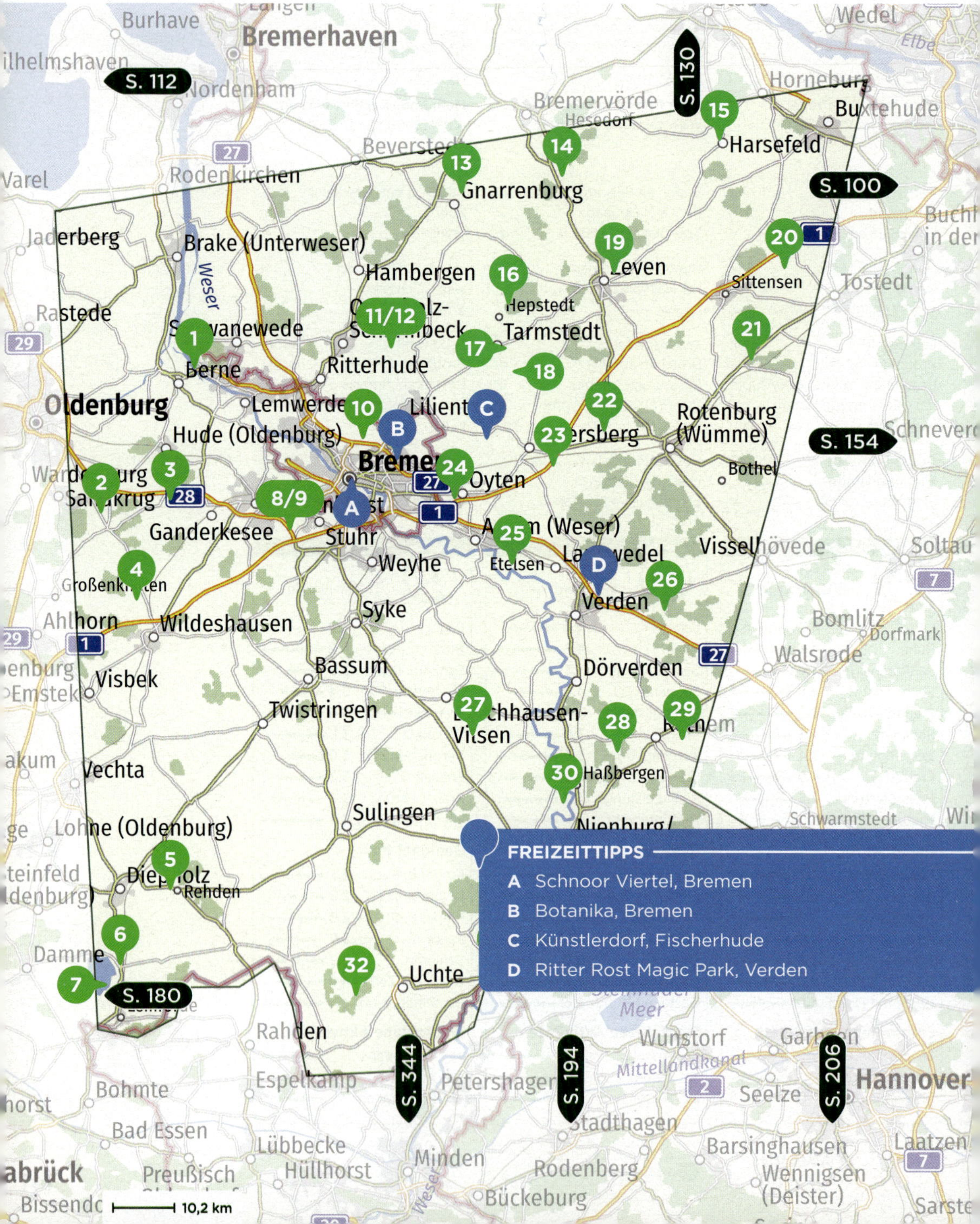

FREIZEITTIPPS

- **A** Schnoor Viertel, Bremen
- **B** Botanika, Bremen
- **C** Künstlerdorf, Fischerhude
- **D** Ritter Rost Magic Park, Verden

	Platz	Seite	Bewertung	Öffnungszeiten	
1	Campingplatz Juliusplate	144	4.2	saisonal	
2	Freizeitzentrum Hatten	145	4.3	k. A.	
3	Camping & Ferienpark Falkensteinsee	145	4.6	ganzjährig	Wintercamping, Onlinebuchung, Award
4	Campingplatz Aschenbeck	145	3.2	ganzjährig	Wintercamping
5	Ehrlingshof	146	4.2	saisonal	
6	Campingplatz Tiemann's Hof	146	3.5	ganzjährig	
7	Campingplatz Dümmersee	146	4.2	k. A.	Wintercamping
8	Campingplatz Familienpark Steller See	146	3.9	saisonal	
9	Märchencamping (Wienberg)	147	3.9	k. A.	
10	HanseCamping Bremen	147	3.5	ganzjährig	Wintercamping
11	Land of Green Naturresort	147	4.0	saisonal	
12	Hammehafen Worpswede	148	3.6	k. A.	
13	Camping- und Mobilheimplatz „Am Eichholz“	148	4.8	saisonal	
14	Camping Duxbachtal	148	3.8	ganzjährig	Wintercamping
15	Campingpark Harsefeld	148	4.3	saisonal	
16	Waldcampingplatz Ummelbad	149	4.2	ganzjährig	Wintercamping
17	Wochenendpark Rethbergsee	149	4.0	ganzjährig	Wintercamping
18	Campingplatz Wüllenheide	149	4.2	k. A.	
19	Camping Sonnencamp Zeven	150	4.0	ganzjährig	Wintercamping
20	Ferienzentrum-Heidenau	150	3.7	ganzjährig	
21	Camping Alte Löweninsel	150	4.2	saisonal	Ecocamping
22	Camping Stürberg	150	4.2	saisonal	
23	Camping-Paradies Grüner Jäger	151	3.3	saisonal	Wintercamping, Onlinebuchung
24	KNAUS Campingpark Oyten/Bremen	151	4.0	saisonal	
25	Campingplatz Drosselhof	151	3.4	saisonal	
26	Campingplatz "Am Salingsloh"	152	3.0	saisonal	
27	Camping Kellerberg	152	4.0	ganzjährig	Wintercamping
28	Camping Rittergut Hämelsee	152	4.0	k. A.	
29	Camping Rittergut Frankenfeld	152	4.2	ganzjährig	Wintercamping
30	Campingplatz Drakenburg Wassersport Weser e.V.	153	3.9	saisonal	
31	Campingplatz Stolzenau	153	3.9	saisonal	
32	Moorcamp	153	5.0	saisonal	

Wintercamping · FKK Textilfrei (ganz/teilweise) · Ecocamping · Award · Onlinebuchung

1 Campingplatz Juliusplate

Campingplatz
JULIUSPLATE
Saison und Urlaubscamping in der Wesermarsch
Tel. 04406/1666
www.juliusplate.de
Juliusplate 4 · 27804 Berne
camping@juliusplate.de

Juliusplate 4
27804 Berne
+49 4406 1666
www.juliusplate.de
camping@juliusplate.de

09.04. - 30.09.

HS: 21,50 € | NS: 21,50 €

Mehr Infos & Anfrage:
www.camping.info/18391

Baden im Fluss am Platz	✓
Pool/Hallenbad	8km
Spielplatz am Platz	✓
Hunde willkommen	✓
zur Hälfte Schatten	✓
WLAN	✓
Lebensmittel	✓
Brötchen am Platz	✓
Restaurant/Imbiss	100m/2km
Ver-/Entsorgung Womo	✓
in den Ort	3km
Gesamt/Touristen	180/80
Mietunterkünfte	✓
Stellplätze vor Schranke	✓

1 km

53.19583 | 8.51028

Campingplatzansicht von der Seeseite.

Lage & Stellplatz

Der Campingplatz liegt mit eigenem Sandstrand direkt an der Weser. Hier können die Campinggäste Überseeschiffsverkehr hautnah erleben. 100 Saison- und 80 Touristenplätze auf ebenem Wiesengelände im Naturschutzgebiet. Drei Zeltwiesen, 6 - 10A-Strom und Wasserzapfstellen. Grillstellen sind vorhanden.

Sanitär

Auf dem Platz befinden sich drei gepflegte Sanitärhäuser und ein separates Duschhaus. Die Sauberkeit wir von den Gästen durchgehend als gut bewertet. Ver- und Entsorgungsstationen für Wohnmobile sind ebenfalls vorhanden.

Verpflegung

Direkt am Platz befindet sich ein kleiner, aber gut sortierter Laden für den alltäglichen Bedarf inklusive Brötchen- und sogar Kaffeeservice. Ein Restaurant liegt nur 100 m vom Campingplatz entfernt, die nächsten Einkaufsmöglichkeiten können in 2,5 km Entfernung erreicht werden.

Freizeit

Idealer Ausgangspunkt für Exkursionen nach Bremen, Bremerhaven u. Oldenburg sowie für kleine und große Wander- oder Radtouren durch Geest, Marsch und Moor mit vielen Sehens- „Denkwürdigkeiten". WLAN ist auf dem Platz vorhanden. Ruhige Nächte, aktive Erholung in der Natur, Angelsee, Kinderspielplatz.

Blick zum Platz von der Weser.

Eingang zum Campingplatz.

4.2 SEHR GUT
88 Bewertungen

Lage	4.4
Ruhe	4.4
Sanitäranlagen	3.9
Sauberkeit Ø	4.7
Freundlichkeit	4.7
Stellplatz	4.0
Verpflegung	3.5
Freizeit	3.8
Preis-Leistung	4.6
Mietunterkünfte	4.1

Geeignet für

4.6 Senioren

4.5 Paare · 4.4 Gäste mit Zelt · 4.1 Kinder b. 12 J.
4.5 Gäste mit Hund · 4.2 Kinder b. 6 J. · 3.5 Kinder b. 18 J.

Empfohlene Aktivitäten

Radfahren · Entspannen · Wandern · Schwimmen · Angeln

Wohnmobile bis 10 m, Zeltwiese für Jugendgruppen.

Karte auf Seite 142

2 Freizeitzentrum Hatten

Kreyenweg 8
26209 Hatten/Kirchhatten

53.025 | 8.33556

keine Angabe

keine Angabe

Mehr Infos & Anfrage:
www.camping.info/19560

Baden in nat. Gewässer	k. A.
Pool & Hallenbad	×
Spielplatz	keine Angabe
Hunde	×
Schatten	×
WLAN	keine Angabe
Lebensmittel	k.A.
Brötchen	keine Angabe
Restaurant & Imbiss	×
Ver-/Entsorgung Womo	×
in den Ort	keine Angabe
Gesamt	keine Angabe
Mietunterkünfte	×
Stellplätze vor Schranke	×

4.3 SEHR GUT
7 Bewertungen

Lage	4.1
Ruhe	4.4
Sanitäranlagen	4.0
Sauberkeit Ø	4.5
Freundlichkeit	4.6
Stellplatz	4.3
Verpflegung	3.8
Freizeit	4.4
Preis-Leistung	4.6
Mietunterkünfte	-

Geeignet für

Kinder b. 6 J.	4.3
Kinder b. 12 J.	4.4
Kinder b. 18 J.	3.8
Paare	4.5
Senioren	4.4
Gäste mit Zelt	5.0
Hunde n. erlaubt	-

Empfohlene Aktivitäten

- Klettern
- Radfahren
- Schwimmen

3 Camping & Ferienpark Falkensteinsee

Ferienhausgebiet Falkensteinsee 1
27777 Ganderkesee / Falkenburg
+49 4222 9470077

53.04565 | 8.46399

ganzjährig

HS: 22,00 € | NS: 22,00 €

Mehr Infos & online buchen:
www.camping.info/18388

Baden im See am Platz	✓
Hallenbad	15km
Spielplatz am Platz	✓
Hunde willkommen	✓
wenig Schatten	✓
WLAN (gegen Gebühr)	✓
Lebensmittel	✓
Brötchen am Platz	nur HS
Restaurant & Imbiss	✓
Ver-/Entsorgung Womo	✓
in den Ort	2km
Gesamt/Touristen	300/120
Mietunterkünfte	✓
Stellplätze vor Schranke	×

4.6 SEHR GUT
237 Bewertungen

Lage	4.4
Ruhe	4.0
Sanitäranlagen	4.7
Sauberkeit Ø	4.7
Freundlichkeit	4.7
Stellplatz	4.5
Verpflegung	4.2
Freizeit	4.3
Preis-Leistung	4.6
Mietunterkünfte	4.7

Geeignet für

Kinder b. 6 J.	4.7
Kinder b. 12 J.	4.7
Kinder b. 18 J.	4.0
Paare	4.5
Senioren	4.4
Gäste mit Zelt	4.7
Gäste mit Hund	4.6

Empfohlene Aktivitäten

- Schwimmen
- Radfahren
- Entspannen

WOMOs ab 13 m nur nach Absprache.

4 Campingplatz Aschenbeck

Zum Sande 18
27801 Dötlingen
+49 4433 968847

52.932 | 8.40317

ganzjährig

HS: 19,00 € | NS: 19,00 €

Mehr Infos & Anfrage:
www.camping.info/18390

Baden im See am Platz	✓
Pool/Hallenbad	5km
Spielplatz am Platz	✓
Hunde erlaubt	✓
Schatten	×
WLAN (gegen Gebühr)	✓
Lebensmittel	✓
Brötchen am Platz	nur HS
Restaurant/Imbiss	1km/✓
Ver-/Entsorgung Womo	✓
in den Ort	1km
Gesamt/Touristen	350/100
Mietunterkünfte	×
Stellplätze vor Schranke	×

3.2 GUT
9 Bewertungen

Lage	3.9
Ruhe	4.2
Sanitäranlagen	3.1
Sauberkeit Ø	3.8
Freundlichkeit	3.6
Stellplatz	3.1
Verpflegung	3.4
Freizeit	3.1
Preis-Leistung	3.9
Mietunterkünfte	-

Geeignet für

Kinder b. 6 J.	3.3
Kinder b. 12 J.	3.3
Kinder b. 18 J.	3.0
Paare	3.7
Senioren	4.0
Gäste mit Zelt	4.0
Gäste mit Hund	3.8

Empfohlene Aktivitäten

- Radfahren
- Wandern
- Entspannen

Infos

Öffnungszeiten
Vergleichspreis
Link

Ausstattung

Freizeit
Campingplatz
Versorgung
Anzahl der Plätze

5 Ehrlingshof

Wähaus-Ehrling 41
49453 Rehden
+49 5446 610
52.60476 | 8.46296

15.04. - 15.11.
HS: 24,00 €
Mehr Infos & Anfrage:
www.camping.info/24977

Baden im See	4km
Pool/Hallenbad	✓/8km
Spielplatz am Platz	✓
Hunde willkommen	✓
zur Hälfte Schatten	✓
WLAN (gratis)	teilweise
Lebensmittel	2km
Brötchen am Platz	nur HS
Restaurant/Imbiss	2km
Ver-/Entsorgung Womo	✗
in den Ort	2km
Gesamt	12
Mietunterkünfte	✓
Stellplätze vor Schranke	✗

4.2 SEHR GUT
8 Bewertungen

Lage	4.1
Ruhe	4.4
Sanitäranlagen	4.2
Sauberkeit Ø	4.3
Freundlichkeit	4.6
Stellplatz	4.0
Verpflegung	3.8
Freizeit	3.7
Preis-Leistung	3.6
Mietunterkünfte	4.0

Geeignet für

Kinder b. 6 J.	4.8
Kinder b. 12 J.	4.4
Kinder b. 18 J.	2.4
Paare	4.0
Senioren	4.0
Gäste mit Zelt	4.0
Gäste mit Hund	3.8

Empfohlene Aktivitäten

- Entspannen
- Wandern
- Radfahren

6 Campingplatz Tiemann's Hof

Tiemanns Hof 2
49459 Lembruch
+49 5447 921339
52.52203 | 8.37089

ganzjährig
HS: 18,00 € | NS: 18,00 €
Mehr Infos & Anfrage:
www.camping.info/23914

Baden im See am Platz	✓
Pool & Hallenbad	✗
Spielplatz am Platz	✓
Hunde erlaubt	✓
Schatten	✗
WLAN	keine Angabe
Lebensmittel	500m
Brötchen am Platz	✓
Restaurant & Imbiss	✓
Ver-/Entsorgung Womo	✗
in den Ort	500m
Gesamt	120
Mietunterkünfte	✗
Stellplätze vor Schranke	✗

3.5 GUT
10 Bewertungen

Lage	4.2
Ruhe	4.1
Sanitäranlagen	2.9
Sauberkeit Ø	2.7
Freundlichkeit	2.0
Stellplatz	3.2
Verpflegung	2.0
Freizeit	2.9
Preis-Leistung	3.8
Mietunterkünfte	-

Geeignet für

Kinder b. 6 J.	4.0
Kinder b. 12 J.	4.0
Kinder b. 18 J.	3.3
Paare	4.0
Senioren	4.0
Gäste mit Zelt	3.3
Gäste mit Hund	3.7

Empfohlene Aktivitäten

- Segeln
- Schwimmen
- Radfahren

7 Campingplatz Dümmersee

Zum Fischerhafen 15
49448 Hüde
+49 54438912
52.49624 | 8.35438

keine Angabe
HS: 18,50 € | NS: 18,50 €
Mehr Infos & Anfrage:
www.camping.info/23284

Baden im See	500m
Pool/Hallenbad	15km/500m
Spielplatz am Platz	✓
Hunde willkommen	✓
Schatten	✗
WLAN	✓
Lebensmittel	500m
Brötchen am Platz	✗
Restaurant/Imbiss	500m
Ver-/Entsorgung Womo	✓
in den Ort	2km
Touristenplätze	10
Mietunterkünfte	✗
Stellplätze vor Schranke	✗

4.2 SEHR GUT
18 Bewertungen

Lage	4.4
Ruhe	3.9
Sanitäranlagen	4.0
Sauberkeit Ø	4.5
Freundlichkeit	4.8
Stellplatz	4.0
Verpflegung	3.4
Freizeit	3.8
Preis-Leistung	4.4
Mietunterkünfte	-

Geeignet für

Kinder b. 6 J.	4.0
Kinder b. 12 J.	4.3
Kinder b. 18 J.	3.7
Paare	4.4
Senioren	4.9
Gäste mit Zelt	4.1
Gäste mit Hund	4.8

Empfohlene Aktivitäten

- Segeln
- Radfahren
- Wandern

8 Campingplatz Familienpark Steller See

Zum Steller See 15
28816 Stuhr-Gr. Mackenstedt
+49 4206 6490
53.00662 | 8.69222

01.04. - 30.09.
HS: 21,00 € | NS: 21,00 €
Mehr Infos & Anfrage:
www.camping.info/18393

Baden im See am Platz	✓
Pool & Hallenbad	✗
Spielplatz am Platz	✓
Hunde willkommen	✓
zur Hälfte Schatten	✓
WLAN (gegen Gebühr)	✓
Lebensmittel	✓
Brötchen am Platz	✓
Restaurant & Imbiss	✓
Ver-/Entsorgung Womo	✓
in den Ort	1km
Gesamt/Touristen	440/60
Mietunterkünfte	✓
Stellplätze vor Schranke	✓

3.9 GUT
32 Bewertungen

Lage	4.0
Ruhe	2.8
Sanitäranlagen	3.8
Sauberkeit Ø	4.4
Freundlichkeit	4.6
Stellplatz	3.9
Verpflegung	3.8
Freizeit	4.0
Preis-Leistung	4.3
Mietunterkünfte	4.4

Geeignet für

Kinder b. 6 J.	4.3
Kinder b. 12 J.	4.3
Kinder b. 18 J.	4.1
Paare	4.2
Senioren	4.0
Gäste mit Zelt	4.4
Gäste mit Hund	3.5

Empfohlene Aktivitäten

- Schwimmen
- Entspannen
- Radfahren

Karte auf Seite 142

9 Märchencamping (Wienberg)

Zum Steller See 83
28816 Stuhr

53.00998 | 8.68968

keine Angabe

keine Angabe

Mehr Infos & Anfrage:
www.camping.info/26798

Baden in nat. Gewässer	k. A.
Pool & Hallenbad	✗
Spielplatz	keine Angabe
Hunde	✗
Schatten	✗
WLAN	keine Angabe
Lebensmittel	k.A.
Brötchen	keine Angabe
Restaurant & Imbiss	✗
Ver-/Entsorgung Womo	✗
in den Ort	keine Angabe
Gesamt	keine Angabe
Mietunterkünfte	✗
Stellplätze vor Schranke	✗

3.9 GUT
7 Bewertungen

Lage	4.0
Ruhe	3.0
Sanitäranlagen	3.3
Sauberkeit Ø	3.9
Freundlichkeit	4.9
Stellplatz	3.8
Verpflegung	3.6
Freizeit	4.3
Preis-Leistung	4.1
Mietunterkünfte	-

Geeignet für

Kinder b. 6 J.	5.0
Kinder b. 12 J.	5.0
Kinder b. 18 J.	3.8
Paare	3.8
Senioren	4.0
Gäste mit Zelt	4.2
Hunde n. erlaubt	-

Empfohlene Aktivitäten

- Radfahren
- Entspannen
- Wandern

10 HanseCamping Bremen

*

Hochschulring 1
28359 Bremen
+49 421 30746825

53.11468 | 8.83345

ganzjährig

HS: 35,50 € | NS: 35,50 €

Mehr Infos & Anfrage:
www.camping.info/22232

Baden im See	100m
Hallenbad	2km
Spielplatz am Platz	✓
Hunde willkommen	✓
zur Hälfte Schatten	✓
WLAN (gratis)	teilweise
Lebensmittel	✓
Brötchen am Platz	nur HS
Restaurant am P.	✓
Ver-/Entsorgung Womo	✓
in den Ort	6km
Gesamt/Touristen	153/110
Mietunterkünfte	✓
Stellplätze vor Schranke	✓

3.5 GUT
22 Bewertungen

Lage	4.2
Ruhe	3.1
Sanitäranlagen	4.0
Sauberkeit Ø	3.8
Freundlichkeit	3.5
Stellplatz	3.6
Verpflegung	3.4
Freizeit	3.7
Preis-Leistung	2.6
Mietunterkünfte	5.0

Geeignet für

Kinder b. 6 J.	2.8
Kinder b. 12 J.	3.6
Kinder b. 18 J.	3.7
Paare	4.0
Senioren	3.9
Gäste mit Zelt	3.7
Gäste mit Hund	3.7

Empfohlene Aktivitäten

- Sightseeing
- Schwimmen
- Radfahren

11 Land of Green Naturresort

Waakhauser Str. 20
27726 Worpswede
040 410094950

53.20978 | 8.87752

09.04. - 31.10.
01.11. - 31.03.

HS: 25,00 €

Mehr Infos & Anfrage:
www.camping.info/18387

Baden im Fluss	1km
Pool/Hallenbad	4/4km
Spielplatz am Platz	✓
Hunde willkommen	✓
zur Hälfte Schatten	✓
WLAN	✓
Lebensmittel	4km
Brötchen am Platz	nur HS
Restaurant/Imbiss	3km/✓
Ver-/Entsorgung Womo	✓
in den Ort	3km
Touristenplätze	15
Mietunterkünfte	✓
Stellplätze vor Schranke	✗

4.0 SEHR GUT
4 Bewertungen

Lage	3.8
Ruhe	4.8
Sanitäranlagen	2.5
Sauberkeit Ø	4.0
Freundlichkeit	4.8
Stellplatz	3.8
Verpflegung	4.0
Freizeit	5.0
Preis-Leistung	4.0
Mietunterkünfte	4.0

Geeignet für

Kinder b. 6 J.	5.0
Kinder b. 12 J.	5.0
Kinder b. 18 J.	5.0
Paare	5.0
Senioren	4.7
Gäste mit Zelt	5.0
Gäste mit Hund	3.7

Empfohlene Aktivitäten

- Radfahren
- Kayak/Kanu
- Wandern

Infos

Öffnungszeiten

Vergleichspreis

Link

Ausstattung

Freizeit

Campingplatz

Versorgung

Anzahl der Plätze

12 Hammehafen Worpswede

Hammeweg 10 - 12
27726 Worpswede

53.22819 | 8.88832

keine Angabe

keine Angabe

Mehr Infos & Anfrage:
www.camping.info/27592

Baden in nat. Gewässer	k. A.
Pool & Hallenbad	✗
Spielplatz	keine Angabe
Hunde	✗
Schatten	✗
WLAN	keine Angabe
Lebensmittel	k.A.
Brötchen	keine Angabe
Restaurant & Imbiss	✗
Ver-/Entsorgung Womo	✗
in den Ort	keine Angabe
Gesamt	keine Angabe
Mietunterkünfte	✗
Stellplätze vor Schranke	✗

3.6 GUT – 5 Bewertungen

Lage	5.0
Ruhe	5.0
Sanitäranlagen	3.0
Sauberkeit Ø	3.9
Freundlichkeit	4.6
Stellplatz	2.8
Verpflegung	2.7
Freizeit	4.6
Preis-Leistung	4.0
Mietunterkünfte	-

Geeignet für

Kinder b. 6 J.	3.3
Kinder b. 12 J.	4.0
Kinder b. 18 J.	4.0
Paare	5.0
Senioren	4.6
Gäste mit Zelt	4.3
Hunde n. erlaubt	-

Empfohlene Aktivitäten

- Radfahren
- Kayak/Kanu
- Angeln

13 Camping- und Mobilheimplatz „Am Eichholz“

Hermann-Lamprecht-Straße 69
27442 Gnarrenburg
+49 4763 8648

53.39215 | 9.00981

15.03. - 31.10.

HS: 18,50 € | NS: 18,50 €

Mehr Infos & Anfrage:
www.camping.info/26203

Baden im See	15km
Pool/Hallenbad	100m/15km
Spielplatz am Platz	✓
Hunde willkommen	✓
wenig Schatten	✓
WLAN	✓
Lebensmittel	1km
Brötchen am Platz	✗
Restaurant/Imbiss	1km
Ver-/Entsorgung Womo	✓
in den Ort	500m
Gesamt/Touristen	90/50
Mietunterkünfte	✓
Stellplätze vor Schranke	✗

4.8 SEHR GUT – 4 Bewertungen

Lage	4.2
Ruhe	5.0
Sanitäranlagen	4.8
Sauberkeit Ø	5.0
Freundlichkeit	5.0
Stellplatz	4.5
Verpflegung	4.7
Freizeit	4.0
Preis-Leistung	5.0
Mietunterkünfte	5.0

Geeignet für

Kinder b. 6 J.	3.7
Kinder b. 12 J.	4.0
Kinder b. 18 J.	3.7
Paare	4.7
Senioren	5.0
Gäste mit Zelt	4.2
Gäste mit Hund	4.7

Empfohlene Aktivitäten

- Wandern
- Entspannen
- Radfahren

14 Camping Duxbachtal

❄

Bockhorster Weg 24
27432 Bremervörde-Plönieshausen
+49 4767 667

53.41117 | 9.19874

ganzjährig

HS: 19,80 € | NS: 19,80 €

Mehr Infos & Anfrage:
www.camping.info/18371

Baden im See am Platz	✓
Pool/Hallenbad	9km
Spielplatz am Platz	✓
Hunde willkommen	✓
Schatten	✗
WLAN (gratis)	teilweise
Lebensmittel	4km
Brötchen am Platz	✓
Restaurant/Imbiss	4km/✓
Ver-/Entsorgung Womo	✗
in den Ort	4km
Gesamt/Touristen	200/40
Mietunterkünfte	✓
Stellplätze vor Schranke	✗

3.8 GUT – 6 Bewertungen

Lage	4.0
Ruhe	4.7
Sanitäranlagen	3.7
Sauberkeit Ø	4.2
Freundlichkeit	4.7
Stellplatz	3.7
Verpflegung	2.4
Freizeit	3.5
Preis-Leistung	4.5
Mietunterkünfte	-

Geeignet für

Kinder b. 6 J.	3.4
Kinder b. 12 J.	3.4
Kinder b. 18 J.	3.4
Paare	4.2
Senioren	4.7
Gäste mit Zelt	4.5
Gäste mit Hund	4.5

Empfohlene Aktivitäten

- Radfahren
- Wandern
- Entspannen

15 Campingpark Harsefeld

Quellenweg 3
21698 Harsefeld
+49 4164 909 836

53.45601 | 9.49184

01.04. - 30.09.

HS: 21,00 € | NS: 21,00 €

Mehr Infos & Anfrage:
www.camping.info/18145

Baden im Teich am Platz	✓
Pool/Hallenbad	50m/5km
Spielplatz am Platz	✓
Hunde willkommen	✓
zur Hälfte Schatten	✓
WLAN	✗
Lebensmittel	500m
Brötchen am Platz	✓
Restaurant/Imbiss	100/50m
Ver-/Entsorgung Womo	✓
in den Ort	500m
Gesamt/Touristen	110/70
Mietunterkünfte	✗
Stellplätze vor Schranke	✗

4.3 SEHR GUT – 21 Bewertungen

Lage	4.5
Ruhe	4.5
Sanitäranlagen	4.0
Sauberkeit Ø	4.5
Freundlichkeit	4.5
Stellplatz	3.9
Verpflegung	2.9
Freizeit	4.1
Preis-Leistung	4.5
Mietunterkünfte	-

Geeignet für

Kinder b. 6 J.	4.1
Kinder b. 12 J.	3.9
Kinder b. 18 J.	3.8
Paare	4.7
Senioren	4.8
Gäste mit Zelt	4.7
Gäste mit Hund	4.7

Empfohlene Aktivitäten

- Radfahren
- Schwimmen
- Entspannen

Karte auf Seite 142

	16	17	18
	Waldcampingplatz Ummelbad	**Wochenendpark Rethbergsee**	**Campingplatz Wüllenheide**
	*	*	
	Ummelweg 100 27412 Hepstedt +49 152 574 001 99	Wörpeweg 51 27412 Tarmstedt	An der Reitbahn 1 27412 Wilstedt
	53.26778 | 9.10199	53.215 | 9.09222	53.18944 | 9.1

Infos

	16	17	18
Öffnungszeiten	ganzjährig	ganzjährig	keine Angabe
Vergleichspreis	HS: 15,00 € | NS: 14,00 €	HS: 16,50 €	keine Angabe
Link	**Mehr Infos & Anfrage:** www.camping.info/26657	**Mehr Infos & Anfrage:** www.camping.info/18370	**Mehr Infos & Anfrage:** www.camping.info/18369

Ausstattung

	16		17		18	
Freizeit	Baden in nat. Gewässer	k. A.	Baden in nat. Gewässer	k. A.	Baden in nat. Gewässer	k. A.
	Pool am Platz	✓	Pool & Hallenbad	✗	Pool & Hallenbad	✗
	Spielplatz am Platz	✓	Spielplatz	keine Angabe	Spielplatz	keine Angabe
Campingplatz	Hunde willkommen	✓	Hunde erlaubt	✓	Hunde	✗
	wenig Schatten	✓	Schatten	✗	Schatten	✗
	WLAN	✗	WLAN	keine Angabe	WLAN	keine Angabe
Versorgung	Lebensmittel	4km	Lebensmittel	k.A.	Lebensmittel	k.A.
	Brötchen am Platz	nur HS	Brötchen	keine Angabe	Brötchen	keine Angabe
	Restaurant & Imbiss	✓	Restaurant & Imbiss	✗	Restaurant & Imbiss	✗
	Ver-/Entsorgung Womo	✗	Ver-/Entsorgung Womo	✗	Ver-/Entsorgung Womo	✗
	in den Ort	4km	in den Ort	keine Angabe	in den Ort	keine Angabe
Anzahl der Plätze	Gesamt/Touristen	250/100	Gesamt/Touristen	310/40	Gesamt	keine Angabe
	Mietunterkünfte	✓	Mietunterkünfte	✗	Mietunterkünfte	✗
	Stellplätze vor Schranke	✗	Stellplätze vor Schranke	✗	Stellplätze vor Schranke	✗

Bewertungen

	16	17	18
Gesamt	4.2 SEHR GUT, 24 Bewertungen	4.0 SEHR GUT, 4 Bewertungen	4.2 SEHR GUT, 6 Bewertungen
Lage	4.7	4.0	3.8
Ruhe	4.9	5.0	4.2
Sanitäranlagen	3.3	3.8	3.2
Sauberkeit Ø	4.4	5.0	4.1
Freundlichkeit	4.7	5.0	5.0
Stellplatz	3.8	3.5	3.6
Verpflegung	4.3	3.7	2.5
Freizeit	3.9	4.0	3.4
Preis-Leistung	4.5	4.5	4.6
Mietunterkünfte	3.7	-	-

Geeignet für

	16	17	18
Kinder b. 6 J.	4.4	4.8	4.0
Kinder b. 12 J.	4.4	4.5	4.2
Kinder b. 18 J.	3.7	3.5	3.5
Paare	4.7	5.0	4.7
Senioren	4.6	5.0	4.7
Gäste mit Zelt	4.7	5.0	4.7
Gäste mit Hund	4.2	4.0	
Hunde n. erlaubt			-

Empfohlene Aktivitäten

16	17	18
Entspannen		Schwimmen
Radfahren		Radfahren
Wandern		Angeln

19 Camping Sonnencamp Zeven

Sonnenkamp 10
27404 Zeven
+49 4281 951 345
53.30399 | 9.29902

ganzjährig
HS: 23,50 € | NS: 23,50 €
Mehr Infos & Anfrage:
www.camping.info/18368

Baden im Teich am Platz	✓
Pool/Hallenbad	150m/2km
Spielplatz	keine Angabe
Hunde erlaubt	✓
Schatten	✗
WLAN	✓
Lebensmittel	✓
Brötchen am Platz	✓
Restaurant am P.	✓
Ver-/Entsorgung Womo	✓
in den Ort	1km
Gesamt/Touristen	280/100
Mietunterkünfte	✓
Stellplätze vor Schranke	✗

4.0 SEHR GUT
9 Bewertungen

Lage	4.1
Ruhe	4.4
Sanitäranlagen	4.0
Sauberkeit Ø	4.5
Freundlichkeit	4.5
Stellplatz	3.8
Verpflegung	3.6
Freizeit	3.9
Preis-Leistung	4.8
Mietunterkünfte	4.5

Geeignet für

Kinder b. 6 J.	4.2
Kinder b. 12 J.	4.2
Kinder b. 18 J.	3.8
Paare	4.6
Senioren	4.6
Gäste mit Zelt	4.2
Gäste mit Hund	4.5

Empfohlene Aktivitäten

- Schwimmen
- Wandern
- Radfahren

20 Ferienzentrum-Heidenau

Zum Ferienzentrum 10
21258 Heidenau
041824272
53.30877 | 9.61469

ganzjährig
HS: 27,00 € | NS: 27,00 €
Mehr Infos & Anfrage:
www.camping.info/18125

Baden in nat. Gewässer	k. A.
Pool am Platz	✓
Spielplatz	keine Angabe
Hunde	✗
zur Hälfte Schatten	✓
WLAN (gratis)	teilweise
Lebensmittel	8km
Brötchen am Platz	nur HS
Restaurant am P.	✓
Ver-/Entsorgung Womo	✓
in den Ort	1km
Touristenplätze	80
Mietunterkünfte	✗
Stellplätze vor Schranke	✓

3.7 GUT
26 Bewertungen

Lage	3.7
Ruhe	4.1
Sanitäranlagen	3.8
Sauberkeit Ø	3.7
Freundlichkeit	3.6
Stellplatz	3.5
Verpflegung	3.1
Freizeit	3.6
Preis-Leistung	3.8
Mietunterkünfte	-

Geeignet für

Kinder b. 6 J.	3.5
Kinder b. 12 J.	3.6
Kinder b. 18 J.	2.9
Paare	3.7
Senioren	4.2
Gäste mit Zelt	3.5
Hunde n. erlaubt	-

Empfohlene Aktivitäten

- Wandern
- Schwimmen
- Radfahren

21 Camping Alte Löweninsel

Schmiedeberg 1
27389 Lauenbrück
+49 4267 8238
53.20206 | 9.5483

01.04. - 15.09.
HS: 20,00 € | NS: 20,00 €
Mehr Infos & Anfrage:
www.camping.info/18365

Baden in nat. Gewässer	k. A.
Pool am Platz	✓
Spielplatz am Platz	✓
Hunde willkommen	✓
wenig Schatten	✓
WLAN	✓
Lebensmittel	500m
Brötchen am Platz	✗
Restaurant	400m
Ver-/Entsorgung Womo	✓
in den Ort	200m
Gesamt/Touristen	40/30
Mietunterkünfte	✓
Stellplätze vor Schranke	✗

4.2 SEHR GUT
15 Bewertungen

Lage	4.4
Ruhe	4.1
Sanitäranlagen	3.4
Sauberkeit Ø	4.5
Freundlichkeit	4.9
Stellplatz	4.1
Verpflegung	2.4
Freizeit	3.8
Preis-Leistung	4.2
Mietunterkünfte	4.0

Geeignet für

Kinder b. 6 J.	3.7
Kinder b. 12 J.	3.9
Kinder b. 18 J.	3.6
Paare	4.6
Senioren	4.5
Gäste mit Zelt	4.9
Gäste mit Hund	5.0

Empfohlene Aktivitäten

- Kayak/Kanu
- Entspannen
- Radfahren

22 Camping Stürberg

zum Steingrund
27367 Hassendorf
+49 4264 9124
53.12027 | 9.27888

01.04. - 31.10.
keine Angabe
Mehr Infos & Anfrage:
www.camping.info/18361

Baden in nat. Gewässer	k. A.
Pool & Hallenbad	✗
Spielplatz am Platz	✓
Hunde willkommen	✓
zur Hälfte Schatten	✓
WLAN	✗
Lebensmittel	3km
Brötchen	keine Angabe
Restaurant & Imbiss	✗
Ver-/Entsorgung Womo	✓
in den Ort	500m
Gesamt/Touristen	80/40
Mietunterkünfte	✗
Stellplätze vor Schranke	✗

4.2 SEHR GUT
5 Bewertungen

Lage	3.8
Ruhe	4.0
Sanitäranlagen	4.8
Sauberkeit Ø	4.7
Freundlichkeit	5.0
Stellplatz	4.0
Verpflegung	3.5
Freizeit	3.6
Preis-Leistung	4.0
Mietunterkünfte	-

Geeignet für

Kinder b. 6 J.	3.0
Kinder b. 12 J.	2.5
Kinder b. 18 J.	2.0
Paare	4.0
Senioren	4.3
Gäste mit Zelt	4.2
Gäste mit Hund	4.5

Empfohlene Aktivitäten

- Radfahren
- Wandern
- Entspannen

Karte auf Seite 142

	23	24	25
	Camping-Paradies Grüner Jäger	**KNAUS Campingpark Oyten/Bremen**	**Campingplatz Drosselhof**
	Everinghauser Dorfstraße 17 27367 Sottrum-Everinghausen +49 420 531 9113 53.08261 | 9.17663	Oyter See 1 28876 Oyten +49 4207 2878 53.04722 | 9.00444	Ziegeleiweg 35 27299 Langwedel +49 4235 758 52.97472 | 9.10555
Infos			
Öffnungszeiten	01.01. - 01.01.	01.03. - 04.11.	01.04. - 31.10.
Vergleichspreis	HS: 30,50 € | NS: 26,00 €	HS: 29,60 € | NS: 28,10 €	HS: 24,00 € | NS: 23,00 €
Link	**Mehr Infos & online buchen:** www.camping.info/18362	**Mehr Infos & Anfrage:** www.camping.info/18396	**Mehr Infos & Anfrage:** www.camping.info/18357
Ausstattung			
Freizeit	Baden im Fluss am Platz ✓ Pool/Hallenbad ✓/5km Spielplatz am Platz ✓	Baden im See am Platz ✓ Pool/Hallenbad 6km Spielplatz am Platz ✓	Baden im Fluss am Platz ✓ Pool/Hallenbad ✓/5km Spielplatz am Platz ✓
Campingplatz	Hunde willkommen ✓ wenig Schatten ✓ WLAN ✓	Hunde willkommen ✓ zur Hälfte Schatten ✓ WLAN (gegen Gebühr) ✓	Hunde erlaubt ✓ zur Hälfte Schatten ✓ WLAN ✓
Versorgung	Lebensmittel 6km Brötchen am Platz ✓ Restaurant & Imbiss ✓ Ver-/Entsorgung Womo ✓ in den Ort 5km	Lebensmittel ✓ Brötchen am Platz ✓ Restaurant/Imbiss 2km/✓ Ver-/Entsorgung Womo ✗ in den Ort 2km	Lebensmittel ✓ Brötchen am Platz ✓ Restaurant am P. ✓ Ver-/Entsorgung Womo ✗ in den Ort 1km
Anzahl der Plätze	Gesamt/Touristen 99/49 Mietunterkünfte ✗ Stellplätze vor Schranke ✗	Gesamt/Touristen 193/92 Mietunterkünfte ✗ Stellplätze vor Schranke ✓	Gesamt/Touristen 240/80 Mietunterkünfte ✓ Stellplätze vor Schranke ✗

	23	24	25
Gesamt	3.3 GUT, 15 Bewertungen	4.0 SEHR GUT, 107 Bewertungen	3.4 GUT, 17 Bewertungen
Lage	3.9	4.1	4.1
Ruhe	3.4	3.5	4.8
Sanitäranlagen	3.3	3.6	3.2
Sauberkeit Ø	3.5	3.9	3.2
Freundlichkeit	3.5	4.4	4.3
Stellplatz	3.3	3.9	3.2
Verpflegung	3.4	3.1	3.6
Freizeit	3.0	3.8	3.1
Preis-Leistung	3.2	3.7	3.9
Mietunterkünfte	-	-	3.5
Geeignet für			
Kinder b. 6 J.	3.7	4.1	3.5
Kinder b. 12 J.	3.7	4.1	3.5
Kinder b. 18 J.	3.4	3.8	3.3
Paare	4.3	4.3	3.8
Senioren	4.0	4.2	3.5
Gäste mit Zelt	4.2	4.1	3.9
Gäste mit Hund	4.3	4.1	4.2
Empfohlene Aktivitäten	Radfahren Schwimmen Wandern	Schwimmen Sightseeing Wandern	Radfahren Entspannen Wandern

weitere NS: 20.09. - 08.11.

26 Campingplatz "Am Salingsloh"

Kükenmoorer Dorfstraße 16
27308 Kirchlinteln - Kükenmoor
+49 4236 1572
52.92394 | 9.38852

01.03. - 31.10.
HS: 11,00 € | NS: 11,00 €
Mehr Infos & Anfrage:
www.camping.info/23544

Baden im Teich am Platz	✓
Pool/Hallenbad	12km
Spielplatz am Platz	✓
Hunde erlaubt	✓
Schatten	×
WLAN	×
Lebensmittel	✓
Brötchen am Platz	✓
Restaurant am P.	✓
Ver-/Entsorgung Womo	✓
in den Ort	keine Angabe
Gesamt/Touristen	80/20
Mietunterkünfte	×
Stellplätze vor Schranke	×

3.0 GUT
5 Bewertungen

Lage	3.2
Ruhe	3.0
Sanitäranlagen	2.7
Sauberkeit Ø	1.2
Freundlichkeit	2.0
Stellplatz	3.0
Verpflegung	2.2
Freizeit	1.7
Preis-Leistung	3.2
Mietunterkünfte	-

Geeignet für

Kinder b. 6 J.	2.8
Kinder b. 12 J.	3.0
Kinder b. 18 J.	1.5
Paare	2.8
Senioren	3.2
Gäste mit Zelt	1.0
Gäste mit Hund	1.0

27 Camping Kellerberg

Kellerberg 1
27330 Asendorf-Essen
+49 4253 450
52.77778 | 9.03889

ganzjährig
HS: 17,00 € | NS: 17,00 €
Mehr Infos & Anfrage:
www.camping.info/18358

Baden im Teich am Platz	✓
Pool/Hallenbad	9/20km
Spielplatz am Platz	✓
Hunde erlaubt	✓
wenig Schatten	✓
WLAN	×
Lebensmittel	3km
Brötchen	keine Angabe
Restaurant & Imbiss	✓
Ver-/Entsorgung Womo	✓
in den Ort	3km
Gesamt/Touristen	80/40
Mietunterkünfte	×
Stellplätze vor Schranke	×

4.0 SEHR GUT
17 Bewertungen

Lage	4.0
Ruhe	4.6
Sanitäranlagen	4.3
Sauberkeit Ø	5.0
Freundlichkeit	5.0
Stellplatz	4.1
Verpflegung	4.4
Freizeit	3.5
Preis-Leistung	4.3
Mietunterkünfte	-

Geeignet für

Kinder b. 6 J.	4.2
Kinder b. 12 J.	4.2
Kinder b. 18 J.	3.7
Paare	4.7
Senioren	4.8
Gäste mit Zelt	4.8
Gäste mit Hund	4.6

Empfohlene Aktivitäten
- Entspannen
- Radfahren
- Wandern

28 Camping Rittergut Hämelsee

Anderten
31622 Heemsen-Anderten
52.7575 | 9.30917

keine Angabe
keine Angabe
Mehr Infos & Anfrage:
www.camping.info/18443

Baden in nat. Gewässer	k. A.
Pool & Hallenbad	×
Spielplatz	keine Angabe
Hunde	×
Schatten	×
WLAN	keine Angabe
Lebensmittel	k.A.
Brötchen	keine Angabe
Restaurant & Imbiss	×
Ver-/Entsorgung Womo	×
in den Ort	keine Angabe
Gesamt	keine Angabe
Mietunterkünfte	×
Stellplätze vor Schranke	×

4.0 SEHR GUT
3 Bewertungen

Lage	3.7
Ruhe	5.0
Sanitäranlagen	3.3
Sauberkeit Ø	3.5
Freundlichkeit	5.0
Stellplatz	3.7
Verpflegung	3.0
Freizeit	4.0
Preis-Leistung	4.3
Mietunterkünfte	-

Geeignet für

Kinder b. 6 J.	4.0
Kinder b. 12 J.	4.5
Kinder b. 18 J.	3.5
Paare	4.0
Senioren	4.0
Gäste mit Zelt	4.5
Hunde n. erlaubt	-

Empfohlene Aktivitäten
- Radfahren
- Entspannen
- Schwimmen

29 Camping Rittergut Frankenfeld

Dorfstraße 1
27336 Frankenfeld/ Rethem Aller
+49 5165 3933
52.7713 | 9.42914

ganzjährig
HS: 17,50 € | NS: 17,50 €
Mehr Infos & Anfrage:
www.camping.info/18359

Baden im Fluss am Platz	✓
Pool & Hallenbad	×
Spielplatz am Platz	✓
Hunde willkommen	✓
zur Hälfte Schatten	✓
WLAN	✓
Lebensmittel	5km
Brötchen am Platz	✓
Restaurant/Imbiss	2/5km
Ver-/Entsorgung Womo	✓
in den Ort	4km
Gesamt/Touristen	140/40
Mietunterkünfte	✓
Stellplätze vor Schranke	✓

4.2 SEHR GUT
16 Bewertungen

Lage	4.5
Ruhe	4.9
Sanitäranlagen	4.0
Sauberkeit Ø	4.5
Freundlichkeit	5.0
Stellplatz	4.1
Verpflegung	2.9
Freizeit	3.7
Preis-Leistung	4.7
Mietunterkünfte	5.0

Geeignet für

Kinder b. 6 J.	4.1
Kinder b. 12 J.	4.3
Kinder b. 18 J.	3.7
Paare	4.5
Senioren	4.5
Gäste mit Zelt	5.0
Gäste mit Hund	4.9

Empfohlene Aktivitäten
- Angeln
- Kayak/Kanu
- Radfahren

Karte auf Seite 142

30 Campingplatz Drakenburg Wassersport Weser e.V.

Zum Campingplatz 1
31623 Drakenburg
+49 5024 401
52.69481 | 9.20077

Infos	
Öffnungszeiten	01.04. - 15.10.
Vergleichspreis	HS: 14,00 € | NS: 14,00 €
Link	**Mehr Infos & Anfrage:** www.camping.info/26549

Ausstattung		
Freizeit	Baden im Fluss am Platz	✓
	Pool/Hallenbad	8/10km
	Spielplatz am Platz	✓
Campingplatz	Hunde willkommen	✓
	wenig Schatten	✓
	WLAN	✓
Versorgung	Lebensmittel	3km
	Brötchen am Platz	✗
	Restaurant	1km
	Ver-/Entsorgung Womo	✓
	in den Ort	1km
Anzahl der Plätze	Gesamt/Touristen	210/25
	Mietunterkünfte	✓
	Stellplätze vor Schranke	✓

3.9 GUT – 9 Bewertungen

Lage	4.2
Ruhe	4.8
Sanitäranlagen	2.7
Sauberkeit Ø	4.2
Freundlichkeit	4.6
Stellplatz	3.7
Verpflegung	1.8
Freizeit	3.2
Preis-Leistung	4.8
Mietunterkünfte	2.0

Geeignet für

Kinder b. 6 J.	3.0
Kinder b. 12 J.	3.5
Kinder b. 18 J.	2.8
Paare	4.2
Senioren	3.9
Gäste mit Zelt	4.8
Gäste mit Hund	4.7

Empfohlene Aktivitäten

- Angeln
- Radfahren
- Kayak/Kanu

31 Campingplatz Stolzenau

Weserstrasse 11 a
31592 Stolzenau
+49 171 621 6398
52.51077 | 9.08022

Infos	
Öffnungszeiten	01.04. - 31.10.
Vergleichspreis	HS: 18,00 € | NS: 18,00 €
Link	**Mehr Infos & Anfrage:** www.camping.info/24064

Ausstattung		
Freizeit	Baden in nat. Gewässer	k. A.
	Pool/Hallenbad	400m/20km
	Spielplatz am Platz	✓
Campingplatz	Hunde willkommen	✓
	zur Hälfte Schatten	✓
	WLAN	✗
Versorgung	Lebensmittel	900m
	Brötchen am Platz	✓
	Restaurant & Imbiss	✓
	Ver-/Entsorgung Womo	✗
	in den Ort	100m
Anzahl der Plätze	Gesamt/Touristen	80/40
	Mietunterkünfte	✓
	Stellplätze vor Schranke	✗

3.9 GUT – 16 Bewertungen

Lage	4.4
Ruhe	4.1
Sanitäranlagen	3.1
Sauberkeit Ø	3.7
Freundlichkeit	4.8
Stellplatz	4.0
Verpflegung	3.2
Freizeit	3.4
Preis-Leistung	4.3
Mietunterkünfte	4.0

Geeignet für

Kinder b. 6 J.	2.8
Kinder b. 12 J.	3.3
Kinder b. 18 J.	3.5
Paare	4.4
Senioren	4.3
Gäste mit Zelt	4.3
Gäste mit Hund	4.4

Empfohlene Aktivitäten

- Radfahren
- Entspannen
- Wandern

32 Moorcamp

Birkenbusch 50
31606 Warmsen
05767 9438655
52.48127 | 8.81757

Infos	
Öffnungszeiten	01.04. - 30.10.
Vergleichspreis	HS: 18,50 €
Link	**Mehr Infos & Anfrage:** www.camping.info/27416

Ausstattung		
Freizeit	Baden im See	10km
	Pool/Hallenbad	7/6km
	Spielplatz am Platz	✓
Campingplatz	Hunde erlaubt	✓
	zur Hälfte Schatten	✓
	WLAN	teilweise
Versorgung	Lebensmittel	4km
	Brötchen am Platz	nur HS
	Restaurant	6km
	Ver-/Entsorgung Womo	✓
	in den Ort	5km
Anzahl der Plätze	Gesamt/Touristen	35/25
	Mietunterkünfte	✓
	Stellplätze vor Schranke	✓

5.0 AUSGEZEICHNET – 4 Bewertungen

Lage	4.8
Ruhe	5.0
Sanitäranlagen	4.8
Sauberkeit Ø	5.0
Freundlichkeit	5.0
Stellplatz	4.2
Verpflegung	4.3
Freizeit	4.0
Preis-Leistung	4.5
Mietunterkünfte	5.0

Geeignet für

Kinder b. 6 J.	4.3
Kinder b. 12 J.	4.7
Kinder b. 18 J.	3.3
Paare	4.5
Senioren	5.0
Gäste mit Zelt	4.7
Gäste mit Hund	5.0

Empfohlene Aktivitäten

- Radfahren
- Entspannen
- Wandern

❹ Lüneburger Heide

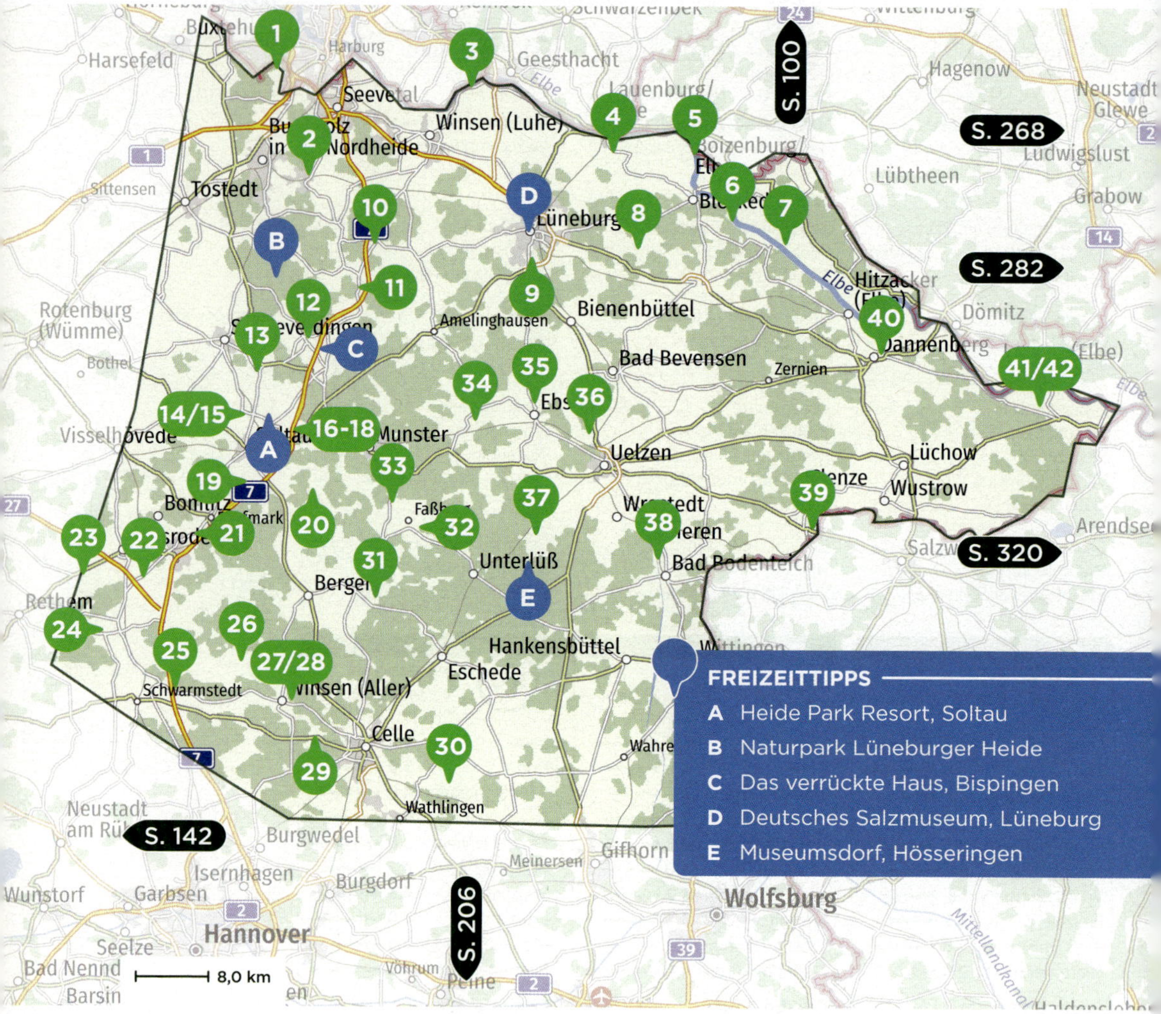

Platz		Seite	Bewertung	Öffnungszeiten
1	Wildpark-Camping Schwarze Berge	159	4.7	saisonal
2	Campingplatz am Quellenbad Jesteburg	159	4.1	ganzjährig ❄
3	Camping Stover Strand International - Hamburg	156	4.0	ganzjährig ❄ 🍃 ⚡
4	Camping Bullerby	158	1.0	ganzjährig ❄
5	ACSI CAMPING ELBELING	159	4.5	saisonal

	Platz	Seite	Bewertung	Öffnungszeiten	Merkmale
6	KNAUS Campingpark Bleckede/Elbtalaue	160	4.4	saisonal	Wintercamping
7	Camping Elbufer	160	4.9	ganzjährig	Wintercamping
8	Heidehof Radenbeck - Campingplatz	160	4.7	saisonal	
9	Camping Rote Schleuse	160	4.0	ganzjährig	Wintercamping
10	Freizeit-Camp-Nordheide	161	3.9	ganzjährig	Wintercamping
11	Regenbogen Egestorf	161	3.3	saisonal	
12	Camping Brunautal	161	4.3	saisonal	
13	CampingPark Lüneburger Heide	164	4.7	saisonal	Ecocamping, Award
14	Campingplatz "Auf dem Simpel"	162	4.7	ganzjährig	Wintercamping, Ecocamping, Onlinebuchung, Award
15	Röders' Park - Premium Camping Lüneburger Heide	165	4.9	ganzjährig	Wintercamping, Ecocamping, Award
16	Camping- & Mobilheimpark Moränasee	165	4.5	k. A.	
17	Campingpark Scandinavia Soltau	165	3.3	saisonal	Wintercamping
18	Ferienparadies Mühlenbach	169	4.1	ganzjährig	Wintercamping
19	Camping Imbrock	169	3.7	ganzjährig	Wintercamping
20	Südsee-Camp	166	4.3	ganzjährig	Wintercamping, Ecocamping
21	Camping Böhmeschlucht	168	4.5	ganzjährig	Wintercamping, Ecocamping, Onlinebuchung
22	Camping Zum alten Mühlenteich	169	4.1	saisonal	Wintercamping
23	Camping Helberger Mühle	171	3.2	saisonal	
24	Campingplatz Ahlden S&R Homfeld GbR	171	3.3	ganzjährig	Wintercamping
25	Camping-Aller-Leine-Tal	171	3.7	saisonal	
26	Campingpark Hüttensee	170	4.2	ganzjährig	Wintercamping
27	Campingplatz-Winsen/Aller	172	4.3	ganzjährig	Wintercamping
28	Campingpark Südheide	173	4.8	saisonal	Ecocamping, Onlinebuchung, Award
29	Camping Interessengmeinschaft Hambühren e. V.	173	5.0	saisonal	
30	Camping Am Allerstrand	173	4.1	saisonal	
31	Camping am Örtzetal	175	4.2	ganzjährig	Wintercamping
32	Heidecamping Gerdehaus	175	4.7	saisonal	
33	Camping Zum Oertzewinkel	174	4.4	ganzjährig	Wintercamping, Ecocamping, Onlinebuchung
34	Campingplatz Bruchsee	175	3.8	k. A.	
35	Camping am Waldbad	177	4.3	saisonal	Wintercamping
36	Uhlenköper-Camp	177	4.4	ganzjährig	Wintercamping, Ecocamping, Onlinebuchung
37	Campingplatz am Hardausee	176	4.8	saisonal	Onlinebuchung, Award
38	Camping Bad Bodenteich	177	3.6	ganzjährig	Wintercamping
39	Campingpark Fuhrenkamp	179	4.6	ganzjährig	Wintercamping
40	Camping Dannenberg	179	3.5	saisonal	
41	Camping Laascher See	179	4.8	saisonal	
42	Campingpark Gartow	178	4.5	ganzjährig	Wintercamping

Wintercamping   FKK Textilfrei (ganz/teilweise)   Ecocamping   Award   Onlinebuchung

3 Camping Stover Strand International - Hamburg

Stover Strand 10 (Am Ende der Zufahrtstraße)
21423 Stove bei Drage
+49 4177 430
www.camping-stover-strand.de
info@stover-strand.de

ganzjährig

HS: 28,00 € | NS: 28,00 €

Mehr Infos & online buchen:
www.camping.info/18138

Baden im Fluss am Platz	✓
Pool/Hallenbad	4/8km
Spielplatz am Platz	✓
Hunde willkommen	✓
zur Hälfte Schatten	✓
WLAN (gegen Gebühr)	✓
Lebensmittel	✓
Brötchen am Platz	✓
Restaurant & Imbiss	✓
Ver-/Entsorgung Womo	✓
in den Ort	500m
Gesamt/Touristen	700/400
Mietunterkünfte	✓
Stellplätze vor Schranke	✓

CAMPINGPLATZ KLASSIFIZIERUNG ★★★★★ BVCD DTV

Stellplätze direkt an der Elbe.

Lage & Stellplatz

Der Campingplatz Stover Strand ist ein wahres Erholungsparadies an der Elbe vor den Toren Hamburgs und bietet eine ganz besondere Atmosphäre. Hier haben Sie die Möglichkeit, die einzigartige Naturlandschaft der Elbe und das kulturelle Angebot der Weltstadt Hamburg zu verbinden. Der Großteil der Stellplätze befindet sich direkt an der Elbe. Entscheiden Sie selbst, ob Sie lieber im Schatten von Bäumen oder direkt am Elbstrand stehen möchten. Strom und WLAN sind auf dem gesamten Platz verfügbar.

Sanitär

Insgesamt stehen Ihnen vier gepflegte Sanitäranlagen zur Verfügung. Das Hauptsanitär ist zentral gelegen, behindertengerecht und verfügt über zahlreiche Duschen, Einzelkabinen, einen Wickeltisch und vieles mehr. Während der Saison sind auf der Elbseite zusätzlich komfortable mobile Sanitäranlagen aufgebaut.

Strandfeeling am Stover Strand.

Platzeigener Badestrand.

Achten Sie auf spezielle Angebote (z. B. für Familien u. Wohnmobile)!

Stellplätze an der Elbe.

Verpflegung

Auf dem Campingplatz gibt es ein Restaurant mit saisonaler Küche und leckeren Kleinigkeiten. Zusätzlich wird jeden Sonntag ein köstlicher Brunch auf dem Hausboot aufgetischt. Wer es schnell und locker möchte, kommt auf einen kühlen Drink, für ein Eis oder diverse Snack-Angebote zum Strand-Imbiss. Im platzeigenen EDEKA-Markt ist ein Bistro anhängig, wo sich morgens eine leckere Möglichkeit für das Frühstück finden lässt und frisch gebackene Brötchen nach Wahl angeboten werden.

Freizeit

Hier ist immer was los! Das ganze Jahr über bietet der Campingplatz ein Veranstaltungsprogramm an und informiert Sie darüber, was in der Umgebung zu erleben ist. Zum Freizeitangebot des Platzes gehören unter anderem: Badestrände, Fahrrad- und Bootsverleih (auch führerscheinfrei), Kinderanimation, Strandsauna, Sportmöglichkeiten, Ausflüge nach Hamburg mit gutem ÖPNV und Shuttle-Service, Fahrgastschifffahrten und entspannte Radtouren an der Elbe.

3.5

Schön gelegener Platz mit 2 völlig verschiedenen Bereichen. Hinter dem Deich klar strukturiert und gut ausgestattet mit guten Sanitäranlagen. Hauptsächlich Dauercamper. Vor dem Deich lebhaft, offen und mit gutem Zugang zur Elbe auch zum Baden. Schön auch für Hundebesitzer. Plätze mit einigen Bäumen und überwiegend Rasenfläche. Schöne Camping-Atmosphäre, weil parkähnlich.

Edmund T.

Edmund T. ist bereits seit 1970 passionierter Camper. Im Juni 2020 hat er den Campingplatz Stover Strand International bei Hamburg besucht.

Hamburg Dockland.

Kinderspielplatz Stover Strand.

4.0 **SEHR GUT**
281 Bewertungen

Lage	4.5
Ruhe	4.1
Sanitäranlagen	3.8
Sauberkeit Ø	4.2
Freundlichkeit	4.3
Stellplatz	3.9
Verpflegung	4.2
Freizeit	4.1
Preis-Leistung	4.1
Mietunterkünfte	4.3

Geeignet für

- 4.5 Gäste mit Hund
- 4.4 Paare
- 4.3 Senioren
- 4.2 Gäste mit Zelt
- 4.0 Kinder b. 6 J.
- 4.0 Kinder b. 12 J.
- 3.9 Kinder b. 18 J.

Empfohlene Aktivitäten

Radfahren · Entspannen · Sightseeing · Angeln · Kulinarik

4 Camping Bullerby

ANZEIGE

*

Elbuferstraße 35
21522 Bullendorf /Hohnstorf
04139/6037
www.campbullerby.de
info@campbullerby.de

ganzjährig

HS: 20,50 € | NS: 20,50 €

Mehr Infos & Anfrage:
www.camping.info/18144

Baden in nat. Gewässer	k. A.
Pool	5km
Spielplatz am Platz	✓
Hunde erlaubt	✓
Schatten	✗
WLAN	keine Angabe
Lebensmittel	2km
Brötchen	keine Angabe
Restaurant	500m
Ver-/Entsorgung Womo	✓
in den Ort	1km
Gesamt/Touristen	120/80
Mietunterkünfte	✗
Stellplätze vor Schranke	✗

Campingplatz Bullerby – Einfahrt.

Lage & Stellplatz

Der Platz liegt gleich hinter der Lauenburger Elbbrücke, am Anfang der Elbuferstraße, und ist schon seit vielen Jahren in Familienbesitz. Ganzjährig geöffnet, bietet er im Naturparadies Elbtalaue auf mehr als 4 ha wunderschöne Stellplätze auf zum Teil naturbelassenem Gelände unter altem Baumbestand.

Verpflegung

Für das leibliche Wohl der Campinggäste sorgt das Restaurant „Elia" in 200 m Entfernung. Die Nachbargemeinde Hohnstorf hat ein kleines Einkaufszentrum mit Einkaufsmöglichkeiten und allen Geschäften des täglichen Bedarfs.

Sanitär

Die Sanitäranlagen sind einfach, aber sehr ordentlich und sauber. Es gibt Warmwasser und Waschkabinen. Die teils großzügigen Duschkabinen werden mit Duschmünzen gesteuert.

Freizeit

Der Campingplatz Bullerby liegt mitten im Naturparadies Elbtalaue. Die Gegend lädt zum Baden, Radfahren und Wandern in der Natur ein. Die Städte Lauenburg und Lüneburg eignen sich ideal für einen Stadtbummel. Das Schiffshebewerk Scharnebeck war einmal das größte Europas.

Die Stellplätze für Tagesgäste.

Mitten im Grünen.

Für diese Auswertung liegen leider noch nicht genügend Bewertungen vor.

Sei einer der Ersten, der diesen Campingplatz bewertet.
Unter den Bewertern werden regelmäßig Gewinne verlost!

Mehr Infos dazu findest du in unserem allgemeinen Intro.

Karte auf Seite 154

	1	2	5
	Wildpark-Camping Schwarze Berge	**Campingplatz am Quellenbad Jesteburg** ✻	**ACSI CAMPING ELBELING**
	Am Wildpark 1 21224 Rosengarten +49 40 8197747 0	Kleckerwaldweg 58 21266 Jesteburg 04183/509080	HINTER DEN HÖFEN 10 21354 Bleckede-Radegast +49 5857 555
	53.44235 | 9.88932	53.31587 | 9.95593	53.3425 | 10.72944
Infos			
Öffnungszeiten	01.04. - 31.10.	ganzjährig	15.03. - 01.10.
Vergleichspreis	HS: 24,00 € | NS: 24,00 €	HS: 23,00 € | NS: 23,00 €	HS: 29,00 € | NS: 29,00 €
Link	**Mehr Infos & Anfrage:** www.camping.info/24319	**Mehr Infos & Anfrage:** www.camping.info/23183	**Mehr Infos & Anfrage:** www.camping.info/18129
Ausstattung			
Freizeit	Baden in nat. Gewässer k. A. Pool/Hallenbad 4/10km Spielplatz 500m	Baden im Fluss 1km Pool/Hallenbad ✓/8km Spielplatz am Platz ✓	Baden im Fluss 200m Pool am Platz ✓ Spielplatz am Platz ✓
Campingplatz	Hunde willkommen ✓ kein Schatten ✓ WLAN ✓	Hunde willkommen ✓ wenig Schatten ✓ WLAN ✓	Hunde willkommen ✓ zur Hälfte Schatten ✓ WLAN (gegen Gebühr) ✓
Versorgung	Lebensmittel ✓ Brötchen am Platz ✓ Restaurant/Imbiss 500m Ver-/Entsorgung Womo ✓ in den Ort 100m	Lebensmittel 800m Brötchen am Platz ✗ Restaurant & Imbiss ✓ Ver-/Entsorgung Womo ✓ in den Ort 1km	Lebensmittel 6km Brötchen am Platz ✓ Restaurant & Imbiss ✓ Ver-/Entsorgung Womo ✓ in den Ort 1km
Anzahl der Plätze	Touristenplätze 72 Mietunterkünfte ✗ Stellplätze vor Schranke ✗	Gesamt/Touristen 100/40 Mietunterkünfte ✓ Stellplätze vor Schranke ✗	Gesamt/Touristen 125/90 Mietunterkünfte ✓ Stellplätze vor Schranke ✓

	1	2	5
Gesamt	4.7 SEHR GUT 38 Bewertungen	4.1 SEHR GUT 22 Bewertungen	4.5 SEHR GUT 27 Bewertungen
Lage	4.7	4.3	4.4
Ruhe	4.7	4.4	4.8
Sanitäranlagen	4.7	4.5	4.3
Sauberkeit Ø	4.8	4.6	4.5
Freundlichkeit	4.8	4.5	4.8
Stellplatz	4.4	4.2	4.3
Verpflegung	3.7	3.3	4.1
Freizeit	4.3	3.7	4.0
Preis-Leistung	5.0	4.0	4.5
Mietunterkünfte	-	2.0	4.7
Geeignet für			
Kinder b. 6 J.	4.6	3.5	4.6
Kinder b. 12 J.	4.7	3.4	4.2
Kinder b. 18 J.	4.3	3.3	3.5
Paare	4.8	4.7	4.8
Senioren	4.7	4.9	4.7
Gäste mit Zelt	3.6	4.4	4.7
Gäste mit Hund	4.2	4.5	4.7
Empfohlene Aktivitäten	Wandern Sightseeing Radfahren	Radfahren Entspannen Wandern	Radfahren Wandern Entspannen

6 KNAUS Campingpark Bleckede/Elbtalaue

❄

Am Waldbad 23
21354 Alt Garge/Bleckede
+49 5854 311

53.25965 | 10.80504

01.03. - 04.11.

HS: 32,80 € | NS: 29,80 €

Mehr Infos & Anfrage:
www.camping.info/18130

Baden im Fluss	400m
Pool/Hallenbad	✓/30km
Spielplatz am Platz	✓
Hunde willkommen	✓
zur Hälfte Schatten	✓
WLAN (gegen Gebühr)	✓
Lebensmittel	✓
Brötchen am Platz	✓
Restaurant/Imbiss	6km/✓
Ver-/Entsorgung Womo	✓
in den Ort	1km
Gesamt/Touristen	242/142
Mietunterkünfte	✓
Stellplätze vor Schranke	✓

4.4 SEHR GUT
135 Bewertungen

Lage	4.2
Ruhe	4.6
Sanitäranlagen	4.6
Sauberkeit Ø	4.7
Freundlichkeit	4.6
Stellplatz	4.4
Verpflegung	3.3
Freizeit	4.0
Preis-Leistung	4.2
Mietunterkünfte	4.5

Geeignet für

Kinder b. 6 J.	4.4
Kinder b. 12 J.	4.5
Kinder b. 18 J.	4.0
Paare	4.6
Senioren	4.6
Gäste mit Zelt	4.6
Gäste mit Hund	4.7

Empfohlene Aktivitäten

- Schwimmen
- Radfahren
- Wandern

weitere NS: 20.09. - 08.11.

7 Camping Elbufer

❄

Elbuferstraße 141
29490 Klein-Kühren
+49 5853 256

53.22593 | 10.91181

ganzjährig

HS: 16,00 € | NS: 16,00 €

Mehr Infos & Anfrage:
www.camping.info/18411

Baden im Fluss am Platz	✓
Pool/Hallenbad	7/5km
Spielplatz	✗
Hunde	✗
Schatten	✗
WLAN	✓
Lebensmittel	✓
Brötchen am Platz	✓
Restaurant & Imbiss	✓
Ver-/Entsorgung Womo	✗
in den Ort	1km
Gesamt/Touristen	160/35
Mietunterkünfte	✓
Stellplätze vor Schranke	✗

4.9 SEHR GUT
14 Bewertungen

Lage	5.0
Ruhe	4.7
Sanitäranlagen	4.2
Sauberkeit Ø	4.7
Freundlichkeit	4.9
Stellplatz	4.3
Verpflegung	4.2
Freizeit	4.3
Preis-Leistung	4.8
Mietunterkünfte	-

Geeignet für

Kinder b. 6 J.	4.4
Kinder b. 12 J.	4.5
Kinder b. 18 J.	4.4
Paare	5.0
Senioren	4.8
Gäste mit Zelt	5.0
Hunde n. erlaubt	-

Empfohlene Aktivitäten

- Entspannen
- Radfahren
- Angeln

8 Heidehof Radenbeck - Campingplatz

Am Mausethal 6
21401 Thomasburg OT Radenbeck bei Lüneburg
+49 585 997 0830

53.22081 | 10.62428

01.03. - 04.11.

HS: 19,50 € | NS: 19,50 €

Mehr Infos & Anfrage:
www.camping.info/18135

Baden im Teich am Platz	✓
Pool/Hallenbad	10/15km
Spielplatz am Platz	✓
Hunde willkommen	✓
zur Hälfte Schatten	✓
WLAN	✓
Lebensmittel	✓
Brötchen am Platz	✓
Restaurant & Imbiss	✓
Ver-/Entsorgung Womo	✗
in den Ort	2km
Gesamt/Touristen	82/62
Mietunterkünfte	✗
Stellplätze vor Schranke	✗

4.7 SEHR GUT
49 Bewertungen

Lage	4.5
Ruhe	4.9
Sanitäranlagen	4.7
Sauberkeit Ø	5.0
Freundlichkeit	5.0
Stellplatz	4.4
Verpflegung	4.0
Freizeit	4.0
Preis-Leistung	4.8
Mietunterkünfte	-

Geeignet für

Kinder b. 6 J.	4.5
Kinder b. 12 J.	4.1
Kinder b. 18 J.	3.2
Paare	4.7
Senioren	4.8
Gäste mit Zelt	4.7
Gäste mit Hund	4.5

Empfohlene Aktivitäten

- Entspannen
- Radfahren
- Wandern

9 Camping Rote Schleuse

❄

Rote Schleuse 4
21335 Lüneburg
+49 413 179 1500

53.20869 | 10.41085

ganzjährig

keine Angabe

Mehr Infos & Anfrage:
www.camping.info/18128

Baden in nat. Gewässer	k. A.
Pool & Hallenbad	✗
Spielplatz am Platz	✓
Hunde erlaubt	✓
Schatten	✗
WLAN	✓
Lebensmittel	✓
Brötchen am Platz	✓
Restaurant & Imbiss	✓
Ver-/Entsorgung Womo	✓
in den Ort	1km
Gesamt/Touristen	140/115
Mietunterkünfte	✓
Stellplätze vor Schranke	✗

4.0 SEHR GUT
74 Bewertungen

Lage	4.4
Ruhe	3.8
Sanitäranlagen	4.2
Sauberkeit Ø	4.2
Freundlichkeit	4.5
Stellplatz	3.7
Verpflegung	4.0
Freizeit	4.0
Preis-Leistung	4.1
Mietunterkünfte	3.8

Geeignet für

Kinder b. 6 J.	4.0
Kinder b. 12 J.	4.1
Kinder b. 18 J.	3.7
Paare	4.5
Senioren	4.5
Gäste mit Zelt	4.1
Gäste mit Hund	4.8

Empfohlene Aktivitäten

- Radfahren
- Sightseeing
- Wandern

Karte auf Seite 154

Infos: Öffnungszeiten · Vergleichspreis · Link

Ausstattung: Freizeit · Campingplatz · Versorgung · Anzahl der Plätze

10 Freizeit-Camp-Nordheide

Egestorfer Landstraße 50
21376 Garlstorf a.W.
+49 15228491377
53.225 | 10.08777

ganzjährig
HS: 17,00 € | NS: 17,00 €
Mehr Infos & Anfrage: www.camping.info/18133

Baden in nat. Gewässer	k. A.
Pool	300m
Spielplatz am Platz	✓
Hunde willkommen	✓
zur Hälfte Schatten	✓
WLAN (gratis)	teilweise
Lebensmittel	1km
Brötchen am Platz	✗
Restaurant	1km
Ver-/Entsorgung Womo	✓
in den Ort	1km
Gesamt/Touristen	250/150
Mietunterkünfte	✗
Stellplätze vor Schranke	✗

3.9 GUT – 9 Bewertungen

Lage	3.9
Ruhe	3.0
Sanitäranlagen	3.9
Sauberkeit Ø	4.4
Freundlichkeit	4.7
Stellplatz	3.8
Verpflegung	1.6
Freizeit	3.2
Preis-Leistung	4.3
Mietunterkünfte	-

Geeignet für

Kinder b. 6 J.	4.5
Kinder b. 12 J.	4.5
Kinder b. 18 J.	4.5
Paare	4.3
Senioren	4.8
Gäste mit Zelt	3.8
Gäste mit Hund	4.4

Empfohlene Aktivitäten

- Radfahren
- Wandern
- Entspannen

11 Regenbogen Egestorf

Campingplatz 1
21272 Egestorf
+49 4175 661
53.172 | 10.0633

30.03. - 28.10.
HS: 27,90 € | NS: 21,40 €
Mehr Infos & Anfrage: www.camping.info/23149

Baden in nat. Gewässer	k. A.
Pool am Platz	✓
Spielplatz am Platz	✓
Hunde willkommen	✓
zur Hälfte Schatten	✓
WLAN (gratis)	teilweise
Lebensmittel	✓
Brötchen am Platz	✓
Restaurant & Imbiss	✓
Ver-/Entsorgung Womo	✓
in den Ort	4km
Gesamt/Touristen	350/150
Mietunterkünfte	✗
Stellplätze vor Schranke	✗

3.3 GUT – 26 Bewertungen

Lage	3.7
Ruhe	3.5
Sanitäranlagen	3.4
Sauberkeit Ø	3.8
Freundlichkeit	4.3
Stellplatz	2.8
Verpflegung	3.1
Freizeit	3.5
Preis-Leistung	3.6
Mietunterkünfte	-

Geeignet für

Kinder b. 6 J.	2.9
Kinder b. 12 J.	3.1
Kinder b. 18 J.	2.2
Paare	4.1
Senioren	4.0
Gäste mit Zelt	3.8
Gäste mit Hund	4.6

Empfohlene Aktivitäten

- Wandern
- Radfahren
- Entspannen

12 Camping Brunautal

Seestraße 17
29646 Bispingen-Behringen
+49 5194 4188022
53.10877 | 9.96593

15.03. - 03.11.
HS: 26,50 € | NS: 20,50 €
Mehr Infos & Anfrage: www.camping.info/18422

Baden im See	500m
Pool/Hallenbad	4km
Spielplatz	✗
Hunde willkommen	✓
wenig Schatten	✓
WLAN	✓
Lebensmittel	✓
Brötchen am Platz	✓
Imbiss	✓
Ver-/Entsorgung Womo	✓
in den Ort	1km
Gesamt/Touristen	85/80
Mietunterkünfte	✓
Stellplätze vor Schranke	✗

4.3 SEHR GUT – 74 Bewertungen

Lage	4.3
Ruhe	4.0
Sanitäranlagen	4.2
Sauberkeit Ø	4.7
Freundlichkeit	4.8
Stellplatz	4.3
Verpflegung	4.1
Freizeit	4.1
Preis-Leistung	4.5
Mietunterkünfte	4.5

Geeignet für

Kinder b. 6 J.	3.4
Kinder b. 12 J.	3.5
Kinder b. 18 J.	3.7
Paare	4.6
Senioren	4.6
Gäste mit Zelt	4.4
Gäste mit Hund	4.7

Empfohlene Aktivitäten

- Wandern
- Radfahren
- Entspannen

Fahrzeuge ab 7m/Gruppen auf Anfrage; keine Doppelachser; schräge Einfahrt

14 Campingplatz "Auf dem Simpel"

Auf dem Simpel 1
29614 Soltau-Wolterdingen
+49 5191 3651
www.auf-dem-simpel.de
info@auf-dem-simpel.de

ganzjährig

HS: 34,40 € | NS: 27,50 €

Mehr Infos & online buchen:
www.camping.info/18419

Baden im See	17km
Pool/Hallenbad	✓/5km
Spielplatz am Platz	✓
Hunde willkommen	✓
wenig Schatten	✓
WLAN (gegen Gebühr)	✓
Lebensmittel	✓
Brötchen am Platz	✓
Restaurant am P.	✓
Ver-/Entsorgung Womo	✓
in den Ort	2km
Gesamt/Touristen	250/140
Mietunterkünfte	✓
Stellplätze vor Schranke	✓

Freibad – ideal zum Abkühlen an heißen Sommertagen.

Lage & Stellplatz

Die Campinganlage befindet sich mit seinen Schlaffässern, Gästezimmern, Mietwohnwagen, Mobilheimen und Ferienhäusern im Herzen der Lüneburger Heide. Die Anlage ist von Waldflächen umgeben und nur 5 km von der Stadt Soltau entfernt. Die mit Hecken parzellierten Komfortstellplätze sind alle mit Strom-, Wasser- und Abwasseranschlüssen ausgestattet, teilweise auch mit einem Kabel-TV-Anschluss. Für zusammen reisende Familien oder Freunde bietet der Platz Doppelkomfortstellplätze mit bis zu 250 m² an. Die Zeltwiese kann nach Absprache für bis zu 20 Einheiten auch als Gruppenwiese angemietet werden.

Sanitär

Egal welchen Urlaubsplatz Sie belegen, es sind nie mehr als 100 m bis zum nächsten Sanitärgebäude. Es gibt drei Sanitärgebäude, welche modern und freundlich eingerichtet sind. Sauberkeit ist das höchste Gebot! Umweltschutz ist ebenfalls ein besonderes Anliegen – jedes der Gebäude ist mit Solaranlagen versehen und in den Duschen hilft ein Chipkartensystem beim Wassersparen. Gäste haben die volle Kostenkontrolle und können gleichzeitig verantwortungsvoll mit unserer wertvollsten Ressource umgehen. Es gibt mehrere Babywickel-, Waschmaschinen- und Trocknerräume sowie Spül- und Kochmöglichkeiten.

Innenansicht Restaurant.

Grüne Zeltwiese.

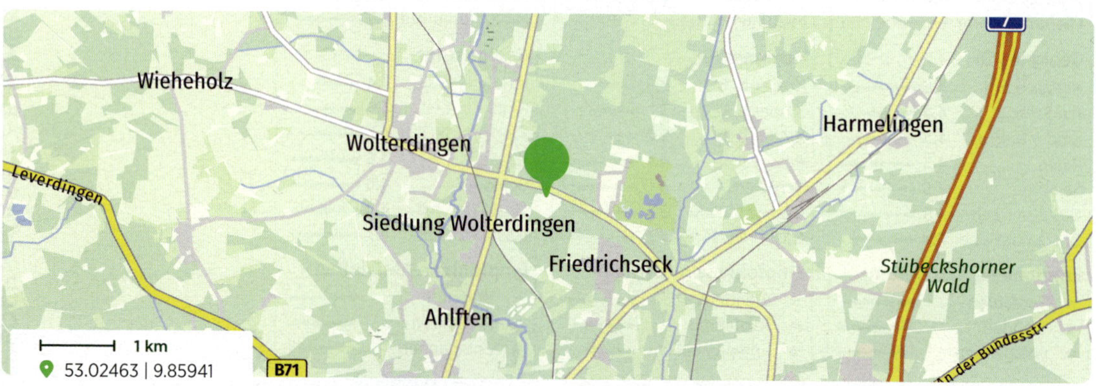

1 km
53.02463 | 9.85941

AWARD 2020

Komfortplätze mit eigenen Strom-, Wasser- und Abwasseranschlüssen.

Verpflegung

Das Restaurant „Auf dem Simpel" bietet eine abwechslungsreiche Speisekarte für jeden Geschmack. Das Küchenteam bemüht sich dabei, regionale Produkte zu verwenden: So kommen z. B. Eier, Kartoffeln und Heidehonig direkt vom Bauernhof im Nachbarort. Der Shop backt jeden Morgen frische Brötchen, die auch ohne Vorbestellung erworben werden können. Außerdem gibt es hier alles für den täglichen Bedarf, darunter gekühlte und nicht gekühlte Getränke, Lebensmittel, Snacks und Süßigkeiten, Drogerieartikel, Zeitschriften, Zeitungen sowie Camping- und Grillzubehör.

Freizeit

Die Lüneburger Heide bietet für Familien mit Kindern ebenso viel wie für Alleinreisende. So ist Norddeutschlands größter Freizeitpark, das Heide Park Resort, in nur 10 Minuten zu Fuß und viele weitere Freizeit-, Natur- und Familienparks in wenigen Autominuten zu erreichen. Die Heideregion lässt sich hervorragend bewandern oder auch mit dem Fahrrad durchqueren. Die Stadt Soltau ist bekannt für ihre Sole und die Soltau Therme ein erklärtes Ziel vieler Erholungssuchenden. Auf dem Platz finden Kinder einen großen Abenteuerspielplatz und an heißen Tagen verschafft das Freibad jedem eine Abkühlung!

5.0

Toller Campingplatz! Saubere Sanitäranlagen vorhanden, freundliches Team, gutes Restaurant, ein kleiner Supermarkt, ein Pool und noch einiges mehr! Wir möchten auf jeden Fall wieder kommen! :)

Natalie W.

Natalie W. war mit ihrer Familie im Juli 2020 auf dem Campingplatz „Auf dem Simpel".

Spielplatz mit Piratenschiff.

Glamping – Schlaffass.

4.7 **SEHR GUT**
848 Bewertungen

Lage	4.5
Ruhe	4.4
Sanitäranlagen	4.8
Sauberkeit Ø	4.7
Freundlichkeit	4.7
Stellplatz	4.7
Verpflegung	4.5
Freizeit	4.5
Preis-Leistung	4.6
Mietunterkünfte	4.8

Geeignet für

- 4.8 Gäste mit Hund
- 4.7 Kinder b. 12 J.
- 4.6 Kinder b. 6 J.
- 4.6 Paare
- 4.6 Senioren
- 4.4 Kinder b. 18 J.
- 4.4 Gäste mit Zelt

Empfohlene Aktivitäten

Radfahren · Wandern · Entspannen · Sightseeing · Schwimmen

13 CampingPark Lüneburger Heide

Badeweg 3
29640 Heber bei Schneverdingen
+49 5199 275
www.camping-LH.de
info@camping-LH.de

26.03. - 06.11.

HS: 37,00 € | NS: 33,00 €

Mehr Infos & Anfrage:
www.camping.info/18421

Baden im Teich am Platz	✓
Pool/Hallenbad	7km
Spielplatz am Platz	✓
Hunde willkommen	✓
wenig Schatten	✓
WLAN	✓
Lebensmittel	✓
Brötchen am Platz	✓
Restaurant/Imbiss	✓/7km
Ver-/Entsorgung Womo	✓
in den Ort	1km
Gesamt/Touristen	200/120
Mietunterkünfte	✓
Stellplätze vor Schranke	✓

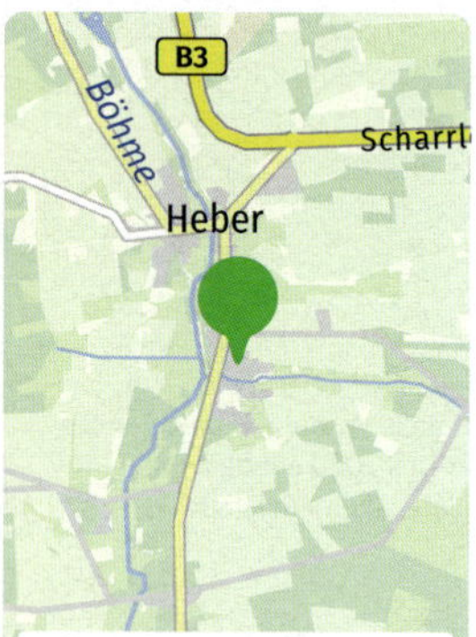

1 km
53.07111 | 9.86472

Von schöner Heidelandschaft umgeben.

Lage & Stellplatz

Das unverwechselbare Flair im CampingPark Lüneburger Heide beruht auf der großzügigen Gestaltung der Anlage, einem stets um das Wohl der Gäste bemühten Service und der Liebe zum Detail. Der Platz befindet sich in bester Lage zu den schönsten und größten zusammenhängenden Heideflächen der Region.

Verpflegung

Das platzeigene Restaurant „Vollmers Gasthaus" verwöhnt den Gaumen mit regionaler Landhausküche und Spezialitäten von der Heidschnucke. Im Minimarkt erhält man täglich frische Brötchen, Kuchen, regionale Spezialitäten sowie Eis, Getränke, Grundnahrungsmittel und Zeitungen.

Sanitär

„BauernBad" und „WaldBad" – das sind die beiden top gepflegten und gut ausgestatteten Wohlfühl-Waschhäuser. Duschen und Warmwasser sind inklusive. Zwei Spülküchen, ein Raum mit Waschmaschinen und Trockner, acht XXL-Badezimmer (Nutzung kostenfrei), behindertengerechtes Bad und Outdoor-Hundedusche.

Freizeit

Bei den spannenden Angeboten am Platz ist für jeden was dabei! Es gibt zwei Spielplätze, Streichelzoo, Bolzwiese, einen Reiterhof, den naturbelassenen Badeweiher sowie einen Pkw- und Fahrradverleih. Für Entspannung sorgen verschiedene Kosmetik- und Massageangebote im platzeigenen „House of Beauty".

Miniatur-Themengarten „Klang".

8 kostenfreie XXL-Badezimmer.

4.7 SEHR GUT
291 Bewertungen

Lage	4.5
Ruhe	4.6
Sanitäranlagen	4.7
Sauberkeit Ø	4.8
Freundlichkeit	4.8
Stellplatz	4.7
Verpflegung	4.4
Freizeit	4.5
Preis-Leistung	4.5
Mietunterkünfte	4.6

Geeignet für

Senioren	4.9
Paare	4.8
Gäste mit Hund	4.8
Kinder b. 6 J.	4.7
Kinder b. 12 J.	4.6
Gäste mit Zelt	4.4
Kinder b. 18 J.	3.8

Empfohlene Aktivitäten

Radfahren · Wandern · Entspannen · Wellness · Reiten

ECO CAMPING

AWARD 2020

Mittagsruhe von 13-15 Uhr (Rezeption, Platzein- u. ausfahrt geschlossen).

Karte auf Seite 154

	15	16	17
Name	**Röders' Park - Premium Camping Lüneburger Heide**	**Camping- & Mobilheimpark Moränasee**	**Campingpark Scandinavia Soltau**
Adresse	Ebsmoor 8, 29614 Soltau, +49 5191 2141	Dittmern 9, 29614 Soltau	An der Bundesstraße 25, 29614 Soltau
Koordinaten	53.00063 | 9.83705	53.01562 | 9.92267	53.00405 | 9.93952

Infos

	15	16	17
Öffnungszeiten	ganzjährig	keine Angabe	01.04. - 31.10. 01.11. - 28.02.
Vergleichspreis	HS: 36, 00 € | NS: 28, 00 €	keine Angabe	HS: 13,00 € | NS: 13,00 €
Link	**Mehr Infos & Anfrage:** www.camping.info/18418	**Mehr Infos & Anfrage:** www.camping.info/27635	**Mehr Infos & Anfrage:** www.camping.info/28195

Ausstattung

	15	16	17
Freizeit	Baden im Teich 10km Pool/Hallenbad 1km Spielplatz am Platz ✓	Baden in nat. Gewässer k. A. Pool & Hallenbad ✗ Spielplatz keine Angabe	Baden in nat. Gewässer k. A. Pool & Hallenbad ✗ Spielplatz am Platz ✓
Campingplatz	Hunde willkommen ✓ zur Hälfte Schatten ✓ WLAN (gegen Gebühr) ✓	Hunde ✗ Schatten ✗ WLAN keine Angabe	Hunde willkommen ✓ zur Hälfte Schatten ✓ WLAN (gegen Gebühr) teilweise
Versorgung	Lebensmittel ✓ Brötchen am Platz ✓ Restaurant & Imbiss ✓ Ver-/Entsorgung Womo ✓ in den Ort 1km	Lebensmittel k.A. Brötchen keine Angabe Restaurant & Imbiss ✗ Ver-/Entsorgung Womo ✗ in den Ort keine Angabe	Lebensmittel k.A. Brötchen am Platz ✓ Restaurant/Imbiss 1km Ver-/Entsorgung Womo ✓ in den Ort 5km
Anzahl der Plätze	Gesamt/Touristen 120/95 Mietunterkünfte ✗ Stellplätze vor Schranke ✓	Gesamt keine Angabe Mietunterkünfte ✗ Stellplätze vor Schranke ✗	Touristenplätze 350 Mietunterkünfte ✗ Stellplätze vor Schranke ✓

Bewertungen

	15	16	17
Gesamt	4.9 SEHR GUT	4.5 SEHR GUT	3.3 GUT
Anzahl	218 Bewertungen	4 Bewertungen	6 Bewertungen
Lage	4.6	4.8	3.6
Ruhe	4.7	4.5	2.8
Sanitäranlagen	4.9	4.5	2.8
Sauberkeit Ø	5.0	4.4	3.4
Freundlichkeit	5.0	4.8	4.4
Stellplatz	4.8	4.5	2.8
Verpflegung	4.7	3.7	1.5
Freizeit	4.4	4.0	3.0
Preis-Leistung	4.7	4.5	5.0
Mietunterkünfte	-	-	-

Geeignet für

	15	16	17
Kinder b. 6 J.	3.5	4.3	2.7
Kinder b. 12 J.	3.3	4.3	1.0
Kinder b. 18 J.	3.1	3.5	3.3
Paare	4.9	3.0	3.8
Senioren	5.0	3.0	3.8
Gäste mit Zelt	4.1	4.0	3.7
Gäste mit Hund / Hunde n. erlaubt	4.7	Hunde n. erlaubt -	4.3

Empfohlene Aktivitäten

15	16	17
Radfahren	Entspannen	Radfahren
Wandern	Radfahren	Wandern
Entspannen	Sightseeing	Spazieren

AWARD 2020

20 Südsee-Camp

Südsee-Camp 1
29649 Wietzendorf
+49 5196 980 116
www.suedsee-camp.de
info@suedsee-camp.de

ganzjährig

HS: 45,90 € | NS: 30,00 €

Mehr Infos & Anfrage:
www.camping.info/18423

Baden im See am Platz	✓
Pool/Hallenbad	12km/✓
Spielplatz am Platz	✓
Hunde willkommen	✓
zur Hälfte Schatten	✓
WLAN	✓
Lebensmittel	✓
Brötchen am Platz	✓
Restaurant & Imbiss	✓
Ver-/Entsorgung Womo	✓
in den Ort	1km
Gesamt/Touristen	1508/726
Mietunterkünfte	✓
Stellplätze vor Schranke	✓

Entspannter Urlaub im Südsee-Camp für die gesamte Familie.

Lage & Stellplatz

Inmitten der Lüneburger Heide, in der Nähe von Soltau, befindet sich das Südsee-Camp. Der Campingplatz ist eingebettet zwischen Feldern und Wäldern, wobei die nächste Autobahnabfahrt nur ca. 7 km entfernt ist. Angelegt ist der Platz wie ein riesiger Park, egal ob am See, im Wald, auf der Wiese oder in einem der idyllisch gelegenen Mietobjekte – hier findet jeder Gast seinen Lieblingsplatz. Die Plätze sind fast alle parzelliert und mit den nötigen Anschlüssen versehen. Vor dem Campingplatz steht eine Übernachtungsoase für kurzreisende Gäste zur Verfügung (max. 3 Nächte).

Sanitär

In den Waschhäusern warten diverse Extras wie Kinderbadeländer oder Familien-Mietbadezimmer. Zudem stehen Waschmaschinen und Trockner zur Verfügung. Die Duschen mit Warmwasser gelten auf dem Platz als Selbstverständlichkeit. An die Entsorgung der Chemietoiletten wurde ebenso gedacht wie an eine kühle Dusche für die vierbeinigen Familienmitglieder. Die Waschhäuser wurden mit moderner Umwelttechnik ausgestattet. Im Juni 2020 wurde ein neues Waschhaus eröffnet mit Kinderwaschland und Mietbädern mit Whirlpool und Dachterrasse.

Subtropisches Badeparadies.

Familiencamping im Grünen.

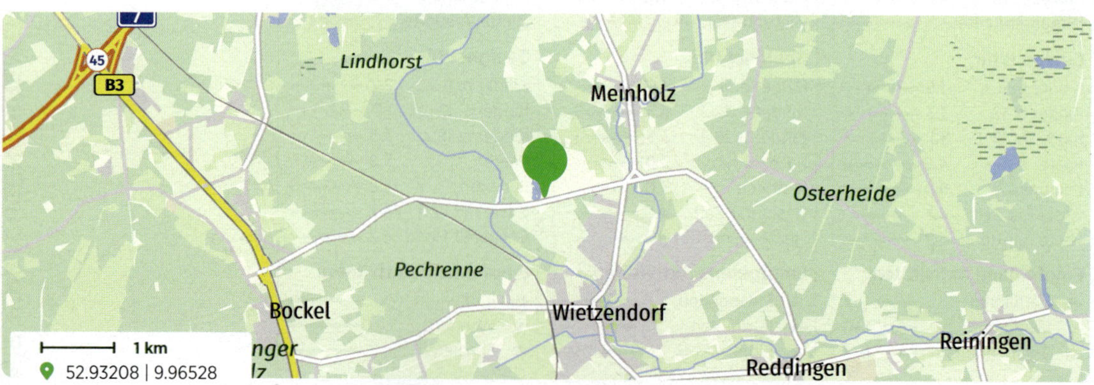

Keine alleinreisenden Jugendlichen unter 18 Jahren.

Südsee mit Kinderbadebucht, großem Abenteuerspielplatz, Strandbar und Piratenschiff.

Verpflegung

Auf dem Platz findet sich eine große Auswahl an Restaurants mit Angeboten von Fingerfood bis hin zu regionaler Küche. Erweitert wird das Angebot durch einen Supermarkt mit Bäckerei, einen Imbiss, eine Strandbar sowie einen Eispavillon direkt am See. Seit Kurzem verfügt das Südsee-Camp über einen Schlemmer-Automaten, der auch außerhalb der Öffnungszeiten verschiedene Lebensmittel von Milch bis zu Grillgut bereitstellt.

Freizeit

Der Südsee-Camp zeichnet sich vor allem dadurch aus, dass man immer etwas erleben kann. Den Gästen stehen zahlreiche Freizeitattraktionen und jede Menge Animation zur Verfügung. Neben dem subtropischen Badeparadies mit Wellenbad, dem Dschungel-Golf mit Affen und Schlangen, dem Reiterhof mit 30 Pferden, einem Hochseilgarten, Spiel- und Sportplätzen sowie dem großen Naturbadesee können die Gäste auch mit eigenen Reisebussen des Südsee-Camps Tagestouren unternehmen oder die Musicals in Hamburg besuchen. Die Animation bietet eine Vielfältigkeit an Shows und Aktionen für Groß und Klein.

5.0

Wir waren zum ersten Mal im Südsee Camp und wir haben uns von Anfang an rundum wohlgefühlt. Man traf, trotz hoher Auslastung, immer auf freundliche Mitarbeiter, die jederzeit bereit waren einem zu helfen. Alles in Allem gibt es nicht viel zu beanstanden und wenn ich es anführen würde, dann wäre es Stöhnen auf hohem Niveau.

Sven H.

Sven H. hat mit seiner Familie das Südsee-Camp im Juli 2020 besucht.

Idyllisches Feriendorf Sommarby.

Spaß beim Dschungel-Golf.

4.3 **SEHR GUT**
656 Bewertungen

Lage	4.3
Ruhe	3.7
Sanitäranlagen	4.2
Sauberkeit Ø	4.3
Freundlichkeit	4.4
Stellplatz	4.3
Verpflegung	4.3
Freizeit	4.6
Preis-Leistung	3.7
Mietunterkünfte	4.4

Geeignet für

4.7	Kinder b. 12 J.
4.6	Kinder b. 6 J.
4.4	Gäste mit Zelt
4.3	Kinder b. 18 J.
4.3	Gäste mit Hund
4.0	Paare
3.7	Senioren

Empfohlene Aktivitäten

Schwimmen · Radfahren · Entspannen · Reiten · Wandern

21 Camping Böhmeschlucht

Vierde 22
29683 Bad Fallingbostel
+49 5162 5604
www.boehmeschlucht.de
info@boehmeschlucht.de

ganzjährig

HS: 26,00 € | NS: 26,00 €

Mehr Infos & online buchen:
www.camping.info/18426

Baden im Fluss am Platz	✓
Pool/Hallenbad	3km
Spielplatz am Platz	✓
Hunde willkommen	✓
wenig Schatten	✓
WLAN	✓
Lebensmittel	3km
Brötchen am Platz	nur HS
Restaurant am P.	✓
Ver-/Entsorgung Womo	✓
in den Ort	3km
Gesamt/Touristen	171/57
Mietunterkünfte	✓
Stellplätze vor Schranke	✗

52.87636 | 9.73162

Überblick auf die schön angelegten und großzügig parzellierten Stellplätze.

Lage & Stellplatz

Der Platz inmitten der Lüneburger Heide überzeugt durch die naturbelassene, 4 ha große Anlage direkt am Böhmeufer. Die Stellplätze (100-120 m^2) mit Wasser- und Stromanschluss bieten genügend Platz. Für Radler und Paddler gibt es Zeltwiesen und Bauwagen. Neu: Glamping-Urlaub in den Naturlodges POD®.

Verpflegung

Die regionale Küche im Restaurant „Böhmeschlucht" ist ein Tipp für alle Genießer. Gaumenfreuden warten beim ausgiebigen Frühstück, themenbezogenen Buffets und saisonalen À-la-Carte-Gerichten am Abend. Im 1,5 km entfernten Bad Fallingbostel befinden sich ein Supermarkt und ein Wochenmarkt.

Sanitär

Das Sanitärgebäude liegt zentral erreichbar in der Mitte des Campingplatzes. Zahlreiche Duschen (ohne Münzen), großzügige Waschbereiche und ausreichend Toiletten sind vorhanden. Ein separates barrierefreies WC und ein extra Babybad stehen zur Verfügung. Die Camper-Clean-Station rundet das Angebot ab.

Freizeit

Am Platz befinden sich Anleger für Paddler, ein Spiel- und Grillplatz, ein Hundespielplatz u. v. m. Eine Wanderung im angrenzenden Wald oder eine Quadtour mit CrazyQuad sind zu empfehlen. Schöne Altstädte wie Lüneburg laden zum Shoppen ein, ebenso Besuche in einem der nahen Tier- und Freizeitparks.

Gemütliche Naturlodges POD®.

Bauwagen: Ideal für Radfahrer.

4.5 SEHR GUT
104 Bewertungen

Lage	4.5
Ruhe	4.4
Sanitäranlagen	4.1
Sauberkeit Ø	4.8
Freundlichkeit	5.0
Stellplatz	4.5
Verpflegung	4.4
Freizeit	4.2
Preis-Leistung	4.7
Mietunterkünfte	4.6

Geeignet für

Senioren	4.8
Paare	4.7
Gäste mit Hund	4.7
Gäste mit Zelt	4.6
Kinder b. 6 J.	4.3
Kinder b. 12 J.	4.3
Kinder b. 18 J.	3.9

Empfohlene Aktivitäten

Radfahren | Wandern | Kayak/Kanu | Entspannen | Angeln

Karte auf Seite 154

18 Ferienparadies Mühlenbach

*

Wietzendorfer Str. 2
29614 Soltau-Harber
+49 5191 14912
52.98715 | 9.91218

ganzjährig
HS: 25,20 € | NS: 19,20 €
Mehr Infos & Anfrage:
www.camping.info/18417

Baden im See am Platz	✓
Pool/Hallenbad	7km
Spielplatz am Platz	✓
Hunde willkommen	✓
zur Hälfte Schatten	✓
WLAN (gratis)	teilweise
Lebensmittel	✓
Brötchen am Platz	✓
Restaurant & Imbiss	✓
Ver-/Entsorgung Womo	✓
in den Ort	4km
Gesamt/Touristen	240/80
Mietunterkünfte	✓
Stellplätze vor Schranke	✗

4.1 SEHR GUT
17 Bewertungen

Lage	4.3
Ruhe	4.0
Sanitäranlagen	3.4
Sauberkeit Ø	4.0
Freundlichkeit	4.5
Stellplatz	4.2
Verpflegung	3.6
Freizeit	4.2
Preis-Leistung	4.4
Mietunterkünfte	4.0

Geeignet für

Kinder b. 6 J.	4.6
Kinder b. 12 J.	4.5
Kinder b. 18 J.	4.1
Paare	4.5
Senioren	4.7
Gäste mit Zelt	4.9
Gäste mit Hund	4.6

Empfohlene Aktivitäten

- Entspannen
- Schwimmen
- Radfahren

19 Camping Imbrock

*

Imbrock 6
29614 Soltau-Brock
+49 5191 5202
52.94692 | 9.84562

ganzjährig
HS: 20,00 € | NS: 20,00 €
Mehr Infos & Anfrage:
www.camping.info/18415

Baden im See am Platz	✓
Pool/Hallenbad	5km
Spielplatz am Platz	✓
Hunde erlaubt	✓
wenig Schatten	✓
WLAN	keine Angabe
Lebensmittel	✓
Brötchen am Platz	✓
Restaurant & Imbiss	✓
Ver-/Entsorgung Womo	✓
in den Ort	3km
Gesamt/Touristen	500/100
Mietunterkünfte	✓
Stellplätze vor Schranke	✓

3.7 GUT
33 Bewertungen

Lage	4.2
Ruhe	4.2
Sanitäranlagen	3.7
Sauberkeit Ø	3.9
Freundlichkeit	4.3
Stellplatz	3.8
Verpflegung	2.8
Freizeit	4.0
Preis-Leistung	4.5
Mietunterkünfte	3.6

Geeignet für

Kinder b. 6 J.	4.5
Kinder b. 12 J.	4.3
Kinder b. 18 J.	3.3
Paare	3.9
Senioren	4.2
Gäste mit Zelt	4.2
Gäste mit Hund	4.2

Empfohlene Aktivitäten

- Reiten
- Schwimmen
- Radfahren

22 Camping Zum alten Mühlenteich

*

Mühlenstraße 33 - 35
29664 Walsrode-Düshorn
+49 5161 8989
52.8233 | 9.636

01.02. - 15.11.
HS: 19,00 € | NS: 17,00 €
Mehr Infos & Anfrage:
www.camping.info/18425

Baden im Teich am Platz	✓
Pool	500m
Spielplatz am Platz	✓
Hunde erlaubt	✓
Schatten	✗
WLAN	keine Angabe
Lebensmittel	✓
Brötchen am Platz	✓
Restaurant	1km
Ver-/Entsorgung Womo	✗
in den Ort	keine Angabe
Gesamt/Touristen	150/40
Mietunterkünfte	✗
Stellplätze vor Schranke	✗

4.1 SEHR GUT
16 Bewertungen

Lage	4.0
Ruhe	4.3
Sanitäranlagen	3.4
Sauberkeit Ø	4.2
Freundlichkeit	4.2
Stellplatz	3.7
Verpflegung	3.4
Freizeit	4.4
Preis-Leistung	4.1
Mietunterkünfte	-

Geeignet für

Kinder b. 6 J.	3.9
Kinder b. 12 J.	4.2
Kinder b. 18 J.	3.9
Paare	4.3
Senioren	4.1
Gäste mit Zelt	4.6
Gäste mit Hund	4.7

Empfohlene Aktivitäten

- Angeln
- Radfahren
- Entspannen

Infos

Öffnungszeiten
Vergleichspreis
Link

Ausstattung

Freizeit
Campingplatz
Versorgung
Anzahl der Plätze

ANZEIGE

26 Campingpark Hüttensee

*

Hüttenseepark 1
29308 Winsen / Aller
+49 5056 941880

www.campingpark-huettensee.de
info@campingpark-huettensee.de

ganzjährig

HS: 29,90 € | NS: 25,90 €

Mehr Infos & Anfrage:
www.camping.info/18400

Baden im See am Platz	✓
Pool/Hallenbad	10km
Spielplatz am Platz	✓
Hunde willkommen	✓
wenig Schatten	✓
WLAN (gegen Gebühr)	✓
Lebensmittel	✓
Brötchen am Platz	✓
Restaurant & Imbiss	✓
Ver-/Entsorgung Womo	✓
in den Ort	1km
Gesamt/Touristen	450/250
Mietunterkünfte	✓
Stellplätze vor Schranke	✓

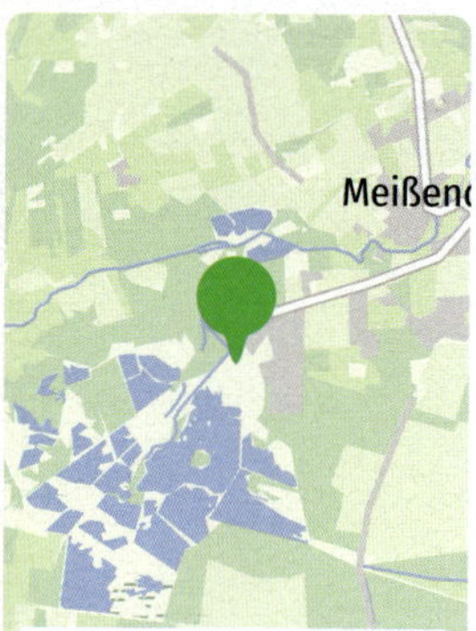

1 km

52.71938 | 9.82317

Willkommen in der größten Seenlandschaft der Lüneburger Heide.

Lage & Stellplatz

Mit weißem Sandstrand am eigenen Badesee und idyllischen Angelteichen in der größten Seenlandschaft der Lüneburger Heide, den Meißendorfer Teichen – einem faszinierenden Natur- und Vogelschutzgebiet. Vielfältige Standplätze auf schattigen Inseln, sonnigen Parzellen oder großzügigen Gruppenwiesen.

Verpflegung

Stilvoll eingerichtetes Parkrestaurant „Seehütte“ mit Panoramaterrasse am Strand, mit deutschen und internationalen Spezialitäten, Nebenräumen und Eventservice für Gruppen. Ebenfalls Imbiss, Kiosk mit Lebensmitteln und Campingbedarf, Brötchen- und Gebäckservice. Cafés und Hofläden in Fahrradnähe.

Sanitär

Der Campingpark Hüttensee verfügt über saubere, gepflegte und teilweise barrierefreie Sanitäranlagen. Die Gebäude befinden sich in komfortabler Nähe zu den Stellplätzen und Mobilheimen. Babywickelraum, Hundebad, Waschmaschine, Wäschetrockner und Entsorgung für Chemietoiletten sind vorhanden.

Freizeit

Badesee mit weißem Sandstrand, Beachvolleyball, Segeln, Angeln, Minigolf, Spielplätze in- & outdoor, Trampolin. Rundwanderweg mit Aussichtsturm zur Vogelbeobachtung, Naturerlebniszentrum mit Ausstellungen und Seminaren angrenzend, viele Radwege, Freizeitparks und sehenswerte Städte in der Region.

Parkrestaurant „Seehütte“.

Weißer Sandstrand am See.

4.2 SEHR GUT
83 Bewertungen

Lage	4.4
Ruhe	4.2
Sanitäranlagen	4.0
Sauberkeit Ø	4.2
Freundlichkeit	4.8
Stellplatz	4.0
Verpflegung	3.8
Freizeit	4.3
Preis-Leistung	4.3
Mietunterkünfte	4.1

Geeignet für

4.7 Gäste mit Hund

4.5 Kinder b. 12 J.
4.4 Kinder b. 6 J.
4.3 Senioren
4.5 Paare
4.4 Gäste mit Zelt
4.1 Kinder b. 18 J.

Empfohlene Aktivitäten

Schwimmen
Radfahren
Wandern
Angeln
Entspannen

Karte auf Seite 154

23 Camping Helberger Mühle

Kirchboitzen 59
29664 Walsrode-Kirchboitzen
+49 5166 9318493
52.82749 | 9.50682

01.05. - 14.10.
HS: 14,00 €
Mehr Infos & Anfrage:
www.camping.info/18424

Baden in nat. Gewässer	k. A.
Hallenbad	6km
Spielplatz	keine Angabe
Hunde willkommen	✓
zur Hälfte Schatten	✓
WLAN	keine Angabe
Lebensmittel	k.A.
Brötchen	keine Angabe
Restaurant & Imbiss	✗
Ver-/Entsorgung Womo	✗
in den Ort	800m
Gesamt/Touristen	80/50
Mietunterkünfte	✗
Stellplätze vor Schranke	✗

3.2 GUT
6 Bewertungen

Lage	4.0
Ruhe	3.8
Sanitäranlagen	2.2
Sauberkeit Ø	3.1
Freundlichkeit	4.0
Stellplatz	3.3
Verpflegung	2.7
Freizeit	3.0
Preis-Leistung	3.2
Mietunterkünfte	-

Geeignet für

Kinder b. 6 J.	3.0
Kinder b. 12 J.	2.3
Kinder b. 18 J.	2.3
Paare	3.5
Senioren	4.0
Gäste mit Zelt	3.7
Gäste mit Hund	3.7

Empfohlene Aktivitäten

- Radfahren
- Angeln
- Wandern

24 Campingplatz Ahlden S&R Homfeld GbR

*

Worthweg 5
29693 Ahlden
+49 5164 802695
52.76301 | 9.55247

ganzjährig
HS: 22,00 € | NS: 16,00 €
Mehr Infos & Anfrage:
www.camping.info/22310

Baden im Fluss am Platz	✓
Pool am Platz	✓
Spielplatz am Platz	✓
Hunde willkommen	✓
zur Hälfte Schatten	✓
WLAN (gratis)	teilweise
Lebensmittel	2km
Brötchen am Platz	✓
Restaurant am P.	✓
Ver-/Entsorgung Womo	✓
in den Ort	200m
Gesamt/Touristen	100/75
Mietunterkünfte	✓
Stellplätze vor Schranke	✗

3.3 GUT
31 Bewertungen

Lage	3.6
Ruhe	3.7
Sanitäranlagen	3.1
Sauberkeit Ø	3.1
Freundlichkeit	3.7
Stellplatz	3.2
Verpflegung	3.2
Freizeit	3.0
Preis-Leistung	3.4
Mietunterkünfte	2.9

Geeignet für

Kinder b. 6 J.	3.6
Kinder b. 12 J.	3.4
Kinder b. 18 J.	2.8
Paare	3.9
Senioren	3.8
Gäste mit Zelt	3.5
Gäste mit Hund	3.9

Empfohlene Aktivitäten

- Radfahren
- Angeln
- Wandern

25 Camping-Aller-Leine-Tal

Marschweg 1
29690 Essel-Engehausen
+49 5071 511549
52.68908 | 9.69576

01.03. - 31.10.
HS: 22,00 € | NS: 19,50 €
Mehr Infos & Anfrage:
www.camping.info/23439

Baden im Fluss	100m
Hallenbad	7km
Spielplatz am Platz	✓
Hunde willkommen	✓
zur Hälfte Schatten	✓
WLAN	✓
Lebensmittel	7km
Brötchen am Platz	✓
Restaurant am P.	✓
Ver-/Entsorgung Womo	✓
in den Ort	7km
Gesamt/Touristen	120/80
Mietunterkünfte	✓
Stellplätze vor Schranke	✗

3.7 GUT
22 Bewertungen

Lage	3.9
Ruhe	3.5
Sanitäranlagen	3.7
Sauberkeit Ø	4.0
Freundlichkeit	4.4
Stellplatz	3.7
Verpflegung	3.6
Freizeit	3.5
Preis-Leistung	4.0
Mietunterkünfte	2.8

Geeignet für

Kinder b. 6 J.	3.3
Kinder b. 12 J.	3.3
Kinder b. 18 J.	3.5
Paare	4.1
Senioren	4.1
Gäste mit Zelt	4.3
Gäste mit Hund	4.6

Empfohlene Aktivitäten

- Radfahren
- Entspannen
- Wandern

Infos

Öffnungszeiten
Vergleichspreis
Link

Ausstattung

Freizeit
Campingplatz
Versorgung
Anzahl der Plätze

27 Campingplatz-Winsen/Aller

Auf der Hude 1
29308 Winsen (Aller)
+49 5143 93199

www.campingplatz-winsen.de
info@campingplatz-winsen.de

ganzjährig

HS: 31,50 € | NS: 28, 50 €

Mehr Infos & Anfrage:
www.camping.info/18399

Baden im Fluss am Platz	✓
Pool/Hallenbad	300m
Spielplatz am Platz	✓
Hunde willkommen	✓
wenig Schatten	✓
WLAN (begrenzt gratis)	✓
Lebensmittel	500m
Brötchen am Platz	✓
Restaurant & Imbiss	✓
Ver-/Entsorgung Womo	✓
in den Ort	500m
Gesamt/Touristen	250/170
Mietunterkünfte	✗
Stellplätze vor Schranke	✗

Großzügige Stellplätze auf den Allerwiesen.

Lage & Stellplatz

Der Campingplatz liegt in Winsen an der Aller. Seine direkte Lage am Fluss mit Badebucht und dem Aller-Leinetal-Radweg bietet Möglichkeiten der Freizeitgestaltung für Groß und Klein. Sonnige, großzügige Stellplätze auf den Allerwiesen und Stellplätze mit Parkcharakter stehen dem Gast zur Verfügung.

Verpflegung

Direkt am Platz erwarten Sie ein Kiosk und eine Gaststätte mit Außenterrasse. Im zentralen Gebäude finden Sie neben der Rezeption einen Kiosk mit Imbiss sowie täglich einen Brötchenservice. Der fußläufig zu erreichende Ort bietet vielfältige Einkaufsmöglichkeiten, Restaurants und Cafés/Eisdielen.

Sanitär

Zwei saubere Sanitärgebäude sind bis auf eine Stufe barrierefrei zu erreichen. In einem Gebäude befindet sich zusätzlich der Spülraum, ein Waschmaschinen- und Trocknerraum sowie der Entsorgungsbereich für die Chemietoiletten. Für Rollstuhlfahrer stehen bei Bedarf zwei mobile Rampen zur Verfügung.

Freizeit

Direkte Lage am Fluss mit guter Bademöglichkeit, kleinem Sandstrand mit Liegewiese und eigener Slipanlage für Bootscamper. Winsen ist vom Platz zu Fuß oder mit dem Rad zu erreichen. Super für Ausflüge in die Lüneburger Heide oder zum Sightseeing (Hannover, Celle, Heidepark Soltau). Neu: Reitangebot!

Direkte Lage am Fluss.

Badespaß und Kanufahren.

4.3 SEHR GUT
93 Bewertungen

Lage	4.5
Ruhe	4.6
Sanitäranlagen	4.1
Sauberkeit Ø	4.7
Freundlichkeit	4.8
Stellplatz	4.3
Verpflegung	3.9
Freizeit	4.1
Preis-Leistung	4.6
Mietunterkünfte	-

Geeignet für

Senioren	4.7
Paare	4.6
Gäste mit Zelt	4.6
Gäste mit Hund	4.4
Kinder b. 12 J.	4.2
Kinder b. 6 J.	4.1
Kinder b. 18 J.	4.0

Empfohlene Aktivitäten

Kayak/Kanu · Radfahren · Wandern · Entspannen · Angeln

Rabatte: ACSI, ADAC-Campcard, CKE & DCC

Karte auf Seite 154

28 Campingpark Südheide

Im Stillen Winkel 20
29308 Winsen (Aller)
+49 5143 6661803
52.67197 | 9.93567

Infos

Öffnungszeiten	25.03. - 31.10.
Vergleichspreis	HS: 43,00 € | NS: 29,00 €
Link	**Mehr Infos & online buchen:** www.camping.info/19551

Ausstattung

Freizeit	Baden im Teich am Platz	✓
	Pool/Hallenbad	✓/2km
	Spielplatz am Platz	✓
Campingplatz	Hunde willkommen	✓
	zur Hälfte Schatten	✓
	WLAN (begrenzt gratis)	✓
Versorgung	Lebensmittel	✓
	Brötchen am Platz	✓
	Restaurant/Imbiss	1km/✓
	Ver-/Entsorgung Womo	✓
	in den Ort	1km
Anzahl der Plätze	Gesamt/Touristen	250/240
	Mietunterkünfte	✓
	Stellplätze vor Schranke	✓

4.8 SEHR GUT – 789 Bewertungen

Lage	4.5
Ruhe	4.6
Sanitäranlagen	4.8
Sauberkeit Ø	4.8
Freundlichkeit	4.9
Stellplatz	4.7
Verpflegung	3.8
Freizeit	4.4
Preis-Leistung	4.5
Mietunterkünfte	4.6

Geeignet für

Kinder b. 6 J.	4.7
Kinder b. 12 J.	4.7
Kinder b. 18 J.	4.1
Paare	4.7
Senioren	4.6
Gäste mit Zelt	4.7
Gäste mit Hund	4.6

Empfohlene Aktivitäten

- Radfahren
- Kayak/Kanu
- Entspannen

AWARD 2020

29 Camping Interessengmeinschaft Hambühren e. V.

Winser Weg
29313 Hambühren
+49 151 21 70 16 20
52.63287 | 9.97338

Infos

Öffnungszeiten	01.04. - 15.10.
Vergleichspreis	keine Angabe
Link	**Mehr Infos & Anfrage:** www.camping.info/27378

Ausstattung

Freizeit	Baden im See am Platz	✓
	Pool/Hallenbad	6km
	Spielplatz am Platz	✓
Campingplatz	Hunde willkommen	✓
	zur Hälfte Schatten	✓
	WLAN	✗
Versorgung	Lebensmittel	2km
	Brötchen am Platz	✗
	Imbiss	2km
	Ver-/Entsorgung Womo	✗
	in den Ort	keine Angabe
Anzahl der Plätze	Gesamt	50
	Mietunterkünfte	✗
	Stellplätze vor Schranke	✗

5.0 AUSGEZEICHNET – 9 Bewertungen

Lage	5.0
Ruhe	5.0
Sanitäranlagen	4.6
Sauberkeit Ø	5.0
Freundlichkeit	5.0
Stellplatz	4.9
Verpflegung	4.7
Freizeit	5.0
Preis-Leistung	4.9
Mietunterkünfte	-

Geeignet für

Kinder b. 6 J.	5.0
Kinder b. 12 J.	5.0
Kinder b. 18 J.	5.0
Paare	5.0
Senioren	5.0
Gäste mit Zelt	5.0
Gäste mit Hund	4.8

Empfohlene Aktivitäten

- Radfahren
- Angeln
- Entspannen

30 Camping Am Allerstrand

Offensener Str. 2a
29342 Wienhausen / Schwachhausen
+49 171 170 7506
52.57914 | 10.24631

Infos

Öffnungszeiten	01.04. - 01.11.
Vergleichspreis	HS: 20,00 € | NS: 18,00 €
Link	**Mehr Infos & Anfrage:** www.camping.info/24429

Ausstattung

Freizeit	Baden im Fluss am Platz	✓
	Pool/Hallenbad	2/14km
	Spielplatz am Platz	✓
Campingplatz	Hunde willkommen	✓
	zur Hälfte Schatten	✓
	WLAN	✗
Versorgung	Lebensmittel	3km
	Brötchen am Platz	✗
	Restaurant	2km
	Ver-/Entsorgung Womo	✗
	in den Ort	3km
Anzahl der Plätze	Gesamt/Touristen	90/50
	Mietunterkünfte	✗
	Stellplätze vor Schranke	✓

4.1 SEHR GUT – 10 Bewertungen

Lage	4.2
Ruhe	4.8
Sanitäranlagen	3.5
Sauberkeit Ø	4.3
Freundlichkeit	4.7
Stellplatz	3.8
Verpflegung	1.4
Freizeit	3.8
Preis-Leistung	4.7
Mietunterkünfte	-

Geeignet für

Kinder b. 6 J.	4.3
Kinder b. 12 J.	3.7
Kinder b. 18 J.	2.7
Paare	4.5
Senioren	4.7
Gäste mit Zelt	4.2
Gäste mit Hund	4.7

Empfohlene Aktivitäten

- Entspannen
- Radfahren
- Wandern

ANZEIGE

33 Camping Zum Oertzewinkel

Kreutzen 22
29633 Munster-Kreutzen
+49 5055 5549
www.oertzewinkel.de
info@oertzewinkel.de

ganzjährig

HS: 26,50 € | NS: 26,50 €

Mehr Infos & online buchen:
www.camping.info/18420

Baden im Teich am Platz	✓
Pool/Hallenbad	4/10km
Spielplatz am Platz	✓
Hunde willkommen	✓
zur Hälfte Schatten	✓
WLAN	✓
Lebensmittel	✓
Brötchen am Platz	✓
Restaurant am P.	✓
Ver-/Entsorgung Womo	✓
in den Ort	4km
Gesamt/Touristen	160/70
Mietunterkünfte	✓
Stellplätze vor Schranke	✓

52.91879 | 10.12805

Campingplatz Zum Oertzewinkel: großzügige Stellplätze, grün und gepflegt.

Lage & Stellplatz

Wiesen, Wald und Felder: Natur und die dörfliche Struktur in der Lüneburger Heide umgeben den idyllisch gelegenen Campingplatz. Das gepflegte Gelände im Oertze-Flusstal punktet mit großzügigen Stellplätzen (bis 160 m²). Es gibt Komfortplätze mit Wasser- und Abwasseranschluss sowie mietbare Hütten.

Verpflegung

Im Laden gibt es ein gutes Allround-Programm auch mit regionalen Spezialitäten. Super im Spätsommer: Die Heidekartoffel-Herbstaktion – ein Kilo gratis und frisch, pro Stellplatz und Übernachtung. Das Gasthaus bietet sehr gute Küche und sticht mit Qualitätsrindfleisch sowie Wildspezialitäten hervor.

Sanitär

Zwei Waschhäuser sind auf dem Platz und von überall gut zu erreichen. Die Ausstattung ist zweckmäßig und komfortabel, das Bad barrierefrei. Warmwasser ist kostenlos. Familiengerechte Serviceräume stehen ebenfalls bereit. WLAN ist auf dem gesamten Areal verfügbar – auch in den Mietunterkünften.

Freizeit

Mehrere Spielplätze, Wassermatsch-Anlage, Bolzplatz, Tischtennisanlage, Gokartverleih und Naturbadeteich – die Freizeitmöglichkeiten vor Ort und in der Umgebung sind vielfältig. Spaß machen die geführten Radtouren. Hunde sind willkommen. Sogar für Ihr Pferd ist ein Einstellplatz vorhanden.

Sonne und Natur – Erholung pur.

Die Hütten als ideales Quartier.

4.4 SEHR GUT
58 Bewertungen

Lage	4.4
Ruhe	4.6
Sanitäranlagen	4.1
Sauberkeit Ø	4.6
Freundlichkeit	4.8
Stellplatz	4.4
Verpflegung	4.2
Freizeit	4.2
Preis-Leistung	4.7
Mietunterkünfte	4.0

Geeignet für

Senioren	4.8
Paare	4.7
Gäste mit Zelt	4.7
Gäste mit Hund	4.7
Kinder b. 6 J.	4.5
Kinder b. 12 J.	4.4
Kinder b. 18 J.	3.7

Empfohlene Aktivitäten

Wandern, Radfahren, Entspannen, Reiten, Kayak/Kanu

Wandern, Radeln, Angeln, Baden. Draussen sein – Camping auf dem Land.

Karte auf Seite 154

31 Camping am Örtzetal

✻

Am Dicksbarg 46
29320 Hermannsburg-Oldendorf
+49 505 230 72
52.80231 | 10.1033

ganzjährig

HS: 19,00 € | NS: 19,00 €

Mehr Infos & Anfrage:
www.camping.info/18402

Baden im See am Platz	✓
Hallenbad	2km
Spielplatz	keine Angabe
Hunde erlaubt	✓
Schatten	✗
WLAN	✗
Lebensmittel	4km
Brötchen	keine Angabe
Restaurant/Imbiss	800m/✓
Ver-/Entsorgung Womo	✗
in den Ort	800m
Gesamt/Touristen	170/120
Mietunterkünfte	✗
Stellplätze vor Schranke	✗

4.2 SEHR GUT
4 Bewertungen

Lage	5.0
Ruhe	4.8
Sanitäranlagen	3.2
Sauberkeit Ø	4.1
Freundlichkeit	3.5
Stellplatz	4.0
Verpflegung	2.7
Freizeit	4.0
Preis-Leistung	4.0
Mietunterkünfte	-

Geeignet für

Kinder b. 6 J.	4.2
Kinder b. 12 J.	3.3
Kinder b. 18 J.	2.7
Paare	4.8
Senioren	5.0
Gäste mit Zelt	5.0
Gäste mit Hund	4.8

Empfohlene Aktivitäten

- Wandern
- Entspannen
- Radfahren

32 Heidecamping Gerdehaus

Gerdehaus 79
29328 Faßberg-Gerdehaus
+49 5055 590286
52.88165 | 10.18702

01.04. - 15.09.

HS: 19,50 € | NS: 19,50 €

Mehr Infos & Anfrage:
www.camping.info/18405

Baden im See	1km
Pool/Hallenbad	3/15km
Spielplatz	1km
Hunde willkommen	✓
zur Hälfte Schatten	✓
WLAN	keine Angabe
Lebensmittel	3km
Brötchen am Platz	✗
Restaurant/Imbiss	3km
Ver-/Entsorgung Womo	✗
in den Ort	3km
Gesamt/Touristen	80/40
Mietunterkünfte	✗
Stellplätze vor Schranke	✗

4.7 SEHR GUT
25 Bewertungen

Lage	4.9
Ruhe	4.9
Sanitäranlagen	4.6
Sauberkeit Ø	5.0
Freundlichkeit	4.9
Stellplatz	4.5
Verpflegung	3.1
Freizeit	4.1
Preis-Leistung	4.8
Mietunterkünfte	-

Geeignet für

Kinder b. 6 J.	3.9
Kinder b. 12 J.	3.7
Kinder b. 18 J.	3.6
Paare	4.9
Senioren	4.6
Gäste mit Zelt	4.8
Gäste mit Hund	4.8

Empfohlene Aktivitäten

- Radfahren
- Wandern
- Entspannen

34 Campingplatz Bruchsee

Bruch 1
29565 Wriedel
53.00859 | 10.29676

keine Angabe

keine Angabe

Mehr Infos & Anfrage:
www.camping.info/24061

Baden in nat. Gewässer	k. A.
Pool & Hallenbad	✗
Spielplatz	keine Angabe
Hunde	✗
Schatten	✗
WLAN	keine Angabe
Lebensmittel	k.A.
Brötchen	keine Angabe
Restaurant & Imbiss	✗
Ver-/Entsorgung Womo	✗
in den Ort	keine Angabe
Gesamt	keine Angabe
Mietunterkünfte	✗
Stellplätze vor Schranke	✗

3.8 GUT
5 Bewertungen

Lage	3.8
Ruhe	3.8
Sanitäranlagen	2.8
Sauberkeit Ø	4.0
Freundlichkeit	4.0
Stellplatz	3.6
Verpflegung	3.5
Freizeit	4.0
Preis-Leistung	4.2
Mietunterkünfte	-

Geeignet für

Kinder b. 6 J.	4.2
Kinder b. 12 J.	4.5
Kinder b. 18 J.	4.0
Paare	4.2
Senioren	4.5
Gäste mit Zelt	4.5
Hunde n. erlaubt	-

Empfohlene Aktivitäten

- Radfahren
- Angeln
- Wandern

Infos

Öffnungszeiten
Vergleichspreis
Link

Ausstattung

Freizeit
Campingplatz
Versorgung
Anzahl der Plätze

37 Campingplatz am Hardausee

Campingplatz 1
29556 Suderburg-Hösseringen
+49 5826 7676
www.camping-hardausee.de
info@camping-hardausee.de

28.03. - 31.10.

HS: 30,00 € | NS: 26,00 €

Mehr Infos & online buchen:
www.camping.info/18413

Baden im See	200m
Pool/Hallenbad	12/16km
Spielplatz am Platz	✓
Hunde willkommen	✓
wenig Schatten	✓
WLAN (gegen Gebühr)	✓
Lebensmittel	✓
Brötchen am Platz	✓
Restaurant & Imbiss	✓
Ver-/Entsorgung Womo	✓
in den Ort	3km
Gesamt/Touristen	380/100
Mietunterkünfte	✓
Stellplätze vor Schranke	✗

52.86889 | 10.42222

Parzellierte Stellplätze im Grünen.

Lage & Stellplatz

Mitten in der schönen Lüneburger Südheide führt vom Campingplatz aus ein kurzer Waldweg (ca. 200 m) zum feinsandigen Badestrand des Hardausees. Parzellierte und unparzellierte Stellplätze mit Strom- und Wasser-, teilweise auch Abwasser- und SAT-Anschluss lassen keine Camperwünsche offen.

Verpflegung

Eine Gaststätte mit einer kleinen, aber feinen Speisekarte bietet für jeden Appetit das passende Gericht. Es gibt außerdem einen Minimarkt mit täglich frischen Brötchen, leckerem Frühstück sowie einer guten Auswahl an Lebensmitteln, Getränken und Zeitungen.

Sanitär

Die modernen, komfortabel ausgestatteten Sanitärhäuser sind beheizt und werden durch Lichtkuppeln mit Tageslicht durchflutet und automatisch entlüftet. Für die kleinen Gäste gibt es ein tolles Kinderbad. Des Weiteren verfügt der Campingplatz über einen separaten behindertengerechten Sanitärbereich.

Freizeit

Am Campingplatz gibt es u. a. einen großen Kinderspielplatz, einen Lagerfeuerplatz, eine Boulebahn, Shuffleboard, Tischtennisplatten und Freiland-Schach. In direkter Umgebung sorgt der Hardausee mit Sandstrand, einem Spielplatz und Tretbootverleih für reichlich Unterhaltung bei Groß und Klein.

Spielturm für die Kleinen.

Kindergerechte Sanitäranlagen.

4.8 SEHR GUT
367 Bewertungen

Lage	4.5
Ruhe	4.8
Sanitäranlagen	4.6
Sauberkeit Ø	4.8
Freundlichkeit	4.9
Stellplatz	4.7
Verpflegung	3.9
Freizeit	4.4
Preis-Leistung	4.8
Mietunterkünfte	4.4

Geeignet für

- 4.8 Paare
- 4.8 Senioren
- 4.7 Gäste mit Hund
- 4.5 Gäste mit Zelt
- 4.2 Kinder b. 6 J.
- 4.2 Kinder b. 12 J.
- 3.7 Kinder b. 18 J.

Empfohlene Aktivitäten

Radfahren · Wandern · Entspannen · Schwimmen · Angeln

AWARD 2020

Jugendgruppen nur mit Erwachsenen.

Karte auf Seite 154

35 Camping am Waldbad

Hans-Rasch-Weg
29574 Ebstorf
+49 5822 3251
53.03465 | 10.41052

36 Uhlenköper-Camp

Festplatzweg 11
29525 Uelzen-Westerweyhe
+49 5817 3044
53.00011 | 10.51583

38 Camping Bad Bodenteich

Langerstraße
29389 Bad Bodenteich
+49 5824 1300
52.84556 | 10.66167

Infos

	Camping am Waldbad	Uhlenköper-Camp	Camping Bad Bodenteich
Öffnungszeiten	01.01. - 01.12.	ganzjährig	ganzjährig
Vergleichspreis	HS: 20,00 € | NS: 19,50 €	HS: 25,00 € | NS: 22,00 €	HS: 19,50 € | NS: 19,50 €
Link	**Mehr Infos & Anfrage:** www.camping.info/18414	**Mehr Infos & online buchen:** www.camping.info/18412	**Mehr Infos & Anfrage:** www.camping.info/22309

Ausstattung

	Camping am Waldbad	Uhlenköper-Camp	Camping Bad Bodenteich
Freizeit	Baden in nat. Gewässer k. A.	Baden im See 4km	Baden im Fluss am Platz ✓
	Pool/Hallenbad 10m	Pool/Hallenbad ✓/5km	Pool/Hallenbad 400m/1km
	Spielplatz am Platz ✓	Spielplatz am Platz ✓	Spielplatz am Platz ✓
Campingplatz	Hunde willkommen ✓	Hunde willkommen ✓	Hunde erlaubt ✓
	Schatten ✗	zur Hälfte Schatten ✓	Schatten ✗
	WLAN (gegen Gebühr) ✓	WLAN ✓	WLAN ✗
Versorgung	Lebensmittel 1km	Lebensmittel ✓	Lebensmittel ✓
	Brötchen am Platz ✗	Brötchen am Platz ✓	Brötchen am Platz ✓
	Restaurant/Imbiss 50/10m	Restaurant/Imbiss 300m/✓	Restaurant 1km
	Ver-/Entsorgung Womo ✓	Ver-/Entsorgung Womo ✓	Ver-/Entsorgung Womo ✗
	im Ort ✓	in den Ort 100m	in den Ort 1km
Anzahl der Plätze	Gesamt/Touristen 100/70	Gesamt/Touristen 85/60	Gesamt/Touristen 475/50
	Mietunterkünfte ✓	Mietunterkünfte ✓	Mietunterkünfte ✗
	Stellplätze vor Schranke ✓	Stellplätze vor Schranke ✗	Stellplätze vor Schranke ✗

Bewertungen

	Camping am Waldbad	Uhlenköper-Camp	Camping Bad Bodenteich
Gesamt	4.3 SEHR GUT, 36 Bewertungen	4.4 SEHR GUT, 16 Bewertungen	3.6 GUT, 8 Bewertungen
Lage	4.5	4.1	3.4
Ruhe	4.6	4.7	4.1
Sanitäranlagen	4.2	3.9	4.0
Sauberkeit Ø	4.0	4.4	4.2
Freundlichkeit	4.5	5.0	4.2
Stellplatz	4.2	4.5	3.6
Verpflegung	2.9	4.5	2.8
Freizeit	4.2	4.5	2.6
Preis-Leistung	4.7	4.6	4.0
Mietunterkünfte	4.6	5.0	-
Geeignet für			
Kinder b. 6 J.	4.2	4.5	4.2
Kinder b. 12 J.	4.4	4.7	4.0
Kinder b. 18 J.	3.9	4.3	3.2
Paare	4.7	4.4	4.6
Senioren	4.7	4.3	4.6
Gäste mit Zelt	4.6	4.3	4.3
Gäste mit Hund	4.7	4.2	5.0

Empfohlene Aktivitäten

Camping am Waldbad	Uhlenköper-Camp	Camping Bad Bodenteich
Schwimmen	Radfahren	Entspannen
Wandern	Kayak/Kanu	Radfahren
Radfahren	Schwimmen	Wandern

ECO CAMPING

42 Campingpark Gartow

Am Helk 3
29471 Gartow
+49 5846 979060

www.campingpark-gartow.de
info@campingpark-gartow.de

ganzjährig

HS: 25,50 € | NS: 22,60 €

Mehr Infos & Anfrage:
www.camping.info/18409

Baden im See	500m
Hallenbad	✓
Spielplatz am Platz	✓
Hunde willkommen	✓
wenig Schatten	✓
WLAN (gegen Gebühr)	✓
Lebensmittel	500m
Brötchen am Platz	✓
Restaurant/Imbiss	300/100m
Ver-/Entsorgung Womo	✓
in den Ort	500m
Gesamt/Touristen	340/190
Mietunterkünfte	✓
Stellplätze vor Schranke	✓

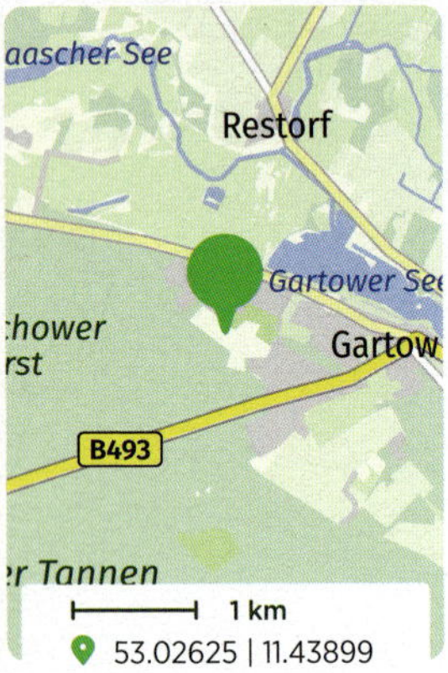

53.02625 | 11.43899

Großzügige Stellplätze im Kiefernring.

Lage & Stellplatz

Der Campingpark Gartow liegt im UNESCO-Biosphärenreservat und ist flankiert von Elbauen, Wäldern und der Nemitzer Heide. Die großen Stellplätze sind mit eigenem Anschluss für Strom, Wasser, Abwasser und TV ausgestattet und liegen umrahmt von Hecken, Büschen und Bäumen auf ebenen Rasenflächen.

Verpflegung

Der Minimarkt stellt täglich Brötchen, Lebensmittel, Haushaltswaren und Campingartikel bereit. Das „Bistro zur Therme" ist am Platz, in wenigen Gehminuten erreicht man außerdem verschiedene Restaurants, Cafés, eine Eisdiele, die Schlossküche, mehrere Supermärkte, Tankstellen und diverse Geschäfte.

Sanitär

Drei saubere Sanitärgebäude jeweils mit separatem behindertengerechten Bad und einem Familienbad mit Wickelmöglichkeit und Babywanne, sowie Waschmaschinen und Trockner stehen zur Verfügung. Ein weiteres Sanitärgebäude mit Aufenthaltsraum inkl. TV und Küche befindet sich auf dem Zeltplatz.

Freizeit

In unmittelbarer Nähe zum Campingpark befinden sich der große Gartower See, die Wendland-Therme mit Saunalandschaft, Minigolf- und Tennisanlage, Angel- und Segelmöglichkeiten, ein Fitnessstudio und das Gartower Wildgatter. In der Umgebung findet man das Rolling Stones-, Heimat- und Grenzlandmuseum.

Sonnenuntergang am Gartower See.

Minigolf und Tennisplatz.

4.5 SEHR GUT
75 Bewertungen

Lage	4.5
Ruhe	4.7
Sanitäranlagen	4.4
Sauberkeit Ø	4.7
Freundlichkeit	4.8
Stellplatz	4.5
Verpflegung	3.8
Freizeit	4.2
Preis-Leistung	4.5
Mietunterkünfte	4.3

Geeignet für

Paare	4.8
Senioren	4.8
Gäste mit Zelt	4.8
Gäste mit Hund	4.8
Kinder b. 6 J.	4.6
Kinder b. 12 J.	4.4
Kinder b. 18 J.	4.1

Empfohlene Aktivitäten

Radfahren · Schwimmen · Entspannen · Wandern · Wellness

Karte auf Seite 154

	39	40	41
	Campingpark Fuhrenkamp	**Camping Dannenberg**	**Camping Laascher See**
	*		
	Am Fuhrenkamp 1 29468 Bergen a.d. Dumme +49 5845 348	Probstdorfer Weg 29451 Dannenberg +49 5861 7280	Laasche 13 29471 Gartow-Laasche +49 5846 980093
	52.88694 | 10.97528	53.09785 | 11.10929	53.04038 | 11.41667
Infos			
Öffnungszeiten	ganzjährig	01.04. - 31.10.	01.04. - 15.10.
Vergleichspreis	HS: 21,50 € | NS: 21,50 €	HS: 14,50 € | NS: 14,50 €	HS: 19,50 € | NS: 19,50 €
Link	**Mehr Infos & Anfrage:** www.camping.info/18408	**Mehr Infos & Anfrage:** www.camping.info/18407	**Mehr Infos & Anfrage:** www.camping.info/18410
Ausstattung			
Freizeit	Baden im Teich am Platz ✓ Pool/Hallenbad 800m/14km Spielplatz am Platz ✓	Baden im See 300m Pool/Hallenbad ✓/1km Spielplatz keine Angabe	Baden im See 200m Pool/Hallenbad 3km Spielplatz am Platz ✓
Campingplatz	Hunde willkommen ✓ zur Hälfte Schatten ✓ WLAN (gegen Gebühr) ✓	Hunde ✗ Schatten ✗ WLAN ✗	Hunde willkommen ✓ zur Hälfte Schatten ✓ WLAN (gegen Gebühr) ✓
Versorgung	Lebensmittel 800m Brötchen am Platz ✓ Restaurant & Imbiss ✓ Ver-/Entsorgung Womo ✓ in den Ort 800m	Lebensmittel ✓ Brötchen am Platz ✓ Restaurant/Imbiss 200m/✓ Ver-/Entsorgung Womo ✓ in den Ort 800m	Lebensmittel 3km Brötchen am Platz ✓ Restaurant/Imbiss 3km Ver-/Entsorgung Womo ✓ in den Ort 3km
Anzahl der Plätze	Gesamt/Touristen 147/90 Mietunterkünfte ✓ Stellplätze vor Schranke ✗	Gesamt/Touristen 80/50 Mietunterkünfte ✗ Stellplätze vor Schranke ✗	Gesamt/Touristen 100/40 Mietunterkünfte ✓ Stellplätze vor Schranke ✗

	39	40	41
Gesamt	4.6 SEHR GUT, 29 Bewertungen	3.5 GUT, 10 Bewertungen	4.8 SEHR GUT, 55 Bewertungen
Lage	4.0	4.1	4.7
Ruhe	4.3	3.8	5.0
Sanitäranlagen	4.6	3.5	4.6
Sauberkeit Ø	4.8	4.4	4.9
Freundlichkeit	5.0	4.5	4.9
Stellplatz	4.4	3.5	4.5
Verpflegung	4.5	2.2	4.3
Freizeit	4.0	3.4	4.3
Preis-Leistung	4.8	4.0	4.8
Mietunterkünfte	4.3	-	4.7
Geeignet für			
Kinder b. 6 J.	4.6	3.5	4.5
Kinder b. 12 J.	4.6	3.5	4.2
Kinder b. 18 J.	3.9	3.5	3.6
Paare	4.7	4.4	4.8
Senioren	4.7	4.3	4.9
Gäste mit Zelt	4.7	4.2	4.9
Gäste mit Hund	4.8	Hunde n. erlaubt -	4.9
Empfohlene Aktivitäten	Radfahren Wandern Entspannen	Radfahren Schwimmen Wandern	Radfahren Wandern Entspannen

NIEDERSACHSEN / BREMEN

5 Emsland

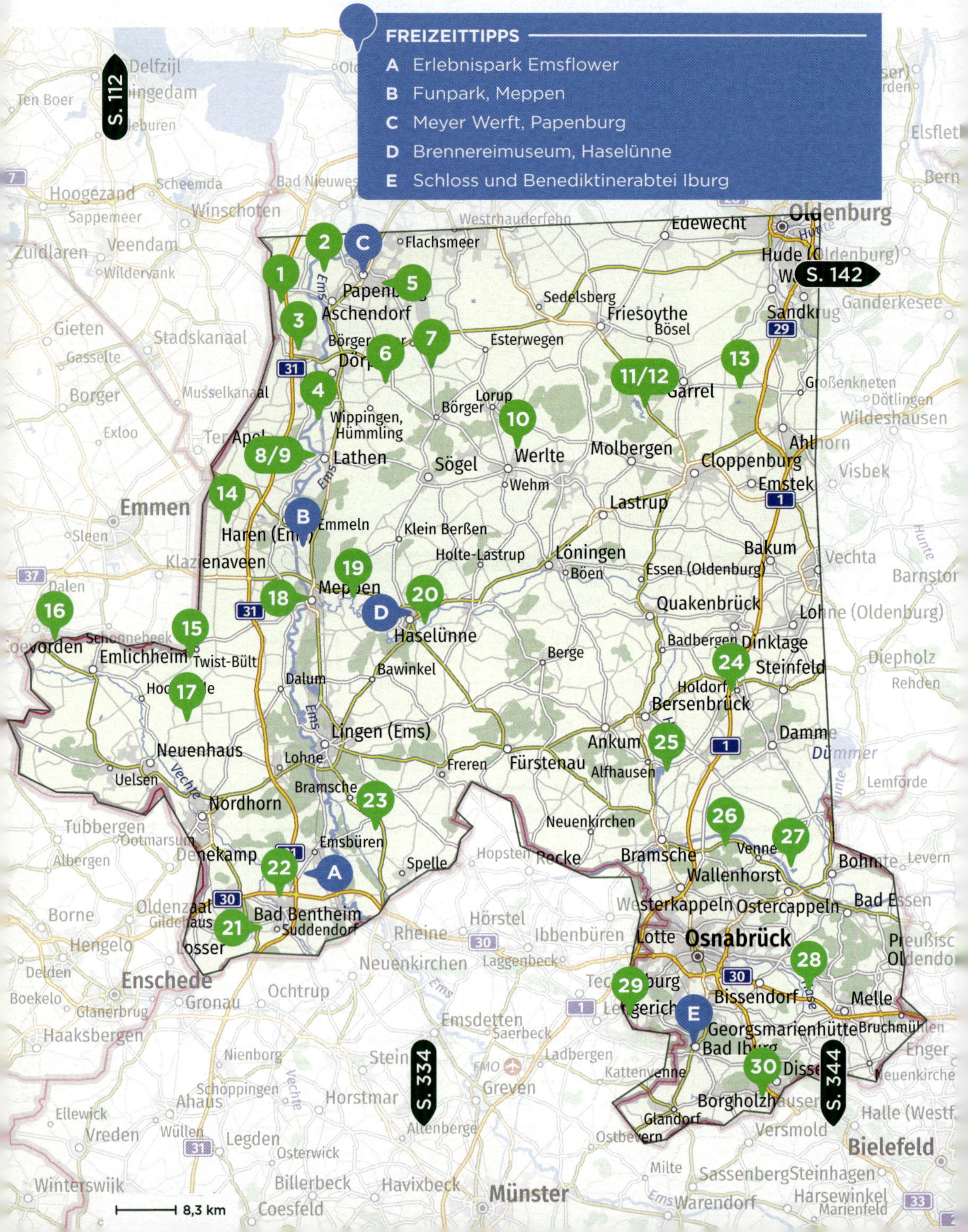

	Platz	Seite	Bewertung		Öffnungszeiten	
1	Campingplatz-Neuengland	182	4.5	◯	saisonal	
2	Camping-Tunxdorfer-Berge	182	-	◯	ganzjährig	❄
3	Campingpark Eden	182	4.2	◯	ganzjährig	❄
4	Campingplatz Emstal Emsland	182	4.9	◯	saisonal	
5	Campingplatz Papenburg	184	3.2	◯	ganzjährig	❄ ⚡
6	Wally's Bed & Breakfast/Minicamping	183	-	◯	saisonal	
7	Campingplatz Surwold	183	4.8	◯	saisonal	
8	Camping zur Emsbrücke	183	3.0	◯	k. A.	
9	Camping Lathener Marsch	185	3.1	◯	saisonal	❄
10	Camping Hümmlinger Land	186	4.7	◯	ganzjährig	❄ ⚡ 👍
11	Campingplatz Einhaus	185	4.0	◯	k. A.	
12	Campingplatz Deeken	185	-	◯	k. A.	
13	Camping Tannenhof	187	4.2	◯	k. A.	❄
14	EMSLAND-CAMP	187	4.2	◯	ganzjährig	❄
15	Campingplatz Blaue Lagune	187	3.9	◯	k. A.	
16	Arendshof-Camping	188	-	◯	k. A.	❄
17	Zum blauen Bock	188	-	◯	k. A.	
18	KNAUS Campingpark Meppen	188	-	◯	saisonal	
19	Hase Natur Camping	188	3.8	◯	saisonal	
20	Comfortcamping Hase-Ufer	189	4.1	◯	saisonal	
21	Camping Am Berg	189	3.5	◯	saisonal	
22	Camping Quendorfer See	189	4.6	◯	saisonal	
23	Campingplatz Blauer See Lünne/Emsland	192	3.9	◯	ganzjährig	❄ ⚡
24	Zelt und Wohnmobilplatz Heidesee	192	4.1	◯	saisonal	
25	Alfsee Ferien- und Erlebnispark	190	4.1	◯	ganzjährig	❄ 🍃 ⚡
26	Campingplatz Waldwinkel	192	3.8	◯	saisonal	
27	Freizeitpark Kronensee	192	3.6	◯	ganzjährig	FKK ❄
28	Grönegau-Park Ludwigsee	193	3.9	◯	ganzjährig	❄
29	Campingplatz Teutoburger Waldsee	193	-	◯	k. A.	
30	Campotel	193	3.8	◯	ganzjährig	❄

❄ Wintercamping FKK Textilfrei (ganz/teilweise) 🍃 Ecocamping 👍 Award ⚡ Onlinebuchung

1 Campingplatz-Neuengland

Neurhederstr. 31
26899 Rhede/Ems
+49 4964 383
53.04472 | 7.22963

28.02. - 01.11.
27.12. - 03.01.
HS: 18,00 € | NS: 18,00 €
Mehr Infos & Anfrage:
www.camping.info/25592

Baden im Teich am Platz	✓
Pool/Hallenbad	15km
Spielplatz am Platz	✓
Hunde willkommen	✓
zur Hälfte Schatten	✓
WLAN (gegen Gebühr)	✓
Lebensmittel	3km
Brötchen am Platz	✓
Restaurant/Imbiss	3/3km
Ver-/Entsorgung Womo	✓
in den Ort	2km
Gesamt/Touristen	179/70
Mietunterkünfte	✓
Stellplätze vor Schranke	✗

4.5 SEHR GUT
28 Bewertungen

Lage	4.3
Ruhe	4.5
Sanitäranlagen	4.2
Sauberkeit Ø	4.9
Freundlichkeit	4.9
Stellplatz	4.4
Verpflegung	3.6
Freizeit	4.0
Preis-Leistung	4.8
Mietunterkünfte	4.5

Geeignet für

Kinder b. 6 J.	4.7
Kinder b. 12 J.	4.7
Kinder b. 18 J.	3.7
Paare	4.7
Senioren	4.7
Gäste mit Zelt	4.4
Gäste mit Hund	4.8

Empfohlene Aktivitäten

- Radfahren
- Angeln
- Entspannen

2 Camping-Tunxdorfer-Berge

Tunxdorferstr. 16
26871 Papenburg-Tunxdorf
04962 390
53.08293 | 7.31516

ganzjährig
HS: 21,00 € | NS: 21,00 €
Mehr Infos & Anfrage:
www.camping.info/26573

Baden in nat. Gewässer	k. A.
Pool/Hallenbad	5km
Spielplatz am Platz	✓
Hunde willkommen	✓
zur Hälfte Schatten	✓
WLAN	✓
Lebensmittel	5km
Brötchen am Platz	nur HS
Restaurant/Imbiss	5km/✓
Ver-/Entsorgung Womo	✗
in den Ort	5km
Gesamt/Touristen	99/29
Mietunterkünfte	✗
Stellplätze vor Schranke	✓

- JETZT BEWERTEN!

Für diese Auswertung liegen leider noch nicht genügend Bewertungen vor.

Sei einer der Ersten, der diesen Campingplatz bewertet. Unter den Bewertern werden regelmäßig Gewinne verlost!

Mehr Infos dazu findest du in unserem allgemeinen Intro.

3 Campingpark Eden

Hermann-Abels-Str. 20
26892 Heede
+49 49 63 - 91 61 71
52.98896 | 7.26781

ganzjährig
HS: 20,00 € | NS: 20,00 €
Mehr Infos & Anfrage:
www.camping.info/23153

Baden im See	500m
Pool & Hallenbad	✗
Spielplatz am Platz	✓
Hunde willkommen	✓
wenig Schatten	✓
WLAN	teilweise
Lebensmittel	3km
Brötchen am Platz	nur HS
Imbiss	2km
Ver-/Entsorgung Womo	✓
in den Ort	3km
Gesamt/Touristen	100/40
Mietunterkünfte	✓
Stellplätze vor Schranke	✓

4.2 SEHR GUT
14 Bewertungen

Lage	4.1
Ruhe	4.6
Sanitäranlagen	4.5
Sauberkeit Ø	4.8
Freundlichkeit	4.8
Stellplatz	4.1
Verpflegung	3.0
Freizeit	4.1
Preis-Leistung	4.6
Mietunterkünfte	5.0

Geeignet für

Kinder b. 6 J.	4.6
Kinder b. 12 J.	4.4
Kinder b. 18 J.	3.7
Paare	4.1
Senioren	4.2
Gäste mit Zelt	4.3
Gäste mit Hund	4.3

Empfohlene Aktivitäten

- Radfahren
- Entspannen
- Schwimmen

4 Campingplatz Emstal Emsland

Brinkstraße 14
49762 Sustrum
+49 5939 9599860
52.9087 | 7.30238

05.04. - 10.10.
HS: 23,00 € | NS: 20,00 €
Mehr Infos & Anfrage:
www.camping.info/24787

Baden im Fluss am Platz	✓
Pool/Hallenbad	7/10km
Spielplatz	✗
Hunde willkommen	✓
zur Hälfte Schatten	✓
WLAN	✓
Lebensmittel	✓
Brötchen am Platz	✓
Restaurant/Imbiss	1km
Ver-/Entsorgung Womo	✓
in den Ort	1km
Gesamt/Touristen	80/70
Mietunterkünfte	✗
Stellplätze vor Schranke	✓

4.9 SEHR GUT
104 Bewertungen

Lage	4.7
Ruhe	5.0
Sanitäranlagen	5.0
Sauberkeit Ø	5.0
Freundlichkeit	4.9
Stellplatz	4.6
Verpflegung	3.7
Freizeit	4.2
Preis-Leistung	4.9
Mietunterkünfte	-

Geeignet für

Kinder b. 6 J.	3.2
Kinder b. 12 J.	3.0
Kinder b. 18 J.	3.0
Paare	4.9
Senioren	5.0
Gäste mit Zelt	4.5
Gäste mit Hund	4.6

Empfohlene Aktivitäten

- Radfahren
- Entspannen
- Angeln

Karte auf Seite 180

6 Wally's Bed & Breakfast/ Minicamping

Kluserstraße 50
26909 Neuborger
+49 6691 2542

52.94976 | 7.43755

Infos

Öffnungszeiten	01.05. - 31.10.
Vergleichspreis	HS: 30,00 € | NS: 30,00 €
Link	**Mehr Infos & Anfrage:** www.camping.info/25035

Ausstattung

Freizeit	Baden im See	4km
	Pool/Hallenbad	5/6km
	Spielplatz	✗
Campingplatz	Hunde willkommen	✓
	zur Hälfte Schatten	✓
	WLAN	✓
Versorgung	Lebensmittel	2km
	Brötchen am Platz	✗
	Restaurant/Imbiss	7/2km
	Ver-/Entsorgung Womo	✗
	in den Ort	6km
Anzahl der Plätze	Touristenplätze	10
	Mietunterkünfte	✗
	Stellplätze vor Schranke	✗

- JETZT BEWERTEN!

Für diese Auswertung liegen leider noch nicht genügend Bewertungen vor.

Sei einer der Ersten, der diesen Campingplatz bewertet. Unter den Bewertern werden regelmäßig Gewinne verlost!

Mehr Infos dazu findest du in unserem allgemeinen Intro.

7 Campingplatz Surwold

Waldstraße 26
26903 Surwold
+49 4965 9083661

52.96817 | 7.51782

Infos

Öffnungszeiten	01.01. - 31.10. 27.12. - 03.01.
Vergleichspreis	HS: 26,00 € | NS: 27,00 €
Link	**Mehr Infos & Anfrage:** www.camping.info/24298

Ausstattung

Freizeit	Baden in nat. Gewässer	k. A.
	Pool	600m
	Spielplatz am Platz	✓
Campingplatz	Hunde willkommen	✓
	wenig Schatten	✓
	WLAN	✓
Versorgung	Lebensmittel	✓
	Brötchen am Platz	✓
	Restaurant/Imbiss	300m/✓
	Ver-/Entsorgung Womo	✓
	in den Ort	1km
Anzahl der Plätze	Gesamt/Touristen	100/60
	Mietunterkünfte	✗
	Stellplätze vor Schranke	✗

4.8 SEHR GUT
40 Bewertungen

Lage	4.6
Ruhe	4.8
Sanitäranlagen	4.8
Sauberkeit Ø	4.8
Freundlichkeit	4.9
Stellplatz	4.7
Verpflegung	4.5
Freizeit	4.8
Preis-Leistung	4.7
Mietunterkünfte	-

Geeignet für

Kinder b. 6 J.	4.8
Kinder b. 12 J.	4.9
Kinder b. 18 J.	4.0
Paare	4.6
Senioren	4.6
Gäste mit Zelt	4.5
Gäste mit Hund	5.0

Empfohlene Aktivitäten

- Entspannen
- Radfahren
- Wandern

8 Camping zur Emsbrücke

Latherfähr 6
49762 Niederlangen

52.86583 | 7.30722

Infos

Öffnungszeiten	keine Angabe
Vergleichspreis	keine Angabe
Link	**Mehr Infos & Anfrage:** www.camping.info/18654

Ausstattung

Freizeit	Baden in nat. Gewässer	k. A.
	Pool & Hallenbad	✗
	Spielplatz	keine Angabe
Campingplatz	Hunde	✗
	Schatten	✗
	WLAN	keine Angabe
Versorgung	Lebensmittel	k.A.
	Brötchen	keine Angabe
	Restaurant & Imbiss	✗
	Ver-/Entsorgung Womo	✗
	in den Ort	keine Angabe
Anzahl der Plätze	Gesamt	keine Angabe
	Mietunterkünfte	✗
	Stellplätze vor Schranke	✗

3.0 GUT
5 Bewertungen

Lage	3.6
Ruhe	1.8
Sanitäranlagen	3.2
Sauberkeit Ø	3.2
Freundlichkeit	3.2
Stellplatz	3.2
Verpflegung	2.4
Freizeit	3.0
Preis-Leistung	3.4
Mietunterkünfte	-

Geeignet für

Kinder b. 6 J.	3.7
Kinder b. 12 J.	3.0
Kinder b. 18 J.	2.0
Paare	4.0
Senioren	4.6
Gäste mit Zelt	3.0
Hunde n. erlaubt	-

Empfohlene Aktivitäten

- Radfahren
- Angeln
- Wandern

5 Campingplatz Papenburg

Am Poggenpoel 101
26871 Papenburg
+49 4961 9740 26
www.campingplatz-papenburg.de
campingplatz@papenburg.de

ganzjährig

HS: 22,50 € | NS: 17,50 €

Mehr Infos & online buchen:
www.camping.info/18351

Baden im See am Platz	✓
Pool/Hallenbad	1/2km
Spielplatz am Platz	✓
Hunde willkommen	✓
Schatten	✗
WLAN	✗
Lebensmittel	500m
Brötchen am Platz	✗
Restaurant am P.	✓
Ver-/Entsorgung Womo	✓
in den Ort	3km
Gesamt/Touristen	150/85
Mietunterkünfte	✓
Stellplätze vor Schranke	✓

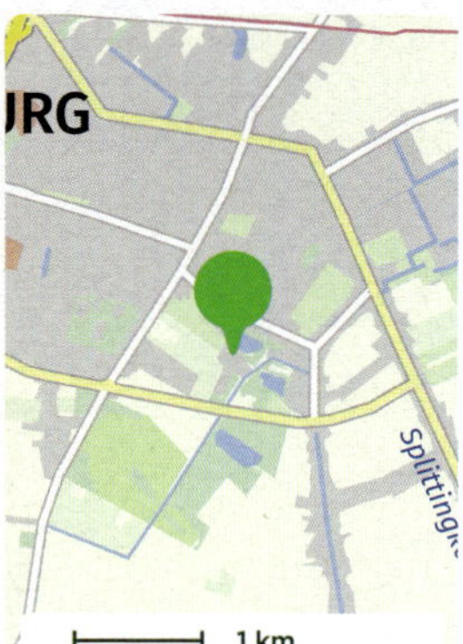

53.0652 | 7.42795

Herzlich Willkommen auf dem Campingplatz Papenburg!

Lage & Stellplatz

Der Campingplatz Papenburg liegt naturnah und doch zentral. Mit insgesamt 118 Stellplätzen, einem Bistro-Café, einem Badesee mit Sandstrand und Spielplatz und vielen Freizeitmöglichkeiten wie z. B. der Meyer Werft, bietet die Anlage die perfekte Kombination aus Ruhe, Entspannung und Erlebnis!

Verpflegung

Das Bistro „Kiek In“ auf dem Papenburger Campingplatz bietet abends in der Hauptsaison täglich Schnitzel, Pommes und Co. an. Ein Supermarkt und eine Bäckerei sind ca. 500 m entfernt. Im nahe gelegenen Zentrum Papenburgs finden sich verschiedene Restaurants für jeden Geschmack.

Sanitär

Zwei große Sanitärgebäude mit geräumigen Duschkabinen (Familienduschen) und abgetrennten Waschplätzen stehen auf dem Platz zur Verfügung. Entsorgungsmöglichkeiten für Grauwasser und Chemietoiletten etc. sind ebenso vorhanden wie zwei Küchen, Außenspülen, Trockner und Waschmaschine.

Freizeit

Papenburg entdecken! Besuchen Sie die weltbekannte Meyer Werft oder erleben Sie Stadtgeschichte in dem Freilichtmuseum „Von Velen Anlage“. Kunst und Kultur erwartet Sie im barocken Gut Altenkamp. Ausflugsmöglichkeiten, Veranstaltungen und Aktivitäten wie z. B. Radfahren runden das Angebot ab.

Badesee mit Sandstrand.

Spielplatz für kleine Gäste.

3.2 GUT
35 Bewertungen

Lage	3.9
Ruhe	4.2
Sanitäranlagen	3.4
Sauberkeit Ø	3.4
Freundlichkeit	3.4
Stellplatz	3.2
Verpflegung	2.5
Freizeit	3.3
Preis-Leistung	3.4
Mietunterkünfte	4.0

Geeignet für

4.4 Gäste mit Hund

4.0	Paare
4.0	Senioren
3.9	Gäste mit Zelt
3.3	Kinder b. 6 J.
3.2	Kinder b. 12 J.
2.9	Kinder b. 18 J.

Empfohlene Aktivitäten

Radfahren · Entspannen · Schwimmen · Sightseeing · Wandern

Außenstellplätze für Wohnmobile vorhanden. Hunde erlaubt.

Karte auf Seite 180

9 Camping Lathener Marsch

❄

Marschstraße 4
49762 Lathen
+49 593 393 4510

52.85917 | 7.30374

08.03. - 23.10.
09.11. - 22.03.

HS: 20,00 € | NS: 20,00 €

Mehr Infos & Anfrage:
www.camping.info/18655

Baden im See am Platz	✓
Pool/Hallenbad	2/15km
Spielplatz am Platz	✓
Hunde erlaubt	✓
Schatten	×
WLAN	✓
Lebensmittel	✓
Brötchen am Platz	✓
Restaurant & Imbiss	✓
Ver-/Entsorgung Womo	✓
in den Ort	1km
Gesamt/Touristen	220/80
Mietunterkünfte	✓
Stellplätze vor Schranke	✓

3.1 GUT
8 Bewertungen

Lage	3.8
Ruhe	4.4
Sanitäranlagen	3.2
Sauberkeit Ø	3.5
Freundlichkeit	4.0
Stellplatz	3.6
Verpflegung	3.4
Freizeit	2.9
Preis-Leistung	3.6
Mietunterkünfte	5.0

Geeignet für

Kinder b. 6 J.	3.0
Kinder b. 12 J.	3.2
Kinder b. 18 J.	3.5
Paare	4.0
Senioren	4.0
Gäste mit Zelt	4.7
Gäste mit Hund	4.5

Empfohlene Aktivitäten

- Radfahren
- Angeln
- Wandern

11 Campingplatz Einhaus

Drei-Brücken-Weg 4
49681 Garrel-Petersfeld

52.91759 | 7.94541

keine Angabe

keine Angabe

Mehr Infos & Anfrage:
www.camping.info/24598

Baden in nat. Gewässer	k. A.
Pool & Hallenbad	×
Spielplatz	keine Angabe
Hunde	×
Schatten	×
WLAN	keine Angabe
Lebensmittel	k.A.
Brötchen	keine Angabe
Restaurant & Imbiss	×
Ver-/Entsorgung Womo	×
in den Ort	keine Angabe
Gesamt	keine Angabe
Mietunterkünfte	×
Stellplätze vor Schranke	×

4.0 SEHR GUT
6 Bewertungen

Lage	5.0
Ruhe	4.4
Sanitäranlagen	2.8
Sauberkeit Ø	4.1
Freundlichkeit	3.3
Stellplatz	3.8
Verpflegung	3.4
Freizeit	4.7
Preis-Leistung	4.2
Mietunterkünfte	-

Geeignet für

Kinder b. 6 J.	4.2
Kinder b. 12 J.	4.8
Kinder b. 18 J.	3.8
Paare	4.8
Senioren	4.8
Gäste mit Zelt	4.8
Hunde n. erlaubt	-

Empfohlene Aktivitäten

- Wandern
- Schwimmen
- Radfahren

12 Campingplatz Deeken

Zum Strand 5
49681 Garrel-Petersfeld

52.92175 | 7.9474

keine Angabe

keine Angabe

Mehr Infos & Anfrage:
www.camping.info/24597

Baden in nat. Gewässer	k. A.
Pool & Hallenbad	×
Spielplatz	keine Angabe
Hunde	×
Schatten	×
WLAN	keine Angabe
Lebensmittel	k.A.
Brötchen	keine Angabe
Restaurant & Imbiss	×
Ver-/Entsorgung Womo	×
in den Ort	keine Angabe
Gesamt	keine Angabe
Mietunterkünfte	×
Stellplätze vor Schranke	×

- JETZT BEWERTEN!

Für diese Auswertung liegen leider noch nicht genügend Bewertungen vor.

Sei einer der Ersten, der diesen Campingplatz bewertet. Unter den Bewertern werden regelmäßig Gewinne verlost!

Mehr Infos dazu findest du in unserem allgemeinen Intro.

Infos

Öffnungszeiten

Vergleichspreis

Link

Ausstattung

Freizeit

Campingplatz

Versorgung

Anzahl der Plätze

10 Camping Hümmlinger Land

Rastdorfer Straße 80
49757 Werlte
+49 5951 5353
www.huemmlingerland.de
info@huemmlingerland.de

ganzjährig

HS: 30,00 € | NS: 23,50 €

Mehr Infos & online buchen:
www.camping.info/18653

Baden im Teich	20km
Pool/Hallenbad	12/2km
Spielplatz am Platz	✓
Hunde willkommen	✓
zur Hälfte Schatten	✓
WLAN (begrenzt gratis)	✓
Lebensmittel	✓
Brötchen am Platz	✓
Restaurant/Imbiss	1km/✓
Ver-/Entsorgung Womo	✓
in den Ort	600m
Gesamt/Touristen	121/63
Mietunterkünfte	✓
Stellplätze vor Schranke	✗

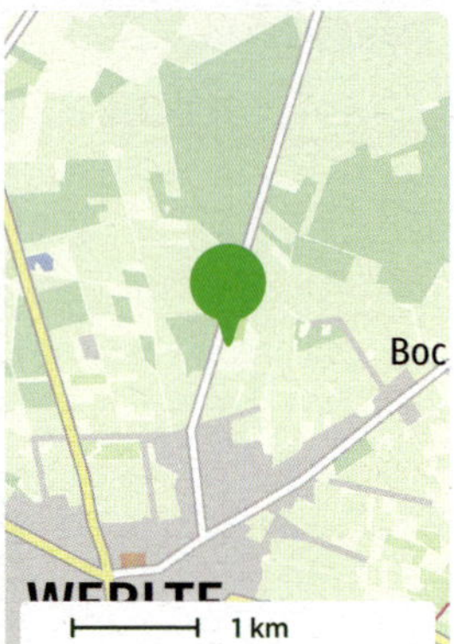

52.87028 | 7.68861

Genießen Sie die Ruhe auf dem Campingplatz Hümmlinger Land.

Lage & Stellplatz

Der 4-Sterne-Campingplatz liegt inmitten des Naturparks Hümmling. Hier erleben Sie einen erholsamen Urlaub – stadtnah und dennoch mitten im Grünen gelegen. Die direkte Lage am Emsland-Radweg bietet einen idealen Ausgangspunkt für Radtouren. Ein Besuch des Barfußpfads und der Sauna runden den Tag ab.

Verpflegung

Starten Sie Ihren Tag mit ofenfrischen Brötchen oder auch einem kompletten Frühstück. Für den größeren Hunger bietet der Platz Ihnen Flammkuchen und Pizza. Am Wochenende können Sie bei Kaffee und Kuchen den Tag abrunden. Oder doch lieber ein gekühltes Getränk oder einen leckeren Cocktail?

Sanitär

Die gepflegten Sanitäranlagen sind zentral auf dem Campingplatz angeordnet und auch für Gäste mit Beeinträchtigungen geeignet. Von den Gästen wird die Sauberkeit als überaus zufriedenstellend bewertet. Zusätzlich nimmt Ihnen die frei nutzbare Spülmaschine gerne den Abwasch ab.

Freizeit

Der Campingplatz ist der ideale Startpunkt für Radtouren oder Spaziergänge durch den Naturpark Hümmling. Das Schloss Clemenswerth, die Meyer-Werft und das Museumsdorf in Cloppenburg freuen sich auf Ihren Besuch. Direkt auf dem Platz können Sie den neuen Barfußpfad ausprobieren, eine tolle Erfahrung!

Spaß auf dem Barfußpfad.

Das beliebte Sauna-Fass.

4.7 SEHR GUT
220 Bewertungen

Lage	4.3
Ruhe	4.7
Sanitäranlagen	4.8
Sauberkeit Ø	4.9
Freundlichkeit	4.9
Stellplatz	4.5
Verpflegung	4.1
Freizeit	3.9
Preis-Leistung	4.7
Mietunterkünfte	4.6

Geeignet für

4.9	Senioren
4.7	Paare
4.7	Gäste mit Hund
4.4	Gäste mit Zelt
4.2	Kinder b. 6 J.
3.9	Kinder b. 12 J.
3.2	Kinder b. 18 J.

Empfohlene Aktivitäten

Radfahren · Entspannen · Wandern · Reiten · Sightseeing

AWARD 2020

Karte auf Seite 180

13 Camping Tannenhof

❄

Ringstraße 5
26197 Bissel bei Großenkneten
+49 4435 5381
52.946 | 8.1317

keine Angabe

keine Angabe
Mehr Infos & Anfrage:
www.camping.info/18323

Baden im Teich am Platz	✓
Pool & Hallenbad	✗
Spielplatz am Platz	✓
Hunde willkommen	✓
Schatten	✗
WLAN	keine Angabe
Lebensmittel	k.A.
Brötchen	keine Angabe
Restaurant am P.	✓
Ver-/Entsorgung Womo	✗
in den Ort	keine Angabe
Gesamt	keine Angabe
Mietunterkünfte	✗
Stellplätze vor Schranke	✓

4.2 SEHR GUT
5 Bewertungen

Lage	4.4
Ruhe	5.0
Sanitäranlagen	3.0
Sauberkeit Ø	3.2
Freundlichkeit	5.0
Stellplatz	3.4
Verpflegung	4.2
Freizeit	3.6
Preis-Leistung	4.6
Mietunterkünfte	-

Geeignet für

Kinder b. 6 J.	3.4
Kinder b. 12 J.	3.6
Kinder b. 18 J.	2.6
Paare	4.4
Senioren	5.0
Gäste mit Zelt	3.0
Gäste mit Hund	4.0

Empfohlene Aktivitäten
- Radfahren
- Angeln
- Wandern

14 EMSLAND-CAMP

❄

Harener Str. 34
49733 Haren
+49 (0)5935 8044
52.77841 | 7.12075

ganzjährig

keine Angabe
Mehr Infos & Anfrage:
www.camping.info/27285

Baden im See am Platz	✓
Pool/Hallenbad	7km
Spielplatz am Platz	✓
Hunde willkommen	✓
wenig Schatten	✓
WLAN	✓
Lebensmittel	700m
Brötchen am Platz	✗
Restaurant/Imbiss	✓/700m
Ver-/Entsorgung Womo	✓
in den Ort	300m
Gesamt/Touristen	140/100
Mietunterkünfte	✓
Stellplätze vor Schranke	✓

4.2 SEHR GUT
15 Bewertungen

Lage	3.8
Ruhe	4.1
Sanitäranlagen	4.9
Sauberkeit Ø	4.7
Freundlichkeit	4.5
Stellplatz	4.0
Verpflegung	2.7
Freizeit	3.4
Preis-Leistung	3.7
Mietunterkünfte	4.9

Geeignet für

Kinder b. 6 J.	4.3
Kinder b. 12 J.	4.4
Kinder b. 18 J.	4.0
Paare	4.5
Senioren	4.7
Gäste mit Zelt	3.8
Gäste mit Hund	4.2

Empfohlene Aktivitäten
- Radfahren
- Entspannen
- Wandern

15 Campingplatz Blaue Lagune

Bathorner Straße 32 - 38
49767 Twist-Bült
+49 5936 9345445
52.61861 | 7.04825

keine Angabe

HS: 19,00 €
Mehr Infos & Anfrage:
www.camping.info/19555

Baden in nat. Gewässer	k. A.
Pool/Hallenbad	20/7km
Spielplatz am Platz	✓
Hunde erlaubt	✓
Schatten	✗
WLAN	✓
Lebensmittel	3km
Brötchen	keine Angabe
Restaurant/Imbiss	3km/✓
Ver-/Entsorgung Womo	✓
in den Ort	3km
Gesamt	keine Angabe
Mietunterkünfte	✓
Stellplätze vor Schranke	✗

3.9 GUT
23 Bewertungen

Lage	3.9
Ruhe	3.4
Sanitäranlagen	3.0
Sauberkeit Ø	3.9
Freundlichkeit	4.3
Stellplatz	3.5
Verpflegung	2.8
Freizeit	3.6
Preis-Leistung	3.5
Mietunterkünfte	4.0

Geeignet für

Kinder b. 6 J.	4.2
Kinder b. 12 J.	4.2
Kinder b. 18 J.	2.8
Paare	3.7
Senioren	3.4
Gäste mit Zelt	4.4
Gäste mit Hund	4.6

Empfohlene Aktivitäten
- Schwimmen
- Radfahren
- Entspannen

Infos

Öffnungszeiten
Vergleichspreis
Link

Ausstattung

Freizeit
Campingplatz
Versorgung
Anzahl der Plätze

16 Arendshof-Camping

*

Zur Grenze 5
49824 Laar
+49 5947 910310

52.64713 | 6.7753

keine Angabe

HS: 16,00 €

Mehr Infos & Anfrage:
www.camping.info/23903

Baden in nat. Gewässer	k. A.
Hallenbad	6km
Spielplatz am Platz	✓
Hunde erlaubt	✓
wenig Schatten	✓
WLAN	✗
Lebensmittel	6km
Brötchen	keine Angabe
Restaurant/Imbiss	4/6km
Ver-/Entsorgung Womo	✗
in den Ort	4km
Gesamt/Touristen	50/40
Mietunterkünfte	✗
Stellplätze vor Schranke	✗

\- JETZT BEWERTEN!

Für diese Auswertung liegen leider noch nicht genügend Bewertungen vor.

Sei einer der Ersten, der diesen Campingplatz bewertet. Unter den Bewertern werden regelmäßig Gewinne verlost!

Mehr Infos dazu findest du in unserem allgemeinen Intro.

17 Zum blauen Bock

Herrendiek 1
49828 Osterwald

52.54745 | 7.04232

keine Angabe

keine Angabe

Mehr Infos & Anfrage:
www.camping.info/25228

Baden in nat. Gewässer	k. A.
Pool & Hallenbad	✗
Spielplatz	keine Angabe
Hunde	✗
Schatten	✗
WLAN	keine Angabe
Lebensmittel	k.A.
Brötchen	keine Angabe
Restaurant & Imbiss	✗
Ver-/Entsorgung Womo	✗
in den Ort	keine Angabe
Gesamt	keine Angabe
Mietunterkünfte	✗
Stellplätze vor Schranke	✗

\- JETZT BEWERTEN!

Für diese Auswertung liegen leider noch nicht genügend Bewertungen vor.

Sei einer der Ersten, der diesen Campingplatz bewertet. Unter den Bewertern werden regelmäßig Gewinne verlost!

Mehr Infos dazu findest du in unserem allgemeinen Intro.

18 KNAUS Campingpark Meppen

An der Bleiche 1a
49716 Meppen
+49 5931 16411

52.6925 | 7.28805

01.04. - 30.09.

HS: 26,00 € | NS: 26,00 €

Mehr Infos & Anfrage:
www.camping.info/18650

Baden im Fluss am Platz	✓
Pool & Hallenbad	✗
Spielplatz am Platz	✓
Hunde	✗
Schatten	✗
WLAN	✗
Lebensmittel	400m
Brötchen	keine Angabe
Restaurant	300m
Ver-/Entsorgung Womo	✗
in den Ort	300m
Gesamt	keine Angabe
Mietunterkünfte	✓
Stellplätze vor Schranke	✗

\- JETZT BEWERTEN!

Für diese Auswertung liegen leider noch nicht genügend Bewertungen vor.

Sei einer der Ersten, der diesen Campingplatz bewertet. Unter den Bewertern werden regelmäßig Gewinne verlost!

Mehr Infos dazu findest du in unserem allgemeinen Intro.

19 Hase Natur Camping

Groß Dörgen 2
49740 Haselünne
+49 5931 2319

52.69118 | 7.37461

15.04. - 15.10.

HS: 15,00 € | NS: 15,00 €

Mehr Infos & Anfrage:
www.camping.info/23927

Baden im Fluss am Platz	✓
Pool/Hallenbad	7km
Spielplatz	✗
Hunde willkommen	✓
zur Hälfte Schatten	✓
WLAN	✗
Lebensmittel	7km
Brötchen am Platz	✓
Restaurant/Imbiss	3km
Ver-/Entsorgung Womo	✓
in den Ort	keine Angabe
Touristenplätze	25
Mietunterkünfte	✓
Stellplätze vor Schranke	✗

3.8 GUT
5 Bewertungen

Lage	4.2
Ruhe	3.5
Sanitäranlagen	4.2
Sauberkeit Ø	5.0
Freundlichkeit	5.0
Stellplatz	4.0
Verpflegung	4.0
Freizeit	4.2
Preis-Leistung	4.2
Mietunterkünfte	5.0

Geeignet für

Kinder b. 6 J.	3.8
Kinder b. 12 J.	4.0
Kinder b. 18 J.	4.2
Paare	3.7
Senioren	2.7
Gäste mit Zelt	5.0
Gäste mit Hund	5.0

Empfohlene Aktivitäten

- Angeln
- Wandern
- Kayak/Kanu

Karte auf Seite 180

Infos: Öffnungszeiten | Vergleichspreis | Link

Ausstattung: Freizeit | Campingplatz | Versorgung | Anzahl der Plätze

20 Comfortcamping Hase-Ufer

Am Campingplatz 1
49740 Haselünne
+49 5961 1331
52.66472 | 7.51333

10.03. - 20.10.
HS: 22,00 € | NS: 22,00 €
Mehr Infos & Anfrage: www.camping.info/18652

Baden im See am Platz	✓
Pool am Platz	✓
Spielplatz am Platz	✓
Hunde erlaubt	✓
zur Hälfte Schatten	✓
WLAN (gegen Gebühr)	✓
Lebensmittel	✓
Brötchen am Platz	✓
Restaurant & Imbiss	✓
Ver-/Entsorgung Womo	✓
in den Ort	500m
Gesamt/Touristen	600/200
Mietunterkünfte	✓
Stellplätze vor Schranke	✗

4.1 SEHR GUT
293 Bewertungen

Lage	4.5
Ruhe	4.0
Sanitäranlagen	3.8
Sauberkeit Ø	3.8
Freundlichkeit	4.3
Stellplatz	4.1
Verpflegung	4.3
Freizeit	4.4
Preis-Leistung	4.3
Mietunterkünfte	4.4

Geeignet für

Kinder b. 6 J.	4.4
Kinder b. 12 J.	4.5
Kinder b. 18 J.	4.2
Paare	3.9
Senioren	3.6
Gäste mit Zelt	4.4
Gäste mit Hund	4.5

Empfohlene Aktivitäten

- Reiten
- Schwimmen
- Radfahren

21 Camping Am Berg

Suddendorferstr. 37
48455 Bad Bentheim
+49 5922 990461
52.29965 | 7.19345

03.03. - 25.12.
HS: 22,50 € | NS: 22,50 €
Mehr Infos & Anfrage: www.camping.info/22306

Baden in nat. Gewässer	k. A.
Pool/Hallenbad	4km
Spielplatz am Platz	✓
Hunde erlaubt	✓
Schatten	✗
WLAN	✓
Lebensmittel	2km
Brötchen	keine Angabe
Restaurant am P.	✓
Ver-/Entsorgung Womo	✓
in den Ort	3km
Gesamt/Touristen	133/81
Mietunterkünfte	✗
Stellplätze vor Schranke	✗

3.5 GUT
10 Bewertungen

Lage	3.4
Ruhe	3.9
Sanitäranlagen	2.7
Sauberkeit Ø	4.5
Freundlichkeit	4.6
Stellplatz	3.3
Verpflegung	3.0
Freizeit	2.9
Preis-Leistung	3.6
Mietunterkünfte	-

Geeignet für

Kinder b. 6 J.	2.8
Kinder b. 12 J.	2.4
Kinder b. 18 J.	1.8
Paare	4.6
Senioren	4.5
Gäste mit Zelt	4.7
Gäste mit Hund	4.4

Empfohlene Aktivitäten

- Radfahren
- Wandern
- Entspannen

22 Camping Quendorfer See

Weiße Riete 3
48465 Schüttorf
+49 5923 902939
52.33918 | 7.226

23.03. - 04.11.
HS: 26,50 € | NS: 26,50 €
Mehr Infos & Anfrage: www.camping.info/22307

Baden im See	200m
Pool/Hallenbad	2/1km
Spielplatz am Platz	✓
Hunde willkommen	✓
wenig Schatten	✓
WLAN	✓
Lebensmittel	✓
Brötchen am Platz	✓
Restaurant/Imbiss	200m
Ver-/Entsorgung Womo	✓
in den Ort	2km
Gesamt/Touristen	67/51
Mietunterkünfte	✓
Stellplätze vor Schranke	✗

4.6 SEHR GUT
40 Bewertungen

Lage	4.2
Ruhe	4.3
Sanitäranlagen	5.0
Sauberkeit Ø	5.0
Freundlichkeit	4.6
Stellplatz	4.6
Verpflegung	3.4
Freizeit	4.1
Preis-Leistung	4.7
Mietunterkünfte	4.0

Geeignet für

Kinder b. 6 J.	4.5
Kinder b. 12 J.	4.1
Kinder b. 18 J.	3.5
Paare	4.7
Senioren	4.9
Gäste mit Zelt	4.8
Gäste mit Hund	4.5

Empfohlene Aktivitäten

- Radfahren
- Schwimmen
- Entspannen

25 Alfsee Ferien- und Erlebnispark

Am Campingpark 10
49597 Rieste
+49 546 492 120
www.alfsee.de
info@alfsee.de

ganzjährig

HS: 29,80 € | NS: 21,80 €

Mehr Infos & online buchen:
www.camping.info/18649

Baden im See am Platz	✓
Pool/Hallenbad	7/8km
Spielplatz am Platz	✓
Hunde willkommen	✓
zur Hälfte Schatten	✓
WLAN	✓
Lebensmittel	✓
Brötchen am Platz	✓
Restaurant & Imbiss	✓
Ver-/Entsorgung Womo	✓
in den Ort	1km
Gesamt/Touristen	750/400
Mietunterkünfte	✓
Stellplätze vor Schranke	✓

UMWELT MANAGEMENT

Alfen Saunaland mit Saunen, Salzgrotte, Fitnessraum, Massage und Kosmetik.

Lage & Stellplatz

Der schöne 5-Sterne-Campingplatz liegt im nördlichen Osnabrücker Land. Urlauber können hier im Wohnwagen, Wohnmobil oder ganz naturverbunden im Zelt übernachten. Im Sternengarten verfügen die 100 m² großen Stellplätze über Stromanschlüsse. Camper können ihre freien Tage in naturnaher Umgebung unter schattenspendenden Bäumen verbringen. Die bis zu 150 m² großen Parzellen im lichtdurchfluteten Sonnengarten bieten Strom-, Wasser- und Abwasseranschlüsse. Zugang zum WLAN sowie die Benutzung der Spülmaschinen und Duschen ist für Campinggäste inklusive.

Sanitär

Die beheizten Sanitäranlagen sind in einem hervorragenden, vorbildlichen Zustand. Neben dem besonderen, speziell für Kinder geeigneten Sanitärgebäude „Kinderland", das mit außergewöhnlichem Design gestaltet ist, können Besucher auch – ganz privat – ein Familienbadezimmer optional dazubuchen. Zudem verfügen die Sanitärgebäude über ausreichend Waschmaschinen und Trockner sowie Spülmaschinen. Weiterhin ist jedes Sanitärgebäude mit einem behindertengerechten Bad ausgestattet. Die Chemietoiletten können sowohl über zwei CamperClean Automaten als auch direkt im Sanitärgebäude entsorgt werden.

Wasserski-Seilbahn.

Ferien-Clown Ati.

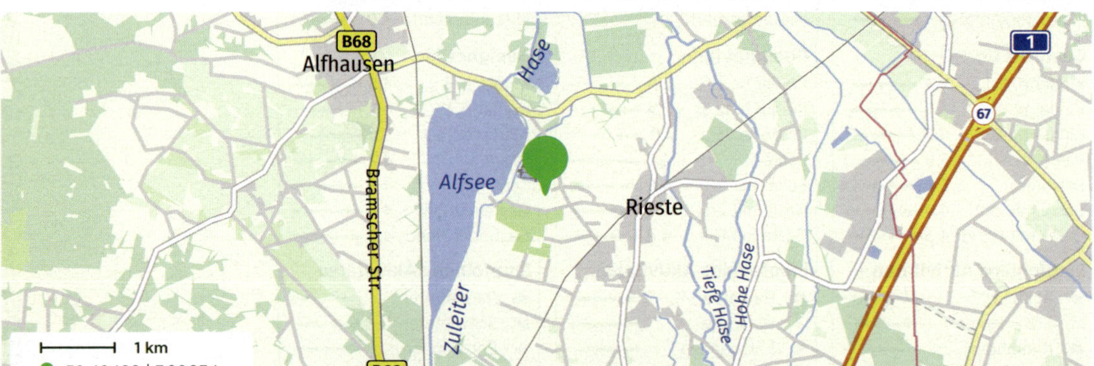

Mittagsruhe zwischen 13:00 - 14:30 Uhr.

Luftaufnahme vom Alfsee Ferien- und Erlebnispark.

Verpflegung

Direkt am Alfsee Marktplatz liegt das Restaurant „Piazza" mit großer Außenterrasse. Für den entspannten Campingurlaub kann hier Frühstück, Halbpension oder Vollpension gebucht werden. Ein Imbiss sowie ein kleiner Supermarkt mit Brötchenservice liegen ebenfalls direkt am Marktplatz. Weiterhin können sich die Gäste im Bistro des Alfen Saunalands verpflegen lassen. Im Café „Seeterrassen" auf dem Deich am alten Bootshafen können sich die Gäste z. B. bei einem Iced Chocolate Macchiato erfrischen und mit einem Deichkuchen stärken.

Freizeit

Die sagenhafte Abenteuerwelt im „Germanenland" führt mit kniffeligen Tricks und Geschichten sowohl Kinder als auch Erwachsene auf Entdeckungsreise. Nach dem Adrenalinkick beim Wasserski oder Kartfahren können die Gäste im „Alfen Saunaland" und am Badesee mit Sandstrand entspannen. Damit neben glücklichen Kindern auch entspannte Eltern den Urlaub am Alfsee genießen können, erfüllen Clown Ati und sein Team täglich Kinderträume. Viele Spielplätze, ein Indoor-Fun-Center, Kinderautoland, Irrgarten, Naturschutzbildungszentrum, Kinderhochseilgarten u. v. m. garantieren ein spannendes Urlaubserlebnis.

5.0

Super Anlage, tolle Spielplätze, alles sauber und ordentlich. Wir kommen wieder. Trotz ab und zu Regen hatten wir super schöne Tage. Unseren Kids (2 und 8) hat es super gefallen. Wir werden definitiv nochmal buchen. Man kann rund herum sehr viele Aktivitäten unternehmen, alles ist vor Ort, Einkaufsmöglichkeiten sind super.

Mirko D.

Mirko hat zusammen mit seiner Familie den Campingplatz Alfsee Ferien- und Erlebnispark im Juni 2020 besucht.

Familie auf dem Campingplatz.

Ferienhäuser im „Germanenland".

4.1 **SEHR GUT**
794 Bewertungen

Lage	4.0
Ruhe	3.6
Sanitäranlagen	4.2
Sauberkeit Ø	4.2
Freundlichkeit	4.3
Stellplatz	4.3
Verpflegung	3.9
Freizeit	4.2
Preis-Leistung	3.8
Mietunterkünfte	4.4

Geeignet für

4.5	Kinder b. 12 J.
4.4	Kinder b. 6 J.
4.3	Kinder b. 18 J.
4.1	Paare
4.0	Gäste mit Hund
3.9	Gäste mit Zelt
3.8	Senioren

Empfohlene Aktivitäten

Radfahren · Schwimmen · Wandern · Entspannen · Wellness

23 Campingplatz Blauer See Lünne/ Emsland

Moorlager Straße 4a
48480 Lünne
+49 5906 933 0412
52.41556 | 7.41491

ganzjährig
HS: 21,00 € | NS: 21,00 €
Mehr Infos & online buchen: www.camping.info/18629

Baden im See am Platz	✓
Pool/Hallenbad	10/5km
Spielplatz am Platz	✓
Hunde willkommen	✓
zur Hälfte Schatten	✓
WLAN	✓
Lebensmittel	1km
Brötchen am Platz	nur HS
Restaurant & Imbiss	✓
Ver-/Entsorgung Womo	✓
in den Ort	1km
Gesamt/Touristen	100/40
Mietunterkünfte	✓
Stellplätze vor Schranke	✗

3.9 GUT – 36 Bewertungen

Lage	4.3
Ruhe	4.1
Sanitäranlagen	3.4
Sauberkeit Ø	4.0
Freundlichkeit	4.5
Stellplatz	3.7
Verpflegung	3.4
Freizeit	3.7
Preis-Leistung	4.1
Mietunterkünfte	4.3

Geeignet für

Kinder b. 6 J.	4.2
Kinder b. 12 J.	4.0
Kinder b. 18 J.	3.6
Paare	4.2
Senioren	4.4
Gäste mit Zelt	4.5
Gäste mit Hund	4.2

Empfohlene Aktivitäten
- Radfahren
- Schwimmen
- Entspannen

24 Zelt und Wohnmobilplatz Heidesee

Zum Heidesee 53
49451 Holdorf
+49 549 498 0321
52.58105 | 8.11115

25.03. - 15.10.
HS: 15,00 €
Mehr Infos & Anfrage: www.camping.info/23197

Baden in nat. Gewässer	k. A.
Hallenbad	2km
Spielplatz am Platz	✓
Hunde willkommen	✓
wenig Schatten	✓
WLAN	keine Angabe
Lebensmittel	✓
Brötchen	keine Angabe
Imbiss	✓
Ver-/Entsorgung Womo	✓
in den Ort	1km
Touristenplätze	70
Mietunterkünfte	✓
Stellplätze vor Schranke	✗

4.1 SEHR GUT – 11 Bewertungen

Lage	4.1
Ruhe	3.5
Sanitäranlagen	4.1
Sauberkeit Ø	4.7
Freundlichkeit	4.9
Stellplatz	3.9
Verpflegung	3.9
Freizeit	4.4
Preis-Leistung	4.5
Mietunterkünfte	-

Geeignet für

Kinder b. 6 J.	4.2
Kinder b. 12 J.	4.2
Kinder b. 18 J.	3.9
Paare	4.4
Senioren	4.4
Gäste mit Zelt	4.4
Gäste mit Hund	4.6

Empfohlene Aktivitäten
- Schwimmen
- Tauchen
- Radfahren

26 Campingplatz Waldwinkel

Zum Dreschhaus 4
49565 Bramsche
+49 5468 938235
52.39459 | 8.10403

01.04. - 31.10.
HS: 26,00 € | NS: 15,00 €
Mehr Infos & Anfrage: www.camping.info/24141

Baden im See am Platz	✓
Pool/Hallenbad	10km
Spielplatz am Platz	✓
Hunde willkommen	✓
wenig Schatten	✓
WLAN	✓
Lebensmittel	3km
Brötchen am Platz	✓
Restaurant & Imbiss	✓
Ver-/Entsorgung Womo	✓
in den Ort	3km
Gesamt/Touristen	170/10
Mietunterkünfte	✓
Stellplätze vor Schranke	✓

3.8 GUT – 23 Bewertungen

Lage	4.4
Ruhe	4.9
Sanitäranlagen	2.9
Sauberkeit Ø	3.7
Freundlichkeit	4.9
Stellplatz	3.5
Verpflegung	3.5
Freizeit	3.4
Preis-Leistung	4.6
Mietunterkünfte	4.2

Geeignet für

Kinder b. 6 J.	3.8
Kinder b. 12 J.	3.6
Kinder b. 18 J.	3.0
Paare	3.8
Senioren	3.9
Gäste mit Zelt	3.8
Gäste mit Hund	4.2

Empfohlene Aktivitäten
- Wandern
- Entspannen
- Radfahren

NS: 16.09 - 31.03.

27 Freizeitpark Kronensee

FKK

Zum Kronensee 9
49179 Ostercappeln-Schwagstorf
+49 5473 2282
52.37167 | 8.22944

ganzjährig
HS: 22,50 € | NS: 15,50 €
Mehr Infos & Anfrage: www.camping.info/18633

Baden im See am Platz	✓
Hallenbad	12km
Spielplatz am Platz	✓
Hunde erlaubt	✓
Schatten	✗
WLAN	✗
Lebensmittel	✓
Brötchen am Platz	✓
Restaurant & Imbiss	✓
Ver-/Entsorgung Womo	✗
in den Ort	1km
Gesamt/Touristen	220/50
Mietunterkünfte	✗
Stellplätze vor Schranke	✗

3.6 GUT – 16 Bewertungen

Lage	4.3
Ruhe	3.9
Sanitäranlagen	4.2
Sauberkeit Ø	4.2
Freundlichkeit	4.4
Stellplatz	3.3
Verpflegung	3.4
Freizeit	3.2
Preis-Leistung	3.8
Mietunterkünfte	-

Geeignet für

Kinder b. 6 J.	3.5
Kinder b. 12 J.	3.2
Kinder b. 18 J.	2.8
Paare	3.9
Senioren	4.2
Gäste mit Zelt	3.6
Gäste mit Hund	4.4

Empfohlene Aktivitäten
- Radfahren
- Schwimmen
- Entspannen

Karte auf Seite 180

28 Grönegau-Park Ludwigsee

✱

Nemdener Str. 12
49326 Melle-Gesmold
+49 05402 2132

52.22472 | 8.26555

ganzjährig

HS: 24,00 €

Mehr Infos & Anfrage:
www.camping.info/18635

Baden im See am Platz	✓
Pool/Hallenbad	5km
Spielplatz am Platz	✓
Hunde willkommen	✓
zur Hälfte Schatten	✓
WLAN (begrenzt gratis)	✓
Lebensmittel	✓
Brötchen am Platz	✓
Restaurant & Imbiss	✓
Ver-/Entsorgung Womo	✓
in den Ort	1km
Gesamt/Touristen	580/80
Mietunterkünfte	✓
Stellplätze vor Schranke	✗

3.9 GUT
21 Bewertungen

Lage	4.2
Ruhe	3.9
Sanitäranlagen	3.8
Sauberkeit Ø	4.1
Freundlichkeit	4.6
Stellplatz	4.1
Verpflegung	3.3
Freizeit	3.6
Preis-Leistung	4.0
Mietunterkünfte	-

Geeignet für

Kinder b. 6 J.	4.1
Kinder b. 12 J.	4.2
Kinder b. 18 J.	3.7
Paare	4.3
Senioren	4.5
Gäste mit Zelt	4.6
Gäste mit Hund	4.6

Empfohlene Aktivitäten

- Radfahren
- Entspannen
- Wandern

29 Campingplatz Teutoburger Waldsee

Am Höhneberg 7
49170 Hagen

52.1943 | 7.91631

keine Angabe

keine Angabe

Mehr Infos & Anfrage:
www.camping.info/24138

Baden in nat. Gewässer	k. A.
Pool & Hallenbad	✗
Spielplatz	keine Angabe
Hunde	✗
Schatten	✗
WLAN	keine Angabe
Lebensmittel	k.A.
Brötchen	keine Angabe
Restaurant & Imbiss	✗
Ver-/Entsorgung Womo	✗
in den Ort	keine Angabe
Gesamt	keine Angabe
Mietunterkünfte	✗
Stellplätze vor Schranke	✗

- JETZT BEWERTEN!

Für diese Auswertung liegen leider noch nicht genügend Bewertungen vor.

Sei einer der Ersten, der diesen Campingplatz bewertet. Unter den Bewertern werden regelmäßig Gewinne verlost!

Mehr Infos dazu findest du in unserem allgemeinen Intro.

30 Campotel

✱

Heidland 65
49214 Bad Rothenfelde
+49 542 421 0600

52.09889 | 8.17222

ganzjährig

HS: 34,80 € | NS: 24,50 €

Mehr Infos & Anfrage:
www.camping.info/19550

Baden im See am Platz	✓
Pool/Hallenbad	2km
Spielplatz am Platz	✓
Hunde willkommen	✓
Schatten	✗
WLAN	✓
Lebensmittel	✓
Brötchen am Platz	✓
Restaurant & Imbiss	✓
Ver-/Entsorgung Womo	✓
in den Ort	1km
Gesamt/Touristen	480/260
Mietunterkünfte	✓
Stellplätze vor Schranke	✓

3.8 GUT
68 Bewertungen

Lage	4.1
Ruhe	4.0
Sanitäranlagen	3.9
Sauberkeit Ø	4.2
Freundlichkeit	4.7
Stellplatz	3.8
Verpflegung	3.6
Freizeit	4.0
Preis-Leistung	3.8
Mietunterkünfte	3.4

Geeignet für

Kinder b. 6 J.	4.0
Kinder b. 12 J.	4.1
Kinder b. 18 J.	3.2
Paare	4.1
Senioren	4.2
Gäste mit Zelt	4.3
Gäste mit Hund	4.2

Empfohlene Aktivitäten

- Radfahren
- Wandern
- Wellness

Infos

Öffnungszeiten

Vergleichspreis

Link

Ausstattung

Freizeit

Campingplatz

Versorgung

Anzahl der Plätze

NIEDERSACHSEN / BREMEN

6 Weserbergland

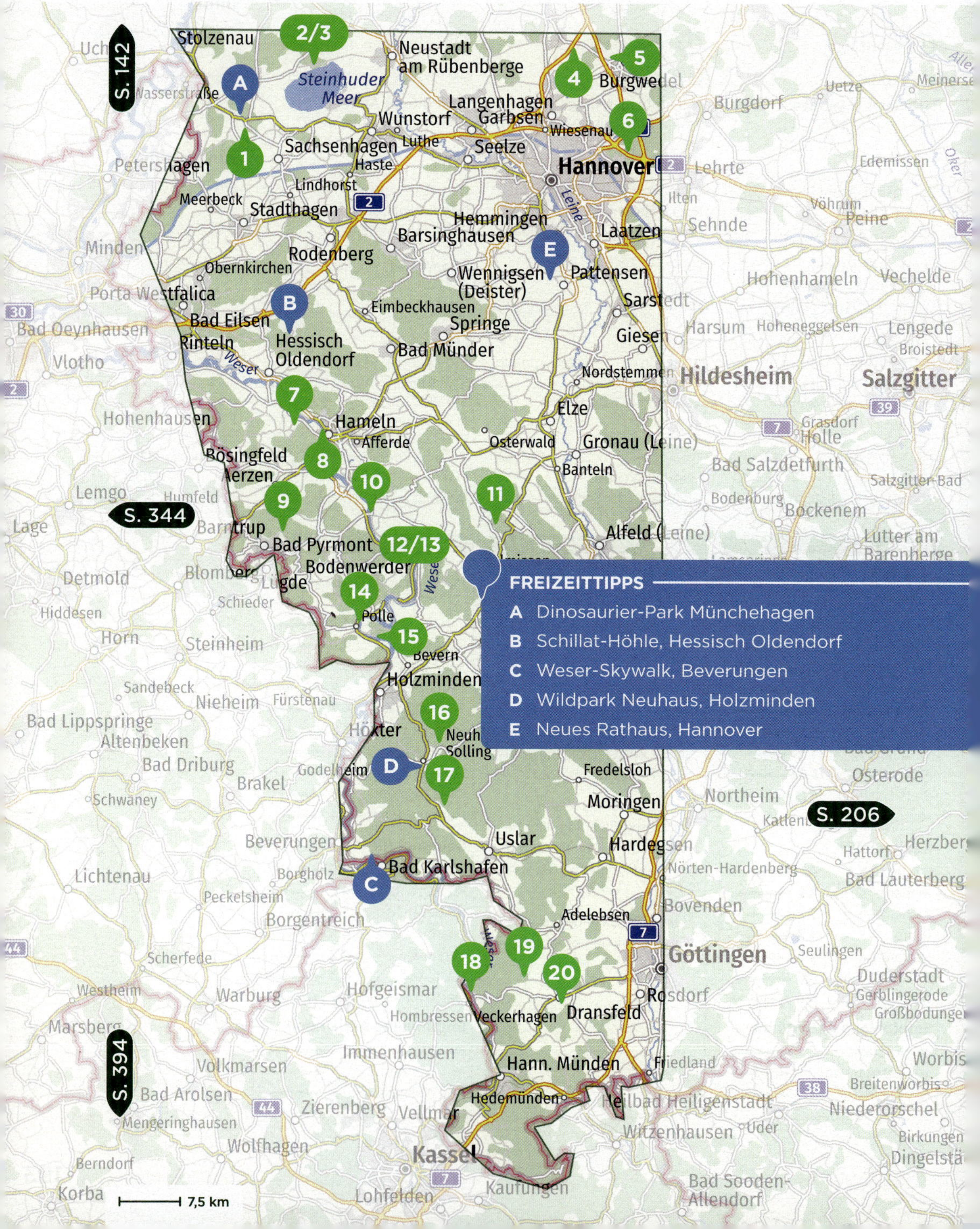

FREIZEITTIPPS

- **A** Dinosaurier-Park Münchehagen
- **B** Schillat-Höhle, Hessisch Oldendorf
- **C** Weser-Skywalk, Beverungen
- **D** Wildpark Neuhaus, Holzminden
- **E** Neues Rathaus, Hannover

	Platz	Seite	Bewertung	Öffnungszeiten	
1	Campingplatz Erlengrund	196	4.0	ganzjährig	Wintercamping
2	Campingplatz Niemeyer	196	3.4	ganzjährig	Wintercamping
3	Nordufer-Camping	196	3.8	ganzjährig	Wintercamping
4	Camping- und Erholungszentrum Natels-Heidesee	196	4.1	saisonal	
5	Campingplatz am Springhorstsee	197	3.7	ganzjährig	Wintercamping
6	Naturisten FamilienSport- und NaturCamp Sonnensee	198	5.0	ganzjährig	FKK Wintercamping Award
7	Camping am Waldbad Hameln	197	4.0	saisonal	Wintercamping
8	Campingplatz Hameln an der Weser	197	3.2	k. A.	
9	Campingpark Schellental	200	4.5	ganzjährig	Wintercamping
10	Campingplatz Grohnder Fährhaus	202	3.9	saisonal	Wintercamping Ecocamping
11	Camping Humboldtsee	202	3.3	ganzjährig	Wintercamping
12	Camping Himmelspforte	202	4.1	ganzjährig	Wintercamping
13	Campingplatz Rühler Schweiz	202	3.8	saisonal	
14	Campingplatz Weserterrasse	203	3.2	ganzjährig	
15	Weserbergland-camping	203	4.5	saisonal	Ecocamping
16	Camping Silberborn	203	3.5	ganzjährig	Wintercamping
17	Campingplatz Schönhagen am Freizeitsee	205	3.9	ganzjährig	Wintercamping
18	Wesercamping Hemeln	205	3.9	ganzjährig	Wintercamping
19	Campingplatz Am Niemetal	204	4.6	saisonal	
20	Campingplatz Am Hohen Hagen	205	4.2	saisonal	Wintercamping Onlinebuchung

✻ Wintercamping FKK Textilfrei (ganz/teilweise) Ecocamping Award Onlinebuchung

1 Campingplatz Erlengrund

❄

Zum Erlengrund 7
31547 Rehburg-Loccum
+49 5037 300 582
52.42822 | 9.20695

ganzjährig
HS: 18,00 € | NS: 15,00 €
Mehr Infos & Anfrage:
www.camping.info/18442

Baden im Teich am Platz	✓
Pool/Hallenbad	✓/5km
Spielplatz am Platz	✓
Hunde willkommen	✓
zur Hälfte Schatten	✓
WLAN	✓
Lebensmittel	1km
Brötchen am Platz	nur HS
Restaurant & Imbiss	✓
Ver-/Entsorgung Womo	✓
in den Ort	500m
Gesamt/Touristen	112/16
Mietunterkünfte	✓
Stellplätze vor Schranke	✗

4.0 SEHR GUT
15 Bewertungen

Lage	4.3
Ruhe	4.7
Sanitäranlagen	3.3
Sauberkeit Ø	4.0
Freundlichkeit	4.4
Stellplatz	4.0
Verpflegung	3.3
Freizeit	3.7
Preis-Leistung	3.6
Mietunterkünfte	4.2

Geeignet für

Kinder b. 6 J.	3.8
Kinder b. 12 J.	3.5
Kinder b. 18 J.	2.6
Paare	4.3
Senioren	4.5
Gäste mit Zelt	4.2
Gäste mit Hund	4.0

Empfohlene Aktivitäten

- Entspannen
- Wandern
- Radfahren

2 Campingplatz Niemeyer

❄

Pferdeweg 15
31535 Neustadt/Mardorf
+49 5036 530
52.49524 | 9.32387

ganzjährig
HS: 22,00 € | NS: 22,00 €
Mehr Infos & Anfrage:
www.camping.info/19552

Baden im See	500m
Pool/Hallenbad	9/6km
Spielplatz am Platz	✓
Hunde willkommen	✓
wenig Schatten	✓
WLAN (gegen Gebühr)	✓
Lebensmittel	✓
Brötchen am Platz	✓
Restaurant/Imbiss	200m
Ver-/Entsorgung Womo	✓
in den Ort	3km
Touristenplätze	40
Mietunterkünfte	✓
Stellplätze vor Schranke	✓

3.4 GUT
39 Bewertungen

Lage	3.5
Ruhe	3.4
Sanitäranlagen	3.3
Sauberkeit Ø	3.4
Freundlichkeit	4.2
Stellplatz	3.3
Verpflegung	2.8
Freizeit	3.5
Preis-Leistung	2.7
Mietunterkünfte	3.2

Geeignet für

Kinder b. 6 J.	3.5
Kinder b. 12 J.	3.6
Kinder b. 18 J.	3.3
Paare	4.1
Senioren	4.0
Gäste mit Zelt	3.2
Gäste mit Hund	4.0

Empfohlene Aktivitäten

- Radfahren
- Wandern
- Entspannen

3 Nordufer-Camping

❄

Pferdeweg 5
31535 Neustadt-Mardorf
+49 5036 2361
52.49652 | 9.33005

ganzjährig
HS: 22,00 € | NS: 22,00 €
Mehr Infos & Anfrage:
www.camping.info/18441

Baden im See	300m
Pool & Hallenbad	✗
Spielplatz am Platz	✓
Hunde	✗
Schatten	✗
WLAN (gegen Gebühr)	✓
Lebensmittel	✓
Brötchen am Platz	✓
Restaurant/Imbiss	1km/✓
Ver-/Entsorgung Womo	✗
in den Ort	3km
Gesamt/Touristen	450/125
Mietunterkünfte	✗
Stellplätze vor Schranke	✓

3.8 GUT
57 Bewertungen

Lage	4.3
Ruhe	3.5
Sanitäranlagen	3.7
Sauberkeit Ø	4.2
Freundlichkeit	3.9
Stellplatz	4.1
Verpflegung	3.8
Freizeit	4.0
Preis-Leistung	4.0
Mietunterkünfte	-

Geeignet für

Kinder b. 6 J.	4.2
Kinder b. 12 J.	4.2
Kinder b. 18 J.	3.6
Paare	4.1
Senioren	4.0
Gäste mit Zelt	4.6
Hunde n. erlaubt	-

Empfohlene Aktivitäten

- Radfahren
- Schwimmen
- Segeln

4 Camping- und Erholungszentrum Natels-Heidesee

Regeldamm 1
30900 Wedemark-Bissendorf
+49 5130 8547
52.51517 | 9.77454

01.05. - 30.09.
keine Angabe
Mehr Infos & Anfrage:
www.camping.info/22311

Baden in nat. Gewässer	k. A.
Pool & Hallenbad	✗
Spielplatz	keine Angabe
Hunde	✗
Schatten	✗
WLAN	keine Angabe
Lebensmittel	k.A.
Brötchen	keine Angabe
Restaurant & Imbiss	✗
Ver-/Entsorgung Womo	✗
in den Ort	2km
Gesamt	keine Angabe
Mietunterkünfte	✗
Stellplätze vor Schranke	✗

4.1 SEHR GUT
14 Bewertungen

Lage	3.6
Ruhe	2.7
Sanitäranlagen	4.3
Sauberkeit Ø	4.7
Freundlichkeit	5.0
Stellplatz	4.1
Verpflegung	3.9
Freizeit	4.1
Preis-Leistung	4.8
Mietunterkünfte	-

Geeignet für

Kinder b. 6 J.	4.6
Kinder b. 12 J.	4.6
Kinder b. 18 J.	4.2
Paare	4.4
Senioren	4.6
Gäste mit Zelt	4.3
Hunde n. erlaubt	-

Empfohlene Aktivitäten

- Schwimmen
- Radfahren
- Wandern

Karte auf Seite 194

	5	7	8
	Campingplatz am Springhorstsee	**Camping am Waldbad Hameln**	**Campingplatz Hameln an der Weser**
	✻	✻	
	Springhorstsee 4 30938 Großburgwedel +49 172 8619570	Pferdeweg 2 31787 Hameln OT Halvestorf +49 5158 9915895	Uferstraße 80 31787 Hameln +49 5151 67489
	52.50517 | 9.83855	52.10806 | 9.29472	52.10917 | 9.34694
Infos			
Öffnungszeiten	ganzjährig	01.04. - 31.10.	keine Angabe
Vergleichspreis	HS: 18,50 € | NS: 18,50 €	HS: 23,00 €	keine Angabe
Link	**Mehr Infos & Anfrage:** www.camping.info/18432	**Mehr Infos & Anfrage:** www.camping.info/18446	**Mehr Infos & Anfrage:** www.camping.info/18445
Ausstattung			
Freizeit	Baden im See am Platz ✓ Pool 3km Spielplatz am Platz ✓	Baden in nat. Gewässer k. A. Pool/Hallenbad ✓/8km Spielplatz am Platz ✓	Baden in nat. Gewässer k. A. Pool & Hallenbad ✗ Spielplatz am Platz ✓
Campingplatz	Hunde willkommen ✓ zur Hälfte Schatten ✓ WLAN ✓	Hunde willkommen ✓ zur Hälfte Schatten ✓ WLAN ✓	Hunde willkommen ✓ Schatten ✗ WLAN (gegen Gebühr) ✓
Versorgung	Lebensmittel 2km Brötchen am Platz ✓ Restaurant & Imbiss ✓ Ver-/Entsorgung Womo ✓ in den Ort 2km	Lebensmittel ✓ Brötchen am Platz ✓ Restaurant & Imbiss ✓ Ver-/Entsorgung Womo ✓ in den Ort 1km	Lebensmittel 1km Brötchen am Platz ✓ Imbiss 500m Ver-/Entsorgung Womo ✓ in den Ort keine Angabe
Anzahl der Plätze	Gesamt/Touristen 450/80 Mietunterkünfte ✓ Stellplätze vor Schranke ✗	Touristenplätze 80 Mietunterkünfte ✗ Stellplätze vor Schranke ✓	Gesamt 72 Mietunterkünfte ✓ Stellplätze vor Schranke ✓

	Campingplatz am Springhorstsee	Camping am Waldbad Hameln	Campingplatz Hameln an der Weser
Gesamt	3.7 GUT (42 Bewertungen)	4.0 SEHR GUT (27 Bewertungen)	3.2 GUT (80 Bewertungen)
Lage	3.9	4.3	4.1
Ruhe	3.3	4.1	3.3
Sanitäranlagen	3.8	3.9	3.6
Sauberkeit Ø	4.3	4.4	3.9
Freundlichkeit	4.7	4.3	4.2
Stellplatz	3.6	3.7	3.2
Verpflegung	2.8	3.3	2.5
Freizeit	3.5	3.8	3.2
Preis-Leistung	4.1	4.3	3.3
Mietunterkünfte	2.6	-	3.2
Geeignet für			
Kinder b. 6 J.	3.2	4.1	2.7
Kinder b. 12 J.	3.5	4.3	3.0
Kinder b. 18 J.	3.5	3.3	3.1
Paare	4.1	4.3	3.9
Senioren	4.2	4.3	4.0
Gäste mit Zelt	4.2	4.2	3.6
Gäste mit Hund	4.3	4.5	4.0
Empfohlene Aktivitäten	Schwimmen Radfahren Entspannen	Wandern Schwimmen Radfahren	Radfahren Kayak/Kanu Sightseeing

6

Naturisten FamilienSport- und NaturCamp Sonnensee

FKK

Waldstraße 99
30629 Hannover
+ 49 511 594 08 95
www.sonnensee-hannover.de
info@sonnensee-hannover.de

ganzjährig

HS: 26,00 € | NS: 18,00 €

Mehr Infos & Anfrage:
www.camping.info/26578

Baden im See am Platz	✓
Hallenbad	7km
Spielplatz am Platz	✓
Hunde	✗
zur Hälfte Schatten	✓
WLAN	✓
Lebensmittel	1km
Brötchen am Platz	nur HS
Restaurant am P.	✓
Ver-/Entsorgung Womo	✓
im Ort	✓
Gesamt/Touristen	490/60
Mietunterkünfte	✓
Stellplätze vor Schranke	✓

Blick über den Sonnensee.

Lage & Stellplatz

Das im Landschaftsschutzgebiet vor den Toren Hannovers gelegene 4-Sterne-Naturisten FamilienSport- und NaturCamp bietet auf 640.000 m² rund um den 170.000 m² großen Sonnensee Natur pur! Die Gästestellplätze sind auf drei großzügig angelegte Gästebereiche verteilt und von altem Baumbestand umgeben. Sie eignen sich gleichermaßen für Zelt, Caravan oder Wohnmobil. Stromanschlüsse mit 10 bis 16 Ampere sind an allen Stellplätzen vorhanden. Alternativ werden auch mehrere komplett eingerichtete Wohnwagen inkl. Vorzelt sowie mehrere rollstuhlgerechte Gästehütten angeboten.

Sanitär

Jeder der drei Gästebereiche verfügt über moderne und gepflegte Sanitärgebäude. Sie sind sehr gut ausgestattet und entsprechen allen Anforderungen eines Platzes mit umweltfreundlicher Betriebsführung und ÖKOPROFIT-Auszeichnung. Alle Gebäude verfügen über Abwaschstationen und sind mit einem WC-Ausguss versehen. Warmes Wasser steht kostenlos zur Verfügung. Einige Sanitärgebäude sind mit rollstuhlgerechter Sanitärausstattung, Kinderbad mit Babybadewanne und Wickeltisch sowie Fußbodenheizung ausgestattet. Waschmaschine, Trockner und eine Servicestation für Wohnmobile sind vorhanden.

Sanitärgebäude Süd.

Spielplatz mit Kletterturm.

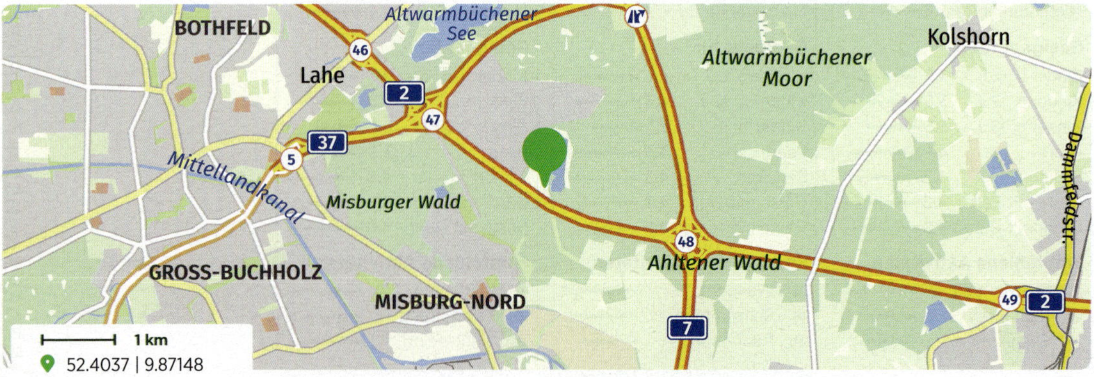

52.4037 | 9.87148

AWARD 2020

Gäste ohne DFK/INF-Ausweis bitte beim Serviceteam anfragen.

Naturisten FamilienSport- und NaturCamp Sonnensee.

Verpflegung

Die platzeigene Gastronomie verfügt über eine abwechslungsreiche Speisekarte. Deren dazugehörige Terrasse ist direkt am See gelegen und lädt zum Verweilen ein. Während der Haupt- und Nebensaison variieren die Öffnungszeiten. In Sichtweite der Terrasse befinden sich der Kinderstrand mit der Matschanlage sowie der Spielplatz mit dem großen Hüpfkissen. Die Gastronomie bietet in der Hauptsaison an den Wochenenden und an Feiertagen einen Brötchenservice an. Supermärkte, Geschäfte, Cafés sowie Restaurants und der beliebte Wochenmarkt befinden sich im rund 2 km entfernten Stadtkern von Misburg.

Freizeit

Zahlreiche Einrichtungen für Sport und Spiel sorgen ganzjährig für unbeschwertes Freizeit- und Urlaubsvergnügen. Die Slackline, die Seilbahn in den See und das Wassertrampolin mit Katapult gehören ebenso dazu wie die Outdoor-Fitnessgeräte. Die rund 2.000 m um den See eignen sich bestens für Nordic-Walking- oder Joggingrunden. Der große Sportplatz mit den Beachvolleyballfeldern, die Petanque- und Leichtathletikanlage, aber auch die Tischtennisstation sorgen für unbeschwerte Stunden. An den Kinderstränden können die Kleinsten Sandburgen bauen oder sich am nahe gelegenen Spielplatz austoben.

5.0

Bei Ankunft sehr herzlich empfangen, freie Stellplatzwahl auf unterschiedlichen Anlagen (Gästebereichen), parkähnlich angelegt mit Zugängen zum See und Spielmöglichkeiten für Kids. Wir möchten einen sechsten Stern für Zufriedenheit vergeben.

Anja K.

Anja war mit ihrer Familie im August 2020 auf dem Naturisten FamilienSport- und NaturCamp Sonnensee.

Familienbad Sanitärgebäude Süd.

Mietobjekte in der Drosselgasse.

5.0 **AUSGEZEICHNET**
325 Bewertungen

Lage	4.6
Ruhe	4.4
Sanitäranlagen	4.9
Sauberkeit Ø	4.9
Freundlichkeit	5.0
Stellplatz	4.8
Verpflegung	3.7
Freizeit	4.8
Preis-Leistung	4.9
Mietunterkünfte	4.8

Geeignet für

5.0	Paare
4.9	Kinder b. 6 J.
4.9	Senioren
4.6	Kinder b. 18 J.
4.9	Kinder b. 12 J.
4.9	Gäste mit Zelt
-	Gäste mit Hund nicht erlaubt

Empfohlene Aktivitäten

Schwimmen · Entspannen · Radfahren · Spazieren · Wandern

ANZEIGE

9 Campingpark Schellental

❄

Am Schellenhof 1 - 3
31812 Bad Pyrmont
+49 5281 8772
www.camping.schellental.de
camping@schellental.de

ganzjährig

HS: 30,00 € | NS: 22,00 €

Mehr Infos & Anfrage:
www.camping.info/18447

Baden im Fluss	3km
Pool/Hallenbad	1km
Spielplatz am Platz	✓
Hunde erlaubt	✓
zur Hälfte Schatten	✓
WLAN	✓
Lebensmittel	2km
Brötchen am Platz	✓
Restaurant am P.	✓
Ver-/Entsorgung Womo	✓
in den Ort	500m
Gesamt/Touristen	100/70
Mietunterkünfte	✗
Stellplätze vor Schranke	✓

Blick auf den Campingpark im idyllischen Schellental.

Lage & Stellplatz

Umgeben von bewaldeten Höhen mitten in der Natur und in absoluter Ruhe liegt der Campingpark Schellental. Die Stellplätze sind äußerst großzügig und sehr individuell gestaltet – kein Platz gleicht dem anderen. Zwischen den Plätzen findet man viele Hecken, Sträucher, Bäume und Blumen. Einerseits gibt es schöne, weitläufige Plätze, andererseits kleine, abgelegene Nischen, in die man sich zurückziehen kann. Hier findet jeder Gast einen geeigneten Stellplatz. Alle Plätze verfügen über Strom und viele ebenfalls über Wasser- und Abwasseranschlüsse (Verleih von Schläuchen möglich).

Sanitär

Die sanitären Anlagen des Campingparks Schellental sind stets sauber und gepflegt. Das Hauptsanitärgebäude verfügt über eine Familiendusche, einen Babyraum und ein behindertengerechtes WC. Außerdem stehen eine Waschmaschine, ein Trockner, eine gratis Trockenschleuder sowie ein Bügelbrett und Bügeleisen parat. Ein Außen-Wäscheplatz mit Wäscheklammern, ein Geschirrspülbecken sowie ein Kühl- und Gefrierschrank (in der Hauptsaison) sind ebenfalls vorhanden. Auf der Alm, dem Hochplateau mit wunderbarer Aussicht, gibt es seit dem Jahr 2016 auch ein neues, modernes Sanitärgebäude.

Weitläufigkeit der Alm.

Umgeben von Löwenzahn.

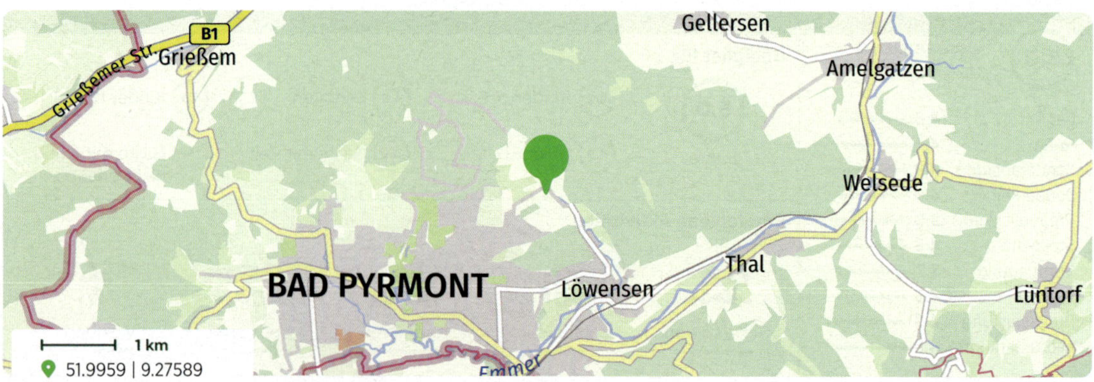

Die Seele in der herrlichen Natur des Schellentals baumeln lassen.

Verpflegung

Direkt auf dem Platz gelegen ist der „Gasthof Schellental" mit einer Caféterrasse und einem Biergarten. Umgeben von Natur können hier Gerichte genossen werden, bei denen Wert auf Hausgemachtes, Saisonales und Regionales (Wild!) gelegt wird. Ebenfalls verwendet wird frisches Biofleisch vom Bauern aus dem Dorf sowie weitere Bioprodukte zu bezahlbaren Preisen. Zusätzlich können täglich frische Brötchen direkt am Platz erworben werden. Zu besonderen Anlässen wird ein Spanferkel auf den Grill gelegt und dazu Livemusik angeboten. Ausreichend Einkaufsmöglichkeiten sind in 2,5 km Entfernung zu finden.

Freizeit

In unmittelbarer Umgebung gibt es Hunderte von Kilometern an Wanderwegen, welche sich auch gut mit dem Mountainbike befahren lassen. Die Kurstadt Bad Pyrmont bietet neben ihren vielen Heilquellen auch einen wunderschönen Kurpark. Darüber hinaus finden sich zahlreiche Ausflugsmöglichkeiten in naher und weiterer Entfernung (z. B. Rattenfängerstadt Hameln, Hermannsdenkmal, Schieder Stausee etc.). Die „Hufeland Therme" mit ihrer Saunalandschaft und Meersalzgrotte ist nur 1,6 km entfernt – der Campingpark Schellental bietet seinen Gästen vergünstigte Eintrittskarten.

5.0

Top Platz mit freier Wahl. Sanitäranlagen hervorragend gepflegt und auch behindertengerecht. Alter Baumbestand und man hat das Gefühl in einem liebevoll gepflegten Wald zu stehen. Sonnige wie auch schattige Plätze vorhanden. Wir haben uns hier sehr gut erholt.

Michaela G.

Michaela G. hat im September 2020 den Campingpark Schellental besucht.

Wohnmobilplätze mit Rasen.

Im Biergarten.

4.5 **SEHR GUT**
158 Bewertungen

Lage	4.8
Ruhe	4.8
Sanitäranlagen	4.1
Sauberkeit Ø	4.5
Freundlichkeit	4.8
Stellplatz	4.4
Verpflegung	4.5
Freizeit	4.1
Preis-Leistung	4.7
Mietunterkünfte	-

Geeignet für

4.8 Senioren

4.7 Paare
4.6 Gäste mit Zelt
4.2 Gäste mit Hund
3.9 Kinder b. 6 J.
3.7 Kinder b. 12 J.
3.3 Kinder b. 18 J.

Empfohlene Aktivitäten

Wandern
Entspannen
Radfahren
Mountainbiking
Wellness

10 Campingplatz Grohnder Fährhaus

Grohnder Fähre 1
31860 Emmerthal-Grohnde
+49 5155 34798-3
52.01796 | 9.42655

01.03. - 31.12.
HS: 20,00 € | NS: 20,00 €
Mehr Infos & Anfrage: www.camping.info/19559

Baden im Fluss am Platz	✓
Pool/Hallenbad	12/6km
Spielplatz am Platz	✓
Hunde willkommen	✓
wenig Schatten	✓
WLAN	✓
Lebensmittel	1km
Brötchen am Platz	✓
Restaurant & Imbiss	✓
Ver-/Entsorgung Womo	✓
in den Ort	200m
Gesamt/Touristen	130/80
Mietunterkünfte	✓
Stellplätze vor Schranke	✓

3.9 GUT – 22 Bewertungen

Lage	4.5
Ruhe	4.1
Sanitäranlagen	4.1
Sauberkeit Ø	4.5
Freundlichkeit	4.8
Stellplatz	3.9
Verpflegung	3.8
Freizeit	3.8
Preis-Leistung	4.3
Mietunterkünfte	4.0

Geeignet für

Kinder b. 6 J.	3.1
Kinder b. 12 J.	3.3
Kinder b. 18 J.	3.2
Paare	4.3
Senioren	4.3
Gäste mit Zelt	4.4
Gäste mit Hund	4.6

Empfohlene Aktivitäten
- Radfahren
- Kayak/Kanu
- Motorboot

keine WOMOs ab 8,5 m; Jugendliche unter 18 nur mit Erwachsene

11 Camping Humboldtsee

Humboldtsee 1
31020 Salzhemmendorf-Wallensen
+49 5186 95 71 40
52.00521 | 9.64322

ganzjährig
HS: 27,00 € | NS: 22,00 €
Mehr Infos & Anfrage: www.camping.info/18434

Baden im See am Platz	✓
Hallenbad	8km
Spielplatz am Platz	✓
Hunde willkommen	✓
zur Hälfte Schatten	✓
WLAN	teilweise
Lebensmittel	2km
Brötchen am Platz	✓
Restaurant & Imbiss	✓
Ver-/Entsorgung Womo	✓
in den Ort	3km
Gesamt/Touristen	500/300
Mietunterkünfte	✓
Stellplätze vor Schranke	✗

3.3 GUT – 36 Bewertungen

Lage	3.9
Ruhe	4.0
Sanitäranlagen	2.8
Sauberkeit Ø	3.2
Freundlichkeit	4.2
Stellplatz	3.0
Verpflegung	2.7
Freizeit	3.2
Preis-Leistung	3.4
Mietunterkünfte	3.4

Geeignet für

Kinder b. 6 J.	3.4
Kinder b. 12 J.	3.4
Kinder b. 18 J.	3.0
Paare	3.9
Senioren	4.0
Gäste mit Zelt	3.8
Gäste mit Hund	3.6

Empfohlene Aktivitäten
- Schwimmen
- Wandern
- Entspannen

12 Camping Himmelspforte

Ziegeleiweg 1
37619 Bodenwerder
+49 5533 4938
51.95987 | 9.50426

ganzjährig
HS: 19,00 € | NS: 19,00 €
Mehr Infos & Anfrage: www.camping.info/18562

Baden im Fluss am Platz	✓
Hallenbad	1km
Spielplatz am Platz	✓
Hunde willkommen	✓
wenig Schatten	✓
WLAN (gratis)	teilweise
Lebensmittel	✓
Brötchen am Platz	✓
Restaurant am P.	✓
Ver-/Entsorgung Womo	✓
in den Ort	2km
Gesamt/Touristen	250/80
Mietunterkünfte	✗
Stellplätze vor Schranke	✗

4.1 SEHR GUT – 41 Bewertungen

Lage	4.5
Ruhe	3.8
Sanitäranlagen	3.3
Sauberkeit Ø	4.0
Freundlichkeit	4.3
Stellplatz	4.2
Verpflegung	3.7
Freizeit	4.0
Preis-Leistung	4.3
Mietunterkünfte	-

Geeignet für

Kinder b. 6 J.	4.0
Kinder b. 12 J.	4.3
Kinder b. 18 J.	4.0
Paare	4.7
Senioren	4.6
Gäste mit Zelt	4.6
Gäste mit Hund	4.7

Empfohlene Aktivitäten
- Radfahren
- Motorboot
- Kayak/Kanu

13 Campingplatz Rühler Schweiz

Im Grossen Tal 0
37619 Bodenwerder-Rühle
+49 5533 2486
51.94306 | 9.50972

01.04. - 31.10.
HS: 23,20 € | NS: 23,20 €
Mehr Infos & Anfrage: www.camping.info/18563

Baden im Fluss am Platz	✓
Pool/Hallenbad	✓/3km
Spielplatz am Platz	✓
Hunde willkommen	✓
wenig Schatten	✓
WLAN	✓
Lebensmittel	3km
Brötchen am Platz	✓
Restaurant & Imbiss	✓
Ver-/Entsorgung Womo	✓
in den Ort	3km
Gesamt/Touristen	300/100
Mietunterkünfte	✓
Stellplätze vor Schranke	✗

3.8 GUT – 37 Bewertungen

Lage	4.6
Ruhe	4.1
Sanitäranlagen	3.3
Sauberkeit Ø	4.0
Freundlichkeit	4.4
Stellplatz	3.6
Verpflegung	3.4
Freizeit	4.0
Preis-Leistung	4.1
Mietunterkünfte	2.5

Geeignet für

Kinder b. 6 J.	3.2
Kinder b. 12 J.	3.7
Kinder b. 18 J.	3.2
Paare	4.2
Senioren	4.0
Gäste mit Zelt	4.3
Gäste mit Hund	4.2

Empfohlene Aktivitäten
- Radfahren
- Kayak/Kanu
- Angeln

Karte auf Seite 194

14 Campingplatz Weserterrasse

Mühlenweg 2
37647 Polle
+49 5535 94180
51.89963 | 9.40835

Infos	
Öffnungszeiten	ganzjährig
Vergleichspreis	HS: 19,50 € | NS: 19,50 €
Link	**Mehr Infos & Anfrage:** www.camping.info/19561

Ausstattung		
Freizeit	Baden in nat. Gewässer	k. A.
	Pool	500m
	Spielplatz am Platz	✓
Campingplatz	Hunde	✗
	Schatten	✗
	WLAN	✓
Versorgung	Lebensmittel	✓
	Brötchen am Platz	✓
	Restaurant am P.	✓
	Ver-/Entsorgung Womo	✗
	in den Ort	100m
Anzahl der Plätze	Gesamt/Touristen	130/80
	Mietunterkünfte	✓
	Stellplätze vor Schranke	✗

3.2 GUT – 10 Bewertungen

Lage	4.5
Ruhe	3.3
Sanitäranlagen	2.9
Sauberkeit Ø	3.2
Freundlichkeit	3.7
Stellplatz	3.7
Verpflegung	3.6
Freizeit	3.7
Preis-Leistung	3.8
Mietunterkünfte	2.5

Geeignet für

Kinder b. 6 J.	3.6
Kinder b. 12 J.	3.3
Kinder b. 18 J.	3.7
Paare	3.6
Senioren	3.7
Gäste mit Zelt	4.0
Hunde n. erlaubt	-

Empfohlene Aktivitäten

- Radfahren
- Kayak/Kanu
- Angeln

15 Weserberglandcamping

Weserstraße 66
37649 Heinsen
+49 5535 8733
51.8856 | 9.44206

Infos	
Öffnungszeiten	15.04. - 15.10.
Vergleichspreis	HS: 25,00 € | NS: 22,50 €
Link	**Mehr Infos & Anfrage:** www.camping.info/18565

Ausstattung		
Freizeit	Baden im Fluss am Platz	✓
	Pool/Hallenbad	✓/9km
	Spielplatz am Platz	✓
Campingplatz	Hunde willkommen	✓
	zur Hälfte Schatten	✓
	WLAN (begrenzt gratis)	✓
Versorgung	Lebensmittel	500m
	Brötchen am Platz	✓
	Imbiss	500m
	Ver-/Entsorgung Womo	✓
	in den Ort	100m
Anzahl der Plätze	Touristenplätze	120
	Mietunterkünfte	✗
	Stellplätze vor Schranke	✗

4.5 SEHR GUT – 47 Bewertungen

Lage	4.5
Ruhe	4.8
Sanitäranlagen	4.6
Sauberkeit Ø	4.8
Freundlichkeit	4.7
Stellplatz	4.4
Verpflegung	3.1
Freizeit	3.9
Preis-Leistung	4.4
Mietunterkünfte	-

Geeignet für

Kinder b. 6 J.	3.6
Kinder b. 12 J.	3.7
Kinder b. 18 J.	3.5
Paare	4.7
Senioren	4.8
Gäste mit Zelt	4.6
Gäste mit Hund	4.0

Empfohlene Aktivitäten

- Radfahren
- Schwimmen
- Wandern

ECO CAMPING

16 Camping Silberborn

Glashüttenweg 4
37603 Holzminden-Siberborn
+49 5536 664
51.77167 | 9.54667

Infos	
Öffnungszeiten	ganzjährig
Vergleichspreis	HS: 19,60 € | NS: 18,00 €
Link	**Mehr Infos & Anfrage:** www.camping.info/18561

Ausstattung		
Freizeit	Baden in nat. Gewässer	k. A.
	Pool & Hallenbad	✗
	Spielplatz am Platz	✓
Campingplatz	Hunde erlaubt	✓
	Schatten	✗
	WLAN (gratis)	teilweise
Versorgung	Lebensmittel	300m
	Brötchen am Platz	✓
	Restaurant am P.	✓
	Ver-/Entsorgung Womo	✓
	in den Ort	500m
Anzahl der Plätze	Gesamt/Touristen	220/140
	Mietunterkünfte	✓
	Stellplätze vor Schranke	✗

3.5 GUT – 20 Bewertungen

Lage	4.5
Ruhe	4.7
Sanitäranlagen	3.9
Sauberkeit Ø	4.6
Freundlichkeit	3.5
Stellplatz	3.1
Verpflegung	3.2
Freizeit	3.5
Preis-Leistung	3.7
Mietunterkünfte	3.5

Geeignet für

Kinder b. 6 J.	2.9
Kinder b. 12 J.	3.1
Kinder b. 18 J.	3.1
Paare	4.1
Senioren	4.3
Gäste mit Zelt	3.6
Gäste mit Hund	4.2

Empfohlene Aktivitäten

- Wandern
- Entspannen
- Mountainbiking

19 Campingplatz Am Niemetal

Mühlenstraße 4
37127 Löwenhagen
+49 5502 998461
www.am-niemetal.com
info@am-niemetal.com

27.03. - 07.11.

HS: 23,50 € | NS: 17,00 €

Mehr Infos & Anfrage:
www.camping.info/18539

Baden im Fluss am Platz	✓
Pool & Hallenbad	✗
Spielplatz am Platz	✓
Hunde willkommen	✓
wenig Schatten	✓
WLAN	✓
Lebensmittel	5km
Brötchen am Platz	✓
Restaurant am P.	✓
Ver-/Entsorgung Womo	✗
in den Ort	500m
Gesamt/Touristen	80/78
Mietunterkünfte	✓
Stellplätze vor Schranke	✗

51.52068 | 9.69408

Zeltplätze im Grünen.

Lage & Stellplatz

Dort, wo Ruhe und Gastfreundschaft großgeschrieben werden, liegt der Campingplatz am Niemetal. Umgeben von Wald und Bergen stehen den Gästen 80 Stellplätze mit Stromanschluss, eine Zeltwiese und eine Hütte zur Verfügung. Zudem gibt es drei extra große Komfortplätze mit Wasser- und Abwasseranschluss.

Sanitär

In zentraler Lage befinden sich die 2009 komplett renovierten Sanitäranlagen. Abgesehen von reichlich Duschen und Toiletten findet man eine Familiendusche, Babybadewanne, Waschmaschine und einen Wäschetrockner vor. Das Warmwasser ist gratis, in der Vor- und Nebensaison wird das Gebäude beheizt.

Verpflegung

In der platzeigenen Gaststätte werden nicht nur leckere Speisen, erfrischende Getränke und Kaffee angeboten, sondern auch eine kleine Auswahl an Artikeln für den täglichen Bedarf (z. B. Kaffee, Tee oder Campingartikel). Frische Brötchen sind ebenfalls die ganze Woche über verfügbar.

Freizeit

Der Campingplatz liegt in der prächtigen Natur des Tales um das Flüsschen Nieme, das seinen Verlauf mitten durch das Areal nimmt. Von hier gelangt man in das bekannte Spazier- und Wandergebiet des Weserberglandes. Für Kinder gibt es einen Streichelzoo, Spielplatz, Tischtennis, Bobby Cars u. v. m.

Kanutouren auf der Nieme.

Inmitten herrlicher Natur.

4.6 **SEHR GUT**
21 Bewertungen

Lage	4.7
Ruhe	4.8
Sanitäranlagen	4.0
Sauberkeit Ø	4.5
Freundlichkeit	5.0
Stellplatz	4.4
Verpflegung	4.0
Freizeit	4.1
Preis-Leistung	4.8
Mietunterkünfte	4.6

Geeignet für

Kinder b. 6 J.	4.9
Gäste mit Hund	4.9
Gäste mit Zelt	4.7
Senioren	4.3
Paare	4.7
Kinder b. 12 J.	4.5
Kinder b. 18 J.	3.5

Empfohlene Aktivitäten

Wandern · Entspannen · Radfahren · Mountainbiking · Kayak/Kanu

Karte auf Seite 194

17 Campingplatz Schönhagen am Freizeitsee

In der Loh 1
37170 Uslar-Schönhagen
+49 5571 9194611
51.70512 | 9.55544

ganzjährig
HS: 12,50 € | NS: 12,50 €
Mehr Infos & Anfrage:
www.camping.info/18543

Baden im See am Platz	✓
Hallenbad	8km
Spielplatz am Platz	✓
Hunde willkommen	✓
Schatten	✗
WLAN	✓
Lebensmittel	8km
Brötchen am Platz	✓
Imbiss	✓
Ver-/Entsorgung Womo	✓
in den Ort	1km
Gesamt/Touristen	150/50
Mietunterkünfte	✓
Stellplätze vor Schranke	✗

3.9 GUT
13 Bewertungen

Lage	4.4
Ruhe	4.3
Sanitäranlagen	3.5
Sauberkeit Ø	4.4
Freundlichkeit	5.0
Stellplatz	3.8
Verpflegung	4.0
Freizeit	4.0
Preis-Leistung	4.2
Mietunterkünfte	4.5

Geeignet für

Kinder b. 6 J.	4.2
Kinder b. 12 J.	4.2
Kinder b. 18 J.	3.9
Paare	4.2
Senioren	3.8
Gäste mit Zelt	4.8
Gäste mit Hund	4.5

Empfohlene Aktivitäten

- Wandern
- Schwimmen
- Radfahren

18 Wesercamping Hemeln

Unterdorf 34
34346 Hann. Münden OT Hemeln
+49 5544 1414
51.50418 | 9.60361

ganzjährig
HS: 22,50 € | NS: 22,50 €
Mehr Infos & Anfrage:
www.camping.info/18477

Baden im Fluss am Platz	✓
Pool/Hallenbad	2/4km
Spielplatz am Platz	✓
Hunde willkommen	✓
zur Hälfte Schatten	✓
WLAN (gegen Gebühr)	✓
Lebensmittel	✓
Brötchen am Platz	✓
Restaurant am P.	✓
Ver-/Entsorgung Womo	✓
in den Ort	500m
Gesamt/Touristen	120/90
Mietunterkünfte	✓
Stellplätze vor Schranke	✗

3.9 GUT
42 Bewertungen

Lage	4.5
Ruhe	4.5
Sanitäranlagen	3.7
Sauberkeit Ø	4.0
Freundlichkeit	4.2
Stellplatz	3.7
Verpflegung	3.8
Freizeit	3.6
Preis-Leistung	4.0
Mietunterkünfte	3.7

Geeignet für

Kinder b. 6 J.	3.7
Kinder b. 12 J.	3.5
Kinder b. 18 J.	3.6
Paare	4.3
Senioren	4.5
Gäste mit Zelt	4.4
Gäste mit Hund	4.6

Empfohlene Aktivitäten

- Kayak/Kanu
- Radfahren
- Wandern

20 Campingplatz Am Hohen Hagen

Zum Hohen Hagen 12
37127 Dransfeld
+49 5502 2147
51.49209 | 9.76168

01.01. - 31.10.
01.12. - 31.12.
HS: 38,00 € | NS: 29,00 €
Mehr Infos & online buchen:
www.camping.info/18538

Baden in nat. Gewässer	k. A.
Pool/Hallenbad	✓/10km
Spielplatz am Platz	✓
Hunde willkommen	✓
wenig Schatten	✓
WLAN	✓
Lebensmittel	✓
Brötchen am Platz	✓
Restaurant am P.	✓
Ver-/Entsorgung Womo	✓
in den Ort	500m
Gesamt/Touristen	300/150
Mietunterkünfte	✓
Stellplätze vor Schranke	✗

4.2 SEHR GUT
128 Bewertungen

Lage	4.2
Ruhe	4.3
Sanitäranlagen	4.2
Sauberkeit Ø	4.2
Freundlichkeit	4.6
Stellplatz	4.0
Verpflegung	3.9
Freizeit	4.0
Preis-Leistung	4.1
Mietunterkünfte	4.5

Geeignet für

Kinder b. 6 J.	4.5
Kinder b. 12 J.	4.4
Kinder b. 18 J.	3.9
Paare	4.4
Senioren	4.3
Gäste mit Zelt	4.3
Gäste mit Hund	4.4

Empfohlene Aktivitäten

- Schwimmen
- Wandern
- Entspannen

keine WOMOs ab 10 m

Infos
Öffnungszeiten
Vergleichspreis
Link

Ausstattung
Freizeit
Campingplatz
Versorgung
Anzahl der Plätze

7 Harz

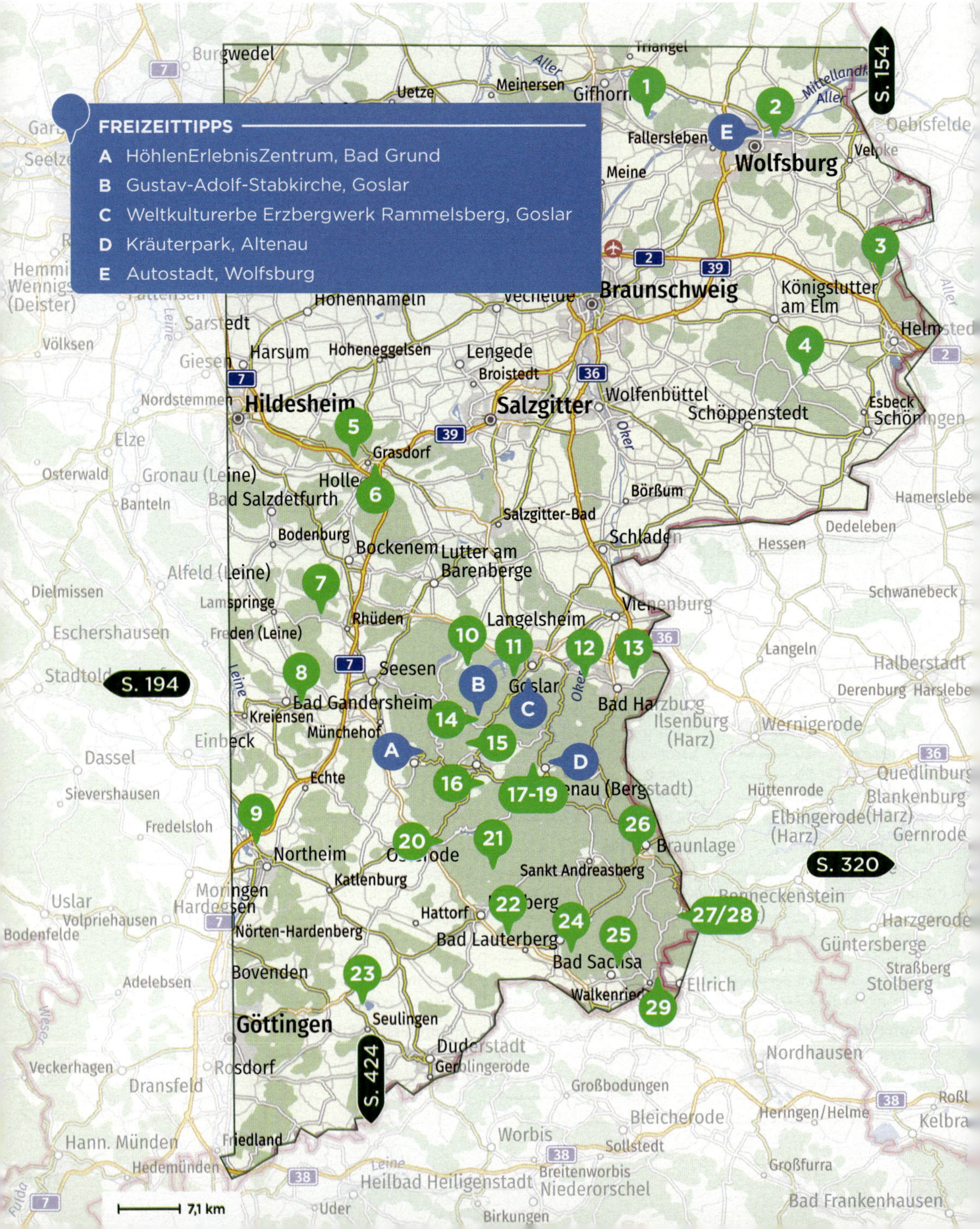

S. 154
S. 194
S. 320
S. 424

	Platz	Seite	Bewertung	Öffnungszeiten	
1	Camping Tankumsee	208	4.1	k. A.	✱
2	Camping am Allersee	208	3.8	saisonal	✱
3	Camping am Loosteich	208	3.3	k. A.	✱
4	Campingplatz Räbke	208	4.0	ganzjährig	✱
5	Seecamp-Derneburg	209	3.8	saisonal	
6	Campinplatz Bergmühle	209	4.5	k. A.	
7	Campingplatz Heberbaude	209	4.4	saisonal	✱ ϟ
8	Kur-Campingpark Bad Gandersheim	210	3.3	ganzjährig	✱
9	Camping Sultmer Berg	210	3.4	saisonal	
10	Camping am Krähenberg	210	4.2	ganzjährig	✱
11	Harz Camp Goslar	210	4.0	ganzjährig	✱
12	Harz Camp Göttingerode	211	4.0	ganzjährig	✱
13	Campingplatz "Die Wölfe vom Wolfstein e.V."	211	3.9	ganzjährig	✱
14	Das Kreuzeck - Campingplatz und Ferienhäuser	211	4.5	ganzjährig	✱
15	Camping Waldweben	213	4.3	ganzjährig	✱
16	Campingplatz Prahljust	213	3.6	ganzjährig	✱
17	Camping Polstertal	212	5.0	ganzjährig	✱
18	Alter Bahnhof Altenau	213	3.8	ganzjährig	✱
19	Camping Okertalsperre	214	4.0	ganzjährig	✱
20	Harz Campingplatz Eulenburg	214	4.0	ganzjährig	✱
21	Campingplatz-Lonau	214	4.5	saisonal	
22	Campingplatz am Blockhaus	214	4.8	ganzjährig	✱
23	Comfort-Camping Seeburger See	215	4.1	saisonal	✱
24	Campingpark Wiesenbeker Teich	215	3.8	ganzjährig	✱ Ecocamping
25	Campingplatz Im Borntal	215	3.3	ganzjährig	✱
26	Camping Braunlage	217	4.2	ganzjährig	✱
27	Campingplatz Am Bärenbache	217	3.6	ganzjährig	✱
28	Campingplatz im Waldwinkel	216	4.6	ganzjährig	✱
29	KNAUS Campingpark Walkenried	217	4.6	saisonal	✱

✱ Wintercamping FKK Textilfrei (ganz/teilweise) Ecocamping Award ϟ Onlinebuchung

1 Camping Tankumsee

✱

Dannenbüttel 7
38550 Isenbütttel
+49 5374 1254

52.44861 | 10.61222

keine Angabe

HS: 16,00 €

Mehr Infos & Anfrage:
www.camping.info/18573

Baden in nat. Gewässer	k. A.
Hallenbad	500m
Spielplatz am Platz	✓
Hunde erlaubt	✓
Schatten	✗
WLAN	✗
Lebensmittel	k.A.
Brötchen	keine Angabe
Restaurant am P.	✓
Ver-/Entsorgung Womo	✓
in den Ort	2km
Gesamt/Touristen	420/40
Mietunterkünfte	✗
Stellplätze vor Schranke	✗

4.1 SEHR GUT
17 Bewertungen

Lage	4.4
Ruhe	4.1
Sanitäranlagen	4.4
Sauberkeit Ø	4.5
Freundlichkeit	4.1
Stellplatz	3.8
Verpflegung	3.6
Freizeit	4.1
Preis-Leistung	4.1
Mietunterkünfte	-

Geeignet für

Kinder b. 6 J.	3.9
Kinder b. 12 J.	4.3
Kinder b. 18 J.	3.5
Paare	4.2
Senioren	4.4
Gäste mit Zelt	3.9
Gäste mit Hund	3.5

Empfohlene Aktivitäten

- Schwimmen
- Radfahren
- Wandern

2 Camping am Allersee

✱

In den Allerwiesen 5
38446 Wolfsburg
+49 536 163 395

52.43188 | 10.81557

06.01. - 31.10.
01.11. - 22.12.

HS: 22,00 € | NS: 22,00 €

Mehr Infos & Anfrage:
www.camping.info/18571

Baden im See am Platz	✓
Pool/Hallenbad	2/1km
Spielplatz am Platz	✓
Hunde willkommen	✓
Schatten	✗
WLAN	✓
Lebensmittel	1km
Brötchen	keine Angabe
Restaurant/Imbiss	500m
Ver-/Entsorgung Womo	✓
in den Ort	1km
Gesamt/Touristen	120/50
Mietunterkünfte	✓
Stellplätze vor Schranke	✗

3.8 GUT
52 Bewertungen

Lage	4.6
Ruhe	3.3
Sanitäranlagen	4.0
Sauberkeit Ø	4.5
Freundlichkeit	4.4
Stellplatz	4.0
Verpflegung	2.9
Freizeit	4.5
Preis-Leistung	4.1
Mietunterkünfte	3.8

Geeignet für

Kinder b. 6 J.	3.6
Kinder b. 12 J.	3.7
Kinder b. 18 J.	3.7
Paare	4.3
Senioren	4.4
Gäste mit Zelt	4.1
Gäste mit Hund	4.3

Empfohlene Aktivitäten

- Schwimmen
- Radfahren
- Sightseeing

3 Camping am Loosteich

✱

Berliner Platz 2
38368 Mariental-Horst

52.29042 | 10.99147

keine Angabe

HS: 12,60 €

Mehr Infos & Anfrage:
www.camping.info/18569

Baden in nat. Gewässer	k. A.
Pool/Hallenbad	2/8km
Spielplatz am Platz	✓
Hunde erlaubt	✓
Schatten	✗
WLAN	✗
Lebensmittel	2km
Brötchen	keine Angabe
Restaurant	200m
Ver-/Entsorgung Womo	✗
im Ort	✓
Gesamt/Touristen	150/50
Mietunterkünfte	✗
Stellplätze vor Schranke	✗

3.3 GUT
6 Bewertungen

Lage	3.3
Ruhe	3.3
Sanitäranlagen	3.2
Sauberkeit Ø	4.6
Freundlichkeit	5.0
Stellplatz	3.0
Verpflegung	2.0
Freizeit	2.3
Preis-Leistung	4.4
Mietunterkünfte	-

Geeignet für

Kinder b. 6 J.	2.5
Kinder b. 12 J.	1.5
Kinder b. 18 J.	1.0
Paare	3.8
Senioren	4.5
Gäste mit Zelt	2.8
Gäste mit Hund	4.0

Empfohlene Aktivitäten

- Entspannen
- Radfahren
- Kultur

4 Campingplatz Räbke

✱

Erholungspark Nord-Elm 1
38375 Räbke
+49 5355 8352

52.19165 | 10.86189

ganzjährig

HS: 21,00 € | NS: 19,00 €

Mehr Infos & Anfrage:
www.camping.info/18570

Baden in nat. Gewässer	✗
Pool/Hallenbad	200m/10km
Spielplatz am Platz	✓
Hunde willkommen	✓
zur Hälfte Schatten	✓
WLAN (gegen Gebühr)	✓
Lebensmittel	✓
Brötchen am Platz	✓
Restaurant/Imbiss	200m
Ver-/Entsorgung Womo	✓
in den Ort	1km
Gesamt/Touristen	400/100
Mietunterkünfte	✓
Stellplätze vor Schranke	✗

4.0 SEHR GUT
15 Bewertungen

Lage	4.1
Ruhe	4.7
Sanitäranlagen	3.9
Sauberkeit Ø	4.7
Freundlichkeit	4.8
Stellplatz	4.3
Verpflegung	3.2
Freizeit	4.1
Preis-Leistung	4.5
Mietunterkünfte	4.0

Geeignet für

Kinder b. 6 J.	4.4
Kinder b. 12 J.	4.6
Kinder b. 18 J.	4.5
Paare	4.7
Senioren	4.7
Gäste mit Zelt	4.7
Gäste mit Hund	4.6

Empfohlene Aktivitäten

- Schwimmen
- Radfahren
- Wandern

Karte auf Seite 206

Legende:
- **Infos**: Öffnungszeiten · Vergleichspreis · Link
- **Ausstattung**: Freizeit · Campingplatz · Versorgung · Anzahl der Plätze

5 Seecamp-Derneburg

Seecamp 1
31188 Holle-Derneburg
+49 5062 565
52.10222 | 10.14056

01.04. - 31.10.
HS: 22,20 € | NS: 22,20 €
Mehr Infos & Anfrage: www.camping.info/18435

Baden im See am Platz	✓
Pool/Hallenbad	12km
Spielplatz am Platz	✓
Hunde willkommen	✓
Schatten	✗
WLAN	✓
Lebensmittel	✓
Brötchen am Platz	✓
Restaurant & Imbiss	✓
Ver-/Entsorgung Womo	✓
in den Ort	3km
Gesamt/Touristen	270/70
Mietunterkünfte	✓
Stellplätze vor Schranke	✗

3.8 GUT – 34 Bewertungen

Lage	4.3
Ruhe	3.8
Sanitäranlagen	3.8
Sauberkeit Ø	4.1
Freundlichkeit	4.3
Stellplatz	3.7
Verpflegung	3.9
Freizeit	3.5
Preis-Leistung	4.0
Mietunterkünfte	3.6

Geeignet für

Kinder b. 6 J.	3.5
Kinder b. 12 J.	3.8
Kinder b. 18 J.	3.3
Paare	4.2
Senioren	4.4
Gäste mit Zelt	3.9
Gäste mit Hund	3.7

Empfohlene Aktivitäten
- Schwimmen
- Entspannen
- Wandern

6 Campinplatz Bergmühle

31188 Holle
52.10496 | 10.17482

keine Angabe
keine Angabe
Mehr Infos & Anfrage: www.camping.info/24062

Baden in nat. Gewässer	k. A.
Pool & Hallenbad	✗
Spielplatz	keine Angabe
Hunde	✗
Schatten	✗
WLAN	keine Angabe
Lebensmittel	k.A.
Brötchen	keine Angabe
Restaurant & Imbiss	✗
Ver-/Entsorgung Womo	✗
in den Ort	keine Angabe
Gesamt	keine Angabe
Mietunterkünfte	✗
Stellplätze vor Schranke	✗

4.5 SEHR GUT – 13 Bewertungen

Lage	4.5
Ruhe	4.8
Sanitäranlagen	4.1
Sauberkeit Ø	4.5
Freundlichkeit	4.8
Stellplatz	4.0
Verpflegung	3.2
Freizeit	3.9
Preis-Leistung	4.8
Mietunterkünfte	-

Geeignet für

Kinder b. 6 J.	4.3
Kinder b. 12 J.	3.9
Kinder b. 18 J.	3.2
Paare	4.7
Senioren	4.5
Gäste mit Zelt	4.4
Hunde n. erlaubt	-

Empfohlene Aktivitäten
- Entspannen
- Radfahren
- Wandern

7 Campingplatz Heberbaude

Heberbaude 1
38723 Seesen
+49 5384 466
51.95216 | 10.08823

01.03. - 31.08.
HS: 20,00 € | NS: 17,00 €
Mehr Infos & online buchen: www.camping.info/26765

Baden in nat. Gewässer	k. A.
Pool/Hallenbad	4/8km
Spielplatz	keine Angabe
Hunde willkommen	✓
wenig Schatten	✓
WLAN	keine Angabe
Lebensmittel	2km
Brötchen	keine Angabe
Restaurant & Imbiss	✓
Ver-/Entsorgung Womo	✗
in den Ort	2km
Gesamt/Touristen	60/8
Mietunterkünfte	✗
Stellplätze vor Schranke	✓

4.4 SEHR GUT – 11 Bewertungen

Lage	4.5
Ruhe	4.8
Sanitäranlagen	4.2
Sauberkeit Ø	4.8
Freundlichkeit	4.9
Stellplatz	4.2
Verpflegung	3.6
Freizeit	3.2
Preis-Leistung	4.7
Mietunterkünfte	-

Geeignet für

Kinder b. 6 J.	3.5
Kinder b. 12 J.	3.3
Kinder b. 18 J.	2.6
Paare	4.3
Senioren	4.8
Gäste mit Zelt	3.3
Gäste mit Hund	4.8

Empfohlene Aktivitäten
- Entspannen
- Wandern
- Radfahren

8 Kur-Campingpark Bad Gandersheim

Braunschweiger Straße 12
37581 Bad Gandersheim
+49 5382 1595
51.86696 | 10.05064

ganzjährig
HS: 20,40 € | NS: 20,40 €
Mehr Infos & Anfrage:
www.camping.info/18559

Baden im See am Platz	✓
Pool/Hallenbad	800m
Spielplatz am Platz	✓
Hunde erlaubt	✓
viel Schatten	✓
WLAN (gegen Gebühr)	✓
Lebensmittel	1km
Brötchen am Platz	nur HS
Restaurant am P.	✓
Ver-/Entsorgung Womo	✓
in den Ort	1km
Gesamt/Touristen	400/250
Mietunterkünfte	✓
Stellplätze vor Schranke	✓

3.3 GUT
54 Bewertungen

Lage	3.8
Ruhe	3.3
Sanitäranlagen	2.8
Sauberkeit Ø	3.7
Freundlichkeit	4.3
Stellplatz	3.4
Verpflegung	3.3
Freizeit	3.3
Preis-Leistung	3.7
Mietunterkünfte	4.0

Geeignet für

Kinder b. 6 J.	2.8
Kinder b. 12 J.	2.8
Kinder b. 18 J.	2.8
Paare	4.0
Senioren	4.4
Gäste mit Zelt	3.7
Gäste mit Hund	4.1

Empfohlene Aktivitäten
- Wandern
- Radfahren
- Entspannen

9 Camping Sultmer Berg

Am Sultmerberg 3
37154 Northeim
+49 5551/9975661
51.72861 | 9.98333

15.01. - 31.12.
HS: 24,30 €
Mehr Infos & Anfrage:
www.camping.info/18541

Baden in nat. Gewässer	k. A.
Pool/Hallenbad	✓/2km
Spielplatz am Platz	✓
Hunde erlaubt	✓
Schatten	✗
WLAN	✗
Lebensmittel	✓
Brötchen	keine Angabe
Restaurant/Imbiss	2km/✓
Ver-/Entsorgung Womo	✓
in den Ort	3km
Gesamt/Touristen	120/100
Mietunterkünfte	✓
Stellplätze vor Schranke	✗

3.4 GUT
15 Bewertungen

Lage	3.9
Ruhe	3.7
Sanitäranlagen	3.2
Sauberkeit Ø	4.0
Freundlichkeit	4.2
Stellplatz	3.1
Verpflegung	3.6
Freizeit	3.3
Preis-Leistung	3.3
Mietunterkünfte	3.0

Geeignet für

Kinder b. 6 J.	3.0
Kinder b. 12 J.	2.9
Kinder b. 18 J.	3.0
Paare	4.1
Senioren	4.8
Gäste mit Zelt	3.3
Gäste mit Hund	4.8

Empfohlene Aktivitäten
- Wandern
- Entspannen
- Radfahren

10 Camping am Krähenberg

Am Mauerkamp
38685 Langelsheim-Wolfshagen
+49 532 696 9281
51.90194 | 10.32639

ganzjährig
HS: 17,70 €
Mehr Infos & Anfrage:
www.camping.info/18581

Baden in nat. Gewässer	k. A.
Pool/Hallenbad	✓/500m
Spielplatz am Platz	✓
Hunde willkommen	✓
wenig Schatten	✓
WLAN	✓
Lebensmittel	✓
Brötchen am Platz	✓
Restaurant & Imbiss	✓
Ver-/Entsorgung Womo	✓
in den Ort	2km
Gesamt/Touristen	300/80
Mietunterkünfte	✓
Stellplätze vor Schranke	✗

4.2 SEHR GUT
10 Bewertungen

Lage	4.5
Ruhe	4.9
Sanitäranlagen	3.8
Sauberkeit Ø	4.7
Freundlichkeit	4.9
Stellplatz	4.2
Verpflegung	4.2
Freizeit	4.2
Preis-Leistung	4.7
Mietunterkünfte	5.0

Geeignet für

Kinder b. 6 J.	4.5
Kinder b. 12 J.	4.4
Kinder b. 18 J.	4.3
Paare	4.6
Senioren	4.6
Gäste mit Zelt	4.5
Gäste mit Hund	4.9

Empfohlene Aktivitäten
- Wandern
- Entspannen
- Mountainbiking

11 Harz Camp Goslar

Clausthaler Straße 28
38644 Goslar
(05321) 22502
51.8897 | 10.39886

ganzjährig
HS: 25,00 € | NS: 25,00 €
Mehr Infos & Anfrage:
www.camping.info/30065

Baden im Teich	4km
Pool	3km
Spielplatz am Platz	✓
Hunde erlaubt	✓
wenig Schatten	✓
WLAN (gratis)	teilweise
Lebensmittel	✗
Brötchen am Platz	✓
Restaurant & Imbiss	✗
Ver-/Entsorgung Womo	✓
in den Ort	2km
Gesamt/Touristen	110/104
Mietunterkünfte	✓
Stellplätze vor Schranke	✗

4.0 SEHR GUT
6 Bewertungen

Lage	4.2
Ruhe	3.3
Sanitäranlagen	4.7
Sauberkeit Ø	4.8
Freundlichkeit	4.8
Stellplatz	3.3
Verpflegung	3.3
Freizeit	4.0
Preis-Leistung	4.2
Mietunterkünfte	5.0

Geeignet für

Kinder b. 6 J.	2.7
Kinder b. 12 J.	2.3
Kinder b. 18 J.	3.0
Paare	4.5
Senioren	4.7
Gäste mit Zelt	2.5
Gäste mit Hund	5.0

Empfohlene Aktivitäten
- Wandern
- Entspannen
- Kultur

Karte auf Seite 206

Infos: Öffnungszeiten · Vergleichspreis · Link

Ausstattung: Freizeit · Campingplatz · Versorgung · Anzahl der Plätze

12 Harz Camp Göttingerode

✻

Kreisstraße 66
38667 Bad Harzburg
+49 5322 81215

51.892 | 10.5113

ganzjährig

HS: 28,40 € | NS: 28,40 €

Mehr Infos & Anfrage:
www.camping.info/18576

Baden im See	12km
Pool/Hallenbad	✓/1km
Spielplatz am Platz	✓
Hunde willkommen	✓
wenig Schatten	✓
WLAN (gegen Gebühr)	✓
Lebensmittel	✓
Brötchen am Platz	✓
Restaurant am P.	✓
Ver-/Entsorgung Womo	✓
in den Ort	200m
Gesamt/Touristen	290/170
Mietunterkünfte	✓
Stellplätze vor Schranke	✗

4.0 SEHR GUT
47 Bewertungen

Lage	4.2
Ruhe	4.2
Sanitäranlagen	4.3
Sauberkeit Ø	4.5
Freundlichkeit	4.3
Stellplatz	4.0
Verpflegung	3.8
Freizeit	4.0
Preis-Leistung	3.7
Mietunterkünfte	4.0

Geeignet für

Kinder b. 6 J.	3.9
Kinder b. 12 J.	3.8
Kinder b. 18 J.	3.0
Paare	4.5
Senioren	4.5
Gäste mit Zelt	4.0
Gäste mit Hund	4.3

Empfohlene Aktivitäten

- Wandern
- Entspannen
- Radfahren

13 Campingplatz "Die Wölfe vom Wolfstein e.V."

✻

Ilsenburger Straße 115
38667 Bad Harzburg

51.88751 | 10.58742

ganzjährig

HS: 29,20 € | NS: 29,20 €

Mehr Infos & Anfrage:
www.camping.info/18577

Baden im See	4km
Pool/Hallenbad	3km
Spielplatz am Platz	✓
Hunde willkommen	✓
zur Hälfte Schatten	✓
WLAN	✗
Lebensmittel	500m
Brötchen am Platz	✗
Restaurant/Imbiss	2km
Ver-/Entsorgung Womo	✗
in den Ort	400m
Gesamt/Touristen	150/50
Mietunterkünfte	✓
Stellplätze vor Schranke	✗

3.9 GUT
27 Bewertungen

Lage	4.1
Ruhe	4.6
Sanitäranlagen	4.0
Sauberkeit Ø	4.4
Freundlichkeit	4.6
Stellplatz	3.7
Verpflegung	2.4
Freizeit	3.4
Preis-Leistung	3.6
Mietunterkünfte	4.2

Geeignet für

Kinder b. 6 J.	3.8
Kinder b. 12 J.	3.8
Kinder b. 18 J.	2.9
Paare	4.4
Senioren	4.3
Gäste mit Zelt	4.3
Gäste mit Hund	4.6

Empfohlene Aktivitäten

- Wandern
- Entspannen
- Mountainbiking

14 Das Kreuzeck - Campingplatz und Ferienhäuser

✻

Kreuzeck 5
38644 Goslar-Hahnenklee
+49 5325 2570

51.8466 | 10.34966

ganzjährig

HS: 34,60 € | NS: 34,60 €

Mehr Infos & Anfrage:
www.camping.info/18575

Baden im See am Platz	✓
Pool/Hallenbad	5/6km
Spielplatz am Platz	✓
Hunde willkommen	✓
wenig Schatten	✓
WLAN	✓
Lebensmittel	2km
Brötchen am Platz	✓
Restaurant & Imbiss	✓
Ver-/Entsorgung Womo	✓
in den Ort	1km
Gesamt/Touristen	200/130
Mietunterkünfte	✓
Stellplätze vor Schranke	✗

4.5 SEHR GUT
157 Bewertungen

Lage	4.8
Ruhe	4.7
Sanitäranlagen	4.8
Sauberkeit Ø	4.8
Freundlichkeit	4.9
Stellplatz	4.0
Verpflegung	4.0
Freizeit	4.4
Preis-Leistung	4.6
Mietunterkünfte	4.5

Geeignet für

Kinder b. 6 J.	4.3
Kinder b. 12 J.	4.3
Kinder b. 18 J.	3.9
Paare	4.8
Senioren	4.6
Gäste mit Zelt	4.3
Gäste mit Hund	4.8

Empfohlene Aktivitäten

- Wandern
- Entspannen
- Schwimmen

ⓘ keine WOMOs ab 9m; keine Gruppen ab 6 P.

17 Camping Polstertal

Polstertal 1
38707 Altenau
+49 5323 5582
www.campingplatz-polstertal.de
info@campingplatz-polstertal.de

ganzjährig

HS: 25,00 € | NS: 25,00 €

Mehr Infos & Anfrage:
www.camping.info/18584

Baden im Teich	200m
Pool & Hallenbad	✗
Spielplatz am Platz	✓
Hunde willkommen	✓
zur Hälfte Schatten	✓
WLAN	✓
Lebensmittel	✓
Brötchen am Platz	✓
Restaurant/Imbiss	800m/✓
Ver-/Entsorgung Womo	✓
in den Ort	3km
Gesamt/Touristen	100/70
Mietunterkünfte	✓
Stellplätze vor Schranke	✗

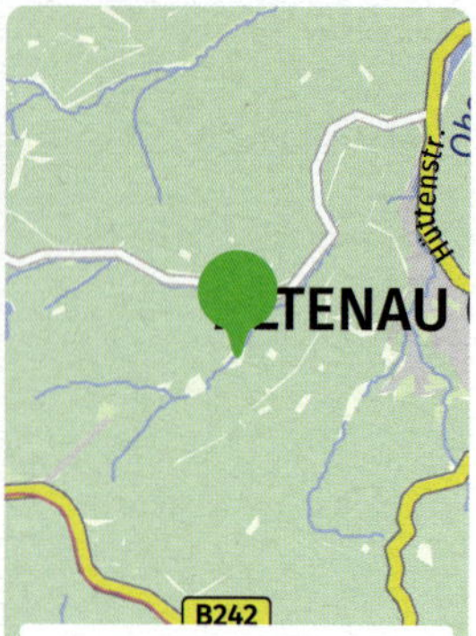

51.79953 | 10.41666

Camping auf terrassiertem Gelände mitten im Wald.

Lage & Stellplatz

Der wiedereröffnete Campingplatz Polstertal liegt herrlich idyllisch im Oberharzer Wasserregal (UNESCO-Welterbe) auf 520 m ü. N. N. auf einem terrassierten Gelände. 100 Stellplätze sowie Weinfässer und Woodlodges befinden sich mitten im Wald – Naturliebhaber sind hier bestens aufgehoben.

Verpflegung

Im neuen Kiosk gibt es morgens Brötchen mit Vorbestellung, das kleine „Waldcafe" bietet Raum für den Genuss von Getränken auf der Terrasse. Ein nettes Waldrestaurant ist in 15 min zu Fuß zu erreichen. Weitere Restaurants und Geschäfte finden Sie in Altenau (3 km) und Clausthal-Zellerfeld (5 km).

Sanitär

Die renovierten und im Winter geheizten Sanitäranlagen punkten mit separaten Dusch- und Waschkabinen, Babywickelraum sowie Waschmaschine und Trockner für die Gäste.

Freizeit

Spielplatz, Tischtennisplatte und Trampolin auf dem Platz, der Polstertaler Teich zum Baden und Angeln ist nicht weit. Im Sommer lädt der Okerstausee zum Segeln, Surfen und Fischen ein. Diverse Sehenswürdigkeiten in der Nähe, z. B. Sommerrodelbahn, Brockenbahn, Tropfsteinhöhle, Erzbergwerk u. v. m.

Spaß auf dem neuen Spielplatz.

Badesee: der Polstertaler Teich.

Für diese Auswertung liegen leider noch nicht genügend Bewertungen vor.

Sei einer der Ersten, der diesen Campingplatz bewertet.
Unter den Bewertern werden regelmäßig Gewinne verlost!

Mehr Infos dazu findest du in unserem allgemeinen Intro.

Karte auf Seite 206

15 Camping Waldweben

✻

Spiegelthalerstraße 31
38678 Clausthal-Zellerfeld
+49 5323 81712
51.82259 | 10.32002

ganzjährig

keine Angabe

Mehr Infos & Anfrage: www.camping.info/18578

Baden im Teich am Platz	✓
Hallenbad	2km
Spielplatz am Platz	✓
Hunde willkommen	✓
zur Hälfte Schatten	✓
WLAN	✓
Lebensmittel	✓
Brötchen am Platz	✓
Restaurant	1km
Ver-/Entsorgung Womo	✓
in den Ort	800m
Gesamt/Touristen	200/130
Mietunterkünfte	✗
Stellplätze vor Schranke	✗

4.3 SEHR GUT – 42 Bewertungen

Lage	4.5
Ruhe	4.9
Sanitäranlagen	4.2
Sauberkeit Ø	4.5
Freundlichkeit	4.8
Stellplatz	4.0
Verpflegung	3.4
Freizeit	4.2
Preis-Leistung	4.3
Mietunterkünfte	-

Geeignet für

Kinder b. 6 J.	4.2
Kinder b. 12 J.	4.1
Kinder b. 18 J.	3.8
Paare	4.7
Senioren	4.4
Gäste mit Zelt	4.5
Gäste mit Hund	4.7

Empfohlene Aktivitäten

- Wandern
- Entspannen
- Mountainbiking

16 Campingplatz Prahljust

✻

An den langen Brüchen 4
38678 Clausthal-Zellerfeld
+49 5323 1300
51.7848 | 10.34978

ganzjährig

HS: 23,60 € | NS: 23,60 €

Mehr Infos & Anfrage: www.camping.info/18579

Baden im See am Platz	✓
Pool/Hallenbad	1km/✓
Spielplatz am Platz	✓
Hunde willkommen	✓
zur Hälfte Schatten	✓
WLAN	✓
Lebensmittel	✓
Brötchen am Platz	✓
Restaurant & Imbiss	✓
Ver-/Entsorgung Womo	✓
in den Ort	2km
Gesamt/Touristen	600/400
Mietunterkünfte	✓
Stellplätze vor Schranke	✗

3.6 GUT – 114 Bewertungen

Lage	4.4
Ruhe	4.4
Sanitäranlagen	3.0
Sauberkeit Ø	3.7
Freundlichkeit	4.4
Stellplatz	3.3
Verpflegung	3.0
Freizeit	3.8
Preis-Leistung	4.0
Mietunterkünfte	3.5

Geeignet für

Kinder b. 6 J.	3.8
Kinder b. 12 J.	4.0
Kinder b. 18 J.	3.5
Paare	4.3
Senioren	4.2
Gäste mit Zelt	4.2
Gäste mit Hund	4.6

Empfohlene Aktivitäten

- Wandern
- Schwimmen
- Entspannen

18 Alter Bahnhof Altenau

✻

Rothenberger Straße 52
38707 Altenau
+49 (0) 16 0799 7899
51.80146 | 10.43273

ganzjährig

HS: 15,00 € | NS: 15,00 €

Mehr Infos & Anfrage: www.camping.info/25540

Baden im See	500m
Pool/Hallenbad	8km
Spielplatz	✗
Hunde willkommen	✓
zur Hälfte Schatten	✓
WLAN (gratis)	teilweise
Lebensmittel	1km
Brötchen am Platz	✓
Restaurant	800m
Ver-/Entsorgung Womo	✓
in den Ort	1km
Touristenplätze	30
Mietunterkünfte	✓
Stellplätze vor Schranke	✗

3.8 GUT – 9 Bewertungen

Lage	3.9
Ruhe	4.1
Sanitäranlagen	3.3
Sauberkeit Ø	4.0
Freundlichkeit	4.2
Stellplatz	3.6
Verpflegung	3.4
Freizeit	3.8
Preis-Leistung	3.9
Mietunterkünfte	5.0

Geeignet für

Kinder b. 6 J.	3.5
Kinder b. 12 J.	3.7
Kinder b. 18 J.	3.7
Paare	3.7
Senioren	3.9
Gäste mit Zelt	3.9
Gäste mit Hund	3.9

Empfohlene Aktivitäten

- Entspannen
- Radfahren
- Wandern

Infos

Öffnungszeiten

Vergleichspreis

Link

Ausstattung

Freizeit

Campingplatz

Versorgung

Anzahl der Plätze

19 Camping Okertalsperre

*

Kornhardtweg 2
38707 Altenau
+49 5328 702

51.81905 | 10.43919

ganzjährig

HS: 21,50 € | NS: 21,50 €

Mehr Infos & Anfrage: www.camping.info/18585

Baden im Fluss am Platz	✓
Pool/Hallenbad	4/2km
Spielplatz am Platz	✓
Hunde willkommen	✓
zur Hälfte Schatten	✓
WLAN	✓
Lebensmittel	✓
Brötchen am Platz	✓
Restaurant/Imbiss	✓/1km
Ver-/Entsorgung Womo	✓
in den Ort	500m
Gesamt/Touristen	120/80
Mietunterkünfte	✗
Stellplätze vor Schranke	✗

4.0 SEHR GUT – 41 Bewertungen

Lage	4.5
Ruhe	3.8
Sanitäranlagen	3.9
Sauberkeit Ø	4.3
Freundlichkeit	4.1
Stellplatz	4.0
Verpflegung	3.1
Freizeit	4.2
Preis-Leistung	4.0
Mietunterkünfte	-

Geeignet für

Kinder b. 6 J.	3.6
Kinder b. 12 J.	3.7
Kinder b. 18 J.	3.4
Paare	4.5
Senioren	4.4
Gäste mit Zelt	4.0
Gäste mit Hund	4.6

Empfohlene Aktivitäten

- Wandern
- Kayak/Kanu
- Mountainbiking

20 Harz Campingplatz Eulenburg

*

Scheerenbergerstraße 100
37520 Osterode am Harz
+49 5522 6611

51.72721 | 10.28409

ganzjährig

HS: 22,00 € | NS: 22,00 €

Mehr Infos & Anfrage: www.camping.info/18557

Baden im See	9km
Pool/Hallenbad	✓/3km
Spielplatz am Platz	✓
Hunde erlaubt	✓
Schatten	✗
WLAN	✓
Lebensmittel	✓
Brötchen am Platz	✓
Restaurant/Imbiss	1km/✓
Ver-/Entsorgung Womo	✓
in den Ort	2km
Gesamt/Touristen	160/70
Mietunterkünfte	✓
Stellplätze vor Schranke	✓

4.0 SEHR GUT – 24 Bewertungen

Lage	4.4
Ruhe	4.4
Sanitäranlagen	3.6
Sauberkeit Ø	4.1
Freundlichkeit	4.6
Stellplatz	3.9
Verpflegung	3.6
Freizeit	4.2
Preis-Leistung	4.2
Mietunterkünfte	4.0

Geeignet für

Kinder b. 6 J.	4.1
Kinder b. 12 J.	4.2
Kinder b. 18 J.	3.7
Paare	4.6
Senioren	4.6
Gäste mit Zelt	4.6
Gäste mit Hund	4.7

Empfohlene Aktivitäten

- Wandern
- Radfahren
- Motorrad

21 Campingplatz-Lonau

Mariental 72
37412 Herzberg/Lonau
+49 176 80039171

51.69809 | 10.36079

15.04. - 15.10.

HS: 18,00 € | NS: 17,00 €

Mehr Infos & Anfrage: www.camping.info/23758

Baden im See	4km
Pool/Hallenbad	✓/15km
Spielplatz am Platz	✓
Hunde willkommen	✓
wenig Schatten	✓
WLAN	✓
Lebensmittel	4km
Brötchen am Platz	✗
Restaurant/Imbiss	500m/✓
Ver-/Entsorgung Womo	✓
in den Ort	500m
Gesamt/Touristen	40/12
Mietunterkünfte	✓
Stellplätze vor Schranke	✗

4.5 SEHR GUT – 63 Bewertungen

Lage	4.8
Ruhe	4.9
Sanitäranlagen	3.9
Sauberkeit Ø	4.5
Freundlichkeit	4.8
Stellplatz	4.1
Verpflegung	4.4
Freizeit	4.3
Preis-Leistung	4.7
Mietunterkünfte	4.4

Geeignet für

Kinder b. 6 J.	4.8
Kinder b. 12 J.	4.8
Kinder b. 18 J.	4.0
Paare	4.7
Senioren	4.6
Gäste mit Zelt	4.8
Gäste mit Hund	4.8

Empfohlene Aktivitäten

- Wandern
- Schwimmen
- Entspannen

22 Campingplatz am Blockhaus

*

Bremkestr. 35
37412 Herzberg am Harz
05521/9999970

51.63611 | 10.38676

ganzjährig

HS: 23,50 € | NS: 23,50 €

Mehr Infos & Anfrage: www.camping.info/24458

Baden in nat. Gewässer	k. A.
Pool/Hallenbad	✓/6km
Spielplatz	300m
Hunde erlaubt	✓
zur Hälfte Schatten	✓
WLAN	✓
Lebensmittel	1km
Brötchen am Platz	✓
Restaurant & Imbiss	✓
Ver-/Entsorgung Womo	✓
in den Ort	1km
Gesamt/Touristen	52/22
Mietunterkünfte	✓
Stellplätze vor Schranke	✗

4.8 SEHR GUT – 5 Bewertungen

Lage	4.8
Ruhe	5.0
Sanitäranlagen	4.0
Sauberkeit Ø	4.7
Freundlichkeit	5.0
Stellplatz	4.4
Verpflegung	5.0
Freizeit	5.0
Preis-Leistung	5.0
Mietunterkünfte	4.5

Geeignet für

Kinder b. 6 J.	5.0
Kinder b. 12 J.	5.0
Kinder b. 18 J.	5.0
Paare	5.0
Senioren	5.0
Gäste mit Zelt	5.0
Gäste mit Hund	5.0

Empfohlene Aktivitäten

- Wandern
- Radfahren
- Entspannen

Karte auf Seite 206

23 Comfort-Camping Seeburger See

Seestraße 20
37136 Seeburg
+ 49 550 71319
51.5635 | 10.15431

29.03. - 31.10.
HS: 24,50 € | NS: 18,70 €
Mehr Infos & Anfrage:
www.camping.info/18540

Baden im See am Platz	✓
Pool/Hallenbad	✓/8km
Spielplatz am Platz	✓
Hunde willkommen	✓
zur Hälfte Schatten	✓
WLAN	✓
Lebensmittel	✓
Brötchen am Platz	✓
Restaurant & Imbiss	✓
Ver-/Entsorgung Womo	✓
in den Ort	8km
Gesamt/Touristen	120/100
Mietunterkünfte	✓
Stellplätze vor Schranke	✗

4.1 SEHR GUT
43 Bewertungen

Lage	4.4
Ruhe	4.3
Sanitäranlagen	4.3
Sauberkeit Ø	4.2
Freundlichkeit	4.4
Stellplatz	3.9
Verpflegung	3.5
Freizeit	4.2
Preis-Leistung	4.4
Mietunterkünfte	4.2

Geeignet für

Kinder b. 6 J.	4.4
Kinder b. 12 J.	4.4
Kinder b. 18 J.	3.8
Paare	4.5
Senioren	4.5
Gäste mit Zelt	4.1
Gäste mit Hund	4.3

Empfohlene Aktivitäten

- Radfahren
- Wandern
- Schwimmen

24 Campingpark Wiesenbeker Teich

Wiesenbek
37431 Bad Lauterberg
+49 5524 2510
51.6174 | 10.48984

ganzjährig
HS: 31,90 € | NS: 31,90 €
Mehr Infos & Anfrage:
www.camping.info/18552

Baden im See am Platz	✓
Pool/Hallenbad	2/1km
Spielplatz am Platz	✓
Hunde erlaubt	✓
Schatten	✗
WLAN (gegen Gebühr)	✓
Lebensmittel	1km
Brötchen am Platz	✓
Restaurant & Imbiss	✓
Ver-/Entsorgung Womo	✓
in den Ort	1km
Gesamt/Touristen	90/60
Mietunterkünfte	✓
Stellplätze vor Schranke	✓

3.8 GUT
62 Bewertungen

Lage	4.6
Ruhe	4.4
Sanitäranlagen	4.3
Sauberkeit Ø	4.3
Freundlichkeit	3.7
Stellplatz	3.9
Verpflegung	4.0
Freizeit	4.0
Preis-Leistung	3.4
Mietunterkünfte	4.2

Geeignet für

Kinder b. 6 J.	4.1
Kinder b. 12 J.	4.2
Kinder b. 18 J.	3.6
Paare	4.4
Senioren	4.4
Gäste mit Zelt	4.2
Gäste mit Hund	4.6

Empfohlene Aktivitäten

- Wandern
- Schwimmen
- Entspannen

ECO CAMPING

25 Campingplatz Im Borntal

Borntal 1 - 8
37441 Bad Sachsa
+49 552 3944 721
51.60611 | 10.56583

ganzjährig
HS: 24,20 € | NS: 24,20 €
Mehr Infos & Anfrage:
www.camping.info/18553

Baden in nat. Gewässer	k. A.
Hallenbad	2km
Spielplatz am Platz	✓
Hunde willkommen	✓
zur Hälfte Schatten	✓
WLAN	✓
Lebensmittel	1km
Brötchen am Platz	✗
Restaurant/Imbiss	2km
Ver-/Entsorgung Womo	✗
in den Ort	1km
Touristenplätze	40
Mietunterkünfte	✗
Stellplätze vor Schranke	✗

3.3 GUT
15 Bewertungen

Lage	4.2
Ruhe	4.4
Sanitäranlagen	3.7
Sauberkeit Ø	3.5
Freundlichkeit	4.0
Stellplatz	3.2
Verpflegung	2.2
Freizeit	2.7
Preis-Leistung	3.5
Mietunterkünfte	-

Geeignet für

Kinder b. 6 J.	3.1
Kinder b. 12 J.	2.8
Kinder b. 18 J.	2.2
Paare	3.6
Senioren	4.1
Gäste mit Zelt	4.3
Gäste mit Hund	4.1

Empfohlene Aktivitäten

- Wandern
- Mountainbiking
- Entspannen

Infos
Öffnungszeiten
Vergleichspreis
Link

Ausstattung
Freizeit
Campingplatz
Versorgung
Anzahl der Plätze

28 Campingplatz im Waldwinkel

✻

Kunzental 2
37445 Walkenried OT Zorge (Harz)
+49 5586 1048
www.campingplatz-im-waldwinkel.de
CampingZorge@aol.com

ganzjährig

HS: 22,90 € | NS: 20,10 €

Mehr Infos & Anfrage:
www.camping.info/18556

Baden in nat. Gewässer	10km
Pool/Hallenbad	100m/9km
Spielplatz am Platz	✓
Hunde willkommen	✓
zur Hälfte Schatten	✓
WLAN	✓
Lebensmittel	6km
Brötchen am Platz	✓
Restaurant/Imbiss	2/5km
Ver-/Entsorgung Womo	✓
in den Ort	300m
Gesamt/Touristen	80/60
Mietunterkünfte	✗
Stellplätze vor Schranke	✓

51.64182 | 10.64954

Willkommen auf dem Campingplatz im Waldwinkel im schönen Südharz.

Lage & Stellplatz

Der Campingplatz im Waldwinkel ist ein ruhiger, familiär geführter Campingplatz im Südharz (ganzjährig geöffnet). Ob Sommer oder Winter – der Platz liegt in einer der landschaftlich schönsten Gegenden des Harzes, umgeben von Bergen und Wäldern. Hier finden Sie angenehme Ruhe und Erholung.

Verpflegung

Im platzeigenen Kiosk steht Ihnen eine Auswahl an Lebensmitteln und Süßwaren zur Verfügung (in den Sommermonaten auch Eis). An allen 365 Tagen im Jahr wird außerdem ein für die Betreiber selbstverständlicher Brötchenservice angeboten.

Sanitär

Großzügige, komfortable und gepflegte Sanitäreinrichtung, die auch barrierefrei ausgestattet ist. Babywickelraum, Waschmaschine und Trockner sind ebenfalls vorhanden. Durch die zentrale Lage des Gebäudes sind die sanitären Anlagen von allen 60 Stellplätzen bequem zu erreichen.

Freizeit

Viele herrliche Wanderwege, welche Sie gerne auch mit ihrem Haustier „erwandern" können, beginnen direkt am Platz. Das beheizte Waldschwimmbad liegt direkt nebenan. Von Zorge aus können Sie fast alle touristische Sehenswürdigkeiten des Harzes im Umkreis von nur ca. 25 km erreichen.

Das nah gelegene Waldschwimmbad.

Die Bank lädt zum Verweilen ein.

4.6 SEHR GUT
56 Bewertungen

Lage	4.7
Ruhe	4.9
Sanitäranlagen	4.2
Sauberkeit Ø	4.6
Freundlichkeit	5.0
Stellplatz	4.3
Verpflegung	3.9
Freizeit	4.2
Preis-Leistung	4.8
Mietunterkünfte	-

Geeignet für

- 4.9 Gäste mit Hund
- 4.8 Paare
- 4.8 Senioren
- 4.7 Gäste mit Zelt
- 4.2 Kinder b. 6 J.
- 4.1 Kinder b. 12 J.
- 3.9 Kinder b. 18 J.

Empfohlene Aktivitäten

Wandern | Entspannen | Mountainbiking | Schwimmen | Radfahren

keine WOMOs ab 7 m;
keine Jugendgruppen

Karte auf Seite 206

	26	27	29
	Camping Braunlage	**Campingplatz Am Bärenbache**	**KNAUS Campingpark Walkenried**
	❄	❄	❄
	Am Campingplatz 1 38700 Braunlage +49 5520 9996 931	Bärenbachweg 10 38700 Braunlage-Hohegeiß +49 5583 1306	Ellricher Straße 7 37445 Walkenried +49 5525 778
	51.71278 | 10.59667	51.65676 | 10.66743	51.58944 | 10.62472
Infos			
Öffnungszeiten	ganzjährig	ganzjährig	07.01. - 04.11. 21.12. - 06.01.
Vergleichspreis	HS: 26,90 € | NS: 26,90 €	HS: 22,40 € | NS: 19,40 €	HS: 32,50 € | NS: 29,50 €
Link	**Mehr Infos & Anfrage:** www.camping.info/18582	**Mehr Infos & Anfrage:** www.camping.info/18583	**Mehr Infos & Anfrage:** www.camping.info/18555
Ausstattung			
Freizeit	Baden in nat. Gewässer k. A. Hallenbad 1km Spielplatz am Platz ✓	Baden im See 12km Pool/Hallenbad ✓/1km Spielplatz am Platz ✓	Baden im Teich 2km Pool/Hallenbad 6km/✓ Spielplatz am Platz ✓
Campingplatz	Hunde willkommen ✓ Schatten ✗ WLAN (gegen Gebühr) ✓	Hunde willkommen ✓ wenig Schatten ✓ WLAN (gegen Gebühr) ✓	Hunde erlaubt ✓ zur Hälfte Schatten ✓ WLAN (gegen Gebühr) ✓
Versorgung	Lebensmittel 1km Brötchen am Platz ✓ Restaurant am P. ✓ Ver-/Entsorgung Womo ✓ in den Ort 1km	Lebensmittel 500m Brötchen am Platz ✓ Restaurant/Imbiss 300m/✓ Ver-/Entsorgung Womo ✓ in den Ort 500m	Lebensmittel ✓ Brötchen am Platz ✓ Restaurant/Imbiss ✓/500m Ver-/Entsorgung Womo ✓ in den Ort 800m
Anzahl der Plätze	Gesamt/Touristen 200/100 Mietunterkünfte ✗ Stellplätze vor Schranke ✓	Gesamt/Touristen 150/100 Mietunterkünfte ✓ Stellplätze vor Schranke ✓	Gesamt/Touristen 153/96 Mietunterkünfte ✓ Stellplätze vor Schranke ✓

	26	27	29
Gesamt	4.2 SEHR GUT, 68 Bewertungen	3.6 GUT, 33 Bewertungen	4.6 SEHR GUT, 294 Bewertungen
Lage	4.5	4.1	4.3
Ruhe	4.5	4.5	4.3
Sanitäranlagen	4.3	3.1	4.7
Sauberkeit Ø	4.6	4.2	4.7
Freundlichkeit	4.9	4.0	4.9
Stellplatz	4.1	3.3	4.4
Verpflegung	3.8	2.5	4.2
Freizeit	4.1	3.8	4.4
Preis-Leistung	4.4	3.7	4.5
Mietunterkünfte	-	5.0	4.5
Geeignet für			
Kinder b. 6 J.	3.9	3.4	4.6
Kinder b. 12 J.	3.8	3.4	4.6
Kinder b. 18 J.	3.6	2.8	4.0
Paare	4.6	4.1	4.7
Senioren	4.6	4.3	4.7
Gäste mit Zelt	4.3	3.9	4.4
Gäste mit Hund	4.7	4.2	4.6
Empfohlene Aktivitäten	Wandern Entspannen Mountainbiking	Wandern Schwimmen Ski	Wandern Schwimmen Radfahren

Winter: 18.12. - 10.01.

MECKLENBURG-VORPOMMERN

REGIONEN

TIPP DER REDAKTION

Campingplatz am Sandfeld

Usedom | Nr. 9 | Seite 251

Laut Gästen ideal geeignet zum:

- Entspannen
- Radfahren
- Schwimmen

4.6

CAMPEN AM UND RUND UMS WASSER

Mecklenburg-Vorpommern hat für Camper so manchen Superlativ zu bieten. Hier, im äußersten Nordosten der Bundesrepublik, bewundert ihr mit Rügen und Usedom nicht nur die beiden größten deutschen Inseln, sondern mit der Müritz auch den größten See, der vollständig in Deutschland liegt. Dazu kommen noch etwa 2.000 Kilometer Küstenlinie - kein anderes Bundesland hat mehr zu bieten. Charakteristisch sind die zahllosen Buchten und Lagunen an der Küste, die die Landschaft ebenso prägen wie die mehr als 2.000 Seen. Ihr wollt direkt am Wasser übernachten? Dann seid ihr hier goldrichtig - Wasser ist in Mecklenburg-Vorpommern das zentrale Thema. Ob an der Ostseeküste, am Ufer einer der vielen Seen oder entlang der Flüsse und Kanäle, die sich auf einer Gesamtlänge von 26.000 Kilometern durchs Land ziehen - das nächste Gewässer ist nie weit entfernt.

Neue Rügenbrücke
© Tourismusverband Mecklenburg-Vorpommern

BEEINDRUCKENDE ALTSTÄDTE

Neben den vielfältigen Naturschönheiten lockt "Meck-Pomm" aber auch mit so manch sehenswerter Stadt. Die aufwändig restaurierten Altstädte gehören zu den Eindrucksvollsten, die Deutschland zu bieten hat. Grandiose historische Bauten zeugen in bekannten Städten wie Rostock, Wismar oder Stralsund, die als Mitglieder der Hanse einst wichtige Orte des Handels waren, von der langen Geschichte, die diese Orte geprägt hat. Bis heute legen an den Ostseehäfen noch immer große Schiffe an und ab, die Menschen und Güter zu einer Reise übers Meer mitnehmen - wie die riesigen Fähren, die täglich Richtung Skandinavien in See stechen. Auch in der Landeshauptstadt Schwerin mit dem berühmten Schloss, das auf dem Schweriner See zu schwimmen scheint, gibt es zahlreiche Zeugen einer wechselvollen Geschichte zu bestaunen.

Müritz Nationalpark © Tourismusverband Mecklenburg-Vorpommern

PARADIES FÜR WASSER- UND NATURLIEBHABER

Trotzdem bleibt das Bundesland im hohen Nordosten in erster Linie ein Ferienziel für ruhe- und entspannungssuchende Camper. Sowohl beim Wandern entlang der malerischen Kreidefelsen von Rügen, als auch beim Fischen auf dem Darß oder beim Sonnenbaden am Strand von Usedom stellt sich recht schnell Urlaubsstimmung ein. Beim Campen erlebt man die fantastische Natur besonders intensiv. Die vielen Campingplätze, die sich über das ganze Land verteilen, stellen ideale Ausgangspunkte für Fahrradtouren, Wasserwanderungen oder Angelausflüge dar. Wassersportarten wie Kiten, Surfen oder Segeln gehören in einem Land, das so sehr mit dem Wasser verbunden ist wie Mecklenburg-Vorpommern, natürlich ebenfalls dazu. Wer dagegen eher gemächlich auf den Seen, Kanälen und Flüssen des Landes dahingleiten möchte, kann an vielen Orten Boote mieten und sich diesen Traum auch ohne Bootsführerschein erfüllen.

FÜR JEDEN GESCHMACK

Meck-Pomm hält aber nicht nur für Wassersportler, sondern unter anderem auch für Golfer einige Überraschungen bereit – zwischen den zahlreichen Seen und leichten Hügeln lässt es sich hervorragend einlochen und besonders Einsteiger in den Golfsport finden hier beste Voraussetzungen. Nicht wenige Anlagen sind in unmittelbarer Umgebung von Campingplätzen zu finden. Zwischen der Mecklenburgischen Seenplatte im Süden und Kap Arkona im Norden überzeugt das Land mit seinen vielfältigen Freizeitangeboten und einer grandiosen Natur. Die kann mit langen, weißen Sandstränden ebenso punkten wie mit schroffen Steilküsten und idyllischen Seenlandschaften. Von Schwerin im Westen bis zur polnischen Grenze im Osten findet ihr hier ideale Voraussetzungen für einen entspannten und individuellen Campingurlaub.

Schleuse an der Müritz-Elde Wasserstraße
© Tourismusverband Mecklenburg-Vorpommern

Wasserwanderrastplatz in Wesenberg © Tourismusverband Mecklenburg-Vorpommern

MECKLENBURG-VORPOMMERN

1 Ostseeküste

	Platz	Seite	Bewertung	Öffnungszeiten	
1	Regenbogen Boltenhagen	225	3.8	ganzjährig	✱ 🍃
2	Campingplatz "Liebeslaube"	225	4.0	ganzjährig	✱
3	Ostseecamping Beckerwitzer Strand	225	4.3	saisonal	
4	Ostseecamping Ferienpark Zierow	224	4.4	ganzjährig	✱ 🍃 👍
5	Ferienpark Wismar Lütt Moor	227	3.4	k. A.	
6	Camping- & Wohnmobilpark Ostseecamping am Salzhaff	227	3.9	ganzjährig	✱ 🍃
7	Campingpark Ostseebad Rerik	226	4.4	ganzjährig	✱ 🍃
8	Ostseecamp Seeblick	228	4.5	saisonal	
9	Campingpark Kühlungsborn	230	4.7	saisonal	✱ 👍
10	Campingplatz „Zur Kühlung“	227	5.0	k. A.	⚡
11	Ferien-Camp Börgerende	232	4.6	saisonal	👍
12	Ostseecamp Rostocker Heide	232	3.7	saisonal	
13	Camping in Neuhaus	232	4.3	saisonal	✱
14	Regenbogen Born	232	3.4	saisonal	🍃
15	Regenbogen Prerow	233	3.9	ganzjährig	✱ 🍃
16	Meißner's Sonnencamp	233	4.0	saisonal	FKK
17	Camping am Freesenbruch	233	4.3	ganzjährig	✱ 🍃
18	Wellness-Camp Düne 6	234	3.5	ganzjährig	✱
19	Campingplatz Bodstedt	235	4.2	saisonal	
20	NATURCAMP Pruchten	235	4.5	saisonal	
21	Naturcamp "Zu den zwei Birken"	235	4.9	k. A.	

✱ Wintercamping FKK Textilfrei (ganz/teilweise) 🍃 Ecocamping 👍 Award ⚡ Onlinebuchung

4 Ostseecamping Ferienpark Zierow

Strandstraße 19c
23968 Zierow bei Wismar
+49 38428 63820
www.ostsee-camping.de
info@ostsee-camping.de

ganzjährig

HS: 40,00 € | NS: 32,00 €

Mehr Infos & Anfrage:
www.camping.info/18216

Baden im Meer am Platz	✓
Pool/Hallenbad	8km/✓
Spielplatz am Platz	✓
Hunde erlaubt	✓
wenig Schatten	✓
WLAN (gegen Gebühr)	✓
Lebensmittel	✓
Brötchen am Platz	✓
Restaurant & Imbiss	✓
Ver-/Entsorgung Womo	✓
in den Ort	500m
Gesamt/Touristen	450/300
Mietunterkünfte	✓
Stellplätze vor Schranke	✓

53.93444 | 11.37078

Luftaufnahme mit Blick auf den Platz: „Ostseecamping Ferienpark Zierow".

Lage & Stellplatz

Der seit 1992 familiengeführte Campingplatz liegt direkt am naturbelassenen Strand der Wismarbucht. Ausstattung: 300 Stellplätze mit Erste-Reihe-, Komfort-, parzellierten oder unparzellierten Stellplätzen, Zeltwiesen für kleine und große Zelte mit Pkw sowie 16 verschiedene Mietunterkünfte vorhanden.

Sanitär

Zwei gepflegte Sanitäranlagen mit Einzelduschen, Waschkabinen, separaten Kinderbädern und Behindertenbadezimmern mit Dusche und WC, Waschmaschinen, Trocknern und Abwaschbecken sowie Chemieentsorgungsstellen. Familienbäder zubuchbar. Hundedusche.

Verpflegung

Restaurant „Oase" mit regionaler Küche in stilvollem Ambiente und großzügiger Sonnenterrasse. Indoor-Spielplatz „Willy's Watthaus" mit direktem Zugang zum Restaurant, Campingmarkt mit regionalen, frischen Produkten und täglich frischen Brötchen. Strandkiosk, Fischbude und Imbiss in der Hauptsaison.

Freizeit

Hansestädte Wismar, Rostock, Lübeck und die Landeshauptstadt Schwerin sind schnell erreichbar. Indoor-Spielplatz, Kegelbahn, großer Sport- und Spielplatz, Outdoorfitness, Hallenschwimmbad mit Sauna, Physiotherapiepraxis direkt auf dem Platz. In der Hauptsaison täglich wechselndes Animationsprogramm.

Bällebad im Indoor-Spielplatz.

Sonnenterrasse am Restaurant.

4.4 SEHR GUT
658 Bewertungen

Lage	4.3
Ruhe	4.1
Sanitäranlagen	4.6
Sauberkeit Ø	4.4
Freundlichkeit	4.4
Stellplatz	4.3
Verpflegung	4.1
Freizeit	4.2
Preis-Leistung	4.1
Mietunterkünfte	3.6

Geeignet für

4.5	Kinder b. 6 J.
4.5	Kinder b. 12 J.
4.4	Senioren
4.2	Gäste mit Zelt
4.4	Paare
4.3	Gäste mit Hund
3.8	Kinder b. 18 J.

Empfohlene Aktivitäten

Radfahren · Schwimmen · Entspannen · Wandern · Sightseeing

ECO CAMPING

AWARD 2020

Hunde sind mit Einschränkungen gerne willkommen.

Karte auf Seite 222

1 Regenbogen Boltenhagen

Ostseeallee 54
23946 Boltenhagen
+49 38825 42222
53.98083 | 11.21611

ganzjährig
HS: 47,10 € | NS: 43,10 €
Mehr Infos & Anfrage: www.camping.info/18214

Baden im Meer	200m
Pool/Hallenbad	1/25km
Spielplatz am Platz	✓
Hunde willkommen	✓
wenig Schatten	✓
WLAN	✓
Lebensmittel	✓
Brötchen am Platz	✓
Restaurant am P.	✓
Ver-/Entsorgung Womo	✓
in den Ort	100m
Gesamt/Touristen	553/380
Mietunterkünfte	✓
Stellplätze vor Schranke	✓

3.8 GUT – 475 Bewertungen

Lage	3.9
Ruhe	2.9
Sanitäranlagen	2.7
Sauberkeit Ø	3.4
Freundlichkeit	4.5
Stellplatz	3.7
Verpflegung	4.2
Freizeit	4.1
Preis-Leistung	2.5
Mietunterkünfte	4.2

Geeignet für

Kinder b. 6 J.	4.4
Kinder b. 12 J.	4.4
Kinder b. 18 J.	4.0
Paare	4.2
Senioren	4.0
Gäste mit Zelt	3.6
Gäste mit Hund	3.7

Empfohlene Aktivitäten

- Schwimmen
- Radfahren
- Entspannen

2 Campingplatz "Liebeslaube"

Wohlenberger Wiek 1
23968 Hohenkirchen
+49 38428 60219
53.93153 | 11.29085

ganzjährig
HS: 30,00 € | NS: 22,00 €
Mehr Infos & Anfrage: www.camping.info/23909

Baden im Meer am Platz	✓
Pool/Hallenbad	11km
Spielplatz am Platz	✓
Hunde willkommen	✓
zur Hälfte Schatten	✓
WLAN (gegen Gebühr)	✓
Lebensmittel	✓
Brötchen am Platz	✓
Restaurant & Imbiss	✓
Ver-/Entsorgung Womo	✓
in den Ort	2km
Gesamt/Touristen	500/150
Mietunterkünfte	✓
Stellplätze vor Schranke	✗

4.0 SEHR GUT – 88 Bewertungen

Lage	4.3
Ruhe	4.1
Sanitäranlagen	4.3
Sauberkeit Ø	4.4
Freundlichkeit	4.4
Stellplatz	4.1
Verpflegung	3.9
Freizeit	3.9
Preis-Leistung	4.2
Mietunterkünfte	4.4

Geeignet für

Kinder b. 6 J.	4.5
Kinder b. 12 J.	4.2
Kinder b. 18 J.	3.8
Paare	4.4
Senioren	4.3
Gäste mit Zelt	4.5
Gäste mit Hund	3.8

Empfohlene Aktivitäten

- Radfahren
- Surfen
- Entspannen

3 Ostseecamping Beckerwitzer Strand

Ostseestraße 10
23968 Beckerwitz
+49 38428 60265
53.94136 | 11.31494

01.04. - 10.10.
HS: 18,60 € | NS: 18,60 €
Mehr Infos & Anfrage: www.camping.info/23908

Baden im Meer am Platz	✓
Pool & Hallenbad	✗
Spielplatz	2km
Hunde	✗
Schatten	✗
WLAN	keine Angabe
Lebensmittel	k.A.
Brötchen am Platz	✓
Imbiss	✓
Ver-/Entsorgung Womo	✗
in den Ort	2km
Gesamt/Touristen	63/60
Mietunterkünfte	✗
Stellplätze vor Schranke	✗

4.3 SEHR GUT – 28 Bewertungen

Lage	4.6
Ruhe	4.4
Sanitäranlagen	4.3
Sauberkeit Ø	4.2
Freundlichkeit	4.3
Stellplatz	4.1
Verpflegung	3.8
Freizeit	3.7
Preis-Leistung	4.4
Mietunterkünfte	-

Geeignet für

Kinder b. 6 J.	4.2
Kinder b. 12 J.	4.0
Kinder b. 18 J.	3.8
Paare	4.4
Senioren	4.3
Gäste mit Zelt	4.3
Hunde n. erlaubt	-

Empfohlene Aktivitäten

- Entspannen
- Schwimmen
- Radfahren

Infos

Öffnungszeiten
Vergleichspreis
Link

Ausstattung

Freizeit
Campingplatz
Versorgung
Anzahl der Plätze

ANZEIGE

7 Campingpark Ostseebad Rerik

Straße am Zeltplatz 8
18230 Ostseebad Rerik
+49 38296 75720
www.campingpark-rerik.de
info@campingpark-rerik.de

ganzjährig

HS: 34,00 € | NS: 19,50 €

Mehr Infos & Anfrage:
www.camping.info/22159

Baden im Meer am Platz	✓
Pool/Hallenbad	1km
Spielplatz am Platz	✓
Hunde willkommen	✓
wenig Schatten	✓
WLAN	✓
Lebensmittel	✓
Brötchen am Platz	✓
Restaurant & Imbiss	✓
Ver-/Entsorgung Womo	✓
in den Ort	900m
Gesamt/Touristen	250/200
Mietunterkünfte	✓
Stellplätze vor Schranke	✓

Blick von der Seeterrasse, im Hintergrund das Meer.

Lage & Stellplatz

Zwischen Rostock und Wismar, 12 km westlich von Kühlungsborn, liegt der Campingpark Rerik nur wenige 100 m vom Meer entfernt. Vom kleinen Zeltplatz bis zur Luxuszeltlodge warten hier schöne, großzügige Stellplätze und Mietobjekte in hochwertiger Ausstattung, dabei preiswert und familiengerecht.

Verpflegung

Im Bistro mit Terrasse und Meerblick werden Frühstück, Mittag- und Abendessen sowie frisch gebackener Kuchen angeboten. Wöchentlich kommt ein Reriker Fischer mit seiner frisch geräucherten Ware auf den Platz. Samstag wird am Lagerfeuer gegrillt. In Rerik gibt es mehrere Restaurants und Imbissstuben.

Sanitär

Der Platz ist stolz auf seine Sanitäranlagen, eine der besten an der Ostsee! Für Sauberkeit und Ausstattung der Anlagen gibt es viel Lob seitens der Gäste. Das hohe, helle Gebäude verfügt über Mietbäder und einen tollen Kinderbereich. Großräumige Dusch-, Wasch- und WC-Kabinen sorgen für Entspannung.

Freizeit

Um sich wohlzufühlen, braucht man nicht weit zu gehen: Auf dem Campingpark gibt es einen Wellnessbereich, in dem Massagen, Sauna, Gesundheitsgymnastik und Yoga angeboten werden. Am Meer ist Wassersport jeglicher Art möglich. Entlang der Küste laden Fahrrad- und Wanderwege zu Ausflügen ein.

Stellplätze.

Urlaub am Meer.

4.4 SEHR GUT
203 Bewertungen

Lage	4.0
Ruhe	4.0
Sanitäranlagen	4.8
Sauberkeit Ø	4.7
Freundlichkeit	4.6
Stellplatz	4.2
Verpflegung	3.8
Freizeit	4.0
Preis-Leistung	4.5
Mietunterkünfte	4.1

Geeignet für

4.6 Paare

4.6	Gäste mit Hund
4.4	Kinder b. 12 J.
4.3	Gäste mit Zelt
4.5	Senioren
4.3	Kinder b. 6 J.
3.9	Kinder b. 18 J.

Empfohlene Aktivitäten

Radfahren · Wandern · Entspannen · Schwimmen · Angeln

ADAC-Campcard, ACSI-Card, Bestdeal Card u. CampingKey werden akzeptiert.

Karte auf Seite 222

	5	6	10
	Ferienpark Wismar Lütt Moor	**Camping- & Wohnmobilpark Ostseecamping am Salzhaff**	**Campingplatz „Zur Kühlung“**
Adresse	Lütt-Moor 1 23970 Wismar	Seeweg 1 18233 Pepelow +49 38294 78686	Zur Plantage 9 18236 Diedrichshagen bei Kröpelin 01706911658
Koordinaten	53.92307 | 11.48753	54.03834 | 11.58598	54.09949 | 11.75765

Infos

	5	6	10
Öffnungszeiten	keine Angabe	ganzjährig	keine Angabe
Vergleichspreis	keine Angabe	HS: 27,20 € | NS: 23,40 €	keine Angabe
Link	**Mehr Infos & Anfrage:** www.camping.info/28108	**Mehr Infos & Anfrage:** www.camping.info/18091	**Mehr Infos & online buchen:** www.camping.info/30079

Ausstattung

	5	6	10
Freizeit	Baden in nat. Gewässer: k. A. Pool & Hallenbad: ✗ Spielplatz: keine Angabe	Baden im Meer am Platz: ✓ Pool/Hallenbad: 30km Spielplatz am Platz: ✓	Baden im Meer: 10km Pool & Hallenbad: ✗ Spielplatz am Platz: ✓
Campingplatz	Hunde: ✗ Schatten: ✗ WLAN: keine Angabe	Hunde willkommen: ✓ zur Hälfte Schatten: ✓ WLAN: ✓	Hunde erlaubt: ✓ Schatten: ✗ WLAN: ✓
Versorgung	Lebensmittel: k.A. Brötchen: keine Angabe Restaurant & Imbiss: ✗ Ver-/Entsorgung Womo: ✗ in den Ort: keine Angabe	Lebensmittel: ✓ Brötchen am Platz: ✓ Restaurant & Imbiss: ✓ Ver-/Entsorgung Womo: ✓ in den Ort: 1km	Lebensmittel: ✓ Brötchen am Platz: ✓ Imbiss: ✓ Ver-/Entsorgung Womo: ✓ in den Ort: 5km
Anzahl der Plätze	Gesamt: keine Angabe Mietunterkünfte: ✗ Stellplätze vor Schranke: ✗	Gesamt/Touristen: 290/170 Mietunterkünfte: ✗ Stellplätze vor Schranke: ✓	Touristenplätze: 12 Mietunterkünfte: ✓ Stellplätze vor Schranke: ✗

Bewertungen

	5	6	10
Gesamt	3.4 GUT (9 Bewertungen)	3.9 GUT (60 Bewertungen)	5.0 AUSGEZEICHNET (3 Bewertungen)
Lage	4.0	4.3	5.0
Ruhe	3.8	4.1	5.0
Sanitäranlagen	2.9	4.3	5.0
Sauberkeit Ø	3.8	4.3	5.0
Freundlichkeit	4.5	4.6	5.0
Stellplatz	3.6	3.8	4.7
Verpflegung	3.6	3.6	4.7
Freizeit	3.6	3.7	5.0
Preis-Leistung	4.0	4.0	4.7
Mietunterkünfte	-	-	5.0

Geeignet für

	5	6	10
Kinder b. 6 J.	4.7	4.0	5.0
Kinder b. 12 J.	4.7	4.2	5.0
Kinder b. 18 J.	4.0	4.0	5.0
Paare	4.6	4.2	5.0
Senioren	4.8	4.0	4.5
Gäste mit Zelt	4.8	4.6	5.0
Hunde n. erlaubt / Gäste mit Hund	Hunde n. erlaubt: -	Gäste mit Hund: 4.6	Gäste mit Hund: 5.0

Empfohlene Aktivitäten

5	6	10
Radfahren	Surfen	Radfahren
Kultur	Radfahren	Wandern
Wandern	Kayak/Kanu	Mountainbiking

MECKLENBURG-VORPOMMERN | Ostseeküste

8 Ostseecamp Seeblick

Meschendorfer Weg 3b
18230 Rerik-Meschendorf
+49 382 967 8480
www.ostseecamp.de
info@ostseecamp.de

19.03. - 07.12.

HS: 44,30 € | NS: 25,80 €

Mehr Infos & Anfrage:
www.camping.info/18090

Baden in nat. Gewässer	k. A.
Hallenbad	30km
Spielplatz am Platz	✓
Hunde erlaubt	✓
wenig Schatten	✓
WLAN	✓
Lebensmittel	✓
Brötchen am Platz	✓
Restaurant & Imbiss	✓
Ver-/Entsorgung Womo	✓
in den Ort	3km
Touristenplätze	360
Mietunterkünfte	✓
Stellplätze vor Schranke	✗

camping.info – dieser Campingführer lebt! AWARD 2019

Eingangsbereich des Ostseecamps Seeblick.

Lage & Stellplatz

Der 5-Sterne-Campingplatz befindet sich in einer traumhaften Lage direkt am Ostseestrand zwischen den Ostseebädern Rerik (ca. 3 km) und Kühlungsborn (ca. 8 km). Die naturbelassene Campinganlage mit modernster Sanitärausstattung und großen Stellplätzen (bis 150 m^2) liegt auf einem zur Küste hin leicht abfallenden Gelände und bietet somit fast von jedem Stellplatz aus den direkten Blick auf die Ostsee. Die Stellflächen werden in unterschiedlichen Kategorien angeboten: von einfachen Zeltplätzen mit Stromanschluss bis hin zu Komfortplätzen mit Strom-, Wasser-, Abwasser- und SAT-Anschlüssen.

Sanitär

Moderne Sanitäranlagen sind auf dem Ostseecamp Seeblick selbstverständlich. Auf dem gesamten Gelände sind vier Sanitärgebäude gleichmäßig verteilt. Neben Duschen (kostenlos für alle Gäste) und WCs stehen den Urlaubern auch Waschmaschinen, Trockner, Geschirrspülbecken und Kochgelegenheiten zur Verfügung. Seit 2019 bietet der Platz auch private Mietbäder, einen Fitnessraum und einen Indoor-Spielbereich für seine kleinen Gäste an.

Die Rezeption als Leuchtturm.

Das Innere der Rezeption.

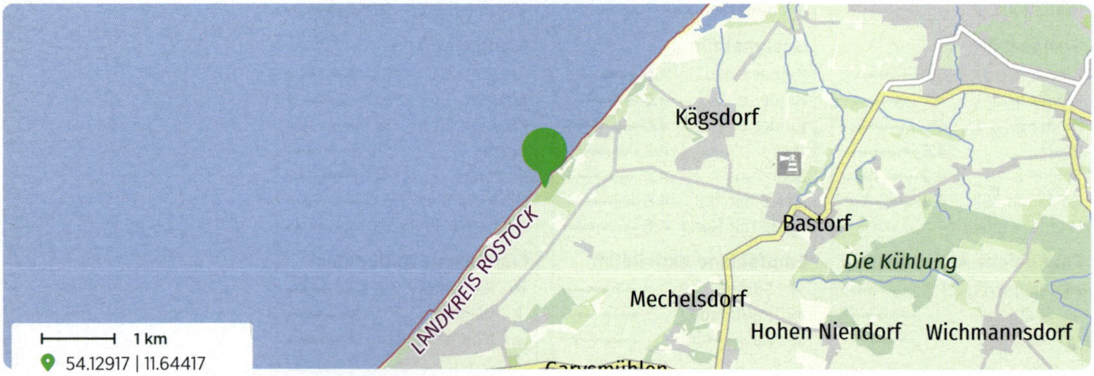

Jugendgruppen nur auf Anfrage.

Luftaufnahme der Campingplatzanlage direkt an der Steilküste zur Ostsee.

Verpflegung

Für das leibliche Wohl sorgt das Angebot des italienischen Restaurants „Belvedere". Vom kleinen Hunger bis zum großen Menü, vom leckeren Eisbecher bis hin zum regionaltypischen Lübzer Pils – hier ist für jeden etwas dabei. Für die Selbstversorger unter den Campinggästen gibt es einen kleinen Supermarkt mit täglich frischen Brötchen und Artikeln des täglichen Bedarfs. Ein Imbiss hat in der Hauptsaison ebenfalls geöffnet.

Freizeit

Neben einem Animationszentrum für die kleinen und großen Besucher laden eine Tauchstation und ein Fahrradverleih (sehr gute Rad- und Wanderwege) zum aktiven Urlaub ein. Zur Entspannung kann man sich im Wellnessbereich verwöhnen lassen. In unmittelbarer Nähe finden sich zudem tolle Surf- und Kite-Reviere für Anfänger und Fortgeschrittene. Auch ein Kletterwald, eine Reitsportanlage, Golf, ein Spaßbad und viele andere Freizeitmöglichkeiten sind mit dem Fahrrad oder Auto problemlos zu erreichen. Durch die Lage des Platzes direkt am Wasser ist hier natürlich auch Angelsport sehr beliebt.

5.0

Ein sehr schöner, direkt an der Steilküste der Ostsee gelegener Campingplatz, top gepflegt, dennoch naturbelassen, kinderfreundlich und mit allem ausgestattet, was man als Camper so braucht. Hat durch das neue Sanitärhaus sehr gewonnen und ist sich in seinem natürlichen Stil trotzdem treu geblieben. Das Personal ist hilfsbereit und sehr kundenorientiert.

Astrid R.

Astrid R. hat das Ostseecamp Seeblick im Juni 2020 besucht.

Bungalow „Möwe" – Glamping.

Spielplatz für die Kinder.

4.5 **SEHR GUT**
714 Bewertungen

Lage	4.6
Ruhe	4.4
Sanitäranlagen	4.6
Sauberkeit Ø	4.6
Freundlichkeit	4.6
Stellplatz	4.4
Verpflegung	4.1
Freizeit	4.2
Preis-Leistung	4.4
Mietunterkünfte	4.4

Geeignet für

4.6	Kinder b. 12 J.
4.6	Paare
4.6	Gäste mit Zelt
4.6	Gäste mit Hund
4.5	Kinder b. 6 J.
4.4	Senioren
4.1	Kinder b. 18 J.

Empfohlene Aktivitäten

Radfahren · Entspannen · Wandern · Schwimmen · Tauchen

9 Campingpark Kühlungsborn

Waldstraße 1b
18225 Kühlungsborn
+49 (0) 38293 7195
www.topcamping.de
info@topcamping.de

28.10. - 06.01.
25.03. - 28.10.
HS: 49,00 € | NS: 28,99 €
Mehr Infos & Anfrage:
www.camping.info/18089

Baden im Meer am Platz	✓
Pool/Hallenbad	30/3km
Spielplatz am Platz	✓
Hunde willkommen	✓
zur Hälfte Schatten	✓
WLAN (gegen Gebühr)	✓
Lebensmittel	✓
Brötchen am Platz	✓
Restaurant & Imbiss	✓
Ver-/Entsorgung Womo	✓
im Ort	✓
Gesamt/Touristen	653/550
Mietunterkünfte	✓
Stellplätze vor Schranke	×

Komfortstellplätze auf dem Campingpark.

Lage & Stellplatz

Auf 12 ha herrlichem Naturgrundstück direkt an der Ostsee finden Sie ein familienfreundliches Urlaubsparadies, das Ihnen gefallen wird. Sonnige oder bewaldete Stellplätze für Zelte, Wohnwagen und Wohnmobile, teilweise nur 50 m vom Strand entfernt. Genießen Sie die Meereswellen und den Ostseestrand direkt vor Ihrer Haustür. Bummeln Sie zwischen Tradition und Moderne durch das Seebad Kühlungsborn. Entdecken Sie Land(schaft) und Leute einer abwechslungsreichen Region. Nutzen Sie das vielseitige Freizeitangebot im Campingpark und in seiner Umgebung oder gönnen Sie sich einfach Ruhe.

Sanitär

Hinter dem Namen „Poseidons Reich" verbergen sich drei spektakuläre Sanitärgebäude, deren Innenausstattung einen Hauch von mediterraner Atmosphäre vermittelt – dafür sorgen die Bauweise, die Farben und die Auswahl der Fliesen. Besonderheiten sind die innen farblich unterschiedlichen Einzelbäder, die auf Wunsch gemietet werden können. Im sanitären Bereich wird viel Wert auf Komfort, Service und Sauberkeit gelegt. Selbstverständlich gibt es Einrichtungen wie Behinderten-WC, Babywickelraum, Waschküche mit Waschmaschine und Trockner. Besonderer Service für Tierliebhaber ist die Hundedusche.

Abenteuer-Kinderspielplatz.

Sauna im Ostsee-SPA.

AWARD 2020

Leinenpflicht für Hunde. Anreise ab 14:00 Uhr; Abreise bis 10:00 Uhr.

Blick auf den Campingpark Kühlungsborn direkt am Ostseestrand.

Verpflegung

Möglichkeiten für Ihren täglichen Einkauf finden Sie direkt am Campingplatz und im nahe gelegenen Ortskern. Im Restaurant „Toplicht 54°" erwartet Sie nicht nur eine angenehme Atmosphäre und ein hervorragender Service – die Küche bietet Ihnen ein frisches Fisch- & Steakangebot, verschiedene Biere vom Fass, internationale Weine, Cocktails und auch Champagner. Ein weiteres Restaurant, das „Da Gerlando" bietet Ihnen eine breite Auswahl an italienischen Spezialitäten, frischen Salaten, Pasta al dente, leckerer Pizza, Fleisch- und Fischgerichten. Dazu werden ausgewählte Weine serviert.

Freizeit

Kinderanimation in der Haupt- und Nebensaison, geführte Wanderungen, Fackelumzüge, Lagerfeuer mit Stockbrotbacken, Nachtwanderungen, Spiel und Spaß, u. v. m. Im Campingpark können die Kinder sich so richtig erholen und austoben, also besucht doch auch das Animationsteam im Kinderclub. Die Highlights in der Saison sind unter anderem Piraten-, Indianer- sowie Zauberfeste. Für die großen Gäste stehen einige Sport- & Freizeitprogramme zur Auswahl, wie zum Beispiel Bogenschießen, Volleyball, Joggen am Strand, Bauch-Beine-Po, Morgengymnastik, Kreativbastelwerkstatt und vieles mehr.

5.0

Es hat uns sehr gut gefallen. Ich war selbst als Kind schon auf diesem Platz und nun erstmals mit der eigenen Familie. Der Platz hat sich super entwickelt. Die Waschhäuser sind der Hammer. Die direkte Strandlage sucht seinesgleichen. Der Platz ist komplett eingezäunt, was auch dafür sorgt, dass die Kleinen nicht stiften gehen können.

Yves W.

Yves ist neu auf camping.info und Camper seit 2018. Mit seiner Familie hat er im Juli 2020 den Campingpark Kühlungsborn besucht.

Komfortables Sanitärgebäude.

Mietbad sogar mit Badewanne.

4.7 **SEHR GUT**
1683 Bewertungen

Lage	4.9
Ruhe	4.0
Sanitäranlagen	4.8
Sauberkeit Ø	4.8
Freundlichkeit	4.7
Stellplatz	4.7
Verpflegung	4.3
Freizeit	4.6
Preis-Leistung	4.0
Mietunterkünfte	4.5

Geeignet für

- 4.7 Kinder b. 6 J.
- 4.7 Kinder b. 12 J.
- 4.7 Senioren
- 4.4 Kinder b. 18 J.
- 4.7 Paare
- 4.6 Gäste mit Hund
- 4.4 Gäste mit Zelt

Empfohlene Aktivitäten

Schwimmen · Radfahren · Entspannen · Wandern · Spazieren

11 Ferien-Camp Börgerende

👍

Deichstraße 16
18211 Börgerende
+ 49 382 038 1126
54.15207 | 11.9004

26.03. - 30.10.

HS: 39,00 € | NS: 31,00 €

Mehr Infos & Anfrage: www.camping.info/18088

Baden im Meer	500m
Pool/Hallenbad	30/25km
Spielplatz am Platz	✓
Hunde erlaubt	✓
wenig Schatten	✓
WLAN	✓
Lebensmittel	✓
Brötchen am Platz	✓
Restaurant & Imbiss	✓
Ver-/Entsorgung Womo	✓
in den Ort	1km
Gesamt/Touristen	250/180
Mietunterkünfte	✓
Stellplätze vor Schranke	✓

4.6 SEHR GUT – 665 Bewertungen

Lage	4.2
Ruhe	4.1
Sanitäranlagen	4.8
Sauberkeit Ø	4.2
Freundlichkeit	4.7
Stellplatz	4.6
Verpflegung	4.1
Freizeit	4.3
Preis-Leistung	3.9
Mietunterkünfte	2.1

Geeignet für

Kinder b. 6 J.	4.5
Kinder b. 12 J.	4.5
Kinder b. 18 J.	4.0
Paare	4.7
Senioren	4.8
Gäste mit Zelt	4.4
Gäste mit Hund	4.4

Empfohlene Aktivitäten

- Radfahren
- Schwimmen
- Entspannen

ⓘ keine WOMOs ab 10m; keine gr.Jugendgruppen

12 Ostseecamp Rostocker Heide

Wiedortschneise 1
18181 Graal-Müritz
+49 38206 77580
54.24462 | 12.21193

29.03. - 31.10.

HS: 33,50 € | NS: 25,00 €

Mehr Infos & Anfrage: www.camping.info/18087

Baden im Meer am Platz	✓
Hallenbad	3km
Spielplatz am Platz	✓
Hunde erlaubt	✓
viel Schatten	✓
WLAN (gegen Gebühr)	✓
Lebensmittel	✓
Brötchen	keine Angabe
Restaurant & Imbiss	✓
Ver-/Entsorgung Womo	✓
in den Ort	1km
Gesamt/Touristen	900/400
Mietunterkünfte	✗
Stellplätze vor Schranke	✗

3.7 GUT – 373 Bewertungen

Lage	4.6
Ruhe	3.2
Sanitäranlagen	3.8
Sauberkeit Ø	3.8
Freundlichkeit	4.1
Stellplatz	3.5
Verpflegung	3.8
Freizeit	3.9
Preis-Leistung	3.8
Mietunterkünfte	-

Geeignet für

Kinder b. 6 J.	4.1
Kinder b. 12 J.	4.2
Kinder b. 18 J.	4.0
Paare	4.0
Senioren	3.5
Gäste mit Zelt	4.0
Gäste mit Hund	4.3

Empfohlene Aktivitäten

- Schwimmen
- Radfahren
- Entspannen

13 Camping in Neuhaus

❄

Birkenallee 10
18347 Dierhagen-Neuhaus
+49 38226 539930
54.2813 | 12.31248

01.04. - 31.10.
01.11. - 19.01.

HS: 41,50 € | NS: 28,50 €

Mehr Infos & Anfrage: www.camping.info/22322

Baden im Meer	100m
Hallenbad	16km
Spielplatz am Platz	✓
Hunde willkommen	✓
kein Schatten	✓
WLAN (begrenzt gratis)	✓
Lebensmittel	3km
Brötchen am Platz	nur HS
Restaurant/Imbiss	1km/✓
Ver-/Entsorgung Womo	✓
in den Ort	500m
Gesamt/Touristen	160/120
Mietunterkünfte	✗
Stellplätze vor Schranke	✗

4.3 SEHR GUT – 94 Bewertungen

Lage	4.7
Ruhe	4.7
Sanitäranlagen	4.5
Sauberkeit Ø	4.7
Freundlichkeit	4.5
Stellplatz	4.1
Verpflegung	3.5
Freizeit	3.7
Preis-Leistung	4.0
Mietunterkünfte	-

Geeignet für

Kinder b. 6 J.	4.0
Kinder b. 12 J.	4.0
Kinder b. 18 J.	3.5
Paare	4.6
Senioren	4.7
Gäste mit Zelt	4.3
Gäste mit Hund	4.5

Empfohlene Aktivitäten

- Radfahren
- Entspannen
- Schwimmen

14 Regenbogen Born

Nordstraße 86
18375 Born
+49 38234 244
54.38472 | 12.50278

26.03. - 05.11.

HS: 46,50 € | NS: 27,20 €

Mehr Infos & Anfrage: www.camping.info/18101

Baden im See am Platz	✓
Pool & Hallenbad	✗
Spielplatz am Platz	✓
Hunde willkommen	✓
wenig Schatten	✓
WLAN	✓
Lebensmittel	✗
Brötchen am Platz	✓
Restaurant	3km
Ver-/Entsorgung Womo	✓
in den Ort	1km
Gesamt/Touristen	490/350
Mietunterkünfte	✓
Stellplätze vor Schranke	✗

3.4 GUT – 146 Bewertungen

Lage	3.8
Ruhe	3.7
Sanitäranlagen	1.9
Sauberkeit Ø	2.7
Freundlichkeit	4.1
Stellplatz	3.8
Verpflegung	1.7
Freizeit	3.0
Preis-Leistung	1.7
Mietunterkünfte	3.3

Geeignet für

Kinder b. 6 J.	3.7
Kinder b. 12 J.	4.0
Kinder b. 18 J.	3.9
Paare	4.2
Senioren	3.6
Gäste mit Zelt	3.5
Gäste mit Hund	3.2

Empfohlene Aktivitäten

- Radfahren
- Surfen
- Kayak/Kanu

ECO CAMPING

Karte auf Seite 222

15 Regenbogen Prerow

❄ 🍃

Waldstraße 8
18375 Prerow
+49 38233 331
54.45444 | 12.54777

ganzjährig

NS: 41,70 €

Mehr Infos & Anfrage:
www.camping.info/18102

Baden im Meer am Platz	✓
Hallenbad	35km
Spielplatz am Platz	✓
Hunde willkommen	✓
Schatten	✗
WLAN	✓
Lebensmittel	✓
Brötchen am Platz	✓
Restaurant & Imbiss	✓
Ver-/Entsorgung Womo	✓
in den Ort	2km
Gesamt	1200
Mietunterkünfte	✓
Stellplätze vor Schranke	✗

3.9 GUT
627 Bewertungen

Lage	4.5
Ruhe	3.3
Sanitäranlagen	2.8
Sauberkeit Ø	3.4
Freundlichkeit	4.3
Stellplatz	4.1
Verpflegung	3.8
Freizeit	3.6
Preis-Leistung	2.7
Mietunterkünfte	4.0

Geeignet für

Kinder b. 6 J.	4.3
Kinder b. 12 J.	4.5
Kinder b. 18 J.	4.3
Paare	4.5
Senioren	3.8
Gäste mit Zelt	4.3
Gäste mit Hund	4.0

Empfohlene Aktivitäten

- Schwimmen
- Radfahren
- Surfen

16 Meißner's Sonnencamp

FKK

Villenstraße 3
18375 Prerow
+49 3 82 33 60 198
54.45322 | 12.55837

01.04. - 31.10.

HS: 35,00 € | NS: 26,00 €

Mehr Infos & Anfrage:
www.camping.info/25530

Baden im Meer am Platz	✓
Pool & Hallenbad	✗
Spielplatz am Platz	✓
Hunde willkommen	✓
zur Hälfte Schatten	✓
WLAN	✗
Lebensmittel	1km
Brötchen am Platz	nur HS
Restaurant	500m
Ver-/Entsorgung Womo	✗
in den Ort	500m
Gesamt	keine Angabe
Mietunterkünfte	✓
Stellplätze vor Schranke	✗

4.0 SEHR GUT
14 Bewertungen

Lage	4.8
Ruhe	4.7
Sanitäranlagen	4.2
Sauberkeit Ø	4.2
Freundlichkeit	3.6
Stellplatz	3.6
Verpflegung	3.6
Freizeit	4.4
Preis-Leistung	4.2
Mietunterkünfte	4.8

Geeignet für

Kinder b. 6 J.	4.9
Kinder b. 12 J.	4.6
Kinder b. 18 J.	4.3
Paare	4.2
Senioren	4.2
Gäste mit Zelt	4.8
Gäste mit Hund	3.5

Empfohlene Aktivitäten

- Schwimmen
- Radfahren
- Entspannen

17 Camping am Freesenbruch

❄ 🍃

Am Bahndamm 1
18374 Zingst
+49 38232 15786
54.44111 | 12.66056

ganzjährig

HS: 41,10 € | NS: 23,90 €

Mehr Infos & Anfrage:
www.camping.info/18100

Baden im Meer	100m
Hallenbad	35km
Spielplatz am Platz	✓
Hunde erlaubt	✓
wenig Schatten	✓
WLAN (gratis)	teilweise
Lebensmittel	✓
Brötchen am Platz	✓
Restaurant & Imbiss	✓
Ver-/Entsorgung Womo	✓
in den Ort	500m
Gesamt/Touristen	364/320
Mietunterkünfte	✗
Stellplätze vor Schranke	✓

4.3 SEHR GUT
187 Bewertungen

Lage	4.6
Ruhe	4.2
Sanitäranlagen	4.3
Sauberkeit Ø	4.5
Freundlichkeit	4.2
Stellplatz	4.2
Verpflegung	4.3
Freizeit	4.2
Preis-Leistung	3.8
Mietunterkünfte	-

Geeignet für

Kinder b. 6 J.	4.1
Kinder b. 12 J.	4.2
Kinder b. 18 J.	3.7
Paare	4.6
Senioren	4.6
Gäste mit Zelt	3.8
Gäste mit Hund	4.4

Empfohlene Aktivitäten

- Radfahren
- Schwimmen
- Entspannen

Infos

Öffnungszeiten
Vergleichspreis
Link

Ausstattung

Freizeit
Campingplatz
Versorgung
Anzahl der Plätze

18 Wellness-Camp Düne 6

*

Inselweg 9
18374 Ostseeheilbad Zingst
+49 38232 17617
www.wellness-camp.de
info@wellness-camp.de

ganzjährig

HS: 47,20 € | NS: 39,60 €

Mehr Infos & Anfrage:
www.camping.info/18099

Baden im Meer	300m
Hallenbad	✓
Spielplatz am Platz	✓
Hunde willkommen	✓
wenig Schatten	✓
WLAN (gegen Gebühr)	✓
Lebensmittel	✓
Brötchen am Platz	✓
Restaurant & Imbiss	✓
Ver-/Entsorgung Womo	✓
in den Ort	300m
Touristenplätze	402
Mietunterkünfte	✓
Stellplätze vor Schranke	✗

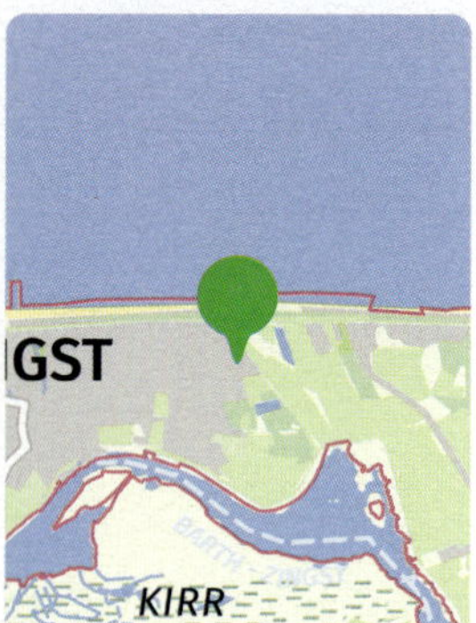

54.43843 | 12.70821

Luftaufnahme des Wellness-Camps Düne 6.

Lage & Stellplatz

Auf dem Campingplatz „Wellness-Camp Düne 6" erwartet Sie Natur pur zwischen Ostsee und Bodden. Alle Stellplätze sind ca. 120 m² groß und verfügen über einen Strom-, Wasser-, Abwasser- und Kabelanschluss sowie breite Zufahrtswege und einen stabilen Untergrund.

Verpflegung

Auf dem Gelände befindet sich das platzeigene Steakhaus. In den Gasträumen, dem Kaminzimmer (mit Großbildleinwand, auch geeignet für Seminare) und auf der Terrasse werden neben der exzellenten Küche auch Frühstück, Frühstücksbuffet, Frühstückskorb sowie Brötchenservice angeboten.

Sanitär

Der Platz wird regelmäßig von DCC, ECC, ADAC und DTV mit den höchsten Benotungen und Auszeichnungen für die Sanitäranlage und deren Pflegezustand bewertet. Alles ist beheizt und mit Warmwasser ausgestattet. Es gibt Einzelkabinen mit integrierter Dusche, behindertengerechte Bäder und Mietbäder.

Freizeit

Auf dem Platz befinden sich ein Schwimmbad, eine Sauna und Fitnessraum – alles kann von den Gästen gratis genutzt werden! In der Umgebung erwarten Sie außerdem: Minigolf, Reiten, Bowling, das Experimentarium; Baden in natürlichem Gewässer sowie Kite- und Surfmöglichkeiten.

Komfortable Sanitäranlagen.

Schwimmbad (chlorfrei).

3.5 GUT
262 Bewertungen

Lage	3.9
Ruhe	3.7
Sanitäranlagen	4.0
Sauberkeit Ø	3.7
Freundlichkeit	3.1
Stellplatz	3.6
Verpflegung	3.5
Freizeit	3.7
Preis-Leistung	3.1
Mietunterkünfte	3.4

Geeignet für

Paare	4.1
Senioren	4.1
Kinder b. 12 J.	3.6
Kinder b. 6 J.	3.4
Gäste mit Hund	3.4
Gäste mit Zelt	3.3
Kinder b. 18 J.	3.2

Empfohlene Aktivitäten

Radfahren · Schwimmen · Wellness · Entspannen · Surfen

Schwimmbad, Sauna und Fitness ist für Hausgäste GRATIS!

Karte auf Seite 222

19 Campingplatz Bodstedt

Damm 43
18356 Bodstedt
+49 382 314 226
54.37111 | 12.61611

01.04. - 31.10.

HS: 19,80 € | NS: 19,80 €

Mehr Infos & Anfrage: www.camping.info/22323

Baden im Meer am Platz	✓
Pool & Hallenbad	✗
Spielplatz am Platz	✓
Hunde	✗
Schatten	✗
WLAN (gegen Gebühr)	✓
Lebensmittel	✓
Brötchen am Platz	✓
Restaurant & Imbiss	✓
Ver-/Entsorgung Womo	✗
in den Ort	200m
Gesamt	150
Mietunterkünfte	✓
Stellplätze vor Schranke	✗

4.2 SEHR GUT – 12 Bewertungen

Lage	4.0
Ruhe	4.8
Sanitäranlagen	3.5
Sauberkeit Ø	4.3
Freundlichkeit	5.0
Stellplatz	4.1
Verpflegung	3.4
Freizeit	3.8
Preis-Leistung	4.8
Mietunterkünfte	4.7

Geeignet für

Kinder b. 6 J.	4.5
Kinder b. 12 J.	4.2
Kinder b. 18 J.	3.8
Paare	4.5
Senioren	4.5
Gäste mit Zelt	4.8
Hunde n. erlaubt	-

Empfohlene Aktivitäten

- Entspannen
- Radfahren
- Wandern

20 NATURCAMP Pruchten

Am Campingplatz 1
18356 Pruchten
+49 38231 2045
54.37947 | 12.66131

01.04. - 31.10.

HS: 24,50 € | NS: 19,50 €

Mehr Infos & Anfrage: www.camping.info/18098

Baden im Meer	600m
Hallenbad	6km
Spielplatz am Platz	✓
Hunde willkommen	✓
zur Hälfte Schatten	✓
WLAN (gegen Gebühr)	✓
Lebensmittel	✓
Brötchen am Platz	✓
Restaurant & Imbiss	✓
Ver-/Entsorgung Womo	✓
in den Ort	800m
Gesamt/Touristen	291/201
Mietunterkünfte	✓
Stellplätze vor Schranke	✓

4.5 SEHR GUT – 195 Bewertungen

Lage	4.3
Ruhe	4.5
Sanitäranlagen	4.6
Sauberkeit Ø	4.7
Freundlichkeit	4.6
Stellplatz	4.3
Verpflegung	4.1
Freizeit	4.1
Preis-Leistung	4.6
Mietunterkünfte	4.3

Geeignet für

Kinder b. 6 J.	4.3
Kinder b. 12 J.	4.3
Kinder b. 18 J.	3.7
Paare	4.6
Senioren	4.6
Gäste mit Zelt	4.5
Gäste mit Hund	4.8

Empfohlene Aktivitäten

- Radfahren
- Entspannen
- Wandern

21 Naturcamp "Zu den zwei Birken"

Kranichblick 11
18442 Duvendiek
038321 60128
54.33861 | 12.94139

keine Angabe

HS: 21,60 €

Mehr Infos & Anfrage: www.camping.info/22324

Baden in nat. Gewässer	k. A.
Pool & Hallenbad	✗
Spielplatz am Platz	✓
Hunde willkommen	✓
Schatten	✗
WLAN (gegen Gebühr)	✓
Lebensmittel	k.A.
Brötchen am Platz	✓
Restaurant am P.	✓
Ver-/Entsorgung Womo	✓
in den Ort	3km
Gesamt	35
Mietunterkünfte	✓
Stellplätze vor Schranke	✓

4.9 SEHR GUT – 21 Bewertungen

Lage	4.7
Ruhe	5.0
Sanitäranlagen	4.3
Sauberkeit Ø	5.0
Freundlichkeit	5.0
Stellplatz	4.5
Verpflegung	4.1
Freizeit	3.7
Preis-Leistung	4.6
Mietunterkünfte	3.5

Geeignet für

Kinder b. 6 J.	4.8
Kinder b. 12 J.	4.4
Kinder b. 18 J.	3.7
Paare	4.9
Senioren	5.0
Gäste mit Zelt	4.7
Gäste mit Hund	4.2

Empfohlene Aktivitäten

- Entspannen
- Radfahren
- Wandern

Infos

Öffnungszeiten
Vergleichspreis
Link

Ausstattung

Freizeit
Campingplatz
Versorgung
Anzahl der Plätze

MECKLENBURG-VORPOMMERN

2 Rügen

	Platz	Seite	Bewertung	Öffnungszeiten	
1	Caravancamp Ostseeblick	238	4.6	k. A.	
2	Campingplatz Küstencamp	238	4.4	ganzjährig	❄
3	Regenbogen Nonnevitz	238	4.2	saisonal	🍃
4	KNAUS Camping- und Ferienhauspark Rügen	238	4.0	saisonal	❄
5	Campingplatz Drewoldke	239	4.2	ganzjährig	❄ 🍃
6	Freizeitcamp Am Wasser	239	3.7	saisonal	
7	Campingplatz Banzelvitzer Berge	239	3.8	saisonal	🍃
8	Camping De Klomp	240	4.2	k. A.	❄
9	Störtebeker-Camp	240	3.6	saisonal	🍃
10	Ostseecamp Suhrendorf	240	3.8	saisonal	🍃
11	Camping Haidhof	240	4.2	ganzjährig	
12	Sund-Camp Altefähr	241	3.7	saisonal	
13	Naturcampingplatz Rügen Pritzwald	241	3.4	saisonal	FKK
14	Naturcampingplatz Alt Reddevitz	242	4.2	saisonal	
15	Regenbogen Göhren	241	3.7	saisonal	❄ 🍃
16	Dat Stranddörp	243	3.8	saisonal	🍃 ϟ
17	Surfoase Mönchgut Campingplatz auf Rügen	243	4.2	saisonal	FKK
18	Campingplatz Thiessow	243	4.0	saisonal	ϟ

❄ Wintercamping FKK Textilfrei (ganz/teilweise) 🍃 Ecocamping 👍 Award ϟ Onlinebuchung

1 Caravancamp Ostseeblick

Seestr. 39a
18556 Dranske
+49 38391 8196

54.62915 | 13.2229

keine Angabe

keine Angabe

Mehr Infos & Anfrage: www.camping.info/18106

Baden in nat. Gewässer	k. A.
Pool & Hallenbad	✗
Spielplatz	keine Angabe
Hunde	✗
Schatten	✗
WLAN	keine Angabe
Lebensmittel	k.A.
Brötchen	keine Angabe
Restaurant & Imbiss	✗
Ver-/Entsorgung Womo	✗
in den Ort	keine Angabe
Gesamt	keine Angabe
Mietunterkünfte	✗
Stellplätze vor Schranke	✗

4.6 SEHR GUT
76 Bewertungen

Lage	4.7
Ruhe	4.8
Sanitäranlagen	4.4
Sauberkeit Ø	4.8
Freundlichkeit	4.7
Stellplatz	4.5
Verpflegung	3.6
Freizeit	3.6
Preis-Leistung	4.5
Mietunterkünfte	-

Geeignet für

Kinder b. 6 J.	2.9
Kinder b. 12 J.	3.1
Kinder b. 18 J.	3.5
Paare	4.7
Senioren	4.9
Gäste mit Zelt	3.2
Hunde n. erlaubt	-

Empfohlene Aktivitäten

- Entspannen
- Radfahren
- Wandern

2 Campingplatz Küstencamp

Nonnevitz 23
18556 Dranske-Nonnevitz
+49 38391 939070

54.66332 | 13.26867

ganzjährig

HS: 32,00 € | NS: 17,00 €

Mehr Infos & Anfrage: www.camping.info/23151

Baden im Meer	100m
Hallenbad	800m
Spielplatz am Platz	✓
Hunde willkommen	✓
zur Hälfte Schatten	✓
WLAN	teilweise
Lebensmittel	500m
Brötchen am Platz	nur HS
Restaurant	500m
Ver-/Entsorgung Womo	✓
in den Ort	2km
Gesamt/Touristen	93/85
Mietunterkünfte	✓
Stellplätze vor Schranke	✓

4.4 SEHR GUT
70 Bewertungen

Lage	4.4
Ruhe	4.7
Sanitäranlagen	4.6
Sauberkeit Ø	4.6
Freundlichkeit	4.5
Stellplatz	4.3
Verpflegung	3.6
Freizeit	3.7
Preis-Leistung	4.6
Mietunterkünfte	5.0

Geeignet für

Kinder b. 6 J.	4.3
Kinder b. 12 J.	4.2
Kinder b. 18 J.	3.8
Paare	4.7
Senioren	4.7
Gäste mit Zelt	4.5
Gäste mit Hund	4.8

Empfohlene Aktivitäten

- Radfahren
- Schwimmen
- Entspannen

3 Regenbogen Nonnevitz

Nonnevitz Str. 13
18556 Dranske
+49 38391 89032

54.67 | 13.29667

19.03. - 01.11.

HS: 41,50 € | NS: 22,00 €

Mehr Infos & Anfrage: www.camping.info/18107

Baden im Meer am Platz	✓
Hallenbad	5km
Spielplatz am Platz	✓
Hunde willkommen	✓
viel Schatten	✓
WLAN (gegen Gebühr)	✓
Lebensmittel	✓
Brötchen am Platz	✓
Restaurant & Imbiss	✓
Ver-/Entsorgung Womo	✓
in den Ort	1km
Gesamt/Touristen	780/560
Mietunterkünfte	✓
Stellplätze vor Schranke	✓

4.2 SEHR GUT
360 Bewertungen

Lage	4.1
Ruhe	3.8
Sanitäranlagen	3.0
Sauberkeit Ø	3.8
Freundlichkeit	4.5
Stellplatz	4.2
Verpflegung	3.9
Freizeit	3.2
Preis-Leistung	3.1
Mietunterkünfte	4.3

Geeignet für

Kinder b. 6 J.	4.5
Kinder b. 12 J.	4.7
Kinder b. 18 J.	4.3
Paare	4.5
Senioren	4.3
Gäste mit Zelt	4.4
Gäste mit Hund	3.7

Empfohlene Aktivitäten

- Schwimmen
- Wandern
- Radfahren

ECO CAMPING

4 KNAUS Camping- und Ferienhauspark Rügen

Zittkower Weg 30
18556 Altenkirchen
+49 38391 434648

54.63996 | 13.3789

07.01. - 04.11.
21.12. - 06.01.

HS: 31,50 € | NS: 26,90 €

Mehr Infos & Anfrage: www.camping.info/17897

Baden im Meer am Platz	✓
Hallenbad	15km
Spielplatz am Platz	✓
Hunde willkommen	✓
wenig Schatten	✓
WLAN (gegen Gebühr)	✓
Lebensmittel	✗
Brötchen am Platz	✗
Restaurant am P.	✓
Ver-/Entsorgung Womo	✓
in den Ort	2km
Gesamt/Touristen	148/120
Mietunterkünfte	✓
Stellplätze vor Schranke	✓

4.0 SEHR GUT
222 Bewertungen

Lage	4.4
Ruhe	4.4
Sanitäranlagen	3.7
Sauberkeit Ø	4.0
Freundlichkeit	4.2
Stellplatz	4.0
Verpflegung	3.2
Freizeit	3.7
Preis-Leistung	3.7
Mietunterkünfte	4.4

Geeignet für

Kinder b. 6 J.	3.9
Kinder b. 12 J.	3.9
Kinder b. 18 J.	3.6
Paare	4.5
Senioren	4.4
Gäste mit Zelt	4.3
Gäste mit Hund	4.6

Empfohlene Aktivitäten

- Radfahren
- Entspannen
- Wandern

NS: 05.01. - 01.05. + 20.09. - 31.12.HS: 01.05. - 20.09.

Karte auf Seite 236

	5	6	7
	Campingplatz Drewoldke	**Freizeitcamp Am Wasser**	**Campingplatz Banzelvitzer Berge**
	Zittkower Weg 27 18556 Altenkirchen +49 38391 12965 54.63361 | 13.37519	Wittower Straße 1 - 2 18556 Juliusruh +493839143928 54.60947 | 13.37932	Am Berg 4 18528 Rappin / OT Groß Banzelvitz +49 3838 31248 54.51715 | 13.41152
Infos			
Öffnungszeiten	ganzjährig	01.04. - 31.10.	01.04. - 31.10.
Vergleichspreis	HS: 31,90 € | NS: 22,40 €	HS: 33,00 € | NS: 25,40 €	HS: 37,00 € | NS: 24,50 €
Link	**Mehr Infos & Anfrage:** www.camping.info/17891	**Mehr Infos & Anfrage:** www.camping.info/17894	**Mehr Infos & Anfrage:** www.camping.info/18103
Ausstattung			
Freizeit	Baden im Meer am Platz ✓ Pool/Hallenbad 10km Spielplatz am Platz ✓	Baden im Meer 100m Hallenbad 15km Spielplatz am Platz ✓	Baden im Meer am Platz ✓ Hallenbad 15km Spielplatz am Platz ✓
Campingplatz	Hunde willkommen ✓ zur Hälfte Schatten ✓ WLAN (gegen Gebühr) ✓	Hunde willkommen ✓ zur Hälfte Schatten ✓ WLAN (gegen Gebühr) teilweise	Hunde willkommen ✓ wenig Schatten ✓ WLAN (begrenzt gratis) ✓
Versorgung	Lebensmittel ✓ Brötchen am Platz ✓ Imbiss ✓ Ver-/Entsorgung Womo ✓ in den Ort 2km	Lebensmittel ✓ Brötchen am Platz ✓ Restaurant/Imbiss 1km/✓ Ver-/Entsorgung Womo ✓ in den Ort 1km	Lebensmittel ✓ Brötchen am Platz ✓ Restaurant & Imbiss ✗ Ver-/Entsorgung Womo ✓ in den Ort 3km
Anzahl der Plätze	Gesamt/Touristen 360/300 Mietunterkünfte ✓ Stellplätze vor Schranke ✗	Gesamt 400 Mietunterkünfte ✓ Stellplätze vor Schranke ✗	Gesamt/Touristen 250/180 Mietunterkünfte ✓ Stellplätze vor Schranke ✗

	5	6	7
Bewertung	4.2 SEHR GUT, 152 Bewertungen	3.7 GUT, 49 Bewertungen	3.8 GUT, 42 Bewertungen
Lage	4.5	4.3	4.0
Ruhe	4.4	4.0	4.7
Sanitäranlagen	4.6	3.7	3.5
Sauberkeit Ø	4.5	3.7	3.6
Freundlichkeit	4.3	4.2	3.9
Stellplatz	4.1	3.8	3.4
Verpflegung	3.5	3.7	3.0
Freizeit	3.7	3.7	3.8
Preis-Leistung	4.2	3.6	3.8
Mietunterkünfte	4.5	3.6	4.0
Geeignet für			
Kinder b. 6 J.	4.0	4.2	4.5
Kinder b. 12 J.	4.1	4.2	4.2
Kinder b. 18 J.	4.0	4.1	2.9
Paare	4.6	4.2	4.2
Senioren	4.4	4.0	4.0
Gäste mit Zelt	4.8	4.7	4.4
Gäste mit Hund	4.5	4.5	4.4
Empfohlene Aktivitäten	Radfahren Entspannen Schwimmen	Schwimmen Radfahren Wandern	Entspannen Angeln Wandern

8 Camping De Klomp

Vorwerk 13
18551 Sagard
038302564009
54.51473 | 13.53856

keine Angabe

HS: 20,50 € | NS: 17,50 €

Mehr Infos & Anfrage:
www.camping.info/27111

Baden im Meer	1km
Hallenbad	5km
Spielplatz	keine Angabe
Hunde willkommen	✓
wenig Schatten	✓
WLAN (gratis)	teilweise
Lebensmittel	2km
Brötchen am Platz	nur HS
Restaurant	100m
Ver-/Entsorgung Womo	✓
in den Ort	2km
Gesamt	59
Mietunterkünfte	✗
Stellplätze vor Schranke	✗

4.2 SEHR GUT – 8 Bewertungen

Lage	3.6
Ruhe	3.8
Sanitäranlagen	4.6
Sauberkeit Ø	5.0
Freundlichkeit	5.0
Stellplatz	4.3
Verpflegung	3.0
Freizeit	3.5
Preis-Leistung	4.6
Mietunterkünfte	-

Geeignet für

Kinder b. 6 J.	3.5
Kinder b. 12 J.	4.0
Kinder b. 18 J.	4.5
Paare	4.4
Senioren	4.2
Gäste mit Zelt	5.0
Gäste mit Hund	4.3

Empfohlene Aktivitäten

- Radfahren
- Entspannen
- Wandern

9 Störtebeker-Camp

Waldstraße 59A
18528 Lietzow
+49 38302 2166
54.48437 | 13.51062

01.04. - 15.10.

HS: 35,00 € | NS: 24,00 €

Mehr Infos & Anfrage:
www.camping.info/18104

Baden im See	250m
Pool/Hallenbad	20km
Spielplatz am Platz	✓
Hunde willkommen	✓
zur Hälfte Schatten	✓
WLAN (gegen Gebühr)	✓
Lebensmittel	800m
Brötchen am Platz	✓
Restaurant/Imbiss	✓/800m
Ver-/Entsorgung Womo	✗
in den Ort	200m
Touristenplätze	60
Mietunterkünfte	✓
Stellplätze vor Schranke	✗

3.6 GUT – 19 Bewertungen

Lage	3.7
Ruhe	4.2
Sanitäranlagen	3.1
Sauberkeit Ø	3.8
Freundlichkeit	3.6
Stellplatz	3.5
Verpflegung	3.2
Freizeit	2.8
Preis-Leistung	3.2
Mietunterkünfte	3.0

Geeignet für

Kinder b. 6 J.	2.7
Kinder b. 12 J.	2.7
Kinder b. 18 J.	2.7
Paare	4.2
Senioren	4.3
Gäste mit Zelt	3.5
Gäste mit Hund	4.2

Empfohlene Aktivitäten

- Wandern
- Radfahren
- Entspannen

ECO CAMPING

10 Ostseecamp Suhrendorf

Suhrendorf 4
18569 Suhrendorf
+49 38305 82234
54.46416 | 13.13777

01.04. - 30.10.

HS: 29,00 €

Mehr Infos & Anfrage:
www.camping.info/18109

Baden in nat. Gewässer	k. A.
Hallenbad	20km
Spielplatz am Platz	✓
Hunde willkommen	✓
zur Hälfte Schatten	✓
WLAN	✓
Lebensmittel	✓
Brötchen	keine Angabe
Restaurant & Imbiss	✓
Ver-/Entsorgung Womo	✓
in den Ort	4km
Gesamt/Touristen	320/240
Mietunterkünfte	✓
Stellplätze vor Schranke	✗

3.8 GUT – 79 Bewertungen

Lage	4.1
Ruhe	4.2
Sanitäranlagen	3.8
Sauberkeit Ø	4.0
Freundlichkeit	4.0
Stellplatz	3.9
Verpflegung	3.5
Freizeit	3.7
Preis-Leistung	3.7
Mietunterkünfte	4.4

Geeignet für

Kinder b. 6 J.	3.9
Kinder b. 12 J.	4.0
Kinder b. 18 J.	3.8
Paare	4.4
Senioren	4.4
Gäste mit Zelt	4.4
Gäste mit Hund	4.3

Empfohlene Aktivitäten

- Surfen
- Radfahren
- Segeln

ECO CAMPING

11 Camping Haidhof

Haidhof 2
18569 Gingst
+49 38305 344
54.44816 | 13.26153

ganzjährig

keine Angabe

Mehr Infos & Anfrage:
www.camping.info/24147

Baden in nat. Gewässer	k. A.
Pool & Hallenbad	✗
Spielplatz am Platz	✓
Hunde erlaubt	✓
Schatten	✗
WLAN	keine Angabe
Lebensmittel	500m
Brötchen am Platz	✓
Restaurant	500m
Ver-/Entsorgung Womo	✗
in den Ort	500m
Touristenplätze	15
Mietunterkünfte	✓
Stellplätze vor Schranke	✗

4.2 SEHR GUT – 8 Bewertungen

Lage	4.1
Ruhe	4.6
Sanitäranlagen	4.1
Sauberkeit Ø	4.8
Freundlichkeit	4.6
Stellplatz	4.4
Verpflegung	4.0
Freizeit	4.2
Preis-Leistung	4.8
Mietunterkünfte	4.7

Geeignet für

Kinder b. 6 J.	4.2
Kinder b. 12 J.	4.2
Kinder b. 18 J.	4.0
Paare	4.9
Senioren	4.8
Gäste mit Zelt	4.6
Gäste mit Hund	4.6

Empfohlene Aktivitäten

- Wandern
- Entspannen
- Radfahren

Karte auf Seite 236

	12	13	15
	Sund-Camp Altefähr	**Naturcampingplatz Rügen Pritzwald**	**Regenbogen Göhren**
		FKK	
	Am Kurpark 1 18573 Altefähr +49 38306 75483 54.33221 | 13.12157	Zicker 19 18574 Zicker-Rügen +49 38304 629771 54.26094 | 13.40713	Am Kleinbahnhof 18586 Göhren +49 38308 90120 54.34648 | 13.73489

Infos

	Sund-Camp Altefähr	Naturcampingplatz Rügen Pritzwald	Regenbogen Göhren
Öffnungszeiten	01.03. - 31.10.	01.04. - 31.10.	01.03. - 31.12.
Vergleichspreis	HS: 27,40 € | NS: 20,40 €	HS: 23,00 € | NS: 18,00 €	HS: 58,80 € | NS: 38,00 €
Link	**Mehr Infos & Anfrage:** www.camping.info/18110	**Mehr Infos & Anfrage:** www.camping.info/27113	**Mehr Infos & Anfrage:** www.camping.info/18113

Ausstattung

	Sund-Camp Altefähr	Naturcampingplatz Rügen Pritzwald	Regenbogen Göhren
Freizeit	Baden im Meer 300m Pool/Hallenbad 5km Spielplatz am Platz ✓	Baden im Meer am Platz ✓ Pool & Hallenbad ✗ Spielplatz am Platz ✓	Baden im Meer am Platz ✓ Pool/Hallenbad ✓/5km Spielplatz am Platz ✓
Campingplatz	Hunde willkommen ✓ Schatten ✗ WLAN ✓	Hunde erlaubt ✓ viel Schatten ✓ WLAN (gegen Gebühr) ✓	Hunde willkommen ✓ viel Schatten ✓ WLAN ✓
Versorgung	Lebensmittel ✓ Brötchen am Platz ✓ Restaurant/Imbiss 100m/✓ Ver-/Entsorgung Womo ✓ in den Ort 300m	Lebensmittel 9km Brötchen am Platz ✓ Restaurant & Imbiss ✗ Ver-/Entsorgung Womo ✓ in den Ort keine Angabe	Lebensmittel ✓ Brötchen am Platz ✓ Restaurant & Imbiss ✓ Ver-/Entsorgung Womo ✓ in den Ort 500m
Anzahl der Plätze	Touristenplätze 120 Mietunterkünfte ✗ Stellplätze vor Schranke ✗	Gesamt/Touristen 320/220 Mietunterkünfte ✗ Stellplätze vor Schranke ✗	Gesamt/Touristen 868/500 Mietunterkünfte ✓ Stellplätze vor Schranke ✗

	Sund-Camp Altefähr	Naturcampingplatz Rügen Pritzwald	Regenbogen Göhren
Gesamt	3.7 GUT, 51 Bewertungen	3.4 GUT, 8 Bewertungen	3.7 GUT, 485 Bewertungen
Lage	4.1	3.6	4.6
Ruhe	4.2	4.7	3.5
Sanitäranlagen	3.6	3.6	3.5
Sauberkeit Ø	4.2	4.2	3.6
Freundlichkeit	4.5	4.0	4.1
Stellplatz	3.5	3.1	3.7
Verpflegung	3.3	2.6	3.8
Freizeit	3.7	2.8	4.1
Preis-Leistung	4.0	4.2	2.8
Mietunterkünfte	-	-	4.0
Geeignet für			
Kinder b. 6 J.	3.7	4.0	4.3
Kinder b. 12 J.	3.9	3.6	4.5
Kinder b. 18 J.	3.7	3.2	4.1
Paare	4.2	4.2	4.2
Senioren	4.4	4.1	3.8
Gäste mit Zelt	4.1	4.2	3.5
Gäste mit Hund	4.5	4.3	3.9
Empfohlene Aktivitäten	Radfahren Entspannen Schwimmen	Radfahren Schwimmen Entspannen	Schwimmen Radfahren Wandern

Sund-Camp Altefähr: Jugendgruppen nur beschränkt zugelassen

14 Naturcampingplatz Alt Reddevitz

Alt Reddevitz 2
18586 Mönchgut/Rügen, OT Middelhagen
+49 383 086 6960
www.rügen-urlaub.de
info@xn--rgen-urlaub-thb.de

01.04. - 31.10.

HS: 32,80 € | NS: 26,50 €

Mehr Infos & Anfrage:
www.camping.info/24042

Baden in nat. Gewässer	k. A.
Pool/Hallenbad	4km
Spielplatz	800m
Hunde willkommen	✓
zur Hälfte Schatten	✓
WLAN	teilweise
Lebensmittel	k.A.
Brötchen am Platz	nur HS
Restaurant/Imbiss	800m
Ver-/Entsorgung Womo	✓
in den Ort	1km
Touristenplätze	130
Mietunterkünfte	✓
Stellplätze vor Schranke	✓

1 km

54.33758 | 13.68122

Schattenspende Eichenbäume am Naturcampingplatz.

Lage & Stellplatz

Der Campingplatz liegt inmitten des abwechslungsreichen Biosphären-Reservats auf der Halbinsel Mönchgut in Bodden-Nähe. Der Platz verfügt über 130 Rasenplätze, darunter Stromplätze, die sich Gäste auf Wunsch selbst aussuchen. Wasser- und Abwasseranschlüsse sowie ein Abwaschwagen sind vorhanden.

Verpflegung

Auf dem Naturcampingplatz erhalten Gäste morgens frische Brötchen, die wichtigsten Gebrauchsartikel, Getränke, Eis und mehr. Im Ortskern, ca. 750 m entfernt, finden sich ebenfalls mehrere Gaststätten und Cafés.

Sanitär

Das zentrale Sanitärhaus besteht aus getrennten Toiletten, zwei Waschräumen mit fünf Waschbecken und jeweils sechs kostenfreien Duschen (mit Vorhängen) sowie je drei Waschbecken. Das Gebäude ist zwar älter, jedoch voll funktionsfähig und wird von den Gästen durchweg als sauber empfunden.

Freizeit

Auf dem Campingplatz gibt es große und offene Rasenflächen, die sich ideal für Bewegungsspiele eignen. Neben dem Platz findet man einen Reiterhof und im Ort einen Spielplatz. Mit Fahrrad und Auto erreicht man zudem in wenigen Minuten viele unterschiedliche und reizvolle Ziele und Aktivitäten.

Blühende Mohnblumen am Platz.

Große Zelt- und Stellplatzwiese.

4.2 SEHR GUT
33 Bewertungen

Lage	4.3
Ruhe	4.9
Sanitäranlagen	3.2
Sauberkeit Ø	4.5
Freundlichkeit	4.8
Stellplatz	4.0
Verpflegung	3.2
Freizeit	4.1
Preis-Leistung	4.3
Mietunterkünfte	4.3

Geeignet für

4.9 Paare

4.8	Gäste mit Zelt
4.8	Gäste mit Hund
4.6	Senioren
4.3	Kinder b. 12 J.
4.2	Kinder b. 6 J.
4.0	Kinder b. 18 J.

Empfohlene Aktivitäten

Radfahren | Entspannen | Wandern | Reiten | Schwimmen

Karte auf Seite 236

16 Dat Stranddörp

Lobbe 32a
18586 Lobbe
+49 383 08 23 14
54.31585 | 13.71929

01.04. - 31.10.
HS: 36,00 € | NS: 21,50 €
Mehr Infos & online buchen:
www.camping.info/18112

Baden im Meer am Platz	✓
Hallenbad	5km
Spielplatz am Platz	✓
Hunde erlaubt	✓
Schatten	✗
WLAN (gegen Gebühr)	teilweise
Lebensmittel	✓
Brötchen am Platz	✓
Restaurant am P.	✓
Ver-/Entsorgung Womo	✓
in den Ort	100m
Gesamt/Touristen	316/248
Mietunterkünfte	✓
Stellplätze vor Schranke	✗

3.8 GUT
76 Bewertungen

Lage	4.1
Ruhe	3.2
Sanitäranlagen	3.9
Sauberkeit Ø	4.1
Freundlichkeit	4.2
Stellplatz	3.8
Verpflegung	3.1
Freizeit	3.7
Preis-Leistung	3.4
Mietunterkünfte	4.1

Geeignet für

Kinder b. 6 J.	3.7
Kinder b. 12 J.	3.8
Kinder b. 18 J.	3.6
Paare	4.3
Senioren	4.4
Gäste mit Zelt	4.2
Gäste mit Hund	4.4

Empfohlene Aktivitäten

- Radfahren
- Schwimmen
- Entspannen

17 Surfoase Mönchgut Campingplatz auf Rügen

FKK

Dörpstraat 2
18586 Klein-Zicker
+49 383 083 0125
54.27778 | 13.70167

01.04. - 31.10.
HS: 31,40 € | NS: 24,40 €
Mehr Infos & Anfrage:
www.camping.info/22325

Baden in nat. Gewässer	k. A.
Pool/Hallenbad	11km
Spielplatz am Platz	✓
Hunde willkommen	✓
kein Schatten	✓
WLAN	✓
Lebensmittel	1km
Brötchen am Platz	✓
Restaurant/Imbiss	500m
Ver-/Entsorgung Womo	✓
in den Ort	500m
Touristenplätze	60
Mietunterkünfte	✓
Stellplätze vor Schranke	✗

4.2 SEHR GUT
5 Bewertungen

Lage	5.0
Ruhe	4.2
Sanitäranlagen	4.2
Sauberkeit Ø	4.7
Freundlichkeit	4.7
Stellplatz	4.2
Verpflegung	4.4
Freizeit	4.4
Preis-Leistung	3.8
Mietunterkünfte	-

Geeignet für

Kinder b. 6 J.	5.0
Kinder b. 12 J.	5.0
Kinder b. 18 J.	4.3
Paare	4.6
Senioren	4.2
Gäste mit Zelt	5.0
Gäste mit Hund	5.0

Empfohlene Aktivitäten

- Radfahren
- Segeln
- Surfen

18 Campingplatz Thiessow

Hauptstraße 4
18586 Mönchgut, OT Thiessow
+49 38308 669585
54.28021 | 13.714

01.04. - 31.10.
HS: 32,00 € | NS: 26,50 €
Mehr Infos & online buchen:
www.camping.info/18114

Baden im Meer	200m
Hallenbad	10km
Spielplatz am Platz	✓
Hunde willkommen	✓
zur Hälfte Schatten	✓
WLAN	✓
Lebensmittel	✓
Brötchen am Platz	✓
Restaurant & Imbiss	✓
Ver-/Entsorgung Womo	✓
in den Ort	500m
Touristenplätze	315
Mietunterkünfte	✗
Stellplätze vor Schranke	✗

4.0 SEHR GUT
46 Bewertungen

Lage	4.4
Ruhe	3.9
Sanitäranlagen	3.9
Sauberkeit Ø	4.2
Freundlichkeit	4.4
Stellplatz	4.0
Verpflegung	3.2
Freizeit	3.6
Preis-Leistung	3.7
Mietunterkünfte	-

Geeignet für

Kinder b. 6 J.	4.0
Kinder b. 12 J.	4.0
Kinder b. 18 J.	3.4
Paare	4.4
Senioren	4.5
Gäste mit Zelt	4.3
Gäste mit Hund	4.3

Empfohlene Aktivitäten

- Radfahren
- Schwimmen
- Entspannen

Infos

Öffnungszeiten
Vergleichspreis
Link

Ausstattung

Freizeit
Campingplatz
Versorgung
Anzahl der Plätze

MECKLENBURG-VORPOMMERN

❸ Usedom

	Platz	Seite	Bewertung	Öffnungszeiten	
1	Campingplatz Stahlbrode	247	3.8	saisonal	
2	Camping an der Dänischen Wiek	247	4.7	k. A.	
3	Campingplatz Loissin	247	3.7	saisonal	
4	Waldcamp Freest	249	4.1	saisonal	
5	Dünencamp Karlshagen	249	4.1	ganzjährig	✱
6	Campingplatz Ostseeblick	249	4.0	saisonal	Ecocamping, Onlinebuchung
7	Camping Pommernland GmbH	246	4.2	ganzjährig	✱
8	Camping Am Dünengelände GmbH	251	3.6	ganzjährig	✱
9	Campingplatz Am Sandfeld	251	4.6	saisonal	
10	Campingplatz Stubbenfelde - Camping Park Resort	251	4.5	saisonal	
11	Natur Camping Usedom	253	4.3	saisonal	Ecocamping, Onlinebuchung
12	Naturcamping Lassan	250	4.4	saisonal	Onlinebuchung
13	Naturcampingplatz „Am Strand" Ückeritz - Usedom	252	3.2	saisonal	
14	Nandalee Camping	253	4.1	saisonal	
15	Mobilcamp Heringsdorf	253	4.1	saisonal	

7 Camping Pommernland GmbH

Dr.-Wachsmann-Str. 40
17454 Zinnowitz
+49 383 774 0348
www.camping-zinnowitz.de
camping-pommernland@m-vp.de

ganzjährig

HS: 44,00 € | NS: 30,50 €

Mehr Infos & Anfrage:
www.camping.info/18080

Baden im Meer	250m
Hallenbad	300m
Spielplatz am Platz	✓
Hunde willkommen	✓
zur Hälfte Schatten	✓
WLAN (gegen Gebühr)	✓
Lebensmittel	✓
Brötchen am Platz	✓
Restaurant & Imbiss	✓
Ver-/Entsorgung Womo im Ort	✓
Gesamt/Touristen	400/320
Mietunterkünfte	✓
Stellplätze vor Schranke	✗

54.08222 | 13.89944

Camping im lichten Kiefernwald.

Lage & Stellplatz

Der Campingplatz Pommernland liegt landschaftlich reizvoll am westlichen Ortsrand des Ostseebades Zinnowitz und erstreckt sich über eine Fläche von 7,5 ha. Das Gelände ist naturbelassen und unparzelliert. Der Strand, der für seinen besonders feinen Sand bekannt ist, befindet sich nur 250 m entfernt.

Verpflegung

Die platzeigene Gaststätte bietet Speisen nach gutbürgerlicher Art mit wechselnden Tagesgerichten. Im Imbiss gibt es in der Hauptsaison kleine Leckereien, ein Shop sorgt täglich für frische Brötchen und Lebensmittel. In der Hauptsaison wird Leckeres vom Grill und selbst geräucherter Fisch angeboten.

Sanitär

Den Gästen des Familiencampingplatzes Pommernland stehen drei moderne Waschhäuser und zwei Kinderwaschhäuser zur Verfügung. Darüber hinaus ist eine barrierefreie Sanitäreinrichtung vorhanden. Waschmaschinenräume und Kocheinrichtungen können ebenfalls genutzt werden.

Freizeit

Die beiden attraktiven Abenteuerspielplätze sorgen für Freude bei den kleinen Campinggästen. In der Hauptsaison werden neben einem Animationsprogramm auch Tanzveranstaltungen und Grillfeste angeboten. Zusätzlich sind diverse Freizeitaktivitäten in der näheren Umgebung möglich.

Gaststätte mit Biergarten.

Mietwohnwagen verfügbar.

4.2 SEHR GUT
106 Bewertungen

Lage	4.5
Ruhe	4.0
Sanitäranlagen	4.2
Sauberkeit Ø	4.2
Freundlichkeit	4.2
Stellplatz	4.0
Verpflegung	4.2
Freizeit	4.2
Preis-Leistung	3.7
Mietunterkünfte	4.6

Geeignet für

Kinder b. 6 J.	4.4
Kinder b. 12 J.	4.4
Paare	4.4
Senioren	4.3
Gäste mit Zelt	4.3
Kinder b. 18 J.	4.2
Gäste mit Hund	4.1

Empfohlene Aktivitäten

Schwimmen · Radfahren · Entspannen · Wandern · Surfen

Reservierungen in der Hauptsaison (Juni-August) sind notwendig.

Karte auf Seite 244

1 Campingplatz Stahlbrode

Küstenweg 8
18519 Sundhagen
+49 38328 489908
54.23549 | 13.2833

18.04. - 30.10.
HS: 20,00 € | NS: 20,00 €
Mehr Infos & Anfrage:
www.camping.info/23910

Baden im See am Platz	✓
Pool/Hallenbad	25km
Spielplatz	keine Angabe
Hunde erlaubt	✓
Schatten	✗
WLAN	✗
Lebensmittel	4km
Brötchen	keine Angabe
Restaurant & Imbiss	✗
Ver-/Entsorgung Womo	✓
in den Ort	500m
Touristenplätze	20
Mietunterkünfte	✗
Stellplätze vor Schranke	✗

3.8 GUT
26 Bewertungen

Lage	4.4
Ruhe	4.5
Sanitäranlagen	3.5
Sauberkeit Ø	4.2
Freundlichkeit	4.0
Stellplatz	3.6
Verpflegung	2.7
Freizeit	3.7
Preis-Leistung	3.8
Mietunterkünfte	-

Geeignet für

Kinder b. 6 J.	3.5
Kinder b. 12 J.	3.5
Kinder b. 18 J.	3.4
Paare	4.1
Senioren	4.3
Gäste mit Zelt	4.4
Gäste mit Hund	4.4

Empfohlene Aktivitäten
- Radfahren
- Segeln
- Entspannen

2 Camping an der Dänischen Wiek

Wolgaster Landstraße 47
17493 Greifswald / Eldena
+49 3834 5355280
54.08843 | 13.45945

keine Angabe
keine Angabe
Mehr Infos & Anfrage:
www.camping.info/26116

Baden im Meer am Platz	✓
Pool/Hallenbad	3km
Spielplatz am Platz	✓
Hunde willkommen	✓
zur Hälfte Schatten	✓
WLAN	✓
Lebensmittel	400m
Brötchen am Platz	✗
Restaurant/Imbiss	500m
Ver-/Entsorgung Womo	✓
im Ort	✓
Gesamt/Touristen	100/90
Mietunterkünfte	✗
Stellplätze vor Schranke	✗

4.7 SEHR GUT
36 Bewertungen

Lage	4.6
Ruhe	4.3
Sanitäranlagen	4.5
Sauberkeit Ø	4.9
Freundlichkeit	4.9
Stellplatz	4.5
Verpflegung	3.2
Freizeit	4.2
Preis-Leistung	4.5
Mietunterkünfte	-

Geeignet für

Kinder b. 6 J.	4.4
Kinder b. 12 J.	4.2
Kinder b. 18 J.	4.3
Paare	4.7
Senioren	4.6
Gäste mit Zelt	4.8
Gäste mit Hund	4.7

Empfohlene Aktivitäten
- Radfahren
- Schwimmen
- Entspannen

3 Campingplatz Loissin

Am Strandweg 1
17509 Loissin
+49 38352 243
54.12739 | 13.52117

21.03. - 31.10.
HS: 24,00 € | NS: 16,50 €
Mehr Infos & Anfrage:
www.camping.info/18085

Baden im Meer am Platz	✓
Hallenbad	15km
Spielplatz am Platz	✓
Hunde willkommen	✓
wenig Schatten	✓
WLAN (gegen Gebühr)	✓
Lebensmittel	✓
Brötchen am Platz	✓
Restaurant & Imbiss	✓
Ver-/Entsorgung Womo	✓
in den Ort	1km
Gesamt/Touristen	320/220
Mietunterkünfte	✓
Stellplätze vor Schranke	✗

3.7 GUT
102 Bewertungen

Lage	3.7
Ruhe	3.9
Sanitäranlagen	3.6
Sauberkeit Ø	3.9
Freundlichkeit	4.2
Stellplatz	3.9
Verpflegung	3.6
Freizeit	3.5
Preis-Leistung	4.1
Mietunterkünfte	3.7

Geeignet für

Kinder b. 6 J.	4.2
Kinder b. 12 J.	4.1
Kinder b. 18 J.	3.4
Paare	4.1
Senioren	4.1
Gäste mit Zelt	4.4
Gäste mit Hund	4.5

Empfohlene Aktivitäten
- Surfen
- Radfahren
- Entspannen

Infos

Öffnungszeiten
Vergleichspreis
Link

Ausstattung

Freizeit
Campingplatz
Versorgung
Anzahl der Plätze

Karte auf Seite 244

4 Waldcamp Freest

Dorfstraße 74
17440 Freest bei Kröslin
+49 38370 20538
54.14 | 13.71722

01.04. - 31.10.
HS: 23,20 € | NS: 18,20 €
Mehr Infos & Anfrage:
www.camping.info/18077

Baden im Meer	200m
Pool/Hallenbad	25km
Spielplatz am Platz	✓
Hunde willkommen	✓
kein Schatten	✓
WLAN	teilweise
Lebensmittel	300m
Brötchen am Platz	✓
Restaurant/Imbiss	300/400m
Ver-/Entsorgung Womo	✓
in den Ort	300m
Gesamt/Touristen	100/80
Mietunterkünfte	✓
Stellplätze vor Schranke	✗

4.1 SEHR GUT
35 Bewertungen

Lage	4.1
Ruhe	4.7
Sanitäranlagen	3.8
Sauberkeit Ø	4.5
Freundlichkeit	4.8
Stellplatz	4.2
Verpflegung	3.5
Freizeit	3.7
Preis-Leistung	4.2
Mietunterkünfte	4.5

Geeignet für

Kinder b. 6 J.	4.6
Kinder b. 12 J.	4.4
Kinder b. 18 J.	3.7
Paare	4.6
Senioren	4.6
Gäste mit Zelt	4.6
Gäste mit Hund	4.6

Empfohlene Aktivitäten
- Wandern
- Radfahren
- Entspannen

5 Dünencamp Karlshagen

Zeltplatzstraße 11
17449 Karlshagen
+49 38371 20291
54.11703 | 13.84568

ganzjährig
HS: 42,00 € | NS: 37,00 €
Mehr Infos & Anfrage:
www.camping.info/17892

Baden im Meer am Platz	✓
Hallenbad	6km
Spielplatz am Platz	✓
Hunde willkommen	✓
zur Hälfte Schatten	✓
WLAN	✓
Lebensmittel	✓
Brötchen am Platz	nur HS
Restaurant/Imbiss	500m/✓
Ver-/Entsorgung Womo	✓
in den Ort	500m
Gesamt/Touristen	340/265
Mietunterkünfte	✗
Stellplätze vor Schranke	✗

4.1 SEHR GUT
85 Bewertungen

Lage	4.8
Ruhe	4.2
Sanitäranlagen	4.3
Sauberkeit Ø	4.5
Freundlichkeit	4.0
Stellplatz	3.7
Verpflegung	3.0
Freizeit	3.9
Preis-Leistung	3.8
Mietunterkünfte	-

Geeignet für

Kinder b. 6 J.	4.3
Kinder b. 12 J.	4.3
Kinder b. 18 J.	4.0
Paare	4.4
Senioren	4.3
Gäste mit Zelt	4.2
Gäste mit Hund	4.1

Empfohlene Aktivitäten
- Schwimmen
- Radfahren
- Entspannen

6 Campingplatz Ostseeblick

Zeltplatzstraße 20
17449 Trassenheide
+49 38371 20949
54.09012 | 13.88569

01.04. - 31.10.
HS: 34,50 € | NS: 29,50 €
Mehr Infos & online buchen:
www.camping.info/17889

Baden im Meer am Platz	✓
Hallenbad	2km
Spielplatz am Platz	✓
Hunde willkommen	✓
Schatten	✗
WLAN	✗
Lebensmittel	✓
Brötchen am Platz	✓
Restaurant/Imbiss	200m/✓
Ver-/Entsorgung Womo	✓
in den Ort	2km
Gesamt/Touristen	320/300
Mietunterkünfte	✗
Stellplätze vor Schranke	✗

4.0 SEHR GUT
46 Bewertungen

Lage	4.7
Ruhe	4.2
Sanitäranlagen	3.8
Sauberkeit Ø	3.9
Freundlichkeit	4.5
Stellplatz	4.0
Verpflegung	3.4
Freizeit	3.7
Preis-Leistung	3.7
Mietunterkünfte	-

Geeignet für

Kinder b. 6 J.	4.4
Kinder b. 12 J.	4.6
Kinder b. 18 J.	4.1
Paare	4.4
Senioren	4.3
Gäste mit Zelt	4.4
Gäste mit Hund	4.5

Empfohlene Aktivitäten
- Radfahren
- Schwimmen
- Wandern

Infos
Öffnungszeiten
Vergleichspreis
Link

Ausstattung
Freizeit
Campingplatz
Versorgung
Anzahl der Plätze

12 Naturcamping Lassan

Garthof 5
17440 Lassan
+49 38374 559951
www.campingplatz-lassan.de
info@campingplatz-lassan.de

01.04. - 31.10.

HS: 31,00 € | NS: 26,50 €

Mehr Infos & online buchen:
www.camping.info/18079

Baden im Fluss	200m
Pool/Hallenbad	25km
Spielplatz am Platz	✓
Hunde willkommen	✓
zur Hälfte Schatten	✓
WLAN (begrenzt gratis)	✓
Lebensmittel	500m
Brötchen am Platz	✓
Restaurant & Imbiss	✓
Ver-/Entsorgung Womo	✓
in den Ort	500m
Gesamt/Touristen	70/60
Mietunterkünfte	✓
Stellplätze vor Schranke	✓

53.94697 | 13.85718

Sonnenterrasse und Stellplätze mit Blick auf den Peenestrom.

Lage & Stellplatz

Naturcamping Lassan liegt direkt am Peenestrom / Achterwasser, gegenüber der Insel Usedom. Die Lage am Wasser ist ideal für Familien und Wassersportler. Naturbelassene und unparzellierte Stellplätze, Strom und Wasser ist überall vorhanden. Natürlicher Bewuchs sorgt für sonnige und schattige Plätze.

Verpflegung

Die platzeigene Gaststätte „Camper-Treff" bietet bodenständige Küche, Snacks, hausgemachte Kuchen sowie wechselnde Sommerangebote (z. B. Fischräuchern, Pizza). Brötchenservice und ein kleines Verpflegungsangebot findet man im Shop. Weitere Einkaufsmöglichkeiten sind fußläufig im Ort erreichbar.

Sanitär

Die Sanitäranlagen wurden 2017 komplett neu gestaltet. Spülküche und Waschmaschinenraum sind ebenfalls frisch renoviert. Zwei Mietbäder können als Privatbad dazu gemietet werden, auch für Rollstuhlfahrer nutzbar. Besonderes Highlight ist die Fass-Sauna im neu gestaltetem Saunabereich.

Freizeit

Der Platz ist ideal für Wassersportler und Kanu-Fans. Die Badestelle ist 500 m entfernt, aber auch die Ostseestrände sind schnell zu erreichen. Sehr gute Ausgangslage für Ausflüge nach Greifswald, Stralsund oder Polen. Der Lassaner Winkel hat eine besondere Atmosphäre. Es gibt viel zu entdecken!

Schlaffässer und Mietwohnwagen.

Erholung beim Stand-up Paddeln.

4.4 SEHR GUT
106 Bewertungen

Lage	4.4
Ruhe	4.7
Sanitäranlagen	3.9
Sauberkeit Ø	4.2
Freundlichkeit	4.6
Stellplatz	4.3
Verpflegung	4.3
Freizeit	4.3
Preis-Leistung	4.3
Mietunterkünfte	4.4

Geeignet für

Gäste mit Zelt	4.8
Paare	4.7
Gäste mit Hund	4.7
Senioren	4.5
Kinder b. 6 J.	4.2
Kinder b. 12 J.	4.2
Kinder b. 18 J.	3.8

Empfohlene Aktivitäten

Kayak/Kanu · Entspannen · Wandern · Angeln · Radfahren

Der Platz ist sehr ruhig, daher ungeeignet für feierfreudige Gruppen.

8 Camping Am Dünengelände GmbH

*

Campingweg 1
17459 Zempin
+49 38377 41363

54.07196 | 13.93896

9 Campingplatz Am Sandfeld

Am Sandfeld 5
17459 Koserow
+49 38375 20759

54.04677 | 14.01191

10 Campingplatz Stubbenfelde - Camping Park Resort

Waldstraße 12
17459 Seebad Stubbenfelde
+49 38375 20606

54.03307 | 14.04032

Karte auf Seite 244

Infos

Infos	Camping Am Dünengelände GmbH	Campingplatz Am Sandfeld	Campingplatz Stubbenfelde - Camping Park Resort
Öffnungszeiten	ganzjährig	01.04. - 16.10.	29.03. - 03.11.
Vergleichspreis	HS: 39,50 € | NS: 29,00 €	HS: 32,50 € | NS: 26,50 €	HS: 39,00 € | NS: 27,50 €
Link	**Mehr Infos & Anfrage:** www.camping.info/18081	**Mehr Infos & Anfrage:** www.camping.info/18082	**Mehr Infos & Anfrage:** www.camping.info/26565

Ausstattung

Ausstattung	Camping Am Dünengelände GmbH	Campingplatz Am Sandfeld	Campingplatz Stubbenfelde - Camping Park Resort
Freizeit	Baden im Meer am Platz ✓	Baden im Meer 700m	Baden in nat. Gewässer k. A.
	Pool/Hallenbad 2km	Hallenbad 300m	Pool & Hallenbad ✗
	Spielplatz am Platz ✓	Spielplatz am Platz ✓	Spielplatz keine Angabe
Campingplatz	Hunde erlaubt ✓	Hunde willkommen ✓	Hunde willkommen ✓
	Schatten ✗	wenig Schatten ✓	zur Hälfte Schatten ✓
	WLAN ✗	WLAN (gegen Gebühr) ✓	WLAN keine Angabe
Versorgung	Lebensmittel ✓	Lebensmittel 400m	Lebensmittel k.A.
	Brötchen am Platz ✓	Brötchen am Platz ✓	Brötchen keine Angabe
	Restaurant & Imbiss ✓	Restaurant/Imbiss 100/500m	Restaurant & Imbiss ✗
	Ver-/Entsorgung Womo ✓	Ver-/Entsorgung Womo ✓	Ver-/Entsorgung Womo ✗
	in den Ort 1km	in den Ort 500m	in den Ort 800m
Anzahl der Plätze	Gesamt/Touristen 500/350	Gesamt/Touristen 170/150	Gesamt/Touristen 300/290
	Mietunterkünfte ✓	Mietunterkünfte ✓	Mietunterkünfte ✗
	Stellplätze vor Schranke ✓	Stellplätze vor Schranke ✗	Stellplätze vor Schranke ✗

Bewertungen

	Camping Am Dünengelände GmbH	Campingplatz Am Sandfeld	Campingplatz Stubbenfelde - Camping Park Resort
Gesamt	3.6 GUT, 63 Bewertungen	4.6 SEHR GUT, 99 Bewertungen	4.5 SEHR GUT, 10 Bewertungen
Lage	4.6	4.3	5.0
Ruhe	3.9	4.8	4.8
Sanitäranlagen	3.4	4.3	4.2
Sauberkeit Ø	3.9	4.7	4.4
Freundlichkeit	4.2	4.9	4.7
Stellplatz	3.5	4.4	4.5
Verpflegung	3.0	4.0	4.4
Freizeit	3.5	4.2	4.5
Preis-Leistung	3.0	4.6	4.3
Mietunterkünfte	4.0	4.4	-
Geeignet für			
Kinder b. 6 J.	4.1	4.2	4.6
Kinder b. 12 J.	4.2	4.2	4.8
Kinder b. 18 J.	3.9	3.8	4.1
Paare	4.5	4.7	4.9
Senioren	4.2	4.6	4.9
Gäste mit Zelt	4.3	4.7	4.7
Gäste mit Hund	4.4	4.5	4.2
Empfohlene Aktivitäten	Schwimmen, Radfahren, Wandern	Radfahren, Entspannen, Schwimmen	Schwimmen, Radfahren, Entspannen

13 Naturcampingplatz „Am Strand“ Ückeritz - Usedom

Auf dem Campingplatz 1
17459 Ückeritz
+49 38375 20923
www.campingplatz-ueckeritz.de
camping.rezeption@ueckeritz.de

01.04. - 31.10.

HS: 37,00 € | NS: 29,00 €

Mehr Infos & Anfrage:
www.camping.info/18084

Baden im Meer am Platz	✓
Pool & Hallenbad	✗
Spielplatz am Platz	✓
Hunde erlaubt	✓
zur Hälfte Schatten	✓
WLAN (gratis)	teilweise
Lebensmittel	✓
Brötchen am Platz	nur HS
Restaurant & Imbiss	✓
Ver-/Entsorgung Womo	✓
in den Ort	1km
Gesamt/Touristen	700/600
Mietunterkünfte	✓
Stellplätze vor Schranke	✗

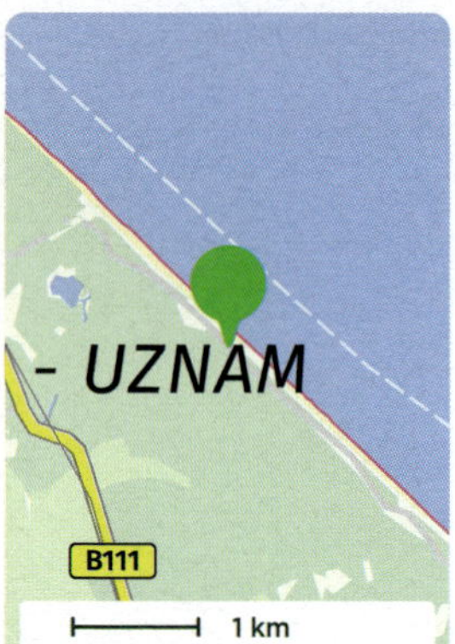

54.00744 | 14.08564

Die Rezeption des Naturcampingplatzes „Am Strand“.

Lage & Stellplatz

Der Naturcampingplatz „Am Strand“ im Ostseebad Ückeritz ist einer der größten und landschaftlich schönsten Plätze auf der Insel Usedom. Er erstreckt sich 4,5 km entlang der Ostseeküste unmittelbar hinter dem Küstenschutzwald. Der Platz umfasst insgesamt ca. 700 Stellflächen, teilweise parzelliert.

Sanitär

Der Naturcampingplatz „Am Strand“ verfügt über mehrere sanitäre Einrichtungen. Darüber hinaus stehen Waschmaschinen und Wäschetrockner in separaten Waschräumen bereit. In allen Sanitäranlagen sind Abwaschmöglichkeiten vorhanden, teilweise auch Kochstellen.

Verpflegung

Brötchenservice, zwei Frischemärkte und unterschiedlichste gastronomische Einrichtungen finden die Gäste direkt in den einzelnen Abschnitten auf dem Campingplatz. Des Weiteren erhält man auf der Promenade alles, was das Herz begehrt – vom Fischbrötchen über frisches Obst bis hin zu Pizza.

Freizeit

Der feine, weiße Ostseestrand steht bei Familien hoch im Kurs. Auch für Anhänger des FKK-Badens und für Gäste mit Hund sind am Strand gesonderte Abschnitte vorhanden. Wassersportler finden am Achterwasser in ca. 2 km Entfernung ideale Voraussetzungen zum Surfen, Kiten und Segeln vor.

Die Caravan-Stellplätze.

Strandzugänge in ca. 50 m.

3.2 GUT
88 Bewertungen

Lage	4.6
Ruhe	3.0
Sanitäranlagen	2.9
Sauberkeit Ø	2.9
Freundlichkeit	3.6
Stellplatz	3.1
Verpflegung	3.7
Freizeit	3.6
Preis-Leistung	3.1
Mietunterkünfte	2.7

Geeignet für

3.8 Paare

3.6	Gäste mit Hund
3.4	Kinder b. 12 J.
3.3	Senioren
3.5	Kinder b. 18 J.
3.4	Gäste mit Zelt
3.1	Kinder b. 6 J.

Empfohlene Aktivitäten

Schwimmen · Radfahren · Wandern · Entspannen · Party

In der Vor- & Nachsaison werden nicht alle Bereiche geöffnet.

Karte auf Seite 244

11 Natur Camping Usedom

Zeltplatzstraße 20
17440 Lütow
+49 38377 40581
54.0109 | 13.85835

15.04. - 15.10.
HS: 27,20 € | NS: 23,10 €
Mehr Infos & online buchen:
www.camping.info/18078

Baden im Meer am Platz	✓
Hallenbad	2km
Spielplatz am Platz	✓
Hunde willkommen	✓
zur Hälfte Schatten	✓
WLAN	keine Angabe
Lebensmittel	✓
Brötchen am Platz	✓
Restaurant & Imbiss	✓
Ver-/Entsorgung Womo	✓
in den Ort	2km
Gesamt/Touristen	450/350
Mietunterkünfte	✓
Stellplätze vor Schranke	×

4.3 SEHR GUT
225 Bewertungen

Lage	4.1
Ruhe	4.0
Sanitäranlagen	3.7
Sauberkeit Ø	3.5
Freundlichkeit	4.6
Stellplatz	4.2
Verpflegung	4.2
Freizeit	4.0
Preis-Leistung	4.1
Mietunterkünfte	4.2

Geeignet für

Kinder b. 6 J.	4.3
Kinder b. 12 J.	4.5
Kinder b. 18 J.	4.1
Paare	4.5
Senioren	3.9
Gäste mit Zelt	4.6
Gäste mit Hund	4.6

Empfohlene Aktivitäten

- Wandern
- Radfahren
- Entspannen

14 Nandalee Camping

Sellin 17a
17429 Seebad Bansin OT Sellin
+49 152 33 88 32 26
53.95788 | 14.09181

01.05. - 03.10.
HS: 28,80 € | NS: 25,80 €
Mehr Infos & Anfrage:
www.camping.info/26208

Baden im See am Platz	✓
Pool & Hallenbad	×
Spielplatz	×
Hunde erlaubt	✓
Schatten	×
WLAN	×
Lebensmittel	✓
Brötchen am Platz	✓
Restaurant am P.	✓
Ver-/Entsorgung Womo	✓
in den Ort	4km
Gesamt/Touristen	70/45
Mietunterkünfte	✓
Stellplätze vor Schranke	×

4.1 SEHR GUT
15 Bewertungen

Lage	4.5
Ruhe	4.9
Sanitäranlagen	3.5
Sauberkeit Ø	4.2
Freundlichkeit	4.4
Stellplatz	4.0
Verpflegung	3.5
Freizeit	3.6
Preis-Leistung	3.7
Mietunterkünfte	4.8

Geeignet für

Kinder b. 6 J.	3.5
Kinder b. 12 J.	3.9
Kinder b. 18 J.	3.5
Paare	4.4
Senioren	4.1
Gäste mit Zelt	4.5
Gäste mit Hund	4.6

Empfohlene Aktivitäten

- Radfahren
- Entspannen
- Wandern

15 Mobilcamp Heringsdorf

Triftstr. 10a
17424 Heringsdorf
+49 38378 49 80 73
53.96193 | 14.15223

01.04. - 31.10.
HS: 29,70 € | NS: 22,00 €
Mehr Infos & Anfrage:
www.camping.info/22326

Baden in nat. Gewässer	k. A.
Pool & Hallenbad	×
Spielplatz am Platz	✓
Hunde willkommen	✓
Schatten	×
WLAN	✓
Lebensmittel	300m
Brötchen am Platz	✓
Restaurant/Imbiss	500m
Ver-/Entsorgung Womo	✓
in den Ort	500m
Touristenplätze	71
Mietunterkünfte	✓
Stellplätze vor Schranke	×

4.1 SEHR GUT
67 Bewertungen

Lage	4.4
Ruhe	4.3
Sanitäranlagen	4.1
Sauberkeit Ø	4.4
Freundlichkeit	3.9
Stellplatz	4.1
Verpflegung	3.2
Freizeit	4.1
Preis-Leistung	3.6
Mietunterkünfte	4.0

Geeignet für

Kinder b. 6 J.	3.1
Kinder b. 12 J.	3.2
Kinder b. 18 J.	3.2
Paare	4.5
Senioren	4.6
Gäste mit Zelt	2.6
Gäste mit Hund	3.9

Empfohlene Aktivitäten

- Radfahren
- Entspannen
- Schwimmen

Infos

Öffnungszeiten
Vergleichspreis
Link

Ausstattung

Freizeit
Campingplatz
Versorgung
Anzahl der Plätze

MECKLENBURG-VORPOMMERN

❹ Seenplatte

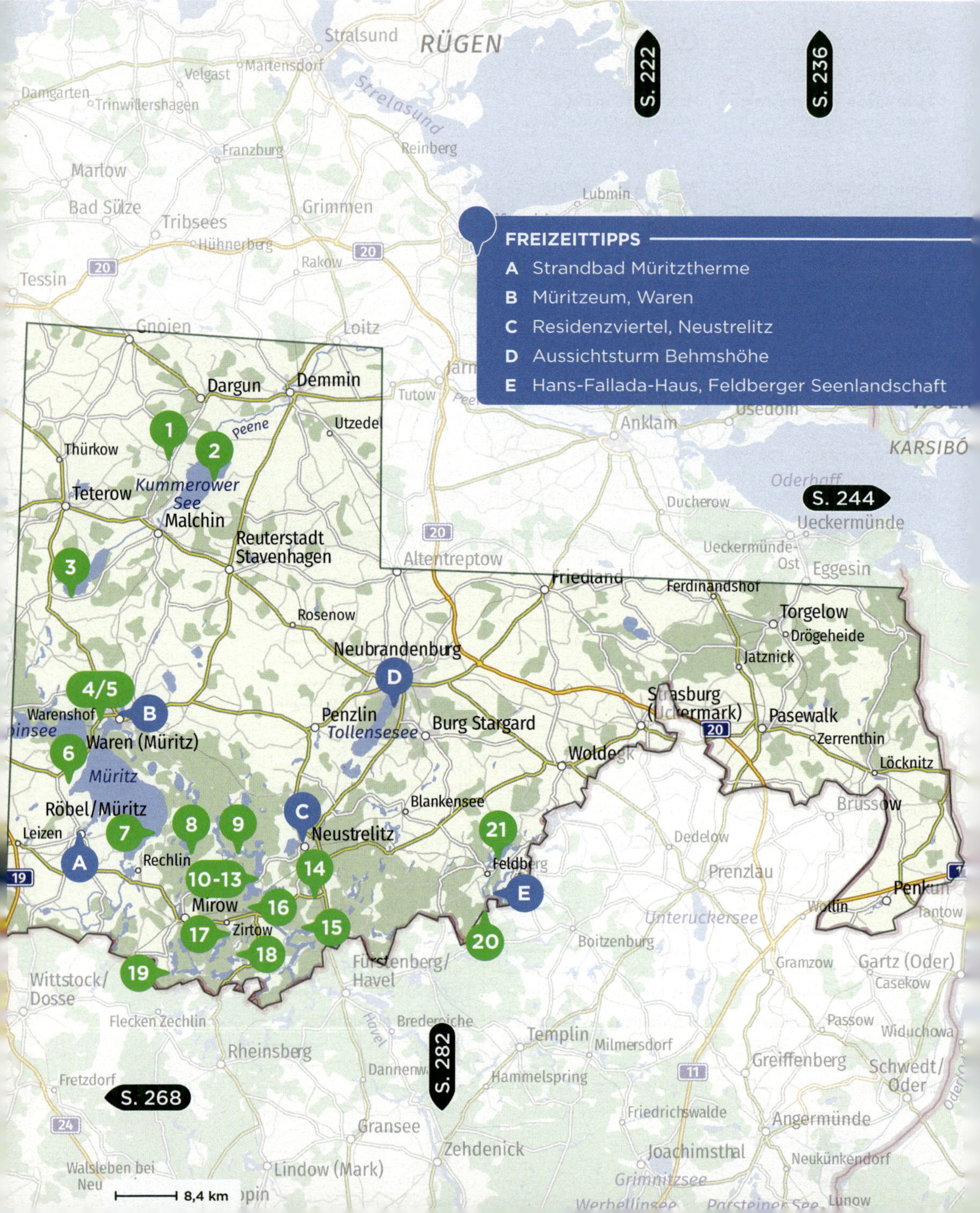

FREIZEITTIPPS

- **A** Strandbad Müritztherme
- **B** Müritzeum, Waren
- **C** Residenzviertel, Neustrelitz
- **D** Aussichtsturm Behmshöhe
- **E** Hans-Fallada-Haus, Feldberger Seenlandschaft

	Platz	Seite	Bewertung	Öffnungszeiten	
1	Peenecamp Neukalen, Meckl. Seenplatte & Schweiz	257	4.6	ganzjährig	Wintercamping, Onlinebuchung
2	Camping- und Wohnmobilpark Sommersdorf	257	4.4	ganzjährig	Wintercamping, Ecocamping, Onlinebuchung
3	CampingParadies Dahmen	257	4.5	saisonal	
4	Camping- und Wohnmobilpark Kamerun	259	3.8	ganzjährig	Wintercamping
5	CampingPlatz Ecktannen	259	4.6	ganzjährig	Wintercamping, Onlinebuchung, Award
6	Camping Sietower Bucht	259	4.4	saisonal	
7	Campingplatz "Bolter Ufer" C15	263	3.9	saisonal	
8	Campingplatz am Leppinsee	263	4.1	saisonal	Ecocamping, Onlinebuchung
9	NaturCampingplatz Zum Hexenwäldchen	263	3.9	saisonal	
10	Camping am Useriner See	256	4.1	saisonal	FKK, Ecocamping, Onlinebuchung
11	Campingplatz Zwenzower Ufer	258	3.9	saisonal	Ecocamping
12	"Camping und mehr" Useriner Mühle	265	4.5	saisonal	Wintercamping
13	Camping- und Ferienpark Havelberge	260	4.4	ganzjährig	Wintercamping, Ecocamping
14	Camping Am Kluger See	265	4.8	saisonal	
15	Campingplatz am Drewensee	262	4.0	saisonal	Ecocamping, Onlinebuchung
16	Campingpark am Weißen See	264	4.1	saisonal	Ecocamping, Onlinebuchung
17	FKK Campingplatz am Rätzsee	265	3.9	saisonal	FKK, Ecocamping
18	Campingplatz am Gobenowsee	267	4.4	saisonal	
19	Waldcamping Zethner See	267	4.7	ganzjährig	Wintercamping
20	Camping am Dreetzsee	266	4.8	saisonal	Ecocamping
21	Camping am Bauernhof	267	4.6	ganzjährig	Wintercamping, Ecocamping

10 Camping am Useriner See

FKK

17237 Zwenzow bei Userin
+49 398 124 790
www.haveltourist.de
info@haveltourist.de

27.03. - 31.10.

HS: 32,20 € | NS: 17,70 €

Mehr Infos & online buchen:
www.camping.info/18060

Baden im See am Platz	✓
Pool/Hallenbad	5/2km
Spielplatz am Platz	✓
Hunde willkommen	✓
zur Hälfte Schatten	✓
WLAN (gegen Gebühr)	teilweise
Lebensmittel	✓
Brötchen am Platz	✓
Restaurant	1km
Ver-/Entsorgung Womo	✗
in den Ort	2km
Gesamt/Touristen	220/140
Mietunterkünfte	✓
Stellplätze vor Schranke	✓

53.33061 | 12.95556

Stellplätze mitten in der Natur.

Lage & Stellplatz

Inmitten des Müritz-Nationalparks liegt der Textil- und FKK-Campingplatz am Useriner See und lädt dazu ein, die absolute Freiheit zu erfahren. Nördlich beginnt eine der schönsten Wasserwanderrouten durch den Nationalpark. Die wunderbare Lage im Wald macht den Platz zum Geheimtipp für Naturliebhaber.

Verpflegung

Direkt auf dem Campingplatz befindet sich ein Minimarkt, der ebenfalls kleine Speisen anbietet. In der näheren Umgebung – im 5 km entfernten Userin – befinden sich zudem zahlreiche Gaststätten und Einkaufsmöglichkeiten.

Sanitär

Das moderne und gepflegte Sanitärgebäude ist mit Toiletten, Einzelwaschkabinen, Duschkabinen und einem barrierefreien Bereich ausgestattet. Auf Sauberkeit wird großer Wert gelegt. Des Weiteren stehen den Gästen Waschmaschinen und Wäschetrockner zur Verfügung.

Freizeit

Der Textil- und FKK-Campingplatz lädt zu einem ungezwungenen Urlaub ein. Auf dem separaten FKK-Teil des Platzes treffen sich Gleichgesinnte bereits seit Jahren. Für die kleinen Baumeister befindet sich ein geschützter Kinderspielplatz mit Spielgeräten und großer Sandkiste direkt auf dem Platz.

Badestrand am See.

Blick auf den Useriner See.

4.1 SEHR GUT
27 Bewertungen

Lage	4.7
Ruhe	4.9
Sanitäranlagen	4.6
Sauberkeit Ø	4.8
Freundlichkeit	4.1
Stellplatz	4.1
Verpflegung	3.0
Freizeit	3.9
Preis-Leistung	4.2
Mietunterkünfte	4.3

Geeignet für

Paare	4.7
Kinder b. 6 J.	4.5
Kinder b. 12 J.	4.5
Senioren	4.5
Gäste mit Zelt	4.4
Kinder b. 18 J.	3.6
Gäste mit Hund	3.5

Empfohlene Aktivitäten

Kayak/Kanu · Schwimmen · Entspannen · Wandern · Radfahren

Karte auf Seite 254

1 Peenecamp Neukalen, Meckl. Seenplatte & Schweiz

Schulstrasse 3
17154 Neukalen
+49 39956 296408
53.82307 | 12.78761

ganzjährig
HS: 21,00 € | NS: 13,00 €
Mehr Infos & online buchen:
www.camping.info/26326

Baden im Fluss am Platz	✓
Pool/Hallenbad	12/23km
Spielplatz	600m
Hunde willkommen	✓
zur Hälfte Schatten	✓
WLAN (gegen Gebühr)	✓
Lebensmittel	500m
Brötchen am Platz	✓
Restaurant/Imbiss	200/500m
Ver-/Entsorgung Womo	✓
im Ort	✓
Gesamt/Touristen	66/50
Mietunterkünfte	✓
Stellplätze vor Schranke	✓

4.6 SEHR GUT
32 Bewertungen

Lage	4.4
Ruhe	4.7
Sanitäranlagen	4.7
Sauberkeit Ø	4.8
Freundlichkeit	4.9
Stellplatz	4.6
Verpflegung	4.0
Freizeit	4.4
Preis-Leistung	4.7
Mietunterkünfte	4.3

Geeignet für

Kinder b. 6 J.	4.0
Kinder b. 12 J.	4.2
Kinder b. 18 J.	4.2
Paare	4.6
Senioren	4.6
Gäste mit Zelt	4.7
Gäste mit Hund	4.6

Empfohlene Aktivitäten

- Kayak/Kanu
- Radfahren
- Wandern

2 Camping- und Wohnmobilpark Sommersdorf

Am Hafen 2
17111 Sommersdorf
+49 39952 2973
53.79908 | 12.8766

ganzjährig
HS: 22,00 €
Mehr Infos & online buchen:
www.camping.info/18048

Baden im See am Platz	✓
Pool & Hallenbad	✗
Spielplatz am Platz	✓
Hunde willkommen	✓
Schatten	✗
WLAN	✓
Lebensmittel	✓
Brötchen am Platz	✓
Restaurant	1km
Ver-/Entsorgung Womo	✓
in den Ort	1km
Gesamt/Touristen	100/80
Mietunterkünfte	✓
Stellplätze vor Schranke	✓

4.4 SEHR GUT
60 Bewertungen

Lage	4.7
Ruhe	4.8
Sanitäranlagen	4.7
Sauberkeit Ø	4.8
Freundlichkeit	4.8
Stellplatz	4.4
Verpflegung	3.8
Freizeit	3.8
Preis-Leistung	4.6
Mietunterkünfte	4.7

Geeignet für

Kinder b. 6 J.	4.5
Kinder b. 12 J.	4.5
Kinder b. 18 J.	3.8
Paare	4.9
Senioren	4.9
Gäste mit Zelt	4.8
Gäste mit Hund	4.8

Empfohlene Aktivitäten

- Schwimmen
- Entspannen
- Radfahren

3 CampingParadies Dahmen

Am Erlengrund 1
17166 Dahmen
+49 173 63 04 631
53.66111 | 12.58562

01.04. - 31.10.
HS: 25,50 € | NS: 21,50 €
Mehr Infos & Anfrage:
www.camping.info/22328

Baden im See am Platz	✓
Pool & Hallenbad	✗
Spielplatz am Platz	✓
Hunde willkommen	✓
zur Hälfte Schatten	✓
WLAN	✓
Lebensmittel	✓
Brötchen am Platz	✓
Restaurant & Imbiss	✓
Ver-/Entsorgung Womo	✓
im Ort	✓
Gesamt/Touristen	60/50
Mietunterkünfte	✓
Stellplätze vor Schranke	✗

4.5 SEHR GUT
84 Bewertungen

Lage	4.7
Ruhe	4.9
Sanitäranlagen	4.0
Sauberkeit Ø	4.7
Freundlichkeit	4.7
Stellplatz	4.4
Verpflegung	4.0
Freizeit	4.1
Preis-Leistung	4.6
Mietunterkünfte	4.4

Geeignet für

Kinder b. 6 J.	4.6
Kinder b. 12 J.	4.5
Kinder b. 18 J.	3.9
Paare	4.7
Senioren	4.7
Gäste mit Zelt	4.7
Gäste mit Hund	4.6

Empfohlene Aktivitäten

- Schwimmen
- Radfahren
- Kayak/Kanu

keine Jugend- und Partygruppen

Infos

Öffnungszeiten
Vergleichspreis
Link

Ausstattung

Freizeit
Campingplatz
Versorgung
Anzahl der Plätze

11 Campingplatz Zwenzower Ufer

Am Grossen Labussee
17237 Zwenzow bei Userin
+49 3981 24790
www.haveltourist.de
info@haveltourist.de

27.03. - 31.10.

HS: 32,20 € | NS: 17,70 €

Mehr Infos & Anfrage:
www.camping.info/18059

Baden im See am Platz	✓
Hallenbad	2km
Spielplatz am Platz	✓
Hunde willkommen	✓
wenig Schatten	✓
WLAN (gegen Gebühr)	✓
Lebensmittel	✓
Brötchen am Platz	✓
Imbiss	✓
Ver-/Entsorgung Womo	✓
in den Ort	500m
Gesamt/Touristen	100/25
Mietunterkünfte	✓
Stellplätze vor Schranke	✓

53.31861 | 12.94476

Luftaufnahme vom Campingplatz am Zwenzower Ufer.

Lage & Stellplatz

Direkt neben dem Müritz-Nationalpark befindet sich der Campingplatz am Zwenzower Ufer. Er liegt am Ortsrand von Zwenzow, unmittelbar am Großen Labussee. Das ebene Gelände ist mit Büschen und Nadelbäumen bewachsen. Die verschiedenen Stellplätze sind mit WLAN, Wasser- und Stromanschluss ausgestattet.

Sanitär

Das moderne, beheizte Sanitärgebäude in direkter Nähe zur Rezeption ist mit viel Komfort und einem barrierefreien Bereich eingerichtet. Waschmaschinen und Wäschetrockner stehen ebenfalls zur Nutzung bereit.

Verpflegung

Der Minimarkt auf dem Platz ist mit einem angrenzenden Wintergarten ausgestattet. Dazu gibt es einen kleinen Imbiss. Für den großen Einkauf sind diverse Supermärkte sowie Gaststätten im nahe gelegenen Userin zu erreichen.

Freizeit

Egal ob Wasserwandern, Paddeln, Fahrradtouren oder Spaziergänge mit dem Hund – hier gibt es viel zu erleben. Des Weiteren gibt es einen Kinderspielplatz, eine Fasssauna, einen Bootssteg, einen Fahrrad- und Bootsverleih, eine FKK-Badestelle und eine Hundebadestelle.

Seeufer und Spielplatz.

Blick auf den Großen Labussee.

3.9 GUT
31 Bewertungen

Lage	4.5
Ruhe	4.5
Sanitäranlagen	3.9
Sauberkeit Ø	4.2
Freundlichkeit	3.8
Stellplatz	3.8
Verpflegung	2.7
Freizeit	3.8
Preis-Leistung	3.7
Mietunterkünfte	4.0

Geeignet für

4.4 Paare

Senioren	4.4
Gäste mit Hund	4.4
Kinder b. 12 J.	4.0
Gäste mit Zelt	4.4
Kinder b. 6 J.	4.1
Kinder b. 18 J.	3.5

Empfohlene Aktivitäten

Kayak/Kanu · Schwimmen · Radfahren · Wandern · Entspannen

Karte auf Seite 254

4 Camping- und Wohnmobilpark Kamerun

Zur stillen Bucht 3
17192 Heilbad Waren (Müritz)
+49 3991 122406
53.51055 | 12.64888

Infos	
Öffnungszeiten	ganzjährig
Vergleichspreis	HS: 38,50 € | NS: 26,50 €
Link	**Mehr Infos & Anfrage:** www.camping.info/18049

Ausstattung		
Freizeit	Baden im See am Platz	✓
	Pool/Hallenbad	2/14km
	Spielplatz am Platz	✓
Campingplatz	Hunde willkommen	✓
	wenig Schatten	✓
	WLAN	✓
Versorgung	Lebensmittel	✓
	Brötchen am Platz	✓
	Restaurant & Imbiss	✓
	Ver-/Entsorgung Womo	✓
	in den Ort	500m
Anzahl der Plätze	Gesamt/Touristen	300/220
	Mietunterkünfte	✓
	Stellplätze vor Schranke	✓

3.8 GUT – 169 Bewertungen

Lage	4.4
Ruhe	3.9
Sanitäranlagen	4.2
Sauberkeit Ø	4.0
Freundlichkeit	4.1
Stellplatz	3.8
Verpflegung	3.9
Freizeit	4.2
Preis-Leistung	3.6
Mietunterkünfte	4.0

Geeignet für

Kinder b. 6 J.	3.9
Kinder b. 12 J.	4.1
Kinder b. 18 J.	3.8
Paare	4.4
Senioren	4.3
Gäste mit Zelt	4.0
Gäste mit Hund	4.4

Empfohlene Aktivitäten

- Radfahren
- Schwimmen
- Kayak/Kanu

5 CampingPlatz Ecktannen

Fontanestraße 66
17192 Heilbad Waren (Müritz)
+49 3991 668513
53.49942 | 12.66342

Infos	
Öffnungszeiten	ganzjährig
Vergleichspreis	HS: 36,50 € | NS: 27,50 €
Link	**Mehr Infos & online buchen:** www.camping.info/22330

Ausstattung		
Freizeit	Baden im See am Platz	✓
	Hallenbad	25km
	Spielplatz am Platz	✓
Campingplatz	Hunde willkommen	✓
	zur Hälfte Schatten	✓
	WLAN	✓
Versorgung	Lebensmittel	✓
	Brötchen am Platz	✓
	Restaurant/Imbiss	100m/✓
	Ver-/Entsorgung Womo	✓
	im Ort	✓
Anzahl der Plätze	Gesamt/Touristen	450/400
	Mietunterkünfte	✓
	Stellplätze vor Schranke	✓

4.6 SEHR GUT – 844 Bewertungen

Lage	4.7
Ruhe	4.4
Sanitäranlagen	4.0
Sauberkeit Ø	4.5
Freundlichkeit	4.8
Stellplatz	4.5
Verpflegung	4.1
Freizeit	4.5
Preis-Leistung	4.5
Mietunterkünfte	3.6

Geeignet für

Kinder b. 6 J.	4.6
Kinder b. 12 J.	4.7
Kinder b. 18 J.	4.4
Paare	4.7
Senioren	4.5
Gäste mit Zelt	4.6
Gäste mit Hund	4.8

Empfohlene Aktivitäten

- Radfahren
- Schwimmen
- Wandern

AWARD 2020

6 Camping Sietower Bucht

Dorfstrasse 21
17209 Sietow-Dorf
+49 39931 52068
53.43185 | 12.58141

Infos	
Öffnungszeiten	01.04. - 15.10.
Vergleichspreis	HS: 19,50 € | NS: 15,50 €
Link	**Mehr Infos & Anfrage:** www.camping.info/18054

Ausstattung		
Freizeit	Baden im See	40m
	Pool/Hallenbad	8/8km
	Spielplatz	40m
Campingplatz	Hunde	✗
	kein Schatten	✓
	WLAN (gratis)	teilweise
Versorgung	Lebensmittel	8km
	Brötchen am Platz	✓
	Restaurant/Imbiss	300/200m
	Ver-/Entsorgung Womo	✓
	im Ort	✓
Anzahl der Plätze	Gesamt/Touristen	60/40
	Mietunterkünfte	✓
	Stellplätze vor Schranke	✗

4.4 SEHR GUT – 38 Bewertungen

Lage	4.6
Ruhe	4.9
Sanitäranlagen	4.1
Sauberkeit Ø	4.6
Freundlichkeit	4.5
Stellplatz	4.3
Verpflegung	3.4
Freizeit	4.2
Preis-Leistung	4.7
Mietunterkünfte	5.0

Geeignet für

Kinder b. 6 J.	4.3
Kinder b. 12 J.	4.3
Kinder b. 18 J.	3.5
Paare	4.8
Senioren	4.7
Gäste mit Zelt	4.2
Hunde n. erlaubt	-

Empfohlene Aktivitäten

- Schwimmen
- Radfahren
- Entspannen

13 Camping- und Ferienpark Havelberge

An den Havelbergen 1
17237 Groß Quassow
+49 3981 24790
www.haveltourist.de
info@haveltourist.de

ganzjährig

HS: 40,00 € | NS: 24,30 €

Mehr Infos & Anfrage:
www.camping.info/18061

Baden im See am Platz	✓
Hallenbad	25km
Spielplatz am Platz	✓
Hunde willkommen	✓
zur Hälfte Schatten	✓
WLAN (gegen Gebühr)	✓
Lebensmittel	✓
Brötchen am Platz	✓
Restaurant & Imbiss	✓
Ver-/Entsorgung Womo	✓
in den Ort	2km
Gesamt/Touristen	390/320
Mietunterkünfte	✓
Stellplätze vor Schranke	✓

Das Kanuzentrum Havelberge bietet Kurse, Touren und Verleih von Kanus an.

Lage & Stellplatz

Der 5-Sterne Camping- und Ferienpark Havelberge liegt direkt am Woblitzsee in der Mecklenburgischen Seenplatte nahe der Stadt Neustrelitz. Im Land der tausend Seen gibt es immer Neues zu entdecken. Die vielfältigen Stellplätze verfügen über einen WLAN-, Wasser- und Stromanschluss sowie Kabel-TV. Neben Standplätzen für Wohnwagen und einem Wohnmobilpark bietet der Campingpark eine große Auswahl an Ferienhäusern, Mobilheimen und Mietwohnwagen. Als einer von derzeit 39 Leading Campings in Europa steht der Camping- und Ferienpark Havelberge für Komfort auf höchstem Niveau.

Sanitär

Die modernen und großzügigen Räume in den Sanitärhäusern erstrahlen in einem warmen Ambiente. Es stehen Familienbäder, ein separater Baby-Wickelraum, ein barrierefreies Bad und ein Kosmetikraum zur Verfügung. Selbstverständlich sind die Sanitärgebäude auch mit Waschmaschinen und Wäschetrocknern ausgestattet. Für die vierbeinigen Gäste gibt es eine, von den übrigen Anlagen getrennte, Hundedusche.

Action im Waldseilgarten.

Badesteg und Badeinsel.

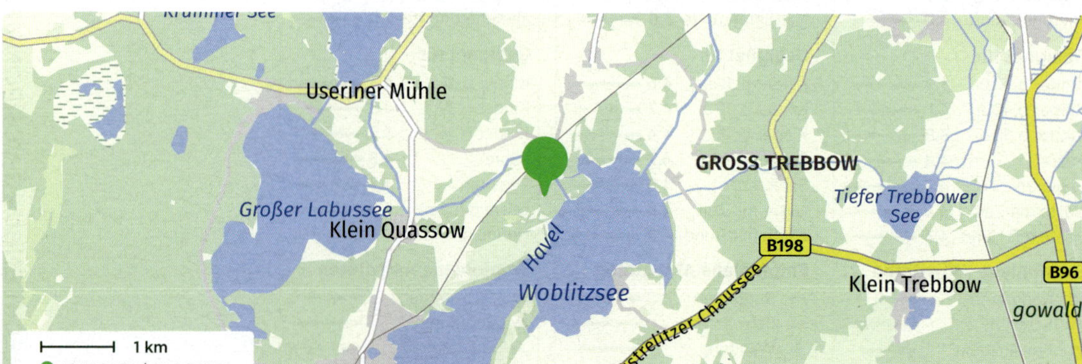

1 km
53.30873 | 13.00237

Luftaufnahme mit Blick auf den Woblitzsee und die Stellplätze im Bereich „J".

Verpflegung

Im Restaurant können schmackhafte Gerichte genossen werden. Das ansprechend eingerichtete Restaurant hat 80 Sitzplätze. Die Buchung von Frühstück, Halb- oder Vollpension ist problemlos möglich. Vorzugsweise genießt man sein Essen oder Kaffee und Kuchen auf der großen Seeterrasse mit 100 Plätzen und einem einmaligen Blick auf den Woblitzsee. Frische Brötchen, Lebensmittel, Zeitungen und viele weitere Artikel des täglichen Bedarfs können im platzeigenen Campingshop erworben werden.

Freizeit

Die Badestelle mit Badeinsel, ein Lagerfeuerplatz, das Tipi-Dorf, eine Sportwiese, Bogenschießen, Trampolin, Fahrradverleih und das Kanuzentrum – bei diesem Angebot steigt die Vorfreude auf den Sommer. Für Kinder, Jugendliche und Erwachsene gibt es außerdem ein umfangreiches Animations- und Veranstaltungsprogramm. Und weil Wassersport unweigerlich zur Mecklenburgischen Seenplatte gehört, sind die Aktivitäten mit Baden, Paddeln, Segeln und Tauchen besonders vielfältig. Ein weiteres Highlight für Groß und Klein ist der Waldseilgarten mit Café – hier geht es hoch hinaus.

4.5

Insgesamt schön gelegener Platz, hügelig, weitläufig mit direktem Seezugang, kleinem Badestrand, Steg fürs Boot. Sanitäranlagen je nach Waschhaus gut bis sehr gut. Boot zu Wasser lassen gratis, toller Service. Nette Mitarbeiter. Viel Animation, für die die es mögen /wollen, üppiges Kinderprogramm haben wir aber nicht getestet. Toller Kletterwald am Platz. Bei schönem Wetter ist der kleine Badestrand schnell voll. Ansonsten toller Platz mit vielen Möglichkeiten.

Ira B.

Ira B. campt bereits seit 1998. Zunächst im Zelt, später mit Wohnwagen und seit einigen Jahren mit dem eigenen Wohnmobil. Diesen Platz hat sie im Juli 2020 besucht.

Finnische Blockhaussauna.

Tipidorf für die Kleinen.

4.4 SEHR GUT
315 Bewertungen

Lage	4.5
Ruhe	4.1
Sanitäranlagen	4.3
Sauberkeit Ø	4.5
Freundlichkeit	4.5
Stellplatz	4.2
Verpflegung	3.8
Freizeit	4.6
Preis-Leistung	4.2
Mietunterkünfte	4.1

Geeignet für

4.7	Kinder b. 12 J.
4.6	Kinder b. 6 J.
4.6	Gäste mit Zelt
4.5	Gäste mit Hund
4.4	Kinder b. 18 J.
4.3	Paare
3.9	Senioren

Empfohlene Aktivitäten

Kayak/Kanu · Schwimmen · Radfahren · Angeln · Entspannen

15 Campingplatz am Drewensee

Klätnower Weg 1
17255 Ahrensberg
+49 3981 24790
www.haveltourist.de
info@haveltourist.de

27.03. - 31.10.

HS: 32,20 € | NS: 17,70 €

Mehr Infos & online buchen:
www.camping.info/18065

Baden im See am Platz	✓
Hallenbad	25km
Spielplatz am Platz	✓
Hunde willkommen	✓
zur Hälfte Schatten	✓
WLAN (gegen Gebühr)	✓
Lebensmittel	✓
Brötchen am Platz	✓
Restaurant/Imbiss	4km/✓
Ver-/Entsorgung Womo	✓
in den Ort	2km
Gesamt/Touristen	220/140
Mietunterkünfte	✓
Stellplätze vor Schranke	✓

53.26277 | 13.05087

Idyllisch am Drewensee, inmitten eines Waldgebietes gelegen.

Lage & Stellplatz

Zwischen Wald und Seeufer liegt der Campingplatz direkt am Drewensee. Über eine Anbindung durch die Havel gelangt man von hier in ein umfangreiches Seengebiet. Die großzügig angelegten Stellplätze und Mobilheime verfügen allesamt über einen WLAN-, Wasser- und Stromanschluss.

Verpflegung

Direkt auf dem Campingplatz befinden sich ein Minimarkt und ein Imbiss, in dem Getränke, Speisen und Gebrauchsartikel erworben werden können. Für den großen Einkauf sind Supermärkte sowie Gaststätten im nahe gelegenen Ahrensberg oder Wesenberg erreichbar.

Sanitär

Das Sanitärgebäude in direkter Nähe zur Rezeption wurde nach Kriterien des ADAC mit „außergewöhnlich" bewertet. Darüber hinaus verfügen die Sanitäranlagen über einen barrierefreien Bereich, Waschmaschinen und Wäschetrockner.

Freizeit

Der Campingplatz hat sich mit einer Steganlage und einem Bootsverleih perfekt auf Wasserwanderer eingestellt. Ein idealer Ausgangspunkt für Sportboot-, Kanu- und Wandertouren. Außerdem verfügt der Platz über eine Grill- und Feuerstelle sowie einen Volleyball- und Kinderspielplatz.

Badespaß im Drewensee.

Rezeption, Minimarkt & Sanitär.

4.0 SEHR GUT
33 Bewertungen

Lage	4.6
Ruhe	4.3
Sanitäranlagen	3.8
Sauberkeit Ø	3.8
Freundlichkeit	4.2
Stellplatz	3.9
Verpflegung	3.4
Freizeit	3.8
Preis-Leistung	3.8
Mietunterkünfte	4.2

Geeignet für

4.4 Paare

4.3 Kinder b. 12 J.
4.3 Gäste mit Zelt
3.9 Kinder b. 18 J.
4.3 Senioren
3.9 Kinder b. 6 J.
3.9 Gäste mit Hund

Empfohlene Aktivitäten

Kayak/Kanu · Schwimmen · Angeln · Entspannen · Motorboot

Karte auf Seite 254

7 Campingplatz "Bolter Ufer" C15

Am Müritzufer 3
17248 Rechlin OT Boeker Mühle
+49 39823 21211
53.37301 | 12.76389

01.04. - 31.10.
HS: 28,50 € | NS: 25,50 €
Mehr Infos & Anfrage:
www.camping.info/24456

Baden im See am Platz	✓
Pool & Hallenbad	✗
Spielplatz am Platz	✓
Hunde willkommen	✓
viel Schatten	✓
WLAN	✓
Lebensmittel	✓
Brötchen am Platz	✓
Restaurant & Imbiss	✓
Ver-/Entsorgung Womo	✓
in den Ort	8km
Touristenplätze	270
Mietunterkünfte	✓
Stellplätze vor Schranke	✗

3.9 GUT
35 Bewertungen

Lage	4.5
Ruhe	3.5
Sanitäranlagen	3.5
Sauberkeit Ø	3.6
Freundlichkeit	3.9
Stellplatz	3.8
Verpflegung	4.0
Freizeit	4.3
Preis-Leistung	3.9
Mietunterkünfte	4.2

Geeignet für

Kinder b. 6 J.	4.6
Kinder b. 12 J.	4.6
Kinder b. 18 J.	4.3
Paare	4.4
Senioren	3.8
Gäste mit Zelt	4.4
Gäste mit Hund	4.2

Empfohlene Aktivitäten

- Schwimmen
- Radfahren
- Kayak/Kanu

8 Campingplatz am Leppinsee

17252 Schillersdorf
+49 398 124 790
53.34694 | 12.82583

30.03. - 13.10.
HS: 26,30 € | NS: 16,30 €
Mehr Infos & online buchen:
www.camping.info/18062

Baden im See am Platz	✓
Hallenbad	25km
Spielplatz am Platz	✓
Hunde willkommen	✓
Schatten	✗
WLAN (gegen Gebühr)	✓
Lebensmittel	✓
Brötchen am Platz	✓
Restaurant/Imbiss	4km
Ver-/Entsorgung Womo	✗
in den Ort	1km
Gesamt/Touristen	120/60
Mietunterkünfte	✗
Stellplätze vor Schranke	✗

4.1 SEHR GUT
22 Bewertungen

Lage	4.6
Ruhe	4.2
Sanitäranlagen	3.5
Sauberkeit Ø	3.9
Freundlichkeit	4.1
Stellplatz	3.9
Verpflegung	3.4
Freizeit	4.0
Preis-Leistung	3.8
Mietunterkünfte	-

Geeignet für

Kinder b. 6 J.	4.2
Kinder b. 12 J.	4.4
Kinder b. 18 J.	4.0
Paare	4.3
Senioren	3.9
Gäste mit Zelt	4.7
Gäste mit Hund	4.6

Empfohlene Aktivitäten

- Kayak/Kanu
- Schwimmen
- Radfahren

9 NaturCampingplatz Zum Hexenwäldchen

Blankenförde 1 a
17252 Blankenförde (Stadt Mirow)
+49 39829 20215
53.34685 | 12.92237

01.04. - 31.10.
HS: 26,80 € | NS: 22,60 €
Mehr Infos & Anfrage:
www.camping.info/18064

Baden im See am Platz	✓
Pool/Hallenbad	5km
Spielplatz am Platz	✓
Hunde	✗
zur Hälfte Schatten	✓
WLAN (gratis)	teilweise
Lebensmittel	✓
Brötchen am Platz	✓
Restaurant/Imbiss	300m/✓
Ver-/Entsorgung Womo	✓
in den Ort	300m
Gesamt/Touristen	100/70
Mietunterkünfte	✗
Stellplätze vor Schranke	✗

3.9 GUT
89 Bewertungen

Lage	4.7
Ruhe	4.7
Sanitäranlagen	3.0
Sauberkeit Ø	3.7
Freundlichkeit	4.3
Stellplatz	4.0
Verpflegung	3.7
Freizeit	4.2
Preis-Leistung	4.3
Mietunterkünfte	-

Geeignet für

Kinder b. 6 J.	4.6
Kinder b. 12 J.	4.5
Kinder b. 18 J.	3.7
Paare	4.1
Senioren	3.6
Gäste mit Zelt	4.6
Hunde n. erlaubt	-

Empfohlene Aktivitäten

- Kayak/Kanu
- Schwimmen
- Radfahren

Infos

Öffnungszeiten
Vergleichspreis
Link

Ausstattung

Freizeit
Campingplatz
Versorgung
Anzahl der Plätze

16 Campingpark am Weißen See

17255 Wesenberg
+49 3981 24790
www.haveltourist.de
info@haveltourist.de

27.03. - 31.10.

HS: 27,70 € | NS: 16,70 €

Mehr Infos & online buchen:
www.camping.info/18070

Baden im See	100m
Hallenbad	30km
Spielplatz am Platz	✓
Hunde willkommen	✓
Schatten	✗
WLAN (gegen Gebühr)	✓
Lebensmittel	✓
Brötchen am Platz	✓
Restaurant/Imbiss	50m
Ver-/Entsorgung Womo	✓
in den Ort	2km
Gesamt/Touristen	150/25
Mietunterkünfte	✓
Stellplätze vor Schranke	✓

Das Naturfreibad liegt direkt neben dem Campingpark am Weißen See.

53.28426 | 12.94712

Lage & Stellplatz

Der familienfreundliche Campingplatz liegt direkt am Weißen See und hat alles, was sich Naturfreunde und Camper wünschen. Direkt vor dem Platz befindet sich das „Naturfreibad am Weißen See". WLAN ist auf fast allen Stellplätzen verfügbar.

Sanitär

Die modernen und gepflegten Sanitäranlagen sind mit Toiletten, Einzelwaschkabinen und Duschkabinen ausgestattet. Außerdem stehen den Campinggästen Waschmaschinen und Wäschetrockner zur Verfügung.

Verpflegung

Der Minimarkt auf dem Campingplatz, in direkter Nähe zur Rezeption, ist mit den wichtigsten Dingen des täglichen Lebens ausgestattet. Die platzeigene Gaststätte sorgt für das leibliche Wohl und begeistert mit einmaligem Blick auf den Weißen See.

Freizeit

Der angrenzende See lädt zum Sonnen, Baden und Toben ein. Auch der Spielplatz und der Bolzplatz lassen Kinderherzen höherschlagen. Gemütliches Beisammensein mit der Familie und Freunden gehört genauso zur Tagesordnung wie Grillen in fröhlicher Runde.

Steg hinein ins Wasser.

Badespaß am Strand.

4.1 SEHR GUT
18 Bewertungen

Lage	4.5
Ruhe	4.2
Sanitäranlagen	3.9
Sauberkeit Ø	4.2
Freundlichkeit	4.1
Stellplatz	3.9
Verpflegung	3.5
Freizeit	3.8
Preis-Leistung	4.1
Mietunterkünfte	4.5

Geeignet für

4.6	Gäste mit Zelt
4.5	Paare
4.4	Kinder b. 12 J.
4.3	Senioren
4.2	Kinder b. 6 J.
4.0	Gäste mit Hund
3.9	Kinder b. 18 J.

Empfohlene Aktivitäten

Schwimmen · Entspannen · Radfahren · Wandern · Tauchen

ECO CAMPING

Karte auf Seite 254

12 "Camping und mehr" Useriner Mühle

*

Useriner Mühle 19a
17237 Userin
+49 170 4459 484
53.32244 | 12.96832

01.04. - 30.11.

HS: 22,00 € | NS: 17,00 €

Mehr Infos & Anfrage:
www.camping.info/27200

Baden im See am Platz	✓
Hallenbad	37km
Spielplatz am Platz	✓
Hunde willkommen	✓
zur Hälfte Schatten	✓
WLAN	✓
Lebensmittel	✓
Brötchen am Platz	✓
Imbiss	✓
Ver-/Entsorgung Womo	✓
im Ort	✓
Touristenplätze	50
Mietunterkünfte	✗
Stellplätze vor Schranke	✗

4.5 SEHR GUT – 48 Bewertungen

Lage	4.4
Ruhe	4.5
Sanitäranlagen	4.7
Sauberkeit Ø	4.7
Freundlichkeit	4.9
Stellplatz	4.1
Verpflegung	3.8
Freizeit	4.3
Preis-Leistung	4.8
Mietunterkünfte	-

Geeignet für

Kinder b. 6 J.	4.3
Kinder b. 12 J.	4.5
Kinder b. 18 J.	4.2
Paare	4.8
Senioren	4.6
Gäste mit Zelt	4.7
Gäste mit Hund	4.6

Empfohlene Aktivitäten

- Kayak/Kanu
- Radfahren
- Schwimmen

14 Camping Am Kluger See

Klein Trebbow
17235 Neustrelitz
+49 3981 4899389
53.29438 | 13.07995

01.05. - 31.10.

HS: 20,20 € | NS: 20,20 €

Mehr Infos & Anfrage:
www.camping.info/25062

Baden im See am Platz	✓
Pool & Hallenbad	✗
Spielplatz am Platz	✓
Hunde willkommen	✓
wenig Schatten	✓
WLAN	✗
Lebensmittel	7km
Brötchen am Platz	✓
Restaurant/Imbiss	7km
Ver-/Entsorgung Womo	✓
in den Ort	7km
Gesamt/Touristen	90/80
Mietunterkünfte	✓
Stellplätze vor Schranke	✗

4.8 SEHR GUT – 27 Bewertungen

Lage	4.7
Ruhe	4.9
Sanitäranlagen	4.9
Sauberkeit Ø	5.0
Freundlichkeit	5.0
Stellplatz	4.7
Verpflegung	3.1
Freizeit	3.9
Preis-Leistung	4.7
Mietunterkünfte	4.4

Geeignet für

Kinder b. 6 J.	4.5
Kinder b. 12 J.	4.4
Kinder b. 18 J.	4.0
Paare	4.9
Senioren	4.6
Gäste mit Zelt	4.8
Gäste mit Hund	4.7

Empfohlene Aktivitäten

- Schwimmen
- Entspannen
- Radfahren

17 FKK Campingplatz am Rätzsee

FKK

Campingplatz am Rätzsee
17255 Drosedow
+49 39828 266191
53.25227 | 12.90875

01.04. - 31.10.

HS: 25,00 € | NS: 19,30 €

Mehr Infos & Anfrage:
www.camping.info/18068

Baden im See am Platz	✓
Hallenbad	25km
Spielplatz am Platz	✓
Hunde erlaubt	nur NS
Schatten	✗
WLAN (gegen Gebühr)	teilweise
Lebensmittel	✓
Brötchen am Platz	✓
Restaurant/Imbiss	4km
Ver-/Entsorgung Womo	✓
in den Ort	1km
Gesamt/Touristen	130/45
Mietunterkünfte	✓
Stellplätze vor Schranke	✓

3.9 GUT – 41 Bewertungen

Lage	4.6
Ruhe	4.7
Sanitäranlagen	3.5
Sauberkeit Ø	4.0
Freundlichkeit	4.5
Stellplatz	3.9
Verpflegung	3.3
Freizeit	4.1
Preis-Leistung	4.4
Mietunterkünfte	4.2

Geeignet für

Kinder b. 6 J.	4.4
Kinder b. 12 J.	4.3
Kinder b. 18 J.	3.9
Paare	4.8
Senioren	4.6
Gäste mit Zelt	4.5
Gäste mit Hund	2.6

Empfohlene Aktivitäten

- Schwimmen
- Kayak/Kanu
- Wandern

ECO CAMPING

Infos

Öffnungszeiten
Vergleichspreis
Link

Ausstattung

Freizeit
Campingplatz
Versorgung
Anzahl der Plätze

20 Camping am Dreetzsee

Am Dreetzsee 1 OT Thomsdorf
17268 Boitzenburger Land-Thomsdorf
+49 39889 746
www.dreetzseecamping.de
dreetzseecamping@t-online.de

01.04. - 31.10.

HS: 31,00 € | NS: 26,00 €

Mehr Infos & Anfrage:
www.camping.info/18071

Baden im See am Platz	✓
Hallenbad	40km
Spielplatz am Platz	✓
Hunde willkommen	✓
zur Hälfte Schatten	✓
WLAN	✓
Lebensmittel	✓
Brötchen am Platz	✓
Restaurant & Imbiss	✓
Ver-/Entsorgung Womo	✓
in den Ort	6km
Gesamt/Touristen	350/200
Mietunterkünfte	✓
Stellplätze vor Schranke	✗

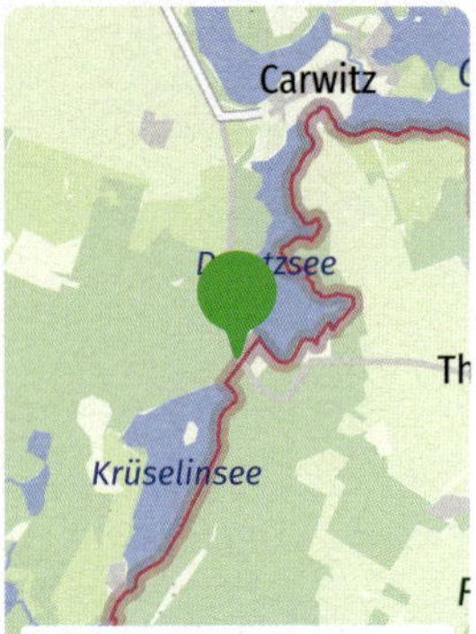

53.28305 | 13.42916

Luftaufnahme vom Campingplatz am Dreetzsee.

Lage & Stellplatz

Am Südufer des Dreetzsees im Naturpark Uckermärkische Seen und unmittelbar an der Grenze zur Feldberger Seenlandschaft finden Sie den schönen Naturcampingplatz am Dreetzsee. Unter hohen Kiefern und Birken findet jeder seinen Lieblingsstellplatz am See – ob sonnig oder schattig.

Sanitär

Die drei Sanitärgebäude sind sauber und nach modernem Standard ausgestattet. In jedem der Gebäude befinden sich abschließbare Waschkabinen, Duschen, Toiletten und ein Haarföhn. Auf dem Platz ist ebenfalls ein barrierefreies WC sowie ein Babywickelraum vorhanden.

Verpflegung

Möglichkeiten zur Verpflegung gibt es reichlich, denn eine Gaststätte, ein Imbiss und ein Laden für den kleinen Lebensmittelbedarf befinden sich direkt am Platz. Des Weiteren gibt es wöchentliche Spezialitäten aus dem platzeigenen Steinbackofen und frischen Fisch aus dem Räucherofen.

Freizeit

Die eiszeitgeprägte Landschaft, in der glasklare Seen durch viele kleine Bäche verbunden sind, lässt sich am besten zu Fuß oder mit dem Fahrrad erkunden. Außerdem können die Gäste dank professioneller Unterstützung auch Tauchgänge und Tauchkurse in einem der schönsten Tauchseen Deutschlands erleben.

Stellplätze am See.

Strand mit Wasserrutsche.

4.8 SEHR GUT
177 Bewertungen

Lage	4.9
Ruhe	4.7
Sanitäranlagen	4.7
Sauberkeit Ø	4.9
Freundlichkeit	4.8
Stellplatz	4.7
Verpflegung	4.4
Freizeit	4.6
Preis-Leistung	4.8
Mietunterkünfte	4.8

Geeignet für

- 4.9 Kinder b. 12 J.
- 4.9 Gäste mit Zelt
- 4.7 Paare
- 4.6 Senioren
- 4.7 Kinder b. 6 J.
- 4.6 Kinder b. 18 J.
- 4.6 Gäste mit Hund

Empfohlene Aktivitäten

Schwimmen · Kayak/Kanu · Radfahren · Wandern · Tauchen

In der Hauptsaison Haustiere nur auf Anfrage. Separate Pkw-Parkplätze.

Karte auf Seite 254

	18	19	21
	Campingplatz am Gobenowsee	**Waldcamping Zethner See**	**Camping am Bauernhof**
	Am Gobenowsee 1 17255 Drosedow +49 39828 20355 53.22722 | 12.92111	Ab Schwarz 1.5 km Richtung Diemitz Schwarzer Hof 6 17252 Schwarz b. Mirow +49 39827 796 10 53.20875 | 12.78847	Hof Eichholz 1-8 17258 Feldberger Seenlandschaft +49 3983121084 53.34533 | 13.4567
Infos			
Öffnungszeiten	01.04. - 07.10.	ganzjährig	ganzjährig
Vergleichspreis	HS: 20,50 € | NS: 17,50 €	keine Angabe	HS: 31,00 € | NS: 24,00 €
Link	**Mehr Infos & Anfrage:** www.camping.info/18067	**Mehr Infos & Anfrage:** www.camping.info/23406	**Mehr Infos & Anfrage:** www.camping.info/18092
Ausstattung			
Freizeit	Baden im See am Platz ✓ Pool/Hallenbad 10/30km Spielplatz am Platz ✓	Baden im See am Platz ✓ Hallenbad 27km Spielplatz am Platz ✓	Baden im See am Platz ✓ Pool & Hallenbad ✗ Spielplatz am Platz ✓
Campingplatz	Hunde willkommen ✓ zur Hälfte Schatten ✓ WLAN ✗	Hunde willkommen ✓ zur Hälfte Schatten ✓ WLAN (gratis) teilweise	Hunde willkommen ✓ wenig Schatten ✓ WLAN ✓
Versorgung	Lebensmittel ✓ Brötchen am Platz ✓ Restaurant/Imbiss 7km/✓ Ver-/Entsorgung Womo ✓ in den Ort 2km	Lebensmittel ✗ Brötchen am Platz ✓ Restaurant & Imbiss ✗ Ver-/Entsorgung Womo ✓ in den Ort keine Angabe	Lebensmittel ✓ Brötchen am Platz ✓ Restaurant/Imbiss 800m/✓ Ver-/Entsorgung Womo ✓ in den Ort 2km
Anzahl der Plätze	Gesamt/Touristen 200/140 Mietunterkünfte ✓ Stellplätze vor Schranke ✗	Gesamt/Touristen 80/40 Mietunterkünfte ✓ Stellplätze vor Schranke ✗	Gesamt/Touristen 100/70 Mietunterkünfte ✓ Stellplätze vor Schranke ✗
Bewertung	4.4 SEHR GUT 43 Bewertungen	4.7 SEHR GUT 27 Bewertungen	4.6 SEHR GUT 185 Bewertungen
Lage	4.8	4.5	4.9
Ruhe	4.8	4.9	4.5
Sanitäranlagen	4.1	4.8	4.4
Sauberkeit Ø	4.7	4.8	4.6
Freundlichkeit	4.9	4.8	4.7
Stellplatz	4.1	4.4	4.5
Verpflegung	3.9	3.4	3.8
Freizeit	4.2	4.3	4.6
Preis-Leistung	4.7	4.8	4.6
Mietunterkünfte	5.0	4.2	4.5
Geeignet für			
Kinder b. 6 J.	4.4	4.5	4.8
Kinder b. 12 J.	4.5	4.5	4.8
Kinder b. 18 J.	4.1	4.4	4.5
Paare	4.7	4.6	4.7
Senioren	4.6	4.7	4.5
Gäste mit Zelt	4.8	4.8	4.8
Gäste mit Hund	5.0	4.8	4.7
Empfohlene Aktivitäten	Kayak/Kanu Schwimmen Radfahren	Kayak/Kanu Schwimmen Radfahren	Schwimmen Kayak/Kanu Radfahren

MECKLENBURG-VORPOMMERN

5 Schwerin

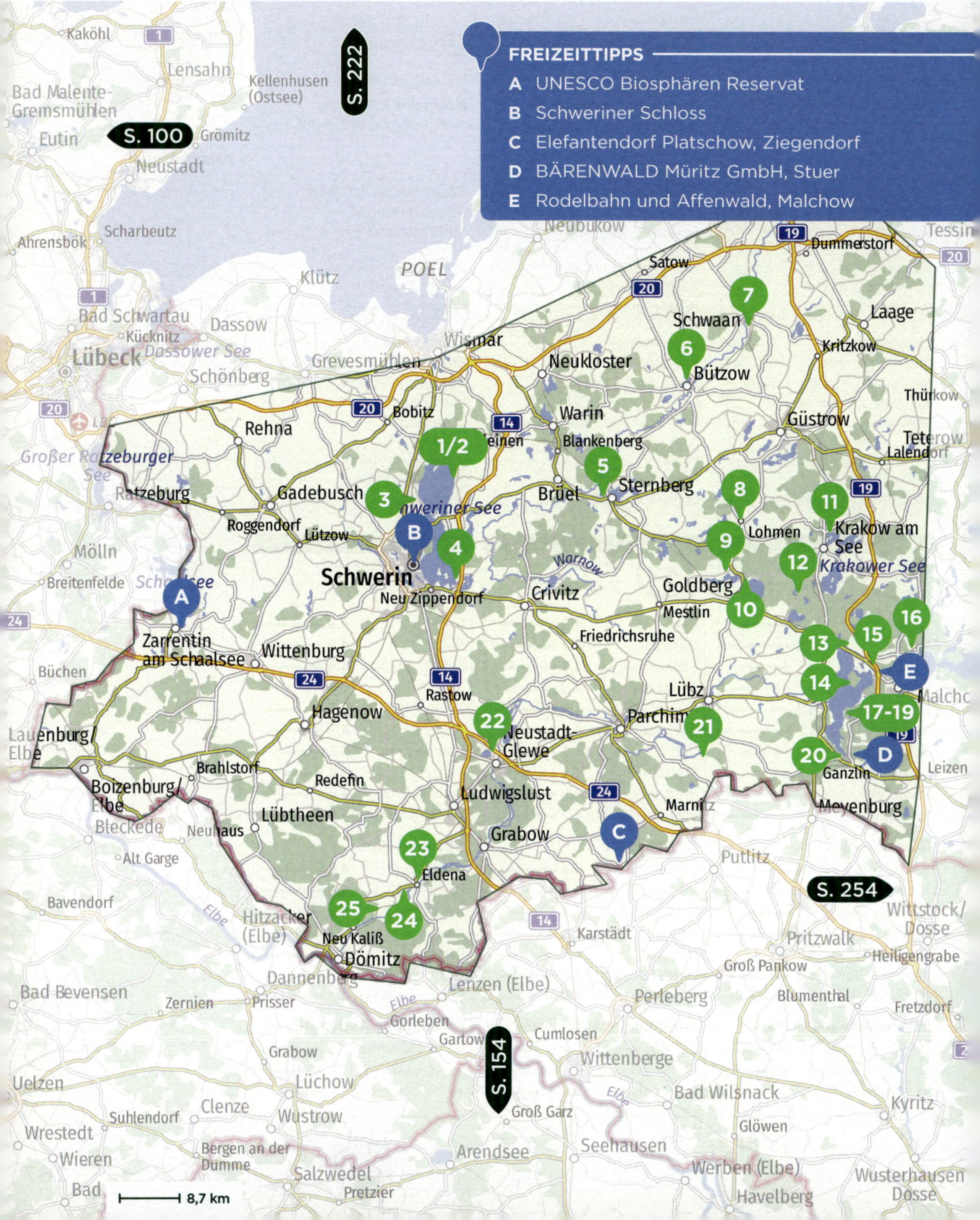

	Platz	Seite	Bewertung	Öffnungszeiten	
1	Seecamping Flessenow	270	4.0	saisonal	Ecocamping
2	Naturcamping Retgendorf	270	4.1	saisonal	
3	Ferienpark Seehof	270	4.5	saisonal	Award
4	Campingplatz Süduferperle	270	3.6	ganzjährig	Wintercamping
5	Campingplatz Sternberger Seenland	271	4.5	saisonal	
6	Campingplatz Bützow Kanustation	271	5.0	saisonal	
7	Campingplatz Schwaan	271	4.4	saisonal	
8	Campingplatz am Garder See GmbH	272	-	saisonal	
9	Camping Dobbertiner See	272	4.7	saisonal	
10	Camping Hubert	272	3.8	saisonal	
11	Krakow am See	272	4.3	ganzjährig	Wintercamping, Onlinebuchung
12	Campingoase Waldsee	273	4.7	saisonal	
13	Camping am See Alt Schwerin	273	4.2	saisonal	Onlinebuchung
14	Inselcamping Werder	273	3.6	saisonal	FKK, Wintercamping
15	Camping- und Wohnmobilpark Naturcamping Malchow	274	4.1	ganzjährig	Wintercamping, Ecocamping
16	Heidepark Silz	274	3.8	saisonal	
17	Wald- und Seeblick Camp ZISLOW	274	4.1	ganzjährig	Onlinebuchung
18	Naturcamping Zwei Seen	274	4.0	saisonal	
19	Campingpark Zuruf	276	4.0	ganzjährig	Wintercamping, Ecocamping
20	Campingplatz Bad Stuer	275	4.3	k. A.	Wintercamping
21	Camping am Blanksee	275	4.3	saisonal	Ecocamping
22	Barracuda Beach Camping	275	3.5	saisonal	
23	Camping und Bootshafen Eldena	277	4.7	saisonal	
24	Bootsanleger & Camping Neu Göhren	277	4.3	k. A.	Wintercamping
25	Campingplatz am Wiesengrund	277	4.9	saisonal	Ecocamping

Wintercamping FKK Textilfrei (ganz/teilweise) Ecocamping Award Onlinebuchung

1 Seecamping Flessenow

Am Schweriner See 1a
19067 Flessenow
+49 3866 81491
53.74921 | 11.49842

01.04. - 14.10.
HS: 29,00 € | NS: 25,00 €
Mehr Infos & Anfrage:
www.camping.info/18116

Baden im See am Platz	✓
Hallenbad	24km
Spielplatz	keine Angabe
Hunde willkommen	✓
zur Hälfte Schatten	✓
WLAN	✓
Lebensmittel	✓
Brötchen am Platz	✓
Restaurant/Imbiss	500m/✓
Ver-/Entsorgung Womo	✓
in den Ort	500m
Gesamt/Touristen	250/180
Mietunterkünfte	✓
Stellplätze vor Schranke	✗

4.0 SEHR GUT
31 Bewertungen

Lage	4.2
Ruhe	4.3
Sanitäranlagen	3.5
Sauberkeit Ø	4.2
Freundlichkeit	4.9
Stellplatz	3.9
Verpflegung	3.2
Freizeit	3.8
Preis-Leistung	4.2
Mietunterkünfte	4.3

Geeignet für

Kinder b. 6 J.	4.1
Kinder b. 12 J.	4.1
Kinder b. 18 J.	3.7
Paare	4.2
Senioren	4.2
Gäste mit Zelt	4.2
Gäste mit Hund	4.2

Empfohlene Aktivitäten

- Radfahren
- Schwimmen
- Entspannen

2 Naturcamping Retgendorf

Seestraße 7a
19067 Retgendorf
+49 3866 400 040
53.72776 | 11.50001

01.04. - 30.09.
HS: 26,00 € | NS: 21,00 €
Mehr Infos & Anfrage:
www.camping.info/25030

Baden im See am Platz	✓
Hallenbad	30km
Spielplatz am Platz	✓
Hunde willkommen	✓
zur Hälfte Schatten	✓
WLAN	✓
Lebensmittel	9km
Brötchen am Platz	✓
Restaurant/Imbiss	500m/✓
Ver-/Entsorgung Womo	✓
in den Ort	9km
Gesamt/Touristen	200/100
Mietunterkünfte	✓
Stellplätze vor Schranke	✗

4.1 SEHR GUT
34 Bewertungen

Lage	4.8
Ruhe	4.1
Sanitäranlagen	3.3
Sauberkeit Ø	4.3
Freundlichkeit	4.7
Stellplatz	4.1
Verpflegung	3.4
Freizeit	4.0
Preis-Leistung	4.6
Mietunterkünfte	4.6

Geeignet für

Kinder b. 6 J.	4.4
Kinder b. 12 J.	4.4
Kinder b. 18 J.	4.3
Paare	4.6
Senioren	4.3
Gäste mit Zelt	4.5
Gäste mit Hund	4.6

Empfohlene Aktivitäten

- Schwimmen
- Kayak/Kanu
- Radfahren

3 Ferienpark Seehof

Am Zeltplatz 1
19069 Seehof bei Schwerin
+49 385 51 25 40
53.69778 | 11.43778

01.03. - 31.10.
HS: 35,00 € | NS: 26,00 €
Mehr Infos & Anfrage:
www.camping.info/18117

Baden im See am Platz	✓
Pool/Hallenbad	25/10km
Spielplatz am Platz	✓
Hunde willkommen	✓
zur Hälfte Schatten	✓
WLAN	✗
Lebensmittel	✓
Brötchen am Platz	✓
Restaurant & Imbiss	✓
Ver-/Entsorgung Womo	✓
in den Ort	5km
Gesamt/Touristen	360/230
Mietunterkünfte	✓
Stellplätze vor Schranke	✓

4.5 SEHR GUT
500 Bewertungen

Lage	4.3
Ruhe	4.2
Sanitäranlagen	4.5
Sauberkeit Ø	4.0
Freundlichkeit	4.6
Stellplatz	4.4
Verpflegung	4.2
Freizeit	4.4
Preis-Leistung	4.2
Mietunterkünfte	1.6

Geeignet für

Kinder b. 6 J.	4.5
Kinder b. 12 J.	4.6
Kinder b. 18 J.	4.1
Paare	4.6
Senioren	4.5
Gäste mit Zelt	4.4
Gäste mit Hund	3.9

Empfohlene Aktivitäten

- Schwimmen
- Radfahren
- Entspannen

AWARD 2020

4 Campingplatz Süduferperle

Forststraße 19
19065 Raben-Steinfeld
+49 3860 312
53.60432 | 11.49719

ganzjährig
HS: 26,50 € | NS: 26,50 €
Mehr Infos & Anfrage:
www.camping.info/17898

Baden im See am Platz	✓
Hallenbad	3km
Spielplatz am Platz	✓
Hunde erlaubt	✓
Schatten	✗
WLAN	✓
Lebensmittel	2km
Brötchen am Platz	✓
Restaurant/Imbiss	1km/✓
Ver-/Entsorgung Womo	✓
in den Ort	700m
Gesamt/Touristen	90/60
Mietunterkünfte	✓
Stellplätze vor Schranke	✗

3.6 GUT
40 Bewertungen

Lage	4.5
Ruhe	4.2
Sanitäranlagen	2.9
Sauberkeit Ø	3.5
Freundlichkeit	3.9
Stellplatz	3.4
Verpflegung	2.8
Freizeit	3.6
Preis-Leistung	3.2
Mietunterkünfte	3.5

Geeignet für

Kinder b. 6 J.	2.6
Kinder b. 12 J.	2.9
Kinder b. 18 J.	3.0
Paare	4.0
Senioren	4.1
Gäste mit Zelt	4.1
Gäste mit Hund	3.6

Empfohlene Aktivitäten

- Schwimmen
- Tauchen
- Radfahren

Karte auf Seite 268

5 Campingplatz Sternberger Seenland

Maikamp 11
19406 Sternberg
+49 3847 2534
53.71333 | 11.81277

Infos	
Öffnungszeiten	26.03. - 31.10.
Vergleichspreis	HS: 30,00 € | NS: 20,00 €
Link	**Mehr Infos & Anfrage:** www.camping.info/18124

Ausstattung		
Freizeit	Baden im See am Platz	✓
	Pool/Hallenbad	1/25km
	Spielplatz am Platz	✓
Campingplatz	Hunde willkommen	✓
	zur Hälfte Schatten	✓
	WLAN	✓
Versorgung	Lebensmittel	✓
	Brötchen am Platz	✓
	Restaurant & Imbiss	✓
	Ver-/Entsorgung Womo	✓
	in den Ort	100m
Anzahl der Plätze	Gesamt/Touristen	150/145
	Mietunterkünfte	✓
	Stellplätze vor Schranke	✓

4.5 SEHR GUT – 99 Bewertungen

Lage	4.6
Ruhe	4.2
Sanitäranlagen	4.3
Sauberkeit Ø	4.7
Freundlichkeit	4.7
Stellplatz	4.4
Verpflegung	4.0
Freizeit	4.3
Preis-Leistung	4.4
Mietunterkünfte	4.5

Geeignet für

Kinder b. 6 J.	4.5
Kinder b. 12 J.	4.5
Kinder b. 18 J.	4.0
Paare	4.5
Senioren	4.5
Gäste mit Zelt	4.4
Gäste mit Hund	4.6

Empfohlene Aktivitäten

- Kayak/Kanu
- Schwimmen
- Radfahren

keine WOMOs ab 10 m; Gruppen nur in Nebensaison und mit Reservierung

6 Campingplatz Bützow Kanustation

An der Bleiche/Bützower See
18246 Bützow
+49 1744735598
53.85278 | 11.98008

Infos	
Öffnungszeiten	01.05. - 30.09.
Vergleichspreis	HS: 12,00 €
Link	**Mehr Infos & Anfrage:** www.camping.info/26842

Ausstattung		
Freizeit	Baden im See am Platz	✓
	Pool & Hallenbad	✗
	Spielplatz	✗
Campingplatz	Hunde willkommen	✓
	wenig Schatten	✓
	WLAN	✗
Versorgung	Lebensmittel	500m
	Brötchen am Platz	nur HS
	Restaurant/Imbiss	200m
	Ver-/Entsorgung Womo	✗
	in den Ort	2km
Anzahl der Plätze	Touristenplätze	20
	Mietunterkünfte	✓
	Stellplätze vor Schranke	✗

5.0 AUSGEZEICHNET – 3 Bewertungen

Lage	5.0
Ruhe	5.0
Sanitäranlagen	4.7
Sauberkeit Ø	4.7
Freundlichkeit	5.0
Stellplatz	5.0
Verpflegung	5.0
Freizeit	5.0
Preis-Leistung	5.0
Mietunterkünfte	5.0

Geeignet für

Kinder b. 6 J.	5.0
Kinder b. 12 J.	5.0
Kinder b. 18 J.	5.0
Paare	5.0
Senioren	5.0
Gäste mit Zelt	5.0
Gäste mit Hund	5.0

Empfohlene Aktivitäten

- Radfahren
- Wandern
- Kayak/Kanu

7 Campingplatz Schwaan

Sandgarten 17
18258 Schwaan
+49 3844 813716
53.92076 | 12.10628

Infos	
Öffnungszeiten	01.03. - 31.10.
Vergleichspreis	HS: 22,50 € | NS: 18,50 €
Link	**Mehr Infos & Anfrage:** www.camping.info/17890

Ausstattung		
Freizeit	Baden im Fluss am Platz	✓
	Hallenbad	15km
	Spielplatz am Platz	✓
Campingplatz	Hunde erlaubt	✓
	zur Hälfte Schatten	✓
	WLAN	✓
Versorgung	Lebensmittel	1km
	Brötchen am Platz	nur HS
	Restaurant/Imbiss	3km/✓
	Ver-/Entsorgung Womo	✓
	in den Ort	1km
Anzahl der Plätze	Gesamt/Touristen	280/150
	Mietunterkünfte	✓
	Stellplätze vor Schranke	✗

4.4 SEHR GUT – 34 Bewertungen

Lage	4.6
Ruhe	4.7
Sanitäranlagen	4.3
Sauberkeit Ø	4.7
Freundlichkeit	4.8
Stellplatz	4.4
Verpflegung	3.6
Freizeit	4.1
Preis-Leistung	4.7
Mietunterkünfte	4.5

Geeignet für

Kinder b. 6 J.	4.5
Kinder b. 12 J.	4.5
Kinder b. 18 J.	4.0
Paare	4.6
Senioren	4.7
Gäste mit Zelt	4.7
Gäste mit Hund	4.4

Empfohlene Aktivitäten

- Schwimmen
- Kayak/Kanu
- Radfahren

keine WOMOs ab 8 m; Jugendgruppen nur beschränkt zugelassen

8 Campingplatz am Garder See GmbH

Am See 3
18276 Lohmen
+49 38458-20722
53.68364 | 12.09543

01.04. - 31.10.
HS: 19,20 € | NS: 17,50 €
Mehr Infos & Anfrage:
www.camping.info/18094

Baden im See am Platz	✓
Pool/Hallenbad	20km
Spielplatz am Platz	✓
Hunde erlaubt	✓
zur Hälfte Schatten	✓
WLAN	✓
Lebensmittel	✓
Brötchen am Platz	✓
Restaurant/Imbiss	100m/✓
Ver-/Entsorgung Womo	✓
in den Ort	3km
Gesamt/Touristen	400/150
Mietunterkünfte	✓
Stellplätze vor Schranke	✗

4.8 SEHR GUT 4 Bewertungen

Lage	5.0
Ruhe	5.0
Sanitäranlagen	5.0
Sauberkeit Ø	4.9
Freundlichkeit	5.0
Stellplatz	4.8
Verpflegung	4.5
Freizeit	4.5
Preis-Leistung	5.0
Mietunterkünfte	4.8

Geeignet für

Kinder b. 6 J.	4.8
Kinder b. 12 J.	4.5
Kinder b. 18 J.	4.3
Paare	5.0
Senioren	5.0
Gäste mit Zelt	4.8
Gäste mit Hund	3.5

Empfohlene Aktivitäten
- Schwimmen
- Kayak/Kanu
- Entspannen

9 Camping Dobbertiner See

An der Mühle 4
19399 Dobbertin
+49 174 7378937
53.61825 | 12.06477

01.04. - 15.10.
HS: 19,60 € | NS: 18,60 €
Mehr Infos & Anfrage:
www.camping.info/18122

Baden im See am Platz	✓
Pool & Hallenbad	✗
Spielplatz am Platz	✓
Hunde willkommen	✓
zur Hälfte Schatten	✓
WLAN	✗
Lebensmittel	400m
Brötchen	keine Angabe
Restaurant	400m
Ver-/Entsorgung Womo	✓
in den Ort	400m
Gesamt/Touristen	100/75
Mietunterkünfte	✓
Stellplätze vor Schranke	✗

4.7 SEHR GUT 29 Bewertungen

Lage	4.9
Ruhe	4.8
Sanitäranlagen	4.0
Sauberkeit Ø	4.8
Freundlichkeit	4.8
Stellplatz	4.3
Verpflegung	3.5
Freizeit	4.3
Preis-Leistung	4.8
Mietunterkünfte	4.5

Geeignet für

Kinder b. 6 J.	4.3
Kinder b. 12 J.	4.5
Kinder b. 18 J.	4.1
Paare	4.8
Senioren	4.7
Gäste mit Zelt	4.7
Gäste mit Hund	4.8

Empfohlene Aktivitäten
- Kayak/Kanu
- Schwimmen
- Radfahren

10 Camping Hubert

Badestrand 6
19399 Goldberg
+49 38736 43940
53.60533 | 12.10473

01.04. - 31.10.
HS: 13,00 € | NS: 13,00 €
Mehr Infos & Anfrage:
www.camping.info/23740

Baden im See	200m
Pool & Hallenbad	✗
Spielplatz	500m
Hunde willkommen	✓
Schatten	✗
WLAN	✗
Lebensmittel	1km
Brötchen am Platz	✗
Restaurant/Imbiss	✓/500m
Ver-/Entsorgung Womo	✓
in den Ort	1km
Touristenplätze	50
Mietunterkünfte	✗
Stellplätze vor Schranke	✗

3.8 GUT 10 Bewertungen

Lage	4.1
Ruhe	5.0
Sanitäranlagen	3.6
Sauberkeit Ø	4.2
Freundlichkeit	4.4
Stellplatz	3.8
Verpflegung	2.1
Freizeit	3.0
Preis-Leistung	4.7
Mietunterkünfte	-

Geeignet für

Kinder b. 6 J.	3.4
Kinder b. 12 J.	3.1
Kinder b. 18 J.	2.3
Paare	4.1
Senioren	4.4
Gäste mit Zelt	4.0
Gäste mit Hund	4.3

Empfohlene Aktivitäten
- Radfahren
- Wandern
- Entspannen

11 Krakow am See

Windfang 1
18292 Krakow am See
+49 38457 50774
53.67008 | 12.27522

ganzjährig
HS: 27,50 € | NS: 23,50 €
Mehr Infos & online buchen:
www.camping.info/18095

Baden im See am Platz	✓
Pool/Hallenbad	2/21km
Spielplatz am Platz	✓
Hunde willkommen	✓
Schatten	✗
WLAN	✗
Lebensmittel	✓
Brötchen am Platz	nur HS
Restaurant/Imbiss	2km/✓
Ver-/Entsorgung Womo	✓
in den Ort	2km
Gesamt	keine Angabe
Mietunterkünfte	✓
Stellplätze vor Schranke	✓

4.3 SEHR GUT 27 Bewertungen

Lage	4.7
Ruhe	4.4
Sanitäranlagen	4.3
Sauberkeit Ø	4.5
Freundlichkeit	4.9
Stellplatz	4.0
Verpflegung	3.3
Freizeit	4.0
Preis-Leistung	4.3
Mietunterkünfte	3.8

Geeignet für

Kinder b. 6 J.	4.5
Kinder b. 12 J.	4.6
Kinder b. 18 J.	4.3
Paare	4.6
Senioren	4.6
Gäste mit Zelt	4.5
Gäste mit Hund	4.7

Empfohlene Aktivitäten
- Schwimmen
- Radfahren
- Entspannen

Karte auf Seite 268

12 Campingoase Waldsee

Köhlerweg 9
19399 Neu Poserin OT Wooster Teerofen

53.59021 | 12.21332

14.04. - 31.10.
HS: 22,00 €
Mehr Infos & Anfrage:
www.camping.info/24278

Baden in nat. Gewässer	k. A.
Pool & Hallenbad	✗
Spielplatz am Platz	✓
Hunde erlaubt	✓
zur Hälfte Schatten	✓
WLAN	✗
Lebensmittel	12km
Brötchen am Platz	✓
Restaurant/Imbiss	8km/✓
Ver-/Entsorgung Womo	✓
in den Ort	100m
Gesamt/Touristen	80/40
Mietunterkünfte	✓
Stellplätze vor Schranke	✓

4.7 SEHR GUT, 6 Bewertungen

Lage	4.8
Ruhe	4.7
Sanitäranlagen	4.2
Sauberkeit Ø	4.9
Freundlichkeit	5.0
Stellplatz	4.2
Verpflegung	3.2
Freizeit	4.4
Preis-Leistung	4.8
Mietunterkünfte	3.0

Geeignet für

Kinder b. 6 J.	4.5
Kinder b. 12 J.	4.7
Kinder b. 18 J.	4.0
Paare	4.5
Senioren	4.8
Gäste mit Zelt	4.8
Gäste mit Hund	4.5

Empfohlene Aktivitäten

- Schwimmen
- Angeln
- Radfahren

13 Camping am See Alt Schwerin

An den Schaftannen 1
17214 Alt Schwerin
+49 39932 42073

53.5228 | 12.3194

01.04. - 31.10.
HS: 28,00 € | NS: 24,00 €
Mehr Infos & online buchen:
www.camping.info/22864

Baden im See am Platz	✓
Pool/Hallenbad	15/12km
Spielplatz am Platz	✓
Hunde willkommen	✓
wenig Schatten	✓
WLAN (gegen Gebühr)	✓
Lebensmittel	5km
Brötchen am Platz	✓
Restaurant/Imbiss	✓/5km
Ver-/Entsorgung Womo	✓
in den Ort	2km
Gesamt/Touristen	187/142
Mietunterkünfte	✓
Stellplätze vor Schranke	✗

4.2 SEHR GUT, 72 Bewertungen

Lage	4.4
Ruhe	4.0
Sanitäranlagen	3.8
Sauberkeit Ø	4.3
Freundlichkeit	4.5
Stellplatz	4.1
Verpflegung	3.4
Freizeit	3.9
Preis-Leistung	4.2
Mietunterkünfte	3.5

Geeignet für

Kinder b. 6 J.	4.1
Kinder b. 12 J.	4.2
Kinder b. 18 J.	3.9
Paare	4.6
Senioren	4.4
Gäste mit Zelt	4.2
Gäste mit Hund	4.4

Empfohlene Aktivitäten

- Schwimmen
- Radfahren
- Motorboot

14 Inselcamping Werder

FKK

Insel Werder 8
17214 Alt-Schwerin
+49 39932 42074

53.48558 | 12.32257

01.04. - 31.10.
15.12. - 31.03.
HS: 26,80 € | NS: 21,80 €
Mehr Infos & Anfrage:
www.camping.info/18056

Baden im See am Platz	✓
Pool/Hallenbad	10/15km
Spielplatz am Platz	✓
Hunde willkommen	✓
wenig Schatten	✓
WLAN (begrenzt gratis)	✓
Lebensmittel	5km
Brötchen am Platz	nur HS
Restaurant/Imbiss	2km/✓
Ver-/Entsorgung Womo	✓
in den Ort	5km
Gesamt/Touristen	200/20
Mietunterkünfte	✓
Stellplätze vor Schranke	✓

3.6 GUT, 13 Bewertungen

Lage	4.4
Ruhe	4.7
Sanitäranlagen	4.4
Sauberkeit Ø	4.8
Freundlichkeit	4.7
Stellplatz	4.0
Verpflegung	3.0
Freizeit	3.6
Preis-Leistung	4.3
Mietunterkünfte	3.0

Geeignet für

Kinder b. 6 J.	4.9
Kinder b. 12 J.	4.3
Kinder b. 18 J.	3.7
Paare	4.9
Senioren	5.0
Gäste mit Zelt	4.0
Gäste mit Hund	3.8

Empfohlene Aktivitäten

- Radfahren
- Schwimmen
- Wandern

Infos
Öffnungszeiten
Vergleichspreis
Link

Ausstattung
Freizeit
Campingplatz
Versorgung
Anzahl der Plätze

15 Camping- und Wohnmobilpark Naturcamping Malchow

Zum Plauer See 1
17213 Malchow
+49 39932 49907

53.49294 | 12.37335

ganzjährig

HS: 30,90 € | NS: 22,60 €

Mehr Infos & Anfrage:
www.camping.info/18055

Baden im See am Platz	✓
Pool/Hallenbad	10km
Spielplatz am Platz	✓
Hunde willkommen	✓
zur Hälfte Schatten	✓
WLAN	✓
Lebensmittel	✓
Brötchen am Platz	✓
Restaurant/Imbiss	✓/2km
Ver-/Entsorgung Womo	✓
in den Ort	2km
Gesamt/Touristen	205/130
Mietunterkünfte	✓
Stellplätze vor Schranke	✓

4.1 SEHR GUT
88 Bewertungen

Lage	4.5
Ruhe	4.2
Sanitäranlagen	4.0
Sauberkeit Ø	4.2
Freundlichkeit	4.7
Stellplatz	4.1
Verpflegung	4.0
Freizeit	4.1
Preis-Leistung	4.3
Mietunterkünfte	4.1

Geeignet für

Kinder b. 6 J.	4.5
Kinder b. 12 J.	4.4
Kinder b. 18 J.	3.7
Paare	4.6
Senioren	4.6
Gäste mit Zelt	4.6
Gäste mit Hund	4.6

Empfohlene Aktivitäten

- Schwimmen
- Radfahren
- Angeln

keine WOMOs ab 12 m

16 Heidepark Silz

Am Fleesensee 5
17214 Silz
+49 399 27 70 22 9

53.50809 | 12.45038

01.04. - 30.09.

HS: 22,00 €

Mehr Infos & Anfrage:
www.camping.info/18057

Baden in nat. Gewässer	k. A.
Hallenbad	23km
Spielplatz am Platz	✓
Hunde willkommen	✓
Schatten	✗
WLAN	✓
Lebensmittel	✓
Brötchen	keine Angabe
Restaurant am P.	✓
Ver-/Entsorgung Womo	✓
in den Ort	1km
Gesamt/Touristen	320/25
Mietunterkünfte	✓
Stellplätze vor Schranke	✗

3.8 GUT
4 Bewertungen

Lage	4.0
Ruhe	3.8
Sanitäranlagen	4.0
Sauberkeit Ø	4.7
Freundlichkeit	4.7
Stellplatz	3.8
Verpflegung	3.5
Freizeit	3.5
Preis-Leistung	4.0
Mietunterkünfte	3.0

Geeignet für

Kinder b. 6 J.	4.5
Kinder b. 12 J.	4.5
Kinder b. 18 J.	3.2
Paare	4.0
Senioren	4.0
Gäste mit Zelt	3.7
Gäste mit Hund	3.7

Empfohlene Aktivitäten

- Schwimmen
- Radfahren
- Angeln

17 Wald- und Seeblick Camp ZISLOW

Waldchaussee 1
17209 Zislow
+49 39924 2002

53.44199 | 12.31322

ganzjährig

HS: 25,00 € | NS: 21,00 €

Mehr Infos & online buchen:
www.camping.info/17896

Baden im See am Platz	✓
Hallenbad	30km
Spielplatz am Platz	✓
Hunde willkommen	✓
wenig Schatten	✓
WLAN	✓
Lebensmittel	✓
Brötchen am Platz	nur HS
Restaurant/Imbiss	600m/✓
Ver-/Entsorgung Womo	✓
in den Ort	1km
Gesamt/Touristen	388/193
Mietunterkünfte	✓
Stellplätze vor Schranke	✗

4.1 SEHR GUT
33 Bewertungen

Lage	4.7
Ruhe	4.4
Sanitäranlagen	4.0
Sauberkeit Ø	4.3
Freundlichkeit	4.3
Stellplatz	4.0
Verpflegung	3.4
Freizeit	3.7
Preis-Leistung	3.8
Mietunterkünfte	3.5

Geeignet für

Kinder b. 6 J.	4.0
Kinder b. 12 J.	3.7
Kinder b. 18 J.	3.2
Paare	4.4
Senioren	4.4
Gäste mit Zelt	4.1
Gäste mit Hund	4.3

Empfohlene Aktivitäten

- Radfahren
- Entspannen
- Schwimmen

18 Naturcamping Zwei Seen

Waldchaussee 2
17209 Zislow
+49 399 242 9018

53.4475 | 12.31056

15.03. - 15.10.

HS: 29,20 € | NS: 20,80 €

Mehr Infos & Anfrage:
www.camping.info/18053

Baden im See am Platz	✓
Pool & Hallenbad	✗
Spielplatz am Platz	✓
Hunde willkommen	✓
zur Hälfte Schatten	✓
WLAN (begrenzt gratis)	✓
Lebensmittel	✓
Brötchen am Platz	✓
Imbiss	✓
Ver-/Entsorgung Womo	✓
in den Ort	2km
Gesamt/Touristen	450/235
Mietunterkünfte	✓
Stellplätze vor Schranke	✗

4.0 SEHR GUT
86 Bewertungen

Lage	4.7
Ruhe	4.3
Sanitäranlagen	4.0
Sauberkeit Ø	4.3
Freundlichkeit	4.2
Stellplatz	3.8
Verpflegung	3.5
Freizeit	4.0
Preis-Leistung	4.0
Mietunterkünfte	4.3

Geeignet für

Kinder b. 6 J.	4.2
Kinder b. 12 J.	4.2
Kinder b. 18 J.	3.8
Paare	4.3
Senioren	4.0
Gäste mit Zelt	4.3
Gäste mit Hund	4.4

Empfohlene Aktivitäten

- Schwimmen
- Entspannen
- Radfahren

keine Truck-WOMOs (Gewicht) und alleinr. Jugendliche;Jugendgr. mit Betreuer

Karte auf Seite 268

	20	21	22
	Campingplatz Bad Stuer	**Camping am Blanksee**	**Barracuda Beach Camping**
	Seeufer 20 17209 Bad Stuer +49 39924 791370 53.38881 | 12.31092	Am Blanksee 1 19376 Klein-Pankow +49 387 242 2590 53.38874 | 12.01802	Am See 7 19306 Neustadt-Glewe 038757-595424 53.39179 | 11.58018
Infos			
Öffnungszeiten	keine Angabe	01.04. - 31.10.	15.04. - 31.10.
Vergleichspreis	HS: 27,00 € | NS: 25,00 €	HS: 27,50 € | NS: 17,00 €	HS: 25,00 € | NS: 25,00 €
Link	**Mehr Infos & Anfrage:** www.camping.info/18052	**Mehr Infos & Anfrage:** www.camping.info/23152	**Mehr Infos & Anfrage:** www.camping.info/26877
Ausstattung			
Freizeit	Baden im See 200m Pool & Hallenbad ✗ Spielplatz am Platz ✓	Baden im See am Platz ✓ Pool & Hallenbad ✗ Spielplatz am Platz ✓	Baden im See am Platz ✓ Pool & Hallenbad ✗ Spielplatz am Platz ✓
Campingplatz	Hunde willkommen ✓ wenig Schatten ✓ WLAN (gratis) teilweise	Hunde willkommen ✓ zur Hälfte Schatten ✓ WLAN (gegen Gebühr) ✓	Hunde willkommen ✓ zur Hälfte Schatten ✓ WLAN ✗
Versorgung	Lebensmittel ✓ Brötchen am Platz ✓ Imbiss ✓ Ver-/Entsorgung Womo ✓ in den Ort 1km	Lebensmittel ✓ Brötchen am Platz ✓ Restaurant/Imbiss 10km/✓ Ver-/Entsorgung Womo ✗ in den Ort 1km	Lebensmittel 1km Brötchen am Platz ✗ Restaurant/Imbiss 2km/✓ Ver-/Entsorgung Womo ✓ in den Ort 1km
Anzahl der Plätze	Gesamt/Touristen 150/100 Mietunterkünfte ✓ Stellplätze vor Schranke ✓	Gesamt/Touristen 70/60 Mietunterkünfte ✓ Stellplätze vor Schranke ✗	Touristenplätze 200 Mietunterkünfte ✗ Stellplätze vor Schranke ✗
Bewertung	**4.3** SEHR GUT, 35 Bewertungen	**4.3** SEHR GUT, 29 Bewertungen	**3.5** GUT, 6 Bewertungen
Lage	4.5	4.4	3.7
Ruhe	4.7	4.8	3.3
Sanitäranlagen	4.3	4.1	4.0
Sauberkeit Ø	4.5	4.5	3.6
Freundlichkeit	4.5	4.6	4.0
Stellplatz	4.1	4.1	2.8
Verpflegung	3.8	3.9	2.7
Freizeit	4.1	4.0	3.2
Preis-Leistung	4.5	4.1	3.7
Mietunterkünfte	4.9	4.5	-
Geeignet für			
Kinder b. 6 J.	4.4	4.7	4.2
Kinder b. 12 J.	4.4	4.6	4.3
Kinder b. 18 J.	4.1	3.5	4.2
Paare	4.6	4.5	4.0
Senioren	4.5	4.6	3.0
Gäste mit Zelt	4.6	4.6	4.0
Gäste mit Hund	4.3	4.8	3.7
Empfohlene Aktivitäten	Kayak/Kanu Radfahren Schwimmen	Entspannen Schwimmen Radfahren	Schwimmen Entspannen Radfahren

ECO CAMPING

19 Campingpark Zuruf

Seestraße 38 D
19395 Plau am See - Plötzenhöhe
+49 38735 45878
www.campingpark-zuruf.de
campingpark-zuruf@t-online.de

ganzjährig

HS: 29,90 € | NS: 26,60 €

Mehr Infos & Anfrage:
www.camping.info/18120

Baden im See am Platz	✓
Hallenbad	1km
Spielplatz am Platz	✓
Hunde willkommen	✓
wenig Schatten	✓
WLAN	✓
Lebensmittel	✓
Brötchen am Platz	✓
Restaurant/Imbiss	1km/✓
Ver-/Entsorgung Womo	✓
in den Ort	2km
Gesamt/Touristen	260/150
Mietunterkünfte	✓
Stellplätze vor Schranke	✓

1 km
53.43653 | 12.28887

Der Badestrand bietet Badevergnügen, Naturerlebnis und Entspannung.

Lage & Stellplatz

Traumhafte Lage mit eigenem Badestrand direkt am Ufer des Plauer Sees, nur 2,5 km vom malerischen Plau am See entfernt. Stellplätze sind naturbelassen gestaltet, vielfältige Büsche und Bäume bieten erholsamen Urlaub im Grünen. Komfortplätze mit Wasser-/Abwasseranschluss. Finnhütten & Mietwohnwagen.

Verpflegung

An der „Schilfhütte", dem Bistro mit einer schönen überdachten Sonnenterrasse, bekommt man alles für den kleinen und großen Hunger sowie Getränke, auch vom Fass. In der Rezeption gibt es täglich frische, leckere Brötchen direkt vom Handwerksbäcker sowie Artikel für den Urlaubs- und Frühstücksbedarf.

Sanitär

Die modernen Sanitärgebäude mit Solaranlage entsprechen allen Anforderungen eines 4-Sterne-Campingplatzes mit Ecocamping-Auszeichnung. Sauberkeit steht dabei absolut im Vordergrund. Ein rollstuhlgerechtes Behindertenbad und ein Kinderbad mit Wickelplatz gehören ebenfalls zum Campingpark.

Freizeit

Vom Campingpark sind Bootstouren über den Plauer See bis zur Müritz möglich. Radtouren in die idyllische Umgebung sind ein beliebtes Urlaubsvergnügen. Ein Bootssteg für Gäste mit eigenem Boot sowie Boots- und Fahrradverleih (mit E-Bikes) ergänzen das Angebot. Animationsprogramm für Kinder im Sommer.

Stellplätze direkt am See.

Idyllische Lage am Plauer See.

4.0 SEHR GUT
88 Bewertungen

Lage	4.7
Ruhe	4.1
Sanitäranlagen	4.2
Sauberkeit Ø	4.3
Freundlichkeit	4.4
Stellplatz	3.9
Verpflegung	3.4
Freizeit	4.0
Preis-Leistung	4.0
Mietunterkünfte	3.9

Geeignet für

4.4	Paare
4.4	Senioren
4.3	Gäste mit Zelt
4.1	Kinder b. 6 J.
4.1	Kinder b. 12 J.
3.7	Gäste mit Hund
3.5	Kinder b. 18 J.

Empfohlene Aktivitäten

Schwimmen · Radfahren · Entspannen · Wandern · Kayak/Kanu

Eigener Stellplatzbereich für Gäste mit Hund. Ecocamping.

Karte auf Seite 268

23 Camping und Bootshafen Eldena

Am Bootshafen 1
19294 Eldena
+49 387 552 0020
53.23149 | 11.42566

13.04. - 15.10.
HS: 16,00 € | NS: 16,00 €
Mehr Infos & Anfrage:
www.camping.info/26196

Baden im Fluss am Platz	✓
Pool & Hallenbad	✗
Spielplatz	800m
Hunde willkommen	✓
zur Hälfte Schatten	✓
WLAN	✓
Lebensmittel	700m
Brötchen am Platz	✓
Imbiss	700m
Ver-/Entsorgung Womo	✗
in den Ort	300m
Gesamt/Touristen	30/15
Mietunterkünfte	✗
Stellplätze vor Schranke	✗

4.7 SEHR GUT
16 Bewertungen

Lage	4.5
Ruhe	4.8
Sanitäranlagen	4.1
Sauberkeit Ø	4.9
Freundlichkeit	5.0
Stellplatz	4.5
Verpflegung	4.0
Freizeit	4.0
Preis-Leistung	4.9
Mietunterkünfte	-

Geeignet für

Kinder b. 6 J.	4.1
Kinder b. 12 J.	4.2
Kinder b. 18 J.	4.1
Paare	4.9
Senioren	5.0
Gäste mit Zelt	4.9
Gäste mit Hund	4.7

Empfohlene Aktivitäten

- Kayak/Kanu
- Radfahren
- Motorboot

24 Bootsanleger & Camping Neu Göhren

Neue Straße 9
19294 Neu Göhren
+49 38755 20309
53.22324 | 11.3921

keine Angabe
HS: 12,00 € | NS: 12,00 €
Mehr Infos & Anfrage:
www.camping.info/17893

Baden in nat. Gewässer	k. A.
Pool/Hallenbad	23/32km
Spielplatz am Platz	✓
Hunde willkommen	✓
Schatten	✗
WLAN	teilweise
Lebensmittel	5km
Brötchen am Platz	✓
Restaurant am P.	✓
Ver-/Entsorgung Womo	✓
in den Ort	3km
Gesamt/Touristen	100/30
Mietunterkünfte	✓
Stellplätze vor Schranke	✗

4.3 SEHR GUT
7 Bewertungen

Lage	4.6
Ruhe	4.9
Sanitäranlagen	4.0
Sauberkeit Ø	4.0
Freundlichkeit	4.7
Stellplatz	3.8
Verpflegung	3.8
Freizeit	4.2
Preis-Leistung	4.3
Mietunterkünfte	3.7

Geeignet für

Kinder b. 6 J.	4.8
Kinder b. 12 J.	4.6
Kinder b. 18 J.	4.4
Paare	5.0
Senioren	4.8
Gäste mit Zelt	5.0
Gäste mit Hund	4.8

Empfohlene Aktivitäten

- Motorboot
- Kayak/Kanu
- Radfahren

25 Campingplatz am Wiesengrund

Am Kanal 4
19294 Malliß bei Ludwigslust
+49 38750 21060
53.19555 | 11.34202

01.03. - 31.10.
HS: 20,00 € | NS: 25,00 €
Mehr Infos & Anfrage:
www.camping.info/18118

Baden im Fluss am Platz	✓
Pool & Hallenbad	✗
Spielplatz am Platz	✓
Hunde willkommen	✓
zur Hälfte Schatten	✓
WLAN (gegen Gebühr)	✓
Lebensmittel	3km
Brötchen am Platz	✓
Restaurant & Imbiss	✓
Ver-/Entsorgung Womo	✓
in den Ort	3km
Gesamt/Touristen	100/60
Mietunterkünfte	✓
Stellplätze vor Schranke	✓

4.9 SEHR GUT
33 Bewertungen

Lage	4.8
Ruhe	4.9
Sanitäranlagen	4.6
Sauberkeit Ø	5.0
Freundlichkeit	5.0
Stellplatz	4.5
Verpflegung	4.4
Freizeit	4.4
Preis-Leistung	4.8
Mietunterkünfte	4.9

Geeignet für

Kinder b. 6 J.	4.7
Kinder b. 12 J.	4.8
Kinder b. 18 J.	4.2
Paare	5.0
Senioren	5.0
Gäste mit Zelt	4.9
Gäste mit Hund	4.9

Empfohlene Aktivitäten

- Kayak/Kanu
- Radfahren
- Angeln

keine WOMOs ab 12 m; Jugendgruppen nur beschränkt zugelassen

Infos

Öffnungszeiten
Vergleichspreis
Link

Ausstattung

Freizeit
Campingplatz
Versorgung
Anzahl der Plätze

BRANDENBURG UND BERLIN

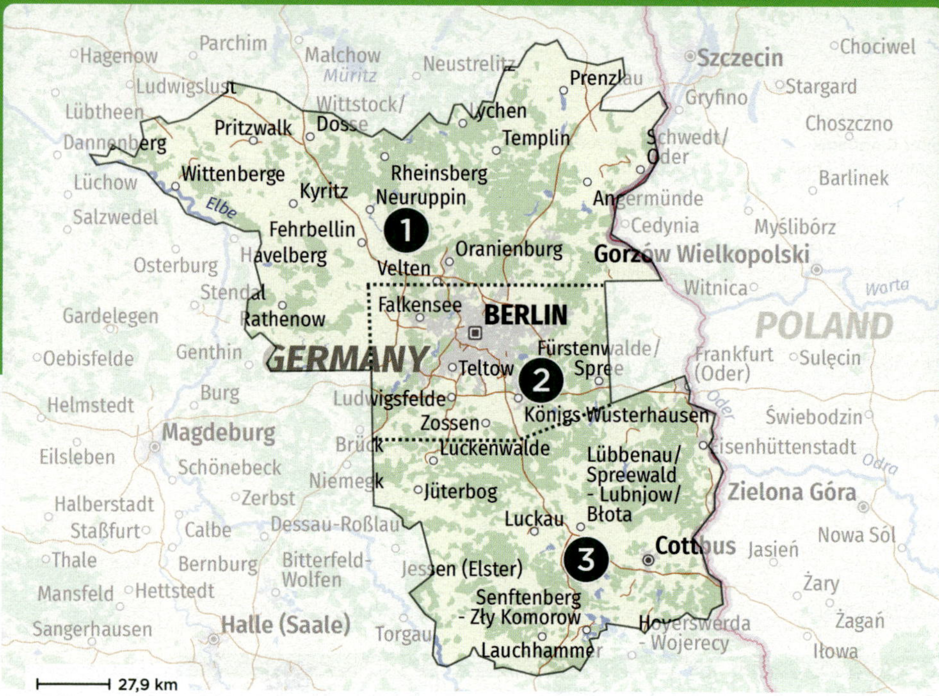

REGIONEN

TIPP DER REDAKTION

Campingplatz am Großen Wentowsee

Brandenburg Nord | Nr. 11 | Seite 286

Laut Gästen ideal geeignet zum:

- Kanu/Kajak
- Entspannen
- Schwimmen

4.7

NATUR, KULTUR UND METROPOLE

3.000 Seen, 15 Naturschutzgebiete sowie jede Menge Kultur und Geschichte machen Brandenburg zu einem begehrten Ziel für den idealen Campingtrip. Dabei erlebt ihr hier nicht nur Tiefenentspannung und Natur pur, sondern auch echtes Großstadtfeeling: Die deutsche Hauptstadt Berlin mit ihren mehr als 3 Millionen Einwohnern ist vollständig von Brandenburg umgeben. Während eines Campingurlaubs im grünen Brandenburg lohnt ein Ausflug in die Metropole, um das internationale Flair der größten Stadt des Landes zu erleben. Ein Bummel über den „Ku'damm" oder den „Alex" stehen dann ebenso auf dem Sightseeing-Programm wie die quasi obligatorische Besichtigung des Brandenburger Tors, des Regierungsviertels oder der Museumsinsel.
Nur wenige Kilometer von Berlin entfernt liegt die Hauptstadt von Brandenburg: Potsdam, die ehemalige Residenzstadt der preußischen Könige, lockt nicht nur mit ihren zahlreichen Schlössern und Parks, unter denen das Weltkulturerbe Schloss Sanssouci sicherlich das berühmteste ist, sondern auch mit spannenden Freizeitangeboten wie dem Filmpark Babelsberg.

Alexanderplatz © Wolfgang Scholvien

SEEN UND FLÜSSE – EIN WASSERLAND

Neben einer langen und wechselvollen Geschichte kann Brandenburg außerdem mit einer beeindruckenden Natur punkten. Außergewöhnlich und europaweit einzigartig präsentiert sich der Spreewald. Die Landschaft ist geprägt von idyllischen Lagunen und 970 Kilometern fließenden Gewässern, die das Biosphärenreservat

Dorfkirche in Ribbeck im Havelland © Steffen Lehmann

durchziehen. Eine Bootsfahrt durch das verwirrende Labyrinth aus Wasserläufen und kleinen Inseln gehört zu jenen Dingen, die man sich bei einem Urlaub in Brandenburg nicht entgehen lassen sollte.
Die vielen Seen und Flussläufe Brandenburgs sind bei Kanu-Wanderern ebenso beliebt wie bei Radfahrern, denn entlang der Kanäle und Flüsse ziehen sich gut ausgebaute Radwege. Der Dahme-Radweg etwa führt direkt aus der deutschen Hauptstadt in das idyllische Umland und in interessante Städte wie Königs Wusterhausen, das nicht nur als Wiege des Rundfunks in Deutschland gilt, sondern auch mit einer schicken Altstadt punkten kann. Eindrucksvoll restaurierte historische Stadtkerne haben auch andere Städte Brandenburgs zu bieten: Neben der Spreewaldstadt Luckau, die mit ihrer Blumenpracht lockt, ist auch Lübbenau mit seinem Schloss ein lohnenswertes Ausflugsziel. Auf die Liste der Städte, die man in Brandenburg besuchen sollte, gehören sicherlich auch Nauen, Templin und Jüterbog, wo noch heute die mächtigen Stadtmauern und Wachtürme von einstiger Größe zeugen.

Schloss Ribbeck © Yorck Maecke

Boote am Werbellinsee © Steffen Lehmann

Sonnenuntergang am Oberuckersee © Steffen Lehmann

SCHLÖSSER UND SÜDSEEPARADIESE

Architektur- und Geschichtsliebhaber finden in Brandenburg zahlreiche Schlösser, Landsitze und Herrenhäuser, die interessante Geschichten zu erzählen haben und auf eine Reise in die Vergangenheit einladen. Ob das Schloss Marquardt im Havelland, die Streleburgen in Storkow und Beeskow oder das Schlossgut Altlandsberg im Oderbruch – sehenswert sind sie alle. Falls während des Heimaturlaubs doch mal Fernweh aufkommen sollte: Bei Briesen in der Gemeinde Halbe ist in der größten freitragenden Halle der Welt ein tropischer Freizeitpark entstanden, der nicht nur mit einer Badelagune, Wasserrutschen und einem Tropendorf aufwarten kann, sondern auch mit einem Regenwald, einer Minigolfanlage und zahlreichen weiteren Attraktionen – hier kommt garantiert echtes Südseefeeling auf.

BERLIN

❶ Brandenburg Nord & Havelland

FREIZEITTIPPS

- **A** Optikpark mit Bismarckturm, Rathenow
- **B** Schloss Rheinsberg, Rheinsberg
- **C** Naturpark Uckermärkische Seen
- **D** Ziegeleipark Mildenberg, Zehdenik

	Platz	Seite	Bewertung	Öffnungszeiten	
1	Naturcampingplatz am Rudower See	284	4.5	saisonal	
2	Caravanhafen Neue Mühle	284	3.7	ganzjährig	*
3	Camping am Glambecksee	284	3.9	ganzjährig	FKK *
4	Camping am Reiherholz	284	4.3	k. A.	
5	Campingplatz am Röblinsee	285	3.4	k. A.	
6	Naturcampingpark Rehberge	285	4.7	saisonal	FKK Ecocamping Onlinebuchung
7	Wurlsee Camping Lychen	285	4.2	saisonal	
8	Campingpark Himmelpfort	286	3.7	saisonal	
9	Campingplatz Schüler	286	4.0	k. A.	
10	Campingplatz Seilershof	286	5.0	saisonal	
11	Campingplatz am Großen Wentowsee	286	4.7	saisonal	Onlinebuchung
12	Camping am Oberuckersee	287	4.5	saisonal	
13	Campingplatz am Oderstrom	287	4.1	saisonal	
14	Campingplatz Am Rottstielfliess	287	4.3	ganzjährig	
15	Campingplatz Stendenitz	288	4.5	saisonal	
16	Knattercamping in Bantikow am See am See	288	4.4	saisonal	FKK Onlinebuchung
17	Camping Wusterhausen	288	4.1	saisonal	Onlinebuchung
18	Campingplatz am Ruppiner See	288	4.6	saisonal	
19	Campingparadies Berolina am Süßen Winkel	289	3.6	saisonal	
20	Triangel Camping Niederfinow	289	3.8	saisonal	
21	Campingpark Buntspecht	290	4.5	saisonal	Ecocamping Onlinebuchung
22	Campingplatz "am STEGGEL" RATHENOW	289	4.3	saisonal	
23	Buhnenhaus	291	4.0	saisonal	
24	Stadtmarina Brandenburg	291	4.7	ganzjährig	* Onlinebuchung
25	Campingclub & Yachthafen Eden	291	3.4	saisonal	

* Wintercamping FKK Textilfrei (ganz/teilweise) Ecocamping Award Onlinebuchung

1 Naturcampingplatz am Rudower See

Leuengarten 9
19309 Lenzen
+49 387 928 0075

53.11028 | 11.54083

01.04. - 31.10.

HS: 18,00 € | NS: 16,00 €

Mehr Infos & Anfrage:
www.camping.info/18119

Baden im See am Platz	✓
Pool & Hallenbad	✗
Spielplatz am Platz	✓
Hunde willkommen	✓
wenig Schatten	✓
WLAN	✗
Lebensmittel	5km
Brötchen am Platz	✓
Restaurant am P.	✓
Ver-/Entsorgung Womo	✗
in den Ort	6km
Gesamt/Touristen	100/60
Mietunterkünfte	✗
Stellplätze vor Schranke	✗

4.5 SEHR GUT
12 Bewertungen

Lage	4.7
Ruhe	4.9
Sanitäranlagen	4.8
Sauberkeit Ø	4.9
Freundlichkeit	5.0
Stellplatz	4.4
Verpflegung	4.1
Freizeit	4.1
Preis-Leistung	5.0
Mietunterkünfte	-

Geeignet für

Kinder b. 6 J.	4.7
Kinder b. 12 J.	4.7
Kinder b. 18 J.	4.2
Paare	4.9
Senioren	4.9
Gäste mit Zelt	4.8
Gäste mit Hund	4.4

Empfohlene Aktivitäten

- Radfahren
- Entspannen
- Schwimmen

2 Caravanhafen Neue Mühle

✻

Neue Mühle 3
19348 Perleberg
+49 387 630 1010

53.09158 | 11.87044

ganzjährig

HS: 12,00 € | NS: 12,00 €

Mehr Infos & Anfrage:
www.camping.info/23833

Baden im Fluss am Platz	✓
Hallenbad	3km
Spielplatz am Platz	✓
Hunde willkommen	✓
viel Schatten	✓
WLAN	✓
Lebensmittel	✓
Brötchen am Platz	✗
Restaurant am P.	✓
Ver-/Entsorgung Womo	✓
in den Ort	500m
Gesamt	20
Mietunterkünfte	✓
Stellplätze vor Schranke	✓

3.7 GUT
10 Bewertungen

Lage	4.5
Ruhe	4.9
Sanitäranlagen	3.1
Sauberkeit Ø	3.6
Freundlichkeit	4.6
Stellplatz	3.7
Verpflegung	3.1
Freizeit	3.6
Preis-Leistung	4.5
Mietunterkünfte	-

Geeignet für

Kinder b. 6 J.	3.0
Kinder b. 12 J.	3.0
Kinder b. 18 J.	2.8
Paare	4.3
Senioren	4.4
Gäste mit Zelt	4.0
Gäste mit Hund	4.0

Empfohlene Aktivitäten

- Wandern
- Entspannen
- Radfahren

3 Camping am Glambecksee

FKK ✻

Glambeckweg 1
16909 Wittstock OT Berlinchen
+49 33966 60273

53.25138 | 12.62555

ganzjährig

HS: 19,00 €

Mehr Infos & Anfrage:
www.camping.info/18046

Baden in nat. Gewässer	k. A.
Pool & Hallenbad	✗
Spielplatz am Platz	✓
Hunde willkommen	✓
zur Hälfte Schatten	✓
WLAN	✓
Lebensmittel	✓
Brötchen	keine Angabe
Restaurant & Imbiss	✓
Ver-/Entsorgung Womo	✓
in den Ort	2km
Gesamt/Touristen	100/50
Mietunterkünfte	✓
Stellplätze vor Schranke	✗

3.9 GUT
7 Bewertungen

Lage	4.7
Ruhe	4.8
Sanitäranlagen	3.7
Sauberkeit Ø	4.1
Freundlichkeit	4.7
Stellplatz	3.9
Verpflegung	4.4
Freizeit	4.2
Preis-Leistung	4.7
Mietunterkünfte	4.5

Geeignet für

Kinder b. 6 J.	5.0
Kinder b. 12 J.	5.0
Kinder b. 18 J.	4.3
Paare	5.0
Senioren	4.8
Gäste mit Zelt	5.0
Gäste mit Hund	4.8

Empfohlene Aktivitäten

- Angeln
- Schwimmen
- Wandern

4 Camping am Reiherholz

Zechlinerhütter Str. 2
16837 Kagar bei Rheinsberg
+49 33923 70363

53.13563 | 12.81955

keine Angabe

keine Angabe

Mehr Infos & Anfrage:
www.camping.info/18043

Baden im See	300m
Pool & Hallenbad	✗
Spielplatz am Platz	✓
Hunde erlaubt	✓
Schatten	✗
WLAN	✗
Lebensmittel	300m
Brötchen	keine Angabe
Restaurant am P.	✓
Ver-/Entsorgung Womo	✗
in den Ort	700m
Gesamt/Touristen	110/70
Mietunterkünfte	✓
Stellplätze vor Schranke	✗

4.3 SEHR GUT
7 Bewertungen

Lage	4.3
Ruhe	4.9
Sanitäranlagen	4.4
Sauberkeit Ø	4.8
Freundlichkeit	5.0
Stellplatz	4.3
Verpflegung	3.5
Freizeit	3.9
Preis-Leistung	4.7
Mietunterkünfte	4.7

Geeignet für

Kinder b. 6 J.	4.0
Kinder b. 12 J.	4.7
Kinder b. 18 J.	4.5
Paare	5.0
Senioren	5.0
Gäste mit Zelt	5.0
Gäste mit Hund	5.0

Empfohlene Aktivitäten

- Radfahren
- Wandern
- Entspannen

Karte auf Seite 282

5 Campingplatz am Röblinsee

Röblinsee Nord 1
16798 Fürstenberg

53.18639 | 13.13111

keine Angabe

keine Angabe
Mehr Infos & Anfrage: www.camping.info/22293

Baden in nat. Gewässer	k. A.
Pool & Hallenbad	✗
Spielplatz	keine Angabe
Hunde	✗
Schatten	✗
WLAN	keine Angabe
Lebensmittel	k.A.
Brötchen	keine Angabe
Restaurant & Imbiss	✗
Ver-/Entsorgung Womo	✗
in den Ort	keine Angabe
Gesamt	keine Angabe
Mietunterkünfte	✗
Stellplätze vor Schranke	✗

3.4 GUT
5 Bewertungen

Lage	4.4
Ruhe	4.4
Sanitäranlagen	2.8
Sauberkeit Ø	3.1
Freundlichkeit	4.3
Stellplatz	2.8
Verpflegung	2.4
Freizeit	3.6
Preis-Leistung	3.6
Mietunterkünfte	-

Geeignet für

Kinder b. 6 J.	3.8
Kinder b. 12 J.	3.8
Kinder b. 18 J.	2.8
Paare	3.8
Senioren	3.0
Gäste mit Zelt	4.7
Hunde n. erlaubt	-

Empfohlene Aktivitäten

- Kayak/Kanu
- Schwimmen
- Angeln

6 Naturcampingpark Rehberge

FKK

Lychener Str. 8
17279 Lychen OT Retzow
+49 39888 2604

53.22408 | 13.28292

01.04. - 31.10.

HS: 26,00 € | NS: 22,00 €
Mehr Infos & online buchen: www.camping.info/22294

Baden im See am Platz	✓
Pool/Hallenbad	20km
Spielplatz am Platz	✓
Hunde willkommen	✓
zur Hälfte Schatten	✓
WLAN (gratis)	teilweise
Lebensmittel	1km
Brötchen am Platz	nur HS
Restaurant/Imbiss	1/2km
Ver-/Entsorgung Womo	✓
in den Ort	1km
Gesamt/Touristen	170/50
Mietunterkünfte	✓
Stellplätze vor Schranke	✗

4.7 SEHR GUT
222 Bewertungen

Lage	4.8
Ruhe	4.7
Sanitäranlagen	4.7
Sauberkeit Ø	4.8
Freundlichkeit	4.8
Stellplatz	4.5
Verpflegung	3.1
Freizeit	4.3
Preis-Leistung	4.6
Mietunterkünfte	4.8

Geeignet für

Kinder b. 6 J.	4.6
Kinder b. 12 J.	4.7
Kinder b. 18 J.	4.2
Paare	4.8
Senioren	4.6
Gäste mit Zelt	4.8
Gäste mit Hund	4.7

Empfohlene Aktivitäten

- Schwimmen
- Kayak/Kanu
- Radfahren

Keine Aufnahme von Gruppen (maximal 4 Erwachsene).

7 Wurlsee Camping Lychen

Strelitzer Straße 5b
17279 Lychen
+49 398 88 2509 (01.05.06 - 30.09.06)

53.21897 | 13.30617

01.04. - 31.10.

HS: 26,50 € | NS: 22,00 €
Mehr Infos & Anfrage: www.camping.info/18074

Baden in nat. Gewässer	k. A.
Pool/Hallenbad	1/2km
Spielplatz am Platz	✓
Hunde erlaubt	✓
Schatten	✗
WLAN	✗
Lebensmittel	✗
Brötchen am Platz	nur HS
Restaurant	300m
Ver-/Entsorgung Womo	✓
in den Ort	500m
Gesamt/Touristen	120/40
Mietunterkünfte	✗
Stellplätze vor Schranke	✗

4.2 SEHR GUT
13 Bewertungen

Lage	4.7
Ruhe	4.8
Sanitäranlagen	4.1
Sauberkeit Ø	4.2
Freundlichkeit	3.9
Stellplatz	3.5
Verpflegung	2.1
Freizeit	3.9
Preis-Leistung	4.3
Mietunterkünfte	-

Geeignet für

Kinder b. 6 J.	4.3
Kinder b. 12 J.	4.8
Kinder b. 18 J.	4.3
Paare	4.9
Senioren	4.6
Gäste mit Zelt	4.9
Gäste mit Hund	4.0

Empfohlene Aktivitäten

- Angeln
- Schwimmen
- Radfahren

Infos

Öffnungszeiten
Vergleichspreis
Link

Ausstattung

Freizeit
Campingplatz
Versorgung
Anzahl der Plätze

8 Campingpark Himmelpfort

Am Stolpsee 1
16798 Himmelfort/Berlin
+49 33 089 41 238

53.16801 | 13.23494

01.04. - 03.10.

HS: 30,00 € | NS: 30,00 €

Mehr Infos & Anfrage:
www.camping.info/18038

Baden im See am Platz	✓
Hallenbad	30km
Spielplatz am Platz	✓
Hunde erlaubt	✓
wenig Schatten	✓
WLAN	✗
Lebensmittel	✓
Brötchen am Platz	✓
Restaurant & Imbiss	✓
Ver-/Entsorgung Womo	✓
in den Ort	1km
Gesamt/Touristen	140/90
Mietunterkünfte	✓
Stellplätze vor Schranke	✗

3.7 GUT
48 Bewertungen

Lage	4.7
Ruhe	4.2
Sanitäranlagen	3.5
Sauberkeit Ø	3.8
Freundlichkeit	3.8
Stellplatz	3.7
Verpflegung	3.6
Freizeit	4.0
Preis-Leistung	3.3
Mietunterkünfte	3.5

Geeignet für

Kinder b. 6 J.	3.9
Kinder b. 12 J.	4.0
Kinder b. 18 J.	3.8
Paare	4.2
Senioren	4.1
Gäste mit Zelt	4.2
Gäste mit Hund	4.2

Empfohlene Aktivitäten

- Kayak/Kanu
- Schwimmen
- Wandern

9 Campingplatz Schüler

Seestraße 11
16775 Altglobsow

53.13022 | 13.11557

keine Angabe

keine Angabe

Mehr Infos & Anfrage:
www.camping.info/17877

Baden in nat. Gewässer	k. A.
Pool & Hallenbad	✗
Spielplatz	keine Angabe
Hunde	✗
Schatten	✗
WLAN	keine Angabe
Lebensmittel	k.A.
Brötchen	keine Angabe
Restaurant & Imbiss	✗
Ver-/Entsorgung Womo	✗
in den Ort	keine Angabe
Gesamt	keine Angabe
Mietunterkünfte	✗
Stellplätze vor Schranke	✗

4.0 SEHR GUT
4 Bewertungen

Lage	4.2
Ruhe	4.5
Sanitäranlagen	4.2
Sauberkeit Ø	4.0
Freundlichkeit	4.0
Stellplatz	4.0
Verpflegung	4.8
Freizeit	3.8
Preis-Leistung	4.3
Mietunterkünfte	-

Geeignet für

Kinder b. 6 J.	4.5
Kinder b. 12 J.	4.5
Kinder b. 18 J.	3.5
Paare	4.0
Senioren	4.7
Gäste mit Zelt	3.7
Hunde n. erlaubt	-

Empfohlene Aktivitäten

- Radfahren
- Wandern
- Kultur

10 Campingplatz Seilershof

Hauptstraße 28a
16775 Gransee
+49 330 857 0311

53.07436 | 13.17541

01.04. - 31.10.

HS: 20,00 €

Mehr Infos & Anfrage:
www.camping.info/23968

Baden im See am Platz	✓
Pool & Hallenbad	✗
Spielplatz am Platz	✓
Hunde willkommen	✓
wenig Schatten	✓
WLAN	✓
Lebensmittel	✓
Brötchen am Platz	nur HS
Restaurant/Imbiss	9/1km
Ver-/Entsorgung Womo	✗
im Ort	✓
Gesamt/Touristen	60/25
Mietunterkünfte	✗
Stellplätze vor Schranke	✗

5.0 AUSGEZEICHNET
4 Bewertungen

Lage	5.0
Ruhe	5.0
Sanitäranlagen	5.0
Sauberkeit Ø	5.0
Freundlichkeit	5.0
Stellplatz	4.8
Verpflegung	5.0
Freizeit	4.5
Preis-Leistung	5.0
Mietunterkünfte	-

Geeignet für

Kinder b. 6 J.	5.0
Kinder b. 12 J.	5.0
Kinder b. 18 J.	4.3
Paare	5.0
Senioren	3.7
Gäste mit Zelt	5.0
Gäste mit Hund	4.3

Empfohlene Aktivitäten

- Angeln
- Wandern
- Entspannen

11 Campingplatz am Großen Wentowsee

Ringslebenerstrasse 2
16798 Fürstenberg
+49 176 390 583 83

53.06256 | 13.27307

09.04. - 04.10.

HS: 26,00 € | NS: 23,00 €

Mehr Infos & online buchen:
www.camping.info/26235

Baden im See am Platz	✓
Pool & Hallenbad	✗
Spielplatz	✗
Hunde willkommen	✓
zur Hälfte Schatten	✓
WLAN	✓
Lebensmittel	2km
Brötchen am Platz	✓
Restaurant	2km
Ver-/Entsorgung Womo	✓
in den Ort	1km
Gesamt/Touristen	60/40
Mietunterkünfte	✓
Stellplätze vor Schranke	✗

4.7 SEHR GUT
40 Bewertungen

Lage	4.7
Ruhe	4.9
Sanitäranlagen	4.5
Sauberkeit Ø	4.8
Freundlichkeit	4.7
Stellplatz	4.3
Verpflegung	3.7
Freizeit	4.3
Preis-Leistung	4.7
Mietunterkünfte	4.4

Geeignet für

Kinder b. 6 J.	1.0
Kinder b. 12 J.	1.0
Kinder b. 18 J.	4.1
Paare	5.0
Senioren	4.9
Gäste mit Zelt	4.9
Gäste mit Hund	4.6

Empfohlene Aktivitäten

- Kayak/Kanu
- Entspannen
- Schwimmen

keine WOMOs ab 12 m; keine Jugendgruppen und Gäste unter 14 Jahren

Karte auf Seite 282

12 Camping am Oberuckersee

Lindenallee 2
17291 Warnitz
+49 39863 459
53.17762 | 13.87362

01.05. - 15.09.
HS: 26,00 € | NS: 24,00 €
Mehr Infos & Anfrage:
www.camping.info/17882

Baden im See am Platz	✓
Pool & Hallenbad	✗
Spielplatz am Platz	✓
Hunde willkommen	✓
zur Hälfte Schatten	✓
WLAN (gegen Gebühr)	✓
Lebensmittel	500m
Brötchen am Platz	✓
Restaurant/Imbiss	800/200m
Ver-/Entsorgung Womo	✓
in den Ort	500m
Gesamt/Touristen	180/130
Mietunterkünfte	✗
Stellplätze vor Schranke	✗

4.5 SEHR GUT
84 Bewertungen

Lage	4.6
Ruhe	4.6
Sanitäranlagen	4.5
Sauberkeit Ø	4.7
Freundlichkeit	4.8
Stellplatz	4.1
Verpflegung	3.6
Freizeit	4.1
Preis-Leistung	4.6
Mietunterkünfte	-

Geeignet für

Kinder b. 6 J.	4.5
Kinder b. 12 J.	4.6
Kinder b. 18 J.	3.9
Paare	4.6
Senioren	4.3
Gäste mit Zelt	4.8
Gäste mit Hund	4.3

Empfohlene Aktivitäten

- Schwimmen
- Radfahren
- Entspannen

Womo's ab 7,50 m auf Anfrage

13 Campingplatz am Oderstrom

Obere Dorfstraße 17
16307 Mescherin
+49 33332 870044
53.24202 | 14.42662

01.04. - 31.10.
HS: 19,00 € | NS: 19,00 €
Mehr Infos & Anfrage:
www.camping.info/23967

Baden in nat. Gewässer	k. A.
Hallenbad	6km
Spielplatz am Platz	✓
Hunde willkommen	✓
wenig Schatten	✓
WLAN (gratis)	teilweise
Lebensmittel	10km
Brötchen am Platz	✓
Restaurant am P.	✓
Ver-/Entsorgung Womo	✓
in den Ort	keine Angabe
Gesamt/Touristen	50/40
Mietunterkünfte	✓
Stellplätze vor Schranke	✓

4.1 SEHR GUT
22 Bewertungen

Lage	4.5
Ruhe	4.5
Sanitäranlagen	3.3
Sauberkeit Ø	4.2
Freundlichkeit	4.5
Stellplatz	3.8
Verpflegung	3.6
Freizeit	3.5
Preis-Leistung	4.2
Mietunterkünfte	3.6

Geeignet für

Kinder b. 6 J.	3.7
Kinder b. 12 J.	3.5
Kinder b. 18 J.	3.2
Paare	4.6
Senioren	4.7
Gäste mit Zelt	4.7
Gäste mit Hund	4.2

Empfohlene Aktivitäten

- Radfahren
- Angeln
- Kayak/Kanu

14 Campingplatz Am Rottstielfliess

Forsthaus Rottstielfließ
16827 Neuruppin OT Stendenitz
+49 33929 - 70644 & +49 33929 - 50990 (ganzjährig)
53.01944 | 12.81388

ganzjährig
HS: 25,50 €
Mehr Infos & Anfrage:
www.camping.info/17880

Baden in nat. Gewässer	k. A.
Pool/Hallenbad	12km
Spielplatz am Platz	✓
Hunde willkommen	✓
wenig Schatten	✓
WLAN	✓
Lebensmittel	✓
Brötchen am Platz	✓
Restaurant/Imbiss	2km/✓
Ver-/Entsorgung Womo	✓
in den Ort	5km
Gesamt/Touristen	100/80
Mietunterkünfte	✓
Stellplätze vor Schranke	✗

4.3 SEHR GUT
47 Bewertungen

Lage	2.4
Ruhe	2.8
Sanitäranlagen	4.7
Sauberkeit Ø	2.5
Freundlichkeit	4.6
Stellplatz	4.5
Verpflegung	1.8
Freizeit	4.0
Preis-Leistung	4.2
Mietunterkünfte	0.8

Geeignet für

Kinder b. 6 J.	4.0
Kinder b. 12 J.	4.0
Kinder b. 18 J.	3.4
Paare	4.4
Senioren	4.6
Gäste mit Zelt	4.5
Gäste mit Hund	5.0

Empfohlene Aktivitäten

- Kayak/Kanu
- Schwimmen
- Radfahren

Infos

Öffnungszeiten
Vergleichspreis
Link

Ausstattung

Freizeit
Campingplatz
Versorgung
Anzahl der Plätze

15 Campingplatz Stendenitz

Stendenitz
16827 Neuruppin OT Stendenitz
+49 33929 - 70644 & +4933929 - 50990 (ganzjährig)
53.00776 | 12.81952

01.04. - 31.10.
HS: 27,80 € | NS: 25,80 €
Mehr Infos & Anfrage:
www.camping.info/17881

Baden im See am Platz	✓
Pool/Hallenbad	12km
Spielplatz am Platz	✓
Hunde willkommen	✓
wenig Schatten	✓
WLAN (gegen Gebühr)	✓
Lebensmittel	✓
Brötchen am Platz	✓
Restaurant/Imbiss	✓/50m
Ver-/Entsorgung Womo	✓
in den Ort	8km
Gesamt/Touristen	80/60
Mietunterkünfte	✗
Stellplätze vor Schranke	✗

4.5 SEHR GUT
31 Bewertungen

Lage	4.5
Ruhe	4.6
Sanitäranlagen	4.7
Sauberkeit Ø	4.8
Freundlichkeit	4.5
Stellplatz	4.3
Verpflegung	3.7
Freizeit	3.9
Preis-Leistung	4.3
Mietunterkünfte	-

Geeignet für

Kinder b. 6 J.	4.5
Kinder b. 12 J.	4.4
Kinder b. 18 J.	3.8
Paare	4.7
Senioren	4.5
Gäste mit Zelt	4.5
Gäste mit Hund	4.5

Empfohlene Aktivitäten

- Kayak/Kanu
- Schwimmen
- Radfahren

16 Knattercamping in Bantikow am See am See

FKK

Wusterhauser Straße 14
16868 Bantikow
+49 33979 14361
52.93119 | 12.44974

01.04. - 15.10.
HS: 23,00 € | NS: 23,00 €
Mehr Infos & online buchen:
www.camping.info/18044

Baden im See am Platz	✓
Hallenbad	3km
Spielplatz am Platz	✓
Hunde willkommen	✓
zur Hälfte Schatten	✓
WLAN	teilweise
Lebensmittel	✓
Brötchen am Platz	✓
Restaurant/Imbiss	500m/4km
Ver-/Entsorgung Womo	✓
in den Ort	3km
Gesamt/Touristen	150/70
Mietunterkünfte	✓
Stellplätze vor Schranke	✗

4.4 SEHR GUT
37 Bewertungen

Lage	4.7
Ruhe	4.2
Sanitäranlagen	4.2
Sauberkeit Ø	4.5
Freundlichkeit	4.6
Stellplatz	4.1
Verpflegung	3.5
Freizeit	3.7
Preis-Leistung	4.3
Mietunterkünfte	4.4

Geeignet für

Kinder b. 6 J.	4.7
Kinder b. 12 J.	4.6
Kinder b. 18 J.	4.0
Paare	4.7
Senioren	4.7
Gäste mit Zelt	4.9
Gäste mit Hund	4.8

Empfohlene Aktivitäten

- Schwimmen
- Wandern
- Entspannen

17 Camping Wusterhausen

Seestraße 42
16868 Wusterhausen / Dosse
+49 339 791 4274
52.90725 | 12.45845

01.04. - 31.10.
HS: 25,00 € | NS: 25,00 €
Mehr Infos & online buchen:
www.camping.info/18045

Baden im See am Platz	✓
Pool/Hallenbad	300m/✓
Spielplatz am Platz	✓
Hunde willkommen	✓
zur Hälfte Schatten	✓
WLAN (gegen Gebühr)	teilweise
Lebensmittel	300m
Brötchen am Platz	nur HS
Restaurant & Imbiss	✓
Ver-/Entsorgung Womo	✓
im Ort	✓
Gesamt/Touristen	330/80
Mietunterkünfte	✓
Stellplätze vor Schranke	✓

4.1 SEHR GUT
41 Bewertungen

Lage	3.8
Ruhe	4.2
Sanitäranlagen	4.4
Sauberkeit Ø	4.4
Freundlichkeit	4.5
Stellplatz	4.0
Verpflegung	3.7
Freizeit	4.0
Preis-Leistung	4.3
Mietunterkünfte	3.8

Geeignet für

Kinder b. 6 J.	4.1
Kinder b. 12 J.	4.1
Kinder b. 18 J.	3.8
Paare	4.3
Senioren	4.3
Gäste mit Zelt	4.3
Gäste mit Hund	4.2

Empfohlene Aktivitäten

- Schwimmen
- Radfahren
- Angeln

18 Campingplatz am Ruppiner See

Hohes Ende 6
16818 Wustrau
+49 33925 28971
52.85135 | 12.86069

01.04. - 31.10.
HS: 20,60 €
Mehr Infos & Anfrage:
www.camping.info/23250

Baden in nat. Gewässer	k. A.
Pool & Hallenbad	✗
Spielplatz	✗
Hunde willkommen	✓
viel Schatten	✓
WLAN	✓
Lebensmittel	500m
Brötchen am Platz	✗
Restaurant/Imbiss	450/500m
Ver-/Entsorgung Womo	✓
in den Ort	keine Angabe
Gesamt/Touristen	18/10
Mietunterkünfte	✓
Stellplätze vor Schranke	✗

4.6 SEHR GUT
8 Bewertungen

Lage	4.4
Ruhe	4.9
Sanitäranlagen	4.1
Sauberkeit Ø	5.0
Freundlichkeit	5.0
Stellplatz	4.1
Verpflegung	2.0
Freizeit	4.5
Preis-Leistung	5.0
Mietunterkünfte	-

Geeignet für

Kinder b. 6 J.	5.0
Kinder b. 12 J.	4.7
Kinder b. 18 J.	3.3
Paare	5.0
Senioren	4.6
Gäste mit Zelt	5.0
Gäste mit Hund	5.0

Empfohlene Aktivitäten

- Radfahren
- Schwimmen
- Kayak/Kanu

Karte auf Seite 282

19 Campingparadies Berolina am Süßen Winkel

Am Süßen Winkel 1
16244 Schorfheide OT Eichhorst
+49 3335 237
52.9031 | 13.66201

01.04. - 31.10.
HS: 25,00 € | NS: 20,00 €
Mehr Infos & Anfrage:
www.camping.info/18031

Baden im See am Platz	✓
Pool/Hallenbad	12km
Spielplatz am Platz	✓
Hunde	✗
zur Hälfte Schatten	✓
WLAN (gegen Gebühr)	✓
Lebensmittel	✓
Brötchen am Platz	✓
Restaurant/Imbiss	1km/✓
Ver-/Entsorgung Womo	✓
in den Ort	2km
Gesamt/Touristen	240/80
Mietunterkünfte	✗
Stellplätze vor Schranke	✗

3.6 GUT
71 Bewertungen

Lage	4.5
Ruhe	3.7
Sanitäranlagen	3.2
Sauberkeit Ø	3.7
Freundlichkeit	3.8
Stellplatz	3.4
Verpflegung	3.3
Freizeit	3.8
Preis-Leistung	3.6
Mietunterkünfte	-

Geeignet für

Kinder b. 6 J.	4.1
Kinder b. 12 J.	4.1
Kinder b. 18 J.	3.8
Paare	3.7
Senioren	3.7
Gäste mit Zelt	3.9
Hunde n. erlaubt	-

Empfohlene Aktivitäten

- Schwimmen
- Wandern
- Radfahren

20 Triangel Camping Niederfinow

Dorfstraße 31
16248 Niederfinow
+49 33362 70 437
52.84104 | 13.90096

17.04. - 03.10.
HS: 21,00 € | NS: 21,00 €
Mehr Infos & Anfrage:
www.camping.info/18033

Baden im Fluss am Platz	✓
Pool/Hallenbad	13km
Spielplatz	✗
Hunde willkommen	✓
zur Hälfte Schatten	✓
WLAN	✓
Lebensmittel	✓
Brötchen am Platz	✓
Restaurant/Imbiss	2km/✓
Ver-/Entsorgung Womo	✓
in den Ort	2km
Touristenplätze	48
Mietunterkünfte	✓
Stellplätze vor Schranke	✗

3.8 GUT
13 Bewertungen

Lage	4.4
Ruhe	4.8
Sanitäranlagen	3.2
Sauberkeit Ø	4.4
Freundlichkeit	4.5
Stellplatz	4.2
Verpflegung	3.2
Freizeit	4.0
Preis-Leistung	4.3
Mietunterkünfte	4.5

Geeignet für

Kinder b. 6 J.	4.0
Kinder b. 12 J.	4.0
Kinder b. 18 J.	3.5
Paare	4.5
Senioren	4.3
Gäste mit Zelt	4.6
Gäste mit Hund	4.0

Empfohlene Aktivitäten

- Radfahren
- Kayak/Kanu
- Entspannen

22 Campingplatz "am STEGGEL" RATHENOW

Hauptstraße 72
14712 Rathenow bei Brandenburg
+49 3385 499510
52.60792 | 12.27547

15.04. - 15.10.
HS: 27,00 € | NS: 24,60 €
Mehr Infos & Anfrage:
www.camping.info/17996

Baden im See am Platz	✓
Hallenbad	4km
Spielplatz am Platz	✓
Hunde willkommen	✓
Schatten	✗
WLAN (gegen Gebühr)	✓
Lebensmittel	✓
Brötchen am Platz	✓
Restaurant & Imbiss	✓
Ver-/Entsorgung Womo	✓
in den Ort	100m
Gesamt/Touristen	150/100
Mietunterkünfte	✓
Stellplätze vor Schranke	✗

4.3 SEHR GUT
38 Bewertungen

Lage	4.4
Ruhe	4.5
Sanitäranlagen	4.3
Sauberkeit Ø	4.5
Freundlichkeit	4.5
Stellplatz	4.4
Verpflegung	3.5
Freizeit	3.8
Preis-Leistung	4.2
Mietunterkünfte	4.8

Geeignet für

Kinder b. 6 J.	4.6
Kinder b. 12 J.	4.4
Kinder b. 18 J.	3.7
Paare	4.7
Senioren	4.7
Gäste mit Zelt	4.3
Gäste mit Hund	4.1

Empfohlene Aktivitäten

- Schwimmen
- Radfahren
- Angeln

Infos

Öffnungszeiten
Vergleichspreis
Link

Ausstattung

Freizeit
Campingplatz
Versorgung
Anzahl der Plätze

21 Campingpark Buntspecht

Weg zum Zeltplatz 1
14715 Stechow-Ferchesar im Naturpark Westhavelland
+49 33874 90072
www.campingpark-buntspecht.de
campingpark-buntspecht@web.de

01.04. - 15.10.

HS: 36,50 € | NS: 36,50 €

Mehr Infos & online buchen:
www.camping.info/23129

Baden im See am Platz	✓
Pool/Hallenbad	10km
Spielplatz am Platz	✓
Hunde willkommen	✓
zur Hälfte Schatten	✓
WLAN (gegen Gebühr)	✓
Lebensmittel	✓
Brötchen am Platz	✓
Restaurant & Imbiss	✓
Ver-/Entsorgung Womo	✓
in den Ort	1km
Gesamt/Touristen	240/170
Mietunterkünfte	✓
Stellplätze vor Schranke	✗

52.6556 | 12.43445

Luftaufnahme mit Blick auf den Campingplatz und den Ferchesarer See.

Lage & Stellplatz

Der ruhig gelegene Campingpark mit familiärer Atmosphäre befindet sich eingebettet in herrliche märkische Wälder und dem Ferchesarer See im Herzen des Naturparks Westhavelland. Ein hervorragender Ort zum Relaxen und durch die Nähe zu Potsdam und Berlin ideal für Tagesreisen in beide Metropolen.

Verpflegung

Im „Buntspecht" finden Gäste einen kleinen, aber gut ausgestatteten Minimarkt für Waren des täglichen Bedarfs, frische Brötchen, Backwaren, Zeitschriften u. v. m. Das benachbarte Ristorante Pizzeria Don Carlo mit Sonnenterrasse bietet gute Küche, Kaffee- und Eisspezialitäten.

Sanitär

Der Campingpark verfügt über zwei moderne und gepflegte Sanitärgebäude mit Fußbodenheizung (Duschen sind inklusive). Zur Ausstattung gehören ein Babybad, Kleinkinderduschen, ein barrierefreies Bad sowie Familienbäder. Des Weiteren sind Küchen, Spülräume, Waschmaschinen und Trockner vorhanden.

Freizeit

Neben Sport- und Spielanlagen findet man hier einen Abenteuerspielplatz mit Goldwäsche, den beliebten Streichelzoo oder den lustigen Kids-Trecker. Außerdem gibt es einen Badestrand mit Bootsvermietung sowie eine tägliche Kinderanimation während der Hauptsaison. Neu ab 2021: Original Thaimassage.

Die neue Gaststätte.

Spielplatz mit Piratenschiff.

4.5 SEHR GUT
153 Bewertungen

Lage	4.5
Ruhe	4.7
Sanitäranlagen	4.7
Sauberkeit Ø	4.8
Freundlichkeit	4.8
Stellplatz	4.6
Verpflegung	4.2
Freizeit	4.2
Preis-Leistung	4.4
Mietunterkünfte	4.6

Geeignet für

4.8 Gäste mit Zelt

4.8 Gäste mit Hund	4.6 Kinder b. 6 J.	4.6 Senioren
4.7 Paare	4.6 Kinder b. 12 J.	3.9 Kinder b. 18 J.

Empfohlene Aktivitäten

Schwimmen · Wandern · Entspannen · Kayak/Kanu · Radfahren

HS: 01.07. - 31.08.

Karte auf Seite 282

Infos: Öffnungszeiten · Vergleichspreis · Link

Ausstattung: Freizeit · Campingplatz · Versorgung · Anzahl der Plätze

23 Buhnenhaus

Buhnenhaus 1
14776 Brandenburg / Havel

52.38743 | 12.49715

01.04. - 15.10.
HS: 14,00 €
Mehr Infos & Anfrage:
www.camping.info/25205

Baden im See am Platz	✓
Pool & Hallenbad	✗
Spielplatz am Platz	✓
Hunde erlaubt	Nur HS
zur Hälfte Schatten	✓
WLAN	keine Angabe
Lebensmittel	2km
Brötchen am Platz	✗
Restaurant & Imbiss	✓
Ver-/Entsorgung Womo	✓
in den Ort	2km
Gesamt	keine Angabe
Mietunterkünfte	✗
Stellplätze vor Schranke	✗

4.0 SEHR GUT
5 Bewertungen

Lage	4.4
Ruhe	3.8
Sanitäranlagen	3.6
Sauberkeit Ø	4.1
Freundlichkeit	4.6
Stellplatz	3.8
Verpflegung	3.8
Freizeit	3.8
Preis-Leistung	5.0
Mietunterkünfte	-

Geeignet für

Kinder b. 6 J.	2.6
Kinder b. 12 J.	3.2
Kinder b. 18 J.	3.8
Paare	4.6
Senioren	5.0
Gäste mit Zelt	4.3
Gäste mit Hund	5.0

Empfohlene Aktivitäten
- Kayak/Kanu
- Radfahren
- Motorboot

24 Stadtmarina Brandenburg

Am Hafen 7
14770 Brandenburg an der Havel
+49 338 189 081 00

52.42445 | 12.55366

ganzjährig
HS: 18,00 € | NS: 14,00 €
Mehr Infos & online buchen:
www.camping.info/26639

Baden im Fluss am Platz	✓
Pool/Hallenbad	✓/3km
Spielplatz am Platz	✓
Hunde willkommen	✓
zur Hälfte Schatten	✓
WLAN	✓
Lebensmittel	✓
Brötchen am Platz	✗
Restaurant/Imbiss	500m/✓
Ver-/Entsorgung Womo	✓
im Ort	✓
Touristenplätze	25
Mietunterkünfte	✗
Stellplätze vor Schranke	✗

4.7 SEHR GUT
15 Bewertungen

Lage	4.4
Ruhe	4.6
Sanitäranlagen	4.7
Sauberkeit Ø	4.8
Freundlichkeit	4.7
Stellplatz	4.2
Verpflegung	3.7
Freizeit	3.6
Preis-Leistung	4.5
Mietunterkünfte	-

Geeignet für

Kinder b. 6 J.	4.2
Kinder b. 12 J.	4.0
Kinder b. 18 J.	4.3
Paare	4.7
Senioren	4.8
Gäste mit Zelt	3.0
Gäste mit Hund	4.1

Empfohlene Aktivitäten
- Motorboot
- Sightseeing
- Radfahren

25 Campingclub & Yachthafen Eden

Straße zum Wassersportheim 4
14778 Klein-Kreutz bei Brandenburg

52.43582 | 12.6411

01.04. - 31.10.
HS: 17,50 €
Mehr Infos & Anfrage:
www.camping.info/18000

Baden im See am Platz	✓
Pool & Hallenbad	✗
Spielplatz am Platz	✓
Hunde erlaubt	Nur HS
zur Hälfte Schatten	✓
WLAN	keine Angabe
Lebensmittel	2km
Brötchen	keine Angabe
Restaurant & Imbiss	✓
Ver-/Entsorgung Womo	✓
in den Ort	2km
Gesamt	keine Angabe
Mietunterkünfte	✗
Stellplätze vor Schranke	✗

3.4 GUT
5 Bewertungen

Lage	4.4
Ruhe	4.5
Sanitäranlagen	3.5
Sauberkeit Ø	3.0
Freundlichkeit	4.0
Stellplatz	3.2
Verpflegung	2.0
Freizeit	3.4
Preis-Leistung	4.2
Mietunterkünfte	-

Geeignet für

Kinder b. 6 J.	4.7
Kinder b. 12 J.	5.0
Kinder b. 18 J.	3.7
Paare	4.2
Senioren	4.5
Gäste mit Zelt	4.3
Gäste mit Hund	2.0

Empfohlene Aktivitäten
- Kayak/Kanu
- Angeln
- Motorboot

BERLIN

❷ Berlin & Umgebung

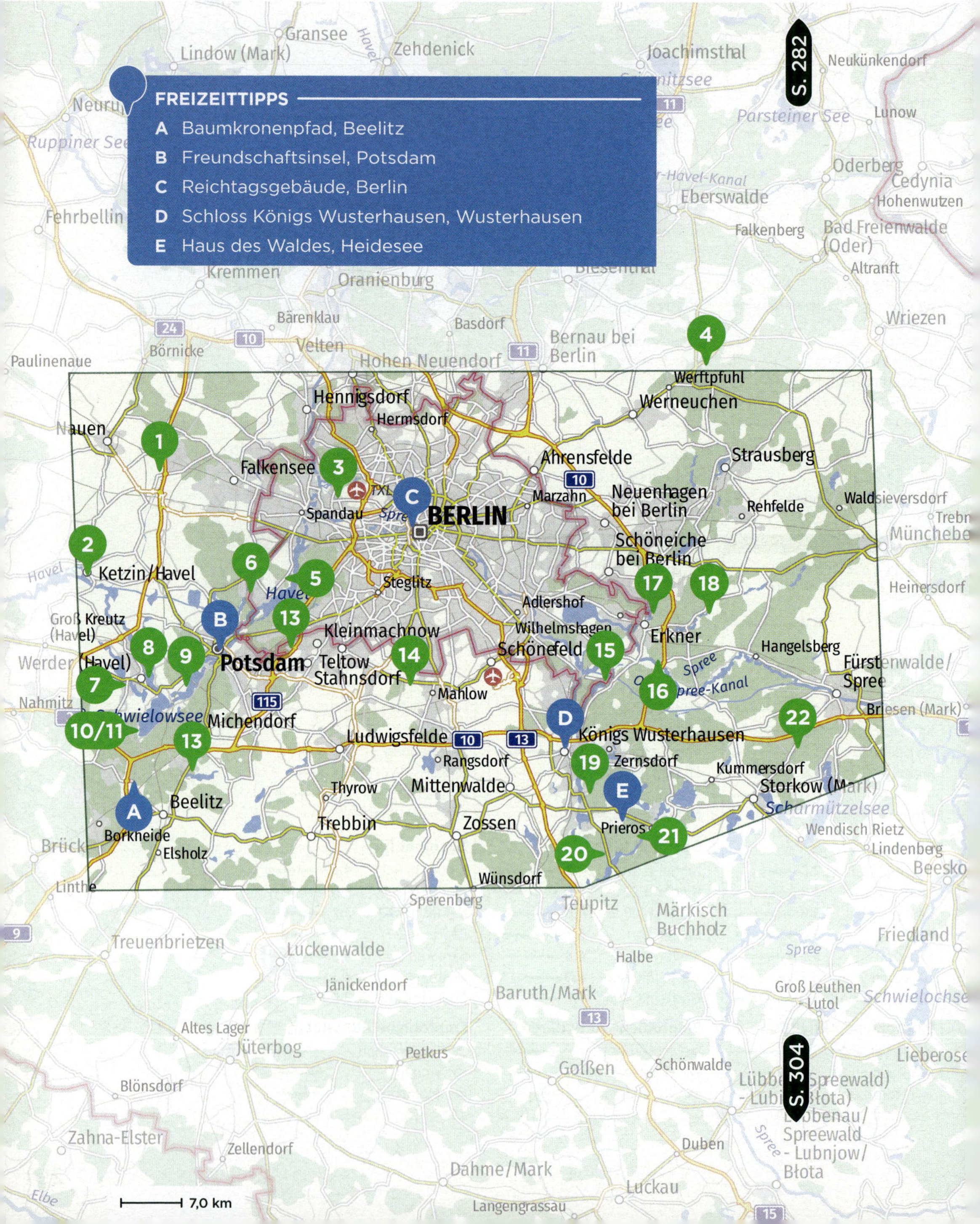

	Platz	Seite	Bewertung	Öffnungszeiten	
1	Camping am Havelkanal	294	3.7	ganzjährig	✱ ϟ
2	Campingplatz An der Havel	294	4.5	saisonal	
3	Hotel & City Camping Nord	294	3.5	ganzjährig	✱
4	Country Camping Tiefensee Voß e.K.	294	4.1	ganzjährig	FKK ✱
5	Camping Gatow	295	3.8	ganzjährig	✱
6	DCC Camping Kladow	295	3.4	ganzjährig	
7	Camping Glindowsee	297	3.9	ganzjährig	✱ Eco
8	Blütencamping Riegelspitze	296	4.5	saisonal	ϟ Award
9	Camping Sanssouci zu Potsdam/Berlin	297	4.5	saisonal	Eco Award
10	Campigplatz Neue Scheune	297	4.2	saisonal	
11	Schwielowsee Camping	298	4.6	saisonal	
12	Campingplatz Icanos	298	3.4	saisonal	
13	Hotel City Camping Süd	298	3.6	ganzjährig	✱
14	Camping bei Berlin	300	4.5	saisonal	
15	Campingplatz Krossinsee 1930 GmbH	298	3.3	ganzjährig	✱
16	Camping Jägerbude	299	3.5	ganzjährig	✱
17	Campingplatz Flakensee (bei Berlin)	302	3.9	saisonal	
18	Naturcampingplatz Mölle- Süd-Camp	299	4.2	saisonal	
19	Camping-Tonsee FKK	299	3.9	ganzjährig	FKK ✱
20	Campingplatz Hölzerner See	303	3.3	saisonal	
21	Campingplatz D66 - Am Schmöldesee bei Prieros	303	4.4	saisonal	ϟ
22	Camping Waldsee	303	4.4	k. A.	

✱ Wintercamping FKK Textilfrei (ganz/teilweise) Ecocamping Award ϟ Onlinebuchung

1 Camping am Havelkanal

Brieselanger Straße 11
14656 Brieselang, OT Zeestow
+49 33234 88634
52.57173 | 12.96611

ganzjährig
keine Angabe
Mehr Infos & online buchen:
www.camping.info/17995

Baden im Fluss am Platz	✓
Pool & Hallenbad	✗
Spielplatz	keine Angabe
Hunde willkommen	✓
zur Hälfte Schatten	✓
WLAN	keine Angabe
Lebensmittel	1km
Brötchen am Platz	✓
Imbiss	✓
Ver-/Entsorgung Womo	✓
in den Ort	2km
Gesamt/Touristen	185/40
Mietunterkünfte	✗
Stellplätze vor Schranke	✓

3.7 GUT – 9 Bewertungen

Lage	3.9
Ruhe	4.0
Sanitäranlagen	3.3
Sauberkeit Ø	3.5
Freundlichkeit	4.4
Stellplatz	3.7
Verpflegung	3.1
Freizeit	3.4
Preis-Leistung	4.3
Mietunterkünfte	-

Geeignet für

Kinder b. 6 J.	3.6
Kinder b. 12 J.	3.6
Kinder b. 18 J.	3.2
Paare	4.4
Senioren	4.6
Gäste mit Zelt	4.0
Gäste mit Hund	4.5

Empfohlene Aktivitäten
- Entspannen
- Sightseeing
- Kultur

2 Campingplatz An der Havel

Friedrich-Ludwig-Jahn Weg 33
14669 Ketzin
+49 33233 21150
52.46998 | 12.84972

01.04. - 31.10.
HS: 22,50 € | NS: 22,50 €
Mehr Infos & Anfrage:
www.camping.info/23147

Baden im Fluss	100m
Pool/Hallenbad	100m/20km
Spielplatz am Platz	✓
Hunde willkommen	✓
wenig Schatten	✓
WLAN (begrenzt gratis)	✓
Lebensmittel	500m
Brötchen am Platz	✓
Restaurant/Imbiss	1km/500m
Ver-/Entsorgung Womo	✓
in den Ort	500m
Gesamt/Touristen	100/50
Mietunterkünfte	✓
Stellplätze vor Schranke	✗

4.5 SEHR GUT – 43 Bewertungen

Lage	4.4
Ruhe	4.6
Sanitäranlagen	4.5
Sauberkeit Ø	4.9
Freundlichkeit	4.9
Stellplatz	4.1
Verpflegung	3.2
Freizeit	4.1
Preis-Leistung	4.8
Mietunterkünfte	5.0

Geeignet für

Kinder b. 6 J.	4.1
Kinder b. 12 J.	4.0
Kinder b. 18 J.	3.6
Paare	4.8
Senioren	4.8
Gäste mit Zelt	4.3
Gäste mit Hund	4.5

Empfohlene Aktivitäten
- Radfahren
- Entspannen
- Kayak/Kanu

3 Hotel & City Camping Nord

Gartenfelder Straße 1
13599 Berlin-Siemensstadt
+49 30 33503633
52.54888 | 13.25638

ganzjährig
HS: 26,00 € | NS: 26,00 €
Mehr Infos & Anfrage:
www.camping.info/17983

Baden im Fluss am Platz	✓
Pool/Hallenbad	1km
Spielplatz am Platz	✓
Hunde willkommen	✓
viel Schatten	✓
WLAN	✓
Lebensmittel	1km
Brötchen am Platz	✓
Imbiss	✓
Ver-/Entsorgung Womo	✓
im Ort	✓
Touristenplätze	40
Mietunterkünfte	✓
Stellplätze vor Schranke	✗

3.5 GUT – 58 Bewertungen

Lage	3.9
Ruhe	2.3
Sanitäranlagen	3.4
Sauberkeit Ø	3.7
Freundlichkeit	4.2
Stellplatz	3.3
Verpflegung	2.8
Freizeit	3.3
Preis-Leistung	3.8
Mietunterkünfte	3.6

Geeignet für

Kinder b. 6 J.	2.8
Kinder b. 12 J.	3.4
Kinder b. 18 J.	3.8
Paare	4.1
Senioren	3.6
Gäste mit Zelt	3.6
Gäste mit Hund	4.1

Empfohlene Aktivitäten
- Sightseeing
- Kultur
- Radfahren

4 Country Camping Tiefensee Voß e.K.

FKK

Schmiedeweg 1
16356 Werneuchen OT Tiefensee
+49 333 989 0514
52.67978 | 13.85045

ganzjährig
HS: 25,00 €
Mehr Infos & Anfrage:
www.camping.info/18034

Baden im See am Platz	✓
Hallenbad	15km
Spielplatz am Platz	✓
Hunde willkommen	✓
zur Hälfte Schatten	✓
WLAN	✗
Lebensmittel	✓
Brötchen am Platz	✓
Restaurant & Imbiss	✓
Ver-/Entsorgung Womo	✓
in den Ort	500m
Gesamt/Touristen	350/100
Mietunterkünfte	✓
Stellplätze vor Schranke	✓

4.1 SEHR GUT – 42 Bewertungen

Lage	4.2
Ruhe	4.3
Sanitäranlagen	4.1
Sauberkeit Ø	4.3
Freundlichkeit	4.5
Stellplatz	3.8
Verpflegung	3.9
Freizeit	3.5
Preis-Leistung	4.0
Mietunterkünfte	4.1

Geeignet für

Kinder b. 6 J.	3.7
Kinder b. 12 J.	4.0
Kinder b. 18 J.	3.6
Paare	4.1
Senioren	4.0
Gäste mit Zelt	4.2
Gäste mit Hund	3.9

Empfohlene Aktivitäten
- Schwimmen
- Wandern
- Entspannen

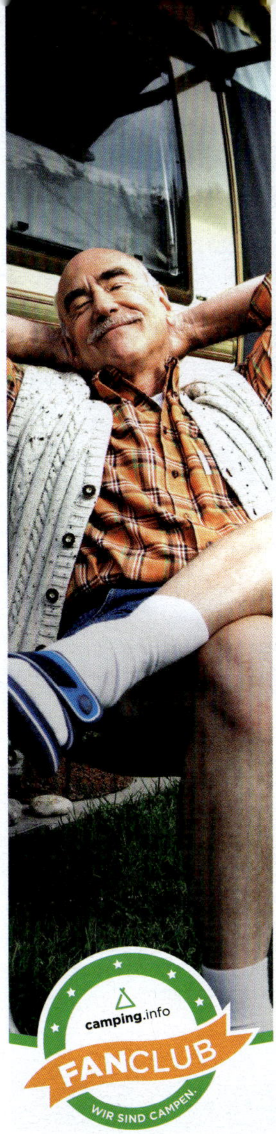

Karte auf Seite 292

	5 Camping Gatow	6 DCC Camping Kladow
	✱	
	Kladower Damm 207-213 14089 Berlin - Spandau +49 303 654 340 52.46528 | 13.16469	Krampnitzerweg 111 - 117 14089 Berlin - Kladow +49 30 365 27 97 52.45389 | 13.11306
Infos		
Öffnungszeiten	ganzjährig	ganzjährig
Vergleichspreis	HS: 24,00 € | NS: 24,00 €	HS: 29,50 € | NS: 29,00 €
Link	**Mehr Infos & Anfrage:** www.camping.info/17985	**Mehr Infos & Anfrage:** www.camping.info/17986
Ausstattung		
Freizeit	Baden in nat. Gewässer k. A. Pool & Hallenbad ✗ Spielplatz am Platz ✓	Baden im See 500m Pool & Hallenbad ✗ Spielplatz am Platz ✓
Campingplatz	Hunde willkommen ✓ wenig Schatten ✓ WLAN (gegen Gebühr) ✓	Hunde willkommen ✓ zur Hälfte Schatten ✓ WLAN (gegen Gebühr) ✓
Versorgung	Lebensmittel 700m Brötchen am Platz nur HS Restaurant/Imbiss 200m/✓ Ver-/Entsorgung Womo ✓ im Ort ✓	Lebensmittel ✓ Brötchen am Platz ✓ Restaurant am P. ✓ Ver-/Entsorgung Womo ✓ in den Ort 500m
Anzahl der Plätze	Gesamt/Touristen 200/120 Mietunterkünfte ✗ Stellplätze vor Schranke ✗	Gesamt/Touristen 710/150 Mietunterkünfte ✓ Stellplätze vor Schranke ✗

	Camping Gatow	DCC Camping Kladow
Bewertung	3.8 GUT, 48 Bewertungen	3.4 GUT, 26 Bewertungen
Lage	4.0	3.8
Ruhe	3.6	4.0
Sanitäranlagen	3.8	3.0
Sauberkeit Ø	4.5	3.5
Freundlichkeit	4.6	3.9
Stellplatz	3.7	3.4
Verpflegung	2.8	3.1
Freizeit	3.5	3.6
Preis-Leistung	3.9	3.5
Mietunterkünfte	-	3.3
Geeignet für		
Kinder b. 6 J.	3.0	3.2
Kinder b. 12 J.	3.1	3.6
Kinder b. 18 J.	3.6	3.4
Paare	4.2	4.2
Senioren	4.2	4.2
Gäste mit Zelt	4.0	3.7
Gäste mit Hund	4.2	3.9
Empfohlene Aktivitäten	Sightseeing Kultur Wandern	Radfahren Schwimmen Entspannen

8 Blütencamping Riegelspitze

Fercher Straße 9 / Ecke B1
14542 Werder-Petzow bei Potsdam
+49 3327 42397
www.bluetencamping.de
info@bluetencamping.de

26.03. - 17.10.
HS: 44,50 € | NS: 38,50 €
Mehr Infos & online buchen:
www.camping.info/17991

Baden im See am Platz	✓
Hallenbad	10km
Spielplatz am Platz	✓
Hunde willkommen	✓
zur Hälfte Schatten	✓
WLAN (gegen Gebühr)	✓
Lebensmittel	✓
Brötchen am Platz	✓
Restaurant & Imbiss	✓
Ver-/Entsorgung Womo	✓
in den Ort	2km
Gesamt/Touristen	250/130
Mietunterkünfte	✓
Stellplätze vor Schranke	✗

Luftaufnahme vom Blütencamping Riegelspitze.

Lage & Stellplatz

Das Blütencamping Riegelspitze liegt eingebettet als Halbinsel an einem der saubersten Seen im Land Brandenburg, dem Glindowsee. Der Platz verfügt über 250 Stellplätze – zum Teil direkte Wasserplätze – und bietet weitere verschiedene Übernachtungsmöglichkeiten (z. B. Ferienhäuser, Fässer u. a.).

Verpflegung

Direkt am See befinden sich ein gemütliches Restaurant und ein Biergarten. Im Backshop „Apfelblüte" werden die Gäste täglich mit frischen Backwaren verwöhnt. Die nächsten Einkaufsmöglichkeiten befinden sich etwa 700 m entfernt.

Sanitär

Der Campingplatz verfügt über drei moderne und stets saubere Sanitäranlagen. Im beheizten Sanitär finden sich zwei Mietbäder, ein Kinderbad und ein barrierefreies WC. Außerdem stehen Waschmaschinen und Wäschetrockner sowie eine Küche mit Sitzgelegenheiten und Bücherecke zur Verfügung.

Freizeit

Unmittelbar vor Ort sind Sportaktivitäten wie Beachvolleyball und Tischtennis möglich. Der Platz ist außerdem ein idealer Ausgangspunkt für Radtouren (Fahrradverleih vorhanden) oder um die Umgebung auf den zahlreichen Wasserwegen (Kanuverleih am Platz) zu erkunden. Eine Steganlage ist vorhanden.

Camping am Strand.

Stellplätze.

4.5 SEHR GUT
525 Bewertungen

Lage	4.7
Ruhe	4.3
Sanitäranlagen	4.6
Sauberkeit Ø	4.7
Freundlichkeit	4.8
Stellplatz	4.3
Verpflegung	4.3
Freizeit	4.4
Preis-Leistung	4.2
Mietunterkünfte	4.5

Geeignet für

4.7 Paare
4.6 Kinder b. 12 J.
4.5 Kinder b. 6 J.
4.2 Kinder b. 18 J.
4.6 Senioren
4.4 Gäste mit Zelt
4.1 Gäste mit Hund

Empfohlene Aktivitäten

Radfahren · Schwimmen · Motorboot · Kayak/Kanu · Sightseeing

AWARD 2020

Hunde nur im vorderen Bereich erlaubt; keine Jugendgruppen.

Karte auf Seite 292

7	9	10
Camping Glindowsee	**Camping Sanssouci zu Potsdam/Berlin**	**Campigplatz Neue Scheune**
Jahnufer 41 14542 Werder (H) OT: Glindow +49 3327 40855 52.36061 | 12.91717	An der Pirschheide / Templiner See 41 14471 Berlin/Potsdam +49 331 951 0 988 52.36139 | 13.00694	Eugen-Bracht-Weg 1 14548 Schwielowsee +49 33209 70957 52.31894 | 12.92494

Infos

	Camping Glindowsee	Camping Sanssouci zu Potsdam/Berlin	Campigplatz Neue Scheune
Öffnungszeiten	ganzjährig	27.03. - 03.02.	01.04. - 31.10.
Vergleichspreis	HS: 29,00 €	HS: 35,90 €	HS: 22,80 € | NS: 22,80 €
Link	**Mehr Infos & Anfrage:** www.camping.info/17992	**Mehr Infos & Anfrage:** www.camping.info/17988	**Mehr Infos & Anfrage:** www.camping.info/25839

Ausstattung

	Camping Glindowsee	Camping Sanssouci zu Potsdam/Berlin	Campigplatz Neue Scheune
Freizeit	Baden in nat. Gewässer k. A. Pool & Hallenbad ✗ Spielplatz 100m	Baden im Fluss am Platz ✓ Hallenbad 300m Spielplatz am Platz ✓	Baden im See 1km Hallenbad 5km Spielplatz am Platz ✓
Campingplatz	Hunde willkommen ✓ wenig Schatten ✓ WLAN (gegen Gebühr) ✓	Hunde erlaubt ✓ zur Hälfte Schatten ✓ WLAN ✓	Hunde willkommen ✓ wenig Schatten ✓ WLAN ✓
Versorgung	Lebensmittel 1km Brötchen am Platz ✓ Restaurant & Imbiss ✓ Ver-/Entsorgung Womo ✓ in den Ort 1km	Lebensmittel ✓ Brötchen am Platz ✓ Restaurant am P. ✓ Ver-/Entsorgung Womo ✓ im Ort ✓	Lebensmittel 5km Brötchen am Platz ✓ Restaurant/Imbiss ✓/500m Ver-/Entsorgung Womo ✓ im Ort ✓
Anzahl der Plätze	Gesamt/Touristen 135/20 Mietunterkünfte ✓ Stellplätze vor Schranke ✗	Gesamt/Touristen 240/170 Mietunterkünfte ✓ Stellplätze vor Schranke ✗	Gesamt/Touristen 120/25 Mietunterkünfte ✓ Stellplätze vor Schranke ✗

	Camping Glindowsee	Camping Sanssouci zu Potsdam/Berlin	Campigplatz Neue Scheune
Gesamt	3.9 GUT, 7 Bewertungen	4.5 SEHR GUT, 1005 Bewertungen	4.2 SEHR GUT, 13 Bewertungen
Lage	5.0	4.6	4.4
Ruhe	5.0	4.1	4.3
Sanitäranlagen	3.2	4.5	3.3
Sauberkeit Ø	4.3	4.5	4.2
Freundlichkeit	4.7	4.7	4.7
Stellplatz	3.7	4.3	3.9
Verpflegung	3.7	4.4	3.2
Freizeit	4.6	4.6	4.2
Preis-Leistung	4.2	4.1	4.4
Mietunterkünfte	4.0	4.4	5.0
Geeignet für			
Kinder b. 6 J.	3.5	4.1	3.9
Kinder b. 12 J.	4.0	4.3	3.9
Kinder b. 18 J.	4.3	4.3	3.7
Paare	4.8	4.7	4.7
Senioren	5.0	4.6	4.9
Gäste mit Zelt	3.8	4.3	4.7
Gäste mit Hund	4.3	4.4	4.0
Empfohlene Aktivitäten	Radfahren Angeln Wandern	Radfahren Sightseeing Kayak/Kanu	Radfahren Entspannen Wandern
		AWARD 2020	keine WOMOs ab 12 m; Jugendgruppen nur beschränkt zugelassen

11

Schwielowsee Camping

Dorfstr. 50
14548 Schwielowsee OT Ferch
+49 33209 70295
52.3149 | 12.94428

14.04. - 20.10.
HS: 33,50 €
Mehr Infos & Anfrage: www.camping.info/17993

Baden im See	30m
Pool/Hallenbad	200m/12km
Spielplatz am Platz	✓
Hunde willkommen	✓
zur Hälfte Schatten	✓
WLAN	✓
Lebensmittel	5km
Brötchen am Platz	✓
Restaurant/Imbiss	200m
Ver-/Entsorgung Womo	✓
in den Ort	100m
Gesamt/Touristen	120/80
Mietunterkünfte	✓
Stellplätze vor Schranke	✗

4.6 SEHR GUT – 36 Bewertungen

Lage	4.8
Ruhe	4.7
Sanitäranlagen	4.8
Sauberkeit Ø	4.9
Freundlichkeit	4.6
Stellplatz	4.6
Verpflegung	4.2
Freizeit	4.7
Preis-Leistung	4.5
Mietunterkünfte	4.8

Geeignet für

Kinder b. 6 J.	4.7
Kinder b. 12 J.	4.7
Kinder b. 18 J.	4.5
Paare	4.8
Senioren	4.8
Gäste mit Zelt	4.8
Gäste mit Hund	4.6

Empfohlene Aktivitäten

- Radfahren
- Kayak/Kanu
- Schwimmen

keine WOMOs ab 12 m; Hunde nur auf Anfrage

12

Campingplatz Icanos

Campingplatz am Nordufer
14554 Seddiner See
+49 33205 62967
52.27741 | 13.0178

01.04. - 31.10.
HS: 19,40 € | NS: 19,40 €
Mehr Infos & Anfrage: www.camping.info/17994

Baden im See am Platz	✓
Pool	5km
Spielplatz am Platz	✓
Hunde willkommen	✓
zur Hälfte Schatten	✓
WLAN (gegen Gebühr)	✓
Lebensmittel	1km
Brötchen am Platz	✓
Imbiss	✓
Ver-/Entsorgung Womo	✗
in den Ort	1km
Gesamt/Touristen	99/54
Mietunterkünfte	✓
Stellplätze vor Schranke	✗

3.4 GUT – 16 Bewertungen

Lage	4.0
Ruhe	4.1
Sanitäranlagen	3.9
Sauberkeit Ø	3.8
Freundlichkeit	3.7
Stellplatz	3.4
Verpflegung	2.5
Freizeit	3.5
Preis-Leistung	4.5
Mietunterkünfte	5.0

Geeignet für

Kinder b. 6 J.	4.1
Kinder b. 12 J.	3.8
Kinder b. 18 J.	3.2
Paare	3.8
Senioren	4.2
Gäste mit Zelt	3.8
Gäste mit Hund	4.2

Empfohlene Aktivitäten

- Schwimmen
- Radfahren
- Wandern

13

Hotel City Camping Süd

❄

Bäkehang 9 A
14532 Kleinmachnow
+49 33203 79684
52.40055 | 13.18055

ganzjährig
HS: 24,50 € | NS: 24,50 €
Mehr Infos & Anfrage: www.camping.info/17989

Baden in nat. Gewässer	k. A.
Pool/Hallenbad	3/5km
Spielplatz am Platz	✓
Hunde erlaubt	✓
Schatten	✗
WLAN	✓
Lebensmittel	2km
Brötchen am Platz	✓
Restaurant/Imbiss	2km/✓
Ver-/Entsorgung Womo	✓
in den Ort	3km
Touristenplätze	80
Mietunterkünfte	✓
Stellplätze vor Schranke	✓

3.6 GUT – 68 Bewertungen

Lage	4.1
Ruhe	3.7
Sanitäranlagen	3.8
Sauberkeit Ø	3.8
Freundlichkeit	4.4
Stellplatz	3.5
Verpflegung	3.2
Freizeit	3.1
Preis-Leistung	3.7
Mietunterkünfte	3.4

Geeignet für

Kinder b. 6 J.	2.8
Kinder b. 12 J.	3.0
Kinder b. 18 J.	3.4
Paare	4.3
Senioren	4.0
Gäste mit Zelt	3.8
Gäste mit Hund	4.0

Empfohlene Aktivitäten

- Sightseeing
- Radfahren
- Entspannen

15

Campingplatz Krossinsee 1930 GmbH

❄

Wernsdorfer Straße 38
12527 Berlin
+49 30 675 86 87
52.36883 | 13.68811

ganzjährig
HS: 30,00 € | NS: 24,50 €
Mehr Infos & Anfrage: www.camping.info/17981

Baden im See am Platz	✓
Pool/Hallenbad	10/5km
Spielplatz am Platz	✓
Hunde willkommen	✓
zur Hälfte Schatten	✓
WLAN	✓
Lebensmittel	✓
Brötchen am Platz	✓
Restaurant/Imbiss	✓/7km
Ver-/Entsorgung Womo	✓
in den Ort	3km
Gesamt/Touristen	400/200
Mietunterkünfte	✓
Stellplätze vor Schranke	✗

3.3 GUT – 39 Bewertungen

Lage	4.0
Ruhe	3.3
Sanitäranlagen	3.1
Sauberkeit Ø	3.3
Freundlichkeit	3.8
Stellplatz	3.0
Verpflegung	2.9
Freizeit	3.7
Preis-Leistung	3.2
Mietunterkünfte	2.1

Geeignet für

Kinder b. 6 J.	3.7
Kinder b. 12 J.	3.7
Kinder b. 18 J.	3.0
Paare	3.6
Senioren	3.4
Gäste mit Zelt	3.2
Gäste mit Hund	4.0

Empfohlene Aktivitäten

- Schwimmen
- Motorboot
- Radfahren

Karte auf Seite 292

16 Camping Jägerbude

❄

Jägerbude 3
15537 Erkner bei Berlin
+49 336 288 8084
52.38596 | 13.77848

Öffnungszeiten	ganzjährig
Vergleichspreis	HS: 18,50 € | NS: 18,50 €
Link	**Mehr Infos & Anfrage:** www.camping.info/18010

Freizeit	Baden im Fluss am Platz	✓
	Hallenbad	18km
	Spielplatz am Platz	✓
Campingplatz	Hunde erlaubt	✓
	Schatten	✗
	WLAN	✓
Versorgung	Lebensmittel	6km
	Brötchen	keine Angabe
	Restaurant/Imbiss	✓/1km
	Ver-/Entsorgung Womo	✓
	in den Ort	1km
Anzahl der Plätze	Gesamt/Touristen	120/100
	Mietunterkünfte	✓
	Stellplätze vor Schranke	✗

3.5 GUT – 11 Bewertungen

Lage	3.7
Ruhe	2.7
Sanitäranlagen	3.8
Sauberkeit Ø	4.1
Freundlichkeit	4.4
Stellplatz	4.2
Verpflegung	3.6
Freizeit	3.4
Preis-Leistung	4.2
Mietunterkünfte	1.0

Geeignet für

Kinder b. 6 J.	2.8
Kinder b. 12 J.	3.0
Kinder b. 18 J.	3.2
Paare	3.3
Senioren	3.3
Gäste mit Zelt	3.7
Gäste mit Hund	3.6

Empfohlene Aktivitäten

- Kayak/Kanu
- Radfahren
- Wandern

18 Naturcampingplatz Mölle - Süd-Camp

Möllensee Südufer
15537 Grünheide Altbuchhorst
+49 336 263 45
52.43434 | 13.85476

Öffnungszeiten	01.04. - 31.10.
Vergleichspreis	HS: 20,00 € | NS: 20,00 €
Link	**Mehr Infos & Anfrage:** www.camping.info/18011

Freizeit	Baden im See am Platz	✓
	Hallenbad	20km
	Spielplatz am Platz	✓
Campingplatz	Hunde willkommen	✓
	zur Hälfte Schatten	✓
	WLAN (gegen Gebühr)	✓
Versorgung	Lebensmittel	3km
	Brötchen	keine Angabe
	Restaurant/Imbiss	3km
	Ver-/Entsorgung Womo	✓
	in den Ort	3km
Anzahl der Plätze	Gesamt/Touristen	120/25
	Mietunterkünfte	✓
	Stellplätze vor Schranke	✗

4.2 SEHR GUT – 6 Bewertungen

Lage	4.5
Ruhe	4.5
Sanitäranlagen	3.8
Sauberkeit Ø	4.7
Freundlichkeit	5.0
Stellplatz	3.7
Verpflegung	2.3
Freizeit	3.2
Preis-Leistung	4.0
Mietunterkünfte	3.0

Geeignet für

Kinder b. 6 J.	3.4
Kinder b. 12 J.	3.8
Kinder b. 18 J.	3.4
Paare	4.8
Senioren	4.5
Gäste mit Zelt	5.0
Gäste mit Hund	5.0

Empfohlene Aktivitäten

- Entspannen
- Schwimmen
- Radfahren

19 Camping-Tonsee FKK

FKK ❄

Freudenthal 25
15741 Bestensee
+49 337 636 5005
52.25476 | 13.66508

Öffnungszeiten	ganzjährig
Vergleichspreis	HS: 18,00 € | NS: 18,00 €
Link	**Mehr Infos & Anfrage:** www.camping.info/18015

Freizeit	Baden in nat. Gewässer	k. A.
	Pool & Hallenbad	✗
	Spielplatz am Platz	✓
Campingplatz	Hunde erlaubt	Nur HS
	wenig Schatten	✓
	WLAN	✓
Versorgung	Lebensmittel	800m
	Brötchen am Platz	✗
	Imbiss	✓
	Ver-/Entsorgung Womo	✓
	in den Ort	800m
Anzahl der Plätze	Gesamt/Touristen	200/100
	Mietunterkünfte	✓
	Stellplätze vor Schranke	✗

3.9 GUT – 22 Bewertungen

Lage	4.5
Ruhe	4.5
Sanitäranlagen	4.3
Sauberkeit Ø	4.4
Freundlichkeit	4.2
Stellplatz	3.6
Verpflegung	3.1
Freizeit	3.3
Preis-Leistung	4.4
Mietunterkünfte	4.2

Geeignet für

Kinder b. 6 J.	3.9
Kinder b. 12 J.	3.8
Kinder b. 18 J.	3.7
Paare	4.7
Senioren	4.6
Gäste mit Zelt	4.2
Gäste mit Hund	3.9

Empfohlene Aktivitäten

- Schwimmen
- Entspannen
- Radfahren

14 Camping bei Berlin

Teltower Straße 34
15831 Mahlow
+49 (0) 3379 3128920
www.camping-bei-berlin.de
campingbeiberlin@t-online.de

01.04. - 31.10.

HS: 39,80 € | NS: 37,80 €

Mehr Infos & Anfrage:
www.camping.info/22295

Baden im See	1km
Pool/Hallenbad	13/8km
Spielplatz am Platz	✓
Hunde willkommen	✓
wenig Schatten	✓
WLAN	✓
Lebensmittel	100m
Brötchen am Platz	✓
Restaurant/Imbiss	1km/100m
Ver-/Entsorgung Womo	✓
in den Ort	500m
Gesamt/Touristen	75/70
Mietunterkünfte	✓
Stellplätze vor Schranke	✓

Blick auf die Zeltwiese und Komfortstellplätze mit Hecken.

Lage & Stellplatz

Besuchen Sie den Campingplatz in ländlicher Idylle, gelegen am südlichen Stadtrand der Hauptstadt Berlin am Ortsausgang von Mahlow. In unmittelbarer Nähe des Platzes befindet sich ein kleiner Badesee mit Restaurantbetrieb. Der ländliche Charakter des Dorfes bietet die Möglichkeit der Entspannung durch Baden, Radfahren oder Angeln. Hier haben Sie den idealen Ausgangspunkt für Ausflüge nach Berlin und Potsdam. Alle Komfortstellplätze verfügen über Strom,- Wasser,- Abwasseranschlüsse, Internet-Zugang über WLAN, sind mit Hecken bepflanzt und bieten Ihnen eine Fläche zwischen 100 m² bis 140 m².

Sanitär

Fühlen Sie sich wohl im komfortabel eingerichteten Sanitärgebäude. Genießen Sie die entspannte Atmosphäre bei wohlig warmer Fußbodenheizung und abwechslungsreicher Musik. Hier finden Sie Einzelwaschkabinen und Duschen für Männer und Frauen mit abschließbaren Türen, ohne lästige Duschmünzen/Duschkarten. Es gibt eigene Duschen und Waschbecken für Kinder, separate Sanitäreinrichtung für Menschen mit Handicap und Rollstuhlfahrer. Zusätzlich steht Ihnen ein Mietbad mit WC, Bidet, Dusche und einer Badewanne zur Verfügung, ebenso wie zwei Waschmaschinen und ein Trockner.

Die neuen Ferienhäuser.

Komfortabler Sanitärbereich.

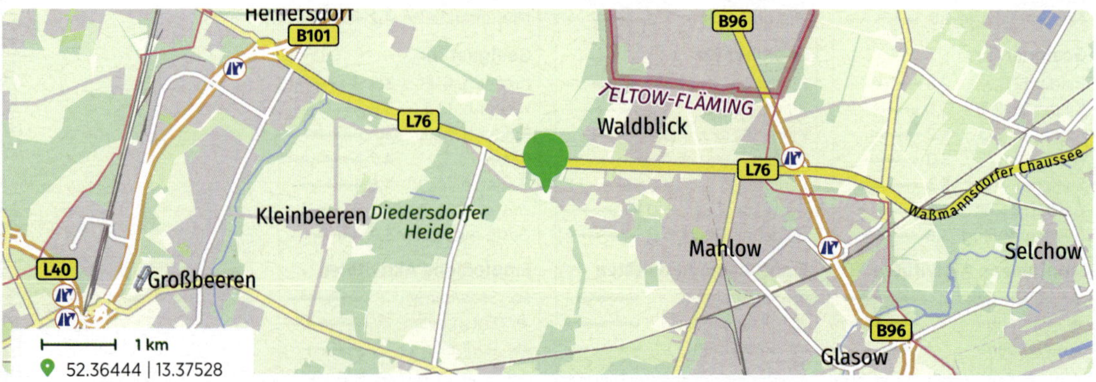

Willkommen beim Camping bei Berlin.

Verpflegung

Der in Berlin erfundene Döner, griechische Spezialitäten und Ouzo, im Steinofen gebackene Pizza, echtes argentinisches Rinderfilet, feuriges indisches Chicken Curry mit einem kühlen Cocktail, chinesische Peking-Ente oder ein deftiges Schnitzel mit einem Glas Bier – Genießen Sie es, jeden Abend die Spezialitäten der unterschiedlichsten Länder in Restaurants im Ort probieren zu können. Sie kochen lieber selber? 5 Autominuten entfernt befinden sich große Supermärkte wie LIDL oder REWE. Auch im Kiosk direkt auf dem Campingplatz finden Sie kühle Getränke und allerlei kleine Naschereien vor.

Freizeit

Genießen Sie den Spagat zwischen der ländlichen Idylle des Campingplatzes und dem Großstadterlebnis in Berlin. Vom nahe liegenden Bahnhof Mahlow (2 km), wo Parken kostenlos möglich ist, können Sie ohne Umsteigen binnen 25 Minuten die Haltestelle Brandenburger Tor erreichen. Mit dem Bus fahren Sie stündlich bis zum Bahnhof. Tagsüber tauchen Sie ein in die Millionen-Metropole Berlin, in der zu jeder Jahreszeit stets etwas zu erleben ist. Abends finden Sie im Grünen vor den Toren Berlins wieder Entschleunigung. Bis zur Altstadt von Potsdam sind es ebenfalls nur 30 Autominuten.

Komfortstellplatz im Grünen.

Hier geht's zum Sanitärgebäude.

5.0

Habe mich dort sehr wohlgefühlt. Einfaches und unkompliziertes Verfahren, wenn man dort Zelten möchte. Ein hohes Lob, wie sauber und modern die Sanitäranlagen ausgestattet sind.

Tim M.

Tim M. hat auf seiner Fahrradtour mit Zelt den Campingplatz bei Berlin im August 2020 besucht.

4.5 **SEHR GUT**
102 Bewertungen

Lage	4.2
Ruhe	3.8
Sanitäranlagen	4.9
Sauberkeit Ø	4.9
Freundlichkeit	4.8
Stellplatz	4.5
Verpflegung	3.5
Freizeit	3.9
Preis-Leistung	4.1
Mietunterkünfte	4.6

Geeignet für

4.7 Paare

- 4.7 Senioren
- 4.7 Gäste mit Zelt
- 4.6 Gäste mit Hund
- 4.1 Kinder b. 18 J.
- 4.0 Kinder b. 12 J.
- 3.9 Kinder b. 6 J.

Empfohlene Aktivitäten

Sightseeing · Radfahren · Kultur · Entspannen · Schwimmen

ANZEIGE

17 Campingplatz Flakensee (bei Berlin)

Fangschleusenstrasse 40
15569 Woltersdorf bei Berlin
+49 3362 888357
www.campingplatz-flakensee.de
info@campingplatz-flakensee.de

01.04. - 31.10.

HS: 20,00 € | NS: 20,00 €

Mehr Infos & Anfrage:
www.camping.info/23871

Baden im See am Platz	✓
Pool & Hallenbad	✗
Spielplatz am Platz	✓
Hunde willkommen	✓
zur Hälfte Schatten	✓
WLAN	✗
Lebensmittel	2km
Brötchen am Platz	nur HS
Restaurant/Imbiss	1km
Ver-/Entsorgung Womo	✓
in den Ort	1km
Gesamt/Touristen	120/50
Mietunterkünfte	✓
Stellplätze vor Schranke	✗

1 km

52.43466 | 13.7687

Der idyllische Campingplatz direkt am Flakensee mit eigenem Strand.

Lage & Stellplatz

Genießen Sie Ihren Urlaub! Durch seine schöne Lage vor den Toren Berlins und direkt am Ostufer des Flakensees mit eigenem Badesandstrand bietet der Campingplatz ideale Bedingungen für einen individuellen, entspannten und ungezwungenen Urlaub. Der Platz ist auch besonders für Dauercamper geeignet.

Verpflegung

Zu empfehlen ist der etwas andere Imbiss „Pavillon an der Schleuse“ etwa 1 km entfernt. Auch erwähnenswert ist das „Hummelchen-Geschenkekaffee" mit einem schmackhaften Angebot, das nach kurzem Fußweg erreichbar ist. Und nicht zu vergessen ist die Gaststätte „Schleusenstübchen" ganz in der Nähe.

Sanitär

Highlight: Das neue Sanitärgebäude ist auf dem neuesten Stand der Technik. Dem römisch-griechischen Stil nachempfunden, besticht das Gebäude als wahres Glanzstück in der Campinganlage. Auch an Wohnmobile ist gedacht: Wasseraufnahme und Abwasserentsorgung sind garantiert.

Freizeit

Sehenswürdigkeiten in der Umgebung wie der „Woltersdorfer Aussichtsturm" und der „Museumspark" in Rüdersdorf sind zu empfehlen. Ein Boots- und Fahrradverleih sowie ein Fitness- und Wellnesszentrum sind ebenfalls ganz in der Nähe. Auch die Hauptstadt Berlin ist schnell mit der S-Bahn zu erreichen.

Der Zugang zum Campingplatz.

Das moderne Sanitärhaus.

3.9 GUT
44 Bewertungen

Lage	4.3
Ruhe	4.0
Sanitäranlagen	4.4
Sauberkeit Ø	4.4
Freundlichkeit	4.5
Stellplatz	3.8
Verpflegung	2.2
Freizeit	3.8
Preis-Leistung	4.1
Mietunterkünfte	4.1

Geeignet für

Paare	4.3
Senioren	4.2
Kinder b. 18 J.	3.9
Kinder b. 12 J.	3.6
Gäste mit Zelt	4.1
Gäste mit Hund	3.9
Kinder b. 6 J.	3.5

Empfohlene Aktivitäten

Schwimmen · Wandern · Radfahren · Kayak/Kanu · Angeln

Karte auf Seite 292

20 Campingplatz Hölzerner See

Weg zum Hölzernen See 2
15741 Gräbendorf
033763/22922

52.19528 | 13.69587

Infos	
Öffnungszeiten	01.04. - 31.10.
Vergleichspreis	HS: 25,50 € | NS: 25,50 €
Link	**Mehr Infos & Anfrage:** www.camping.info/18013

Ausstattung		
Freizeit	Baden im See am Platz	✓
	Pool & Hallenbad	✗
	Spielplatz am Platz	✓
Campingplatz	Hunde erlaubt	✓
	viel Schatten	✓
	WLAN	✗
Versorgung	Lebensmittel	✓
	Brötchen am Platz	✓
	Imbiss	✓
	Ver-/Entsorgung Womo	✗
	in den Ort	7km
Anzahl der Plätze	Gesamt	keine Angabe
	Mietunterkünfte	✓
	Stellplätze vor Schranke	✗

3.3 GUT – 6 Bewertungen

Lage	3.7
Ruhe	3.3
Sanitäranlagen	3.2
Sauberkeit Ø	3.1
Freundlichkeit	3.8
Stellplatz	3.2
Verpflegung	2.8
Freizeit	2.5
Preis-Leistung	1.7
Mietunterkünfte	-

Geeignet für

Kinder b. 6 J.	3.7
Kinder b. 12 J.	4.0
Kinder b. 18 J.	3.8
Paare	3.8
Senioren	3.5
Gäste mit Zelt	5.0
Gäste mit Hund	5.0

Empfohlene Aktivitäten

- Wandern
- Kayak/Kanu
- Schwimmen

21 Campingplatz D66 - Am Schmöldesee bei Prieros

Urlauberstr. PF 63
15754 Heidesee OT Gräbendorf
+49 33768 50 253

52.21239 | 13.7442

Infos	
Öffnungszeiten	01.04. - 31.10.
Vergleichspreis	HS: 23,00 € | NS: 18,00 €
Link	**Mehr Infos & online buchen:** www.camping.info/18012

Ausstattung		
Freizeit	Baden im See am Platz	✓
	Hallenbad	17km
	Spielplatz am Platz	✓
Campingplatz	Hunde willkommen	✓
	viel Schatten	✓
	WLAN (gegen Gebühr)	✓
Versorgung	Lebensmittel	3km
	Brötchen am Platz	✓
	Restaurant/Imbiss	4km/✓
	Ver-/Entsorgung Womo	✗
	in den Ort	3km
Anzahl der Plätze	Gesamt/Touristen	140/60
	Mietunterkünfte	✓
	Stellplätze vor Schranke	✗

4.4 SEHR GUT – 36 Bewertungen

Lage	4.8
Ruhe	4.8
Sanitäranlagen	4.4
Sauberkeit Ø	4.5
Freundlichkeit	4.7
Stellplatz	4.2
Verpflegung	3.7
Freizeit	3.8
Preis-Leistung	4.5
Mietunterkünfte	4.6

Geeignet für

Kinder b. 6 J.	4.5
Kinder b. 12 J.	4.6
Kinder b. 18 J.	4.5
Paare	4.7
Senioren	4.6
Gäste mit Zelt	4.8
Gäste mit Hund	4.6

Empfohlene Aktivitäten

- Wandern
- Radfahren
- Schwimmen

22 Camping Waldsee

Alt Kolpin 4
15526 Kolpin bei Fürstenwalde

52.29944 | 13.99917

Infos	
Öffnungszeiten	keine Angabe
Vergleichspreis	keine Angabe
Link	**Mehr Infos & Anfrage:** www.camping.info/18007

Ausstattung		
Freizeit	Baden in nat. Gewässer	k. A.
	Pool & Hallenbad	✗
	Spielplatz	keine Angabe
Campingplatz	Hunde	✗
	Schatten	✗
	WLAN	keine Angabe
Versorgung	Lebensmittel	k.A.
	Brötchen	keine Angabe
	Restaurant & Imbiss	✗
	Ver-/Entsorgung Womo	✗
	in den Ort	keine Angabe
Anzahl der Plätze	Gesamt	keine Angabe
	Mietunterkünfte	✗
	Stellplätze vor Schranke	✗

4.4 SEHR GUT – 5 Bewertungen

Lage	4.0
Ruhe	5.0
Sanitäranlagen	3.8
Sauberkeit Ø	4.0
Freundlichkeit	4.7
Stellplatz	3.8
Verpflegung	2.8
Freizeit	3.8
Preis-Leistung	4.5
Mietunterkünfte	-

Geeignet für

Kinder b. 6 J.	4.5
Kinder b. 12 J.	5.0
Kinder b. 18 J.	5.0
Paare	5.0
Senioren	4.3
Gäste mit Zelt	4.5
Hunde n. erlaubt	-

Empfohlene Aktivitäten

- Radfahren
- Entspannen
- Angeln

BERLIN

❸ Brandenburg Süd & Spreewald

	Platz	Seite	Bewertung	Öffnungszeiten	
1	Campingplatz Dahmsdorf	306	4.6	saisonal	
2	Campingplatz Schwarzhorn	306	4.2	ganzjährig	❄
3	Naturcampingplatz am Springsee	306	3.8	ganzjährig	FKK ❄ 🍃 ⚡
4	Märkisches Seecamp	306	4.1	saisonal	⚡
5	Schlaubetal Camping Schervenzsee	307	4.7	saisonal	🍃
6	Camping "Ludwig Leichhardt" Zaue am Schwielochsee	307	3.4	ganzjährig	FKK ❄
7	Eurocamp Spreewaldtor	307	4.4	ganzjährig	❄ 🍃 ⚡
8	Spreewald Camping Nord GmbH	308	3.7	saisonal	
9	Campingpark Halbinsel Raatsch	308	4.0	saisonal	
10	Tropical Islands Camping	308	4.4	ganzjährig	❄
11	Flaeming Camping Oehna	308	4.7	saisonal	
12	Spreewald-Camping Lübben	310	4.1	saisonal	
13	Spreewald-Natur Camping am See	309	3.8	k. A.	
14	Spreewald Caravan- und Wohnmobilpark Dammstrasse	309	4.2	saisonal	
15	Spreewald-Natur-Campingplatz "Am Schlosspark"	309	4.4	ganzjährig	❄
16	Zeltplatz am Ostgraben	311	3.3	saisonal	
17	Kneipp- und ErlebnisCamping an den Spree-waldfließen	312	4.5	saisonal	❄ 🍃 👍
18	Campingplatz Deulowitzer See	311	4.4	ganzjährig	❄
19	Camping im Erholungsgebiet Kiebitz	311	4.3	saisonal	
20	Themencamping Grünewalder Lauch	313	4.4	saisonal	FKK
21	Erlebniscamping Lausitz	314	4.9	ganzjährig	❄ ⚡
22	Waldcamping Lausitzer Seenland	313	4.9	ganzjährig	❄ ⚡
23	Komfortcampingplatz Senftenberger See	313	4.4	saisonal	
24	Hafencamp Senftenberger See	315	4.5	saisonal	
25	Familienpark Senftenberger See	315	4.7	ganzjährig	❄ 👍
26	SpreeCamp Bagenz	315	3.4	k. A.	

1 Campingplatz Dahmsdorf

Storkower Weg 10
15526 Reichenwalde

52.23746 | 13.98558

01.04. - 04.10.
HS: 14,50 €
Mehr Infos & Anfrage:
www.camping.info/23963

Baden in nat. Gewässer	k. A.
Pool & Hallenbad	✗
Spielplatz	keine Angabe
Hunde	✗
Schatten	✗
WLAN	keine Angabe
Lebensmittel	3km
Brötchen am Platz	nur HS
Restaurant	500m
Ver-/Entsorgung Womo	✗
in den Ort	3km
Gesamt/Touristen	150/20
Mietunterkünfte	✓
Stellplätze vor Schranke	✗

4.6 SEHR GUT – 11 Bewertungen

Lage	4.6
Ruhe	4.9
Sanitäranlagen	4.6
Sauberkeit Ø	4.9
Freundlichkeit	5.0
Stellplatz	4.4
Verpflegung	3.3
Freizeit	4.4
Preis-Leistung	4.9
Mietunterkünfte	5.0

Geeignet für

Kinder b. 6 J.	4.6
Kinder b. 12 J.	4.7
Kinder b. 18 J.	4.6
Paare	5.0
Senioren	4.6
Gäste mit Zelt	4.6
Hunde n. erlaubt	-

Empfohlene Aktivitäten
- Schwimmen
- Kayak/Kanu
- Entspannen

2 Campingplatz Schwarzhorn

Schwarzhornerweg
15864 Wendisch Rietz
+49 3367 9401

52.22125 | 14.01734

ganzjährig
HS: 17,00 € | NS: 17,00 €
Mehr Infos & Anfrage:
www.camping.info/17878

Baden in nat. Gewässer	k. A.
Pool & Hallenbad	✗
Spielplatz	keine Angabe
Hunde erlaubt	✓
Schatten	✗
WLAN	✗
Lebensmittel	✓
Brötchen am Platz	✓
Restaurant/Imbiss	30m/✓
Ver-/Entsorgung Womo	✓
in den Ort	1km
Gesamt/Touristen	500/250
Mietunterkünfte	✓
Stellplätze vor Schranke	✗

4.2 SEHR GUT – 21 Bewertungen

Lage	4.7
Ruhe	4.5
Sanitäranlagen	3.8
Sauberkeit Ø	4.6
Freundlichkeit	4.9
Stellplatz	3.9
Verpflegung	2.8
Freizeit	3.8
Preis-Leistung	4.5
Mietunterkünfte	4.0

Geeignet für

Kinder b. 6 J.	3.6
Kinder b. 12 J.	3.9
Kinder b. 18 J.	3.8
Paare	4.5
Senioren	4.4
Gäste mit Zelt	4.3
Gäste mit Hund	4.2

Empfohlene Aktivitäten
- Schwimmen
- Wandern
- Radfahren

3 Naturcampingplatz am Springsee

FKK

Am Springsee 1
15859 Storkow OT Limsdorf
+49 3367 7440

52.17116 | 13.9936

ganzjährig
HS: 22,00 € | NS: 22,00 €
Mehr Infos & online buchen:
www.camping.info/18020

Baden im See am Platz	✓
Hallenbad	25km
Spielplatz am Platz	✓
Hunde willkommen	✓
viel Schatten	✓
WLAN (gegen Gebühr)	✓
Lebensmittel	✓
Brötchen am Platz	nur HS
Restaurant & Imbiss	✓
Ver-/Entsorgung Womo	✓
in den Ort	3km
Gesamt/Touristen	300/50
Mietunterkünfte	✓
Stellplätze vor Schranke	✗

3.8 GUT – 31 Bewertungen

Lage	4.5
Ruhe	4.5
Sanitäranlagen	3.4
Sauberkeit Ø	4.0
Freundlichkeit	4.4
Stellplatz	3.8
Verpflegung	3.8
Freizeit	3.8
Preis-Leistung	4.1
Mietunterkünfte	3.6

Geeignet für

Kinder b. 6 J.	4.4
Kinder b. 12 J.	4.3
Kinder b. 18 J.	4.0
Paare	4.4
Senioren	4.4
Gäste mit Zelt	4.5
Gäste mit Hund	4.7

Empfohlene Aktivitäten
- Schwimmen
- Wandern
- Angeln

4 Märkisches Seecamp

Ranziger Hauptstraße 21 a
15848 Tauche
+49 33675 59033

52.11297 | 14.19097

01.04. - 31.10.
HS: 21,00 € | NS: 21,00 €
Mehr Infos & online buchen:
www.camping.info/22242

Baden im See am Platz	✓
Pool/Hallenbad	7/30km
Spielplatz am Platz	✓
Hunde willkommen	✓
viel Schatten	✓
WLAN (gegen Gebühr)	✓
Lebensmittel	✓
Brötchen am Platz	nur HS
Imbiss	50m
Ver-/Entsorgung Womo	✓
in den Ort	100m
Gesamt/Touristen	130/30
Mietunterkünfte	✓
Stellplätze vor Schranke	✓

4.1 SEHR GUT – 9 Bewertungen

Lage	5.0
Ruhe	5.0
Sanitäranlagen	4.6
Sauberkeit Ø	4.5
Freundlichkeit	4.4
Stellplatz	4.5
Verpflegung	4.1
Freizeit	4.0
Preis-Leistung	4.5
Mietunterkünfte	3.5

Geeignet für

Kinder b. 6 J.	4.7
Kinder b. 12 J.	4.3
Kinder b. 18 J.	3.2
Paare	4.6
Senioren	4.7
Gäste mit Zelt	4.0
Gäste mit Hund	4.9

Empfohlene Aktivitäten
- Schwimmen
- Angeln
- Wandern

Karte auf Seite 304

5 Schlaubetal Camping Schervenzsee

Am Schervenzsee 1
15890 Schernsdorf
+49 33606 770 800
52.18437 | 14.44244

15.04. - 15.10.
HS: 22,50 € | NS: 22,50 €
Mehr Infos & Anfrage:
www.camping.info/18021

Baden im See am Platz	✓
Hallenbad	15km
Spielplatz am Platz	✓
Hunde erlaubt	✓
zur Hälfte Schatten	✓
WLAN (gegen Gebühr)	✓
Lebensmittel	✓
Brötchen am Platz	✓
Restaurant & Imbiss	✓
Ver-/Entsorgung Womo	✓
in den Ort	1km
Gesamt/Touristen	88/80
Mietunterkünfte	✓
Stellplätze vor Schranke	✗

4.7 SEHR GUT
69 Bewertungen

Lage	4.5
Ruhe	4.7
Sanitäranlagen	4.8
Sauberkeit Ø	4.8
Freundlichkeit	4.6
Stellplatz	4.5
Verpflegung	4.0
Freizeit	4.4
Preis-Leistung	4.6
Mietunterkünfte	4.2

Geeignet für

Kinder b. 6 J.	4.8
Kinder b. 12 J.	4.8
Kinder b. 18 J.	4.2
Paare	4.7
Senioren	4.7
Gäste mit Zelt	4.6
Gäste mit Hund	4.4

Empfohlene Aktivitäten

- Schwimmen
- Wandern
- Radfahren

6 Camping "Ludwig Leichhardt" Zaue am Schwielochsee

FKK

Ludwig-Leichhardt-Weg 1
15913 Schwielochsee OT Zaue
+49 35478 522
52.05162 | 14.19374

ganzjährig
HS: 23,50 € | NS: 15,20 €
Mehr Infos & Anfrage:
www.camping.info/18027

Baden im See am Platz	✓
Hallenbad	25km
Spielplatz am Platz	✓
Hunde willkommen	✓
viel Schatten	✓
WLAN (begrenzt gratis)	teilweise
Lebensmittel	1km
Brötchen am Platz	✓
Restaurant am P.	✓
Ver-/Entsorgung Womo	✓
in den Ort	1km
Gesamt	keine Angabe
Mietunterkünfte	✓
Stellplätze vor Schranke	✗

3.4 GUT
17 Bewertungen

Lage	4.2
Ruhe	3.6
Sanitäranlagen	3.6
Sauberkeit Ø	3.1
Freundlichkeit	3.9
Stellplatz	3.2
Verpflegung	3.5
Freizeit	3.5
Preis-Leistung	3.8
Mietunterkünfte	4.5

Geeignet für

Kinder b. 6 J.	4.0
Kinder b. 12 J.	4.1
Kinder b. 18 J.	3.5
Paare	3.8
Senioren	3.7
Gäste mit Zelt	4.1
Gäste mit Hund	3.7

Empfohlene Aktivitäten

- Kayak/Kanu
- Motorboot
- Schwimmen

7 Eurocamp Spreewaldtor

Neue Straße 11
15913 Groß Leuthen
+49 3547 1303
52.04809 | 14.03864

ganzjährig
HS: 26,00 € | NS: 31,00 €
Mehr Infos & online buchen:
www.camping.info/18025

Baden im See	150m
Pool/Hallenbad	✓/30km
Spielplatz am Platz	✓
Hunde willkommen	✓
zur Hälfte Schatten	✓
WLAN	✓
Lebensmittel	✓
Brötchen am Platz	✓
Restaurant am P.	✓
Ver-/Entsorgung Womo	✓
in den Ort	1km
Gesamt/Touristen	250/150
Mietunterkünfte	✓
Stellplätze vor Schranke	✗

4.4 SEHR GUT
114 Bewertungen

Lage	4.2
Ruhe	4.8
Sanitäranlagen	4.3
Sauberkeit Ø	4.4
Freundlichkeit	4.7
Stellplatz	4.3
Verpflegung	3.9
Freizeit	4.1
Preis-Leistung	4.5
Mietunterkünfte	4.6

Geeignet für

Kinder b. 6 J.	4.4
Kinder b. 12 J.	4.3
Kinder b. 18 J.	3.8
Paare	4.5
Senioren	4.7
Gäste mit Zelt	4.6
Gäste mit Hund	4.6

Empfohlene Aktivitäten

- Radfahren
- Wandern
- Entspannen

NEU 2019: Wellnessbereich und beheiztes Schwimmbad.

Infos

Öffnungszeiten
Vergleichspreis
Link

Ausstattung

Freizeit
Campingplatz
Versorgung
Anzahl der Plätze

8
Spreewald Camping Nord GmbH

Lindenstr. 31
15913 Märkische Heide OT Alt-Schadow
+49 3547 3621
52.1252 | 13.94352

01.04. - 31.10.
HS: 22,00 € | NS: 22,00 €
Mehr Infos & Anfrage:
www.camping.info/18023

Baden im See am Platz	✓
Pool & Hallenbad	✗
Spielplatz am Platz	✓
Hunde erlaubt	✓
Schatten	✗
WLAN	teilweise
Lebensmittel	✓
Brötchen am Platz	✓
Restaurant & Imbiss	✓
Ver-/Entsorgung Womo	✓
in den Ort	750m
Gesamt/Touristen	220/100
Mietunterkünfte	✓
Stellplätze vor Schranke	✗

3.7 GUT
14 Bewertungen

Lage	4.4
Ruhe	4.3
Sanitäranlagen	3.4
Sauberkeit Ø	4.0
Freundlichkeit	4.0
Stellplatz	3.8
Verpflegung	3.8
Freizeit	3.4
Preis-Leistung	3.6
Mietunterkünfte	2.5

Geeignet für

Kinder b. 6 J.	3.7
Kinder b. 12 J.	3.6
Kinder b. 18 J.	3.2
Paare	4.1
Senioren	4.1
Gäste mit Zelt	3.9
Gäste mit Hund	3.0

Empfohlene Aktivitäten
- Schwimmen
- Radfahren
- Kayak/Kanu

9
Campingpark Halbinsel Raatsch

Halbinsel Raatsch 1
15913 Märkische Heide
+49 35473 600
52.11583 | 13.9275

05.04. - 31.10.
HS: 25,00 € | NS: 23,00 €
Mehr Infos & Anfrage:
www.camping.info/18026

Baden in nat. Gewässer	k. A.
Pool & Hallenbad	✗
Spielplatz	keine Angabe
Hunde willkommen	✓
zur Hälfte Schatten	✓
WLAN	✓
Lebensmittel	1km
Brötchen am Platz	✓
Restaurant am P.	✓
Ver-/Entsorgung Womo	✗
in den Ort	2km
Gesamt/Touristen	350/200
Mietunterkünfte	✓
Stellplätze vor Schranke	✓

4.0 SEHR GUT
32 Bewertungen

Lage	4.5
Ruhe	4.7
Sanitäranlagen	4.0
Sauberkeit Ø	4.5
Freundlichkeit	4.2
Stellplatz	3.9
Verpflegung	3.3
Freizeit	3.8
Preis-Leistung	3.9
Mietunterkünfte	4.0

Geeignet für

Kinder b. 6 J.	4.3
Kinder b. 12 J.	4.2
Kinder b. 18 J.	3.8
Paare	4.7
Senioren	4.7
Gäste mit Zelt	4.3
Gäste mit Hund	4.6

Empfohlene Aktivitäten
- Schwimmen
- Kayak/Kanu
- Radfahren

10
Tropical Islands Camping

Tropical-Islands-Allee 1
15910 Krausnick
+49 354 776 050 50
52.03169 | 13.73614

ganzjährig
HS: 35,90 € | NS: 35,90 €
Mehr Infos & Anfrage:
www.camping.info/23110

Baden im See	22km
Hallenbad	1km
Spielplatz am Platz	✓
Hunde willkommen	✓
wenig Schatten	✓
WLAN	✓
Lebensmittel	✓
Brötchen am Platz	✓
Restaurant/Imbiss	1km/✓
Ver-/Entsorgung Womo	✓
in den Ort	2km
Touristenplätze	92
Mietunterkünfte	✓
Stellplätze vor Schranke	✗

4.4 SEHR GUT
93 Bewertungen

Lage	4.0
Ruhe	4.1
Sanitäranlagen	4.5
Sauberkeit Ø	4.5
Freundlichkeit	4.8
Stellplatz	4.3
Verpflegung	3.8
Freizeit	4.3
Preis-Leistung	4.4
Mietunterkünfte	4.4

Geeignet für

Kinder b. 6 J.	4.6
Kinder b. 12 J.	4.7
Kinder b. 18 J.	4.6
Paare	4.5
Senioren	3.9
Gäste mit Zelt	4.3
Gäste mit Hund	4.0

Empfohlene Aktivitäten
- Schwimmen
- Wellness
- Entspannen

11
Flaeming Camping Oehna

Am Freibad 2
14913 Niedergörsdorf/Oehna
+49 337 426 1632
51.93267 | 13.06068

01.04. - 31.10.
HS: 25,00 € | NS: 25,00 €
Mehr Infos & Anfrage:
www.camping.info/23154

Baden in nat. Gewässer	k. A.
Pool am Platz	✓
Spielplatz am Platz	✓
Hunde willkommen	✓
zur Hälfte Schatten	✓
WLAN	✓
Lebensmittel	8km
Brötchen am Platz	✓
Restaurant/Imbiss	2km/✓
Ver-/Entsorgung Womo	✓
in den Ort	1km
Gesamt/Touristen	70/40
Mietunterkünfte	✓
Stellplätze vor Schranke	✗

4.7 SEHR GUT
12 Bewertungen

Lage	4.5
Ruhe	4.5
Sanitäranlagen	4.2
Sauberkeit Ø	4.8
Freundlichkeit	4.9
Stellplatz	4.4
Verpflegung	3.7
Freizeit	4.8
Preis-Leistung	4.5
Mietunterkünfte	4.5

Geeignet für

Kinder b. 6 J.	4.4
Kinder b. 12 J.	4.8
Kinder b. 18 J.	4.3
Paare	4.7
Senioren	4.1
Gäste mit Zelt	4.5
Gäste mit Hund	4.0

Empfohlene Aktivitäten
- Radfahren
- Schwimmen
- Wandern

Karte auf Seite 304

13 Spreewald-Natur Camping am See

Seestraße 1
03222 Hindenberg
+49 3 54 56 6 75 39
51.85784 | 13.85713

keine Angabe

HS: 27,00 € | NS: 27,00 €

Mehr Infos & Anfrage:
www.camping.info/17932

Baden im See am Platz	✓
Pool & Hallenbad	✗
Spielplatz am Platz	✓
Hunde erlaubt	✓
Schatten	✗
WLAN	✓
Lebensmittel	6km
Brötchen am Platz	✓
Restaurant am P.	✓
Ver-/Entsorgung Womo	✗
in den Ort	1km
Gesamt/Touristen	100/80
Mietunterkünfte	✓
Stellplätze vor Schranke	✓

3.8 GUT – 51 Bewertungen

Lage	4.0
Ruhe	4.1
Sanitäranlagen	4.0
Sauberkeit Ø	4.0
Freundlichkeit	3.9
Stellplatz	3.7
Verpflegung	3.9
Freizeit	3.6
Preis-Leistung	3.7
Mietunterkünfte	4.4

Geeignet für

Kinder b. 6 J.	4.2
Kinder b. 12 J.	4.2
Kinder b. 18 J.	3.4
Paare	4.3
Senioren	4.3
Gäste mit Zelt	4.0
Gäste mit Hund	4.3

Empfohlene Aktivitäten

- Schwimmen
- Radfahren
- Entspannen

14 Spreewald Caravan- und Wohnmobilpark Dammstrasse

Dammstraße 62 d
03222 Lübbenau
+49 3542 2921
51.86227 | 13.97102

01.04. - 15.10.

HS: 23,00 € | NS: 23,00 €

Mehr Infos & Anfrage:
www.camping.info/17931

Baden im See	5km
Pool/Hallenbad	1/2km
Spielplatz	✗
Hunde willkommen	✓
wenig Schatten	✓
WLAN	✓
Lebensmittel	500m
Brötchen am Platz	✓
Restaurant/Imbiss	100/400m
Ver-/Entsorgung Womo	✓
in den Ort	100m
Touristenplätze	30
Mietunterkünfte	✗
Stellplätze vor Schranke	✓

4.2 SEHR GUT – 38 Bewertungen

Lage	4.6
Ruhe	4.4
Sanitäranlagen	4.1
Sauberkeit Ø	4.8
Freundlichkeit	4.9
Stellplatz	4.2
Verpflegung	3.3
Freizeit	4.2
Preis-Leistung	4.6
Mietunterkünfte	-

Geeignet für

Kinder b. 6 J.	2.9
Kinder b. 12 J.	3.3
Kinder b. 18 J.	3.3
Paare	4.7
Senioren	4.6
Gäste mit Zelt	2.7
Gäste mit Hund	4.1

Empfohlene Aktivitäten

- Radfahren
- Wandern
- Kayak/Kanu

keine WOMOs ab 10 m; Zelten nicht möglich

15 Spreewald-Natur-Campingplatz "Am Schlosspark"

❄

Schloßbezirk 20
03222 Lübbenau
+49 3542 3533
51.86972 | 13.97889

ganzjährig

HS: 35,00 € | NS: 35,00 €

Mehr Infos & Anfrage:
www.camping.info/17933

Baden im See	10km
Pool/Hallenbad	2/2km
Spielplatz am Platz	✓
Hunde erlaubt	✓
zur Hälfte Schatten	✓
WLAN (begrenzt gratis)	✓
Lebensmittel	✓
Brötchen am Platz	nur HS
Restaurant/Imbiss	200m/✓
Ver-/Entsorgung Womo	✓
im Ort	✓
Touristenplätze	100
Mietunterkünfte	✓
Stellplätze vor Schranke	✗

4.4 SEHR GUT – 198 Bewertungen

Lage	4.9
Ruhe	4.5
Sanitäranlagen	4.4
Sauberkeit Ø	4.7
Freundlichkeit	4.6
Stellplatz	4.4
Verpflegung	3.9
Freizeit	4.6
Preis-Leistung	4.3
Mietunterkünfte	4.5

Geeignet für

Kinder b. 6 J.	4.0
Kinder b. 12 J.	4.4
Kinder b. 18 J.	4.4
Paare	4.8
Senioren	4.7
Gäste mit Zelt	4.5
Gäste mit Hund	4.5

Empfohlene Aktivitäten

- Kayak/Kanu
- Radfahren
- Wandern

Gruppenbuchungen nur beschränkt möglich. Haustiere sind willkommen.

Infos

Öffnungszeiten
Vergleichspreis
Link

Ausstattung

Freizeit
Campingplatz
Versorgung
Anzahl der Plätze

12 Spreewald-Camping Lübben

Am Burglehn 10
15907 Lübben
+49 3546 7053
www.spreewald-camping-luebben.de
info@spreewald-camping-luebben.de

15.03. - 31.10.

HS: 36,00 € | NS: 36,00 €

Mehr Infos & Anfrage:
www.camping.info/18022

Baden im Fluss	200m
Pool/Hallenbad	10km
Spielplatz am Platz	✓
Hunde willkommen	✓
zur Hälfte Schatten	✓
WLAN (gegen Gebühr)	✓
Lebensmittel	500m
Brötchen am Platz	✓
Restaurant & Imbiss	✓
Ver-/Entsorgung Womo	✓
in den Ort	500m
Gesamt/Touristen	140/120
Mietunterkünfte	✓
Stellplätze vor Schranke	✗

1 km
51.93708 | 13.89516

Ein Campingplatz im Grünen direkt an der Spree gelegen.

Lage & Stellplatz

Spreewald-Camping Lübben liegt am Stadtrand, dennoch zentral. In wenigen Gehminuten erreichen die Gäste das Zentrum Lübbens. So genießen Sie Ruhe und Entspannung, aber auch das bunte Leben der Kreisstadt. Die 120 Stellplätze verfügen über Strom- und teils TV-Anschluss. Auch WLAN ist vorhanden.

Verpflegung

Zum Service des Campingplatzes gehört eine gastronomische Einrichtung, die mit freundlicher Bedienung, guter Küche und fairen Preisen begeistert. Morgens werden frische Brötchen und Backwaren vom Bäcker geliefert. Wer gern länger schläft, erreicht in wenigen Gehminuten eine Bäckerei und Fleischerei.

Sanitär

Eine moderne Sanitäreinrichtung garantiert höchsten Komfort auf dem Platz. Die beiden beheizten Sanitärgebäude sind mit Warmduschen, Waschkabinen, Küche, Waschmaschine, Trockner und einem Bad für Menschen mit Behinderung ausgestattet.

Freizeit

Kahnfährhäfen und Bootsverleih sind zu Fuß in 5 Minuten erreichbar. Für Wasserwanderer gibt es einen eigenen Anlegesteg. Die SpreeLagune ist nur wenige Meter entfernt. Badegäste und Sonnenhungrige lieben die neu angelegte Badestelle. Auch ist eine Tischtennisplatte und ein Kinderspielplatz am Platz.

Camping-Idylle.

Erkunden Sie den Spreewald.

4.1 SEHR GUT
82 Bewertungen

Lage	4.5
Ruhe	4.0
Sanitäranlagen	3.6
Sauberkeit Ø	4.2
Freundlichkeit	4.2
Stellplatz	4.1
Verpflegung	3.6
Freizeit	4.4
Preis-Leistung	4.1
Mietunterkünfte	4.3

Geeignet für

- 4.4 Paare
- 4.4 Senioren
- 4.3 Gäste mit Zelt
- 4.3 Gäste mit Hund
- 4.2 Kinder b. 12 J.
- 4.1 Kinder b. 6 J.
- 3.8 Kinder b. 18 J.

Empfohlene Aktivitäten

Radfahren · Kayak/Kanu · Wandern · Entspannen · Schwimmen

Karte auf Seite 304

16 Zeltplatz am Ostgraben

Schwarze Ecke 32
03096 Burg/Spreewald
+49 35603 18773
51.84629 | 14.09808

17.04. - 04.10.
HS: 32,00 € | NS: 32,00 €
Mehr Infos & Anfrage:
www.camping.info/23947

Baden im Fluss am Platz	✓
Pool/Hallenbad	20km
Spielplatz am Platz	✓
Hunde	✗
zur Hälfte Schatten	✓
WLAN	✗
Lebensmittel	✓
Brötchen am Platz	✓
Restaurant/Imbiss	1km/✓
Ver-/Entsorgung Womo	✓
in den Ort	5km
Touristenplätze	35
Mietunterkünfte	✗
Stellplätze vor Schranke	✗

3.3 GUT
17 Bewertungen

Lage	4.6
Ruhe	4.2
Sanitäranlagen	3.1
Sauberkeit Ø	4.0
Freundlichkeit	3.2
Stellplatz	3.9
Verpflegung	3.3
Freizeit	4.4
Preis-Leistung	3.7
Mietunterkünfte	-

Geeignet für

Kinder b. 6 J.	4.1
Kinder b. 12 J.	4.2
Kinder b. 18 J.	3.5
Paare	4.3
Senioren	4.8
Gäste mit Zelt	4.7
Hunde n. erlaubt	-

Empfohlene Aktivitäten

- Kayak/Kanu
- Radfahren
- Wandern

18 Campingplatz Deulowitzer See

❄

Am See 4
03172 Schenkendöbern
+49 356 926 695 25
51.92114 | 14.64708

ganzjährig
HS: 19,50 € | NS: 9,50 €
Mehr Infos & Anfrage:
www.camping.info/17876

Baden in nat. Gewässer	k. A.
Pool/Hallenbad	6/3km
Spielplatz am Platz	✓
Hunde willkommen	✓
zur Hälfte Schatten	✓
WLAN (begrenzt gratis)	✓
Lebensmittel	1km
Brötchen am Platz	nur HS
Restaurant & Imbiss	✓
Ver-/Entsorgung Womo	✓
in den Ort	1km
Gesamt/Touristen	100/40
Mietunterkünfte	✓
Stellplätze vor Schranke	✗

4.4 SEHR GUT
18 Bewertungen

Lage	4.4
Ruhe	4.9
Sanitäranlagen	4.3
Sauberkeit Ø	4.8
Freundlichkeit	5.0
Stellplatz	4.1
Verpflegung	4.0
Freizeit	4.2
Preis-Leistung	4.8
Mietunterkünfte	4.7

Geeignet für

Kinder b. 6 J.	4.8
Kinder b. 12 J.	4.5
Kinder b. 18 J.	4.1
Paare	4.9
Senioren	4.7
Gäste mit Zelt	4.7
Gäste mit Hund	4.5

Empfohlene Aktivitäten

- Entspannen
- Radfahren
- Schwimmen

19 Camping im Erholungsgebiet Kiebitz

Hörsteweg 2
04895 Falkenberg /Elster
+49 3536 536024
51.59462 | 13.25818

01.04. - 31.10.
HS: 26,00 € | NS: 16,00 €
Mehr Infos & Anfrage:
www.camping.info/17941

Baden in nat. Gewässer	k. A.
Hallenbad	15km
Spielplatz am Platz	✓
Hunde erlaubt	✓
Schatten	✗
WLAN	✓
Lebensmittel	✓
Brötchen am Platz	✓
Restaurant & Imbiss	✓
Ver-/Entsorgung Womo	✓
in den Ort	2km
Gesamt/Touristen	150/75
Mietunterkünfte	✓
Stellplätze vor Schranke	✗

4.3 SEHR GUT
11 Bewertungen

Lage	4.1
Ruhe	3.9
Sanitäranlagen	4.0
Sauberkeit Ø	4.2
Freundlichkeit	4.4
Stellplatz	4.3
Verpflegung	3.6
Freizeit	4.0
Preis-Leistung	4.2
Mietunterkünfte	5.0

Geeignet für

Kinder b. 6 J.	4.0
Kinder b. 12 J.	4.0
Kinder b. 18 J.	3.4
Paare	4.3
Senioren	4.4
Gäste mit Zelt	4.3
Gäste mit Hund	3.8

Empfohlene Aktivitäten

- Schwimmen
- Angeln
- Radfahren

Infos

Öffnungszeiten
Vergleichspreis
Link

Ausstattung

Freizeit
Campingplatz
Versorgung
Anzahl der Plätze

17 Kneipp- und ErlebnisCamping an den Spreewaldfließen

Vetschauer Str. 1a
03096 Burg/Spreewald
+49 356 037 509 66
www.caravan-kurcamping.de
info@caravan-kurcamping.de

01.03. - 31.12.

HS: 30,50 € | NS: 27,85 €

Mehr Infos & Anfrage:
www.camping.info/23293

Baden im Fluss am Platz	✓
Pool/Hallenbad	2km
Spielplatz am Platz	✓
Hunde willkommen	✓
zur Hälfte Schatten	✓
WLAN	✓
Lebensmittel	1km
Brötchen am Platz	✓
Restaurant/Imbiss	✓/1km
Ver-/Entsorgung Womo	✓
in den Ort	1km
Touristenplätze	80
Mietunterkünfte	✓
Stellplätze vor Schranke	✓

51.82538 | 14.13768

camping.info AWARD 2019

Sonnige Stellplätze am Kneipp- und ErlebnisCamping.

Lage & Stellplatz

Kneipp- und ErlebnisCamping liegt am südlichen Rand des Kurortes Burg, direkt an einem der typischen Spreewaldfließe. Auf mehreren idyllischen Wiesenflächen, umsäumt von hohen Bäumen, befinden sich 80 Komfortstellplätze für Caravans und Wohnmobile, je nach Bedarf mit Wasser- und Abwasseranschluss.

Verpflegung

Frisch gebackene Brötchen jeden Morgen oder ein leckeres Frühstück vom Buffet? Die gemütliche Gaststube „Plon" befindet sich direkt am Platz und hat täglich frische Speisen im Angebot. Für den großen Einkauf sind einige Supermärkte in fußläufig erreichbarer Nähe.

Sanitär

Die Sanitärgebäude sind modern und bieten den Gästen hochwertige Dusch- und Toilettenanlagen (auch behindertengerecht). Ein Waschmaschinenraum mit Trockner, sowie Abwaschräume und Kochgelegenheiten stehen ebenfalls zur Verfügung. Für Kleinkinder gibt es auch eine Wickelmöglichkeit.

Freizeit

Direkt vom platzeigenen Kahn- und Bootsanleger am Nebenarm der Spree können die Urlauber eine Paddeltour durch das UNESCO-Biosphärenreservat Spreewald starten. Gut ausgebaute Radfahrnetze laden zum Erkunden des Spreewaldes per Rad ein. Buchbar sind Wellnessangebote auf dem Heuboden direkt am Platz.

Kleiner, idyllischer Hafen.

Restaurant mit Sommerterrasse.

4.5 SEHR GUT
285 Bewertungen

Lage	4.7
Ruhe	4.6
Sanitäranlagen	4.5
Sauberkeit Ø	4.7
Freundlichkeit	4.6
Stellplatz	4.4
Verpflegung	4.4
Freizeit	4.5
Preis-Leistung	4.4
Mietunterkünfte	4.7

Geeignet für

- 4.8 Paare
- 4.7 Senioren
- 4.6 Gäste mit Zelt
- 4.6 Gäste mit Hund
- 4.2 Kinder b. 12 J.
- 4.2 Kinder b. 18 J.
- 4.1 Kinder b. 6 J.

Empfohlene Aktivitäten

Radfahren · Kayak/Kanu · Entspannen · Wandern · Wellness

ECO CAMPING

AWARD 2020

Gruppen nur beschränkt reservierbar.

Karte auf Seite 304

20 Themencamping Grünewalder Lauch

FKK

Lauchstr. 101
01979 Lauchhammer
+49 3574 3826
51.50691 | 13.66694

Infos	
Öffnungszeiten	27.03. - 01.11.
Vergleichspreis	HS: 28,00 € | NS: 28,00 €
Link	**Mehr Infos & Anfrage:** www.camping.info/17921

Ausstattung		
Freizeit	Baden im See am Platz	✓
	Hallenbad	7km
	Spielplatz am Platz	✓
Campingplatz	Hunde willkommen	✓
	zur Hälfte Schatten	✓
	WLAN (gegen Gebühr)	✓
Versorgung	Lebensmittel	✓
	Brötchen am Platz	✓
	Restaurant & Imbiss	✓
	Ver-/Entsorgung Womo	✓
	in den Ort	3km
Anzahl der Plätze	Gesamt/Touristen	180/80
	Mietunterkünfte	✓
	Stellplätze vor Schranke	✓

4.4 SEHR GUT
102 Bewertungen

Lage	4.5
Ruhe	4.5
Sanitäranlagen	4.2
Sauberkeit Ø	4.3
Freundlichkeit	4.5
Stellplatz	4.3
Verpflegung	4.3
Freizeit	4.1
Preis-Leistung	4.2
Mietunterkünfte	4.1

Geeignet für

Kinder b. 6 J.	4.3
Kinder b. 12 J.	4.5
Kinder b. 18 J.	4.2
Paare	4.6
Senioren	4.6
Gäste mit Zelt	4.4
Gäste mit Hund	4.7

Empfohlene Aktivitäten

- Radfahren
- Schwimmen
- Entspannen

22 Waldcamping Lausitzer Seenland

Wiesenstraße 7
01945 Schwarzbach bei Senftenberg
0172 54 14 097
51.4511 | 13.94522

Infos	
Öffnungszeiten	ganzjährig
Vergleichspreis	HS: 25,00 € | NS: 25,00 €
Link	**Mehr Infos & online buchen:** www.camping.info/17918

Ausstattung		
Freizeit	Baden im See	6km
	Pool & Hallenbad	✗
	Spielplatz am Platz	✓
Campingplatz	Hunde willkommen	✓
	zur Hälfte Schatten	✓
	WLAN	✓
Versorgung	Lebensmittel	5km
	Brötchen am Platz	✓
	Restaurant/Imbiss	1km
	Ver-/Entsorgung Womo	✓
	in den Ort	keine Angabe
Anzahl der Plätze	Gesamt/Touristen	45/35
	Mietunterkünfte	✗
	Stellplätze vor Schranke	✗

4.9 SEHR GUT
15 Bewertungen

Lage	4.1
Ruhe	4.9
Sanitäranlagen	4.5
Sauberkeit Ø	4.9
Freundlichkeit	4.9
Stellplatz	4.7
Verpflegung	4.1
Freizeit	4.2
Preis-Leistung	4.9
Mietunterkünfte	-

Geeignet für

Kinder b. 6 J.	4.2
Kinder b. 12 J.	4.2
Kinder b. 18 J.	4.4
Paare	4.9
Senioren	4.6
Gäste mit Zelt	4.9
Gäste mit Hund	4.9

Empfohlene Aktivitäten

- Radfahren
- Wandern
- Entspannen

23 Komfortcamping-platz Senftenberger See

Am Senftenberger See 10
01968 Niemtsch/Stadt Senftenberg
+49 3573 800500
51.49894 | 13.98416

Infos	
Öffnungszeiten	01.04. - 31.10.
Vergleichspreis	HS: 39,00 € | NS: 30,00 €
Link	**Mehr Infos & Anfrage:** www.camping.info/17920

Ausstattung		
Freizeit	Baden im See am Platz	✓
	Hallenbad	3km
	Spielplatz	✗
Campingplatz	Hunde willkommen	✓
	wenig Schatten	✓
	WLAN (gratis)	teilweise
Versorgung	Lebensmittel	✓
	Brötchen am Platz	✓
	Restaurant & Imbiss	✓
	Ver-/Entsorgung Womo	✓
	im Ort	✓
Anzahl der Plätze	Gesamt/Touristen	310/110
	Mietunterkünfte	✓
	Stellplätze vor Schranke	✗

4.4 SEHR GUT
228 Bewertungen

Lage	4.6
Ruhe	3.8
Sanitäranlagen	4.6
Sauberkeit Ø	4.7
Freundlichkeit	4.5
Stellplatz	4.4
Verpflegung	4.0
Freizeit	4.3
Preis-Leistung	4.1
Mietunterkünfte	4.6

Geeignet für

Kinder b. 6 J.	3.7
Kinder b. 12 J.	3.8
Kinder b. 18 J.	3.9
Paare	4.6
Senioren	4.6
Gäste mit Zelt	3.9
Gäste mit Hund	4.4

Empfohlene Aktivitäten

- Schwimmen
- Radfahren
- Entspannen

Komplett-Preis inkl. Strom, PKW-Standplatz und Duschen.

21 Erlebniscamping Lausitz

Am Bad 1
01990 Ortrand
035755/553509
www.erlebniscamping-lausitz.eu
info@erlebniscamping-lausitz.eu

ganzjährig

HS: 27,00 € | NS: 25,30 €

Mehr Infos & online buchen:
www.camping.info/27593

Baden in nat. Gewässer	k. A.
Pool/Hallenbad	✓/15km
Spielplatz am Platz	✓
Hunde willkommen	✓
wenig Schatten	✓
WLAN	✓
Lebensmittel	✓
Brötchen am Platz	✓
Imbiss	✓
Ver-/Entsorgung Womo	✓
in den Ort	2km
Gesamt/Touristen	97/67
Mietunterkünfte	✓
Stellplätze vor Schranke	✓

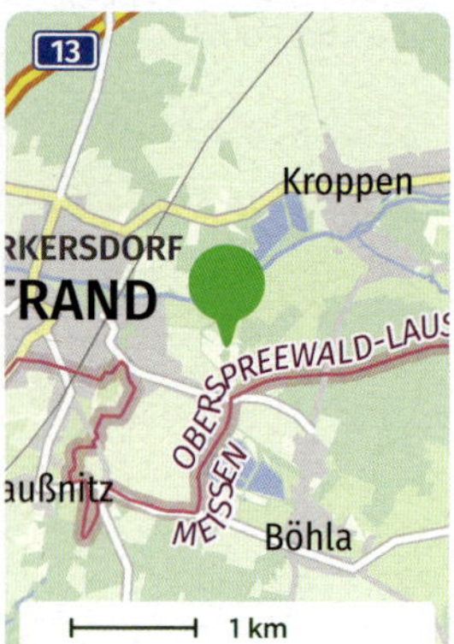

51.37271 | 13.77977

Camping, Erholung, Badespaß.

Lage & Stellplatz

Herzlich willkommen auf dem liebevoll, familiär geführten Erlebnis-Campingplatz in Ortrand zwischen Dresden und dem Spreewald. Hier genießen Sie mit Ihrer Familie auf großen, komfortablen Stellplätzen oder der Zeltwiese eine Zeit der Ruhe, Erholung und Entspannung im Herzen der schönen Lausitz.

Verpflegung

Mit dem kleinen Parkteich-Imbiss ist täglich für Ihr leibliches Wohl gut gesorgt. Die Gäste genießen ein gut gekühltes Fassbier im Biergarten und nutzen den Frühstücks- oder Brötchen-Service. Weitere Produkte halten wir im Minimarkt für Sie bereit. Wer mag, findet dort auch Eis oder Slushies.

Sanitär

Die sauberen, gepflegten Sanitäranlagen sind barrierefrei und für Rollstuhlfahrer geeignet. Ein Wickelraum mit Babybadewanne, eine Küche mit Abwasch- und Kochgelegenheiten, Geschirrspüler sowie Waschmaschinen und Wäschetrockner stehen für die Gäste bereit. Im Freibad gibt es weitere Sanitäranlagen.

Freizeit

Ob Kinderparadies mit Freizeitspaß auf dem Campingplatz (Felsenspielplatz, Bodentrampolin, Tischtennis, Freibad mit Wasserrutsche, Volleyball, Sauna), schnell erreichbare Ausflugsziele oder Rad- und Wanderwege für Naturliebhaber – die Lausitz ist der ideale Ausgangspunkt für Ihren Erholungsurlaub.

Spielplatzabenteuer.

Entspannung und Erholung.

4.9 SEHR GUT
9 Bewertungen

Lage	4.4
Ruhe	4.9
Sanitäranlagen	4.8
Sauberkeit Ø	4.8
Freundlichkeit	5.0
Stellplatz	4.8
Verpflegung	4.1
Freizeit	4.2
Preis-Leistung	4.8
Mietunterkünfte	5.0

Geeignet für

4.9	Gäste mit Zelt
4.8	Kinder b. 12 J.
4.8	Senioren
4.6	Paare
4.3	Kinder b. 6 J.
4.3	Gäste mit Hund
3.6	Kinder b. 18 J.

Empfohlene Aktivitäten

Radfahren | Schwimmen | Angeln | Wandern | Entspannen

Pension und Freibad am Campingplatz, Gruppen nur beschränkt zugelassen.

Karte auf Seite 304

24 Hafencamp Senftenberger See

Straße zur Südsee 2
01968 Großkoschen
+49 3573 800600
51.49022 | 14.0366

01.04. - 31.10.
HS: 30,00 € | NS: 25,00 €
Mehr Infos & Anfrage:
www.camping.info/24648

Baden im See	500m
Hallenbad	10km
Spielplatz am Platz	✓
Hunde erlaubt	✓
viel Schatten	✓
WLAN (gegen Gebühr)	✓
Lebensmittel	500m
Brötchen am Platz	nur HS
Restaurant/Imbiss	500m/✓
Ver-/Entsorgung Womo	✓
in den Ort	1km
Touristenplätze	50
Mietunterkünfte	✓
Stellplätze vor Schranke	✗

4.5 SEHR GUT
87 Bewertungen

Lage	4.6
Ruhe	4.4
Sanitäranlagen	4.3
Sauberkeit Ø	4.6
Freundlichkeit	4.8
Stellplatz	4.5
Verpflegung	4.4
Freizeit	4.5
Preis-Leistung	4.3
Mietunterkünfte	4.7

Geeignet für

Kinder b. 6 J.	4.2
Kinder b. 12 J.	4.5
Kinder b. 18 J.	4.4
Paare	4.8
Senioren	4.5
Gäste mit Zelt	5.0
Gäste mit Hund	-

Empfohlene Aktivitäten

- Radfahren
- Segeln
- Wandern

25 Familienpark Senftenberger See

Straße zur Südsee 1
01968 Großkoschen/Stadt Senftenberg
+49 3573 800 800
51.49384 | 14.04483

ganzjährig
HS: 42,00 € | NS: 29,00 €
Mehr Infos & Anfrage:
www.camping.info/17919

Baden im See am Platz	✓
Hallenbad	8km
Spielplatz am Platz	✓
Hunde	✗
viel Schatten	✓
WLAN	✗
Lebensmittel	✓
Brötchen	keine Angabe
Restaurant & Imbiss	✓
Ver-/Entsorgung Womo	✓
in den Ort	1km
Gesamt/Touristen	500/165
Mietunterkünfte	✓
Stellplätze vor Schranke	✓

4.7 SEHR GUT
367 Bewertungen

Lage	4.8
Ruhe	3.9
Sanitäranlagen	4.6
Sauberkeit Ø	4.7
Freundlichkeit	4.8
Stellplatz	4.7
Verpflegung	4.4
Freizeit	4.8
Preis-Leistung	4.6
Mietunterkünfte	4.8

Geeignet für

Kinder b. 6 J.	4.8
Kinder b. 12 J.	4.8
Kinder b. 18 J.	4.3
Paare	4.3
Senioren	4.1
Gäste mit Zelt	4.3
Hunde n. erlaubt	-

Empfohlene Aktivitäten

- Schwimmen
- Radfahren
- Entspannen

Rezeption im Winter am Wochenende geschlossen

26 SpreeCamp Bagenz

Stauseestr. 3
03130 Bagenz
+49 35697 219
51.64523 | 14.41327

keine Angabe
keine Angabe
Mehr Infos & Anfrage:
www.camping.info/22297

Baden in nat. Gewässer	k. A.
Pool & Hallenbad	✗
Spielplatz	keine Angabe
Hunde	✗
Schatten	✗
WLAN	keine Angabe
Lebensmittel	k.A.
Brötchen	keine Angabe
Restaurant & Imbiss	✗
Ver-/Entsorgung Womo	✗
in den Ort	keine Angabe
Gesamt	keine Angabe
Mietunterkünfte	✗
Stellplätze vor Schranke	✗

3.4 GUT
10 Bewertungen

Lage	3.9
Ruhe	4.2
Sanitäranlagen	2.8
Sauberkeit Ø	3.0
Freundlichkeit	3.2
Stellplatz	3.2
Verpflegung	2.8
Freizeit	2.4
Preis-Leistung	2.8
Mietunterkünfte	-

Geeignet für

Kinder b. 6 J.	4.5
Kinder b. 12 J.	4.0
Kinder b. 18 J.	3.5
Paare	4.3
Senioren	3.2
Gäste mit Zelt	4.5
Hunde n. erlaubt	-

Empfohlene Aktivitäten

- Radfahren
- Angeln
- Entspannen

Infos

Öffnungszeiten
Vergleichspreis
Link

Ausstattung

Freizeit
Campingplatz
Versorgung
Anzahl der Plätze

SACHSEN-ANHALT

REGIONEN

TIPP DER REDAKTION

Harzer Feriengarten Kurcamping

Sachsen-Anhalt | Nr. 11 | Seite 324

Laut Gästen ideal geeignet zum:

- Wandern
- Entspannen
- Radfahren

4.6

ABWECHSLUNGSREICHE FERIENTAGE IN SACHSEN-ANHALT

Zwischen Elbe und Harz begeistert Sachsen-Anhalt mit aufregenden Zeugnissen deutscher Geschichte, sehenswerten Städten und beschaulichen Seen- und Flusslandschaften. Heide- und Weinbaugebiete machen das Bundesland für Camper noch attraktiver. Auf der „Straße der Romantik" gelangen Urlauber zu Burgen, Klöstern und Pfalzen.

St.-Nicolai-Kirche in Coswig (Anhalt) © TourismusRegion Anhalt-Dessau-Wittenberg e.V

Museum Kloster und Kaiserpfalz Memleben © Investitions- und Marketinggesellschaft Sachsen-Anhalt GmbH

LANDESHAUPTSTADT MAGDEBURG

Das 230.000 Einwohner zählende Magdeburg hat sich in den letzten Jahrzehnten von einer grauen Industriestadt zu einer lebendigen Elbmetropole mit vielen Grün- und Parkflächen gewandelt. Wahrzeichen ist der mittelalterliche gotische Dom unter dem Kaiser Otto I. begraben liegt. Zu diesem altehrwürdigen Gebäude setzt die Moderne mit der Grünen Zitadelle einen farbenfrohen Kontrast. Das von Friedensreich Hundertwasser entworfene Wohn- und Geschäftshaus beherbergt neben einem kleinen Hotel auch einen Kindergarten. Noch mehr Kunsterlebnisse bietet das Kunstmuseum „Kloster Unser Lieben Frauen" mit einer beeindruckende Sammlung zeitgenössischer Werke und Skulpturen. Für einen Spaziergang oder ein Picknick verabreden sich die Magdeburger gerne im Elbauenpark. Das 90 Hektar große Gelände umfasst eine Seebühne, das sehr anschauliche Technikgeschichtsmuseum und eine Sommerrodelbahn.

DER NATIONALPARK HARZ

Mit dem Harz besitzt Sachsen-Anhalt zusammen mit Niedersachsen den ersten deutschen länderübergreifenden Nationalpark. Die abwechslungsreiche Mittelgebirgslandschaft besteht aus dichten Wäldern, Flussauen, Mooren und Felsbiotopen. Ihre höchste Erhebung ist der 1.141 Meter hohe Brocken, auf dem sich der Sage nach die Hexen zur Walpurgisnacht treffen. Für Geschichtsinteressierte gehört die Reichsburg Kyffhausen als eine der ältesten

Georgium Dessau Mausoleum © Investitions- und Marketinggesellschaft Sachsen-Anhalt GmbH

Biosphärenreservat Mittelelbe © Investitions- und Marketinggesellschaft Sachsen-Anhalt GmbH

mittelalterlichen Wehranlagen Deutschlands zu den Highlights im Harz. Am Rande der beeindruckenden Naturlandschaft liegt Quedlinburg. Mit mehr als 1.200 Fachwerkhäusern aus dem 6. Jahrhundert gehört das pittoreske Städtchen zum Weltkulturerbe der UNESCO.

HALLE, WITTENBERG UND DIE ELBAUEN

Großstadtflair erlebt ihr in Halle an der Saale, der größten Stadt Sachsen-Anhalts. Bedingt durch den Lauf der Saale, die die Stadt auf einer Länge von 27 Kilometern durchfließt und sich im Stadtgebiet um einige Kanäle, Nebenarme und Schleusen erweitert, liegt sie auf mehreren Inseln. Halle besitzt eine gut erhaltene Altstadt, ein sehenswertes Beatles-Museum und veranstaltet als Geburtsort von Georg Friedrich Händel alljährlich die zehntägigen Händel-Festspiele. Die Martin-Luther-Universität Halle-Wittenberg in Halle ist eine der ältesten des Landes. Auf den Spuren der Reformation wandeln Besucher auch in Wittenberg: Hier soll Martin Luther im Jahre 1517 seine 95 Thesen an der Schlosskirche angeschlagen haben. Mit dem Gartenreich Dessau-Wörlitz besitzt Sachsen-Anhalt einen der ältesten und bedeutendsten Landschaftsparks nach englischem Vorbild in Europa. Das UNESCO-Weltkulturerbe in den Elbauen setzt sich aus Gartenanlagen verschiedener Stilrichtungen, Schlössern, kleinen Brücken und verschlungenen Pfaden zusammen. Als Kontrastprogramm bietet Dessau nur wenige Kilometer vom Wörlitzer Park entfernt Bauhaus-Architektur par excellence. Das sachliche Bauhaus-Ensemble aus Beton, Glas und Stahl entstand in den 1920er Jahren für die Kunst-, Design- und Architekturschule. Im Krieg schwer beschädigt, wurde das Bauhaus-Gebäude nach der Wende aufwendig restauriert.

Blick auf den Naumburg Dom © Stadt Naumburg-Kultur und Tourismus

SACHSEN-ANHALT

❶ Sachsen-Anhalt

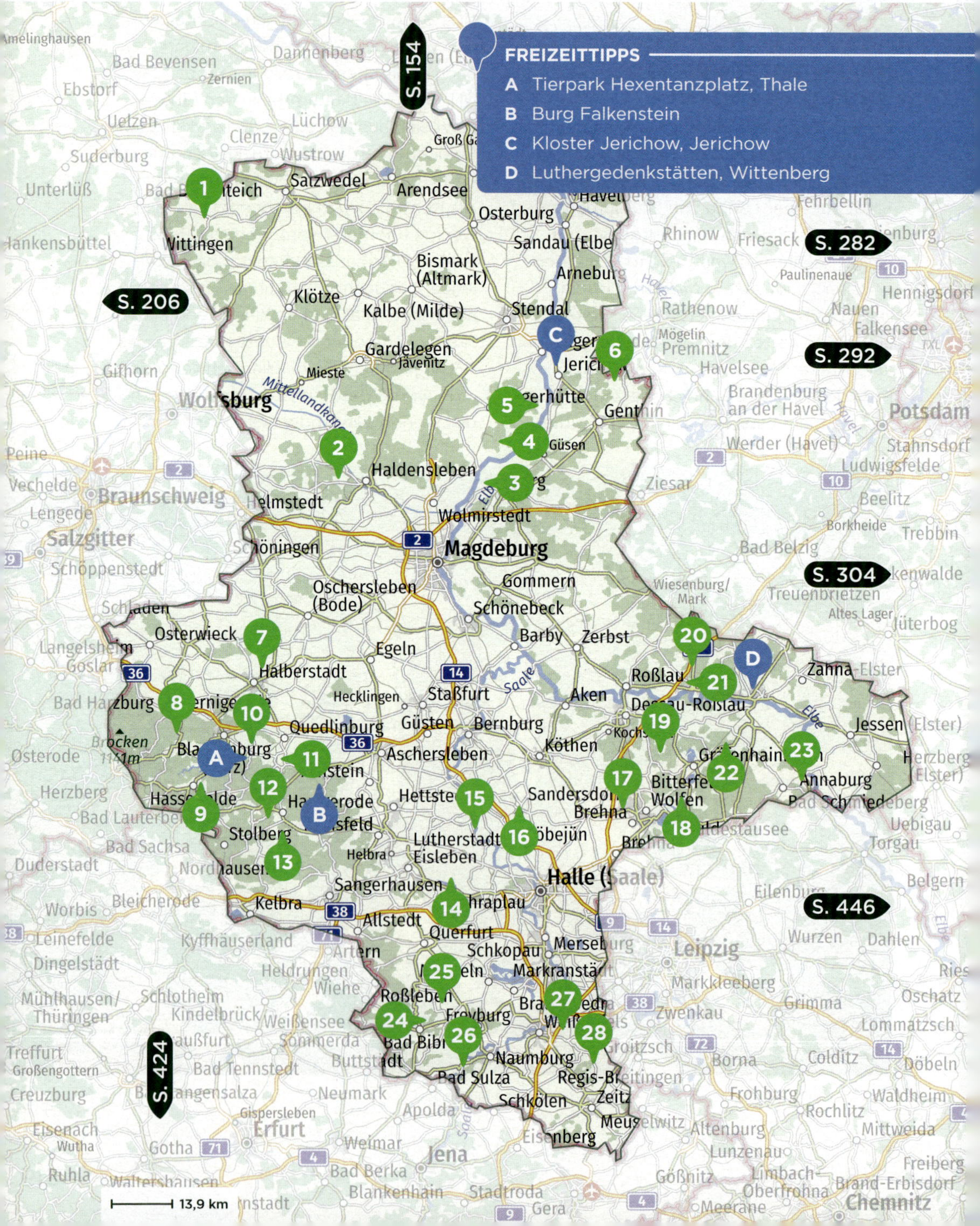

	Platz	Seite	Bewertung	Öffnungszeiten	
1	Campingplatz im Waldbad Dähre	322	4.3	saisonal	
2	Campingplatz Alte Schmiede	322	3.4	k. A.	
3	Campingplatz Niegripper See	322	4.7	saisonal	
4	Campingplatz Bertingen	322	4.1	saisonal	
5	Family-Camp-Kellerwiehl	323	4.6	saisonal	
6	Touristenzentrum Zabakuck	323	4.0	saisonal	FKK
7	Camping am See	323	4.1	ganzjährig	FKK ✻
8	Camping am Brocken	324	4.5	ganzjährig	✻
9	Domäne Stiege Campingplatz & Gästehaus	324	4.0	ganzjährig	✻
10	Klostercamping Thale	324	4.6	saisonal	✻
11	Harzer Feriengarten Kurcamping	324	4.6	saisonal	
12	Ferienpark Birnbaumteich GmbH	325	4.0	ganzjährig	✻
13	Komfort-Camping Panoramablick	325	4.2	saisonal	✻
14	Camping am Süßen See	325	3.5	ganzjährig	✻
15	Campingplatz Saaletal	326	4.0	saisonal	
16	Zeltwiese Löbejün	326	5.0	saisonal	
17	Campingplatz Sandersdorf	326	3.9	saisonal	
18	Heide-Camp Schlaitz	326	3.8	ganzjährig	✻
19	Naturcampingplatz Möhlauer See	327	3.9	k. A.	
20	Waldcamping Olympiasee	327	4.6	saisonal	
21	Stellplatz Marina-Coswig	327	3.6	ganzjährig	✻ ϟ
22	Camping Königsee	328	3.7	saisonal	
23	Campingpark & Wohnmobilhafen Am Gr. Lausiger Teich	328	4.4	ganzjährig	✻
24	Campingplatz und Freizeitzentrum Schaepmann	328	4.3	saisonal	
25	OUTTOUR Aktivreisen - Camping	328	4.4	saisonal	
26	Camping an der Rudelsburg	329	3.9	saisonal	
27	Camping Auensee	329	3.4	ganzjährig	✻
28	Campingplatz am Mondsee	329	3.4	k. A.	FKK ✻

✻ Wintercamping FKK Textilfrei (ganz/teilweise) Ecocamping Award ϟ Onlinebuchung

1 Campingplatz im Waldbad Dähre

Eickhorster Weg 20
29413 Dähre
+49 39031 337

52.79392 | 10.88766

01.06. - 31.08.

HS: 25,50 € | NS: 25,50 €

Mehr Infos & Anfrage:
www.camping.info/25123

Baden in nat. Gewässer	k. A.
Pool/Hallenbad	✓/20km
Spielplatz am Platz	✓
Hunde willkommen	✓
zur Hälfte Schatten	✓
WLAN	✗
Lebensmittel	1km
Brötchen am Platz	✗
Restaurant/Imbiss	6km/✓
Ver-/Entsorgung Womo	✗
in den Ort	1km
Touristenplätze	40
Mietunterkünfte	✗
Stellplätze vor Schranke	✓

4.3 SEHR GUT
10 Bewertungen

Lage	4.0
Ruhe	4.9
Sanitäranlagen	3.3
Sauberkeit Ø	4.6
Freundlichkeit	4.9
Stellplatz	3.8
Verpflegung	3.7
Freizeit	4.6
Preis-Leistung	3.9
Mietunterkünfte	-

Geeignet für

Kinder b. 6 J.	4.9
Kinder b. 12 J.	4.7
Kinder b. 18 J.	4.2
Paare	4.1
Senioren	3.6
Gäste mit Zelt	4.9
Gäste mit Hund	4.2

Empfohlene Aktivitäten

- Schwimmen
- Radfahren
- Entspannen

2 Campingplatz Alte Schmiede

Steiner Berg
39343 Süplingen

52.28028 | 11.32068

keine Angabe

keine Angabe

Mehr Infos & Anfrage:
www.camping.info/23952

Baden in nat. Gewässer	k. A.
Pool & Hallenbad	✗
Spielplatz	keine Angabe
Hunde	✗
Schatten	✗
WLAN	keine Angabe
Lebensmittel	k.A.
Brötchen	keine Angabe
Restaurant & Imbiss	✗
Ver-/Entsorgung Womo	✗
in den Ort	keine Angabe
Gesamt	keine Angabe
Mietunterkünfte	✗
Stellplätze vor Schranke	✗

3.4 GUT
5 Bewertungen

Lage	4.0
Ruhe	4.2
Sanitäranlagen	3.6
Sauberkeit Ø	4.1
Freundlichkeit	4.0
Stellplatz	3.4
Verpflegung	2.8
Freizeit	2.7
Preis-Leistung	4.0
Mietunterkünfte	-

Geeignet für

Kinder b. 6 J.	3.0
Kinder b. 12 J.	3.0
Kinder b. 18 J.	1.0
Paare	4.0
Senioren	4.0
Gäste mit Zelt	4.0
Hunde n. erlaubt	-

Empfohlene Aktivitäten

- Radfahren
- Schwimmen
- Tauchen

3 Campingplatz Niegripper See

Gossel 22
39288 Burg
+49 3921 5277

52.27311 | 11.79098

01.04. - 07.10.

HS: 22,50 € | NS: 22,50 €

Mehr Infos & Anfrage:
www.camping.info/26593

Baden im See am Platz	✓
Pool & Hallenbad	✗
Spielplatz am Platz	✓
Hunde erlaubt	✓
wenig Schatten	✓
WLAN	✗
Lebensmittel	3km
Brötchen am Platz	✓
Restaurant/Imbiss	2km/✓
Ver-/Entsorgung Womo	✓
in den Ort	2km
Gesamt/Touristen	120/40
Mietunterkünfte	✗
Stellplätze vor Schranke	✗

4.7 SEHR GUT
38 Bewertungen

Lage	4.7
Ruhe	4.5
Sanitäranlagen	4.9
Sauberkeit Ø	4.8
Freundlichkeit	4.9
Stellplatz	4.4
Verpflegung	4.2
Freizeit	4.1
Preis-Leistung	4.7
Mietunterkünfte	-

Geeignet für

Kinder b. 6 J.	4.7
Kinder b. 12 J.	4.6
Kinder b. 18 J.	4.3
Paare	4.8
Senioren	4.7
Gäste mit Zelt	4.6
Gäste mit Hund	4.9

Empfohlene Aktivitäten

- Schwimmen
- Radfahren
- Kayak/Kanu

4 Campingplatz Bertingen

Zu den kurzen Enden 1
39517 Bertingen
+49 3936 65 10 37

52.35528 | 11.84028

15.03. - 31.10.

HS: 17,80 € | NS: 17,80 €

Mehr Infos & Anfrage:
www.camping.info/22298

Baden im See	2km
Pool	10km
Spielplatz am Platz	✓
Hunde willkommen	✓
zur Hälfte Schatten	✓
WLAN	✓
Lebensmittel	✓
Brötchen am Platz	✓
Restaurant & Imbiss	✓
Ver-/Entsorgung Womo	✓
in den Ort	700m
Gesamt/Touristen	75/50
Mietunterkünfte	✓
Stellplätze vor Schranke	✗

4.1 SEHR GUT
9 Bewertungen

Lage	4.1
Ruhe	3.8
Sanitäranlagen	3.3
Sauberkeit Ø	4.0
Freundlichkeit	4.8
Stellplatz	4.2
Verpflegung	4.6
Freizeit	3.9
Preis-Leistung	4.7
Mietunterkünfte	5.0

Geeignet für

Kinder b. 6 J.	4.0
Kinder b. 12 J.	4.3
Kinder b. 18 J.	4.0
Paare	4.2
Senioren	3.5
Gäste mit Zelt	4.4
Gäste mit Hund	4.4

Empfohlene Aktivitäten

- Radfahren
- Wandern
- Entspannen

Karte auf Seite 320

5 Family-Camp-Kellerwiehl

Kellerwiehl 1
39517 Tangerhütte
+49 393 628 1610
52.42348 | 11.97065

6 Touristenzentrum Zabakuck

FKK
Am See 1
39307 Jerichow/ OT Zabakuck
+49 39348 9390
52.4685 | 12.20179

7 Camping am See

FKK ❄
Warmholzberg 70
38820 Halberstadt
+49 39 41 / 60 93 08
51.91031 | 11.08447

Infos

	5 Family-Camp-Kellerwiehl	6 Touristenzentrum Zabakuck	7 Camping am See
Öffnungszeiten	01.04. - 31.10.	01.04. - 11.10.	ganzjährig
Vergleichspreis	HS: 23,00 € | NS: 23,00 €	HS: 26,00 € | NS: 22,50 €	HS: 26,50 € | NS: 26,50 €
Link	**Mehr Infos & Anfrage:** www.camping.info/18597	**Mehr Infos & Anfrage:** www.camping.info/18593	**Mehr Infos & Anfrage:** www.camping.info/18587

Ausstattung

	5 Family-Camp-Kellerwiehl	6 Touristenzentrum Zabakuck	7 Camping am See
Freizeit	Baden in nat. Gewässer: k. A.	Baden im See am Platz: ✓	Baden im See am Platz: ✓
	Pool/Hallenbad: 12/17km	Pool/Hallenbad: 25/12km	Pool/Hallenbad: 3km
	Spielplatz am Platz: ✓	Spielplatz am Platz: ✓	Spielplatz: keine Angabe
Campingplatz	Hunde willkommen: ✓	Hunde willkommen: ✓	Hunde erlaubt: ✓
	zur Hälfte Schatten: ✓	zur Hälfte Schatten: ✓	Schatten: ✗
	WLAN (gegen Gebühr): ✓	WLAN (gratis): teilweise	WLAN: ✓
Versorgung	Lebensmittel: ✓	Lebensmittel: 12km	Lebensmittel: ✓
	Brötchen am Platz: ✓	Brötchen am Platz: nur HS	Brötchen am Platz: ✓
	Restaurant & Imbiss: ✓	Restaurant/Imbiss: 5km/✓	Restaurant & Imbiss: ✗
	Ver-/Entsorgung Womo: ✓	Ver-/Entsorgung Womo: ✓	Ver-/Entsorgung Womo: ✗
	in den Ort: 1km	in den Ort: 2km	in den Ort: 2km
Anzahl der Plätze	Gesamt/Touristen: 120/80	Gesamt/Touristen: 250/150	Gesamt/Touristen: 120/70
	Mietunterkünfte: ✓	Mietunterkünfte: ✓	Mietunterkünfte: ✗
	Stellplätze vor Schranke: ✗	Stellplätze vor Schranke: ✓	Stellplätze vor Schranke: ✓

Bewertungen

	5 Family-Camp-Kellerwiehl	6 Touristenzentrum Zabakuck	7 Camping am See
Gesamt	4.6 SEHR GUT, 37 Bewertungen	4.0 SEHR GUT, 12 Bewertungen	4.1 SEHR GUT, 29 Bewertungen
Lage	4.6	4.6	4.4
Ruhe	4.8	4.3	4.3
Sanitäranlagen	4.3	4.3	3.6
Sauberkeit Ø	4.7	4.6	4.5
Freundlichkeit	5.0	3.8	4.8
Stellplatz	4.5	4.1	3.9
Verpflegung	4.4	3.7	3.8
Freizeit	3.8	3.6	4.0
Preis-Leistung	4.8	3.9	4.0
Mietunterkünfte	4.9	4.5	-
Geeignet für			
Kinder b. 6 J.	4.6	4.4	3.9
Kinder b. 12 J.	4.4	4.2	4.0
Kinder b. 18 J.	3.7	4.1	3.5
Paare	4.8	4.4	4.4
Senioren	4.8	4.2	4.4
Gäste mit Zelt	4.8	4.0	4.6
Gäste mit Hund	4.7	4.1	4.1
Empfohlene Aktivitäten	Entspannen, Radfahren, Wandern	Schwimmen, Wandern, Entspannen	Schwimmen, Entspannen, Sightseeing

WOMOs über 10m gehen

8 Camping am Brocken

*

Schützenring 6
38875 Elbingerode
+49 39454 42589
51.775 | 10.79667

ganzjährig
HS: 27,00 € | NS: 27,00 €
Mehr Infos & Anfrage:
www.camping.info/18588

Baden im Teich	100m
Pool & Hallenbad	✗
Spielplatz am Platz	✓
Hunde erlaubt	✓
Schatten	✗
WLAN	✗
Lebensmittel	✓
Brötchen am Platz	nur HS
Restaurant/Imbiss	100m/1km
Ver-/Entsorgung Womo	✓
in den Ort	1km
Gesamt/Touristen	160/140
Mietunterkünfte	✗
Stellplätze vor Schranke	✗

4.5 SEHR GUT
95 Bewertungen

Lage	4.5
Ruhe	4.6
Sanitäranlagen	4.4
Sauberkeit Ø	4.7
Freundlichkeit	4.5
Stellplatz	4.0
Verpflegung	3.5
Freizeit	4.3
Preis-Leistung	4.5
Mietunterkünfte	-

Geeignet für

Kinder b. 6 J.	4.3
Kinder b. 12 J.	4.1
Kinder b. 18 J.	3.8
Paare	4.6
Senioren	4.6
Gäste mit Zelt	4.6
Gäste mit Hund	4.7

Empfohlene Aktivitäten
- Wandern
- Entspannen
- Mountainbiking

9 Domäne Stiege Campingplatz & Gästehaus

*

Domäne 1
38899 Stiege/Hasselfelde
03945970333
51.68 | 10.87777

ganzjährig
HS: 25,50 € | NS: 25,50 €
Mehr Infos & Anfrage:
www.camping.info/17899

Baden im See	5km
Pool & Hallenbad	✗
Spielplatz am Platz	✓
Hunde willkommen	✓
zur Hälfte Schatten	✓
WLAN	keine Angabe
Lebensmittel	1km
Brötchen am Platz	✓
Restaurant & Imbiss	✓
Ver-/Entsorgung Womo	✓
in den Ort	1km
Touristenplätze	60
Mietunterkünfte	✓
Stellplätze vor Schranke	✗

4.0 SEHR GUT
14 Bewertungen

Lage	4.4
Ruhe	4.5
Sanitäranlagen	4.6
Sauberkeit Ø	4.8
Freundlichkeit	4.6
Stellplatz	4.2
Verpflegung	3.7
Freizeit	4.2
Preis-Leistung	4.0
Mietunterkünfte	4.9

Geeignet für

Kinder b. 6 J.	4.5
Kinder b. 12 J.	4.4
Kinder b. 18 J.	4.0
Paare	4.3
Senioren	4.1
Gäste mit Zelt	4.2
Gäste mit Hund	4.4

Empfohlene Aktivitäten
- Wandern
- Motorrad
- Radfahren

10 Klostercamping Thale

*

Wendhusenstr. 3
06502 Thale
+49 3947 63185
51.75509 | 11.0504

01.03. - 15.01.
HS: 22,50 € | NS: 22,50 €
Mehr Infos & Anfrage:
www.camping.info/22301

Baden im Teich	1km
Pool/Hallenbad	1km
Spielplatz am Platz	✓
Hunde willkommen	✓
Schatten	✗
WLAN	✓
Lebensmittel	500m
Brötchen am Platz	nur HS
Restaurant	500m
Ver-/Entsorgung Womo	✓
in den Ort	100m
Gesamt/Touristen	100/90
Mietunterkünfte	✓
Stellplätze vor Schranke	✗

4.6 SEHR GUT
165 Bewertungen

Lage	4.5
Ruhe	4.6
Sanitäranlagen	4.5
Sauberkeit Ø	4.8
Freundlichkeit	4.9
Stellplatz	4.3
Verpflegung	3.8
Freizeit	4.5
Preis-Leistung	4.5
Mietunterkünfte	4.7

Geeignet für

Kinder b. 6 J.	4.3
Kinder b. 12 J.	4.3
Kinder b. 18 J.	4.0
Paare	4.7
Senioren	4.8
Gäste mit Zelt	4.6
Gäste mit Hund	4.5

Empfohlene Aktivitäten
- Wandern
- Entspannen
- Radfahren

11 Harzer Feriengarten Kurcamping

Am Schwedderberg 30 B
06485 Quedlinburg OT Gernrode
+49 394 856 2446
51.72571 | 11.12583

15.04. - 31.10.
HS: 35,00 € | NS: 34,00 €
Mehr Infos & Anfrage:
www.camping.info/23322

Baden im Teich	3km
Pool/Hallenbad	5/4km
Spielplatz am Platz	✓
Hunde willkommen	✓
wenig Schatten	✓
WLAN	✓
Lebensmittel	1km
Brötchen am Platz	✓
Restaurant/Imbiss	500m
Ver-/Entsorgung Womo	✓
in den Ort	200m
Gesamt	11
Mietunterkünfte	✓
Stellplätze vor Schranke	✗

4.6 SEHR GUT
34 Bewertungen

Lage	4.7
Ruhe	4.9
Sanitäranlagen	4.9
Sauberkeit Ø	4.7
Freundlichkeit	4.7
Stellplatz	4.3
Verpflegung	3.6
Freizeit	4.3
Preis-Leistung	4.5
Mietunterkünfte	4.3

Geeignet für

Kinder b. 6 J.	3.8
Kinder b. 12 J.	3.6
Kinder b. 18 J.	3.1
Paare	4.8
Senioren	4.9
Gäste mit Zelt	3.7
Gäste mit Hund	4.6

Empfohlene Aktivitäten
- Wandern
- Entspannen
- Radfahren

Karte auf Seite 320

12 Ferienpark Birnbaumteich GmbH

❄

Birnbaumteich 1
06493 Harzgerode OT Neudorf
+49 39484 6243
51.61217 | 11.09223

13 Komfort-Camping Panoramablick

❄

Hinterdorf 79
06493 Dankerode
+49 174 716 3877
51.58785 | 11.14172

14 Camping am Süßen See

❄

Seegebiet Mansfelder Land OT: Seeburg
06317 Seeburg bei Eisleben
+49 34774 28281
51.49629 | 11.68372

Infos

	12	13	14
Öffnungszeiten	ganzjährig	01.04. - 03.11. 15.12. - 31.03.	ganzjährig
Vergleichspreis	HS: 28,90 € | NS: 28,90 €	HS: 21,00 € | NS: 19,00 €	HS: 22,00 € | NS: 22,00 €
Link	**Mehr Infos & Anfrage:** www.camping.info/17945	**Mehr Infos & Anfrage:** www.camping.info/17946	**Mehr Infos & Anfrage:** www.camping.info/17944

Ausstattung

	12	13	14
Freizeit	Baden im See am Platz ✓	Baden in nat. Gewässer k. A.	Baden im See am Platz ✓
	Pool/Hallenbad 8/15km	Pool 3km	Pool & Hallenbad ✗
	Spielplatz am Platz ✓	Spielplatz am Platz ✓	Spielplatz am Platz ✓
Campingplatz	Hunde willkommen ✓	Hunde willkommen ✓	Hunde erlaubt ✓
	wenig Schatten ✓	zur Hälfte Schatten ✓	Schatten ✗
	WLAN ✓	WLAN ✓	WLAN ✓
Versorgung	Lebensmittel ✓	Lebensmittel 250m	Lebensmittel 500m
	Brötchen am Platz ✓	Brötchen am Platz ✗	Brötchen am Platz ✗
	Restaurant & Imbiss ✓	Restaurant/Imbiss 200m	Restaurant/Imbiss 500m
	Ver-/Entsorgung Womo ✓	Ver-/Entsorgung Womo ✗	Ver-/Entsorgung Womo ✓
	in den Ort 1km	in den Ort 200m	in den Ort 1km
Anzahl der Plätze	Gesamt/Touristen 230/130	Gesamt/Touristen 40/39	Gesamt/Touristen 250/70
	Mietunterkünfte ✓	Mietunterkünfte ✗	Mietunterkünfte ✓
	Stellplätze vor Schranke ✓	Stellplätze vor Schranke ✓	Stellplätze vor Schranke ✗

Bewertungen

	12	13	14
Gesamt	4.0 SEHR GUT (30 Bewertungen)	4.2 SEHR GUT (25 Bewertungen)	3.5 GUT (37 Bewertungen)
Lage	4.4	4.2	4.4
Ruhe	3.9	5.0	3.8
Sanitäranlagen	3.7	4.3	4.1
Sauberkeit Ø	4.0	4.4	3.8
Freundlichkeit	4.0	4.6	3.9
Stellplatz	3.8	4.0	3.3
Verpflegung	3.7	3.4	2.3
Freizeit	4.2	3.4	3.1
Preis-Leistung	3.6	4.2	3.5
Mietunterkünfte	3.2	-	3.0
Geeignet für			
Kinder b. 6 J.	4.2	3.3	3.6
Kinder b. 12 J.	4.2	3.2	4.0
Kinder b. 18 J.	3.7	2.9	3.3
Paare	4.4	4.8	4.0
Senioren	3.9	4.6	3.8
Gäste mit Zelt	4.5	3.8	3.6
Gäste mit Hund	4.0	4.7	4.0

Empfohlene Aktivitäten

12	13	14
Wandern	Wandern	Schwimmen
Schwimmen	Entspannen	Segeln
Entspannen	Radfahren	Radfahren

15 Campingplatz Saaletal

Hauptstraße 9
06198 Kloschwitz

51.58868 | 11.75527

15.04. - 30.10.

HS: 21,40 €

Mehr Infos & Anfrage:
www.camping.info/23954

Baden in nat. Gewässer	k. A.
Pool & Hallenbad	✗
Spielplatz am Platz	✓
Hunde erlaubt	✓
zur Hälfte Schatten	✓
WLAN (gegen Gebühr)	✓
Lebensmittel	✓
Brötchen am Platz	✓
Restaurant & Imbiss	✓
Ver-/Entsorgung Womo	✓
in den Ort	1km
Gesamt	keine Angabe
Mietunterkünfte	✗
Stellplätze vor Schranke	✗

4.0 SEHR GUT
14 Bewertungen

Lage	4.2
Ruhe	4.3
Sanitäranlagen	4.2
Sauberkeit Ø	4.4
Freundlichkeit	4.5
Stellplatz	3.8
Verpflegung	4.2
Freizeit	3.5
Preis-Leistung	4.1
Mietunterkünfte	-

Geeignet für

Kinder b. 6 J.	3.7
Kinder b. 12 J.	4.0
Kinder b. 18 J.	3.6
Paare	4.0
Senioren	4.4
Gäste mit Zelt	4.6
Gäste mit Hund	4.2

Empfohlene Aktivitäten

- Radfahren
- Kayak/Kanu
- Entspannen

16 Zeltwiese Löbejün

Merbitzer Berg 1
06193 Wettin-Löbejün
+49 171 317 6554

51.631 | 11.8994

01.04. - 31.10.

HS: 20,00 € | NS: 20,00 €

Mehr Infos & Anfrage:
www.camping.info/26634

Baden im See	6km
Pool/Hallenbad	8km
Spielplatz	2km
Hunde willkommen	✓
zur Hälfte Schatten	✓
WLAN	✓
Lebensmittel	2km
Brötchen am Platz	nur HS
Restaurant/Imbiss	2km
Ver-/Entsorgung Womo	✗
in den Ort	2km
Touristenplätze	20
Mietunterkünfte	✓
Stellplätze vor Schranke	✗

5.0 AUSGEZEICHNET
20 Bewertungen

Lage	4.9
Ruhe	5.0
Sanitäranlagen	4.5
Sauberkeit Ø	4.9
Freundlichkeit	5.0
Stellplatz	4.7
Verpflegung	4.7
Freizeit	4.9
Preis-Leistung	4.7
Mietunterkünfte	4.8

Geeignet für

Kinder b. 6 J.	4.8
Kinder b. 12 J.	4.9
Kinder b. 18 J.	4.7
Paare	4.9
Senioren	3.9
Gäste mit Zelt	4.9
Gäste mit Hund	4.4

Empfohlene Aktivitäten

- Klettern
- Entspannen
- Tauchen

nur für Zelte geeignet, keine Partygruppen, Gäste unter 18 nur mit Erw.

17 Campingplatz Sandersdorf

Zörbiger Str. 20
06792 Sandersdorf-Brehna
+49 349 360 5891

51.628 | 12.23286

01.05. - 30.09.

HS: 15,00 €

Mehr Infos & Anfrage:
www.camping.info/26011

Baden im See am Platz	✓
Pool & Hallenbad	✗
Spielplatz am Platz	✓
Hunde willkommen	✓
zur Hälfte Schatten	✓
WLAN	✗
Lebensmittel	2km
Brötchen am Platz	✓
Restaurant/Imbiss	2km/✓
Ver-/Entsorgung Womo	✓
in den Ort	2km
Gesamt/Touristen	100/40
Mietunterkünfte	✓
Stellplätze vor Schranke	✗

3.9 GUT
12 Bewertungen

Lage	4.2
Ruhe	4.5
Sanitäranlagen	3.5
Sauberkeit Ø	4.2
Freundlichkeit	4.2
Stellplatz	3.5
Verpflegung	2.4
Freizeit	3.5
Preis-Leistung	4.3
Mietunterkünfte	4.0

Geeignet für

Kinder b. 6 J.	4.0
Kinder b. 12 J.	4.2
Kinder b. 18 J.	4.4
Paare	4.3
Senioren	4.3
Gäste mit Zelt	4.5
Gäste mit Hund	4.4

Empfohlene Aktivitäten

- Tauchen
- Radfahren
- Entspannen

18 Heide-Camp Schlaitz

Am Mulde-Stausee
06774 Schlaitz
+49 34955 20571

51.64972 | 12.42167

ganzjährig

HS: 24,50 € | NS: 24,50 €

Mehr Infos & Anfrage:
www.camping.info/17956

Baden im See	200m
Pool & Hallenbad	✗
Spielplatz am Platz	✓
Hunde erlaubt	✓
Schatten	✗
WLAN	teilweise
Lebensmittel	✓
Brötchen am Platz	✓
Restaurant & Imbiss	✓
Ver-/Entsorgung Womo	✗
in den Ort	1km
Gesamt/Touristen	200/120
Mietunterkünfte	✓
Stellplätze vor Schranke	✗

3.8 GUT
28 Bewertungen

Lage	4.2
Ruhe	4.4
Sanitäranlagen	4.1
Sauberkeit Ø	3.8
Freundlichkeit	4.2
Stellplatz	3.8
Verpflegung	3.8
Freizeit	3.3
Preis-Leistung	3.9
Mietunterkünfte	2.0

Geeignet für

Kinder b. 6 J.	3.8
Kinder b. 12 J.	3.4
Kinder b. 18 J.	2.9
Paare	4.0
Senioren	4.3
Gäste mit Zelt	3.9
Gäste mit Hund	4.2

Empfohlene Aktivitäten

- Wandern
- Radfahren
- Entspannen

Karte auf Seite 320

19 Naturcampingplatz Möhlauer See

Campingplatz 1
06772 Gräfenhainichen OT Möhlau
+49 349 5325 0310
51.7429 | 12.35937

Infos

Öffnungszeiten	keine Angabe
Vergleichspreis	keine Angabe
Link	**Mehr Infos & Anfrage:** www.camping.info/24697

Ausstattung

Freizeit	Baden in nat. Gewässer	k. A.
	Pool & Hallenbad	✗
	Spielplatz	keine Angabe
Campingplatz	Hunde	✗
	Schatten	✗
	WLAN	keine Angabe
Versorgung	Lebensmittel	k.A.
	Brötchen	keine Angabe
	Restaurant & Imbiss	✗
	Ver-/Entsorgung Womo	✗
	in den Ort	1km
Anzahl der Plätze	Gesamt	keine Angabe
	Mietunterkünfte	✗
	Stellplätze vor Schranke	✗

3.9 GUT
9 Bewertungen

Lage	4.1
Ruhe	4.8
Sanitäranlagen	3.6
Sauberkeit Ø	4.2
Freundlichkeit	4.8
Stellplatz	3.8
Verpflegung	3.1
Freizeit	3.8
Preis-Leistung	4.6
Mietunterkünfte	-

Geeignet für

Kinder b. 6 J.	4.4
Kinder b. 12 J.	4.3
Kinder b. 18 J.	4.0
Paare	4.4
Senioren	4.1
Gäste mit Zelt	4.7
Hunde n. erlaubt	-

Empfohlene Aktivitäten

- Wandern
- Schwimmen
- Entspannen

20 Waldcamping Olympiasee

Waldschlößchen 38
06869 Coswig
+4934903 478180
51.91479 | 12.45419

Infos

Öffnungszeiten	01.03. - 31.10.
Vergleichspreis	HS: 25,00 € | NS: 20,00 €
Link	**Mehr Infos & Anfrage:** www.camping.info/27320

Ausstattung

Freizeit	Baden im See am Platz	✓
	Pool & Hallenbad	✗
	Spielplatz am Platz	✓
Campingplatz	Hunde willkommen	✓
	zur Hälfte Schatten	✓
	WLAN	✓
Versorgung	Lebensmittel	✓
	Brötchen am Platz	✓
	Restaurant/Imbiss	3/4km
	Ver-/Entsorgung Womo	✓
	in den Ort	2km
Anzahl der Plätze	Touristenplätze	55
	Mietunterkünfte	✓
	Stellplätze vor Schranke	✗

4.6 SEHR GUT
25 Bewertungen

Lage	4.6
Ruhe	5.0
Sanitäranlagen	4.2
Sauberkeit Ø	4.8
Freundlichkeit	4.9
Stellplatz	4.3
Verpflegung	3.6
Freizeit	4.0
Preis-Leistung	4.8
Mietunterkünfte	5.0

Geeignet für

Kinder b. 6 J.	4.3
Kinder b. 12 J.	4.1
Kinder b. 18 J.	3.8
Paare	4.7
Senioren	4.7
Gäste mit Zelt	4.5
Gäste mit Hund	4.7

Empfohlene Aktivitäten

- Entspannen
- Radfahren
- Schwimmen

Preise inkl. Personen, Strom, Wasser und Müll. TV-Empfang eingeschränkt.

21 Stellplatz Marina-Coswig

Elbstraße 19/22
06869 Coswig-Anhalt
+49 163 275 4466
51.88121 | 12.43716

Infos

Öffnungszeiten	ganzjährig
Vergleichspreis	HS: 12,00 € | NS: 12,00 €
Link	**Mehr Infos & online buchen:** www.camping.info/24866

Ausstattung

Freizeit	Baden im Fluss am Platz	✓
	Pool/Hallenbad	2/14km
	Spielplatz am Platz	✓
Campingplatz	Hunde willkommen	✓
	zur Hälfte Schatten	✓
	WLAN (begrenzt gratis)	✓
Versorgung	Lebensmittel	200m
	Brötchen am Platz	✓
	Restaurant/Imbiss	✓/1km
	Ver-/Entsorgung Womo	✓
	in den Ort	700m
Anzahl der Plätze	Gesamt/Touristen	60/50
	Mietunterkünfte	✓
	Stellplätze vor Schranke	✗

3.6 GUT
38 Bewertungen

Lage	4.6
Ruhe	4.0
Sanitäranlagen	3.4
Sauberkeit Ø	3.9
Freundlichkeit	4.0
Stellplatz	3.4
Verpflegung	3.4
Freizeit	3.6
Preis-Leistung	3.8
Mietunterkünfte	4.2

Geeignet für

Kinder b. 6 J.	3.9
Kinder b. 12 J.	3.9
Kinder b. 18 J.	2.9
Paare	4.3
Senioren	4.1
Gäste mit Zelt	3.1
Gäste mit Hund	4.1

Empfohlene Aktivitäten

- Radfahren
- Kayak/Kanu
- Entspannen

22 Camping Königsee

06773 Uthausen bei Wittenberg

51.76389 | 12.55639

05.04. - 15.10.

HS: 16,50 €

Mehr Infos & Anfrage:
www.camping.info/17954

Baden in nat. Gewässer	k. A.
Pool & Hallenbad	✗
Spielplatz am Platz	✓
Hunde erlaubt	✓
Schatten	✗
WLAN	✗
Lebensmittel	✓
Brötchen	keine Angabe
Restaurant/Imbiss	200m/✓
Ver-/Entsorgung Womo	✗
in den Ort	1km
Gesamt/Touristen	250/50
Mietunterkünfte	✓
Stellplätze vor Schranke	✗

3.7 GUT – 6 Bewertungen

Lage	4.2
Ruhe	4.8
Sanitäranlagen	2.5
Sauberkeit Ø	3.1
Freundlichkeit	4.0
Stellplatz	3.6
Verpflegung	3.0
Freizeit	3.5
Preis-Leistung	3.4
Mietunterkünfte	2.5

Geeignet für

Kinder b. 6 J.	4.2
Kinder b. 12 J.	3.5
Kinder b. 18 J.	3.5
Paare	3.6
Senioren	4.5
Gäste mit Zelt	4.8
Gäste mit Hund	4.4

Empfohlene Aktivitäten

- Wandern
- Entspannen
- Schwimmen

23 Campingpark & Wohnmobilhafen Am Gr. Lausiger Teich

❄

Lausiger-Teich-Straße 1
06905 Bad Schmiedeberg
+49 34926 57 475

51.68735 | 12.80018

ganzjährig

HS: 21,10 € | NS: 21,10 €

Mehr Infos & Anfrage:
www.camping.info/17900

Baden im See	100m
Hallenbad	20km
Spielplatz am Platz	✓
Hunde willkommen	✓
zur Hälfte Schatten	✓
WLAN (gegen Gebühr)	✓
Lebensmittel	3km
Brötchen am Platz	✓
Imbiss	✓
Ver-/Entsorgung Womo	✓
in den Ort	3km
Gesamt/Touristen	200/120
Mietunterkünfte	✓
Stellplätze vor Schranke	✓

4.4 SEHR GUT – 121 Bewertungen

Lage	4.4
Ruhe	4.7
Sanitäranlagen	3.6
Sauberkeit Ø	4.7
Freundlichkeit	4.9
Stellplatz	4.3
Verpflegung	3.9
Freizeit	4.0
Preis-Leistung	4.5
Mietunterkünfte	4.4

Geeignet für

Kinder b. 6 J.	4.5
Kinder b. 12 J.	4.4
Kinder b. 18 J.	4.0
Paare	4.6
Senioren	4.6
Gäste mit Zelt	4.6
Gäste mit Hund	4.8

Empfohlene Aktivitäten

- Radfahren
- Wandern
- Entspannen

24 Campingplatz und Freizeitzentrum Schaepmann

Am Schwimmbad 4
06647 Bad Bibra

51.21301 | 11.60414

01.04. - 30.10.

HS: 20,00 €

Mehr Infos & Anfrage:
www.camping.info/25848

Baden in nat. Gewässer	k. A.
Pool	100m
Spielplatz am Platz	✓
Hunde erlaubt	✓
wenig Schatten	✓
WLAN	✓
Lebensmittel	1km
Brötchen am Platz	✓
Restaurant & Imbiss	✓
Ver-/Entsorgung Womo	✓
in den Ort	1km
Gesamt	keine Angabe
Mietunterkünfte	✗
Stellplätze vor Schranke	✗

4.3 SEHR GUT – 6 Bewertungen

Lage	4.0
Ruhe	4.0
Sanitäranlagen	4.3
Sauberkeit Ø	4.8
Freundlichkeit	5.0
Stellplatz	3.8
Verpflegung	4.0
Freizeit	4.0
Preis-Leistung	4.2
Mietunterkünfte	-

Geeignet für

Kinder b. 6 J.	4.3
Kinder b. 12 J.	4.2
Kinder b. 18 J.	2.5
Paare	4.2
Senioren	4.0
Gäste mit Zelt	4.8
Gäste mit Hund	4.0

Empfohlene Aktivitäten

- Wandern
- Schwimmen
- Radfahren

25 OUTTOUR Aktivreisen - Camping

An der Unstrut
06636 Laucha / OT Kirchscheidungen
+49 34462 601951

51.24541 | 11.65507

01.04. - 31.10.

HS: 18,00 € | NS: 18,00 €

Mehr Infos & Anfrage:
www.camping.info/24952

Baden im Fluss am Platz	✓
Pool/Hallenbad	3/15km
Spielplatz	400m
Hunde erlaubt	✓
Schatten	✗
WLAN	✓
Lebensmittel	✓
Brötchen am Platz	✓
Restaurant/Imbiss	1km/✓
Ver-/Entsorgung Womo	✓
in den Ort	keine Angabe
Touristenplätze	30
Mietunterkünfte	✓
Stellplätze vor Schranke	✗

4.4 SEHR GUT – 8 Bewertungen

Lage	4.8
Ruhe	4.6
Sanitäranlagen	3.4
Sauberkeit Ø	4.2
Freundlichkeit	5.0
Stellplatz	3.9
Verpflegung	3.9
Freizeit	4.9
Preis-Leistung	4.4
Mietunterkünfte	5.0

Geeignet für

Kinder b. 6 J.	3.9
Kinder b. 12 J.	4.6
Kinder b. 18 J.	4.4
Paare	4.7
Senioren	3.3
Gäste mit Zelt	4.4
Gäste mit Hund	4.4

Empfohlene Aktivitäten

- Kayak/Kanu
- Radfahren
- Wandern

Karte auf Seite 320

26 Camping an der Rudelsburg

Zum Campingplatz 1
06628 Naumburg OT Bad Kösen
+49 344 63 2 87 05
51.1225 | 11.71778

Infos

Öffnungszeiten	01.04. - 01.11.
Vergleichspreis	HS: 24,90 € | NS: 24,90 €
Link	**Mehr Infos & Anfrage:** www.camping.info/17951

Ausstattung

Freizeit	Baden im Fluss	200m
	Pool/Hallenbad	✓/1km
	Spielplatz am Platz	✓
Campingplatz	Hunde willkommen	✓
	zur Hälfte Schatten	✓
	WLAN (gegen Gebühr)	✓
Versorgung	Lebensmittel	1km
	Brötchen am Platz	✓
	Restaurant am P.	✓
	Ver-/Entsorgung Womo	✓
	in den Ort	1km
Anzahl der Plätze	Gesamt/Touristen	120/100
	Mietunterkünfte	✓
	Stellplätze vor Schranke	✗

3.9 GUT – 79 Bewertungen

Lage	4.2
Ruhe	3.6
Sanitäranlagen	4.1
Sauberkeit Ø	4.3
Freundlichkeit	4.3
Stellplatz	4.3
Verpflegung	3.7
Freizeit	4.0
Preis-Leistung	4.1
Mietunterkünfte	3.3

Geeignet für

Kinder b. 6 J.	3.9
Kinder b. 12 J.	3.9
Kinder b. 18 J.	3.6
Paare	4.4
Senioren	4.4
Gäste mit Zelt	4.3
Gäste mit Hund	4.2

Empfohlene Aktivitäten

- Wandern
- Radfahren
- Kayak/Kanu

bei größeren WOMOs wird Reservierung empfohlen

27 Camping Auensee

Am Auensee 19
06679 Granschütz bei Weissenfels
+49 173 993 235 5
51.18994 | 12.04623

Infos

Öffnungszeiten	ganzjährig
Vergleichspreis	HS: 15,00 € | NS: 15,00 €
Link	**Mehr Infos & Anfrage:** www.camping.info/17953

Ausstattung

Freizeit	Baden im See am Platz	✓
	Pool & Hallenbad	✗
	Spielplatz	keine Angabe
Campingplatz	Hunde	✗
	Schatten	✗
	WLAN	keine Angabe
Versorgung	Lebensmittel	k.A.
	Brötchen	keine Angabe
	Restaurant am P.	✓
	Ver-/Entsorgung Womo	✗
	in den Ort	keine Angabe
Anzahl der Plätze	Gesamt	keine Angabe
	Mietunterkünfte	✓
	Stellplätze vor Schranke	✗

3.4 GUT – 14 Bewertungen

Lage	3.5
Ruhe	4.4
Sanitäranlagen	3.5
Sauberkeit Ø	3.7
Freundlichkeit	4.6
Stellplatz	3.1
Verpflegung	3.8
Freizeit	2.8
Preis-Leistung	4.5
Mietunterkünfte	2.3

Geeignet für

Kinder b. 6 J.	2.9
Kinder b. 12 J.	2.9
Kinder b. 18 J.	2.4
Paare	3.5
Senioren	3.6
Gäste mit Zelt	3.7
Hunde n. erlaubt	-

Empfohlene Aktivitäten

- Schwimmen
- Radfahren
- Entspannen

28 Campingplatz am Mondsee

FKK

Sonnenweg 1
6679 Hohenmölsen
51.13686 | 12.13718

Infos

Öffnungszeiten	keine Angabe
Vergleichspreis	HS: 24,00 €
Link	**Mehr Infos & Anfrage:** www.camping.info/26399

Ausstattung

Freizeit	Baden im See am Platz	✓
	Pool am Platz	✓
	Spielplatz am Platz	✓
Campingplatz	Hunde willkommen	✓
	wenig Schatten	✓
	WLAN	✗
Versorgung	Lebensmittel	k.A.
	Brötchen am Platz	✓
	Imbiss	✓
	Ver-/Entsorgung Womo	✓
	in den Ort	3km
Anzahl der Plätze	Gesamt	keine Angabe
	Mietunterkünfte	✓
	Stellplätze vor Schranke	✗

3.4 GUT – 8 Bewertungen

Lage	4.0
Ruhe	3.4
Sanitäranlagen	3.4
Sauberkeit Ø	3.7
Freundlichkeit	4.1
Stellplatz	3.0
Verpflegung	2.8
Freizeit	3.3
Preis-Leistung	3.6
Mietunterkünfte	-

Geeignet für

Kinder b. 6 J.	4.4
Kinder b. 12 J.	4.8
Kinder b. 18 J.	4.8
Paare	4.0
Senioren	3.6
Gäste mit Zelt	4.2
Gäste mit Hund	4.6

Empfohlene Aktivitäten

- Schwimmen
- Radfahren
- Wandern

NORDRHEIN-WESTFALEN

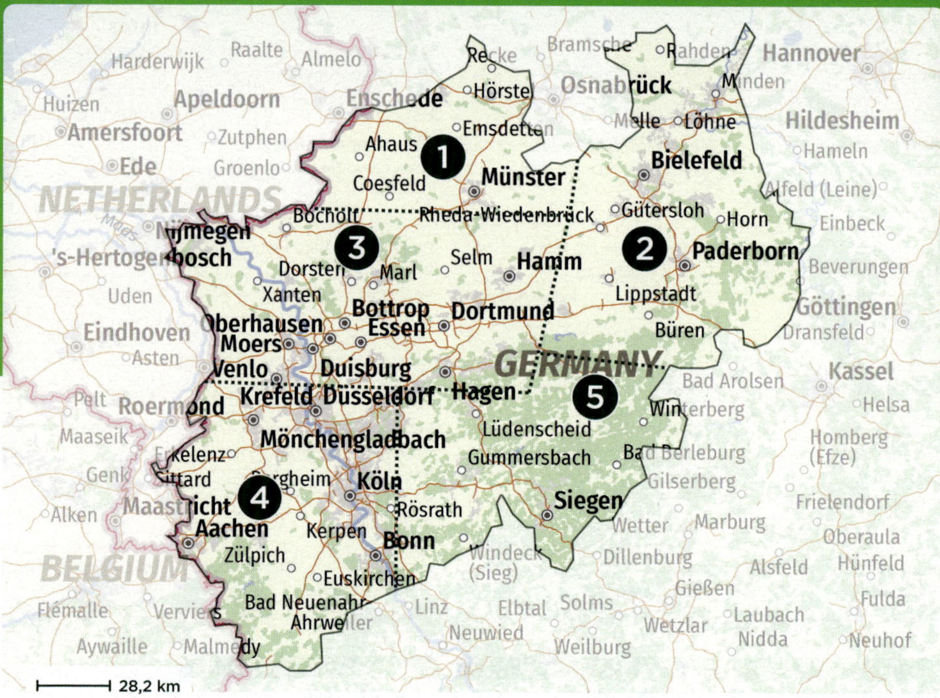

REGIONEN

TIPP DER REDAKTION

Seemers Campingplatz im Grünen

Sauerland | Nr. 14 | Seite 387

Laut Gästen ideal geeignet zum:

- Wandern
- Radfahren
- Entspannen

4.9

DAS LAND DER TAUSEND STÄDTE

Im Westen Deutschlands liegt Nordrhein-Westfalen, das bevölkerungsreichste Bundesland. Metropolen wie Köln, Düsseldorf, Dortmund oder Essen punkten dabei nicht nur mit hohen Einwohnerzahlen, sondern auch mit einem schier unendlichen kulturellen Angebot und einer ganzen Reihe an Sehenswürdigkeiten. Für erholsame Camping-Stunden außerhalb der Ballungszentren sorgen touristische Attraktionen, abwechslungsreiche Landschaften und beeindruckende Naturwunder.

DIE MUST-SEES IN NRW

Gleich fünf UNESCO-Weltkulturstätten sind in NRW zu finden, mit dem Aachener Dom beherbergt das Bundesland sogar das erste UNESCO-Kulturdenkmal Deutschlands. Das imposante Gotteshaus aus der Zeit Karl des Großen gilt als eines der großen Wunder religiöser Baukunst und beherbergt eine umfangreiche Sammlung sakraler Kulturschätze.

Rheinufer in Düsseldorf © Düsseldorf Marketing_Tourismus GmbH

Monschauer Altstadt in der Eifel © Tourismus NRW e.V_Oliver Franke

Beeindruckend präsentiert sich auch der Kölner Dom, der als wahres Meisterwerk der gotischen Baukunst gilt. Bei der Fertigstellung im 19. Jahrhundert war die Kathedrale das größte Gebäude der Welt. Besondere Beachtung gebührt dem aus dem Mittelalter stammenden Reliquienschrein, in dem die Gebeine der Heiligen Drei Könige untergebracht sein sollen. Nur wenige Autominuten von der Kölner Innenstadt entfernt locken die Rokoko-Schlösser Augustusburg und Falkenlust in Brühl mit imposanten Innenräumen und wunderschönen Gärten. Als besonders bedeutend gilt auch das Karolingische Westwerk und Civitas Corvey in Höxter. Die Benediktinerabtei mit den beeindruckenden Fresken aus dem 9. Jahrhundert ist das einzige vollständig erhaltene Modell seiner Zeit. Einen wunderbaren Einblick in die europäische Bergbaugeschichte gewährt der Industriekomplex Zeche Zollverein in Essen: Das stillgelegte Bergwerk gilt als wichtiges Beispiel für die Entwicklung der Schwerindustrie in Mitteleuropa.

STADT IST NICHT GLEICH STADT

Bei fast 400 Städten, 29 davon im Status einer Großstadt mit mehr als 100.000 Einwohnern, ist die Zahl der Sehenswürdigkeiten und kulturellen Möglichkeiten in NRW fast grenzenlos. Einige Städte stechen aber besonders hervor: So etwa Soest, das im frühen Mittelalter die zweitgrößte Stadt des Landes war. Soest liegt inmitten einer herrlich fruchtbaren Landschaft und begeistert mit einem großen mittelalterlichen Stadtkern, dem gut erhaltenen Stadtwall, von Fachwerkhäusern gesäumten Gassen und mehr als 600 denkmalgeschützten Bauwerken. Architektonische Denkmäler und ein historischer Stadtkern warten auch im schönen Münster: Der Dom, das gotische Rathaus oder das Fürstbischöfliche Schloss erzählen von der bewegten Geschichte der Stadt. Düsseldorf punktet mit einer ansprechenden Mischung aus Alt und Modern. Dank der reizvollen Altstadt mit ihren Kneipen, den hochmodernen Bauwerken und dem großen kulturellen Angebot kommt in der Landeshauptstadt garantiert keine Langeweile auf.

Schloss Moyland Bedburg-Hau © Tourismus NRW e.V._Robert van de Sandt

SAUERLAND, EIFEL, MÜNSTERLAND

So vielfältig wie seine Städte ist auch die Natur Nordrhein-Westfalens. Während im Sauerland felsige Karstlandschaften und eines der größten Waldgebiete Deutschlands darauf warten bei ausgedehnten Wander- und Radtouren entdeckt zu werden, punktet die Eifel mit von Vulkanen geformten Tälern und Hochflächen. In diesen abwechslungsreichen Landschaften bieten sich genauso hervorragende Sport- und Freizeitmöglichkeiten wie im Münsterland. Die Region um die Universitätsstadt zählt mit ihren Wasserschlössern und Parklandschaften zu den attraktivsten Feriengebieten Deutschlands.

KÖLLE ALAAF

Auch wenn es in eine ruhige Camping-Jahreszeit fällt, eines muss noch erwähnt werden: Der Kölner Karneval, gerne als Fastelovend oder Fasteleer bezeichnet, zählt zu den größten Karnevalsfesten des Landes. Eine knappe Woche, von Weiberfastnacht bis Aschermittwoch, zelebrieren die Kölner die fünfte Jahreszeit. Farbenfrohe Kostüme, Partys bis in die frühen Morgenstunden sowie Bälle und groß angelegte Umzüge stehen auf dem Programm und locken unzählige Jecke an.

Welterbe Zollverein
© Ruhr Tourismus _Jochen Schlutius

NORDRHEIN-WESTFALEN

❶ Münsterland

FREIZEITTIPPS

- **A** NaturZoo Rheine, Rheine
- **B** Allwetterzoo, Münster
- **C** Mühlenhof-Freilichtmuseum, Münster
- **D** Freizeitpark Sommerrodelbahn, Ibbenbühren
- **E** Doppelschloßanlage Harkotten, Sassenberg

	Platz	Seite	Bewertung	Öffnungszeiten	
1	Camping- und Freizeitanlage Dreiländersee Gronau	336	3.0	ganzjährig	Wintercamping
2	Ferienhof Wenker	336	-	k. A.	
3	Ferienhof Schulze Althoff	336	-	k. A.	
4	Camping Hertha-See	336	4.1	saisonal	
5	Camping zur Schönen Aussicht	337	4.7	k. A.	
6	Campingplatz Bullerby am Attersee	338	3.6	ganzjährig	Wintercamping, Ecocamping, Onlinebuchung
7	Camping Eichengrund	337	4.4	k. A.	
8	Ferienpark Westheide	337	4.2	ganzjährig	Wintercamping, Ecocamping
9	Regenbogen Ladbergen	339	3.2	saisonal	
10	Camping auf Dem Sonnenhügel	339	4.0	ganzjährig	Wintercamping
11	Camping am Knoblauchsberg	339	3.9	ganzjährig	
12	Regenbogen Tecklenburg	340	3.4	saisonal	Ecocamping
13	Eurocamp Lienen	341	4.1	saisonal	Wintercamping
14	Campingplatz Münster	341	3.8	k. A.	Wintercamping, Ecocamping
15	Campingpark Münsterland Eichenhof	341	4.5	ganzjährig	Wintercamping
16	Campingpark Heidewald	342	4.8	saisonal	Onlinebuchung, Award
17	Campingpark Sonnensee	343	4.7	ganzjährig	Wintercamping, Ecocamping
18	Camping Heidekamp	343	4.5	saisonal	Onlinebuchung
19	Camp zur Rotbuche Gravenbrock GmbH	343	-	ganzjährig	Wintercamping

1 Camping- und Freizeitanlage Dreiländersee Gronau

❄

Hagelsweg
48599 Gronau
+49 151 / 15220033

52.23731 | 7.0788

ganzjährig

HS: 19,00 € | NS: 19,00 €

Mehr Infos & Anfrage:
www.camping.info/24310

Baden im See am Platz	✓
Pool	6km
Spielplatz am Platz	✓
Hunde willkommen	✓
wenig Schatten	✓
WLAN	✗
Lebensmittel	3km
Brötchen am Platz	✓
Restaurant/Imbiss	200m/✓
Ver-/Entsorgung Womo	✓
in den Ort	3km
Touristenplätze	120
Mietunterkünfte	✓
Stellplätze vor Schranke	✗

3.0 GUT
20 Bewertungen

Lage	4.4
Ruhe	3.0
Sanitäranlagen	3.0
Sauberkeit Ø	3.2
Freundlichkeit	4.4
Stellplatz	2.8
Verpflegung	3.0
Freizeit	4.0
Preis-Leistung	3.4
Mietunterkünfte	3.5

Geeignet für

Kinder b. 6 J.	3.4
Kinder b. 12 J.	3.8
Kinder b. 18 J.	3.3
Paare	3.7
Senioren	3.5
Gäste mit Zelt	3.5
Gäste mit Hund	4.2

Empfohlene Aktivitäten

- Schwimmen
- Radfahren
- Wandern

NS: 1.11. - 28.02.

2 Ferienhof Wenker

Ramsberg 76
48624 Schöppingen

52.07948 | 7.1301

keine Angabe

keine Angabe

Mehr Infos & Anfrage:
www.camping.info/25209

Baden in nat. Gewässer	k. A.
Pool & Hallenbad	✗
Spielplatz	keine Angabe
Hunde	✗
Schatten	✗
WLAN	keine Angabe
Lebensmittel	k.A.
Brötchen	keine Angabe
Restaurant & Imbiss	✗
Ver-/Entsorgung Womo	✗
in den Ort	keine Angabe
Gesamt	keine Angabe
Mietunterkünfte	✗
Stellplätze vor Schranke	✗

- JETZT BEWERTEN!

Für diese Auswertung liegen leider noch nicht genügend Bewertungen vor.

Sei einer der Ersten, der diesen Campingplatz bewertet. Unter den Bewertern werden regelmäßig Gewinne verlost!

Mehr Infos dazu findest du in unserem allgemeinen Intro.

3 Ferienhof Schulze Althoff

Heven 48
48624 Schöppingen
+49 255 593 850

52.07391 | 7.22342

keine Angabe

keine Angabe

Mehr Infos & Anfrage:
www.camping.info/26746

Baden in nat. Gewässer	k. A.
Pool & Hallenbad	✗
Spielplatz	keine Angabe
Hunde	✗
Schatten	✗
WLAN	keine Angabe
Lebensmittel	k.A.
Brötchen	keine Angabe
Restaurant & Imbiss	✗
Ver-/Entsorgung Womo	✗
in den Ort	keine Angabe
Gesamt	keine Angabe
Mietunterkünfte	✗
Stellplätze vor Schranke	✗

- JETZT BEWERTEN!

Für diese Auswertung liegen leider noch nicht genügend Bewertungen vor.

Sei einer der Ersten, der diesen Campingplatz bewertet. Unter den Bewertern werden regelmäßig Gewinne verlost!

Mehr Infos dazu findest du in unserem allgemeinen Intro.

4 Camping Hertha-See

Herthaseestraße 70
48477 Hörstel
+49 5459 1008

52.32773 | 7.60102

23.03. - 03.10.

HS: 27,30 € | NS: 24,70 €

Mehr Infos & Anfrage:
www.camping.info/18628

Baden im See am Platz	✓
Pool/Hallenbad	6km
Spielplatz am Platz	✓
Hunde	✗
zur Hälfte Schatten	✓
WLAN (gegen Gebühr)	✓
Lebensmittel	✓
Brötchen am Platz	✓
Restaurant & Imbiss	✓
Ver-/Entsorgung Womo	✓
in den Ort	1km
Gesamt/Touristen	520/151
Mietunterkünfte	✓
Stellplätze vor Schranke	✗

4.1 SEHR GUT
47 Bewertungen

Lage	4.4
Ruhe	4.1
Sanitäranlagen	3.8
Sauberkeit Ø	4.0
Freundlichkeit	4.2
Stellplatz	4.2
Verpflegung	3.5
Freizeit	4.0
Preis-Leistung	4.0
Mietunterkünfte	3.0

Geeignet für

Kinder b. 6 J.	4.5
Kinder b. 12 J.	4.4
Kinder b. 18 J.	3.6
Paare	4.2
Senioren	4.0
Gäste mit Zelt	4.5
Hunde n. erlaubt	-

Empfohlene Aktivitäten

- Schwimmen
- Entspannen
- Radfahren

Karte auf Seite 334

5 Camping zur Schönen Aussicht

Schwarze Straße 73
49497 Mettingen

52.31276 | 7.7626

Infos

Öffnungszeiten	keine Angabe
Vergleichspreis	keine Angabe
Link	**Mehr Infos & Anfrage:** www.camping.info/18640

Ausstattung

Freizeit	Baden in nat. Gewässer	k. A.
	Pool & Hallenbad	✗
	Spielplatz	keine Angabe
Campingplatz	Hunde	✗
	Schatten	✗
	WLAN	keine Angabe
Versorgung	Lebensmittel	k.A.
	Brötchen	keine Angabe
	Restaurant & Imbiss	✗
	Ver-/Entsorgung Womo	✗
	in den Ort	keine Angabe
Anzahl der Plätze	Gesamt	keine Angabe
	Mietunterkünfte	✗
	Stellplätze vor Schranke	✗

4.7 SEHR GUT – 6 Bewertungen

Lage	4.8
Ruhe	5.0
Sanitäranlagen	4.8
Sauberkeit Ø	5.0
Freundlichkeit	4.8
Stellplatz	4.8
Verpflegung	3.6
Freizeit	4.8
Preis-Leistung	4.6
Mietunterkünfte	-

Geeignet für

Kinder b. 6 J.	3.0
Kinder b. 12 J.	4.5
Kinder b. 18 J.	4.5
Paare	5.0
Senioren	5.0
Gäste mit Zelt	5.0
Hunde n. erlaubt	-

Empfohlene Aktivitäten

- Wandern
- Entspannen
- Schwimmen

7 Camping Eichengrund

Im Brook 2
49479 Ibbenbüren
+49 54 55 5 21

52.21933 | 7.66598

Infos

Öffnungszeiten	keine Angabe
Vergleichspreis	keine Angabe
Link	**Mehr Infos & Anfrage:** www.camping.info/18638

Ausstattung

Freizeit	Baden in nat. Gewässer	k. A.
	Pool & Hallenbad	✗
	Spielplatz	keine Angabe
Campingplatz	Hunde	✗
	Schatten	✗
	WLAN	keine Angabe
Versorgung	Lebensmittel	k.A.
	Brötchen	keine Angabe
	Restaurant & Imbiss	✗
	Ver-/Entsorgung Womo	✗
	in den Ort	keine Angabe
Anzahl der Plätze	Gesamt	keine Angabe
	Mietunterkünfte	✗
	Stellplätze vor Schranke	✗

4.4 SEHR GUT – 9 Bewertungen

Lage	4.1
Ruhe	4.4
Sanitäranlagen	3.9
Sauberkeit Ø	4.5
Freundlichkeit	4.9
Stellplatz	4.1
Verpflegung	3.0
Freizeit	4.4
Preis-Leistung	4.5
Mietunterkünfte	-

Geeignet für

Kinder b. 6 J.	4.5
Kinder b. 12 J.	4.4
Kinder b. 18 J.	4.1
Paare	4.7
Senioren	4.7
Gäste mit Zelt	4.6
Hunde n. erlaubt	-

Empfohlene Aktivitäten

- Radfahren
- Wandern
- Entspannen

8 Ferienpark Westheide

Altenberger Straße 23
48268 Greven
+49 2571 560 701

52.0833 | 7.5579

Infos

Öffnungszeiten	ganzjährig
Vergleichspreis	HS: 20,00 € | NS: 20,00 €
Link	**Mehr Infos & Anfrage:** www.camping.info/22236

Ausstattung

Freizeit	Baden im See am Platz	✓
	Pool/Hallenbad	4/4km
	Spielplatz am Platz	✓
Campingplatz	Hunde willkommen	✓
	wenig Schatten	✓
	WLAN	✓
Versorgung	Lebensmittel	4km
	Brötchen am Platz	nur HS
	Restaurant/Imbiss	1km
	Ver-/Entsorgung Womo	✓
	in den Ort	4km
Anzahl der Plätze	Gesamt/Touristen	230/40
	Mietunterkünfte	✓
	Stellplätze vor Schranke	✗

4.2 SEHR GUT – 18 Bewertungen

Lage	4.4
Ruhe	4.3
Sanitäranlagen	4.1
Sauberkeit Ø	4.2
Freundlichkeit	4.2
Stellplatz	4.1
Verpflegung	3.3
Freizeit	3.9
Preis-Leistung	4.3
Mietunterkünfte	4.2

Geeignet für

Kinder b. 6 J.	4.3
Kinder b. 12 J.	4.2
Kinder b. 18 J.	3.5
Paare	4.5
Senioren	4.4
Gäste mit Zelt	4.5
Gäste mit Hund	4.6

Empfohlene Aktivitäten

- Radfahren
- Reiten
- Entspannen

6 Campingplatz Bullerby am Attersee

Zum Attersee 50
49076 Osnabrück
+49541124147
www.campbullerby.de
info@campbullerby.de

ganzjährig

HS: 23,50 € | NS: 23,50 €

Mehr Infos & online buchen:
www.camping.info/25044

Baden im See am Platz	✓
Pool & Hallenbad	✗
Spielplatz am Platz	✓
Hunde willkommen	✓
wenig Schatten	✓
WLAN	✗
Lebensmittel	6km
Brötchen am Platz	✓
Restaurant	1km
Ver-/Entsorgung Womo	✓
in den Ort	keine Angabe
Gesamt/Touristen	210/60
Mietunterkünfte	✓
Stellplätze vor Schranke	✗

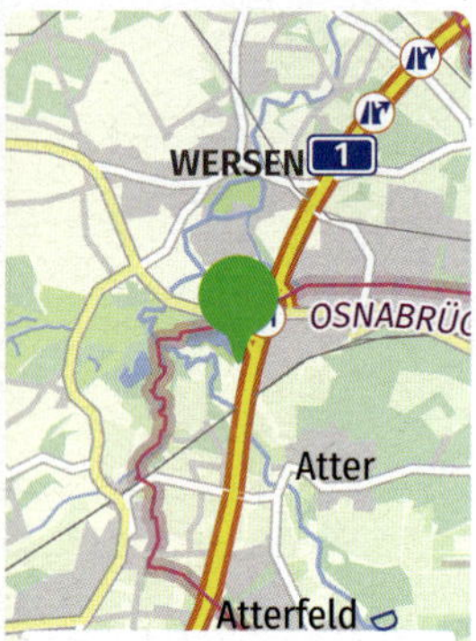

1 km

52.30021 | 7.94117

Campingplatz Bullerby am Attersee in Osnabrück.

Lage & Stellplatz

Campen am Attersee mitten in der Natur. Der Attersee ist ein beliebtes Freizeit- und Erholungsgebiet und liegt im westlichen Zipfel von Osnabrück, umgeben vom Tecklenburger Land. Der See ist kein natürliches Gewässer, sondern durch die Sandgewinnung für den Bau der A1 entstanden.

Sanitär

Den Gästen des Platze stehen zwei moderne und komfortable Sanitäreinrichtungen zur Verfügung. Die beiden beheizten Sanitärgebäude sind mit Warmduschen, Waschmaschinen und Trockner ausgestattet.

Verpflegung

Für das leibliche Wohl der Campinggäste sorgt das 600 m entfernte Restaurant „Busch-Atter". Der Shop in der Rezeption bietet während der Öffnungszeiten einfache Campingartikel und Grundlebensmittel. Außerdem gibt es auf Bestellung täglich frische Brötchen.

Freizeit

Der Campingplatz Bullerby am Attersee bietet vielfältige Aktivitäten für Jung und Alt. Dazu gehören im Sommer das Baden im naturklaren Wasser sowie Sonnenbaden auf der Liegewiese oder am Sandstrand. Es werden regelmäßige Untersuchungen der Badewasserqualität nach EG-Richtlinien durchgeführt.

Stellplätze mit Seeblick.

Einfahrt zum Campingplatz.

3.6 GUT
9 Bewertungen

Lage	3.2
Ruhe	3.2
Sanitäranlagen	3.4
Sauberkeit Ø	3.8
Freundlichkeit	3.9
Stellplatz	3.7
Verpflegung	2.6
Freizeit	4.1
Preis-Leistung	3.3
Mietunterkünfte	4.0

Geeignet für

Paare	4.5
Senioren	4.5
Kinder b. 12 J.	4.0
Kinder b. 18 J.	4.0
Kinder b. 6 J.	3.9
Gäste mit Zelt	3.7
Gäste mit Hund	3.7

Empfohlene Aktivitäten

Schwimmen · Radfahren · Wandern · Tauchen · Angeln

ECO CAMPING

Karte auf Seite 334

9 Regenbogen Ladbergen

Buddenkuhle 1
49549 Ladbergen
+49 5485 96353
52.16388 | 7.76305

26.03. - 05.11.
HS: 26,00 € | NS: 21,40 €
Mehr Infos & Anfrage:
www.camping.info/18645

Baden im See am Platz	✓
Pool & Hallenbad	✗
Spielplatz am Platz	✓
Hunde willkommen	✓
wenig Schatten	✓
WLAN	✓
Lebensmittel	✓
Brötchen am Platz	✓
Restaurant & Imbiss	✓
Ver-/Entsorgung Womo	✓
in den Ort	11km
Gesamt	500
Mietunterkünfte	✓
Stellplätze vor Schranke	✗

3.2 GUT – 45 Bewertungen

Lage	3.3
Ruhe	2.7
Sanitäranlagen	3.0
Sauberkeit Ø	3.4
Freundlichkeit	4.4
Stellplatz	3.4
Verpflegung	3.8
Freizeit	3.2
Preis-Leistung	3.2
Mietunterkünfte	4.0

Geeignet für

Kinder b. 6 J.	3.7
Kinder b. 12 J.	4.0
Kinder b. 18 J.	3.8
Paare	3.7
Senioren	3.3
Gäste mit Zelt	3.6
Gäste mit Hund	3.4

Empfohlene Aktivitäten

- Schwimmen
- Radfahren
- Angeln

10 Camping auf Dem Sonnenhügel

Zur Sandgrube 40
49525 Lengerich
+49 5481 6216
52.18858 | 7.80414

ganzjährig
HS: 19,50 € | NS: 19,50 €
Mehr Infos & Anfrage:
www.camping.info/18642

Baden im See am Platz	✓
Pool/Hallenbad	4km
Spielplatz am Platz	✓
Hunde erlaubt	✓
Schatten	✗
WLAN (gegen Gebühr)	✓
Lebensmittel	✓
Brötchen am Platz	✓
Restaurant/Imbiss	2km/✓
Ver-/Entsorgung Womo	✗
in den Ort	4km
Gesamt/Touristen	220/180
Mietunterkünfte	✓
Stellplätze vor Schranke	✗

4.0 SEHR GUT – 9 Bewertungen

Lage	4.0
Ruhe	3.4
Sanitäranlagen	3.9
Sauberkeit Ø	4.4
Freundlichkeit	4.3
Stellplatz	3.7
Verpflegung	3.0
Freizeit	3.8
Preis-Leistung	4.4
Mietunterkünfte	-

Geeignet für

Kinder b. 6 J.	3.9
Kinder b. 12 J.	3.9
Kinder b. 18 J.	3.0
Paare	4.2
Senioren	4.8
Gäste mit Zelt	4.0
Gäste mit Hund	4.0

Empfohlene Aktivitäten

- Schwimmen
- Radfahren
- Entspannen

11 Camping am Knoblauchsberg

Königsstraße 8
49545 Tecklenburg
+49 5482 396
52.2145 | 7.82081

ganzjährig
HS: 14,00 € | NS: 14,00 €
Mehr Infos & Anfrage:
www.camping.info/18643

Baden in nat. Gewässer	k. A.
Pool am Platz	✓
Spielplatz am Platz	✓
Hunde erlaubt	✓
Schatten	✗
WLAN	keine Angabe
Lebensmittel	✗
Brötchen am Platz	✓
Restaurant & Imbiss	✓
Ver-/Entsorgung Womo	✓
in den Ort	1km
Gesamt	keine Angabe
Mietunterkünfte	✗
Stellplätze vor Schranke	✗

3.9 GUT – 11 Bewertungen

Lage	4.3
Ruhe	4.1
Sanitäranlagen	4.0
Sauberkeit Ø	4.5
Freundlichkeit	4.8
Stellplatz	3.1
Verpflegung	3.2
Freizeit	3.6
Preis-Leistung	4.7
Mietunterkünfte	-

Geeignet für

Kinder b. 6 J.	3.4
Kinder b. 12 J.	3.8
Kinder b. 18 J.	3.4
Paare	4.4
Senioren	4.1
Gäste mit Zelt	4.2
Gäste mit Hund	4.7

Empfohlene Aktivitäten

- Wandern
- Radfahren
- Kultur

Infos

Öffnungszeiten
Vergleichspreis
Link

Ausstattung

Freizeit
Campingplatz
Versorgung
Anzahl der Plätze

12

Regenbogen Tecklenburg

Grafenstraße 31
49545 Tecklenburg
+49 540 510 07
52.22916 | 7.89027

27.04. - 05.11.
HS: 35,60 € | NS: 31,20 €
Mehr Infos & Anfrage:
www.camping.info/18644

Baden im See	16km
Pool & Hallenbad	✓
Spielplatz am Platz	✓
Hunde willkommen	✓
zur Hälfte Schatten	✓
WLAN (gratis)	teilweise
Lebensmittel	✓
Brötchen am Platz	✓
Restaurant & Imbiss	✓
Ver-/Entsorgung Womo	✓
in den Ort	5km
Gesamt	500
Mietunterkünfte	✓
Stellplätze vor Schranke	✓

3.4 GUT
79 Bewertungen

Lage	3.9
Ruhe	3.1
Sanitäranlagen	3.3
Sauberkeit Ø	3.2
Freundlichkeit	4.2
Stellplatz	3.3
Verpflegung	3.2
Freizeit	3.5
Preis-Leistung	3.4
Mietunterkünfte	3.6

Geeignet für

Kinder b. 6 J.	4.2
Kinder b. 12 J.	4.2
Kinder b. 18 J.	3.2
Paare	3.7
Senioren	3.6
Gäste mit Zelt	3.9
Gäste mit Hund	4.0

Empfohlene Aktivitäten

- Wandern
- Schwimmen
- Entspannen

Karte auf Seite 334

13 Eurocamp Lienen

Holperdorp 44
49536 Lienen
+49 5483 290
52.16756 | 7.98016

Öffnungszeiten	10.01. - 20.12.
Vergleichspreis	HS: 19,00 € | NS: 19,00 €
Link	Mehr Infos & Anfrage: www.camping.info/19564

Ausstattung

Freizeit	Baden in nat. Gewässer	k. A.
	Pool/Hallenbad	4km
	Spielplatz am Platz	✓
Campingplatz	Hunde willkommen	✓
	wenig Schatten	✓
	WLAN	✓
Versorgung	Lebensmittel	5km
	Brötchen am Platz	✗
	Restaurant am P.	✓
	Ver-/Entsorgung Womo	✗
	in den Ort	5km
Anzahl der Plätze	Gesamt/Touristen	240/60
	Mietunterkünfte	✓
	Stellplätze vor Schranke	✗

4.1 SEHR GUT
10 Bewertungen

Lage	4.2
Ruhe	4.3
Sanitäranlagen	4.3
Sauberkeit Ø	4.5
Freundlichkeit	4.9
Stellplatz	4.0
Verpflegung	4.0
Freizeit	3.2
Preis-Leistung	4.4
Mietunterkünfte	4.5

Geeignet für

Kinder b. 6 J.	3.9
Kinder b. 12 J.	4.3
Kinder b. 18 J.	3.4
Paare	4.3
Senioren	4.2
Gäste mit Zelt	4.3
Gäste mit Hund	4.4

Empfohlene Aktivitäten

- Wandern
- Entspannen
- Radfahren

14 Campingplatz Münster

Laerer Werseufer 7
48157 Münster
+49 251 311982
51.94658 | 7.69135

Öffnungszeiten	keine Angabe
Vergleichspreis	HS: 29,30 € | NS: 29,30 €
Link	Mehr Infos & Anfrage: www.camping.info/18623

Ausstattung

Freizeit	Baden in nat. Gewässer	✗
	Pool/Hallenbad	100m/3km
	Spielplatz am Platz	✓
Campingplatz	Hunde willkommen	✓
	zur Hälfte Schatten	✓
	WLAN (gegen Gebühr)	✓
Versorgung	Lebensmittel	✓
	Brötchen am Platz	nur HS
	Restaurant am P.	✓
	Ver-/Entsorgung Womo	✓
	in den Ort	keine Angabe
Anzahl der Plätze	Gesamt/Touristen	450/120
	Mietunterkünfte	✓
	Stellplätze vor Schranke	✓

3.8 GUT
133 Bewertungen

Lage	4.2
Ruhe	3.6
Sanitäranlagen	4.3
Sauberkeit Ø	4.4
Freundlichkeit	3.9
Stellplatz	3.9
Verpflegung	3.8
Freizeit	4.0
Preis-Leistung	3.4
Mietunterkünfte	3.3

Geeignet für

Kinder b. 6 J.	3.9
Kinder b. 12 J.	3.8
Kinder b. 18 J.	3.5
Paare	4.4
Senioren	4.5
Gäste mit Zelt	4.1
Gäste mit Hund	4.0

Empfohlene Aktivitäten

- Radfahren
- Sightseeing
- Kultur

15 Campingpark Münsterland Eichenhof

Feldmark 3
48336 Sassenberg
+49 2583 1585
52.00402 | 8.06471

Öffnungszeiten	ganzjährig
Vergleichspreis	HS: 20,90 € | NS: 17,50 €
Link	Mehr Infos & Anfrage: www.camping.info/18627

Ausstattung

Freizeit	Baden im See am Platz	✓
	Pool/Hallenbad	2/10km
	Spielplatz am Platz	✓
Campingplatz	Hunde willkommen	✓
	zur Hälfte Schatten	✓
	WLAN (begrenzt gratis)	✓
Versorgung	Lebensmittel	✓
	Brötchen am Platz	✓
	Restaurant/Imbiss	✓/500m
	Ver-/Entsorgung Womo	✓
	in den Ort	1km
Anzahl der Plätze	Gesamt/Touristen	290/90
	Mietunterkünfte	✓
	Stellplätze vor Schranke	✓

4.5 SEHR GUT
154 Bewertungen

Lage	4.4
Ruhe	4.3
Sanitäranlagen	4.3
Sauberkeit Ø	4.3
Freundlichkeit	4.7
Stellplatz	4.3
Verpflegung	4.3
Freizeit	4.2
Preis-Leistung	4.4
Mietunterkünfte	4.7

Geeignet für

Kinder b. 6 J.	4.3
Kinder b. 12 J.	4.2
Kinder b. 18 J.	3.6
Paare	4.6
Senioren	4.6
Gäste mit Zelt	4.0
Gäste mit Hund	4.5

Empfohlene Aktivitäten

- Radfahren
- Wandern
- Schwimmen

16 Campingpark Heidewald

Versmolder Straße 44
48336 Sassenberg
+49 2583 1394

www.campingpark-heidewald.de
campheidewald@web.de

01.02. - 30.11.

HS: 28,00 € | NS: 26,00 €

Mehr Infos & online buchen:
www.camping.info/18626

Baden im See	400m
Pool/Hallenbad	1/8km
Spielplatz am Platz	✓
Hunde willkommen	✓
wenig Schatten	✓
WLAN (gegen Gebühr)	✓
Lebensmittel	✓
Brötchen am Platz	✓
Restaurant/Imbiss	100/500m
Ver-/Entsorgung Womo	✓
in den Ort	1km
Gesamt/Touristen	300/100
Mietunterkünfte	✓
Stellplätze vor Schranke	✓

Idyllische Stellplätze mitten im Grünen.

Lage & Stellplatz

Der 5-Sterne-Campingplatz liegt im Münsterland mitten im Fahrradgebiet des Kreises Warendorf. Direkt vom Platz aus finden Sie die 100-Schlösser-Route oder den Ems-Radweg, Fußläufig können Sie den Feldmarksee erreichen. Die Städte Warendorf, Münster, Osnabrück und Bielefeld laden zum Bummeln ein.

Verpflegung

An der Rezeption gibt es frisch gebackene Brötchen, kühle Getränke, Kaffee und Eis. Zur Saison 2021 eröffnet ein kleines, aber feines italienisches Restaurant direkt am Platz. Im nahen Sassenberg (nur 1,5 km entfernt) finden Sie ein breites Angebot guter Restaurants und viele Einkaufsmöglichkeiten.

Sanitär

In den drei Sanitärgebäuden des Campingparks Heidewald finden die Gäste moderne und hygienische Waschräume vor. Im Sanitärhaus III befindet sich das „Kinderwaschland", passend eingerichtet für alle Gäste bis 6 Jahre (Wickeltisch inklusive). Die Duschen sind für alle Gäste gratis.

Freizeit

Direkt am Platz gibt es für Kids einen großen Spielbereich mit Streichelzoo und ein großes, neues Hüpfkissen. Ein Netz von Fahrrad-, Wander- und Nordic-Walking-Strecken startet direkt vom Platz aus. Der nahe Feldmarksee bietet Badefreuden und spaßige Wassersportaktivitäten.

Iglucamp Heidewald Neueröffnung!

Blick auf den Feldmarksee.

4.8 SEHR GUT
401 Bewertungen

Lage	4.6
Ruhe	4.5
Sanitäranlagen	4.5
Sauberkeit Ø	4.8
Freundlichkeit	4.9
Stellplatz	4.8
Verpflegung	3.8
Freizeit	4.4
Preis-Leistung	4.7
Mietunterkünfte	4.5

Geeignet für

4.8 Paare

4.8 Senioren	4.6 Kinder b. 6 J.	4.5 Kinder b. 12 J.
4.7 Gäste mit Hund	4.6 Gäste mit Zelt	3.9 Kinder b. 18 J.

Empfohlene Aktivitäten

Radfahren · Wandern · Entspannen · Schwimmen · Sightseeing

AWARD 2020

Jugendgruppen nur beschränkt zugelassen, da kein Jugendzeltplatz vorhanden.

Karte auf Seite 334

17 Campingpark Sonnensee

Seenstraße 25
33775 Versmold-Peckeloh
+49 (0) 5423-6471
52.01396 | 8.08905

ganzjährig
HS: 24,90 €
Mehr Infos & Anfrage:
www.camping.info/18466

Baden im See am Platz	✓
Pool/Hallenbad	3/6km
Spielplatz am Platz	✓
Hunde erlaubt	✓
wenig Schatten	✓
WLAN (gegen Gebühr)	teilweise
Lebensmittel	3km
Brötchen am Platz	✓
Restaurant & Imbiss	✓
Ver-/Entsorgung Womo	✓
in den Ort	3km
Gesamt/Touristen	340/95
Mietunterkünfte	✓
Stellplätze vor Schranke	✓

4.7 SEHR GUT
125 Bewertungen

Lage	4.5
Ruhe	4.5
Sanitäranlagen	4.9
Sauberkeit Ø	4.9
Freundlichkeit	4.7
Stellplatz	4.7
Verpflegung	3.8
Freizeit	4.1
Preis-Leistung	4.5
Mietunterkünfte	4.6

Geeignet für

Kinder b. 6 J.	4.5
Kinder b. 12 J.	4.6
Kinder b. 18 J.	3.9
Paare	4.6
Senioren	4.6
Gäste mit Zelt	4.7
Gäste mit Hund	3.7

Empfohlene Aktivitäten

- Radfahren
- Schwimmen
- Entspannen

18 Camping Heidekamp

Strängerstr. 59
33775 Versmold
+49 171 6725328
52.00438 | 8.09565

15.03. - 21.10.
HS: 23,00 € | NS: 20,00 €
Mehr Infos & online buchen:
www.camping.info/24504

Baden im Teich am Platz	✓
Pool/Hallenbad	3/5km
Spielplatz am Platz	✓
Hunde erlaubt	✓
zur Hälfte Schatten	✓
WLAN (gratis)	teilweise
Lebensmittel	200m
Brötchen	keine Angabe
Restaurant/Imbiss	200m
Ver-/Entsorgung Womo	✓
in den Ort	keine Angabe
Gesamt/Touristen	150/22
Mietunterkünfte	✓
Stellplätze vor Schranke	✓

4.5 SEHR GUT
17 Bewertungen

Lage	4.6
Ruhe	4.9
Sanitäranlagen	4.2
Sauberkeit Ø	4.6
Freundlichkeit	4.6
Stellplatz	4.4
Verpflegung	3.8
Freizeit	4.5
Preis-Leistung	4.8
Mietunterkünfte	5.0

Geeignet für

Kinder b. 6 J.	4.7
Kinder b. 12 J.	4.7
Kinder b. 18 J.	4.1
Paare	4.9
Senioren	4.9
Gäste mit Zelt	4.7
Gäste mit Hund	4.6

Empfohlene Aktivitäten

- Radfahren
- Schwimmen
- Angeln

19 Camp zur Rotbuche Gravenbrock GmbH

Stänger Straße 57
33775 Versmold-Peckeloh
+49 5423 2453
52.02056 | 8.1225

ganzjährig
HS: 18,00 €
Mehr Infos & Anfrage:
www.camping.info/18465

Baden in nat. Gewässer	k. A.
Pool/Hallenbad	7km
Spielplatz am Platz	✓
Hunde willkommen	✓
wenig Schatten	✓
WLAN	✗
Lebensmittel	✓
Brötchen am Platz	✓
Restaurant/Imbiss	1km/✓
Ver-/Entsorgung Womo	✓
in den Ort	5km
Gesamt/Touristen	350/20
Mietunterkünfte	✗
Stellplätze vor Schranke	✗

- JETZT BEWERTEN!

Für diese Auswertung liegen leider noch nicht genügend Bewertungen vor.

Sei einer der Ersten, der diesen Campingplatz bewertet. Unter den Bewertern werden regelmäßig Gewinne verlost!

Mehr Infos dazu findest du in unserem allgemeinen Intro.

Infos

Öffnungszeiten
Vergleichspreis
Link

Ausstattung

Freizeit
Campingplatz
Versorgung
Anzahl der Plätze

❷ Teutoburger Wald

FREIZEITTIPPS

- **A** Safariland Stukenbrok
- **B** VitaSol Therme GmbH, Bad Salzuflen
- **C** Gartenschau, Bad Lippspringe
- **D** LWL-Freilichtmuseum, Detmold
- **E** Externsteine, Horn-Bad Meinberg

	Platz	Seite	Bewertung	Öffnungszeiten	
1	Camping Osterwald	346	3.7	k. A.	
2	Camping Sonnenwiese	346	3.5	ganzjährig	✱
3	Naturcamp an der Weser	346	3.8	saisonal	
4	Campingpark Kalletal	346	4.6	saisonal	🍃 ϟ 👍
5	Camping Buschhof	347	4.5	ganzjährig	✱ ϟ
6	Camping Bambi	347	3.3	ganzjährig	✱
7	Campingplatz Ferienpark Teutoburgerwald Barntrup	347	4.0	saisonal	
8	Campingplatz Schieder See	349	3.4	ganzjährig	✱
9	Campingpark Lemgo	349	3.3	saisonal	
10	Campingplatz Quellental	349	4.3	saisonal	
11	Campingpark Bielefeld	351	4.0	ganzjährig	✱
12	Campingplatz am Furlbach	348	4.1	ganzjährig	✱
13	Camping Apelhof am Haustenbach	351	3.2	k. A.	
14	Camping Eggewald	351	3.5	ganzjährig	✱
15	Campingparadies Lippstädter Seenplatte	350	4.3	saisonal	
16	Kur-Camping Rumkerhof	352	3.8	ganzjährig	
17	Camping Delecke Süd	352	3.7	ganzjährig	✱
18	Camping Wiggeshoff	352	4.9	ganzjährig	✱
19	Camping Wannetal	352	4.3	ganzjährig	✱
20	Camping Kallenhardt-Heide	353	4.2	k. A.	✱
21	Wesercamping Höxter	353	4.2	ganzjährig	✱
22	Camping Caravaning Bad Karlshafen	353	3.8	ganzjährig	✱

1 Camping Osterwald

DiepenauerStr. 11
32339 Espelkamp
+49 5775 505
52.39 | 8.70417

keine Angabe
keine Angabe
Mehr Infos & Anfrage:
www.camping.info/18449

Baden in nat. Gewässer	k. A.
Pool & Hallenbad	✗
Spielplatz	keine Angabe
Hunde	✗
Schatten	✗
WLAN	keine Angabe
Lebensmittel	k.A.
Brötchen	keine Angabe
Restaurant & Imbiss	✗
Ver-/Entsorgung Womo	✗
in den Ort	keine Angabe
Gesamt	keine Angabe
Mietunterkünfte	✗
Stellplätze vor Schranke	✗

3.7 GUT
6 Bewertungen

Lage	4.2
Ruhe	4.6
Sanitäranlagen	3.6
Sauberkeit Ø	4.5
Freundlichkeit	4.3
Stellplatz	3.8
Verpflegung	2.3
Freizeit	2.5
Preis-Leistung	4.0
Mietunterkünfte	-

Geeignet für

Kinder b. 6 J.	3.2
Kinder b. 12 J.	3.4
Kinder b. 18 J.	2.3
Paare	3.8
Senioren	4.8
Gäste mit Zelt	3.5
Hunde n. erlaubt	-

Empfohlene Aktivitäten

- Radfahren
- Entspannen
- Wandern

2 Camping Sonnenwiese

Borlefzen 1
32602 Vlotho
+49 5733 8217
52.17417 | 8.90472

ganzjährig
HS: 30,00 € | NS: 30,00 €
Mehr Infos & Anfrage:
www.camping.info/18454

Baden im See am Platz	✓
Pool & Hallenbad	✓
Spielplatz am Platz	✓
Hunde willkommen	✓
wenig Schatten	✓
WLAN (gegen Gebühr)	teilweise
Lebensmittel	✓
Brötchen am Platz	✓
Restaurant & Imbiss	✓
Ver-/Entsorgung Womo	✓
in den Ort	3km
Gesamt/Touristen	400/80
Mietunterkünfte	✓
Stellplätze vor Schranke	✓

3.5 GUT
117 Bewertungen

Lage	4.0
Ruhe	3.9
Sanitäranlagen	4.0
Sauberkeit Ø	4.2
Freundlichkeit	3.4
Stellplatz	3.6
Verpflegung	3.6
Freizeit	3.6
Preis-Leistung	3.1
Mietunterkünfte	3.0

Geeignet für

Kinder b. 6 J.	3.9
Kinder b. 12 J.	4.0
Kinder b. 18 J.	3.1
Paare	4.0
Senioren	4.2
Gäste mit Zelt	3.7
Gäste mit Hund	4.1

Empfohlene Aktivitäten

- Radfahren
- Entspannen
- Schwimmen

3 Naturcamp an der Weser

Weserstraße 110
32602 Vlotho
+49 5733 18708
52.16632 | 8.90598

01.04. - 15.10.
HS: 18,30 € | NS: 18,30 €
Mehr Infos & Anfrage:
www.camping.info/18455

Baden im Fluss am Platz	✓
Pool & Hallenbad	✗
Spielplatz am Platz	✓
Hunde erlaubt	✓
Schatten	✗
WLAN (gegen Gebühr)	✓
Lebensmittel	✗
Brötchen am Platz	✓
Imbiss	✓
Ver-/Entsorgung Womo	✓
in den Ort	3km
Gesamt/Touristen	100/70
Mietunterkünfte	✗
Stellplätze vor Schranke	✗

3.8 GUT
8 Bewertungen

Lage	4.4
Ruhe	4.1
Sanitäranlagen	2.9
Sauberkeit Ø	4.5
Freundlichkeit	4.2
Stellplatz	3.7
Verpflegung	2.5
Freizeit	4.0
Preis-Leistung	4.1
Mietunterkünfte	-

Geeignet für

Kinder b. 6 J.	3.8
Kinder b. 12 J.	3.6
Kinder b. 18 J.	3.4
Paare	4.1
Senioren	4.3
Gäste mit Zelt	4.3
Gäste mit Hund	5.0

Empfohlene Aktivitäten

- Wandern
- Kayak/Kanu
- Entspannen

4 Campingpark Kalletal

Seeweg 1
32689 Kalletal-Stemmen
+49 5755 444
52.17606 | 8.99896

25.03. - 31.10.
HS: 43,00 € | NS: 29,00 €
Mehr Infos & online buchen:
www.camping.info/18458

Baden im See am Platz	✓
Pool/Hallenbad	8km
Spielplatz am Platz	✓
Hunde willkommen	✓
zur Hälfte Schatten	✓
WLAN (begrenzt gratis)	✓
Lebensmittel	✓
Brötchen am Platz	✓
Restaurant & Imbiss	✓
Ver-/Entsorgung Womo	✓
in den Ort	500m
Gesamt/Touristen	600/480
Mietunterkünfte	✓
Stellplätze vor Schranke	✗

4.6 SEHR GUT
997 Bewertungen

Lage	4.5
Ruhe	4.2
Sanitäranlagen	4.8
Sauberkeit Ø	4.7
Freundlichkeit	4.7
Stellplatz	4.5
Verpflegung	3.8
Freizeit	4.4
Preis-Leistung	4.2
Mietunterkünfte	4.3

Geeignet für

Kinder b. 6 J.	4.7
Kinder b. 12 J.	4.8
Kinder b. 18 J.	4.3
Paare	4.5
Senioren	4.4
Gäste mit Zelt	4.5
Gäste mit Hund	4.5

Empfohlene Aktivitäten

- Schwimmen
- Radfahren
- Entspannen

Keine Partygruppen.

Karte auf Seite 344

5 Camping Buschhof

Meierberger Straße 15
32699 Extertal
+49 52 62 / 25 75
52.10485 | 9.11838

6 Camping Bambi

Hölmkeweg 1 - 2
32699 Extertal
+49 5262 4343
52.08293 | 9.15885

7 Campingplatz Ferienpark Teutoburgerwald Barntrup

Badeanstaltsweg 4
32683 Barntrup
+49 526 322 21
51.98694 | 9.10805

Infos

	5 Camping Buschhof	6 Camping Bambi	7 Campingplatz Ferienpark Teutoburgerwald Barntrup
Öffnungszeiten	ganzjährig	ganzjährig	23.03. - 07.10.
Vergleichspreis	HS: 19,50 € | NS: 19,50 €	HS: 15,50 € | NS: 15,50 €	HS: 28,50 € | NS: 23,50 €
Link	**Mehr Infos & online buchen:** www.camping.info/18461	**Mehr Infos & Anfrage:** www.camping.info/18459	**Mehr Infos & Anfrage:** www.camping.info/19563

Ausstattung

	5 Camping Buschhof	6 Camping Bambi	7 Campingplatz Ferienpark Teutoburgerwald Barntrup
Freizeit	Baden in nat. Gewässer am P. ✓ Pool 5km Spielplatz am Platz ✓	Baden in nat. Gewässer k. A. Pool 4km Spielplatz am Platz ✓	Baden im See 10km Pool/Hallenbad ✓/20km Spielplatz am Platz ✓
Campingplatz	Hunde willkommen ✓ zur Hälfte Schatten ✓ WLAN (gratis) teilweise	Hunde ✗ Schatten ✗ WLAN ✓	Hunde willkommen ✓ zur Hälfte Schatten ✓ WLAN ✓
Versorgung	Lebensmittel 5km Brötchen am Platz ✗ Restaurant & Imbiss ✗ Ver-/Entsorgung Womo ✓ in den Ort 5km	Lebensmittel ✗ Brötchen am Platz ✓ Restaurant & Imbiss ✗ Ver-/Entsorgung Womo ✗ in den Ort 3km	Lebensmittel 400m Brötchen keine Angabe Restaurant/Imbiss 400m Ver-/Entsorgung Womo ✓ in den Ort 400m
Anzahl der Plätze	Gesamt/Touristen 100/35 Mietunterkünfte ✓ Stellplätze vor Schranke ✓	Gesamt keine Angabe Mietunterkünfte ✗ Stellplätze vor Schranke ✗	Gesamt/Touristen 105/100 Mietunterkünfte ✓ Stellplätze vor Schranke ✓

Bewertungen

	5 Camping Buschhof	6 Camping Bambi	7 Campingplatz Ferienpark Teutoburgerwald Barntrup
Gesamt	4.5 SEHR GUT, 79 Bewertungen	3.3 GUT, 10 Bewertungen	4.0 SEHR GUT, 21 Bewertungen
Lage	4.5	3.7	4.2
Ruhe	4.7	4.5	4.4
Sanitäranlagen	4.4	2.7	3.9
Sauberkeit Ø	4.8	3.4	4.3
Freundlichkeit	4.9	4.0	3.8
Stellplatz	4.3	3.3	3.7
Verpflegung	3.8	2.4	2.8
Freizeit	4.2	3.2	3.7
Preis-Leistung	4.8	4.0	4.1
Mietunterkünfte	4.5	-	3.0

Geeignet für

	5 Camping Buschhof	6 Camping Bambi	7 Campingplatz Ferienpark Teutoburgerwald Barntrup
Kinder b. 6 J.	4.8	2.7	4.2
Kinder b. 12 J.	4.6	2.3	4.1
Kinder b. 18 J.	3.5	1.8	3.1
Paare	4.7	4.1	4.8
Senioren	4.6	4.0	4.6
Gäste mit Zelt	4.6	3.2	3.9
Gäste mit Hund	4.9	Hunde n. erlaubt -	4.6

Empfohlene Aktivitäten

5 Camping Buschhof	6 Camping Bambi	7 Campingplatz Ferienpark Teutoburgerwald Barntrup
Wandern	Entspannen	Radfahren
Entspannen	Radfahren	Wandern
Radfahren	Wandern	Entspannen

12 Campingplatz am Furlbach

❄

Am Furlbach 33
33758 Schloß Holte-Stukenbrock
+49 5257 3373
www.campingplatzamfurlbach.de
info@CampingplatzAmFurlbach.de

ganzjährig

HS: 21,50 € | NS: 21,50 €

Mehr Infos & Anfrage:
www.camping.info/18463

Baden in nat. Gewässer	k. A.
Pool/Hallenbad	8/5km
Spielplatz am Platz	✓
Hunde erlaubt	✓
zur Hälfte Schatten	✓
WLAN	✓
Lebensmittel	✓
Brötchen am Platz	nur HS
Restaurant/Imbiss	2/5km
Ver-/Entsorgung Womo	✓
in den Ort	5km
Gesamt/Touristen	250/50
Mietunterkünfte	✓
Stellplätze vor Schranke	✗

51.87117 | 8.67142

Herzlich willkommen auf dem Campingplatz Am Furlbach.

Lage & Stellplatz

Der Campingplatz liegt idyllisch in der waldreichen Sennelandschaft nahe des Teutoburger Waldes. Er verfügt über 200 Dauer- und 50 Touristenstellplätze. Darüber hinaus stehen den Gästen drei Schlaffässer und fünf Ferienwohnungen als Mietobjekte zur Verfügung.

Sanitär

Auf dem Platzgelände stehen zwei saubere Sanitärgebäude zur Verfügung. Beide Gebäude sind geräumig, hell und gepflegt. Eine behindertengerechte Sanitäreinheit und ein Babybad sind ebenfalls vorhanden sowie Waschmaschine und Trockner.

Verpflegung

Ein Brötchenservice steht vom 01.04. bis 01.11. zur Verfügung. Ebenso ist am Platz ein Lädchen mit regionalen Produkten für den täglichen Bedarf vorhanden. Die Terrasse lädt zum Verzehr von Kaffee-Spezialitäten und Kuchen ein.

Freizeit

Am Platz warten auf die Gäste: Boulebahn, Tischtennis und Spielplätze, Nestschaukel, Volleyballnetz, Matschanlage, Schaukeln, eine Rutsche und mehr. Im Umfeld finden Sie das Safariland, ein großes Rad- und Wanderwegenetz sowie das Furlbachtal, die Emsquelle, das Hermannsdenkmal und die Externsteine.

Touristenstellplatz im Grünen.

Spaß auf dem Kinderspielplatz.

4.1 SEHR GUT
36 Bewertungen

Lage	4.0
Ruhe	4.3
Sanitäranlagen	3.7
Sauberkeit Ø	4.5
Freundlichkeit	4.8
Stellplatz	4.0
Verpflegung	3.5
Freizeit	3.8
Preis-Leistung	4.4
Mietunterkünfte	4.1

Geeignet für

4.5 Gäste mit Zelt

4.5 Gäste mit Hund
4.3 Paare
4.1 Kinder b. 12 J.
4.4 Kinder b. 6 J.
4.3 Senioren
3.3 Kinder b. 18 J.

Empfohlene Aktivitäten

Wandern | Radfahren | Entspannen | Sightseeing | Kultur

Der Campingplatz bietet Gästen freies WLAN im Laden und auf der Terrasse.

Karte auf Seite 344

8 Campingplatz Schieder See

❄

Kronenbruch 3
32816 Schieder
+49 5282 411
51.92182 | 9.16551

Öffnungszeiten	ganzjährig
Vergleichspreis	HS: 15,00 € | NS: 15,00 €
Link	**Mehr Infos & Anfrage:** www.camping.info/24385

Baden in nat. Gewässer	✗
Pool	1km
Spielplatz	500m
Hunde willkommen	✓
Schatten	✗
WLAN	✓
Lebensmittel	1km
Brötchen am Platz	✓
Restaurant & Imbiss	✓
Ver-/Entsorgung Womo	✓
in den Ort	keine Angabe
Touristenplätze	250
Mietunterkünfte	✓
Stellplätze vor Schranke	✗

3.4 GUT, 8 Bewertungen

Lage	3.9
Ruhe	3.5
Sanitäranlagen	2.2
Sauberkeit Ø	3.5
Freundlichkeit	3.4
Stellplatz	3.4
Verpflegung	3.0
Freizeit	3.9
Preis-Leistung	4.4
Mietunterkünfte	2.0

Geeignet für

Kinder b. 6 J.	4.3
Kinder b. 12 J.	4.3
Kinder b. 18 J.	2.8
Paare	4.0
Senioren	4.0
Gäste mit Zelt	2.7
Gäste mit Hund	4.4

Empfohlene Aktivitäten

- Reiten
- Wandern
- Entspannen

9 Campingpark Lemgo

Regenstorstr. 10
32657 Lemgo
+49 5261 14858
52.02515 | 8.90919

Öffnungszeiten	01.03. - 30.11.
Vergleichspreis	HS: 21,00 € | NS: 21,00 €
Link	**Mehr Infos & Anfrage:** www.camping.info/18456

Baden in nat. Gewässer	k. A.
Pool am Platz	✓
Spielplatz am Platz	✓
Hunde erlaubt	✓
wenig Schatten	✓
WLAN (gegen Gebühr)	✓
Lebensmittel	2km
Brötchen am Platz	✓
Restaurant/Imbiss	2/1km
Ver-/Entsorgung Womo	✓
in den Ort	500m
Gesamt/Touristen	70/60
Mietunterkünfte	✓
Stellplätze vor Schranke	✓

3.3 GUT, 6 Bewertungen

Lage	4.0
Ruhe	3.5
Sanitäranlagen	4.0
Sauberkeit Ø	4.2
Freundlichkeit	4.4
Stellplatz	3.7
Verpflegung	3.0
Freizeit	4.2
Preis-Leistung	3.7
Mietunterkünfte	-

Geeignet für

Kinder b. 6 J.	2.7
Kinder b. 12 J.	2.7
Kinder b. 18 J.	3.3
Paare	3.7
Senioren	3.7
Gäste mit Zelt	4.5
Gäste mit Hund	4.5

Empfohlene Aktivitäten

- Sightseeing
- Kultur
- Motorrad

10 Campingplatz Quellental

Quellenstr. 55
32758 Detmold
+49 151 55903499
51.93298 | 8.76967

Öffnungszeiten	01.03. - 31.10.
Vergleichspreis	HS: 18,00 €
Link	**Mehr Infos & Anfrage:** www.camping.info/23767

Baden in nat. Gewässer	k. A.
Pool/Hallenbad	1/5km
Spielplatz am Platz	✓
Hunde willkommen	✓
wenig Schatten	✓
WLAN (gegen Gebühr)	✓
Lebensmittel	1km
Brötchen am Platz	✗
Restaurant/Imbiss	2/1km
Ver-/Entsorgung Womo	✗
in den Ort	1km
Touristenplätze	30
Mietunterkünfte	✗
Stellplätze vor Schranke	✗

4.3 SEHR GUT, 23 Bewertungen

Lage	4.7
Ruhe	4.8
Sanitäranlagen	3.6
Sauberkeit Ø	4.9
Freundlichkeit	4.7
Stellplatz	4.0
Verpflegung	2.4
Freizeit	4.1
Preis-Leistung	4.9
Mietunterkünfte	-

Geeignet für

Kinder b. 6 J.	3.7
Kinder b. 12 J.	3.5
Kinder b. 18 J.	2.8
Paare	4.6
Senioren	4.8
Gäste mit Zelt	4.6
Gäste mit Hund	4.7

Empfohlene Aktivitäten

- Wandern
- Radfahren
- Entspannen

Infos

Öffnungszeiten
Vergleichspreis
Link

Ausstattung

Freizeit
Campingplatz
Versorgung
Anzahl der Plätze

15 Campingparadies Lippstädter Seenplatte

Seeuferstr. 14
59558 Lippstadt-Niederdedinghausen
+49 2948 2253
www.camping-lippstadt.de
info@camping-lippstadt.de

01.03. - 31.10.

HS: 24,50 € | NS: 19,50 €

Mehr Infos & Anfrage:
www.camping.info/23155

Baden im See am Platz	✓
Pool/Hallenbad	5km
Spielplatz am Platz	✓
Hunde erlaubt	✓
zur Hälfte Schatten	✓
WLAN	✓
Lebensmittel	2km
Brötchen am Platz	✓
Restaurant & Imbiss	✓
Ver-/Entsorgung Womo	✓
in den Ort	2km
Gesamt/Touristen	88/67
Mietunterkünfte	✗
Stellplätze vor Schranke	✗

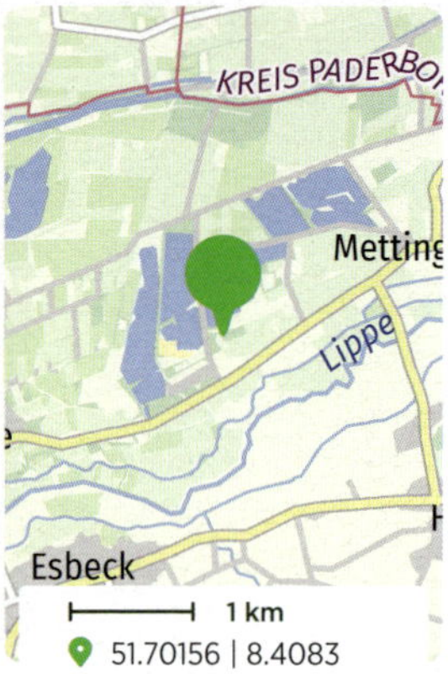

51.70156 | 8.4083

Der Campingplatz liegt idyllisch inmitten der Lippstädter Seen.

Lage & Stellplatz

Der Campingplatz liegt inmitten der Lippstädter Seenplatte im Osten der Stadt Lippstadt. Der Platz ist teilweise parzelliert und alle Stellplätze verfügen über einen 16 A Strom- sowie einen Wasser- und Abwasseranschluss. Direkt angrenzend liegt ein großer Badesee sowie ein Angelgewässer.

Sanitär

Den Campinggästen steht ein sauberes, modern eingerichtetes Sanitärgebäude zur Verfügung. Neben Einzelwasch- und Duschkabinen sind auch ein Wickelraum, eine Waschmaschine, ein Wäschetrockner und ein behindertengerechtes Badezimmer vorhanden.

Verpflegung

Zum Angebot des Hofladens gehören u. a. ein Brötchenservice, Getränke, Eis und landwirtschaftliche Erzeugnisse. Von Freitag bis Sonntag ist die Kaffeescheune geöffnet und bietet z. B. selbstgemachten Kuchen und Eisbecher. Am Badesee kann man den Abend auf der schönen Seeterrasse ausklingen lassen.

Freizeit

Das Gebiet rund um Lippstadt verfügt über ein hervorragend ausgebautes Radwegnetz. Am angrenzenden Badesee gibt es einen großen Sandstrand, einen Nichtschwimmerbereich und einen großen Spielplatz. Am Campingareal finden Kinder neben dem tollen Spielplatz auch viele kostenlose Kinderspielzeuge vor.

Badespaß am Albersee.

Die Kaffeescheune.

4.3 SEHR GUT
40 Bewertungen

Lage	4.4
Ruhe	4.0
Sanitäranlagen	4.3
Sauberkeit Ø	4.3
Freundlichkeit	4.7
Stellplatz	4.2
Verpflegung	3.4
Freizeit	4.0
Preis-Leistung	4.1
Mietunterkünfte	-

Geeignet für

4.7 Gäste mit Zelt

4.7	Gäste mit Hund
4.6	Paare
4.5	Senioren
4.4	Kinder b. 6 J.
4.2	Kinder b. 12 J.
3.8	Kinder b. 18 J.

Empfohlene Aktivitäten

Schwimmen · Radfahren · Entspannen · Angeln · Wandern

Karte auf Seite 344

11 Campingpark Bielefeld

❄

Vogelweide 9
33649 Bielefeld-Quelle
+49 5214592233

52.00551 | 8.45771

ganzjährig

HS: 23,00 € | NS: 23,00 €

Mehr Infos & Anfrage:
www.camping.info/22333

Baden im See am Platz	✓
Pool/Hallenbad	5/8km
Spielplatz am Platz	✓
Hunde willkommen	✓
wenig Schatten	✓
WLAN	✓
Lebensmittel	✓
Brötchen am Platz	✓
Restaurant/Imbiss	1km/✓
Ver-/Entsorgung Womo	✓
in den Ort	2km
Gesamt/Touristen	300/100
Mietunterkünfte	✓
Stellplätze vor Schranke	✗

4.0 SEHR GUT
13 Bewertungen

Lage	4.4
Ruhe	4.0
Sanitäranlagen	3.2
Sauberkeit Ø	4.0
Freundlichkeit	4.7
Stellplatz	3.6
Verpflegung	3.8
Freizeit	4.3
Preis-Leistung	4.2
Mietunterkünfte	2.3

Geeignet für

Kinder b. 6 J.	4.1
Kinder b. 12 J.	4.0
Kinder b. 18 J.	3.5
Paare	4.3
Senioren	4.0
Gäste mit Zelt	4.2
Gäste mit Hund	4.1

Empfohlene Aktivitäten

- Radfahren
- Entspannen
- Wandern

13 Camping Apelhof am Haustenbach

Paderbornerstr. 172
33161 Hövelhof

51.80138 | 8.6761

keine Angabe

keine Angabe

Mehr Infos & Anfrage:
www.camping.info/23763

Baden in nat. Gewässer	k. A.
Pool & Hallenbad	✗
Spielplatz	keine Angabe
Hunde	✗
Schatten	✗
WLAN	keine Angabe
Lebensmittel	k.A.
Brötchen	keine Angabe
Restaurant & Imbiss	✗
Ver-/Entsorgung Womo	✗
in den Ort	keine Angabe
Gesamt	keine Angabe
Mietunterkünfte	✗
Stellplätze vor Schranke	✗

3.2 GUT
4 Bewertungen

Lage	3.2
Ruhe	3.2
Sanitäranlagen	4.0
Sauberkeit Ø	4.0
Freundlichkeit	5.0
Stellplatz	3.0
Verpflegung	2.8
Freizeit	2.8
Preis-Leistung	3.5
Mietunterkünfte	-

Geeignet für

Kinder b. 6 J.	4.0
Kinder b. 12 J.	3.8
Kinder b. 18 J.	3.2
Paare	5.0
Senioren	5.0
Gäste mit Zelt	3.7
Hunde n. erlaubt	-

Empfohlene Aktivitäten

- Schwimmen
- Radfahren
- Sightseeing

14 Camping Eggewald

❄

Kempenerstraße 33
32805 Horn-Bad Meinberg-Kempen
+49 5255 236

51.80312 | 8.94267

ganzjährig

HS: 18,00 € | NS: 16,00 €

Mehr Infos & Anfrage:
www.camping.info/18462

Baden in nat. Gewässer	k. A.
Pool/Hallenbad	✓/4km
Spielplatz am Platz	✓
Hunde erlaubt	✓
Schatten	✗
WLAN	✓
Lebensmittel	4km
Brötchen am Platz	nur HS
Restaurant/Imbiss	4km
Ver-/Entsorgung Womo	✓
in den Ort	4km
Gesamt/Touristen	70/30
Mietunterkünfte	✓
Stellplätze vor Schranke	✗

3.5 GUT
15 Bewertungen

Lage	3.8
Ruhe	4.5
Sanitäranlagen	2.9
Sauberkeit Ø	3.7
Freundlichkeit	4.2
Stellplatz	3.6
Verpflegung	2.1
Freizeit	3.4
Preis-Leistung	3.9
Mietunterkünfte	3.0

Geeignet für

Kinder b. 6 J.	3.9
Kinder b. 12 J.	3.7
Kinder b. 18 J.	3.4
Paare	3.8
Senioren	4.0
Gäste mit Zelt	3.9
Gäste mit Hund	4.3

Empfohlene Aktivitäten

- Entspannen
- Radfahren
- Wandern

Infos

Öffnungszeiten
Vergleichspreis
Link

Ausstattung

Freizeit
Campingplatz
Versorgung
Anzahl der Plätze

16 Kur-Camping Rumkerhof

Weslarner Str. 30
59505 Bad Saßendorf
+49 2921 53118
51.59592 | 8.17907

ganzjährig

HS: 19,40 € | NS: 19,40 €

Mehr Infos & Anfrage: www.camping.info/24664

Baden in nat. Gewässer	k. A.
Pool/Hallenbad	10km
Spielplatz am Platz	✓
Hunde willkommen	✓
wenig Schatten	✓
WLAN	✓
Lebensmittel	1km
Brötchen am Platz	✓
Restaurant/Imbiss	1km
Ver-/Entsorgung Womo	✓
in den Ort	1km
Touristenplätze	90
Mietunterkünfte	✗
Stellplätze vor Schranke	✗

3.8 GUT – 21 Bewertungen

Lage	3.8
Ruhe	3.8
Sanitäranlagen	4.7
Sauberkeit Ø	4.7
Freundlichkeit	4.2
Stellplatz	3.8
Verpflegung	2.6
Freizeit	3.4
Preis-Leistung	3.9
Mietunterkünfte	-

Geeignet für

Kinder b. 6 J.	2.3
Kinder b. 12 J.	2.4
Kinder b. 18 J.	2.4
Paare	4.2
Senioren	4.6
Gäste mit Zelt	2.0
Gäste mit Hund	4.4

Empfohlene Aktivitäten

- Radfahren
- Wandern
- Entspannen

17 Camping Delecke Süd

✻

Arnsberger Straße 8
59519 Möhnesee-Delecke
+49 2924 8784210
51.4776 | 8.10198

ganzjährig

HS: 25,20 € | NS: 25,20 €

Mehr Infos & Anfrage: www.camping.info/18804

Baden im See am Platz	✓
Pool & Hallenbad	✗
Spielplatz am Platz	✓
Hunde	✗
wenig Schatten	✓
WLAN	✗
Lebensmittel	✓
Brötchen am Platz	✓
Imbiss	✓
Ver-/Entsorgung Womo	✓
in den Ort	1km
Gesamt/Touristen	190/70
Mietunterkünfte	✗
Stellplätze vor Schranke	✗

3.7 GUT – 18 Bewertungen

Lage	4.6
Ruhe	3.7
Sanitäranlagen	3.5
Sauberkeit Ø	3.8
Freundlichkeit	4.2
Stellplatz	3.6
Verpflegung	2.7
Freizeit	3.6
Preis-Leistung	3.4
Mietunterkünfte	-

Geeignet für

Kinder b. 6 J.	2.6
Kinder b. 12 J.	3.4
Kinder b. 18 J.	3.1
Paare	4.1
Senioren	4.3
Gäste mit Zelt	3.7
Hunde n. erlaubt	-

Empfohlene Aktivitäten

- Schwimmen
- Radfahren
- Wandern

Gruppen nur auf Anfrage

18 Camping Wiggeshoff

✻

Sauerlandstraße 168
59581 Warstein-Niederbergheim
+49 292 581 157
51.46768 | 8.24121

ganzjährig

HS: 12,60 €

Mehr Infos & Anfrage: www.camping.info/18806

Baden in nat. Gewässer	k. A.
Pool & Hallenbad	✗
Spielplatz am Platz	✓
Hunde erlaubt	✓
wenig Schatten	✓
WLAN (gratis)	teilweise
Lebensmittel	✓
Brötchen am Platz	✓
Imbiss	✓
Ver-/Entsorgung Womo	✓
in den Ort	2km
Gesamt/Touristen	100/20
Mietunterkünfte	✗
Stellplätze vor Schranke	✗

4.9 SEHR GUT – 10 Bewertungen

Lage	4.7
Ruhe	4.9
Sanitäranlagen	4.5
Sauberkeit Ø	5.0
Freundlichkeit	5.0
Stellplatz	4.5
Verpflegung	3.5
Freizeit	4.2
Preis-Leistung	5.0
Mietunterkünfte	-

Geeignet für

Kinder b. 6 J.	4.8
Kinder b. 12 J.	4.5
Kinder b. 18 J.	3.7
Paare	5.0
Senioren	5.0
Gäste mit Zelt	4.6
Gäste mit Hund	4.8

Empfohlene Aktivitäten

- Wandern
- Entspannen
- Radfahren

19 Camping Wannetal

✻

Wanndickerweg 2
59581 Warstein-Niederbergheim
+49 2925 3859
51.47083 | 8.24028

ganzjährig

HS: 17,00 € | NS: 17,00 €

Mehr Infos & Anfrage: www.camping.info/18805

Baden in nat. Gewässer	k. A.
Pool	4km
Spielplatz am Platz	✓
Hunde erlaubt	✓
Schatten	✗
WLAN	✓
Lebensmittel	2km
Brötchen	keine Angabe
Restaurant am P.	✓
Ver-/Entsorgung Womo	✓
in den Ort	1km
Gesamt/Touristen	200/60
Mietunterkünfte	✗
Stellplätze vor Schranke	✗

4.3 SEHR GUT – 9 Bewertungen

Lage	4.2
Ruhe	4.6
Sanitäranlagen	3.9
Sauberkeit Ø	4.3
Freundlichkeit	4.7
Stellplatz	3.7
Verpflegung	3.4
Freizeit	3.9
Preis-Leistung	4.3
Mietunterkünfte	-

Geeignet für

Kinder b. 6 J.	4.1
Kinder b. 12 J.	4.0
Kinder b. 18 J.	3.5
Paare	4.2
Senioren	3.9
Gäste mit Zelt	4.2
Gäste mit Hund	4.8

Empfohlene Aktivitäten

- Wandern
- Entspannen
- Radfahren

Karte auf Seite 344

20 Camping Kallenhardt-Heide

Provinzialstraße 8
59602 Rüthen-Kallenhardt
+49 (0) 160 256 496 9
51.4504 | 8.43821

Infos

keine Angabe
HS: 16,50 €
Mehr Infos & Anfrage: www.camping.info/18807

Ausstattung

Baden im Fluss am Platz	✓
Pool & Hallenbad	✗
Spielplatz am Platz	✓
Hunde willkommen	✓
wenig Schatten	✓
WLAN	keine Angabe
Lebensmittel	✗
Brötchen am Platz	✗
Restaurant & Imbiss	✗
Ver-/Entsorgung Womo	✓
in den Ort	1km
Gesamt/Touristen	50/10
Mietunterkünfte	✗
Stellplätze vor Schranke	✗

4.2 SEHR GUT – 6 Bewertungen

Lage	4.0
Ruhe	4.3
Sanitäranlagen	4.3
Sauberkeit Ø	4.7
Freundlichkeit	5.0
Stellplatz	3.8
Verpflegung	1.4
Freizeit	3.5
Preis-Leistung	5.0
Mietunterkünfte	-

Geeignet für

Kinder b. 6 J.	3.2
Kinder b. 12 J.	3.0
Kinder b. 18 J.	2.6
Paare	4.6
Senioren	4.8
Gäste mit Zelt	3.8
Gäste mit Hund	4.2

Empfohlene Aktivitäten

- Wandern
- Entspannen
- Radfahren

21 Wesercamping Höxter

Sportzentrum 4
37671 Höxter
+49 5271 2589
51.76608 | 9.38301

ganzjährig
HS: 23,00 € | NS: 20,00 €
Mehr Infos & Anfrage: www.camping.info/18566

Baden im Fluss am Platz	✓
Pool/Hallenbad	✓/1km
Spielplatz am Platz	✓
Hunde willkommen	✓
zur Hälfte Schatten	✓
WLAN	✓
Lebensmittel	✓
Brötchen am Platz	nur HS
Restaurant/Imbiss	500m/✓
Ver-/Entsorgung Womo	✓
in den Ort	800m
Gesamt/Touristen	150/80
Mietunterkünfte	✓
Stellplätze vor Schranke	✗

4.2 SEHR GUT – 94 Bewertungen

Lage	4.6
Ruhe	4.1
Sanitäranlagen	4.0
Sauberkeit Ø	4.3
Freundlichkeit	4.6
Stellplatz	4.1
Verpflegung	3.8
Freizeit	4.1
Preis-Leistung	4.5
Mietunterkünfte	4.2

Geeignet für

Kinder b. 6 J.	3.7
Kinder b. 12 J.	3.8
Kinder b. 18 J.	3.5
Paare	4.6
Senioren	4.6
Gäste mit Zelt	4.3
Gäste mit Hund	4.2

Empfohlene Aktivitäten

- Radfahren
- Kayak/Kanu
- Wandern

22 Camping Caravaning Bad Karlshafen

Am rechten Weserufer 2
34385 Bad Karlshafen
+49 5672 710
51.64441 | 9.44622

ganzjährig
HS: 23,00 € | NS: 23,00 €
Mehr Infos & Anfrage: www.camping.info/18479

Baden im Fluss am Platz	✓
Pool/Hallenbad	✓/500m
Spielplatz am Platz	✓
Hunde willkommen	✓
wenig Schatten	✓
WLAN (gegen Gebühr)	✓
Lebensmittel	✓
Brötchen am Platz	✓
Restaurant & Imbiss	✓
Ver-/Entsorgung Womo	✓
in den Ort	100m
Gesamt/Touristen	350/200
Mietunterkünfte	✓
Stellplätze vor Schranke	✓

3.8 GUT – 67 Bewertungen

Lage	4.4
Ruhe	3.8
Sanitäranlagen	3.2
Sauberkeit Ø	3.6
Freundlichkeit	4.3
Stellplatz	3.8
Verpflegung	3.9
Freizeit	3.7
Preis-Leistung	3.8
Mietunterkünfte	2.3

Geeignet für

Kinder b. 6 J.	3.4
Kinder b. 12 J.	3.6
Kinder b. 18 J.	3.3
Paare	4.3
Senioren	4.3
Gäste mit Zelt	4.0
Gäste mit Hund	4.1

Empfohlene Aktivitäten

- Wandern
- Entspannen
- Radfahren

Infos: Öffnungszeiten · Vergleichspreis · Link

Ausstattung: Freizeit · Campingplatz · Versorgung · Anzahl der Plätze

❸ Ruhrgebiet

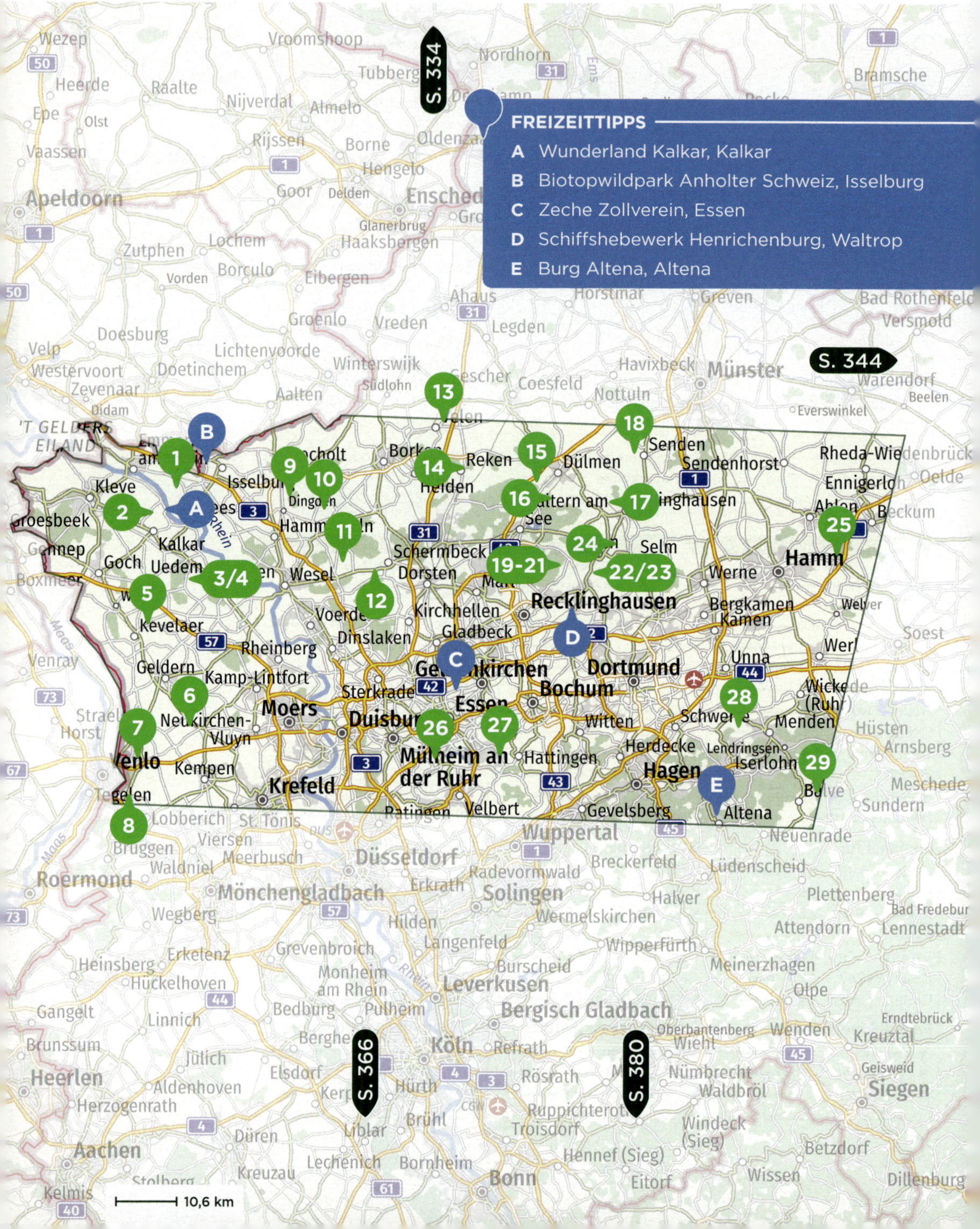

FREIZEITTIPPS

- **A** Wunderland Kalkar, Kalkar
- **B** Biotopwildpark Anholter Schweiz, Isselburg
- **C** Zeche Zollverein, Essen
- **D** Schiffshebewerk Henrichenburg, Waltrop
- **E** Burg Altena, Altena

	Platz	Seite	Bewertung	Öffnungszeiten	
1	Campingplatz Brühlensee	356	4.4	saisonal	
2	Ferien- und Campingpark Wisseler See	356	3.7	ganzjährig	Wintercamping, Onlinebuchung
3	Campingpark Kerstgenshof	356	4.6	ganzjährig	Wintercamping, Ecocamping, Award
4	Waldcamping "Speetenkath" Xanten	356	4.3	ganzjährig	Wintercamping
5	Zeltplatz Anna Fleuth	357	5.0	saisonal	
6	Naherholungsplatz OC Duisburg e.V.	357	4.6	ganzjährig	Wintercamping
7	Camping Holzmichel	357	3.7	saisonal	
8	Camping de Wittsee	359	4.3	saisonal	
9	Erholungsgebiet Dingdener Heide	358	4.7	saisonal	
10	Campingplatz Alte Nordbrocker Mühle	359	3.9	ganzjährig	Wintercamping, Onlinebuchung
11	Campingplatz Wachtenbrink	359	4.0	k. A.	Wintercamping
12	Campingplatz Lippetal	360	4.0	ganzjährig	Wintercamping
13	Erholungsgebiet Waldvelen	360	4.6	ganzjährig	Wintercamping, Onlinebuchung
14	Campingpark Groß-Reken	360	4.0	ganzjährig	Wintercamping
15	Camping Dülmener See	360	4.5	k. A.	
16	Naturpott Borkenberge	361	4.5	ganzjährig	FKK, Wintercamping, Onlinebuchung
17	Campingplatz Peters	361	3.7	ganzjährig	Wintercamping
18	Schöne Freizeit KranenCamp	361	3.8	ganzjährig	Wintercamping
19	Wellness Camping am Jammertal Resort	363	4.2	ganzjährig	FKK, Wintercamping, Onlinebuchung
20	Haard-Camping - Familie Weber	363	4.3	ganzjährig	Wintercamping, Ecocamping
21	Erholungspark Wehlingsheide	362	4.1	ganzjährig	Wintercamping, Onlinebuchung
22	Campingplatz am Mühlenbach	363	3.8	ganzjährig	Wintercamping
23	Freizeitpark Klaukenhof	364	3.8	ganzjährig	Wintercamping, Onlinebuchung
24	Seepark Ternsche	364	4.2	saisonal	
25	Campingplatz Uentrop	364	3.6	ganzjährig	
26	KNAUS Campingpark Essen-Werden	364	3.7	ganzjährig	Wintercamping
27	Camping Ruhrbrücke	365	3.7	saisonal	
28	Camping Obsthof	365	4.2	saisonal	
29	Nordic-Ferienpark Sorpesee	365	4.0	saisonal	

✱ Wintercamping FKK Textilfrei (ganz/teilweise) Ecocamping Award Onlinebuchung

1 Campingplatz Brühlensee

Grietherbusch 19
46459 Rees
+49 2851 966918
51.79927 | 6.35024

01.04. - 30.09.
HS: 12,70 €
Mehr Infos & Anfrage:
www.camping.info/26139

Baden im See am Platz	✓
Pool & Hallenbad	✗
Spielplatz am Platz	✓
Hunde willkommen	✓
wenig Schatten	✓
WLAN (begrenzt gratis)	✓
Lebensmittel	✓
Brötchen am Platz	nur HS
Restaurant & Imbiss	✓
Ver-/Entsorgung Womo	✓
in den Ort	2km
Gesamt	keine Angabe
Mietunterkünfte	✗
Stellplätze vor Schranke	✗

4.4 SEHR GUT
5 Bewertungen

Lage	4.8
Ruhe	3.8
Sanitäranlagen	3.8
Sauberkeit Ø	4.5
Freundlichkeit	4.6
Stellplatz	4.6
Verpflegung	4.2
Freizeit	3.8
Preis-Leistung	4.4
Mietunterkünfte	-

Geeignet für

Kinder b. 6 J.	4.2
Kinder b. 12 J.	4.4
Kinder b. 18 J.	4.7
Paare	4.4
Senioren	4.2
Gäste mit Zelt	5.0
Gäste mit Hund	5.0

Empfohlene Aktivitäten

- Radfahren
- Entspannen
- Schwimmen

2 Ferien- und Campingpark Wisseler See

Zum Wisseler See 15
47546 Kalkar-Wissel
+49 2824 9631 0
51.76125 | 6.28524

ganzjährig
HS: 31,50 € | NS: 25,20 €
Mehr Infos & online buchen:
www.camping.info/18620

Baden im See am Platz	✓
Pool/Hallenbad	✓/15km
Spielplatz am Platz	✓
Hunde willkommen	✓
zur Hälfte Schatten	✓
WLAN (begrenzt gratis)	✓
Lebensmittel	✓
Brötchen am Platz	✓
Restaurant & Imbiss	✓
Ver-/Entsorgung Womo	✓
in den Ort	5km
Gesamt/Touristen	800/200
Mietunterkünfte	✓
Stellplätze vor Schranke	✗

3.7 GUT
127 Bewertungen

Lage	4.0
Ruhe	3.7
Sanitäranlagen	3.7
Sauberkeit Ø	3.9
Freundlichkeit	4.4
Stellplatz	3.6
Verpflegung	3.8
Freizeit	3.8
Preis-Leistung	3.6
Mietunterkünfte	4.3

Geeignet für

Kinder b. 6 J.	4.2
Kinder b. 12 J.	4.3
Kinder b. 18 J.	3.9
Paare	4.1
Senioren	3.9
Gäste mit Zelt	4.3
Gäste mit Hund	2.6

Empfohlene Aktivitäten

- Radfahren
- Schwimmen
- Entspannen

3 Campingpark Kerstgenshof

Marienbaumer Straße 158
47665 Sonsbeck-Labbeck
+49 2801 43 08
51.66028 | 6.37222

ganzjährig
HS: 28,40 € | NS: 25,90 €
Mehr Infos & Anfrage:
www.camping.info/18621

Baden im See	7km
Pool/Hallenbad	7/23km
Spielplatz am Platz	✓
Hunde willkommen	✓
zur Hälfte Schatten	✓
WLAN	✓
Lebensmittel	4km
Brötchen am Platz	✓
Restaurant/Imbiss	200m/✓
Ver-/Entsorgung Womo	✓
in den Ort	2km
Gesamt/Touristen	342/87
Mietunterkünfte	✓
Stellplätze vor Schranke	✓

4.6 SEHR GUT
490 Bewertungen

Lage	4.0
Ruhe	4.0
Sanitäranlagen	4.8
Sauberkeit Ø	4.6
Freundlichkeit	4.8
Stellplatz	4.7
Verpflegung	3.8
Freizeit	4.5
Preis-Leistung	4.5
Mietunterkünfte	4.6

Geeignet für

Kinder b. 6 J.	4.7
Kinder b. 12 J.	4.6
Kinder b. 18 J.	3.9
Paare	4.6
Senioren	4.6
Gäste mit Zelt	4.4
Gäste mit Hund	4.5

Empfohlene Aktivitäten

- Radfahren
- Entspannen
- Wandern

AWARD 2020

4 Waldcamping "Speetenkath" Xanten

Urseler Straße 18a
46509 Xanten
+49 2801 1769
51.65824 | 6.38455

ganzjährig
HS: 22,00 € | NS: 22,00 €
Mehr Infos & Anfrage:
www.camping.info/24134

Baden im Teich am Platz	✓
Pool/Hallenbad	3km
Spielplatz am Platz	✓
Hunde	✗
zur Hälfte Schatten	✓
WLAN	✓
Lebensmittel	✓
Brötchen am Platz	nur HS
Restaurant & Imbiss	✓
Ver-/Entsorgung Womo	✓
in den Ort	2km
Gesamt/Touristen	300/50
Mietunterkünfte	✓
Stellplätze vor Schranke	✗

4.3 SEHR GUT
47 Bewertungen

Lage	4.6
Ruhe	4.8
Sanitäranlagen	3.9
Sauberkeit Ø	4.2
Freundlichkeit	4.8
Stellplatz	4.1
Verpflegung	4.3
Freizeit	4.3
Preis-Leistung	4.4
Mietunterkünfte	4.5

Geeignet für

Kinder b. 6 J.	4.4
Kinder b. 12 J.	4.5
Kinder b. 18 J.	4.4
Paare	4.6
Senioren	4.7
Gäste mit Zelt	4.5
Hunde n. erlaubt	-

Empfohlene Aktivitäten

- Wandern
- Radfahren
- Entspannen

Karte auf Seite 354

Infos: Öffnungszeiten · Vergleichspreis · Link

Ausstattung: Freizeit · Campingplatz · Versorgung · Anzahl der Plätze

5 Zeltplatz Anna Fleuth

Niersstraße 39
47626 Kevelaer
+49 2832 899980

51.5907 | 6.28571

01.04. - 31.10.

HS: 16,00 € | NS: 16,00 €

Mehr Infos & Anfrage:
www.camping.info/23349

Baden im Fluss	15km
Pool/Hallenbad	4km
Spielplatz am Platz	✓
Hunde	✗
viel Schatten	✓
WLAN	✓
Lebensmittel	1km
Brötchen am Platz	✓
Restaurant/Imbiss	1km
Ver-/Entsorgung Womo	✗
in den Ort	keine Angabe
Touristenplätze	30
Mietunterkünfte	✓
Stellplätze vor Schranke	✗

5.0 AUSGEZEICHNET
4 Bewertungen

Lage	4.7
Ruhe	4.7
Sanitäranlagen	5.0
Sauberkeit Ø	5.0
Freundlichkeit	5.0
Stellplatz	5.0
Verpflegung	5.0
Freizeit	5.0
Preis-Leistung	5.0
Mietunterkünfte	5.0

Geeignet für

Kinder b. 6 J.	5.0
Kinder b. 12 J.	5.0
Kinder b. 18 J.	3.7
Paare	3.7
Senioren	2.5
Gäste mit Zelt	5.0
Hunde n. erlaubt	-

Empfohlene Aktivitäten

- Radfahren
- Entspannen
- Wandern

6 Naherholungsplatz OC Duisburg e.V.

❄

Am Eyller See 4
47647 Kerken

51.43705 | 6.38695

ganzjährig

HS: 12,00 €

Mehr Infos & Anfrage:
www.camping.info/26428

Baden in nat. Gewässer	k. A.
Pool/Hallenbad	200m/10km
Spielplatz am Platz	✓
Hunde erlaubt	✓
zur Hälfte Schatten	✓
WLAN	✗
Lebensmittel	2km
Brötchen am Platz	✗
Restaurant/Imbiss	100/200m
Ver-/Entsorgung Womo	✗
in den Ort	2km
Gesamt/Touristen	60/6
Mietunterkünfte	✗
Stellplätze vor Schranke	✗

4.6 SEHR GUT
5 Bewertungen

Lage	4.6
Ruhe	5.0
Sanitäranlagen	4.0
Sauberkeit Ø	4.9
Freundlichkeit	5.0
Stellplatz	4.6
Verpflegung	4.2
Freizeit	4.8
Preis-Leistung	5.0
Mietunterkünfte	-

Geeignet für

Kinder b. 6 J.	4.8
Kinder b. 12 J.	5.0
Kinder b. 18 J.	4.5
Paare	5.0
Senioren	5.0
Gäste mit Zelt	5.0
Gäste mit Hund	5.0

Empfohlene Aktivitäten

- Entspannen
- Schwimmen
- Radfahren

7 Camping Holzmichel

Beekerstr. 34
47638 Straelen
+49 2839 998 9898

51.38686 | 6.25877

15.03. - 31.10.

HS: 23,00 € | NS: 23,00 €

Mehr Infos & Anfrage:
www.camping.info/25061

Baden im See	2km
Pool/Hallenbad	✓/5km
Spielplatz am Platz	✓
Hunde willkommen	✓
wenig Schatten	✓
WLAN	✓
Lebensmittel	500m
Brötchen am Platz	✓
Restaurant am P.	✓
Ver-/Entsorgung Womo	✓
in den Ort	500m
Gesamt/Touristen	230/40
Mietunterkünfte	✗
Stellplätze vor Schranke	✓

3.7 GUT
52 Bewertungen

Lage	3.5
Ruhe	3.2
Sanitäranlagen	4.0
Sauberkeit Ø	4.3
Freundlichkeit	4.6
Stellplatz	3.7
Verpflegung	3.9
Freizeit	3.8
Preis-Leistung	4.1
Mietunterkünfte	-

Geeignet für

Kinder b. 6 J.	3.6
Kinder b. 12 J.	3.8
Kinder b. 18 J.	3.5
Paare	4.3
Senioren	4.3
Gäste mit Zelt	3.7
Gäste mit Hund	4.4

Empfohlene Aktivitäten

- Radfahren
- Wandern
- Schwimmen

9 Erholungsgebiet Dingdener Heide

Busster Weg 100
46499 Hamminkeln
+49 2852 2405
www.dingdener-heide.de
info@dingdener-heide.de

01.04. - 31.10.

HS: 26,90 € | NS: 24,30 €

Mehr Infos & Anfrage:
www.camping.info/25809

Baden im See am Platz	✓
Pool/Hallenbad	3/15km
Spielplatz am Platz	✓
Hunde willkommen	✓
wenig Schatten	✓
WLAN	✓
Lebensmittel	✓
Brötchen am Platz	✓
Restaurant/Imbiss	3km/✓
Ver-/Entsorgung Womo	✓
in den Ort	3km
Gesamt/Touristen	435/35
Mietunterkünfte	✓
Stellplätze vor Schranke	✗

1 km
51.783 | 6.63418

Stellplätze am See mit schönen Seehäusern.

Lage & Stellplatz

Im Naturschutzgebiet der Dingdener Heide, in Hamminkeln am Niederrhein, liegt das Ferien- und Erholungsgebiet. Mit seinen beiden Freizeitseen, den Sandstränden mit Spielplätzen, den vielen Rad- und Wanderwegen bietet es dem ruhe- und erholungsuchenden Gast ein ideales Ferien- und Kurzurlaubsziel.

Verpflegung

Ob Radfahrer, Wanderer, Spaziergänger oder Besucher und Kunden des Campingplatzes – Sie sind alle herzlich willkommen zu einem leckeren Gericht, Eis oder einfach einem gemütlichen Beisammensein in der Gaststätte Waldschänke.

Sanitär

In der hellen und großzügigen Sanitäranlage befinden sich großräumige Dusch- und Toilettenräume, sowie spezielle Bäder für Kinder und Menschen mit Einschränkungen. Ein Wäsche- und Trockenraum steht ebenfalls zur Verfügung, wie auch eine kleine Küche mit Herd, Spülen und Sitzgelegenheiten.

Freizeit

Die herrlichen Seen wie auch das umliegende Naturschutzgebiet laden zum Genießen ein. Naturerlebnisse & Naturbeobachtungen bringen Groß und Klein zum Staunen. Für Aktivitäten direkt am Platz stehen Ihnen zwei Spielplätze am See, ein Spielraum, Gokarts, Volleyball, Tischtennis und vieles mehr bereit.

Die „Höhlen" am kleinen See.

Innenhof der Sanitäranlage.

4.7 SEHR GUT
165 Bewertungen

Lage	4.6
Ruhe	4.1
Sanitäranlagen	4.5
Sauberkeit Ø	4.8
Freundlichkeit	4.8
Stellplatz	4.6
Verpflegung	4.1
Freizeit	4.5
Preis-Leistung	4.4
Mietunterkünfte	4.6

Geeignet für

Kinder b. 12 J.	4.7
Paare	4.7
Kinder b. 6 J.	4.5
Senioren	4.5
Gäste mit Zelt	4.4
Kinder b. 18 J.	4.0
Gäste mit Hund	4.0

Empfohlene Aktivitäten

Radfahren | Wandern | Entspannen | Schwimmen | Kayak/Kanu

Karte auf Seite 354

	8	10	11
	Camping de Wittsee	**Campingplatz Alte Nordbrocker Mühle**	**Campingplatz Wachtenbrink**
	Am Wittsee 23 41334 Nettetal - Leuth +49 2839 998 9898 51.32689 | 6.23781	Melkweg 5 46499 Hamminkeln - Nordbrock +49 2856 980 896 51.76309 | 6.72004	Klein Else Weg 7 46514 Schermbeck +49 173 279 0266 51.68451 | 6.76837

Infos

	8	10	11
Öffnungszeiten	15.03. - 31.10.	ganzjährig	keine Angabe
Vergleichspreis	HS: 23,00 € | NS: 23,00 €	HS: 18,00 €	HS: 10,00 €
Link	**Mehr Infos & Anfrage:** www.camping.info/25707	**Mehr Infos & online buchen:** www.camping.info/26113	**Mehr Infos & Anfrage:** www.camping.info/24825

Ausstattung

	8	10	11
Freizeit	Baden im See am Platz ✓ Hallenbad 5km Spielplatz am Platz ✓	Baden im See 10km Pool/Hallenbad ✓/10km Spielplatz am Platz ✓	Baden in nat. Gewässer k. A. Hallenbad 5km Spielplatz ✗
Campingplatz	Hunde willkommen ✓ Schatten ✗ WLAN ✓	Hunde willkommen ✓ wenig Schatten ✓ WLAN ✗	Hunde ✗ Schatten ✗ WLAN ✗
Versorgung	Lebensmittel 3km Brötchen am Platz ✓ Restaurant & Imbiss ✗ Ver-/Entsorgung Womo ✓ in den Ort 3km	Lebensmittel 5km Brötchen keine Angabe Restaurant/Imbiss 500m/5km Ver-/Entsorgung Womo ✓ in den Ort 5km	Lebensmittel 3km Brötchen am Platz ✗ Restaurant/Imbiss 2/1km Ver-/Entsorgung Womo ✓ in den Ort keine Angabe
Anzahl der Plätze	Gesamt/Touristen 130/40 Mietunterkünfte ✓ Stellplätze vor Schranke ✗	Gesamt/Touristen 60/10 Mietunterkünfte ✗ Stellplätze vor Schranke ✗	Gesamt/Touristen 180/10 Mietunterkünfte ✗ Stellplätze vor Schranke ✗

Bewertungen

	8	10	11
Gesamt	4.3 SEHR GUT, 35 Bewertungen	3.9 GUT, 7 Bewertungen	4.0 SEHR GUT, 4 Bewertungen
Lage	4.6	4.1	4.0
Ruhe	4.7	4.6	4.8
Sanitäranlagen	4.2	3.4	3.0
Sauberkeit Ø	4.6	4.3	4.3
Freundlichkeit	5.0	4.3	4.2
Stellplatz	4.1	3.8	3.8
Verpflegung	3.7	2.8	2.3
Freizeit	4.2	3.5	3.3
Preis-Leistung	4.5	4.3	4.2
Mietunterkünfte	3.7	-	-
Geeignet für			
Kinder b. 6 J.	4.2	4.6	2.5
Kinder b. 12 J.	4.0	4.0	2.5
Kinder b. 18 J.	3.5	3.0	2.5
Paare	4.7	4.2	4.2
Senioren	4.8	4.4	4.5
Gäste mit Zelt	3.3	4.0	4.0
Gäste mit Hund / Hunde n. erlaubt	4.7	4.5	- (Hunde n. erlaubt)
Empfohlene Aktivitäten	Wandern Radfahren Entspannen	Wandern Radfahren Entspannen	Entspannen Radfahren Wandern

12 Campingplatz Lippetal

❄

Gahlener Str. 159
46569 Hünxe
+49 2853 4134

51.6707 | 6.84293

ganzjährig

HS: 17,00 € | NS: 17,00 €

Mehr Infos & Anfrage:
www.camping.info/22334

Baden in nat. Gewässer	k. A.
Pool/Hallenbad	3km
Spielplatz am Platz	✓
Hunde willkommen	✓
wenig Schatten	✓
WLAN	✓
Lebensmittel	✗
Brötchen am Platz	nur HS
Restaurant & Imbiss	✓
Ver-/Entsorgung Womo	✓
in den Ort	1km
Gesamt/Touristen	152/22
Mietunterkünfte	✓
Stellplätze vor Schranke	✗

4.0 SEHR GUT – 20 Bewertungen

Lage	4.0
Ruhe	4.1
Sanitäranlagen	3.9
Sauberkeit Ø	4.0
Freundlichkeit	4.6
Stellplatz	4.1
Verpflegung	4.2
Freizeit	4.0
Preis-Leistung	4.5
Mietunterkünfte	4.8

Geeignet für

Kinder b. 6 J.	3.9
Kinder b. 12 J.	4.2
Kinder b. 18 J.	3.6
Paare	4.1
Senioren	4.6
Gäste mit Zelt	4.2
Gäste mit Hund	4.3

Empfohlene Aktivitäten

- Radfahren
- Wandern
- Schwimmen

13 Erholungsgebiet Waldvelen

❄ ⚡

Klyer Damm 8 - 10
46342 Velen
+49 2863 3450

51.90231 | 7.01056

ganzjährig

HS: 20,00 € | NS: 17,00 €

Mehr Infos & online buchen:
www.camping.info/22240

Baden im See	18km
Pool/Hallenbad	3/15km
Spielplatz am Platz	✓
Hunde	✗
wenig Schatten	✓
WLAN	✓
Lebensmittel	1km
Brötchen am Platz	✓
Restaurant/Imbiss	1/1km
Ver-/Entsorgung Womo	✓
in den Ort	1km
Touristenplätze	30
Mietunterkünfte	✓
Stellplätze vor Schranke	✗

4.6 SEHR GUT – 7 Bewertungen

Lage	4.5
Ruhe	4.7
Sanitäranlagen	4.9
Sauberkeit Ø	4.6
Freundlichkeit	5.0
Stellplatz	4.1
Verpflegung	3.2
Freizeit	3.5
Preis-Leistung	4.7
Mietunterkünfte	5.0

Geeignet für

Kinder b. 6 J.	3.6
Kinder b. 12 J.	3.6
Kinder b. 18 J.	3.0
Paare	5.0
Senioren	5.0
Gäste mit Zelt	4.8
Hunde n. erlaubt	-

Empfohlene Aktivitäten

- Radfahren
- Wandern
- Entspannen

14 Campingpark Groß-Reken

❄

Berge 4
48734 Groß Reken
+49 28 64 44 94

51.82707 | 7.06246

ganzjährig

HS: 20,00 € | NS: 20,00 €

Mehr Infos & Anfrage:
www.camping.info/22335

Baden in nat. Gewässer	k. A.
Pool/Hallenbad	300m
Spielplatz am Platz	✓
Hunde willkommen	✓
wenig Schatten	✓
WLAN	✓
Lebensmittel	1km
Brötchen am Platz	nur HS
Restaurant & Imbiss	✓
Ver-/Entsorgung Womo	✓
in den Ort	3km
Gesamt/Touristen	495/100
Mietunterkünfte	✗
Stellplätze vor Schranke	✗

4.0 SEHR GUT – 27 Bewertungen

Lage	4.6
Ruhe	4.5
Sanitäranlagen	3.7
Sauberkeit Ø	4.0
Freundlichkeit	4.2
Stellplatz	3.7
Verpflegung	3.7
Freizeit	4.2
Preis-Leistung	4.4
Mietunterkünfte	-

Geeignet für

Kinder b. 6 J.	4.0
Kinder b. 12 J.	4.2
Kinder b. 18 J.	3.5
Paare	4.1
Senioren	4.2
Gäste mit Zelt	4.1
Gäste mit Hund	4.6

Empfohlene Aktivitäten

- Wandern
- Radfahren
- Entspannen

Es gibt regelmäßig Musikveranstaltungen auf dem Campingplatz.

15 Camping Dülmener See

Dülmener See 51
84249 Dülmen

51.80486 | 7.23544

keine Angabe

keine Angabe

Mehr Infos & Anfrage:
www.camping.info/26548

Baden in nat. Gewässer	k. A.
Pool & Hallenbad	✗
Spielplatz	keine Angabe
Hunde	✗
Schatten	✗
WLAN	keine Angabe
Lebensmittel	k.A.
Brötchen	keine Angabe
Restaurant & Imbiss	✗
Ver-/Entsorgung Womo	✗
in den Ort	keine Angabe
Gesamt	keine Angabe
Mietunterkünfte	✗
Stellplätze vor Schranke	✗

4.5 SEHR GUT – 6 Bewertungen

Lage	4.3
Ruhe	4.5
Sanitäranlagen	4.0
Sauberkeit Ø	4.4
Freundlichkeit	4.8
Stellplatz	4.2
Verpflegung	3.5
Freizeit	3.5
Preis-Leistung	4.7
Mietunterkünfte	-

Geeignet für

Kinder b. 6 J.	4.8
Kinder b. 12 J.	4.5
Kinder b. 18 J.	3.2
Paare	4.2
Senioren	3.5
Gäste mit Zelt	4.6
Hunde n. erlaubt	-

Empfohlene Aktivitäten

- Schwimmen
- Entspannen
- Radfahren

Karte auf Seite 354

	16	17	18
	Naturpott Borkenberge	**Campingplatz Peters**	**Schöne Freizeit KranenCamp**
	FKK		
	Leversum 85 59348 Lüdinghausen 02594 7979561	Ondrup 18 59348 Lüdinghausen +49 259 182 15	Industriestraße 14 48308 Senden-Gettrup +49 2597 239
	51.78233 | 7.28244	51.77775 | 7.40916	51.84504 | 7.47193
Infos			
Öffnungszeiten	ganzjährig	ganzjährig	ganzjährig
Vergleichspreis	HS: 21,00 € | NS: 19,00 €	HS: 13,00 €	HS: 21,50 € | NS: 21,50 €
Link	**Mehr Infos & online buchen:** www.camping.info/28160	**Mehr Infos & Anfrage:** www.camping.info/25077	**Mehr Infos & Anfrage:** www.camping.info/18625
Ausstattung			
Freizeit	Baden im Teich am Platz ✓	Baden in nat. Gewässer k. A.	Baden im Fluss am Platz ✓
	Pool am Platz ✓	Pool/Hallenbad 3km	Pool/Hallenbad 1km
	Spielplatz am Platz ✓	Spielplatz keine Angabe	Spielplatz am Platz ✓
Campingplatz	Hunde willkommen ✓	Hunde willkommen ✓	Hunde willkommen ✓
	zur Hälfte Schatten ✓	zur Hälfte Schatten ✓	zur Hälfte Schatten ✓
	WLAN keine Angabe	WLAN ✓	WLAN ✗
Versorgung	Lebensmittel 5km	Lebensmittel 3km	Lebensmittel 1km
	Brötchen am Platz ✓	Brötchen keine Angabe	Brötchen keine Angabe
	Imbiss ✓	Restaurant & Imbiss ✓	Restaurant/Imbiss ✓/1km
	Ver-/Entsorgung Womo ✗	Ver-/Entsorgung Womo ✓	Ver-/Entsorgung Womo ✗
	in den Ort keine Angabe	in den Ort 1km	in den Ort 1km
Anzahl der Plätze	Gesamt/Touristen 260/100	Gesamt/Touristen 90/20	Gesamt/Touristen 175/25
	Mietunterkünfte ✓	Mietunterkünfte ✓	Mietunterkünfte ✓
	Stellplätze vor Schranke ✗	Stellplätze vor Schranke ✓	Stellplätze vor Schranke ✗
Bewertung	4.5 SEHR GUT, 4 Bewertungen	3.7 GUT, 3 Bewertungen	3.8 GUT, 16 Bewertungen
Lage	4.0	3.7	3.9
Ruhe	3.2	4.3	4.1
Sanitäranlagen	5.0	4.0	3.2
Sauberkeit Ø	4.9	4.2	3.9
Freundlichkeit	5.0	5.0	4.7
Stellplatz	4.2	3.3	3.4
Verpflegung	4.0	3.3	3.9
Freizeit	4.2	3.0	3.6
Preis-Leistung	4.8	4.0	4.5
Mietunterkünfte	5.0	-	5.0
Geeignet für			
Kinder b. 6 J.	5.0	3.0	3.6
Kinder b. 12 J.	5.0	4.0	3.8
Kinder b. 18 J.	3.7	5.0	2.8
Paare	4.0	5.0	4.3
Senioren	3.2	5.0	4.2
Gäste mit Zelt	4.7	5.0	4.3
Gäste mit Hund	5.0	5.0	4.5
Empfohlene Aktivitäten	Radfahren Wandern Schwimmen	Radfahren Wandern Kayak/Kanu	Radfahren Motorboot Wandern

21 Erholungspark Wehlingsheide

Im Wehling 26
45711 Datteln
+49 2363 33404
www.wehlingsheide.de
info@wehlingsheide.de

ganzjährig

HS: 26,00 € | NS: 22,50 €

Mehr Infos & online buchen:
www.camping.info/23142

Baden im See	10km
Pool/Hallenbad	6km
Spielplatz am Platz	✓
Hunde willkommen	✓
wenig Schatten	✓
WLAN	✓
Lebensmittel	4km
Brötchen am Platz	✓
Restaurant & Imbiss	✓
Ver-/Entsorgung Womo	✓
in den Ort	2km
Gesamt/Touristen	150/50
Mietunterkünfte	✓
Stellplätze vor Schranke	✓

Idyllische Teichlandschaft auf dem Platz.

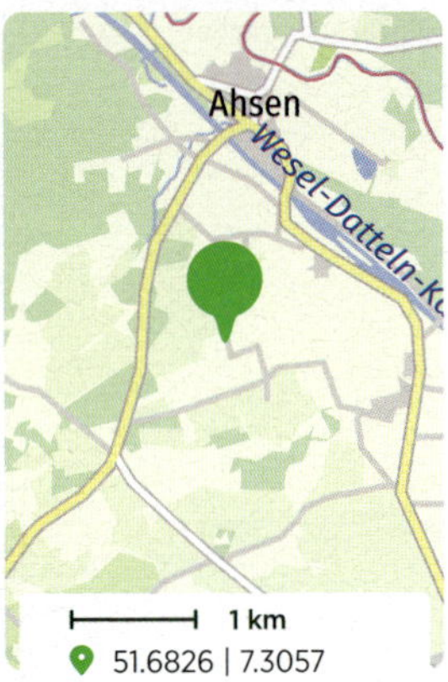

Lage & Stellplatz

Der Standort Wehlingsheide bietet Ihnen vielfältige Möglichkeiten zur Freizeitgestaltung. Geografisch liegt Wehlingsheide zwischen dem Münsterland mit seinen Schlössern und Wasserburgen und dem Ruhrgebiet mit seiner alten Industriekultur. Die Halterner Seen sind von hier aus schnell zu erreichen.

Verpflegung

Das platzeigene Restaurant „Zum Wehling" hat ein breites Angebot an Speisen und Getränken. In der Saison bietet der Platz einen Brötchenservice, der die frischen Backwaren direkt zur Parzelle oder zur Mietunterkunft liefert.

Sanitär

Der Platz bietet helle, moderne und zentral gelegene Sanitäranlagen. Auf vielen Parzellen haben Sie die Möglichkeit, ein privates Badezimmer zu mieten. Die Sanitärkabinen sind mit Dusche, Waschtisch und Toilette ausgestattet, teilweise auch mit separatem Geschirrspül- oder Abstellraum.

Freizeit

In der unmittelbaren Nähe zu Wehlingsheide gibt es viele Möglichkeiten zur Freizeitgestaltung. Ein besonderes Erlebnis sind Radtouren an den Wasserstraßen von Datteln und Haltern am See. Bei uns können Sie E-Bikes ausleihen oder unseren Saunagarten genießen.

Kleiner Strandbereich.

Saunalandschaft.

4.1 SEHR GUT
89 Bewertungen

Lage	4.1
Ruhe	4.3
Sanitäranlagen	3.9
Sauberkeit Ø	4.4
Freundlichkeit	4.3
Stellplatz	4.0
Verpflegung	3.0
Freizeit	3.4
Preis-Leistung	4.0
Mietunterkünfte	4.5

Geeignet für

4.6 Paare

4.6	Senioren
4.4	Gäste mit Hund
3.9	Gäste mit Zelt
3.7	Kinder b. 6 J.
3.5	Kinder b. 12 J.
2.8	Kinder b. 18 J.

Empfohlene Aktivitäten

Radfahren · Entspannen · Wandern · Wellness · Reiten

Karte auf Seite 354

19 Wellness Camping am Jammertal Resort

FKK

Redder Straße 421
45711 Datteln
02363 3770
51.68652 | 7.26901

Öffnungszeiten	ganzjährig
Vergleichspreis	HS: 90,00 € | NS: 90,00 €
Link	**Mehr Infos & online buchen:** www.camping.info/27362

Freizeit	Baden in nat. Gewässer am P.	✓
	Pool & Hallenbad	✓
	Spielplatz am Platz	✓
Campingplatz	Hunde willkommen	✓
	zur Hälfte Schatten	✓
	WLAN (gratis)	teilweise
Versorgung	Lebensmittel	✗
	Brötchen am Platz	✗
	Restaurant am P.	✓
	Ver-/Entsorgung Womo	✗
	in den Ort	5km
Anzahl der Plätze	Touristenplätze	25
	Mietunterkünfte	✗
	Stellplätze vor Schranke	✗

4.2 SEHR GUT – 5 Bewertungen

Lage	4.2
Ruhe	5.0
Sanitäranlagen	4.5
Sauberkeit Ø	4.6
Freundlichkeit	4.8
Stellplatz	3.4
Verpflegung	4.6
Freizeit	4.2
Preis-Leistung	4.0
Mietunterkünfte	-

Geeignet für

Kinder b. 6 J.	1.0
Kinder b. 12 J.	1.0
Kinder b. 18 J.	2.0
Paare	5.0
Senioren	4.6
Gäste mit Zelt	1.0
Gäste mit Hund	5.0

Empfohlene Aktivitäten

- Radfahren
- Wellness
- Wandern

20 Haard-Camping - Familie Weber

In den Wellen 30
45711 Datteln
+49 2363 361391
51.67781 | 7.2845

Öffnungszeiten	ganzjährig
Vergleichspreis	HS: 14,00 € | NS: 14,00 €
Link	**Mehr Infos & Anfrage:** www.camping.info/18614

Freizeit	Baden im See	8km
	Pool/Hallenbad	1km
	Spielplatz am Platz	✓
Campingplatz	Hunde willkommen	✓
	wenig Schatten	✓
	WLAN (begrenzt gratis)	teilweise
Versorgung	Lebensmittel	4km
	Brötchen am Platz	nur HS
	Restaurant & Imbiss	✓
	Ver-/Entsorgung Womo	✓
	in den Ort	4km
Anzahl der Plätze	Gesamt/Touristen	195/20
	Mietunterkünfte	✓
	Stellplätze vor Schranke	✓

4.3 SEHR GUT – 17 Bewertungen

Lage	4.6
Ruhe	4.4
Sanitäranlagen	3.5
Sauberkeit Ø	4.6
Freundlichkeit	4.8
Stellplatz	4.3
Verpflegung	4.1
Freizeit	4.2
Preis-Leistung	4.9
Mietunterkünfte	4.0

Geeignet für

Kinder b. 6 J.	4.2
Kinder b. 12 J.	4.0
Kinder b. 18 J.	3.6
Paare	4.6
Senioren	4.7
Gäste mit Zelt	4.2
Gäste mit Hund	4.8

Empfohlene Aktivitäten

- Wandern
- Radfahren
- Entspannen

22 Campingplatz am Mühlenbach

Natroper Weg 47
45711 Datteln
+49 2363 31974
51.67234 | 7.36461

Öffnungszeiten	ganzjährig
Vergleichspreis	HS: 12,00 € | NS: 12,00 €
Link	**Mehr Infos & Anfrage:** www.camping.info/24822

Freizeit	Baden im Fluss	500m
	Pool/Hallenbad	3km
	Spielplatz am Platz	✓
Campingplatz	Hunde willkommen	✓
	wenig Schatten	✓
	WLAN	✗
Versorgung	Lebensmittel	1km
	Brötchen am Platz	✗
	Restaurant/Imbiss	500m/1km
	Ver-/Entsorgung Womo	✗
	in den Ort	1km
Anzahl der Plätze	Gesamt/Touristen	146/15
	Mietunterkünfte	✓
	Stellplätze vor Schranke	✗

3.8 GUT – 4 Bewertungen

Lage	4.8
Ruhe	4.5
Sanitäranlagen	3.0
Sauberkeit Ø	4.2
Freundlichkeit	4.5
Stellplatz	3.5
Verpflegung	3.0
Freizeit	3.7
Preis-Leistung	4.5
Mietunterkünfte	4.0

Geeignet für

Kinder b. 6 J.	4.0
Kinder b. 12 J.	4.3
Kinder b. 18 J.	3.8
Paare	4.0
Senioren	4.2
Gäste mit Zelt	4.0
Gäste mit Hund	4.0

Empfohlene Aktivitäten

- Radfahren
- Wandern
- Entspannen

23 Freizeitpark Klaukenhof

Natroper Weg 40
45711 Datteln
+49 172 234 69 34
51.66861 | 7.36886

ganzjährig
HS: 25,00 € | NS: 25,00 €
Mehr Infos & online buchen:
www.camping.info/22235

Baden im Fluss	1km
Pool/Hallenbad	5/10km
Spielplatz am Platz	✓
Hunde willkommen	✓
zur Hälfte Schatten	✓
WLAN	✓
Lebensmittel	1km
Brötchen am Platz	nur HS
Restaurant & Imbiss	✓
Ver-/Entsorgung Womo	✓
in den Ort	4km
Gesamt/Touristen	200/20
Mietunterkünfte	✓
Stellplätze vor Schranke	✓

3.8 GUT
26 Bewertungen

Lage	4.3
Ruhe	4.3
Sanitäranlagen	3.6
Sauberkeit Ø	4.0
Freundlichkeit	4.4
Stellplatz	3.9
Verpflegung	3.0
Freizeit	3.8
Preis-Leistung	4.0
Mietunterkünfte	4.6

Geeignet für

Kinder b. 6 J.	3.9
Kinder b. 12 J.	4.1
Kinder b. 18 J.	3.8
Paare	4.1
Senioren	4.2
Gäste mit Zelt	4.2
Gäste mit Hund	4.1

Empfohlene Aktivitäten
- Radfahren
- Entspannen
- Wandern

24 Seepark Ternsche

Strandweg 7
59379 Selm
+49 2592 917210
51.71262 | 7.43402

15.03. - 31.10.
HS: 23,50 € | NS: 22,00 €
Mehr Infos & Anfrage:
www.camping.info/22238

Baden im See am Platz	✓
Pool am Platz	✓
Spielplatz am Platz	✓
Hunde	✗
viel Schatten	✓
WLAN (gegen Gebühr)	✓
Lebensmittel	✓
Brötchen am Platz	✓
Restaurant/Imbiss	3km/✓
Ver-/Entsorgung Womo	✗
in den Ort	2km
Gesamt/Touristen	450/70
Mietunterkünfte	✓
Stellplätze vor Schranke	✗

4.2 SEHR GUT
64 Bewertungen

Lage	3.5
Ruhe	3.0
Sanitäranlagen	4.2
Sauberkeit Ø	2.5
Freundlichkeit	4.5
Stellplatz	2.7
Verpflegung	2.9
Freizeit	4.0
Preis-Leistung	2.9
Mietunterkünfte	1.0

Geeignet für

Kinder b. 6 J.	4.0
Kinder b. 12 J.	4.0
Kinder b. 18 J.	3.5
Paare	3.9
Senioren	3.4
Gäste mit Zelt	3.5
Hunde n. erlaubt	-

Empfohlene Aktivitäten
- Schwimmen
- Radfahren
- Wandern

25 Campingplatz Uentrop

Dolberger Straße 80e
59510 Lippetal
+49 238 8437
51.69378 | 7.97023

ganzjährig
HS: 22,00 €
Mehr Infos & Anfrage:
www.camping.info/24869

Baden im Fluss am Platz	✓
Pool/Hallenbad	10km
Spielplatz am Platz	✓
Hunde willkommen	✓
wenig Schatten	✓
WLAN (gratis)	teilweise
Lebensmittel	✓
Brötchen am Platz	nur HS
Restaurant am P.	✓
Ver-/Entsorgung Womo	✓
in den Ort	2km
Gesamt/Touristen	300/60
Mietunterkünfte	✗
Stellplätze vor Schranke	✗

3.6 GUT
7 Bewertungen

Lage	3.6
Ruhe	3.0
Sanitäranlagen	3.6
Sauberkeit Ø	4.1
Freundlichkeit	4.7
Stellplatz	3.3
Verpflegung	2.9
Freizeit	2.7
Preis-Leistung	4.6
Mietunterkünfte	-

Geeignet für

Kinder b. 6 J.	3.7
Kinder b. 12 J.	3.7
Kinder b. 18 J.	4.0
Paare	4.3
Senioren	4.7
Gäste mit Zelt	4.3
Gäste mit Hund	4.3

Empfohlene Aktivitäten
- Angeln
- Radfahren
- Kayak/Kanu

26 KNAUS Campingpark Essen-Werden

Im Löwental 67
45239 Essen-Werden
+49 201 492 978
51.38105 | 6.99238

ganzjährig
HS: 34,00 €
Mehr Infos & Anfrage:
www.camping.info/18610

Baden im See	2km
Hallenbad	4km
Spielplatz am Platz	✓
Hunde willkommen	✓
zur Hälfte Schatten	✓
WLAN (gegen Gebühr)	✓
Lebensmittel	✗
Brötchen am Platz	✓
Restaurant/Imbiss	1km/✓
Ver-/Entsorgung Womo	✓
in den Ort	800m
Gesamt/Touristen	250/100
Mietunterkünfte	✓
Stellplätze vor Schranke	✗

3.7 GUT
177 Bewertungen

Lage	3.8
Ruhe	3.0
Sanitäranlagen	3.7
Sauberkeit Ø	4.1
Freundlichkeit	4.3
Stellplatz	3.8
Verpflegung	3.5
Freizeit	3.6
Preis-Leistung	3.6
Mietunterkünfte	3.5

Geeignet für

Kinder b. 6 J.	3.6
Kinder b. 12 J.	3.6
Kinder b. 18 J.	3.6
Paare	4.1
Senioren	4.1
Gäste mit Zelt	3.1
Gäste mit Hund	3.5

Empfohlene Aktivitäten
- Sightseeing
- Radfahren
- Kultur

Karte auf Seite 354

27 Camping Ruhrbrücke

Ruhrstraße 6
45529 Hattingen
+49 2324 80038
51.39123 | 7.15026

01.04. - 20.10.
HS: 20,50 € | NS: 20,50 €
Mehr Infos & Anfrage:
www.camping.info/18613

Baden in nat. Gewässer	k. A.
Pool & Hallenbad	✗
Spielplatz	keine Angabe
Hunde erlaubt	✓
Schatten	✗
WLAN	keine Angabe
Lebensmittel	k.A.
Brötchen	keine Angabe
Restaurant & Imbiss	✗
Ver-/Entsorgung Womo	✗
in den Ort	1km
Gesamt	keine Angabe
Mietunterkünfte	✗
Stellplätze vor Schranke	✗

3.7 GUT
27 Bewertungen

Lage	4.2
Ruhe	3.2
Sanitäranlagen	3.1
Sauberkeit Ø	4.3
Freundlichkeit	4.4
Stellplatz	3.4
Verpflegung	2.2
Freizeit	4.0
Preis-Leistung	3.6
Mietunterkünfte	-

Geeignet für

Kinder b. 6 J.	3.0
Kinder b. 12 J.	3.6
Kinder b. 18 J.	3.6
Paare	4.4
Senioren	4.2
Gäste mit Zelt	3.8
Gäste mit Hund	4.5

Empfohlene Aktivitäten

- Kayak/Kanu
- Radfahren
- Sightseeing

28 Camping Obsthof

Am Abbabach 18
58708 Menden-Ostsümmern
+49 2373 61265
51.43424 | 7.73283

07.01. - 15.12.
keine Angabe
Mehr Infos & Anfrage:
www.camping.info/18802

Baden in nat. Gewässer	k. A.
Pool & Hallenbad	✗
Spielplatz	✗
Hunde erlaubt	✓
zur Hälfte Schatten	✓
WLAN	keine Angabe
Lebensmittel	✓
Brötchen am Platz	✓
Restaurant & Imbiss	✓
Ver-/Entsorgung Womo	✗
in den Ort	keine Angabe
Gesamt	keine Angabe
Mietunterkünfte	✗
Stellplätze vor Schranke	✗

4.2 SEHR GUT
5 Bewertungen

Lage	4.4
Ruhe	4.2
Sanitäranlagen	4.2
Sauberkeit Ø	4.9
Freundlichkeit	4.8
Stellplatz	4.0
Verpflegung	3.5
Freizeit	4.0
Preis-Leistung	4.8
Mietunterkünfte	-

Geeignet für

Kinder b. 6 J.	4.0
Kinder b. 12 J.	3.7
Kinder b. 18 J.	3.3
Paare	4.8
Senioren	4.8
Gäste mit Zelt	4.8
Gäste mit Hund	5.0

Empfohlene Aktivitäten

- Radfahren
- Wandern
- Entspannen

29 Nordic-Ferienpark Sorpesee

Am Sorpesee 193
59846 Sundern
+49 2935 9699015
51.33769 | 7.93779

01.04. - 31.10.
HS: 28,50 € | NS: 28,50 €
Mehr Infos & Anfrage:
www.camping.info/24584

Baden im See am Platz	✓
Pool/Hallenbad	2/3km
Spielplatz am Platz	✓
Hunde willkommen	✓
wenig Schatten	✓
WLAN	✓
Lebensmittel	✓
Brötchen am Platz	✓
Restaurant am P.	✓
Ver-/Entsorgung Womo	✗
in den Ort	3km
Gesamt/Touristen	114/16
Mietunterkünfte	✓
Stellplätze vor Schranke	✗

4.0 SEHR GUT
4 Bewertungen

Lage	5.0
Ruhe	3.8
Sanitäranlagen	3.5
Sauberkeit Ø	4.5
Freundlichkeit	5.0
Stellplatz	3.8
Verpflegung	4.5
Freizeit	3.8
Preis-Leistung	4.5
Mietunterkünfte	4.0

Geeignet für

Kinder b. 6 J.	3.0
Kinder b. 12 J.	4.2
Kinder b. 18 J.	4.3
Paare	4.5
Senioren	4.0
Gäste mit Zelt	4.3
Gäste mit Hund	4.0

Empfohlene Aktivitäten

- Wandern
- Segeln
- Surfen

Infos

Öffnungszeiten
Vergleichspreis
Link

Ausstattung

Freizeit
Campingplatz
Versorgung
Anzahl der Plätze

❹ Eifel

FREIZEITTIPPS

- **A** Rotes Haus, Monschau
- **B** Nationalpark Eifel
- **C** Schloss Benrath, Düsseldorf
- **D** Phantasialand, Brühl
- **E** Kölner Dom, Köln

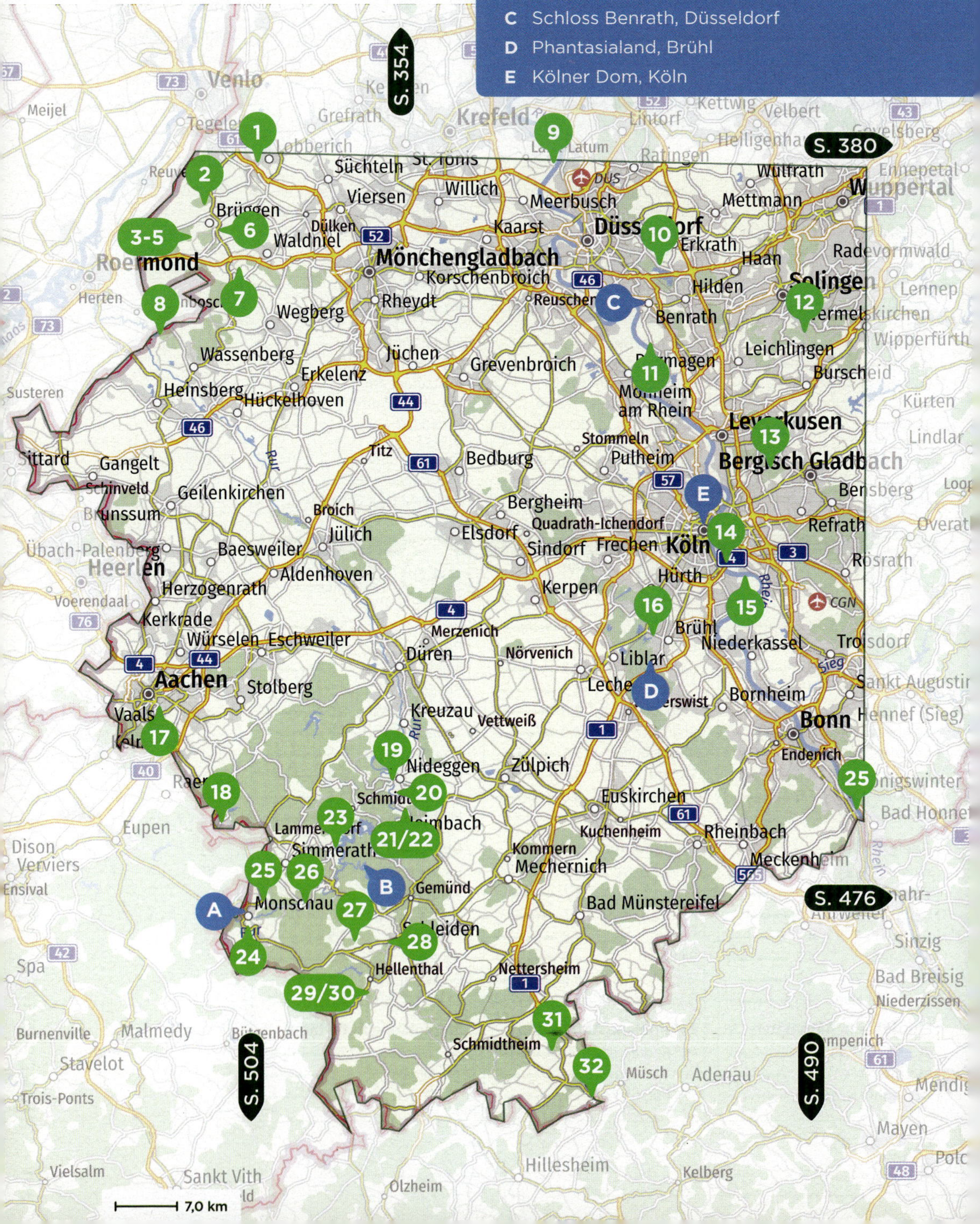

	Platz	Seite	Bewertung	Öffnungszeiten	
1	Campingplatz am Quellensee	369	-	ganzjährig	❄
2	Heide Camp Brüggen	369	3.6	ganzjährig	❄
3	Campingplatz Dilborner Mühle	369	4.6	ganzjährig	❄
4	Campingplatz Graskamp	368	4.5	ganzjährig	❄
5	Camping Lelefeld	370	3.9	ganzjährig	❄
6	Campingforst am Laarersee	370	3.8	k. A.	❄ 🌿
7	NFSN Niederkrüchten	370	3.0	k. A.	
8	Campingplatz Amici Lodges	370	3.7	ganzjährig	❄
9	Rheincamping Meerbusch	371	4.4	saisonal	
10	Camping Unterbacher See	371	3.0	saisonal	
11	Campingplatz Rheinblick	371	4.0	k. A.	
12	Waldcamping-Glüder	372	3.8	ganzjährig	❄
13	Camping Waldbad	372	3.0	ganzjährig	❄
14	Camping der Stadt Köln	372	3.1	saisonal	
15	Camping Berger	374	3.8	saisonal	
16	Camping Heider Bergsee	372	3.7	ganzjährig	❄
17	Stellplatz Aachen	373	3.7	ganzjährig	❄
18	Camping Faulenbruch	373	-	k. A.	
19	Campingplatz Hetzingen	373	4.3	ganzjährig	❄
20	Camping Zum Friedensthal	375	3.5	ganzjährig	❄
21	Camping Rurthal	375	4.0	ganzjährig	❄
22	Campingplatz Felsenblick	375	4.3	k. A.	
23	Camping Rursee	376	3.1	k. A.	
24	Waldcamping Perlenau	376	3.1	saisonal	
25	Camping Zum Jone Bur	376	3.5	ganzjährig	❄
26	Camp Hammer	376	4.6	ganzjährig	❄
27	Camping Schafbachmühle	377	3.6	saisonal	❄ 🌿
28	Campingplatz + Erlebnisbad Dieffenbachtal	377	4.2	ganzjährig	❄
29	Camping Hellenthal	377	3.0	ganzjährig	❄
30	Camping Dickerscheid	379	-	k. A.	
31	Eifel-Camp Freilinger See	379	4.2	ganzjährig	❄
32	Camping Frings-Mühle	379	4.0	saisonal	❄ ⚡

❄ Wintercamping FKK Textilfrei (ganz/teilweise) 🌿 Ecocamping 👍 Award ⚡ Onlinebuchung

ANZEIGE

4 Campingplatz Graskamp

*

Graskamp 16
41372 Niederkrüchten
+49 216 381 696
www.campingplatzgraskamp.de
info@campingplatzgraskamp.de

ganzjährig

HS: 18,50 € | NS: 18,50 €

Mehr Infos & Anfrage:
www.camping.info/22233

Baden in nat. Gewässer	k. A.
Pool & Hallenbad	✗
Spielplatz am Platz	✓
Hunde erlaubt	✓
Schatten	✗
WLAN	✗
Lebensmittel	✗
Brötchen am Platz	nur HS
Restaurant am P.	✓
Ver-/Entsorgung Womo	✓
in den Ort	1km
Gesamt/Touristen	280/10
Mietunterkünfte	✓
Stellplätze vor Schranke	✓

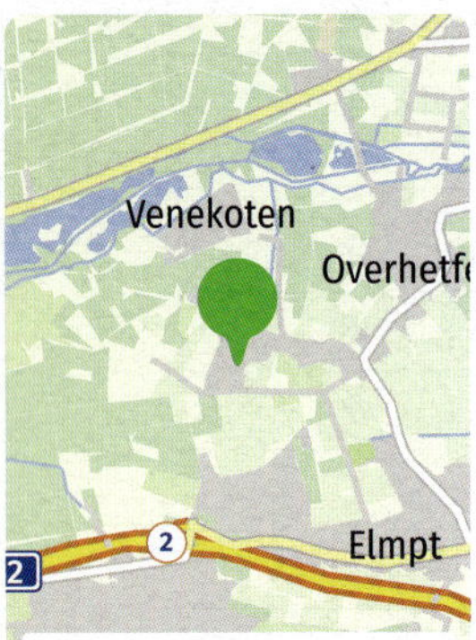

51.22281 | 6.13901

Großzügige Stellplätze im Grünen.

Lage & Stellplatz

Der Campingplatz Graskamp befindet sich im Naturpark Maas-Schwalm-Nette. Inmitten von malerischen Feldern, Wäldern und kleinen Seen bietet der Campingplatz jede Menge Raum für erholsame und ruhige Urlaubstage. Die Stellplätze sind großzügig gehalten und mit Wasser- und Stromanschluss ausgestattet.

Verpflegung

Auf dem Campingareal befindet sich eine gemütliche, an Wochenenden geöffnete Gaststätte mit sonniger Terrasse. Die Gaststätte bietet mehrere Gerichte sowie die Möglichkeit, am Wochenende Brötchen vorzubestellen. Für größere Einkäufe ist das nur wenige Hundert Meter entfernte Elmpt bestens geeignet.

Sanitär

Der Platz verfügt über drei große Sanitärgebäude, von denen zwei renoviert wurden und eines ganzjährig geöffnet ist. Alle Sanitäranlagen werden täglich gereinigt, ein gepflegter Zustand genießt oberste Priorität. Waschmaschinen, Trockner und ein behindertengerechtes Bad sind ebenfalls vorhanden.

Freizeit

Ob Fahrradtouren über endlose Felder, durch dichte Wälder und die malerische Wacholderheide oder doch Shoppen im Outlet-Center Roermond und im alten Stadtkern Brüggens – hier gibt es allerhand zu tun. Kinder vergnügen sich im Graskamp besonders gerne auf dem Spielplatz oder am Kindertreff mit Pool.

Kleiner Pool am Platz.

Blick auf die Dauerstellplätze.

4.5 SEHR GUT
13 Bewertungen

Lage	4.5
Ruhe	4.8
Sanitäranlagen	3.9
Sauberkeit Ø	4.3
Freundlichkeit	5.0
Stellplatz	4.3
Verpflegung	4.2
Freizeit	4.0
Preis-Leistung	4.7
Mietunterkünfte	4.7

Geeignet für

4.7 Paare

4.7 Gäste mit Hund
4.4 Kinder b. 6 J.
3.6 Kinder b. 18 J.
4.5 Senioren
4.1 Kinder b. 12 J.
3.5 Gäste mit Zelt

Empfohlene Aktivitäten

Radfahren
Entspannen
Wandern
Angeln
Reiten

Karte auf Seite 366

1 Campingplatz am Quellensee

Am Quellensee 3
41334 Nettetal

51.30463 | 6.25314

Öffnungszeiten	ganzjährig
Vergleichspreis	keine Angabe
Link	Mehr Infos & Anfrage: www.camping.info/26650

Ausstattung		
Freizeit	Baden im See am Platz	✓
	Pool/Hallenbad	10/6km
	Spielplatz am Platz	✓
Campingplatz	Hunde willkommen	✓
	zur Hälfte Schatten	✓
	WLAN	×
Versorgung	Lebensmittel	1km
	Brötchen am Platz	×
	Restaurant/Imbiss	1km
	Ver-/Entsorgung Womo	✓
	in den Ort	1km
Anzahl der Plätze	Gesamt	90
	Mietunterkünfte	×
	Stellplätze vor Schranke	×

- JETZT BEWERTEN!

Für diese Auswertung liegen leider noch nicht genügend Bewertungen vor.

Sei einer der Ersten, der diesen Campingplatz bewertet. Unter den Bewertern werden regelmäßig Gewinne verlost!

Mehr Infos dazu findest du in unserem allgemeinen Intro.

2 Heide Camp Brüggen

St.-barbara-straße 38
41379 Brüggen
+49 2157 873622

51.25667 | 6.17444

Öffnungszeiten	ganzjährig
Vergleichspreis	HS: 20,00 € | NS: 20,00 €
Link	Mehr Infos & Anfrage: www.camping.info/19565

Ausstattung		
Freizeit	Baden in nat. Gewässer	k. A.
	Pool & Hallenbad	×
	Spielplatz	keine Angabe
Campingplatz	Hunde erlaubt	✓
	Schatten	×
	WLAN	keine Angabe
Versorgung	Lebensmittel	k.A.
	Brötchen	keine Angabe
	Restaurant am P.	✓
	Ver-/Entsorgung Womo	✓
	in den Ort	2km
Anzahl der Plätze	Touristenplätze	80
	Mietunterkünfte	×
	Stellplätze vor Schranke	×

3.6 GUT
15 Bewertungen

Lage	3.9
Ruhe	4.1
Sanitäranlagen	3.1
Sauberkeit Ø	3.4
Freundlichkeit	5.0
Stellplatz	2.9
Verpflegung	1.8
Freizeit	3.5
Preis-Leistung	4.4
Mietunterkünfte	-

Geeignet für

Kinder b. 6 J.	3.1
Kinder b. 12 J.	3.3
Kinder b. 18 J.	3.4
Paare	3.9
Senioren	3.9
Gäste mit Zelt	3.7
Gäste mit Hund	4.7

Empfohlene Aktivitäten

- Radfahren
- Entspannen
- Wandern

3 Campingplatz Dilborner Mühle

Dilborner Str. 133
41372 Niederkrüchten
+49 216 382 763

51.2337 | 6.16475

Öffnungszeiten	ganzjährig
Vergleichspreis	HS: 14,00 € | NS: 14,00 €
Link	Mehr Infos & Anfrage: www.camping.info/25075

Ausstattung		
Freizeit	Baden in nat. Gewässer	k. A.
	Pool/Hallenbad	3/2km
	Spielplatz am Platz	✓
Campingplatz	Hunde willkommen	✓
	zur Hälfte Schatten	✓
	WLAN	✓
Versorgung	Lebensmittel	2km
	Brötchen am Platz	×
	Restaurant	300m
	Ver-/Entsorgung Womo	✓
	in den Ort	2km
Anzahl der Plätze	Gesamt/Touristen	230/33
	Mietunterkünfte	✓
	Stellplätze vor Schranke	×

4.6 SEHR GUT
45 Bewertungen

Lage	4.6
Ruhe	4.8
Sanitäranlagen	4.4
Sauberkeit Ø	4.7
Freundlichkeit	4.9
Stellplatz	4.1
Verpflegung	3.1
Freizeit	4.3
Preis-Leistung	4.7
Mietunterkünfte	4.3

Geeignet für

Kinder b. 6 J.	4.4
Kinder b. 12 J.	4.4
Kinder b. 18 J.	4.0
Paare	4.7
Senioren	4.8
Gäste mit Zelt	4.2
Gäste mit Hund	4.6

Empfohlene Aktivitäten

- Radfahren
- Wandern
- Entspannen

5 Camping Lelefeld

Lelefeld 4
41372 Niederkrüchten-Elmpt
+49 2163 81203

51.21789 | 6.14628

ganzjährig
HS: 13,00 € | NS: 13,00 €
Mehr Infos & Anfrage:
www.camping.info/18606

Baden in nat. Gewässer	k. A.
Pool/Hallenbad	3km/500m
Spielplatz	500m
Hunde willkommen	✓
zur Hälfte Schatten	✓
WLAN	✓
Lebensmittel	1km
Brötchen am Platz	✓
Restaurant/Imbiss	1/1km
Ver-/Entsorgung Womo	✓
in den Ort	1km
Gesamt/Touristen	90/20
Mietunterkünfte	✓
Stellplätze vor Schranke	✓

3.9 GUT
14 Bewertungen

Lage	4.6
Ruhe	5.0
Sanitäranlagen	3.3
Sauberkeit Ø	4.4
Freundlichkeit	4.9
Stellplatz	3.5
Verpflegung	2.8
Freizeit	4.2
Preis-Leistung	4.4
Mietunterkünfte	5.0

Geeignet für

Kinder b. 6 J.	2.7
Kinder b. 12 J.	2.7
Kinder b. 18 J.	3.0
Paare	4.1
Senioren	4.6
Gäste mit Zelt	4.8
Gäste mit Hund	5.0

Empfohlene Aktivitäten

- Radfahren
- Entspannen
- Wandern

6 Campingforst am Laarersee

Brüggerstrasse 27
41379 Brüggen

51.23532 | 6.19644

keine Angabe
HS: 21,30 €
Mehr Infos & Anfrage:
www.camping.info/24085

Baden im See am Platz	✓
Pool & Hallenbad	✗
Spielplatz am Platz	✓
Hunde erlaubt	✓
zur Hälfte Schatten	✓
WLAN	keine Angabe
Lebensmittel	✓
Brötchen am Platz	✗
Restaurant & Imbiss	✓
Ver-/Entsorgung Womo	✓
in den Ort	2km
Gesamt	keine Angabe
Mietunterkünfte	✓
Stellplätze vor Schranke	✓

3.8 GUT
8 Bewertungen

Lage	4.2
Ruhe	4.4
Sanitäranlagen	3.0
Sauberkeit Ø	3.6
Freundlichkeit	4.6
Stellplatz	3.8
Verpflegung	1.8
Freizeit	4.1
Preis-Leistung	3.9
Mietunterkünfte	5.0

Geeignet für

Kinder b. 6 J.	3.8
Kinder b. 12 J.	3.7
Kinder b. 18 J.	3.6
Paare	3.8
Senioren	4.0
Gäste mit Zelt	4.6
Gäste mit Hund	5.0

Empfohlene Aktivitäten

- Radfahren
- Angeln
- Wandern

7 NFSN Nieder-krüchten

42389 Wuppertal

51.19862 | 6.22959

keine Angabe
keine Angabe
Mehr Infos & Anfrage:
www.camping.info/23781

Baden in nat. Gewässer	k. A.
Pool & Hallenbad	✗
Spielplatz	keine Angabe
Hunde	✗
Schatten	✗
WLAN	keine Angabe
Lebensmittel	k.A.
Brötchen	keine Angabe
Restaurant & Imbiss	✗
Ver-/Entsorgung Womo	✗
in den Ort	keine Angabe
Gesamt	keine Angabe
Mietunterkünfte	✗
Stellplätze vor Schranke	✗

3.0 GUT
3 Bewertungen

Lage	5.0
Ruhe	5.0
Sanitäranlagen	2.5
Sauberkeit Ø	4.5
Freundlichkeit	4.0
Stellplatz	2.5
Verpflegung	2.0
Freizeit	4.5
Preis-Leistung	3.5
Mietunterkünfte	-

Geeignet für

Kinder b. 6 J.	3.0
Kinder b. 12 J.	3.0
Kinder b. 18 J.	2.5
Paare	5.0
Senioren	5.0
Gäste mit Zelt	5.0
Hunde n. erlaubt	-

8 Campingplatz Amici Lodges

Waldseestraße 7
41849 Wassenberg-Effeld
+49 2432 8969 281

51.13047 | 6.10021

ganzjährig
keine Angabe
Mehr Infos & Anfrage:
www.camping.info/26117

Baden im See am Platz	✓
Pool & Hallenbad	✗
Spielplatz am Platz	✓
Hunde willkommen	✓
zur Hälfte Schatten	✓
WLAN (gegen Gebühr)	✓
Lebensmittel	500m
Brötchen am Platz	nur HS
Restaurant/Imbiss	500m
Ver-/Entsorgung Womo	✓
in den Ort	12km
Gesamt/Touristen	100/35
Mietunterkünfte	✓
Stellplätze vor Schranke	✗

3.7 GUT
14 Bewertungen

Lage	3.7
Ruhe	3.6
Sanitäranlagen	3.3
Sauberkeit Ø	4.0
Freundlichkeit	4.2
Stellplatz	4.4
Verpflegung	2.3
Freizeit	3.6
Preis-Leistung	3.8
Mietunterkünfte	4.7

Geeignet für

Kinder b. 6 J.	4.2
Kinder b. 12 J.	4.0
Kinder b. 18 J.	3.5
Paare	4.3
Senioren	4.1
Gäste mit Zelt	4.6
Gäste mit Hund	4.5

Empfohlene Aktivitäten

- Schwimmen
- Radfahren
- Angeln

Karte auf Seite 366

9 Rheincamping Meerbusch

Zur Rheinfähre 21
40668 Meerbusch / Langst-Kierst
+49 215 091 1817
51.30056 | 6.725

Infos	
Öffnungszeiten	06.04. - 04.10.
Vergleichspreis	HS: 29,20 € | NS: 26,20 €
Link	**Mehr Infos & Anfrage:** www.camping.info/18604

Ausstattung		
Freizeit	Baden im Fluss am Platz	✓
	Pool/Hallenbad	5/8km
	Spielplatz	✗
Campingplatz	Hunde willkommen	✓
	wenig Schatten	✓
	WLAN	✗
Versorgung	Lebensmittel	✓
	Brötchen am Platz	✓
	Restaurant & Imbiss	✓
	Ver-/Entsorgung Womo	✓
	in den Ort	3km
Anzahl der Plätze	Gesamt/Touristen	300/150
	Mietunterkünfte	✓
	Stellplätze vor Schranke	✗

4.4 SEHR GUT
149 Bewertungen

Lage	4.8
Ruhe	4.3
Sanitäranlagen	4.2
Sauberkeit Ø	4.5
Freundlichkeit	4.6
Stellplatz	4.3
Verpflegung	4.0
Freizeit	4.2
Preis-Leistung	4.3
Mietunterkünfte	4.8

Geeignet für

Kinder b. 6 J.	3.9
Kinder b. 12 J.	4.1
Kinder b. 18 J.	4.3
Paare	4.7
Senioren	4.6
Gäste mit Zelt	4.6
Gäste mit Hund	4.8

Empfohlene Aktivitäten

- Entspannen
- Radfahren
- Sightseeing

10 Camping Unterbacher See

Kleiner Torfbruch 31
40627 Düsseldorf-Unterbach
+49 211 899 2038
51.19901 | 6.88836

Infos	
Öffnungszeiten	03.04. - 01.11.
Vergleichspreis	HS: 27,50 € | NS: 27,50 €
Link	**Mehr Infos & Anfrage:** www.camping.info/18603

Ausstattung		
Freizeit	Baden im See am Platz	✓
	Hallenbad	4km
	Spielplatz am Platz	✓
Campingplatz	Hunde willkommen	✓
	wenig Schatten	✓
	WLAN (gegen Gebühr)	✓
Versorgung	Lebensmittel	✓
	Brötchen am Platz	✓
	Restaurant/Imbiss	250/300m
	Ver-/Entsorgung Womo	✓
	in den Ort	300m
Anzahl der Plätze	Gesamt/Touristen	300/65
	Mietunterkünfte	✗
	Stellplätze vor Schranke	✗

3.0 GUT
18 Bewertungen

Lage	4.1
Ruhe	2.8
Sanitäranlagen	2.7
Sauberkeit Ø	3.1
Freundlichkeit	3.5
Stellplatz	3.0
Verpflegung	2.0
Freizeit	3.8
Preis-Leistung	3.3
Mietunterkünfte	-

Geeignet für

Kinder b. 6 J.	2.9
Kinder b. 12 J.	3.1
Kinder b. 18 J.	3.1
Paare	3.5
Senioren	3.7
Gäste mit Zelt	3.2
Gäste mit Hund	2.5

Empfohlene Aktivitäten

- Schwimmen
- Sightseeing
- Kultur

11 Campingplatz Rheinblick

In der Aue
40789 Monheim am Rhein
+49 2173 64400
51.12065 | 6.87342

Infos	
Öffnungszeiten	keine Angabe
Vergleichspreis	keine Angabe
Link	**Mehr Infos & Anfrage:** www.camping.info/26763

Ausstattung		
Freizeit	Baden in nat. Gewässer	k. A.
	Pool & Hallenbad	✗
	Spielplatz	keine Angabe
Campingplatz	Hunde	✗
	Schatten	✗
	WLAN	keine Angabe
Versorgung	Lebensmittel	k.A.
	Brötchen	keine Angabe
	Restaurant & Imbiss	✗
	Ver-/Entsorgung Womo	✗
	in den Ort	keine Angabe
Anzahl der Plätze	Gesamt	keine Angabe
	Mietunterkünfte	✗
	Stellplätze vor Schranke	✗

4.0 SEHR GUT
4 Bewertungen

Lage	4.5
Ruhe	4.0
Sanitäranlagen	4.2
Sauberkeit Ø	4.2
Freundlichkeit	5.0
Stellplatz	3.5
Verpflegung	3.7
Freizeit	3.8
Preis-Leistung	3.8
Mietunterkünfte	-

Geeignet für

Kinder b. 6 J.	2.0
Kinder b. 12 J.	2.0
Kinder b. 18 J.	2.0
Paare	4.5
Senioren	4.5
Gäste mit Zelt	4.0
Hunde n. erlaubt	-

Empfohlene Aktivitäten

- Radfahren
- Angeln
- Entspannen

12 Waldcamping-Glüder

*

Balkhauserweg 240
42659 Solingen-Glüder
+49 212 242120

51.13375 | 7.11674

ganzjährig

HS: 22,50 € | NS: 22,50 €

Mehr Infos & Anfrage:
www.camping.info/18608

Baden im Fluss am Platz	✓
Pool/Hallenbad	6km
Spielplatz am Platz	✓
Hunde willkommen	✓
wenig Schatten	✓
WLAN	✓
Lebensmittel	3km
Brötchen am Platz	nur HS
Restaurant & Imbiss	✓
Ver-/Entsorgung Womo	✓
in den Ort	3km
Gesamt/Touristen	100/20
Mietunterkünfte	×
Stellplätze vor Schranke	×

3.8 GUT
12 Bewertungen

Lage	4.2
Ruhe	3.8
Sanitäranlagen	3.9
Sauberkeit Ø	4.3
Freundlichkeit	4.2
Stellplatz	3.6
Verpflegung	2.9
Freizeit	4.0
Preis-Leistung	3.4
Mietunterkünfte	-

Geeignet für

Kinder b. 6 J.	4.3
Kinder b. 12 J.	4.0
Kinder b. 18 J.	3.2
Paare	4.6
Senioren	4.2
Gäste mit Zelt	3.8
Gäste mit Hund	3.8

Empfohlene Aktivitäten

- Wandern
- Mountainbiking
- Radfahren

13 Camping Waldbad

*

Peter-Baum-Weg
51069 Köln-Dünnwald
+49 2216 03315

50.99583 | 7.05972

ganzjährig

HS: 28,00 € | NS: 25,50 €

Mehr Infos & Anfrage:
www.camping.info/18659

Baden in nat. Gewässer	k. A.
Pool	50m
Spielplatz am Platz	✓
Hunde erlaubt	✓
Schatten	×
WLAN	✓
Lebensmittel	✓
Brötchen am Platz	✓
Restaurant	100m
Ver-/Entsorgung Womo	×
in den Ort	1km
Gesamt/Touristen	120/60
Mietunterkünfte	✓
Stellplätze vor Schranke	×

3.0 GUT
9 Bewertungen

Lage	3.9
Ruhe	3.6
Sanitäranlagen	3.3
Sauberkeit Ø	3.6
Freundlichkeit	4.4
Stellplatz	2.9
Verpflegung	2.3
Freizeit	3.2
Preis-Leistung	3.0
Mietunterkünfte	4.0

Geeignet für

Kinder b. 6 J.	2.5
Kinder b. 12 J.	3.4
Kinder b. 18 J.	2.8
Paare	3.5
Senioren	3.0
Gäste mit Zelt	2.7
Gäste mit Hund	5.0

Empfohlene Aktivitäten

- Schwimmen
- Wandern
- Entspannen

14 Camping der Stadt Köln

Weidenweg 35
51105 Köln-Poll
+49 221 831966

50.90279 | 6.99061

01.04. - 14.10.

keine Angabe

Mehr Infos & Anfrage:
www.camping.info/18660

Baden in nat. Gewässer	k. A.
Pool & Hallenbad	×
Spielplatz am Platz	✓
Hunde erlaubt	✓
Schatten	×
WLAN	×
Lebensmittel	✓
Brötchen	keine Angabe
Restaurant/Imbiss	500m/✓
Ver-/Entsorgung Womo	✓
in den Ort	1km
Touristenplätze	140
Mietunterkünfte	×
Stellplätze vor Schranke	×

3.1 GUT
57 Bewertungen

Lage	3.8
Ruhe	2.5
Sanitäranlagen	3.1
Sauberkeit Ø	3.4
Freundlichkeit	3.9
Stellplatz	2.9
Verpflegung	2.6
Freizeit	3.1
Preis-Leistung	2.9
Mietunterkünfte	-

Geeignet für

Kinder b. 6 J.	2.5
Kinder b. 12 J.	2.6
Kinder b. 18 J.	3.1
Paare	3.7
Senioren	3.2
Gäste mit Zelt	3.9
Gäste mit Hund	3.6

Empfohlene Aktivitäten

- Sightseeing
- Radfahren
- Kultur

16 Camping Heider Bergsee

*

50321 Brühl bei Köln
+49 2232 27040

50.82939 | 6.8763

ganzjährig

HS: 21,00 € | NS: 21,00 €

Mehr Infos & Anfrage:
www.camping.info/18657

Baden im See am Platz	✓
Hallenbad	3km
Spielplatz	keine Angabe
Hunde willkommen	✓
Schatten	×
WLAN (gegen Gebühr)	✓
Lebensmittel	k.A.
Brötchen am Platz	✓
Restaurant & Imbiss	✓
Ver-/Entsorgung Womo	✓
in den Ort	1km
Gesamt/Touristen	230/50
Mietunterkünfte	×
Stellplätze vor Schranke	×

3.7 GUT
38 Bewertungen

Lage	4.3
Ruhe	3.7
Sanitäranlagen	3.3
Sauberkeit Ø	3.5
Freundlichkeit	4.2
Stellplatz	3.3
Verpflegung	3.3
Freizeit	4.0
Preis-Leistung	4.0
Mietunterkünfte	-

Geeignet für

Kinder b. 6 J.	4.0
Kinder b. 12 J.	4.2
Kinder b. 18 J.	3.7
Paare	4.1
Senioren	4.0
Gäste mit Zelt	4.1
Gäste mit Hund	3.9

Empfohlene Aktivitäten

- Schwimmen
- Radfahren
- Sightseeing

Karte auf Seite 366

17 Stellplatz Aachen

✱

Branderhofer Weg 11
52066 Bad Aachen
0241 - 99000 991

50.76184 | 6.10238

Infos

Öffnungszeiten	ganzjährig
Vergleichspreis	HS: 17,00 € | NS: 17,00 €
Link	**Mehr Infos & Anfrage:** www.camping.info/22237

Ausstattung

Freizeit	Baden in nat. Gewässer	k. A.
	Pool & Hallenbad	✗
	Spielplatz	keine Angabe
Campingplatz	Hunde willkommen	✓
	Schatten	✗
	WLAN	✓
Versorgung	Lebensmittel	✗
	Brötchen am Platz	✓
	Restaurant & Imbiss	✗
	Ver-/Entsorgung Womo	✗
	im Ort	✓
Anzahl der Plätze	Touristenplätze	46
	Mietunterkünfte	✗
	Stellplätze vor Schranke	✗

3.7 GUT
29 Bewertungen

Lage	3.9
Ruhe	3.5
Sanitäranlagen	3.0
Sauberkeit Ø	3.7
Freundlichkeit	4.3
Stellplatz	3.7
Verpflegung	2.6
Freizeit	3.2
Preis-Leistung	4.0
Mietunterkünfte	-

Geeignet für

Kinder b. 6 J.	2.6
Kinder b. 12 J.	2.8
Kinder b. 18 J.	3.3
Paare	4.3
Senioren	4.3
Gäste mit Zelt	3.1
Gäste mit Hund	3.4

Empfohlene Aktivitäten

- Sightseeing
- Kultur
- Entspannen

18 Camping Faulenbruch

Faulenbruchstr. 55
52159 Roetgen

50.64461 | 6.20017

Infos

Öffnungszeiten	keine Angabe
Vergleichspreis	keine Angabe
Link	**Mehr Infos & Anfrage:** www.camping.info/24145

Ausstattung

Freizeit	Baden in nat. Gewässer	k. A.
	Pool & Hallenbad	✗
	Spielplatz	keine Angabe
Campingplatz	Hunde	✗
	Schatten	✗
	WLAN	keine Angabe
Versorgung	Lebensmittel	k.A.
	Brötchen	keine Angabe
	Restaurant & Imbiss	✗
	Ver-/Entsorgung Womo	✗
	in den Ort	keine Angabe
Anzahl der Plätze	Gesamt	keine Angabe
	Mietunterkünfte	✗
	Stellplätze vor Schranke	✗

- JETZT BEWERTEN!

Für diese Auswertung liegen leider noch nicht genügend Bewertungen vor.

Sei einer der Ersten, der diesen Campingplatz bewertet. Unter den Bewertern werden regelmäßig Gewinne verlost!

Mehr Infos dazu findest du in unserem allgemeinen Intro.

19 Campingplatz Hetzingen

✱

Campingweg 1
52385 Nideggen-Brück
+49 2427 508

50.68528 | 6.47

Infos

Öffnungszeiten	ganzjährig
Vergleichspreis	HS: 20,50 € | NS: 20,50 €
Link	**Mehr Infos & Anfrage:** www.camping.info/18669

Ausstattung

Freizeit	Baden im Fluss am Platz	✓
	Pool/Hallenbad	3/9km
	Spielplatz am Platz	✓
Campingplatz	Hunde willkommen	✓
	wenig Schatten	✓
	WLAN (gegen Gebühr)	✓
Versorgung	Lebensmittel	✓
	Brötchen am Platz	✓
	Restaurant am P.	✓
	Ver-/Entsorgung Womo	✓
	im Ort	✓
Anzahl der Plätze	Gesamt/Touristen	300/100
	Mietunterkünfte	✓
	Stellplätze vor Schranke	✗

4.3 SEHR GUT
27 Bewertungen

Lage	4.6
Ruhe	3.9
Sanitäranlagen	4.1
Sauberkeit Ø	4.5
Freundlichkeit	4.9
Stellplatz	4.3
Verpflegung	4.3
Freizeit	4.0
Preis-Leistung	4.5
Mietunterkünfte	4.8

Geeignet für

Kinder b. 6 J.	3.8
Kinder b. 12 J.	3.9
Kinder b. 18 J.	3.7
Paare	4.7
Senioren	4.5
Gäste mit Zelt	4.4
Gäste mit Hund	4.5

Empfohlene Aktivitäten

- Wandern
- Entspannen
- Radfahren

15 Camping Berger

Uferstraße 71-73
50996 Köln-Rodenkirchen
+49 221 9355240
www.camping-berger-koeln.de
camping.berger@t-online.de

03.01. - 22.11.

HS: 29,25 € | NS: 29,25 €

Mehr Infos & Anfrage:
www.camping.info/18658

Baden in nat. Gewässer	✗
Hallenbad	1km
Spielplatz am Platz	✓
Hunde erlaubt	✓
Schatten	✗
WLAN (gegen Gebühr)	✓
Lebensmittel	✓
Brötchen am Platz	✓
Restaurant am P.	✓
Ver-/Entsorgung Womo	✓
in den Ort	1km
Gesamt/Touristen	250/125
Mietunterkünfte	✓
Stellplätze vor Schranke	✗

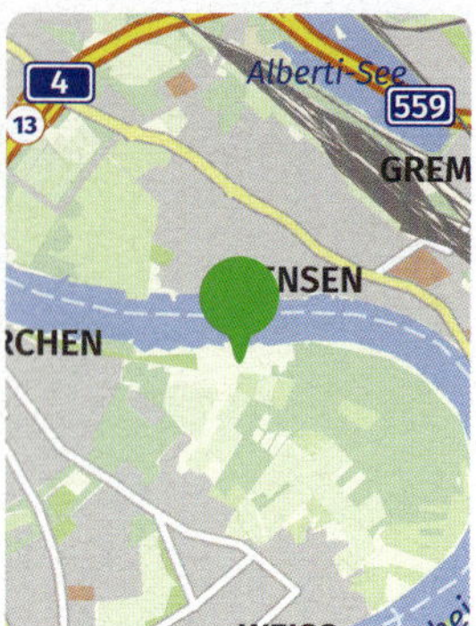

1 km
50.89139 | 7.02333

Der Campingplatz direkt am Rheinkilometer 681.

Lage & Stellplatz

Der Campingplatz liegt direkt am Rhein – bei Rheinkilometer 681 – im Kölner Ortsteil Rodenkirchen. Der moderne 4-Sterne-Stadtcampingplatz mit 250 Stellplätzen ist der älteste Platz Deutschlands und befindet sich im Landschaftsschutzgebiet, nur 7 km vom Kölner Dom entfernt.

Verpflegung

Vor Ort ist für das leibliche Wohl der Gäste natürlich gesorgt. Es gibt ein Restaurant mit Biergarten sowie einen Kiosk mit Artikeln für den täglichen Bedarf am Platz.

Sanitär

Moderne Wasch-, Dusch- und Toilettenanlagen stehen den Gästen kostenlos zur Verfügung. Ebenso gibt es auch barrierefreie Sanitäreinrichtungen.

Freizeit

Mit dem Fahrrad bieten sich wunderschöne Touren am Rheinradwanderweg und der direkten Umgebung an. In Köln können Schiffstouren mit den KD-Schiffen gebucht werden und das Phantasialand sowie das Schloss Augustusburg in Brühl sind nur 15 km entfernt.

Zeitvertreib für die Kleinen.

Blick aus der 1. Reihe.

3.8 GUT
101 Bewertungen

Lage	4.5
Ruhe	3.6
Sanitäranlagen	4.0
Sauberkeit Ø	3.9
Freundlichkeit	4.1
Stellplatz	3.6
Verpflegung	3.6
Freizeit	3.9
Preis-Leistung	3.7
Mietunterkünfte	2.6

Geeignet für

4.3 Paare

4.3	Gäste mit Hund
4.2	Gäste mit Zelt
4.0	Senioren
3.8	Kinder b. 12 J.
3.7	Kinder b. 6 J.
3.6	Kinder b. 18 J.

Empfohlene Aktivitäten

Radfahren · Sightseeing · Kultur · Entspannen · Spazieren

Im Winter (Nov.-März) nur mit telefonischer Voranmeldung.

Karte auf Seite 366

Infos: Öffnungszeiten · Vergleichspreis · Link

Ausstattung: Freizeit · Campingplatz · Versorgung · Anzahl der Plätze

20 Camping Zum Friedensthal

Rurweg 1
52385 Abenden
+49 2427 66 84
50.67416 | 6.475

ganzjährig
keine Angabe
Mehr Infos & Anfrage: www.camping.info/18668

Baden in nat. Gewässer	k. A.
Pool & Hallenbad	✗
Spielplatz	keine Angabe
Hunde willkommen	✓
zur Hälfte Schatten	✓
WLAN	keine Angabe
Lebensmittel	k.A.
Brötchen	keine Angabe
Restaurant & Imbiss	✗
Ver-/Entsorgung Womo	✗
in den Ort	keine Angabe
Touristenplätze	40
Mietunterkünfte	✗
Stellplätze vor Schranke	✗

3.5 GUT – 6 Bewertungen

Lage	4.3
Ruhe	4.5
Sanitäranlagen	3.8
Sauberkeit Ø	4.0
Freundlichkeit	3.2
Stellplatz	3.7
Verpflegung	2.8
Freizeit	4.2
Preis-Leistung	3.7
Mietunterkünfte	-

Geeignet für

Kinder b. 6 J.	2.8
Kinder b. 12 J.	2.8
Kinder b. 18 J.	2.6
Paare	3.5
Senioren	4.2
Gäste mit Zelt	4.0
Gäste mit Hund	4.3

Empfohlene Aktivitäten
- Wandern
- Kayak/Kanu
- Radfahren

21 Camping Rurthal

St. Georgstraße 99
52396 Heimbach-Blens
+49 244 633 77
50.65449 | 6.49216

ganzjährig
HS: 18,20 € | NS: 18,20 €
Mehr Infos & Anfrage: www.camping.info/18670

Baden in nat. Gewässer	k. A.
Pool/Hallenbad	✓/8km
Spielplatz am Platz	✓
Hunde erlaubt	✓
wenig Schatten	✓
WLAN	✓
Lebensmittel	✓
Brötchen am Platz	nur HS
Restaurant/Imbiss	3km
Ver-/Entsorgung Womo	✓
in den Ort	4km
Gesamt/Touristen	350/100
Mietunterkünfte	✓
Stellplätze vor Schranke	✗

4.0 SEHR GUT – 7 Bewertungen

Lage	4.1
Ruhe	4.4
Sanitäranlagen	3.1
Sauberkeit Ø	4.2
Freundlichkeit	4.7
Stellplatz	3.9
Verpflegung	3.0
Freizeit	3.8
Preis-Leistung	4.7
Mietunterkünfte	-

Geeignet für

Kinder b. 6 J.	4.0
Kinder b. 12 J.	4.2
Kinder b. 18 J.	3.2
Paare	4.8
Senioren	4.6
Gäste mit Zelt	5.0
Gäste mit Hund	5.0

Empfohlene Aktivitäten
- Wandern
- Radfahren
- Entspannen

22 Campingplatz Felsenblick

Hausener Straße 21
52396 Heimbach-Hausen
50.6546 | 6.49377

keine Angabe
keine Angabe
Mehr Infos & Anfrage: www.camping.info/24180

Baden in nat. Gewässer	k. A.
Pool & Hallenbad	✗
Spielplatz	keine Angabe
Hunde	✗
Schatten	✗
WLAN	keine Angabe
Lebensmittel	k.A.
Brötchen	keine Angabe
Restaurant & Imbiss	✗
Ver-/Entsorgung Womo	✗
in den Ort	keine Angabe
Gesamt	keine Angabe
Mietunterkünfte	✗
Stellplätze vor Schranke	✗

4.3 SEHR GUT – 3 Bewertungen

Lage	3.3
Ruhe	3.0
Sanitäranlagen	4.0
Sauberkeit Ø	4.5
Freundlichkeit	5.0
Stellplatz	3.7
Verpflegung	1.7
Freizeit	3.7
Preis-Leistung	4.0
Mietunterkünfte	-

Geeignet für

Kinder b. 6 J.	4.0
Kinder b. 12 J.	3.5
Kinder b. 18 J.	3.5
Paare	4.5
Senioren	4.0
Gäste mit Zelt	4.5
Hunde n. erlaubt	-

Empfohlene Aktivitäten
- Radfahren
- Wandern
- Kayak/Kanu

23 Camping Rursee

Seerandweg 26
52152 Simmerath-Rurberg

50.61697 | 6.38024

keine Angabe

keine Angabe

Mehr Infos & Anfrage:
www.camping.info/24144

Baden in nat. Gewässer	k. A.
Pool & Hallenbad	✗
Spielplatz	keine Angabe
Hunde	✗
Schatten	✗
WLAN	keine Angabe
Lebensmittel	k.A.
Brötchen	keine Angabe
Restaurant & Imbiss	✗
Ver-/Entsorgung Womo	✗
in den Ort	keine Angabe
Gesamt	keine Angabe
Mietunterkünfte	✗
Stellplätze vor Schranke	✗

3.1 GUT
7 Bewertungen

Lage	4.3
Ruhe	3.7
Sanitäranlagen	2.7
Sauberkeit Ø	3.7
Freundlichkeit	3.7
Stellplatz	3.1
Verpflegung	2.0
Freizeit	3.8
Preis-Leistung	3.3
Mietunterkünfte	-

Geeignet für

Kinder b. 6 J.	3.8
Kinder b. 12 J.	4.0
Kinder b. 18 J.	3.0
Paare	4.0
Senioren	3.8
Gäste mit Zelt	4.0
Hunde n. erlaubt	-

Empfohlene Aktivitäten

- Wandern
- Kayak/Kanu
- Mountainbiking

24 Waldcamping Perlenau

Perlenau 7
52156 Monschau
+49 2472 4136

50.54388 | 6.23685

01.04. - 31.10.

HS: 23,00 € | NS: 23,00 €

Mehr Infos & Anfrage:
www.camping.info/18666

Baden in nat. Gewässer	k. A.
Pool/Hallenbad	✓/1km
Spielplatz am Platz	✓
Hunde erlaubt	✓
Schatten	✗
WLAN	teilweise
Lebensmittel	✓
Brötchen am Platz	nur HS
Restaurant & Imbiss	✓
Ver-/Entsorgung Womo	✗
in den Ort	1km
Touristenplätze	75
Mietunterkünfte	✓
Stellplätze vor Schranke	✗

3.1 GUT
55 Bewertungen

Lage	4.3
Ruhe	3.6
Sanitäranlagen	3.0
Sauberkeit Ø	3.5
Freundlichkeit	3.2
Stellplatz	3.2
Verpflegung	2.5
Freizeit	3.7
Preis-Leistung	3.3
Mietunterkünfte	3.3

Geeignet für

Kinder b. 6 J.	3.8
Kinder b. 12 J.	4.1
Kinder b. 18 J.	3.6
Paare	4.1
Senioren	3.9
Gäste mit Zelt	4.2
Gäste mit Hund	4.0

Empfohlene Aktivitäten

- Wandern
- Mountainbiking
- Entspannen

25 Camping Zum Jone Bur

*

Grünentalstraße 34-36
52156 Monschau-Imgenbroich
+49 2472 3931

50.56615 | 6.26735

ganzjährig

keine Angabe

Mehr Infos & Anfrage:
www.camping.info/18665

Baden in nat. Gewässer	k. A.
Pool/Hallenbad	400m/3km
Spielplatz am Platz	✓
Hunde erlaubt	✓
Schatten	✗
WLAN (gegen Gebühr)	✓
Lebensmittel	500m
Brötchen	keine Angabe
Restaurant am P.	✓
Ver-/Entsorgung Womo	✗
in den Ort	500m
Gesamt/Touristen	210/60
Mietunterkünfte	✗
Stellplätze vor Schranke	✗

3.5 GUT
19 Bewertungen

Lage	4.1
Ruhe	4.5
Sanitäranlagen	3.5
Sauberkeit Ø	4.3
Freundlichkeit	4.8
Stellplatz	3.6
Verpflegung	3.7
Freizeit	3.9
Preis-Leistung	4.0
Mietunterkünfte	-

Geeignet für

Kinder b. 6 J.	2.8
Kinder b. 12 J.	3.0
Kinder b. 18 J.	2.4
Paare	4.5
Senioren	4.2
Gäste mit Zelt	2.8
Gäste mit Hund	4.7

Empfohlene Aktivitäten

- Wandern
- Entspannen
- Radfahren

26 Camp Hammer

*

An der Streng 07
52152 Simmerath-Hammer
+49 2473 929041

50.56396 | 6.33347

ganzjährig

HS: 28,10 € | NS: 22,90 €

Mehr Infos & Anfrage:
www.camping.info/18664

Baden im Fluss am Platz	✓
Pool/Hallenbad	8km
Spielplatz am Platz	✓
Hunde erlaubt	✓
wenig Schatten	✓
WLAN (gegen Gebühr)	✓
Lebensmittel	k.A.
Brötchen am Platz	nur HS
Restaurant & Imbiss	✓
Ver-/Entsorgung Womo	✗
in den Ort	2km
Gesamt/Touristen	165/80
Mietunterkünfte	✓
Stellplätze vor Schranke	✗

4.6 SEHR GUT
50 Bewertungen

Lage	4.5
Ruhe	4.8
Sanitäranlagen	4.7
Sauberkeit Ø	4.8
Freundlichkeit	4.7
Stellplatz	4.2
Verpflegung	3.9
Freizeit	4.2
Preis-Leistung	4.3
Mietunterkünfte	4.2

Geeignet für

Kinder b. 6 J.	4.4
Kinder b. 12 J.	4.4
Kinder b. 18 J.	3.5
Paare	4.7
Senioren	4.5
Gäste mit Zelt	4.5
Gäste mit Hund	1.8

Empfohlene Aktivitäten

- Wandern
- Entspannen
- Mountainbiking

keine WOMOs ab 8 m; keine Jugend- und Partygruppen

Karte auf Seite 366

27 Camping Schafbachmühle

Schafbachmühle
53937 Schleiden-Harperscheid
+49 2485 268
50.5275 | 6.41164

01.04. - 31.12.
HS: 23,00 € | NS: 23,00 €
Mehr Infos & Anfrage:
www.camping.info/18686

Baden in nat. Gewässer	k. A.
Pool	3km
Spielplatz am Platz	✓
Hunde erlaubt	✓
zur Hälfte Schatten	✓
WLAN	teilweise
Lebensmittel	800m
Brötchen am Platz	nur HS
Restaurant/Imbiss	1/6km
Ver-/Entsorgung Womo	✓
in den Ort	6km
Gesamt/Touristen	120/50
Mietunterkünfte	✓
Stellplätze vor Schranke	✗

3.6 GUT
16 Bewertungen

Lage	4.3
Ruhe	4.7
Sanitäranlagen	2.9
Sauberkeit Ø	3.7
Freundlichkeit	3.3
Stellplatz	3.3
Verpflegung	2.1
Freizeit	3.6
Preis-Leistung	3.7
Mietunterkünfte	4.0

Geeignet für

Kinder b. 6 J.	3.9
Kinder b. 12 J.	3.9
Kinder b. 18 J.	2.7
Paare	4.8
Senioren	4.1
Gäste mit Zelt	4.8
Gäste mit Hund	4.4

Empfohlene Aktivitäten

- Wandern
- Entspannen
- Radfahren

28 Campingplatz + Erlebnisbad Dieffenbachtal

Im Wiesengrund 39
53937 Schleiden
+49 2445 7030
50.52823 | 6.46353

ganzjährig
HS: 20,00 € | NS: 20,00 €
Mehr Infos & Anfrage:
www.camping.info/24453

Baden in nat. Gewässer	k. A.
Pool/Hallenbad	200m/4km
Spielplatz am Platz	✓
Hunde willkommen	✓
wenig Schatten	✓
WLAN	✓
Lebensmittel	1km
Brötchen am Platz	✗
Restaurant/Imbiss	1km
Ver-/Entsorgung Womo	✓
in den Ort	keine Angabe
Gesamt/Touristen	225/40
Mietunterkünfte	✓
Stellplätze vor Schranke	✗

4.2 SEHR GUT
9 Bewertungen

Lage	4.6
Ruhe	3.9
Sanitäranlagen	4.1
Sauberkeit Ø	4.1
Freundlichkeit	4.8
Stellplatz	3.9
Verpflegung	3.7
Freizeit	3.8
Preis-Leistung	4.4
Mietunterkünfte	5.0

Geeignet für

Kinder b. 6 J.	4.2
Kinder b. 12 J.	4.4
Kinder b. 18 J.	3.6
Paare	4.3
Senioren	4.2
Gäste mit Zelt	4.6
Gäste mit Hund	4.6

Empfohlene Aktivitäten

- Radfahren
- Wandern
- Schwimmen

29 Camping Hellenthal

Platiss 1
53940 Hellenthal
+49 2482 1500
50.47944 | 6.43

ganzjährig
HS: 23,00 € | NS: 20,00 €
Mehr Infos & Anfrage:
www.camping.info/18688

Baden in nat. Gewässer	k. A.
Pool/Hallenbad	✓/8km
Spielplatz am Platz	✓
Hunde erlaubt	✓
Schatten	✗
WLAN	✗
Lebensmittel	1km
Brötchen	keine Angabe
Restaurant & Imbiss	✓
Ver-/Entsorgung Womo	✗
in den Ort	1km
Gesamt/Touristen	300/100
Mietunterkünfte	✓
Stellplätze vor Schranke	✗

3.0 GUT
6 Bewertungen

Lage	4.0
Ruhe	3.8
Sanitäranlagen	2.7
Sauberkeit Ø	3.7
Freundlichkeit	4.0
Stellplatz	3.2
Verpflegung	3.8
Freizeit	3.7
Preis-Leistung	3.5
Mietunterkünfte	2.0

Geeignet für

Kinder b. 6 J.	3.3
Kinder b. 12 J.	4.5
Kinder b. 18 J.	3.0
Paare	3.8
Senioren	3.8
Gäste mit Zelt	3.5
Gäste mit Hund	3.7

Empfohlene Aktivitäten

- Wandern
- Radfahren
- Entspannen

Infos

Öffnungszeiten
Vergleichspreis
Link

Ausstattung

Freizeit
Campingplatz
Versorgung
Anzahl der Plätze

30	31	32	Karte auf Seite 366
Camping Dickerscheid	**Eifel-Camp Freilinger See**	**Camping Frings-Mühle**	
53940 Hellenthal-Dickerscheid	Am Freilinger See 1 53945 Blankenheim-Freilingen +49 269 7282	Hubertusstraße 21 - 31 53945 Blankenheim-Ahrdorf +49 2697 7425	
50.47056 | 6.42972	50.41417 | 6.71889	50.36972 | 6.78222	

Infos

Camping Dickerscheid	Eifel-Camp Freilinger See	Camping Frings-Mühle	Infos
keine Angabe	ganzjährig	31.01. - 31.12.	Öffnungszeiten
keine Angabe	HS: 33,50 € | NS: 30,00 €	HS: 12,30 €	Vergleichspreis
Mehr Infos & Anfrage: www.camping.info/18687	**Mehr Infos & Anfrage:** www.camping.info/18690	**Mehr Infos & online buchen:** www.camping.info/18689	Link

Ausstattung

Camping Dickerscheid		Eifel-Camp Freilinger See		Camping Frings-Mühle		Ausstattung
Baden in nat. Gewässer	k. A.	Baden im See	200m	Baden in nat. Gewässer	k. A.	Freizeit
Pool & Hallenbad	✗	Pool/Hallenbad	20km	Pool/Hallenbad	15km	
Spielplatz	keine Angabe	Spielplatz am Platz	✓	Spielplatz am Platz	✓	
Hunde	✗	Hunde willkommen	✓	Hunde erlaubt	✓	Campingplatz
Schatten	✗	Schatten	✗	Schatten	✗	
WLAN	keine Angabe	WLAN	✓	WLAN	✗	
Lebensmittel	k.A.	Lebensmittel	✓	Lebensmittel	✓	Versorgung
Brötchen	keine Angabe	Brötchen am Platz	✓	Brötchen	keine Angabe	
Restaurant & Imbiss	✗	Restaurant/Imbiss	✓/200m	Restaurant & Imbiss	✓	
Ver-/Entsorgung Womo	✗	Ver-/Entsorgung Womo	✓	Ver-/Entsorgung Womo	✓	
in den Ort	keine Angabe	in den Ort	8km	in den Ort	500m	
Gesamt	keine Angabe	Gesamt/Touristen	450/165	Gesamt/Touristen	200/80	Anzahl der Plätze
Mietunterkünfte	✗	Mietunterkünfte	✓	Mietunterkünfte	✓	
Stellplätze vor Schranke	✗	Stellplätze vor Schranke	✓	Stellplätze vor Schranke	✗	

Camping Dickerscheid

- **JETZT BEWERTEN!**

Für diese Auswertung liegen leider noch nicht genügend Bewertungen vor.

Sei einer der Ersten, der diesen Campingplatz bewertet. Unter den Bewertern werden regelmäßig Gewinne verlost!

Mehr Infos dazu findest du in unserem allgemeinen Intro.

Eifel-Camp Freilinger See

4.2 **SEHR GUT**
100 Bewertungen

Lage	4.4
Ruhe	4.1
Sanitäranlagen	4.6
Sauberkeit Ø	4.5
Freundlichkeit	4.6
Stellplatz	4.2
Verpflegung	3.4
Freizeit	3.9
Preis-Leistung	3.9
Mietunterkünfte	4.1

Geeignet für

Kinder b. 6 J.	4.4
Kinder b. 12 J.	4.4
Kinder b. 18 J.	3.5
Paare	4.4
Senioren	4.2
Gäste mit Zelt	4.0
Gäste mit Hund	4.2

Empfohlene Aktivitäten

- Wandern
- Schwimmen
- Entspannen

Camping Frings-Mühle

4.0 **SEHR GUT**
5 Bewertungen

Lage	4.6
Ruhe	4.0
Sanitäranlagen	3.6
Sauberkeit Ø	4.5
Freundlichkeit	4.8
Stellplatz	4.6
Verpflegung	4.5
Freizeit	3.5
Preis-Leistung	4.0
Mietunterkünfte	-

Geeignet für

Kinder b. 6 J.	4.5
Kinder b. 12 J.	5.0
Kinder b. 18 J.	4.0
Paare	5.0
Senioren	5.0
Gäste mit Zelt	5.0
Gäste mit Hund	4.0

Empfohlene Aktivitäten

- Entspannen
- Radfahren
- Wandern

5 Sauerland

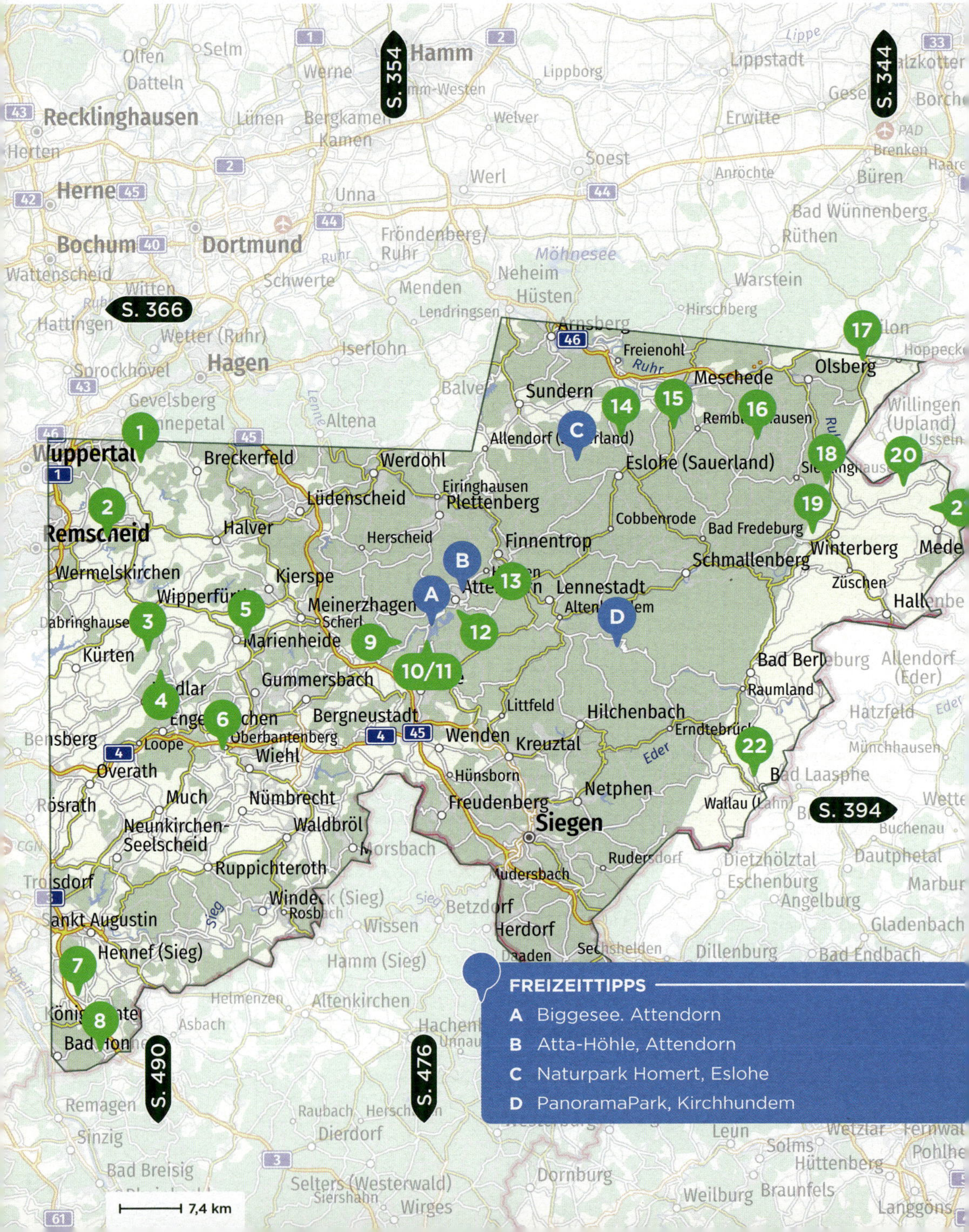
S. 354
S. 344
S. 366
S. 394
S. 490
S. 476
Hamm
Lippstadt
Recklinghausen
Herne
Bochum
Dortmund
Unna
Werl
Soest
Erwitte
Anröchte
Büren
Bad Wünnenberg
Rüthen
Warstein
Möhnesee
Neheim
Hüsten
Menden
Schwerte
Witten
Hattingen
Wetter (Ruhr)
Hagen
Iserlohn
Sprockhövel
Gevelsberg
Altena
Balve
Arnsberg
Freienohl
Sundern
Meschede
Olsberg
Allendorf
Eslohe (Sauerland)
Wuppertal
Breckerfeld
Werdohl
Lüdenscheid
Eiringhausen
Plettenberg
Remscheid
Halver
Herscheid
Finnentrop
Cobbenrode
Bad Fredeburg
Schmallenberg
Winterberg
Züschen
Wermelskirchen
Kierspe
Lennestadt
Meinerzhagen
Marienheide
Kürten
Gummersbach
Bergneustadt
Wenden
Littfeld
Hilchenbach
Kreuztal
Erndtebrück
Bad Berleburg
Raumland
Bad Laasphe
Loope
Oberbantenberg
Wiehl
Overath
Much
Nümbrecht
Waldbröl
Neunkirchen-Seelscheid
Ruppichteroth
Hünsborn
Freudenberg
Netphen
Siegen
Wallau (Lahn)
Sankt Augustin
Hennef (Sieg)
Wissen
Betzdorf
Herdorf
Hamm (Sieg)
Altenkirchen
Dillenburg
Remagen
Sinzig
Bad Breisig
Dierdorf
Selters (Westerwald)
Wirges
Weilburg
Braunfels
7,4 km
1
2
3
4
5
6
7
8
9
10/11
12
13
14
15
16
17
18
19
20
22
A
B
C
D
FREIZEITTIPPS
A Biggesee, Attendorn
B Atta-Höhle, Attendorn
C Naturpark Homert, Eslohe
D PanoramaPark, Kirchhundem

	Platz	Seite	Bewertung	Öffnungszeiten	
1	Campingplatz Ennepetal	383	4.4	ganzjährig	
2	Rohloff Ferienpark GmbH	383	3.7	ganzjährig	✻
3	Campingpark im Bergischen Land	382	4.4	ganzjährig	✻ ϟ
4	Wiesengrund Camping	383	3.6	ganzjährig	✻
5	Campingplatz Bruchersee	384	4.8	saisonal	
6	Campingplatz Wiehltal	384	3.6	ganzjährig	✻
7	Camping im Siebengebirge	384	4.1	ganzjährig	✻ ϟ
8	Camping Jillieshof	384	4.3	ganzjährig	✻
9	Camping Gut Kalberschnacke	385	4.7	ganzjährig	✻ 👍
10	Naturcamping Kessenhammer Biggesee	385	3.6	ganzjährig	✻
11	Camping Biggesee - Vier Jahreszeiten	385	3.7	ganzjährig	✻
12	Familiencamping Biggesee Waldenburg	387	4.2	ganzjährig	✻
13	Campingplatz Hof Biggen	386	3.9	ganzjährig	✻ ϟ
14	Seemers Campingplatz im Grünen	387	4.9	ganzjährig	✻
15	KNAUS Campingpark Hennesee	387	3.8	saisonal	
16	Campingplatz Valmetal	388	4.7	ganzjährig	✻
17	Camping und Ferienpark Brilon	388	4.1	saisonal	✻
18	Camping Vossmecke	388	4.0	ganzjährig	✻ ϟ
19	Campingplatz Winterberg	388	3.9	ganzjährig	✻
20	Opperland Camping	389	4.6	ganzjährig	✻
21	Ferienhof & Camping Zur Hasenkammer	389	4.3	saisonal	✻
22	Campingplatz Laasphetal	389	4.0	ganzjährig	✻

✻ Wintercamping FKK Textilfrei (ganz/teilweise) Ecocamping 👍 Award ϟ Onlinebuchung

3 Campingpark im Bergischen Land

Oberbüschem 45
51789 Lindlar
+49 2266 6652
www.mein-campingpark.de
info@mein-campingpark.de

ganzjährig

HS: 24,00 € | NS: 24,00 €

Mehr Infos & online buchen:
www.camping.info/24829

Baden im See	10km
Pool/Hallenbad	15/10km
Spielplatz am Platz	✓
Hunde willkommen	✓
wenig Schatten	✓
WLAN	✗
Lebensmittel	2km
Brötchen am Platz	✓
Restaurant & Imbiss	✓
Ver-/Entsorgung Womo	✓
in den Ort	2km
Gesamt/Touristen	250/50
Mietunterkünfte	✓
Stellplätze vor Schranke	✗

Stellplätze mit Blick ins Bergische Land.

Lage & Stellplatz

Sehr ruhig gelegener Campingplatz in einem kleinen Dorf auf einer Anhöhe, 40 km östlich von Köln im schönen Bergischen Land. Wer entspannen und wandern möchte, ist hier richtig. Überwiegend Komfortstellplätze mit herrlicher Aussicht. Außerdem eine große Zeltwiese am Waldrand und 6 Mietunterkünfte.

Verpflegung

Die Gaststätte „Beim Matthes" mit deutschen Gerichten liegt am Platz und ist in der Saison außer montags täglich ab 17 Uhr geöffnet. Hier können Gäste Frühstücksbrötchen bestellen oder in der Gaststätte auf Vorbestellung frühstücken. Einkauf fußläufig möglich (20 Min.) oder in 10 Min. mit dem Auto.

Sanitär

Das Sanitärgebäude ist für viele Gäste ein Highlight: 2015 in Betrieb genommen, bietet es allen Komfort, ist sauber und modern. In der oberen Etage stehen seit 2018 drei Mietbäder zur Verfügung. Geräumige Duschen, Einzelwaschkabinen, Kinderbad, Bad für Menschen mit Behinderung, Hundedusche u. v. m.

Freizeit

Wandern und Fahrten mit dem Mountainbike auf den gut beschilderten Wanderwegen, die gleich am Platz vorbeiführen, sind hier beliebt. Auch Hundehalter finden zusätzlich zur Hundewiese viele Gassi-Wege. Kinder toben auf dem Spielplatz oder besuchen die Ziegen und Hasen im großen Gehege.

Drei Schlaffässer zum Mieten.

Modernes Sanitärgebäude.

4.4 SEHR GUT
54 Bewertungen

Lage	4.6
Ruhe	4.6
Sanitäranlagen	4.7
Sauberkeit Ø	4.8
Freundlichkeit	4.9
Stellplatz	4.3
Verpflegung	3.4
Freizeit	4.0
Preis-Leistung	4.6
Mietunterkünfte	4.8

Geeignet für

- 4.9 Gäste mit Hund
- 4.6 Gäste mit Zelt
- 4.5 Kinder b. 12 J.
- 4.2 Senioren
- 4.5 Kinder b. 6 J.
- 4.5 Paare
- 3.5 Kinder b. 18 J.

Empfohlene Aktivitäten

Wandern · Entspannen · Mountainbiking · Radfahren · Motorrad

Keine Jugendgruppen.

	1 Campingplatz Ennepetal	2 Rohloff Ferienpark GmbH	4 Wiesengrund Camping
		❄	❄
	Severinghauser Str. 72A 58256 Ennepetal +49 163 816 3302	Kräwinkel III 4a 42477 Radevormwald 0172 2908445	Im Scheurengarten 9 a 51789 Lindlar-Brochhagen +49 2266 8978
	51.26341 | 7.37377	51.18511 | 7.3131	51.04416 | 7.40404
Infos			
Öffnungszeiten	ganzjährig	ganzjährig	ganzjährig
Vergleichspreis	keine Angabe	HS: 16,00 € | NS: 16,00 €	HS: 16,60 € | NS: 16,60 €
Link	**Mehr Infos & Anfrage:** www.camping.info/22460	**Mehr Infos & Anfrage:** www.camping.info/27268	**Mehr Infos & Anfrage:** www.camping.info/18662
Ausstattung			
Freizeit	Baden in nat. Gewässer k. A. Pool & Hallenbad ✗ Spielplatz keine Angabe	Baden im See 200m Pool/Hallenbad 5km Spielplatz am Platz ✓	Baden im See 10km Pool/Hallenbad 4km Spielplatz am Platz ✓
Campingplatz	Hunde erlaubt ✓ Schatten ✗ WLAN (gegen Gebühr) ✓	Hunde willkommen ✓ zur Hälfte Schatten ✓ WLAN keine Angabe	Hunde erlaubt ✓ zur Hälfte Schatten ✓ WLAN ✓
Versorgung	Lebensmittel k.A. Brötchen keine Angabe Restaurant & Imbiss ✗ Ver-/Entsorgung Womo ✗ in den Ort 500m	Lebensmittel 3km Brötchen am Platz nur HS Restaurant am P. ✓ Ver-/Entsorgung Womo ✗ in den Ort 4km	Lebensmittel 2km Brötchen am Platz ✓ Restaurant am P. ✓ Ver-/Entsorgung Womo ✓ in den Ort 100m
Anzahl der Plätze	Gesamt keine Angabe Mietunterkünfte ✓ Stellplätze vor Schranke ✗	Gesamt/Touristen 200/10 Mietunterkünfte ✗ Stellplätze vor Schranke ✗	Gesamt/Touristen 230/30 Mietunterkünfte ✗ Stellplätze vor Schranke ✓

	4.4 SEHR GUT 12 Bewertungen	3.7 GUT 6 Bewertungen	3.6 GUT 8 Bewertungen
Lage	4.4	4.5	4.0
Ruhe	4.3	4.8	4.4
Sanitäranlagen	4.5	3.7	3.0
Sauberkeit Ø	4.8	4.1	4.1
Freundlichkeit	5.0	5.0	4.5
Stellplatz	4.0	3.3	3.4
Verpflegung	2.1	3.2	2.8
Freizeit	4.3	3.0	2.8
Preis-Leistung	4.5	4.7	4.4
Mietunterkünfte	4.0	-	-
Geeignet für			
Kinder b. 6 J.	4.0	5.0	3.0
Kinder b. 12 J.	4.4	4.5	2.8
Kinder b. 18 J.	4.3	4.5	2.5
Paare	4.4	4.6	4.0
Senioren	4.4	4.8	4.4
Gäste mit Zelt	4.2	4.8	3.8
Gäste mit Hund	4.6	5.0	3.7
Empfohlene Aktivitäten	Wandern Radfahren Mountainbiking	Radfahren Wandern Mountainbiking	Radfahren Wandern Entspannen

Karte auf Seite 380

5 Campingplatz Bruchersee

Eberg 4a
51709 Marienheide
+49 2264 6262
51.07834 | 7.55196

01.04. - 31.10.
HS: 18,00 € | NS: 18,00 €
Mehr Infos & Anfrage:
www.camping.info/23872

Baden im See am Platz	✓
Pool/Hallenbad	12km
Spielplatz am Platz	✓
Hunde willkommen	✓
wenig Schatten	✓
WLAN (gratis)	teilweise
Lebensmittel	1km
Brötchen am Platz	✗
Restaurant/Imbiss	500m/1km
Ver-/Entsorgung Womo	✗
in den Ort	2km
Gesamt/Touristen	41/4
Mietunterkünfte	✗
Stellplätze vor Schranke	✗

4.8 SEHR GUT
11 Bewertungen

Lage	4.7
Ruhe	4.9
Sanitäranlagen	4.9
Sauberkeit Ø	5.0
Freundlichkeit	4.9
Stellplatz	4.3
Verpflegung	3.0
Freizeit	4.5
Preis-Leistung	4.8
Mietunterkünfte	-

Geeignet für

Kinder b. 6 J.	4.4
Kinder b. 12 J.	4.0
Kinder b. 18 J.	3.3
Paare	4.9
Senioren	4.8
Gäste mit Zelt	3.8
Gäste mit Hund	4.7

Empfohlene Aktivitäten

- Entspannen
- Schwimmen
- Wandern

6 Campingplatz Wiehltal

Jahnstraße 14
51674 Wiehl-Bielstein
+49 2262 727420
50.95906 | 7.51179

ganzjährig
HS: 21,50 € | NS: 21,50 €
Mehr Infos & Anfrage:
www.camping.info/18661

Baden in nat. Gewässer	k. A.
Pool/Hallenbad	50m/1km
Spielplatz am Platz	✓
Hunde erlaubt	✓
Schatten	✗
WLAN	✓
Lebensmittel	6km
Brötchen am Platz	✗
Restaurant & Imbiss	✓
Ver-/Entsorgung Womo	✗
in den Ort	5km
Gesamt/Touristen	350/60
Mietunterkünfte	✗
Stellplätze vor Schranke	✗

3.6 GUT
12 Bewertungen

Lage	4.2
Ruhe	3.8
Sanitäranlagen	4.2
Sauberkeit Ø	4.3
Freundlichkeit	3.5
Stellplatz	3.9
Verpflegung	3.8
Freizeit	3.4
Preis-Leistung	3.6
Mietunterkünfte	-

Geeignet für

Kinder b. 6 J.	3.5
Kinder b. 12 J.	3.8
Kinder b. 18 J.	3.9
Paare	4.1
Senioren	3.8
Gäste mit Zelt	4.3
Gäste mit Hund	4.5

Empfohlene Aktivitäten

- Radfahren
- Wandern
- Schwimmen

7 Camping im Siebengebirge

Theodor-Storm-Straße 37
53639 Königswinter-Oberpleis
+49 2244 6418
50.70835 | 7.2654

ganzjährig
HS: 23,10 € | NS: 23,10 €
Mehr Infos & online buchen:
www.camping.info/18684

Baden in nat. Gewässer	k. A.
Pool/Hallenbad	500m/10km
Spielplatz am Platz	✓
Hunde willkommen	✓
zur Hälfte Schatten	✓
WLAN (gegen Gebühr)	✓
Lebensmittel	500m
Brötchen am Platz	✓
Restaurant/Imbiss	500m/1km
Ver-/Entsorgung Womo	✓
in den Ort	500m
Gesamt/Touristen	20/14
Mietunterkünfte	✓
Stellplätze vor Schranke	✗

4.1 SEHR GUT
28 Bewertungen

Lage	4.1
Ruhe	4.2
Sanitäranlagen	3.9
Sauberkeit Ø	4.6
Freundlichkeit	4.6
Stellplatz	4.0
Verpflegung	3.4
Freizeit	4.2
Preis-Leistung	4.3
Mietunterkünfte	3.6

Geeignet für

Kinder b. 6 J.	3.6
Kinder b. 12 J.	3.5
Kinder b. 18 J.	3.1
Paare	4.5
Senioren	4.2
Gäste mit Zelt	4.3
Gäste mit Hund	4.8

Empfohlene Aktivitäten

- Wandern
- Sightseeing
- Schwimmen

8 Camping Jillieshof

Ginsterbergweg 6
53604 Bad Honnef-Aegidienberg
+49 2224 972066
50.65056 | 7.30056

ganzjährig
HS: 23,00 € | NS: 21,50 €
Mehr Infos & Anfrage:
www.camping.info/18683

Baden in nat. Gewässer	k. A.
Pool/Hallenbad	8km
Spielplatz am Platz	✓
Hunde willkommen	✓
zur Hälfte Schatten	✓
WLAN	✓
Lebensmittel	✓
Brötchen am Platz	✓
Restaurant/Imbiss	100m
Ver-/Entsorgung Womo	✓
in den Ort	1km
Gesamt/Touristen	230/40
Mietunterkünfte	✓
Stellplätze vor Schranke	✗

4.3 SEHR GUT
36 Bewertungen

Lage	4.4
Ruhe	4.2
Sanitäranlagen	4.2
Sauberkeit Ø	4.5
Freundlichkeit	4.7
Stellplatz	4.1
Verpflegung	4.0
Freizeit	3.8
Preis-Leistung	4.5
Mietunterkünfte	3.7

Geeignet für

Kinder b. 6 J.	4.1
Kinder b. 12 J.	3.9
Kinder b. 18 J.	3.6
Paare	4.6
Senioren	4.6
Gäste mit Zelt	4.3
Gäste mit Hund	4.7

Empfohlene Aktivitäten

- Wandern
- Entspannen
- Radfahren

Karte auf Seite 380

9 Camping Gut Kalberschnacke

Kalberschnacke 8
57489 Drolshagen
+49 2763 6171

51.07174 | 7.8163

ganzjährig

HS: 28,00 € | NS: 25,00 €

Mehr Infos & Anfrage:
www.camping.info/18797

Baden im See	250m
Pool/Hallenbad	12km
Spielplatz am Platz	✓
Hunde willkommen	✓
zur Hälfte Schatten	✓
WLAN (gratis)	teilweise
Lebensmittel	✓
Brötchen am Platz	✓
Restaurant/Imbiss	700/500m
Ver-/Entsorgung Womo	✓
in den Ort	1km
Gesamt/Touristen	500/150
Mietunterkünfte	✓
Stellplätze vor Schranke	✗

4.7 SEHR GUT
242 Bewertungen

Lage	4.7
Ruhe	4.5
Sanitäranlagen	4.7
Sauberkeit Ø	4.8
Freundlichkeit	4.9
Stellplatz	4.5
Verpflegung	4.0
Freizeit	4.4
Preis-Leistung	4.6
Mietunterkünfte	4.7

Geeignet für

Kinder b. 6 J.	4.5
Kinder b. 12 J.	4.7
Kinder b. 18 J.	4.3
Paare	4.7
Senioren	4.4
Gäste mit Zelt	4.6
Gäste mit Hund	4.7

Empfohlene Aktivitäten
- Wandern
- Schwimmen
- Entspannen

keine WOMOs ab 9m; schmale Zufahrt; Bereich für Gruppen

10 Naturcamping Kessenhammer Biggesee

Kessenhammer 3
57462 Olpe-Kessenhammer
+49 2761 94420

51.07417 | 7.85667

ganzjährig

HS: 22,40 € | NS: 22,40 €

Mehr Infos & Anfrage:
www.camping.info/18796

Baden im See am Platz	✓
Hallenbad	5km
Spielplatz am Platz	✓
Hunde willkommen	✓
Schatten	✗
WLAN	✗
Lebensmittel	✓
Brötchen am Platz	✓
Restaurant/Imbiss	200m/3km
Ver-/Entsorgung Womo	✓
in den Ort	3km
Gesamt/Touristen	280/170
Mietunterkünfte	✓
Stellplätze vor Schranke	✗

3.6 GUT
27 Bewertungen

Lage	4.4
Ruhe	4.1
Sanitäranlagen	3.7
Sauberkeit Ø	3.7
Freundlichkeit	3.5
Stellplatz	3.6
Verpflegung	3.3
Freizeit	3.5
Preis-Leistung	3.5
Mietunterkünfte	2.4

Geeignet für

Kinder b. 6 J.	3.6
Kinder b. 12 J.	3.8
Kinder b. 18 J.	3.4
Paare	4.2
Senioren	4.1
Gäste mit Zelt	4.1
Gäste mit Hund	4.3

Empfohlene Aktivitäten
- Schwimmen
- Wandern
- Entspannen

11 Camping Biggesee - Vier Jahreszeiten

Am Sonderner Kopf 3
57462 Olpe-Sondern
+49 2761 944111

51.07436 | 7.85765

ganzjährig

HS: 31,00 € | NS: 27,50 €

Mehr Infos & Anfrage:
www.camping.info/18795

Baden im See am Platz	✓
Pool/Hallenbad	7km
Spielplatz am Platz	✓
Hunde willkommen	✓
zur Hälfte Schatten	✓
WLAN (gegen Gebühr)	✓
Lebensmittel	✓
Brötchen am Platz	✓
Restaurant/Imbiss	300m/✓
Ver-/Entsorgung Womo	✓
in den Ort	1km
Gesamt/Touristen	300/170
Mietunterkünfte	✓
Stellplätze vor Schranke	✗

3.7 GUT
117 Bewertungen

Lage	4.3
Ruhe	3.8
Sanitäranlagen	4.1
Sauberkeit Ø	4.1
Freundlichkeit	3.8
Stellplatz	3.6
Verpflegung	2.9
Freizeit	3.8
Preis-Leistung	3.9
Mietunterkünfte	3.9

Geeignet für

Kinder b. 6 J.	3.8
Kinder b. 12 J.	4.0
Kinder b. 18 J.	3.5
Paare	4.2
Senioren	4.0
Gäste mit Zelt	3.6
Gäste mit Hund	4.2

Empfohlene Aktivitäten
- Schwimmen
- Wandern
- Radfahren

Infos

Öffnungszeiten
Vergleichspreis
Link

Ausstattung

Freizeit
Campingplatz
Versorgung
Anzahl der Plätze

ANZEIGE

Campingplatz Hof Biggen

13

Finnentroper Straße 131
57439 Attendorn
+49 2722 95530
www.biggen.de
info@biggen.de

ganzjährig

HS: 25,50 € | NS: 25,50 €

Mehr Infos & online buchen:
www.camping.info/18794

Baden im See	4km
Pool/Hallenbad	20/4km
Spielplatz am Platz	✓
Hunde willkommen	✓
wenig Schatten	✓
WLAN	✗
Lebensmittel	✓
Brötchen am Platz	✓
Restaurant/Imbiss	✓/4km
Ver-/Entsorgung Womo	✓
in den Ort	4km
Gesamt/Touristen	350/50
Mietunterkünfte	✓
Stellplätze vor Schranke	✓

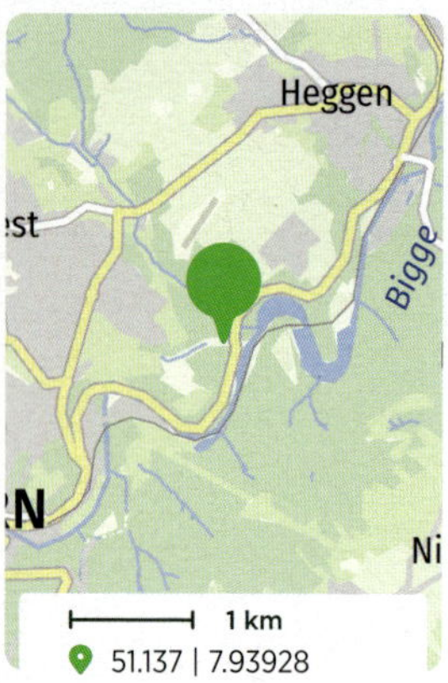

Campingplatz „Hof Biggen" aus der Vogelperspektive.

Lage & Stellplatz

Der entspannte Campingplatz „Hof Biggen" ist ca. 4 km vom Biggesee entfernt und bietet auf der Panoramawiese eine herrliche Aussicht und genug Platz für Gäste mit Wohnwagen, Wohnmobil oder Zelt. Gäste ohne eigenes Fahrzeug können einen komfortablen Wohnwagen mieten.

Sanitär

Der Campingplatz ist mit insgesamt drei sauberen Sanitäranlagen ausgestattet. Zusätzlich gibt es ein barrierefreies Bad, Kinderbadewannen, Waschmaschinen und Trockner. Im mittleren Teil des Geländes befindet sich das größte Sanitärgebäude.

Verpflegung

Direkt am Platz befindet sich ein gemütliches Restaurant. Der kleine Supermarkt hat täglich geöffnet und frische Brötchen kommen jeden Tag direkt vom Bäcker. Die nächste Stadt Attendorn bietet neben ihrer berühmten Atta-Höhle auch zahlreiche Einkaufsmöglichkeiten, weitere Restaurants und Lokale.

Freizeit

Während der Ferien in Nordrhein-Westfalen wird täglich ein vierstündiges Kinderanimationsprogramm für die Kleinen angeboten. Zu diversen Ausflugsmöglichkeiten werden die Gäste vor Ort gerne beraten. Für Wohnmobilfahrer stehen jeweils für einen Tag zwei kostenlose Leihwagen zur Verfügung.

Stellplatz mit Panoramaaussicht.

Wohnmobilhafen.

3.9 GUT
33 Bewertungen

Lage	4.1
Ruhe	4.4
Sanitäranlagen	3.6
Sauberkeit Ø	4.2
Freundlichkeit	4.5
Stellplatz	3.7
Verpflegung	3.8
Freizeit	4.0
Preis-Leistung	4.0
Mietunterkünfte	4.9

Geeignet für

4.5	Kinder b. 12 J.
4.4	Paare
4.4	Gäste mit Hund
4.3	Kinder b. 6 J.
4.0	Gäste mit Zelt
3.9	Senioren
3.7	Kinder b. 18 J.

Empfohlene Aktivitäten

Wandern · Entspannen · Radfahren · Motorrad · Schwimmen

Karte auf Seite 380

12 Familiencamping Biggesee Waldenburg

*

Waldenburger Bucht 11
57439 Attendorn
+49 2722 95500

51.11028 | 7.90167

ganzjährig

HS: 25,10 € | NS: 22,30 €

Mehr Infos & Anfrage:
www.camping.info/18793

Baden im See	100m
Pool/Hallenbad	15/1km
Spielplatz am Platz	✓
Hunde willkommen	✓
wenig Schatten	✓
WLAN (gegen Gebühr)	✓
Lebensmittel	✓
Brötchen am Platz	✓
Restaurant/Imbiss	1km/✓
Ver-/Entsorgung Womo	✓
in den Ort	2km
Gesamt/Touristen	300/200
Mietunterkünfte	✓
Stellplätze vor Schranke	✗

4.2 SEHR GUT – 86 Bewertungen

Lage	4.4
Ruhe	4.2
Sanitäranlagen	4.4
Sauberkeit Ø	4.4
Freundlichkeit	4.2
Stellplatz	3.8
Verpflegung	3.5
Freizeit	4.0
Preis-Leistung	4.2
Mietunterkünfte	4.6

Geeignet für

Kinder b. 6 J.	4.5
Kinder b. 12 J.	4.4
Kinder b. 18 J.	3.7
Paare	4.4
Senioren	4.2
Gäste mit Zelt	4.4
Gäste mit Hund	4.6

Empfohlene Aktivitäten

- Wandern
- Schwimmen
- Radfahren

keine WOMOs ab 9 m

14 Seemers Campingplatz im Grünen

*

Südstraße 4
59889 Eslohe-Wenholthausen
+49 2973 570

51.28846 | 8.17771

ganzjährig

HS: 27,00 € | NS: 27,00 €

Mehr Infos & Anfrage:
www.camping.info/24422

Baden im See	2km
Pool/Hallenbad	5km
Spielplatz	100m
Hunde willkommen	✓
wenig Schatten	✓
WLAN	✓
Lebensmittel	6km
Brötchen am Platz	✓
Restaurant am P.	✓
Ver-/Entsorgung Womo	✗
im Ort	✓
Gesamt	6
Mietunterkünfte	✓
Stellplätze vor Schranke	✗

4.9 SEHR GUT – 47 Bewertungen

Lage	4.7
Ruhe	4.7
Sanitäranlagen	4.7
Sauberkeit Ø	4.8
Freundlichkeit	5.0
Stellplatz	4.0
Verpflegung	4.9
Freizeit	4.7
Preis-Leistung	4.6
Mietunterkünfte	4.5

Geeignet für

Kinder b. 6 J.	4.2
Kinder b. 12 J.	4.2
Kinder b. 18 J.	4.1
Paare	5.0
Senioren	4.8
Gäste mit Zelt	4.3
Gäste mit Hund	4.8

Empfohlene Aktivitäten

- Wandern
- Radfahren
- Entspannen

15 KNAUS Campingpark Hennesee

Mielinghausen 7
59872 Meschede
+49 291 952720

51.29833 | 8.26444

07.01. - 04.11.
21.12. - 06.01.

HS: 35,30 € | NS: 32,50 €

Mehr Infos & Anfrage:
www.camping.info/18808

Baden im See am Platz	✓
Hallenbad	✓
Spielplatz am Platz	✓
Hunde willkommen	✓
zur Hälfte Schatten	✓
WLAN (gegen Gebühr)	✓
Lebensmittel	✓
Brötchen am Platz	✓
Restaurant & Imbiss	✓
Ver-/Entsorgung Womo	✓
in den Ort	8km
Gesamt/Touristen	498/181
Mietunterkünfte	✓
Stellplätze vor Schranke	✓

3.8 GUT – 155 Bewertungen

Lage	4.0
Ruhe	3.8
Sanitäranlagen	3.6
Sauberkeit Ø	3.8
Freundlichkeit	4.3
Stellplatz	3.7
Verpflegung	3.3
Freizeit	4.0
Preis-Leistung	3.4
Mietunterkünfte	4.1

Geeignet für

Kinder b. 6 J.	4.0
Kinder b. 12 J.	4.2
Kinder b. 18 J.	3.5
Paare	4.1
Senioren	3.9
Gäste mit Zelt	3.7
Gäste mit Hund	3.8

Empfohlene Aktivitäten

- Wandern
- Schwimmen
- Radfahren

weitere NS: 20.09. - 18.12.
Winter: 18.12. - 10.01.

Infos

Öffnungszeiten

Vergleichspreis

Link

Ausstattung

Freizeit

Campingplatz

Versorgung

Anzahl der Plätze

16 Campingplatz Valmetal

Valme 2a
59909 Bestwig-Valme
+ 49 2905 253
51.28667 | 8.40639

ganzjährig
HS: 15,50 € | NS: 15,50 €
Mehr Infos & Anfrage:
www.camping.info/18811

Baden im See	15km
Pool/Hallenbad	10/7km
Spielplatz am Platz	✓
Hunde willkommen	✓
wenig Schatten	✓
WLAN	✓
Lebensmittel	✓
Brötchen am Platz	✓
Restaurant	300m
Ver-/Entsorgung Womo	✓
in den Ort	1km
Gesamt/Touristen	120/20
Mietunterkünfte	✗
Stellplätze vor Schranke	✗

4.7 SEHR GUT – 27 Bewertungen

Lage	4.8
Ruhe	4.9
Sanitäranlagen	4.4
Sauberkeit Ø	5.0
Freundlichkeit	5.0
Stellplatz	4.1
Verpflegung	3.7
Freizeit	4.5
Preis-Leistung	4.9
Mietunterkünfte	-

Geeignet für

Kinder b. 6 J.	4.2
Kinder b. 12 J.	4.4
Kinder b. 18 J.	3.9
Paare	4.8
Senioren	4.9
Gäste mit Zelt	4.8
Gäste mit Hund	4.9

Empfohlene Aktivitäten

- Wandern
- Entspannen
- Mountainbiking

keine WOMOs ab 10 m

17 Camping und Ferienpark Brilon

Hoppecker Straße 75
59929 Brilon
+49 2961 977423
51.37959 | 8.58685

01.01. - 22.10.
21.12. - 31.12.
HS: 24,80 € | NS: 24,70 €
Mehr Infos & Anfrage:
www.camping.info/23157

Baden im See	10km
Pool/Hallenbad	1/2km
Spielplatz am Platz	✓
Hunde willkommen	✓
kein Schatten	✓
WLAN	✓
Lebensmittel	3km
Brötchen am Platz	✓
Restaurant/Imbiss	300m/3km
Ver-/Entsorgung Womo	✓
in den Ort	3km
Touristenplätze	106
Mietunterkünfte	✓
Stellplätze vor Schranke	✗

4.1 SEHR GUT – 57 Bewertungen

Lage	4.6
Ruhe	4.1
Sanitäranlagen	3.8
Sauberkeit Ø	4.6
Freundlichkeit	4.5
Stellplatz	4.3
Verpflegung	2.4
Freizeit	4.1
Preis-Leistung	4.1
Mietunterkünfte	4.3

Geeignet für

Kinder b. 6 J.	3.6
Kinder b. 12 J.	3.2
Kinder b. 18 J.	3.0
Paare	4.4
Senioren	4.2
Gäste mit Zelt	3.8
Gäste mit Hund	4.6

Empfohlene Aktivitäten

- Wandern
- Entspannen
- Mountainbiking

18 Camping Vossmecke

Am Eschenberg 1a
59955 Winterberg-Niedersfeld
+49 2985 8418
51.24027 | 8.52474

ganzjährig
HS: 23,90 € | NS: 23,90 €
Mehr Infos & online buchen:
www.camping.info/18816

Baden in nat. Gewässer	k. A.
Pool/Hallenbad	8/2km
Spielplatz am Platz	✓
Hunde willkommen	✓
wenig Schatten	✓
WLAN (gegen Gebühr)	✓
Lebensmittel	2km
Brötchen am Platz	✓
Restaurant & Imbiss	✓
Ver-/Entsorgung Womo	✗
in den Ort	2km
Gesamt/Touristen	250/30
Mietunterkünfte	✓
Stellplätze vor Schranke	✗

4.0 SEHR GUT – 15 Bewertungen

Lage	4.4
Ruhe	4.6
Sanitäranlagen	3.7
Sauberkeit Ø	4.3
Freundlichkeit	4.9
Stellplatz	3.8
Verpflegung	3.4
Freizeit	4.3
Preis-Leistung	4.2
Mietunterkünfte	4.5

Geeignet für

Kinder b. 6 J.	3.9
Kinder b. 12 J.	4.0
Kinder b. 18 J.	4.0
Paare	4.5
Senioren	4.1
Gäste mit Zelt	3.8
Gäste mit Hund	4.6

Empfohlene Aktivitäten

- Wandern
- Ski
- Mountainbiking

keine WOMOs ab 7,5 m; Gruppen bis max. 20 Personen möglich

19 Campingplatz Winterberg

Kapperunderweg 1
59955 Winterberg
+49 2981 1776
51.1856 | 8.50433

ganzjährig
HS: 22,00 € | NS: 17,00 €
Mehr Infos & Anfrage:
www.camping.info/18817

Baden im See	4km
Hallenbad	3km
Spielplatz am Platz	✓
Hunde erlaubt	✓
wenig Schatten	✓
WLAN	✓
Lebensmittel	2km
Brötchen am Platz	✓
Restaurant am P.	✓
Ver-/Entsorgung Womo	✗
in den Ort	2km
Gesamt/Touristen	160/40
Mietunterkünfte	✓
Stellplätze vor Schranke	✗

3.9 GUT – 11 Bewertungen

Lage	4.4
Ruhe	3.3
Sanitäranlagen	3.6
Sauberkeit Ø	4.5
Freundlichkeit	4.8
Stellplatz	3.3
Verpflegung	2.6
Freizeit	4.5
Preis-Leistung	3.5
Mietunterkünfte	-

Geeignet für

Kinder b. 6 J.	3.1
Kinder b. 12 J.	3.7
Kinder b. 18 J.	4.1
Paare	4.0
Senioren	3.6
Gäste mit Zelt	3.0
Gäste mit Hund	4.3

Empfohlene Aktivitäten

- Wandern
- Mountainbiking
- Ski

Karte auf Seite 380

20 Opperland Camping

Wissinghauer Strasse 22
59964 Deifeld
+49 5632 7361
51.23616 | 8.65388

ganzjährig
HS: 22,50 € | NS: 19,50 €
Mehr Infos & Anfrage:
www.camping.info/24133

Baden im See	12km
Pool/Hallenbad	8/11km
Spielplatz am Platz	✓
Hunde erlaubt	✓
zur Hälfte Schatten	✓
WLAN	✓
Lebensmittel	5km
Brötchen am Platz	✓
Restaurant	1km
Ver-/Entsorgung Womo	✓
in den Ort	500m
Gesamt/Touristen	35/20
Mietunterkünfte	✓
Stellplätze vor Schranke	✗

4.6 SEHR GUT
38 Bewertungen

Lage	4.5
Ruhe	4.8
Sanitäranlagen	4.8
Sauberkeit Ø	4.8
Freundlichkeit	4.9
Stellplatz	4.5
Verpflegung	3.8
Freizeit	4.1
Preis-Leistung	4.8
Mietunterkünfte	5.0

Geeignet für

Kinder b. 6 J.	4.2
Kinder b. 12 J.	4.0
Kinder b. 18 J.	3.2
Paare	4.8
Senioren	4.7
Gäste mit Zelt	4.5
Gäste mit Hund	4.7

Empfohlene Aktivitäten

- Wandern
- Entspannen
- Mountainbiking

21 Ferienhof & Camping Zur Hasenkammer

Hasenkammer 4
59964 Medebach
+49 2982 8302
51.21339 | 8.69443

01.04. - 04.11.
30.11. - 31.03.
HS: 40,00 € | NS: 30,00 €
Mehr Infos & Anfrage:
www.camping.info/24735

Baden im See	12km
Pool/Hallenbad	12km/500m
Spielplatz am Platz	✓
Hunde willkommen	✓
Schatten	✗
WLAN	✓
Lebensmittel	500m
Brötchen am Platz	✓
Restaurant/Imbiss	500m
Ver-/Entsorgung Womo	✓
in den Ort	1km
Touristenplätze	40
Mietunterkünfte	✓
Stellplätze vor Schranke	✗

4.3 SEHR GUT
61 Bewertungen

Lage	4.5
Ruhe	4.1
Sanitäranlagen	4.2
Sauberkeit Ø	4.2
Freundlichkeit	4.5
Stellplatz	4.0
Verpflegung	4.1
Freizeit	4.4
Preis-Leistung	3.9
Mietunterkünfte	4.7

Geeignet für

Kinder b. 6 J.	4.8
Kinder b. 12 J.	4.5
Kinder b. 18 J.	3.3
Paare	3.2
Senioren	3.1
Gäste mit Zelt	4.6
Gäste mit Hund	4.4

Empfohlene Aktivitäten

- Wandern
- Reiten
- Radfahren

22 Campingplatz Laasphetal

Wasserstraße 66
57334 Bad Laasphe
+49 2752 6490
50.93187 | 8.40239

ganzjährig
HS: 22,00 € | NS: 22,00 €
Mehr Infos & Anfrage:
www.camping.info/18791

Baden im See	6km
Pool/Hallenbad	1/1km
Spielplatz am Platz	✓
Hunde erlaubt	✓
zur Hälfte Schatten	✓
WLAN	✓
Lebensmittel	1km
Brötchen am Platz	✗
Restaurant/Imbiss	500m
Ver-/Entsorgung Womo	✓
in den Ort	500m
Gesamt/Touristen	30/15
Mietunterkünfte	✗
Stellplätze vor Schranke	✗

4.0 SEHR GUT
16 Bewertungen

Lage	4.1
Ruhe	4.4
Sanitäranlagen	3.9
Sauberkeit Ø	4.5
Freundlichkeit	4.7
Stellplatz	3.7
Verpflegung	2.4
Freizeit	3.6
Preis-Leistung	4.0
Mietunterkünfte	-

Geeignet für

Kinder b. 6 J.	2.4
Kinder b. 12 J.	2.5
Kinder b. 18 J.	2.5
Paare	4.1
Senioren	4.8
Gäste mit Zelt	4.6
Gäste mit Hund	4.6

Empfohlene Aktivitäten

- Wandern
- Radfahren
- Entspannen

Infos
Öffnungszeiten
Vergleichspreis
Link

Ausstattung
Freizeit
Campingplatz
Versorgung
Anzahl der Plätze

HESSEN

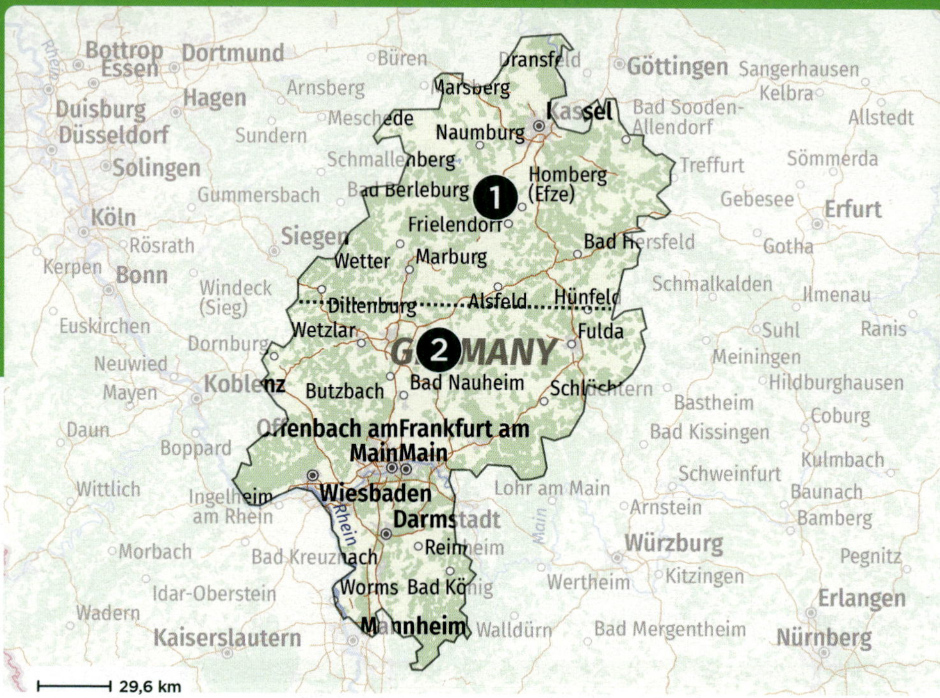

REGIONEN

TIPP DER REDAKTION

Ferienanlage Erzeberg (Bad Emstal)

Nordhessen | Nr. 10 | Seite 398

Laut Gästen ideal geeignet zum:

- Wandern
- Entspannen
- Wellness

4.6

HÖHENZÜGE UND HOCHHÄUSER

Frankfurt Skyline © Tourismus+Congress GmbH Frankfurt am Main

Natur pur erleben oder den Blick auf die beeindruckendste Skyline Deutschlands genießen – in Hessen, der Region der Gegensätze, ist beides möglich. Mit seinen Mittelgebirgslandschaften stellt Hessen das ideale Terrain für naturnahe Campingausflüge dar. Städte wie Frankfurt, Wiesbaden oder Kassel lassen hingegen das Herz von Kultur-Liebhabern höherschlagen und halten bekannte Sehenswürdigkeiten bereit.

HESSISCHE STADTLUFT SCHNUPPERN

Brezel ©Tourismus+Congress GmbH Frankfurt am Main

Im Südwesten des Bundeslandes liegt die facettenreiche Landeshauptstadt Wiesbaden, mit fünfzehn salzhaltigen Thermalquellen eines der ältesten Kurbäder Europas. Neben dem Kurhaus aus dem Jahre 1807 ist insbesondere das Rathaus mit seiner schmucken Renaissance-Fassade sehenswert. Einen liebenswerten historischen Kern besitzt auch die Main-Metropole Frankfurt. Ein Bummel durch die Altstadt auf dem Römerberg führt an sorgfältig restaurierten Fachwerkhäusern vorbei zum bekannten Rathaus. Literatur-Fans entdecken an vielen Ecken die Spuren von Johann Wolfgang von Goethe, Geschichtsinteressierte zieht es zur Paulskirche, der Wiege der deutschen Demokratie. Den Beinamen „Mainhattan" verdankt Frankfurt seinem modernen Bankenviertel, in dem Glas und Stahl die Architektur dominieren. Über dreißig Wolkenkratzer ragen hier mehr als 100 Meter in den Himmel.

Am Ufer der Fulda liegt Kassel. Die mehr als 1.000 Jahre alte Stadt, in der die Gebrüder Grimm ihre Jugend verbrachten, wurde im Krieg stark zerstört. Moderne Zweckbauten bestimmen daher heute das Gesicht Kassels, welches insbesondere auf seine hochkarätige Museumslandschaft und seinen regen Kulturbetrieb stolz ist. Mit der documenta veranstaltet Kassel alle fünf Jahre die bedeutendste Weltausstellung für zeitgenössische Kunst. Das Wahrzeichen der Stadt, der Oktogon mit Herkules, befindet sich im weitläufigen Bergpark Wilhelmshöhe, dessen Wasserspiele zu den wichtigsten Sehenswürdigkeiten von Kassel zählen.

Kanu Lahn bei Runkel © Lahntal Tourismus Verband

TAUNUS UND RHÖN

Seine landschaftliche Vielfalt macht Hessen zu einem beliebten Ziel von Outdoor-Fans und Aktiv-Campern. Den Taunus mit seinen Höhenzügen und tiefen Wäldern hob sogar der weit gereiste Naturforscher Alexander von Humboldt für seine Schönheit hervor. Ein für Wanderer, Rad- und Mountainbikefahrer nicht weniger interessantes Gebiet tut sich in der Rhön auf: hier wechseln sich steile Berge mit sanften Kuppen ab. Die höchste Erhebung ist mit 950 Metern Seehöhe die Wasserkuppe. Wo im Sommer Segelflieger starten und Familien die Sommerrodelbahn hinuntersausen, kommen im Winter Ski- und Snowboardfahrer auf ihre Kosten.

ODENWALD UND RHEINGAU

Den Charakter des Odenwaldes bestimmen lichte Mischwälder, schroffe Berghänge und enge Täler, darunter der Neckar-Durchbruch. Schöne Wanderungen führen zu Burgen und Schlössern. Am höchsten geht es auf dem 626 Meter hohen Katzenbuckel hinaus. Einen unvergesslichen Einblick in 50 Millionen Jahre Erdgeschichte bietet die Grube Messel, die zum Weltnaturerbe der UNESCO zählt. Als „Genussregion" lässt sich das Rheingau bezeichnen – das bedeutendste Weinbaugebiet Deutschlands erstreckt sich von Flörsheim am Main bis nach Lorch am Rhein. Schon im 8. Jahrhundert soll Karl der Große an den klimatisch begünstigten Schieferhängen das Pflanzen von Reben befohlen haben. Die Winzer bauen hier überwiegend Riesling an.

HESSENS KULINARISCHE SEITE

Das „Nationalgericht" der Hessen ist Handkäs mit Musik, ein Sauermilchkäse, der zusammen mit marinierten Zwiebeln serviert wird. Dazu trinkt man traditionell Apfelwein – oder „Ebbelwoi", wie die Einheimischen sagen. Zu hartgekochten Eiern schmeckt Frankfurter Grüne Sauce und die Frankfurter Würstchen sind weit über die Landesgrenzen hinaus bekannt. Zum Nachmittagskaffee vor dem Wohnwagen serviert man in Hessen gerne Frankfurter Kranz, eine ringförmige Buttercremetorte.

Kletterwald Langen © Tourismus+Congress GmbH Frankfurt am Main

HESSEN

❶ Nordhessen

FREIZEITTIPPS

- **A** Landgrafenschloss, Marburg
- **B** Naturpark Kellerwald-Edersee, Bad Wildungen
- **C** Märchenhaus Neukirchen, Neukirchen
- **D** Herkules, Kassel
- **E** Wildpark Knüll, Homberg (Efze)

	Platz	Seite	Bewertung		Öffnungszeiten	
1	Camping Hohes Rad	396	3.5	◯	ganzjährig	✱
2	Camping Seeblick	396	4.0	◯	ganzjährig	✱
3	Campingplatz Trendelburg	396	4.4	◯	ganzjährig	✱
4	Camping Gieselwerder	396	4.6	◯	saisonal	
5	Campen am Fluss	397	4.8	◯	saisonal	
6	Camping Hofgeismar	397	3.6	◯	ganzjährig	✱
7	Campingplatz Fulda-Freizeitzentrum	397	4.3	◯	ganzjährig	✱
8	Campingplatz zur Warme	398	4.1	◯	ganzjährig	✱
9	Campingplatz Kassel	398	3.8	◯	saisonal	
10	Ferienanlage Erzeberg (Bad Emstal / bei Kassel)	398	4.6	◯	ganzjährig	✱
11	Camping in Naumburg	398	4.4	◯	ganzjährig	✱
12	Campingplatz-Bettenhagen	399	3.5	◯	ganzjährig	✱
13	Campingplatz Affolderner See	400	4.6	◯	ganzjährig	✱
14	Camping- & Ferienpark Teichmann	402	4.5	◯	ganzjährig	✱ Ecocamping
15	Camping Fuldaschleife	399	3.4	◯	saisonal	Ecocamping
16	Waldcamp Meerbornsheide	399	3.7	◯	ganzjährig	✱
17	Campingplatz Auenland	401	4.5	◯	saisonal	Ecocamping Onlinebuchung
18	Camping Kernbach	401	3.5	◯	ganzjährig	✱
19	Campingplatz Aumühle	401	3.6	◯	k. A.	✱
20	Waldcamping Bad Zwesten	403	4.0	◯	saisonal	
21	Ferienpark Neuenhainer See	403	3.7	◯	saisonal	✱
22	Campingplatz Frielendorf	403	4.1	◯	ganzjährig	✱
23	Campingplatz Wallenstein	404	3.2	◯	saisonal	
24	Camping am Bauernhof	404	3.9	◯	saisonal	
25	Campingplatz Rotenburg	404	3.9	◯	saisonal	
26	Campingplatz Werratal	404	3.1	◯	ganzjährig	✱
27	Werra-Meissner-Camping	405	4.1	◯	saisonal	
28	KNAUS Campingpark Eschwege	405	4.1	◯	saisonal	
29	Campingplatz - Altenburschla	405	4.5	◯	saisonal	

✱ Wintercamping FKK Textilfrei (ganz/teilweise) Ecocamping Award Onlinebuchung

1 Camping Hohes Rad

❄

Hohes Rad 1
34519 Diemelsee-Heringhausen
+49 5633 99099
51.36462 | 8.71693

ganzjährig

HS: 19,00 € | NS: 19,00 €

Mehr Infos & Anfrage:
www.camping.info/18495

Baden im See	30m
Hallenbad	1km
Spielplatz am Platz	✓
Hunde erlaubt	✓
Schatten	✗
WLAN (gegen Gebühr)	✓
Lebensmittel	6km
Brötchen am Platz	✓
Imbiss	1km
Ver-/Entsorgung Womo	✓
in den Ort	1km
Gesamt	keine Angabe
Mietunterkünfte	✗
Stellplätze vor Schranke	✓

3.5 GUT
20 Bewertungen

Lage	4.5
Ruhe	4.7
Sanitäranlagen	3.3
Sauberkeit Ø	4.1
Freundlichkeit	3.5
Stellplatz	3.6
Verpflegung	2.4
Freizeit	3.9
Preis-Leistung	3.7
Mietunterkünfte	-

Geeignet für

Kinder b. 6 J.	4.0
Kinder b. 12 J.	4.0
Kinder b. 18 J.	3.5
Paare	4.5
Senioren	4.1
Gäste mit Zelt	3.6
Gäste mit Hund	4.1

Empfohlene Aktivitäten

- Schwimmen
- Wandern
- Radfahren

2 Camping Seeblick

❄

Auf dem Kampe 3a
34519 Diemelsee-Heringhausen
+49 563 399 3096
51.36418 | 8.72935

ganzjährig

HS: 21,00 € | NS: 21,00 €

Mehr Infos & Anfrage:
www.camping.info/18494

Baden im See am Platz	✓
Pool/Hallenbad	100m
Spielplatz am Platz	✓
Hunde willkommen	✓
wenig Schatten	✓
WLAN	✓
Lebensmittel	5km
Brötchen am Platz	✓
Restaurant/Imbiss	✓/200m
Ver-/Entsorgung Womo	✗
im Ort	✓
Touristenplätze	16
Mietunterkünfte	✗
Stellplätze vor Schranke	✗

4.0 SEHR GUT
10 Bewertungen

Lage	4.3
Ruhe	3.9
Sanitäranlagen	4.3
Sauberkeit Ø	4.8
Freundlichkeit	4.7
Stellplatz	3.4
Verpflegung	3.9
Freizeit	4.0
Preis-Leistung	4.7
Mietunterkünfte	-

Geeignet für

Kinder b. 6 J.	3.8
Kinder b. 12 J.	3.9
Kinder b. 18 J.	3.3
Paare	4.4
Senioren	4.6
Gäste mit Zelt	3.4
Gäste mit Hund	4.5

Empfohlene Aktivitäten

- Wandern
- Schwimmen
- Angeln

3 Campingplatz Trendelburg

❄

Zur alten Mühle 10
34388 Trendelburg
+49 5675 301
51.57232 | 9.42391

ganzjährig

HS: 14,00 € | NS: 14,00 €

Mehr Infos & Anfrage:
www.camping.info/18480

Baden im Fluss am Platz	✓
Pool/Hallenbad	800m/10km
Spielplatz am Platz	✓
Hunde erlaubt	✓
zur Hälfte Schatten	✓
WLAN (gegen Gebühr)	✓
Lebensmittel	500m
Brötchen am Platz	✓
Restaurant & Imbiss	✓
Ver-/Entsorgung Womo	✓
in den Ort	3km
Gesamt/Touristen	90/45
Mietunterkünfte	✓
Stellplätze vor Schranke	✓

4.4 SEHR GUT
27 Bewertungen

Lage	4.6
Ruhe	4.1
Sanitäranlagen	4.2
Sauberkeit Ø	4.5
Freundlichkeit	4.7
Stellplatz	4.1
Verpflegung	3.8
Freizeit	4.2
Preis-Leistung	4.8
Mietunterkünfte	4.8

Geeignet für

Kinder b. 6 J.	4.0
Kinder b. 12 J.	4.3
Kinder b. 18 J.	4.3
Paare	4.6
Senioren	4.3
Gäste mit Zelt	4.7
Gäste mit Hund	4.8

Empfohlene Aktivitäten

- Kayak/Kanu
- Wandern
- Entspannen

4 Camping Gieselwerder

In der Klappe 21
34399 Oberweser-Gieselwerder
+49 5572 7611
51.59925 | 9.55836

25.03. - 31.10.

HS: 22,00 € | NS: 17,00 €

Mehr Infos & Anfrage:
www.camping.info/18485

Baden im Fluss am Platz	✓
Pool/Hallenbad	✓/3km
Spielplatz am Platz	✓
Hunde willkommen	✓
wenig Schatten	✓
WLAN	✓
Lebensmittel	200m
Brötchen	keine Angabe
Restaurant & Imbiss	✓
Ver-/Entsorgung Womo	✗
in den Ort	300m
Gesamt/Touristen	240/75
Mietunterkünfte	✓
Stellplätze vor Schranke	✗

4.6 SEHR GUT
23 Bewertungen

Lage	4.6
Ruhe	4.4
Sanitäranlagen	4.3
Sauberkeit Ø	4.7
Freundlichkeit	4.9
Stellplatz	4.2
Verpflegung	4.0
Freizeit	4.2
Preis-Leistung	4.5
Mietunterkünfte	4.3

Geeignet für

Kinder b. 6 J.	3.6
Kinder b. 12 J.	3.6
Kinder b. 18 J.	3.3
Paare	4.7
Senioren	4.5
Gäste mit Zelt	4.4
Gäste mit Hund	4.2

Empfohlene Aktivitäten

- Radfahren
- Wandern
- Kayak/Kanu

Karte auf Seite 394

Infos	5	6	7
	Campen am Fluss	**Camping Hofgeismar**	**Campingplatz Fulda-Freizeitzentrum**
		❄	❄
	Am Hallenbad 3 34399 Oberweser OT Oedelsheim +49 557 494 5780	Schönebergerstr. 16 34369 Hofgeismar +49 5671 1215	FULDA FREIZEITZENTRUM 1 34233 Fuldatal-Knickhagen +49 5607 340
	51.59258 | 9.58926	51.50884 | 9.4042	51.4008 | 9.54854
Öffnungszeiten	01.04. - 31.10.	ganzjährig	ganzjährig
Vergleichspreis	HS: 24,00 € | NS: 24,00 €	HS: 18,00 €	HS: 17,60 € | NS: 17,60 €
Link	**Mehr Infos & Anfrage:** www.camping.info/18483	**Mehr Infos & Anfrage:** www.camping.info/17884	**Mehr Infos & Anfrage:** www.camping.info/22337

Ausstattung

	5	6	7
Freizeit	Baden im Fluss am Platz ✓ Pool/Hallenbad 4km/✓ Spielplatz am Platz ✓	Baden in nat. Gewässer k. A. Pool & Hallenbad ✓ Spielplatz am Platz ✓	Baden in nat. Gewässer k. A. Hallenbad 10km Spielplatz am Platz ✓
Campingplatz	Hunde willkommen ✓ wenig Schatten ✓ WLAN (gegen Gebühr) ✓	Hunde erlaubt ✓ zur Hälfte Schatten ✓ WLAN ✓	Hunde erlaubt ✓ Schatten ✗ WLAN ✓
Versorgung	Lebensmittel 400m Brötchen am Platz ✓ Restaurant/Imbiss 300m/✓ Ver-/Entsorgung Womo ✓ in den Ort 200m	Lebensmittel 1km Brötchen keine Angabe Restaurant 1km Ver-/Entsorgung Womo ✓ in den Ort keine Angabe	Lebensmittel ✓ Brötchen am Platz ✓ Restaurant & Imbiss ✓ Ver-/Entsorgung Womo ✓ in den Ort 1km
Anzahl der Plätze	Gesamt/Touristen 165/65 Mietunterkünfte ✗ Stellplätze vor Schranke ✗	Gesamt/Touristen 104/35 Mietunterkünfte ✓ Stellplätze vor Schranke ✗	Gesamt/Touristen 120/40 Mietunterkünfte ✗ Stellplätze vor Schranke ✗

	5	6	7
Gesamt	4.8 SEHR GUT, 76 Bewertungen	3.6 GUT, 7 Bewertungen	4.3 SEHR GUT, 7 Bewertungen
Lage	4.8	3.4	4.3
Ruhe	4.8	4.3	4.8
Sanitäranlagen	4.6	3.8	3.4
Sauberkeit Ø	4.8	4.5	3.7
Freundlichkeit	4.8	3.4	4.2
Stellplatz	4.6	3.3	3.5
Verpflegung	4.3	2.8	4.4
Freizeit	4.3	3.2	3.2
Preis-Leistung	4.8	3.8	4.3
Mietunterkünfte	-	5.0	-
Geeignet für			
Kinder b. 6 J.	4.2	3.7	2.7
Kinder b. 12 J.	4.3	3.0	3.0
Kinder b. 18 J.	4.0	2.7	2.7
Paare	4.9	4.0	4.2
Senioren	4.8	4.8	4.2
Gäste mit Zelt	4.7	4.0	2.0
Gäste mit Hund	4.8	2.3	2.5
Empfohlene Aktivitäten	Radfahren Kayak/Kanu Wandern	Wandern Schwimmen Radfahren	Radfahren Wandern Mountainbiking

8 Campingplatz zur Warme

❄

Im Nordbruch 2
34289 Zierenberg
+49 5606 3966
51.3659 | 9.31494

ganzjährig
HS: 20,00 € | NS: 20,00 €
Mehr Infos & Anfrage:
www.camping.info/18470

Baden in nat. Gewässer	k. A.
Pool	500m
Spielplatz am Platz	✓
Hunde erlaubt	✓
wenig Schatten	✓
WLAN	✓
Lebensmittel	1km
Brötchen am Platz	nur HS
Restaurant am P.	✓
Ver-/Entsorgung Womo	✓
in den Ort	500m
Gesamt/Touristen	100/30
Mietunterkünfte	✗
Stellplätze vor Schranke	✗

4.1 SEHR GUT
13 Bewertungen

Lage	4.4
Ruhe	4.3
Sanitäranlagen	3.8
Sauberkeit Ø	4.3
Freundlichkeit	4.6
Stellplatz	4.0
Verpflegung	4.3
Freizeit	3.6
Preis-Leistung	4.5
Mietunterkünfte	-

Geeignet für

Kinder b. 6 J.	3.8
Kinder b. 12 J.	4.0
Kinder b. 18 J.	3.4
Paare	4.5
Senioren	4.6
Gäste mit Zelt	4.2
Gäste mit Hund	4.2

Empfohlene Aktivitäten
- Wandern
- Entspannen
- Mountainbiking

9 Campingplatz Kassel

Giesenallee 9
34121 Kassel
+49 (0)561 72989346
51.29072 | 9.48767

28.03. - 31.10.
HS: ab 19,00 € | NS: ab 21,00 €
Mehr Infos & Anfrage:
www.camping.info/27059

Baden in nat. Gewässer	k. A.
Pool/Hallenbad	1km
Spielplatz	1km
Hunde erlaubt	✓
wenig Schatten	✓
WLAN (gratis)	teilweise
Lebensmittel	1km
Brötchen am Platz	✓
Restaurant/Imbiss	800m
Ver-/Entsorgung Womo	✓
in den Ort	3km
Touristenplätze	65
Mietunterkünfte	✗
Stellplätze vor Schranke	✓

3.8 GUT
15 Bewertungen

Lage	4.5
Ruhe	3.1
Sanitäranlagen	2.7
Sauberkeit Ø	4.1
Freundlichkeit	4.6
Stellplatz	3.9
Verpflegung	2.6
Freizeit	3.3
Preis-Leistung	4.0
Mietunterkünfte	-

Geeignet für

Kinder b. 6 J.	2.4
Kinder b. 12 J.	4.0
Kinder b. 18 J.	4.2
Paare	4.5
Senioren	4.3
Gäste mit Zelt	4.0
Gäste mit Hund	3.5

Empfohlene Aktivitäten
- Kultur
- Sightseeing
- Radfahren

10 Ferienanlage Erzeberg (Bad Emstal / bei Kassel)

❄

Birkenstraße 21
34308 Bad Emstal-Balhorn
+49 5625 5274
51.26902 | 9.25322

ganzjährig
HS: 23,00 € | NS: 23,00 €
Mehr Infos & Anfrage:
www.camping.info/18473

Baden im See	15km
Pool & Hallenbad	✓
Spielplatz am Platz	✓
Hunde willkommen	✓
zur Hälfte Schatten	✓
WLAN	✓
Lebensmittel	800m
Brötchen am Platz	nur HS
Restaurant & Imbiss	✓
Ver-/Entsorgung Womo	✓
in den Ort	800m
Gesamt/Touristen	140/65
Mietunterkünfte	✓
Stellplätze vor Schranke	✓

4.6 SEHR GUT
136 Bewertungen

Lage	4.5
Ruhe	4.9
Sanitäranlagen	4.8
Sauberkeit Ø	4.8
Freundlichkeit	4.5
Stellplatz	4.4
Verpflegung	4.3
Freizeit	4.0
Preis-Leistung	4.6
Mietunterkünfte	4.7

Geeignet für

Kinder b. 6 J.	3.9
Kinder b. 12 J.	3.7
Kinder b. 18 J.	3.4
Paare	4.7
Senioren	4.8
Gäste mit Zelt	4.3
Gäste mit Hund	4.8

Empfohlene Aktivitäten
- Wandern
- Entspannen
- Wellness

keine WOMOs ab 10 m; keine Jugendgruppen

11 Camping in Naumburg

❄

Am Schwimmbad 12
34311 Naumburg
+49 5625 9239670
51.25055 | 9.15991

ganzjährig
HS: 24,50 € | NS: 22,00 €
Mehr Infos & Anfrage:
www.camping.info/18474

Baden im See	15km
Pool/Hallenbad	100m/1km
Spielplatz am Platz	✓
Hunde willkommen	✓
wenig Schatten	✓
WLAN (gegen Gebühr)	✓
Lebensmittel	200m
Brötchen am Platz	✓
Restaurant/Imbiss	700m/✓
Ver-/Entsorgung Womo	✓
in den Ort	200m
Gesamt/Touristen	200/150
Mietunterkünfte	✓
Stellplätze vor Schranke	✗

4.4 SEHR GUT
76 Bewertungen

Lage	4.5
Ruhe	4.5
Sanitäranlagen	4.6
Sauberkeit Ø	4.6
Freundlichkeit	4.8
Stellplatz	4.4
Verpflegung	3.5
Freizeit	3.9
Preis-Leistung	4.6
Mietunterkünfte	4.4

Geeignet für

Kinder b. 6 J.	4.2
Kinder b. 12 J.	4.2
Kinder b. 18 J.	3.4
Paare	4.6
Senioren	4.7
Gäste mit Zelt	4.7
Gäste mit Hund	4.8

Empfohlene Aktivitäten
- Wandern
- Entspannen
- Schwimmen

Karte auf Seite 394

	12	15	16
	Campingplatz-Bettenhagen	**Camping Fuldaschleife**	**Waldcamp Meerbornsheide**
	Am Bettenhagen 1 34513 Waldeck-Scheid +49 5634 7883	Zum Bruch 6 34302 Guxhagen-Büchenwerra +49 5665 9610 44	Meerbornsheide 1-2 35683 Dillenburg +49 2771 3305022
	51.18716 | 9.01117	51.17777 | 9.47733	50.73095 | 8.26269
Infos			
Öffnungszeiten	ganzjährig	01.03. - 31.10.	ganzjährig
Vergleichspreis	HS: 13,00 €	HS: 22,00 € | NS: 22,00 €	HS: 24,50 € | NS: 23,10 €
Link	**Mehr Infos & Anfrage:** www.camping.info/18489	**Mehr Infos & Anfrage:** www.camping.info/18471	**Mehr Infos & Anfrage:** www.camping.info/18516
Ausstattung			
Freizeit	Baden im See am Platz ✓	Baden in nat. Gewässer k. A.	Baden im Teich 5km
	Pool & Hallenbad ✗	Pool/Hallenbad 3/10km	Pool/Hallenbad 5/2km
	Spielplatz ✗	Spielplatz am Platz ✓	Spielplatz 1km
Campingplatz	Hunde erlaubt ✓	Hunde willkommen ✓	Hunde willkommen ✓
	Schatten ✗	zur Hälfte Schatten ✓	wenig Schatten ✓
	WLAN ✗	WLAN (gegen Gebühr) ✓	WLAN ✓
Versorgung	Lebensmittel ✓	Lebensmittel 3km	Lebensmittel 2km
	Brötchen keine Angabe	Brötchen am Platz ✓	Brötchen am Platz ✓
	Restaurant/Imbiss 800m	Restaurant am P. ✓	Restaurant/Imbiss 2km/✓
	Ver-/Entsorgung Womo ✗	Ver-/Entsorgung Womo ✓	Ver-/Entsorgung Womo ✓
	in den Ort 3km	in den Ort 100m	in den Ort 2km
Anzahl der Plätze	Gesamt/Touristen 150/20	Gesamt/Touristen 130/50	Gesamt/Touristen 60/56
	Mietunterkünfte ✗	Mietunterkünfte ✓	Mietunterkünfte ✓
	Stellplätze vor Schranke ✗	Stellplätze vor Schranke ✗	Stellplätze vor Schranke ✗
Bewertung	3.5 GUT, 10 Bewertungen	3.4 GUT, 50 Bewertungen	3.7 GUT, 39 Bewertungen
Lage	4.6	4.0	4.3
Ruhe	4.1	3.7	4.8
Sanitäranlagen	3.3	2.9	4.0
Sauberkeit Ø	3.9	4.0	3.8
Freundlichkeit	3.6	4.2	4.4
Stellplatz	3.4	3.4	3.3
Verpflegung	2.9	3.0	3.4
Freizeit	3.3	3.4	3.5
Preis-Leistung	3.8	3.7	3.5
Mietunterkünfte	-	2.7	3.9
Geeignet für			
Kinder b. 6 J.	2.1	3.5	3.4
Kinder b. 12 J.	2.8	3.5	3.3
Kinder b. 18 J.	3.3	3.2	2.8
Paare	3.8	4.1	4.4
Senioren	3.8	4.1	4.4
Gäste mit Zelt	2.8	4.1	3.9
Gäste mit Hund	3.5	4.0	4.5
Empfohlene Aktivitäten	Angeln Segeln Schwimmen	Radfahren Wandern Kayak/Kanu	Wandern Entspannen Kultur

13 Campingplatz Affolderner See

am Mühlengraben 15
34549 Edertal-Affoldern
+49 (0) 5623 4290
www.campingplatz-affoldernersee.com
info@campingplatz-affoldernersee.com

ganzjährig

HS: 25,00 € | NS: 25,00 €

Mehr Infos & Anfrage:
www.camping.info/18497

Baden im Fluss am Platz	✓
Pool/Hallenbad	5/9km
Spielplatz am Platz	✓
Hunde willkommen	✓
zur Hälfte Schatten	✓
WLAN (gegen Gebühr)	✓
Lebensmittel	4km
Brötchen am Platz	nur HS
Restaurant & Imbiss	✓
Ver-/Entsorgung Womo	✓
in den Ort	4km
Gesamt/Touristen	120/80
Mietunterkünfte	✓
Stellplätze vor Schranke	✓

51.1654 | 9.08574

Sonnenaufgang über dem Campingplatz.

Lage & Stellplatz

Der Campingplatz Affolderner See liegt im Herzen einer bemerkenswerten Landschaft im Nationalpark Kellerwald-Edersee, nur wenige Minuten vom herrlichen Edersee entfernt. Zu jeder Jahreszeit können Sie hier regionale Kultur und Natur pur erleben. Es gibt 120 Stellplätze und 70 Zeltplätze für Gäste.

Verpflegung

Für das leibliche Wohl der Gäste sorgt das Team vom platzeigenen Restaurant und Biergarten. Um eine stets frische, regionale und saisonale Küche zu bieten, lautet das Motto „weniger ist mehr", weshalb hauptsächlich qualitativ hochwertige Lebensmittel möglichst aus der Region verwendet werden.

Sanitär

Die Sanitäranlage wurde erst kürzlich umfassend renoviert und umgestaltet. Für den Komfort der Gäste wurde die Technik komplett ausgewechselt sowie sämtliche Keramik, Armaturen und Sichtschutze neu gestaltet. So erstrahlen die sanitären Anlagen nun in neuem Glanz und modernster Technik.

Freizeit

Von „A" wie Angeln bis „W" wie Windsurfen – das Freizeitangebot in Affoldern lässt Ihre Wünsche in Erfüllung gehen. Einige der schönsten Radwege Deutschlands (R5 und R6) führten direkt am Platz vorbei. Der Edersee, einer der größten europäischen Stauseen mit Trinkwasserqualität, ist 6 km entfernt.

Luftbild vom Campingplatz.

Hier bleibt kein Wunsch offen.

4.6 SEHR GUT
101 Bewertungen

Lage	4.5
Ruhe	4.5
Sanitäranlagen	4.6
Sauberkeit Ø	4.8
Freundlichkeit	4.8
Stellplatz	4.4
Verpflegung	4.5
Freizeit	4.5
Preis-Leistung	4.6
Mietunterkünfte	4.8

Geeignet für

4.8 Gäste mit Zelt
4.8 Gäste mit Hund
4.7 Kinder b. 12 J.
4.6 Senioren
4.7 Kinder b. 6 J.
4.6 Paare
4.2 Kinder b. 18 J.

Empfohlene Aktivitäten

Radfahren · Wandern · Entspannen · Kayak/Kanu · Motorrad

Der Campingplatz ist in 4 jähriger Bauzeit komplett auf dem neuesten Stand

Karte auf Seite 394

17 Campingplatz Auenland

Zum Dammhammer 2
35094 Lahntal-Brungershausen
+49 6420 7172
50.86231 | 8.62735

30.03. - 31.10.
HS: 28,50 € | NS: 25,50 €
Mehr Infos & online buchen:
www.camping.info/22340

Baden im Fluss am Platz	✓
Pool/Hallenbad	✓/15km
Spielplatz am Platz	✓
Hunde willkommen	✓
zur Hälfte Schatten	✓
WLAN (gratis)	teilweise
Lebensmittel	3km
Brötchen am Platz	✓
Restaurant am P.	✓
Ver-/Entsorgung Womo	✓
in den Ort	3km
Gesamt/Touristen	110/56
Mietunterkünfte	✓
Stellplätze vor Schranke	✓

4.5 SEHR GUT
131 Bewertungen

Lage	4.3
Ruhe	4.3
Sanitäranlagen	4.6
Sauberkeit Ø	4.4
Freundlichkeit	4.8
Stellplatz	4.3
Verpflegung	4.0
Freizeit	4.2
Preis-Leistung	4.2
Mietunterkünfte	3.8

Geeignet für

Kinder b. 6 J.	4.5
Kinder b. 12 J.	4.4
Kinder b. 18 J.	3.6
Paare	4.5
Senioren	4.5
Gäste mit Zelt	4.6
Gäste mit Hund	4.6

Empfohlene Aktivitäten

- Wandern
- Radfahren
- Entspannen

18 Camping Kernbach

Zum Campingplatz 4
35094 Lahntal-Kernbach
+49 6420 7494
50.85363 | 8.65256

ganzjährig
HS: 15,00 € | NS: 15,00 €
Mehr Infos & Anfrage:
www.camping.info/18506

Baden im Fluss am Platz	✓
Pool & Hallenbad	✗
Spielplatz am Platz	✓
Hunde erlaubt	nur NS
Schatten	✗
WLAN	keine Angabe
Lebensmittel	1km
Brötchen	keine Angabe
Restaurant/Imbiss	1km
Ver-/Entsorgung Womo	✓
in den Ort	keine Angabe
Gesamt/Touristen	204/120
Mietunterkünfte	✗
Stellplätze vor Schranke	✗

3.5 GUT
13 Bewertungen

Lage	4.2
Ruhe	4.7
Sanitäranlagen	2.7
Sauberkeit Ø	3.4
Freundlichkeit	4.5
Stellplatz	3.4
Verpflegung	2.7
Freizeit	3.9
Preis-Leistung	4.5
Mietunterkünfte	-

Geeignet für

Kinder b. 6 J.	3.1
Kinder b. 12 J.	3.1
Kinder b. 18 J.	3.1
Paare	4.2
Senioren	4.1
Gäste mit Zelt	4.2
Gäste mit Hund	4.1

Empfohlene Aktivitäten

- Wandern
- Radfahren
- Entspannen

19 Campingplatz Aumühle

Auestraße 26
35285 Gemünden-Wohra
064537286
50.96898 | 8.97499

keine Angabe
HS: 14,00 €
Mehr Infos & Anfrage:
www.camping.info/18508

Baden in nat. Gewässer	k. A.
Pool am Platz	✓
Spielplatz	1km
Hunde erlaubt	✓
zur Hälfte Schatten	✓
WLAN	teilweise
Lebensmittel	1km
Brötchen am Platz	✗
Restaurant & Imbiss	✓
Ver-/Entsorgung Womo	✓
im Ort	✓
Gesamt/Touristen	80/30
Mietunterkünfte	✗
Stellplätze vor Schranke	✓

3.6 GUT
7 Bewertungen

Lage	4.2
Ruhe	3.3
Sanitäranlagen	3.8
Sauberkeit Ø	4.2
Freundlichkeit	3.2
Stellplatz	3.6
Verpflegung	3.4
Freizeit	2.8
Preis-Leistung	3.4
Mietunterkünfte	-

Geeignet für

Kinder b. 6 J.	4.3
Kinder b. 12 J.	4.0
Kinder b. 18 J.	2.7
Paare	4.2
Senioren	3.6
Gäste mit Zelt	4.0
Gäste mit Hund	3.5

Empfohlene Aktivitäten

- Wandern
- Radfahren
- Mountainbiking

Infos

Öffnungszeiten
Vergleichspreis
Link

Ausstattung

Freizeit
Campingplatz
Versorgung
Anzahl der Plätze

ANZEIGE

14 Camping- & Ferienpark Teichmann

Zum Träumen 1A
34516 Vöhl-Herzhausen
05635-245
www.camping-teichmann.de
info@camping-teichmann.de

ganzjährig

HS: 35,90 € | NS: 29,50 €

Mehr Infos & Anfrage:
www.camping.info/18491

Baden im See am Platz	✓
Pool/Hallenbad	6/14km
Spielplatz am Platz	✓
Hunde willkommen	✓
zur Hälfte Schatten	✓
WLAN (gegen Gebühr)	✓
Lebensmittel	✓
Brötchen am Platz	✓
Restaurant & Imbiss	✓
Ver-/Entsorgung Womo	✓
in den Ort	1km
Gesamt/Touristen	500/250
Mietunterkünfte	✓
Stellplätze vor Schranke	✓

1 km
51.17478 | 8.89157

Camping-& Ferienpark mit Badesee direkt am Nationalpark Kellerwald-Edersee.

Lage & Stellplatz

Der Camping-& Ferienpark Teichmann liegt mitten im Herzen Deutschlands, am Beginn des Edersees und direkt am NationalparkZentrum „Kellerwald-Edersee“. Egal ob mit Zelt, Wohnwagen oder Reisemobil– die Ferienanlage bietet für jede Variante des Campingurlaubs oder im Ferienhaus das passende Angebot.

Sanitär

Der gepflegte Campingplatz verfügt über mehrere liebevoll gestaltete und moderne Waschhäuser. Hier gibt es Waschräume, Duschen, Toiletten, Familienbäder, Kindertoiletten und Wickelräume. Waschmaschinen und Trockner sowie Abwasserausgüsse und Koch- bzw. Kühlmöglichkeiten sind ebenfalls vorhanden.

Verpflegung

Auf dem Gelände der Ferienanlage findet man alles, was für einen schönen und erholsamen Urlaub benötigt wird. Das Restaurant „Seehütte“, der Schnellimbiss „Strandhütte“, das Restaurant „GastRaum“ im NationalparkZentrum und ein gut sortierter Minimarkt sorgen stets für kulinarische Abwechslung.

Freizeit

Ob auf dem weitläufigen Gelände, inmitten der traumhaften Natur oder auch im platzeigenen Badesee – auf dem Camping- & Ferienpark gibt es viel zu entdecken und zu erleben. Die Ferienregion Edersee ist reich an wunderbaren Naturschätzen, die sich am besten beim Wandern oder Biken erkunden lassen.

Zeit zum Träumen.

Detailverliebte Sanitäranlagen.

4.5 SEHR GUT
222 Bewertungen

Lage	4.6
Ruhe	4.0
Sanitäranlagen	4.4
Sauberkeit Ø	4.4
Freundlichkeit	4.6
Stellplatz	4.4
Verpflegung	4.2
Freizeit	4.6
Preis-Leistung	4.2
Mietunterkünfte	4.6

Geeignet für

- 4.8 Kinder b. 12 J.
- 4.7 Kinder b. 6 J.
- 4.7 Gäste mit Hund
- 4.4 Kinder b. 18 J.
- 4.7 Gäste mit Zelt
- 4.5 Paare
- 4.3 Senioren

Empfohlene Aktivitäten

Schwimmen | Wandern | Radfahren | Entspannen | Angeln

Karte auf Seite 394

20 Waldcamping Bad Zwesten

Am Campingplatz 1
34596 Bad Zwesten
+49 5626 379
51.04734 | 9.19021

01.04. - 31.10.
HS: 22,00 € | NS: 22,00 €
Mehr Infos & Anfrage:
www.camping.info/18501

Baden im Fluss am Platz	✓
Pool/Hallenbad	✓/1km
Spielplatz am Platz	✓
Hunde willkommen	✓
wenig Schatten	✓
WLAN	✓
Lebensmittel	1km
Brötchen am Platz	✗
Restaurant & Imbiss	✓
Ver-/Entsorgung Womo	✓
in den Ort	1km
Gesamt/Touristen	156/35
Mietunterkünfte	✓
Stellplätze vor Schranke	✗

4.0 SEHR GUT
21 Bewertungen

Lage	4.4
Ruhe	4.8
Sanitäranlagen	3.8
Sauberkeit Ø	4.6
Freundlichkeit	4.8
Stellplatz	3.6
Verpflegung	3.1
Freizeit	3.5
Preis-Leistung	4.3
Mietunterkünfte	4.0

Geeignet für

Kinder b. 6 J.	3.8
Kinder b. 12 J.	3.8
Kinder b. 18 J.	3.0
Paare	4.3
Senioren	4.8
Gäste mit Zelt	5.0
Gäste mit Hund	4.8

Empfohlene Aktivitäten
- Entspannen
- Radfahren
- Wandern

21 Ferienpark Neuenhainer See

❄

Seeblick 14
34599 Neuental
+49 6693 1287
50.99472 | 9.26611

01.02. - 30.11.
HS: 17,10 € | NS: 17,10 €
Mehr Infos & Anfrage:
www.camping.info/18502

Baden im See am Platz	✓
Pool & Hallenbad	✗
Spielplatz am Platz	✓
Hunde erlaubt	✓
zur Hälfte Schatten	✓
WLAN (begrenzt gratis)	✓
Lebensmittel	5km
Brötchen am Platz	nur HS
Restaurant & Imbiss	✓
Ver-/Entsorgung Womo	✓
in den Ort	1km
Gesamt/Touristen	315/167
Mietunterkünfte	✓
Stellplätze vor Schranke	✓

3.7 GUT
23 Bewertungen

Lage	4.4
Ruhe	3.7
Sanitäranlagen	3.5
Sauberkeit Ø	3.6
Freundlichkeit	4.1
Stellplatz	3.6
Verpflegung	3.3
Freizeit	3.7
Preis-Leistung	4.3
Mietunterkünfte	3.8

Geeignet für

Kinder b. 6 J.	4.5
Kinder b. 12 J.	4.5
Kinder b. 18 J.	4.0
Paare	4.1
Senioren	3.7
Gäste mit Zelt	3.8
Gäste mit Hund	3.7

Empfohlene Aktivitäten
- Schwimmen
- Radfahren
- Angeln

22 Campingplatz Frielendorf

❄

Stettiner Str. 14
34621 Frielendorf
+49 568 492 2856
50.97111 | 9.31722

ganzjährig
HS: 19,90 € | NS: 19,90 €
Mehr Infos & Anfrage:
www.camping.info/17883

Baden im See	1km
Pool/Hallenbad	✓/1km
Spielplatz am Platz	✓
Hunde erlaubt	✓
zur Hälfte Schatten	✓
WLAN	✓
Lebensmittel	300m
Brötchen am Platz	✓
Restaurant/Imbiss	300m/✓
Ver-/Entsorgung Womo	✓
in den Ort	200m
Gesamt/Touristen	150/60
Mietunterkünfte	✗
Stellplätze vor Schranke	✗

4.1 SEHR GUT
8 Bewertungen

Lage	4.1
Ruhe	4.1
Sanitäranlagen	3.9
Sauberkeit Ø	4.8
Freundlichkeit	5.0
Stellplatz	4.0
Verpflegung	4.2
Freizeit	4.5
Preis-Leistung	4.7
Mietunterkünfte	-

Geeignet für

Kinder b. 6 J.	4.6
Kinder b. 12 J.	4.7
Kinder b. 18 J.	4.7
Paare	4.7
Senioren	4.5
Gäste mit Zelt	4.4
Gäste mit Hund	4.7

Empfohlene Aktivitäten
- Schwimmen
- Radfahren
- Wandern

Infos
Öffnungszeiten
Vergleichspreis
Link

Ausstattung
Freizeit
Campingplatz
Versorgung
Anzahl der Plätze

23 Campingplatz Wallenstein

Burgstr. 35
34593 Knüllwald-Wallenstein
+49 5686 395

50.94983 | 9.49657

01.04. - 31.10.

HS: 21,00 € | NS: 25,00 €

Mehr Infos & Anfrage:
www.camping.info/22339

Baden im See am Platz	✓
Pool/Hallenbad	✓/2km
Spielplatz am Platz	✓
Hunde willkommen	✓
wenig Schatten	✓
WLAN (gratis)	teilweise
Lebensmittel	6km
Brötchen am Platz	nur HS
Restaurant & Imbiss	✓
Ver-/Entsorgung Womo	✓
in den Ort	500m
Gesamt/Touristen	150/30
Mietunterkünfte	✓
Stellplätze vor Schranke	✓

3.2 GUT
19 Bewertungen

Lage	3.9
Ruhe	4.2
Sanitäranlagen	3.3
Sauberkeit Ø	3.7
Freundlichkeit	3.6
Stellplatz	2.8
Verpflegung	2.9
Freizeit	3.0
Preis-Leistung	3.4
Mietunterkünfte	3.0

Geeignet für

Kinder b. 6 J.	2.9
Kinder b. 12 J.	3.3
Kinder b. 18 J.	2.9
Paare	3.8
Senioren	2.9
Gäste mit Zelt	3.4
Gäste mit Hund	4.3

Empfohlene Aktivitäten

- Wandern
- Schwimmen
- Radfahren

24 Camping am Bauernhof

Zum Lierloch 1
34593 Knüllwald-Niederbeisheim
+49 5685 228

51.0336 | 9.5354

01.03. - 31.10.

HS: 18,50 € | NS: 18,50 €

Mehr Infos & Anfrage:
www.camping.info/18500

Baden in nat. Gewässer	k. A.
Pool	400m
Spielplatz am Platz	✓
Hunde willkommen	✓
zur Hälfte Schatten	✓
WLAN	keine Angabe
Lebensmittel	800m
Brötchen am Platz	✓
Restaurant/Imbiss	800/400m
Ver-/Entsorgung Womo	✓
in den Ort	1km
Gesamt/Touristen	60/30
Mietunterkünfte	✓
Stellplätze vor Schranke	✓

3.9 GUT
16 Bewertungen

Lage	3.8
Ruhe	4.5
Sanitäranlagen	3.9
Sauberkeit Ø	4.3
Freundlichkeit	4.9
Stellplatz	3.7
Verpflegung	2.3
Freizeit	3.4
Preis-Leistung	4.3
Mietunterkünfte	5.0

Geeignet für

Kinder b. 6 J.	4.6
Kinder b. 12 J.	4.2
Kinder b. 18 J.	3.0
Paare	4.2
Senioren	4.4
Gäste mit Zelt	3.9
Gäste mit Hund	4.9

Empfohlene Aktivitäten

- Entspannen
- Wandern
- Radfahren

25 Campingplatz Rotenburg

Campingweg 4
36199 Rotenburg
+49 66 23 55 56

50.99312 | 9.74312

28.03. - 31.10.

keine Angabe

Mehr Infos & Anfrage:
www.camping.info/18530

Baden in nat. Gewässer	k. A.
Hallenbad	300m
Spielplatz am Platz	✓
Hunde	✗
zur Hälfte Schatten	✓
WLAN	✗
Lebensmittel	k.A.
Brötchen am Platz	✗
Restaurant & Imbiss	✗
Ver-/Entsorgung Womo	✗
in den Ort	500m
Gesamt/Touristen	80/70
Mietunterkünfte	✗
Stellplätze vor Schranke	✗

3.9 GUT
18 Bewertungen

Lage	4.4
Ruhe	3.3
Sanitäranlagen	3.7
Sauberkeit Ø	4.7
Freundlichkeit	4.9
Stellplatz	3.9
Verpflegung	3.7
Freizeit	3.6
Preis-Leistung	4.5
Mietunterkünfte	-

Geeignet für

Kinder b. 6 J.	3.3
Kinder b. 12 J.	3.7
Kinder b. 18 J.	3.8
Paare	4.8
Senioren	4.7
Gäste mit Zelt	4.7
Hunde n. erlaubt	-

Empfohlene Aktivitäten

- Radfahren
- Kayak/Kanu
- Wandern

26 Campingplatz Werratal

Am Sande 11
37213 Witzenhausen
+49 5542 1465

51.34755 | 9.86917

ganzjährig

HS: 22,50 € | NS: 22,50 €

Mehr Infos & Anfrage:
www.camping.info/18545

Baden im Fluss am Platz	✓
Pool	200m
Spielplatz am Platz	✓
Hunde willkommen	✓
zur Hälfte Schatten	✓
WLAN	✗
Lebensmittel	✓
Brötchen am Platz	✓
Restaurant/Imbiss	1km
Ver-/Entsorgung Womo	✓
in den Ort	200m
Gesamt/Touristen	100/60
Mietunterkünfte	✓
Stellplätze vor Schranke	✗

3.1 GUT
21 Bewertungen

Lage	4.0
Ruhe	3.3
Sanitäranlagen	2.6
Sauberkeit Ø	3.2
Freundlichkeit	3.7
Stellplatz	3.3
Verpflegung	2.8
Freizeit	3.7
Preis-Leistung	3.3
Mietunterkünfte	3.0

Geeignet für

Kinder b. 6 J.	3.5
Kinder b. 12 J.	3.8
Kinder b. 18 J.	3.4
Paare	3.7
Senioren	3.7
Gäste mit Zelt	4.2
Gäste mit Hund	4.4

Empfohlene Aktivitäten

- Radfahren
- Kayak/Kanu
- Entspannen

Karte auf Seite 394

27 Werra-Meissner-Camping

Freizeitzentrum 2
37276 Meinhard-Grebendorf
+49 5651 6200
51.20685 | 10.0426

01.04. - 31.10.
HS: 21,80 € | NS: 19,30 €
Mehr Infos & Anfrage: www.camping.info/18548

Baden im See am Platz	✓
Hallenbad	4km
Spielplatz am Platz	✓
Hunde	✗
Schatten	✗
WLAN	✓
Lebensmittel	✓
Brötchen am Platz	✓
Restaurant & Imbiss	✓
Ver-/Entsorgung Womo	✓
in den Ort	500m
Gesamt/Touristen	730/300
Mietunterkünfte	✓
Stellplätze vor Schranke	✗

4.1 SEHR GUT – 9 Bewertungen

Lage	4.4
Ruhe	3.7
Sanitäranlagen	3.6
Sauberkeit Ø	4.0
Freundlichkeit	4.6
Stellplatz	3.8
Verpflegung	3.6
Freizeit	4.2
Preis-Leistung	4.1
Mietunterkünfte	-

Geeignet für

Kinder b. 6 J.	4.2
Kinder b. 12 J.	4.6
Kinder b. 18 J.	4.1
Paare	4.4
Senioren	4.2
Gäste mit Zelt	3.7
Hunde n. erlaubt	-

Empfohlene Aktivitäten
- Radfahren
- Wandern
- Schwimmen

28 KNAUS Campingpark Eschwege

Am Werratalsee 2
37269 Eschwege
+49 5651 338883
51.19161 | 10.06861

01.03. - 04.11.
HS: 34,30 € | NS: 30,80 €
Mehr Infos & Anfrage: www.camping.info/18547

Baden im See am Platz	✓
Hallenbad	3km
Spielplatz am Platz	✓
Hunde willkommen	✓
zur Hälfte Schatten	✓
WLAN (gegen Gebühr)	✓
Lebensmittel	✗
Brötchen am Platz	✓
Restaurant & Imbiss	✓
Ver-/Entsorgung Womo	✓
in den Ort	500m
Gesamt/Touristen	261/168
Mietunterkünfte	✓
Stellplätze vor Schranke	✓

4.1 SEHR GUT – 303 Bewertungen

Lage	4.5
Ruhe	4.0
Sanitäranlagen	3.8
Sauberkeit Ø	4.2
Freundlichkeit	3.9
Stellplatz	4.1
Verpflegung	3.1
Freizeit	4.2
Preis-Leistung	3.7
Mietunterkünfte	4.1

Geeignet für

Kinder b. 6 J.	4.1
Kinder b. 12 J.	4.3
Kinder b. 18 J.	3.9
Paare	4.4
Senioren	4.4
Gäste mit Zelt	3.8
Gäste mit Hund	4.0

Empfohlene Aktivitäten
- Radfahren
- Wandern
- Schwimmen

weitere NS: 20.09. - 08.11.

29 Campingplatz - Altenburschla

Am Rasen 3
37281 Wanfried-Altenburschla
00 49 152 38767045
51.15067 | 10.17284

01.04. - 01.10.
HS: 23,00 € | NS: 15,00 €
Mehr Infos & Anfrage: www.camping.info/23418

Baden in nat. Gewässer	k. A.
Pool	4km
Spielplatz am Platz	✓
Hunde willkommen	✓
zur Hälfte Schatten	✓
WLAN	✗
Lebensmittel	4km
Brötchen am Platz	✓
Restaurant & Imbiss	✓
Ver-/Entsorgung Womo	✓
in den Ort	4km
Touristenplätze	30
Mietunterkünfte	✓
Stellplätze vor Schranke	✗

4.5 SEHR GUT – 14 Bewertungen

Lage	4.7
Ruhe	4.6
Sanitäranlagen	3.7
Sauberkeit Ø	4.6
Freundlichkeit	5.0
Stellplatz	4.1
Verpflegung	3.8
Freizeit	4.1
Preis-Leistung	4.8
Mietunterkünfte	4.0

Geeignet für

Kinder b. 6 J.	3.0
Kinder b. 12 J.	3.4
Kinder b. 18 J.	3.4
Paare	4.6
Senioren	4.1
Gäste mit Zelt	4.7
Gäste mit Hund	5.0

Empfohlene Aktivitäten
- Kayak/Kanu
- Entspannen
- Wandern

Infos
Öffnungszeiten
Vergleichspreis
Link

Ausstattung
Freizeit
Campingplatz
Versorgung
Anzahl der Plätze

HESSEN

2 Südhessen

	Platz	Seite	Bewertung	Öffnungszeiten	
1	Camping Ulmbachtalsperre	408	4.0	ganzjährig	Onlinebuchung
2	Camping Odersbach	408	3.4	saisonal	Ecocamping
3	Campingpark Braunfels	408	3.4	ganzjährig	Wintercamping
4	Campingplatz Wetzlar	408	3.6	saisonal	Onlinebuchung
5	Camping Lahnblick	409	3.2	saisonal	
6	Camping Spitzer Stein	409	3.9	saisonal	
7	Caravanpark Laubach	409	3.3	ganzjährig	Wintercamping
8	Camping Nidda-Stausee	410	3.8	ganzjährig	Wintercamping
9	Campingpark Am Gederner See	410	3.3	ganzjährig	Wintercamping
10	Erlebnis- und Freizeitwelt Nieder-Mooser See	410	4.4	ganzjährig	Wintercamping
11	KNAUS Campingpark Hünfeld	410	4.2	ganzjährig	Wintercamping
12	Camping Ulstertal	411	4.0	ganzjährig	Wintercamping
13	Rhön Camping-Park	411	4.6	saisonal	Ecocamping
14	Campingplatz-Sinntal-Oberzell	411	4.0	saisonal	
15	Camping Hutten	413	4.0	ganzjährig	
16	Camping Wisperpark	412	4.4	ganzjährig	Wintercamping
17	Naturpark & Camping Suleika	413	4.4	saisonal	
18	Campingplatz Rüdesheim am Rhein	413	4.3	saisonal	
19	Rheingaucamping Geisenheim	414	3.9	saisonal	
20	Campingplatz Maaraue	414	3.4	saisonal	
21	Campingplatz Nauheim	414	4.7	ganzjährig	Wintercamping
22	Campingplatz Mörfelden	414	4.1	saisonal	Wintercamping, Ecocamping, Onlinebuchung
23	Campingplatz am Steinrodsee	415	3.6	ganzjährig	Wintercamping
24	Campingplatz Mainkur	415	3.6	saisonal	Ecocamping
25	Seecamping Mainflingen	415	3.2	ganzjährig	FKK, Wintercamping, Ecocamping
26	Camping Odenwaldidyll	417	4.1	saisonal	
27	Terrassencamping Schlierbach	417	4.4	saisonal	Wintercamping, Ecocamping
28	Nibelungen-Camping am Schwimmbad	417	4.7	saisonal	Ecocamping, Onlinebuchung
29	Camping Park Hammelbach	419	4.8	saisonal	Ecocamping
30	Camping Schöner Odenwald	419	4.8	ganzjährig	Wintercamping
31	Camping Safari	419	3.6	ganzjährig	Wintercamping
32	Odenwald-Camping-Park	418	3.3	saisonal	

Wintercamping FKK Textilfrei (ganz/teilweise) Ecocamping Award Onlinebuchung

1 Camping Ulmbachtalsperre

Ulmbachtalsperre 1
35753 Greifenstein-Beilstein
+49 2779 349
50.60664 | 8.26941

ganzjährig
HS: 18,10 € | NS: 18,10 €
Mehr Infos & online buchen:
www.camping.info/18517

Baden im See am Platz	✓
Pool/Hallenbad	5/13km
Spielplatz am Platz	✓
Hunde willkommen	✓
zur Hälfte Schatten	✓
WLAN (gegen Gebühr)	✓
Lebensmittel	2km
Brötchen am Platz	nur HS
Restaurant & Imbiss	✓
Ver-/Entsorgung Womo	✓
in den Ort	2km
Gesamt/Touristen	300/80
Mietunterkünfte	✓
Stellplätze vor Schranke	✗

4.0 SEHR GUT
21 Bewertungen

Lage	4.4
Ruhe	4.8
Sanitäranlagen	3.7
Sauberkeit Ø	4.8
Freundlichkeit	4.7
Stellplatz	3.6
Verpflegung	3.5
Freizeit	3.8
Preis-Leistung	4.3
Mietunterkünfte	5.0

Geeignet für

Kinder b. 6 J.	3.9
Kinder b. 12 J.	4.1
Kinder b. 18 J.	3.4
Paare	4.2
Senioren	4.1
Gäste mit Zelt	4.6
Gäste mit Hund	4.7

Empfohlene Aktivitäten

- Wandern
- Schwimmen
- Radfahren

2 Camping Odersbach

Runkeler Straße 5a
35781 Weilburg-Odersbach
+49 6471 7620
50.47613 | 8.23764

01.04. - 31.10.
HS: 17,00 € | NS: 17,00 €
Mehr Infos & Anfrage:
www.camping.info/18518

Baden im Fluss am Platz	✓
Pool/Hallenbad	✓/3km
Spielplatz am Platz	✓
Hunde erlaubt	✓
zur Hälfte Schatten	✓
WLAN (gegen Gebühr)	✓
Lebensmittel	✓
Brötchen am Platz	✓
Restaurant/Imbiss	100m/✓
Ver-/Entsorgung Womo	✓
in den Ort	100m
Gesamt/Touristen	310/75
Mietunterkünfte	✓
Stellplätze vor Schranke	✗

3.4 GUT
49 Bewertungen

Lage	4.0
Ruhe	3.7
Sanitäranlagen	3.4
Sauberkeit Ø	3.8
Freundlichkeit	4.0
Stellplatz	3.2
Verpflegung	3.0
Freizeit	3.8
Preis-Leistung	3.8
Mietunterkünfte	3.0

Geeignet für

Kinder b. 6 J.	3.1
Kinder b. 12 J.	3.6
Kinder b. 18 J.	3.3
Paare	3.6
Senioren	3.5
Gäste mit Zelt	4.1
Gäste mit Hund	3.4

Empfohlene Aktivitäten

- Kayak/Kanu
- Radfahren
- Wandern

3 Campingpark Braunfels

Weihermühle 1
35619 Braunfels bei Wetzlar
02771 800513
50.51043 | 8.38273

ganzjährig
HS: 17,50 €
Mehr Infos & Anfrage:
www.camping.info/18515

Baden in nat. Gewässer	k. A.
Pool	1km
Spielplatz am Platz	✓
Hunde willkommen	✓
zur Hälfte Schatten	✓
WLAN (gegen Gebühr)	teilweise
Lebensmittel	1km
Brötchen am Platz	✗
Restaurant & Imbiss	✓
Ver-/Entsorgung Womo	✓
in den Ort	1km
Gesamt	35
Mietunterkünfte	✗
Stellplätze vor Schranke	✗

3.4 GUT
9 Bewertungen

Lage	4.0
Ruhe	3.0
Sanitäranlagen	2.4
Sauberkeit Ø	3.2
Freundlichkeit	4.4
Stellplatz	3.0
Verpflegung	3.0
Freizeit	3.5
Preis-Leistung	3.3
Mietunterkünfte	-

Geeignet für

Kinder b. 6 J.	3.3
Kinder b. 12 J.	3.7
Kinder b. 18 J.	3.6
Paare	4.2
Senioren	3.8
Gäste mit Zelt	4.0
Gäste mit Hund	4.2

Empfohlene Aktivitäten

- Wandern
- Radfahren
- Kultur

4 Campingplatz Wetzlar

Dammstraße 52 & 54
35576 Wetzlar (Niedergirmes)
+49 644 134 103
50.57266 | 8.50925

01.03. - 31.10.
HS: 22,90 € | NS: 22,90 €
Mehr Infos & online buchen:
www.camping.info/18514

Baden im Fluss am Platz	✓
Pool/Hallenbad	2/3km
Spielplatz	500m
Hunde willkommen	✓
wenig Schatten	✓
WLAN	✓
Lebensmittel	✓
Brötchen am Platz	✓
Restaurant & Imbiss	✓
Ver-/Entsorgung Womo	✓
im Ort	✓
Gesamt/Touristen	33/30
Mietunterkünfte	✓
Stellplätze vor Schranke	✗

3.6 GUT
26 Bewertungen

Lage	4.1
Ruhe	3.2
Sanitäranlagen	3.2
Sauberkeit Ø	4.0
Freundlichkeit	4.7
Stellplatz	3.6
Verpflegung	4.1
Freizeit	3.9
Preis-Leistung	4.0
Mietunterkünfte	4.8

Geeignet für

Kinder b. 6 J.	3.4
Kinder b. 12 J.	3.6
Kinder b. 18 J.	3.6
Paare	3.9
Senioren	3.7
Gäste mit Zelt	4.2
Gäste mit Hund	4.2

Empfohlene Aktivitäten

- Kayak/Kanu
- Radfahren
- Angeln

im Winter geschlossen

Karte auf Seite 406

5 Camping Lahnblick

Untergasse 16
35457 Lollar-Rutterhausen
015128886237
50.65906 | 8.71138

Infos	
Öffnungszeiten	15.04. - 15.10.
Vergleichspreis	keine Angabe
Link	**Mehr Infos & Anfrage:** www.camping.info/18513

Ausstattung

Bereich	Merkmal	
Freizeit	Baden im Fluss am Platz	✓
	Pool & Hallenbad	✗
	Spielplatz am Platz	✓
Campingplatz	Hunde willkommen	✓
	Schatten	✗
	WLAN	✗
Versorgung	Lebensmittel	k.A.
	Brötchen am Platz	✗
	Restaurant & Imbiss	✗
	Ver-/Entsorgung Womo	✗
	in den Ort	keine Angabe
Anzahl der Plätze	Gesamt	keine Angabe
	Mietunterkünfte	✗
	Stellplätze vor Schranke	✗

3.2 GUT – 4 Bewertungen

Lage	4.8
Ruhe	4.5
Sanitäranlagen	2.5
Sauberkeit Ø	4.3
Freundlichkeit	4.7
Stellplatz	3.2
Verpflegung	1.3
Freizeit	3.2
Preis-Leistung	4.2
Mietunterkünfte	-

Geeignet für

Kinder b. 6 J.	5.0
Kinder b. 12 J.	5.0
Kinder b. 18 J.	1.0
Paare	4.7
Senioren	5.0
Gäste mit Zelt	5.0
Gäste mit Hund	5.0

Empfohlene Aktivitäten

- Radfahren
- Entspannen
- Angeln

6 Camping Spitzer Stein

Alsfelder Straße 57
35305 Grünberg
+49 6401 6553
50.59139 | 8.97306

Infos	
Öffnungszeiten	01.03. - 31.10.
Vergleichspreis	HS: 14,00 € | NS: 14,00 €
Link	**Mehr Infos & Anfrage:** www.camping.info/18509

Ausstattung

Bereich	Merkmal	
Freizeit	Baden in nat. Gewässer	k. A.
	Pool/Hallenbad	✓/10km
	Spielplatz am Platz	✓
Campingplatz	Hunde willkommen	✓
	wenig Schatten	✓
	WLAN	teilweise
Versorgung	Lebensmittel	1km
	Brötchen am Platz	nur HS
	Restaurant/Imbiss	500m/✓
	Ver-/Entsorgung Womo	✓
	in den Ort	500m
Anzahl der Plätze	Gesamt/Touristen	320/70
	Mietunterkünfte	✗
	Stellplätze vor Schranke	✗

3.9 GUT – 9 Bewertungen

Lage	4.0
Ruhe	3.5
Sanitäranlagen	3.6
Sauberkeit Ø	3.6
Freundlichkeit	4.4
Stellplatz	3.6
Verpflegung	3.0
Freizeit	2.7
Preis-Leistung	4.1
Mietunterkünfte	-

Geeignet für

Kinder b. 6 J.	3.1
Kinder b. 12 J.	3.0
Kinder b. 18 J.	2.6
Paare	3.4
Senioren	3.4
Gäste mit Zelt	3.4
Gäste mit Hund	3.2

Empfohlene Aktivitäten

- Schwimmen
- Radfahren
- Sightseeing

7 Caravanpark Laubach

*

Am Froschloch 1
35321 Laubach
+49 640 514 60
50.55416 | 9.00848

Infos	
Öffnungszeiten	ganzjährig
Vergleichspreis	HS: 22,00 € | NS: 14,50 €
Link	**Mehr Infos & Anfrage:** www.camping.info/18511

Ausstattung

Bereich	Merkmal	
Freizeit	Baden in nat. Gewässer	k. A.
	Pool/Hallenbad	1km
	Spielplatz am Platz	✓
Campingplatz	Hunde erlaubt	✓
	Schatten	✗
	WLAN	✓
Versorgung	Lebensmittel	1km
	Brötchen am Platz	✓
	Restaurant/Imbiss	1km/✓
	Ver-/Entsorgung Womo	✓
	in den Ort	900m
Anzahl der Plätze	Gesamt/Touristen	350/70
	Mietunterkünfte	✗
	Stellplätze vor Schranke	✓

3.3 GUT – 25 Bewertungen

Lage	4.2
Ruhe	4.3
Sanitäranlagen	3.1
Sauberkeit Ø	3.0
Freundlichkeit	3.9
Stellplatz	3.1
Verpflegung	2.4
Freizeit	3.3
Preis-Leistung	3.4
Mietunterkünfte	-

Geeignet für

Kinder b. 6 J.	3.8
Kinder b. 12 J.	3.7
Kinder b. 18 J.	2.6
Paare	4.1
Senioren	4.2
Gäste mit Zelt	4.0
Gäste mit Hund	4.2

Empfohlene Aktivitäten

- Wandern
- Radfahren
- Entspannen

8 Camping Nidda-Stausee

✻

Ausserhalb 13
63679 Schotten-Rainrod
+49 6044 1418
50.48238 | 9.09667

ganzjährig

HS: 18,00 € | NS: 18,00 €

Mehr Infos & Anfrage:
www.camping.info/18822

Baden im See am Platz	✓
Pool/Hallenbad	2/15km
Spielplatz am Platz	✓
Hunde willkommen	✓
viel Schatten	✓
WLAN	✓
Lebensmittel	1km
Brötchen am Platz	✓
Restaurant & Imbiss	✓
Ver-/Entsorgung Womo	✓
in den Ort	2km
Gesamt/Touristen	250/60
Mietunterkünfte	✗
Stellplätze vor Schranke	✗

3.8 GUT
19 Bewertungen

Lage	4.2
Ruhe	3.8
Sanitäranlagen	3.5
Sauberkeit Ø	4.2
Freundlichkeit	4.7
Stellplatz	3.4
Verpflegung	3.6
Freizeit	4.0
Preis-Leistung	4.3
Mietunterkünfte	-

Geeignet für

Kinder b. 6 J.	3.9
Kinder b. 12 J.	4.5
Kinder b. 18 J.	3.8
Paare	4.3
Senioren	4.1
Gäste mit Zelt	3.5
Gäste mit Hund	4.2

Empfohlene Aktivitäten

- Wandern
- Schwimmen
- Entspannen

9 Campingpark Am Gederner See

✻

Am Gederner See 19
63688 Gedern
+49 604 595 2643
50.42917 | 9.18028

ganzjährig

HS: 24,00 € | NS: 24,00 €

Mehr Infos & Anfrage:
www.camping.info/18823

Baden im See am Platz	✓
Hallenbad	1km
Spielplatz am Platz	✓
Hunde willkommen	✓
wenig Schatten	✓
WLAN	✗
Lebensmittel	1km
Brötchen am Platz	✓
Restaurant & Imbiss	✓
Ver-/Entsorgung Womo	✓
in den Ort	1km
Gesamt/Touristen	657/157
Mietunterkünfte	✓
Stellplätze vor Schranke	✓

3.3 GUT
30 Bewertungen

Lage	4.2
Ruhe	3.5
Sanitäranlagen	2.6
Sauberkeit Ø	3.4
Freundlichkeit	4.0
Stellplatz	3.5
Verpflegung	3.8
Freizeit	4.0
Preis-Leistung	3.7
Mietunterkünfte	4.0

Geeignet für

Kinder b. 6 J.	3.6
Kinder b. 12 J.	3.9
Kinder b. 18 J.	3.5
Paare	3.6
Senioren	3.5
Gäste mit Zelt	3.9
Gäste mit Hund	3.8

Empfohlene Aktivitäten

- Schwimmen
- Wandern
- Radfahren

10 Erlebnis- und Freizeitwelt Nieder-Mooser See

✻

Am Camping 1
36399 Nieder-Moos
+49 6644 1433
50.46639 | 9.37639

ganzjährig

HS: 26,00 € | NS: 26,00 €

Mehr Infos & Anfrage:
www.camping.info/18537

Baden im See am Platz	✓
Pool/Hallenbad	10/20km
Spielplatz am Platz	✓
Hunde erlaubt	✓
Schatten	✗
WLAN	keine Angabe
Lebensmittel	✓
Brötchen am Platz	✓
Restaurant & Imbiss	✓
Ver-/Entsorgung Womo	✗
in den Ort	1km
Gesamt/Touristen	600/150
Mietunterkünfte	✓
Stellplätze vor Schranke	✗

4.4 SEHR GUT
58 Bewertungen

Lage	4.4
Ruhe	4.1
Sanitäranlagen	4.0
Sauberkeit Ø	4.3
Freundlichkeit	4.6
Stellplatz	4.1
Verpflegung	4.3
Freizeit	4.4
Preis-Leistung	4.3
Mietunterkünfte	4.7

Geeignet für

Kinder b. 6 J.	4.6
Kinder b. 12 J.	4.4
Kinder b. 18 J.	4.1
Paare	4.6
Senioren	4.6
Gäste mit Zelt	4.7
Gäste mit Hund	4.1

Empfohlene Aktivitäten

- Schwimmen
- Surfen
- Segeln

11 KNAUS Campingpark Hünfeld

✻

Dr.-Detlev-Rudelsdorff-Allee 6
36088 Hünfeld
+49 6652 749090
50.65306 | 9.7253

ganzjährig

HS: 23,00 € | NS: 23,00 €

Mehr Infos & Anfrage:
www.camping.info/18520

Baden in nat. Gewässer	k. A.
Pool/Hallenbad	4km
Spielplatz am Platz	✓
Hunde willkommen	✓
zur Hälfte Schatten	✓
WLAN (gegen Gebühr)	✓
Lebensmittel	✓
Brötchen am Platz	✓
Restaurant/Imbiss	200m/✓
Ver-/Entsorgung Womo	✓
in den Ort	4km
Gesamt/Touristen	129/109
Mietunterkünfte	✓
Stellplätze vor Schranke	✓

4.2 SEHR GUT
156 Bewertungen

Lage	4.2
Ruhe	4.4
Sanitäranlagen	4.5
Sauberkeit Ø	4.5
Freundlichkeit	4.3
Stellplatz	4.2
Verpflegung	3.4
Freizeit	3.7
Preis-Leistung	3.8
Mietunterkünfte	3.9

Geeignet für

Kinder b. 6 J.	3.5
Kinder b. 12 J.	3.5
Kinder b. 18 J.	3.3
Paare	4.5
Senioren	4.6
Gäste mit Zelt	4.2
Gäste mit Hund	4.4

Empfohlene Aktivitäten

- Wandern
- Golf
- Radfahren

weitere NS: 20.09. - 31.12.

Karte auf Seite 406

12

Camping Ulstertal

Dippach 4
36142 Tann-Dippach
+49 6682 8292
50.61434 | 10.03121

Öffnungszeiten	ganzjährig
Vergleichspreis	HS: 14,50 €
Link	**Mehr Infos & Anfrage:** www.camping.info/18524

Ausstattung		
Freizeit	Baden in nat. Gewässer	k. A.
	Pool/Hallenbad	3/6km
	Spielplatz am Platz	✓
Campingplatz	Hunde willkommen	✓
	zur Hälfte Schatten	✓
	WLAN	✗
Versorgung	Lebensmittel	3km
	Brötchen	keine Angabe
	Restaurant am P.	✓
	Ver-/Entsorgung Womo	✓
	in den Ort	3km
Anzahl der Plätze	Gesamt/Touristen	160/120
	Mietunterkünfte	✗
	Stellplätze vor Schranke	✗

4.0 SEHR GUT — 9 Bewertungen

Lage	4.0
Ruhe	4.9
Sanitäranlagen	3.8
Sauberkeit Ø	4.1
Freundlichkeit	4.2
Stellplatz	3.8
Verpflegung	2.7
Freizeit	3.1
Preis-Leistung	4.1
Mietunterkünfte	-

Geeignet für

Kinder b. 6 J.	3.7
Kinder b. 12 J.	3.3
Kinder b. 18 J.	3.3
Paare	4.2
Senioren	4.6
Gäste mit Zelt	4.2
Gäste mit Hund	4.0

Empfohlene Aktivitäten

- Radfahren
- Wandern
- Entspannen

13

Rhön Camping-Park

An der Ulster 1
36115 Ehrenberg
+49 6683 1268
50.50662 | 10.01125

Öffnungszeiten	01.01. - 06.01. 23.03. - 31.12.
Vergleichspreis	HS: 31,50 € | NS: 31,50 €
Link	**Mehr Infos & Anfrage:** www.camping.info/18521

Ausstattung		
Freizeit	Baden in nat. Gewässer	k. A.
	Pool/Hallenbad	800m/9km
	Spielplatz am Platz	✓
Campingplatz	Hunde willkommen	✓
	zur Hälfte Schatten	✓
	WLAN	✓
Versorgung	Lebensmittel	k.A.
	Brötchen am Platz	✓
	Restaurant/Imbiss	300m/1km
	Ver-/Entsorgung Womo	✓
	in den Ort	300m
Anzahl der Plätze	Gesamt/Touristen	145/95
	Mietunterkünfte	✗
	Stellplätze vor Schranke	✗

4.6 SEHR GUT — 67 Bewertungen

Lage	4.4
Ruhe	4.4
Sanitäranlagen	4.6
Sauberkeit Ø	4.8
Freundlichkeit	4.9
Stellplatz	4.6
Verpflegung	3.6
Freizeit	4.4
Preis-Leistung	4.4
Mietunterkünfte	-

Geeignet für

Kinder b. 6 J.	4.4
Kinder b. 12 J.	4.7
Kinder b. 18 J.	3.9
Paare	4.7
Senioren	4.7
Gäste mit Zelt	4.6
Gäste mit Hund	4.6

Empfohlene Aktivitäten

- Wandern
- Entspannen
- Mountainbiking

keine WOMOs ab 8 m

14

Campingplatz-Sinntal-Oberzell

Alfred-Kühnertstr.
36391 Sinnthal-Oberzell
+ 49 666 461 61
50.33918 | 9.71018

Öffnungszeiten	01.04. - 31.10.
Vergleichspreis	HS: 16,00 € | NS: 16,00 €
Link	**Mehr Infos & Anfrage:** www.camping.info/18536

Ausstattung		
Freizeit	Baden im Teich am Platz	✓
	Pool/Hallenbad	9/10km
	Spielplatz am Platz	✓
Campingplatz	Hunde willkommen	✓
	wenig Schatten	✓
	WLAN (gegen Gebühr)	✓
Versorgung	Lebensmittel	7km
	Brötchen am Platz	✗
	Restaurant/Imbiss	900m
	Ver-/Entsorgung Womo	✓
	in den Ort	500m
Anzahl der Plätze	Gesamt/Touristen	66/50
	Mietunterkünfte	✗
	Stellplätze vor Schranke	✗

4.0 SEHR GUT — 9 Bewertungen

Lage	4.0
Ruhe	4.7
Sanitäranlagen	3.6
Sauberkeit Ø	4.2
Freundlichkeit	4.7
Stellplatz	3.7
Verpflegung	2.7
Freizeit	3.4
Preis-Leistung	4.2
Mietunterkünfte	-

Geeignet für

Kinder b. 6 J.	3.2
Kinder b. 12 J.	3.0
Kinder b. 18 J.	2.5
Paare	4.2
Senioren	4.4
Gäste mit Zelt	3.7
Gäste mit Hund	4.0

Empfohlene Aktivitäten

- Wandern
- Entspannen
- Radfahren

ANZEIGE

16 Camping Wisperpark

*

Wisperstraße
65307 Bad Schwalbach
+49 6124 9297
www.wisperpark.de
info@wisperpark.de

ganzjährig

HS: 21,70 € | NS: 21,70 €

Mehr Infos & Anfrage:
www.camping.info/17885

Baden in nat. Gewässer	k. A.
Pool/Hallenbad	10/15km
Spielplatz am Platz	✓
Hunde willkommen	✓
zur Hälfte Schatten	✓
WLAN (gegen Gebühr)	teilweise
Lebensmittel	8km
Brötchen am Platz	nur HS
Restaurant/Imbiss	✓/10km
Ver-/Entsorgung Womo	✓
in den Ort	3km
Gesamt/Touristen	80/20
Mietunterkünfte	✓
Stellplätze vor Schranke	✗

1 km
50.13035 | 8.00858

Ob Caravan, Wohnmobil oder Zelt – im Wispertal sind alle willkommen.

Lage & Stellplatz

Zwischen den Weltkulturerben Limes und Mittelrhein liegt der Wisperpark im waldreichen Taunus. Stellplätze für Caravans/Wohnmobile sind wasserdurchlässig befestigt, verschiedene Zeltwiesen und eine Lagerfeuerstelle vorhanden. Wohnwagen und ein Campingfass können gemietet werden. Grillen ist erlaubt.

Verpflegung

An den Wochenenden werden Kleinigkeiten zum Essen angeboten. Die Karte des Gasthauses ist nicht groß, dafür wird alles hausgemacht und liebevoll zubereitet. Brötchen können bis freitags, 17.30 Uhr bestellt und morgens am Haus abgeholt werden. Getränke und die wichtigsten Lebensmittel sind vorrätig.

Sanitär

Es gibt Toiletten mit WC-Papier, 2 Duschräume mit je 2 Duschen und 3 Waschtischen mit Warmwasser. Duschen und Warmwasser sind frei. Beide Räume verfügen über einen Föhn und Steckdosen, Waschmaschine und Wickeltisch befinden sich im Damenwaschraum. Chemie-WC mit grünem Reiniger kann entsorgt werden.

Freizeit

Die Lage am Wald lädt Wanderer und Naturliebhaber ein, die Ruhe genießen wollen. Kinder können am Bach und im nahen Wald spielen. Auf dem Campingplatz befinden sich zwei Spielplätze, eine Tischtennisplatte, Billard, Dart und Tischkicker (kostenfreie Nutzung). Ideal als Ausgangspunkt für Ausflüge.

Eins mit der Natur.

Beliebter Treffpunkt.

4.4 SEHR GUT
24 Bewertungen

Lage	4.4
Ruhe	4.7
Sanitäranlagen	4.2
Sauberkeit Ø	4.4
Freundlichkeit	5.0
Stellplatz	4.2
Verpflegung	4.0
Freizeit	3.8
Preis-Leistung	5.0
Mietunterkünfte	5.0

Geeignet für

4.9 Gäste mit Zelt

4.9 Gäste mit Hund	4.7 Senioren	3.8 Kinder b. 12 J.
4.8 Paare	4.1 Kinder b. 6 J.	3.1 Kinder b. 18 J.

Empfohlene Aktivitäten

Wandern | Entspannen | Mountainbiking | Radfahren | Motorrad

Handy-Empfang nicht flächendeckend vorhanden. WLAN ist verbessert worden.

Karte auf Seite 406

	15	17	18
	Camping Hutten	**Naturpark & Camping Suleika**	**Campingplatz Rüdesheim am Rhein**
	Am Heiligenborn 6 36381 Schlüchtern-Hutten +49 6661 24 24 50.36845 | 9.60792	im Bodental 2 2 65391 Lorch 06726839402 50.01833 | 7.85501	Kastanienallee 4 65385 Rüdesheim am Rhein +49 6722 2528 49.9778 | 7.94006
Infos			
Öffnungszeiten	ganzjährig	15.03. - 01.11.	01.05. - 03.10.
Vergleichspreis	HS: 18,00 € | NS: 18,00 €	keine Angabe	HS: 33,00 € | NS: 33,00 €
Link	**Mehr Infos & Anfrage:** www.camping.info/18535	**Mehr Infos & Anfrage:** www.camping.info/27176	**Mehr Infos & Anfrage:** www.camping.info/18840
Ausstattung			
Freizeit	Baden in nat. Gewässer × Pool/Hallenbad 100m/7km Spielplatz am Platz ✓	Baden in nat. Gewässer k. A. Pool & Hallenbad × Spielplatz keine Angabe	Baden in nat. Gewässer k. A. Pool/Hallenbad 100/600m Spielplatz am Platz ✓
Campingplatz	Hunde willkommen ✓ wenig Schatten ✓ WLAN (gegen Gebühr) ✓	Hunde × Schatten × WLAN keine Angabe	Hunde erlaubt ✓ zur Hälfte Schatten ✓ WLAN (gratis) teilweise
Versorgung	Lebensmittel 1km Brötchen am Platz ✓ Restaurant 1km Ver-/Entsorgung Womo × in den Ort 1km	Lebensmittel k.A. Brötchen keine Angabe Restaurant & Imbiss × Ver-/Entsorgung Womo × in den Ort 3km	Lebensmittel ✓ Brötchen am Platz ✓ Restaurant/Imbiss 800m/✓ Ver-/Entsorgung Womo ✓ in den Ort 600m
Anzahl der Plätze	Gesamt/Touristen 170/50 Mietunterkünfte × Stellplätze vor Schranke ×	Gesamt/Touristen 70/35 Mietunterkünfte ✓ Stellplätze vor Schranke ×	Touristenplätze 180 Mietunterkünfte × Stellplätze vor Schranke ×

	Camping Hutten	Naturpark & Camping Suleika	Campingplatz Rüdesheim am Rhein
Gesamt	4.0 SEHR GUT, 6 Bewertungen	4.4 SEHR GUT, 5 Bewertungen	4.3 SEHR GUT, 100 Bewertungen
Lage	4.2	4.8	4.7
Ruhe	4.7	4.8	4.0
Sanitäranlagen	4.0	4.4	4.5
Sauberkeit Ø	4.2	4.8	4.8
Freundlichkeit	4.5	4.6	4.6
Stellplatz	3.5	4.4	4.1
Verpflegung	3.0	5.0	3.4
Freizeit	3.8	4.0	4.3
Preis-Leistung	4.2	4.2	4.0
Mietunterkünfte	-	5.0	-
Geeignet für			
Kinder b. 6 J.	4.0	2.7	3.8
Kinder b. 12 J.	4.5	4.0	3.9
Kinder b. 18 J.	3.0	3.7	3.8
Paare	4.2	4.8	4.7
Senioren	4.3	4.3	4.7
Gäste mit Zelt	4.4	4.3	4.4
Gäste mit Hund / Hunde n. erlaubt	Gäste mit Hund 4.5	Hunde n. erlaubt -	Gäste mit Hund 4.4
Empfohlene Aktivitäten	Wandern Entspannen Radfahren	Wandern Entspannen Klettern	Radfahren Wandern Schwimmen

19 Rheingaucamping Geisenheim

Am Campingplatz 1
65366 Geisenheim
+49 672 275 600
49.98028 | 7.95778

01.03. - 31.10.

HS: 27,80 € | NS: 27,80 €

Mehr Infos & Anfrage:
www.camping.info/18838

Baden im Fluss am Platz	✓
Hallenbad	500m
Spielplatz	300m
Hunde erlaubt	✓
wenig Schatten	✓
WLAN	✗
Lebensmittel	1km
Brötchen	keine Angabe
Restaurant am P.	✓
Ver-/Entsorgung Womo	✓
in den Ort	keine Angabe
Gesamt/Touristen	160/100
Mietunterkünfte	✗
Stellplätze vor Schranke	✗

3.9 GUT
44 Bewertungen

Lage	4.3
Ruhe	3.6
Sanitäranlagen	3.5
Sauberkeit Ø	4.5
Freundlichkeit	4.6
Stellplatz	3.8
Verpflegung	3.8
Freizeit	4.0
Preis-Leistung	3.9
Mietunterkünfte	-

Geeignet für

Kinder b. 6 J.	3.1
Kinder b. 12 J.	3.3
Kinder b. 18 J.	3.7
Paare	4.5
Senioren	4.5
Gäste mit Zelt	4.1
Gäste mit Hund	4.3

Empfohlene Aktivitäten

- Radfahren
- Wandern
- Sightseeing

20 Campingplatz Maaraue

Maaraustr. 48
55246 Mainz/Kostheim
+49 6134 2575922
50.00222 | 8.28611

01.04. - 31.10.

HS: 27,50 €

Mehr Infos & Anfrage:
www.camping.info/17888

Baden in nat. Gewässer	k. A.
Pool/Hallenbad	500m/2km
Spielplatz am Platz	✓
Hunde erlaubt	✓
Schatten	✗
WLAN	teilweise
Lebensmittel	1km
Brötchen am Platz	✓
Restaurant/Imbiss	50m/1km
Ver-/Entsorgung Womo	✓
in den Ort	keine Angabe
Gesamt/Touristen	122/22
Mietunterkünfte	✗
Stellplätze vor Schranke	✗

3.4 GUT
58 Bewertungen

Lage	4.4
Ruhe	3.3
Sanitäranlagen	2.9
Sauberkeit Ø	3.5
Freundlichkeit	3.4
Stellplatz	3.3
Verpflegung	2.8
Freizeit	3.8
Preis-Leistung	3.3
Mietunterkünfte	-

Geeignet für

Kinder b. 6 J.	3.3
Kinder b. 12 J.	3.4
Kinder b. 18 J.	3.6
Paare	4.2
Senioren	4.2
Gäste mit Zelt	4.3
Gäste mit Hund	3.8

Empfohlene Aktivitäten

- Radfahren
- Sightseeing
- Kultur

21 Campingplatz Nauheim

Seeweg 2
64569 Nauheim
017660494430
49.9501 | 8.4729

ganzjährig

HS: 22,00 €

Mehr Infos & Anfrage:
www.camping.info/27292

Baden im See	200m
Pool & Hallenbad	✗
Spielplatz	500m
Hunde willkommen	✓
wenig Schatten	✓
WLAN	✗
Lebensmittel	1km
Brötchen am Platz	nur HS
Imbiss	✓
Ver-/Entsorgung Womo	✓
in den Ort	1km
Touristenplätze	40
Mietunterkünfte	✗
Stellplätze vor Schranke	✓

4.7 SEHR GUT
6 Bewertungen

Lage	4.8
Ruhe	3.2
Sanitäranlagen	3.2
Sauberkeit Ø	4.5
Freundlichkeit	5.0
Stellplatz	4.7
Verpflegung	4.4
Freizeit	4.0
Preis-Leistung	4.6
Mietunterkünfte	-

Geeignet für

Kinder b. 6 J.	4.0
Kinder b. 12 J.	4.7
Kinder b. 18 J.	4.6
Paare	5.0
Senioren	4.8
Gäste mit Zelt	4.5
Gäste mit Hund	5.0

Empfohlene Aktivitäten

- Radfahren
- Schwimmen
- Sightseeing

22 Campingplatz Mörfelden

Am Zeltplatz 5 - 15
64546 Mörfelden-Walldorf
+49 6105 22289
49.98 | 8.59444

01.04. - 31.10.

HS: 29,00 € | NS: 29,00 €

Mehr Infos & online buchen:
www.camping.info/18832

Baden im See	800m
Pool/Hallenbad	2/5km
Spielplatz am Platz	✓
Hunde willkommen	✓
zur Hälfte Schatten	✓
WLAN (gegen Gebühr)	✓
Lebensmittel	1km
Brötchen am Platz	✗
Restaurant/Imbiss	✓/500m
Ver-/Entsorgung Womo	✓
in den Ort	1km
Gesamt/Touristen	250/50
Mietunterkünfte	✗
Stellplätze vor Schranke	✗

4.1 SEHR GUT
98 Bewertungen

Lage	4.0
Ruhe	3.2
Sanitäranlagen	4.1
Sauberkeit Ø	4.5
Freundlichkeit	4.6
Stellplatz	4.1
Verpflegung	3.8
Freizeit	3.6
Preis-Leistung	3.8
Mietunterkünfte	-

Geeignet für

Kinder b. 6 J.	3.6
Kinder b. 12 J.	3.7
Kinder b. 18 J.	3.6
Paare	4.4
Senioren	4.3
Gäste mit Zelt	3.9
Gäste mit Hund	4.4

Empfohlene Aktivitäten

- Radfahren
- Sightseeing
- Wandern

ECO CAMPING

Karte auf Seite 406

23 Campingplatz am Steinrodsee

Triftweg 33
64331 Gräfenhausen-Weiterstadt
+49 6150-53593
49.94441 | 8.60563

ganzjährig
HS: 23,50 € | NS: 23,50 €
Mehr Infos & Anfrage:
www.camping.info/18830

Baden im See	7km
Pool/Hallenbad	10/6km
Spielplatz am Platz	✓
Hunde willkommen	✓
Schatten	✗
WLAN (gegen Gebühr)	✓
Lebensmittel	2km
Brötchen am Platz	✓
Restaurant/Imbiss	500/100m
Ver-/Entsorgung Womo	✓
in den Ort	1km
Gesamt/Touristen	176/50
Mietunterkünfte	✓
Stellplätze vor Schranke	✗

3.6 GUT
32 Bewertungen

Lage	3.3
Ruhe	2.6
Sanitäranlagen	3.9
Sauberkeit Ø	4.2
Freundlichkeit	4.0
Stellplatz	3.8
Verpflegung	2.9
Freizeit	3.4
Preis-Leistung	3.7
Mietunterkünfte	3.2

Geeignet für

Kinder b. 6 J.	3.5
Kinder b. 12 J.	3.5
Kinder b. 18 J.	3.2
Paare	4.0
Senioren	4.3
Gäste mit Zelt	3.7
Gäste mit Hund	3.8

Empfohlene Aktivitäten
- Radfahren
- Wandern
- Kultur

24 Campingplatz Mainkur

Frankfurter Landstraße 107
63477 Maintal/Frankfurt am Main
+49 69 412193
50.13837 | 8.78301

01.04. - 30.09.
HS: 28,00 € | NS: 28,00 €
Mehr Infos & Anfrage:
www.camping.info/18821

Baden im Fluss am Platz	✓
Pool/Hallenbad	3km
Spielplatz am Platz	✓
Hunde willkommen	✓
wenig Schatten	✓
WLAN (gegen Gebühr)	✓
Lebensmittel	1km
Brötchen am Platz	✓
Restaurant/Imbiss	800m
Ver-/Entsorgung Womo	✓
in den Ort	2km
Gesamt/Touristen	84/40
Mietunterkünfte	✗
Stellplätze vor Schranke	✗

3.6 GUT
33 Bewertungen

Lage	3.8
Ruhe	2.6
Sanitäranlagen	4.5
Sauberkeit Ø	4.7
Freundlichkeit	4.4
Stellplatz	3.8
Verpflegung	2.6
Freizeit	3.2
Preis-Leistung	3.4
Mietunterkünfte	-

Geeignet für

Kinder b. 6 J.	2.8
Kinder b. 12 J.	3.0
Kinder b. 18 J.	3.1
Paare	4.5
Senioren	4.4
Gäste mit Zelt	4.2
Gäste mit Hund	4.3

Empfohlene Aktivitäten
- Sightseeing
- Radfahren
- Kultur

25 Seecamping Mainflingen

FKK

Seestraße 11
63533 Mainhausen
+49 6182 825 052
50.02375 | 9.02015

ganzjährig
HS: 24,00 € | NS: 17,00 €
Mehr Infos & Anfrage:
www.camping.info/24462

Baden im See am Platz	✓
Pool/Hallenbad	5/12km
Spielplatz am Platz	✓
Hunde erlaubt	✓
zur Hälfte Schatten	✓
WLAN	✓
Lebensmittel	1km
Brötchen am Platz	✓
Restaurant/Imbiss	500m/✓
Ver-/Entsorgung Womo	✓
in den Ort	1km
Gesamt/Touristen	385/85
Mietunterkünfte	✓
Stellplätze vor Schranke	✗

3.2 GUT
17 Bewertungen

Lage	3.7
Ruhe	3.0
Sanitäranlagen	3.4
Sauberkeit Ø	3.2
Freundlichkeit	4.2
Stellplatz	3.0
Verpflegung	2.8
Freizeit	3.4
Preis-Leistung	3.9
Mietunterkünfte	1.0

Geeignet für

Kinder b. 6 J.	3.5
Kinder b. 12 J.	3.5
Kinder b. 18 J.	3.0
Paare	3.1
Senioren	2.4
Gäste mit Zelt	2.3
Gäste mit Hund	1.8

Empfohlene Aktivitäten
- Schwimmen
- Radfahren
- Entspannen

keine WOMOs ab 7 m

Infos
Öffnungszeiten
Vergleichspreis
Link

Ausstattung
Freizeit
Campingplatz
Versorgung
Anzahl der Plätze

Karte auf Seite 406

26 Camping Odenwaldidyll

Campingplatz 1
64405 Fischbachtal-Niedernhausen
+49 6166 8577
49.77601 | 8.80925

24.03. - 30.10.
HS: 22,00 € | NS: 22,00 €
Mehr Infos & Anfrage:
www.camping.info/18831

Baden im Teich am Platz	✓
Pool & Hallenbad	✗
Spielplatz am Platz	✓
Hunde willkommen	✓
zur Hälfte Schatten	✓
WLAN	✗
Lebensmittel	✓
Brötchen am Platz	✓
Restaurant/Imbiss	50m/✓
Ver-/Entsorgung Womo	✓
in den Ort	500m
Gesamt/Touristen	208/48
Mietunterkünfte	✓
Stellplätze vor Schranke	✓

4.1 SEHR GUT
17 Bewertungen

Lage	4.4
Ruhe	3.9
Sanitäranlagen	3.5
Sauberkeit Ø	3.8
Freundlichkeit	4.3
Stellplatz	3.7
Verpflegung	3.9
Freizeit	4.2
Preis-Leistung	4.4
Mietunterkünfte	4.3

Geeignet für

Kinder b. 6 J.	4.2
Kinder b. 12 J.	4.4
Kinder b. 18 J.	3.2
Paare	4.1
Senioren	3.8
Gäste mit Zelt	3.9
Gäste mit Hund	4.2

Empfohlene Aktivitäten
- Wandern
- Schwimmen
- Entspannen

27 Terrassencamping Schlierbach

Am Zentbuckel 11
64678 Lindenfels-Schlierbach
+49 6255 630
49.682 | 8.7703

01.04. - 27.10.
HS: 21,50 € | NS: 21,50 €
Mehr Infos & Anfrage:
www.camping.info/18835

Baden im See	20km
Pool/Hallenbad	800m/2km
Spielplatz am Platz	✓
Hunde willkommen	✓
wenig Schatten	✓
WLAN	✓
Lebensmittel	2km
Brötchen am Platz	✓
Restaurant/Imbiss	200m
Ver-/Entsorgung Womo	✓
in den Ort	100m
Gesamt/Touristen	155/35
Mietunterkünfte	✗
Stellplätze vor Schranke	✗

4.4 SEHR GUT
9 Bewertungen

Lage	4.4
Ruhe	4.9
Sanitäranlagen	4.6
Sauberkeit Ø	4.9
Freundlichkeit	4.2
Stellplatz	4.4
Verpflegung	2.6
Freizeit	4.1
Preis-Leistung	4.3
Mietunterkünfte	-

Geeignet für

Kinder b. 6 J.	4.0
Kinder b. 12 J.	4.0
Kinder b. 18 J.	3.7
Paare	4.4
Senioren	4.6
Gäste mit Zelt	4.0
Gäste mit Hund	4.0

Empfohlene Aktivitäten
- Wandern
- Entspannen
- Mountainbiking

ECO CAMPING

28 Nibelungen-Camping am Schwimmbad

Tiefertswinkel 20
64658 Fürth
+49 6253 5804
49.65937 | 8.78379

24.03. - 15.10.
HS: 27,00 € | NS: 27,00 €
Mehr Infos & online buchen:
www.camping.info/18834

Baden im See	18km
Pool/Hallenbad	100m/14km
Spielplatz am Platz	✓
Hunde	✗
zur Hälfte Schatten	✓
WLAN (gegen Gebühr)	✓
Lebensmittel	100m
Brötchen am Platz	nur HS
Restaurant/Imbiss	400/100m
Ver-/Entsorgung Womo	✓
in den Ort	100m
Gesamt/Touristen	140/45
Mietunterkünfte	✗
Stellplätze vor Schranke	✓

4.7 SEHR GUT
53 Bewertungen

Lage	4.6
Ruhe	4.8
Sanitäranlagen	4.8
Sauberkeit Ø	4.8
Freundlichkeit	4.8
Stellplatz	4.4
Verpflegung	3.6
Freizeit	4.3
Preis-Leistung	4.5
Mietunterkünfte	-

Geeignet für

Kinder b. 6 J.	4.5
Kinder b. 12 J.	4.5
Kinder b. 18 J.	3.6
Paare	4.6
Senioren	4.7
Gäste mit Zelt	4.6
Hunde n. erlaubt	-

Empfohlene Aktivitäten
- Wandern
- Schwimmen
- Entspannen

keine WOMOs ab 12 m; keine Jugend- und Partygruppen

Infos
Öffnungszeiten
Vergleichspreis
Link

Ausstattung
Freizeit
Campingplatz
Versorgung
Anzahl der Plätze

32 Odenwald-Camping-Park

Langenthaler Straße 80
69434 Hirschhorn a.Neckar/Heidelberg 20km/Eberbach 10km
+49 6272 809
www.odenwald-camping-park.de
Odenwald-Camping-Park@t-online.de

01.04. - 03.10.

HS: 30,40 € | NS: 30,40 €

Mehr Infos & Anfrage:
www.camping.info/18881

Baden im Fluss am Platz	✓
Pool/Hallenbad	✓/10km
Spielplatz am Platz	✓
Hunde willkommen	✓
zur Hälfte Schatten	✓
WLAN	✓
Lebensmittel	✓
Brötchen am Platz	✓
Restaurant & Imbiss	✓
Ver-/Entsorgung Womo	✓
in den Ort	1km
Gesamt/Touristen	290/200
Mietunterkünfte	✓
Stellplätze vor Schranke	✓

Naturnah gelegener Campingplatz im Seitental des Neckars.

Lage & Stellplatz

Der Odenwald-Camping-Park schmiegt sich in ein idyllisches und sonniges Seitental des Neckars mit eigenem kleinen Bach mitten im Camping-Areal. Die Komfort-Stellplätze für Reisemobile und Caravans haben Wasser-, Abwasser-, Strom- und Kabel-TV-Anschluss, Premium-Stellplätze sind bis zu 230 m² groß.

Verpflegung

Erfrischen Sie sich nach dem Baden mit einem kühlen Getränk oder gönnen Sie sich einen Snack an der Poolbar am Schwimmbad. Ein Restaurant mit offenem Kamin, kleiner Bar und idyllischem Biergarten sorgt für Genuss, ein Minimarkt für täglich frische Brötchen und Dinge des alltäglichen Lebens.

Sanitär

Moderne Sanitäranlagen machen Ihren Aufenthalt jetzt noch angenehmer. Die Warmwasserduschen sind inklusive und ein behindertengerechtes WC, ein Babywickelraum, Warmwasser-Geschirrspülbecken, Waschmaschine & Trockner, eine Kochgelegenheit sowie ein Ausguss für Chemietoiletten stehen zur Verfügung.

Freizeit

Ein beheizter Pool lädt zum Erfrischen ein. Für Kinder gibt es Animation, einen Spielplatz und Trampolin. Schöne Rad- und Wanderwege starten direkt vom Platz. Auch die Burg Hirschhorn lohnt für einen Besuch und Heidelberg mit seinem Schloss erreichen Sie bequem mit der S-Bahn.

Das urige Restaurant.

Abkühlung im platzeigenen Pool.

3.3 GUT
57 Bewertungen

Lage	3.9
Ruhe	3.8
Sanitäranlagen	3.3
Sauberkeit Ø	3.6
Freundlichkeit	3.6
Stellplatz	3.6
Verpflegung	3.2
Freizeit	3.7
Preis-Leistung	3.5
Mietunterkünfte	2.8

Geeignet für

Gäste mit Hund	4.3
Paare	4.0
Gäste mit Zelt	4.0
Senioren	3.9
Kinder b. 12 J.	3.8
Kinder b. 6 J.	3.5
Kinder b. 18 J.	3.2

Empfohlene Aktivitäten

Wandern | Entspannen | Schwimmen | Radfahren | Kultur

Karte auf Seite 406

29 Camping Park Hammelbach

Gasse 17
64689 Grasellenbach-Hammelbach
+49 6253 3831
49.6325 | 8.82888

01.04. - 31.10.
HS: 28,10 € | NS: 26,70 €
Mehr Infos & Anfrage:
www.camping.info/18836

Baden im See	15km
Pool/Hallenbad	300m/22km
Spielplatz am Platz	✓
Hunde willkommen	✓
zur Hälfte Schatten	✓
WLAN (gegen Gebühr)	✓
Lebensmittel	5km
Brötchen am Platz	✓
Restaurant/Imbiss	300m
Ver-/Entsorgung Womo	✓
in den Ort	300m
Gesamt/Touristen	125/35
Mietunterkünfte	✗
Stellplätze vor Schranke	✗

4.8 SEHR GUT – 81 Bewertungen

Lage	4.6
Ruhe	4.9
Sanitäranlagen	4.8
Sauberkeit Ø	5.0
Freundlichkeit	5.0
Stellplatz	4.6
Verpflegung	3.2
Freizeit	4.1
Preis-Leistung	4.6
Mietunterkünfte	-

Geeignet für

Kinder b. 6 J.	3.9
Kinder b. 12 J.	3.7
Kinder b. 18 J.	3.2
Paare	4.9
Senioren	4.9
Gäste mit Zelt	4.6
Gäste mit Hund	4.4

Empfohlene Aktivitäten

- Wandern
- Entspannen
- Radfahren

NS: 01.04. - 30.06.

30 Camping Schöner Odenwald

Spechtbach 35
69483 Wald-Michelbach
+49 6207 2237
49.56167 | 8.8275

ganzjährig
HS: 16,90 € | NS: 16,90 €
Mehr Infos & Anfrage:
www.camping.info/18882

Baden in nat. Gewässer	k. A.
Pool	300m
Spielplatz am Platz	✓
Hunde erlaubt	✓
Schatten	✗
WLAN (gegen Gebühr)	✓
Lebensmittel	800m
Brötchen am Platz	✗
Restaurant/Imbiss	800m
Ver-/Entsorgung Womo	✗
in den Ort	800m
Gesamt/Touristen	150/30
Mietunterkünfte	✗
Stellplätze vor Schranke	✗

4.8 SEHR GUT – 9 Bewertungen

Lage	4.6
Ruhe	4.8
Sanitäranlagen	4.9
Sauberkeit Ø	4.8
Freundlichkeit	4.9
Stellplatz	4.3
Verpflegung	2.1
Freizeit	3.7
Preis-Leistung	4.9
Mietunterkünfte	-

Geeignet für

Kinder b. 6 J.	4.2
Kinder b. 12 J.	4.5
Kinder b. 18 J.	4.8
Paare	4.9
Senioren	4.9
Gäste mit Zelt	4.3
Gäste mit Hund	4.6

Empfohlene Aktivitäten

- Radfahren
- Wandern
- Entspannen

31 Camping Safari

Gelbe Heide 24
64711 Erbach-Bullau
+49 6062 266984
49.61345 | 9.04239

ganzjährig
HS: 20,00 € | NS: 20,00 €
Mehr Infos & Anfrage:
www.camping.info/18837

Baden im See	5km
Pool/Hallenbad	9km
Spielplatz am Platz	✓
Hunde willkommen	✓
Schatten	✗
WLAN (gegen Gebühr)	✓
Lebensmittel	500m
Brötchen am Platz	nur HS
Restaurant/Imbiss	800m/✓
Ver-/Entsorgung Womo	✓
in den Ort	500m
Gesamt/Touristen	100/40
Mietunterkünfte	✓
Stellplätze vor Schranke	✗

3.6 GUT – 9 Bewertungen

Lage	4.3
Ruhe	5.0
Sanitäranlagen	4.0
Sauberkeit Ø	4.8
Freundlichkeit	5.0
Stellplatz	3.3
Verpflegung	3.0
Freizeit	3.0
Preis-Leistung	3.8
Mietunterkünfte	-

Geeignet für

Kinder b. 6 J.	1.8
Kinder b. 12 J.	2.0
Kinder b. 18 J.	2.4
Paare	4.0
Senioren	4.0
Gäste mit Zelt	4.3
Gäste mit Hund	4.5

Empfohlene Aktivitäten

- Radfahren
- Wandern
- Entspannen

keine WOMOs ab 9 m

Infos

Öffnungszeiten
Vergleichspreis
Link

Ausstattung

Freizeit
Campingplatz
Versorgung
Anzahl der Plätze

THÜRINGEN

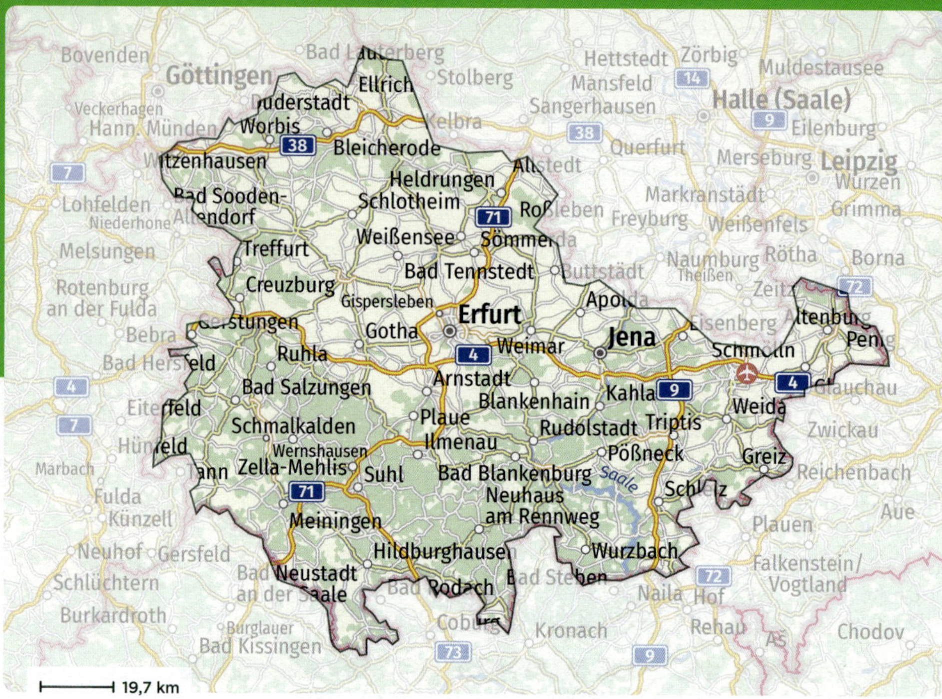

REGIONEN

TIPP DER REDAKTION

Camping Georgenthal

Thüringen | Nr. 18 | Seite 431

Laut Gästen ideal geeignet zum:

- Wandern
- Schwimmen
- Entspannen

4.5

VIELFALT IM HERZEN DEUTSCHLANDS

Thüringen-Jena-Saale-Horizontale © Frits Meyest

Abwechslungsreiche Landschaftsformen, blühende Parkanlagen, historische Städte und zahlreiche Schlösser und Burgen machen Thüringen zu einem ansprechenden Campingziel. Das ist aber noch nicht alles: ebenso bekannt wie die Sehenswürdigkeiten des Bundeslandes sind auch seine (Wahl-)Söhne. Persönlichkeiten wie Johann Wolfgang von Goethe, Martin Luther oder die Mitglieder der Bach-Dynastie haben die Region nachhaltig geprägt und Thüringen eine höchst interessante Kulturlandschaft hinterlassen.

Aktiv im Winter © Andreas Weise

WEIMAR UND EISENACH

Weimar ist Thüringens Kulturstadt Nummer eins. Die Liste der Sehenswürdigkeiten ist schier endlos, die Stadt beherbergt gleich zwei UNESCO-Weltkulturstätten mit insgesamt 16 Objekten. Beim Kulturdenkmal „Klassisches Weimar" dreht sich alles um die gleichnamige Kunstepoche, die mit Goethe und Schiller die wohl bekanntesten Literaten Deutschlands hervorgebracht hat. Goethes Wohnhaus, das Stadtschloss und die Herzogin-Anna-Amalia-Bibliothek zählen zu den Höhepunkten Weimars. Oberhalb der Stadt Eisenach befindet sich eine der bekanntesten Sehenswürdigkeiten des Landes: Die Wartburg, seit 1999 UNESCO-Weltkulturerbe, ist untrennbar mit der Geschichte Deutschlands verknüpft. Hier kümmerte sich im 13. Jahrhundert die Heilige Elisabeth um die Armen und Kranken und begann im 16. Jahrhundert der Reformator Martin Luther mit der Übersetzung der Bibel. Herzstück der Anlage ist der Festsaal im Palas, der jenem im Schloss Neuschwanstein als Vorbild galt.

Schmalkalden Fachwerkhäuser © Wolfgang Benkert

ERFURT, MÜHLHAUSEN UND TREFFURT

Erfurt ist die Hauptstadt Thüringens und gilt als eine der schönsten Städte Deutschlands. Der hervorragend erhaltene mittelalterliche Stadtkern, die ansprechenden Herrschaftshäuser und die mit viel Liebe rekonstruierten Fachwerkhäuser machen einen Spaziergang durch die Stadt zu einem Erlebnis. Besonders sehenswert ist die Krämerbrücke: Mit 32 Gebäuden auf 120 Metern Länge handelt es sich dabei um die längste komplett bebaute Brückenstraße Europas. Etwa eine Autostunde weiter westlich liegt die ehemalige freie Reichsstadt Mühlhausen, einst Wirkungsstätte von Johann Sebastian Bach. Das mittelalterliche Stadtbild, das von der gut erhaltenen Stadtmauer dominiert wird, erinnert an längst vergangene Tage. Die Befestigungsanlage kann zum Teil besichtigt werden, vom Rabenturm bietet sich ein traumhaftes Panorama über die Stadt. Nahe der hessischen Grenze begeistert ein weiteres Städtchen: Treffurt liegt abseits der üblichen Verkehrswege und hat sich nicht zuletzt deshalb seine Ursprünglichkeit bewahrt. Mit der Lage im wildromantischen Werratal und den originalgetreu restaurierten Fachwerkhäusern lohnt ein Abstecher in den Ort.

THÜRINGER WALD, RENNSTEIG UND WERRATAL-RADWEG

Die Mittelgebirgslandschaft des Thüringer Waldes ist ein wahres Naturparadies. Der Rennsteig, der auf 168 Kilometern von der Werra zur Saale verläuft, zählt zu den berühmtesten Wanderwegen Deutschlands. Es ist die einmalige Kombination aus Natur und Kultur, die für Campen und Wandern am Rennsteig spricht. Entlang der Strecke warten unberührte Landschaften, historische Orte und zahlreiche Burgen und Schlösser. Für Radfreunde sind viele Routen durch die schönsten Regionen des Landes ausgeschildert. Ein Highlight entlang des Werratal-Radweges, der 200 Kilometer durch Thüringen führt, ist das Erlebnisbergwerk Merkers. Neben der Tour durch die ehemaligen Stollen steht die Besichtigung einer Salzkristallgrotte 750 Meter unter der Erde auf dem Programm.

Mountainbiking © Lars Schneider

Wartburg © Wartburg Stiftung Eisenach

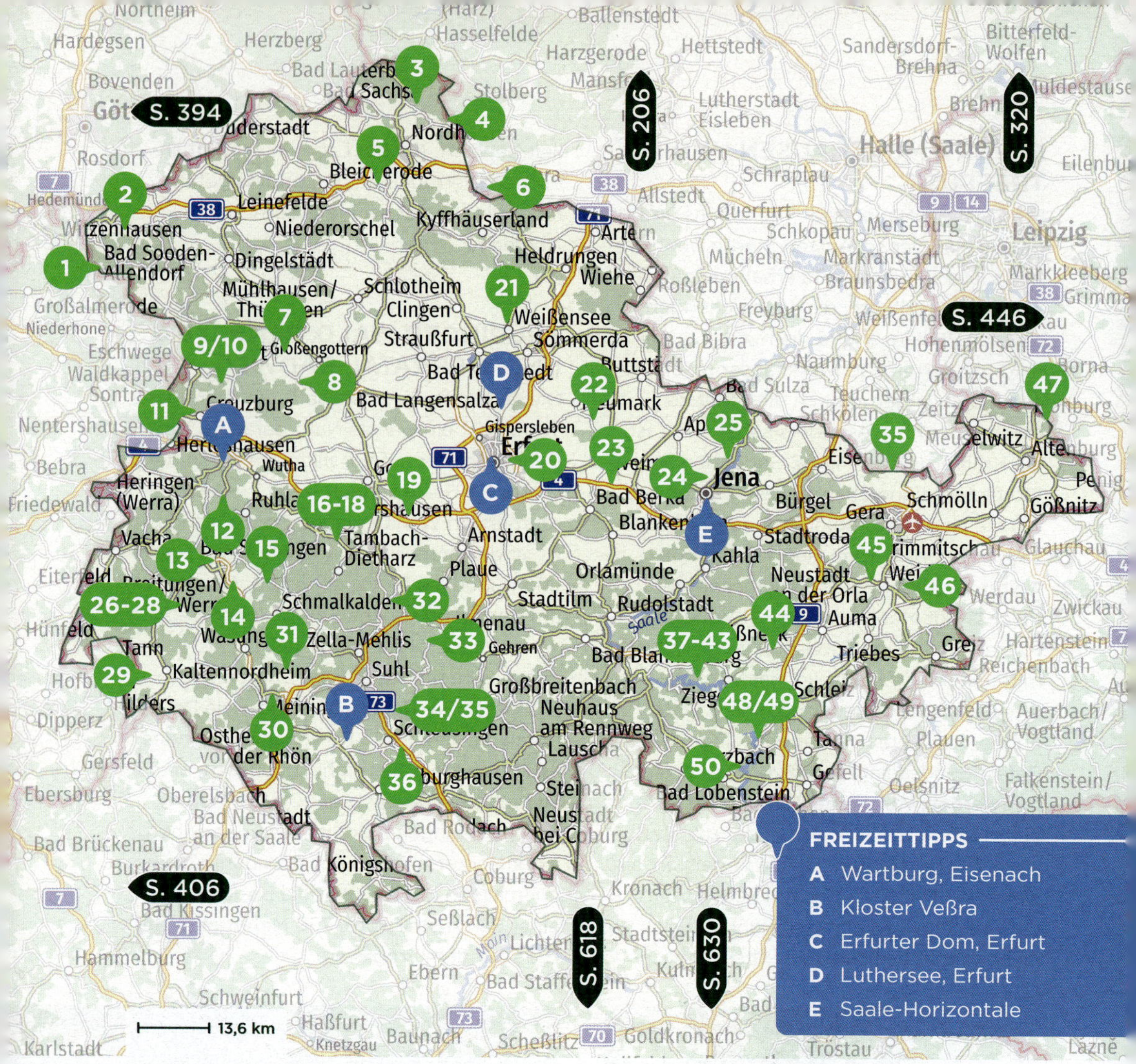

	Platz	Seite	Bewertung	Öffnungszeiten	
1	Camping Oase	426	4.2	ganzjährig	✻
2	Camping Bergwiese-thüringen	426	4.2	saisonal	
3	Campingplatz am Waldbad	426	4.1	ganzjährig	✻
4	Ferienhotel Wolfsmühle	426	4.0	k. A.	✻
5	Campingplatz Am Hünstein	427	4.4	ganzjährig	
6	Seecamping Kelbra	427	3.1	ganzjährig	✻
7	Campingplatz Palumpa-Land	427	3.4	saisonal	
8	Campingplatz am Tor zum Hainich	428	4.3	ganzjährig	✻
9	Landgasthof Zella	428	3.6	saisonal	
10	Campingplatz Ebenshausen	428	-	k. A.	✻
11	Werratal Camping	428	3.6	saisonal	
12	Campingpark Eisenach	429	3.7	ganzjährig	✻

	Platz	Seite	Bewertung	Öffnungszeiten	
13	Kiesgrube Immelborn	429	3.3	saisonal	FKK
14	Campingplatz Strandbad Breitungen	429	3.9	saisonal	
15	Campingplatz Nüßleshof	430	5.0	ganzjährig	*
16	Rennsteig-Caravaning Valentinsteich	431	4.5	ganzjährig	*
17	Freizeit u. Tourismuseinrichtungen Paulfeld GmbH	431	4.5	ganzjährig	*
18	Camping Georgenthal	431	4.5	saisonal	
19	Camping Drei Gleichen	432	4.5	saisonal	Onlinebuchung
20	Campingpark Erfurt	433	4.0	ganzjährig	*
21	Campingplatz Weißensee	433	4.3	saisonal	
22	Bad-Camp Ettersburg	433	3.7	saisonal	
23	Im Grünen	434	4.9	saisonal	
24	Campingplatz Jena Unter dem Jenzig	434	4.2	saisonal	
25	Camping & Ferienpark Bei Jena, Olga Wakker	434	4.0	saisonal	
26	Camping- und Caravanstellplatz Urnshausen	434	3.8	saisonal	*
27	Rhön Feeling	435	4.3	k. A.	Onlinebuchung
28	Camping Schloß Roßdorf	435	4.5	saisonal	
29	Weidberg Camping	435	-	k. A.	*
30	Camping Rohrer Stirn	436	4.6	k. A.	
31	Flugschule-Dolmar	436	-	ganzjährig	*
32	Oberhof Camping	436	4.0	ganzjährig	FKK *
33	Waldcampingplatz Meyersgrund	436	3.9	ganzjährig	*
34	Campingplatz & Bungalowdorf "Am Waldbad" Erlau	437	4.7	ganzjährig	*
35	Campingplatz Am Waldbad	437	3.6	ganzjährig	*
36	Camping Bergsee Ratscher	437	3.2	saisonal	
37	Campingplatz Saalthal-Alter	438	3.2	saisonal	Onlinebuchung
38	Campingplatz Portenschmiede	438	3.6	saisonal	
39	Zeltplatz Hopfenmühle	438	3.8	saisonal	
40	Camping Thüringer Wald	438	4.0	k. A.	
41	Camping Droschkau	439	3.1	saisonal	
42	Camping Neumannshof	439	3.4	ganzjährig	* Onlinebuchung
43	Camping Linkenmühle	439	4.2	saisonal	Ecocamping
44	Camping Plothener Teiche	440	3.7	saisonal	FKK
45	Naturcampingplatz Weida	440	4.3	saisonal	
46	Autocamping am Töpferberg	440	4.3	saisonal	
47	See-Camping Altenburg-Pahna	440	3.9	ganzjährig	*
48	Saalburg Beach	441	4.5	saisonal	
49	Campingplatz Saalburg-Bad	441	3.9	ganzjährig	* Ecocamping
50	Campingplatz Ferienpark Saaldorf	441	4.5	ganzjährig	FKK *

* Wintercamping FKK Textilfrei (ganz/teilweise) Ecocamping Award Onlinebuchung

1 Camping Oase

*

Kreisstraße 32
37318 Wahlhausen bei Allendorf
+49 36087 98671

51.28859 | 9.9767

ganzjährig

HS: 18,00 € | NS: 18,00 €

Mehr Infos & Anfrage:
www.camping.info/18549

Baden in nat. Gewässer	k. A.
Pool/Hallenbad	3km
Spielplatz	✗
Hunde erlaubt	✓
Schatten	✗
WLAN	✗
Lebensmittel	1km
Brötchen am Platz	nur HS
Restaurant am P.	✓
Ver-/Entsorgung Womo	✗
in den Ort	200m
Gesamt/Touristen	100/80
Mietunterkünfte	✓
Stellplätze vor Schranke	✗

4.2 SEHR GUT
14 Bewertungen

Lage	4.1
Ruhe	3.5
Sanitäranlagen	4.5
Sauberkeit Ø	4.9
Freundlichkeit	4.5
Stellplatz	4.0
Verpflegung	4.2
Freizeit	3.9
Preis-Leistung	4.4
Mietunterkünfte	-

Geeignet für

Kinder b. 6 J.	2.4
Kinder b. 12 J.	2.1
Kinder b. 18 J.	2.9
Paare	4.4
Senioren	4.6
Gäste mit Zelt	4.2
Gäste mit Hund	4.0

Empfohlene Aktivitäten

- Kayak/Kanu
- Radfahren
- Wandern

2 Camping Bergwiese-thüringen

Trift 73b
37318 Thalwenden
+49 36083 149956

51.35416 | 10.04166

01.05. - 10.10.

keine Angabe

Mehr Infos & Anfrage:
www.camping.info/18550

Baden in nat. Gewässer	k. A.
Pool & Hallenbad	✗
Spielplatz	keine Angabe
Hunde willkommen	✓
zur Hälfte Schatten	✓
WLAN	keine Angabe
Lebensmittel	k.A.
Brötchen	keine Angabe
Restaurant & Imbiss	✗
Ver-/Entsorgung Womo	✗
in den Ort	keine Angabe
Gesamt/Touristen	40/35
Mietunterkünfte	✗
Stellplätze vor Schranke	✗

4.2 SEHR GUT
13 Bewertungen

Lage	4.4
Ruhe	4.9
Sanitäranlagen	3.2
Sauberkeit Ø	4.2
Freundlichkeit	4.7
Stellplatz	3.6
Verpflegung	3.0
Freizeit	3.8
Preis-Leistung	3.9
Mietunterkünfte	-

Geeignet für

Kinder b. 6 J.	2.8
Kinder b. 12 J.	3.0
Kinder b. 18 J.	2.8
Paare	4.5
Senioren	4.2
Gäste mit Zelt	4.4
Gäste mit Hund	4.5

Empfohlene Aktivitäten

- Wandern
- Entspannen
- Radfahren

3 Campingplatz am Waldbad

*

An der Burg 3
99762 Neustadt/Harz
+49 36331 479891

51.56868 | 10.82825

ganzjährig

HS: 21,90 € | NS: 21,90 €

Mehr Infos & Anfrage:
www.camping.info/23126

Baden in nat. Gewässer	k. A.
Pool/Hallenbad	✓/12km
Spielplatz am Platz	✓
Hunde willkommen	✓
wenig Schatten	✓
WLAN	✓
Lebensmittel	✓
Brötchen am Platz	✓
Restaurant/Imbiss	500m/✓
Ver-/Entsorgung Womo	✓
in den Ort	400m
Gesamt	110
Mietunterkünfte	✓
Stellplätze vor Schranke	✗

4.1 SEHR GUT
29 Bewertungen

Lage	4.3
Ruhe	4.6
Sanitäranlagen	4.3
Sauberkeit Ø	4.6
Freundlichkeit	4.6
Stellplatz	4.0
Verpflegung	3.8
Freizeit	4.0
Preis-Leistung	4.3
Mietunterkünfte	4.2

Geeignet für

Kinder b. 6 J.	4.5
Kinder b. 12 J.	4.2
Kinder b. 18 J.	3.9
Paare	4.5
Senioren	4.4
Gäste mit Zelt	4.2
Gäste mit Hund	4.8

Empfohlene Aktivitäten

- Wandern
- Entspannen
- Schwimmen

4 Ferienhotel Wolfsmühle

*

Zur Wolfsmühle 20
99734 Nordhausen OT Rodishain
+49 3465 3348

51.54138 | 10.92

keine Angabe

keine Angabe

Mehr Infos & Anfrage:
www.camping.info/19264

Baden in nat. Gewässer	k. A.
Pool & Hallenbad	✗
Spielplatz	keine Angabe
Hunde willkommen	✓
zur Hälfte Schatten	✓
WLAN	keine Angabe
Lebensmittel	k.A.
Brötchen	keine Angabe
Restaurant & Imbiss	✗
Ver-/Entsorgung Womo	✗
in den Ort	4km
Gesamt/Touristen	30/15
Mietunterkünfte	✗
Stellplätze vor Schranke	✓

4.0 SEHR GUT
4 Bewertungen

Lage	4.2
Ruhe	4.5
Sanitäranlagen	3.5
Sauberkeit Ø	4.5
Freundlichkeit	5.0
Stellplatz	3.8
Verpflegung	4.2
Freizeit	3.2
Preis-Leistung	4.2
Mietunterkünfte	-

Geeignet für

Kinder b. 6 J.	3.5
Kinder b. 12 J.	4.0
Kinder b. 18 J.	4.0
Paare	4.7
Senioren	5.0
Gäste mit Zelt	4.3
Gäste mit Hund	5.0

Empfohlene Aktivitäten

- Wandern
- Schwimmen
- Radfahren

Karte auf Seite 424

5 Campingplatz Am Hünstein

Wollerslebener Landstrasse 1
99735 Nohra
+49 363 345 3807
51.43137 | 10.71759

ganzjährig
HS: 20,30 € | NS: 20,30 €
Mehr Infos & Anfrage:
www.camping.info/24324

Baden im Teich	2km
Pool/Hallenbad	✓/8km
Spielplatz am Platz	✓
Hunde willkommen	✓
zur Hälfte Schatten	✓
WLAN	teilweise
Lebensmittel	1km
Brötchen am Platz	✓
Restaurant/Imbiss	1km/300m
Ver-/Entsorgung Womo	✓
in den Ort	1km
Gesamt/Touristen	70/40
Mietunterkünfte	✓
Stellplätze vor Schranke	✗

4.4 SEHR GUT
8 Bewertungen

Lage	4.6
Ruhe	4.8
Sanitäranlagen	3.5
Sauberkeit Ø	4.7
Freundlichkeit	5.0
Stellplatz	4.1
Verpflegung	3.3
Freizeit	4.1
Preis-Leistung	5.0
Mietunterkünfte	5.0

Geeignet für

Kinder b. 6 J.	4.7
Kinder b. 12 J.	4.7
Kinder b. 18 J.	4.0
Paare	5.0
Senioren	4.8
Gäste mit Zelt	4.8
Gäste mit Hund	5.0

Empfohlene Aktivitäten

- Radfahren
- Schwimmen
- Angeln

6 Seecamping Kelbra

❄

Lange Straße 150
06537 Kelbra
+49 34651 45290
51.42731 | 11.00978

ganzjährig
HS: 21,00 € | NS: 21,00 €
Mehr Infos & Anfrage:
www.camping.info/17949

Baden im See am Platz	✓
Pool/Hallenbad	✓/10km
Spielplatz am Platz	✓
Hunde willkommen	✓
wenig Schatten	✓
WLAN (gegen Gebühr)	teilweise
Lebensmittel	✓
Brötchen am Platz	nur HS
Restaurant/Imbiss	500m/✓
Ver-/Entsorgung Womo	✓
in den Ort	2km
Gesamt/Touristen	300/150
Mietunterkünfte	✓
Stellplätze vor Schranke	✓

3.1 GUT
60 Bewertungen

Lage	4.1
Ruhe	2.9
Sanitäranlagen	2.8
Sauberkeit Ø	2.9
Freundlichkeit	3.7
Stellplatz	3.4
Verpflegung	3.0
Freizeit	3.3
Preis-Leistung	3.4
Mietunterkünfte	2.3

Geeignet für

Kinder b. 6 J.	3.2
Kinder b. 12 J.	3.4
Kinder b. 18 J.	3.2
Paare	3.6
Senioren	3.6
Gäste mit Zelt	3.8
Gäste mit Hund	3.9

Empfohlene Aktivitäten

- Radfahren
- Segeln
- Wandern

7 Campingplatz Palumpa-Land

Am Stausee 1
99986 Niederdorla
+49 360 188 8942
51.15171 | 10.46955

01.04. - 07.10.
HS: 23,00 € | NS: 23,00 €
Mehr Infos & Anfrage:
www.camping.info/23133

Baden im See am Platz	✓
Pool/Hallenbad	8/7km
Spielplatz am Platz	✓
Hunde erlaubt	✓
Schatten	✗
WLAN	✓
Lebensmittel	1km
Brötchen am Platz	✗
Restaurant/Imbiss	1km/✓
Ver-/Entsorgung Womo	✓
in den Ort	1km
Gesamt/Touristen	50/45
Mietunterkünfte	✓
Stellplätze vor Schranke	✗

3.4 GUT
36 Bewertungen

Lage	4.1
Ruhe	3.8
Sanitäranlagen	3.4
Sauberkeit Ø	3.6
Freundlichkeit	4.1
Stellplatz	3.5
Verpflegung	2.7
Freizeit	3.1
Preis-Leistung	3.3
Mietunterkünfte	4.2

Geeignet für

Kinder b. 6 J.	3.1
Kinder b. 12 J.	3.4
Kinder b. 18 J.	3.1
Paare	3.6
Senioren	2.8
Gäste mit Zelt	3.7
Gäste mit Hund	3.9

Empfohlene Aktivitäten

- Radfahren
- Entspannen
- Schwimmen

Infos

Öffnungszeiten
Vergleichspreis
Link

Ausstattung

Freizeit
Campingplatz
Versorgung
Anzahl der Plätze

8 Campingplatz am Tor zum Hainich

*

Hainichstraße
99947 Weberstedt
+49 36022 98690

51.10266 | 10.50846

ganzjährig

keine Angabe

Mehr Infos & Anfrage:
www.camping.info/24272

Baden in nat. Gewässer	k. A.
Pool	1km
Spielplatz am Platz	✓
Hunde	✗
Schatten	✗
WLAN	✓
Lebensmittel	✓
Brötchen am Platz	✓
Restaurant/Imbiss	1km
Ver-/Entsorgung Womo	✗
in den Ort	keine Angabe
Gesamt/Touristen	85/50
Mietunterkünfte	✓
Stellplätze vor Schranke	✗

4.3 SEHR GUT
56 Bewertungen

Lage	4.4
Ruhe	4.5
Sanitäranlagen	4.7
Sauberkeit Ø	4.8
Freundlichkeit	3.8
Stellplatz	4.0
Verpflegung	2.6
Freizeit	3.8
Preis-Leistung	4.2
Mietunterkünfte	3.9

Geeignet für

Kinder b. 6 J.	3.7
Kinder b. 12 J.	3.5
Kinder b. 18 J.	3.2
Paare	4.5
Senioren	4.6
Gäste mit Zelt	4.4
Hunde n. erlaubt	-

Empfohlene Aktivitäten

- Wandern
- Radfahren
- Entspannen

9 Landgasthof Zella

Probsteizella 1
99826 Frankenroda
+49 36924 41976

51.10664 | 10.29779

01.04. - 31.10.

HS: 19,00 € | NS: 19,00 €

Mehr Infos & Anfrage:
www.camping.info/23422

Baden im Fluss am Platz	✓
Pool/Hallenbad	✓/18km
Spielplatz am Platz	✓
Hunde willkommen	✓
Schatten	✗
WLAN (gegen Gebühr)	teilweise
Lebensmittel	2km
Brötchen am Platz	✓
Restaurant am P.	✓
Ver-/Entsorgung Womo	✓
in den Ort	1km
Touristenplätze	35
Mietunterkünfte	✓
Stellplätze vor Schranke	✗

3.6 GUT
16 Bewertungen

Lage	4.6
Ruhe	4.7
Sanitäranlagen	3.1
Sauberkeit Ø	3.5
Freundlichkeit	4.1
Stellplatz	3.1
Verpflegung	3.5
Freizeit	4.1
Preis-Leistung	4.0
Mietunterkünfte	4.5

Geeignet für

Kinder b. 6 J.	3.9
Kinder b. 12 J.	3.9
Kinder b. 18 J.	3.3
Paare	4.0
Senioren	4.1
Gäste mit Zelt	4.3
Gäste mit Hund	4.5

Empfohlene Aktivitäten

- Reiten
- Kayak/Kanu
- Wandern

10 Campingplatz Ebenshausen

*

Neue Straße 19
99826 Ebenshausen
+49 36 924 473 24

51.0874 | 10.3062

keine Angabe

HS: 17,00 €

Mehr Infos & Anfrage:
www.camping.info/23423

Baden im Fluss am Platz	✓
Pool & Hallenbad	✗
Spielplatz	✗
Hunde willkommen	✓
wenig Schatten	✓
WLAN	✗
Lebensmittel	✗
Brötchen am Platz	✗
Restaurant & Imbiss	✗
Ver-/Entsorgung Womo	✓
in den Ort	1km
Gesamt	keine Angabe
Mietunterkünfte	✗
Stellplätze vor Schranke	✗

- JETZT BEWERTEN!

Für diese Auswertung liegen leider noch nicht genügend Bewertungen vor.

Sei einer der Ersten, der diesen Campingplatz bewertet. Unter den Bewertern werden regelmäßig Gewinne verlost!

Mehr Infos dazu findest du in unserem allgemeinen Intro.

11 Werratal Camping

Am Trockenbagger 1
99831 Creuzburg
+49 369 267 2464

51.05044 | 10.23302

15.04. - 15.10.

HS: 17,00 €

Mehr Infos & Anfrage:
www.camping.info/22243

Baden in nat. Gewässer	k. A.
Pool/Hallenbad	10/12km
Spielplatz	keine Angabe
Hunde willkommen	✓
zur Hälfte Schatten	✓
WLAN	keine Angabe
Lebensmittel	400m
Brötchen am Platz	nur HS
Restaurant/Imbiss	1km/100m
Ver-/Entsorgung Womo	✓
in den Ort	400m
Touristenplätze	50
Mietunterkünfte	✗
Stellplätze vor Schranke	✗

3.6 GUT
7 Bewertungen

Lage	3.8
Ruhe	4.3
Sanitäranlagen	2.9
Sauberkeit Ø	4.3
Freundlichkeit	4.3
Stellplatz	3.1
Verpflegung	3.2
Freizeit	3.0
Preis-Leistung	4.4
Mietunterkünfte	-

Geeignet für

Kinder b. 6 J.	3.8
Kinder b. 12 J.	3.2
Kinder b. 18 J.	3.0
Paare	5.0
Senioren	4.8
Gäste mit Zelt	4.6
Gäste mit Hund	4.7

Empfohlene Aktivitäten

- Radfahren
- Kayak/Kanu
- Wandern

Karte auf Seite 424

12 Campingpark Eisenach

❄

Am Altenberger See
99834 Wilhelmsthal bei Eisenach
+49 36929-798007

50.9097 | 10.3008

ganzjährig

HS: 26,50 € | NS: 26,50 €

Mehr Infos & Anfrage:
www.camping.info/19265

Baden im See am Platz	✓
Pool/Hallenbad	10km
Spielplatz am Platz	✓
Hunde willkommen	✓
zur Hälfte Schatten	✓
WLAN	✗
Lebensmittel	✓
Brötchen am Platz	nur HS
Restaurant & Imbiss	✓
Ver-/Entsorgung Womo	✓
in den Ort	1km
Gesamt/Touristen	160/80
Mietunterkünfte	✓
Stellplätze vor Schranke	✗

3.7 GUT
45 Bewertungen

Lage	4.4
Ruhe	4.3
Sanitäranlagen	3.7
Sauberkeit Ø	4.0
Freundlichkeit	4.6
Stellplatz	3.4
Verpflegung	3.7
Freizeit	3.8
Preis-Leistung	4.0
Mietunterkünfte	3.0

Geeignet für

Kinder b. 6 J.	3.7
Kinder b. 12 J.	3.9
Kinder b. 18 J.	3.5
Paare	4.5
Senioren	4.2
Gäste mit Zelt	3.9
Gäste mit Hund	4.4

Empfohlene Aktivitäten

- Wandern
- Kultur
- Schwimmen

13 Kiesgrube Immelborn

FKK

An der B 62
36433 Immelborn

50.79508 | 10.28663

01.05. - 30.09.

keine Angabe

Mehr Infos & Anfrage:
www.camping.info/23426

Baden in nat. Gewässer	k. A.
Pool & Hallenbad	✗
Spielplatz am Platz	✓
Hunde	✗
Schatten	✗
WLAN	✓
Lebensmittel	1km
Brötchen	keine Angabe
Restaurant & Imbiss	✓
Ver-/Entsorgung Womo	✗
in den Ort	1km
Gesamt	30
Mietunterkünfte	✗
Stellplätze vor Schranke	✗

3.3 GUT
3 Bewertungen

Lage	3.7
Ruhe	2.3
Sanitäranlagen	2.3
Sauberkeit Ø	4.0
Freundlichkeit	5.0
Stellplatz	3.0
Verpflegung	4.0
Freizeit	3.7
Preis-Leistung	4.0
Mietunterkünfte	-

Geeignet für

Kinder b. 6 J.	2.0
Kinder b. 12 J.	3.0
Kinder b. 18 J.	3.0
Paare	3.3
Senioren	2.0
Gäste mit Zelt	4.5
Hunde n. erlaubt	-

Empfohlene Aktivitäten

- Radfahren
- Schwimmen
- Tauchen

14 Campingplatz Strandbad Breitungen

Salzunger Straße 24a
98597 Breitungen
+49 36848-409512

50.76056 | 10.32251

01.04. - 31.10.

HS: 23,00 € | NS: 23,00 €

Mehr Infos & Anfrage:
www.camping.info/23427

Baden in nat. Gewässer	k. A.
Pool & Hallenbad	✗
Spielplatz am Platz	✓
Hunde willkommen	✓
Schatten	✗
WLAN	✗
Lebensmittel	900m
Brötchen am Platz	✓
Imbiss	✓
Ver-/Entsorgung Womo	✓
in den Ort	1km
Gesamt/Touristen	72/24
Mietunterkünfte	✓
Stellplätze vor Schranke	✗

3.9 GUT
14 Bewertungen

Lage	4.5
Ruhe	4.1
Sanitäranlagen	4.5
Sauberkeit Ø	4.5
Freundlichkeit	4.8
Stellplatz	3.9
Verpflegung	2.8
Freizeit	3.8
Preis-Leistung	3.9
Mietunterkünfte	3.5

Geeignet für

Kinder b. 6 J.	3.8
Kinder b. 12 J.	4.2
Kinder b. 18 J.	3.8
Paare	4.3
Senioren	4.4
Gäste mit Zelt	4.5
Gäste mit Hund	3.7

Empfohlene Aktivitäten

- Schwimmen
- Wandern
- Radfahren

Infos

Öffnungszeiten

Vergleichspreis

Link

Ausstattung

Freizeit

Campingplatz

Versorgung

Anzahl der Plätze

15 Campingplatz Nüßleshof

*

Nüßleser Straße
98597 Fambach
+49 (0) 3683 / 6539237
www.campingplatz-nuessleshof.de
info@campingplatz-nuessleshof.de

ganzjährig

HS: 16,00 € | NS: 16,00 €

Mehr Infos & Anfrage:
www.camping.info/30063

Baden im See	200m
Pool	5km
Spielplatz am Platz	✓
Hunde erlaubt	✓
wenig Schatten	✓
WLAN	✗
Lebensmittel	5km
Brötchen am Platz	✓
Restaurant/Imbiss	5km/200m
Ver-/Entsorgung Womo	✓
in den Ort	3km
Gesamt	9
Mietunterkünfte	✓
Stellplätze vor Schranke	✗

1 km
50.76345 | 10.4155

Der Campingplatz Nüßlehof liegt mitten im Thüringer Wald – Natur pur.

Lage & Stellplatz

Mitten im Thüringer Wald, abseits von Straßen und Städten liegt im Tal des Fambachs der Nüßleshof. Der Campingplatz verfügt über neun Stellplätze für Wohnwagen oder Wohnmobile (alle mit Strom), zwei ruhig gelegene Zeltwiesen, 12 kuschelige Bungalows und zwei urige Finnhütten für bis zu 8 Personen.

Sanitär

Die barrierefreien Sanitäranlagen wurden erst kürzlich komplett renoviert und sind sehr geräumig, sauber und hell und werden von den Gästen durchgängig als sehr gut bewertet.

Verpflegung

Im Biergarten gibt es neben kühlen Getränken und den obligatorischen Thüringer Grillspezialitäten auch Eis, Waffeln und Crêpes. Am Wochenende können Sie einen leckeren Brunch mit Rührei, Spiegelei, Nürnbergern und Speck bestellen. Der Brötchenservice liefert Ihnen die Brötchen täglich bis zum Platz.

Freizeit

Für Wanderer und Radfahrer gibt es zahlreiche Ausflugsziele, die man direkt vom Campingplatz aus ansteuern kann. Entdecken Sie die Trusetaler Wasserfälle und das Besucherbergwerk Hühn sowie Schmalkalden mit seiner historischen Altstadt und Schloss Wilhelmsburg. Ein Baggersee ist in 10 km Entfernung.

Bungalows und Stellplätze.

Urige Finnhütten für 8 Personen.

5.0 AUSGEZEICHNET
3 Bewertungen

Lage	4.7
Ruhe	5.0
Sanitäranlagen	4.7
Sauberkeit Ø	5.0
Freundlichkeit	5.0
Stellplatz	4.7
Verpflegung	4.3
Freizeit	5.0
Preis-Leistung	5.0
Mietunterkünfte	4.0

Geeignet für

5.0	Kinder b. 6 J.
5.0	Kinder b. 12 J.
5.0	Kinder b. 18 J.
5.0	Paare
5.0	Senioren
5.0	Gäste mit Zelt
5.0	Gäste mit Hund

Empfohlene Aktivitäten

Wandern · Entspannen · Spazieren · Radfahren · Motorrad

Karte auf Seite 424

16 Rennsteig-Caravaning Valentinsteich

*

Friedrichrodaer Weg 3a
99894 Friedrichroda OT Finsterbergen
+49 3623 310 775
50.84051 | 10.58148

Infos	
Öffnungszeiten	ganzjährig
Vergleichspreis	HS: 24,20 € | NS: 24,20 €
Link	Mehr Infos & Anfrage: www.camping.info/23379

Ausstattung		
Freizeit	Baden in nat. Gewässer	k. A.
	Pool/Hallenbad	100m/12km
	Spielplatz	500m
Campingplatz	Hunde willkommen	✓
	zur Hälfte Schatten	✓
	WLAN	✓
Versorgung	Lebensmittel	800m
	Brötchen am Platz	✓
	Restaurant/Imbiss	500/200m
	Ver-/Entsorgung Womo	✓
	in den Ort	500m
Anzahl der Plätze	Gesamt/Touristen	35/30
	Mietunterkünfte	✓
	Stellplätze vor Schranke	✗

4.5 SEHR GUT – 25 Bewertungen

Lage	4.3
Ruhe	4.8
Sanitäranlagen	4.5
Sauberkeit Ø	4.7
Freundlichkeit	4.8
Stellplatz	3.9
Verpflegung	3.3
Freizeit	4.0
Preis-Leistung	4.6
Mietunterkünfte	5.0

Geeignet für

Kinder b. 6 J.	3.6
Kinder b. 12 J.	3.9
Kinder b. 18 J.	3.7
Paare	4.5
Senioren	4.5
Gäste mit Zelt	4.5
Gäste mit Hund	4.9

Empfohlene Aktivitäten

- Wandern
- Entspannen
- Schwimmen

17 Freizeit u. Tourismuseinrichtungen Paulfeld GmbH

*

Straße am Steinbühl 3
99894 Leinatal OT Catterfeld
+49 362 532 5171
50.8245 | 10.60923

Infos	
Öffnungszeiten	ganzjährig
Vergleichspreis	HS: 23,00 € | NS: 23,00 €
Link	Mehr Infos & Anfrage: www.camping.info/17850

Ausstattung		
Freizeit	Baden im Teich am Platz	✓
	Pool/Hallenbad	3/7km
	Spielplatz am Platz	✓
Campingplatz	Hunde willkommen	✓
	Schatten	✗
	WLAN (gegen Gebühr)	✓
Versorgung	Lebensmittel	✓
	Brötchen am Platz	✓
	Restaurant am P.	✓
	Ver-/Entsorgung Womo	✓
	in den Ort	3km
Anzahl der Plätze	Gesamt/Touristen	140/80
	Mietunterkünfte	✓
	Stellplätze vor Schranke	✗

4.5 SEHR GUT – 65 Bewertungen

Lage	4.7
Ruhe	4.7
Sanitäranlagen	4.4
Sauberkeit Ø	4.7
Freundlichkeit	4.4
Stellplatz	4.3
Verpflegung	4.2
Freizeit	4.1
Preis-Leistung	4.6
Mietunterkünfte	4.4

Geeignet für

Kinder b. 6 J.	4.4
Kinder b. 12 J.	4.5
Kinder b. 18 J.	4.0
Paare	4.8
Senioren	4.8
Gäste mit Zelt	4.6
Gäste mit Hund	4.7

Empfohlene Aktivitäten

- Wandern
- Entspannen
- Radfahren

18 Camping Georgenthal

Am Schwimmbad
99887 Georgenthal
+49 36253 469936
50.82807 | 10.64839

Infos	
Öffnungszeiten	01.03. - 31.10.
Vergleichspreis	HS: 24,50 € | NS: 20,00 €
Link	Mehr Infos & Anfrage: www.camping.info/19267

Ausstattung		
Freizeit	Baden in nat. Gewässer	k. A.
	Pool/Hallenbad	✓/7km
	Spielplatz am Platz	✓
Campingplatz	Hunde erlaubt	✓
	wenig Schatten	✓
	WLAN	✓
Versorgung	Lebensmittel	500m
	Brötchen am Platz	✓
	Restaurant/Imbiss	500m/✓
	Ver-/Entsorgung Womo	✓
	in den Ort	200m
Anzahl der Plätze	Gesamt/Touristen	50/35
	Mietunterkünfte	✓
	Stellplätze vor Schranke	✗

4.5 SEHR GUT – 31 Bewertungen

Lage	4.5
Ruhe	4.1
Sanitäranlagen	4.3
Sauberkeit Ø	4.6
Freundlichkeit	4.8
Stellplatz	4.4
Verpflegung	4.1
Freizeit	4.4
Preis-Leistung	4.7
Mietunterkünfte	5.0

Geeignet für

Kinder b. 6 J.	4.7
Kinder b. 12 J.	4.5
Kinder b. 18 J.	4.3
Paare	4.5
Senioren	4.3
Gäste mit Zelt	4.3
Gäste mit Hund	4.6

Empfohlene Aktivitäten

- Wandern
- Schwimmen
- Radfahren

19 Camping Drei Gleichen

Campingplatz 1 (vorm. Gut Ringhofen)
99869 Drei Gleichen OT Mühlberg
+49 362 56 22715
www.camping-drei-gleichen.de
info@camping-drei-gleichen.de

01.04. - 31.10.

HS: 28,00 € | NS: 26,00 €

Mehr Infos & online buchen:
www.camping.info/19266

Baden in nat. Gewässer	k. A.
Pool/Hallenbad	8km
Spielplatz am Platz	✓
Hunde willkommen	✓
zur Hälfte Schatten	✓
WLAN	✓
Lebensmittel	2km
Brötchen am Platz	✓
Restaurant/Imbiss	300m/1km
Ver-/Entsorgung Womo	✓
in den Ort	500m
Gesamt/Touristen	150/120
Mietunterkünfte	✓
Stellplätze vor Schranke	✗

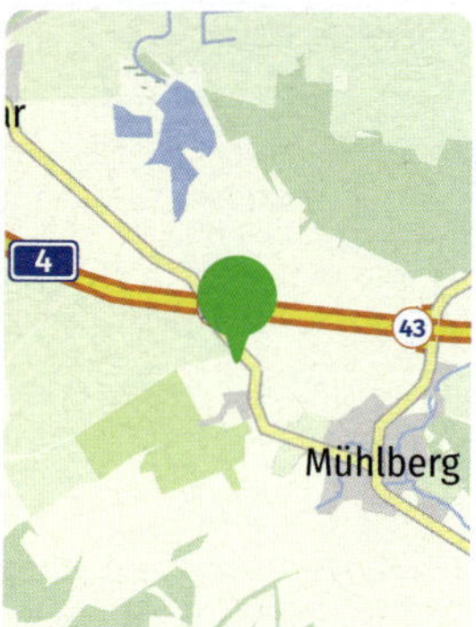

1 km
50.87472 | 10.8093

Willkommen auf Camping Drei Gleichen.

Lage & Stellplatz

Wer ursprüngliches, naturnahes Camping sucht, ist hier genau richtig. Inmitten des Thüringer Burgenlandes warten Abenteuer am Lagerfeuer, Camping ohne Animationsstress und Natur pur auf Sie. 150 Stellplätze für Zelte, Wohnmobile und Wohnwagen verteilen sich auf 3 ha. Strom ist mit 16A verfügbar.

Verpflegung

Der Platz verfügt über einen Rezeptions-Kiosk mit Eis und Getränken. Zwischen April und Oktober wird ein Brötchenservice angeboten. Das nächste Restaurant ist in der direkten Nachbarschaft – in nur 300 m Entfernung – auf dem „Gut Ringhofen" zu finden.

Sanitär

Die Dusch- und Waschkabinen der Sanitäranlagen wurden vor Kurzem renoviert. Die Duschkabinen sind sowohl mit Hand- als auch mit Deckenbrausen ausgestattet. Die Anlagen sind sehr sauber, funktional und barrierefrei.

Freizeit

Rad- und Wanderwege beginnen direkt am Platz. Das Burgenensemble Drei Gleichen ist nur eines der möglichen Ziele. In unmittelbarer Nachbarschaft liegt das „Gut Ringhofen" mit einem Reiterhof und einem öffentlichen Golfplatz. Für kulturelle Ausflüge bieten sich Arnstadt, Gotha, Erfurt oder Weimar an.

Große Plätze ohne Parzellierung.

Die Sommerdusche.

4.5 SEHR GUT
126 Bewertungen

Lage	4.2
Ruhe	3.6
Sanitäranlagen	4.4
Sauberkeit Ø	4.6
Freundlichkeit	4.8
Stellplatz	4.5
Verpflegung	3.6
Freizeit	4.2
Preis-Leistung	4.1
Mietunterkünfte	4.4

Geeignet für

- 4.6 Paare
- 4.6 Senioren
- 4.3 Gäste mit Zelt
- 4.3 Gäste mit Hund
- 3.9 Kinder b. 6 J.
- 3.9 Kinder b. 12 J.
- 3.8 Kinder b. 18 J.

Empfohlene Aktivitäten

Radfahren · Wandern · Sightseeing · Kultur · Golf

Nebensaison: 01.04. - 30.06., 01.09. - 31.10.
Hauptsaison: 01.07. - 31.08.

Karte auf Seite 424

20 Campingpark Erfurt

*

Rudolstädter Straße 83c
99099 Erfurt
0176 95531746
50.96734 | 11.06754

ganzjährig
HS: 39,00 € | NS: 37,00 €
Mehr Infos & Anfrage:
www.camping.info/30009

Baden im See	5km
Pool	5km
Spielplatz	✗
Hunde willkommen	✓
kein Schatten	✓
WLAN	keine Angabe
Lebensmittel	600m
Brötchen am Platz	✓
Restaurant	200m
Ver-/Entsorgung Womo	✓
in den Ort	500m
Touristenplätze	100
Mietunterkünfte	✓
Stellplätze vor Schranke	✗

4.0 SEHR GUT – 8 Bewertungen

Lage	3.8
Ruhe	3.5
Sanitäranlagen	4.5
Sauberkeit Ø	4.6
Freundlichkeit	4.2
Stellplatz	3.8
Verpflegung	2.7
Freizeit	2.8
Preis-Leistung	3.0
Mietunterkünfte	5.0

Geeignet für

Kinder b. 6 J.	1.0
Kinder b. 12 J.	1.0
Kinder b. 18 J.	1.0
Paare	3.6
Senioren	3.8
Gäste mit Zelt	2.8
Gäste mit Hund	3.7

Empfohlene Aktivitäten
- Sightseeing
- Kultur
- Radfahren

21 Campingplatz Weißensee

Günstedter Straße 4
99631 Weissensee
+49 363 743 6936
51.20473 | 11.06563

01.04. - 30.09.
HS: 21,00 € | NS: 0,00 €
Mehr Infos & Anfrage:
www.camping.info/19262

Baden in nat. Gewässer	k. A.
Pool/Hallenbad	✓/5km
Spielplatz am Platz	✓
Hunde erlaubt	✓
wenig Schatten	✓
WLAN	✓
Lebensmittel	✓
Brötchen am Platz	✓
Restaurant am P.	✓
Ver-/Entsorgung Womo	✓
im Ort	✓
Gesamt/Touristen	80/40
Mietunterkünfte	✓
Stellplätze vor Schranke	✗

4.3 SEHR GUT – 7 Bewertungen

Lage	4.6
Ruhe	4.4
Sanitäranlagen	3.9
Sauberkeit Ø	4.5
Freundlichkeit	4.8
Stellplatz	3.9
Verpflegung	2.8
Freizeit	3.7
Preis-Leistung	4.6
Mietunterkünfte	4.0

Geeignet für

Kinder b. 6 J.	4.5
Kinder b. 12 J.	4.4
Kinder b. 18 J.	3.8
Paare	4.7
Senioren	4.8
Gäste mit Zelt	5.0
Gäste mit Hund	4.5

Empfohlene Aktivitäten
- Radfahren
- Entspannen
- Schwimmen

22 Bad-Camp Ettersburg

Badweg 1
99439 Ettersburg
+ 49 176 / 22 84 14 64
51.03544 | 11.28666

01.04. - 31.10.
HS: 19,00 € | NS: 19,00 €
Mehr Infos & Anfrage:
www.camping.info/17854

Baden in nat. Gewässer	k. A.
Pool/Hallenbad	✓/7km
Spielplatz	300m
Hunde willkommen	✓
wenig Schatten	✓
WLAN	✓
Lebensmittel	5km
Brötchen am Platz	✓
Restaurant/Imbiss	1km/✓
Ver-/Entsorgung Womo	✓
in den Ort	1km
Touristenplätze	50
Mietunterkünfte	✓
Stellplätze vor Schranke	✗

3.7 GUT – 23 Bewertungen

Lage	4.1
Ruhe	4.5
Sanitäranlagen	3.6
Sauberkeit Ø	4.0
Freundlichkeit	4.4
Stellplatz	3.5
Verpflegung	3.0
Freizeit	3.5
Preis-Leistung	3.6
Mietunterkünfte	5.0

Geeignet für

Kinder b. 6 J.	3.2
Kinder b. 12 J.	3.4
Kinder b. 18 J.	2.8
Paare	4.3
Senioren	3.9
Gäste mit Zelt	3.9
Gäste mit Hund	4.2

Empfohlene Aktivitäten
- Kultur
- Sightseeing
- Wandern

Infos

Öffnungszeiten
Vergleichspreis
Link

Ausstattung

Freizeit
Campingplatz
Versorgung
Anzahl der Plätze

23 Im Grünen

Auf dem Butterberge 1
99438 Oettern bei Weimar
036453/ 80264

50.92435 | 11.34757

15.04. - 31.10.

HS: 23,00 € | NS: 23,00 €

Mehr Infos & Anfrage:
www.camping.info/27723

Baden in nat. Gewässer	k. A.
Pool/Hallenbad	4/20km
Spielplatz am Platz	✓
Hunde willkommen	✓
zur Hälfte Schatten	✓
WLAN	✓
Lebensmittel	k.A.
Brötchen am Platz	✓
Restaurant & Imbiss	✓
Ver-/Entsorgung Womo	✓
in den Ort	4km
Gesamt/Touristen	70/35
Mietunterkünfte	✗
Stellplätze vor Schranke	✗

4.9 SEHR GUT
7 Bewertungen

Lage	4.6
Ruhe	4.7
Sanitäranlagen	4.4
Sauberkeit Ø	4.7
Freundlichkeit	5.0
Stellplatz	4.4
Verpflegung	4.3
Freizeit	4.2
Preis-Leistung	4.7
Mietunterkünfte	-

Geeignet für

Kinder b. 6 J.	5.0
Kinder b. 12 J.	4.7
Kinder b. 18 J.	4.0
Paare	4.6
Senioren	5.0
Gäste mit Zelt	4.5
Gäste mit Hund	4.5

Empfohlene Aktivitäten

- Radfahren
- Kultur
- Wandern

24 Campingplatz Jena Unter dem Jenzig

Am Erlkönig 3
07749 Jena
+49 3641 6666 88

50.93654 | 11.6079

01.03. - 30.10.

HS: 19,50 € | NS: 19,50 €

Mehr Infos & Anfrage:
www.camping.info/17963

Baden im Fluss	300m
Pool/Hallenbad	✓/8km
Spielplatz am Platz	✓
Hunde willkommen	✓
zur Hälfte Schatten	✓
WLAN	✓
Lebensmittel	300m
Brötchen am Platz	✓
Restaurant/Imbiss	200m/✓
Ver-/Entsorgung Womo	✓
in den Ort	500m
Touristenplätze	50
Mietunterkünfte	✓
Stellplätze vor Schranke	✗

4.2 SEHR GUT
58 Bewertungen

Lage	4.5
Ruhe	4.3
Sanitäranlagen	3.2
Sauberkeit Ø	4.3
Freundlichkeit	4.7
Stellplatz	3.9
Verpflegung	3.7
Freizeit	4.0
Preis-Leistung	4.6
Mietunterkünfte	4.2

Geeignet für

Kinder b. 6 J.	3.9
Kinder b. 12 J.	4.0
Kinder b. 18 J.	4.1
Paare	4.6
Senioren	4.4
Gäste mit Zelt	4.5
Gäste mit Hund	4.5

Empfohlene Aktivitäten

- Wandern
- Radfahren
- Sightseeing

25 Camping & Ferienpark Bei Jena, Olga Wakker

Rabeninsel , OT Porstendorf 3
07778 Neuengönna, bei Jena
+49 36427 22556

50.9731 | 11.6494

01.04. - 31.10.

HS: 18,50 € | NS: 18,50 €

Mehr Infos & Anfrage:
www.camping.info/17964

Baden im See am Platz	✓
Pool/Hallenbad	✓/12km
Spielplatz am Platz	✓
Hunde willkommen	✓
zur Hälfte Schatten	✓
WLAN (begrenzt gratis)	✓
Lebensmittel	5km
Brötchen am Platz	✓
Restaurant/Imbiss	200m/✓
Ver-/Entsorgung Womo	✓
in den Ort	500m
Gesamt/Touristen	100/80
Mietunterkünfte	✓
Stellplätze vor Schranke	✗

4.0 SEHR GUT
22 Bewertungen

Lage	4.5
Ruhe	4.5
Sanitäranlagen	3.1
Sauberkeit Ø	3.8
Freundlichkeit	4.8
Stellplatz	3.9
Verpflegung	3.4
Freizeit	4.1
Preis-Leistung	4.4
Mietunterkünfte	3.7

Geeignet für

Kinder b. 6 J.	4.0
Kinder b. 12 J.	3.7
Kinder b. 18 J.	3.7
Paare	4.3
Senioren	3.8
Gäste mit Zelt	4.1
Gäste mit Hund	4.4

Empfohlene Aktivitäten

- Schwimmen
- Radfahren
- Kayak/Kanu

26 Camping- und Caravanstellplatz Urnshausen

Bernshäuser Straße 115
36457 Urnshausen

50.7431 | 10.20157

01.05. - 30.08.

HS: 15,50 €

Mehr Infos & Anfrage:
www.camping.info/23601

Baden im See am Platz	✓
Pool & Hallenbad	✗
Spielplatz am Platz	✓
Hunde willkommen	✓
wenig Schatten	✓
WLAN	✗
Lebensmittel	✗
Brötchen am Platz	✗
Restaurant & Imbiss	✓
Ver-/Entsorgung Womo	✓
in den Ort	2km
Gesamt	keine Angabe
Mietunterkünfte	✗
Stellplätze vor Schranke	✓

3.8 GUT
5 Bewertungen

Lage	3.8
Ruhe	4.0
Sanitäranlagen	3.8
Sauberkeit Ø	3.8
Freundlichkeit	3.8
Stellplatz	3.6
Verpflegung	3.2
Freizeit	3.2
Preis-Leistung	4.0
Mietunterkünfte	-

Geeignet für

Kinder b. 6 J.	3.8
Kinder b. 12 J.	3.2
Kinder b. 18 J.	2.8
Paare	3.0
Senioren	2.5
Gäste mit Zelt	3.0
Gäste mit Hund	3.8

Empfohlene Aktivitäten

- Wandern
- Angeln
- Mountainbiking

Karte auf Seite 424

27 Rhön Feeling

Bernshausen 29
36466 Dermbach OT Bernshausen
+49 369 648 2523
50.73167 | 10.19463

keine Angabe
HS: 17,00 €
Mehr Infos & online buchen:
www.camping.info/24626

Baden im See	2km
Hallenbad	10km
Spielplatz am Platz	✓
Hunde willkommen	✓
zur Hälfte Schatten	✓
WLAN	✓
Lebensmittel	5km
Brötchen am Platz	✓
Restaurant am P.	✓
Ver-/Entsorgung Womo	✓
in den Ort	2km
Touristenplätze	30
Mietunterkünfte	✓
Stellplätze vor Schranke	✓

4.3 SEHR GUT
3 Bewertungen

Lage	4.7
Ruhe	5.0
Sanitäranlagen	3.7
Sauberkeit Ø	4.3
Freundlichkeit	5.0
Stellplatz	4.0
Verpflegung	4.3
Freizeit	5.0
Preis-Leistung	5.0
Mietunterkünfte	5.0

Geeignet für

Kinder b. 6 J.	5.0
Kinder b. 12 J.	4.7
Kinder b. 18 J.	4.7
Paare	4.7
Senioren	4.3
Gäste mit Zelt	5.0
Gäste mit Hund	5.0

Empfohlene Aktivitäten

- Radfahren
- Wandern
- Entspannen

28 Camping Schloß Roßdorf

Schlossplatz 1
98590 Roßdorf
+49 36968-626050
50.70421 | 10.21527

21.04. - 02.10.
HS: 20,00 € | NS: 20,00 €
Mehr Infos & Anfrage:
www.camping.info/26767

Baden im Teich	200m
Pool/Hallenbad	15km
Spielplatz am Platz	✓
Hunde willkommen	✓
zur Hälfte Schatten	✓
WLAN	✓
Lebensmittel	5km
Brötchen am Platz	✗
Restaurant/Imbiss	5km
Ver-/Entsorgung Womo	✓
in den Ort	keine Angabe
Touristenplätze	20
Mietunterkünfte	✗
Stellplätze vor Schranke	✗

4.5 SEHR GUT
4 Bewertungen

Lage	4.8
Ruhe	4.8
Sanitäranlagen	3.0
Sauberkeit Ø	4.5
Freundlichkeit	4.8
Stellplatz	4.5
Verpflegung	3.0
Freizeit	3.8
Preis-Leistung	4.2
Mietunterkünfte	-

Geeignet für

Kinder b. 6 J.	3.0
Kinder b. 12 J.	3.0
Kinder b. 18 J.	3.0
Paare	4.8
Senioren	4.7
Gäste mit Zelt	5.0
Gäste mit Hund	5.0

Empfohlene Aktivitäten

- Radfahren
- Wandern
- Entspannen

29 Weidberg Camping

Auf dem Rosengarten 1
98634 Kaltenwestheim
50.60911 | 10.11754

keine Angabe
HS: 14,00 €
Mehr Infos & Anfrage:
www.camping.info/22345

Baden in nat. Gewässer	k. A.
Pool & Hallenbad	✗
Spielplatz am Platz	✓
Hunde willkommen	✓
kein Schatten	✓
WLAN	✗
Lebensmittel	1km
Brötchen am Platz	✓
Restaurant/Imbiss	1km
Ver-/Entsorgung Womo	✓
in den Ort	keine Angabe
Gesamt	keine Angabe
Mietunterkünfte	✗
Stellplätze vor Schranke	✗

- JETZT BEWERTEN!

Für diese Auswertung liegen leider noch nicht genügend Bewertungen vor.

Sei einer der Ersten, der diesen Campingplatz bewertet. Unter den Bewertern werden regelmäßig Gewinne verlost!

Mehr Infos dazu findest du in unserem allgemeinen Intro.

Infos

Öffnungszeiten
Vergleichspreis
Link

Ausstattung

Freizeit
Campingplatz
Versorgung
Anzahl der Plätze

30 Camping Rohrer Stirn

98617 Meiningen

50.57 | 10.43556

keine Angabe

keine Angabe

Mehr Infos & Anfrage:
www.camping.info/19256

Baden in nat. Gewässer	k. A.
Pool & Hallenbad	✗
Spielplatz	keine Angabe
Hunde	✗
Schatten	✗
WLAN	keine Angabe
Lebensmittel	k.A.
Brötchen	keine Angabe
Restaurant & Imbiss	✗
Ver-/Entsorgung Womo	✗
in den Ort	keine Angabe
Gesamt	keine Angabe
Mietunterkünfte	✗
Stellplätze vor Schranke	✗

4.6 SEHR GUT
27 Bewertungen

Lage	4.3
Ruhe	4.5
Sanitäranlagen	4.9
Sauberkeit Ø	5.0
Freundlichkeit	4.9
Stellplatz	4.5
Verpflegung	3.9
Freizeit	4.1
Preis-Leistung	4.6
Mietunterkünfte	-

Geeignet für

Kinder b. 6 J.	3.9
Kinder b. 12 J.	3.8
Kinder b. 18 J.	3.3
Paare	4.8
Senioren	4.4
Gäste mit Zelt	3.8
Hunde n. erlaubt	-

Empfohlene Aktivitäten

- Schwimmen
- Wandern
- Sightseeing

31 Flugschule-Dolmar

✻
Am Flugplatz 1
98547 Kühndorf

50.611 | 10.47

ganzjährig

HS: 10,00 €

Mehr Infos & Anfrage:
www.camping.info/27589

Baden in nat. Gewässer	k. A.
Pool & Hallenbad	✗
Spielplatz	✗
Hunde willkommen	✓
Schatten	✗
WLAN (gratis)	teilweise
Lebensmittel	1km
Brötchen am Platz	✓
Restaurant & Imbiss	✓
Ver-/Entsorgung Womo	✗
in den Ort	10km
Gesamt	20
Mietunterkünfte	✓
Stellplätze vor Schranke	✗

- JETZT BEWERTEN!

Für diese Auswertung liegen leider noch nicht genügend Bewertungen vor.

Sei einer der Ersten, der diesen Campingplatz bewertet. Unter den Bewertern werden regelmäßig Gewinne verlost!

Mehr Infos dazu findest du in unserem allgemeinen Intro.

32 Oberhof Camping

FKK ✻
Am Stausee 9
99330 Frankenhain
+49 36205 76518

50.7306 | 10.75544

ganzjährig

HS: 26,00 € | NS: 26,00 €

Mehr Infos & Anfrage:
www.camping.info/19259

Baden im See am Platz	✓
Pool/Hallenbad	5/20km
Spielplatz am Platz	✓
Hunde willkommen	✓
Schatten	✗
WLAN	✓
Lebensmittel	✓
Brötchen am Platz	✓
Restaurant & Imbiss	✓
Ver-/Entsorgung Womo	✓
in den Ort	5km
Gesamt/Touristen	300/150
Mietunterkünfte	✓
Stellplätze vor Schranke	✗

4.0 SEHR GUT
72 Bewertungen

Lage	4.5
Ruhe	4.4
Sanitäranlagen	3.9
Sauberkeit Ø	4.0
Freundlichkeit	4.5
Stellplatz	3.7
Verpflegung	3.7
Freizeit	3.8
Preis-Leistung	4.1
Mietunterkünfte	3.3

Geeignet für

Kinder b. 6 J.	3.9
Kinder b. 12 J.	4.0
Kinder b. 18 J.	3.4
Paare	4.5
Senioren	4.6
Gäste mit Zelt	4.2
Gäste mit Hund	4.6

Empfohlene Aktivitäten

- Wandern
- Schwimmen
- Entspannen

33 Waldcampingplatz Meyersgrund

✻
Schmücker Straße 91
98693 Manebach

50.66788 | 10.85697

ganzjährig

HS: 21,50 € | NS: 21,50 €

Mehr Infos & Anfrage:
www.camping.info/19257

Baden im Teich am Platz	✓
Hallenbad	7km
Spielplatz am Platz	✓
Hunde erlaubt	✓
Schatten	✗
WLAN	✗
Lebensmittel	✓
Brötchen	keine Angabe
Restaurant/Imbiss	1km/✓
Ver-/Entsorgung Womo	✓
in den Ort	1km
Gesamt/Touristen	120/60
Mietunterkünfte	✓
Stellplätze vor Schranke	✗

3.9 GUT
21 Bewertungen

Lage	3.9
Ruhe	4.1
Sanitäranlagen	3.5
Sauberkeit Ø	3.9
Freundlichkeit	3.9
Stellplatz	3.5
Verpflegung	3.4
Freizeit	3.8
Preis-Leistung	4.2
Mietunterkünfte	3.0

Geeignet für

Kinder b. 6 J.	3.8
Kinder b. 12 J.	3.8
Kinder b. 18 J.	3.9
Paare	4.5
Senioren	4.3
Gäste mit Zelt	4.1
Gäste mit Hund	4.4

Empfohlene Aktivitäten

- Wandern
- Mountainbiking
- Radfahren

Karte auf Seite 424

34

Campingplatz & Bungalowdorf "Am Waldbad" Erlau

✻

Am Waldbad 10
98553 Schleusingen, Erlau
+49 (0)36841 48228

50.54654 | 10.75496

ganzjährig

HS: 20,00 € | NS: 20,00 €

Mehr Infos & Anfrage:
www.camping.info/19255

Baden in nat. Gewässer	k. A.
Pool/Hallenbad	✓/10km
Spielplatz am Platz	✓
Hunde willkommen	✓
Schatten	✗
WLAN (gratis)	teilweise
Lebensmittel	2km
Brötchen am Platz	✓
Restaurant/Imbiss	✓/2km
Ver-/Entsorgung Womo	✗
in den Ort	500m
Gesamt/Touristen	35/15
Mietunterkünfte	✓
Stellplätze vor Schranke	✗

4.7 SEHR GUT
3 Bewertungen

Lage	5.0
Ruhe	4.7
Sanitäranlagen	4.7
Sauberkeit Ø	4.5
Freundlichkeit	5.0
Stellplatz	4.7
Verpflegung	5.0
Freizeit	3.7
Preis-Leistung	4.7
Mietunterkünfte	5.0

Geeignet für

Kinder b. 6 J.	5.0
Kinder b. 12 J.	5.0
Kinder b. 18 J.	5.0
Paare	5.0
Senioren	4.7
Gäste mit Zelt	5.0
Gäste mit Hund	5.0

Empfohlene Aktivitäten

- Wandern
- Entspannen
- Schwimmen

35

Campingplatz Am Waldbad

✻

Campingplatz 1
98553 Breitenbach
+49 36841 41153

50.54735 | 10.77872

ganzjährig

HS: 20,00 € | NS: 20,00 €

Mehr Infos & Anfrage:
www.camping.info/22346

Baden in nat. Gewässer	k. A.
Pool am Platz	✓
Spielplatz am Platz	✓
Hunde erlaubt	✓
Schatten	✗
WLAN	✓
Lebensmittel	✓
Brötchen am Platz	nur HS
Restaurant	500m
Ver-/Entsorgung Womo	✗
in den Ort	500m
Gesamt/Touristen	100/60
Mietunterkünfte	✗
Stellplätze vor Schranke	✗

3.6 GUT
8 Bewertungen

Lage	4.6
Ruhe	4.9
Sanitäranlagen	2.7
Sauberkeit Ø	3.6
Freundlichkeit	4.5
Stellplatz	3.7
Verpflegung	2.5
Freizeit	3.6
Preis-Leistung	4.1
Mietunterkünfte	-

Geeignet für

Kinder b. 6 J.	2.7
Kinder b. 12 J.	3.0
Kinder b. 18 J.	2.8
Paare	4.2
Senioren	4.4
Gäste mit Zelt	3.2
Gäste mit Hund	4.6

Empfohlene Aktivitäten

- Wandern
- Radfahren
- Mountainbiking

36

Camping Bergsee Ratscher

Am Bergsee 40
98553 Ratscher bei Schleusingen
+49 36841 40015

50.49222 | 10.79028

08.04. - 05.10.

HS: 26,00 € | NS: 26,00 €

Mehr Infos & Anfrage:
www.camping.info/19254

Baden in nat. Gewässer	k. A.
Pool/Hallenbad	3/15km
Spielplatz am Platz	✓
Hunde erlaubt	nur NS
zur Hälfte Schatten	✓
WLAN	teilweise
Lebensmittel	✓
Brötchen am Platz	✓
Restaurant/Imbiss	50m/✓
Ver-/Entsorgung Womo	✗
in den Ort	1km
Gesamt/Touristen	160/90
Mietunterkünfte	✓
Stellplätze vor Schranke	✗

3.2 GUT
61 Bewertungen

Lage	4.4
Ruhe	2.7
Sanitäranlagen	2.4
Sauberkeit Ø	2.6
Freundlichkeit	3.7
Stellplatz	3.4
Verpflegung	3.4
Freizeit	3.6
Preis-Leistung	3.2
Mietunterkünfte	3.6

Geeignet für

Kinder b. 6 J.	3.2
Kinder b. 12 J.	3.5
Kinder b. 18 J.	3.6
Paare	3.7
Senioren	2.7
Gäste mit Zelt	3.6
Gäste mit Hund	3.2

Empfohlene Aktivitäten

- Schwimmen
- Surfen
- Kayak/Kanu

Infos

Öffnungszeiten
Vergleichspreis
Link

Ausstattung

Freizeit
Campingplatz
Versorgung
Anzahl der Plätze

37 Campingplatz Saalthal-Alter

Saalthal 7
07333 Unterwellenborn
+49 36732 22267
50.62106 | 11.50856

01.04. - 31.10.
HS: 25,50 € | NS: 21,50 €
Mehr Infos & online buchen:
www.camping.info/23434

Baden im See am Platz	✓
Pool & Hallenbad	✗
Spielplatz am Platz	✓
Hunde erlaubt	✓
Schatten	✗
WLAN	teilweise
Lebensmittel	✓
Brötchen am Platz	✓
Imbiss	✓
Ver-/Entsorgung Womo	✓
in den Ort	3km
Gesamt/Touristen	200/70
Mietunterkünfte	✓
Stellplätze vor Schranke	✓

3.2 GUT
12 Bewertungen

Lage	4.7
Ruhe	3.5
Sanitäranlagen	4.1
Sauberkeit Ø	4.2
Freundlichkeit	4.1
Stellplatz	3.2
Verpflegung	3.1
Freizeit	3.3
Preis-Leistung	2.8
Mietunterkünfte	-

Geeignet für

Kinder b. 6 J.	3.8
Kinder b. 12 J.	3.8
Kinder b. 18 J.	3.4
Paare	4.2
Senioren	3.3
Gäste mit Zelt	3.7
Gäste mit Hund	3.4

Empfohlene Aktivitäten

- Schwimmen
- Kayak/Kanu
- Motorboot

38 Campingplatz Portenschmiede

Ortsstraße 21a
07389 Wilhelmsdorf
+49 3647 413945
50.61907 | 11.55139

15.04. - 15.10.
HS: 18,00 € | NS: 23,00 €
Mehr Infos & Anfrage:
www.camping.info/23956

Baden im See am Platz	✓
Pool/Hallenbad	17km
Spielplatz am Platz	✓
Hunde	✗
kein Schatten	✓
WLAN (gegen Gebühr)	✓
Lebensmittel	✓
Brötchen am Platz	✗
Restaurant am P.	✓
Ver-/Entsorgung Womo	✓
in den Ort	2km
Gesamt/Touristen	600/10
Mietunterkünfte	✓
Stellplätze vor Schranke	✗

3.6 GUT
7 Bewertungen

Lage	3.8
Ruhe	4.2
Sanitäranlagen	3.2
Sauberkeit Ø	3.1
Freundlichkeit	4.0
Stellplatz	3.5
Verpflegung	2.8
Freizeit	3.2
Preis-Leistung	3.8
Mietunterkünfte	2.2

Geeignet für

Kinder b. 6 J.	3.0
Kinder b. 12 J.	3.5
Kinder b. 18 J.	4.2
Paare	4.2
Senioren	4.2
Gäste mit Zelt	3.8
Hunde n. erlaubt	-

Empfohlene Aktivitäten

- Motorboot
- Schwimmen
- Angeln

39 Zeltplatz Hopfenmühle

Ortsstraße 4
7338 Drognitz
+49 36737 21222
50.60546 | 11.56139

01.04. - 31.10.
HS: 17,00 €
Mehr Infos & Anfrage:
www.camping.info/23433

Baden im See am Platz	✓
Pool & Hallenbad	✗
Spielplatz am Platz	✓
Hunde willkommen	✓
wenig Schatten	✓
WLAN	keine Angabe
Lebensmittel	✗
Brötchen am Platz	✗
Restaurant & Imbiss	✓
Ver-/Entsorgung Womo	✓
in den Ort	3km
Gesamt	keine Angabe
Mietunterkünfte	✗
Stellplätze vor Schranke	✗

3.8 GUT
6 Bewertungen

Lage	4.8
Ruhe	4.0
Sanitäranlagen	3.0
Sauberkeit Ø	3.6
Freundlichkeit	3.8
Stellplatz	2.8
Verpflegung	3.0
Freizeit	3.3
Preis-Leistung	4.2
Mietunterkünfte	-

Geeignet für

Kinder b. 6 J.	3.5
Kinder b. 12 J.	3.5
Kinder b. 18 J.	3.2
Paare	4.4
Senioren	4.2
Gäste mit Zelt	5.0
Gäste mit Hund	5.0

Empfohlene Aktivitäten

- Angeln
- Wandern
- Schwimmen

40 Camping Thüringer Wald

Mutschwiese 1
07338 Drognitz
50.59606 | 11.56194

keine Angabe
keine Angabe
Mehr Infos & Anfrage:
www.camping.info/27379

Baden in nat. Gewässer	k. A.
Pool & Hallenbad	✗
Spielplatz	keine Angabe
Hunde	✗
Schatten	✗
WLAN	keine Angabe
Lebensmittel	✓
Brötchen	keine Angabe
Restaurant am P.	✓
Ver-/Entsorgung Womo	✗
in den Ort	2km
Touristenplätze	75
Mietunterkünfte	✗
Stellplätze vor Schranke	✗

4.0 SEHR GUT
4 Bewertungen

Lage	4.8
Ruhe	5.0
Sanitäranlagen	3.5
Sauberkeit Ø	4.2
Freundlichkeit	4.0
Stellplatz	4.2
Verpflegung	3.8
Freizeit	3.8
Preis-Leistung	3.8
Mietunterkünfte	-

Geeignet für

Kinder b. 6 J.	2.5
Kinder b. 12 J.	2.5
Kinder b. 18 J.	2.0
Paare	4.5
Senioren	4.3
Gäste mit Zelt	4.5
Hunde n. erlaubt	-

Empfohlene Aktivitäten

- Wandern
- Mountainbiking
- Radfahren

41 Camping Droschkau

Droschkau 13
07338 Altenbeuthen
+49 367 37 33 10
50.59454 | 11.5834

01.05. - 31.10.
HS: 17,00 € | NS: 17,00 €
Mehr Infos & Anfrage:
www.camping.info/23605

Baden im See am Platz	✓
Pool & Hallenbad	✗
Spielplatz am Platz	✓
Hunde erlaubt	✓
Schatten	✗
WLAN	✗
Lebensmittel	✓
Brötchen am Platz	✓
Restaurant & Imbiss	✗
Ver-/Entsorgung Womo	✓
in den Ort	2km
Gesamt	keine Angabe
Mietunterkünfte	✗
Stellplätze vor Schranke	✓

3.1 GUT
15 Bewertungen

Lage	4.5
Ruhe	3.9
Sanitäranlagen	2.7
Sauberkeit Ø	2.9
Freundlichkeit	2.9
Stellplatz	2.6
Verpflegung	2.2
Freizeit	3.2
Preis-Leistung	3.4
Mietunterkünfte	-

Geeignet für

Kinder b. 6 J.	3.0
Kinder b. 12 J.	2.5
Kinder b. 18 J.	2.8
Paare	3.8
Senioren	3.3
Gäste mit Zelt	3.5
Gäste mit Hund	3.3

Empfohlene Aktivitäten

- Schwimmen
- Wandern
- Kayak/Kanu

42 Camping Neumannshof

Neumannshof 4
07389 Gössitz
+49 364 83 74 20
50.60029 | 11.59146

ganzjährig
HS: 26,00 € | NS: 21,50 €
Mehr Infos & online buchen:
www.camping.info/17960

Baden im See am Platz	✓
Hallenbad	20km
Spielplatz am Platz	✓
Hunde erlaubt	✓
wenig Schatten	✓
WLAN	teilweise
Lebensmittel	✓
Brötchen am Platz	✓
Restaurant & Imbiss	✓
Ver-/Entsorgung Womo	✓
in den Ort	3km
Gesamt/Touristen	270/90
Mietunterkünfte	✓
Stellplätze vor Schranke	✗

3.4 GUT
43 Bewertungen

Lage	4.3
Ruhe	3.9
Sanitäranlagen	3.8
Sauberkeit Ø	3.8
Freundlichkeit	3.4
Stellplatz	3.0
Verpflegung	3.4
Freizeit	3.2
Preis-Leistung	3.4
Mietunterkünfte	4.2

Geeignet für

Kinder b. 6 J.	3.7
Kinder b. 12 J.	3.7
Kinder b. 18 J.	3.1
Paare	3.9
Senioren	4.0
Gäste mit Zelt	4.1
Gäste mit Hund	4.3

Empfohlene Aktivitäten

- Wandern
- Schwimmen
- Kayak/Kanu

43 Camping Linkenmühle

Linkenmühle/ Campingplatz 1
07381 Paska
+49 36483 22548
50.6075 | 11.61167

12.04. - 13.10.
HS: 22,40 € | NS: 22,40 €
Mehr Infos & Anfrage:
www.camping.info/22347

Baden im See am Platz	✓
Pool/Hallenbad	15km
Spielplatz am Platz	✓
Hunde erlaubt	nur NS
zur Hälfte Schatten	✓
WLAN (gegen Gebühr)	✓
Lebensmittel	✓
Brötchen am Platz	✓
Restaurant/Imbiss	✓/2km
Ver-/Entsorgung Womo	✓
in den Ort	3km
Gesamt/Touristen	210/50
Mietunterkünfte	✗
Stellplätze vor Schranke	✓

4.2 SEHR GUT
26 Bewertungen

Lage	4.4
Ruhe	4.5
Sanitäranlagen	3.9
Sauberkeit Ø	4.6
Freundlichkeit	4.7
Stellplatz	4.1
Verpflegung	4.0
Freizeit	3.9
Preis-Leistung	4.6
Mietunterkünfte	-

Geeignet für

Kinder b. 6 J.	4.3
Kinder b. 12 J.	4.5
Kinder b. 18 J.	4.3
Paare	4.8
Senioren	4.3
Gäste mit Zelt	4.2
Gäste mit Hund	3.7

Empfohlene Aktivitäten

- Schwimmen
- Wandern
- Kayak/Kanu

keine WOMOs ab 7 m; keine Gruppen

Karte auf Seite 424

Infos

Öffnungszeiten
Vergleichspreis
Link

Ausstattung

Freizeit
Campingplatz
Versorgung
Anzahl der Plätze

44 Camping Plothener Teiche

FKK

Ortsstraße
07806 Dreba
+49 36484 62860
50.65237 | 11.77036

01.05. - 30.10.

HS: 16,30 € | NS: 16,30 €

Mehr Infos & Anfrage:
www.camping.info/22947

Baden im Teich am Platz	✓
Hallenbad	12km
Spielplatz am Platz	✓
Hunde erlaubt	Nur HS
Schatten	✗
WLAN	✗
Lebensmittel	3km
Brötchen	keine Angabe
Restaurant/Imbiss	3km/✓
Ver-/Entsorgung Womo	✗
in den Ort	3km
Gesamt/Touristen	254/30
Mietunterkünfte	✗
Stellplätze vor Schranke	✗

3.7 GUT
14 Bewertungen

Lage	4.3
Ruhe	4.6
Sanitäranlagen	2.6
Sauberkeit Ø	3.9
Freundlichkeit	4.2
Stellplatz	3.4
Verpflegung	3.1
Freizeit	3.7
Preis-Leistung	4.1
Mietunterkünfte	-

Geeignet für

Kinder b. 6 J.	4.8
Kinder b. 12 J.	4.5
Kinder b. 18 J.	3.4
Paare	4.7
Senioren	4.6
Gäste mit Zelt	4.1
Gäste mit Hund	4.4

Empfohlene Aktivitäten

- Radfahren
- Schwimmen
- Wandern

45 Naturcampingplatz Weida

An der Aumatalsperre 1
07570 Weida
+49 36603 62561
50.77017 | 12.0283

01.03. - 31.10.

HS: 19,80 €

Mehr Infos & Anfrage:
www.camping.info/17962

Baden im See am Platz	✓
Pool/Hallenbad	2/15km
Spielplatz am Platz	✓
Hunde willkommen	✓
zur Hälfte Schatten	✓
WLAN (gegen Gebühr)	✓
Lebensmittel	✓
Brötchen am Platz	✓
Restaurant/Imbiss	2km/✓
Ver-/Entsorgung Womo	✓
in den Ort	3km
Gesamt/Touristen	100/51
Mietunterkünfte	✓
Stellplätze vor Schranke	✗

4.3 SEHR GUT
21 Bewertungen

Lage	4.2
Ruhe	4.5
Sanitäranlagen	4.4
Sauberkeit Ø	4.8
Freundlichkeit	4.8
Stellplatz	4.0
Verpflegung	3.5
Freizeit	3.1
Preis-Leistung	4.6
Mietunterkünfte	3.5

Geeignet für

Kinder b. 6 J.	3.8
Kinder b. 12 J.	3.8
Kinder b. 18 J.	3.3
Paare	4.4
Senioren	4.5
Gäste mit Zelt	3.2
Gäste mit Hund	4.6

Empfohlene Aktivitäten

- Wandern
- Entspannen
- Angeln

46 Autocamping am Töpferberg

Dorfstraße 35
07980 Berga-Clodra bei Weida
+49 366 232 0438
50.75889 | 12.12139

01.04. - 02.10.

HS: 15,50 €

Mehr Infos & Anfrage:
www.camping.info/17968

Baden in nat. Gewässer	k. A.
Pool & Hallenbad	✗
Spielplatz am Platz	✓
Hunde willkommen	✓
wenig Schatten	✓
WLAN	✓
Lebensmittel	✗
Brötchen am Platz	✓
Restaurant & Imbiss	✓
Ver-/Entsorgung Womo	✓
in den Ort	3km
Gesamt	keine Angabe
Mietunterkünfte	✓
Stellplätze vor Schranke	✗

4.3 SEHR GUT
3 Bewertungen

Lage	4.3
Ruhe	5.0
Sanitäranlagen	3.3
Sauberkeit Ø	4.5
Freundlichkeit	5.0
Stellplatz	3.3
Verpflegung	4.0
Freizeit	4.0
Preis-Leistung	5.0
Mietunterkünfte	-

Geeignet für

Kinder b. 6 J.	4.0
Kinder b. 12 J.	4.0
Kinder b. 18 J.	5.0
Paare	4.0
Senioren	5.0
Gäste mit Zelt	4.0
Gäste mit Hund	5.0

Empfohlene Aktivitäten

- Wandern
- Cross Country
- Radfahren

47 See-Camping Altenburg-Pahna

04617 Fockendorf
+49 34343 51914
51.04574 | 12.50172

ganzjährig

HS: 23,50 € | NS: 23,50 €

Mehr Infos & Anfrage:
www.camping.info/17851

Baden in nat. Gewässer	k. A.
Hallenbad	12km
Spielplatz am Platz	✓
Hunde erlaubt	✓
Schatten	✗
WLAN	✗
Lebensmittel	✓
Brötchen am Platz	nur HS
Restaurant & Imbiss	✓
Ver-/Entsorgung Womo	✓
in den Ort	1km
Gesamt/Touristen	500/100
Mietunterkünfte	✓
Stellplätze vor Schranke	✗

3.9 GUT
50 Bewertungen

Lage	4.5
Ruhe	4.0
Sanitäranlagen	3.6
Sauberkeit Ø	3.9
Freundlichkeit	4.3
Stellplatz	4.1
Verpflegung	4.1
Freizeit	3.9
Preis-Leistung	4.0
Mietunterkünfte	3.0

Geeignet für

Kinder b. 6 J.	4.4
Kinder b. 12 J.	4.5
Kinder b. 18 J.	4.0
Paare	4.2
Senioren	4.1
Gäste mit Zelt	4.5
Gäste mit Hund	4.5

Empfohlene Aktivitäten

- Schwimmen
- Wandern
- Radfahren

Karte auf Seite 424

	48	49	50
	Saalburg Beach	**Campingplatz Saalburg-Bad**	**Campingplatz Ferienpark Saaldorf**
		❄ 🍃	FKK ❄
	Wetteraweg 2 07929 Saalburg Ebersdorf +49 3664 7298806	Am Strandbad 07929 Saalburg-Ebersdorf +49 36647 22457	Saaldorf 79 07356 Bad Lobenstein +49 1735914182
	50.50808 | 11.71978	50.50194 | 11.73139	50.45776 | 11.6934

Infos

Infos	Saalburg Beach	Campingplatz Saalburg-Bad	Campingplatz Ferienpark Saaldorf
Öffnungszeiten	01.05. - 03.10.	ganzjährig	ganzjährig
Vergleichspreis	HS: 20,00 €	HS: 23,50 €	HS: 21,00 € | NS: 20,00 €
Link	**Mehr Infos & Anfrage:** www.camping.info/30059	**Mehr Infos & Anfrage:** www.camping.info/17967	**Mehr Infos & Anfrage:** www.camping.info/25133

Ausstattung

Ausstattung	Saalburg Beach		Campingplatz Saalburg-Bad		Campingplatz Ferienpark Saaldorf	
Freizeit	Baden im See am Platz	✓	Baden im See am Platz	✓	Baden im See am Platz	✓
	Pool & Hallenbad	✗	Pool/Hallenbad	10km	Pool/Hallenbad	4km
	Spielplatz	✗	Spielplatz am Platz	✓	Spielplatz	5km
Campingplatz	Hunde erlaubt	✓	Hunde willkommen	✓	Hunde willkommen	✓
	kein Schatten	✓	kein Schatten	✓	wenig Schatten	✓
	WLAN	✓	WLAN (gegen Gebühr)	✓	WLAN	✗
Versorgung	Lebensmittel	1km	Lebensmittel	✗	Lebensmittel	5km
	Brötchen am Platz	✗	Brötchen am Platz	nur HS	Brötchen am Platz	nur HS
	Imbiss	✓	Restaurant	100m	Restaurant/Imbiss	2/5km
	Ver-/Entsorgung Womo	✓	Ver-/Entsorgung Womo	✓	Ver-/Entsorgung Womo	✗
	in den Ort	1km	in den Ort	1km	in den Ort	2km
Anzahl der Plätze	Gesamt/Touristen	300/500	Gesamt/Touristen	210/40	Touristenplätze	12
	Mietunterkünfte	✓	Mietunterkünfte	✓	Mietunterkünfte	✓
	Stellplätze vor Schranke	✗	Stellplätze vor Schranke	✗	Stellplätze vor Schranke	✗

Bewertungen

	Saalburg Beach	Campingplatz Saalburg-Bad	Campingplatz Ferienpark Saaldorf
Gesamt	4.5 SEHR GUT (4 Bewertungen)	3.9 GUT (7 Bewertungen)	4.5 SEHR GUT (4 Bewertungen)
Lage	5.0	4.4	4.2
Ruhe	3.3	4.0	5.0
Sanitäranlagen	3.8	4.3	4.8
Sauberkeit Ø	4.5	4.2	4.9
Freundlichkeit	4.8	4.4	5.0
Stellplatz	4.2	3.6	4.0
Verpflegung	4.8	2.7	5.0
Freizeit	5.0	3.6	3.7
Preis-Leistung	4.5	4.7	5.0
Mietunterkünfte	-	3.0	5.0
Geeignet für			
Kinder b. 6 J.	4.5	5.0	5.0
Kinder b. 12 J.	4.8	4.8	5.0
Kinder b. 18 J.	4.8	4.0	5.0
Paare	4.2	4.2	5.0
Senioren	3.5	3.6	5.0
Gäste mit Zelt	-	3.6	5.0
Gäste mit Hund	4.5	4.2	5.0
Empfohlene Aktivitäten	Radfahren Wandern Schwimmen	Schwimmen Angeln Motorboot	Radfahren Schwimmen Wandern

SACHSEN

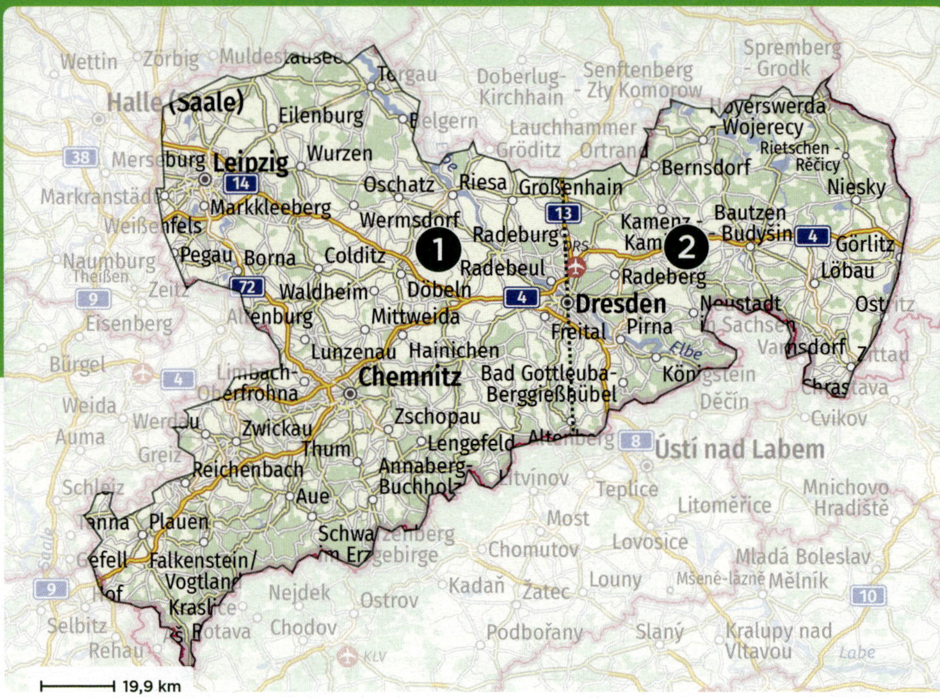

REGIONEN

TIPP DER REDAKTION

Camping Silberbach

Sachsen-West | Nr. 16 | Seite 452

Laut Gästen ideal geeignet zum:

- Wandern
- Entspannen
- Wellness

4.9

BAULICHE UND LANDSCHAFTLICHE SCHMUCKSTÜCKE

Marktplatz in Zittau © Thomas Glaubitz

Im Freistaat Sachsen treffen Camper auf Kulturgeschichte, einzigartige Landschaften und traditionsreiche Handwerkskunst. Das Bundesland im östlichen Mitteldeutschland stellt ganzjährig ein beliebtes Reiseziel dar: Im Sommer durchziehen die abwechslungsreichen Urlaubsregionen schöne Wander- und Radwege, in der kalten Jahreszeit nehmen die Skilifte in den Wintersportregionen ihren Betrieb auf. Noch attraktiver wird Sachsen durch das abwechslungsreiche Sightseeing- und Kulturangebot der Städte.

DRESDEN, LEIPZIG UND CHEMNITZ

Die überbordende barocke Pracht hat Dresden, der sächsischen Landeshauptstadt, den Beinamen „Elbflorenz" eingebracht. Bei einem Stadtrundgang reihen sich weltberühmte Sehenswürdigkeiten wie der Zwinger, die Semperoper und die Frauenkirche wie Perlen einer Kette aneinander. Einen herrlichen Blick über das Elbtal genießt man beim Flanieren auf den Brühlschen Terrassen. Nur wenige Kilometer außerhalb sind Schloss Pillnitz, Schloss Moritzburg und die Porzellanstadt Meißen einen Besuch wert. In Radebeul steht das einstige Wohnhaus von Karl May für Besucher offen und in der Vorweihnachtszeit lockt der traditionelle Striezelmarkt mit kulinarischen Köstlichkeiten und Handwerkskunst aus der Region. Ebenfalls reich an Sehenswürdigkeiten ist die Messe- und Universitätsstadt Leipzig im Norden Sachsens. Auf der To-do-Liste stehen hier Auerbachs Keller in der Mädlerpassage, der durch Goethes Faust Berühmtheit erlangt hat, und die Thomaskirche, in der Johann Sebastian Bach viele Jahre als Kantor wirkte. Das Wahrzeichen Leipzigs, das Völkerschlachtdenkmal, ragt 91 Meter in den Himmel. Chemnitz, die drittgrößte Stadt Sachsens, liegt am Fuße des Erzgebirges und zählt 240.000 Einwohner. Einst als Karl-Marx-Stadt bekannt, zählt Chemnitz den Roten Turm, das alte und neue Rathaus sowie das Industriemuseum zu seinen größten Attraktionen.

Lausitzer Seenland © Peter Radke

SÄCHSISCHE SCHWEIZ UND ERZGEBIRGE

Eine spektakuläre Felslandschaft prägt das Antlitz des Elbsandsteingebirges in der bei Campinggästen sehr beliebten Sächsischen Schweiz. Diese breitet sich entlang der Elbe südöstlich von Dresden aus und stellt ein Eldorado für Wanderer, Kletterer und Freeclimber dar. Die bekannteste Felsformation ist die Bastei, die direkt am Felswanderweg Eisenach-Budapest liegt. An der Grenze zu Tschechien bietet das Erzgebirge ganzjährig zahlreiche attraktive Outdoor-Aktivitäten. Schöne Wanderungen führen im Sommer beispielsweise auf den 1.215 Meter hohen Fichtelberg, die höchste Erhebung des Bundeslandes. Im Winter bieten mehrere Wintersportorte, darunter Oberwiesenthal, Ski- und Snowboardfahrern gute Bedingungen. Souvenirjäger werden im Spielzeugdorf Seiffen fündig, wo kleine Handwerksbetriebe traditionelle Holzgegenstände wie Räuchermännchen, Bergmannfiguren und Schwibbögen fertigen.

Loipe im Erzgebirge © Rainer Weisflog

Bärwalder See bei Boxberg © Frank Stäbler

Festung Königstein © Bernd Walther

VOGTLAND UND OBERLAUSITZ

Eine weitere attraktive Mittelgebirgsregion in Sachsen ist das Vogtland. Wander- und Radrouten führen hier rund um den 974 Meter hohen Schneehübel und entlang der Weißen Elster. In der Schaustickerei Plauen, einer lebendigen Museumsfabrik, erfahren Interessierte mehr über die jahrhundertealte Tradition der filigranen Plauener Spitze. Ganz im Osten von Sachsen liegt die Oberlausitz mit Heide- und Teichgebieten und dem Zittauer Gebirge, deren Naturlandschaften einer einzigartigen Tier- und Pflanzenwelt Lebensraum bieten. An der Grenze zu Polen gilt Görlitz, die östlichste Stadt Deutschlands, als städtebauliches Kleinod. Mehr als 3.500 Einzeldenkmäler machen aus der sorgfältig restaurierten Altstadt ein historisches Ensemble, das den Bogen von der Gotik über die Renaissance bis in die Gründerzeit spannt.

SACHSEN

1 Sachsen-West

FREIZEITTIPPS

- **A** Miniwelt, Lichtenstein
- **B** Besucherbergwerk Bad Schlema, Bad Schlema
- **C** Burg Kriebstein, Kriebstein
- **D** Sherwood Forest: Erlebnispark, Dippoldiswalde
- **E** Semperoper, Dresden

	Platz	Seite	Bewertung	Öffnungszeiten	
1	Campingplatz „Am Großen Teich“	448	3.9	saisonal	
2	Camping Dammmühlenteich	448	4.8	saisonal	
3	Campingfreunde Mutzschen/Roda e.V.	448	4.2	saisonal	
4	Campingplatz im Nixenbad Strehla	448	4.2	saisonal	
5	Campinghof Bartl	449	4.1	ganzjährig	
6	Neuseenland Camping	449	3.5	ganzjährig	❄
7	LAGOVIDA - Das Ferienresort am Störmthaler See	449	3.8	saisonal	❄
8	Camping Hain - Campingplatz am Hainer See	450	4.0	ganzjährig	FKK ❄
9	Campingplatz Landidyll	450	4.6	ganzjährig	❄
10	Campingplatz am Waldbad	450	4.2	saisonal	
11	Camping Talsperre Kriebstein	450	3.2	saisonal	
12	MiO-Minicamping Ottendorf	451	4.4	ganzjährig	❄
13	Camping Oberrabenstein	451	3.6	ganzjährig	❄
14	Minicamping Hoheneck am Bauernhof	451	5.0	ganzjährig	❄
15	Campingpark Greifensteine	452	4.0	ganzjährig	❄
16	Camping Silberbach	452	4.9	saisonal	❄ 👍
17	Campingplatz Lindenau an der Silberstrasse	452	4.5	ganzjährig	❄
18	Camping und Ferienhäuser von Tailleur	452	3.9	ganzjährig	
19	****Campingplatz Gunzenberg Talsperre Pöhl	453	4.1	saisonal	
20	Campingplatz Dürrenbach	453	4.0	saisonal	
21	Sportbaude Waldeck Caravanplatz	453	3.7	saisonal	❄
22	Campingplatz Reinsberg	454	4.7	saisonal	
23	Camping Rehbocktal	454	4.4	saisonal	
24	Campingplatz Waldbad Oberau	454	4.5	saisonal	
25	Campingplatz am Badesee Coswig-Kötitz	454	4.2	saisonal	FKK
26	Bad Sonnenland Ferienpark und Campingplatz	455	3.7	saisonal	
27	Campingplatz Waldteichfreunde Moritzburg e.V.	455	4.7	saisonal	FKK
28	CaravaningPark schaffer-mobil	455	4.2	ganzjährig	❄
29	Camping Mockritz	456	4.0	ganzjährig	❄
30	Bad- und Campingparadies Nixi	456	4.0	ganzjährig	❄
31	Erzgebirgscamp Neuclausnitz	457	4.6	ganzjährig	❄
32	Ferienpark Seiffen	457	4.2	ganzjährig	❄
33	Camping Galgenteich	457	3.7	ganzjährig	❄

❄ Wintercamping FKK Textilfrei (ganz/teilweise) Ecocamping 👍 Award Onlinebuchung

1 Campingplatz „Am Großen Teich"

Turnierplatzweg
04860 Torgau
+49 3421 902875

51.54553 | 12.98929

08.05. - 11.10.

keine Angabe

Mehr Infos & Anfrage: www.camping.info/26099

Baden in nat. Gewässer	k. A.
Pool am Platz	✓
Spielplatz	100m
Hunde willkommen	✓
wenig Schatten	✓
WLAN	✓
Lebensmittel	k.A.
Brötchen	keine Angabe
Restaurant & Imbiss	✗
Ver-/Entsorgung Womo	✗
in den Ort	keine Angabe
Gesamt/Touristen	100/50
Mietunterkünfte	✓
Stellplätze vor Schranke	✗

3.9 GUT – 7 Bewertungen

Lage	4.0
Ruhe	4.3
Sanitäranlagen	4.1
Sauberkeit Ø	4.2
Freundlichkeit	4.9
Stellplatz	4.0
Verpflegung	2.8
Freizeit	3.5
Preis-Leistung	4.4
Mietunterkünfte	3.0

Geeignet für

Kinder b. 6 J.	3.3
Kinder b. 12 J.	3.3
Kinder b. 18 J.	4.0
Paare	4.2
Senioren	4.2
Gäste mit Zelt	4.7
Gäste mit Hund	4.3

Empfohlene Aktivitäten

- Radfahren
- Kultur
- Entspannen

2 Camping Dammmühlenteich

Hauptweg 1
04774 Dahlen / OT Ochsensaal

51.40559 | 12.94032

18.04. - 16.10.

keine Angabe

Mehr Infos & Anfrage: www.camping.info/17938

Baden in nat. Gewässer	k. A.
Pool & Hallenbad	✗
Spielplatz	✗
Hunde erlaubt	✓
Schatten	✗
WLAN	✗
Lebensmittel	5km
Brötchen	keine Angabe
Restaurant & Imbiss	✗
Ver-/Entsorgung Womo	✓
in den Ort	3km
Gesamt	350
Mietunterkünfte	✓
Stellplätze vor Schranke	✗

4.8 SEHR GUT – 4 Bewertungen

Lage	5.0
Ruhe	5.0
Sanitäranlagen	3.7
Sauberkeit Ø	5.0
Freundlichkeit	5.0
Stellplatz	4.3
Verpflegung	3.0
Freizeit	4.3
Preis-Leistung	5.0
Mietunterkünfte	-

Geeignet für

Kinder b. 6 J.	4.3
Kinder b. 12 J.	5.0
Kinder b. 18 J.	5.0
Paare	5.0
Senioren	5.0
Gäste mit Zelt	5.0
Gäste mit Hund	5.0

Empfohlene Aktivitäten

- Radfahren
- Wandern
- Schwimmen

3 Campingfreunde Mutzschen/Roda e.V.

Nerchauerstraße
04688 Mutzschen

51.27281 | 12.89365

15.04. - 21.10.

HS: 15,00 €

Mehr Infos & Anfrage: www.camping.info/23264

Baden im See am Platz	✓
Pool & Hallenbad	✗
Spielplatz am Platz	✓
Hunde willkommen	✓
zur Hälfte Schatten	✓
WLAN	✗
Lebensmittel	2km
Brötchen am Platz	✗
Restaurant & Imbiss	✗
Ver-/Entsorgung Womo	✗
in den Ort	keine Angabe
Gesamt/Touristen	85/40
Mietunterkünfte	✓
Stellplätze vor Schranke	✗

4.2 SEHR GUT – 6 Bewertungen

Lage	4.7
Ruhe	4.8
Sanitäranlagen	3.7
Sauberkeit Ø	4.2
Freundlichkeit	4.2
Stellplatz	4.0
Verpflegung	3.0
Freizeit	3.2
Preis-Leistung	4.5
Mietunterkünfte	-

Geeignet für

Kinder b. 6 J.	4.6
Kinder b. 12 J.	4.2
Kinder b. 18 J.	3.8
Paare	4.4
Senioren	4.2
Gäste mit Zelt	4.8
Gäste mit Hund	4.8

Empfohlene Aktivitäten

- Radfahren
- Wandern
- Entspannen

4 Campingplatz im Nixenbad Strehla

Torgauer Strasse
01616 Strehla
03 52 64 – 9 07 54

51.362 | 13.22343

01.05. - 30.09.

keine Angabe

Mehr Infos & Anfrage: www.camping.info/27037

Baden in nat. Gewässer	k. A.
Pool am Platz	✓
Spielplatz am Platz	✓
Hunde erlaubt	Nur HS
zur Hälfte Schatten	✓
WLAN	keine Angabe
Lebensmittel	✗
Brötchen am Platz	✗
Restaurant/Imbiss	300m/✓
Ver-/Entsorgung Womo	✗
in den Ort	keine Angabe
Gesamt	keine Angabe
Mietunterkünfte	✓
Stellplätze vor Schranke	✗

4.2 SEHR GUT – 6 Bewertungen

Lage	4.2
Ruhe	3.5
Sanitäranlagen	3.7
Sauberkeit Ø	4.4
Freundlichkeit	4.8
Stellplatz	4.0
Verpflegung	3.6
Freizeit	4.2
Preis-Leistung	4.7
Mietunterkünfte	-

Geeignet für

Kinder b. 6 J.	4.5
Kinder b. 12 J.	4.5
Kinder b. 18 J.	4.0
Paare	4.0
Senioren	4.0
Gäste mit Zelt	4.5
Gäste mit Hund	4.0

Empfohlene Aktivitäten

- Radfahren
- Schwimmen
- Wandern

Karte auf Seite 446

5 Campinghof Bartl

Bornaer Chaussee 36
04416 Markkleeberg
+49 34297 45452
51.27034 | 12.4318

ganzjährig
HS: 23,00 € | NS: 17,00 €
Mehr Infos & Anfrage:
www.camping.info/25173

Baden im See	1km
Pool & Hallenbad	✗
Spielplatz am Platz	✓
Hunde willkommen	✓
zur Hälfte Schatten	✓
WLAN	✓
Lebensmittel	1km
Brötchen am Platz	✗
Restaurant/Imbiss	1km
Ver-/Entsorgung Womo	✓
im Ort	✓
Gesamt	15
Mietunterkünfte	✓
Stellplätze vor Schranke	✗

4.1 SEHR GUT
27 Bewertungen

Lage	4.1
Ruhe	4.4
Sanitäranlagen	3.6
Sauberkeit Ø	4.7
Freundlichkeit	4.8
Stellplatz	3.8
Verpflegung	2.8
Freizeit	4.1
Preis-Leistung	4.5
Mietunterkünfte	4.0

Geeignet für

Kinder b. 6 J.	3.5
Kinder b. 12 J.	3.6
Kinder b. 18 J.	3.1
Paare	4.7
Senioren	4.4
Gäste mit Zelt	4.0
Gäste mit Hund	4.5

Empfohlene Aktivitäten

- Radfahren
- Sightseeing
- Schwimmen

keine WOMOs ab 9 m

6 Neuseenland Camping

❄

Paddelsteg 5
04416 Markkleeberg / OT Auenhain
+49 34297 143053
51.25838 | 12.43071

ganzjährig
HS: 24,00 € | NS: 20,00 €
Mehr Infos & Anfrage:
www.camping.info/23158

Baden im See	250m
Pool/Hallenbad	5/8km
Spielplatz	500m
Hunde willkommen	✓
wenig Schatten	✓
WLAN	✓
Lebensmittel	2km
Brötchen am Platz	nur HS
Restaurant/Imbiss	✓/200m
Ver-/Entsorgung Womo	✓
in den Ort	1km
Gesamt/Touristen	76/60
Mietunterkünfte	✓
Stellplätze vor Schranke	✗

3.5 GUT
28 Bewertungen

Lage	4.1
Ruhe	3.0
Sanitäranlagen	3.2
Sauberkeit Ø	4.0
Freundlichkeit	4.4
Stellplatz	3.2
Verpflegung	3.4
Freizeit	4.1
Preis-Leistung	3.7
Mietunterkünfte	4.2

Geeignet für

Kinder b. 6 J.	3.0
Kinder b. 12 J.	3.7
Kinder b. 18 J.	3.9
Paare	4.0
Senioren	3.8
Gäste mit Zelt	4.4
Gäste mit Hund	4.3

Empfohlene Aktivitäten

- Schwimmen
- Radfahren
- Kayak/Kanu

7 LAGOVIDA – Das Ferienresort am Störmthaler See

❄

Hafenstraße 1
04463 Großpösna (Störmthaler See)
+49 34206 7750
51.22656 | 12.44975

01.04. - 31.10.
HS: 29,00 € | NS: 29,00 €
Mehr Infos & Anfrage:
www.camping.info/25653

Baden im See am Platz	✓
Pool/Hallenbad	11/25km
Spielplatz am Platz	✓
Hunde willkommen	✓
kein Schatten	✓
WLAN	✓
Lebensmittel	10km
Brötchen am Platz	✓
Restaurant/Imbiss	✓/500m
Ver-/Entsorgung Womo	✓
in den Ort	2km
Touristenplätze	45
Mietunterkünfte	✓
Stellplätze vor Schranke	✗

3.8 GUT
21 Bewertungen

Lage	4.2
Ruhe	4.3
Sanitäranlagen	3.9
Sauberkeit Ø	4.1
Freundlichkeit	4.0
Stellplatz	3.5
Verpflegung	2.7
Freizeit	3.7
Preis-Leistung	3.3
Mietunterkünfte	5.0

Geeignet für

Kinder b. 6 J.	3.5
Kinder b. 12 J.	3.8
Kinder b. 18 J.	3.5
Paare	4.2
Senioren	4.1
Gäste mit Zelt	1.6
Gäste mit Hund	3.4

Empfohlene Aktivitäten

- Schwimmen
- Radfahren
- Kayak/Kanu

Wintercamping möglich, allerdings ohne Wasser und Entsorgungsmöglichkeit

Infos

Öffnungszeiten
Vergleichspreis
Link

Ausstattung

Freizeit
Campingplatz
Versorgung
Anzahl der Plätze

8 Camping Hain – Campingplatz am Hainer See

FKK ❄

Hainweg 1
04575 Neukieritzsch OT Kahnsdorf
+49 34206 75 87 70

51.17534 | 12.45333

ganzjährig

HS: 25,00 € | NS: 25,00 €

Mehr Infos & Anfrage:
www.camping.info/26792

Baden im See am Platz	✓
Pool/Hallenbad	10km
Spielplatz am Platz	✓
Hunde willkommen	✓
wenig Schatten	✓
WLAN	✗
Lebensmittel	5km
Brötchen am Platz	✓
Restaurant/Imbiss	5km/✓
Ver-/Entsorgung Womo	✓
in den Ort	5km
Gesamt/Touristen	100/50
Mietunterkünfte	✓
Stellplätze vor Schranke	✗

4.0 SEHR GUT
17 Bewertungen

Lage	4.2
Ruhe	4.5
Sanitäranlagen	4.2
Sauberkeit Ø	4.3
Freundlichkeit	4.5
Stellplatz	3.5
Verpflegung	2.9
Freizeit	3.7
Preis-Leistung	3.8
Mietunterkünfte	3.0

Geeignet für

Kinder b. 6 J.	4.3
Kinder b. 12 J.	3.9
Kinder b. 18 J.	3.9
Paare	4.5
Senioren	4.5
Gäste mit Zelt	3.7
Gäste mit Hund	4.1

Empfohlene Aktivitäten

- Schwimmen
- Radfahren
- Kayak/Kanu

9 Campingplatz Landidyll

❄

Beuchaer Oberweg 7
04651 Bad Lausick bei Leipzig
+49 152 025 337 96

51.15206 | 12.62364

ganzjährig

HS: 24,00 € | NS: 18,00 €

Mehr Infos & Anfrage:
www.camping.info/17935

Baden im See	300m
Hallenbad	3km
Spielplatz am Platz	✓
Hunde willkommen	✓
zur Hälfte Schatten	✓
WLAN (gratis)	teilweise
Lebensmittel	✓
Brötchen am Platz	✓
Restaurant & Imbiss	✗
Ver-/Entsorgung Womo	✓
in den Ort	1km
Gesamt/Touristen	80/25
Mietunterkünfte	✓
Stellplätze vor Schranke	✓

4.6 SEHR GUT
15 Bewertungen

Lage	4.3
Ruhe	4.9
Sanitäranlagen	4.3
Sauberkeit Ø	4.6
Freundlichkeit	5.0
Stellplatz	4.4
Verpflegung	4.0
Freizeit	3.8
Preis-Leistung	4.7
Mietunterkünfte	5.0

Geeignet für

Kinder b. 6 J.	4.4
Kinder b. 12 J.	4.3
Kinder b. 18 J.	3.7
Paare	4.8
Senioren	4.7
Gäste mit Zelt	4.6
Gäste mit Hund	4.8

Empfohlene Aktivitäten

- Radfahren
- Wandern
- Entspannen

10 Campingplatz am Waldbad

ImTiergarten 5
04680 Colditz
+49 177 754 0741

51.13083 | 12.83222

01.04. - 30.09.

HS: 18,00 € | NS: 18,00 €

Mehr Infos & Anfrage:
www.camping.info/17937

Baden in nat. Gewässer	k. A.
Pool	100m
Spielplatz am Platz	✓
Hunde erlaubt	✓
Schatten	✗
WLAN	✓
Lebensmittel	1km
Brötchen am Platz	✓
Imbiss	✓
Ver-/Entsorgung Womo	✗
in den Ort	1km
Gesamt/Touristen	90/30
Mietunterkünfte	✓
Stellplätze vor Schranke	✗

4.2 SEHR GUT
9 Bewertungen

Lage	4.7
Ruhe	4.9
Sanitäranlagen	3.6
Sauberkeit Ø	4.8
Freundlichkeit	4.8
Stellplatz	4.2
Verpflegung	3.4
Freizeit	3.9
Preis-Leistung	4.6
Mietunterkünfte	4.0

Geeignet für

Kinder b. 6 J.	4.1
Kinder b. 12 J.	4.3
Kinder b. 18 J.	4.0
Paare	4.8
Senioren	4.8
Gäste mit Zelt	4.8
Gäste mit Hund	4.8

Empfohlene Aktivitäten

- Radfahren
- Schwimmen
- Wandern

11 Camping Talsperre Kriebstein

An der Talsperre 1
09648 Höfchen bei Mittweida
+49 34327 93153

51.037 | 13.00921

01.04. - 31.10.

HS: 17,00 € | NS: 17,00 €

Mehr Infos & Anfrage:
www.camping.info/17980

Baden im See	200m
Pool & Hallenbad	✗
Spielplatz	keine Angabe
Hunde erlaubt	✓
wenig Schatten	✓
WLAN	✗
Lebensmittel	✗
Brötchen am Platz	✗
Restaurant & Imbiss	✓
Ver-/Entsorgung Womo	✗
in den Ort	keine Angabe
Gesamt/Touristen	110/50
Mietunterkünfte	✗
Stellplätze vor Schranke	✗

3.2 GUT
10 Bewertungen

Lage	4.0
Ruhe	3.8
Sanitäranlagen	2.7
Sauberkeit Ø	3.7
Freundlichkeit	4.1
Stellplatz	3.3
Verpflegung	2.8
Freizeit	3.7
Preis-Leistung	3.5
Mietunterkünfte	-

Geeignet für

Kinder b. 6 J.	3.2
Kinder b. 12 J.	3.7
Kinder b. 18 J.	3.9
Paare	4.1
Senioren	3.8
Gäste mit Zelt	4.4
Gäste mit Hund	4.5

Empfohlene Aktivitäten

- Wandern
- Angeln
- Entspannen

Karte auf Seite 446

Infos: Öffnungszeiten, Vergleichspreis, Link

Ausstattung: Freizeit, Campingplatz, Versorgung, Anzahl der Plätze

12 MiO-Minicamping Ottendorf

✻

Hohe Strasse 28
09244 Lichtenau
+49 37208 877 848

50.93657 | 12.98442

ganzjährig

HS: 22,00 € | NS: 18,00 €

Mehr Infos & Anfrage:
www.camping.info/23139

Baden in nat. Gewässer	k. A.
Pool/Hallenbad	4/15km
Spielplatz am Platz	✓
Hunde erlaubt	✓
wenig Schatten	✓
WLAN (gegen Gebühr)	✓
Lebensmittel	3km
Brötchen am Platz	✓
Restaurant/Imbiss	✓/3km
Ver-/Entsorgung Womo	✓
in den Ort	1km
Touristenplätze	40
Mietunterkünfte	✓
Stellplätze vor Schranke	✗

4.4 SEHR GUT – 27 Bewertungen

Lage	4.0
Ruhe	4.6
Sanitäranlagen	4.7
Sauberkeit Ø	4.3
Freundlichkeit	4.6
Stellplatz	4.3
Verpflegung	3.8
Freizeit	3.5
Preis-Leistung	4.4
Mietunterkünfte	4.3

Geeignet für

Kinder b. 6 J.	4.6
Kinder b. 12 J.	4.3
Kinder b. 18 J.	3.3
Paare	4.8
Senioren	4.8
Gäste mit Zelt	4.5
Gäste mit Hund	4.6

Empfohlene Aktivitäten

- Wandern
- Entspannen
- Radfahren

13 Camping Oberrabenstein

✻

Thomas-Müntzer-Höhe 10
09117 Chemnitz Ortsteil Rabenstein
+49 371 850608

50.83284 | 12.81395

ganzjährig

HS: 18,50 € | NS: 16,90 €

Mehr Infos & Anfrage:
www.camping.info/17973

Baden im See	200m
Pool/Hallenbad	200m/6km
Spielplatz am Platz	✓
Hunde willkommen	✓
Schatten	✗
WLAN	✗
Lebensmittel	✓
Brötchen am Platz	✓
Restaurant & Imbiss	✓
Ver-/Entsorgung Womo	✓
in den Ort	300m
Gesamt/Touristen	100/60
Mietunterkünfte	✓
Stellplätze vor Schranke	✗

3.6 GUT – 38 Bewertungen

Lage	4.5
Ruhe	4.4
Sanitäranlagen	2.8
Sauberkeit Ø	3.2
Freundlichkeit	4.3
Stellplatz	3.3
Verpflegung	3.3
Freizeit	4.0
Preis-Leistung	4.2
Mietunterkünfte	3.8

Geeignet für

Kinder b. 6 J.	3.7
Kinder b. 12 J.	4.0
Kinder b. 18 J.	3.8
Paare	4.1
Senioren	3.8
Gäste mit Zelt	4.6
Gäste mit Hund	4.7

Empfohlene Aktivitäten

- Wandern
- Radfahren
- Entspannen

14 Minicamping Hoheneck am Bauernhof

✻

Karl-Claus-Str. 13
09366 Stollberg/Erzgebirge
03729687979

50.70226 | 12.78587

ganzjährig

HS: 14,00 € | NS: 14,00 €

Mehr Infos & Anfrage:
www.camping.info/23808

Baden im See	2km
Pool/Hallenbad	5/20km
Spielplatz am Platz	✓
Hunde erlaubt	✓
zur Hälfte Schatten	✓
WLAN (gratis)	teilweise
Lebensmittel	1km
Brötchen am Platz	✗
Restaurant/Imbiss	1/2km
Ver-/Entsorgung Womo	✓
in den Ort	400m
Touristenplätze	5
Mietunterkünfte	✓
Stellplätze vor Schranke	✓

5.0 AUSGEZEICHNET – 3 Bewertungen

Lage	5.0
Ruhe	5.0
Sanitäranlagen	4.5
Sauberkeit Ø	5.0
Freundlichkeit	5.0
Stellplatz	5.0
Verpflegung	5.0
Freizeit	5.0
Preis-Leistung	5.0
Mietunterkünfte	5.0

Geeignet für

Kinder b. 6 J.	5.0
Kinder b. 12 J.	5.0
Kinder b. 18 J.	5.0
Paare	5.0
Senioren	5.0
Gäste mit Zelt	5.0
Gäste mit Hund	5.0

Empfohlene Aktivitäten

- Radfahren
- Entspannen
- Spazieren

15 Campingpark Greifensteine

❄

Thumer Straße 65
09468 Geyer
+49 37346 1303

50.64199 | 12.9116

ganzjährig

HS: 22,00 € | NS: 20,00 €

Mehr Infos & Anfrage:
www.camping.info/17975

Baden im See am Platz	✓
Hallenbad	1km
Spielplatz am Platz	✓
Hunde erlaubt	✓
wenig Schatten	✓
WLAN	✗
Lebensmittel	✗
Brötchen am Platz	nur HS
Restaurant/Imbiss	1km/✓
Ver-/Entsorgung Womo	✓
in den Ort	5km
Gesamt/Touristen	750/150
Mietunterkünfte	✓
Stellplätze vor Schranke	✗

4.0 SEHR GUT – 26 Bewertungen

Lage	4.8
Ruhe	4.3
Sanitäranlagen	3.4
Sauberkeit Ø	3.9
Freundlichkeit	4.2
Stellplatz	3.6
Verpflegung	3.9
Freizeit	4.5
Preis-Leistung	4.2
Mietunterkünfte	3.7

Geeignet für

Kinder b. 6 J.	4.3
Kinder b. 12 J.	4.5
Kinder b. 18 J.	3.9
Paare	4.4
Senioren	4.1
Gäste mit Zelt	3.7
Gäste mit Hund	2.6

Empfohlene Aktivitäten

- Wandern
- Schwimmen
- Radfahren

16 Camping Silberbach

❄ 👍

Silberbachstr. 11
08301 Bad Schlema
+49 3772 372032

50.60625 | 12.65936

01.03. - 31.01.

HS: 19,70 € | NS: 19,70 €

Mehr Infos & Anfrage:
www.camping.info/23799

Baden im See	5km
Pool/Hallenbad	3/1km
Spielplatz	1km
Hunde willkommen	✓
wenig Schatten	✓
WLAN (begrenzt gratis)	teilweise
Lebensmittel	1km
Brötchen am Platz	✓
Restaurant	1km
Ver-/Entsorgung Womo	✗
in den Ort	800m
Touristenplätze	40
Mietunterkünfte	✓
Stellplätze vor Schranke	✓

4.9 SEHR GUT – 97 Bewertungen

Lage	4.4
Ruhe	4.8
Sanitäranlagen	4.9
Sauberkeit Ø	4.9
Freundlichkeit	4.9
Stellplatz	4.5
Verpflegung	3.7
Freizeit	4.1
Preis-Leistung	4.9
Mietunterkünfte	4.7

Geeignet für

Kinder b. 6 J.	3.7
Kinder b. 12 J.	3.8
Kinder b. 18 J.	3.6
Paare	4.9
Senioren	4.9
Gäste mit Zelt	4.8
Gäste mit Hund	4.7

Empfohlene Aktivitäten

- Wandern
- Entspannen
- Wellness

keine Gruppen

17 Campingplatz Lindenau an der Silberstrasse

❄

Am Forstteich 2
08289 Schneeberg / Lindenau
+49 3772 28102

50.59335 | 12.59894

ganzjährig

HS: 20,00 € | NS: 20,00 €

Mehr Infos & Anfrage:
www.camping.info/17970

Baden im See am Platz	✓
Pool/Hallenbad	4/3km
Spielplatz am Platz	✓
Hunde willkommen	✓
zur Hälfte Schatten	✓
WLAN (gratis)	teilweise
Lebensmittel	2km
Brötchen am Platz	nur HS
Restaurant am P.	✓
Ver-/Entsorgung Womo	✓
in den Ort	200m
Gesamt/Touristen	80/40
Mietunterkünfte	✓
Stellplätze vor Schranke	✗

4.5 SEHR GUT – 35 Bewertungen

Lage	4.8
Ruhe	4.7
Sanitäranlagen	4.6
Sauberkeit Ø	4.9
Freundlichkeit	4.9
Stellplatz	4.3
Verpflegung	4.3
Freizeit	4.0
Preis-Leistung	4.5
Mietunterkünfte	4.7

Geeignet für

Kinder b. 6 J.	4.3
Kinder b. 12 J.	4.4
Kinder b. 18 J.	3.7
Paare	4.9
Senioren	4.9
Gäste mit Zelt	4.7
Gäste mit Hund	4.8

Empfohlene Aktivitäten

- Wandern
- Entspannen
- Schwimmen

18 Camping und Ferienhäuser von Tailleur

Irfersgrüner Bahnhofstraße 17
08485 Lengenfeld/ OT Irfersgrün
+49 37606 2787

50.60719 | 12.40909

ganzjährig

HS: 18,60 € | NS: 18,60 €

Mehr Infos & Anfrage:
www.camping.info/17971

Baden im Teich	2km
Pool/Hallenbad	1/6km
Spielplatz	✗
Hunde erlaubt	✓
zur Hälfte Schatten	✓
WLAN	✗
Lebensmittel	1km
Brötchen am Platz	nur HS
Restaurant/Imbiss	1km
Ver-/Entsorgung Womo	✓
in den Ort	1km
Gesamt/Touristen	30/25
Mietunterkünfte	✓
Stellplätze vor Schranke	✗

3.9 GUT – 12 Bewertungen

Lage	3.7
Ruhe	4.1
Sanitäranlagen	3.6
Sauberkeit Ø	4.5
Freundlichkeit	4.5
Stellplatz	3.7
Verpflegung	3.1
Freizeit	3.5
Preis-Leistung	4.5
Mietunterkünfte	-

Geeignet für

Kinder b. 6 J.	3.2
Kinder b. 12 J.	3.4
Kinder b. 18 J.	2.6
Paare	4.7
Senioren	4.5
Gäste mit Zelt	4.2
Gäste mit Hund	4.6

Empfohlene Aktivitäten

- Wandern
- Entspannen
- Radfahren

Karte auf Seite 446

	19	20	21
	******Campingplatz Gunzenberg Talsperre Pöhl**	**Campingplatz Dürrenbach**	**Sportbaude Waldeck Caravanplatz**
			❄
	Möschwitz - Hauptstraße 38 08543 Pöhl +49 37439 45050	Dürrenbachstraße 45 08248 Klingenthal +49 1520 659 3202	Emil-Riedel-Strasse 52 09484 Kurort Oberwiesenthal +49 37348 8496
	50.53949 | 12.18452	50.3625 | 12.46111	50.43613 | 12.96755
Infos			
Öffnungszeiten	27.03. - 01.11.	15.04. - 15.10.	01.05. - 30.11. 01.12. - 31.03.
Vergleichspreis	HS: 30,00 € | NS: 28,50 €	HS: 17,50 € | NS: 15,00 €	HS: 16,70 €
Link	**Mehr Infos & Anfrage:** www.camping.info/17972	**Mehr Infos & Anfrage:** www.camping.info/17969	**Mehr Infos & Anfrage:** www.camping.info/22221
Ausstattung			
Freizeit	Baden im See am Platz ✓ Pool/Hallenbad 6/7km Spielplatz am Platz ✓	Baden im Teich 300m Pool/Hallenbad ✓/12km Spielplatz am Platz ✓	Baden im Fluss 500m Pool/Hallenbad 20/30km Spielplatz 2km
Campingplatz	Hunde willkommen ✓ wenig Schatten ✓ WLAN ✓	Hunde willkommen ✓ zur Hälfte Schatten ✓ WLAN ✗	Hunde willkommen ✓ zur Hälfte Schatten ✓ WLAN ✗
Versorgung	Lebensmittel ✓ Brötchen am Platz ✓ Restaurant & Imbiss ✓ Ver-/Entsorgung Womo ✓ in den Ort 3km	Lebensmittel ✓ Brötchen am Platz nur HS Restaurant/Imbiss 1km/✓ Ver-/Entsorgung Womo ✓ im Ort ✓	Lebensmittel 2km Brötchen am Platz ✓ Restaurant & Imbiss ✓ Ver-/Entsorgung Womo ✓ in den Ort 2km
Anzahl der Plätze	Gesamt/Touristen 426/126 Mietunterkünfte ✓ Stellplätze vor Schranke ✓	Gesamt/Touristen 30/29 Mietunterkünfte ✗ Stellplätze vor Schranke ✗	Touristenplätze 8 Mietunterkünfte ✓ Stellplätze vor Schranke ✗

	19	20	21
	4.1 SEHR GUT 71 Bewertungen	**4.0** SEHR GUT 6 Bewertungen	**3.7** GUT 7 Bewertungen
Lage	4.4	4.2	4.2
Ruhe	4.0	4.7	4.3
Sanitäranlagen	4.3	3.0	3.0
Sauberkeit Ø	4.5	4.0	4.3
Freundlichkeit	4.5	4.0	4.0
Stellplatz	4.1	3.3	2.8
Verpflegung	3.8	3.6	4.2
Freizeit	4.0	4.4	4.5
Preis-Leistung	4.1	4.2	3.5
Mietunterkünfte	4.5	-	-
Geeignet für			
Kinder b. 6 J.	4.2	4.0	2.5
Kinder b. 12 J.	4.3	4.8	3.5
Kinder b. 18 J.	4.2	3.5	3.5
Paare	4.6	4.6	4.2
Senioren	4.5	4.6	3.7
Gäste mit Zelt	4.4	5.0	4.0
Gäste mit Hund	4.6	3.8	5.0
Empfohlene Aktivitäten	Schwimmen Wandern Radfahren	Wandern Entspannen Radfahren	Cross Country Kulinarik Wandern

22 Campingplatz Reinsberg

Badstraße 17
09629 Reinsberg bei Freiberg
+49 373 248 2268
51.00309 | 13.36004

01.04. - 31.10.
HS: 21,00 € | NS: 19,00 €
Mehr Infos & Anfrage:
www.camping.info/17979

Baden im Fluss	500m
Pool/Hallenbad	✓/15km
Spielplatz am Platz	✓
Hunde willkommen	✓
zur Hälfte Schatten	✓
WLAN (gegen Gebühr)	✓
Lebensmittel	2km
Brötchen am Platz	✓
Restaurant am P.	✓
Ver-/Entsorgung Womo	✗
im Ort	✓
Gesamt/Touristen	70/50
Mietunterkünfte	✓
Stellplätze vor Schranke	✗

4.7 SEHR GUT
21 Bewertungen

Lage	4.8
Ruhe	5.0
Sanitäranlagen	4.7
Sauberkeit Ø	4.8
Freundlichkeit	4.9
Stellplatz	4.6
Verpflegung	4.2
Freizeit	4.5
Preis-Leistung	4.9
Mietunterkünfte	4.7

Geeignet für

Kinder b. 6 J.	4.6
Kinder b. 12 J.	4.7
Kinder b. 18 J.	4.4
Paare	4.8
Senioren	4.9
Gäste mit Zelt	4.9
Gäste mit Hund	4.9

Empfohlene Aktivitäten

- Entspannen
- Wandern
- Schwimmen

Jugendgruppen bis max. 15 Personen

23 Camping Rehbocktal

Rehbocktal 4
01665 Klipphausen
+49 352 140 4827
51.13884 | 13.49705

18.04. - 04.10.
HS: 25,00 € | NS: 25,00 €
Mehr Infos & Anfrage:
www.camping.info/17908

Baden in nat. Gewässer	k. A.
Pool/Hallenbad	10/5km
Spielplatz	3km
Hunde willkommen	✓
wenig Schatten	✓
WLAN (gegen Gebühr)	✓
Lebensmittel	2km
Brötchen am Platz	✓
Restaurant	100m
Ver-/Entsorgung Womo	✓
in den Ort	2km
Touristenplätze	32
Mietunterkünfte	✓
Stellplätze vor Schranke	✗

4.4 SEHR GUT
48 Bewertungen

Lage	4.6
Ruhe	4.6
Sanitäranlagen	4.1
Sauberkeit Ø	4.8
Freundlichkeit	4.8
Stellplatz	4.1
Verpflegung	3.3
Freizeit	3.9
Preis-Leistung	4.5
Mietunterkünfte	4.4

Geeignet für

Kinder b. 6 J.	3.4
Kinder b. 12 J.	3.5
Kinder b. 18 J.	3.0
Paare	4.6
Senioren	4.5
Gäste mit Zelt	4.7
Gäste mit Hund	4.7

Empfohlene Aktivitäten

- Radfahren
- Wandern
- Entspannen

24 Campingplatz Waldbad Oberau

Am Gemeindebad 2
01689 Niederau bei Meissen
+49 35243 36012
51.18562 | 13.57518

01.04. - 31.10.
HS: 20,50 € | NS: 20,50 €
Mehr Infos & Anfrage:
www.camping.info/17909

Baden im See am Platz	✓
Pool am Platz	✓
Spielplatz am Platz	✓
Hunde	✗
zur Hälfte Schatten	✓
WLAN	✗
Lebensmittel	10km
Brötchen am Platz	✗
Restaurant & Imbiss	✓
Ver-/Entsorgung Womo	✓
in den Ort	1km
Gesamt/Touristen	150/30
Mietunterkünfte	✓
Stellplätze vor Schranke	✗

4.5 SEHR GUT
30 Bewertungen

Lage	4.5
Ruhe	4.3
Sanitäranlagen	4.5
Sauberkeit Ø	4.7
Freundlichkeit	4.8
Stellplatz	4.2
Verpflegung	3.3
Freizeit	4.1
Preis-Leistung	4.6
Mietunterkünfte	4.2

Geeignet für

Kinder b. 6 J.	4.6
Kinder b. 12 J.	4.6
Kinder b. 18 J.	4.4
Paare	4.4
Senioren	4.4
Gäste mit Zelt	4.8
Hunde n. erlaubt	-

Empfohlene Aktivitäten

- Schwimmen
- Radfahren
- Wandern

25 Campingplatz am Badesee Coswig-Kötitz

FKK

Brockwitzer Str. 33
01640 Coswig-Kötitz
+49 3523 700220
51.12002 | 13.56423

01.04. - 31.10.
HS: 24,70 € | NS: 29,90 €
Mehr Infos & Anfrage:
www.camping.info/22350

Baden im See am Platz	✓
Pool/Hallenbad	✓/10km
Spielplatz am Platz	✓
Hunde willkommen	✓
zur Hälfte Schatten	✓
WLAN	✓
Lebensmittel	2km
Brötchen am Platz	✓
Restaurant & Imbiss	✓
Ver-/Entsorgung Womo	✓
in den Ort	4km
Gesamt/Touristen	100/75
Mietunterkünfte	✓
Stellplätze vor Schranke	✗

4.2 SEHR GUT
29 Bewertungen

Lage	4.5
Ruhe	4.1
Sanitäranlagen	3.9
Sauberkeit Ø	4.4
Freundlichkeit	4.0
Stellplatz	4.1
Verpflegung	3.4
Freizeit	4.4
Preis-Leistung	4.4
Mietunterkünfte	4.4

Geeignet für

Kinder b. 6 J.	4.5
Kinder b. 12 J.	4.4
Kinder b. 18 J.	3.9
Paare	4.4
Senioren	4.5
Gäste mit Zelt	4.4
Gäste mit Hund	4.4

Empfohlene Aktivitäten

- Schwimmen
- Radfahren
- Wandern

Karte auf Seite 446

26 Bad Sonnenland Ferienpark und Campingplatz

Dresdner Straße 115
01468 Moritzburg bei Dresden
+49 351 830 5495
51.14306 | 13.67949

01.04. - 31.10.
HS: 28,50 € | NS: 24,50 €
Mehr Infos & Anfrage:
www.camping.info/17907

Baden im See am Platz	✓
Pool/Hallenbad	7/10km
Spielplatz am Platz	✓
Hunde willkommen	✓
zur Hälfte Schatten	✓
WLAN (begrenzt gratis)	✓
Lebensmittel	50m
Brötchen am Platz	✓
Restaurant am P.	✓
Ver-/Entsorgung Womo	✓
in den Ort	1km
Touristenplätze	140
Mietunterkünfte	✓
Stellplätze vor Schranke	✗

3.7 GUT
35 Bewertungen

Lage	4.3
Ruhe	3.9
Sanitäranlagen	3.4
Sauberkeit Ø	3.2
Freundlichkeit	4.1
Stellplatz	3.4
Verpflegung	3.1
Freizeit	4.0
Preis-Leistung	2.6
Mietunterkünfte	4.3

Geeignet für

Kinder b. 6 J.	4.0
Kinder b. 12 J.	3.9
Kinder b. 18 J.	3.8
Paare	4.2
Senioren	3.9
Gäste mit Zelt	4.1
Gäste mit Hund	3.9

Empfohlene Aktivitäten

- Wandern
- Radfahren
- Sightseeing

27 Campingplatz Waldteichfreunde Moritzburg e.V.

FKK

Moritzburger Straße 15
01471 Radeburg (OT Volkersdorf)
+49 1520 9883468
51.14581 | 13.72212

01.05. - 30.09.
HS: 22,00 €
Mehr Infos & Anfrage:
www.camping.info/26485

Baden in nat. Gewässer	k. A.
Pool & Hallenbad	✗
Spielplatz am Platz	✓
Hunde willkommen	✓
viel Schatten	✓
WLAN	✓
Lebensmittel	3km
Brötchen am Platz	✓
Imbiss	✓
Ver-/Entsorgung Womo	✓
in den Ort	1km
Gesamt	keine Angabe
Mietunterkünfte	✓
Stellplätze vor Schranke	✗

4.7 SEHR GUT
3 Bewertungen

Lage	4.3
Ruhe	4.7
Sanitäranlagen	3.3
Sauberkeit Ø	3.9
Freundlichkeit	4.3
Stellplatz	4.5
Verpflegung	3.0
Freizeit	5.0
Preis-Leistung	3.7
Mietunterkünfte	3.0

Geeignet für

Kinder b. 6 J.	5.0
Kinder b. 12 J.	5.0
Kinder b. 18 J.	3.5
Paare	5.0
Senioren	5.0
Gäste mit Zelt	4.7
Gäste mit Hund	4.0

Empfohlene Aktivitäten

- Schwimmen
- Radfahren
- Entspannen

28 CaravaningPark schaffer-mobil

Kötzschenbroder Str. 125
01139 Dresden
+49 351 837 480
51.08545 | 13.6822

ganzjährig
HS: 18,00 € | NS: 18,00 €
Mehr Infos & Anfrage:
www.camping.info/24753

Baden im Teich	7km
Pool/Hallenbad	7/3km
Spielplatz	✗
Hunde willkommen	✓
wenig Schatten	✓
WLAN	✓
Lebensmittel	1km
Brötchen am Platz	✓
Restaurant/Imbiss	1km/500m
Ver-/Entsorgung Womo	✓
im Ort	✓
Touristenplätze	100
Mietunterkünfte	✗
Stellplätze vor Schranke	✗

4.2 SEHR GUT
29 Bewertungen

Lage	4.3
Ruhe	4.0
Sanitäranlagen	4.0
Sauberkeit Ø	4.2
Freundlichkeit	4.1
Stellplatz	4.0
Verpflegung	3.4
Freizeit	3.8
Preis-Leistung	4.3
Mietunterkünfte	-

Geeignet für

Kinder b. 6 J.	2.9
Kinder b. 12 J.	3.2
Kinder b. 18 J.	3.5
Paare	4.5
Senioren	4.4
Gäste mit Zelt	2.5
Gäste mit Hund	4.3

Empfohlene Aktivitäten

- Sightseeing
- Radfahren
- Kultur

Infos

Öffnungszeiten
Vergleichspreis
Link

Ausstattung

Freizeit
Campingplatz
Versorgung
Anzahl der Plätze

29

Camping Mockritz

❄

Boderitzerstraße 30
01217 Dresden Mockritz
+49 351 4715250
51.01479 | 13.74729

ganzjährig
HS: 22,70 € | NS: 22,70 €
Mehr Infos & Anfrage:
www.camping.info/17904

Baden im See am Platz	✓
Pool am Platz	✓
Spielplatz am Platz	✓
Hunde willkommen	✓
zur Hälfte Schatten	✓
WLAN	✓
Lebensmittel	✓
Brötchen am Platz	✓
Restaurant am P.	✓
Ver-/Entsorgung Womo	✓
in den Ort	3km
Touristenplätze	120
Mietunterkünfte	✓
Stellplätze vor Schranke	✓

4.0 SEHR GUT
106 Bewertungen

Lage	4.3
Ruhe	3.9
Sanitäranlagen	3.7
Sauberkeit Ø	4.0
Freundlichkeit	4.7
Stellplatz	3.9
Verpflegung	4.0
Freizeit	3.8
Preis-Leistung	4.1
Mietunterkünfte	4.1

Geeignet für

Kinder b. 6 J.	3.5
Kinder b. 12 J.	3.7
Kinder b. 18 J.	4.0
Paare	4.3
Senioren	4.3
Gäste mit Zelt	3.8
Gäste mit Hund	4.2

Empfohlene Aktivitäten

- Sightseeing
- Kultur
- Radfahren

30

Bad- und Camping-paradies Nixi

❄

Am Bad 1a
01744 Paulsdorf
+49 3504 612169 (Rezeption Campingplatz)
50.915 | 13.65192

ganzjährig
HS: 22,50 € | NS: 22,50 €
Mehr Infos & Anfrage:
www.camping.info/17910

Baden im See am Platz	✓
Pool & Hallenbad	✓
Spielplatz am Platz	✓
Hunde	✗
wenig Schatten	✓
WLAN (gegen Gebühr)	✓
Lebensmittel	✓
Brötchen am Platz	nur HS
Restaurant/Imbiss	100m/✓
Ver-/Entsorgung Womo	✓
in den Ort	3km
Gesamt/Touristen	515/150
Mietunterkünfte	✓
Stellplätze vor Schranke	✗

4.0 SEHR GUT
9 Bewertungen

Lage	4.7
Ruhe	4.3
Sanitäranlagen	3.4
Sauberkeit Ø	4.3
Freundlichkeit	4.8
Stellplatz	4.0
Verpflegung	3.4
Freizeit	4.7
Preis-Leistung	4.8
Mietunterkünfte	5.0

Geeignet für

Kinder b. 6 J.	4.6
Kinder b. 12 J.	4.7
Kinder b. 18 J.	4.5
Paare	4.6
Senioren	4.2
Gäste mit Zelt	4.8
Hunde n. erlaubt	-

Empfohlene Aktivitäten

- Schwimmen
- Wandern
- Entspannen

keine WOMOs ab 9m

Karte auf Seite 446

31 Erzgebirgscamp Neuclausnitz

❄

Hauptstraße 25
09623 Rechenberg-Bienenmühle
+49 373 278 306 90

50.74078 | 13.52172

ganzjährig

HS: 26,50 € | NS: 25,00 €

Mehr Infos & Anfrage:
www.camping.info/24885

Baden in nat. Gewässer	k. A.
Pool/Hallenbad	2/25km
Spielplatz am Platz	✓
Hunde willkommen	✓
wenig Schatten	✓
WLAN	✓
Lebensmittel	300m
Brötchen am Platz	✓
Restaurant am P.	✓
Ver-/Entsorgung Womo	✓
in den Ort	1km
Touristenplätze	40
Mietunterkünfte	✗
Stellplätze vor Schranke	✓

4.6 SEHR GUT
5 Bewertungen

Lage	4.6
Ruhe	4.0
Sanitäranlagen	5.0
Sauberkeit Ø	5.0
Freundlichkeit	5.0
Stellplatz	4.6
Verpflegung	4.7
Freizeit	4.8
Preis-Leistung	5.0
Mietunterkünfte	-

Geeignet für

Kinder b. 6 J.	5.0
Kinder b. 12 J.	5.0
Kinder b. 18 J.	4.5
Paare	5.0
Senioren	4.8
Gäste mit Zelt	5.0
Gäste mit Hund	5.0

Empfohlene Aktivitäten

- Radfahren
- Wandern
- Entspannen

32 Ferienpark Seiffen

❄

Deutschneudorfer Straße 57
09548 Seiffen
+49 37362 150

50.62673 | 13.45727

ganzjährig

HS: 21,50 € | NS: 11,50 €

Mehr Infos & Anfrage:
www.camping.info/17978

Baden im See	10km
Pool/Hallenbad	10/15km
Spielplatz am Platz	✓
Hunde willkommen	✓
wenig Schatten	✓
WLAN	✓
Lebensmittel	2km
Brötchen am Platz	✓
Restaurant/Imbiss	✓/2km
Ver-/Entsorgung Womo	✓
in den Ort	2km
Gesamt	120
Mietunterkünfte	✓
Stellplätze vor Schranke	✓

4.2 SEHR GUT
24 Bewertungen

Lage	4.5
Ruhe	4.7
Sanitäranlagen	4.1
Sauberkeit Ø	4.3
Freundlichkeit	4.5
Stellplatz	4.0
Verpflegung	3.8
Freizeit	3.6
Preis-Leistung	4.2
Mietunterkünfte	1.0

Geeignet für

Kinder b. 6 J.	3.3
Kinder b. 12 J.	3.6
Kinder b. 18 J.	3.7
Paare	4.3
Senioren	4.2
Gäste mit Zelt	3.4
Gäste mit Hund	4.0

Empfohlene Aktivitäten

- Wandern
- Entspannen
- Cross Country

33 Camping Galgenteich

❄

Galgenteich 3
01773 Altenberg
+49 35056 31995

50.76536 | 13.74514

ganzjährig

HS: 22,50 € | NS: 22,50 €

Mehr Infos & Anfrage:
www.camping.info/22351

Baden im See am Platz	✓
Pool & Hallenbad	✗
Spielplatz am Platz	✓
Hunde willkommen	✓
zur Hälfte Schatten	✓
WLAN	✗
Lebensmittel	1km
Brötchen am Platz	✓
Restaurant & Imbiss	✓
Ver-/Entsorgung Womo	✓
in den Ort	keine Angabe
Gesamt/Touristen	190/100
Mietunterkünfte	✗
Stellplätze vor Schranke	✓

3.7 GUT
19 Bewertungen

Lage	4.4
Ruhe	4.5
Sanitäranlagen	3.8
Sauberkeit Ø	4.4
Freundlichkeit	4.4
Stellplatz	3.6
Verpflegung	3.2
Freizeit	4.0
Preis-Leistung	3.9
Mietunterkünfte	-

Geeignet für

Kinder b. 6 J.	3.8
Kinder b. 12 J.	3.8
Kinder b. 18 J.	3.8
Paare	4.2
Senioren	4.4
Gäste mit Zelt	3.9
Gäste mit Hund	4.1

Empfohlene Aktivitäten

- Wandern
- Schwimmen
- Ski

Infos

Öffnungszeiten
Vergleichspreis
Link

Ausstattung

Freizeit
Campingplatz
Versorgung
Anzahl der Plätze

❷ Sachsen-Ost

FREIZEITTIPPS

- **A** Basteibrücke, Lohmen
- **B** Nationalpark Sächsische Schweiz, Bad Schandau
- **C** Saurierpark, Bautzen
- **D** Oberlausitzer Heide- & Teichlandschaft, Bautzen
- **E** Muskauer Park, Bad Muskau

	Platz	Seite	Bewertung		Öffnungszeiten	
1	Camping Halbendorfer See	460	3.8		saisonal	FKK
2	WSZ-Camp-Spreetal	460	-		saisonal	
3	Stellplatz Tätzschwitz	460	-		saisonal	
4	Ferienpark "Am Waldbad Bernsdorf"	460	-		saisonal	
5	Campingplatz Sternencamp Bärwalder See	461	4.7		saisonal	FKK
6	Marina Camping Bärwalder See	461	3.7		k. A.	
7	Neiße-Camp	461	4.6		saisonal	
8	Geheime Welt von Turisede - Kulturinsel Einsiedel	462	4.0		saisonal	Onlinebuchung
9	Camping Biehainer See'n e.V.	462	3.8		saisonal	FKK
10	Freizeit- und Campingpark Thräna	462	4.6		saisonal	
11	Naturcampingplatz am Olbasee	462	4.7		saisonal	
12	Campingplatz Reck	463	-		k. A.	
13	Campingplatz Blaue Adria	463	3.8		ganzjährig	FKK Wintercamping
14	Natur-und Abenteuercamping Stausee Bautzen	463	4.6		saisonal	
15	Camping- & Freizeitpark LuxOase	464	4.8		saisonal	Award
16	Campingplatz Wostra	465	4.4		saisonal	
17	Camping Pirna	466	4.3		saisonal	
18	Camping-Stellplatz Struppen	465	4.8		ganzjährig	Wintercamping
19	Camping Nikolsdorfer Berg	465	4.4		saisonal	
20	Aktivhostel Ferdinands Homestay	467	4.5		saisonal	
21	Camping Königstein	467	4.1		saisonal	
22	Campingplatz am Treidlerweg	467	4.3		saisonal	Onlinebuchung
23	Caravan Camping "Sächsische Schweiz"	468	4.8		ganzjährig	Wintercamping Award
24	Campingplatz "Entenfarm"	468	4.6		saisonal	
25	Campingplatz Ostrauer Mühle	468	3.9		ganzjährig	Wintercamping
26	Panorama-Camping Kleine Bergoase	468	4.9		ganzjährig	Wintercamping
27	Camping Endler	469	4.3		k. A.	
28	Camping Thorwaldblick ***	469	4.6		ganzjährig	Wintercamping
29	Volksbadcamp Ruppersdorf	469	4.2		ganzjährig	Wintercamping
30	Camping am Bauernhof	471	-		k. A.	
31	Trixi Ferienpark Zittauer Gebirge	470	4.4		ganzjährig	Wintercamping
32	Campinghof Sell	471	4.2		saisonal	
33	SeeCamping Zittauer Gebirge	471	4.9		saisonal	Wintercamping

✻ Wintercamping FKK Textilfrei (ganz/teilweise) Ecocamping Award Onlinebuchung

1 Camping Halbendorfer See

FKK

02953 Halbendorf bei Weisswasser
+49 35773 76413

51.545 | 14.56833

01.04. - 14.10.

HS: 20,50 € | NS: 18,00 €

Mehr Infos & Anfrage:
www.camping.info/17926

Baden im See am Platz	✓
Pool/Hallenbad	✓/4km
Spielplatz am Platz	✓
Hunde erlaubt	✓
wenig Schatten	✓
WLAN (gegen Gebühr)	✓
Lebensmittel	2km
Brötchen am Platz	nur HS
Restaurant & Imbiss	✓
Ver-/Entsorgung Womo	✓
in den Ort	2km
Gesamt/Touristen	180/120
Mietunterkünfte	✓
Stellplätze vor Schranke	✗

3.8 GUT
25 Bewertungen

Lage	4.5
Ruhe	3.9
Sanitäranlagen	4.2
Sauberkeit Ø	4.5
Freundlichkeit	4.3
Stellplatz	3.6
Verpflegung	2.9
Freizeit	4.0
Preis-Leistung	4.3
Mietunterkünfte	3.0

Geeignet für

Kinder b. 6 J.	3.8
Kinder b. 12 J.	4.0
Kinder b. 18 J.	3.9
Paare	4.5
Senioren	4.0
Gäste mit Zelt	4.5
Gäste mit Hund	4.2

Empfohlene Aktivitäten

- Schwimmen
- Radfahren
- Entspannen

2 WSZ-Camp-Spreetal

Werkstraße 10
02979 Spreetal

51.49923 | 14.34463

01.04. - 01.10.

keine Angabe

Mehr Infos & Anfrage:
www.camping.info/26689

Baden im See am Platz	✓
Pool & Hallenbad	✗
Spielplatz	✗
Hunde erlaubt	✓
zur Hälfte Schatten	✓
WLAN (gratis)	teilweise
Lebensmittel	✗
Brötchen am Platz	✗
Imbiss	✓
Ver-/Entsorgung Womo	✓
im Ort	✓
Touristenplätze	15
Mietunterkünfte	✓
Stellplätze vor Schranke	✗

- JETZT BEWERTEN!

Für diese Auswertung liegen leider noch nicht genügend Bewertungen vor.

Sei einer der Ersten, der diesen Campingplatz bewertet. Unter den Bewertern werden regelmäßig Gewinne verlost!

Mehr Infos dazu findest du in unserem allgemeinen Intro.

3 Stellplatz Tätzschwitz

Am Hochwald 27
02979 Elsterheide
+49 1729097930

51.48253 | 14.10721

01.04. - 31.10.

HS: 14,00 € | NS: 14,00 €

Mehr Infos & Anfrage:
www.camping.info/25139

Baden im See	2km
Pool/Hallenbad	7/10km
Spielplatz am Platz	✓
Hunde willkommen	✓
zur Hälfte Schatten	✓
WLAN	✗
Lebensmittel	8km
Brötchen am Platz	✗
Restaurant/Imbiss	500m/2km
Ver-/Entsorgung Womo	✓
im Ort	✓
Touristenplätze	10
Mietunterkünfte	✗
Stellplätze vor Schranke	✗

- JETZT BEWERTEN!

Für diese Auswertung liegen leider noch nicht genügend Bewertungen vor.

Sei einer der Ersten, der diesen Campingplatz bewertet. Unter den Bewertern werden regelmäßig Gewinne verlost!

Mehr Infos dazu findest du in unserem allgemeinen Intro.

4 Ferienpark "Am Waldbad Bernsdorf"

Badeweg 4
02994 Bernsdorf
+49 35723 189958

51.36788 | 14.03486

15.04. - 15.10.

HS: 18,00 €

Mehr Infos & Anfrage:
www.camping.info/26384

Baden im See am Platz	✓
Pool/Hallenbad	✓/10km
Spielplatz am Platz	✓
Hunde willkommen	✓
zur Hälfte Schatten	✓
WLAN	keine Angabe
Lebensmittel	1km
Brötchen am Platz	nur HS
Imbiss	✓
Ver-/Entsorgung Womo	✗
in den Ort	keine Angabe
Gesamt/Touristen	200/50
Mietunterkünfte	✓
Stellplätze vor Schranke	✗

- JETZT BEWERTEN!

Für diese Auswertung liegen leider noch nicht genügend Bewertungen vor.

Sei einer der Ersten, der diesen Campingplatz bewertet. Unter den Bewertern werden regelmäßig Gewinne verlost!

Mehr Infos dazu findest du in unserem allgemeinen Intro.

5 Campingplatz Sternencamp Bärwalder See

FKK

Zur Strandpromenade 2
02943 Boxberg o.L.
+49 35774 552173

51.39583 | 14.57333

01.04. - 31.10.

HS: 31,00 € | NS: 23,00 €

Mehr Infos & Anfrage:
www.camping.info/24413

Baden im See	200m
Pool & Hallenbad	×
Spielplatz am Platz	✓
Hunde willkommen	✓
kein Schatten	✓
WLAN (begrenzt gratis)	✓
Lebensmittel	600m
Brötchen	keine Angabe
Restaurant/Imbiss	500m/✓
Ver-/Entsorgung Womo	✓
in den Ort	500m
Gesamt/Touristen	94/82
Mietunterkünfte	×
Stellplätze vor Schranke	×

4.7 SEHR GUT
49 Bewertungen

Lage	4.8
Ruhe	4.7
Sanitäranlagen	4.7
Sauberkeit Ø	4.8
Freundlichkeit	5.0
Stellplatz	4.5
Verpflegung	3.9
Freizeit	4.3
Preis-Leistung	4.5
Mietunterkünfte	-

Geeignet für

Kinder b. 6 J.	4.4
Kinder b. 12 J.	4.3
Kinder b. 18 J.	4.3
Paare	4.8
Senioren	4.8
Gäste mit Zelt	4.3
Gäste mit Hund	4.9

Empfohlene Aktivitäten

- Schwimmen
- Radfahren
- Entspannen

Preise ohne Strom, Abrechnung erfolgt nach Verbrauch

6 Marina Camping Bärwalder See

Am Hafen 6
02943 Boxberg

51.35751 | 14.55963

keine Angabe

HS: 23,00 € | NS: 20,00 €

Mehr Infos & Anfrage:
www.camping.info/26719

Baden im See am Platz	✓
Pool & Hallenbad	×
Spielplatz	keine Angabe
Hunde erlaubt	✓
Schatten	×
WLAN	keine Angabe
Lebensmittel	3km
Brötchen am Platz	✓
Imbiss	500m
Ver-/Entsorgung Womo	×
in den Ort	3km
Gesamt	keine Angabe
Mietunterkünfte	×
Stellplätze vor Schranke	×

3.7 GUT
6 Bewertungen

Lage	3.8
Ruhe	3.8
Sanitäranlagen	3.5
Sauberkeit Ø	4.2
Freundlichkeit	4.3
Stellplatz	3.7
Verpflegung	3.2
Freizeit	3.5
Preis-Leistung	3.8
Mietunterkünfte	-

Geeignet für

Kinder b. 6 J.	3.7
Kinder b. 12 J.	4.4
Kinder b. 18 J.	4.0
Paare	4.2
Senioren	4.2
Gäste mit Zelt	4.2
Gäste mit Hund	4.3

Empfohlene Aktivitäten

- Radfahren
- Schwimmen
- Motorboot

7 Neiße-Camp

Tormersdorfer Allee 1
02929 Rothenburg
+49 160 18 18 888

51.32685 | 14.9802

01.04. - 31.10.

HS: 19,00 €

Mehr Infos & Anfrage:
www.camping.info/23393

Baden in nat. Gewässer	k. A.
Pool/Hallenbad	10/3km
Spielplatz	4km
Hunde willkommen	✓
Schatten	×
WLAN	×
Lebensmittel	1km
Brötchen	keine Angabe
Restaurant/Imbiss	1km/✓
Ver-/Entsorgung Womo	✓
in den Ort	1km
Touristenplätze	50
Mietunterkünfte	✓
Stellplätze vor Schranke	×

4.6 SEHR GUT
7 Bewertungen

Lage	4.7
Ruhe	4.4
Sanitäranlagen	4.7
Sauberkeit Ø	4.9
Freundlichkeit	5.0
Stellplatz	4.4
Verpflegung	2.5
Freizeit	3.7
Preis-Leistung	4.7
Mietunterkünfte	4.7

Geeignet für

Kinder b. 6 J.	4.5
Kinder b. 12 J.	4.8
Kinder b. 18 J.	4.6
Paare	5.0
Senioren	4.8
Gäste mit Zelt	5.0
Gäste mit Hund	5.0

Empfohlene Aktivitäten

- Kayak/Kanu
- Radfahren
- Wandern

Karte auf Seite 458

Infos

Öffnungszeiten

Vergleichspreis

Link

Ausstattung

Freizeit

Campingplatz

Versorgung

Anzahl der Plätze

8 Geheime Welt von Turisede - Kulturinsel Einsiedel

Kulturinsel Einsiedel 1
02829 Neißeaue OT Zentendorf
+49 35891 49113
51.29544 | 15.01839

01.04. - 31.10.
HS: 20,50 €
Mehr Infos & online buchen:
www.camping.info/24956

Baden im Fluss	100m
Pool/Hallenbad	10/5km
Spielplatz am Platz	✓
Hunde willkommen	✓
zur Hälfte Schatten	✓
WLAN	✓
Lebensmittel	3km
Brötchen am Platz	✗
Restaurant/Imbiss	300m
Ver-/Entsorgung Womo	✓
in den Ort	1km
Gesamt/Touristen	70/50
Mietunterkünfte	✓
Stellplätze vor Schranke	✗

4.0 SEHR GUT
4 Bewertungen

Lage	3.8
Ruhe	3.8
Sanitäranlagen	1.8
Sauberkeit Ø	4.2
Freundlichkeit	4.0
Stellplatz	3.5
Verpflegung	3.7
Freizeit	4.2
Preis-Leistung	3.8
Mietunterkünfte	4.0

Geeignet für

Kinder b. 6 J.	4.8
Kinder b. 12 J.	4.8
Kinder b. 18 J.	4.7
Paare	4.0
Senioren	2.3
Gäste mit Zelt	5.0
Gäste mit Hund	3.7

Empfohlene Aktivitäten

- Klettern
- Radfahren
- Wandern

9 Camping Biehainer See'n e.V.

FKK

Zum Waldsee 11
02923 Horka
51.28407 | 14.92318

15.04. - 30.09.
HS: 15,50 €
Mehr Infos & Anfrage:
www.camping.info/23945

Baden im See am Platz	✓
Pool & Hallenbad	✗
Spielplatz am Platz	✓
Hunde erlaubt	✓
zur Hälfte Schatten	✓
WLAN	keine Angabe
Lebensmittel	✗
Brötchen am Platz	✓
Imbiss	✓
Ver-/Entsorgung Womo	✗
in den Ort	keine Angabe
Gesamt	keine Angabe
Mietunterkünfte	✓
Stellplätze vor Schranke	✗

3.8 GUT
6 Bewertungen

Lage	4.0
Ruhe	4.2
Sanitäranlagen	2.5
Sauberkeit Ø	3.9
Freundlichkeit	4.2
Stellplatz	3.0
Verpflegung	2.3
Freizeit	3.8
Preis-Leistung	3.7
Mietunterkünfte	-

Geeignet für

Kinder b. 6 J.	3.4
Kinder b. 12 J.	3.8
Kinder b. 18 J.	3.0
Paare	4.0
Senioren	4.6
Gäste mit Zelt	4.4
Gäste mit Hund	4.2

Empfohlene Aktivitäten

- Schwimmen
- Radfahren
- Wandern

10 Freizeit- und Campingpark Thräna

Zum Wildgehege 1
02906 Hohendubrau
+49 35876 41238
51.23597 | 14.69959

15.04. - 15.10.
HS: 22,00 € | NS: 22,00 €
Mehr Infos & Anfrage:
www.camping.info/17924

Baden im Teich am Platz	✓
Pool/Hallenbad	6/20km
Spielplatz am Platz	✓
Hunde willkommen	✓
zur Hälfte Schatten	✓
WLAN	✓
Lebensmittel	7km
Brötchen am Platz	✓
Imbiss	✓
Ver-/Entsorgung Womo	✓
in den Ort	1km
Gesamt/Touristen	50/48
Mietunterkünfte	✓
Stellplätze vor Schranke	✗

4.6 SEHR GUT
16 Bewertungen

Lage	4.7
Ruhe	4.9
Sanitäranlagen	3.8
Sauberkeit Ø	4.7
Freundlichkeit	5.0
Stellplatz	4.5
Verpflegung	4.2
Freizeit	4.4
Preis-Leistung	4.7
Mietunterkünfte	4.5

Geeignet für

Kinder b. 6 J.	4.8
Kinder b. 12 J.	4.8
Kinder b. 18 J.	3.8
Paare	4.8
Senioren	4.8
Gäste mit Zelt	5.0
Gäste mit Hund	4.6

Empfohlene Aktivitäten

- Entspannen
- Radfahren
- Wandern

AWARD 2020

11 Naturcampingplatz am Olbasee

Am Olbastrand 1
02694 Malschwitz OT Kleinsaubernitz
+49 35932 30 232
51.27277 | 14.60117

15.04. - 21.10.
HS: 22,50 €
Mehr Infos & Anfrage:
www.camping.info/22352

Baden im See am Platz	✓
Hallenbad	15km
Spielplatz am Platz	✓
Hunde willkommen	✓
zur Hälfte Schatten	✓
WLAN (gegen Gebühr)	✓
Lebensmittel	500m
Brötchen am Platz	✓
Restaurant/Imbiss	500/200m
Ver-/Entsorgung Womo	✓
in den Ort	500m
Gesamt/Touristen	275/150
Mietunterkünfte	✓
Stellplätze vor Schranke	✗

4.7 SEHR GUT
33 Bewertungen

Lage	4.8
Ruhe	4.8
Sanitäranlagen	4.1
Sauberkeit Ø	4.8
Freundlichkeit	5.0
Stellplatz	4.3
Verpflegung	3.9
Freizeit	4.4
Preis-Leistung	4.8
Mietunterkünfte	4.8

Geeignet für

Kinder b. 6 J.	4.8
Kinder b. 12 J.	4.8
Kinder b. 18 J.	4.4
Paare	4.8
Senioren	4.5
Gäste mit Zelt	4.8
Gäste mit Hund	4.8

Empfohlene Aktivitäten

- Schwimmen
- Radfahren
- Wandern

Karte auf Seite 458

Infos: Öffnungszeiten | Vergleichspreis | Link

Ausstattung: Freizeit | Campingplatz | Versorgung | Anzahl der Plätze

12 Campingplatz Reck

Warthaer Dorfstr. 5
02694 Malschwitz / OT Wartha

51.2742 | 14.58763

keine Angabe

keine Angabe
Mehr Infos & Anfrage:
www.camping.info/27050

Baden in nat. Gewässer	k. A.
Pool & Hallenbad	✗
Spielplatz	keine Angabe
Hunde	✗
Schatten	✗
WLAN	keine Angabe
Lebensmittel	k.A.
Brötchen	keine Angabe
Restaurant & Imbiss	✗
Ver-/Entsorgung Womo	✗
in den Ort	keine Angabe
Gesamt	keine Angabe
Mietunterkünfte	✗
Stellplätze vor Schranke	✗

- **JETZT BEWERTEN!**

Für diese Auswertung liegen leider noch nicht genügend Bewertungen vor.

Sei einer der Ersten, der diesen Campingplatz bewertet. Unter den Bewertern werden regelmäßig Gewinne verlost!

Mehr Infos dazu findest du in unserem allgemeinen Intro.

13 Campingplatz Blaue Adria

FKK

Zur Adria 23
02694 Crosta

51.26617 | 14.45267

ganzjährig

HS: 20,00 € | NS: 20,00 €
Mehr Infos & Anfrage:
www.camping.info/23944

Baden im See am Platz	✓
Pool & Hallenbad	✗
Spielplatz am Platz	✓
Hunde erlaubt	✓
zur Hälfte Schatten	✓
WLAN	keine Angabe
Lebensmittel	2km
Brötchen am Platz	✓
Restaurant & Imbiss	✓
Ver-/Entsorgung Womo	✗
im Ort	✓
Gesamt	keine Angabe
Mietunterkünfte	✗
Stellplätze vor Schranke	✗

3.8 GUT 4 Bewertungen

Lage	4.0
Ruhe	3.5
Sanitäranlagen	4.0
Sauberkeit Ø	4.7
Freundlichkeit	3.7
Stellplatz	3.0
Verpflegung	2.0
Freizeit	4.3
Preis-Leistung	3.8
Mietunterkünfte	-

Geeignet für

Kinder b. 6 J.	4.0
Kinder b. 12 J.	3.5
Kinder b. 18 J.	2.0
Paare	3.3
Senioren	5.0
Gäste mit Zelt	5.0
Gäste mit Hund	3.0

Empfohlene Aktivitäten

- Schwimmen
- Entspannen
- Kultur

14 Natur-und Abenteuercamping Stausee Bautzen

Nimschützer Str. 41
02625 Bautzen
+49 3591 27 12 67

51.20246 | 14.46051

01.04. - 31.10.

HS: 24,60 €
Mehr Infos & Anfrage:
www.camping.info/22353

Baden im See	500m
Pool/Hallenbad	4/2km
Spielplatz am Platz	✓
Hunde erlaubt	✓
wenig Schatten	✓
WLAN (gratis)	teilweise
Lebensmittel	✓
Brötchen am Platz	✓
Restaurant/Imbiss	2km/500m
Ver-/Entsorgung Womo	✓
im Ort	✓
Touristenplätze	100
Mietunterkünfte	✓
Stellplätze vor Schranke	✗

4.6 SEHR GUT 96 Bewertungen

Lage	4.3
Ruhe	4.2
Sanitäranlagen	4.8
Sauberkeit Ø	4.8
Freundlichkeit	4.8
Stellplatz	4.7
Verpflegung	3.4
Freizeit	4.4
Preis-Leistung	4.5
Mietunterkünfte	4.8

Geeignet für

Kinder b. 6 J.	4.7
Kinder b. 12 J.	4.7
Kinder b. 18 J.	4.3
Paare	4.7
Senioren	4.7
Gäste mit Zelt	4.5
Gäste mit Hund	4.5

Empfohlene Aktivitäten

- Schwimmen
- Radfahren
- Entspannen

15 Camping- & Freizeitpark LuxOase

Arnsdorfer Straße 1
01900 Kleinröhrsdorf bei Dresden
+49 359 525 6666
www.luxoase.de
info@luxoase.de

01.03. - 26.11.

HS: 35,50 € | NS: 25,50 €

Mehr Infos & Anfrage:
www.camping.info/17917

Baden im See am Platz	✓
Pool/Hallenbad	3km/✓
Spielplatz am Platz	✓
Hunde willkommen	✓
zur Hälfte Schatten	✓
WLAN	✓
Lebensmittel	✓
Brötchen am Platz	✓
Restaurant & Imbiss	✓
Ver-/Entsorgung Womo	✓
in den Ort	100m
Gesamt/Touristen	277/237
Mietunterkünfte	✓
Stellplätze vor Schranke	✗

51.12056 | 13.98028

Idyllische Lage in herrlicher Natur am See zum Baden, Angeln und Spazieren.

Lage & Stellplatz

Direkt am See, zentral zu Sehenswürdigkeiten von Dresden, Sächsischer Schweiz & Oberlausitz, bietet die LuxOase mindestens 100 m^2 große Stellplätze, überwiegend Wasser- & Abwasseranschlüsse, WLAN, auf Wunsch mit Pflasterflächen. Es gibt schattige und sonnige Bereiche und XXL-Stellplätze mit 200 m^2.

Verpflegung

Für das leibliche Wohl gibt es täglich frische Brötchen & Kuchen, einen Shop und frische Eier vom Kleinröhrsdorfer Bauernhof. Ein platzeigenes Restaurant mit Wintergarten, Sonnenterrasse verwöhnt Gäste mit einheimischer und traditioneller Küche. In der Nähe liegen viele bekannte Supermarktketten.

Sanitär

Einzigartige Sanitär- und Wellnessgebäude bieten Sanitärbereiche für Anspruchsvolle. Luxuriöse Mietbadezimmer, ein Kinderwaschland mit Seifenblasendampfer & Duschburg, einen Fitnessraum und Wellnessbereich mit Dampfbad, Sauna, Infrarotkabine, Pool, Erlebnisdusche & Blick über See und Pferdekoppeln.

Freizeit

Erlebnisse und Entspannung bieten Out- & Indoorspielplätze mit Kletter-Rutschburg, Minigolf, Tischtennis, Billard, Tischkicker, Beachvolleyball & Bolzplatz, ein See zum Baden und Spazieren, Verleih von Rädern & Radwanderkarten, organisierte Busausflüge nach Dresden & Prag und die Ferien-Animation.

Wellness mit Pool & Massagen.

Naturspiellandschaft entdecken.

4.8 SEHR GUT
344 Bewertungen

Lage	4.3
Ruhe	4.6
Sanitäranlagen	4.9
Sauberkeit Ø	4.9
Freundlichkeit	4.9
Stellplatz	4.6
Verpflegung	4.3
Freizeit	4.5
Preis-Leistung	4.7
Mietunterkünfte	4.6

Geeignet für

Paare	4.8
Senioren	4.8
Gäste mit Hund	4.8
Gäste mit Zelt	4.7
Kinder b. 6 J.	4.6
Kinder b. 12 J.	4.6
Kinder b. 18 J.	4.1

Empfohlene Aktivitäten

Wandern · Entspannen · Sightseeing · Radfahren · Wellness

AWARD 2020

Jugendliche nur mit Eltern, ab 3 Fam. nur in bestimmten Bereichen buchbar.

Karte auf Seite 458

16 Campingplatz Wostra

An der Wostra 7
01259 Dresden
+49 351 20278678
50.99893 | 13.86829

06.04. - 01.11.
HS: 27,00 € | NS: 27,00 €
Mehr Infos & Anfrage:
www.camping.info/17905

Baden im See	100m
Pool	100m
Spielplatz am Platz	✓
Hunde willkommen	✓
zur Hälfte Schatten	✓
WLAN	✓
Lebensmittel	1km
Brötchen am Platz	✓
Restaurant	1km
Ver-/Entsorgung Womo	✓
in den Ort	10km
Gesamt/Touristen	120/100
Mietunterkünfte	✗
Stellplätze vor Schranke	✗

4.4 SEHR GUT
42 Bewertungen

Lage	4.7
Ruhe	4.6
Sanitäranlagen	4.1
Sauberkeit Ø	4.8
Freundlichkeit	5.0
Stellplatz	4.1
Verpflegung	3.2
Freizeit	4.2
Preis-Leistung	4.5
Mietunterkünfte	-

Geeignet für

Kinder b. 6 J.	3.8
Kinder b. 12 J.	4.0
Kinder b. 18 J.	4.0
Paare	4.7
Senioren	4.6
Gäste mit Zelt	4.5
Gäste mit Hund	4.2

Empfohlene Aktivitäten

- Radfahren
- Wandern
- Sightseeing

18 Camping-Stellplatz Struppen

Kirchberg 20
01796 Struppen
+49 35020 179602
50.93794 | 14.01333

ganzjährig
HS: 16,00 € | NS: 10,00 €
Mehr Infos & Anfrage:
www.camping.info/26076

Baden in nat. Gewässer	k. A.
Pool/Hallenbad	4/10km
Spielplatz	✗
Hunde willkommen	✓
wenig Schatten	✓
WLAN	✓
Lebensmittel	5km
Brötchen am Platz	✓
Restaurant/Imbiss	1km/500m
Ver-/Entsorgung Womo	✓
in den Ort	300m
Touristenplätze	30
Mietunterkünfte	✗
Stellplätze vor Schranke	✗

4.8 SEHR GUT
29 Bewertungen

Lage	4.6
Ruhe	4.9
Sanitäranlagen	4.9
Sauberkeit Ø	5.0
Freundlichkeit	5.0
Stellplatz	4.4
Verpflegung	3.7
Freizeit	4.5
Preis-Leistung	4.8
Mietunterkünfte	-

Geeignet für

Kinder b. 6 J.	3.8
Kinder b. 12 J.	4.2
Kinder b. 18 J.	4.4
Paare	4.9
Senioren	4.9
Gäste mit Zelt	4.4
Gäste mit Hund	4.9

Empfohlene Aktivitäten

- Wandern
- Radfahren
- Entspannen

keine WOMOs ab 11 m;
keine Gruppen

19 Camping Nikolsdorfer Berg

Nikolsdorfer Berg 7
01824 Königstein/Leupoldishain
+49 350 219 9144
50.90438 | 14.03875

01.04. - 31.10.
HS: 23,60 € | NS: 23,60 €
Mehr Infos & Anfrage:
www.camping.info/17914

Baden im See	10km
Pool/Hallenbad	10km
Spielplatz	keine Angabe
Hunde willkommen	✓
zur Hälfte Schatten	✓
WLAN (gratis)	teilweise
Lebensmittel	✓
Brötchen am Platz	✓
Restaurant/Imbiss	4km
Ver-/Entsorgung Womo	✓
in den Ort	4km
Touristenplätze	50
Mietunterkünfte	✗
Stellplätze vor Schranke	✗

4.4 SEHR GUT
48 Bewertungen

Lage	4.5
Ruhe	4.9
Sanitäranlagen	4.4
Sauberkeit Ø	4.8
Freundlichkeit	4.7
Stellplatz	3.9
Verpflegung	3.1
Freizeit	4.1
Preis-Leistung	4.5
Mietunterkünfte	-

Geeignet für

Kinder b. 6 J.	3.5
Kinder b. 12 J.	3.5
Kinder b. 18 J.	3.4
Paare	4.7
Senioren	4.6
Gäste mit Zelt	4.7
Gäste mit Hund	4.4

Empfohlene Aktivitäten

- Wandern
- Entspannen
- Radfahren

Infos

Öffnungszeiten
Vergleichspreis
Link

Ausstattung

Freizeit
Campingplatz
Versorgung
Anzahl der Plätze

17 Camping Pirna

Äußere Pillnitzer Straße 19
01796 Pirna
+49 3501 52 37 73
www.camping-pirna.de
info@camping-pirna.de

25.03. - 04.10.

HS: 34,70 € | NS: 34,70 €

Mehr Infos & Anfrage:
www.camping.info/17911

Baden im See am Platz	✓
Pool/Hallenbad	7km
Spielplatz am Platz	✓
Hunde willkommen	✓
zur Hälfte Schatten	✓
WLAN	✓
Lebensmittel	100m
Brötchen am Platz	✗
Restaurant	500m
Ver-/Entsorgung Womo	✓
im Ort	✓
Gesamt/Touristen	164/129
Mietunterkünfte	✓
Stellplätze vor Schranke	✗

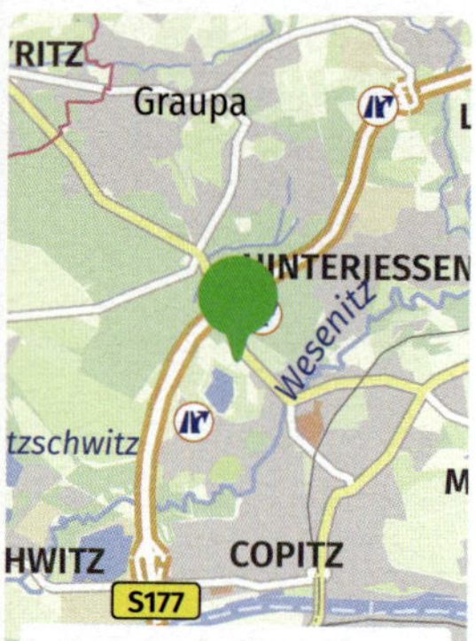

50.98174 | 13.92503

Luftaufnahme mit Blick auf die Stellplätze.

Lage & Stellplatz

Zwischen der Sächsischen Schweiz und Dresden, am Rande der historischen Stadt Pirna und an einem schönen Natursee gelegen, befindet sich der parkähnlich angelegte Waldcampingplatz Pirna-Copitz. Die Stellplätze sind parzelliert, ca. 100 m² groß und bieten teilweise einen schönen Blick auf den See.

Verpflegung

Ein Bäcker, ein Fleischer und ein Supermarkt sind fußläufig in 100 m vom Campingplatz erreichbar. Selbstgebrautes Bier kann man im 1,4 km entfernten Restaurant „Brauhaus Zum Gießer" genießen. In der Innenstadt Pirnas gibt es außerdem viele kleine, gemütliche Cafés und Restaurants zu entdecken.

Sanitär

Die modernen und sauberen Sanitärgebäude sind mit Wickeltischen, behindertengerechten WCs, Kühlschränken, Waschmaschinen und Trockner sowie Möglichkeiten zur Chemietoilettenentsorgung ausgestattet. Das im Jahr 2016 eröffnete Gebäude verfügt zusätzlich über Einzelwaschkabinen und Außenspülplätze.

Freizeit

Der Waldcampingplatz gilt als idealer Ausgangspunkt für Radfahrer (Elberadweg), Wanderer (Malerweg) und Kulturliebhaber (historische Altstädte von Pirna und Dresden). Der angrenzende Natursee eignet sich bestens zum Baden. In den Sommerferien gibt es zusätzlich ein buntes Kinderanimationsprogramm.

Liegewiese am Natursee.

Mobilheime & Caravans zur Miete.

4.3 SEHR GUT
97 Bewertungen

Lage	4.3
Ruhe	3.9
Sanitäranlagen	4.5
Sauberkeit Ø	4.6
Freundlichkeit	4.7
Stellplatz	4.3
Verpflegung	3.5
Freizeit	4.1
Preis-Leistung	4.1
Mietunterkünfte	4.2

Geeignet für

Paare	4.6
Senioren	4.6
Gäste mit Hund	4.5
Gäste mit Zelt	4.4
Kinder b. 6 J.	4.2
Kinder b. 12 J.	4.2
Kinder b. 18 J.	4.0

Empfohlene Aktivitäten

Radfahren · Wandern · Schwimmen · Sightseeing · Entspannen

Jugend- und Schülergruppen nur eingeschränkt zugelassen.

Karte auf Seite 458

20 Aktivhostel Ferdinands Homestay

Halbestadt 51
01824 Königstein

50.93674 | 14.07254

Infos

- Öffnungszeiten: 01.04. - 31.10.
- Vergleichspreis: keine Angabe
- **Mehr Infos & Anfrage:** www.camping.info/24007

Ausstattung

Freizeit	
Baden im Fluss am Platz	✓
Pool & Hallenbad	✗
Spielplatz	keine Angabe
Campingplatz	
Hunde willkommen	✓
Schatten	✗
WLAN	✗
Versorgung	
Lebensmittel	3km
Brötchen am Platz	nur HS
Restaurant/Imbiss	3km
Ver-/Entsorgung Womo	✗
in den Ort	3km
Anzahl der Plätze	
Gesamt	keine Angabe
Mietunterkünfte	✓
Stellplätze vor Schranke	✗

4.5 SEHR GUT – 4 Bewertungen

Lage	4.5
Ruhe	3.8
Sanitäranlagen	3.5
Sauberkeit Ø	4.8
Freundlichkeit	4.5
Stellplatz	4.0
Verpflegung	3.5
Freizeit	4.2
Preis-Leistung	4.8
Mietunterkünfte	5.0

Geeignet für

Kinder b. 6 J.	4.0
Kinder b. 12 J.	4.5
Kinder b. 18 J.	4.2
Paare	4.8
Senioren	2.5
Gäste mit Zelt	5.0
Gäste mit Hund	1.0

Empfohlene Aktivitäten

- Klettern
- Radfahren
- Wandern

21 Camping Königstein

Am Alten Sägewerk 1
01824 Königstein
+49 350 216 8224

50.92166 | 14.08861

Infos

- Öffnungszeiten: 01.04. - 31.10.
- Vergleichspreis: HS: 24,50 € | NS: 21,00 €
- **Mehr Infos & Anfrage:** www.camping.info/17913

Ausstattung

Freizeit	
Baden im Fluss am Platz	✓
Pool/Hallenbad	6km
Spielplatz	500m
Campingplatz	
Hunde willkommen	✓
zur Hälfte Schatten	✓
WLAN	✓
Versorgung	
Lebensmittel	1km
Brötchen am Platz	✓
Restaurant/Imbiss	1km
Ver-/Entsorgung Womo	✓
in den Ort	1km
Anzahl der Plätze	
Touristenplätze	120
Mietunterkünfte	✓
Stellplätze vor Schranke	✓

4.1 SEHR GUT – 82 Bewertungen

Lage	4.4
Ruhe	3.1
Sanitäranlagen	4.2
Sauberkeit Ø	4.4
Freundlichkeit	4.3
Stellplatz	4.3
Verpflegung	3.4
Freizeit	4.4
Preis-Leistung	4.1
Mietunterkünfte	4.3

Geeignet für

Kinder b. 6 J.	3.7
Kinder b. 12 J.	4.2
Kinder b. 18 J.	4.5
Paare	4.5
Senioren	4.5
Gäste mit Zelt	4.6
Gäste mit Hund	4.5

Empfohlene Aktivitäten

- Wandern
- Radfahren
- Kayak/Kanu

keine WOMOs ab 12 m

22 Campingplatz am Treidlerweg

Am Alten Sägewerk 4
01824 Königstein
+49 35021 9908 211

50.92591 | 14.09417

Infos

- Öffnungszeiten: 01.04. - 31.10.
- Vergleichspreis: HS: 27,00 € | NS: 27,00 €
- **Mehr Infos & online buchen:** www.camping.info/26393

Ausstattung

Freizeit	
Baden im Fluss am Platz	✓
Pool/Hallenbad	7/8km
Spielplatz	200m
Campingplatz	
Hunde willkommen	✓
wenig Schatten	✓
WLAN (gratis)	teilweise
Versorgung	
Lebensmittel	2km
Brötchen am Platz	✓
Restaurant/Imbiss	300m
Ver-/Entsorgung Womo	✓
in den Ort	1km
Anzahl der Plätze	
Touristenplätze	40
Mietunterkünfte	✓
Stellplätze vor Schranke	✓

4.3 SEHR GUT – 42 Bewertungen

Lage	4.5
Ruhe	3.0
Sanitäranlagen	4.5
Sauberkeit Ø	4.7
Freundlichkeit	4.9
Stellplatz	4.0
Verpflegung	4.0
Freizeit	4.6
Preis-Leistung	4.3
Mietunterkünfte	4.4

Geeignet für

Kinder b. 6 J.	3.9
Kinder b. 12 J.	4.1
Kinder b. 18 J.	4.2
Paare	4.8
Senioren	4.6
Gäste mit Zelt	4.4
Gäste mit Hund	4.5

Empfohlene Aktivitäten

- Wandern
- Radfahren
- Klettern

23 Caravan Camping "Sächsische Schweiz"

Dorfplatz 181 D
01824 Kurort Gohrisch
+49 350 215 9107

50.91452 | 14.10703

ganzjährig

HS: 29,10 € | NS: 25,80 €

Mehr Infos & Anfrage:
www.camping.info/22880

Baden in nat. Gewässer	k. A.
Pool/Hallenbad	✓/4km
Spielplatz am Platz	✓
Hunde willkommen	✓
wenig Schatten	✓
WLAN (gegen Gebühr)	✓
Lebensmittel	✓
Brötchen am Platz	✓
Restaurant am P.	✓
Ver-/Entsorgung Womo	✓
in den Ort	500m
Gesamt/Touristen	76/71
Mietunterkünfte	✗
Stellplätze vor Schranke	✓

4.8 SEHR GUT
127 Bewertungen

Lage	4.7
Ruhe	4.8
Sanitäranlagen	4.7
Sauberkeit Ø	4.9
Freundlichkeit	4.8
Stellplatz	4.6
Verpflegung	4.2
Freizeit	4.5
Preis-Leistung	4.5
Mietunterkünfte	-

Geeignet für

Kinder b. 6 J.	4.6
Kinder b. 12 J.	4.6
Kinder b. 18 J.	4.0
Paare	4.9
Senioren	4.8
Gäste mit Zelt	4.6
Gäste mit Hund	4.7

Empfohlene Aktivitäten

- Wandern
- Radfahren
- Klettern

24 Campingplatz "Entenfarm"

Schandauer Straße 11
01848 Hohnstein
+49 35975 84455

50.97592 | 14.13779

01.03. - 30.11.

HS: 20,70 € | NS: 19,70 €

Mehr Infos & Anfrage:
www.camping.info/22933

Baden im Teich	3km
Pool/Hallenbad	1/12km
Spielplatz am Platz	✓
Hunde willkommen	✓
wenig Schatten	✓
WLAN (gegen Gebühr)	✓
Lebensmittel	✓
Brötchen am Platz	✓
Restaurant/Imbiss	2km/✓
Ver-/Entsorgung Womo	✓
in den Ort	1km
Gesamt/Touristen	100/85
Mietunterkünfte	✓
Stellplätze vor Schranke	✗

4.6 SEHR GUT
62 Bewertungen

Lage	4.5
Ruhe	4.9
Sanitäranlagen	4.9
Sauberkeit Ø	5.0
Freundlichkeit	4.9
Stellplatz	4.4
Verpflegung	4.4
Freizeit	4.4
Preis-Leistung	4.7
Mietunterkünfte	4.8

Geeignet für

Kinder b. 6 J.	4.5
Kinder b. 12 J.	4.7
Kinder b. 18 J.	4.4
Paare	4.8
Senioren	4.7
Gäste mit Zelt	4.8
Gäste mit Hund	4.8

Empfohlene Aktivitäten

- Wandern
- Entspannen
- Klettern

25 Campingplatz Ostrauer Mühle

Ostrauer Mühle im Kirnitzschtal
01814 Bad Schandau
+49 350 224 2742

50.92942 | 14.19251

ganzjährig

HS: 26,50 € | NS: 24,50 €

Mehr Infos & Anfrage:
www.camping.info/17912

Baden im Fluss am Platz	✓
Pool/Hallenbad	4km
Spielplatz am Platz	✓
Hunde willkommen	✓
zur Hälfte Schatten	✓
WLAN (gegen Gebühr)	teilweise
Lebensmittel	✓
Brötchen am Platz	✓
Restaurant am P.	✓
Ver-/Entsorgung Womo	✓
in den Ort	3km
Gesamt/Touristen	120/100
Mietunterkünfte	✓
Stellplätze vor Schranke	✗

3.9 GUT
61 Bewertungen

Lage	4.5
Ruhe	4.0
Sanitäranlagen	4.1
Sauberkeit Ø	4.2
Freundlichkeit	4.0
Stellplatz	3.7
Verpflegung	3.6
Freizeit	4.1
Preis-Leistung	3.9
Mietunterkünfte	3.2

Geeignet für

Kinder b. 6 J.	3.5
Kinder b. 12 J.	3.9
Kinder b. 18 J.	4.1
Paare	4.3
Senioren	4.3
Gäste mit Zelt	4.3
Gäste mit Hund	4.4

Empfohlene Aktivitäten

- Wandern
- Klettern
- Radfahren

26 Panorama-Camping Kleine Bergoase

Obere Str. 19
01855 Mittelndorf
+49 176 22906538

50.93539 | 14.21111

ganzjährig

HS: 26,90 € | NS: 24,00 €

Mehr Infos & Anfrage:
www.camping.info/23817

Baden in nat. Gewässer	k. A.
Pool/Hallenbad	5km
Spielplatz	500m
Hunde willkommen	✓
zur Hälfte Schatten	✓
WLAN (begrenzt gratis)	✓
Lebensmittel	2km
Brötchen am Platz	✓
Restaurant	500m
Ver-/Entsorgung Womo	✓
in den Ort	500m
Touristenplätze	20
Mietunterkünfte	✓
Stellplätze vor Schranke	✗

4.9 SEHR GUT
76 Bewertungen

Lage	4.9
Ruhe	4.9
Sanitäranlagen	5.0
Sauberkeit Ø	5.0
Freundlichkeit	4.9
Stellplatz	4.4
Verpflegung	3.9
Freizeit	4.6
Preis-Leistung	4.7
Mietunterkünfte	4.8

Geeignet für

Kinder b. 6 J.	4.1
Kinder b. 12 J.	4.3
Kinder b. 18 J.	4.3
Paare	4.9
Senioren	4.6
Gäste mit Zelt	4.9
Gäste mit Hund	4.8

Empfohlene Aktivitäten

- Wandern
- Klettern
- Entspannen

Karte auf Seite 458

27 Camping Endler

Martin-May-Strasse 17
01855 Sebnitz

50.98315 | 14.23082

keine Angabe

keine Angabe
Mehr Infos & Anfrage:
www.camping.info/24984

Baden in nat. Gewässer	k. A.
Pool & Hallenbad	✗
Spielplatz	keine Angabe
Hunde	✗
Schatten	✗
WLAN	keine Angabe
Lebensmittel	k.A.
Brötchen	keine Angabe
Restaurant & Imbiss	✗
Ver-/Entsorgung Womo	✗
in den Ort	keine Angabe
Gesamt	keine Angabe
Mietunterkünfte	✗
Stellplätze vor Schranke	✗

4.3 SEHR GUT
3 Bewertungen

Lage	3.7
Ruhe	4.3
Sanitäranlagen	4.3
Sauberkeit Ø	4.7
Freundlichkeit	4.7
Stellplatz	4.0
Verpflegung	3.0
Freizeit	5.0
Preis-Leistung	4.0
Mietunterkünfte	-

Geeignet für

Kinder b. 6 J.	-
Kinder b. 12 J.	-
Kinder b. 18 J.	-
Paare	4.5
Senioren	4.5
Gäste mit Zelt	4.7
Hunde n. erlaubt	-

Empfohlene Aktivitäten

- Radfahren
- Klettern
- Wandern

28 Camping Thorwaldblick ***

Schandauer Straße 37
01855 Hinterhermsdorf
+49 359 745 0648

50.92282 | 14.35034

ganzjährig

HS: 23,50 € | NS: 23,50 €
Mehr Infos & Anfrage:
www.camping.info/17916

Baden im Teich	500m
Pool/Hallenbad	8/10km
Spielplatz am Platz	✓
Hunde willkommen	✓
zur Hälfte Schatten	✓
WLAN (gegen Gebühr)	✓
Lebensmittel	✓
Brötchen am Platz	✓
Restaurant	200m
Ver-/Entsorgung Womo	✓
in den Ort	300m
Touristenplätze	30
Mietunterkünfte	✓
Stellplätze vor Schranke	✗

4.6 SEHR GUT
54 Bewertungen

Lage	4.5
Ruhe	4.7
Sanitäranlagen	4.7
Sauberkeit Ø	4.9
Freundlichkeit	4.8
Stellplatz	4.3
Verpflegung	4.0
Freizeit	4.3
Preis-Leistung	4.7
Mietunterkünfte	4.3

Geeignet für

Kinder b. 6 J.	4.3
Kinder b. 12 J.	4.3
Kinder b. 18 J.	4.1
Paare	4.8
Senioren	4.7
Gäste mit Zelt	4.7
Gäste mit Hund	4.4

Empfohlene Aktivitäten

- Wandern
- Entspannen
- Klettern

29 Volksbadcamp Ruppersdorf

Voksbadstraße 5
02747 Herrnhut/OT Ruppersdorf

51.00166 | 14.71958

ganzjährig

HS: 17,00 €
Mehr Infos & Anfrage:
www.camping.info/22223

Baden in nat. Gewässer	k. A.
Pool/Hallenbad	✓/6km
Spielplatz	100m
Hunde erlaubt	✓
Schatten	✗
WLAN	✗
Lebensmittel	100m
Brötchen	keine Angabe
Restaurant & Imbiss	✓
Ver-/Entsorgung Womo	✓
in den Ort	3km
Touristenplätze	25
Mietunterkünfte	✓
Stellplätze vor Schranke	✗

4.2 SEHR GUT
9 Bewertungen

Lage	4.4
Ruhe	4.9
Sanitäranlagen	3.4
Sauberkeit Ø	3.8
Freundlichkeit	4.9
Stellplatz	4.2
Verpflegung	3.6
Freizeit	4.2
Preis-Leistung	4.8
Mietunterkünfte	4.0

Geeignet für

Kinder b. 6 J.	4.0
Kinder b. 12 J.	4.0
Kinder b. 18 J.	3.0
Paare	4.1
Senioren	4.5
Gäste mit Zelt	4.4
Gäste mit Hund	4.6

Empfohlene Aktivitäten

- Wandern
- Entspannen
- Schwimmen

Infos

Öffnungszeiten
Vergleichspreis
Link

Ausstattung

Freizeit
Campingplatz
Versorgung
Anzahl der Plätze

31 Trixi Ferienpark Zittauer Gebirge

ANZEIGE

*

Jonsdorfer Str. 40
02779 Großschönau
+49 35841 631420
www.trixi-ferienpark.de
info@trixi-ferienpark.de

ganzjährig

HS: 36,80 € | NS: 32,80 €

Mehr Infos & Anfrage:
www.camping.info/22354

Baden im See am Platz	✓
Pool & Hallenbad	✓
Spielplatz am Platz	✓
Hunde willkommen	✓
wenig Schatten	✓
WLAN	teilweise
Lebensmittel	1km
Brötchen am Platz	✓
Restaurant & Imbiss	✓
Ver-/Entsorgung Womo	✓
in den Ort	1km
Gesamt/Touristen	70/60
Mietunterkünfte	✓
Stellplätze vor Schranke	✗

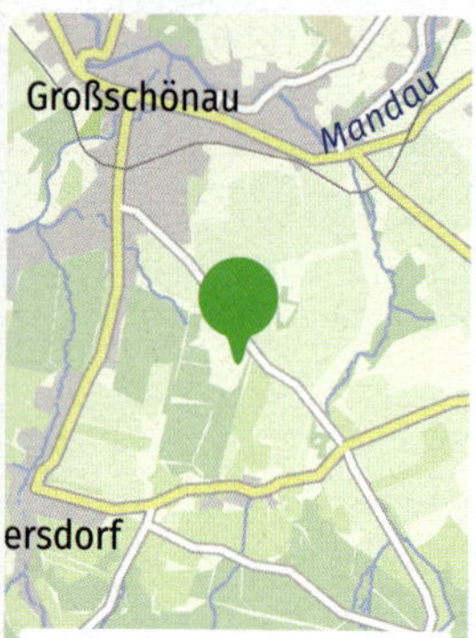

50.87822 | 14.673

Trixi Ferienpark: 96 Ferienhäuser, 70 Stellplätze und 30 Hotelzimmer.

Lage & Stellplatz

Im Süden der Oberlausitz befindet sich der Trixi Ferienpark im Zittauer Gebirge. Neben dem Gästebetreuungsangebot, der Gastronomie und dem Trixi-Bad finden Campinggäste auf den 81 m² u. 100 m² großen Stellplätzen zahlreiche Angebote bei jedem Wetter – Wohlfühlurlaub in familienfreundlichem Ambiente.

Verpflegung

In der „Guten Stube", dem Buffetrestaurant, können Sie sich vom kleinen Snack bis zum All-You-Can-Eat Buffet nach Herzenslust versorgen. Zum Einkaufen stehen der Bäcker und ein Gemüselädchen auf dem Trixi-Markt zur Verfügung. Der nächste Supermarkt liegt einen Kilometer entfernt.

Sanitär

Die sanitäre Anlage lädt in der offenen Küche zum Kochen ein, Gäste können ein Familienbadezimmer buchen oder das Babybad nutzen. Wer das alles nicht braucht, der ist im Duschraum gut versorgt – es werden keine Duschmarken benötigt. Waschmaschine und Wäschetrockner stehen ebenfalls bereit.

Freizeit

Für allgemeine gute Laune sorgt das Team der Gästebetreuung. Im Trixi-Club können kleine Gäste malen, basteln oder spielen. Zahlreiche Aktivangebote: Abenteuer-Kletterwald oder Badespaß im Trixi-Bad, Spielen auf den Spielplätzen oder Wandern im Zittauer Gebirge – hier sind Sie herzlich willkommen.

Trixi-Bad mit Solebad und Sauna.

Waldstrandbad mit Quellwasser.

4.4 SEHR GUT
65 Bewertungen

Lage	4.4
Ruhe	4.2
Sanitäranlagen	4.7
Sauberkeit Ø	4.8
Freundlichkeit	4.6
Stellplatz	4.4
Verpflegung	3.3
Freizeit	4.5
Preis-Leistung	4.1
Mietunterkünfte	4.6

Geeignet für

- 4.7 Kinder b. 6 J.
- 4.7 Kinder b. 12 J.
- 4.5 Gäste mit Zelt
- 4.3 Paare
- 4.3 Senioren
- 4.3 Gäste mit Hund
- 4.1 Kinder b. 18 J.

Empfohlene Aktivitäten

Schwimmen | Wandern | Radfahren | Entspannen | Wellness

keine WOMOs ab 10 m; keine Jugendgruppen unter 18

Karte auf Seite 458

30 Camping am Bauernhof

Burkersdorfer Str. 17
02747 Großhennersdorf / OT Neundorf
03587330817
51.00524 | 14.82712

keine Angabe

keine Angabe

Mehr Infos & Anfrage:
www.camping.info/25212

Baden in nat. Gewässer	k. A.
Pool & Hallenbad	✗
Spielplatz	keine Angabe
Hunde	✗
Schatten	✗
WLAN	keine Angabe
Lebensmittel	k.A.
Brötchen	keine Angabe
Restaurant & Imbiss	✗
Ver-/Entsorgung Womo	✗
in den Ort	keine Angabe
Gesamt	5
Mietunterkünfte	✓
Stellplätze vor Schranke	✗

- JETZT BEWERTEN!

Für diese Auswertung liegen leider noch nicht genügend Bewertungen vor.

Sei einer der Ersten, der diesen Campingplatz bewertet. Unter den Bewertern werden regelmäßig Gewinne verlost!

Mehr Infos dazu findest du in unserem allgemeinen Intro.

32 Campinghof Sell

Saalendorf 5
02799 Großschönau
+49 3584136357035
50.86909 | 14.67363

01.04. - 31.10.

HS: 22,00 € | NS: 22,00 €

Mehr Infos & Anfrage:
www.camping.info/23411

Baden in nat. Gewässer	k. A.
Pool/Hallenbad	1km
Spielplatz am Platz	✓
Hunde erlaubt	✓
zur Hälfte Schatten	✓
WLAN	✓
Lebensmittel	✓
Brötchen	keine Angabe
Restaurant/Imbiss	1km
Ver-/Entsorgung Womo	✓
in den Ort	1km
Gesamt/Touristen	40/38
Mietunterkünfte	✓
Stellplätze vor Schranke	✗

4.2 SEHR GUT
12 Bewertungen

Lage	4.9
Ruhe	4.1
Sanitäranlagen	4.2
Sauberkeit Ø	4.4
Freundlichkeit	4.2
Stellplatz	4.0
Verpflegung	3.4
Freizeit	4.2
Preis-Leistung	4.2
Mietunterkünfte	4.0

Geeignet für

Kinder b. 6 J.	4.6
Kinder b. 12 J.	4.4
Kinder b. 18 J.	4.2
Paare	4.9
Senioren	4.9
Gäste mit Zelt	5.0
Gäste mit Hund	4.7

Empfohlene Aktivitäten

- Wandern
- Mountainbiking
- Entspannen

33 SeeCamping Zittauer Gebirge

*

Zur Landesgartenschau 2
02785 Olbersdorf bei Zittau
+49 358 369 6292
50.89439 | 14.77135

01.03. - 31.10.
20.12. - 06.01.

HS: 26,50 € | NS: 25,50 €

Mehr Infos & Anfrage:
www.camping.info/17923

Baden im See	200m
Pool/Hallenbad	4km/500m
Spielplatz am Platz	✓
Hunde willkommen	✓
zur Hälfte Schatten	✓
WLAN	✓
Lebensmittel	300m
Brötchen am Platz	nur HS
Restaurant/Imbiss	50m
Ver-/Entsorgung Womo	✓
in den Ort	1km
Gesamt/Touristen	235/185
Mietunterkünfte	✓
Stellplätze vor Schranke	✓

4.9 SEHR GUT
217 Bewertungen

Lage	4.9
Ruhe	4.7
Sanitäranlagen	4.8
Sauberkeit Ø	4.9
Freundlichkeit	4.9
Stellplatz	4.7
Verpflegung	4.3
Freizeit	4.8
Preis-Leistung	4.8
Mietunterkünfte	4.8

Geeignet für

Kinder b. 6 J.	4.8
Kinder b. 12 J.	4.8
Kinder b. 18 J.	4.7
Paare	4.9
Senioren	4.8
Gäste mit Zelt	4.9
Gäste mit Hund	4.8

Empfohlene Aktivitäten

- Wandern
- Schwimmen
- Radfahren

Infos

Öffnungszeiten
Vergleichspreis
Link

Ausstattung

Freizeit
Campingplatz
Versorgung
Anzahl der Plätze

RHEINLAND-PFALZ

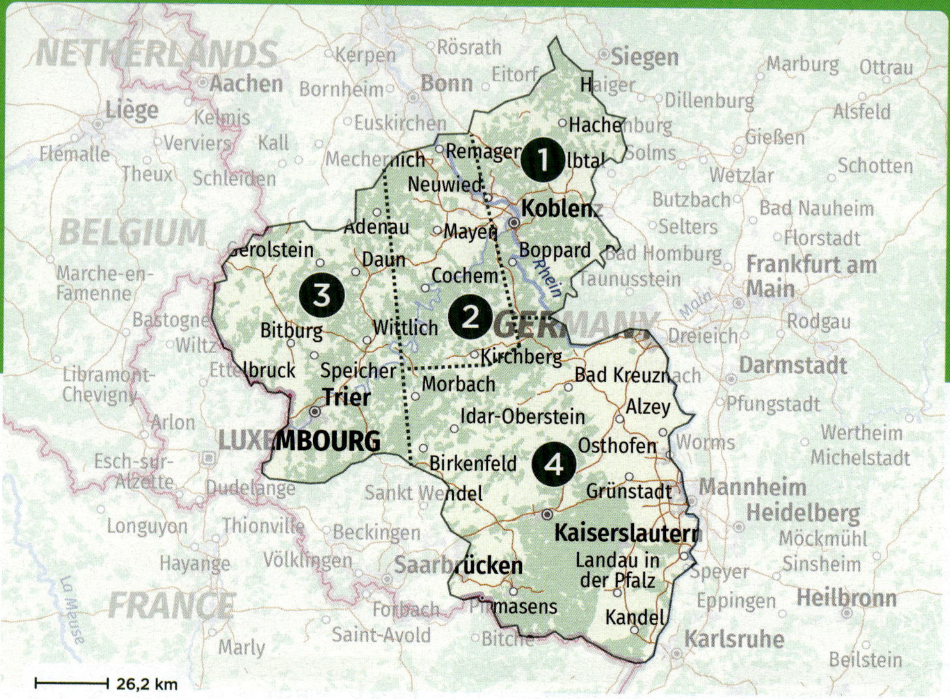

REGIONEN

TIPP DER REDAKTION

Camping am Königsberg

Pfalz | Nr. 14 | Seite 524

Laut Gästen ideal geeignet zum:

- Wandern
- Radfahren
- Entspannen

4.7

BEKANNTE LANDSCHAFTEN UND KÖSTLICHER WEIN

Burg Thurant am Moselsteig © Dominik Ketz

In Rheinland-Pfalz versprechen idyllische Weinbaugebiete, großflächige Wälder, romantische Flusstäler und imposante Mittelgebirge spannende Abenteuer und laden zu aktiven Tagen ein. Kulturinteressierte freuen sich auf reizvolle Sehenswürdigkeiten, beeindruckende Bauwerke und die wunderschönen Städte Trier, Koblenz und Speyer.

DIE BURGEN

In der vielfältigen Landschaft finden Camper unzählige Attraktionen, die einen Besuch wert sind. Ein besonderes Highlight sind die gut erhaltenen Burgen, die entlang des Rheins aufragen. Diese sind einer der Gründe, warum die UNESCO das obere Mittelrheintal zum Weltkulturerbe erklärt hat. Besonders beeindruckend präsentiert sich die Marksburg aus dem 12. Jahrhundert, die in ihrer langen Vergangenheit niemals zerstört wurde. Im Zuge einer Führung, die in viele Bereiche der Festung führt, erhalten Gäste einen einmaligen Einblick in die Welt des Mittelalters. Nicht an einem Fluss, sondern inmitten eines abgelegenen Tales liegt die Burg Eltz. Das Bauwerk, das an ein Märchenschloss erinnert, zählt aufgrund seiner einmaligen Lage und der wertvollen Schatzkammer zu den bekanntesten Burgen Deutschlands.

HERAUSRAGENDE SEHENSWÜRDIGKEITEN

Mit Trier beherbergt Rheinland-Pfalz die älteste Stadt des Landes. Bereits im Jahre 16 vor Christus wurde Treveris gegründet und in den nachfolgenden Jahrhunderten diente die Stadt als Residenz für römische Kaiser. Die Überreste aus der glorreichen Zeit sind von hervorragender Qualität und wurden deshalb von der UNESCO zum Weltkulturerbe erklärt. Besonders sehenswert sind die berühmte Porta Nigra, das befestigte Stadttor aus dem 2. Jahrhundert, die Konstantinbasilika, die Ruinen der Kaiserthermen und die Überreste des Amphitheaters. Ebenfalls Teil des UNESCO-Weltkulturerbes sind der mittelalterliche Dom und die Liebfrauenkirche, das älteste gotische Gotteshaus Deutschlands. Historische Bauwerke und ein ansprechendes Stadtbild sind auch das touristische Kapital der Stadt Speyer. Das wohl spektakulärste Bauwerk ist der Kaiser- und Mariendom, der im 12. Jahrhundert als das größte Sakralgebäude des Abendlandes errichtet wurde. Von besonderer Schönheit ist das an der Einmündung von der Mosel in den Rhein gelegene Koblenz. Die unverwechselbare Landschaft, das Deutsche Eck mit dem berühmten Reiterstandbild, die Bergfestung Ehrenbreitstein und die 4,5 km lange Rheinpromenade versprechen abwechslungsreiche Tage.

Blick auf die Mosel © Dominik Ketz

MITTELRHEIN, EIFEL UND MOSEL

Rheinland-Pfalz präsentiert sich landschaftlich äußerst reizvoll, beherbergt das Bundesland doch das romantische Mittelrheintal, die Eifel sowie die imposanteste Flusslandschaft Deutschland, das Moseltal. Schon die Römer schätzten das Gebiet entlang der Mosel, heute locken charmante Orte mit historischen Weingütern, ansprechenden Fachwerkhäusern und alten Adelshöfen viele Camper in die Region. Das Moseltal lässt sich auf den Fahrrad- und Wanderwegen ebenso wunderbar entdecken wie an Bord eines Ausflugsschiffes. Mit unberührter Natur und beeindruckenden Fotomotiven lockt der Natur- und Geopark Vulkaneifel. Die charakteristische Naturlandschaft begeistert mit den typischen Eifelmaaren, vulkanischen Seen und erloschenen Vulkanen.

Moselschleife © Dominik Ketz

EDLE TROPFEN

Entlang der Mosel schmiegen sich idyllische Weinberge in die herrliche Landschaft. Mit viel Liebe ernten die Winzer alljährlich die besten Trauben aus den Steillagen am Fluss. Das Resultat sind edle Tropfen von Weltrang – Wehlener Sonnenuhr, Piesporter Goldtröpfchen oder Brauneberger Juffer. In der ältesten Weinregion Deutschlands weiß man die Qualität der Riesling-, Müller-Thurgau oder Elbling-Trauben stets zu würdigen. Campinggäste genießen insbesondere die vielen Wein- und Straßenfeste, um die wohlschmeckenden Weine zu verkosten. Dazu werden Spezialitäten aus der Region gereicht: Tresterfleisch, Muselfisch oder Gräwes.

Moselsteig © Dominik Ketz

RHEINLAND-PFALZ

❶ Westerwald

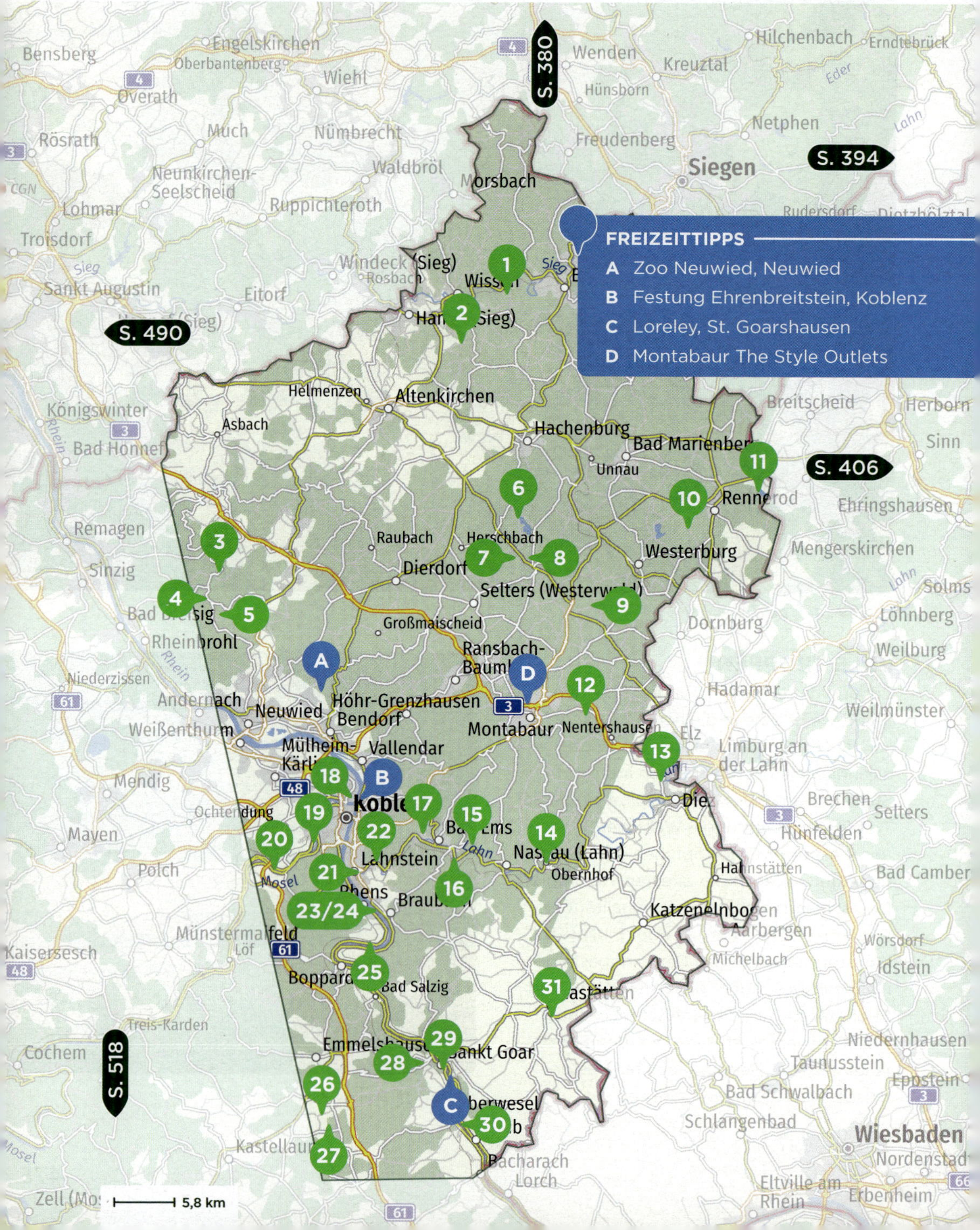

	Platz	Seite	Bewertung	Öffnungszeiten	
1	Camping im Eichenwald	478	4.2	ganzjährig	Wintercamping, Ecocamping
2	Camping Nistertal	478	4.0	saisonal	
3	Camping Wiedhof	478	3.3	k. A.	Onlinebuchung
4	Campingplatz Neuerburg	478	3.8	saisonal	
5	Camping zum stillen Winkel	479	4.3	saisonal	
6	Camping Haus am See	479	4.0	ganzjährig	Wintercamping
7	Camping Hofgut Schönerlen	479	4.4	saisonal	Wintercamping
8	Campingplatz Freilingen	481	3.8	ganzjährig	Wintercamping
9	Campingplatz Haus Seeblick	481	-	k. A.	
10	Camping Park Weiherhof am See*****	480	4.7	saisonal	Wintercamping, Ecocamping, Award
11	Welters Camping und Freizeitparadies	481	4.2	ganzjährig	Wintercamping
12	Campingplatz Eisenbachtal	482	4.6	ganzjährig	Wintercamping
13	Camping Oranienstein an der Lahn	482	4.0	saisonal	
14	Campingplatz Obernhof	482	-	saisonal	
15	Campingplatz Dausenau	482	4.1	saisonal	
16	Campingplatz Bad Ems	483	3.4	k. A.	
17	Camping & Beachclub Fachbach an der Lahn	484	4.2	saisonal	Wintercamping
18	KNAUS Campingpark Rhein-Mosel/Koblenz	483	3.8	ganzjährig	Wintercamping
19	Camping Gülser Moselbogen	483	4.2	ganzjährig	Wintercamping
20	Camping Winningen	485	3.3	saisonal	
21	Campingplatz Burg Lahneck	485	3.8	saisonal	
22	Camping Wolfsmühle	485	3.8	saisonal	
23	Camping - Freizeitzentrum	487	3.7	saisonal	
24	Camping am Rhein – Uferwiese	487	4.1	saisonal	
25	Campingpark Sonneneck Boppard	487	4.0	saisonal	
26	Country Camping Schinderhannes	486	3.7	ganzjährig	Wintercamping
27	Campingpark am Mühlenteich	488	4.2	ganzjährig	Wintercamping, Ecocamping, Onlinebuchung
28	Camping Friedenau	488	4.3	saisonal	
29	Camping Loreleyblick	489	3.6	ganzjährig	Wintercamping
30	Camping Schönburgblick Oberwesel	489	3.4	saisonal	
31	Campingplatz zum Mühlbachtal	489	4.3	k. A.	

Wintercamping FKK Textilfrei (ganz/teilweise) Ecocamping Award Onlinebuchung

1 Camping im Eichenwald

Roddern 2
57537 Mittelhof
+49 2742 910643
50.78027 | 7.79861

ganzjährig

HS: 21,00 € | NS: 21,00 €

Mehr Infos & Anfrage:
www.camping.info/26205

Baden im Teich	10km
Pool/Hallenbad	5km
Spielplatz am Platz	✓
Hunde willkommen	✓
zur Hälfte Schatten	✓
WLAN (gegen Gebühr)	✓
Lebensmittel	✓
Brötchen am Platz	✓
Restaurant & Imbiss	✓
Ver-/Entsorgung Womo	✓
in den Ort	1km
Gesamt/Touristen	315/65
Mietunterkünfte	✓
Stellplätze vor Schranke	✗

4.2 SEHR GUT
15 Bewertungen

Lage	4.0
Ruhe	4.9
Sanitäranlagen	4.5
Sauberkeit Ø	4.2
Freundlichkeit	4.2
Stellplatz	4.0
Verpflegung	3.0
Freizeit	3.1
Preis-Leistung	4.3
Mietunterkünfte	4.0

Geeignet für

Kinder b. 6 J.	3.8
Kinder b. 12 J.	3.0
Kinder b. 18 J.	2.3
Paare	4.2
Senioren	4.1
Gäste mit Zelt	4.6
Gäste mit Hund	4.4

Empfohlene Aktivitäten

- Entspannen
- Wandern
- Radfahren

2 Camping Nistertal

Campingplatz 0
57612 Helmeroth
+49 2742 912480
50.74018 | 7.74007

01.04. - 31.10.

HS: 17,50 €

Mehr Infos & Anfrage:
www.camping.info/25165

Baden im Fluss am Platz	✓
Pool/Hallenbad	5km
Spielplatz am Platz	✓
Hunde willkommen	✓
wenig Schatten	✓
WLAN	teilweise
Lebensmittel	5km
Brötchen am Platz	✗
Restaurant & Imbiss	✗
Ver-/Entsorgung Womo	✗
in den Ort	2km
Touristenplätze	20
Mietunterkünfte	✓
Stellplätze vor Schranke	✗

4.0 SEHR GUT
4 Bewertungen

Lage	4.8
Ruhe	4.2
Sanitäranlagen	3.8
Sauberkeit Ø	4.0
Freundlichkeit	4.5
Stellplatz	3.5
Verpflegung	2.0
Freizeit	4.0
Preis-Leistung	4.0
Mietunterkünfte	-

Geeignet für

Kinder b. 6 J.	4.2
Kinder b. 12 J.	4.2
Kinder b. 18 J.	3.5
Paare	3.8
Senioren	3.8
Gäste mit Zelt	4.5
Gäste mit Hund	4.5

Empfohlene Aktivitäten

- Wandern
- Radfahren
- Kayak/Kanu

3 Camping Wiedhof

Wiedhof 1
56588 Waldbreitbach
50.55389 | 7.42579

keine Angabe

keine Angabe

Mehr Infos & online buchen:
www.camping.info/23146

Baden in nat. Gewässer	k. A.
Pool & Hallenbad	✗
Spielplatz	keine Angabe
Hunde	✗
Schatten	✗
WLAN	keine Angabe
Lebensmittel	k.A.
Brötchen	keine Angabe
Restaurant & Imbiss	✗
Ver-/Entsorgung Womo	✗
in den Ort	keine Angabe
Gesamt	keine Angabe
Mietunterkünfte	✗
Stellplätze vor Schranke	✗

3.3 GUT
3 Bewertungen

Lage	4.0
Ruhe	3.7
Sanitäranlagen	2.7
Sauberkeit Ø	2.5
Freundlichkeit	3.0
Stellplatz	2.7
Verpflegung	2.3
Freizeit	2.0
Preis-Leistung	3.0
Mietunterkünfte	-

Geeignet für

Kinder b. 6 J.	3.0
Kinder b. 12 J.	2.7
Kinder b. 18 J.	2.3
Paare	3.0
Senioren	3.0
Gäste mit Zelt	4.0
Hunde n. erlaubt	-

4 Campingplatz Neuerburg

Im Freizeitgelände 1
56589 Niederbreitenbach
+49 2638 4254
50.52941 | 7.41314

01.04. - 31.10.

HS: 17,00 €

Mehr Infos & Anfrage:
www.camping.info/18776

Baden in nat. Gewässer	k. A.
Pool/Hallenbad	1km
Spielplatz am Platz	✓
Hunde willkommen	✓
wenig Schatten	✓
WLAN (gegen Gebühr)	✓
Lebensmittel	2km
Brötchen am Platz	✓
Restaurant & Imbiss	✓
Ver-/Entsorgung Womo	✓
im Ort	✓
Gesamt/Touristen	205/40
Mietunterkünfte	✓
Stellplätze vor Schranke	✓

3.8 GUT
4 Bewertungen

Lage	4.0
Ruhe	4.8
Sanitäranlagen	3.5
Sauberkeit Ø	4.2
Freundlichkeit	4.3
Stellplatz	3.5
Verpflegung	3.2
Freizeit	3.0
Preis-Leistung	4.2
Mietunterkünfte	-

Geeignet für

Kinder b. 6 J.	3.0
Kinder b. 12 J.	3.3
Kinder b. 18 J.	3.0
Paare	4.0
Senioren	4.0
Gäste mit Zelt	3.0
Gäste mit Hund	4.7

Empfohlene Aktivitäten

- Wandern
- Radfahren
- Angeln

Karte auf Seite 476

5 Camping zum stillen Winkel

Brunnenweg 1c
56589 Bürder
+49 175 5395022
50.51594 | 7.42969

Infos	
Öffnungszeiten	29.03. - 04.11.
Vergleichspreis	HS: 24,20 € | NS: 24,20 €
Link	**Mehr Infos & Anfrage:** www.camping.info/18775

Ausstattung		
Freizeit	Baden im Fluss am Platz	✓
	Pool/Hallenbad	4km
	Spielplatz am Platz	✓
Campingplatz	Hunde willkommen	✓
	zur Hälfte Schatten	✓
	WLAN (gegen Gebühr)	✓
Versorgung	Lebensmittel	4km
	Brötchen am Platz	✓
	Restaurant/Imbiss	2/1km
	Ver-/Entsorgung Womo	✓
	in den Ort	2km
Anzahl der Plätze	Gesamt/Touristen	200/50
	Mietunterkünfte	✓
	Stellplätze vor Schranke	✗

4.3 SEHR GUT
47 Bewertungen

Lage	4.6
Ruhe	4.9
Sanitäranlagen	4.0
Sauberkeit Ø	4.5
Freundlichkeit	4.5
Stellplatz	4.1
Verpflegung	2.9
Freizeit	3.9
Preis-Leistung	4.3
Mietunterkünfte	3.3

Geeignet für

Kinder b. 6 J.	4.5
Kinder b. 12 J.	4.2
Kinder b. 18 J.	3.1
Paare	4.6
Senioren	4.8
Gäste mit Zelt	4.5
Gäste mit Hund	4.6

Empfohlene Aktivitäten

- Wandern
- Entspannen
- Radfahren

6 Camping Haus am See

*

Seeburgerstr. 1
57629 Schmidthahn bei Steinebach
+49 2662 7147
50.59745 | 7.81551

Infos	
Öffnungszeiten	ganzjährig
Vergleichspreis	HS: 20,10 € | NS: 20,10 €
Link	**Mehr Infos & Anfrage:** www.camping.info/18799

Ausstattung		
Freizeit	Baden im See am Platz	✓
	Pool/Hallenbad	7km
	Spielplatz am Platz	✓
Campingplatz	Hunde	✗
	wenig Schatten	✓
	WLAN	✗
Versorgung	Lebensmittel	7km
	Brötchen am Platz	✓
	Restaurant & Imbiss	✓
	Ver-/Entsorgung Womo	✓
	in den Ort	1km
Anzahl der Plätze	Gesamt/Touristen	147/50
	Mietunterkünfte	✓
	Stellplätze vor Schranke	✗

4.0 SEHR GUT
21 Bewertungen

Lage	4.4
Ruhe	4.3
Sanitäranlagen	3.8
Sauberkeit Ø	4.5
Freundlichkeit	4.4
Stellplatz	3.8
Verpflegung	3.4
Freizeit	3.6
Preis-Leistung	4.2
Mietunterkünfte	4.7

Geeignet für

Kinder b. 6 J.	4.2
Kinder b. 12 J.	3.9
Kinder b. 18 J.	3.3
Paare	4.5
Senioren	4.5
Gäste mit Zelt	4.6
Hunde n. erlaubt	-

Empfohlene Aktivitäten

- Wandern
- Schwimmen
- Entspannen

keine WOMOs ab 7,5 m, keine Partygruppen

7 Camping Hofgut Schönerlen

*

Hofgut-Schönerlen 2
56244 Steinen
+49 2666 207
50.56333 | 7.81222

Infos	
Öffnungszeiten	01.04. - 31.10. 01.12. - 31.03.
Vergleichspreis	HS: 20,50 € | NS: 17,50 €
Link	**Mehr Infos & Anfrage:** www.camping.info/18753

Ausstattung		
Freizeit	Baden im See am Platz	✓
	Pool/Hallenbad	6/12km
	Spielplatz am Platz	✓
Campingplatz	Hunde	✗
	Schatten	✗
	WLAN	✓
Versorgung	Lebensmittel	✓
	Brötchen am Platz	nur HS
	Restaurant/Imbiss	1km
	Ver-/Entsorgung Womo	✓
	in den Ort	1km
Anzahl der Plätze	Gesamt/Touristen	200/120
	Mietunterkünfte	✓
	Stellplätze vor Schranke	✗

4.4 SEHR GUT
18 Bewertungen

Lage	4.7
Ruhe	4.9
Sanitäranlagen	4.2
Sauberkeit Ø	4.4
Freundlichkeit	4.7
Stellplatz	4.2
Verpflegung	3.3
Freizeit	4.1
Preis-Leistung	4.4
Mietunterkünfte	5.0

Geeignet für

Kinder b. 6 J.	4.7
Kinder b. 12 J.	4.6
Kinder b. 18 J.	3.3
Paare	4.9
Senioren	4.7
Gäste mit Zelt	4.6
Hunde n. erlaubt	-

Empfohlene Aktivitäten

- Wandern
- Schwimmen
- Radfahren

10 Camping Park Weiherhof am See*****

Campingplatz Weiherhof
56479 Seck
+49 266 485 55
www.camping-park-weiherhof.de
info@camping-park-weiherhof.de

01.03. - 31.10.
19.12. - 15.01.
HS: 28,00 € | NS: 28,00 €
Mehr Infos & Anfrage:
www.camping.info/18772

Baden im See am Platz	✓
Pool/Hallenbad	5/10km
Spielplatz am Platz	✓
Hunde willkommen	✓
Schatten	✗
WLAN (begrenzt gratis)	✓
Lebensmittel	✓
Brötchen am Platz	✓
Restaurant & Imbiss	✓
Ver-/Entsorgung Womo	✓
in den Ort	2km
Gesamt/Touristen	300/130
Mietunterkünfte	✓
Stellplätze vor Schranke	✓

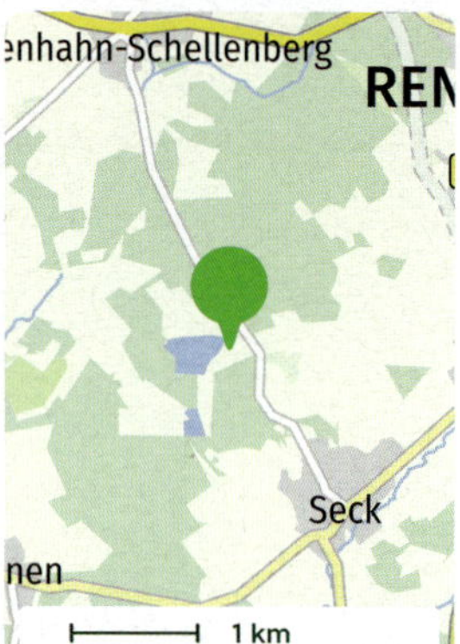

50.58793 | 8.0353

Seekomfortplatz mit Strom-, Wasser- und Abwasser sowie Blick auf den See.

Lage & Stellplatz

Der ganzjährig geöffnete Camping Park Weiherhof liegt in einem ruhigen Naturschutzgebiet, direkt an einem See. Neben großzügigen Komfortstellplätzen mit Wasser- und Abwasseranschluss gehören auch Mietwohnwagen, Apartment und Mobilheime zur Ausstattung. Hier findet man Ruhe, Entspannung und Erholung.

Verpflegung

Direkt vor Ort befindet sich ein Restaurant mit Biergarten und Seeblickterrasse. Außerdem gibt es einen Minimarkt, der die Campinggäste von April bis Oktober und über Weihnachten bzw. Silvester mit leckeren Backwaren, Zeitschriften, Getränken und den Dingen des täglichen Lebens versorgt.

Sanitär

Der Camping Park Weiherhof verfügt über mehrere hochwertige und neue Sanitärgebäude mit speziellen Bädern für Kinder sowie Menschen mit Behinderung. Das Duschen ist bereits im Übernachtungspreis inbegriffen. Die Reinigung erfolgt bis zu dreimal täglich und gewährleistet somit ausgezeichnete Hygiene.

Freizeit

Durch die idyllische Lage steht der Aufenthalt in der Natur und das Vergnügen am und um den See im Vordergrund. Aber auch der Besuch der umliegenden Städte Limburg, Montabaur und Koblenz ist lohnenswert. Wer gerne wandert oder Fahrrad fährt, findet ebenfalls eine große Auswahl an Strecken vor.

Entspannen auf der Liegewiese.

Sicht auf den Secker Weiher.

4.7 SEHR GUT
529 Bewertungen

Lage	4.7
Ruhe	4.7
Sanitäranlagen	4.7
Sauberkeit Ø	4.8
Freundlichkeit	4.9
Stellplatz	4.5
Verpflegung	4.2
Freizeit	4.3
Preis-Leistung	4.5
Mietunterkünfte	4.7

Geeignet für

Gäste mit Hund	4.8
Kinder b. 6 J.	4.7
Kinder b. 12 J.	4.7
Paare	4.7
Senioren	4.7
Gäste mit Zelt	4.7
Kinder b. 18 J.	4.1

Empfohlene Aktivitäten

Wandern · Schwimmen · Entspannen · Radfahren · Angeln

ECO CAMPING

AWARD 2020

Karte auf Seite 476

	8	9	11
	Campingplatz Freilingen	**Campingplatz Haus Seeblick**	**Welters Camping und Freizeitparadies**
	❄		❄
	Hohe Str. 30 56244 Freilingen +49 2666 242526	Seeblick 1 56459 Elbingen	Campingplatz 1 56479 Rehe +49 2664 8533
	50.56437 | 7.82727	50.5248 | 7.90625	50.61922 | 8.12306
Infos			
Öffnungszeiten	ganzjährig	keine Angabe	ganzjährig
Vergleichspreis	HS: 18,50 € | NS: 18,50 €	keine Angabe	HS: 26,00 € | NS: 26,00 €
Link	**Mehr Infos & Anfrage:** www.camping.info/18755	**Mehr Infos & Anfrage:** www.camping.info/23311	**Mehr Infos & Anfrage:** www.camping.info/18773
Ausstattung			
Freizeit	Baden im See am Platz ✓ Pool/Hallenbad 10km Spielplatz am Platz ✓	Baden in nat. Gewässer k. A. Pool & Hallenbad ✗ Spielplatz keine Angabe	Baden im See am Platz ✓ Pool/Hallenbad 3/12km Spielplatz am Platz ✓
Campingplatz	Hunde willkommen ✓ wenig Schatten ✓ WLAN ✓	Hunde ✗ Schatten ✗ WLAN keine Angabe	Hunde erlaubt Nur HS Schatten ✗ WLAN ✗
Versorgung	Lebensmittel 1km Brötchen am Platz nur HS Restaurant & Imbiss ✓ Ver-/Entsorgung Womo ✓ in den Ort 1km	Lebensmittel k.A. Brötchen keine Angabe Restaurant & Imbiss ✗ Ver-/Entsorgung Womo ✗ in den Ort keine Angabe	Lebensmittel ✓ Brötchen am Platz nur HS Restaurant am P. ✓ Ver-/Entsorgung Womo ✓ in den Ort 3km
Anzahl der Plätze	Gesamt/Touristen 150/80 Mietunterkünfte ✓ Stellplätze vor Schranke ✓	Gesamt keine Angabe Mietunterkünfte ✗ Stellplätze vor Schranke ✗	Gesamt/Touristen 500/100 Mietunterkünfte ✗ Stellplätze vor Schranke ✗

Campingplatz Freilingen — 3.8 GUT, 17 Bewertungen

Lage	3.9
Ruhe	3.9
Sanitäranlagen	3.6
Sauberkeit Ø	4.0
Freundlichkeit	4.5
Stellplatz	3.8
Verpflegung	3.5
Freizeit	3.7
Preis-Leistung	3.9
Mietunterkünfte	4.5

Geeignet für

Kinder b. 6 J.	4.3
Kinder b. 12 J.	4.2
Kinder b. 18 J.	3.7
Paare	4.5
Senioren	4.5
Gäste mit Zelt	4.6
Gäste mit Hund	4.3

Empfohlene Aktivitäten

- Wandern
- Schwimmen
- Radfahren

Campingplatz Haus Seeblick — - JETZT BEWERTEN!

Für diese Auswertung liegen leider noch nicht genügend Bewertungen vor.

Sei einer der Ersten, der diesen Campingplatz bewertet. Unter den Bewertern werden regelmäßig Gewinne verlost!

Mehr Infos dazu findest du in unserem allgemeinen Intro.

Welters Camping und Freizeitparadies — 4.2 SEHR GUT, 19 Bewertungen

Lage	4.6
Ruhe	4.2
Sanitäranlagen	4.2
Sauberkeit Ø	4.3
Freundlichkeit	4.3
Stellplatz	4.2
Verpflegung	3.6
Freizeit	3.8
Preis-Leistung	4.3
Mietunterkünfte	-

Geeignet für

Kinder b. 6 J.	4.3
Kinder b. 12 J.	4.4
Kinder b. 18 J.	3.6
Paare	4.5
Senioren	4.3
Gäste mit Zelt	4.6
Gäste mit Hund	4.6

Empfohlene Aktivitäten

- Schwimmen
- Wandern
- Segeln

12 Campingplatz Eisenbachtal

❄

Im Eisenbachtal
56412 Girod
+49 6485 766

50.43674 | 7.90494

ganzjährig

HS: 20,00 € | NS: 20,00 €

Mehr Infos & Anfrage:
www.camping.info/22361

Baden in nat. Gewässer	k. A.
Pool/Hallenbad	5km
Spielplatz am Platz	✓
Hunde erlaubt	✓
Schatten	✗
WLAN	✗
Lebensmittel	✓
Brötchen am Platz	✓
Restaurant	50m
Ver-/Entsorgung Womo	✓
in den Ort	1km
Gesamt/Touristen	100/30
Mietunterkünfte	✗
Stellplätze vor Schranke	✓

4.6 SEHR GUT
14 Bewertungen

Lage	4.4
Ruhe	4.7
Sanitäranlagen	3.5
Sauberkeit Ø	4.5
Freundlichkeit	5.0
Stellplatz	4.2
Verpflegung	3.1
Freizeit	4.2
Preis-Leistung	4.8
Mietunterkünfte	-

Geeignet für

Kinder b. 6 J.	4.5
Kinder b. 12 J.	4.5
Kinder b. 18 J.	3.2
Paare	4.5
Senioren	4.6
Gäste mit Zelt	4.2
Gäste mit Hund	4.5

Empfohlene Aktivitäten

- Wandern
- Radfahren
- Entspannen

13 Camping Oranienstein an der Lahn

Strandbadweg 1
65582 Diez
+49 6432 2122

50.3815 | 8.00106

10.04. - 25.10.

HS: 19,40 € | NS: 19,40 €

Mehr Infos & Anfrage:
www.camping.info/18843

Baden im Fluss am Platz	✓
Pool/Hallenbad	✓/2km
Spielplatz am Platz	✓
Hunde erlaubt	✓
Schatten	✗
WLAN (gegen Gebühr)	✓
Lebensmittel	✓
Brötchen am Platz	✓
Restaurant & Imbiss	✓
Ver-/Entsorgung Womo	✓
in den Ort	1km
Gesamt/Touristen	300/150
Mietunterkünfte	✓
Stellplätze vor Schranke	✗

4.0 SEHR GUT
30 Bewertungen

Lage	4.2
Ruhe	3.7
Sanitäranlagen	3.2
Sauberkeit Ø	4.2
Freundlichkeit	4.2
Stellplatz	4.0
Verpflegung	3.8
Freizeit	4.0
Preis-Leistung	4.3
Mietunterkünfte	4.5

Geeignet für

Kinder b. 6 J.	4.1
Kinder b. 12 J.	4.0
Kinder b. 18 J.	3.5
Paare	4.4
Senioren	4.5
Gäste mit Zelt	4.1
Gäste mit Hund	4.5

Empfohlene Aktivitäten

- Kayak/Kanu
- Radfahren
- Wandern

14 Campingplatz Obernhof

Seelbacher Str.
56379 Obernhof an der Lahn

50.31594 | 7.85151

01.04. - 31.10.

keine Angabe

Mehr Infos & Anfrage:
www.camping.info/27189

Baden in nat. Gewässer	k. A.
Pool & Hallenbad	✗
Spielplatz	keine Angabe
Hunde willkommen	✓
wenig Schatten	✓
WLAN	keine Angabe
Lebensmittel	k.A.
Brötchen	keine Angabe
Restaurant & Imbiss	✗
Ver-/Entsorgung Womo	✗
in den Ort	keine Angabe
Gesamt/Touristen	40/20
Mietunterkünfte	✗
Stellplätze vor Schranke	✗

- JETZT BEWERTEN!

Für diese Auswertung liegen leider noch nicht genügend Bewertungen vor.

Sei einer der Ersten, der diesen Campingplatz bewertet. Unter den Bewertern werden regelmäßig Gewinne verlost!

Mehr Infos dazu findest du in unserem allgemeinen Intro.

15 Campingplatz Dausenau

Hallgarten 16
56132 Dausenau
+49 260 313 964

50.32783 | 7.75532

01.04. - 31.10.

HS: 21,50 € | NS: 21,50 €

Mehr Infos & Anfrage:
www.camping.info/22362

Baden im Fluss am Platz	✓
Hallenbad	4km
Spielplatz am Platz	✓
Hunde willkommen	✓
wenig Schatten	✓
WLAN (gegen Gebühr)	teilweise
Lebensmittel	300m
Brötchen am Platz	✓
Restaurant am P.	✓
Ver-/Entsorgung Womo	✓
in den Ort	4km
Gesamt/Touristen	130/80
Mietunterkünfte	✗
Stellplätze vor Schranke	✗

4.1 SEHR GUT
23 Bewertungen

Lage	4.2
Ruhe	3.1
Sanitäranlagen	3.7
Sauberkeit Ø	4.2
Freundlichkeit	4.5
Stellplatz	3.9
Verpflegung	3.5
Freizeit	4.0
Preis-Leistung	3.9
Mietunterkünfte	-

Geeignet für

Kinder b. 6 J.	3.6
Kinder b. 12 J.	4.0
Kinder b. 18 J.	4.1
Paare	4.4
Senioren	4.3
Gäste mit Zelt	4.2
Gäste mit Hund	4.3

Empfohlene Aktivitäten

- Radfahren
- Kayak/Kanu
- Wandern

Karte auf Seite 476

16 Campingplatz Bad Ems

Obere Lahnstraße 3-4
56130 Bad Ems
+49 2603-4679
50.31861 | 7.73361

Infos

Öffnungszeiten	keine Angabe
Vergleichspreis	keine Angabe
Link	**Mehr Infos & Anfrage:** www.camping.info/19570

Ausstattung

Freizeit	Baden in nat. Gewässer	k. A.
	Pool & Hallenbad	✗
	Spielplatz	keine Angabe
Campingplatz	Hunde	✗
	Schatten	✗
	WLAN	keine Angabe
Versorgung	Lebensmittel	k.A.
	Brötchen	keine Angabe
	Restaurant & Imbiss	✗
	Ver-/Entsorgung Womo	✗
	in den Ort	keine Angabe
Anzahl der Plätze	Gesamt	keine Angabe
	Mietunterkünfte	✗
	Stellplätze vor Schranke	✗

3.4 GUT
8 Bewertungen

Lage	4.5
Ruhe	4.2
Sanitäranlagen	2.5
Sauberkeit Ø	3.6
Freundlichkeit	4.5
Stellplatz	3.2
Verpflegung	2.2
Freizeit	3.3
Preis-Leistung	3.7
Mietunterkünfte	-

Geeignet für

Kinder b. 6 J.	2.3
Kinder b. 12 J.	2.7
Kinder b. 18 J.	3.2
Paare	3.9
Senioren	4.2
Gäste mit Zelt	4.7
Hunde n. erlaubt	-

Empfohlene Aktivitäten

- Wandern
- Kayak/Kanu
- Entspannen

18 KNAUS Campingpark Rhein-Mosel/Koblenz

✱

Schartwiesenweg 6
56070 Koblenz
+49 261 827 19
50.36556 | 7.60389

Infos

Öffnungszeiten	ganzjährig
Vergleichspreis	HS: 34,90 € | NS: 34,90 €
Link	**Mehr Infos & Anfrage:** www.camping.info/18748

Ausstattung

Freizeit	Baden in nat. Gewässer	✗
	Pool/Hallenbad	5km
	Spielplatz am Platz	✓
Campingplatz	Hunde willkommen	✓
	zur Hälfte Schatten	✓
	WLAN (gegen Gebühr)	✓
Versorgung	Lebensmittel	300m
	Brötchen am Platz	✓
	Restaurant am P.	✓
	Ver-/Entsorgung Womo	✓
	im Ort	✓
Anzahl der Plätze	Touristenplätze	201
	Mietunterkünfte	✓
	Stellplätze vor Schranke	✓

3.8 GUT
267 Bewertungen

Lage	4.8
Ruhe	3.2
Sanitäranlagen	3.9
Sauberkeit Ø	4.0
Freundlichkeit	3.7
Stellplatz	3.7
Verpflegung	3.4
Freizeit	3.9
Preis-Leistung	2.9
Mietunterkünfte	3.9

Geeignet für

Kinder b. 6 J.	3.3
Kinder b. 12 J.	3.4
Kinder b. 18 J.	3.6
Paare	4.5
Senioren	4.4
Gäste mit Zelt	3.6
Gäste mit Hund	3.9

Empfohlene Aktivitäten

- Sightseeing
- Kultur
- Radfahren

19 Camping Gülser Moselbogen

✱

Am Gülser Moselbogen 20
56072 Koblenz-Güls
+49 261 44474
50.33053 | 7.55381

Infos

Öffnungszeiten	ganzjährig
Vergleichspreis	HS: 26,50 € | NS: 26,50 €
Link	**Mehr Infos & Anfrage:** www.camping.info/18749

Ausstattung

Freizeit	Baden im Fluss am Platz	✓
	Pool/Hallenbad	4/10km
	Spielplatz am Platz	✓
Campingplatz	Hunde willkommen	✓
	zur Hälfte Schatten	✓
	WLAN (begrenzt gratis)	✓
Versorgung	Lebensmittel	500m
	Brötchen am Platz	✓
	Restaurant & Imbiss	✓
	Ver-/Entsorgung Womo	✓
	in den Ort	1km
Anzahl der Plätze	Gesamt/Touristen	250/120
	Mietunterkünfte	✗
	Stellplätze vor Schranke	✗

4.2 SEHR GUT
106 Bewertungen

Lage	4.3
Ruhe	3.5
Sanitäranlagen	4.5
Sauberkeit Ø	4.8
Freundlichkeit	4.7
Stellplatz	4.0
Verpflegung	3.9
Freizeit	3.9
Preis-Leistung	4.1
Mietunterkünfte	-

Geeignet für

Kinder b. 6 J.	3.8
Kinder b. 12 J.	3.9
Kinder b. 18 J.	3.4
Paare	4.6
Senioren	4.5
Gäste mit Zelt	4.3
Gäste mit Hund	4.5

Empfohlene Aktivitäten

- Radfahren
- Wandern
- Sightseeing

keine WOMOs ab 12 m

17 Camping & Beachclub Fachbach an der Lahn

Furtweg 14
56133 Fachbach
0260313202
www.camping-beachclub.de
camping@camping-beachclub.de

17.03. - 31.12.

HS: 34,50 € | NS: 32,50 €

Mehr Infos & Anfrage:
www.camping.info/27360

Baden im Fluss am Platz	✓
Pool/Hallenbad	10/3km
Spielplatz	1km
Hunde willkommen	✓
wenig Schatten	✓
WLAN (gegen Gebühr)	✓
Lebensmittel	2km
Brötchen am Platz	✓
Restaurant & Imbiss	✓
Ver-/Entsorgung Womo im Ort	✓
Touristenplätze	100
Mietunterkünfte	✓
Stellplätze vor Schranke	✗

1 km
50.33735 | 7.69214

Blick auf den Camping-Beachclub in Fachbach zwischen KO und Bad Ems.

Lage & Stellplatz

Fachbach an der Lahn ist ein idyllischer Ort der Erholung mitten in der Natur. Hier haben Urlauber die Möglichkeit, einfach die Ruhe zu genießen, sich sportlich zu betätigen oder kulturelle Erkundungen zu unternehmen. Es gibt großzügige Stellplätze mit direktem Strom-, Wasser- und Abwasseranschluss.

Verpflegung

Die Gäste können sich im Restaurant und auf der Panoramaterrasse mit leckeren Speisen verwöhnen lassen und die herrliche Aussicht auf die Lahn genießen. Das Restaurant verfügt zudem über ein Kiosk. Hier können alle Gerichte der Speisekarte auch „to go" sowie Grillgut bestellt oder erworben werden.

Sanitär

Die neu gestaltete Sanitäranlage überzeugt mit Sauberkeit und komfortablen, großzügigen Duschen. Des Weiteren steht den Gästen eine behindertengerechte Sanitäranlage zur Verfügung, welche leicht zu erreichen ist. Für die vierbeinigen Freunde gibt es eine Hundedusche.

Freizeit

Direkt vor Ort gibt es ein Volleyball-Feld und einen SUP-Verleih. Ein Thermalbad mit Saunalandschaft (Emser Therme), Kanutouren/-verleih, Tennisplätze, ein Golfplatz, sehenswerte Burgen, die Ruppertsklamm, diverse Wanderrouten sowie der Emser Bikepark sind innerhalb von 5 bis15 Minuten erreichbar.

Großzügige Stellplätze am Fluss.

Beachclub Fachbach.

4.2 SEHR GUT
20 Bewertungen

Lage	4.3
Ruhe	4.0
Sanitäranlagen	3.8
Sauberkeit Ø	4.5
Freundlichkeit	4.7
Stellplatz	4.0
Verpflegung	4.5
Freizeit	4.2
Preis-Leistung	4.2
Mietunterkünfte	4.5

Geeignet für

- 4.7 Paare
- 4.7 Gäste mit Hund
- 4.5 Gäste mit Zelt
- 4.2 Kinder b. 18 J.
- 4.5 Senioren
- 4.4 Kinder b. 12 J.
- 3.6 Kinder b. 6 J.

Empfohlene Aktivitäten

Wandern · Radfahren · Kayak/Kanu · Angeln · Schwimmen

Hunde sind herzlich willkommen! Hundedusche vorhanden. HS: 30.04. - 01.09.

Karte auf Seite 476

	20	21	22
	Camping Winningen	**Campingplatz Burg Lahneck**	**Camping Wolfsmühle**
	Inselweg 10 56333 Winningen +49 2606 2462 50.31 | 7.50194	Burgweg 56112 Lahnstein +49 2621 2765 50.30512 | 7.61261	Hohenrhein 79 56112 Lahnstein +492621 2589 50.31515 | 7.63301

Infos

	20	21	22
Öffnungszeiten	15.04. - 01.10.	18.03. - 31.10.	15.03. - 31.10.
Vergleichspreis	HS: 28,50 € | NS: 28,50 €	HS: 30,00 € | NS: 30,00 €	HS: 24,00 € | NS: 22,50 €
Link	**Mehr Infos & Anfrage:** www.camping.info/18764	**Mehr Infos & Anfrage:** www.camping.info/22363	**Mehr Infos & Anfrage:** www.camping.info/18750

Ausstattung

	20	21	22
Freizeit	Baden im Fluss am Platz ✓ Pool/Hallenbad 750m/12km Spielplatz am Platz ✓	Baden in nat. Gewässer k. A. Pool/Hallenbad 800m/4km Spielplatz am Platz ✓	Baden im Fluss am Platz ✓ Pool/Hallenbad 2km Spielplatz am Platz ✓
Campingplatz	Hunde willkommen ✓ zur Hälfte Schatten ✓ WLAN (gegen Gebühr) teilweise	Hunde erlaubt ✓ Schatten ✗ WLAN ✓	Hunde willkommen ✓ zur Hälfte Schatten ✓ WLAN (gegen Gebühr) teilweise
Versorgung	Lebensmittel ✓ Brötchen am Platz ✓ Restaurant am P. ✓ Ver-/Entsorgung Womo ✓ in den Ort 2km	Lebensmittel 500m Brötchen am Platz ✗ Restaurant/Imbiss 200m Ver-/Entsorgung Womo ✗ in den Ort 2km	Lebensmittel ✓ Brötchen am Platz ✓ Restaurant & Imbiss ✓ Ver-/Entsorgung Womo ✓ in den Ort 1km
Anzahl der Plätze	Gesamt/Touristen 370/200 Mietunterkünfte ✗ Stellplätze vor Schranke ✗	Gesamt/Touristen 102/100 Mietunterkünfte ✗ Stellplätze vor Schranke ✗	Gesamt/Touristen 120/50 Mietunterkünfte ✓ Stellplätze vor Schranke ✗

Bewertungen

	20	21	22
Gesamt	3.3 GUT	3.8 GUT	3.8 GUT
	30 Bewertungen	32 Bewertungen	24 Bewertungen
Lage	4.3	4.8	3.9
Ruhe	2.9	3.8	3.0
Sanitäranlagen	2.6	3.5	3.6
Sauberkeit Ø	3.0	4.5	4.2
Freundlichkeit	4.4	4.2	4.5
Stellplatz	3.3	3.7	3.6
Verpflegung	4.1	3.1	3.2
Freizeit	3.3	3.1	3.9
Preis-Leistung	3.2	3.4	3.8
Mietunterkünfte	-	-	5.0
Geeignet für			
Kinder b. 6 J.	2.5	2.5	3.2
Kinder b. 12 J.	2.8	2.5	3.8
Kinder b. 18 J.	3.3	2.1	2.8
Paare	4.0	3.9	4.3
Senioren	3.3	4.7	4.4
Gäste mit Zelt	3.9	3.6	4.2
Gäste mit Hund	4.3	3.2	4.2
Empfohlene Aktivitäten	Motorboot Wandern Kayak/Kanu	Entspannen Wandern Sightseeing	Radfahren Wandern Kayak/Kanu

ANZEIGE

26 Country Camping Schinderhannes

❄

Campingplatz 1
56291 Hausbay
+49 6746 3889797
www.countrycamping.de
info@countrycamping.de

ganzjährig

HS: 27,00 € | NS: 21,00 €

Mehr Infos & Anfrage:
www.camping.info/18757

Baden im See am Platz	✓
Pool/Hallenbad	12/8km
Spielplatz am Platz	✓
Hunde willkommen	✓
zur Hälfte Schatten	✓
WLAN	✓
Lebensmittel	✓
Brötchen am Platz	✓
Restaurant & Imbiss	✓
Ver-/Entsorgung Womo	✓
in den Ort	800m
Gesamt/Touristen	300/200
Mietunterkünfte	✗
Stellplätze vor Schranke	✓

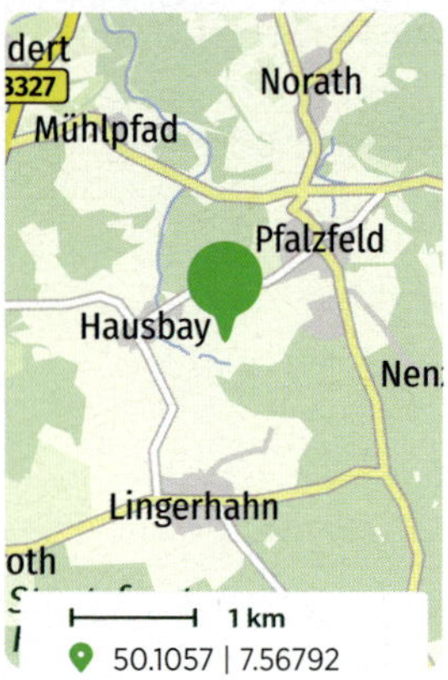

Blick auf den kleinen See.

Lage & Stellplatz

Der ruhige Campingplatz liegt an einem Südhang im waldreichen Hunsrück. Zwischen Rhein und Mosel ca. 35 km südlich von Koblenz, nur 3 km bis zur A61. Ganzjährig geöffnet, alle Plätze mit Stromanschluss, ca. 200 Plätze mit Wasser- und Abwasseranschluss. Ver- und Entsorgung auch für Durchreisende.

Verpflegung

Der idyllische Campingplatz mit Urlaubsplätzen von 80 bis 150 m² Stellfläche verfügt über ein leckeres platzeigenes Restaurant. Alle Artikel des täglichen Bedarfs finden die Gäste im kleinen Lebensmittelshop ebenfalls direkt am Platz. Die gemütliche Grillhütte lädt zu gemeinsamen Grillabenden ein.

Sanitär

Der Platz verfügt über drei saubere Sanitärgebäude inklusive Babywickelraum und barrierefreien WCs. Für besonderen Komfort und mehr Privatsphäre können sich die Gäste für private Mietbadezimmer entscheiden. Waschmaschinen und Trockner sind ebenfalls vorhanden.

Freizeit

Bade-, Angel- und Bootsteich mit Badestrand in Südlage. Feiner Sand und ausgezeichnete Wasserqualität. Kinderspielplatz und Spielwiese, Veranstaltungszelt, Tischtennis, Basketball-, Beachvolleyball-, Boule- und Tennisplätze sowie die große Zeltwiese mit Feuerstelle lassen keine Langeweile aufkommen.

Restaurant direkt am Platz.

Stellplätze auf der Wiese.

3.7 GUT
24 Bewertungen

Lage	4.4
Ruhe	4.6
Sanitäranlagen	3.9
Sauberkeit Ø	4.3
Freundlichkeit	4.6
Stellplatz	3.9
Verpflegung	4.0
Freizeit	3.5
Preis-Leistung	4.3
Mietunterkünfte	-

Geeignet für

4.3	Gäste mit Zelt
4.2	Kinder b. 6 J.
4.2	Senioren
3.9	Kinder b. 12 J.
4.2	Paare
4.0	Gäste mit Hund
2.9	Kinder b. 18 J.

Empfohlene Aktivitäten

Wandern
Radfahren
Entspannen
Mountainbiking
Kultur

Karte auf Seite 476

	23	24	25
	Camping - Freizeitzentrum	**Camping am Rhein - Uferwiese**	**Campingpark Sonneneck Boppard**
	Am Rhein 1 56321 Brey +49 2628 8860 50.275 | 7.62944	Am Campingplatz 1 56338 Braubach +49 171 839 9809 50.27471 | 7.6393	An der B 9 56154 Boppard +49 6742 2121 50.24863 | 7.62595
Infos			
Öffnungszeiten	01.05. - 31.10.	15.03. - 04.10. 05.10. - 20.12.	15.04. - 16.10.
Vergleichspreis	HS: 13,10 €	HS: 28,00 € | NS: 24,00 €	HS: 24,00 € | NS: 22,00 €
Link	**Mehr Infos & Anfrage:** www.camping.info/18759	**Mehr Infos & Anfrage:** www.camping.info/18765	**Mehr Infos & Anfrage:** www.camping.info/18752
Ausstattung			
Freizeit	Baden im Fluss am Platz ✓ Pool & Hallenbad ✗ Spielplatz am Platz ✓	Baden im Fluss am Platz ✓ Pool/Hallenbad 3km Spielplatz 100m	Baden im Fluss am Platz ✓ Pool am Platz ✓ Spielplatz am Platz ✓
Campingplatz	Hunde willkommen ✓ Schatten ✗ WLAN ✗	Hunde willkommen ✓ kein Schatten ✓ WLAN ✓	Hunde erlaubt ✓ Schatten ✗ WLAN ✓
Versorgung	Lebensmittel 300m Brötchen am Platz ✓ Restaurant/Imbiss 200/350m Ver-/Entsorgung Womo ✗ in den Ort 1km	Lebensmittel 500m Brötchen am Platz ✗ Restaurant/Imbiss 250/600m Ver-/Entsorgung Womo ✓ in den Ort 500m	Lebensmittel ✓ Brötchen am Platz ✓ Restaurant & Imbiss ✓ Ver-/Entsorgung Womo ✓ in den Ort 1km
Anzahl der Plätze	Gesamt/Touristen 120/60 Mietunterkünfte ✓ Stellplätze vor Schranke ✗	Touristenplätze 45 Mietunterkünfte ✗ Stellplätze vor Schranke ✗	Gesamt/Touristen 300/240 Mietunterkünfte ✓ Stellplätze vor Schranke ✗

	23	24	25
Gesamt	3.7 GUT, 6 Bewertungen	4.1 SEHR GUT, 36 Bewertungen	4.0 SEHR GUT, 119 Bewertungen
Lage	4.3	4.7	4.5
Ruhe	3.3	3.6	2.9
Sanitäranlagen	3.5	3.4	3.8
Sauberkeit Ø	4.2	4.5	4.0
Freundlichkeit	4.8	4.5	4.6
Stellplatz	3.7	3.7	4.0
Verpflegung	3.2	2.7	3.7
Freizeit	3.7	3.9	4.0
Preis-Leistung	4.7	4.0	4.1
Mietunterkünfte	5.0	-	4.0
Geeignet für			
Kinder b. 6 J.	2.2	3.0	4.0
Kinder b. 12 J.	3.3	3.3	4.1
Kinder b. 18 J.	3.2	3.4	3.7
Paare	4.3	4.3	4.4
Senioren	4.4	4.2	4.3
Gäste mit Zelt	4.0	4.3	4.1
Gäste mit Hund	4.2	4.4	4.4

	23	24	25
Empfohlene Aktivitäten	Radfahren Wandern Kayak/Kanu	Radfahren Wandern Sightseeing	Radfahren Wandern Schwimmen

27

Campingpark am Mühlenteich

Am Mühlenteich 1
56291 Lingerhahn
+49 6746 533
50.09927 | 7.57408

ganzjährig
HS: 28,50 € | NS: 25,00 €
Mehr Infos & online buchen:
www.camping.info/18758

Baden im Teich am Platz	✓
Pool/Hallenbad	10km
Spielplatz am Platz	✓
Hunde willkommen	✓
zur Hälfte Schatten	✓
WLAN (gegen Gebühr)	✓
Lebensmittel	1km
Brötchen am Platz	✓
Restaurant & Imbiss	✓
Ver-/Entsorgung Womo	✓
in den Ort	1km
Gesamt/Touristen	250/100
Mietunterkünfte	✓
Stellplätze vor Schranke	✗

4.2 SEHR GUT
25 Bewertungen

Lage	4.3
Ruhe	4.8
Sanitäranlagen	3.4
Sauberkeit Ø	4.2
Freundlichkeit	4.8
Stellplatz	4.0
Verpflegung	3.5
Freizeit	3.8
Preis-Leistung	4.2
Mietunterkünfte	4.5

Geeignet für

Kinder b. 6 J.	4.2
Kinder b. 12 J.	4.3
Kinder b. 18 J.	3.4
Paare	4.5
Senioren	4.7
Gäste mit Zelt	4.4
Gäste mit Hund	4.7

Empfohlene Aktivitäten

- Wandern
- Entspannen
- Radfahren

28

Camping Friedenau

Gründelbach 103
56329 St. Goar-Gründelbach
+49 6741 368
50.14985 | 7.69475

15.03. - 31.10.
HS: 22,90 € | NS: 22,90 €
Mehr Infos & Anfrage:
www.camping.info/18760

Baden in nat. Gewässer	k. A.
Pool	2km
Spielplatz am Platz	✓
Hunde erlaubt	✓
Schatten	✗
WLAN	✓
Lebensmittel	1km
Brötchen am Platz	✓
Restaurant am P.	✓
Ver-/Entsorgung Womo	✓
in den Ort	1km
Touristenplätze	50
Mietunterkünfte	✓
Stellplätze vor Schranke	✓

4.3 SEHR GUT
39 Bewertungen

Lage	4.6
Ruhe	4.8
Sanitäranlagen	3.6
Sauberkeit Ø	4.5
Freundlichkeit	4.8
Stellplatz	4.1
Verpflegung	4.4
Freizeit	4.0
Preis-Leistung	4.6
Mietunterkünfte	5.0

Geeignet für

Kinder b. 6 J.	3.5
Kinder b. 12 J.	3.5
Kinder b. 18 J.	3.5
Paare	4.8
Senioren	4.8
Gäste mit Zelt	4.8
Gäste mit Hund	4.8

Empfohlene Aktivitäten

- Wandern
- Radfahren
- Entspannen

keine WOMOs ab 8 m; Anreise über B9 empfohlen

Karte auf Seite 476

29 Camping Loreleyblick

*

An der Loreley 49-50
56329 St. Goar
+49 6741 2066
50.14232 | 7.72179

ganzjährig

HS: 23,20 € | NS: 23,20 €

Mehr Infos & Anfrage:
www.camping.info/18761

Baden in nat. Gewässer	k. A.
Pool/Hallenbad	2/25km
Spielplatz am Platz	✓
Hunde erlaubt	✓
Schatten	✗
WLAN (gegen Gebühr)	✓
Lebensmittel	✓
Brötchen am Platz	✓
Restaurant am P.	✓
Ver-/Entsorgung Womo	✓
in den Ort	1km
Touristenplätze	360
Mietunterkünfte	✓
Stellplätze vor Schranke	✓

3.6 GUT
112 Bewertungen

Lage	4.5
Ruhe	2.1
Sanitäranlagen	3.6
Sauberkeit Ø	3.7
Freundlichkeit	3.9
Stellplatz	3.5
Verpflegung	3.4
Freizeit	3.6
Preis-Leistung	3.5
Mietunterkünfte	2.8

Geeignet für

Kinder b. 6 J.	2.7
Kinder b. 12 J.	3.0
Kinder b. 18 J.	3.1
Paare	4.2
Senioren	4.2
Gäste mit Zelt	3.6
Gäste mit Hund	4.1

Empfohlene Aktivitäten

- Wandern
- Radfahren
- Sightseeing

30 Camping Schönburgblick Oberwesel

Aussiedlung B9
55430 Oberwesel
+49 6744 714501
50.10261 | 7.73657

18.03. - 04.11.

HS: 21,80 € | NS: 21,80 €

Mehr Infos & Anfrage:
www.camping.info/23340

Baden im Fluss am Platz	✓
Pool & Hallenbad	✗
Spielplatz	keine Angabe
Hunde willkommen	✓
wenig Schatten	✓
WLAN (gegen Gebühr)	✓
Lebensmittel	300m
Brötchen am Platz	✓
Restaurant/Imbiss	1km/✓
Ver-/Entsorgung Womo	✓
in den Ort	1km
Gesamt/Touristen	50/38
Mietunterkünfte	✗
Stellplätze vor Schranke	✗

3.4 GUT
19 Bewertungen

Lage	4.4
Ruhe	2.7
Sanitäranlagen	3.1
Sauberkeit Ø	4.0
Freundlichkeit	4.1
Stellplatz	3.5
Verpflegung	3.4
Freizeit	3.3
Preis-Leistung	4.0
Mietunterkünfte	-

Geeignet für

Kinder b. 6 J.	2.7
Kinder b. 12 J.	2.6
Kinder b. 18 J.	2.9
Paare	4.3
Senioren	4.0
Gäste mit Zelt	3.9
Gäste mit Hund	4.0

Empfohlene Aktivitäten

- Radfahren
- Wandern
- Entspannen

31 Campingplatz zum Mühlbachtal

Campingplatz 0
56355 Nastätten
06772-94349
50.18678 | 7.86304

keine Angabe

keine Angabe

Mehr Infos & Anfrage:
www.camping.info/27236

Baden in nat. Gewässer	k. A.
Pool & Hallenbad	✗
Spielplatz	keine Angabe
Hunde	✗
Schatten	✗
WLAN	keine Angabe
Lebensmittel	k.A.
Brötchen	keine Angabe
Restaurant & Imbiss	✗
Ver-/Entsorgung Womo	✗
in den Ort	keine Angabe
Gesamt	keine Angabe
Mietunterkünfte	✗
Stellplätze vor Schranke	✗

4.3 SEHR GUT
3 Bewertungen

Lage	4.7
Ruhe	5.0
Sanitäranlagen	4.7
Sauberkeit Ø	4.7
Freundlichkeit	4.7
Stellplatz	4.3
Verpflegung	-
Freizeit	3.7
Preis-Leistung	5.0
Mietunterkünfte	-

Geeignet für

Kinder b. 6 J.	3.5
Kinder b. 12 J.	4.3
Kinder b. 18 J.	3.5
Paare	4.7
Senioren	4.3
Gäste mit Zelt	5.0
Hunde n. erlaubt	-

Empfohlene Aktivitäten

- Wandern
- Entspannen
- Schwimmen

Infos

Öffnungszeiten
Vergleichspreis
Link

Ausstattung

Freizeit
Campingplatz
Versorgung
Anzahl der Plätze

RHEINLAND-PFALZ

2 Mosel-Saar

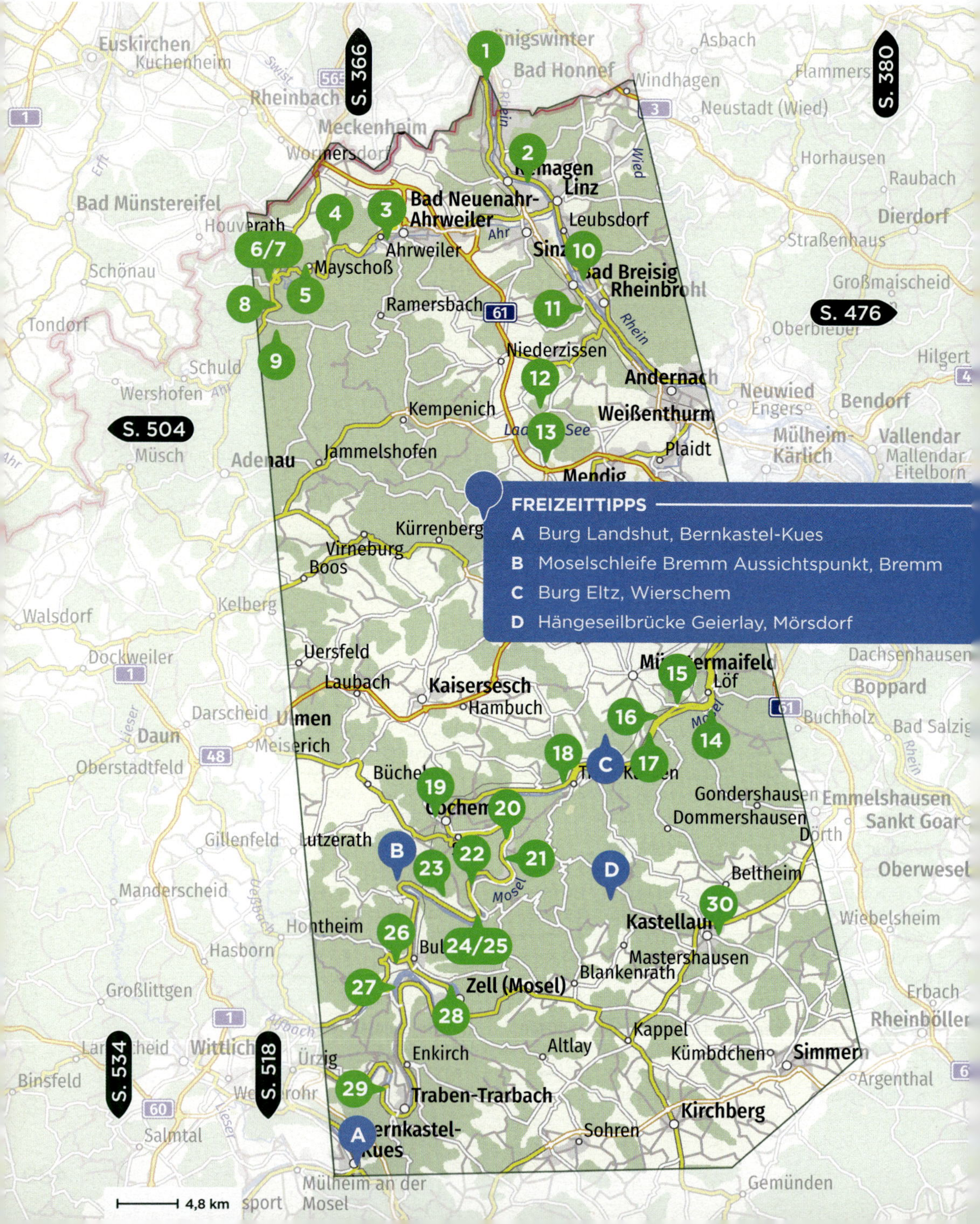

	Platz	Seite	Bewertung	Öffnungszeiten	
1	Rheincamping Siebengebirgsblick	492	3.4	saisonal	
2	Campingplatz Goldene Meile	492	3.8	ganzjährig	*
3	Campingplatz "Am Ahrtor"	492	4.6	ganzjährig	*
4	Campingplatz Dernau	492	4.5	saisonal	
5	Camping Zur Burgwiese	493	3.5	k. A.	
6	Camping Schulz Altenahr	493	3.7	saisonal	
7	Camping Viktoria Station	493	3.8	saisonal	
8	Campingplatz Gut Pützfeld	494	3.7	saisonal	*
9	Camping Denntal	494	3.9	ganzjährig	*
10	Wellness-Rheinpark-Camping	494	3.6	ganzjährig	*
11	Camping Rheineck	494	4.1	ganzjährig	*
12	Camping Laacher See	495	3.3	saisonal	Ecocamping
13	Siesta Camping	495	3.7	saisonal	
14	Historische Mühle Vogelsang	495	4.1	ganzjährig	*
15	Campinginsel Sonnenwerth	498	3.5	saisonal	
16	Camping-Burgen	498	4.2	saisonal	Onlinebuchung
17	KNAUS Campingpark Burgen/Mosel	498	3.8	saisonal	
18	Campingplatz Mosel Islands	496	3.6	saisonal	Onlinebuchung
19	Camping-Schausten	498	4.3	ganzjährig	*
20	Campingplatz Bruttig-Fankel	499	3.8	k. A.	
21	Camping Happy Holiday	499	4.0	saisonal	
22	Family Camping Club	499	4.4	saisonal	
23	Camping Zum Feuerberg	500	3.6	saisonal	
24	Camping Nehren	500	4.4	saisonal	
25	Camping Holländischer Hof	500	4.3	saisonal	
26	Moselcampingplatz Alf	500	3.5	saisonal	*
27	Camping Moselland	501	3.6	saisonal	
28	Campingpark Zell-Mosel	501	4.1	ganzjährig	* Ecocamping
29	Mosel-Camping Rissbach	501	4.0	saisonal	*
30	BurgStadt CampingPark	502	4.5	saisonal	Onlinebuchung

* Wintercamping FKK Textilfrei (ganz/teilweise) Ecocamping Award Onlinebuchung

1 Rheincamping Siebengebirgsblick

Wickchenstrasse
53424 Remagen-Rolandswerth
+49 222 891 0682
50.64608 | 7.20679

10.04. - 20.10.
HS: 23,00 € | NS: 23,00 €
Mehr Infos & Anfrage:
www.camping.info/18674

Baden in nat. Gewässer	k. A.
Pool & Hallenbad	✗
Spielplatz am Platz	✓
Hunde willkommen	✓
Schatten	✗
WLAN	✓
Lebensmittel	300m
Brötchen am Platz	✗
Imbiss	✓
Ver-/Entsorgung Womo	✓
im Ort	✓
Gesamt/Touristen	200/80
Mietunterkünfte	✗
Stellplätze vor Schranke	✗

3.4 GUT
34 Bewertungen

Lage	4.1
Ruhe	3.6
Sanitäranlagen	2.6
Sauberkeit Ø	3.5
Freundlichkeit	3.8
Stellplatz	2.9
Verpflegung	2.8
Freizeit	3.7
Preis-Leistung	3.3
Mietunterkünfte	-

Geeignet für

Kinder b. 6 J.	2.7
Kinder b. 12 J.	3.0
Kinder b. 18 J.	2.7
Paare	3.7
Senioren	3.1
Gäste mit Zelt	4.0
Gäste mit Hund	3.4

Empfohlene Aktivitäten
- Wandern
- Radfahren
- Entspannen

2 Campingplatz Goldene Meile

✻

Simrockweg 9-13
53424 Remagen
+49 2642 22222
50.57639 | 7.25056

ganzjährig
HS: 27,50 € | NS: 20,00 €
Mehr Infos & Anfrage:
www.camping.info/18673

Baden in nat. Gewässer	k. A.
Pool/Hallenbad	100m/5km
Spielplatz am Platz	✓
Hunde willkommen	✓
zur Hälfte Schatten	✓
WLAN	✓
Lebensmittel	✓
Brötchen am Platz	nur HS
Restaurant & Imbiss	✓
Ver-/Entsorgung Womo	✓
in den Ort	2km
Gesamt/Touristen	500/200
Mietunterkünfte	✗
Stellplätze vor Schranke	✓

3.8 GUT
96 Bewertungen

Lage	4.3
Ruhe	3.5
Sanitäranlagen	3.7
Sauberkeit Ø	3.9
Freundlichkeit	3.8
Stellplatz	3.9
Verpflegung	3.2
Freizeit	3.9
Preis-Leistung	3.6
Mietunterkünfte	-

Geeignet für

Kinder b. 6 J.	3.6
Kinder b. 12 J.	3.7
Kinder b. 18 J.	3.4
Paare	4.2
Senioren	4.2
Gäste mit Zelt	4.0
Gäste mit Hund	4.1

Empfohlene Aktivitäten
- Radfahren
- Wandern
- Entspannen

3 Campingplatz "Am Ahrtor"

✻

Kalvarienbergstr. 1
53474 Bad Neuenahr
+49 2641 26539
50.53628 | 7.10223

ganzjährig
keine Angabe
Mehr Infos & Anfrage:
www.camping.info/23313

Baden in nat. Gewässer	k. A.
Pool & Hallenbad	✗
Spielplatz	keine Angabe
Hunde erlaubt	✓
Schatten	✗
WLAN	keine Angabe
Lebensmittel	k.A.
Brötchen	keine Angabe
Restaurant & Imbiss	✗
Ver-/Entsorgung Womo	✗
in den Ort	keine Angabe
Touristenplätze	30
Mietunterkünfte	✗
Stellplätze vor Schranke	✗

4.6 SEHR GUT
22 Bewertungen

Lage	4.8
Ruhe	4.1
Sanitäranlagen	4.8
Sauberkeit Ø	4.8
Freundlichkeit	4.9
Stellplatz	4.3
Verpflegung	3.3
Freizeit	4.1
Preis-Leistung	4.5
Mietunterkünfte	-

Geeignet für

Kinder b. 6 J.	3.4
Kinder b. 12 J.	3.5
Kinder b. 18 J.	3.5
Paare	4.9
Senioren	4.9
Gäste mit Zelt	3.5
Gäste mit Hund	4.4

Empfohlene Aktivitäten
- Wandern
- Radfahren
- Entspannen

4 Campingplatz Dernau

Ahreweg 2
53507 Dernau
+49 (0)2643/8517
50.5339 | 7.0476

01.04. - 31.10.
keine Angabe
Mehr Infos & Anfrage:
www.camping.info/27179

Baden in nat. Gewässer	k. A.
Pool & Hallenbad	✗
Spielplatz	keine Angabe
Hunde	✗
Schatten	✗
WLAN	keine Angabe
Lebensmittel	k.A.
Brötchen	keine Angabe
Restaurant & Imbiss	✗
Ver-/Entsorgung Womo	✗
in den Ort	keine Angabe
Gesamt	keine Angabe
Mietunterkünfte	✗
Stellplätze vor Schranke	✗

4.5 SEHR GUT
8 Bewertungen

Lage	4.9
Ruhe	2.7
Sanitäranlagen	4.5
Sauberkeit Ø	4.9
Freundlichkeit	4.9
Stellplatz	4.3
Verpflegung	2.8
Freizeit	4.7
Preis-Leistung	4.8
Mietunterkünfte	-

Geeignet für

Kinder b. 6 J.	2.8
Kinder b. 12 J.	3.0
Kinder b. 18 J.	2.5
Paare	4.8
Senioren	4.8
Gäste mit Zelt	3.8
Hunde n. erlaubt	-

Empfohlene Aktivitäten
- Radfahren
- Wandern
- Entspannen

Karte auf Seite 490

5 Camping Zur Burgwiese

Sonnscheidstr. 35
53508 Mayschoß
+49 2643 7652
50.52124 | 7.0149

keine Angabe

keine Angabe
Mehr Infos & Anfrage:
www.camping.info/24182

Baden in nat. Gewässer	k. A.
Pool & Hallenbad	✗
Spielplatz	keine Angabe
Hunde	✗
Schatten	✗
WLAN	keine Angabe
Lebensmittel	k.A.
Brötchen	keine Angabe
Restaurant & Imbiss	✗
Ver-/Entsorgung Womo	✗
in den Ort	1km
Gesamt	keine Angabe
Mietunterkünfte	✗
Stellplätze vor Schranke	✗

3.5 GUT
18 Bewertungen

Lage	4.4
Ruhe	4.5
Sanitäranlagen	2.9
Sauberkeit Ø	3.6
Freundlichkeit	4.6
Stellplatz	3.4
Verpflegung	2.9
Freizeit	3.6
Preis-Leistung	3.8
Mietunterkünfte	-

Geeignet für

Kinder b. 6 J.	3.0
Kinder b. 12 J.	2.8
Kinder b. 18 J.	2.8
Paare	4.1
Senioren	4.1
Gäste mit Zelt	3.3
Hunde n. erlaubt	-

Empfohlene Aktivitäten

- Wandern
- Radfahren
- Entspannen

6 Camping Schulz Altenahr

53505 Altenahr-Altenburg
+49 2643 85 03
50.51333 | 6.98667

01.04. - 31.10.

HS: 22,00 € | NS: 22,00 €
Mehr Infos & Anfrage:
www.camping.info/18676

Baden in nat. Gewässer	k. A.
Pool & Hallenbad	✗
Spielplatz am Platz	✓
Hunde	✗
Schatten	✗
WLAN (gratis)	teilweise
Lebensmittel	✓
Brötchen am Platz	✓
Restaurant & Imbiss	✓
Ver-/Entsorgung Womo	✗
in den Ort	1km
Gesamt/Touristen	230/180
Mietunterkünfte	✗
Stellplätze vor Schranke	✗

3.7 GUT
20 Bewertungen

Lage	4.0
Ruhe	3.3
Sanitäranlagen	3.5
Sauberkeit Ø	4.3
Freundlichkeit	4.3
Stellplatz	3.7
Verpflegung	2.9
Freizeit	3.7
Preis-Leistung	3.9
Mietunterkünfte	-

Geeignet für

Kinder b. 6 J.	3.2
Kinder b. 12 J.	3.0
Kinder b. 18 J.	2.3
Paare	4.2
Senioren	4.5
Gäste mit Zelt	4.2
Hunde n. erlaubt	-

Empfohlene Aktivitäten

- Radfahren
- Wandern
- Entspannen

7 Camping Viktoria Station

Alte Mühle 1
53505 Kreuzberg-Altenahr
+49 2643 8338
50.50666 | 6.97972

15.04. - 31.10.

HS: 22,30 € | NS: 22,30 €
Mehr Infos & Anfrage:
www.camping.info/18678

Baden im Fluss am Platz	✓
Hallenbad	13km
Spielplatz am Platz	✓
Hunde erlaubt	✓
Schatten	✗
WLAN	✓
Lebensmittel	500m
Brötchen am Platz	✓
Restaurant am P.	✓
Ver-/Entsorgung Womo	✓
in den Ort	500m
Gesamt/Touristen	350/230
Mietunterkünfte	✗
Stellplätze vor Schranke	✓

3.8 GUT
38 Bewertungen

Lage	3.6
Ruhe	2.7
Sanitäranlagen	4.5
Sauberkeit Ø	4.5
Freundlichkeit	4.1
Stellplatz	3.9
Verpflegung	3.6
Freizeit	3.9
Preis-Leistung	3.9
Mietunterkünfte	-

Geeignet für

Kinder b. 6 J.	3.9
Kinder b. 12 J.	3.8
Kinder b. 18 J.	3.5
Paare	4.1
Senioren	4.2
Gäste mit Zelt	4.3
Gäste mit Hund	4.1

Empfohlene Aktivitäten

- Wandern
- Radfahren
- Motorrad

Infos

Öffnungszeiten

Vergleichspreis

Link

Ausstattung

Freizeit

Campingplatz

Versorgung

Anzahl der Plätze

8 Campingplatz Gut Pützfeld

*
Brunnenweg 3
53506 Ahrbrück
+49 2643 6335
50.49343 | 6.98477

01.04. - 15.10.
keine Angabe
Mehr Infos & Anfrage:
www.camping.info/24181

Baden in nat. Gewässer	k. A.
Pool/Hallenbad	15km
Spielplatz am Platz	✓
Hunde erlaubt	✓
Schatten	✗
WLAN	keine Angabe
Lebensmittel	100m
Brötchen	keine Angabe
Restaurant/Imbiss	200/100m
Ver-/Entsorgung Womo	✗
in den Ort	500m
Gesamt/Touristen	190/75
Mietunterkünfte	✗
Stellplätze vor Schranke	✗

3.7 GUT
7 Bewertungen

Lage	3.9
Ruhe	4.0
Sanitäranlagen	3.6
Sauberkeit Ø	3.5
Freundlichkeit	4.3
Stellplatz	3.9
Verpflegung	2.3
Freizeit	3.6
Preis-Leistung	3.7
Mietunterkünfte	-

Geeignet für

Kinder b. 6 J.	3.3
Kinder b. 12 J.	3.8
Kinder b. 18 J.	3.3
Paare	4.6
Senioren	4.4
Gäste mit Zelt	3.8
Gäste mit Hund	4.5

Empfohlene Aktivitäten
- Radfahren
- Wandern
- Entspannen

9 Camping Denntal

*
Denntalstraße 49
53506 Ahrbrück
+49 2643 6905
50.47613 | 6.98676

ganzjährig
HS: 27,00 € | NS: 27,00 €
Mehr Infos & Anfrage:
www.camping.info/18680

Baden in nat. Gewässer	k. A.
Pool & Hallenbad	✗
Spielplatz am Platz	✓
Hunde willkommen	✓
wenig Schatten	✓
WLAN	✓
Lebensmittel	2km
Brötchen am Platz	nur HS
Restaurant/Imbiss	✓/1km
Ver-/Entsorgung Womo	✓
in den Ort	1km
Gesamt/Touristen	200/100
Mietunterkünfte	✓
Stellplätze vor Schranke	✗

3.9 GUT
49 Bewertungen

Lage	4.2
Ruhe	4.6
Sanitäranlagen	4.3
Sauberkeit Ø	4.2
Freundlichkeit	4.2
Stellplatz	3.9
Verpflegung	2.8
Freizeit	3.5
Preis-Leistung	4.0
Mietunterkünfte	4.3

Geeignet für

Kinder b. 6 J.	3.5
Kinder b. 12 J.	3.5
Kinder b. 18 J.	3.0
Paare	4.4
Senioren	4.6
Gäste mit Zelt	4.1
Gäste mit Hund	4.3

Empfohlene Aktivitäten
- Wandern
- Entspannen
- Radfahren

10 Wellness-Rheinpark-Camping

*
Allée St. Pierre les Nemours 1
53557 Bad Hönningen
+49 2635 952 114
50.51118 | 7.30972

ganzjährig
HS: 24,60 € | NS: 15,90 €
Mehr Infos & Anfrage:
www.camping.info/22356

Baden im Fluss	500m
Pool & Hallenbad	✓
Spielplatz am Platz	✓
Hunde willkommen	✓
wenig Schatten	✓
WLAN	✓
Lebensmittel	✓
Brötchen am Platz	nur HS
Restaurant & Imbiss	✓
Ver-/Entsorgung Womo	✓
in den Ort	500m
Gesamt/Touristen	500/220
Mietunterkünfte	✗
Stellplätze vor Schranke	✗

3.6 GUT
124 Bewertungen

Lage	4.5
Ruhe	3.6
Sanitäranlagen	3.3
Sauberkeit Ø	3.8
Freundlichkeit	4.4
Stellplatz	3.4
Verpflegung	3.9
Freizeit	3.9
Preis-Leistung	4.0
Mietunterkünfte	-

Geeignet für

Kinder b. 6 J.	2.8
Kinder b. 12 J.	3.0
Kinder b. 18 J.	3.0
Paare	4.2
Senioren	4.3
Gäste mit Zelt	3.2
Gäste mit Hund	3.8

Empfohlene Aktivitäten
- Wellness
- Radfahren
- Wandern

Schranke 22:30 - 7 Uhr geschlossen

11 Camping Rheineck

*
Mühlenstrasse
53498 Bad Breisig
+49 2633 95645
50.49166 | 7.31

ganzjährig
HS: 27,00 € | NS: 27,00 €
Mehr Infos & Anfrage:
www.camping.info/18675

Baden in nat. Gewässer	k. A.
Pool/Hallenbad	1km
Spielplatz am Platz	✓
Hunde willkommen	✓
zur Hälfte Schatten	✓
WLAN	✓
Lebensmittel	✓
Brötchen am Platz	✗
Imbiss	✓
Ver-/Entsorgung Womo	✓
in den Ort	100m
Gesamt/Touristen	250/50
Mietunterkünfte	✓
Stellplätze vor Schranke	✓

4.1 SEHR GUT
7 Bewertungen

Lage	4.3
Ruhe	4.7
Sanitäranlagen	3.4
Sauberkeit Ø	4.5
Freundlichkeit	5.0
Stellplatz	4.3
Verpflegung	3.4
Freizeit	3.7
Preis-Leistung	4.1
Mietunterkünfte	5.0

Geeignet für

Kinder b. 6 J.	4.5
Kinder b. 12 J.	4.5
Kinder b. 18 J.	3.7
Paare	4.4
Senioren	4.8
Gäste mit Zelt	5.0
Gäste mit Hund	5.0

Empfohlene Aktivitäten
- Radfahren
- Wandern
- Motorrad

Karte auf Seite 490

12 Camping Laacher See

Am Laacher See/vulkaneifel
56653 Wassenach
+49 2636 2485
50.42207 | 7.26495

01.04. - 27.09.
HS: 28,50 € | NS: 28,50 €
Mehr Infos & Anfrage: www.camping.info/18777

Baden im See am Platz	✓
Pool & Hallenbad	✗
Spielplatz am Platz	✓
Hunde erlaubt	✓
Schatten	✗
WLAN	✓
Lebensmittel	✓
Brötchen am Platz	✓
Restaurant & Imbiss	✓
Ver-/Entsorgung Womo	✓
in den Ort	keine Angabe
Gesamt	keine Angabe
Mietunterkünfte	✗
Stellplätze vor Schranke	✗

3.3 GUT – 225 Bewertungen

Lage	4.6
Ruhe	3.9
Sanitäranlagen	3.9
Sauberkeit Ø	4.2
Freundlichkeit	3.2
Stellplatz	3.8
Verpflegung	3.3
Freizeit	3.9
Preis-Leistung	2.9
Mietunterkünfte	-

Geeignet für

Kinder b. 6 J.	3.7
Kinder b. 12 J.	3.8
Kinder b. 18 J.	3.6
Paare	3.9
Senioren	4.1
Gäste mit Zelt	3.8
Gäste mit Hund	3.0

Empfohlene Aktivitäten

- Schwimmen
- Wandern
- Radfahren

13 Siesta Camping

Laacher Seestraße 6a
56743 Mendig
+49 2652 1432
50.38781 | 7.27153

15.03. - 31.10.
HS: 21,00 € | NS: 21,00 €
Mehr Infos & Anfrage: www.camping.info/18778

Baden im See	2km
Pool/Hallenbad	500m/5km
Spielplatz am Platz	✓
Hunde erlaubt	✓
wenig Schatten	✓
WLAN	✓
Lebensmittel	✓
Brötchen am Platz	✓
Restaurant & Imbiss	✗
Ver-/Entsorgung Womo	✓
in den Ort	1km
Gesamt/Touristen	100/40
Mietunterkünfte	✗
Stellplätze vor Schranke	✗

3.7 GUT – 16 Bewertungen

Lage	3.6
Ruhe	2.8
Sanitäranlagen	4.0
Sauberkeit Ø	4.3
Freundlichkeit	4.0
Stellplatz	3.8
Verpflegung	2.9
Freizeit	3.4
Preis-Leistung	4.1
Mietunterkünfte	-

Geeignet für

Kinder b. 6 J.	3.0
Kinder b. 12 J.	3.2
Kinder b. 18 J.	3.2
Paare	4.0
Senioren	3.6
Gäste mit Zelt	4.0
Gäste mit Hund	4.3

Empfohlene Aktivitäten

- Radfahren
- Wandern
- Kultur

14 Historische Mühle Vogelsang

Rhein-Mosel-Str. 63
56332 Brodenbach
+49 2605 1437
50.22112 | 7.44572

ganzjährig
HS: 19,60 € | NS: 19,60 €
Mehr Infos & Anfrage: www.camping.info/22357

Baden in nat. Gewässer	k. A.
Pool/Hallenbad	15/25km
Spielplatz am Platz	✓
Hunde willkommen	✓
wenig Schatten	✓
WLAN	✗
Lebensmittel	✓
Brötchen am Platz	nur HS
Restaurant am P.	✓
Ver-/Entsorgung Womo	✓
in den Ort	500m
Gesamt/Touristen	180/100
Mietunterkünfte	✓
Stellplätze vor Schranke	✓

4.1 SEHR GUT – 53 Bewertungen

Lage	4.4
Ruhe	4.5
Sanitäranlagen	4.2
Sauberkeit Ø	4.0
Freundlichkeit	4.6
Stellplatz	3.6
Verpflegung	4.1
Freizeit	3.9
Preis-Leistung	4.2
Mietunterkünfte	4.2

Geeignet für

Kinder b. 6 J.	3.8
Kinder b. 12 J.	3.7
Kinder b. 18 J.	3.1
Paare	4.5
Senioren	4.4
Gäste mit Zelt	4.4
Gäste mit Hund	4.8

Empfohlene Aktivitäten

- Wandern
- Entspannen
- Radfahren

Infos

Öffnungszeiten
Vergleichspreis
Link

Ausstattung

Freizeit
Campingplatz
Versorgung
Anzahl der Plätze

18 Campingplatz Mosel Islands

Am Laach
56253 Treis-Karden
+49 2672 2613
www.mosel-islands.de
campingplatz@mosel-islands.de

28.03. - 03.11.

HS: 37,00 € | NS: 37,00 €

Mehr Infos & online buchen:
www.camping.info/18756

Baden im Fluss am Platz	✓
Pool/Hallenbad	500m/11km
Spielplatz am Platz	✓
Hunde willkommen	✓
zur Hälfte Schatten	✓
WLAN (begrenzt gratis)	✓
Lebensmittel	500m
Brötchen am Platz	✓
Restaurant/Imbiss	✓/500m
Ver-/Entsorgung Womo	✓
in den Ort	500m
Gesamt/Touristen	250/140
Mietunterkünfte	✓
Stellplätze vor Schranke	✓

CAMPINGPLATZ KLASSIFIZIERUNG ★★★★★ BVCD DTV

Idyllische Stellplätze direkt an der Mosel.

Lage & Stellplatz

An der Mosel lässt sich der Urlaub ausgezeichnet genießen, denn nicht umsonst wurde der Platz mit 5 Sternen prämiert. Die wunderbare Lage auf einer Insel inmitten der Mosel ist nur ein Aspekt von vielen, warum der Urlaub hier besonders erholsam ist. Die Campingplatzgestaltung überzeugt durch ihre Großzügigkeit und die konsequente Umsetzung des Leitgedankens: Der Schaffung eines landschaftsgerechten Campingareals mit genügend Platz für 110 Dauer- und 140 Freizeitcamper. Jeder Stellplatz ist mit Strom- und Wasseranschluss ausgestattet und die Anlage verfügt über flächendeckendes WLAN.

Sanitär

Die Ausstattung und Sauberkeit der Sanitäreinrichtungen ist eine der wichtigsten Säulen für die Zufriedenheit der Gäste. Das Bestreben des gesamten Teams liegt nicht nur darin, den Gästen ein selbstverständlich sauberes Sanitärgebäude zu bieten, sondern zugleich ein echtes Wohlfühlambiente zu schaffen, welches auch höheren Komfortansprüchen gerecht wird. Für Kleidung und Geschirr stehen Ihnen Wasch- und Spülräume zur Verfügung. Ebenfalls erwähnenswert: Die Warmwasseraufbereitung wird von einer Solaranlage unterstützt, die sich auf dem Dach des Duschhauses befindet.

Blick auf den Campingplatz.

Eingang zum Campingplatz.

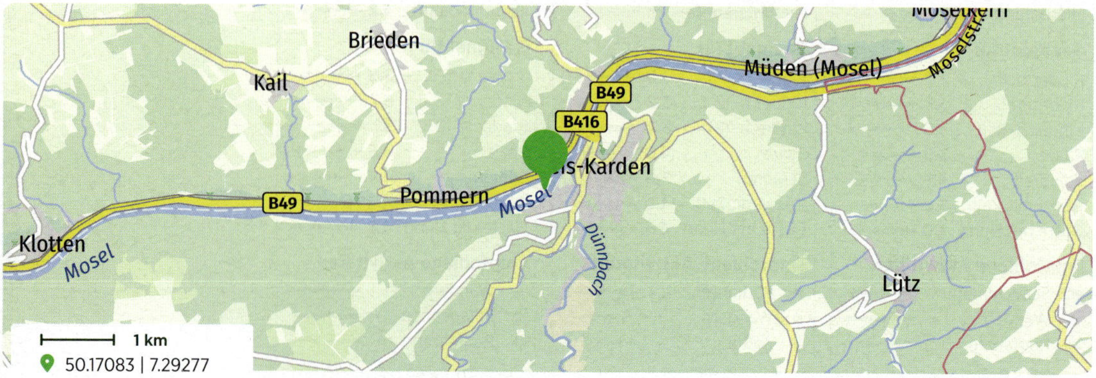

Gruppen auf Anfrage möglich

Luftaufnahme vom Campingplatz auf der Freizeitinsel „Mosel Island" in Treis-Karden.

Verpflegung

Für das leibliche Wohl der Campinggäste bietet das außergewöhnliche Bootsrestaurant ganzjährig regionale Spezialitäten mit mediterraner Note. Eine Vielzahl an Serviceleistungen sorgt auf der herrlichen Freizeitinsel dafür, dass Sie einen angenehmen und komfortablen Urlaub genießen. Dazu gehört zum Beispiel der Brötchenservice, der einen entspannten Start in den Tag garantiert. Darüber hinaus ist die gesamte Freizeitinsel flächendeckend mit WLAN ausgestattet.

Freizeit

Wer Lust auf die Verkostung regionaler Speisen hat, kann sich in den umgebenden Weinlokalen von allerhand Spezialitäten der Mosel mit dem passenden Wein verwöhnen lassen. Um die Sommertage so richtig genießen zu können, empfiehlt sich ein längerer Spaziergang in den wundervollen Weinbergen. Falls es doch einmal zu heiß sein sollte, bietet das nahe gelegene Freibad eine spritzige Abkühlung. Für Aktivitäten außerhalb des Ortes ist ein Besuch der Stadt Cochem mit der Reichsburg empfehlenswert. Ein weiteres interessantes Ziel ist der Wanderweg von Moselkern zur weltweit bekannten Burg Eltz.

5.0

Wir waren in der Nebensaison auf dem Platz. Mit ACSI Rabatt ein super Tarif! Von dem Service, der Freundlichkeit und der Sauberkeit der Sanitäranlagen waren wir sehr angetan! Im Ort selbst steppt nicht unbedingt der Bär, es ist eher ein sehr übersichtlicher, gemütlicher Moselweinort. Dennoch hat es uns gut gefallen und wir kommen bestimmt mal wieder!

Mario H.

Mario H. hat den Campingplatz Mosel Islands im September 2019 besucht.

Treiser-Bootshaus mit Terrasse.

Jachthafen mit 120 Liegeplätzen.

3.6 GUT
98 Bewertungen

Lage	4.5
Ruhe	3.0
Sanitäranlagen	3.9
Sauberkeit Ø	3.9
Freundlichkeit	3.6
Stellplatz	3.9
Verpflegung	3.4
Freizeit	3.7
Preis-Leistung	3.4
Mietunterkünfte	3.3

Geeignet für

- 4.3 Paare
- 4.2 Senioren
- 4.0 Gäste mit Zelt
- 3.7 Gäste mit Hund
- 3.6 Kinder b. 12 J.
- 3.5 Kinder b. 6 J.
- 3.2 Kinder b. 18 J.

Empfohlene Aktivitäten

Wandern · Radfahren · Motorboot · Angeln · Kayak/Kanu

15 Campinginsel Sonnenwerth

Hatzenporter Werth 1
56332 Hatzenport
+49 2605 2151
50.22479 | 7.40959

01.04. - 02.10.
HS: 18,50 € | NS: 18,50 €
Mehr Infos & Anfrage:
www.camping.info/22994

Baden im Fluss am Platz	✓
Pool/Hallenbad	5/20km
Spielplatz am Platz	✓
Hunde willkommen	✓
Schatten	✗
WLAN (gratis)	teilweise
Lebensmittel	4km
Brötchen am Platz	✓
Restaurant am P.	✓
Ver-/Entsorgung Womo	✓
in den Ort	500m
Gesamt/Touristen	300/100
Mietunterkünfte	✗
Stellplätze vor Schranke	✗

3.5 GUT
18 Bewertungen

Lage	4.1
Ruhe	3.3
Sanitäranlagen	3.1
Sauberkeit Ø	3.3
Freundlichkeit	4.1
Stellplatz	3.2
Verpflegung	2.7
Freizeit	3.9
Preis-Leistung	4.1
Mietunterkünfte	-

Geeignet für

Kinder b. 6 J.	3.2
Kinder b. 12 J.	3.6
Kinder b. 18 J.	3.5
Paare	4.2
Senioren	3.5
Gäste mit Zelt	4.1
Gäste mit Hund	4.2

Empfohlene Aktivitäten

- Wandern
- Radfahren
- Motorboot

16 Camping-Burgen

Am Moselufer
56332 Burgen
+49 2605 2396
50.21516 | 7.38982

10.04. - 13.10.
HS: 23,00 € | NS: 23,00 €
Mehr Infos & online buchen:
www.camping.info/18762

Baden im Fluss am Platz	✓
Pool/Hallenbad	✓/20km
Spielplatz am Platz	✓
Hunde erlaubt	✓
wenig Schatten	✓
WLAN (gegen Gebühr)	✓
Lebensmittel	✓
Brötchen am Platz	✓
Restaurant	300m
Ver-/Entsorgung Womo	✓
in den Ort	300m
Gesamt/Touristen	180/120
Mietunterkünfte	✓
Stellplätze vor Schranke	✗

4.2 SEHR GUT
50 Bewertungen

Lage	4.3
Ruhe	3.4
Sanitäranlagen	4.2
Sauberkeit Ø	4.8
Freundlichkeit	4.8
Stellplatz	4.2
Verpflegung	3.5
Freizeit	4.0
Preis-Leistung	4.5
Mietunterkünfte	4.5

Geeignet für

Kinder b. 6 J.	4.0
Kinder b. 12 J.	4.1
Kinder b. 18 J.	3.7
Paare	4.6
Senioren	4.6
Gäste mit Zelt	4.7
Gäste mit Hund	4.7

Empfohlene Aktivitäten

- Radfahren
- Wandern
- Kayak/Kanu

17 KNAUS Campingpark Burgen/Mosel

Am Bootshafen
56332 Burgen/Mosel
+49 2605 952176
50.20453 | 7.38126

23.03. - 22.10.
HS: 28,30 € | NS: 33,50 €
Mehr Infos & Anfrage:
www.camping.info/18763

Baden im Fluss am Platz	✓
Pool am Platz	✓
Spielplatz am Platz	✓
Hunde willkommen	✓
wenig Schatten	✓
WLAN (gegen Gebühr)	✓
Lebensmittel	✗
Brötchen am Platz	✓
Restaurant/Imbiss	✓/1km
Ver-/Entsorgung Womo	✓
im Ort	✓
Gesamt/Touristen	220/120
Mietunterkünfte	✗
Stellplätze vor Schranke	✓

3.8 GUT
208 Bewertungen

Lage	3.7
Ruhe	2.8
Sanitäranlagen	3.9
Sauberkeit Ø	4.0
Freundlichkeit	4.0
Stellplatz	4.0
Verpflegung	3.4
Freizeit	3.5
Preis-Leistung	3.7
Mietunterkünfte	-

Geeignet für

Kinder b. 6 J.	3.8
Kinder b. 12 J.	3.8
Kinder b. 18 J.	3.5
Paare	4.2
Senioren	4.0
Gäste mit Zelt	3.9
Gäste mit Hund	4.2

Empfohlene Aktivitäten

- Radfahren
- Motorboot
- Wandern

weitere NS: 20.09. - 18.10.

19 Camping-Schausten

Endert 124
56812 Cochem-Enderttal
+49 2671 7528
50.1516 | 7.15502

ganzjährig
HS: 22,00 € | NS: 22,00 €
Mehr Infos & Anfrage:
www.camping.info/18781

Baden in nat. Gewässer	k. A.
Hallenbad	1km
Spielplatz am Platz	✓
Hunde willkommen	✓
zur Hälfte Schatten	✓
WLAN (begrenzt gratis)	✓
Lebensmittel	✓
Brötchen am Platz	✓
Restaurant & Imbiss	✓
Ver-/Entsorgung Womo	✓
in den Ort	700m
Gesamt/Touristen	100/80
Mietunterkünfte	✓
Stellplätze vor Schranke	✗

4.3 SEHR GUT
75 Bewertungen

Lage	4.4
Ruhe	3.9
Sanitäranlagen	3.8
Sauberkeit Ø	4.3
Freundlichkeit	4.7
Stellplatz	4.0
Verpflegung	4.3
Freizeit	4.3
Preis-Leistung	4.4
Mietunterkünfte	4.6

Geeignet für

Kinder b. 6 J.	4.2
Kinder b. 12 J.	4.2
Kinder b. 18 J.	4.1
Paare	4.4
Senioren	4.2
Gäste mit Zelt	4.6
Gäste mit Hund	4.6

Empfohlene Aktivitäten

- Wandern
- Entspannen
- Radfahren

20 Campingplatz Bruttig-Fankel

Am Moselufer
56814 Bruttig-Fankel

50.13257 | 7.2294

keine Angabe

HS: 17,00 €

Mehr Infos & Anfrage:
www.camping.info/25825

Baden im Fluss am Platz	✓
Pool/Hallenbad	7km
Spielplatz am Platz	✓
Hunde willkommen	✓
wenig Schatten	✓
WLAN	✗
Lebensmittel	✓
Brötchen am Platz	✗
Restaurant & Imbiss	✓
Ver-/Entsorgung Womo	✗
im Ort	✓
Gesamt	keine Angabe
Mietunterkünfte	✗
Stellplätze vor Schranke	✗

3.8 GUT
18 Bewertungen

Lage	4.6
Ruhe	3.2
Sanitäranlagen	3.5
Sauberkeit Ø	3.4
Freundlichkeit	4.1
Stellplatz	3.9
Verpflegung	3.4
Freizeit	3.8
Preis-Leistung	4.3
Mietunterkünfte	-

Geeignet für

Kinder b. 6 J.	3.0
Kinder b. 12 J.	3.2
Kinder b. 18 J.	3.2
Paare	4.1
Senioren	3.9
Gäste mit Zelt	3.9
Gäste mit Hund	3.9

Empfohlene Aktivitäten

- Radfahren
- Wandern
- Kayak/Kanu

21 Camping Happy Holiday

Moselweinstr.
56821 Ellenz-Poltersdorf
+49 2673 1272

50.11984 | 7.22853

15.04. - 31.10.

HS: 19,00 € | NS: 19,00 €

Mehr Infos & Anfrage:
www.camping.info/23972

Baden in nat. Gewässer	k. A.
Pool	400m
Spielplatz	✗
Hunde erlaubt	✓
Schatten	✗
WLAN	✓
Lebensmittel	✓
Brötchen am Platz	✓
Restaurant & Imbiss	✓
Ver-/Entsorgung Womo	✓
in den Ort	keine Angabe
Gesamt/Touristen	100/30
Mietunterkünfte	✗
Stellplätze vor Schranke	✗

4.0 SEHR GUT
14 Bewertungen

Lage	4.7
Ruhe	3.4
Sanitäranlagen	3.4
Sauberkeit Ø	3.8
Freundlichkeit	4.4
Stellplatz	3.6
Verpflegung	4.3
Freizeit	3.4
Preis-Leistung	4.2
Mietunterkünfte	-

Geeignet für

Kinder b. 6 J.	3.6
Kinder b. 12 J.	3.3
Kinder b. 18 J.	3.2
Paare	4.5
Senioren	4.6
Gäste mit Zelt	3.7
Gäste mit Hund	4.6

Empfohlene Aktivitäten

- Radfahren
- Wandern
- Motorboot

22 Family Camping Club

Wiesenweg 25
56820 Mesenich
+49 2673 4556

50.10076 | 7.19404

18.04. - 06.10.

HS: 20,00 € | NS: 20,00 €

Mehr Infos & Anfrage:
www.camping.info/18787

Baden in nat. Gewässer	k. A.
Pool/Hallenbad	✓/15km
Spielplatz am Platz	✓
Hunde erlaubt	nur NS
Schatten	✗
WLAN	✓
Lebensmittel	✓
Brötchen am Platz	nur HS
Restaurant/Imbiss	300m/✓
Ver-/Entsorgung Womo	✗
in den Ort	300m
Touristenplätze	98
Mietunterkünfte	✓
Stellplätze vor Schranke	✗

4.4 SEHR GUT
27 Bewertungen

Lage	4.5
Ruhe	4.4
Sanitäranlagen	4.3
Sauberkeit Ø	4.8
Freundlichkeit	4.7
Stellplatz	4.4
Verpflegung	3.7
Freizeit	4.2
Preis-Leistung	4.5
Mietunterkünfte	4.0

Geeignet für

Kinder b. 6 J.	4.1
Kinder b. 12 J.	4.1
Kinder b. 18 J.	3.2
Paare	4.6
Senioren	4.6
Gäste mit Zelt	4.5
Gäste mit Hund	4.7

Empfohlene Aktivitäten

- Radfahren
- Wandern
- Entspannen

Karte auf Seite 490

Infos

Öffnungszeiten

Vergleichspreis

Link

Ausstattung

Freizeit

Campingplatz

Versorgung

Anzahl der Plätze

23 Camping Zum Feuerberg

Moselweinstraße
56814 Ediger-Eller
+49 2675 701
50.09122 | 7.164

01.04. - 31.10.
HS: 24,50 € | NS: 21,00 €
Mehr Infos & Anfrage:
www.camping.info/18783

Baden im Fluss am Platz	✓
Pool/Hallenbad	✓/16km
Spielplatz	1km
Hunde willkommen	✓
wenig Schatten	✓
WLAN (gegen Gebühr)	✓
Lebensmittel	200m
Brötchen am Platz	✗
Restaurant	200m
Ver-/Entsorgung Womo	✗
in den Ort	200m
Gesamt/Touristen	170/95
Mietunterkünfte	✗
Stellplätze vor Schranke	✗

3.6 GUT
26 Bewertungen

Lage	4.5
Ruhe	3.5
Sanitäranlagen	3.4
Sauberkeit Ø	4.2
Freundlichkeit	4.1
Stellplatz	3.5
Verpflegung	2.8
Freizeit	3.7
Preis-Leistung	3.8
Mietunterkünfte	-

Geeignet für

Kinder b. 6 J.	3.4
Kinder b. 12 J.	3.7
Kinder b. 18 J.	3.3
Paare	4.0
Senioren	4.3
Gäste mit Zelt	4.3
Gäste mit Hund	4.5

Empfohlene Aktivitäten

- Wandern
- Radfahren
- Entspannen

24 Camping Nehren

Moselufer 1
56820 Nehren
+49 2673 9621 155
50.08038 | 7.19358

27.03. - 31.10.
HS: 26,80 € | NS: 20,00 €
Mehr Infos & Anfrage:
www.camping.info/18785

Baden im Fluss am Platz	✓
Pool/Hallenbad	5/15km
Spielplatz am Platz	✓
Hunde willkommen	✓
Schatten	✗
WLAN (gegen Gebühr)	✓
Lebensmittel	✓
Brötchen am Platz	✓
Restaurant/Imbiss	4km/✓
Ver-/Entsorgung Womo	✓
in den Ort	3km
Touristenplätze	83
Mietunterkünfte	✗
Stellplätze vor Schranke	✗

4.4 SEHR GUT
19 Bewertungen

Lage	4.8
Ruhe	4.5
Sanitäranlagen	4.3
Sauberkeit Ø	4.5
Freundlichkeit	4.6
Stellplatz	4.1
Verpflegung	3.7
Freizeit	3.9
Preis-Leistung	4.4
Mietunterkünfte	-

Geeignet für

Kinder b. 6 J.	3.8
Kinder b. 12 J.	4.3
Kinder b. 18 J.	4.0
Paare	4.6
Senioren	3.8
Gäste mit Zelt	4.4
Gäste mit Hund	4.4

Empfohlene Aktivitäten

- Radfahren
- Wandern
- Motorboot

25 Camping Holländischer Hof

Am Campingplatz 1
56820 Senheim
+49 2673 4660
50.08223 | 7.20699

12.04. - 27.10.
HS: 22,10 € | NS: 19,20 €
Mehr Infos & Anfrage:
www.camping.info/18786

Baden im Fluss am Platz	✓
Pool/Hallenbad	5/15km
Spielplatz am Platz	✓
Hunde	✗
zur Hälfte Schatten	✓
WLAN (gegen Gebühr)	✓
Lebensmittel	✓
Brötchen am Platz	✓
Restaurant & Imbiss	✓
Ver-/Entsorgung Womo	✓
im Ort	✓
Gesamt/Touristen	214/209
Mietunterkünfte	✓
Stellplätze vor Schranke	✗

4.3 SEHR GUT
66 Bewertungen

Lage	4.5
Ruhe	4.3
Sanitäranlagen	4.3
Sauberkeit Ø	4.7
Freundlichkeit	4.8
Stellplatz	4.0
Verpflegung	3.8
Freizeit	4.0
Preis-Leistung	4.5
Mietunterkünfte	3.5

Geeignet für

Kinder b. 6 J.	3.3
Kinder b. 12 J.	3.2
Kinder b. 18 J.	3.0
Paare	4.6
Senioren	4.5
Gäste mit Zelt	3.7
Hunde n. erlaubt	-

Empfohlene Aktivitäten

- Radfahren
- Wandern
- Entspannen

26 Moselcampingplatz Alf

Am Mühlenteich
56859 Alf/ Mosel
50.05258 | 7.11322

12.04. - 30.10.
01.11. - 31.12.
HS: 20,00 € | NS: 14,00 €
Mehr Infos & Anfrage:
www.camping.info/27647

Baden im Fluss am Platz	✓
Pool/Hallenbad	8km
Spielplatz am Platz	✓
Hunde	✗
wenig Schatten	✓
WLAN	✓
Lebensmittel	✓
Brötchen am Platz	✓
Restaurant/Imbiss	500m/✓
Ver-/Entsorgung Womo	✓
in den Ort	100m
Touristenplätze	80
Mietunterkünfte	✓
Stellplätze vor Schranke	✓

3.5 GUT
6 Bewertungen

Lage	3.2
Ruhe	3.3
Sanitäranlagen	4.0
Sauberkeit Ø	4.4
Freundlichkeit	4.0
Stellplatz	4.0
Verpflegung	4.0
Freizeit	3.3
Preis-Leistung	3.8
Mietunterkünfte	5.0

Geeignet für

Kinder b. 6 J.	-
Kinder b. 12 J.	-
Kinder b. 18 J.	-
Paare	4.0
Senioren	4.0
Gäste mit Zelt	-
Hunde n. erlaubt	-

Empfohlene Aktivitäten

- Radfahren
- Wandern
- Spazieren

Karte auf Seite 490

	27	28	29
	Camping Moselland	**Campingpark Zell-Mosel**	**Mosel-Camping Rissbach**
	Im Planters 1 56862 Pünderich +49 6542 2618 50.0325 | 7.115	Moselufer 56856 Zell-Kaimt / Mosel +49 6542 96 12 16 50.0335 | 7.17483	Rissbacherstrasse 155 56841 Traben-Trarbach +49 6541 3111 49.96336 | 7.10386
Infos			
Öffnungszeiten	30.03. - 28.10.	ganzjährig	29.03. - 23.11. 24.11. - 06.01.
Vergleichspreis	HS: 23,10 € | NS: 23,10 €	HS: 29,00 € | NS: 23,10 €	HS: 33,00 € | NS: 25,00 €
Link	**Mehr Infos & Anfrage:** www.camping.info/22359	**Mehr Infos & Anfrage:** www.camping.info/22358	**Mehr Infos & Anfrage:** www.camping.info/18708
Ausstattung			
Freizeit	Baden im Fluss am Platz ✓ Pool/Hallenbad 3/8km Spielplatz am Platz ✓	Baden im Fluss am Platz ✓ Pool/Hallenbad 1km Spielplatz am Platz ✓	Baden im Fluss am Platz ✓ Pool/Hallenbad ✓/3km Spielplatz am Platz ✓
Campingplatz	Hunde willkommen ✓ zur Hälfte Schatten ✓ WLAN (gratis) teilweise	Hunde erlaubt ✓ Schatten ✗ WLAN ✓	Hunde willkommen ✓ wenig Schatten ✓ WLAN ✓
Versorgung	Lebensmittel ✓ Brötchen am Platz ✓ Restaurant/Imbiss 2km/✓ Ver-/Entsorgung Womo ✓ in den Ort 1km	Lebensmittel ✓ Brötchen am Platz ✓ Restaurant/Imbiss 500m Ver-/Entsorgung Womo ✓ in den Ort 100m	Lebensmittel ✓ Brötchen am Platz ✓ Restaurant & Imbiss ✓ Ver-/Entsorgung Womo ✓ im Ort ✓
Anzahl der Plätze	Gesamt/Touristen 200/130 Mietunterkünfte ✓ Stellplätze vor Schranke ✗	Gesamt/Touristen 95/70 Mietunterkünfte ✗ Stellplätze vor Schranke ✗	Gesamt/Touristen 100/80 Mietunterkünfte ✓ Stellplätze vor Schranke ✗

Bewertung	27	28	29
Gesamt	3.6 GUT (31 Bewertungen)	4.1 SEHR GUT (109 Bewertungen)	4.0 SEHR GUT (92 Bewertungen)
Lage	4.5	4.7	4.5
Ruhe	4.1	4.4	3.6
Sanitäranlagen	3.2	4.1	3.8
Sauberkeit Ø	3.7	4.4	4.2
Freundlichkeit	3.5	4.6	4.4
Stellplatz	3.8	4.1	3.9
Verpflegung	2.9	3.7	4.0
Freizeit	3.9	4.1	4.0
Preis-Leistung	4.2	4.1	3.7
Mietunterkünfte	3.3	-	4.5
Geeignet für			
Kinder b. 6 J.	3.6	3.6	4.1
Kinder b. 12 J.	3.6	3.8	4.0
Kinder b. 18 J.	3.2	3.5	3.5
Paare	4.6	4.6	4.5
Senioren	4.7	4.5	4.5
Gäste mit Zelt	3.5	4.1	4.1
Gäste mit Hund	4.5	4.4	4.4
Empfohlene Aktivitäten	Radfahren Wandern Entspannen	Wandern Radfahren Kayak/Kanu	Radfahren Wandern Entspannen

ECO CAMPING

30 BurgStadt CampingPark

Südstrasse 34
56288 Kastellaun
+49 6762 40800
www.burgstadt.de
info@burgstadt.de

01.03. - 31.10.

HS: 26,00 € | NS: 26,00 €

Mehr Infos & online buchen:
www.camping.info/22364

Baden in nat. Gewässer	k. A.
Hallenbad	500m
Spielplatz	✗
Hunde willkommen	✓
wenig Schatten	✓
WLAN	✓
Lebensmittel	500m
Brötchen am Platz	✓
Restaurant am P.	✓
Ver-/Entsorgung Womo	✓
in den Ort	500m
Touristenplätze	100
Mietunterkünfte	✓
Stellplätze vor Schranke	✗

BurgStadt CampingPark und BurgStadt-Hotel mit griechischem Restaurant.

Lage & Stellplatz

Direkt am Waldrand über der mittelalterlichen Burgstadt Kastellaun werden auf dem Platz Ruhe und Erholung großgeschrieben: Kinder erst ab 14 Jahre, keine Musik im Freien – allerfeinstes Rotwein-Feeling. Der Platz gehört zum angrenzenden 4-Sterne BurgStadt-Hotel mit griechischem Restaurant und wunderschöner Gartenterrasse. Der Check-in im Hotel ermöglicht eine durchgehend geöffnete Rezeption (24/7) für den CampingPark. Alle Parzellen sind mit Strom (16 A), Wasser- und Abwasseranschlüssen versehen. Sehr gutes WLAN mit neuester Funktechnik (2018) gratis. Gemeinschaftsraum mit Sat-TV.

Sanitär

Mit 4,7 von 5 Sternen sind die Sanitäranlagen hier bewertet! Diese sind besonders sauber, modern und ohne lästige Duschmünzen – d. h. Warmwasser bei Duschen und Spülen ist inklusive. Darüber hinaus verfügt das barrierefreie Sanitär- und Aufenthaltsgebäude über drei Mietbadezimmer, wovon eines rollstuhlgerecht ist. Auch das benachbarte Hotel ist barrierefrei und verfügt über Rollstuhl-WCs. Große Reisemobile mit fest eingebauten Tanks können bequem über zwei Edelstahlschächten entsorgen, kleinere Fahrzeuge werden das Abwasser direkt an der Parzelle über einen Gully unter der Stromsäule los.

Blick von der oberen Terrasse.

Sanitärgebäude mit Sitzbänken.

1 km
50.0675 | 7.45389

Kinder erst ab 14 Jahre. Preisangabe versteht sich zzgl. Strom (50 ct/KWh).

Terrassiertes, weitgehend sehr ebenes Gelände. Schotterrasen ohne Pfützen und Matsch.

Verpflegung

Direkt am Platz finden Sie ein gepflegtes griechisches Restaurant mit einem ordentlichen Preis-Leistungs-Verhältnis vor. Genießer-Frühstücksbuffet gegen Aufpreis im Hotel. Nächster Discounter (Aldi) ca. 500 m, nächstes Einkaufscenter mit Edeka, dm, Deichmann u. s. w. in 700 m – beides bequem über den Schinderhannes-Radweg erreichbar. Auf dem Weg passiert man ein tolles Eiscafé mit einer ebenfalls vorzüglichen Speisekarte. In der Stadt befinden sich weitere Restaurants (deutsche, italienische und chinesische Küche sowie ein Asia- und zwei Döner-Läden) sowie Kneipen und Bars (10 Gehminuten).

Freizeit

Die Gäste des CampingParks mit 99 Parzellen sind „Best-Ager", die gerne Genießen, Wandern oder ausgedehnte Radtouren unternehmen. Mehrere Premium-Wanderwege („Traumschleifen") befinden sich in unmittelbarer Nähe, der Saar-Hunsrück-Steig und der 40 km lange Schinderhannes-Radweg liegen fast direkt am Platz. Es gibt Stadtführungen mit dem Nachtwächter, mittelalterliches Kerkeressen auf der Burg Kastellaun oder die Hängeseilbrücke „Geierlay" (10 km) u. v. m. – Besonderer Clou: Eine Boeing 737 samt Passagierkabine und eine Cessna 172 als semiprofessionelle Flugsimulatoren im benachbarten Hotel.

5.0

Platz und Sanitäranlagen sind top gepflegt. Große Stellplätze, alle terrassenförmig. Sehr sauber. Sehr freundlicher Empfang, hier fühlt man sich sofort willkommen. Das griechische Restaurant im Hotel ist sehr zu empfehlen. Einkaufmöglichkeiten in der Nähe. Der Schinderhannes-Radweg ist ganz in der Nähe. Tolle Wandermöglichkeiten...

Christian R.

Christian R. ist begeisterter Camper und hat diesen Platz im Mai 2020 besucht.

Einfahrt und Sanitärgebäude.

Restaurant „Afroditi".

4.5 **SEHR GUT**
72 Bewertungen

Lage	4.7
Ruhe	4.8
Sanitäranlagen	4.6
Sauberkeit Ø	4.5
Freundlichkeit	4.8
Stellplatz	4.6
Verpflegung	4.1
Freizeit	4.2
Preis-Leistung	4.5
Mietunterkünfte	4.3

Geeignet für

Paare	4.8
Senioren	4.8
Gäste mit Hund	4.7
Kinder b. 12 J.	3.6
Gäste mit Zelt	3.6
Kinder b. 6 J.	3.4
Kinder b. 18 J.	3.0

Empfohlene Aktivitäten

Wandern · Entspannen · Radfahren · Mountainbiking · Motorrad

RHEINLAND-PFALZ

❸ Eifel

FREIZEITTIPPS

- **A** Sommerrodelbahn „Saar-Rodel" Saarburg
- **B** Porta Nigra, Trier
- **C** Eifel-Vulkanmuseum, Daun
- **D** Nürburgring, Nürburg

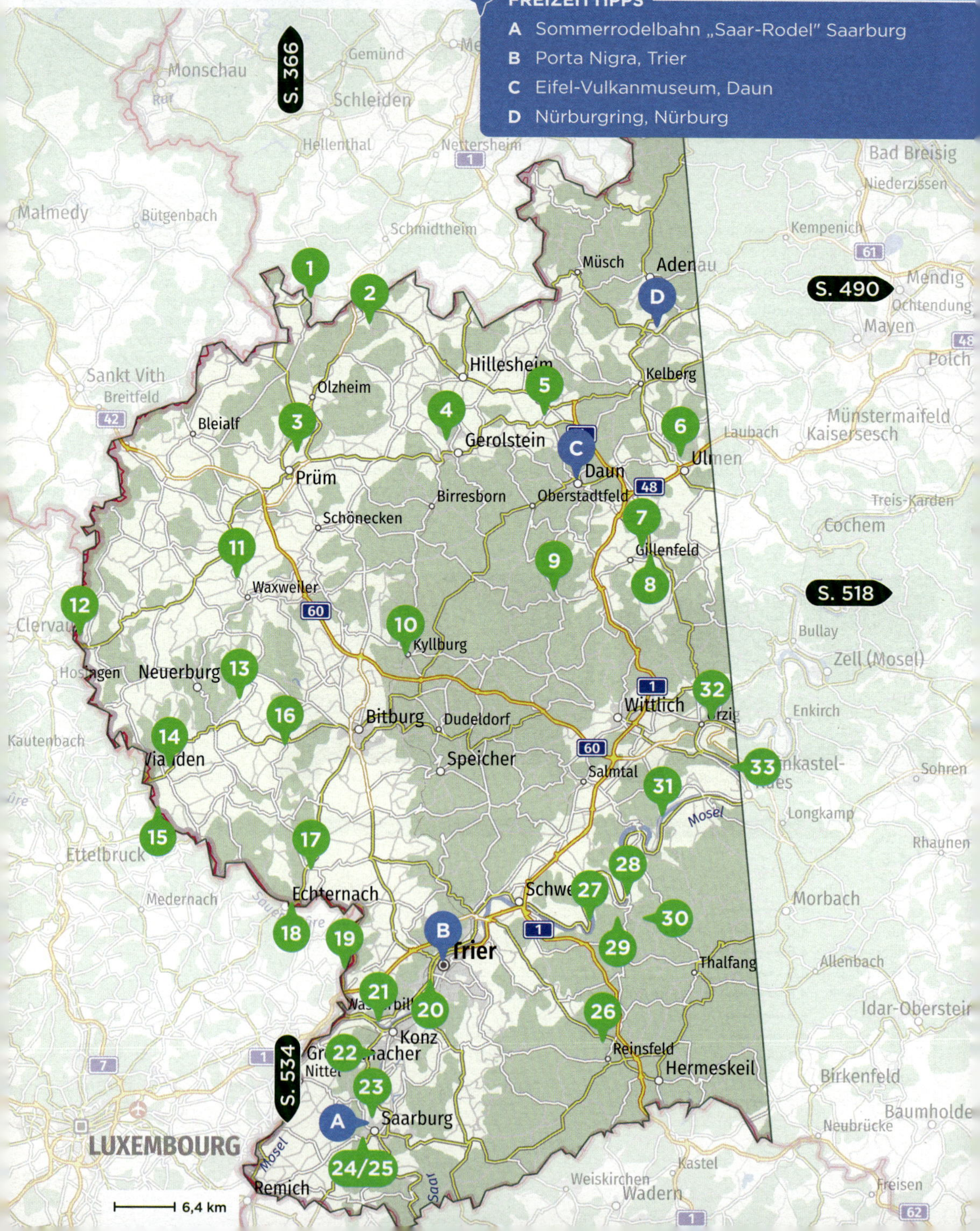

	Platz	Seite	Bewertung	Öffnungszeiten	
1	Campingpark Kronenburger See / Eifel	506	4.3	ganzjährig	❄
2	Landal Wirfttal	506	3.5	ganzjährig	❄
3	Waldcamping Prüm	506	4.0	ganzjährig	❄
4	Camping Felsenhof	506	4.5	saisonal	
5	Campingpark Dockweiler Mühle	507	3.4	ganzjährig	❄
6	Campingplatz Jungferweiher	507	4.2	saisonal	❄ ϟ
7	Feriendorf Pulvermaar	507	3.8	ganzjährig	❄
8	Pulvermaarcamping	509	3.5	k. A.	
9	Naturcamping Vulkaneifel	509	4.0	saisonal	🍃 ϟ
10	Camp Kyllburg	508	3.6	saisonal	
11	Camping Heilhauser Mühle	509	4.0	k. A.	
12	Camping Relles Mühle	511	3.5	k. A.	
13	Camping Drei Spatzen	511	4.0	ganzjährig	❄
14	Eifelcamping Reles-Mühle	511	4.6	ganzjährig	❄
15	Camping Ourtal-Idyll	513	4.2	saisonal	🍃
16	Prümtal Camping Oberweis (Eifel)	510	4.8	ganzjährig	🍃 ϟ 👍
17	Camping Südeifel	513	4.0	ganzjährig	❄
18	Campingpark Echternacherbrück	512	4.0	saisonal	
19	Camping Alter Bahnhof-Metzdorf	513	3.7	saisonal	❄
20	Campingpark Treviris	514	3.4	saisonal	🍃
21	Campingplatz Igel	514	4.3	saisonal	
22	Camping Horsch	514	4.0	k. A.	
23	Landal Warsberg	514	4.1	saisonal	
24	Camping Waldfrieden	515	4.0	saisonal	🍃 ϟ
25	Camping Leukbachtal	515	3.9	saisonal	
26	Campingpark Reinsfeld	515	3.6	ganzjährig	❄ ϟ
27	Moselcamping Pölich	516	4.0	k. A.	❄
28	Camping Im Grünen Trittenheim	516	4.6	saisonal	
29	Landal Sonnenberg	516	4.2	saisonal	
30	Campingplatz Moselhöhe	516	4.3	saisonal	
31	Camping Georgshof	517	4.3	saisonal	❄
32	Campingplatz Erden	517	4.4	saisonal	
33	Camping Schenk	517	4.1	saisonal	

❄ Wintercamping FKK Textilfrei (ganz/teilweise) 🍃 Ecocamping 👍 Award ϟ Onlinebuchung

1 Campingpark Kronenburger See / Eifel

❄

Bahnhofstr. 19
54611 Hallschlag
+49 6557 900110

50.36055 | 6.45472

ganzjährig

HS: 30,50 € | NS: 20,80 €

Mehr Infos & Anfrage:
www.camping.info/19566

Baden im See	700m
Hallenbad	10km
Spielplatz am Platz	✓
Hunde willkommen	✓
wenig Schatten	✓
WLAN	✓
Lebensmittel	✗
Brötchen am Platz	✓
Restaurant/Imbiss	1/2km
Ver-/Entsorgung Womo	✓
in den Ort	1km
Gesamt/Touristen	240/48
Mietunterkünfte	✓
Stellplätze vor Schranke	✗

4.3 SEHR GUT
89 Bewertungen

Lage	4.4
Ruhe	4.4
Sanitäranlagen	4.5
Sauberkeit Ø	4.5
Freundlichkeit	4.2
Stellplatz	4.2
Verpflegung	3.5
Freizeit	4.0
Preis-Leistung	4.4
Mietunterkünfte	4.3

Geeignet für

Kinder b. 6 J.	4.4
Kinder b. 12 J.	4.3
Kinder b. 18 J.	3.5
Paare	4.4
Senioren	4.4
Gäste mit Zelt	4.1
Gäste mit Hund	4.4

Empfohlene Aktivitäten

- Wandern
- Entspannen
- Radfahren

2 Landal Wirfttal

❄

Wirftstraße 81
54589 Stadtkyll
+49 6597 9292 10

50.33765 | 6.53883

ganzjährig

HS: 31,00 €

Mehr Infos & Anfrage:
www.camping.info/18718

Baden in nat. Gewässer	k. A.
Pool/Hallenbad	500m/✓
Spielplatz am Platz	✓
Hunde willkommen	✓
zur Hälfte Schatten	✓
WLAN (begrenzt gratis)	✓
Lebensmittel	✓
Brötchen am Platz	✓
Restaurant am P.	✓
Ver-/Entsorgung Womo	✓
in den Ort	1km
Gesamt	160
Mietunterkünfte	✓
Stellplätze vor Schranke	✗

3.5 GUT
36 Bewertungen

Lage	3.9
Ruhe	4.1
Sanitäranlagen	3.3
Sauberkeit Ø	3.5
Freundlichkeit	4.0
Stellplatz	3.4
Verpflegung	3.5
Freizeit	3.6
Preis-Leistung	3.6
Mietunterkünfte	2.7

Geeignet für

Kinder b. 6 J.	4.0
Kinder b. 12 J.	4.0
Kinder b. 18 J.	3.1
Paare	3.9
Senioren	3.7
Gäste mit Zelt	3.6
Gäste mit Hund	3.8

Empfohlene Aktivitäten

- Wandern
- Schwimmen
- Entspannen

3 Waldcamping Prüm

❄

Prümtalstraße
54595 Prüm
+49 6551 2481

50.21882 | 6.43827

ganzjährig

HS: 28,20 € | NS: 28,20 €

Mehr Infos & Anfrage:
www.camping.info/18719

Baden im See	6km
Pool/Hallenbad	✓/1km
Spielplatz am Platz	✓
Hunde willkommen	✓
zur Hälfte Schatten	✓
WLAN	✓
Lebensmittel	1km
Brötchen am Platz	✓
Restaurant/Imbiss	1km/✓
Ver-/Entsorgung Womo	✓
in den Ort	1km
Gesamt/Touristen	200/100
Mietunterkünfte	✓
Stellplätze vor Schranke	✓

4.0 SEHR GUT
23 Bewertungen

Lage	4.3
Ruhe	3.7
Sanitäranlagen	3.8
Sauberkeit Ø	4.2
Freundlichkeit	4.6
Stellplatz	4.2
Verpflegung	3.6
Freizeit	4.2
Preis-Leistung	4.4
Mietunterkünfte	4.5

Geeignet für

Kinder b. 6 J.	4.3
Kinder b. 12 J.	4.1
Kinder b. 18 J.	3.9
Paare	4.3
Senioren	4.3
Gäste mit Zelt	4.4
Gäste mit Hund	4.7

Empfohlene Aktivitäten

- Wandern
- Schwimmen
- Radfahren

4 Camping Felsenhof

Am Stausee
54568 Gerolstein
06591 3129

50.23041 | 6.64504

28.04. - 13.10.

HS: 28,20 € | NS: 22,80 €

Mehr Infos & Anfrage:
www.camping.info/24146

Baden im See	15km
Pool/Hallenbad	1km
Spielplatz am Platz	✓
Hunde	✗
zur Hälfte Schatten	✓
WLAN (begrenzt gratis)	✓
Lebensmittel	1km
Brötchen am Platz	nur HS
Restaurant/Imbiss	1km
Ver-/Entsorgung Womo	✗
in den Ort	1km
Touristenplätze	20
Mietunterkünfte	✓
Stellplätze vor Schranke	✗

4.5 SEHR GUT
4 Bewertungen

Lage	4.8
Ruhe	4.0
Sanitäranlagen	4.2
Sauberkeit Ø	4.5
Freundlichkeit	5.0
Stellplatz	4.2
Verpflegung	2.2
Freizeit	3.2
Preis-Leistung	4.5
Mietunterkünfte	-

Geeignet für

Kinder b. 6 J.	4.0
Kinder b. 12 J.	3.8
Kinder b. 18 J.	3.0
Paare	4.2
Senioren	4.3
Gäste mit Zelt	4.0
Hunde n. erlaubt	-

Empfohlene Aktivitäten

- Wandern
- Entspannen
- Radfahren

Karte auf Seite 504

5 Campingpark Dockweiler Mühle

Mühlenweg 1
54552 Dockweiler
+49 6595 961130

50.25494 | 6.78057

ganzjährig

HS: 29,00 € | NS: 20,00 €

Mehr Infos & Anfrage:
www.camping.info/18715

Baden im See	8km
Pool/Hallenbad	9km
Spielplatz am Platz	✓
Hunde willkommen	✓
zur Hälfte Schatten	✓
WLAN	✓
Lebensmittel	8km
Brötchen am Platz	✗
Restaurant	900m
Ver-/Entsorgung Womo	✓
in den Ort	300m
Gesamt/Touristen	250/120
Mietunterkünfte	✓
Stellplätze vor Schranke	✓

3.4 GUT
14 Bewertungen

Lage	4.1
Ruhe	4.3
Sanitäranlagen	3.6
Sauberkeit Ø	3.8
Freundlichkeit	3.2
Stellplatz	3.5
Verpflegung	2.0
Freizeit	3.2
Preis-Leistung	4.0
Mietunterkünfte	3.7

Geeignet für

Kinder b. 6 J.	3.4
Kinder b. 12 J.	3.7
Kinder b. 18 J.	2.5
Paare	4.0
Senioren	4.3
Gäste mit Zelt	3.6
Gäste mit Hund	3.9

Empfohlene Aktivitäten

- Wandern
- Entspannen
- Motorrad

6 Campingplatz Jungferweiher

Am Jungferweiher 4
56766 Ulmen
+49 267 695 191 13

50.21777 | 6.97343

01.03. - 14.03.
15.11. - 14.11.

HS: 15,00 €

Mehr Infos & online buchen:
www.camping.info/18779

Baden in nat. Gewässer	k. A.
Hallenbad	10km
Spielplatz	keine Angabe
Hunde willkommen	✓
zur Hälfte Schatten	✓
WLAN	keine Angabe
Lebensmittel	300m
Brötchen	keine Angabe
Restaurant am P.	✓
Ver-/Entsorgung Womo	✓
in den Ort	300m
Gesamt/Touristen	61/30
Mietunterkünfte	✓
Stellplätze vor Schranke	✗

4.2 SEHR GUT
6 Bewertungen

Lage	4.8
Ruhe	4.5
Sanitäranlagen	2.8
Sauberkeit Ø	4.1
Freundlichkeit	5.0
Stellplatz	4.2
Verpflegung	3.6
Freizeit	4.2
Preis-Leistung	4.5
Mietunterkünfte	5.0

Geeignet für

Kinder b. 6 J.	4.2
Kinder b. 12 J.	4.5
Kinder b. 18 J.	4.0
Paare	5.0
Senioren	5.0
Gäste mit Zelt	5.0
Gäste mit Hund	5.0

Empfohlene Aktivitäten

- Radfahren
- Entspannen
- Wandern

7 Feriendorf Pulvermaar

Vulkanstraße / Hinterm Pulvermaar -
54558 Gillenfeld
+49 6573 287

50.13124 | 6.93275

ganzjährig

HS: 17,00 € | NS: 13,00 €

Mehr Infos & Anfrage:
www.camping.info/18716

Baden im See	300m
Pool/Hallenbad	300m/15km
Spielplatz am Platz	✓
Hunde erlaubt	✓
zur Hälfte Schatten	✓
WLAN	✗
Lebensmittel	2km
Brötchen am Platz	✓
Restaurant/Imbiss	2km/✓
Ver-/Entsorgung Womo	✓
in den Ort	2km
Gesamt/Touristen	160/40
Mietunterkünfte	✓
Stellplätze vor Schranke	✓

3.8 GUT
19 Bewertungen

Lage	4.6
Ruhe	4.3
Sanitäranlagen	3.1
Sauberkeit Ø	4.0
Freundlichkeit	4.4
Stellplatz	3.4
Verpflegung	3.6
Freizeit	4.1
Preis-Leistung	4.1
Mietunterkünfte	2.8

Geeignet für

Kinder b. 6 J.	4.3
Kinder b. 12 J.	4.2
Kinder b. 18 J.	3.7
Paare	4.3
Senioren	4.4
Gäste mit Zelt	4.0
Gäste mit Hund	4.4

Empfohlene Aktivitäten

- Wandern
- Entspannen
- Schwimmen

Infos

Öffnungszeiten
Vergleichspreis
Link

Ausstattung

Freizeit
Campingplatz
Versorgung
Anzahl der Plätze

10 Camp Kyllburg

ANZEIGE

Karl-Kaufmann-Weg 5
54655 Kyllburg
+49 65 63 - 81 33
www.campkyllburg.de
info@campkyllburg.de

01.04. - 01.11.

HS: 28,00 € | NS: 21,00 €

Mehr Infos & Anfrage:
www.camping.info/18724

Baden im Fluss am Platz	✓
Pool/Hallenbad	100m/15km
Spielplatz am Platz	✓
Hunde willkommen	✓
wenig Schatten	✓
WLAN (gegen Gebühr)	✓
Lebensmittel	1km
Brötchen am Platz	✓
Restaurant & Imbiss	✓
Ver-/Entsorgung Womo	✗
in den Ort	500m
Gesamt/Touristen	100/70
Mietunterkünfte	✓
Stellplätze vor Schranke	✗

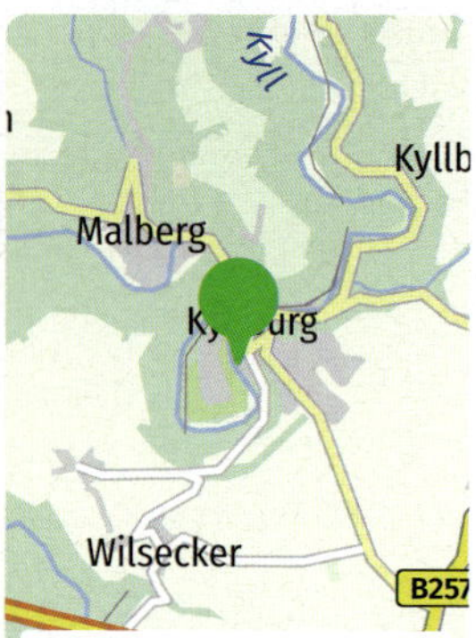

1 km
50.03795 | 6.59075

Camping in Ruhe, direkt am Fluss & umgeben von wunderschöner Natur.

Lage & Stellplatz

Camp Kyllburg ist ein Familiencampingplatz und befindet sich auf beiden Seiten des Flusses Kyll. Der Campingplatz bietet etwa 75 Stellplätze. Gäste können sich für einen Platz direkt am Fluss oder auf der Zeltwiese entscheiden. Auch ein Aufenthalt in einem der Luxus-Glamping-Zelte ist möglich.

Verpflegung

Der Campingplatz verfügt über ein kleines Restaurant mit schöner Terrasse und einem größeren Spielbereich für Kinder. Das Restaurant bietet verschiedene Gerichte, Chips & Snacks, köstliche Kaffees und andere Köstlichkeiten (auch zum Mitnehmen). Das Freibad nebenan können Sie gerne kostenlos nutzen.

Sanitär

Der Platz bietet drei beheizte Sanitäranlagen (eines davon neu eröffnet), die von jedem Stellplatz gut erreichbar sind. In der Nähe der Zeltwiese befinden sich (teilweise) sanitäre Einrichtungen. Es gibt Waschmaschinen, Wäschetrockner, einen Babywickelraum und eine neue WoMo-Camperservicestation.

Freizeit

Camp Kyllburg ist wegen seiner Lage in der Eifel das perfekte Reiseziel für Familien und Naturliebhaber. Vor allem auch Sportler wie Radfahrer, Wanderer und Fliegenfischer fühlen sich wohl. Die Eifel bietet eine Vielzahl an Sehenswürdigkeiten, Wander- und Radwegen und tolle, idyllische Städte.

Die Glamping-Zelte.

Wanderparadies Kyllburg.

3.6 GUT
8 Bewertungen

Lage	4.8
Ruhe	4.2
Sanitäranlagen	2.8
Sauberkeit Ø	3.4
Freundlichkeit	4.4
Stellplatz	3.7
Verpflegung	4.0
Freizeit	3.9
Preis-Leistung	3.8
Mietunterkünfte	3.7

Geeignet für

- 5.0 Gäste mit Hund
- 4.3 Paare
- 4.2 Senioren
- 3.8 Gäste mit Zelt
- 3.2 Kinder b. 12 J.
- 3.0 Kinder b. 6 J.
- 2.7 Kinder b. 18 J.

Empfohlene Aktivitäten

Wandern · Angeln · Kayak/Kanu · Mountainbiking · Schwimmen

Als Gruppenstandort geeignet, Jugendgruppen nur begrenzt.

Karte auf Seite 504

Infos: Öffnungszeiten · Vergleichspreis · Link

Ausstattung: Freizeit · Campingplatz · Versorgung · Anzahl der Plätze

8 Pulvermaarcamping

Am Pulvermaar 1
54558 Gillenfeld

50.13449 | 6.92215

keine Angabe

keine Angabe

Mehr Infos & Anfrage:
www.camping.info/24757

Baden in nat. Gewässer	k. A.
Pool & Hallenbad	×
Spielplatz	keine Angabe
Hunde	×
Schatten	×
WLAN	keine Angabe
Lebensmittel	k.A.
Brötchen	keine Angabe
Restaurant & Imbiss	×
Ver-/Entsorgung Womo	×
in den Ort	keine Angabe
Gesamt	keine Angabe
Mietunterkünfte	×
Stellplätze vor Schranke	×

3.5 GUT
8 Bewertungen

Lage	4.1
Ruhe	4.5
Sanitäranlagen	2.4
Sauberkeit Ø	4.0
Freundlichkeit	4.0
Stellplatz	3.2
Verpflegung	3.3
Freizeit	3.8
Preis-Leistung	4.1
Mietunterkünfte	-

Geeignet für

Kinder b. 6 J.	4.0
Kinder b. 12 J.	4.0
Kinder b. 18 J.	3.7
Paare	4.3
Senioren	4.2
Gäste mit Zelt	4.4
Hunde n. erlaubt	-

Empfohlene Aktivitäten
- Entspannen
- Schwimmen
- Wandern

9 Naturcamping Vulkaneifel

Herbstwiese
54531 Manderscheid
+49 6572 9211 0

50.09635 | 6.79804

01.04. - 31.10.

HS: 24,50 € | NS: 24,50 €

Mehr Infos & online buchen:
www.camping.info/18712

Baden im See	3km
Pool/Hallenbad	1/16km
Spielplatz am Platz	✓
Hunde erlaubt	✓
zur Hälfte Schatten	✓
WLAN	teilweise
Lebensmittel	1km
Brötchen am Platz	✓
Restaurant/Imbiss	800m/✓
Ver-/Entsorgung Womo	✓
in den Ort	500m
Gesamt/Touristen	90/85
Mietunterkünfte	✓
Stellplätze vor Schranke	✓

4.0 SEHR GUT
16 Bewertungen

Lage	4.6
Ruhe	3.6
Sanitäranlagen	3.3
Sauberkeit Ø	4.0
Freundlichkeit	4.4
Stellplatz	3.6
Verpflegung	2.7
Freizeit	3.8
Preis-Leistung	4.1
Mietunterkünfte	-

Geeignet für

Kinder b. 6 J.	4.4
Kinder b. 12 J.	4.4
Kinder b. 18 J.	3.2
Paare	3.9
Senioren	2.5
Gäste mit Zelt	4.7
Gäste mit Hund	4.3

Empfohlene Aktivitäten
- Wandern
- Mountainbiking
- Motorrad

ECO CAMPING

11 Camping Heilhauser Mühle

54649 Waxweiler-Heilhausen

50.10889 | 6.34861

keine Angabe

keine Angabe

Mehr Infos & Anfrage:
www.camping.info/18723

Baden in nat. Gewässer	k. A.
Pool & Hallenbad	×
Spielplatz	keine Angabe
Hunde	×
Schatten	×
WLAN	keine Angabe
Lebensmittel	k.A.
Brötchen	keine Angabe
Restaurant & Imbiss	×
Ver-/Entsorgung Womo	×
in den Ort	keine Angabe
Gesamt	keine Angabe
Mietunterkünfte	×
Stellplätze vor Schranke	×

4.0 SEHR GUT
5 Bewertungen

Lage	4.0
Ruhe	4.6
Sanitäranlagen	4.0
Sauberkeit Ø	4.5
Freundlichkeit	4.2
Stellplatz	4.2
Verpflegung	2.6
Freizeit	3.4
Preis-Leistung	3.6
Mietunterkünfte	-

Geeignet für

Kinder b. 6 J.	3.3
Kinder b. 12 J.	2.7
Kinder b. 18 J.	2.0
Paare	4.0
Senioren	4.4
Gäste mit Zelt	4.0
Hunde n. erlaubt	-

Empfohlene Aktivitäten
- Radfahren
- Wandern
- Mountainbiking

16 Prümtal Camping Oberweis (Eifel)

In der Klaus 17
54636 Oberweis
+49 6527 92920
www.pruemtal.de
info@pruemtal.de

ganzjährig

HS: 33,15 € | NS: 23,00 €

Mehr Infos & online buchen:
www.camping.info/18721

Baden im See	30km
Pool/Hallenbad	✓/9km
Spielplatz am Platz	✓
Hunde willkommen	✓
zur Hälfte Schatten	✓
WLAN	✓
Lebensmittel	✓
Brötchen am Platz	✓
Restaurant & Imbiss	✓
Ver-/Entsorgung Womo	✓
in den Ort	100m
Gesamt/Touristen	240/150
Mietunterkünfte	✓
Stellplätze vor Schranke	✗

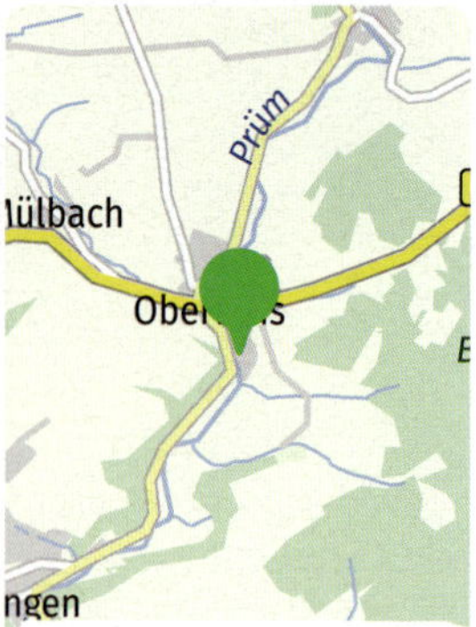

49.95818 | 6.42359

Beheiztes Freibad mit Blick ins Prümtal.

Lage & Stellplatz

Umgeben von der landschaftlich wunderschönen, waldreichen Eifel, entlang des Flusses Prüm, bietet Prümtal Camping die besten Voraussetzungen, um vom Alltag abzuschalten. Die Stellplätze verfügen größtenteils über Wasser- und Abwasseranschlüsse. WLAN ist auf dem gesamten Platz gratis.

Verpflegung

Das familieneigene Restaurant „Köhler-Stuben" und eine Pizzeria liegen direkt am Campingplatz. Alle Speisen, auch einfache Gerichte, gibt es zusätzlich zum Mitnehmen. Morgens gibt es frische Brötchen im Lebensmittelladen. Der nächste Supermarkt befindet sich in 3 km Entfernung.

Sanitär

Prümtal Camping verfügt über zwei saubere Sanitärgebäude mit erstklassiger Ausstattung. Neben den Einzelwaschkabinen gibt es einen neuen Kinder- und Kleinkinderbereich, eine Hundedusche sowie eine Kochgelegenheit und mehrere Waschmöglichkeiten (Waschmaschinen und Trockner).

Freizeit

Wer Bewegungsdrang verspürt, kann sich im platzeigenen, beheizten Freibad, auf dem Sportplatz oder dem neuen Spielplatz nach Herzenslust austoben. Darüber hinaus findet man in der Umgebung sehr schöne Wanderwege und verschiedene Freizeitparks. Für ausgedehnte Radtouren empfiehlt sich ein E-Bike.

Der neue Spielplatz.

Restaurant „Köhler-Stuben".

4.8 SEHR GUT
351 Bewertungen

Lage	4.5
Ruhe	4.2
Sanitäranlagen	4.8
Sauberkeit Ø	4.8
Freundlichkeit	4.9
Stellplatz	4.7
Verpflegung	4.5
Freizeit	4.7
Preis-Leistung	4.7
Mietunterkünfte	4.3

Geeignet für

Kinder b. 12 J.	4.8
Kinder b. 6 J.	4.7
Paare	4.6
Senioren	4.6
Gäste mit Hund	4.6
Gäste mit Zelt	4.5
Kinder b. 18 J.	4.2

Empfohlene Aktivitäten

Wandern · Schwimmen · Entspannen · Radfahren · Angeln

ECO CAMPING

AWARD 2020

Karte auf Seite 504

	12	13	14
	Camping Relles Mühle	**Camping Drei Spatzen** ❄	**Eifelcamping Reles-Mühle** ❄
Adresse	An der Brücke 3a 54689 Dasburg	Im Krahnen 21 54675 Utscheid +49 (0)6564-9649999	Kapellenweg 3 54675 Körperich-Obersgegen +49 6566 1465
Koordinaten	50.05222 | 6.12333	49.99917 | 6.35348	49.9342 | 6.25067

Infos

	12	13	14
Öffnungszeiten	keine Angabe	ganzjährig	ganzjährig
Vergleichspreis	keine Angabe	HS: 21,00 € | NS: 18,00 €	HS: 16,50 € | NS: 16,50 €
Link	**Mehr Infos & Anfrage:** www.camping.info/18734	**Mehr Infos & Anfrage:** www.camping.info/26933	**Mehr Infos & Anfrage:** www.camping.info/18731

Ausstattung

	12	13	14
Freizeit	Baden in nat. Gewässer: k. A. Pool & Hallenbad: ✗ Spielplatz: keine Angabe	Baden im Fluss am Platz: ✓ Pool/Hallenbad: 10/20km Spielplatz am Platz: ✓	Baden im Fluss am Platz: ✓ Pool/Hallenbad: 1/25km Spielplatz am Platz: ✓
Campingplatz	Hunde: ✗ Schatten: ✗ WLAN: keine Angabe	Hunde willkommen: ✓ zur Hälfte Schatten: ✓ WLAN: ✓	Hunde willkommen: ✓ zur Hälfte Schatten: ✓ WLAN: ✓
Versorgung	Lebensmittel: k.A. Brötchen: keine Angabe Restaurant & Imbiss: ✗ Ver-/Entsorgung Womo: ✗ in den Ort: keine Angabe	Lebensmittel: 7km Brötchen am Platz: ✓ Restaurant & Imbiss: ✓ Ver-/Entsorgung Womo: ✓ in den Ort: 500m	Lebensmittel: 300m Brötchen am Platz: ✗ Restaurant/Imbiss: 100m/1km Ver-/Entsorgung Womo: ✗ in den Ort: 300m
Anzahl der Plätze	Gesamt: keine Angabe Mietunterkünfte: ✗ Stellplätze vor Schranke: ✗	Gesamt/Touristen: 50/38 Mietunterkünfte: ✓ Stellplätze vor Schranke: ✓	Gesamt/Touristen: 110/35 Mietunterkünfte: ✓ Stellplätze vor Schranke: ✓

Bewertungen

	12	13	14
Gesamt	3.5 GUT (4 Bewertungen)	4.0 SEHR GUT (5 Bewertungen)	4.6 SEHR GUT (12 Bewertungen)
Lage	4.2	4.8	4.8
Ruhe	3.0	4.4	5.0
Sanitäranlagen	2.7	4.2	3.8
Sauberkeit Ø	3.8	4.3	4.7
Freundlichkeit	4.5	4.6	5.0
Stellplatz	2.7	3.8	4.4
Verpflegung	3.0	3.8	4.0
Freizeit	2.3	3.8	4.8
Preis-Leistung	3.0	4.6	4.8
Mietunterkünfte	-	5.0	4.9

Geeignet für

	12	13	14
Kinder b. 6 J.	3.0	4.5	5.0
Kinder b. 12 J.	3.0	4.5	5.0
Kinder b. 18 J.	2.3	4.7	4.5
Paare	3.7	4.7	4.9
Senioren	3.7	4.7	4.9
Gäste mit Zelt	4.0	5.0	5.0
Hunde n. erlaubt	-		
Gäste mit Hund		5.0	5.0

Empfohlene Aktivitäten

12	13	14
Angeln	Wandern	Wandern
Wandern	Entspannen	Motorrad
Entspannen	Mountainbiking	Mountainbiking

ANZEIGE

18 Campingpark Echternacherbrück

Mindenerstraße 18
54668 Echternacherbrück
+49 6525 340
www.echternacherbrueck.de
info@echternacherbrueck.de

01.04. - 15.10.

HS: 30,10 € | NS: 23,00 €

Mehr Infos & Anfrage:
www.camping.info/18727

Baden im Fluss am Platz	✓
Pool/Hallenbad	✓/500m
Spielplatz am Platz	✓
Hunde willkommen	✓
zur Hälfte Schatten	✓
WLAN	✓
Lebensmittel	✓
Brötchen am Platz	✓
Restaurant & Imbiss	✓
Ver-/Entsorgung Womo	✓
in den Ort	100m
Gesamt/Touristen	400/280
Mietunterkünfte	✓
Stellplätze vor Schranke	✓

Luftbild vom Campingplatz Echternacherbrück an der Grenze zu Luxemburg.

Lage & Stellplatz

Der gemeindeeigene Campingplatz erstreckt sich entlang der Sauer direkt an der Grenze zu Luxemburg. Die Stellplätze befinden sich am Fluss in der Sonne oder schattig unter Bäumen. Zum Campingplatz gehört auch ein modernes Freibad mit großer Liegewiese, das für die Gäste gratis ist. WLAN inklusive.

Verpflegung

Zum Campinggelände gehört ein Biergarten/Bistro mit Terrasse für Erfrischungen und Imbiss. Jeden Morgen fährt der Bäcker mit frischen Brötchen über den Campingplatz. Verschiedene Restaurants und Gaststätten bieten in der Nähe neben deutscher auch italienische und griechische Küche an.

Sanitär

Das moderne Sanitärgebäude bietet Sauberkeit und Komfort für alle Gäste: mehrere behindertengerechte Duschen und WCs stehen neben Babywickel- und Waschräumen zur Verfügung. Wenn Sie sich etwas Extra-Komfort gönnen möchten, können Sie sich ein privates Bad mit Dusche, Toilette und Waschbecken mieten.

Freizeit

Das Freibad bietet Erfrischung und in der Hochsaison gibt es ein großes Animations-Angebot für Jung und Alt. Der Campertreff bietet Billard, Dart, Kicker, Air-Hockey, Kids-Club & eine Großleinwand. Minigolf, Tennis, Sportfliegen, Kanu, Kegeln, Radfahren, Wanderwege, u. v. m. finden Sie in der Nähe.

Spaß im platzeigenen Freibad.

Die Zeltwiese direkt am Fluss.

4.0 SEHR GUT
79 Bewertungen

Lage	4.4
Ruhe	3.5
Sanitäranlagen	3.9
Sauberkeit Ø	4.0
Freundlichkeit	4.6
Stellplatz	3.9
Verpflegung	4.0
Freizeit	4.2
Preis-Leistung	4.1
Mietunterkünfte	4.0

Geeignet für

4.4 Gäste mit Zelt

4.3 Kinder b. 12 J.
4.3 Gäste mit Hund
4.1 Kinder b. 6 J.
4.3 Paare
4.2 Senioren
3.9 Kinder b. 18 J.

Empfohlene Aktivitäten

Wandern
Kayak/Kanu
Schwimmen
Radfahren
Entspannen

Karte auf Seite 504

15 Camping Ourtal-Idyll

Uferstraße 17
54675 Gentingen
+49 6566-352
49.89888 | 6.23833

03.04. - 03.11.
HS: 23,10 € | NS: 18,00 €
Mehr Infos & Anfrage:
www.camping.info/18732

Baden im Fluss am Platz	✓
Pool/Hallenbad	5/15km
Spielplatz am Platz	✓
Hunde willkommen	✓
zur Hälfte Schatten	✓
WLAN (gratis)	teilweise
Lebensmittel	✓
Brötchen am Platz	✓
Restaurant/Imbiss	1km/✓
Ver-/Entsorgung Womo	✓
in den Ort	100m
Gesamt/Touristen	180/90
Mietunterkünfte	✓
Stellplätze vor Schranke	✓

4.2 SEHR GUT
8 Bewertungen

Lage	4.6
Ruhe	4.1
Sanitäranlagen	3.6
Sauberkeit Ø	4.3
Freundlichkeit	4.6
Stellplatz	4.1
Verpflegung	3.0
Freizeit	3.6
Preis-Leistung	4.4
Mietunterkünfte	-

Geeignet für

Kinder b. 6 J.	3.8
Kinder b. 12 J.	3.8
Kinder b. 18 J.	3.0
Paare	4.5
Senioren	4.7
Gäste mit Zelt	4.5
Gäste mit Hund	4.2

Empfohlene Aktivitäten
- Wandern
- Radfahren
- Angeln

17 Camping Südeifel

Hofstraße 19
54666 Irrel
+49 6525 510
49.8425 | 6.45694

ganzjährig
HS: 20,60 € | NS: 17,10 €
Mehr Infos & Anfrage:
www.camping.info/18726

Baden im Fluss am Platz	✓
Pool/Hallenbad	5km/500m
Spielplatz am Platz	✓
Hunde willkommen	✓
Schatten	✗
WLAN (gegen Gebühr)	✓
Lebensmittel	200m
Brötchen am Platz	nur HS
Restaurant/Imbiss	200m
Ver-/Entsorgung Womo	✓
in den Ort	200m
Gesamt/Touristen	180/80
Mietunterkünfte	✗
Stellplätze vor Schranke	✗

4.0 SEHR GUT
20 Bewertungen

Lage	4.3
Ruhe	4.3
Sanitäranlagen	4.0
Sauberkeit Ø	4.6
Freundlichkeit	4.7
Stellplatz	3.9
Verpflegung	3.2
Freizeit	3.8
Preis-Leistung	4.4
Mietunterkünfte	-

Geeignet für

Kinder b. 6 J.	4.2
Kinder b. 12 J.	4.3
Kinder b. 18 J.	3.1
Paare	4.4
Senioren	4.6
Gäste mit Zelt	4.4
Gäste mit Hund	4.8

Empfohlene Aktivitäten
- Wandern
- Entspannen
- Radfahren

19 Camping Alter Bahnhof-Metzdorf

Uferstraße 42
54308 Langsur-Metzdorf
+49 065 011 2626
49.75404 | 6.50374

01.03. - 01.10.
02.10. - 31.12.
HS: 21,00 € | NS: 19,80 €
Mehr Infos & Anfrage:
www.camping.info/18692

Baden im Fluss am Platz	✓
Pool/Hallenbad	10/15km
Spielplatz am Platz	✓
Hunde willkommen	✓
Schatten	✗
WLAN (gegen Gebühr)	✓
Lebensmittel	5km
Brötchen am Platz	✓
Restaurant am P.	✓
Ver-/Entsorgung Womo	✓
in den Ort	100m
Gesamt/Touristen	130/55
Mietunterkünfte	✓
Stellplätze vor Schranke	✗

3.7 GUT
15 Bewertungen

Lage	3.9
Ruhe	4.1
Sanitäranlagen	3.1
Sauberkeit Ø	3.9
Freundlichkeit	4.8
Stellplatz	3.4
Verpflegung	3.0
Freizeit	3.6
Preis-Leistung	4.2
Mietunterkünfte	4.0

Geeignet für

Kinder b. 6 J.	3.6
Kinder b. 12 J.	3.8
Kinder b. 18 J.	3.3
Paare	4.5
Senioren	4.2
Gäste mit Zelt	4.4
Gäste mit Hund	4.1

Empfohlene Aktivitäten
- Radfahren
- Angeln
- Kayak/Kanu

Infos
Öffnungszeiten
Vergleichspreis
Link

Ausstattung
Freizeit
Campingplatz
Versorgung
Anzahl der Plätze

20 Campingpark Treviris

Luxemburger Straße 81
54294 Trier
+49 651 86921

49.74388 | 6.62472

01.04. - 31.10.

HS: 25,20 € | NS: 23,40 €

Mehr Infos & Anfrage:
www.camping.info/18691

Baden im Fluss am Platz	✓
Pool/Hallenbad	2km
Spielplatz am Platz	✓
Hunde erlaubt	✓
zur Hälfte Schatten	✓
WLAN	✓
Lebensmittel	1km
Brötchen am Platz	✓
Restaurant & Imbiss	✓
Ver-/Entsorgung Womo	✓
in den Ort	2km
Touristenplätze	75
Mietunterkünfte	✗
Stellplätze vor Schranke	✗

3.4 GUT
118 Bewertungen

Lage	4.0
Ruhe	3.2
Sanitäranlagen	3.9
Sauberkeit Ø	3.9
Freundlichkeit	3.2
Stellplatz	3.5
Verpflegung	3.1
Freizeit	3.3
Preis-Leistung	3.5
Mietunterkünfte	-

Geeignet für

Kinder b. 6 J.	2.9
Kinder b. 12 J.	3.1
Kinder b. 18 J.	3.3
Paare	4.1
Senioren	4.2
Gäste mit Zelt	4.0
Gäste mit Hund	4.2

Empfohlene Aktivitäten

- Radfahren
- Sightseeing
- Kultur

21 Campingplatz Igel

Moselstraße
54298 Igel
+49 6501 12944

49.70487 | 6.55399

01.04. - 31.10.

HS: 19,00 € | NS: 19,00 €

Mehr Infos & Anfrage:
www.camping.info/19572

Baden im Fluss am Platz	✓
Pool/Hallenbad	8km
Spielplatz am Platz	✓
Hunde willkommen	✓
Schatten	✗
WLAN	✓
Lebensmittel	3km
Brötchen	keine Angabe
Restaurant & Imbiss	✓
Ver-/Entsorgung Womo	✗
in den Ort	500m
Gesamt/Touristen	80/40
Mietunterkünfte	✗
Stellplätze vor Schranke	✗

4.3 SEHR GUT
24 Bewertungen

Lage	4.5
Ruhe	4.2
Sanitäranlagen	4.1
Sauberkeit Ø	4.4
Freundlichkeit	4.7
Stellplatz	3.9
Verpflegung	3.8
Freizeit	4.0
Preis-Leistung	4.4
Mietunterkünfte	-

Geeignet für

Kinder b. 6 J.	3.2
Kinder b. 12 J.	3.5
Kinder b. 18 J.	3.4
Paare	4.5
Senioren	4.4
Gäste mit Zelt	4.2
Gäste mit Hund	4.1

Empfohlene Aktivitäten

- Radfahren
- Wandern
- Entspannen

22 Camping Horsch

Könener Straße 36
54329 Konz-Könen
+49 6501 17571

49.68 | 6.55417

keine Angabe

keine Angabe

Mehr Infos & Anfrage:
www.camping.info/18695

Baden in nat. Gewässer	k. A.
Pool & Hallenbad	✗
Spielplatz	keine Angabe
Hunde	✗
Schatten	✗
WLAN	keine Angabe
Lebensmittel	k.A.
Brötchen	keine Angabe
Restaurant & Imbiss	✗
Ver-/Entsorgung Womo	✗
in den Ort	keine Angabe
Gesamt	keine Angabe
Mietunterkünfte	✗
Stellplätze vor Schranke	✗

4.0 SEHR GUT
4 Bewertungen

Lage	4.2
Ruhe	4.2
Sanitäranlagen	3.2
Sauberkeit Ø	4.3
Freundlichkeit	4.7
Stellplatz	4.0
Verpflegung	2.7
Freizeit	1.7
Preis-Leistung	4.0
Mietunterkünfte	-

Geeignet für

Kinder b. 6 J.	2.0
Kinder b. 12 J.	1.0
Kinder b. 18 J.	1.0
Paare	4.3
Senioren	5.0
Gäste mit Zelt	5.0
Hunde n. erlaubt	-

Empfohlene Aktivitäten

- Radfahren
- Entspannen
- Kultur

23 Landal Warsberg

Ferienpark
54439 Saarburg
+49 6581 914610

49.61972 | 6.5425

24.03. - 05.11.

HS: 30,00 € | NS: 30,00 €

Mehr Infos & Anfrage:
www.camping.info/18705

Baden im See	30km
Pool/Hallenbad	5km/✓
Spielplatz am Platz	✓
Hunde willkommen	✓
wenig Schatten	✓
WLAN (gegen Gebühr)	✓
Lebensmittel	✓
Brötchen am Platz	✓
Restaurant & Imbiss	✓
Ver-/Entsorgung Womo	✓
in den Ort	3km
Touristenplätze	460
Mietunterkünfte	✓
Stellplätze vor Schranke	✗

4.1 SEHR GUT
50 Bewertungen

Lage	4.6
Ruhe	4.4
Sanitäranlagen	3.6
Sauberkeit Ø	4.2
Freundlichkeit	4.7
Stellplatz	3.8
Verpflegung	4.0
Freizeit	4.5
Preis-Leistung	4.2
Mietunterkünfte	4.4

Geeignet für

Kinder b. 6 J.	4.7
Kinder b. 12 J.	4.7
Kinder b. 18 J.	3.7
Paare	4.3
Senioren	4.2
Gäste mit Zelt	4.1
Gäste mit Hund	4.3

Empfohlene Aktivitäten

- Wandern
- Entspannen
- Sightseeing

Karte auf Seite 504

24 Camping Waldfrieden

Im Fichtenhain 4
54439 Saarburg
+49 6581 2255
49.60097 | 6.52811

01.03. - 03.11.
HS: 23,50 € | NS: 23,50 €
Mehr Infos & online buchen:
www.camping.info/18704

Baden in nat. Gewässer	k. A.
Pool/Hallenbad	1km
Spielplatz am Platz	✓
Hunde willkommen	✓
zur Hälfte Schatten	✓
WLAN	✓
Lebensmittel	1km
Brötchen am Platz	✓
Restaurant & Imbiss	✓
Ver-/Entsorgung Womo	✓
in den Ort	500m
Gesamt/Touristen	96/66
Mietunterkünfte	✗
Stellplätze vor Schranke	✗

4.0 SEHR GUT
38 Bewertungen

Lage	4.3
Ruhe	4.4
Sanitäranlagen	3.7
Sauberkeit Ø	4.2
Freundlichkeit	4.0
Stellplatz	3.9
Verpflegung	3.3
Freizeit	3.6
Preis-Leistung	4.3
Mietunterkünfte	-

Geeignet für

Kinder b. 6 J.	3.7
Kinder b. 12 J.	3.5
Kinder b. 18 J.	2.9
Paare	4.3
Senioren	4.3
Gäste mit Zelt	3.9
Gäste mit Hund	4.6

Empfohlene Aktivitäten

- Wandern
- Radfahren
- Entspannen

25 Camping Leukbachtal

Leukbachtal 1
54439 Saarburg
+49 6581 2228
49.59917 | 6.54091

28.03. - 25.10.
HS: 28,50 € | NS: 22,00 €
Mehr Infos & Anfrage:
www.camping.info/18703

Baden in nat. Gewässer	k. A.
Pool/Hallenbad	1km
Spielplatz am Platz	✓
Hunde willkommen	✓
zur Hälfte Schatten	✓
WLAN	✓
Lebensmittel	100m
Brötchen am Platz	✗
Restaurant/Imbiss	1km/100m
Ver-/Entsorgung Womo	✓
in den Ort	1km
Gesamt/Touristen	100/60
Mietunterkünfte	✗
Stellplätze vor Schranke	✗

3.9 GUT
15 Bewertungen

Lage	4.1
Ruhe	3.5
Sanitäranlagen	4.0
Sauberkeit Ø	4.4
Freundlichkeit	4.3
Stellplatz	3.7
Verpflegung	2.8
Freizeit	3.6
Preis-Leistung	3.9
Mietunterkünfte	-

Geeignet für

Kinder b. 6 J.	3.2
Kinder b. 12 J.	3.3
Kinder b. 18 J.	3.0
Paare	4.1
Senioren	4.2
Gäste mit Zelt	3.6
Gäste mit Hund	4.5

Empfohlene Aktivitäten

- Wandern
- Radfahren
- Entspannen

26 Campingpark Reinsfeld

Parkstraße 1
54421 Reinsfeld
+49 6503 95123
49.68696 | 6.86944

ganzjährig
HS: 32,00 € | NS: 27,50 €
Mehr Infos & online buchen:
www.camping.info/19569

Baden im See	10km
Pool/Hallenbad	✓/5km
Spielplatz am Platz	✓
Hunde willkommen	✓
Schatten	✗
WLAN	✓
Lebensmittel	✓
Brötchen am Platz	✓
Imbiss	✓
Ver-/Entsorgung Womo	✓
in den Ort	1km
Gesamt/Touristen	986/600
Mietunterkünfte	✓
Stellplätze vor Schranke	✓

3.6 GUT
16 Bewertungen

Lage	4.4
Ruhe	4.1
Sanitäranlagen	3.6
Sauberkeit Ø	4.0
Freundlichkeit	4.3
Stellplatz	3.3
Verpflegung	2.7
Freizeit	3.9
Preis-Leistung	3.2
Mietunterkünfte	4.0

Geeignet für

Kinder b. 6 J.	4.1
Kinder b. 12 J.	4.1
Kinder b. 18 J.	3.8
Paare	3.9
Senioren	3.4
Gäste mit Zelt	4.1
Gäste mit Hund	3.9

Empfohlene Aktivitäten

- Wandern
- Radfahren
- Entspannen

Infos

Öffnungszeiten
Vergleichspreis
Link

Ausstattung

Freizeit
Campingplatz
Versorgung
Anzahl der Plätze

27 Moselcamping Pölich

*

Zum Moselufer 0
54340 Pölich
06507 703347

49.79713 | 6.8518

keine Angabe

keine Angabe

Mehr Infos & Anfrage:
www.camping.info/26714

Baden in nat. Gewässer	k. A.
Pool & Hallenbad	✗
Spielplatz	keine Angabe
Hunde willkommen	✓
wenig Schatten	✓
WLAN	keine Angabe
Lebensmittel	k.A.
Brötchen	keine Angabe
Restaurant & Imbiss	✗
Ver-/Entsorgung Womo	✗
in den Ort	keine Angabe
Gesamt	keine Angabe
Mietunterkünfte	✗
Stellplätze vor Schranke	✗

4.0 SEHR GUT
5 Bewertungen

Lage	4.4
Ruhe	4.0
Sanitäranlagen	4.0
Sauberkeit Ø	3.8
Freundlichkeit	4.0
Stellplatz	3.2
Verpflegung	3.2
Freizeit	3.4
Preis-Leistung	3.4
Mietunterkünfte	-

Geeignet für

Kinder b. 6 J.	2.8
Kinder b. 12 J.	3.6
Kinder b. 18 J.	3.6
Paare	4.0
Senioren	3.8
Gäste mit Zelt	4.2
Gäste mit Hund	4.0

Empfohlene Aktivitäten

- Radfahren
- Kayak/Kanu
- Motorboot

28 Camping Im Grünen Trittenheim

Moselpromenade
54349 Trittenheim
+49 6507 2148

49.8208 | 6.90296

15.04. - 18.10.

HS: 29,80 € | NS: 29,80 €

Mehr Infos & Anfrage:
www.camping.info/18700

Baden im Fluss am Platz	✓
Pool/Hallenbad	2/5km
Spielplatz	✗
Hunde willkommen	✓
zur Hälfte Schatten	✓
WLAN	✓
Lebensmittel	400m
Brötchen am Platz	✓
Restaurant/Imbiss	100/300m
Ver-/Entsorgung Womo	✗
in den Ort	300m
Gesamt/Touristen	46/40
Mietunterkünfte	✗
Stellplätze vor Schranke	✗

4.6 SEHR GUT
59 Bewertungen

Lage	4.7
Ruhe	4.2
Sanitäranlagen	4.7
Sauberkeit Ø	4.9
Freundlichkeit	4.9
Stellplatz	4.3
Verpflegung	3.5
Freizeit	4.1
Preis-Leistung	4.6
Mietunterkünfte	-

Geeignet für

Kinder b. 6 J.	3.1
Kinder b. 12 J.	2.9
Kinder b. 18 J.	3.3
Paare	4.8
Senioren	4.7
Gäste mit Zelt	4.3
Gäste mit Hund	4.8

Empfohlene Aktivitäten

- Wandern
- Radfahren
- Entspannen

29 Landal Sonnenberg

Sonnenberg 1
54340 Leiwen
+49 6507 93690

49.80278 | 6.89028

29.03. - 04.11.

HS: 46,00 € | NS: 23,00 €

Mehr Infos & Anfrage:
www.camping.info/18698

Baden in nat. Gewässer	✗
Pool/Hallenbad	3km/✓
Spielplatz am Platz	✓
Hunde willkommen	✓
zur Hälfte Schatten	✓
WLAN (gegen Gebühr)	✓
Lebensmittel	✓
Brötchen	keine Angabe
Restaurant & Imbiss	✓
Ver-/Entsorgung Womo	✓
in den Ort	5km
Gesamt	128
Mietunterkünfte	✓
Stellplätze vor Schranke	✗

4.2 SEHR GUT
58 Bewertungen

Lage	4.1
Ruhe	4.1
Sanitäranlagen	4.0
Sauberkeit Ø	4.2
Freundlichkeit	4.6
Stellplatz	3.9
Verpflegung	4.0
Freizeit	4.6
Preis-Leistung	4.2
Mietunterkünfte	3.4

Geeignet für

Kinder b. 6 J.	4.8
Kinder b. 12 J.	4.8
Kinder b. 18 J.	3.7
Paare	3.6
Senioren	3.1
Gäste mit Zelt	2.9
Gäste mit Hund	4.3

Empfohlene Aktivitäten

- Wandern
- Schwimmen
- Entspannen

30 Campingplatz Moselhöhe

Bucherweg 1
54426 Heidenburg
+49 6509 99016

49.79966 | 6.92692

01.04. - 01.11.

HS: 20,50 € | NS: 19,60 €

Mehr Infos & Anfrage:
www.camping.info/18701

Baden in nat. Gewässer	k. A.
Pool/Hallenbad	✓/9km
Spielplatz am Platz	✓
Hunde willkommen	✓
wenig Schatten	✓
WLAN (begrenzt gratis)	✓
Lebensmittel	10km
Brötchen am Platz	✓
Restaurant am P.	✓
Ver-/Entsorgung Womo	✓
in den Ort	400m
Gesamt/Touristen	103/65
Mietunterkünfte	✗
Stellplätze vor Schranke	✗

4.3 SEHR GUT
29 Bewertungen

Lage	4.6
Ruhe	4.7
Sanitäranlagen	4.0
Sauberkeit Ø	4.2
Freundlichkeit	4.6
Stellplatz	4.1
Verpflegung	3.7
Freizeit	3.7
Preis-Leistung	4.3
Mietunterkünfte	-

Geeignet für

Kinder b. 6 J.	4.0
Kinder b. 12 J.	3.5
Kinder b. 18 J.	3.3
Paare	4.6
Senioren	4.4
Gäste mit Zelt	4.2
Gäste mit Hund	4.3

Empfohlene Aktivitäten

- Wandern
- Entspannen
- Mountainbiking

Karte auf Seite 504

31 Camping Georgshof

❄

Kurfürstenstraße 25
54487 Wintrich
+49 6534 93266
49.89184 | 6.95486

01.04. - 15.11.
HS: 20,00 € | NS: 20,00 €
Mehr Infos & Anfrage:
www.camping.info/18709

Baden in nat. Gewässer	k. A.
Pool & Hallenbad	✗
Spielplatz am Platz	✓
Hunde erlaubt	✓
Schatten	✗
WLAN	teilweise
Lebensmittel	500m
Brötchen am Platz	✓
Restaurant am P.	✓
Ver-/Entsorgung Womo	✗
in den Ort	keine Angabe
Gesamt/Touristen	100/50
Mietunterkünfte	✗
Stellplätze vor Schranke	✗

4.3 SEHR GUT
18 Bewertungen

Lage	4.2
Ruhe	4.7
Sanitäranlagen	4.4
Sauberkeit Ø	4.6
Freundlichkeit	5.0
Stellplatz	4.2
Verpflegung	2.8
Freizeit	3.4
Preis-Leistung	4.6
Mietunterkünfte	-

Geeignet für

Kinder b. 6 J.	3.5
Kinder b. 12 J.	3.4
Kinder b. 18 J.	2.9
Paare	4.3
Senioren	4.7
Gäste mit Zelt	3.9
Gäste mit Hund	4.4

Empfohlene Aktivitäten
- Radfahren
- Wandern
- Entspannen

32 Campingplatz Erden

Am Moselufer 1
54492 Erden
+49 6532 4060
49.98002 | 7.02111

24.03. - 28.10.
HS: 23,00 € | NS: 21,00 €
Mehr Infos & Anfrage:
www.camping.info/18711

Baden im Fluss am Platz	✓
Pool/Hallenbad	5/12km
Spielplatz am Platz	✓
Hunde willkommen	✓
zur Hälfte Schatten	✓
WLAN	✓
Lebensmittel	5km
Brötchen am Platz	✓
Restaurant & Imbiss	✓
Ver-/Entsorgung Womo	✓
in den Ort	keine Angabe
Gesamt/Touristen	150/80
Mietunterkünfte	✓
Stellplätze vor Schranke	✓

4.4 SEHR GUT
59 Bewertungen

Lage	4.7
Ruhe	3.9
Sanitäranlagen	3.8
Sauberkeit Ø	4.5
Freundlichkeit	4.7
Stellplatz	4.1
Verpflegung	4.2
Freizeit	4.1
Preis-Leistung	4.5
Mietunterkünfte	4.2

Geeignet für

Kinder b. 6 J.	3.6
Kinder b. 12 J.	3.7
Kinder b. 18 J.	3.6
Paare	4.6
Senioren	4.6
Gäste mit Zelt	4.4
Gäste mit Hund	4.8

Empfohlene Aktivitäten
- Radfahren
- Wandern
- Entspannen

keine WOMOs ab 8 m

33 Camping Schenk

Hauptstraße 165
54470 Bernkastel-Wehlen
+49 6531 8176
49.9376 | 7.04867

13.04. - 31.10.
HS: 17,40 € | NS: 17,40 €
Mehr Infos & Anfrage:
www.camping.info/18707

Baden in nat. Gewässer	k. A.
Pool/Hallenbad	✓/2km
Spielplatz am Platz	✓
Hunde	✗
Schatten	✗
WLAN (gegen Gebühr)	✓
Lebensmittel	500m
Brötchen am Platz	✓
Restaurant/Imbiss	150m/1km
Ver-/Entsorgung Womo	✓
in den Ort	100m
Gesamt/Touristen	105/55
Mietunterkünfte	✓
Stellplätze vor Schranke	✗

4.1 SEHR GUT
67 Bewertungen

Lage	4.2
Ruhe	4.4
Sanitäranlagen	4.0
Sauberkeit Ø	4.5
Freundlichkeit	4.8
Stellplatz	3.9
Verpflegung	2.9
Freizeit	4.0
Preis-Leistung	4.5
Mietunterkünfte	4.3

Geeignet für

Kinder b. 6 J.	4.1
Kinder b. 12 J.	3.9
Kinder b. 18 J.	3.2
Paare	4.5
Senioren	4.4
Gäste mit Zelt	3.9
Hunde n. erlaubt	-

Empfohlene Aktivitäten
- Radfahren
- Wandern
- Entspannen

Infos
Öffnungszeiten
Vergleichspreis
Link

Ausstattung
Freizeit
Campingplatz
Versorgung
Anzahl der Plätze

RHEINLAND-PFALZ

4 Pfalz

	Platz	Seite	Bewertung	Öffnungszeiten	
1	KNAUS Campingpark Bernkastel-Kues	520	3.8	saisonal	
2	Camping Sonnenstrand	520	3.3	saisonal	
3	Camping Marienort	520	3.9	ganzjährig	Wintercamping
4	Camping Aumühle	520	3.4	saisonal	
5	Campingplatz am Weißenfels	521	4.3	saisonal	
6	Campingpark Lindelgrund	521	4.3	saisonal	Ecocamping
7	Campingplatz Nahe-Alsenz-Eck	521	3.3	saisonal	
8	Campingplatz Nahetal	522	4.1	saisonal	Wintercamping
9	Camping Bockenauer Schweiz	523	4.0	saisonal	
10	Camping Nahemühle	523	4.2	saisonal	Wintercamping
11	Camping Harfenmühle	523	4.4	ganzjährig	Wintercamping
12	Camping Sensweiler-Mühle	524	3.8	saisonal	
13	Camping Gutenbornerhof	524	4.6	saisonal	
14	Camping am Königsberg	524	4.7	saisonal	Ecocamping, Onlinebuchung
15	Campingplatz Gänsedell	524	3.5	k. A.	Wintercamping, Ecocamping
16	Campingplatz Pfrimmtal	525	3.6	saisonal	Wintercamping, Ecocamping
17	Campingplatz Am Gelterswoog	525	3.3	ganzjährig	Wintercamping
18	Camping-Freizeitzentrum Sägmühle	525	3.4	saisonal	Wintercamping, Ecocamping, Onlinebuchung
19	Camping Clausensee	526	3.8	saisonal	Wintercamping
20	Camping Neudahner Weiher	526	3.6	ganzjährig	Wintercamping
21	Campingplatz Moosbachtal	526	3.4	ganzjährig	Wintercamping
22	Waldcamping Schöntal	526	4.8	saisonal	
23	Camping am Königsweiher	527	4.0	ganzjährig	
24	Naturcampingplatz Am Berwartstein	527	4.2	saisonal	
25	Camping Bethof	527	4.2	saisonal	
26	Camping Der Naturfreunde	528	4.0	k. A.	
27	Camping im Klingbachtal	528	4.3	saisonal	
28	Camping im Burgtal	528	3.9	saisonal	
29	KNAUS Campingpark Bad Dürkheim	528	3.8	ganzjährig	Wintercamping
30	Camping "Blaue Adria"	529	3.9	saisonal	
31	Campingplatz Gut Thomashof	529	3.6	saisonal	
32	Caravanpark am Technik Museum	529	3.4	ganzjährig	Wintercamping

Wintercamping · FKK Textilfrei (ganz/teilweise) · Ecocamping · Award · Onlinebuchung

1 KNAUS Campingpark Bernkastel-Kues

Am Hafen 2
54470 Bernkastel-Kues
+49 6531 8200
49.90825 | 7.05768

01.03. - 04.11.
HS: 30,30 € | NS: 35,50 €
Mehr Infos & Anfrage:
www.camping.info/27060

Baden in nat. Gewässer	k. A.
Pool & Hallenbad	✗
Spielplatz	keine Angabe
Hunde	✗
Schatten	✗
WLAN	keine Angabe
Lebensmittel	k.A.
Brötchen	keine Angabe
Restaurant & Imbiss	✗
Ver-/Entsorgung Womo	✗
in den Ort	keine Angabe
Gesamt	keine Angabe
Mietunterkünfte	✗
Stellplätze vor Schranke	✗

3.8 GUT
154 Bewertungen

Lage	4.0
Ruhe	3.8
Sanitäranlagen	4.0
Sauberkeit Ø	4.0
Freundlichkeit	4.0
Stellplatz	3.7
Verpflegung	2.5
Freizeit	3.3
Preis-Leistung	2.7
Mietunterkünfte	-

Geeignet für

Kinder b. 6 J.	3.1
Kinder b. 12 J.	3.3
Kinder b. 18 J.	3.1
Paare	4.3
Senioren	4.2
Gäste mit Zelt	4.2
Hunde n. erlaubt	-

Empfohlene Aktivitäten

- Radfahren
- Wandern
- Entspannen

weitere NS: 20.09. - 08.11.

2 Camping Sonnenstrand

Strandweg 9
55422 Bacharach
+49 6743 1752
50.05367 | 7.77266

01.04. - 31.10.
HS: 20,50 € | NS: 20,50 €
Mehr Infos & Anfrage:
www.camping.info/18738

Baden im Fluss am Platz	✓
Pool/Hallenbad	14/8km
Spielplatz am Platz	✓
Hunde willkommen	✓
Schatten	✗
WLAN (gratis)	teilweise
Lebensmittel	✓
Brötchen am Platz	✓
Restaurant am P.	✓
Ver-/Entsorgung Womo	✓
in den Ort	500m
Gesamt/Touristen	75/60
Mietunterkünfte	✗
Stellplätze vor Schranke	✗

3.3 GUT
24 Bewertungen

Lage	4.0
Ruhe	2.4
Sanitäranlagen	3.1
Sauberkeit Ø	3.8
Freundlichkeit	4.2
Stellplatz	3.3
Verpflegung	3.5
Freizeit	3.4
Preis-Leistung	3.5
Mietunterkünfte	-

Geeignet für

Kinder b. 6 J.	2.7
Kinder b. 12 J.	3.1
Kinder b. 18 J.	3.2
Paare	4.1
Senioren	4.1
Gäste mit Zelt	3.8
Gäste mit Hund	4.0

Empfohlene Aktivitäten

- Radfahren
- Kultur
- Wandern

3 Camping Marienort

*

Am Morgenbach 1A
55413 Trechtingshausen
+49 6721 6133
50.0041 | 7.85644

ganzjährig
HS: 18,00 € | NS: 18,00 €
Mehr Infos & Anfrage:
www.camping.info/18737

Baden in nat. Gewässer	k. A.
Hallenbad	15km
Spielplatz am Platz	✓
Hunde willkommen	✓
zur Hälfte Schatten	✓
WLAN	✓
Lebensmittel	5km
Brötchen am Platz	✓
Restaurant am P.	✓
Ver-/Entsorgung Womo	✓
in den Ort	5km
Gesamt/Touristen	170/70
Mietunterkünfte	✓
Stellplätze vor Schranke	✗

3.9 GUT
19 Bewertungen

Lage	4.5
Ruhe	2.9
Sanitäranlagen	3.0
Sauberkeit Ø	3.8
Freundlichkeit	4.5
Stellplatz	3.6
Verpflegung	3.5
Freizeit	3.9
Preis-Leistung	4.3
Mietunterkünfte	4.2

Geeignet für

Kinder b. 6 J.	2.8
Kinder b. 12 J.	3.6
Kinder b. 18 J.	3.8
Paare	4.5
Senioren	4.4
Gäste mit Zelt	4.3
Gäste mit Hund	4.8

Empfohlene Aktivitäten

- Radfahren
- Wandern
- Angeln

4 Camping Aumühle

Naheweinstraße 65
55444 Schweppenhausen
+49 6724 602392
49.93352 | 7.7917

01.04. - 31.10.
HS: 22,50 € | NS: 22,50 €
Mehr Infos & Anfrage:
www.camping.info/23464

Baden in nat. Gewässer	k. A.
Pool/Hallenbad	2/15km
Spielplatz am Platz	✓
Hunde willkommen	✓
zur Hälfte Schatten	✓
WLAN (begrenzt gratis)	✓
Lebensmittel	2km
Brötchen am Platz	✓
Restaurant & Imbiss	✓
Ver-/Entsorgung Womo	✓
in den Ort	1km
Gesamt/Touristen	65/50
Mietunterkünfte	✓
Stellplätze vor Schranke	✗

3.4 GUT
19 Bewertungen

Lage	3.8
Ruhe	3.4
Sanitäranlagen	4.0
Sauberkeit Ø	4.2
Freundlichkeit	3.8
Stellplatz	3.5
Verpflegung	3.6
Freizeit	2.6
Preis-Leistung	3.7
Mietunterkünfte	4.7

Geeignet für

Kinder b. 6 J.	3.1
Kinder b. 12 J.	3.1
Kinder b. 18 J.	2.5
Paare	4.2
Senioren	4.0
Gäste mit Zelt	4.0
Gäste mit Hund	3.8

Empfohlene Aktivitäten

- Wandern
- Entspannen
- Radfahren

Karte auf Seite 518

Infos: Öffnungszeiten, Vergleichspreis, Link

Ausstattung: Freizeit, Campingplatz, Versorgung, Anzahl der Plätze

5 Campingplatz am Weißenfels

55595 Sparbrücken
+49 6 70 6 86 30
49.90973 | 7.71289

01.04. - 31.10.
HS: 16,00 € | NS: 16,00 €
Mehr Infos & Anfrage:
www.camping.info/22365

Baden im Teich	300m
Pool/Hallenbad	3/15km
Spielplatz am Platz	✓
Hunde willkommen	✓
zur Hälfte Schatten	✓
WLAN	✓
Lebensmittel	1km
Brötchen am Platz	✓
Restaurant & Imbiss	✓
Ver-/Entsorgung Womo	✓
in den Ort	1km
Gesamt/Touristen	140/60
Mietunterkünfte	✗
Stellplätze vor Schranke	✓

4.3 SEHR GUT – 18 Bewertungen

Lage	4.7
Ruhe	5.0
Sanitäranlagen	3.9
Sauberkeit Ø	4.3
Freundlichkeit	4.9
Stellplatz	4.1
Verpflegung	4.3
Freizeit	3.7
Preis-Leistung	4.7
Mietunterkünfte	-

Geeignet für

Kinder b. 6 J.	2.2
Kinder b. 12 J.	2.0
Kinder b. 18 J.	2.1
Paare	4.9
Senioren	4.9
Gäste mit Zelt	4.3
Gäste mit Hund	4.8

Empfohlene Aktivitäten
- Wandern
- Entspannen
- Mountainbiking

6 Campingpark Lindelgrund

Im Lindelgrund 0
55452 Guldental
+49 6707 633
49.88417 | 7.85778

15.03. - 30.11.
HS: 23,00 € | NS: 23,00 €
Mehr Infos & Anfrage:
www.camping.info/19571

Baden in nat. Gewässer	k. A.
Pool/Hallenbad	2/5km
Spielplatz am Platz	✓
Hunde erlaubt	✓
wenig Schatten	✓
WLAN (gegen Gebühr)	teilweise
Lebensmittel	2km
Brötchen am Platz	nur HS
Restaurant am P.	✓
Ver-/Entsorgung Womo	✓
in den Ort	600m
Gesamt/Touristen	270/44
Mietunterkünfte	✓
Stellplätze vor Schranke	✗

4.3 SEHR GUT – 43 Bewertungen

Lage	4.3
Ruhe	4.4
Sanitäranlagen	4.3
Sauberkeit Ø	4.5
Freundlichkeit	4.6
Stellplatz	4.1
Verpflegung	3.8
Freizeit	4.0
Preis-Leistung	4.4
Mietunterkünfte	4.1

Geeignet für

Kinder b. 6 J.	4.2
Kinder b. 12 J.	4.1
Kinder b. 18 J.	3.2
Paare	4.7
Senioren	4.7
Gäste mit Zelt	4.3
Gäste mit Hund	4.3

Empfohlene Aktivitäten
- Wandern
- Radfahren
- Entspannen

Gruppen sind nach Voranmeldung Herzlich willkommen.

7 Campingplatz Nahe-Alsenz-Eck

Speckerbrücke 1a
55583 Bad Münster am Stein
+49 6708 24 53
49.80688 | 7.84262

01.04. - 31.10.
HS: 26,80 € | NS: 26,80 €
Mehr Infos & Anfrage:
www.camping.info/18740

Baden im Fluss am Platz	✓
Pool/Hallenbad	300/500m
Spielplatz am Platz	✓
Hunde willkommen	✓
zur Hälfte Schatten	✓
WLAN	✓
Lebensmittel	300m
Brötchen am Platz	✗
Restaurant & Imbiss	✗
Ver-/Entsorgung Womo	✗
in den Ort	500m
Gesamt/Touristen	100/35
Mietunterkünfte	✗
Stellplätze vor Schranke	✗

3.3 GUT – 35 Bewertungen

Lage	4.3
Ruhe	3.8
Sanitäranlagen	2.5
Sauberkeit Ø	3.5
Freundlichkeit	3.7
Stellplatz	3.1
Verpflegung	3.3
Freizeit	3.9
Preis-Leistung	3.5
Mietunterkünfte	-

Geeignet für

Kinder b. 6 J.	3.0
Kinder b. 12 J.	3.0
Kinder b. 18 J.	2.7
Paare	4.1
Senioren	4.3
Gäste mit Zelt	3.8
Gäste mit Hund	3.9

Empfohlene Aktivitäten
- Wandern
- Radfahren
- Entspannen

Anfahrt über Berliner Strasse 83/87

ANZEIGE

8 Campingplatz Nahetal

✱

Bahnhofstr. 38
55585 Oberhausen
+49 6755 96001

www.camping-nahetal.de
info@camping-nahetal.de

01.03. - 01.12.

HS: 25,00 € | NS: 25,00 €

Mehr Infos & Anfrage:
www.camping.info/23160

Baden im Fluss	100m
Pool/Hallenbad	8/10km
Spielplatz am Platz	✓
Hunde willkommen	✓
zur Hälfte Schatten	✓
WLAN	✓
Lebensmittel	7km
Brötchen am Platz	✓
Restaurant & Imbiss	✓
Ver-/Entsorgung Womo	✓
in den Ort	500m
Gesamt/Touristen	95/85
Mietunterkünfte	✓
Stellplätze vor Schranke	✗

1 km

49.79484 | 7.75458

Ansicht Campingplatz Nahetal.

Lage & Stellplatz

Camping Nahetal ist idyllisch gelegen direkt am Ortsrand des Weindorfes Oberhausen in einer der wärmsten Regionen Deutschlands. Sowohl für Wohnwagen und Reisemobile als auch für Zeltcamper werden viele Möglichkeiten angeboten. Zusätzlich stehen 2 Mobilheime und 2 Holzhütten zur Vermietung bereit.

Verpflegung

Der ehemalige Güterschuppen wurde 2015 zu einem Kiosk umgebaut, in dem kleine holländische Gerichte verkauft werden. Außerdem gibt es einen Laden mit Brötchenservice sowie ganz neu einen Biergarten mit Grillhütte. Auch umliegende Gaststätten bieten leckere nationale und internationale Speisen an.

Sanitär

Camping Nahetal verfügt über ein modernes Sanitärgebäude. Zur Ausstattung gehören u. a. Duschen, Toiletten, private Badezimmer, eine Entsorgungsmöglichkeit für Chemietoiletten und Waschbecken zum Geschirrspülen. Ein Waschmaschinenraum mit Trockner ist ebenfalls vorhanden.

Freizeit

Da es in der Umgebung viele Winzer mit hervorragenden Weinen gibt, finden jede Woche Wein- und Likörproben statt. Darüber hinaus starten viele attraktive Wander- und Fahrradrouten direkt am Campingplatz, beispielsweise zum Schmittenstollen Lemberg und zur Ruine Montfort.

Stellplätze und Weg.

Urige Holzhütte.

4.1 SEHR GUT
44 Bewertungen

Lage	4.4
Ruhe	4.6
Sanitäranlagen	4.3
Sauberkeit Ø	4.6
Freundlichkeit	4.7
Stellplatz	3.9
Verpflegung	2.9
Freizeit	3.6
Preis-Leistung	4.1
Mietunterkünfte	4.8

Geeignet für

4.8	Senioren
4.6	Paare
4.5	Gäste mit Hund
4.2	Gäste mit Zelt
3.0	Kinder b. 6 J.
2.6	Kinder b. 12 J.
2.3	Kinder b. 18 J.

Empfohlene Aktivitäten

Wandern | Radfahren | Entspannen | Kayak/Kanu | Mountainbiking

Mitglied Charme Camping ANWB

Karte auf Seite 518

Infos: Öffnungszeiten · Vergleichspreis · Link

Ausstattung: Freizeit · Campingplatz · Versorgung · Anzahl der Plätze

9 Camping Bockenauer Schweiz

Daubacherbrucke 3
55595 Bockenau

49.83518 | 7.6821

01.04. - 31.10.

HS: 20,00 € | NS: 15,00 €

Mehr Infos & Anfrage:
www.camping.info/26457

Baden in nat. Gewässer	✗
Pool & Hallenbad	✗
Spielplatz am Platz	✓
Hunde willkommen	✓
zur Hälfte Schatten	✓
WLAN (begrenzt gratis)	✓
Lebensmittel	✓
Brötchen am Platz	nur HS
Restaurant & Imbiss	✓
Ver-/Entsorgung Womo	✗
in den Ort	2km
Gesamt/Touristen	60/58
Mietunterkünfte	✓
Stellplätze vor Schranke	✓

4.0 SEHR GUT – 6 Bewertungen

Lage	4.3
Ruhe	5.0
Sanitäranlagen	4.0
Sauberkeit Ø	4.8
Freundlichkeit	5.0
Stellplatz	4.2
Verpflegung	3.8
Freizeit	3.8
Preis-Leistung	4.8
Mietunterkünfte	5.0

Geeignet für

Kinder b. 6 J.	4.5
Kinder b. 12 J.	3.5
Kinder b. 18 J.	2.2
Paare	4.7
Senioren	4.8
Gäste mit Zelt	4.6
Gäste mit Hund	5.0

Empfohlene Aktivitäten

- Wandern
- Entspannen
- Radfahren

10 Camping Nahemühle

✻

Nahemühle 1
55569 Monzingen
+49 6751 7475

49.79628 | 7.57622

01.03. - 31.10.
28.12. - 01.01.

HS: 20,50 € | NS: 20,50 €

Mehr Infos & Anfrage:
www.camping.info/18739

Baden im Fluss am Platz	✓
Pool/Hallenbad	5km
Spielplatz am Platz	✓
Hunde willkommen	✓
wenig Schatten	✓
WLAN	✗
Lebensmittel	5km
Brötchen am Platz	✓
Restaurant am P.	✓
Ver-/Entsorgung Womo	✗
in den Ort	2km
Gesamt/Touristen	350/150
Mietunterkünfte	✓
Stellplätze vor Schranke	✗

4.2 SEHR GUT – 33 Bewertungen

Lage	4.2
Ruhe	3.8
Sanitäranlagen	4.1
Sauberkeit Ø	4.5
Freundlichkeit	4.6
Stellplatz	4.0
Verpflegung	3.6
Freizeit	4.0
Preis-Leistung	4.5
Mietunterkünfte	4.2

Geeignet für

Kinder b. 6 J.	4.1
Kinder b. 12 J.	4.2
Kinder b. 18 J.	3.7
Paare	4.4
Senioren	4.3
Gäste mit Zelt	4.5
Gäste mit Hund	4.1

Empfohlene Aktivitäten

- Wandern
- Radfahren
- Entspannen

11 Camping Harfenmühle

✻

Harfenmühle 2
55758 Mörschied
+49 6786 1304

49.80432 | 7.26957

ganzjährig

HS: 32,80 € | NS: 27,80 €

Mehr Infos & Anfrage:
www.camping.info/18743

Baden im Teich am Platz	✓
Pool	12km
Spielplatz am Platz	✓
Hunde willkommen	✓
wenig Schatten	✓
WLAN	✓
Lebensmittel	✓
Brötchen am Platz	✓
Restaurant & Imbiss	✓
Ver-/Entsorgung Womo	✓
in den Ort	3km
Gesamt/Touristen	200/100
Mietunterkünfte	✓
Stellplätze vor Schranke	✓

4.4 SEHR GUT – 132 Bewertungen

Lage	4.5
Ruhe	4.2
Sanitäranlagen	4.3
Sauberkeit Ø	4.6
Freundlichkeit	4.8
Stellplatz	4.3
Verpflegung	4.3
Freizeit	4.3
Preis-Leistung	4.2
Mietunterkünfte	4.4

Geeignet für

Kinder b. 6 J.	4.7
Kinder b. 12 J.	4.7
Kinder b. 18 J.	3.7
Paare	4.3
Senioren	4.2
Gäste mit Zelt	4.5
Gäste mit Hund	4.7

Empfohlene Aktivitäten

- Wandern
- Entspannen
- Mountainbiking

12 Camping Sensweiler-Mühle

Sensweiler Mühle 2
55758 Sensweiler-Mühle
+49 6781 3253
49.76972 | 7.20472

15.03. - 31.10.
HS: 18,00 €
Mehr Infos & Anfrage:
www.camping.info/18746

Baden in nat. Gewässer	k. A.
Pool/Hallenbad	4/8km
Spielplatz am Platz	✓
Hunde erlaubt	✓
Schatten	✗
WLAN	✗
Lebensmittel	1km
Brötchen	keine Angabe
Restaurant & Imbiss	✓
Ver-/Entsorgung Womo	✓
in den Ort	1km
Gesamt/Touristen	150/50
Mietunterkünfte	✓
Stellplätze vor Schranke	✗

3.8 GUT
4 Bewertungen

Lage	4.2
Ruhe	3.8
Sanitäranlagen	3.2
Sauberkeit Ø	4.5
Freundlichkeit	4.5
Stellplatz	4.0
Verpflegung	1.0
Freizeit	3.2
Preis-Leistung	3.5
Mietunterkünfte	-

Geeignet für

Kinder b. 6 J.	3.2
Kinder b. 12 J.	3.0
Kinder b. 18 J.	1.0
Paare	3.8
Senioren	3.5
Gäste mit Zelt	4.0
Gäste mit Hund	4.5

Empfohlene Aktivitäten
- Radfahren
- Wandern
- Angeln

13 Camping Gutenbornerhof

Gutenbornerhof
55232 Alzey-Weinheim
+49 6731 41400
49.73305 | 8.06718

01.04. - 30.10.
HS: 18,00 € | NS: 18,00 €
Mehr Infos & Anfrage:
www.camping.info/23085

Baden in nat. Gewässer	k. A.
Pool/Hallenbad	4/10km
Spielplatz am Platz	✓
Hunde erlaubt	✓
kein Schatten	✓
WLAN (gegen Gebühr)	✓
Lebensmittel	1km
Brötchen am Platz	✗
Restaurant	500m
Ver-/Entsorgung Womo	✓
in den Ort	200m
Touristenplätze	24
Mietunterkünfte	✗
Stellplätze vor Schranke	✗

4.6 SEHR GUT
33 Bewertungen

Lage	4.2
Ruhe	4.7
Sanitäranlagen	4.5
Sauberkeit Ø	4.9
Freundlichkeit	5.0
Stellplatz	4.2
Verpflegung	3.2
Freizeit	3.4
Preis-Leistung	4.9
Mietunterkünfte	-

Geeignet für

Kinder b. 6 J.	3.8
Kinder b. 12 J.	3.6
Kinder b. 18 J.	3.0
Paare	4.8
Senioren	4.9
Gäste mit Zelt	4.6
Gäste mit Hund	4.9

Empfohlene Aktivitäten
- Wandern
- Radfahren
- Entspannen

14 Camping am Königsberg

am Schwimmbad 1
67752 Wolfstein
+49 6304 4143
49.58056 | 7.61806

01.03. - 31.10.
HS: 27,00 € | NS: 23,00 €
Mehr Infos & online buchen:
www.camping.info/18875

Baden im Fluss am Platz	✓
Pool/Hallenbad	200m/15km
Spielplatz am Platz	✓
Hunde willkommen	✓
zur Hälfte Schatten	✓
WLAN (begrenzt gratis)	✓
Lebensmittel	2km
Brötchen am Platz	✓
Restaurant & Imbiss	✓
Ver-/Entsorgung Womo	✓
in den Ort	500m
Gesamt/Touristen	99/90
Mietunterkünfte	✓
Stellplätze vor Schranke	✗

4.7 SEHR GUT
67 Bewertungen

Lage	4.3
Ruhe	4.5
Sanitäranlagen	4.9
Sauberkeit Ø	4.9
Freundlichkeit	5.0
Stellplatz	4.5
Verpflegung	4.1
Freizeit	4.1
Preis-Leistung	4.6
Mietunterkünfte	4.4

Geeignet für

Kinder b. 6 J.	4.7
Kinder b. 12 J.	4.6
Kinder b. 18 J.	3.8
Paare	4.7
Senioren	4.8
Gäste mit Zelt	4.7
Gäste mit Hund	4.7

Empfohlene Aktivitäten
- Wandern
- Radfahren
- Entspannen

keine WOMOs ab 12 m;
keine Jugendgruppen

15 Campingplatz Gänsedell

Gänsedell 1
67697 Otterberg
49.50389 | 7.77167

keine Angabe
HS: 18,50 €
Mehr Infos & Anfrage:
www.camping.info/18871

Baden in nat. Gewässer	k. A.
Pool/Hallenbad	500m/8km
Spielplatz am Platz	✓
Hunde willkommen	✓
zur Hälfte Schatten	✓
WLAN (gratis)	teilweise
Lebensmittel	1km
Brötchen am Platz	nur HS
Restaurant/Imbiss	1km/✓
Ver-/Entsorgung Womo	✓
in den Ort	1km
Gesamt/Touristen	100/20
Mietunterkünfte	✓
Stellplätze vor Schranke	✗

3.5 GUT
4 Bewertungen

Lage	4.2
Ruhe	4.0
Sanitäranlagen	3.5
Sauberkeit Ø	3.0
Freundlichkeit	3.5
Stellplatz	3.2
Verpflegung	3.0
Freizeit	3.5
Preis-Leistung	4.2
Mietunterkünfte	-

Geeignet für

Kinder b. 6 J.	3.0
Kinder b. 12 J.	3.3
Kinder b. 18 J.	3.3
Paare	3.7
Senioren	3.0
Gäste mit Zelt	1.0
Gäste mit Hund	3.0

Empfohlene Aktivitäten
- Kultur
- Radfahren
- Wandern

16 Campingplatz Pfrimmtal

Pfrimmerhof 3
67729 Sippersfeld
+49 635 797 5380
49.55177 | 7.96254

01.03. - 30.11.
HS: 29,00 € | NS: 29,00 €
Mehr Infos & Anfrage:
www.camping.info/18874

Baden im Teich am Platz	✓
Pool/Hallenbad	10/20km
Spielplatz am Platz	✓
Hunde willkommen	✓
zur Hälfte Schatten	✓
WLAN (gegen Gebühr)	teilweise
Lebensmittel	2km
Brötchen am Platz	nur HS
Restaurant am P.	✓
Ver-/Entsorgung Womo	✓
in den Ort	2km
Gesamt/Touristen	200/80
Mietunterkünfte	✓
Stellplätze vor Schranke	✗

3.6 GUT
20 Bewertungen

Lage	4.2
Ruhe	4.5
Sanitäranlagen	3.4
Sauberkeit Ø	4.2
Freundlichkeit	4.1
Stellplatz	3.5
Verpflegung	3.1
Freizeit	3.9
Preis-Leistung	3.2
Mietunterkünfte	5.0

Geeignet für

Kinder b. 6 J.	3.6
Kinder b. 12 J.	3.0
Kinder b. 18 J.	2.8
Paare	4.2
Senioren	4.5
Gäste mit Zelt	4.2
Gäste mit Hund	3.8

Empfohlene Aktivitäten
- Wandern
- Radfahren
- Reiten

17 Campingplatz Am Gelterswoog

Am Gelterswoog 2
67661 Kaiserslautern
49.39425 | 7.69002

ganzjährig
HS: 19,00 € | NS: 16,00 €
Mehr Infos & Anfrage:
www.camping.info/23338

Baden im See am Platz	✓
Pool	500m
Spielplatz am Platz	✓
Hunde erlaubt	✓
viel Schatten	✓
WLAN	✗
Lebensmittel	✗
Brötchen am Platz	✗
Restaurant & Imbiss	✓
Ver-/Entsorgung Womo	✓
in den Ort	keine Angabe
Gesamt	keine Angabe
Mietunterkünfte	✗
Stellplätze vor Schranke	✗

- JETZT BEWERTEN!

Für diese Auswertung liegen leider noch nicht genügend Bewertungen vor.

Sei einer der Ersten, der diesen Campingplatz bewertet. Unter den Bewertern werden regelmäßig Gewinne verlost!

Mehr Infos dazu findest du in unserem allgemeinen Intro.

18 Camping-Freizeitzentrum Sägmühle

Sägmühle 1
67705 Trippstadt
+49 6306 92190
49.35138 | 7.78083

01.01. - 31.10.
16.12. - 31.12.
HS: 26,40 € | NS: 21,80 €
Mehr Infos & online buchen:
www.camping.info/18872

Baden im See am Platz	✓
Pool/Hallenbad	1/16km
Spielplatz am Platz	✓
Hunde erlaubt	✓
Schatten	✗
WLAN (gegen Gebühr)	teilweise
Lebensmittel	1km
Brötchen am Platz	nur HS
Restaurant am P.	✓
Ver-/Entsorgung Womo	✓
in den Ort	1km
Gesamt/Touristen	305/154
Mietunterkünfte	✓
Stellplätze vor Schranke	✗

3.4 GUT
67 Bewertungen

Lage	4.3
Ruhe	4.4
Sanitäranlagen	2.8
Sauberkeit Ø	3.2
Freundlichkeit	3.7
Stellplatz	3.5
Verpflegung	3.4
Freizeit	3.8
Preis-Leistung	3.3
Mietunterkünfte	3.2

Geeignet für

Kinder b. 6 J.	3.6
Kinder b. 12 J.	3.7
Kinder b. 18 J.	3.2
Paare	4.0
Senioren	4.2
Gäste mit Zelt	4.0
Gäste mit Hund	3.9

Empfohlene Aktivitäten
- Wandern
- Mountainbiking
- Entspannen

Karte auf Seite 518

Infos
Öffnungszeiten
Vergleichspreis
Link

Ausstattung
Freizeit
Campingplatz
Versorgung
Anzahl der Plätze

19 Camping Clausensee

*

67714 Waldfischbach-Burgalben
+49 6333 5744
49.27538 | 7.72115

01.01. - 25.11.
25.01. - 24.11.
HS: 30,00 € | NS: 26,00 €
Mehr Infos & Anfrage:
www.camping.info/26310

Baden im See am Platz	✓
Pool/Hallenbad	7km
Spielplatz am Platz	✓
Hunde willkommen	✓
zur Hälfte Schatten	✓
WLAN (gegen Gebühr)	✓
Lebensmittel	✓
Brötchen am Platz	✓
Restaurant & Imbiss	✓
Ver-/Entsorgung Womo	✓
in den Ort	7km
Gesamt/Touristen	200/120
Mietunterkünfte	✓
Stellplätze vor Schranke	✓

3.8 GUT
69 Bewertungen

Lage	4.3
Ruhe	4.0
Sanitäranlagen	3.4
Sauberkeit Ø	3.9
Freundlichkeit	4.0
Stellplatz	3.6
Verpflegung	3.5
Freizeit	4.0
Preis-Leistung	3.7
Mietunterkünfte	4.3

Geeignet für

Kinder b. 6 J.	4.3
Kinder b. 12 J.	4.3
Kinder b. 18 J.	4.1
Paare	4.2
Senioren	4.2
Gäste mit Zelt	4.2
Gäste mit Hund	4.2

Empfohlene Aktivitäten

- Wandern
- Schwimmen
- Radfahren

20 Camping Neudahner Weiher

*

Neudahner Weiher 5
66994 Dahn
+49 6391 13 26
49.1649 | 7.75419

ganzjährig
HS: 24,50 € | NS: 24,50 €
Mehr Infos & Anfrage:
www.camping.info/18865

Baden im See am Platz	✓
Pool & Hallenbad	✗
Spielplatz	✗
Hunde erlaubt	✓
Schatten	✗
WLAN	✓
Lebensmittel	3km
Brötchen am Platz	✓
Restaurant am P.	✓
Ver-/Entsorgung Womo	✓
in den Ort	2km
Gesamt/Touristen	120/60
Mietunterkünfte	✗
Stellplätze vor Schranke	✗

3.6 GUT
22 Bewertungen

Lage	4.3
Ruhe	4.3
Sanitäranlagen	3.7
Sauberkeit Ø	4.0
Freundlichkeit	4.1
Stellplatz	3.5
Verpflegung	2.9
Freizeit	4.0
Preis-Leistung	3.4
Mietunterkünfte	-

Geeignet für

Kinder b. 6 J.	1.8
Kinder b. 12 J.	1.9
Kinder b. 18 J.	2.3
Paare	4.0
Senioren	4.5
Gäste mit Zelt	4.2
Gäste mit Hund	3.9

Empfohlene Aktivitäten

- Wandern
- Radfahren
- Entspannen

21 Campingplatz Moosbachtal

*

Neudahner Weiher 12
66994 Dahn
49.1624 | 7.75171

ganzjährig
HS: 18,00 € | NS: 18,00 €
Mehr Infos & Anfrage:
www.camping.info/27061

Baden in nat. Gewässer	k. A.
Pool	3km
Spielplatz am Platz	✓
Hunde willkommen	✓
wenig Schatten	✓
WLAN	keine Angabe
Lebensmittel	3km
Brötchen am Platz	✗
Imbiss	✓
Ver-/Entsorgung Womo	✓
in den Ort	3km
Gesamt/Touristen	120/40
Mietunterkünfte	✓
Stellplätze vor Schranke	✓

3.4 GUT
5 Bewertungen

Lage	4.4
Ruhe	4.2
Sanitäranlagen	2.8
Sauberkeit Ø	3.3
Freundlichkeit	4.2
Stellplatz	3.6
Verpflegung	3.2
Freizeit	3.5
Preis-Leistung	3.8
Mietunterkünfte	3.0

Geeignet für

Kinder b. 6 J.	4.0
Kinder b. 12 J.	4.0
Kinder b. 18 J.	4.2
Paare	4.0
Senioren	4.2
Gäste mit Zelt	4.2
Gäste mit Hund	4.0

Empfohlene Aktivitäten

- Wandern
- Mountainbiking
- Entspannen

22 Waldcamping Schöntal

Schöntalstraße 11
66996 Ludwigswinkel
+49 6393 1793
49.07463 | 7.66063

01.05. - 30.09.
HS: 17,00 € | NS: 17,00 €
Mehr Infos & Anfrage:
www.camping.info/18867

Baden im Teich am Platz	✓
Pool & Hallenbad	✗
Spielplatz	250m
Hunde	✗
Schatten	✗
WLAN	keine Angabe
Lebensmittel	✗
Brötchen am Platz	✗
Restaurant & Imbiss	✗
Ver-/Entsorgung Womo	✗
in den Ort	250m
Gesamt/Touristen	150/40
Mietunterkünfte	✗
Stellplätze vor Schranke	✗

4.8 SEHR GUT
9 Bewertungen

Lage	4.8
Ruhe	4.8
Sanitäranlagen	4.9
Sauberkeit Ø	4.8
Freundlichkeit	4.7
Stellplatz	4.0
Verpflegung	3.9
Freizeit	3.9
Preis-Leistung	4.8
Mietunterkünfte	-

Geeignet für

Kinder b. 6 J.	3.8
Kinder b. 12 J.	4.4
Kinder b. 18 J.	4.0
Paare	4.4
Senioren	4.9
Gäste mit Zelt	4.8
Hunde n. erlaubt	-

Empfohlene Aktivitäten

- Wandern
- Entspannen
- Radfahren

Karte auf Seite 518

23 Camping am Königsweiher

Hauptstraße 2
66996 Schönau

49.06513 | 7.74711

ganzjährig
HS: 0,00 € | NS: 0,00 €
Mehr Infos & Anfrage: www.camping.info/18866

Baden im See am Platz	✓
Pool/Hallenbad	17km
Spielplatz	400m
Hunde erlaubt	✓
Schatten	✗
WLAN	✗
Lebensmittel	400m
Brötchen am Platz	✗
Restaurant	400m
Ver-/Entsorgung Womo	✗
in den Ort	300m
Gesamt	keine Angabe
Mietunterkünfte	✓
Stellplätze vor Schranke	✗

4.0 SEHR GUT – 11 Bewertungen

Lage	4.6
Ruhe	4.1
Sanitäranlagen	4.1
Sauberkeit Ø	4.6
Freundlichkeit	5.0
Stellplatz	3.7
Verpflegung	2.1
Freizeit	4.7
Preis-Leistung	4.4
Mietunterkünfte	5.0

Geeignet für

Kinder b. 6 J.	4.5
Kinder b. 12 J.	4.5
Kinder b. 18 J.	4.5
Paare	4.9
Senioren	4.5
Gäste mit Zelt	4.7
Gäste mit Hund	4.9

Empfohlene Aktivitäten

- Wandern
- Schwimmen
- Entspannen

24 Naturcampingplatz Am Berwartstein

Im Laichfeld 1
76891 Erlenbach bei Dahn
+49 173 6844532

49.10219 | 7.8644

29.03. - 03.11.
HS: 21,00 €
Mehr Infos & Anfrage: www.camping.info/25033

Baden im See	300m
Pool/Hallenbad	10km
Spielplatz am Platz	✓
Hunde willkommen	✓
zur Hälfte Schatten	✓
WLAN (gegen Gebühr)	✓
Lebensmittel	3km
Brötchen	keine Angabe
Restaurant & Imbiss	✗
Ver-/Entsorgung Womo	✗
in den Ort	1km
Gesamt/Touristen	160/65
Mietunterkünfte	✗
Stellplätze vor Schranke	✗

4.2 SEHR GUT – 8 Bewertungen

Lage	4.2
Ruhe	5.0
Sanitäranlagen	4.1
Sauberkeit Ø	4.8
Freundlichkeit	5.0
Stellplatz	3.8
Verpflegung	3.1
Freizeit	4.1
Preis-Leistung	4.5
Mietunterkünfte	-

Geeignet für

Kinder b. 6 J.	3.8
Kinder b. 12 J.	3.8
Kinder b. 18 J.	2.8
Paare	4.6
Senioren	4.6
Gäste mit Zelt	4.3
Gäste mit Hund	4.7

Empfohlene Aktivitäten

- Wandern
- Entspannen
- Radfahren

25 Camping Bethof

Am Bethof 1
76889 Vorderweidenthal
+49 6398 993011

49.12021 | 7.90041

24.03. - 04.11.
HS: 18,40 € | NS: 18,40 €
Mehr Infos & Anfrage: www.camping.info/18942

Baden im See	5km
Pool/Hallenbad	10km
Spielplatz am Platz	✓
Hunde erlaubt	✓
Schatten	✗
WLAN	✗
Lebensmittel	2km
Brötchen	keine Angabe
Restaurant am P.	✓
Ver-/Entsorgung Womo	✓
in den Ort	4km
Gesamt/Touristen	100/50
Mietunterkünfte	✓
Stellplätze vor Schranke	✗

4.2 SEHR GUT – 13 Bewertungen

Lage	4.4
Ruhe	4.9
Sanitäranlagen	4.4
Sauberkeit Ø	4.7
Freundlichkeit	4.7
Stellplatz	3.5
Verpflegung	4.1
Freizeit	3.8
Preis-Leistung	4.1
Mietunterkünfte	4.0

Geeignet für

Kinder b. 6 J.	4.1
Kinder b. 12 J.	3.8
Kinder b. 18 J.	2.9
Paare	4.6
Senioren	4.8
Gäste mit Zelt	4.8
Gäste mit Hund	5.0

Empfohlene Aktivitäten

- Wandern
- Entspannen
- Radfahren

Infos

- Öffnungszeiten
- Vergleichspreis
- Link

Ausstattung

- Freizeit
- Campingplatz
- Versorgung
- Anzahl der Plätze

26 Camping Der Naturfreunde

Victor-von-scheffel-straße 18
76855 Annweiler am Trifels

49.21574 | 7.97741

keine Angabe

keine Angabe
Mehr Infos & Anfrage:
www.camping.info/18941

Baden in nat. Gewässer	k. A.
Pool & Hallenbad	✗
Spielplatz	keine Angabe
Hunde	✗
Schatten	✗
WLAN	keine Angabe
Lebensmittel	k.A.
Brötchen	keine Angabe
Restaurant & Imbiss	✗
Ver-/Entsorgung Womo	✗
in den Ort	keine Angabe
Gesamt	keine Angabe
Mietunterkünfte	✗
Stellplätze vor Schranke	✗

4.0 SEHR GUT
12 Bewertungen

Lage	4.3
Ruhe	4.2
Sanitäranlagen	4.0
Sauberkeit Ø	4.7
Freundlichkeit	4.9
Stellplatz	3.7
Verpflegung	3.1
Freizeit	4.0
Preis-Leistung	4.1
Mietunterkünfte	-

Geeignet für

Kinder b. 6 J.	3.6
Kinder b. 12 J.	3.8
Kinder b. 18 J.	3.4
Paare	4.6
Senioren	4.4
Gäste mit Zelt	3.8
Hunde n. erlaubt	-

Empfohlene Aktivitäten

- Wandern
- Radfahren
- Entspannen

27 Camping im Klingbachtal

Klingener Straße
76831 Billigheim-Ingenheim
+49 6349 6145

49.13676 | 8.07225

01.04. - 31.10.

HS: 27,50 € | NS: 27,50 €
Mehr Infos & Anfrage:
www.camping.info/18940

Baden in nat. Gewässer	k. A.
Pool/Hallenbad	✓/7km
Spielplatz am Platz	✓
Hunde willkommen	✓
wenig Schatten	✓
WLAN	✓
Lebensmittel	1km
Brötchen am Platz	✓
Restaurant & Imbiss	✓
Ver-/Entsorgung Womo	✓
im Ort	✓
Touristenplätze	76
Mietunterkünfte	✓
Stellplätze vor Schranke	✓

4.3 SEHR GUT
62 Bewertungen

Lage	4.2
Ruhe	4.3
Sanitäranlagen	4.4
Sauberkeit Ø	4.6
Freundlichkeit	4.7
Stellplatz	4.3
Verpflegung	3.3
Freizeit	4.2
Preis-Leistung	4.2
Mietunterkünfte	4.0

Geeignet für

Kinder b. 6 J.	3.8
Kinder b. 12 J.	3.9
Kinder b. 18 J.	3.1
Paare	4.6
Senioren	4.6
Gäste mit Zelt	3.9
Gäste mit Hund	4.2

Empfohlene Aktivitäten

- Schwimmen
- Radfahren
- Wandern

28 Camping im Burgtal

Waldstraße 105
67157 Wachenheim
+49 6322 2689

49.4326 | 8.16337

15.03. - 10.11.

HS: 26,50 € | NS: 26,50 €
Mehr Infos & Anfrage:
www.camping.info/18869

Baden in nat. Gewässer	k. A.
Pool/Hallenbad	500m/5km
Spielplatz am Platz	✓
Hunde willkommen	✓
zur Hälfte Schatten	✓
WLAN	teilweise
Lebensmittel	1km
Brötchen am Platz	✗
Restaurant	500m
Ver-/Entsorgung Womo	✓
in den Ort	500m
Gesamt/Touristen	100/55
Mietunterkünfte	✗
Stellplätze vor Schranke	✗

3.9 GUT
38 Bewertungen

Lage	4.1
Ruhe	3.9
Sanitäranlagen	3.6
Sauberkeit Ø	4.4
Freundlichkeit	4.6
Stellplatz	3.7
Verpflegung	2.3
Freizeit	3.9
Preis-Leistung	4.1
Mietunterkünfte	-

Geeignet für

Kinder b. 6 J.	3.1
Kinder b. 12 J.	3.1
Kinder b. 18 J.	2.7
Paare	4.6
Senioren	4.6
Gäste mit Zelt	4.5
Gäste mit Hund	4.8

Empfohlene Aktivitäten

- Wandern
- Radfahren
- Entspannen

29 KNAUS Campingpark Bad Dürkheim

✱

In den Almen 1
67098 Bad Dürkheim
+49 6322 61356

49.47417 | 8.1925

ganzjährig

HS: 42,50 € | NS: 36,20 €
Mehr Infos & Anfrage:
www.camping.info/18868

Baden im See am Platz	✓
Pool/Hallenbad	2km
Spielplatz am Platz	✓
Hunde willkommen	✓
wenig Schatten	✓
WLAN (gegen Gebühr)	✓
Lebensmittel	✓
Brötchen am Platz	✓
Restaurant & Imbiss	✓
Ver-/Entsorgung Womo	✓
in den Ort	2km
Gesamt/Touristen	516/238
Mietunterkünfte	✓
Stellplätze vor Schranke	✓

3.8 GUT
371 Bewertungen

Lage	4.0
Ruhe	3.1
Sanitäranlagen	3.8
Sauberkeit Ø	3.8
Freundlichkeit	3.9
Stellplatz	4.0
Verpflegung	3.5
Freizeit	3.8
Preis-Leistung	3.3
Mietunterkünfte	4.0

Geeignet für

Kinder b. 6 J.	4.0
Kinder b. 12 J.	4.1
Kinder b. 18 J.	3.8
Paare	4.1
Senioren	4.1
Gäste mit Zelt	3.6
Gäste mit Hund	3.4

Empfohlene Aktivitäten

- Radfahren
- Wandern
- Schwimmen

weitere NS: 20.09. - 31.12.

Karte auf Seite 518

30 Camping "Blaue Adria"

Adriastraße
67122 Altrip
+49 6236 3831
49.42619 | 8.4677

Infos

Öffnungszeiten	01.04. - 30.09.
Vergleichspreis	HS: 14,70 € | NS: 14,70 €
Link	**Mehr Infos & Anfrage:** www.camping.info/23932

Ausstattung

Freizeit	Baden im See am Platz	✓
	Pool & Hallenbad	✗
	Spielplatz am Platz	✓
Campingplatz	Hunde erlaubt	✓
	Schatten	✗
	WLAN	keine Angabe
Versorgung	Lebensmittel	✗
	Brötchen am Platz	✓
	Restaurant & Imbiss	✗
	Ver-/Entsorgung Womo	✓
	in den Ort	1km
Anzahl der Plätze	Gesamt	200
	Mietunterkünfte	✗
	Stellplätze vor Schranke	✗

3.9 GUT
13 Bewertungen

Lage	4.2
Ruhe	4.0
Sanitäranlagen	2.8
Sauberkeit Ø	4.0
Freundlichkeit	4.6
Stellplatz	3.8
Verpflegung	3.0
Freizeit	3.8
Preis-Leistung	4.2
Mietunterkünfte	-

Geeignet für

Kinder b. 6 J.	4.2
Kinder b. 12 J.	4.3
Kinder b. 18 J.	4.7
Paare	4.8
Senioren	4.5
Gäste mit Zelt	4.6
Gäste mit Hund	5.0

Empfohlene Aktivitäten

- Schwimmen
- Entspannen
- Radfahren

31 Campingplatz Gut Thomashof

Gut Thomashof 1
67346 Speyer
06232 32249
49.343 | 8.441

Infos

Öffnungszeiten	01.04. - 30.09.
Vergleichspreis	keine Angabe
Link	**Mehr Infos & Anfrage:** www.camping.info/24507

Ausstattung

Freizeit	Baden in nat. Gewässer	k. A.
	Pool/Hallenbad	7/6km
	Spielplatz am Platz	✓
Campingplatz	Hunde willkommen	✓
	Schatten	✗
	WLAN	teilweise
Versorgung	Lebensmittel	5km
	Brötchen	keine Angabe
	Restaurant/Imbiss	2km
	Ver-/Entsorgung Womo	✗
	in den Ort	keine Angabe
Anzahl der Plätze	Gesamt	keine Angabe
	Mietunterkünfte	✓
	Stellplätze vor Schranke	✗

3.6 GUT
7 Bewertungen

Lage	3.7
Ruhe	4.2
Sanitäranlagen	3.5
Sauberkeit Ø	4.6
Freundlichkeit	4.8
Stellplatz	3.1
Verpflegung	1.8
Freizeit	3.0
Preis-Leistung	3.3
Mietunterkünfte	-

Geeignet für

Kinder b. 6 J.	1.8
Kinder b. 12 J.	2.0
Kinder b. 18 J.	1.5
Paare	3.2
Senioren	3.2
Gäste mit Zelt	4.0
Gäste mit Hund	-

Empfohlene Aktivitäten

- Angeln
- Radfahren
- Entspannen

32 Caravanpark am Technik Museum

Am Technik Museum 1
67346 Speyer
+49 6232 67100
49.31092 | 8.45052

Infos

Öffnungszeiten	ganzjährig
Vergleichspreis	HS: 22,00 € | NS: 22,00 €
Link	**Mehr Infos & Anfrage:** www.camping.info/22249

Ausstattung

Freizeit	Baden im See	2km
	Pool/Hallenbad	100m
	Spielplatz	200m
Campingplatz	Hunde willkommen	✓
	zur Hälfte Schatten	✓
	WLAN	✓
Versorgung	Lebensmittel	1km
	Brötchen am Platz	✓
	Restaurant & Imbiss	✓
	Ver-/Entsorgung Womo	✓
	im Ort	✓
Anzahl der Plätze	Touristenplätze	90
	Mietunterkünfte	✓
	Stellplätze vor Schranke	✗

3.4 GUT
41 Bewertungen

Lage	4.1
Ruhe	2.7
Sanitäranlagen	3.3
Sauberkeit Ø	3.2
Freundlichkeit	3.6
Stellplatz	3.1
Verpflegung	2.4
Freizeit	3.9
Preis-Leistung	3.1
Mietunterkünfte	1.7

Geeignet für

Kinder b. 6 J.	2.9
Kinder b. 12 J.	3.5
Kinder b. 18 J.	4.0
Paare	3.9
Senioren	3.7
Gäste mit Zelt	1.7
Gäste mit Hund	2.9

Empfohlene Aktivitäten

- Sightseeing
- Spazieren
- Kultur

SAARLAND

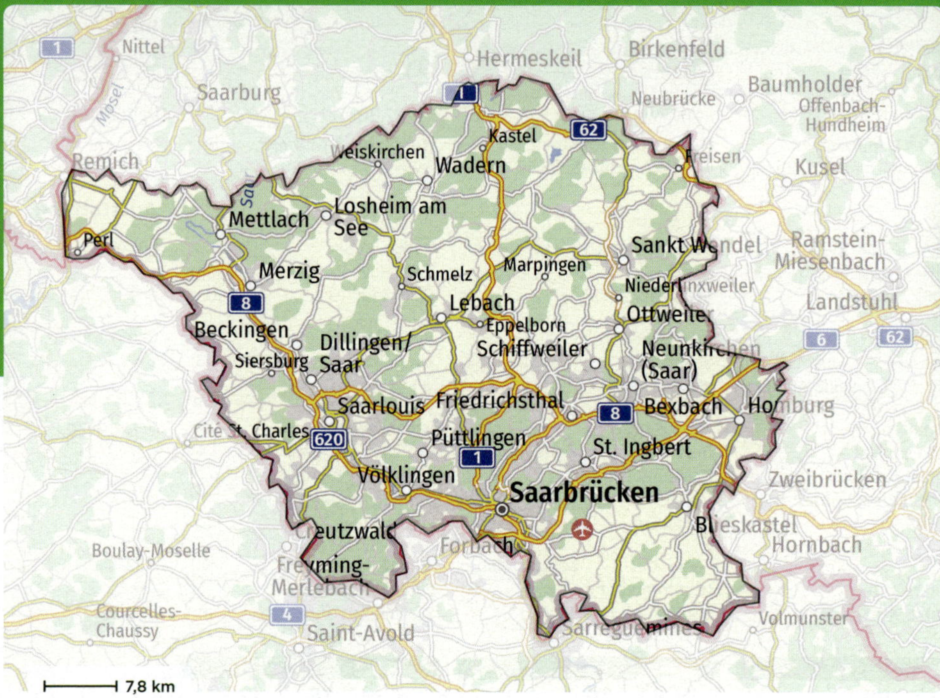

REGIONEN

TIPP DER REDAKTION

Camping Bostalsee

Saarland | Nr. 7 | Seite 537

Laut Gästen ideal geeignet zum:

Wandern

Radfahren

Schwimmen

3.9

KLEIN, ABER OHO!

Mit nur knapp 2.600 Quadratkilometern Fläche ist das Saarland das kleinste der deutschen Flächenländer. Dennoch steht die Region ihren Nachbarländern in puncto Attraktivität in nichts nach. Camper verbringen erholsame Tage im landschaftlich so reizvollen Saar-Nahe-Bergland und besuchen charmante Städte, historische Bauten oder die Kulturdenkmäler, die von der langen Geschichte des Bergbaus zeugen.

SAARSCHLEIFE UND EISENWERK

Das Wahrzeichen des Bundeslandes ist unbestritten die Saarschleife zwischen den Orten Merzig und Mettlach. Zehn Kilometer legt die Saar in diesem Bereich zurück, während die Luftlinie nur etwa zwei Kilometer beträgt. Vom Aussichtspunkt Cloef bieten sich atemberaubende Blicke auf das imposante Naturdenkmal – fast 200 Meter über dem Fluss wird die Kraft des Wassers mehr als deutlich. Ein Highlight der besonderen Art ist auch das ehemalige Eisenwerk in Völklingen. Die Industrieanlage war einst eine der modernsten Stahlproduktionsstätten Europas und wurde als wichtiges Denkmal für die Geschichte der Roheisenerzeugung von der UNESCO zum Weltkulturerbe ernannt. Das Areal begeistert mit

Erlebnisort Reden © Klaus Peter Kappest

seiner gigantischen Stahlarchitektur und gewährt auf dem rund sieben Kilometer langen Rundweg faszinierende Einblicke in die Welt der Stahlverarbeitung. Das ehemalige Rohstofflager, die imposanten Hochöfen, die Kokerei, die Gebläsehalle und das ScienceCenter Ferrodrom lassen keine Fragen offen. Dank wechselnder Ausstellungen, Konzerte und Veranstaltungen ist die Völklinger Hütte auch ein wichtiges Kulturzentrum der Region.

Europäischer Kulturpark Reinheim-Bliesbruck
© Klaus Peter Kappest

KLEINE STÄDTCHEN UND LÄSSIGE HAUPTSTADT

Saarbrücken ist Landeshauptstadt und die einzige Großstadt des Saarlandes. Seinen Gästen präsentiert sich die Stadt nahe der französischen Grenze mit einem erfrischenden Mix aus modernen und historischen Gebäuden. Wahrzeichen ist das barocke Schloss, von dessen Mauer sich ein schöner Ausblick auf die Stadt bietet. In den altehrwürdigen Hallen ist das Historische Museum Saar untergebracht, von dem aus die unterirdische Burganlage besichtigt werden kann. Am anderen Ufer der Saar lockt die Fröschengasse, die mit ihren historischen Handwerkerhäusern im barocken Stil und den ansprechenden Läden zum Bummeln einlädt. Nur rund 30 Kilometer entfernt liegt das besonders reizvolle Städtchen Ottweiler: Die kleine Altstadt begeistert mit zahlreichen Bauwerken aus der Renaissance und dem Barock. Einen Besuch lohnt das originelle Schulmuseum, in

Keltischer-Ringwall © Tourismus Zentrale Saarland

Die Saarschleife am frühen Morgen © Eike Duboi

dem über 1.000 Jahre Schulgeschichte unterhaltsam aufbereitet wurden. Französisches Flair erleben Urlauber in Saarlouis, das einst vom Sonnenkönig Louis XIV. gegründet wurde. Die Festungsstadt lädt mit historischen Bauwerken wie der Ludwigskirche oder der Kommandantur sowie seiner charmanten Altstadt zum Verweilen ein.

NATUR PUR IM SAARLAND

Durch das Saarland verläuft einer der schönsten Wanderwege Deutschlands. Der Saar-Hunsrück-Steig führt auf einer Strecke von 410 Kilometern von Perl am Moselgrenzübergang bis nach Boppard in Rheinland-Pfalz. Entlang der Strecke dürfen sich Wanderbegeisterte auf herrliche Naturlandschaften freuen: Waldreiche Höhenzüge, eindrucksvolle Täler, weite Wiesenlandschaften und idyllische Flussläufe versprechen unvergessliche Stunden in einer faszinierenden Umgebung. Im UNESCO-Biosphärenreservat Bliesgau finden Naturliebhaber Ruhe und Erholung. Die Region im Südosten des Bundeslandes beheimatet eine Vielzahl an Tier- und Pflanzenarten. Zertifizierte Naturführer nehmen Gäste mit in die abwechslungsreiche Landschaft aus Streuobstwiesen, Trockenrasen, Buchenwäldern und Auenlandschaften. Mit etwas Glück kann dabei sogar der vom Aussterben bedrohte Steinkauz entdeckt werden. Neben der ursprünglichen Natur bietet die Region mehrere Kulturdenkmäler wie das Römermuseum Schwarzenacker, die historischen Baudenkmäler an der Barockstraße SaarPfalz oder die Schlossberghöhlen in Homburg.

❶ Saarland

S. 504
S. 490
S. 518
Echternach
Schweich
Morbach
Trier
Mosel
Thalfang
Allenbach
Wasserbillig
Konz
Grevenmacher
Idar-Oberstein
Reinsfeld
Hermeskeil
Nittel
Birkenfeld
Saarburg
Baumholder
Neubrücke
1/2
5
7
Kastel
3
Weiskirchen
Wadern
Freisen
Kusel
Losheim am See
6
A
B
4
Mettlach
Perl
Sankt Wendel
Merzig
Marpingen
Glan-Münchweiler
Schmelz
8
Lebach
Niederlinxweiler
Eppelborn
Ottweiler
Waldmohr
Beckingen
Siersburg
Dillingen/Saar
Schiffweiler
E
Neunkirchen (Saar)
12
Bexbach
9
Saarlouis
Quierschied
Sulzbach/Saar
Homburg
Cité St. Charles
10
Püttlingen
13
St. Ingbert
Kirkel
C
Völklingen
D
Saarbrücken
Zweibrücken
Blieskastel
11
Creutzwald
Forbach
Boulay-Moselle
Hornbach
Freyming-Merlebach
Courcelles-Chaussy
Sarreguemines
Volmunster
Bitche
Bining
Rémilly
Sarre-Union
5,4 km
FREIZEITTIPPS
A Römische Villa Borg, Perl-Borg
B Saarschleife, Mettlach
C UNESCO-Weltkulturerbe Völklinger Hütte
D Ludwigskirche, Saarbrücken
E Gondwana – Das Praehistorium, Schiffweiler

	Platz	Seite	Bewertung	Öffnungszeiten	
1	Mosel-Camping-Dreiländereck	536	3.4	saisonal	
2	Camping Mosella am Rothaus	536	3.7	saisonal	
3	LandGut Girtenmühle	536	4.7	saisonal	
4	Camping Losheim am See	536	3.2	ganzjährig	Wintercamping, Ecocamping
5	Schwarzwälder Hochwald	537	3.9	ganzjährig	Wintercamping
6	Campingplatz Weierweiler Mühle	537	4.5	k. A.	
7	Campingplatz Bostalsee	537	3.9	ganzjährig	Wintercamping, Ecocamping
8	Theeltal-Camping Lebach	538	5.0	ganzjährig	Wintercamping
9	Campingplatz "Dr. Ernst Dadder"	538	3.9	saisonal	
10	Campingplatz Gemeinde Ensdorf	538	-	k. A.	
11	Camping am Spicherer Berg	539	3.5	saisonal	
12	Camping Volkssonnengarten	539	3.3	k. A.	Wintercamping
13	Caravanplatz Mühlenweiher	539	4.2	ganzjährig	Wintercamping

Wintercamping FKK Textilfrei (ganz/teilweise) Ecocamping Award Onlinebuchung

1 Mosel-Camping-Dreiländereck

Zur Moselbrücke 15
66706 Perl-Nennig
+49 6866 322
49.54207 | 6.37117

01.04. - 15.10.
HS: 19,40 € | NS: 17,90 €
Mehr Infos & Anfrage:
www.camping.info/18856

Baden im Fluss am Platz	✓
Pool/Hallenbad	1/8km
Spielplatz	700m
Hunde willkommen	✓
wenig Schatten	✓
WLAN (gegen Gebühr)	✓
Lebensmittel	700m
Brötchen am Platz	✓
Restaurant/Imbiss	✓/300m
Ver-/Entsorgung Womo	✓
in den Ort	300m
Gesamt/Touristen	110/45
Mietunterkünfte	✗
Stellplätze vor Schranke	✓

3.4 GUT
19 Bewertungen

Lage	4.2
Ruhe	3.6
Sanitäranlagen	2.2
Sauberkeit Ø	2.9
Freundlichkeit	4.0
Stellplatz	3.4
Verpflegung	2.8
Freizeit	3.4
Preis-Leistung	3.5
Mietunterkünfte	-

Geeignet für

Kinder b. 6 J.	3.0
Kinder b. 12 J.	3.1
Kinder b. 18 J.	3.2
Paare	3.8
Senioren	3.7
Gäste mit Zelt	3.7
Gäste mit Hund	3.3

Empfohlene Aktivitäten

- Radfahren
- Wandern
- Angeln

2 Camping Mosella am Rothaus

Zur Moselbrücke 2 A
66706 Perl - Nennig
+49 6866 510
49.54392 | 6.37344

15.03. - 31.10.
HS: 17,50 € | NS: 17,50 €
Mehr Infos & Anfrage:
www.camping.info/24838

Baden im See	3km
Pool/Hallenbad	1/7km
Spielplatz	1km
Hunde willkommen	✓
zur Hälfte Schatten	✓
WLAN (gegen Gebühr)	✓
Lebensmittel	1km
Brötchen am Platz	✓
Restaurant/Imbiss	100m
Ver-/Entsorgung Womo	✓
in den Ort	300m
Gesamt/Touristen	140/60
Mietunterkünfte	✓
Stellplätze vor Schranke	✗

3.7 GUT
10 Bewertungen

Lage	4.5
Ruhe	3.4
Sanitäranlagen	3.3
Sauberkeit Ø	3.9
Freundlichkeit	4.1
Stellplatz	3.8
Verpflegung	3.0
Freizeit	3.6
Preis-Leistung	4.1
Mietunterkünfte	5.0

Geeignet für

Kinder b. 6 J.	2.7
Kinder b. 12 J.	2.9
Kinder b. 18 J.	2.9
Paare	3.9
Senioren	4.1
Gäste mit Zelt	3.7
Gäste mit Hund	4.3

Empfohlene Aktivitäten

- Radfahren
- Wandern
- Motorboot

3 LandGut Girtenmühle

Girtenmühle 1
66679 Losheim-Britten
+49 (0) 6872 4089581
49.5324 | 6.68799

01.04. - 30.09.
HS: 26,00 € | NS: 26,00 €
Mehr Infos & Anfrage:
www.camping.info/26906

Baden im Fluss am Platz	✓
Pool & Hallenbad	✗
Spielplatz	✗
Hunde willkommen	✓
zur Hälfte Schatten	✓
WLAN	✓
Lebensmittel	5km
Brötchen am Platz	✓
Restaurant & Imbiss	✓
Ver-/Entsorgung Womo	✓
in den Ort	1km
Touristenplätze	80
Mietunterkünfte	✓
Stellplätze vor Schranke	✗

4.7 SEHR GUT
3 Bewertungen

Lage	4.7
Ruhe	4.7
Sanitäranlagen	3.3
Sauberkeit Ø	4.3
Freundlichkeit	5.0
Stellplatz	4.3
Verpflegung	4.3
Freizeit	4.3
Preis-Leistung	4.0
Mietunterkünfte	-

Geeignet für

Kinder b. 6 J.	3.5
Kinder b. 12 J.	5.0
Kinder b. 18 J.	5.0
Paare	5.0
Senioren	5.0
Gäste mit Zelt	5.0
Gäste mit Hund	5.0

Empfohlene Aktivitäten

- Wandern
- Mountainbiking
- Radfahren

4 Camping Losheim am See

Zum Stausee 210
66679 Losheim
+49 6872 4770
49.52389 | 6.72917

ganzjährig
HS: 23,50 € | NS: 18,50 €
Mehr Infos & Anfrage:
www.camping.info/18854

Baden im See am Platz	✓
Hallenbad	10km
Spielplatz am Platz	✓
Hunde willkommen	✓
zur Hälfte Schatten	✓
WLAN	✓
Lebensmittel	50m
Brötchen am Platz	nur HS
Restaurant & Imbiss	✓
Ver-/Entsorgung Womo	✓
in den Ort	2km
Gesamt/Touristen	730/430
Mietunterkünfte	✓
Stellplätze vor Schranke	✗

3.2 GUT
60 Bewertungen

Lage	4.2
Ruhe	3.2
Sanitäranlagen	2.8
Sauberkeit Ø	3.0
Freundlichkeit	3.4
Stellplatz	3.3
Verpflegung	2.9
Freizeit	3.8
Preis-Leistung	3.5
Mietunterkünfte	3.4

Geeignet für

Kinder b. 6 J.	3.5
Kinder b. 12 J.	3.7
Kinder b. 18 J.	3.5
Paare	3.6
Senioren	3.5
Gäste mit Zelt	3.5
Gäste mit Hund	4.0

Empfohlene Aktivitäten

- Schwimmen
- Wandern
- Radfahren

Karte auf Seite 534

	5	6	7
	Schwarzwälder Hochwald	**Campingplatz Weierweiler Mühle**	**Campingplatz Bostalsee**
	✱		✱
	Zum Campingplatz 10, 66709 Weiskirchen, +49 6876 366	Dorfstraße 2, 66709 Weierweiler, +49 6874 845	Am Campingplatz 1, 66625 Nohfelden-Bosen, +49 6852 92333
	49.564 | 6.8138	49.53133 | 6.81741	49.56081 | 7.06063
Infos			
Öffnungszeiten	ganzjährig	keine Angabe	ganzjährig
Vergleichspreis	HS: 21,80 € | NS: 21,80 €	keine Angabe	HS: 32,00 € | NS: 20,00 €
Link	**Mehr Infos & Anfrage:** www.camping.info/18857	**Mehr Infos & Anfrage:** www.camping.info/26507	**Mehr Infos & Anfrage:** www.camping.info/18851
Ausstattung			
Freizeit	Baden im See 300m	Baden in nat. Gewässer k. A.	Baden im See 500m
	Pool/Hallenbad 300/500m	Pool & Hallenbad ✗	Pool/Hallenbad 3km
	Spielplatz am Platz ✓	Spielplatz keine Angabe	Spielplatz am Platz ✓
Campingplatz	Hunde erlaubt ✓	Hunde ✗	Hunde willkommen ✓
	Schatten ✗	Schatten ✗	zur Hälfte Schatten ✓
	WLAN ✓	WLAN keine Angabe	WLAN (begrenzt gratis) ✓
Versorgung	Lebensmittel 1km	Lebensmittel k.A.	Lebensmittel ✓
	Brötchen am Platz nur HS	Brötchen keine Angabe	Brötchen am Platz ✓
	Restaurant am P. ✓	Restaurant & Imbiss ✗	Restaurant & Imbiss ✓
	Ver-/Entsorgung Womo ✓	Ver-/Entsorgung Womo ✗	Ver-/Entsorgung Womo ✓
	in den Ort 1km	in den Ort keine Angabe	in den Ort 1km
Anzahl der Plätze	Gesamt/Touristen 212/38	Gesamt keine Angabe	Gesamt/Touristen 438/100
	Mietunterkünfte ✗	Mietunterkünfte ✗	Mietunterkünfte ✓
	Stellplätze vor Schranke ✗	Stellplätze vor Schranke ✗	Stellplätze vor Schranke ✓

	5	6	7
Bewertung	3.9 GUT, 17 Bewertungen	4.5 SEHR GUT, 4 Bewertungen	3.9 GUT, 69 Bewertungen
Lage	4.4	4.8	4.1
Ruhe	4.8	5.0	3.3
Sanitäranlagen	4.2	4.5	4.4
Sauberkeit Ø	4.2	5.0	4.2
Freundlichkeit	4.5	5.0	4.4
Stellplatz	4.0	4.5	3.9
Verpflegung	3.2	2.0	3.6
Freizeit	3.4	3.7	4.3
Preis-Leistung	4.0	5.0	4.1
Mietunterkünfte	-	-	3.5
Geeignet für			
Kinder b. 6 J.	2.8	4.5	4.2
Kinder b. 12 J.	2.8	4.5	4.3
Kinder b. 18 J.	2.7	4.5	4.0
Paare	4.4	4.8	4.0
Senioren	4.4	4.5	3.8
Gäste mit Zelt	3.9	4.7	4.3
Gäste mit Hund / Hunde n. erlaubt	Gäste mit Hund 4.0	Hunde n. erlaubt -	Gäste mit Hund 4.4
Empfohlene Aktivitäten	Wandern, Entspannen, Mountainbiking	Wandern, Entspannen, Radfahren	Radfahren, Wandern, Schwimmen

ECO CAMPING

8 Theeltal-Camping Lebach

✻

Dillinger Straße 81
66822 Lebach
+49 6881 2764

49.41083 | 6.91138

ganzjährig

HS: 12,60 €

Mehr Infos & Anfrage:
www.camping.info/18861

Baden in nat. Gewässer	k. A.
Pool/Hallenbad	6/2km
Spielplatz am Platz	✓
Hunde erlaubt	✓
Schatten	✗
WLAN	✗
Lebensmittel	2km
Brötchen	keine Angabe
Imbiss	2km
Ver-/Entsorgung Womo	✗
in den Ort	keine Angabe
Gesamt/Touristen	75/20
Mietunterkünfte	✗
Stellplätze vor Schranke	✗

5.0 AUSGEZEICHNET
3 Bewertungen

Lage	4.3
Ruhe	5.0
Sanitäranlagen	5.0
Sauberkeit Ø	4.7
Freundlichkeit	5.0
Stellplatz	4.7
Verpflegung	4.5
Freizeit	3.3
Preis-Leistung	5.0
Mietunterkünfte	-

Geeignet für

Kinder b. 6 J.	5.0
Kinder b. 12 J.	5.0
Kinder b. 18 J.	5.0
Paare	5.0
Senioren	5.0
Gäste mit Zelt	5.0
Gäste mit Hund	5.0

Empfohlene Aktivitäten

- Wandern
- Entspannen
- Kulinarik

9 Campingplatz "Dr. Ernst Dadder"

Marschall-Ney-Weg 2
66740 Saarlouis
+49 6831 3691

49.31732 | 6.74032

15.03. - 13.10.

keine Angabe

Mehr Infos & Anfrage:
www.camping.info/18858

Baden in nat. Gewässer	k. A.
Pool & Hallenbad	✗
Spielplatz	keine Angabe
Hunde willkommen	✓
wenig Schatten	✓
WLAN	keine Angabe
Lebensmittel	k.A.
Brötchen	keine Angabe
Restaurant & Imbiss	✗
Ver-/Entsorgung Womo	✓
in den Ort	1km
Gesamt/Touristen	90/50
Mietunterkünfte	✗
Stellplätze vor Schranke	✗

3.9 GUT
19 Bewertungen

Lage	4.4
Ruhe	4.4
Sanitäranlagen	4.5
Sauberkeit Ø	4.7
Freundlichkeit	4.6
Stellplatz	3.9
Verpflegung	2.6
Freizeit	4.1
Preis-Leistung	3.9
Mietunterkünfte	-

Geeignet für

Kinder b. 6 J.	4.0
Kinder b. 12 J.	3.8
Kinder b. 18 J.	3.5
Paare	4.6
Senioren	4.7
Gäste mit Zelt	4.0
Gäste mit Hund	4.1

Empfohlene Aktivitäten

- Radfahren
- Sightseeing
- Entspannen

10 Campingplatz Gemeinde Ensdorf

Prälat-Anheier-Straße 55
66806 Ensdorf

49.3118 | 6.79086

keine Angabe

keine Angabe

Mehr Infos & Anfrage:
www.camping.info/28157

Baden in nat. Gewässer	k. A.
Pool & Hallenbad	✗
Spielplatz	keine Angabe
Hunde	✗
Schatten	✗
WLAN	keine Angabe
Lebensmittel	k.A.
Brötchen	keine Angabe
Restaurant & Imbiss	✗
Ver-/Entsorgung Womo	✗
in den Ort	keine Angabe
Gesamt	keine Angabe
Mietunterkünfte	✗
Stellplätze vor Schranke	✗

- JETZT BEWERTEN!

Für diese Auswertung liegen leider noch nicht genügend Bewertungen vor.

Sei einer der Ersten, der diesen Campingplatz bewertet. Unter den Bewertern werden regelmäßig Gewinne verlost!

Mehr Infos dazu findest du in unserem allgemeinen Intro.

Karte auf Seite 534

11 Camping am Spicherer Berg

Spicherer Weg 10
66119 Saarbrücken
+49 681 51780
49.21 | 6.975

Infos	
Öffnungszeiten	19.03. - 15.10.
Vergleichspreis	HS: 24,00 € | NS: 24,00 €
Link	**Mehr Infos & Anfrage:** www.camping.info/18846

Ausstattung		
Freizeit	Baden in nat. Gewässer	k. A.
	Pool/Hallenbad	2km
	Spielplatz	keine Angabe
Campingplatz	Hunde erlaubt	✓
	Schatten	✗
	WLAN	✗
Versorgung	Lebensmittel	1km
	Brötchen	keine Angabe
	Restaurant/Imbiss	500m/✓
	Ver-/Entsorgung Womo	✗
	in den Ort	keine Angabe
Anzahl der Plätze	Gesamt/Touristen	130/50
	Mietunterkünfte	✗
	Stellplätze vor Schranke	✓

3.5 GUT
17 Bewertungen

Lage	3.3
Ruhe	3.5
Sanitäranlagen	2.8
Sauberkeit Ø	3.9
Freundlichkeit	4.7
Stellplatz	3.2
Verpflegung	3.3
Freizeit	3.1
Preis-Leistung	3.5
Mietunterkünfte	-

Geeignet für

Kinder b. 6 J.	3.4
Kinder b. 12 J.	3.2
Kinder b. 18 J.	2.9
Paare	4.0
Senioren	4.1
Gäste mit Zelt	4.2
Gäste mit Hund	4.4

Empfohlene Aktivitäten

- Sightseeing
- Kultur
- Wandern

12 Camping Volkssonnengarten

✻

Kirkeler Straße
66539 Neunkirchen
+49 160 94 75 36 13
49.32737 | 7.19447

Infos	
Öffnungszeiten	keine Angabe
Vergleichspreis	HS: 14,00 €
Link	**Mehr Infos & Anfrage:** www.camping.info/18850

Ausstattung		
Freizeit	Baden in nat. Gewässer	k. A.
	Pool/Hallenbad	500m
	Spielplatz am Platz	✓
Campingplatz	Hunde willkommen	✓
	viel Schatten	✓
	WLAN	✓
Versorgung	Lebensmittel	500m
	Brötchen	keine Angabe
	Imbiss	500m
	Ver-/Entsorgung Womo	✓
	in den Ort	1km
Anzahl der Plätze	Gesamt	keine Angabe
	Mietunterkünfte	✗
	Stellplätze vor Schranke	✓

- JETZT BEWERTEN!

Für diese Auswertung liegen leider noch nicht genügend Bewertungen vor.

Sei einer der Ersten, der diesen Campingplatz bewertet. Unter den Bewertern werden regelmäßig Gewinne verlost!

Mehr Infos dazu findest du in unserem allgemeinen Intro.

13 Caravanplatz Mühlenweiher

✻

Unnerweg 5c
66459 Kirkel
+49 6849 1810555
49.28189 | 7.2294

Infos	
Öffnungszeiten	ganzjährig
Vergleichspreis	HS: 22,50 € | NS: 20,00 €
Link	**Mehr Infos & Anfrage:** www.camping.info/18848

Ausstattung		
Freizeit	Baden im Teich am Platz	✓
	Pool/Hallenbad	✓/8km
	Spielplatz am Platz	✓
Campingplatz	Hunde willkommen	✓
	zur Hälfte Schatten	✓
	WLAN	✓
Versorgung	Lebensmittel	500m
	Brötchen am Platz	nur HS
	Restaurant & Imbiss	✓
	Ver-/Entsorgung Womo	✓
	in den Ort	1km
Anzahl der Plätze	Gesamt/Touristen	115/35
	Mietunterkünfte	✗
	Stellplätze vor Schranke	✓

4.2 SEHR GUT
47 Bewertungen

Lage	4.5
Ruhe	4.5
Sanitäranlagen	3.8
Sauberkeit Ø	4.3
Freundlichkeit	4.8
Stellplatz	4.2
Verpflegung	4.3
Freizeit	4.2
Preis-Leistung	4.5
Mietunterkünfte	-

Geeignet für

Kinder b. 6 J.	4.4
Kinder b. 12 J.	4.3
Kinder b. 18 J.	3.6
Paare	4.6
Senioren	4.7
Gäste mit Zelt	4.6
Gäste mit Hund	4.7

Empfohlene Aktivitäten

- Schwimmen
- Wandern
- Entspannen

BADEN-WÜRTTEMBERG

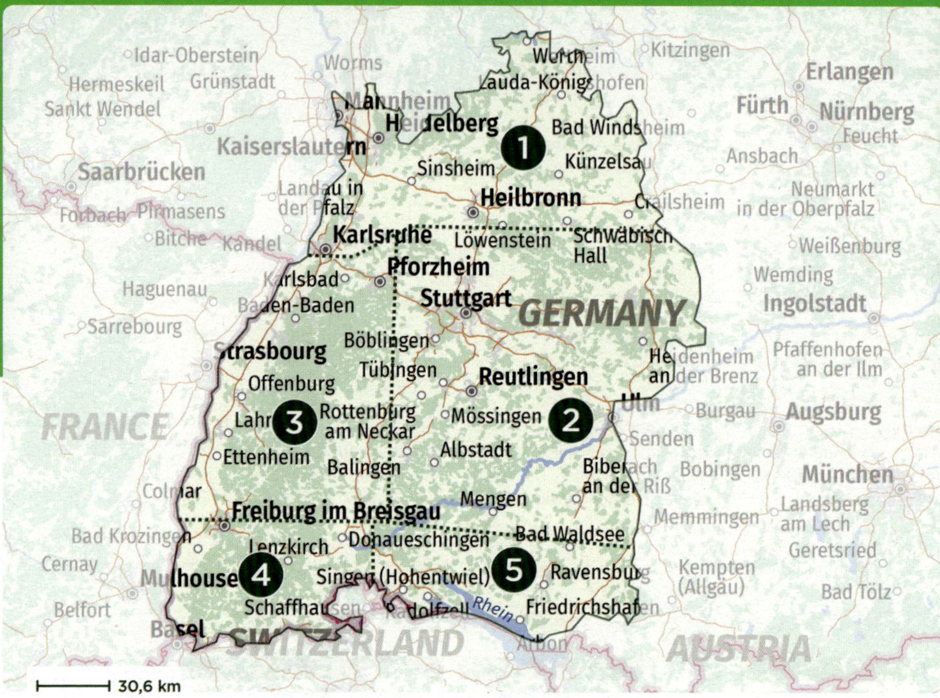

REGIONEN

TIPP DER REDAKTION

Camping Paul Walther

Schwäbische Alb | Nr. 21 | Seite 570

Laut Gästen ideal geeignet zum:

- Entspannen
- Wandern
- Radfahren

4.3

DAS „CAMPING-LÄNDLE"

Insel Mainau © Mainau GmbH

Das „Ländle" im Südwesten Deutschlands zählt zu Recht zu den attraktivsten Campingregionen Deutschlands. Mit seinen vielfältigen Landschafts- und Kulturregionen macht Baden-Württemberg Naturliebhaber, Aktivurlauber und Genussmenschen glücklich. Interessante Städte wie Stuttgart oder Mannheim begeistern sowohl mit einem aufregenden Nachtleben, tollen Shopping-Möglichkeiten und hochkarätigen Museen, als auch mit Schlemmer-Geheimtipps in Form von gemütlichen Restaurants und modernen Cafés.

Sommerwiese im Hochschwarzwald
© Tourismus Marketing GmbH Baden-Württemberg

Sasbachwalden © Steffen Egly

WO BADEN-WÜRTTEMBERG AM SCHÖNSTEN IST

Eine der bekanntesten Camping-Destinationen ist der Schwarzwald, der sich von Karlsruhe bis an die Grenze zur Schweiz erstreckt. Deutschlands höchstes Mittelgebirge, die Heimat der Kuckucksuhr, präsentiert sich reizvoll und abwechslungsreich mit dichten Wäldern, tiefen Schluchten und Wasserfällen. Ein tausende Kilometer langes Wanderwegenetz verbindet die zahlreichen Kurorte und im Winter finden Skifahrer hier ideale Bedingungen vor. Klettern und Kanufahren zählen in der Schwäbischen Alb mit ihren schroffen Felsen zu den beliebtesten Outdoor-Aktivitäten; außerdem gibt es mehr als 2.000 Höhlen zu erkunden. Und die Staufer und Hohenzollern haben mit den weithin sichtbaren Burgen und Schlössern unübersehbare Spuren im ganzen Land hinterlassen.

Ganz im Süden Baden-Württembergs breitet sich vor der Kulisse der Alpen das „schwäbische Meer" aus: Der Bodensee ist ein Camping-Hotspot, in kaum einer Region tummeln sich im Sommer mehr Camper als hier. Das Eldorado für Wassersportler verströmt an seinen Ufern in Orten wie Meersburg oder Lindau beinahe mediterranes Flair. Dank der vielen Ausflugsziele – darunter die Blumeninsel Mainau und die 4.000 Jahre alten Pfahlbausiedlungen in Unteruhldingen – kommt in der Bodenseeregion nie Langeweile auf. Erholung pur verspricht das liebliche Heilbronner Land im nördlichen Baden-Württemberg. In Deutschlands Rotweinregion Nr. 1 wechseln sich bewaldete Höhenzüge mit Terrassenweinbergen ab. Nach einer Wanderung, Radtour oder Golf-Partie laden traditionelle Wirtschaften in schmucken Fachwerkdörfern zum geselligen Zusammensein ein.

STÄDTE FÜR JEDEN GESCHMACK

In der Landeshauptstadt Stuttgart trifft herrschaftliche Architektur auf Weinberge, die bis ins Zentrum der Stadt der tausend Hügel reichen. Als Traditionssitz großer deutscher Autobauer besitzt „Schtuagerd", wie die Einheimischen sagen, das Mercedes-Benz-Museum und ein Porsche-Museum. Im SI-Centrum lassen sich Musical-Fans von weltbekannten Produktionen und spektakulären Bühnenshows in ihren Bann ziehen.

In Heidelberg wandelt man auf den Spuren der deutschen Romantik. Die Alte Brücke, die hoch über der Altstadt thronende Schlossruine und verwinkelte Gassen machen die prestigereiche Universitätsstadt zur Perle des Neckartals.

Ebenso liebenswert mutet die Innenstadt von Freiburg im Breisgau an. Die Wahrzeichen der Studentenstadt sind die kleinen „Bächle" im historischen Zentrum und ihr Hausberg Schauinsland. In unmittelbarer Umgebung finden sich einige hübsche Campingplätze. In Baden-Baden am Fuße des Schwarzwalds tragen mehrere Heilbäder, das Festspielhaus und das Casino zum mondänen Charakter der Kurstadt bei. Erkennungszeichen von Mannheim, der drittgrößten Stadt Baden-Württembergs, ist die Aufteilung des historischen Kerns in Quadrate. Hier, zwischen Rhein und Neckar,

Sasbachwalden © Steffen Egly

wo das Spaghetti-Eis erfunden wurde, flaniert man durch die älteste und größte Fußgängerzone Deutschlands.

NICHT VERPASSEN

Zu einem perfekten Urlaub in Baden-Württemberg gehört ein Besuch im Europapark Rust: Auf 95 Hektar bietet er in 14 Themenbereichen Platz für mehr als 100 Attraktionen und faszinierende Shows. Ebenfalls nicht fehlen darf ein gutes Glas Wein aus Baden, genau wie regionale Spezialitäten wie Käsespätzle, Maultaschen oder fangfrische Felchen aus dem Bodensee.

Burg Hohenzollern auf der Schwäbischen Alb im Winter © Tourismus Marketing GmbH

BADEN-WÜRTTEMBERG

1 Rhein-Neckar

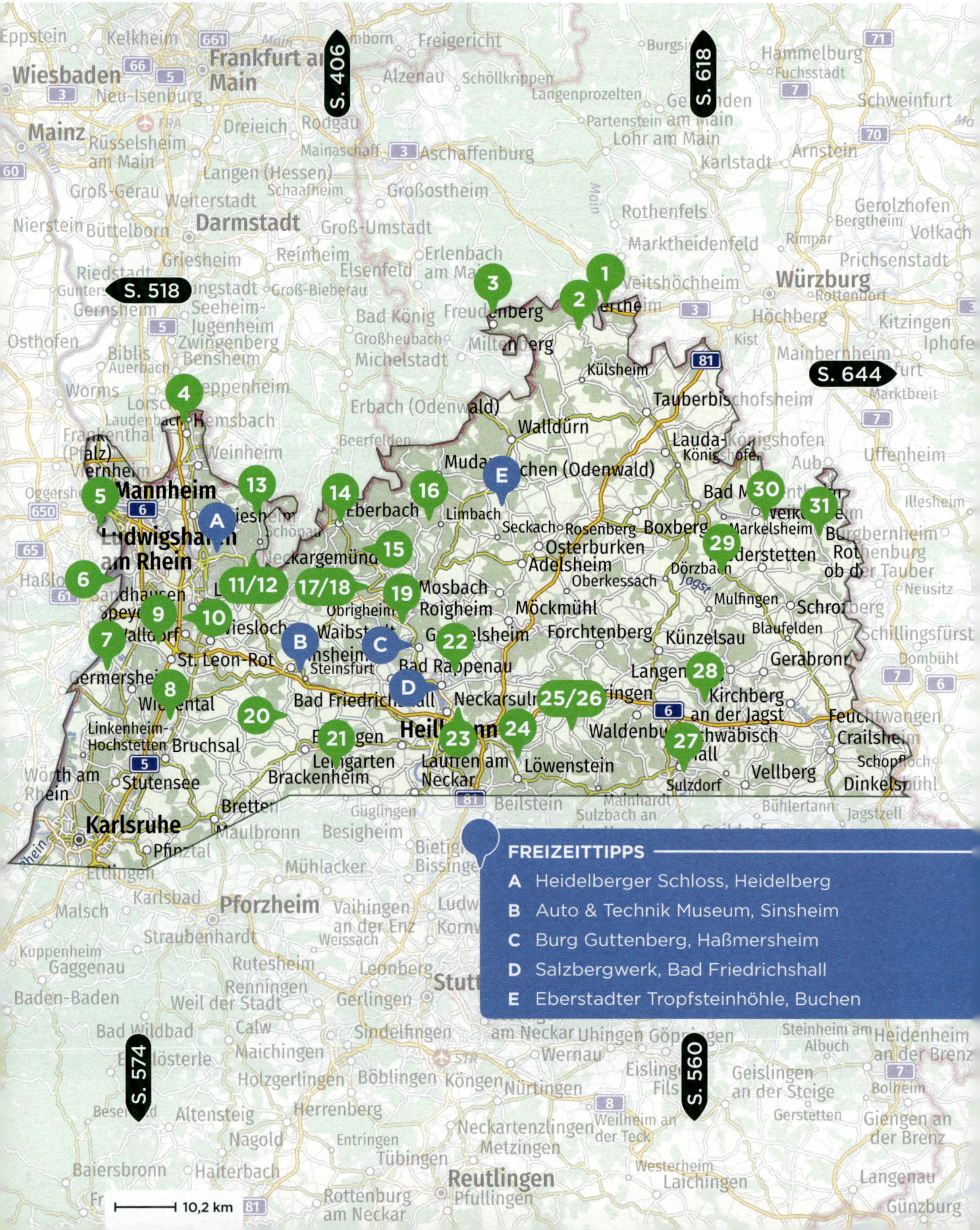

	Platz	Seite	Bewertung	Öffnungszeiten	
1	Campingpark Wertheim-Bettingen	546	3.8	saisonal	
2	Camping Forelle	546	4.1	saisonal	
3	Seecamping Freudenberg	546	3.9	ganzjährig	Wintercamping
4	Camping Wiesensee	546	4.0	ganzjährig	Wintercamping
5	Camping am Strandbad	547	3.7	saisonal	
6	Inselcamping Kollersee	548	3.2	ganzjährig	FKK, Wintercamping, Onlinebuchung
7	Campingplatz Freyersee	547	4.5	saisonal	
8	Freizeitzentrum Hardtsee	547	3.8	ganzjährig	Wintercamping
9	Camping St. Leoner See	549	3.7	ganzjährig	Wintercamping, Ecocamping
10	Camping Walldorf Astoria	549	3.7	saisonal	
11	Campingplatz Haide	549	3.2	saisonal	
12	Campingplatz Friedensbrücke	551	3.2	saisonal	
13	Campingplatz Steinachperle	551	-	k. A.	
14	Campingpark Eberbach	550	3.8	saisonal	
15	MYCN Zwingenberg	551	-	ganzjährig	Wintercamping
16	Odenwald Camping	552	4.0	ganzjährig	Wintercamping
17	Waldcampingplatz Germania	552	3.7	saisonal	
18	Fortuna Camping am Neckar	552	4.3	saisonal	
19	Campingplatz Cimbria	552	3.3	saisonal	
20	FKK Camping Hilsbachtal GmbH	553	4.5	saisonal	FKK
21	Campingplatz Oberes Leintal	553	4.3	k. A.	Wintercamping
22	Sperrfechter Freizeitpark	554	4.1	saisonal	Wintercamping, Onlinebuchung
23	Camping Reisachmühle	553	3.2	ganzjährig	Wintercamping
24	Campingpark Breitenauer See	556	4.4	ganzjährig	Wintercamping, Ecocamping
25	Camping Seewiese	555	3.7	ganzjährig	Wintercamping
26	Camping-Club Ludwigsburg	555	4.0	k. A.	
27	Campingplatz Schwäbisch Hall-Steinbach	555	4.2	saisonal	
28	Naturcamping Braunsbach	559	4.7	saisonal	
29	Waldcamping Hollenbacher See	559	3.6	saisonal	
30	Camping Schwabenmühle	558	4.8	saisonal	Award
31	Camping Romantische Strasse	559	4.3	saisonal	

Wintercamping FKK Textilfrei (ganz/teilweise) Ecocamping Award Onlinebuchung

1 Campingpark Wertheim-Bettingen

Geiselbrunnweg 31
97877 Wertheim-Bettingen
+49 9342 7077

49.78155 | 9.56628

01.04. - 01.11.

HS: 23,00 € | NS: 23,00 €

Mehr Infos & Anfrage:
www.camping.info/19249

Baden im Fluss am Platz	✓
Pool/Hallenbad	8km
Spielplatz am Platz	✓
Hunde erlaubt	✓
wenig Schatten	✓
WLAN (begrenzt gratis)	✓
Lebensmittel	✓
Brötchen am Platz	✓
Restaurant & Imbiss	✓
Ver-/Entsorgung Womo	✓
in den Ort	600m
Gesamt/Touristen	250/120
Mietunterkünfte	✓
Stellplätze vor Schranke	✗

3.8 GUT
64 Bewertungen

Lage	4.2
Ruhe	3.4
Sanitäranlagen	3.6
Sauberkeit Ø	4.1
Freundlichkeit	4.6
Stellplatz	3.8
Verpflegung	3.9
Freizeit	3.7
Preis-Leistung	4.2
Mietunterkünfte	3.9

Geeignet für

Kinder b. 6 J.	3.4
Kinder b. 12 J.	3.6
Kinder b. 18 J.	3.2
Paare	4.3
Senioren	4.3
Gäste mit Zelt	4.2
Gäste mit Hund	4.3

Empfohlene Aktivitäten

- Radfahren
- Motorboot
- Angeln

2 Camping Forelle

Zum Ottersberg 14
97877 Wertheim-Reicholzheim
+49 9342 4435

49.7327 | 9.51755

01.04. - 01.10.

HS: 14,00 € | NS: 14,00 €

Mehr Infos & Anfrage:
www.camping.info/19250

Baden im Fluss am Platz	✓
Pool	11km
Spielplatz am Platz	✓
Hunde erlaubt	✓
Schatten	✗
WLAN	✗
Lebensmittel	1km
Brötchen	keine Angabe
Restaurant am P.	✓
Ver-/Entsorgung Womo	✗
in den Ort	1km
Gesamt/Touristen	135/85
Mietunterkünfte	✗
Stellplätze vor Schranke	✗

4.1 SEHR GUT
21 Bewertungen

Lage	4.4
Ruhe	4.3
Sanitäranlagen	3.0
Sauberkeit Ø	4.6
Freundlichkeit	4.9
Stellplatz	3.7
Verpflegung	3.7
Freizeit	3.9
Preis-Leistung	4.4
Mietunterkünfte	-

Geeignet für

Kinder b. 6 J.	3.7
Kinder b. 12 J.	3.6
Kinder b. 18 J.	3.3
Paare	4.8
Senioren	4.6
Gäste mit Zelt	4.7
Gäste mit Hund	4.5

Empfohlene Aktivitäten

- Radfahren
- Wandern
- Kayak/Kanu

3 Seecamping Freudenberg

*

Mühlgrundweg 10
97896 Freudenberg am Main
+49 9375 8389

49.7624 | 9.31927

ganzjährig

HS: 21,10 € | NS: 19,60 €

Mehr Infos & Anfrage:
www.camping.info/19252

Baden im See	100m
Hallenbad	8km
Spielplatz am Platz	✓
Hunde willkommen	✓
Schatten	✗
WLAN (gegen Gebühr)	✓
Lebensmittel	✓
Brötchen am Platz	✓
Restaurant	200m
Ver-/Entsorgung Womo	✓
in den Ort	2km
Gesamt/Touristen	300/50
Mietunterkünfte	✓
Stellplätze vor Schranke	✗

3.9 GUT
16 Bewertungen

Lage	4.6
Ruhe	4.2
Sanitäranlagen	3.3
Sauberkeit Ø	4.2
Freundlichkeit	4.7
Stellplatz	3.6
Verpflegung	3.1
Freizeit	4.0
Preis-Leistung	4.4
Mietunterkünfte	-

Geeignet für

Kinder b. 6 J.	4.4
Kinder b. 12 J.	4.2
Kinder b. 18 J.	4.0
Paare	4.5
Senioren	4.4
Gäste mit Zelt	4.2
Gäste mit Hund	4.8

Empfohlene Aktivitäten

- Schwimmen
- Radfahren
- Angeln

4 Camping Wiesensee

*

Ulmenweg 7
69502 Hemsbach
+49 620 172 619

49.59806 | 8.64028

ganzjährig

HS: 21,50 € | NS: 21,50 €

Mehr Infos & Anfrage:
www.camping.info/18883

Baden im See am Platz	✓
Pool/Hallenbad	✓/7km
Spielplatz am Platz	✓
Hunde willkommen	✓
wenig Schatten	✓
WLAN (gegen Gebühr)	✓
Lebensmittel	500m
Brötchen am Platz	nur HS
Restaurant & Imbiss	✓
Ver-/Entsorgung Womo	✓
im Ort	✓
Gesamt/Touristen	235/60
Mietunterkünfte	✗
Stellplätze vor Schranke	✗

4.0 SEHR GUT
56 Bewertungen

Lage	4.0
Ruhe	3.5
Sanitäranlagen	4.4
Sauberkeit Ø	4.5
Freundlichkeit	4.4
Stellplatz	4.0
Verpflegung	3.5
Freizeit	4.0
Preis-Leistung	4.1
Mietunterkünfte	-

Geeignet für

Kinder b. 6 J.	3.9
Kinder b. 12 J.	4.0
Kinder b. 18 J.	3.4
Paare	4.5
Senioren	4.5
Gäste mit Zelt	3.2
Gäste mit Hund	4.0

Empfohlene Aktivitäten

- Schwimmen
- Radfahren
- Wandern

5 Camping am Strandbad

Strandbadweg 1
68199 Mannheim-Neckarau
+49 176 554 222 68
49.44889 | 8.44675

01.04. - 30.09.
HS: 24,00 € | NS: 24,00 €
Mehr Infos & Anfrage:
www.camping.info/22367

Baden im Fluss am Platz	✓
Pool/Hallenbad	1/3km
Spielplatz	200m
Hunde willkommen	✓
wenig Schatten	✓
WLAN	✓
Lebensmittel	2km
Brötchen am Platz	✗
Restaurant & Imbiss	✓
Ver-/Entsorgung Womo	✓
in den Ort	2km
Gesamt/Touristen	62/22
Mietunterkünfte	✗
Stellplätze vor Schranke	✗

3.7 GUT
26 Bewertungen

Lage	4.5
Ruhe	4.4
Sanitäranlagen	3.3
Sauberkeit Ø	4.2
Freundlichkeit	4.1
Stellplatz	3.6
Verpflegung	3.2
Freizeit	3.9
Preis-Leistung	3.8
Mietunterkünfte	-

Geeignet für

Kinder b. 6 J.	3.6
Kinder b. 12 J.	3.8
Kinder b. 18 J.	3.8
Paare	4.5
Senioren	4.7
Gäste mit Zelt	4.8
Gäste mit Hund	4.6

Empfohlene Aktivitäten

- Radfahren
- Entspannen
- Wandern

7 Campingplatz Freyersee

Tullastr. 11
76661 Philippsburg
+49 7256 1372
49.24155 | 8.46076

15.04. - 15.09.
HS: 26,00 € | NS: 26,00 €
Mehr Infos & Anfrage:
www.camping.info/23722

Baden im See am Platz	✓
Pool	500m
Spielplatz am Platz	✓
Hunde	✗
zur Hälfte Schatten	✓
WLAN	✓
Lebensmittel	100m
Brötchen am Platz	✗
Restaurant	200m
Ver-/Entsorgung Womo	✓
in den Ort	100m
Touristenplätze	18
Mietunterkünfte	✗
Stellplätze vor Schranke	✗

4.5 SEHR GUT
17 Bewertungen

Lage	4.6
Ruhe	4.6
Sanitäranlagen	4.1
Sauberkeit Ø	4.4
Freundlichkeit	4.7
Stellplatz	4.2
Verpflegung	3.8
Freizeit	4.0
Preis-Leistung	4.4
Mietunterkünfte	-

Geeignet für

Kinder b. 6 J.	4.2
Kinder b. 12 J.	4.6
Kinder b. 18 J.	3.8
Paare	4.8
Senioren	4.8
Gäste mit Zelt	4.9
Hunde n. erlaubt	-

Empfohlene Aktivitäten

- Schwimmen
- Radfahren
- Entspannen

Anreise nur bis 19 Uhr möglich

8 Freizeitzentrum Hardtsee

✻

Seeweg 1
76698 Ubstadt-Weiher
+49 7251 961394
49.17028 | 8.60861

ganzjährig
HS: 23,50 € | NS: 19,50 €
Mehr Infos & Anfrage:
www.camping.info/18938

Baden im See am Platz	✓
Pool/Hallenbad	✓/8km
Spielplatz am Platz	✓
Hunde	✗
zur Hälfte Schatten	✓
WLAN	✓
Lebensmittel	600m
Brötchen	keine Angabe
Restaurant am P.	✓
Ver-/Entsorgung Womo	✓
in den Ort	500m
Gesamt/Touristen	360/50
Mietunterkünfte	✗
Stellplätze vor Schranke	✗

3.8 GUT
13 Bewertungen

Lage	4.5
Ruhe	3.7
Sanitäranlagen	4.3
Sauberkeit Ø	3.5
Freundlichkeit	3.9
Stellplatz	4.0
Verpflegung	3.8
Freizeit	4.1
Preis-Leistung	4.4
Mietunterkünfte	-

Geeignet für

Kinder b. 6 J.	4.1
Kinder b. 12 J.	4.5
Kinder b. 18 J.	4.2
Paare	4.5
Senioren	4.8
Gäste mit Zelt	3.5
Hunde n. erlaubt	-

Empfohlene Aktivitäten

- Schwimmen
- Segeln
- Surfen

Karte auf Seite 544

Infos
Öffnungszeiten
Vergleichspreis
Link

Ausstattung
Freizeit
Campingplatz
Versorgung
Anzahl der Plätze

6 Inselcamping Kollersee

FKK

Kollerinsel 2
68782 Otterstadt
017643998527
www.inselcamping-kollersee.de
info@inselcamping-kollersee.de

ganzjährig

HS: 31,00 € | NS: 25,00 €

Mehr Infos & online buchen:
www.camping.info/26279

Baden im See am Platz	✓
Pool/Hallenbad	9km
Spielplatz	✗
Hunde willkommen	✓
kein Schatten	✓
WLAN (gegen Gebühr)	✓
Lebensmittel	4km
Brötchen am Platz	✓
Restaurant	1km
Ver-/Entsorgung Womo	✓
in den Ort	4km
Gesamt/Touristen	130/50
Mietunterkünfte	✓
Stellplätze vor Schranke	✗

1 km
49.37978 | 8.47986

Großzügige, offene Stellplätze auf dem Wiesengelände des Campingplatzes.

Lage & Stellplatz

Der neue Campingplatz liegt inmitten des Landschaftsschutzgebietes Kollerinsel direkt am Kollersee mit umfangreichen Wassersport- und Erholungsmöglichkeiten. Neben Wohnwagen- und Wohnmobilstellplätzen sowie Zeltwiese gibt es außergewöhnliche Unterkünfte in Blockhäusern, Zeltlodges und Mietwohnwagen.

Verpflegung

Ein italienisches Bistro auf dem Platz verwöhnt die Gäste beim Ausblick auf den See. Brötchenservice und Campingartikel gibt es beim kleinen Supermarkt am Platz. Nach Speyer sind es 10 Minuten, dort finden Sie eine große Auswahl an Restaurants und Einkaufsmöglichkeiten.

Sanitär

Die barrierefreien Sanitäranlagen sind neu erbaut und komfortabel gestaltet. Für die Gäste stehen ein Familienbad, ein Babywickelraum, eine Waschmaschine und ein Trockner zur Verfügung.

Freizeit

Direkt am Platz können Stand-up-Paddle Boards und Kanus gemietet werden. Fahrräder gibt es an mehreren Stationen im ca. 9 km entfernten Speyer. Abwechslungsreiche Ausflugsziele wie die Pfalz, Speyer (mit Technikmuseum), Heidelberg und Schwetzingen befinden sich in der Nähe.

Stand-up-Paddle Verleih am See.

Charmante Zeltlodges.

3.2 GUT
39 Bewertungen

Lage	4.2
Ruhe	3.7
Sanitäranlagen	3.9
Sauberkeit Ø	3.6
Freundlichkeit	3.3
Stellplatz	3.1
Verpflegung	2.5
Freizeit	3.7
Preis-Leistung	2.8
Mietunterkünfte	3.9

Geeignet für

Paare	4.2
Gäste mit Zelt	4.0
Senioren	3.8
Gäste mit Hund	3.8
Kinder b. 18 J.	3.6
Kinder b. 12 J.	3.4
Kinder b. 6 J.	3.2

Empfohlene Aktivitäten

Schwimmen · Kayak/Kanu · Segeln · Entspannen · Radfahren

Karte auf Seite 544

9 Camping St. Leoner See

Am St.Leoner See 1
68789 St. Leon-Rot
+49 6227 59009
49.2827 | 8.58478

Infos	
Öffnungszeiten	ganzjährig
Vergleichspreis	HS: 26,00 € | NS: 23,00 €
Link	**Mehr Infos & Anfrage:** www.camping.info/18878

Ausstattung		
Freizeit	Baden im See am Platz	✓
	Hallenbad	2km
	Spielplatz am Platz	✓
Campingplatz	Hunde willkommen	✓
	Schatten	✗
	WLAN (gegen Gebühr)	✓
Versorgung	Lebensmittel	✓
	Brötchen am Platz	✓
	Restaurant & Imbiss	✓
	Ver-/Entsorgung Womo	✓
	in den Ort	2km
Anzahl der Plätze	Gesamt/Touristen	850/200
	Mietunterkünfte	✓
	Stellplätze vor Schranke	✗

3.7 GUT – 67 Bewertungen

Lage	4.2
Ruhe	3.5
Sanitäranlagen	3.6
Sauberkeit Ø	4.0
Freundlichkeit	3.8
Stellplatz	3.3
Verpflegung	3.6
Freizeit	4.3
Preis-Leistung	3.8
Mietunterkünfte	3.9

Geeignet für

Kinder b. 6 J.	3.7
Kinder b. 12 J.	4.0
Kinder b. 18 J.	4.0
Paare	3.8
Senioren	3.7
Gäste mit Zelt	3.9
Gäste mit Hund	2.7

Empfohlene Aktivitäten

- Schwimmen
- Tauchen
- Surfen

10 Camping Walldorf Astoria

Schwetzinger Straße 98
69190 Walldorf
+49 6227 9195
49.31728 | 8.635

Infos	
Öffnungszeiten	15.04. - 15.10.
Vergleichspreis	HS: 22,50 € | NS: 22,50 €
Link	**Mehr Infos & Anfrage:** www.camping.info/18880

Ausstattung		
Freizeit	Baden in nat. Gewässer	k. A.
	Pool/Hallenbad	500m
	Spielplatz	✗
Campingplatz	Hunde	✗
	Schatten	✗
	WLAN (gratis)	teilweise
Versorgung	Lebensmittel	✓
	Brötchen am Platz	✓
	Restaurant am P.	✓
	Ver-/Entsorgung Womo	✗
	in den Ort	1km
Anzahl der Plätze	Gesamt/Touristen	90/40
	Mietunterkünfte	✗
	Stellplätze vor Schranke	✗

3.7 GUT – 19 Bewertungen

Lage	4.1
Ruhe	3.5
Sanitäranlagen	3.4
Sauberkeit Ø	4.2
Freundlichkeit	4.6
Stellplatz	3.6
Verpflegung	4.3
Freizeit	4.1
Preis-Leistung	3.9
Mietunterkünfte	-

Geeignet für

Kinder b. 6 J.	2.8
Kinder b. 12 J.	3.2
Kinder b. 18 J.	3.5
Paare	4.1
Senioren	4.2
Gäste mit Zelt	4.0
Hunde n. erlaubt	-

Empfohlene Aktivitäten

- Sightseeing
- Radfahren
- Kultur

11 Campingplatz Haide

Ziegelhäuser Strasse 91
69151 Neckargemünd
+49 6223 2111
49.40141 | 8.77918

Infos	
Öffnungszeiten	01.04. - 31.10.
Vergleichspreis	keine Angabe
Link	**Mehr Infos & Anfrage:** www.camping.info/19276

Ausstattung		
Freizeit	Baden in nat. Gewässer	k. A.
	Pool/Hallenbad	3km
	Spielplatz am Platz	✓
Campingplatz	Hunde erlaubt	✓
	wenig Schatten	✓
	WLAN	✓
Versorgung	Lebensmittel	2km
	Brötchen	keine Angabe
	Restaurant	2km
	Ver-/Entsorgung Womo	✗
	in den Ort	2km
Anzahl der Plätze	Gesamt/Touristen	175/170
	Mietunterkünfte	✓
	Stellplätze vor Schranke	✗

3.2 GUT – 17 Bewertungen

Lage	3.6
Ruhe	2.1
Sanitäranlagen	2.9
Sauberkeit Ø	3.5
Freundlichkeit	4.1
Stellplatz	3.1
Verpflegung	2.2
Freizeit	2.7
Preis-Leistung	3.4
Mietunterkünfte	2.7

Geeignet für

Kinder b. 6 J.	2.5
Kinder b. 12 J.	3.2
Kinder b. 18 J.	3.3
Paare	3.8
Senioren	3.3
Gäste mit Zelt	3.5
Gäste mit Hund	3.8

Empfohlene Aktivitäten

- Radfahren
- Wandern
- Sightseeing

14 Campingpark Eberbach

Alte Pleutersbacherstr. 8
69412 Eberbach
+49 6271 1071
www.campingpark-eberbach.de
info@campingpark-eberbach.de

01.04. - 31.10.

HS: 29,40 € | NS: 26,91 €

Mehr Infos & Anfrage:
www.camping.info/19275

Baden im Fluss am Platz	✓
Pool/Hallenbad	100m
Spielplatz am Platz	✓
Hunde erlaubt	✓
wenig Schatten	✓
WLAN	✓
Lebensmittel	✓
Brötchen am Platz	✓
Restaurant/Imbiss	✓/500m
Ver-/Entsorgung Womo	✓
in den Ort	500m
Gesamt/Touristen	110/90
Mietunterkünfte	✗
Stellplätze vor Schranke	✗

49.46055 | 8.98231

Herrlich gelegen in den sanften Hügeln des Odenwaldes.

Lage & Stellplatz

Der Campingpark liegt direkt am Neckar, ca. 30 km von Heidelberg. Es werden sonnige, gepflegte und parzellierte Plätze auf der Wiese geboten, einige davon direkt am Ufer, außerdem schattigere Terrassenplätze. Alle Stromanschlüsse sind mit 16 Ampere abgesichert. Es bestehen gute S-Bahn-Verbindungen.

Verpflegung

Der Platz bietet ein Restaurant mit schöner Aussichtsterrasse, täglichen Brötchenservice sowie einen kleinen „Notfallkiosk". Eine Kochgelegenheit und Geschirrspülmöglichkeiten gibt es ebenfalls. Der nächste Lebensmittelmarkt ist zu Fuß in ca. 20 Minuten oder mit dem Auto in 3 Minuten zu erreichen.

Sanitär

Alle Einrichtungen stehen den Gästen mit Warm- und Kaltwasser, Handseife und Toilettenpapier kostenfrei zur Verfügung. Auf Sauberkeit wird großer Wert gelegt und täglich gereinigt. Es gibt eine Entsorgung für Chemietoiletten. Im Frühjahr und im Herbst sind die Räumlichkeiten zusätzlich beheizt.

Freizeit

Direkt vom Campingpark aus können die Gäste in ausgedehnte Radtouren entlang des Neckars auf schönen Radwegen starten. Es gibt 150 km markierte Wanderwege zur Auswahl. Direkt neben dem Campingpark befindet sich ein Frei- bzw. Hallenbad mit Sauna. Angeln im Neckar ist direkt vom Platz aus möglich.

Stellplätze direkt am Wasser.

Blick auf die Altstadt.

3.8 GUT
48 Bewertungen

Lage	4.5
Ruhe	3.3
Sanitäranlagen	3.1
Sauberkeit Ø	4.3
Freundlichkeit	4.3
Stellplatz	3.5
Verpflegung	3.5
Freizeit	3.9
Preis-Leistung	4.0
Mietunterkünfte	-

Geeignet für

4.5 Paare

- 4.4 Gäste mit Hund
- 4.3 Gäste mit Zelt
- 3.2 Kinder b. 18 J.
- 4.3 Senioren
- 3.2 Kinder b. 12 J.
- 3.1 Kinder b. 6 J.

Empfohlene Aktivitäten

Radfahren | Entspannen | Sightseeing | Wandern | Kayak/Kanu

Vor- und Nachsaison ab 7 Nächte 10% Rabatt

Karte auf Seite 544

12 Campingplatz Friedensbrücke

Falltorstr. 4
69151 Neckargemünd
+49 6223 2178

49.39596 | 8.79159

Infos

Öffnungszeiten	01.04. - 15.10.
Vergleichspreis	HS: 24,50 € | NS: 24,50 €
Link	**Mehr Infos & Anfrage:** www.camping.info/17842

Ausstattung

Freizeit	Baden im Fluss am Platz	✓
	Pool/Hallenbad	900m/3km
	Spielplatz am Platz	✓
Campingplatz	Hunde	✕
	Schatten	✕
	WLAN (gegen Gebühr)	✓
Versorgung	Lebensmittel	✓
	Brötchen am Platz	✓
	Restaurant & Imbiss	✓
	Ver-/Entsorgung Womo	✓
	in den Ort	200m
Anzahl der Plätze	Touristenplätze	120
	Mietunterkünfte	✕
	Stellplätze vor Schranke	✕

3.2 GUT
44 Bewertungen

Lage	4.2
Ruhe	2.9
Sanitäranlagen	3.0
Sauberkeit Ø	3.6
Freundlichkeit	3.9
Stellplatz	3.5
Verpflegung	3.1
Freizeit	3.4
Preis-Leistung	3.3
Mietunterkünfte	-

Geeignet für

Kinder b. 6 J.	2.9
Kinder b. 12 J.	3.1
Kinder b. 18 J.	2.9
Paare	4.2
Senioren	4.2
Gäste mit Zelt	4.0
Hunde n. erlaubt	-

Empfohlene Aktivitäten

- Sightseeing
- Radfahren
- Kayak/Kanu

13 Campingplatz Steinachperle

Altneudorfer Str. 14
69250 Schönau-Altneudorf

49.46589 | 8.80296

Infos

Öffnungszeiten	keine Angabe
Vergleichspreis	keine Angabe
Link	**Mehr Infos & Anfrage:** www.camping.info/22368

Ausstattung

Freizeit	Baden in nat. Gewässer	k. A.
	Pool & Hallenbad	✕
	Spielplatz	keine Angabe
Campingplatz	Hunde	✕
	Schatten	✕
	WLAN	keine Angabe
Versorgung	Lebensmittel	k.A.
	Brötchen	keine Angabe
	Restaurant & Imbiss	✕
	Ver-/Entsorgung Womo	✕
	in den Ort	keine Angabe
Anzahl der Plätze	Gesamt	keine Angabe
	Mietunterkünfte	✕
	Stellplätze vor Schranke	✕

- JETZT BEWERTEN!

Für diese Auswertung liegen leider noch nicht genügend Bewertungen vor.

Sei einer der Ersten, der diesen Campingplatz bewertet. Unter den Bewertern werden regelmäßig Gewinne verlost!

Mehr Infos dazu findest du in unserem allgemeinen Intro.

15 MYCN Zwingenberg

❄

im Hoffeld 1
69439 Zwingenberg am Neckar
01714241110

49.418 | 9.038

Infos

Öffnungszeiten	ganzjährig
Vergleichspreis	HS: 15,00 € | NS: 15,00 €
Link	**Mehr Infos & Anfrage:** www.camping.info/27582

Ausstattung

Freizeit	Baden im Fluss am Platz	✓
	Pool & Hallenbad	✕
	Spielplatz	keine Angabe
Campingplatz	Hunde erlaubt	✓
	zur Hälfte Schatten	✓
	WLAN	keine Angabe
Versorgung	Lebensmittel	500m
	Brötchen	keine Angabe
	Restaurant/Imbiss	1km/500m
	Ver-/Entsorgung Womo	✕
	in den Ort	500m
Anzahl der Plätze	Gesamt/Touristen	35/10
	Mietunterkünfte	✕
	Stellplätze vor Schranke	✕

- JETZT BEWERTEN!

Für diese Auswertung liegen leider noch nicht genügend Bewertungen vor.

Sei einer der Ersten, der diesen Campingplatz bewertet. Unter den Bewertern werden regelmäßig Gewinne verlost!

Mehr Infos dazu findest du in unserem allgemeinen Intro.

16 Odenwald Camping

*

Alte Mühle 1
74838 Limbach Krumbach
+49 628 714 85
49.458 | 9.1769

ganzjährig
HS: 29,00 € | NS: 18,50 €
Mehr Infos & Anfrage:
www.camping.info/19270

Baden in nat. Gewässer	k. A.
Pool & Hallenbad	✓
Spielplatz am Platz	✓
Hunde willkommen	✓
zur Hälfte Schatten	✓
WLAN (begrenzt gratis)	✓
Lebensmittel	✓
Brötchen am Platz	✓
Restaurant & Imbiss	✓
Ver-/Entsorgung Womo	✓
in den Ort	200m
Gesamt/Touristen	360/80
Mietunterkünfte	✗
Stellplätze vor Schranke	✗

4.0 SEHR GUT – 86 Bewertungen

Lage	4.3
Ruhe	4.4
Sanitäranlagen	3.6
Sauberkeit Ø	4.0
Freundlichkeit	4.6
Stellplatz	3.8
Verpflegung	4.1
Freizeit	4.3
Preis-Leistung	4.2
Mietunterkünfte	-

Geeignet für

Kinder b. 6 J.	4.5
Kinder b. 12 J.	4.5
Kinder b. 18 J.	4.0
Paare	4.3
Senioren	4.3
Gäste mit Zelt	4.4
Gäste mit Hund	4.6

Empfohlene Aktivitäten

- Schwimmen
- Wandern
- Entspannen

17 Waldcampingplatz Germania

Mühlwiese 1
74847 Obrigheim-Mörtelstein
+49 6262 1795
49.36421 | 9.05082

01.04. - 01.10.
HS: 21,00 € | NS: 21,00 €
Mehr Infos & Anfrage:
www.camping.info/23926

Baden im Fluss am Platz	✓
Pool	9km
Spielplatz am Platz	✓
Hunde erlaubt	✓
Schatten	✗
WLAN	✓
Lebensmittel	4km
Brötchen am Platz	✓
Imbiss	✓
Ver-/Entsorgung Womo	✓
in den Ort	keine Angabe
Gesamt/Touristen	65/25
Mietunterkünfte	✓
Stellplätze vor Schranke	✗

3.7 GUT – 6 Bewertungen

Lage	4.7
Ruhe	4.2
Sanitäranlagen	3.0
Sauberkeit Ø	3.9
Freundlichkeit	4.8
Stellplatz	3.8
Verpflegung	5.0
Freizeit	3.6
Preis-Leistung	4.0
Mietunterkünfte	-

Geeignet für

Kinder b. 6 J.	3.3
Kinder b. 12 J.	3.8
Kinder b. 18 J.	3.2
Paare	3.8
Senioren	3.5
Gäste mit Zelt	4.0
Gäste mit Hund	3.5

Empfohlene Aktivitäten

- Wandern
- Motorboot
- Radfahren

18 Fortuna Camping am Neckar

Neckarstraße 6
74862 Binau bei Mosbach
+49 6263 669
49.36481 | 9.05767

01.04. - 30.10.
HS: 27,00 € | NS: 27,00 €
Mehr Infos & Anfrage:
www.camping.info/19272

Baden in nat. Gewässer	k. A.
Pool/Hallenbad	✓/7km
Spielplatz am Platz	✓
Hunde erlaubt	✓
zur Hälfte Schatten	✓
WLAN (gratis)	teilweise
Lebensmittel	✓
Brötchen am Platz	✓
Restaurant	100m
Ver-/Entsorgung Womo	✓
in den Ort	200m
Gesamt/Touristen	150/135
Mietunterkünfte	✓
Stellplätze vor Schranke	✗

4.3 SEHR GUT – 182 Bewertungen

Lage	4.5
Ruhe	4.0
Sanitäranlagen	4.1
Sauberkeit Ø	4.6
Freundlichkeit	4.8
Stellplatz	4.1
Verpflegung	4.0
Freizeit	4.0
Preis-Leistung	4.4
Mietunterkünfte	4.4

Geeignet für

Kinder b. 6 J.	4.1
Kinder b. 12 J.	4.2
Kinder b. 18 J.	3.8
Paare	4.6
Senioren	4.6
Gäste mit Zelt	4.5
Gäste mit Hund	4.5

Empfohlene Aktivitäten

- Radfahren
- Wandern
- Kayak/Kanu

Jedes Jahr, März-Jun, Frühjahrsangebot: 7 Nächte bleiben & nur 6 bezahlen!

19 Campingplatz Cimbria

Wiesenweg 1
74865 Neckarzimmern
+49 6261 2562
49.31859 | 9.12546

01.04. - 31.10.
HS: 25,00 € | NS: 23,70 €
Mehr Infos & Anfrage:
www.camping.info/17849

Baden in nat. Gewässer	k. A.
Pool am Platz	✓
Spielplatz am Platz	✓
Hunde erlaubt	✓
Schatten	✗
WLAN	✓
Lebensmittel	500m
Brötchen	keine Angabe
Restaurant am P.	✓
Ver-/Entsorgung Womo	✗
in den Ort	500m
Gesamt/Touristen	140/100
Mietunterkünfte	✗
Stellplätze vor Schranke	✗

3.3 GUT – 50 Bewertungen

Lage	4.3
Ruhe	3.7
Sanitäranlagen	2.9
Sauberkeit Ø	3.4
Freundlichkeit	2.9
Stellplatz	3.5
Verpflegung	3.2
Freizeit	3.4
Preis-Leistung	3.4
Mietunterkünfte	-

Geeignet für

Kinder b. 6 J.	3.1
Kinder b. 12 J.	3.3
Kinder b. 18 J.	3.1
Paare	4.1
Senioren	4.1
Gäste mit Zelt	4.1
Gäste mit Hund	4.0

Empfohlene Aktivitäten

- Radfahren
- Wandern
- Entspannen

Karte auf Seite 544

20 FKK Camping Hilsbachtal GmbH

FKK

Eichmühle 1
74889 Sinsheim-Hilsbach
+49 7260 250

49.17726 | 8.86993

01.04. - 15.10.

HS: 24,00 € | NS: 24,00 €

Mehr Infos & Anfrage:
www.camping.info/17848

Baden in nat. Gewässer	k. A.
Pool/Hallenbad	✓/12km
Spielplatz am Platz	✓
Hunde	✗
zur Hälfte Schatten	✓
WLAN (gegen Gebühr)	✓
Lebensmittel	3km
Brötchen am Platz	nur HS
Restaurant am P.	✓
Ver-/Entsorgung Womo	✗
in den Ort	3km
Gesamt/Touristen	300/50
Mietunterkünfte	✗
Stellplätze vor Schranke	✓

4.5 SEHR GUT
22 Bewertungen

Lage	4.6
Ruhe	4.7
Sanitäranlagen	3.9
Sauberkeit Ø	3.8
Freundlichkeit	4.4
Stellplatz	4.0
Verpflegung	3.4
Freizeit	4.0
Preis-Leistung	4.2
Mietunterkünfte	-

Geeignet für

Kinder b. 6 J.	4.4
Kinder b. 12 J.	4.4
Kinder b. 18 J.	3.8
Paare	4.8
Senioren	4.8
Gäste mit Zelt	4.7
Hunde n. erlaubt	-

Empfohlene Aktivitäten

- Entspannen
- Schwimmen
- Wandern

21 Campingplatz Oberes Leintal

❄

Heugele 2
74193 Schwaigern-Niederhofen
07138/6178

49.10345 | 8.98123

keine Angabe

HS: 18,00 €

Mehr Infos & Anfrage:
www.camping.info/26546

Baden in nat. Gewässer	k. A.
Pool & Hallenbad	✗
Spielplatz am Platz	✓
Hunde willkommen	✓
viel Schatten	✓
WLAN	✗
Lebensmittel	✓
Brötchen am Platz	✗
Imbiss	✓
Ver-/Entsorgung Womo	✓
in den Ort	keine Angabe
Gesamt	keine Angabe
Mietunterkünfte	✓
Stellplätze vor Schranke	✗

4.3 SEHR GUT
15 Bewertungen

Lage	4.3
Ruhe	4.8
Sanitäranlagen	4.2
Sauberkeit Ø	4.3
Freundlichkeit	4.9
Stellplatz	3.9
Verpflegung	2.9
Freizeit	3.6
Preis-Leistung	4.7
Mietunterkünfte	4.3

Geeignet für

Kinder b. 6 J.	4.2
Kinder b. 12 J.	4.1
Kinder b. 18 J.	3.9
Paare	4.7
Senioren	4.8
Gäste mit Zelt	4.5
Gäste mit Hund	4.3

Empfohlene Aktivitäten

- Radfahren
- Wandern
- Entspannen

23 Camping Reisachmühle

❄

Reisachmühle 6
74172 Neckarsulm
+49 7132/2169

49.18733 | 9.24713

ganzjährig

HS: 20,00 € | NS: 20,00 €

Mehr Infos & Anfrage:
www.camping.info/18910

Baden im See	11km
Pool/Hallenbad	200m
Spielplatz am Platz	✓
Hunde erlaubt	✓
Schatten	✗
WLAN	✓
Lebensmittel	1km
Brötchen am Platz	✓
Restaurant/Imbiss	200m
Ver-/Entsorgung Womo	✗
in den Ort	1km
Gesamt/Touristen	200/100
Mietunterkünfte	✗
Stellplätze vor Schranke	✗

3.2 GUT
20 Bewertungen

Lage	3.7
Ruhe	3.4
Sanitäranlagen	3.5
Sauberkeit Ø	4.1
Freundlichkeit	3.7
Stellplatz	2.8
Verpflegung	2.3
Freizeit	3.4
Preis-Leistung	3.5
Mietunterkünfte	-

Geeignet für

Kinder b. 6 J.	3.1
Kinder b. 12 J.	2.9
Kinder b. 18 J.	3.3
Paare	4.1
Senioren	4.0
Gäste mit Zelt	3.7
Gäste mit Hund	4.2

Empfohlene Aktivitäten

- Wandern
- Radfahren
- Schwimmen

Infos

Öffnungszeiten
Vergleichspreis
Link

Ausstattung

Freizeit
Campingplatz
Versorgung
Anzahl der Plätze

22 Sperrfechter Freizeitpark

Hirschfeld 3
74229 Oedheim
+49 7136 22653
www.sperrfechter-freizeitpark.de
info@sperrfechter-freizeitpark.de

01.02. - 31.12.

HS: 24,00 € | NS: 21,00 €

Mehr Infos & online buchen:
www.camping.info/22245

Baden im See am Platz	✓
Pool/Hallenbad	2km
Spielplatz am Platz	✓
Hunde willkommen	✓
zur Hälfte Schatten	✓
WLAN (gegen Gebühr)	✓
Lebensmittel	✓
Brötchen am Platz	✓
Restaurant & Imbiss	✓
Ver-/Entsorgung Womo	✓
in den Ort	2km
Gesamt/Touristen	450/100
Mietunterkünfte	✓
Stellplätze vor Schranke	✗

Stellplätze am Angelsee.

Lage & Stellplatz

Landschaftlich reizvoll gelegen befindet sich der Sperrfechter Freizeitpark inmitten einer Kocherschleife mit separatem Angel- und Badesee. Gäste finden hier größtenteils parzellierte Stellplätze, z. T. mit Fahrspur und angelegter Terrasse. Einige Stellplätze haben einen direkten Zugang zum Badesee.

Verpflegung

Direkt vor Ort gibt es einen Brötchenservice sowie eine Selbstbedienungsgaststätte, die meist am Wochenende geöffnet hat. Zusätzlich halten die Nachbarorte viele gastronomische Angebote bereit (u. a. auch einen Pizzaservice). Verschiedene Supermärkte befinden sich in 1,5 km Entfernung.

Sanitär

Zwei der drei Sanitärgebäude sind komplett neu renoviert und entsprechen einem guten 3-Sterne-Niveau. Es gibt ausreichend Duschen und Toiletten für alle Gäste und auf Sauberkeit wird großer Wert gelegt.

Freizeit

Neben dem Badesee mit Wasserrutsche und Sprungsteg verfügt der Angelsee über einen ausgezeichneten Fischbestand. Bei mehreren Spielplätzen, einem Multifunktionssportplatz, einer Schwefelheilquelle sowie zahlreichen interessanten Ausflugszielen in der Region kommt garantiert keine Langeweile auf.

Ideal zum Angeln.

Baden im Hirschfeldsee.

4.1 SEHR GUT
171 Bewertungen

Lage	4.3
Ruhe	4.0
Sanitäranlagen	3.9
Sauberkeit Ø	3.9
Freundlichkeit	4.5
Stellplatz	4.1
Verpflegung	3.3
Freizeit	4.0
Preis-Leistung	3.7
Mietunterkünfte	4.4

Geeignet für

- 4.3 Kinder b. 12 J.
- 4.3 Senioren
- 4.2 Paare
- 4.2 Gäste mit Hund
- 4.0 Kinder b. 6 J.
- 3.9 Kinder b. 18 J.
- 3.9 Gäste mit Zelt

Empfohlene Aktivitäten

Schwimmen | Angeln | Radfahren | Entspannen | Wandern

Keine Womos über 8,50 m; keine Holzkohle; unter 18 nur mit Eltern.

Karte auf Seite 544

	25	26	27
	Camping Seewiese	**Camping-Club Ludwigsburg**	**Campingplatz Schwäbisch Hall-Steinbach**
	*		
	Seestraße 11 74629 Pfedelbach-Buchhorn +49 794 161 568	Am Wasserturm 22 74629 Pfedelbach-Buchhorn am See	Mühlsteige 26 74523 Schwäbisch Hall-Steinbach +49 791-2984
	49.15556 | 9.49806	49.15602 | 9.50158	49.09741 | 9.74203
Infos			
Öffnungszeiten	ganzjährig	keine Angabe	01.03. - 15.10.
Vergleichspreis	HS: 22,50 € | NS: 22,50 €	keine Angabe	HS: 25,00 €
Link	**Mehr Infos & Anfrage:** www.camping.info/18916	**Mehr Infos & Anfrage:** www.camping.info/24811	**Mehr Infos & Anfrage:** www.camping.info/18912

Ausstattung

	Camping Seewiese		Camping-Club Ludwigsburg		Campingplatz Schwäbisch Hall-Steinbach	
Freizeit	Baden im See am Platz	✓	Baden in nat. Gewässer	k. A.	Baden in nat. Gewässer	k. A.
	Pool/Hallenbad	✓/3km	Pool & Hallenbad	✗	Pool/Hallenbad	3km
	Spielplatz am Platz	✓	Spielplatz	keine Angabe	Spielplatz am Platz	✓
Campingplatz	Hunde willkommen	✓	Hunde	✗	Hunde willkommen	✓
	wenig Schatten	✓	Schatten	✗	zur Hälfte Schatten	✓
	WLAN (gegen Gebühr)	✓	WLAN	keine Angabe	WLAN	✓
Versorgung	Lebensmittel	✓	Lebensmittel	k.A.	Lebensmittel	✗
	Brötchen am Platz	nur HS	Brötchen	keine Angabe	Brötchen am Platz	✓
	Restaurant & Imbiss	✓	Restaurant & Imbiss	✗	Restaurant	200m
	Ver-/Entsorgung Womo	✓	Ver-/Entsorgung Womo	✗	Ver-/Entsorgung Womo	✓
	in den Ort	3km	in den Ort	keine Angabe	in den Ort	500m
Anzahl der Plätze	Gesamt/Touristen	330/30	Gesamt	keine Angabe	Gesamt/Touristen	90/50
	Mietunterkünfte	✓	Mietunterkünfte	✗	Mietunterkünfte	✗
	Stellplätze vor Schranke	✗	Stellplätze vor Schranke	✗	Stellplätze vor Schranke	✗

	Camping Seewiese	Camping-Club Ludwigsburg	Campingplatz Schwäbisch Hall-Steinbach
Bewertung	3.7 GUT, 16 Bewertungen	4.0 SEHR GUT, 4 Bewertungen	4.2 SEHR GUT, 20 Bewertungen
Lage	3.7	4.5	4.2
Ruhe	4.2	4.5	4.3
Sanitäranlagen	3.9	3.2	3.6
Sauberkeit Ø	4.2	4.1	4.6
Freundlichkeit	4.2	4.8	4.5
Stellplatz	3.1	4.2	3.8
Verpflegung	3.3	2.5	3.0
Freizeit	4.1	4.2	3.8
Preis-Leistung	3.9	4.8	4.2
Mietunterkünfte	4.5	-	-
Geeignet für			
Kinder b. 6 J.	4.0	4.7	3.8
Kinder b. 12 J.	4.2	4.7	3.7
Kinder b. 18 J.	3.5	4.0	3.3
Paare	4.2	4.3	4.4
Senioren	4.2	4.2	4.5
Gäste mit Zelt	3.8	-	4.3
Gäste mit Hund / Hunde n. erlaubt	Gäste mit Hund 4.4	Hunde n. erlaubt -	Gäste mit Hund 4.1
Empfohlene Aktivitäten	Wandern Radfahren Entspannen	Entspannen Radfahren Wandern	Radfahren Kultur Wandern

24 Campingpark Breitenauer See

Breitenauer See 2
74245 Löwenstein
+49 7130 8558
www.breitenauer-see.de
info@breitenauer-see.de

ganzjährig

HS: 33,00 € | NS: 29,00 €

Mehr Infos & Anfrage:
www.camping.info/18911

Baden im See	200m
Pool	4km
Spielplatz am Platz	✓
Hunde willkommen	✓
viel Schatten	✓
WLAN (gegen Gebühr)	✓
Lebensmittel	✓
Brötchen am Platz	✓
Restaurant/Imbiss	✓/300m
Ver-/Entsorgung Womo	✓
in den Ort	3km
Gesamt/Touristen	600/300
Mietunterkünfte	✓
Stellplätze vor Schranke	✗

CAMPINGPLATZ KLASSIFIZIERUNG

Das Naherholungsgebiet Breitenauer See.

Lage & Stellplatz

Der Campingpark Breitenauer See liegt landschaftlich reizvoll und ruhig im Naturpark Schwäbisch-Fränkischer-Wald und an der Württembergischen Wein- und Dichterstraße. Es sind ca. 600 Stellplätze (300 Dauercamper) vorhanden. Alle Komfortstandplätze bieten 100 m² Stellfläche sowie einen Wasser- und Stromanschluss. Weiterhin gibt es Zeltwiesen, Schlaffässer und vollausgestattete Ferienblockhäuser. Der Campingpark hat einen direkten Zugang zum Breitenauer See.

Sanitär

Alle vier Sanitärgebäude, die nach modernsten Anforderungen entwickelt wurden, bieten erstklassigen Komfort für alle Gäste. Kinderspaßbäder, Familienduschen, Babywickelräume, behindertengerechte Einrichtungen, Kochgelegenheiten, Waschmaschinen und Wäschetrockner sind vorhanden.

Der Campingpark direkt am See.

Der schöne Sandstrand.

Baden, Segeln, Surfen, SUP, und und und...

Verpflegung

Das Seerestaurant liegt direkt am Campingplatz und bietet eine gemütliche Atmosphäre. Die Terrasse erlaubt einen herrlichen Blick auf die Löwensteiner Berge. Die Gäste werden hier mit reichhaltiger regionaler und griechischer Küche, frisch gezapften Bieren und typischen regionalen Weinen verwöhnt. Am Seerundweg steht der Seekiosk mit Terrasse zur Verfügung, die zum Verweilen einlädt und einen ungestörten Panoramablick auf den Breitenauer See bietet. Im Campingpark verfügt der Minimarkt über sämtliche Waren des täglichen Bedarfs und einen frühmorgendlichen Brötchenservice.

Freizeit

Baden, Segeln, Surfen, Tretbootfahren, Stand-Up-Paddling, Rudern, Angeln, Walking, Radeln, Inlineskaten, Joggen oder einfach Spazieren gehen – im und rund um das Naherholungsgebiet Breitenauer See gibt es unzählige Möglichkeiten. Ausflüge durch die Weinberge rund um den See sind besonders empfehlenswert. Für Kinder gibt es viel Platz zum Toben und Spielen. Der breite Sandstrand und weitläufige, gepflegte Liegewiesen laden zum Sonnenbad oder Relaxen im Schatten der Bäume ein. Hier kommen Badenixen voll auf ihre Kosten. Wer das Wasser scheut, findet auf den Spielplätzen allerlei Möglichkeiten.

5.0

Der CP insgesamt ist sehr gepflegt, die Stellplätze an den Rondells sind gut angeordnet und ausreichend groß. Wir hatten einen Premium-Stellplatz, welcher super groß, teils gepflastert und gekiest und mit eigenem Badezimmer (Dusche, WC, Waschbecken) ausgestattet war. Das Sanitärhaus am Piratenspielplatz ist neu, sehr gut und modern ausgestattet und machte einen sehr sauberen Eindruck. Das Personal an der Rezeption war ausgesprochen freundlich und hilfsbereit.

Armin G.

Armin G. hat den Campingpark Breitenauer See im Juni 2020 besucht.

Sonnenuntergang am See.

Gemütliche Ferienblockhäuser.

4.4 **SEHR GUT**
176 Bewertungen

Lage	4.6
Ruhe	4.6
Sanitäranlagen	4.8
Sauberkeit Ø	4.7
Freundlichkeit	4.2
Stellplatz	4.6
Verpflegung	4.1
Freizeit	4.2
Preis-Leistung	4.3
Mietunterkünfte	4.6

Geeignet für

4.6	Kinder b. 6 J.
4.6	Kinder b. 12 J.
4.6	Senioren
4.0	Kinder b. 18 J.
4.6	Paare
4.4	Gäste mit Zelt
3.7	Gäste mit Hund

Empfohlene Aktivitäten

Schwimmen · Wandern · Entspannen · Radfahren · Angeln

30 Camping Schwabenmühle

Weikersheimer Straße 21
97990 Weikersheim-Laudenbach
+49 7934 992223
www.camping-schwabenmuehle.de
info@camping-schwabenmuehle.de

27.03. - 10.10.

HS: 27,00 € | NS: 25,00 €

Mehr Infos & Anfrage:
www.camping.info/22264

Baden im See	5km
Pool/Hallenbad	4km
Spielplatz am Platz	✓
Hunde willkommen	✓
zur Hälfte Schatten	✓
WLAN (begrenzt gratis)	✓
Lebensmittel	3km
Brötchen am Platz	✓
Restaurant/Imbiss	200m
Ver-/Entsorgung Womo im Ort	✓
Touristenplätze	70
Mietunterkünfte	✓
Stellplätze vor Schranke	✓

49.4573 | 9.92616

Campingplatz Schwabenmühle Rezeption

Lage & Stellplatz

Der familiär geführte Campingplatz liegt zentral im „Lieblichen Taubertal" am Ortsrand von Laudenbach, einem Stadtteil des Residenzstädtchens Weikersheim. Der Platz bietet auf über 2 ha Wiesengelände großzügige Standplätze für Zelt, Caravan oder Wohnmobil (z. B. 70 Komfortstellplätze mit 80-120 m²).

Verpflegung

Auf dem Platz gibt es einen Kiosk und Brötchenservice. In direkter Nähe gibt es zwei Gasthöfe mit gutbürgerlicher Küche, im Ortszentrum finden die Gäste auch gehobene Gastronomie (Michelin-Sternekoch) vor.

Sanitär

Das Stall- und Scheunengebäude der ehemaligen Schwabenmühle wurde liebevoll restauriert und modern ausgestattet. Die beheizbaren Sanitäranlagen umfassen z. B. kostenlose Duschen, ein barrierefreies Bad, eine Familien-Erlebnisdusche, Kinderwickelraum, Waschmaschine, Trockner u. v. m.

Freizeit

Das „Liebliche Taubertal" ist vor allem bei Radfahrern und Wanderern beliebt. So lässt sich die herrliche Gegend z. B. auf dem Radweg „Liebliches Taubertal – der Klassiker" oder auf dem „Tauberschwarz"-Wanderweg durch die Weinberge erkunden. E-Bike-Verleih auf dem Platz.

Hauptgebäude

Weintrauben auf dem Platz.

4.8 SEHR GUT
111 Bewertungen

Lage	4.5
Ruhe	4.6
Sanitäranlagen	4.9
Sauberkeit Ø	4.9
Freundlichkeit	5.0
Stellplatz	4.6
Verpflegung	3.7
Freizeit	4.1
Preis-Leistung	4.7
Mietunterkünfte	4.8

Geeignet für

4.8	Paare
4.8	Senioren
4.8	Gäste mit Hund
4.6	Gäste mit Zelt
4.1	Kinder b. 6 J.
3.9	Kinder b. 12 J.
3.2	Kinder b. 18 J.

Empfohlene Aktivitäten

Radfahren, Wandern, Entspannen, Kultur, Sightseeing

AWARD 2020

Karte auf Seite 544

28 Naturcamping Braunsbach

Im Brühl 1
74542 Braunsbach
+49 790 694 0673
49.19685 | 9.79164

01.04. - 31.10.
HS: 22,30 € | NS: 22,30 €
Mehr Infos & Anfrage:
www.camping.info/18913

Baden im Fluss am Platz	✓
Pool/Hallenbad	12/15km
Spielplatz am Platz	✓
Hunde erlaubt	✓
zur Hälfte Schatten	✓
WLAN	✓
Lebensmittel	800m
Brötchen am Platz	✓
Restaurant/Imbiss	800m/✓
Ver-/Entsorgung Womo	✓
in den Ort	500m
Gesamt/Touristen	100/80
Mietunterkünfte	✓
Stellplätze vor Schranke	✗

4.7 SEHR GUT
57 Bewertungen

Lage	4.7
Ruhe	4.8
Sanitäranlagen	4.1
Sauberkeit Ø	4.7
Freundlichkeit	4.8
Stellplatz	4.5
Verpflegung	3.7
Freizeit	4.2
Preis-Leistung	4.7
Mietunterkünfte	4.4

Geeignet für

Kinder b. 6 J.	4.3
Kinder b. 12 J.	4.3
Kinder b. 18 J.	3.5
Paare	4.8
Senioren	4.7
Gäste mit Zelt	4.6
Gäste mit Hund	4.7

Empfohlene Aktivitäten

- Radfahren
- Kayak/Kanu
- Wandern

29 Waldcamping Hollenbacher See

Mönchswald 1
74673 Mulfingen - Hollenbach
+49 7938 7272
49.38307 | 9.8301

15.03. - 15.11.
HS: 19,00 € | NS: 19,00 €
Mehr Infos & Anfrage:
www.camping.info/23391

Baden im See am Platz	✓
Pool/Hallenbad	8/15km
Spielplatz am Platz	✓
Hunde willkommen	✓
zur Hälfte Schatten	✓
WLAN	✗
Lebensmittel	2km
Brötchen am Platz	nur HS
Restaurant/Imbiss	3km/✓
Ver-/Entsorgung Womo	✓
in den Ort	2km
Gesamt/Touristen	255/55
Mietunterkünfte	✓
Stellplätze vor Schranke	✓

3.6 GUT
5 Bewertungen

Lage	4.2
Ruhe	4.2
Sanitäranlagen	2.4
Sauberkeit Ø	2.5
Freundlichkeit	4.2
Stellplatz	4.0
Verpflegung	4.0
Freizeit	3.8
Preis-Leistung	3.8
Mietunterkünfte	-

Geeignet für

Kinder b. 6 J.	5.0
Kinder b. 12 J.	5.0
Kinder b. 18 J.	4.0
Paare	3.7
Senioren	3.0
Gäste mit Zelt	4.5
Gäste mit Hund	3.0

Empfohlene Aktivitäten

- Schwimmen
- Radfahren
- Wandern

31 Camping Romantische Strasse

Münster 67
97993 Creglingen
+49 793 320 289
49.43861 | 10.04194

15.03. - 15.11.
HS: 24,50 € | NS: 21,30 €
Mehr Infos & Anfrage:
www.camping.info/17845

Baden im See am Platz	✓
Hallenbad	✓
Spielplatz am Platz	✓
Hunde willkommen	✓
zur Hälfte Schatten	✓
WLAN (gegen Gebühr)	teilweise
Lebensmittel	3km
Brötchen am Platz	✓
Restaurant am P.	✓
Ver-/Entsorgung Womo	✓
in den Ort	500m
Gesamt/Touristen	140/100
Mietunterkünfte	✓
Stellplätze vor Schranke	✗

4.3 SEHR GUT
31 Bewertungen

Lage	4.3
Ruhe	4.2
Sanitäranlagen	4.2
Sauberkeit Ø	4.7
Freundlichkeit	4.9
Stellplatz	4.2
Verpflegung	3.9
Freizeit	4.3
Preis-Leistung	4.4
Mietunterkünfte	4.5

Geeignet für

Kinder b. 6 J.	4.2
Kinder b. 12 J.	4.2
Kinder b. 18 J.	3.3
Paare	4.6
Senioren	4.7
Gäste mit Zelt	4.7
Gäste mit Hund	4.8

Empfohlene Aktivitäten

- Wandern
- Entspannen
- Schwimmen

Infos

Öffnungszeiten
Vergleichspreis
Link

Ausstattung

Freizeit
Campingplatz
Versorgung
Anzahl der Plätze

BADEN-WÜRTTEMBERG

2 Schwäbische Alb

	Platz	Seite	Bewertung	Öffnungszeiten	
1	Stromberg Camping	563	3.8	ganzjährig	✱ 🍃
2	Natursportbund Schwäbischer Wald e.V.	562	5.0	saisonal	FKK
3	Camping Hammerschmiede-see	563	3.9	saisonal	
4	Natur & City Camping Ellwangen (ehemals AZUR Camping Ellwangen)	563	3.8	saisonal	
5	Camping Häsle	564	3.6	saisonal	
6	Campingplatz Sonneneck	564	4.7	saisonal	
7	Campingplatz Waldeck am Häslesee	564	4.2	k. A.	✱
8	Camping am Sonnenbach	564	4.3	saisonal	
9	Campingplatz Sonnenhof	565	4.3	k. A.	
10	Campingplatz Götzenbachsee	565	4.6	k. A.	✱
11	Campingplatz Hirtenteich	566	4.5	ganzjährig	✱ ⚡
12	Campingplatz Ringlesmühle	565	4.0	saisonal	
13	Camping Aichelberg	567	3.9	saisonal	
14	Camping Waldpark Hohenstadt	567	4.1	saisonal	
15	ALBCAMPING Westerheim	567	4.0	ganzjährig	✱
16	Heidehof Camping	569	3.7	ganzjährig	✱
17	Camping Lauberg	569	4.6	k. A.	✱
18	Hofgut Hopfenburg	568	4.3	ganzjährig	✱ 🍃
19	Campingplatz Pfählhof GmbH	569	4.0	ganzjährig	✱
20	Neckarcamping	570	3.9	saisonal	
21	Camping Paul Walther	570	4.3	ganzjährig	✱
22	Zollernalbcamping	570	4.6	saisonal	
23	Camping beim Stausee Schömberg	570	3.5	ganzjährig	✱
24	Sonnencamping Albstadt	571	3.6	ganzjährig	✱
25	Camping Wagenburg	571	4.4	saisonal	
26	Campinggarten Leibertingen	571	4.8	saisonal	👍
27	Campingplatz Sigmaringen	572	3.6	saisonal	
28	Campingplatz Reiterhof von Steinhausen	573	3.5	saisonal	
29	Park-Camping Iller / Allgäu	573	4.3	saisonal	
30	Camping Christophorus	573	4.5	ganzjährig	✱

✱ Wintercamping FKK Textilfrei (ganz/teilweise) 🍃 Ecocamping 👍 Award ⚡ Onlinebuchung

2 Natursportbund Schwäbischer Wald e.V.

FKK

Tiefenmad 22
71540 Murrhardt-Kirchenkirnberg
+49 7184 302

www.nsb-murrhardt.de
info@nsb-murrhardt.de

01.05. - 31.08.

HS: 27,00 € | NS: 27,00 €

Mehr Infos & Anfrage:
www.camping.info/25649

Baden im See	8km
Pool/Hallenbad	✓/7km
Spielplatz am Platz	✓
Hunde	✗
wenig Schatten	✓
WLAN	✓
Lebensmittel	7km
Brötchen am Platz	✗
Restaurant	1km
Ver-/Entsorgung Womo	✗
in den Ort	7km
Gesamt/Touristen	110/15
Mietunterkünfte	✗
Stellplätze vor Schranke	✗

48.95525 | 9.66714

Das Schwimmbad, im Hintergrund die oberen Gästeplätze.

Lage & Stellplatz

Hier können sie bei einem FKK-Familiensportverein in familiärer Atmosphäre auf einem sehr schönen und ruhigen Gelände campen. Auf dem Platz befindet sich ein Schwimmbad mit Solarbeheizung. Die Stellplätze liegen auf einer terrassenförmig angelegten Rasenfläche an einem schönen Südhang.

Verpflegung

Das Gelände ist für Selbstversorger ausgelegt. In ca. 7 km Entfernung sind mehrere Ortschaften mit guten Einkaufsmöglichkeiten vorhanden.

Sanitär

Die Sanitäranlagen sind sauber und werden von vielen Gästen positiv bewertet. Waschmaschine und Wäschetrockner sind vorhanden.

Freizeit

Hier gibt es Bogenschießen, Boule, Schwimmen, Outdoor-Billard, Tischtennis, Volleyballplätze und Freilandschach. Am Wochenende leitet eine Sportlehrerin Gymnastik, im Sommer auch Wassergymnastik. Samstags ist (außer im Juli/August) die Sauna in Betrieb. Ein Hallenbad gibt es in 7 km Entfernung.

Die Bouler sind aktiv.

Der Bogenschießplatz.

Für diese Auswertung liegen leider noch nicht genügend Bewertungen vor.

Sei einer der Ersten, der diesen Campingplatz bewertet.
Unter den Bewertern werden regelmäßig Gewinne verlost!

Mehr Infos dazu findest du in unserem allgemeinen Intro.

Außerhalb der genannten Saison auf Anfrage geöffnet.

Karte auf Seite 560

1 Stromberg Camping

Diefenbacher Straße 70
75438 Knittlingen-Freudenstein
+49 7043 2160
49.03528 | 8.83278

Infos	
Öffnungszeiten	ganzjährig
Vergleichspreis	HS: 20,50 € | NS: 17,50 €
Link	**Mehr Infos & Anfrage:** www.camping.info/18931
Ausstattung	
Freizeit	Baden im See 5km; Pool/Hallenbad ✓/9km; Spielplatz am Platz ✓
Campingplatz	Hunde erlaubt ✓; zur Hälfte Schatten ✓; WLAN (gegen Gebühr) ✓
Versorgung	Lebensmittel ✓; Brötchen am Platz ✓; Restaurant & Imbiss ✓; Ver-/Entsorgung Womo ✓; in den Ort 1km
Anzahl der Plätze	Gesamt/Touristen 480/50; Mietunterkünfte ✓; Stellplätze vor Schranke ✗

3.8 GUT – 42 Bewertungen

Lage	4.1
Ruhe	4.2
Sanitäranlagen	3.2
Sauberkeit Ø	3.9
Freundlichkeit	4.5
Stellplatz	3.8
Verpflegung	2.8
Freizeit	3.8
Preis-Leistung	4.2
Mietunterkünfte	3.0

Geeignet für

Kinder b. 6 J.	4.2
Kinder b. 12 J.	4.0
Kinder b. 18 J.	3.1
Paare	4.3
Senioren	4.6
Gäste mit Zelt	4.4
Gäste mit Hund	4.1

Empfohlene Aktivitäten

- Wandern
- Schwimmen
- Radfahren

3 Camping Hammer-schmiede-see

Hammerschmiede 2
73453 Abtsgmünd
+49 7963 369
48.9461 | 9.97669

Infos	
Öffnungszeiten	01.05. - 30.09.
Vergleichspreis	HS: 18,10 € | NS: 18,10 €
Link	**Mehr Infos & Anfrage:** www.camping.info/18902
Ausstattung	
Freizeit	Baden im See am Platz ✓; Hallenbad 8km; Spielplatz am Platz ✓
Campingplatz	Hunde erlaubt ✓; Schatten ✗; WLAN ✓
Versorgung	Lebensmittel 2km; Brötchen am Platz ✓; Restaurant/Imbiss 2km/✓; Ver-/Entsorgung Womo ✓; in den Ort 2km
Anzahl der Plätze	Gesamt/Touristen 250/100; Mietunterkünfte ✗; Stellplätze vor Schranke ✗

3.9 GUT – 22 Bewertungen

Lage	4.4
Ruhe	4.0
Sanitäranlagen	3.7
Sauberkeit Ø	4.2
Freundlichkeit	4.2
Stellplatz	3.9
Verpflegung	3.7
Freizeit	3.8
Preis-Leistung	4.5
Mietunterkünfte	-

Geeignet für

Kinder b. 6 J.	4.5
Kinder b. 12 J.	4.6
Kinder b. 18 J.	4.5
Paare	4.7
Senioren	4.3
Gäste mit Zelt	4.6
Gäste mit Hund	4.5

Empfohlene Aktivitäten

- Schwimmen
- Entspannen
- Wandern

4 Natur & City Camping Ellwangen (ehemals AZUR Camping Ellwangen)

Rotenbacher Str. 45
73479 Ellwangen an der Jagst
+49 7961 7921
48.95932 | 10.12113

Infos	
Öffnungszeiten	02.04. - 31.10.
Vergleichspreis	HS: 31,00 € | NS: 25,00 €
Link	**Mehr Infos & Anfrage:** www.camping.info/18904
Ausstattung	
Freizeit	Baden in nat. Gewässer k. A.; Pool/Hallenbad 200m; Spielplatz keine Angabe
Campingplatz	Hunde willkommen ✓; zur Hälfte Schatten ✓; WLAN ✓
Versorgung	Lebensmittel 1km; Brötchen am Platz ✓; Restaurant am P. ✓; Ver-/Entsorgung Womo ✓; in den Ort 1km
Anzahl der Plätze	Gesamt/Touristen 85/75; Mietunterkünfte ✗; Stellplätze vor Schranke ✓

3.8 GUT – 26 Bewertungen

Lage	4.3
Ruhe	4.3
Sanitäranlagen	3.8
Sauberkeit Ø	4.5
Freundlichkeit	4.3
Stellplatz	3.8
Verpflegung	3.0
Freizeit	3.8
Preis-Leistung	3.7
Mietunterkünfte	-

Geeignet für

Kinder b. 6 J.	3.2
Kinder b. 12 J.	3.2
Kinder b. 18 J.	3.2
Paare	4.3
Senioren	4.3
Gäste mit Zelt	4.4
Gäste mit Hund	4.4

Empfohlene Aktivitäten

- Radfahren
- Entspannen
- Wandern

5 Camping Häsle

Häsle 7
73488 Ellenberg
+49 7965 359
48.98766 | 10.2255

01.04. - 31.10.
HS: 16,50 €
Mehr Infos & Anfrage:
www.camping.info/24994

Baden im See am Platz	✓
Pool/Hallenbad	3/10km
Spielplatz am Platz	✓
Hunde willkommen	✓
zur Hälfte Schatten	✓
WLAN (gegen Gebühr)	✓
Lebensmittel	✗
Brötchen am Platz	nur HS
Restaurant	500m
Ver-/Entsorgung Womo	✓
in den Ort	3km
Gesamt/Touristen	130/25
Mietunterkünfte	✓
Stellplätze vor Schranke	✗

3.6 GUT
5 Bewertungen

Lage	4.2
Ruhe	4.4
Sanitäranlagen	3.6
Sauberkeit Ø	3.9
Freundlichkeit	4.2
Stellplatz	4.0
Verpflegung	2.8
Freizeit	3.4
Preis-Leistung	4.6
Mietunterkünfte	3.0

Geeignet für

Kinder b. 6 J.	4.0
Kinder b. 12 J.	4.0
Kinder b. 18 J.	3.3
Paare	4.8
Senioren	4.7
Gäste mit Zelt	4.0
Gäste mit Hund	4.8

Empfohlene Aktivitäten

- Wandern
- Radfahren
- Entspannen

6 Campingplatz Sonneneck

Haselbach 12
73488 Ellenberg - Haselbach
+49 7965 2359
48.98699 | 10.21658

01.04. - 31.10.
HS: 20,50 € | NS: 20,50 €
Mehr Infos & Anfrage:
www.camping.info/18907

Baden im See am Platz	✓
Pool/Hallenbad	8km
Spielplatz am Platz	✓
Hunde willkommen	✓
zur Hälfte Schatten	✓
WLAN (gegen Gebühr)	✓
Lebensmittel	4km
Brötchen am Platz	✗
Restaurant & Imbiss	✓
Ver-/Entsorgung Womo	✓
in den Ort	3km
Gesamt/Touristen	120/20
Mietunterkünfte	✓
Stellplätze vor Schranke	✓

4.7 SEHR GUT
33 Bewertungen

Lage	4.8
Ruhe	4.7
Sanitäranlagen	4.6
Sauberkeit Ø	4.8
Freundlichkeit	4.9
Stellplatz	4.3
Verpflegung	3.8
Freizeit	4.2
Preis-Leistung	4.8
Mietunterkünfte	4.9

Geeignet für

Kinder b. 6 J.	4.6
Kinder b. 12 J.	4.6
Kinder b. 18 J.	4.0
Paare	4.7
Senioren	4.4
Gäste mit Zelt	4.3
Gäste mit Hund	4.7

Empfohlene Aktivitäten

- Schwimmen
- Wandern
- Entspannen

7 Campingplatz Waldeck am Häslesee

❄

Häsle 9
73488 Ellenberg
+49 7962/2714
48.98742 | 10.22357

keine Angabe
HS: 20,50 € | NS: 20,50 €
Mehr Infos & Anfrage:
www.camping.info/23779

Baden im See am Platz	✓
Pool & Hallenbad	✗
Spielplatz am Platz	✓
Hunde willkommen	✓
zur Hälfte Schatten	✓
WLAN (gegen Gebühr)	✓
Lebensmittel	✗
Brötchen am Platz	nur HS
Restaurant/Imbiss	500m
Ver-/Entsorgung Womo	✗
in den Ort	4km
Gesamt/Touristen	120/4
Mietunterkünfte	✗
Stellplätze vor Schranke	✗

4.2 SEHR GUT
6 Bewertungen

Lage	4.4
Ruhe	4.2
Sanitäranlagen	3.8
Sauberkeit Ø	3.8
Freundlichkeit	3.8
Stellplatz	3.8
Verpflegung	3.4
Freizeit	3.4
Preis-Leistung	4.2
Mietunterkünfte	-

Geeignet für

Kinder b. 6 J.	3.5
Kinder b. 12 J.	3.0
Kinder b. 18 J.	3.0
Paare	4.8
Senioren	5.0
Gäste mit Zelt	4.0
Gäste mit Hund	3.7

Empfohlene Aktivitäten

- Radfahren
- Wandern
- Schwimmen

8 Camping am Sonnenbach

Sonnenbach 1
73479 Ellwangen-Pfahlheim
+49 7964 1232
48.9745 | 10.2517

01.04. - 01.10.
HS: 17,00 € | NS: 17,00 €
Mehr Infos & Anfrage:
www.camping.info/18905

Baden im See am Platz	✓
Pool/Hallenbad	1/10km
Spielplatz am Platz	✓
Hunde erlaubt	✓
zur Hälfte Schatten	✓
WLAN (gratis)	teilweise
Lebensmittel	1km
Brötchen am Platz	nur HS
Restaurant & Imbiss	✓
Ver-/Entsorgung Womo	✓
in den Ort	keine Angabe
Gesamt/Touristen	150/20
Mietunterkünfte	✓
Stellplätze vor Schranke	✓

4.3 SEHR GUT
10 Bewertungen

Lage	4.3
Ruhe	4.7
Sanitäranlagen	4.4
Sauberkeit Ø	4.6
Freundlichkeit	4.9
Stellplatz	4.2
Verpflegung	4.1
Freizeit	4.0
Preis-Leistung	4.9
Mietunterkünfte	5.0

Geeignet für

Kinder b. 6 J.	4.2
Kinder b. 12 J.	4.1
Kinder b. 18 J.	3.7
Paare	4.3
Senioren	4.2
Gäste mit Zelt	4.3
Gäste mit Hund	4.2

Empfohlene Aktivitäten

- Entspannen
- Schwimmen
- Radfahren

Karte auf Seite 560

9 Campingplatz Sonnenhof

Sonnenhof 1
73479 Ellwangen-Pfahlheim
+49 7964 566

48.97435 | 10.24952

keine Angabe

HS: 19,00 € | NS: 19,00 €

Mehr Infos & Anfrage:
www.camping.info/23334

Baden im See am Platz	✓
Pool/Hallenbad	1/12km
Spielplatz am Platz	✓
Hunde erlaubt	✓
Schatten	✗
WLAN	✓
Lebensmittel	k.A.
Brötchen am Platz	nur HS
Restaurant & Imbiss	✓
Ver-/Entsorgung Womo	✗
in den Ort	1km
Gesamt	keine Angabe
Mietunterkünfte	✗
Stellplätze vor Schranke	✓

4.3 SEHR GUT
10 Bewertungen

Lage	4.7
Ruhe	4.5
Sanitäranlagen	3.4
Sauberkeit Ø	3.8
Freundlichkeit	4.8
Stellplatz	4.3
Verpflegung	4.4
Freizeit	4.3
Preis-Leistung	4.8
Mietunterkünfte	-

Geeignet für

Kinder b. 6 J.	4.9
Kinder b. 12 J.	4.8
Kinder b. 18 J.	4.4
Paare	4.8
Senioren	4.6
Gäste mit Zelt	4.7
Gäste mit Hund	4.9

Empfohlene Aktivitäten
- Schwimmen
- Wandern
- Entspannen

10 Campingplatz Götzenbachsee

✱

Götzenbach 2
73571 Göggingen
+49 7175 8541

48.85849 | 9.87287

keine Angabe

HS: 20,50 €

Mehr Infos & Anfrage:
www.camping.info/18909

Baden im See	500m
Pool/Hallenbad	3/11km
Spielplatz am Platz	✓
Hunde willkommen	✓
wenig Schatten	✓
WLAN	✗
Lebensmittel	1km
Brötchen am Platz	✗
Restaurant/Imbiss	1km
Ver-/Entsorgung Womo	✓
in den Ort	1km
Gesamt/Touristen	125/30
Mietunterkünfte	✓
Stellplätze vor Schranke	✗

4.6 SEHR GUT
8 Bewertungen

Lage	4.1
Ruhe	4.8
Sanitäranlagen	4.2
Sauberkeit Ø	5.0
Freundlichkeit	5.0
Stellplatz	4.1
Verpflegung	4.0
Freizeit	3.9
Preis-Leistung	4.8
Mietunterkünfte	5.0

Geeignet für

Kinder b. 6 J.	4.4
Kinder b. 12 J.	4.5
Kinder b. 18 J.	3.8
Paare	4.7
Senioren	4.7
Gäste mit Zelt	4.3
Gäste mit Hund	4.3

Empfohlene Aktivitäten
- Radfahren
- Wandern
- Entspannen

12 Campingplatz Ringlesmühle

Ringlesmühle
73469 Utzmemmingen

48.82607 | 10.4098

01.04. - 30.10.

HS: 15,50 €

Mehr Infos & Anfrage:
www.camping.info/23913

Baden im See am Platz	✓
Pool & Hallenbad	✗
Spielplatz am Platz	✓
Hunde willkommen	✓
wenig Schatten	✓
WLAN	✗
Lebensmittel	✗
Brötchen am Platz	✓
Restaurant & Imbiss	✗
Ver-/Entsorgung Womo	✓
in den Ort	keine Angabe
Gesamt	keine Angabe
Mietunterkünfte	✗
Stellplätze vor Schranke	✗

4.0 SEHR GUT
8 Bewertungen

Lage	4.2
Ruhe	4.9
Sanitäranlagen	3.9
Sauberkeit Ø	4.9
Freundlichkeit	5.0
Stellplatz	3.9
Verpflegung	2.2
Freizeit	3.6
Preis-Leistung	4.9
Mietunterkünfte	-

Geeignet für

Kinder b. 6 J.	4.0
Kinder b. 12 J.	4.0
Kinder b. 18 J.	3.1
Paare	4.7
Senioren	4.6
Gäste mit Zelt	4.4
Gäste mit Hund	3.8

Empfohlene Aktivitäten
- Wandern
- Entspannen
- Sightseeing

Infos
- Öffnungszeiten
- Vergleichspreis
- Link

Ausstattung
- Freizeit
- Campingplatz
- Versorgung
- Anzahl der Plätze

ANZEIGE

11 Campingplatz Hirtenteich

Hasenweide 2
73457 Essingen-Lauterburg
+49 7365 296
www.hirtenteich.camp
info@hirtenteich.camp

ganzjährig

HS: 21,90 € | NS: 21,40 €

Mehr Infos & online buchen:
www.camping.info/18903

Baden im See	20km
Pool/Hallenbad	✓/10km
Spielplatz am Platz	✓
Hunde willkommen	✓
wenig Schatten	✓
WLAN	✓
Lebensmittel	✓
Brötchen am Platz	✓
Restaurant am P.	✓
Ver-/Entsorgung Womo	✓
in den Ort	1km
Gesamt/Touristen	230/60
Mietunterkünfte	✓
Stellplätze vor Schranke	✓

Die Lage des Campingplatzes aus der Vogelperspektive.

Lage & Stellplatz

Der Campingplatz liegt auf einem Hochplateau der Schwäbischen Ostalb (690 m ü. NN). Das Gelände fällt leicht zum Waldrand ab und ist teilweise parzelliert. Das mit Laubbäumen aufgelockerte Wiesengelände bietet zum Teil befestigte Wohnmobilplätze, teils Schotterrasen, aber überwiegend Wiesenplätze.

Verpflegung

Eine eigene Gaststätte mit gutbürgerlicher schwäbischer Küche befindet sich genauso am Platz wie ein Kiosk mit Artikeln zur Grundversorgung und Brötchenservice. Weitere Restaurants findet man in einer Entfernung von 2 km. Etwa 3 km entfernt gibt es einen Supermarkt, eine Apotheke und diverse Ärzte.

Sanitär

Der Campingplatz Hirtenteich verfügt über zwei moderne Sanitärgebäude, die mehrmals täglich gereinigt werden und mit 12 Einzelduschkabinen, 6 Einzelwaschkabinen und 12 Waschbecken ausgestattet sind. Außerdem sind Haartrockner, eine Hundedusche sowie eine Ver- und Entsorgungsstation vorhanden.

Freizeit

In der näheren Umgebung befinden sich zahlreiche interessante Ausflugsziele, wie z. B. die „Limes-Therme“, das Besucherbergwerk „Tiefer Stollen“ mit Heilstollen-Therapie oder die „Burgruine Rosenstein“. Darüber hinaus bietet die Region verschiedene Wander-, Mountainbike- und Klettermöglichkeiten.

Die Stellplätze.

Das Hauptgebäude im Winter.

4.5 SEHR GUT
45 Bewertungen

Lage	4.4
Ruhe	4.6
Sanitäranlagen	4.5
Sauberkeit Ø	4.7
Freundlichkeit	4.9
Stellplatz	4.1
Verpflegung	3.7
Freizeit	3.9
Preis-Leistung	4.6
Mietunterkünfte	4.6

Geeignet für

Senioren	4.6
Paare	4.5
Gäste mit Zelt	4.5
Gäste mit Hund	4.5
Kinder b. 12 J.	4.1
Kinder b. 6 J.	3.9
Kinder b. 18 J.	3.7

Empfohlene Aktivitäten

Wandern · Entspannen · Radfahren · Mountainbiking · Langlauf

Gruppenpreise auf Anfrage.

Karte auf Seite 560

13 Camping Aichelberg

Bunzenberg 1
73101 Aichelberg
+49 7164 2700
48.64011 | 9.55481

Infos

Öffnungszeiten	26.03. - 03.10.
Vergleichspreis	HS: 25,00 € | NS: 21,50 €
Link	**Mehr Infos & Anfrage:** www.camping.info/22371

Ausstattung

Freizeit	Baden in nat. Gewässer	k. A.
	Pool/Hallenbad	3/5km
	Spielplatz am Platz	✓
Campingplatz	Hunde willkommen	✓
	wenig Schatten	✓
	WLAN	✓
Versorgung	Lebensmittel	1km
	Brötchen am Platz	✓
	Restaurant am P.	✓
	Ver-/Entsorgung Womo	✓
	in den Ort	1km
Anzahl der Plätze	Gesamt/Touristen	150/70
	Mietunterkünfte	✓
	Stellplätze vor Schranke	✗

3.9 GUT – 27 Bewertungen

Lage	3.8
Ruhe	3.8
Sanitäranlagen	4.7
Sauberkeit Ø	4.7
Freundlichkeit	4.7
Stellplatz	3.4
Verpflegung	3.0
Freizeit	2.9
Preis-Leistung	4.7
Mietunterkünfte	3.0

Geeignet für

Kinder b. 6 J.	3.3
Kinder b. 12 J.	2.9
Kinder b. 18 J.	2.8
Paare	4.1
Senioren	3.8
Gäste mit Zelt	3.9
Gäste mit Hund	4.4

Empfohlene Aktivitäten

- Wandern
- Radfahren
- Entspannen

14 Camping Waldpark Hohenstadt

Waldpark 1
73345 Hohenstadt
+49 7335 6754
48.54952 | 9.66773

Infos

Öffnungszeiten	01.03. - 31.10.
Vergleichspreis	HS: 24,50 € | NS: 23,00 €
Link	**Mehr Infos & Anfrage:** www.camping.info/22203

Ausstattung

Freizeit	Baden in nat. Gewässer	k. A.
	Hallenbad	5km
	Spielplatz am Platz	✓
Campingplatz	Hunde willkommen	✓
	wenig Schatten	✓
	WLAN	✓
Versorgung	Lebensmittel	5km
	Brötchen am Platz	nur HS
	Restaurant & Imbiss	✓
	Ver-/Entsorgung Womo	✓
	in den Ort	500m
Anzahl der Plätze	Gesamt/Touristen	190/60
	Mietunterkünfte	✗
	Stellplätze vor Schranke	✗

4.1 SEHR GUT – 37 Bewertungen

Lage	4.1
Ruhe	4.2
Sanitäranlagen	3.8
Sauberkeit Ø	4.3
Freundlichkeit	4.8
Stellplatz	3.9
Verpflegung	3.8
Freizeit	3.8
Preis-Leistung	4.2
Mietunterkünfte	-

Geeignet für

Kinder b. 6 J.	3.9
Kinder b. 12 J.	4.0
Kinder b. 18 J.	3.5
Paare	4.4
Senioren	4.6
Gäste mit Zelt	4.2
Gäste mit Hund	4.7

Empfohlene Aktivitäten

- Wandern
- Entspannen
- Radfahren

keine WOMOs ab 10 m; Jugendgruppen in HS nur beschränkt zugelassen

15 ALBCAMPING Westerheim

Beim Campingplatz 1
72589 Westerheim
+49 7333 6140
48.51046 | 9.60823

Infos

Öffnungszeiten	ganzjährig
Vergleichspreis	HS: 28,60 € | NS: 25,60 €
Link	**Mehr Infos & Anfrage:** www.camping.info/18897

Ausstattung

Freizeit	Baden in nat. Gewässer	k. A.
	Pool/Hallenbad	✓/500m
	Spielplatz am Platz	✓
Campingplatz	Hunde willkommen	✓
	wenig Schatten	✓
	WLAN (gegen Gebühr)	✓
Versorgung	Lebensmittel	✓
	Brötchen am Platz	✓
	Restaurant & Imbiss	✓
	Ver-/Entsorgung Womo	✓
	in den Ort	1km
Anzahl der Plätze	Gesamt/Touristen	900/60
	Mietunterkünfte	✓
	Stellplätze vor Schranke	✗

4.0 SEHR GUT – 21 Bewertungen

Lage	4.4
Ruhe	3.8
Sanitäranlagen	4.3
Sauberkeit Ø	3.9
Freundlichkeit	4.3
Stellplatz	3.9
Verpflegung	4.3
Freizeit	4.1
Preis-Leistung	4.0
Mietunterkünfte	4.0

Geeignet für

Kinder b. 6 J.	4.4
Kinder b. 12 J.	4.6
Kinder b. 18 J.	3.9
Paare	4.1
Senioren	4.2
Gäste mit Zelt	4.0
Gäste mit Hund	4.6

Empfohlene Aktivitäten

- Wandern
- Mountainbiking
- Radfahren

keine WOMOs ab 9 m

Hofgut Hopfenburg

18

Hopfenburg 12
72525 Münsingen
+49 738 193 119 311
www.hofgut-hopfenburg.de
info@hofgut-hopfenburg.de

ganzjährig

HS: 30,90 € | NS: 25,10 €

Mehr Infos & Anfrage:
www.camping.info/24292

Baden im Fluss	8km
Pool/Hallenbad	2km/900m
Spielplatz am Platz	✓
Hunde willkommen	✓
wenig Schatten	✓
WLAN	✓
Lebensmittel	✓
Brötchen am Platz	✓
Restaurant/Imbiss	1km
Ver-/Entsorgung Womo	✓
in den Ort	500m
Touristenplätze	80
Mietunterkünfte	✓
Stellplätze vor Schranke	✗

Naturnahe Stellplätze mit Heidewagen im Vordergrund.

Lage & Stellplatz

Die 80 touristischen Stellplätze sind nicht parzelliert und bieten einen atemberaubenden Blick auf das Biosphärengebiet Schwäbische Alb. Alle Plätze verfügen über Strom-, Wasser- und Abwasseranschlüsse. Auf Zeltfans warten Stellplätze mit rund 100 m² naturnah gestalteter Fläche.

Verpflegung

Der Hofladen versorgt Campinggäste mit leckeren, regionalen Produkten. In ca. 500 m Entfernung bietet das Münsinger Einkaufzentrum eine breite Angebotspalette. Neben dem täglichen Brötchenservice wird auf Wunsch auch ein Frühstücksbuffet mit hochwertigen Produkten angeboten.

Sanitär

Der gepflegte Sanitärbereich bietet barrierefreie Zugänge zu einer großen Anzahl an Duschen und Waschbecken. Außerdem gibt es abschließbare Familienbäder mit Dusche, Waschbecken und WC. Ein Trockenraum, Waschmaschinen sowie kleine Kochgelegenheiten mit Spüle und Herd runden das sanitäre Angebot ab.

Freizeit

Am Gelände des Hofguts Hopfenburg locken Spielplätze, eine Spielscheune, Grillhütten und ein Beachvolleyballfeld. Die Umgebung lädt zu Fahrradtouren, Wanderungen und Ausflügen in die nahe Umgebung ein (z. B. das Schloss Lichtenstein, die Bärenhöhle oder das Lautertal mit romantischen Burgruinen).

Die Esel Beppo und Robin.

Backhaus von außen.

4.3 SEHR GUT
82 Bewertungen

Lage	4.5
Ruhe	4.0
Sanitäranlagen	4.5
Sauberkeit Ø	4.7
Freundlichkeit	4.7
Stellplatz	4.1
Verpflegung	3.8
Freizeit	4.2
Preis-Leistung	4.2
Mietunterkünfte	4.6

Geeignet für

Kinder b. 6 J.	4.7
Kinder b. 12 J.	4.5
Gäste mit Zelt	4.5
Gäste mit Hund	4.5
Paare	4.3
Senioren	4.1
Kinder b. 18 J.	3.7

Empfohlene Aktivitäten

Wandern, Entspannen, Radfahren, Mountainbiking, Reiten

Karte auf Seite 560

16 Heidehof Camping

Heidehofstraße 50
89150 Laichingen-Machtolsheim
+49 7333 6408
48.47714 | 9.74472

ganzjährig
HS: 28,50 € | NS: 26,50 €
Mehr Infos & Anfrage:
www.camping.info/19131

Baden in nat. Gewässer	k. A.
Pool/Hallenbad	✓/5km
Spielplatz am Platz	✓
Hunde willkommen	✓
zur Hälfte Schatten	✓
WLAN	✓
Lebensmittel	✓
Brötchen am Platz	✓
Restaurant & Imbiss	✓
Ver-/Entsorgung Womo	✓
in den Ort	3km
Gesamt/Touristen	1050/150
Mietunterkünfte	✓
Stellplätze vor Schranke	✓

3.7 GUT
48 Bewertungen

Lage	4.2
Ruhe	3.8
Sanitäranlagen	3.8
Sauberkeit Ø	3.8
Freundlichkeit	4.0
Stellplatz	3.6
Verpflegung	4.0
Freizeit	4.0
Preis-Leistung	3.7
Mietunterkünfte	4.6

Geeignet für

Kinder b. 6 J.	4.2
Kinder b. 12 J.	4.2
Kinder b. 18 J.	3.5
Paare	4.3
Senioren	4.3
Gäste mit Zelt	4.7
Gäste mit Hund	4.6

Empfohlene Aktivitäten

- Wandern
- Radfahren
- Schwimmen

17 Camping Lauberg

72587 Römerstein-böhringen
48.48694 | 9.50639

keine Angabe
keine Angabe
Mehr Infos & Anfrage:
www.camping.info/18896

Baden in nat. Gewässer	k. A.
Pool & Hallenbad	✗
Spielplatz	keine Angabe
Hunde	✗
Schatten	✗
WLAN	keine Angabe
Lebensmittel	k.A.
Brötchen	keine Angabe
Restaurant & Imbiss	✗
Ver-/Entsorgung Womo	✗
in den Ort	keine Angabe
Gesamt	keine Angabe
Mietunterkünfte	✗
Stellplätze vor Schranke	✗

4.6 SEHR GUT
5 Bewertungen

Lage	4.5
Ruhe	5.0
Sanitäranlagen	4.0
Sauberkeit Ø	4.7
Freundlichkeit	5.0
Stellplatz	3.8
Verpflegung	4.5
Freizeit	4.0
Preis-Leistung	4.8
Mietunterkünfte	-

Geeignet für

Kinder b. 6 J.	3.7
Kinder b. 12 J.	4.3
Kinder b. 18 J.	4.3
Paare	5.0
Senioren	4.7
Gäste mit Zelt	4.7
Hunde n. erlaubt	-

Empfohlene Aktivitäten

- Radfahren
- Wandern
- Entspannen

19 Campingplatz Pfählhof GmbH

Pfählhof 1
72574 Bad Urach
+49 7125 8098
48.50378 | 9.42448

ganzjährig
HS: 31,00 € | NS: 31,00 €
Mehr Infos & Anfrage:
www.camping.info/18895

Baden in nat. Gewässer	k. A.
Pool	3km
Spielplatz am Platz	✓
Hunde willkommen	✓
zur Hälfte Schatten	✓
WLAN (gratis)	teilweise
Lebensmittel	2km
Brötchen am Platz	✓
Restaurant am P.	✓
Ver-/Entsorgung Womo	✓
in den Ort	2km
Gesamt/Touristen	230/50
Mietunterkünfte	✓
Stellplätze vor Schranke	✗

4.0 SEHR GUT
36 Bewertungen

Lage	4.3
Ruhe	4.5
Sanitäranlagen	3.7
Sauberkeit Ø	4.3
Freundlichkeit	4.2
Stellplatz	4.0
Verpflegung	3.4
Freizeit	4.0
Preis-Leistung	4.0
Mietunterkünfte	3.0

Geeignet für

Kinder b. 6 J.	3.7
Kinder b. 12 J.	4.0
Kinder b. 18 J.	3.5
Paare	4.4
Senioren	4.5
Gäste mit Zelt	4.2
Gäste mit Hund	4.5

Empfohlene Aktivitäten

- Wandern
- Entspannen
- Radfahren

Infos

Öffnungszeiten
Vergleichspreis
Link

Ausstattung

Freizeit
Campingplatz
Versorgung
Anzahl der Plätze

20 Neckarcamping

Rappenberghalde 61
72070 Tübingen
+49 7071 43145
48.51014 | 9.03568

30.03. - 31.10.
HS: 33,50 €
Mehr Infos & Anfrage:
www.camping.info/18886

Baden im Fluss am Platz	✓
Pool/Hallenbad	1/2km
Spielplatz am Platz	✓
Hunde willkommen	✓
zur Hälfte Schatten	✓
WLAN	✓
Lebensmittel	2km
Brötchen am Platz	nur HS
Restaurant & Imbiss	✓
Ver-/Entsorgung Womo	✓
in den Ort	1km
Gesamt/Touristen	90/60
Mietunterkünfte	✓
Stellplätze vor Schranke	✗

3.9 GUT
35 Bewertungen

Lage	4.1
Ruhe	4.1
Sanitäranlagen	4.4
Sauberkeit Ø	4.3
Freundlichkeit	4.1
Stellplatz	3.6
Verpflegung	3.8
Freizeit	3.5
Preis-Leistung	3.4
Mietunterkünfte	3.3

Geeignet für

Kinder b. 6 J.	3.7
Kinder b. 12 J.	3.8
Kinder b. 18 J.	3.8
Paare	4.5
Senioren	4.7
Gäste mit Zelt	4.3
Gäste mit Hund	4.0

Empfohlene Aktivitäten
- Sightseeing
- Radfahren
- Wandern

keine WOMOs ab 7 m; keine Partygäste und Schulklassen

21 Camping Paul Walther

*

Schadenweiler Straße 133
72108 Rottenburg
+49 74 72 73 01
48.45447 | 8.94601

ganzjährig
HS: 17,80 € | NS: 17,80 €
Mehr Infos & Anfrage:
www.camping.info/18887

Baden im See	5km
Pool/Hallenbad	3km
Spielplatz am Platz	✓
Hunde erlaubt	✓
Schatten	✗
WLAN	✓
Lebensmittel	3km
Brötchen	keine Angabe
Restaurant/Imbiss	3km
Ver-/Entsorgung Womo	✓
in den Ort	3km
Gesamt/Touristen	85/20
Mietunterkünfte	✓
Stellplätze vor Schranke	✗

4.3 SEHR GUT
12 Bewertungen

Lage	4.4
Ruhe	4.5
Sanitäranlagen	4.7
Sauberkeit Ø	4.8
Freundlichkeit	5.0
Stellplatz	4.1
Verpflegung	2.2
Freizeit	3.5
Preis-Leistung	4.9
Mietunterkünfte	3.5

Geeignet für

Kinder b. 6 J.	4.3
Kinder b. 12 J.	3.4
Kinder b. 18 J.	3.2
Paare	4.6
Senioren	4.9
Gäste mit Zelt	4.0
Gäste mit Hund	4.5

Empfohlene Aktivitäten
- Entspannen
- Wandern
- Radfahren

22 Zollernalbcamping

Niederhechinger Straße 41
72379 Hechingen
+49 7471 9897980
48.35956 | 8.95893

01.01. - 15.12.
HS: 25,50 € | NS: 25,50 €
Mehr Infos & Anfrage:
www.camping.info/26143

Baden im See	8km
Pool/Hallenbad	100m
Spielplatz	100m
Hunde willkommen	✓
wenig Schatten	✓
WLAN	keine Angabe
Lebensmittel	400m
Brötchen am Platz	✓
Restaurant & Imbiss	✓
Ver-/Entsorgung Womo	✓
im Ort	✓
Gesamt/Touristen	70/60
Mietunterkünfte	✓
Stellplätze vor Schranke	✓

4.6 SEHR GUT
8 Bewertungen

Lage	4.5
Ruhe	4.4
Sanitäranlagen	4.8
Sauberkeit Ø	4.8
Freundlichkeit	5.0
Stellplatz	4.6
Verpflegung	3.8
Freizeit	4.6
Preis-Leistung	4.2
Mietunterkünfte	5.0

Geeignet für

Kinder b. 6 J.	3.8
Kinder b. 12 J.	3.6
Kinder b. 18 J.	4.2
Paare	4.6
Senioren	4.7
Gäste mit Zelt	4.4
Gäste mit Hund	5.0

Empfohlene Aktivitäten
- Wandern
- Schwimmen
- Kultur

23 Camping beim Stausee Schömberg

*

Beim Stausee 2
72355 Schömberg
+49 7427 91111
48.2118 | 8.76892

ganzjährig
HS: 22,00 € | NS: 22,00 €
Mehr Infos & Anfrage:
www.camping.info/18893

Baden im See am Platz	✓
Hallenbad	1km
Spielplatz	300m
Hunde willkommen	✓
wenig Schatten	✓
WLAN (gegen Gebühr)	✓
Lebensmittel	1km
Brötchen am Platz	nur HS
Restaurant/Imbiss	✓/500m
Ver-/Entsorgung Womo	✓
in den Ort	700m
Gesamt/Touristen	100/40
Mietunterkünfte	✗
Stellplätze vor Schranke	✗

3.5 GUT
22 Bewertungen

Lage	4.1
Ruhe	3.8
Sanitäranlagen	3.5
Sauberkeit Ø	3.9
Freundlichkeit	3.8
Stellplatz	3.3
Verpflegung	3.2
Freizeit	3.6
Preis-Leistung	3.9
Mietunterkünfte	-

Geeignet für

Kinder b. 6 J.	3.9
Kinder b. 12 J.	3.9
Kinder b. 18 J.	3.4
Paare	3.8
Senioren	3.9
Gäste mit Zelt	3.9
Gäste mit Hund	4.0

Empfohlene Aktivitäten
- Schwimmen
- Wandern
- Radfahren

Karte auf Seite 560

24 Sonnencamping Albstadt

Beibruck 54
72458 Albstadt
+49 7431 9370348
48.21442 | 8.97833

Infos	
Öffnungszeiten	ganzjährig
Vergleichspreis	HS: 31,60 € | NS: 31,60 €
Link	**Mehr Infos & Anfrage:** www.camping.info/26212

Ausstattung

Freizeit	Baden im See	26km
	Pool/Hallenbad	100m
	Spielplatz am Platz	✓
Campingplatz	Hunde willkommen	✓
	wenig Schatten	✓
	WLAN (gegen Gebühr)	✓
Versorgung	Lebensmittel	✓
	Brötchen am Platz	✓
	Restaurant/Imbiss	100m/✓
	Ver-/Entsorgung Womo	✓
	in den Ort	4km
Anzahl der Plätze	Gesamt/Touristen	73/64
	Mietunterkünfte	✓
	Stellplätze vor Schranke	✓

3.6 GUT – 16 Bewertungen

Lage	4.3
Ruhe	3.9
Sanitäranlagen	4.3
Sauberkeit Ø	4.1
Freundlichkeit	4.8
Stellplatz	4.0
Verpflegung	3.0
Freizeit	3.7
Preis-Leistung	3.8
Mietunterkünfte	4.6

Geeignet für

Kinder b. 6 J.	4.1
Kinder b. 12 J.	3.7
Kinder b. 18 J.	3.1
Paare	4.1
Senioren	3.8
Gäste mit Zelt	3.5
Gäste mit Hund	4.3

Empfohlene Aktivitäten

- Wandern
- Schwimmen
- Entspannen

25 Camping Wagenburg

Kirchstraße 24
88631 Beuron-Hausen
+49 7579 559
48.08479 | 9.04091

Infos	
Öffnungszeiten	01.05. - 17.09.
Vergleichspreis	HS: 24,50 € | NS: 22,00 €
Link	**Mehr Infos & Anfrage:** www.camping.info/19123

Ausstattung

Freizeit	Baden im Fluss am Platz	✓
	Pool & Hallenbad	✗
	Spielplatz	300m
Campingplatz	Hunde willkommen	✓
	zur Hälfte Schatten	✓
	WLAN (gratis)	teilweise
Versorgung	Lebensmittel	200m
	Brötchen am Platz	✗
	Restaurant/Imbiss	100/400m
	Ver-/Entsorgung Womo	✓
	in den Ort	100m
Anzahl der Plätze	Touristenplätze	100
	Mietunterkünfte	✓
	Stellplätze vor Schranke	✗

4.4 SEHR GUT – 31 Bewertungen

Lage	4.6
Ruhe	4.4
Sanitäranlagen	3.6
Sauberkeit Ø	4.3
Freundlichkeit	4.9
Stellplatz	4.1
Verpflegung	3.6
Freizeit	4.7
Preis-Leistung	4.7
Mietunterkünfte	4.7

Geeignet für

Kinder b. 6 J.	4.5
Kinder b. 12 J.	4.8
Kinder b. 18 J.	4.5
Paare	4.7
Senioren	4.6
Gäste mit Zelt	4.9
Gäste mit Hund	4.7

Empfohlene Aktivitäten

- Wandern
- Kayak/Kanu
- Radfahren

26 Campinggarten Leibertingen

Beim Freibad 1/ Vogelsang
88637 Leibertingen - Thalheim
+49 7575 209171
48.00753 | 9.0275

Infos	
Öffnungszeiten	27.03. - 07.11.
Vergleichspreis	HS: 28,00 € | NS: 24,50 €
Link	**Mehr Infos & Anfrage:** www.camping.info/26078

Ausstattung

Freizeit	Baden in nat. Gewässer	k. A.
	Pool am Platz	✓
	Spielplatz	keine Angabe
Campingplatz	Hunde willkommen	✓
	wenig Schatten	✓
	WLAN	✓
Versorgung	Lebensmittel	6km
	Brötchen am Platz	✓
	Restaurant	3km
	Ver-/Entsorgung Womo	✓
	in den Ort	6km
Anzahl der Plätze	Touristenplätze	44
	Mietunterkünfte	✗
	Stellplätze vor Schranke	✗

4.8 SEHR GUT – 32 Bewertungen

Lage	4.5
Ruhe	4.7
Sanitäranlagen	4.8
Sauberkeit Ø	4.8
Freundlichkeit	5.0
Stellplatz	4.4
Verpflegung	4.0
Freizeit	4.3
Preis-Leistung	4.8
Mietunterkünfte	-

Geeignet für

Kinder b. 6 J.	4.7
Kinder b. 12 J.	4.6
Kinder b. 18 J.	3.8
Paare	4.8
Senioren	4.5
Gäste mit Zelt	4.6
Gäste mit Hund	4.9

Empfohlene Aktivitäten

- Schwimmen
- Wandern
- Entspannen

AWARD 2020

27

Campingplatz Sigmaringen

Georg-Zimmerer-Straße 6
72488 Sigmaringen
+49 757 150 411
48.08492 | 9.20869

01.04. - 31.10.
HS: 24,00 € | NS: 24,00 €
Mehr Infos & Anfrage:
www.camping.info/18894

Baden im Fluss am Platz	✓
Pool	200m
Spielplatz	100m
Hunde willkommen	✓
zur Hälfte Schatten	✓
WLAN (gegen Gebühr)	✓
Lebensmittel	✓
Brötchen am Platz	✓
Restaurant/Imbiss	✓/200m
Ver-/Entsorgung Womo	✓
in den Ort	200m
Gesamt/Touristen	52/48
Mietunterkünfte	✓
Stellplätze vor Schranke	✓

3.6 GUT
38 Bewertungen

Lage	4.1
Ruhe	3.3
Sanitäranlagen	3.5
Sauberkeit Ø	4.0
Freundlichkeit	4.3
Stellplatz	3.6
Verpflegung	3.7
Freizeit	4.5
Preis-Leistung	3.8
Mietunterkünfte	3.9

Geeignet für

Kinder b. 6 J.	3.7
Kinder b. 12 J.	3.9
Kinder b. 18 J.	3.8
Paare	4.3
Senioren	4.2
Gäste mit Zelt	3.9
Gäste mit Hund	4.1

Empfohlene Aktivitäten

- Kayak/Kanu
- Radfahren
- Wandern

Karte auf Seite 560

28 Campingplatz Reiterhof von Steinhausen

Am Reiterhof 1
88427 Steinhausen

48.02777 | 9.69666

15.04. - 15.10.
HS: 25,00 €
Mehr Infos & Anfrage:
www.camping.info/22376

Baden in nat. Gewässer	k. A.
Pool & Hallenbad	✗
Spielplatz am Platz	✓
Hunde willkommen	✓
wenig Schatten	✓
WLAN (begrenzt gratis)	✓
Lebensmittel	100m
Brötchen am Platz	✗
Restaurant/Imbiss	300/100m
Ver-/Entsorgung Womo	✓
im Ort	✓
Gesamt	keine Angabe
Mietunterkünfte	✗
Stellplätze vor Schranke	✗

3.5 GUT
4 Bewertungen

Lage	3.8
Ruhe	4.2
Sanitäranlagen	3.8
Sauberkeit Ø	3.9
Freundlichkeit	5.0
Stellplatz	3.2
Verpflegung	1.5
Freizeit	2.2
Preis-Leistung	3.7
Mietunterkünfte	-

Geeignet für

Kinder b. 6 J.	1.0
Kinder b. 12 J.	1.0
Kinder b. 18 J.	1.5
Paare	4.3
Senioren	4.3
Gäste mit Zelt	4.3
Gäste mit Hund	4.5

Empfohlene Aktivitäten
- Radfahren
- Entspannen
- Wandern

29 Park-Camping Iller / Allgäu

Illerstraße 57
88319 Aitrach
+49 7565 5419

47.94909 | 10.08552

01.04. - 15.10.
HS: 28,00 € | NS: 25,00 €
Mehr Infos & Anfrage:
www.camping.info/19121

Baden im See	1km
Pool/Hallenbad	✓/9km
Spielplatz am Platz	✓
Hunde willkommen	✓
zur Hälfte Schatten	✓
WLAN (begrenzt gratis)	✓
Lebensmittel	✓
Brötchen am Platz	✓
Restaurant & Imbiss	✓
Ver-/Entsorgung Womo	✓
in den Ort	500m
Gesamt/Touristen	180/80
Mietunterkünfte	✓
Stellplätze vor Schranke	✗

4.3 SEHR GUT
47 Bewertungen

Lage	4.4
Ruhe	4.0
Sanitäranlagen	4.1
Sauberkeit Ø	4.4
Freundlichkeit	4.8
Stellplatz	4.0
Verpflegung	3.5
Freizeit	4.0
Preis-Leistung	4.4
Mietunterkünfte	4.6

Geeignet für

Kinder b. 6 J.	4.7
Kinder b. 12 J.	4.8
Kinder b. 18 J.	3.7
Paare	4.0
Senioren	4.1
Gäste mit Zelt	4.5
Gäste mit Hund	4.6

Empfohlene Aktivitäten
- Radfahren
- Wandern
- Schwimmen

keine Jugendgruppen

30 Camping Christophorus

❄

Werte 6
88486 Kirchberg an der Iller
+49 735 4663

48.13914 | 10.10325

ganzjährig
HS: 28,60 € | NS: 28,60 €
Mehr Infos & Anfrage:
www.camping.info/19122

Baden im See am Platz	✓
Hallenbad	✓
Spielplatz am Platz	✓
Hunde	✗
wenig Schatten	✓
WLAN (gegen Gebühr)	✓
Lebensmittel	✓
Brötchen am Platz	nur HS
Restaurant & Imbiss	✓
Ver-/Entsorgung Womo	✓
in den Ort	1km
Gesamt/Touristen	600/150
Mietunterkünfte	✓
Stellplätze vor Schranke	✗

4.5 SEHR GUT
107 Bewertungen

Lage	4.4
Ruhe	3.9
Sanitäranlagen	4.6
Sauberkeit Ø	4.7
Freundlichkeit	4.8
Stellplatz	4.4
Verpflegung	3.6
Freizeit	4.2
Preis-Leistung	4.4
Mietunterkünfte	4.5

Geeignet für

Kinder b. 6 J.	4.4
Kinder b. 12 J.	4.5
Kinder b. 18 J.	3.9
Paare	4.6
Senioren	4.6
Gäste mit Zelt	4.6
Hunde n. erlaubt	-

Empfohlene Aktivitäten
- Schwimmen
- Radfahren
- Entspannen

Infos
Öffnungszeiten
Vergleichspreis
Link

Ausstattung
Freizeit
Campingplatz
Versorgung
Anzahl der Plätze

BADEN-WÜRTTEMBERG

3 Schwarzwald Mitte / Nord

FREIZEITTIPPS

- **A** Europa-Park, Rust
- **B** Allerheiligen-Wasserfälle, Oppenau
- **C** Vogtsbauernhöfe, Gutach
- **D** Wolf- & Bärenpark Schwarzwald
- **E** Baumwipfelpfad Schwarzwald, Bad Wildbad

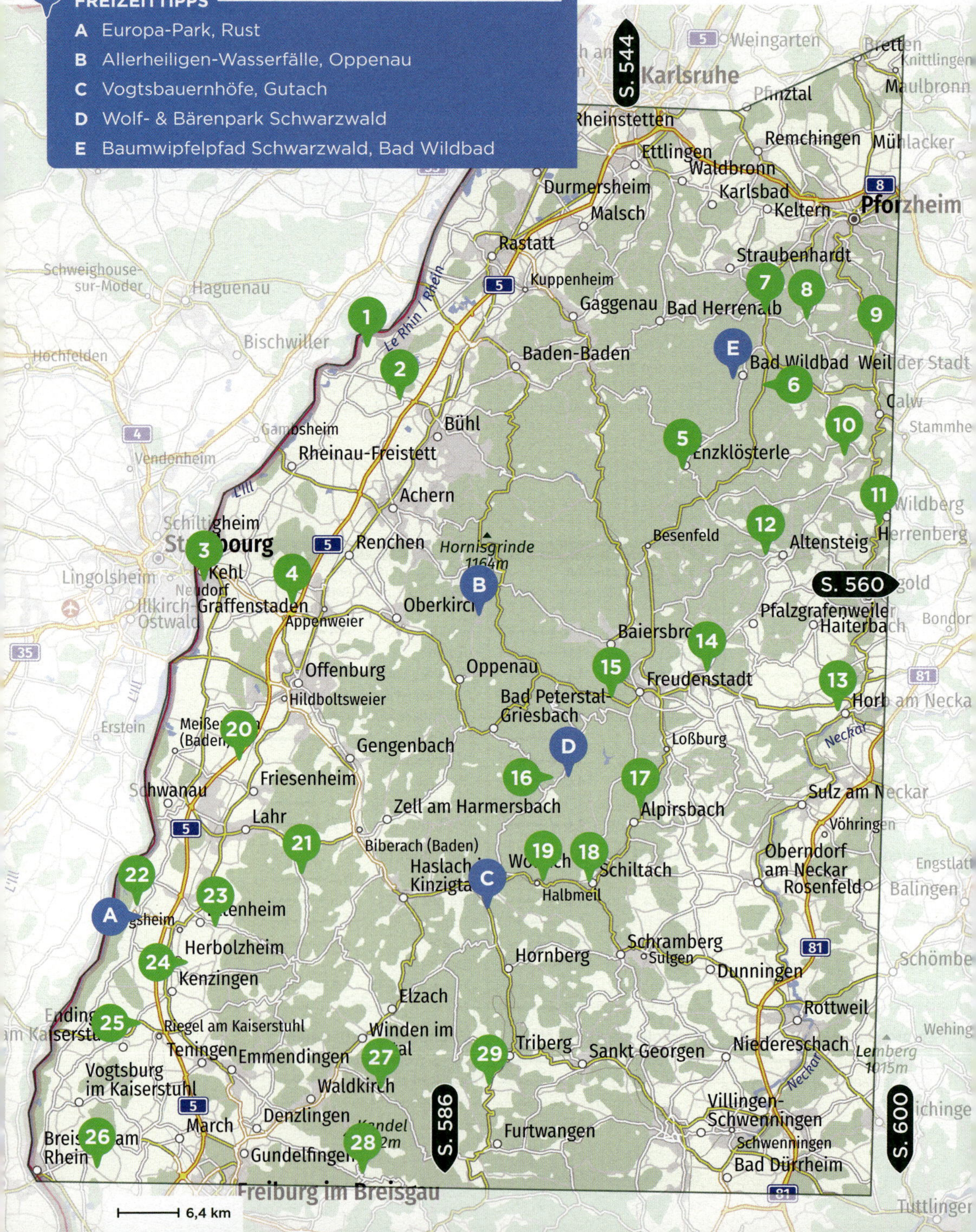

	Platz	Seite	Bewertung	Öffnungszeiten	
1	Freizeitcenter Oberrhein	576	4.0	ganzjährig	✱
2	Camping Adam	576	3.5	ganzjährig	
3	DCC Campingpark Kehl-Strassburg	576	4.1	saisonal	
4	Europacamping Sand	576	3.7	saisonal	
5	Schwarzwald Campingplatz Müllerwiese	577	4.4	saisonal	
6	Family - Resort Kleinenzhof	577	4.2	ganzjährig	✱ Ecocamping Onlinebuchung
7	Camping Quellgrund	577	4.5	ganzjährig	✱
8	Höhen-Camping Langenbrand	578	3.8	ganzjährig	✱
9	Campingpark Bad Liebenzell	578	3.8	ganzjährig	✱
10	Camping-Erbenwald	578	4.2	ganzjährig	✱
11	Campingplatz Carpe Diem	578	3.5	saisonal	
12	Schwarzwald Camping Altensteig	579	3.9	ganzjährig	✱
13	Camping Schüttehof	579	4.1	ganzjährig	✱
14	Höhencamping Königskanzel	579	4.7	saisonal	Ecocamping
15	Natur-Camping Langenwald	580	4.8	saisonal	Ecocamping
16	Schwarzwaldcamping Alisehof	581	4.6	saisonal	✱
17	Camping Alpirsbach	581	4.2	saisonal	Ecocamping
18	Camping Schiltach	581	4.4	saisonal	
19	Schwarzwald Trendcamping Familie Blum	582	4.6	saisonal	
20	Campingplatz Baggersee Schuttern	582	3.8	saisonal	
21	Schwarzwälder Hof	582	4.3	ganzjährig	✱
22	Camping Europa-Park in Rust	582	3.7	k. A.	✱
23	Campingpark Oase	583	4.2	saisonal	
24	Terrassen-Camping-Herbolzheim	584	4.5	saisonal	
25	Campingplatz Müller-See	583	4.1	saisonal	
26	Kaiserstuhl-Camping GmbH&CoKG	583	4.0	saisonal	
27	Camping Schwarzwaldhorn	585	4.6	saisonal	
28	Camping Steingrubenhof	585	4.4	saisonal	✱
29	Lynx Camp & Camping Resort	585	4.8	ganzjährig	✱

✱ Wintercamping FKK Textilfrei (ganz/teilweise) Ecocamping Award Onlinebuchung

1	2	3	4
Freizeitcenter Oberrhein	**Camping Adam**	**DCC Campingpark Kehl-Strassburg**	**Europacamping Sand**
❄			
Am Campingpark 1 77836 Rheinmünster +49 7227 2500	Campingstraße 1 77815 Bühl-Oberbruch +49 722 323 1 94	Rheindammstraße 1 77694 Kehl am Rhein +49 7851 2603	Waldstraße 32 77731 Willstädt-Sand +49 7852 2311
48.77388 | 8.03944	48.72854 | 8.08118	48.56167 | 7.80861	48.54341 | 7.9356
ganzjährig	ganzjährig	15.03. - 31.10.	15.03. - 01.11.
HS: 29,50 € | NS: 21,50 €	HS: 28,50 € | NS: 18,00 €	HS: 25,00 € | NS: 25,00 €	HS: 22,00 € | NS: 20,00 €
Mehr Infos & Anfrage: www.camping.info/18951	**Mehr Infos & Anfrage:** www.camping.info/18950	**Mehr Infos & Anfrage:** www.camping.info/18943	**Mehr Infos & Anfrage:** www.camping.info/18946
Baden im See am Platz ✓	Baden im See am Platz ✓	Baden im Fluss 300m	Baden im See 5km
Pool/Hallenbad 4/12km	Hallenbad 6km	Pool/Hallenbad 300m/1km	Pool/Hallenbad 7/8km
Spielplatz am Platz ✓	Spielplatz am Platz ✓	Spielplatz am Platz ✓	Spielplatz ✗
Hunde erlaubt ✓	Hunde willkommen ✓	Hunde willkommen ✓	Hunde willkommen ✓
zur Hälfte Schatten ✓	zur Hälfte Schatten ✓	zur Hälfte Schatten ✓	zur Hälfte Schatten ✓
WLAN (gegen Gebühr) ✓	WLAN (gegen Gebühr) ✓	WLAN (gegen Gebühr) ✓	WLAN ✓
Lebensmittel ✓	Lebensmittel ✓	Lebensmittel 1km	Lebensmittel 3km
Brötchen am Platz ✓	Brötchen am Platz ✓	Brötchen am Platz ✓	Brötchen am Platz ✓
Restaurant & Imbiss ✓	Restaurant & Imbiss ✓	Restaurant & Imbiss ✓	Restaurant/Imbiss ✓/2km
Ver-/Entsorgung Womo ✓	Ver-/Entsorgung Womo ✓	Ver-/Entsorgung Womo ✓	Ver-/Entsorgung Womo ✗
in den Ort 900m	in den Ort 500m	in den Ort 1km	in den Ort 200m
Gesamt/Touristen 745/285	Gesamt/Touristen 450/150	Gesamt/Touristen 135/130	Gesamt/Touristen 65/40
Mietunterkünfte ✓	Mietunterkünfte ✓	Mietunterkünfte ✗	Mietunterkünfte ✓
Stellplätze vor Schranke ✓	Stellplätze vor Schranke ✗	Stellplätze vor Schranke ✗	Stellplätze vor Schranke ✗
4.0 SEHR GUT 231 Bewertungen	**3.5** GUT 53 Bewertungen	**4.1** SEHR GUT 137 Bewertungen	**3.7** GUT 19 Bewertungen
Lage 4.3	Lage 3.9	Lage 4.5	Lage 3.7
Ruhe 3.2	Ruhe 3.4	Ruhe 4.1	Ruhe 3.6
Sanitäranlagen 4.4	Sanitäranlagen 3.3	Sanitäranlagen 3.9	Sanitäranlagen 3.4
Sauberkeit Ø 4.3	Sauberkeit Ø 3.5	Sauberkeit Ø 4.6	Sauberkeit Ø 4.5
Freundlichkeit 4.0	Freundlichkeit 3.3	Freundlichkeit 4.6	Freundlichkeit 5.0
Stellplatz 3.9	Stellplatz 3.7	Stellplatz 4.1	Stellplatz 4.0
Verpflegung 3.7	Verpflegung 3.3	Verpflegung 4.2	Verpflegung 3.4
Freizeit 4.0	Freizeit 3.5	Freizeit 4.3	Freizeit 3.5
Preis-Leistung 3.7	Preis-Leistung 3.2	Preis-Leistung 4.4	Preis-Leistung 4.1
Mietunterkünfte 3.8	Mietunterkünfte 3.0	Mietunterkünfte -	Mietunterkünfte 3.0
Geeignet für	**Geeignet für**	**Geeignet für**	**Geeignet für**
Kinder b. 6 J. 4.1	Kinder b. 6 J. 3.5	Kinder b. 6 J. 3.8	Kinder b. 6 J. 3.0
Kinder b. 12 J. 4.2	Kinder b. 12 J. 3.6	Kinder b. 12 J. 3.9	Kinder b. 12 J. 3.1
Kinder b. 18 J. 3.7	Kinder b. 18 J. 3.6	Kinder b. 18 J. 3.8	Kinder b. 18 J. 3.1
Paare 4.0	Paare 3.9	Paare 4.6	Paare 4.3
Senioren 3.8	Senioren 3.9	Senioren 4.6	Senioren 4.3
Gäste mit Zelt 4.3	Gäste mit Zelt 3.6	Gäste mit Zelt 4.3	Gäste mit Zelt 4.2
Gäste mit Hund 4.3	Gäste mit Hund 3.7	Gäste mit Hund 4.4	Gäste mit Hund 4.1
Empfohlene Aktivitäten	**Empfohlene Aktivitäten**	**Empfohlene Aktivitäten**	**Empfohlene Aktivitäten**
Schwimmen	Schwimmen	Radfahren	Radfahren
Radfahren	Radfahren	Entspannen	Wandern
Angeln	Angeln	Sightseeing	Sightseeing
keine WOMOs ab 12 m; keine Personen unter 21 Jahren die allein reisen			

Karte auf Seite 574

5 Schwarzwald Campingplatz Müllerwiese

Hirschtalstrasse 3
75337 Enzklösterle
+49 7085 7485
48.66489 | 8.46659

09.04. - 11.10.
HS: 29,00 € | NS: 26,50 €
Mehr Infos & Anfrage:
www.camping.info/24716

Baden im Fluss am Platz	✓
Pool/Hallenbad	12km
Spielplatz am Platz	✓
Hunde erlaubt	✓
zur Hälfte Schatten	✓
WLAN	keine Angabe
Lebensmittel	300m
Brötchen am Platz	✗
Restaurant/Imbiss	50m
Ver-/Entsorgung Womo	✓
in den Ort	100m
Gesamt/Touristen	75/45
Mietunterkünfte	✓
Stellplätze vor Schranke	✗

4.4 SEHR GUT
19 Bewertungen

Lage	4.5
Ruhe	4.6
Sanitäranlagen	3.9
Sauberkeit Ø	4.7
Freundlichkeit	4.6
Stellplatz	4.2
Verpflegung	3.0
Freizeit	4.1
Preis-Leistung	4.1
Mietunterkünfte	4.5

Geeignet für

Kinder b. 6 J.	4.1
Kinder b. 12 J.	4.0
Kinder b. 18 J.	3.2
Paare	4.4
Senioren	4.6
Gäste mit Zelt	4.6
Gäste mit Hund	4.0

Empfohlene Aktivitäten

- Wandern
- Entspannen
- Radfahren

6 Family - Resort Kleinenzhof

Kleinenzhof 1
75323 Bad Wildbad
+49 7081 3435
48.73833 | 8.57527

ganzjährig
HS: 38,00 € | NS: 35,00 €
Mehr Infos & online buchen:
www.camping.info/18921

Baden im Fluss am Platz	✓
Pool & Hallenbad	✓
Spielplatz am Platz	✓
Hunde willkommen	✓
wenig Schatten	✓
WLAN (gegen Gebühr)	✓
Lebensmittel	✓
Brötchen am Platz	✓
Restaurant am P.	✓
Ver-/Entsorgung Womo	✓
in den Ort	3km
Gesamt/Touristen	300/150
Mietunterkünfte	✓
Stellplätze vor Schranke	✗

4.2 SEHR GUT
124 Bewertungen

Lage	4.1
Ruhe	4.0
Sanitäranlagen	4.4
Sauberkeit Ø	4.3
Freundlichkeit	3.9
Stellplatz	4.0
Verpflegung	4.1
Freizeit	4.4
Preis-Leistung	3.9
Mietunterkünfte	3.9

Geeignet für

Kinder b. 6 J.	4.5
Kinder b. 12 J.	4.5
Kinder b. 18 J.	3.7
Paare	4.3
Senioren	4.3
Gäste mit Zelt	4.3
Gäste mit Hund	4.4

Empfohlene Aktivitäten

- Wandern
- Schwimmen
- Entspannen

7 Camping Quellgrund

Sägmühleweg 10-1
75339 Höfen
+49 70 81 69 84
48.80791 | 8.58383

ganzjährig
HS: 32,60 € | NS: 25,00 €
Mehr Infos & Anfrage:
www.camping.info/18926

Baden im Fluss am Platz	✓
Pool/Hallenbad	500m/5km
Spielplatz am Platz	✓
Hunde willkommen	✓
zur Hälfte Schatten	✓
WLAN	✓
Lebensmittel	500m
Brötchen am Platz	✓
Restaurant & Imbiss	✓
Ver-/Entsorgung Womo	✓
im Ort	✓
Gesamt/Touristen	200/50
Mietunterkünfte	✗
Stellplätze vor Schranke	✗

4.5 SEHR GUT
47 Bewertungen

Lage	4.5
Ruhe	4.5
Sanitäranlagen	4.7
Sauberkeit Ø	4.8
Freundlichkeit	4.7
Stellplatz	4.4
Verpflegung	4.2
Freizeit	4.5
Preis-Leistung	4.4
Mietunterkünfte	-

Geeignet für

Kinder b. 6 J.	4.6
Kinder b. 12 J.	4.5
Kinder b. 18 J.	3.9
Paare	4.8
Senioren	4.8
Gäste mit Zelt	4.6
Gäste mit Hund	4.6

Empfohlene Aktivitäten

- Wandern
- Radfahren
- Wellness

Infos

Öffnungszeiten
Vergleichspreis
Link

Ausstattung

Freizeit
Campingplatz
Versorgung
Anzahl der Plätze

8 Höhen-Camping Langenbrand

❄

Schömbergerstr. 32
75328 Schömberg
+49 7084 6131
48.7984 | 8.63537

ganzjährig
HS: 25,20 € | NS: 25,20 €
Mehr Infos & Anfrage:
www.camping.info/18923

Baden im See	30km
Pool/Hallenbad	4/10km
Spielplatz am Platz	✓
Hunde willkommen	✓
zur Hälfte Schatten	✓
WLAN (gegen Gebühr)	✓
Lebensmittel	k.A.
Brötchen am Platz	✓
Restaurant/Imbiss	500/200m
Ver-/Entsorgung Womo	✓
in den Ort	200m
Gesamt/Touristen	80/40
Mietunterkünfte	✗
Stellplätze vor Schranke	✗

3.8 GUT
12 Bewertungen

Lage	4.2
Ruhe	4.5
Sanitäranlagen	4.2
Sauberkeit Ø	4.6
Freundlichkeit	4.6
Stellplatz	4.1
Verpflegung	2.9
Freizeit	4.2
Preis-Leistung	4.2
Mietunterkünfte	-

Geeignet für

Kinder b. 6 J.	3.4
Kinder b. 12 J.	3.1
Kinder b. 18 J.	2.8
Paare	4.3
Senioren	4.5
Gäste mit Zelt	4.2
Gäste mit Hund	4.2

Empfohlene Aktivitäten

- Wandern
- Radfahren
- Entspannen

9 Campingpark Bad Liebenzell

❄

Pforzheimer Straße 34
75378 Bad Liebenzell
+49 7052 934060
48.77918 | 8.73095

ganzjährig
HS: 32,90 € | NS: 24,90 €
Mehr Infos & Anfrage:
www.camping.info/18929

Baden in nat. Gewässer	k. A.
Pool/Hallenbad	✓/800m
Spielplatz am Platz	✓
Hunde willkommen	✓
wenig Schatten	✓
WLAN (gegen Gebühr)	✓
Lebensmittel	100m
Brötchen am Platz	✗
Restaurant & Imbiss	✓
Ver-/Entsorgung Womo	✓
in den Ort	500m
Gesamt/Touristen	210/130
Mietunterkünfte	✓
Stellplätze vor Schranke	✓

3.8 GUT
33 Bewertungen

Lage	4.0
Ruhe	3.5
Sanitäranlagen	3.5
Sauberkeit Ø	3.7
Freundlichkeit	3.6
Stellplatz	3.8
Verpflegung	3.1
Freizeit	3.8
Preis-Leistung	3.7
Mietunterkünfte	3.4

Geeignet für

Kinder b. 6 J.	3.9
Kinder b. 12 J.	3.9
Kinder b. 18 J.	3.5
Paare	4.1
Senioren	4.0
Gäste mit Zelt	3.8
Gäste mit Hund	4.2

Empfohlene Aktivitäten

- Wandern
- Schwimmen
- Radfahren

keine WOMOs ab 8 m

10 Camping-Erbenwald

❄

Camping-Erbenwald 1
75387 Neubulach-Liebelsberg
+49 7053 7382
48.67786 | 8.68986

ganzjährig
HS: 28,30 € | NS: 28,30 €
Mehr Infos & Anfrage:
www.camping.info/18930

Baden im See	22km
Pool/Hallenbad	✓/10km
Spielplatz am Platz	✓
Hunde willkommen	✓
viel Schatten	✓
WLAN (gegen Gebühr)	✓
Lebensmittel	✓
Brötchen am Platz	✓
Restaurant & Imbiss	✓
Ver-/Entsorgung Womo	✓
in den Ort	400m
Gesamt/Touristen	365/65
Mietunterkünfte	✓
Stellplätze vor Schranke	✓

4.2 SEHR GUT
24 Bewertungen

Lage	4.4
Ruhe	4.6
Sanitäranlagen	4.2
Sauberkeit Ø	4.5
Freundlichkeit	4.6
Stellplatz	4.2
Verpflegung	3.4
Freizeit	4.1
Preis-Leistung	4.2
Mietunterkünfte	4.5

Geeignet für

Kinder b. 6 J.	4.6
Kinder b. 12 J.	4.7
Kinder b. 18 J.	4.2
Paare	4.7
Senioren	4.5
Gäste mit Zelt	4.6
Gäste mit Hund	4.7

Empfohlene Aktivitäten

- Wandern
- Schwimmen
- Radfahren

11 Campingplatz Carpe Diem

Martinshölzle 6-8
72218 Wildberg
+49 7054 931851
48.61249 | 8.73499

01.04. - 30.09.
HS: 28,00 € | NS: 19,00 €
Mehr Infos & Anfrage:
www.camping.info/19277

Baden im See	25km
Pool/Hallenbad	✓/10km
Spielplatz am Platz	✓
Hunde willkommen	✓
wenig Schatten	✓
WLAN (gegen Gebühr)	✓
Lebensmittel	2km
Brötchen am Platz	✓
Restaurant am P.	✓
Ver-/Entsorgung Womo	✓
in den Ort	2km
Touristenplätze	100
Mietunterkünfte	✓
Stellplätze vor Schranke	✗

3.5 GUT
18 Bewertungen

Lage	3.9
Ruhe	3.1
Sanitäranlagen	2.9
Sauberkeit Ø	4.5
Freundlichkeit	4.2
Stellplatz	3.9
Verpflegung	3.4
Freizeit	4.1
Preis-Leistung	3.8
Mietunterkünfte	3.0

Geeignet für

Kinder b. 6 J.	4.1
Kinder b. 12 J.	4.2
Kinder b. 18 J.	3.1
Paare	4.2
Senioren	4.3
Gäste mit Zelt	4.3
Gäste mit Hund	4.3

Empfohlene Aktivitäten

- Radfahren
- Wandern
- Entspannen

keine WOMOs ab 8 m; keine Partygruppen

Karte auf Seite 574

12 Schwarzwald Camping Altensteig

Im Oberen Tal 3-5
72213 Altensteig
+49 7453 8415
48.58476 | 8.57878

Infos	
Öffnungszeiten	ganzjährig
Vergleichspreis	HS: 25,00 € | NS: 25,00 €
Link	**Mehr Infos & Anfrage:** www.camping.info/18889

Ausstattung		
Freizeit	Baden in nat. Gewässer	k. A.
	Pool/Hallenbad	1/4km
	Spielplatz am Platz	✓
Campingplatz	Hunde willkommen	✓
	zur Hälfte Schatten	✓
	WLAN (gegen Gebühr)	✓
Versorgung	Lebensmittel	✓
	Brötchen am Platz	✓
	Restaurant & Imbiss	✓
	Ver-/Entsorgung Womo	✓
	in den Ort	1km
Anzahl der Plätze	Gesamt/Touristen	300/150
	Mietunterkünfte	✓
	Stellplätze vor Schranke	✗

3.9 GUT
25 Bewertungen

Lage	4.6
Ruhe	4.0
Sanitäranlagen	3.7
Sauberkeit Ø	3.6
Freundlichkeit	3.9
Stellplatz	3.8
Verpflegung	3.2
Freizeit	3.7
Preis-Leistung	4.0
Mietunterkünfte	3.8

Geeignet für

Kinder b. 6 J.	3.9
Kinder b. 12 J.	4.0
Kinder b. 18 J.	3.4
Paare	4.5
Senioren	4.4
Gäste mit Zelt	4.4
Gäste mit Hund	4.7

Empfohlene Aktivitäten

- Angeln
- Wandern
- Entspannen

13 Camping Schüttehof

Schütteberg 7 - 9
72160 Horb am Neckar
+49 7451 3951
48.44591 | 8.67607

Infos	
Öffnungszeiten	ganzjährig
Vergleichspreis	HS: 24,00 € | NS: 21,00 €
Link	**Mehr Infos & Anfrage:** www.camping.info/18888

Ausstattung		
Freizeit	Baden im Fluss	1km
	Pool/Hallenbad	✓/4km
	Spielplatz am Platz	✓
Campingplatz	Hunde willkommen	✓
	Schatten	✗
	WLAN (gegen Gebühr)	✓
Versorgung	Lebensmittel	✓
	Brötchen am Platz	✓
	Restaurant am P.	✓
	Ver-/Entsorgung Womo	✓
	in den Ort	2km
Anzahl der Plätze	Gesamt/Touristen	300/100
	Mietunterkünfte	✓
	Stellplätze vor Schranke	✗

4.1 SEHR GUT
21 Bewertungen

Lage	4.2
Ruhe	4.4
Sanitäranlagen	4.1
Sauberkeit Ø	4.2
Freundlichkeit	4.6
Stellplatz	3.9
Verpflegung	3.5
Freizeit	4.0
Preis-Leistung	4.3
Mietunterkünfte	3.8

Geeignet für

Kinder b. 6 J.	4.3
Kinder b. 12 J.	4.2
Kinder b. 18 J.	3.1
Paare	4.2
Senioren	4.4
Gäste mit Zelt	4.4
Gäste mit Hund	4.7

Empfohlene Aktivitäten

- Wandern
- Entspannen
- Radfahren

14 Höhencamping Königskanzel

Freizeitweg 1
72280 Dornstetten-Hallwangen
+49 7443 6730
48.48027 | 8.50055

Infos	
Öffnungszeiten	01.03. - 31.10.
Vergleichspreis	HS: 31,30 € | NS: 28,30 €
Link	**Mehr Infos & Anfrage:** www.camping.info/18892

Ausstattung		
Freizeit	Baden in nat. Gewässer	k. A.
	Pool/Hallenbad	✓/7km
	Spielplatz am Platz	✓
Campingplatz	Hunde willkommen	✓
	zur Hälfte Schatten	✓
	WLAN (gegen Gebühr)	✓
Versorgung	Lebensmittel	✓
	Brötchen am Platz	✓
	Restaurant/Imbiss	2km/✓
	Ver-/Entsorgung Womo	✓
	in den Ort	1km
Anzahl der Plätze	Gesamt/Touristen	150/60
	Mietunterkünfte	✓
	Stellplätze vor Schranke	✗

4.7 SEHR GUT
24 Bewertungen

Lage	4.8
Ruhe	4.6
Sanitäranlagen	4.7
Sauberkeit Ø	4.8
Freundlichkeit	4.8
Stellplatz	4.5
Verpflegung	3.4
Freizeit	4.2
Preis-Leistung	4.3
Mietunterkünfte	4.0

Geeignet für

Kinder b. 6 J.	4.6
Kinder b. 12 J.	4.6
Kinder b. 18 J.	3.3
Paare	4.4
Senioren	4.5
Gäste mit Zelt	4.7
Gäste mit Hund	4.7

Empfohlene Aktivitäten

- Wandern
- Entspannen
- Schwimmen

ECO CAMPING

15 Natur-Camping Langenwald

Strassburger Straße 167
72250 Freudenstadt-Langenwald
+49 7441 2862
www.camping-langenwald.de
info@camping-langenwald.de

01.04. - 06.11.

HS: 33,00 € | NS: 33,00 €

Mehr Infos & Anfrage:
www.camping.info/18890

Baden in nat. Gewässer	k. A.
Pool/Hallenbad	✓/5km
Spielplatz am Platz	✓
Hunde willkommen	✓
zur Hälfte Schatten	✓
WLAN	✓
Lebensmittel	✓
Brötchen am Platz	✓
Restaurant & Imbiss	✓
Ver-/Entsorgung Womo	✓
in den Ort	3km
Gesamt/Touristen	100/90
Mietunterkünfte	✓
Stellplätze vor Schranke	✗

48.45867 | 8.37299

Luftaufnahme von Campingplatz Langenwald mitten im Grünen.

Lage & Stellplatz

Der Campingplatz befindet sich zwischen Freudenstadt und dem wunderschönen Nationalpark Schwarzwald. Neben den großzügig angelegten Stellplätzen können Campinggäste hier eines der Blockhäuser mieten. Die Plätze liegen zum Teil idyllisch direkt am Bach und verfügen alle über einen Stromanschluss.

Verpflegung

Im kleinen platzeigenen Restaurant gibt es von 18:00 bis 20:00 Uhr Abendessen. Des Weiteren erhält man im Kiosk Brötchen und die wichtigsten Lebensmittel. Das nächstgelegene Restaurant liegt 1,5 km entfernt. Einkaufsmöglichkeiten und weitere Restaurants befinden sich in Freudenstadt (3,5 km).

Sanitär

Die sehr gepflegten Sanitäranlagen sind geräumig und modern ausgestattet. Die Waschkabinen bieten Platz und Komfort für die gesamte Familie – Gäste können sich hier wie Zuhause fühlen. Zudem gibt es einen barrierefreien Waschraum sowie einen Kinderwaschraum für die kleinen Gäste.

Freizeit

Freudenstadt und der Nationalpark sind durch das angrenzende Wanderwegenetz und per Bus gut erreichbar. Mit der KONUS-Gästekarte nutzen Campinggäste Bus und Bahn kostenfrei. Der Wald, das Schwimmbad und weitere Attraktionen bieten viele Möglichkeiten, sich auf dem Campingplatzgelände zu vergnügen.

Entspannen am Pool.

Mit Komfort die Natur genießen.

4.8 SEHR GUT
66 Bewertungen

Lage	4.6
Ruhe	4.3
Sanitäranlagen	4.8
Sauberkeit Ø	4.8
Freundlichkeit	5.0
Stellplatz	4.6
Verpflegung	4.1
Freizeit	4.4
Preis-Leistung	4.7
Mietunterkünfte	4.6

Geeignet für

4.9 Gäste mit Hund

4.8	Paare
4.8	Senioren
4.7	Gäste mit Zelt
4.6	Kinder b. 12 J.
4.5	Kinder b. 6 J.
4.1	Kinder b. 18 J.

Empfohlene Aktivitäten

Wandern · Entspannen · Mountainbiking · Radfahren · Schwimmen

Karte auf Seite 574

16 Schwarzwaldcamping Alisehof

Rippoldsauer Str. 2
77776 Bad Rippoldsau-Schapbach
+49 7839 203
48.38325 | 8.2997

17 Camping Alpirsbach

Grezenbühlerweg 18
72275 Alpirsbach
+49 7444 6313
48.3568 | 8.41202

18 Camping Schiltach

Bahnhofstraße 6
77761 Schiltach
48.29019 | 8.33941

Infos

Infos	16 Schwarzwaldcamping Alisehof	17 Camping Alpirsbach	18 Camping Schiltach
Öffnungszeiten	23.03. - 04.11. 14.12. - 03.11.	15.03. - 11.11.	01.04. - 30.10.
Vergleichspreis	HS: 30,20 € | NS: 28,60 €	HS: 26,50 € | NS: 23,00 €	HS: 23,20 €
Link	**Mehr Infos & Anfrage:** www.camping.info/18945	**Mehr Infos & Anfrage:** www.camping.info/18891	**Mehr Infos & Anfrage:** www.camping.info/18947

Ausstattung

Ausstattung	16 Schwarzwaldcamping Alisehof	17 Camping Alpirsbach	18 Camping Schiltach
Freizeit	Baden im Fluss am Platz ✓ Pool/Hallenbad 1/15km Spielplatz am Platz ✓	Baden in nat. Gewässer k. A. Pool/Hallenbad 5/8km Spielplatz am Platz ✓	Baden im Fluss am Platz ✓ Pool 2km Spielplatz ✗
Campingplatz	Hunde willkommen ✓ wenig Schatten ✓ WLAN (begrenzt gratis) ✓	Hunde willkommen ✓ wenig Schatten ✓ WLAN ✓	Hunde willkommen ✓ zur Hälfte Schatten ✓ WLAN ✓
Versorgung	Lebensmittel ✓ Brötchen am Platz ✓ Restaurant/Imbiss 800m/✓ Ver-/Entsorgung Womo ✓ in den Ort 1km	Lebensmittel ✓ Brötchen am Platz ✓ Restaurant & Imbiss ✓ Ver-/Entsorgung Womo ✓ in den Ort 1km	Lebensmittel ✓ Brötchen am Platz ✓ Restaurant & Imbiss ✓ Ver-/Entsorgung Womo ✓ in den Ort 1km
Anzahl der Plätze	Gesamt/Touristen 150/100 Mietunterkünfte ✓ Stellplätze vor Schranke ✗	Gesamt/Touristen 90/80 Mietunterkünfte ✓ Stellplätze vor Schranke ✗	Gesamt keine Angabe Mietunterkünfte ✓ Stellplätze vor Schranke ✗

Bewertungen

	16 Schwarzwaldcamping Alisehof	17 Camping Alpirsbach	18 Camping Schiltach
Gesamt	4.6 SEHR GUT (83 Bewertungen)	4.2 SEHR GUT (50 Bewertungen)	4.4 SEHR GUT (9 Bewertungen)
Lage	4.4	4.4	4.9
Ruhe	4.3	4.5	4.3
Sanitäranlagen	4.7	4.0	4.2
Sauberkeit Ø	4.8	4.5	4.8
Freundlichkeit	4.8	4.8	4.9
Stellplatz	4.3	4.3	3.9
Verpflegung	4.1	4.1	4.4
Freizeit	4.4	4.0	4.2
Preis-Leistung	4.5	4.5	4.8
Mietunterkünfte	4.9	4.5	4.5

Geeignet für

Geeignet für	16 Schwarzwaldcamping Alisehof	17 Camping Alpirsbach	18 Camping Schiltach
Kinder b. 6 J.	4.5	4.0	4.7
Kinder b. 12 J.	4.5	4.2	4.8
Kinder b. 18 J.	4.1	3.6	4.3
Paare	4.8	4.8	4.8
Senioren	4.7	4.7	4.8
Gäste mit Zelt	4.8	4.7	5.0
Gäste mit Hund	4.8	4.7	4.0

Empfohlene Aktivitäten

16 Schwarzwaldcamping Alisehof	17 Camping Alpirsbach	18 Camping Schiltach
Wandern	Wandern	Wandern
Radfahren	Entspannen	Kultur
Mountainbiking	Radfahren	Entspannen

19

Schwarzwald Trendcamping Familie Blum

Schiltacher Straße 80
77709 Wolfach-Halbmeil
+49 7834 859309

48.29126 | 8.27818

18.05. - 30.11.

HS: 32,00 € | NS: 28,00 €

Mehr Infos & Anfrage:
www.camping.info/23347

Baden im Fluss	200m
Pool/Hallenbad	6km
Spielplatz am Platz	✓
Hunde willkommen	✓
zur Hälfte Schatten	✓
WLAN (gegen Gebühr)	✓
Lebensmittel	5km
Brötchen am Platz	✓
Restaurant & Imbiss	✓
Ver-/Entsorgung Womo	✓
in den Ort	400m
Gesamt/Touristen	60/50
Mietunterkünfte	✓
Stellplätze vor Schranke	✓

4.6 SEHR GUT
206 Bewertungen

Lage	4.6
Ruhe	4.6
Sanitäranlagen	4.8
Sauberkeit Ø	4.8
Freundlichkeit	4.9
Stellplatz	4.4
Verpflegung	4.1
Freizeit	4.2
Preis-Leistung	4.4
Mietunterkünfte	4.6

Geeignet für

Kinder b. 6 J.	3.7
Kinder b. 12 J.	3.8
Kinder b. 18 J.	3.6
Paare	4.8
Senioren	4.6
Gäste mit Zelt	4.6
Gäste mit Hund	4.7

Empfohlene Aktivitäten

- Wandern
- Radfahren
- Entspannen

keine WOMOs ab 9 m

20

Campingplatz Baggersee Schuttern

In der Kruttenau 10
77948 Friesenheim
+49 7821 6337460

48.401 | 7.85854

01.04. - 30.09.

HS: 20,00 € | NS: 20,00 €

Mehr Infos & Anfrage:
www.camping.info/18953

Baden im See am Platz	✓
Pool & Hallenbad	✗
Spielplatz	keine Angabe
Hunde erlaubt	✓
Schatten	✗
WLAN (gratis)	teilweise
Lebensmittel	✓
Brötchen am Platz	✓
Restaurant & Imbiss	✓
Ver-/Entsorgung Womo	✗
in den Ort	keine Angabe
Gesamt/Touristen	430/115
Mietunterkünfte	✗
Stellplätze vor Schranke	✗

3.8 GUT
28 Bewertungen

Lage	3.8
Ruhe	3.3
Sanitäranlagen	3.7
Sauberkeit Ø	4.0
Freundlichkeit	4.8
Stellplatz	3.5
Verpflegung	3.7
Freizeit	3.7
Preis-Leistung	4.4
Mietunterkünfte	-

Geeignet für

Kinder b. 6 J.	3.8
Kinder b. 12 J.	4.0
Kinder b. 18 J.	3.8
Paare	3.9
Senioren	3.9
Gäste mit Zelt	4.1
Gäste mit Hund	4.0

Empfohlene Aktivitäten

- Schwimmen
- Entspannen
- Radfahren

21

Schwarzwälder Hof

❄

Tretenhofstraße 76
77960 Seelbach
+49 7823 96095 0

48.29917 | 7.94333

ganzjährig

HS: 45,40 € | NS: 45,40 €

Mehr Infos & Anfrage:
www.camping.info/18955

Baden im Teich am Platz	✓
Pool & Hallenbad	✓
Spielplatz am Platz	✓
Hunde erlaubt	✓
zur Hälfte Schatten	✓
WLAN	✓
Lebensmittel	✓
Brötchen am Platz	✗
Restaurant am P.	✓
Ver-/Entsorgung Womo	✓
in den Ort	1km
Gesamt/Touristen	200/180
Mietunterkünfte	✓
Stellplätze vor Schranke	✓

4.3 SEHR GUT
378 Bewertungen

Lage	4.3
Ruhe	4.3
Sanitäranlagen	4.5
Sauberkeit Ø	4.5
Freundlichkeit	4.2
Stellplatz	4.2
Verpflegung	3.9
Freizeit	4.3
Preis-Leistung	4.0
Mietunterkünfte	4.2

Geeignet für

Kinder b. 6 J.	4.2
Kinder b. 12 J.	4.3
Kinder b. 18 J.	3.8
Paare	4.6
Senioren	4.6
Gäste mit Zelt	3.8
Gäste mit Hund	4.4

Empfohlene Aktivitäten

- Wellness
- Wandern
- Entspannen

Rabatte ab 4 Nächten Aufenthalt in der Nebensaison.

22

Camping Europa-Park in Rust

❄

Rheinweg 5
77977 Rust
+49 7822 77 6688

48.27162 | 7.71729

keine Angabe

NS: 42,00 €

Mehr Infos & Anfrage:
www.camping.info/26926

Baden im See am Platz	✓
Pool & Hallenbad	✗
Spielplatz am Platz	✓
Hunde willkommen	✓
kein Schatten	✓
WLAN	✓
Lebensmittel	✓
Brötchen am Platz	✓
Restaurant & Imbiss	✓
Ver-/Entsorgung Womo	✓
in den Ort	1km
Touristenplätze	200
Mietunterkünfte	✓
Stellplätze vor Schranke	✗

3.7 GUT
33 Bewertungen

Lage	4.7
Ruhe	2.4
Sanitäranlagen	4.1
Sauberkeit Ø	4.0
Freundlichkeit	3.9
Stellplatz	3.4
Verpflegung	3.9
Freizeit	4.5
Preis-Leistung	3.8
Mietunterkünfte	3.4

Geeignet für

Kinder b. 6 J.	4.1
Kinder b. 12 J.	4.4
Kinder b. 18 J.	4.3
Paare	3.8
Senioren	2.6
Gäste mit Zelt	3.9
Gäste mit Hund	3.7

Empfohlene Aktivitäten

- Radfahren
- Wandern
- Party

am 24. und 25. Dezember geschlossen

Karte auf Seite 574

23 Campingpark Oase

Mühlenweg 34
77955 Ettenheim
+49 7822 44 59 18
48.2475 | 7.82833

13.04. - 06.10.
HS: 30,00 € | NS: 26,00 €
Mehr Infos & Anfrage: www.camping.info/18954

Baden im See	4km
Pool/Hallenbad	100m/30km
Spielplatz am Platz	✓
Hunde willkommen	✓
wenig Schatten	✓
WLAN (gegen Gebühr)	✓
Lebensmittel	✓
Brötchen am Platz	✓
Restaurant & Imbiss	✓
Ver-/Entsorgung Womo	✓
in den Ort	1km
Gesamt/Touristen	240/175
Mietunterkünfte	✗
Stellplätze vor Schranke	✗

4.2 SEHR GUT – 44 Bewertungen

Lage	4.4
Ruhe	4.1
Sanitäranlagen	4.0
Sauberkeit Ø	4.6
Freundlichkeit	4.9
Stellplatz	4.5
Verpflegung	3.9
Freizeit	4.4
Preis-Leistung	4.1
Mietunterkünfte	-

Geeignet für

Kinder b. 6 J.	4.4
Kinder b. 12 J.	4.4
Kinder b. 18 J.	3.9
Paare	4.5
Senioren	4.4
Gäste mit Zelt	4.6
Gäste mit Hund	4.2

Empfohlene Aktivitäten

- Radfahren
- Wandern
- Schwimmen

25 Campingplatz Müller-See

Müller-See 1
79359 Riegel
+49 7642 3694
48.16472 | 7.74056

01.04. - 31.10.
HS: 23,00 € | NS: 23,00 €
Mehr Infos & Anfrage: www.camping.info/18991

Baden im See am Platz	✓
Pool & Hallenbad	✗
Spielplatz am Platz	✓
Hunde	✗
zur Hälfte Schatten	✓
WLAN	✗
Lebensmittel	✓
Brötchen	keine Angabe
Imbiss	✓
Ver-/Entsorgung Womo	✓
in den Ort	1km
Touristenplätze	40
Mietunterkünfte	✗
Stellplätze vor Schranke	✗

4.1 SEHR GUT – 29 Bewertungen

Lage	4.2
Ruhe	4.2
Sanitäranlagen	3.8
Sauberkeit Ø	4.3
Freundlichkeit	4.3
Stellplatz	3.9
Verpflegung	3.9
Freizeit	4.0
Preis-Leistung	4.2
Mietunterkünfte	-

Geeignet für

Kinder b. 6 J.	3.8
Kinder b. 12 J.	3.9
Kinder b. 18 J.	3.7
Paare	4.2
Senioren	4.5
Gäste mit Zelt	4.1
Hunde n. erlaubt	-

Empfohlene Aktivitäten

- Schwimmen
- Radfahren
- Wandern

26 Kaiserstuhl-Camping GmbH&CoKG

Nachtwaid 5
79241 Ihringen am Kaiserstuhl
+49 7668 950065
48.02916 | 7.66027

20.03. - 30.10.
HS: 31,00 € | NS: 28,00 €
Mehr Infos & Anfrage: www.camping.info/18983

Baden im See	2km
Pool/Hallenbad	10m/2km
Spielplatz am Platz	✓
Hunde willkommen	✓
zur Hälfte Schatten	✓
WLAN (gegen Gebühr)	✓
Lebensmittel	✓
Brötchen am Platz	✓
Restaurant/Imbiss	100m/✓
Ver-/Entsorgung Womo	✓
in den Ort	600m
Gesamt/Touristen	230/200
Mietunterkünfte	✗
Stellplätze vor Schranke	✓

4.0 SEHR GUT – 85 Bewertungen

Lage	4.2
Ruhe	3.9
Sanitäranlagen	3.8
Sauberkeit Ø	4.5
Freundlichkeit	4.5
Stellplatz	4.0
Verpflegung	2.9
Freizeit	4.0
Preis-Leistung	3.7
Mietunterkünfte	-

Geeignet für

Kinder b. 6 J.	3.6
Kinder b. 12 J.	3.8
Kinder b. 18 J.	3.5
Paare	4.4
Senioren	4.5
Gäste mit Zelt	4.1
Gäste mit Hund	4.3

Empfohlene Aktivitäten

- Radfahren
- Wandern
- Schwimmen

keine Jugend- und Motorradgruppen

Infos

- Öffnungszeiten
- Vergleichspreis
- Link

Ausstattung

- Freizeit
- Campingplatz
- Versorgung
- Anzahl der Plätze

24 Terrassen-Camping-Herbolzheim

Im Laue 1
79336 Herbolzheim
+49 7643 1460
www.laue-camp.de
s.hugoschmidt@t-online.de

02.04. - 03.10.

HS: 31,00 € | NS: 31,00 €

Mehr Infos & Anfrage:
www.camping.info/18990

Baden im See	1km
Pool/Hallenbad	✓/10km
Spielplatz am Platz	✓
Hunde erlaubt	nur NS
zur Hälfte Schatten	✓
WLAN (gegen Gebühr)	✓
Lebensmittel	500m
Brötchen am Platz	✓
Restaurant & Imbiss	✓
Ver-/Entsorgung Womo	✓
in den Ort	1km
Gesamt/Touristen	200/70
Mietunterkünfte	×
Stellplätze vor Schranke	×

48.2165 | 7.78901

Ansicht des Campingplatzes von oben mit Blick auf Pool und Tennisplatz.

Lage & Stellplatz

Der Campingplatz liegt verkehrsgünstig im Rheintal, in der Nähe von Freiburg-Straßburg-Colmar und nur ca. 7 km vom größten Freizeitpark Deutschlands (Europa-Park) entfernt. Die terrassenförmigen Rasenplätze verfügen über Strom- und Abwasseranschluss und bieten sowohl Sonne als auch Schatten.

Verpflegung

Auf dem Campingplatz befindet sich ein abends geöffnetes Restaurant mit leckerer Pizza und guter Hausmannskost. Des Weiteren wird ein täglicher Brötchenservice angeboten. Für Lebensmitteleinkäufe findet man den nächsten Supermarkt in ca. 1 km Entfernung. Bis zur Stadtmitte sind es ungefähr 2 km.

Sanitär

Die modern sanierte Sanitäranlage kann ohne Münzen genutzt werden und verfügt über ein Babybad, eine Wickelmöglichkeit und eine separate behindertengerechte Dusche. Der Spül- und Waschraum wurde im Jahr 2015 neu gestaltet. Gegen Gebühr können die Waschmaschine und der Trockner benutzt werden.

Freizeit

Die Nutzung des angrenzenden Freibads ist gegen Gebühr möglich. In der näheren Umgebung findet man neben dem Europa-Park auch einen großen Golfplatz (3 km entfernt). Die verkehrsgünstige Lage erlaubt es, interessante Ausflüge in den Süd-Schwarzwald oder das benachbarte Frankreich zu unternehmen.

Großzügige Plätze im Grünen.

Terrassierte Stellplätze.

4.5 SEHR GUT
38 Bewertungen

Lage	4.5
Ruhe	4.6
Sanitäranlagen	4.3
Sauberkeit Ø	4.8
Freundlichkeit	4.8
Stellplatz	4.3
Verpflegung	4.0
Freizeit	4.1
Preis-Leistung	4.5
Mietunterkünfte	-

Geeignet für

Senioren	4.8
Paare	4.6
Gäste mit Zelt	4.6
Gäste mit Hund	4.6
Kinder b. 12 J.	3.7
Kinder b. 6 J.	3.6
Kinder b. 18 J.	3.6

Empfohlene Aktivitäten

Wandern, Radfahren, Entspannen, Schwimmen, Sightseeing

keine Jugendgruppen

Karte auf Seite 574

27 Camping Schwarzwaldhorn

Ettersbach 4b
79263 Simonswald
+49 7683 477
48.10079 | 8.05148

Öffnungszeiten	20.03. - 20.10.
Vergleichspreis	HS: 32,90 € | NS: 27,90 €
Link	**Mehr Infos & Anfrage:** www.camping.info/18986

Freizeit	Baden in nat. Gewässer	k. A.
	Pool/Hallenbad	600m/12km
	Spielplatz am Platz	✓
Campingplatz	Hunde willkommen	✓
	wenig Schatten	✓
	WLAN	✓
Versorgung	Lebensmittel	✓
	Brötchen am Platz	✓
	Restaurant & Imbiss	✓
	Ver-/Entsorgung Womo	✓
	in den Ort	500m
Anzahl der Plätze	Gesamt/Touristen	90/75
	Mietunterkünfte	✓
	Stellplätze vor Schranke	✗

4.6 SEHR GUT
16 Bewertungen

Lage	4.5
Ruhe	4.3
Sanitäranlagen	4.5
Sauberkeit Ø	4.5
Freundlichkeit	4.9
Stellplatz	4.3
Verpflegung	3.5
Freizeit	4.2
Preis-Leistung	4.4
Mietunterkünfte	5.0

Geeignet für

Kinder b. 6 J.	4.4
Kinder b. 12 J.	4.2
Kinder b. 18 J.	3.8
Paare	4.8
Senioren	4.5
Gäste mit Zelt	3.8
Gäste mit Hund	4.8

Empfohlene Aktivitäten

- Wandern
- Entspannen
- Radfahren

28 Camping Steingrubenhof

✻

Haldenweg 3
79271 St. Peter
+49 7660 210
48.02328 | 8.03242

Öffnungszeiten	20.03. - 20.10. 20.12. - 15.01.
Vergleichspreis	HS: 24,20 € | NS: 24,20 €
Link	**Mehr Infos & Anfrage:** www.camping.info/18987

Freizeit	Baden im See	7km
	Pool/Hallenbad	7/1km
	Spielplatz am Platz	✓
Campingplatz	Hunde willkommen	✓
	zur Hälfte Schatten	✓
	WLAN (gegen Gebühr)	✓
Versorgung	Lebensmittel	1km
	Brötchen am Platz	✓
	Restaurant/Imbiss	✓/1km
	Ver-/Entsorgung Womo	✓
	in den Ort	1km
Anzahl der Plätze	Gesamt/Touristen	160/60
	Mietunterkünfte	✓
	Stellplätze vor Schranke	✗

4.4 SEHR GUT
25 Bewertungen

Lage	4.7
Ruhe	4.4
Sanitäranlagen	4.4
Sauberkeit Ø	4.8
Freundlichkeit	4.5
Stellplatz	3.9
Verpflegung	3.5
Freizeit	3.9
Preis-Leistung	4.5
Mietunterkünfte	4.0

Geeignet für

Kinder b. 6 J.	2.1
Kinder b. 12 J.	2.2
Kinder b. 18 J.	2.0
Paare	4.7
Senioren	4.7
Gäste mit Zelt	4.6
Gäste mit Hund	4.8

Empfohlene Aktivitäten

- Wandern
- Entspannen
- Mountainbiking

29 Lynx Camp & Camping Resort

✻

Friedhofstr. 18
78141 Schönwald im Schwarzwald
+49 7722 86 86 786
48.10999 | 8.2016

Öffnungszeiten	ganzjährig
Vergleichspreis	HS: 31,00 € | NS: 29,00 €
Link	**Mehr Infos & Anfrage:** www.camping.info/27080

Freizeit	Baden im See	12km
	Pool/Hallenbad	1/1km
	Spielplatz am Platz	✓
Campingplatz	Hunde willkommen	✓
	wenig Schatten	✓
	WLAN	✓
Versorgung	Lebensmittel	500m
	Brötchen am Platz	✓
	Restaurant/Imbiss	1km
	Ver-/Entsorgung Womo	✓
	in den Ort	200m
Anzahl der Plätze	Touristenplätze	19
	Mietunterkünfte	✓
	Stellplätze vor Schranke	✗

4.8 SEHR GUT
53 Bewertungen

Lage	4.8
Ruhe	4.9
Sanitäranlagen	4.4
Sauberkeit Ø	4.9
Freundlichkeit	5.0
Stellplatz	4.4
Verpflegung	3.9
Freizeit	4.6
Preis-Leistung	4.5
Mietunterkünfte	4.5

Geeignet für

Kinder b. 6 J.	4.8
Kinder b. 12 J.	4.8
Kinder b. 18 J.	4.2
Paare	5.0
Senioren	4.7
Gäste mit Zelt	4.5
Gäste mit Hund	4.9

Empfohlene Aktivitäten

- Wandern
- Entspannen
- Mountainbiking

Infos: Öffnungszeiten, Vergleichspreis, Link
Ausstattung: Freizeit, Campingplatz, Versorgung, Anzahl der Plätze

❹ Südschwarzwald

	Platz	Seite	Bewertung	Öffnungszeiten	
1	Camping Münsterblick	589	3.9	saisonal	
2	Camping am Hirzberg Freiburg	589	3.9	ganzjährig	❄ 🍃
3	Busses Camping am Möslepark, Freiburg	589	4.6	saisonal	🍃
4	Camping Kirchzarten	591	4.5	ganzjährig	❄ 🍃 ⚡ 👍
5	Camping Kirnermarteshof	588	4.0	ganzjährig	❄
6	Camping Hochschwarzwald	591	4.1	ganzjährig	❄
7	Camping Münstertal	591	4.6	ganzjährig	❄
8	Camping Sulzbachtal	590	4.5	ganzjährig	❄ 🍃
9	Feriencamping Badenweiler	593	4.2	saisonal	❄
10	Dreiländer-Camping Gugel	592	3.7	ganzjährig	❄
11	Dreiländereck Ferienpark der Naturisten	593	4.1	saisonal	FKK
12	Campingpark Lug ins Land	593	4.5	ganzjährig	❄ 🍃 👍
13	Camping Lörrach - Drei-Länder-Camp	596	4.2	saisonal	
14	Camping Rüttehof	596	4.6	saisonal	
15	Camping Bankenhof GmbH	594	4.6	ganzjährig	❄ 🍃 ⚡ 👍
16	Terrassencamping Sandbank	596	4.0	saisonal	
17	Naturcamping Weiherhof am Titiseeufer	596	3.9	saisonal	
18	Campingplatz Bühlhof	597	3.9	k. A.	❄ ⚡
19	Kur-Camping Kreuzhof	597	4.4	ganzjährig	❄
20	Camping Schluchsee	597	3.8	ganzjährig	❄
21	Rothaus Camping	598	3.9	ganzjährig	❄
22	Schlüchttal Naturcamping	598	4.8	ganzjährig	❄
23	Schlüchttal-Camping	598	4.3	ganzjährig	❄
24	Campingplatz Wutach	598	3.7	saisonal	
25	Camping Kirnbergsee	599	3.9	k. A.	❄
26	Riedsee-Camping	599	4.3	ganzjährig	❄
27	Natur-Camping Bad Dürrheim	599	3.7	ganzjährig	❄

❄ Wintercamping FKK Textilfrei (ganz/teilweise) 🍃 Ecocamping 👍 Award ⚡ Onlinebuchung

5 Camping Kirnermarteshof

❄

Vörlinsbach 19a
79254 Oberried
+49 7661 4727
www.kirnermarteshof.de
info@kirnermartes.de

ganzjährig

HS: 25,70 € | NS: 23,90 €

Mehr Infos & Anfrage:
www.camping.info/18985

Baden im See	15km
Pool/Hallenbad	3/8km
Spielplatz am Platz	✓
Hunde willkommen	✓
wenig Schatten	✓
WLAN	✓
Lebensmittel	500m
Brötchen am Platz	nur HS
Restaurant & Imbiss	✓
Ver-/Entsorgung Womo	✓
in den Ort	500m
Gesamt/Touristen	100/40
Mietunterkünfte	✓
Stellplätze vor Schranke	✓

Camping auf dem Bauernhof.

Lage & Stellplatz

Idyllischer Terrassencampingplatz mit komfortablen Ferienwohnungen und kuscheligen Holzhäuschen auf einem echten Bauernhof mit vielen Tieren, Obstbäumen, Schnapsbrennerei und privat mietbarem Wellness- und Saunabereich. Sonnige Panoramalage im Rad- und Wanderparadies des Naturparks Südschwarzwald.

Verpflegung

Frische Milch vom Bauernhof, Apfelsaft und selbstgemachte Marmelade von Früchten eigener Bäume, selbstgebrannte Schnäpse, „Brennbar" mit Vesper, Pizza oder Flammkuchen aus dem Steinofen. Honig, Brot und Eier von benachbarten Höfen, Berghütten in Wander- und Bikeentfernung, Laden und Gasthöfe im Ort.

Sanitär

Geschmackvoll eingerichtete Sanitäranlagen, von allen Standplätzen bequem erreichbar, mit Babywickelraum, Babybadewanne, Familienbädern, Waschmaschine und Wäschetrockner. Privat mietbarer Wohlfühl- und Saunabereich mit großer Holzwanne, in der man in Milch und Honig baden kann sowie Außen-Whirlpool.

Freizeit

Natürlich erholen: echte Landluft schnuppern, Kühe melken, beim Schnapsbrennen zuschauen, Wandern, Radfahren, Ponyreiten, Skifahren, Stadtbummeln, Schlemmen oder in der Wohlfühloase entspannen. Mit dabei: die Konus-Gästekarte für freie Fahrt im gesamten Schwarzwald für alle Mitreisenden.

Eigene Schnappsbrennerei.

Saunabereich/Milch & Honigbad.

4.0 SEHR GUT
29 Bewertungen

Lage	4.5
Ruhe	4.6
Sanitäranlagen	3.6
Sauberkeit Ø	4.0
Freundlichkeit	4.6
Stellplatz	3.6
Verpflegung	3.0
Freizeit	4.0
Preis-Leistung	4.1
Mietunterkünfte	4.4

Geeignet für

4.6	Kinder b. 12 J.
4.5	Kinder b. 6 J.
4.2	Paare
4.0	Senioren
4.3	Gäste mit Hund
4.1	Gäste mit Zelt
3.4	Kinder b. 18 J.

Empfohlene Aktivitäten

- Wandern
- Entspannen
- Radfahren
- Mountainbiking
- Motorrad

Gruppen nur auf Anfrage.

Karte auf Seite 586

	1 Camping Münsterblick	2 Camping am Hirzberg Freiburg	3 Busses Camping am Möslepark, Freiburg
Adresse	Hochstetterstraße 11, 79206 Breisach-Hochstetten	Kartäuserstraße 99, 79104 Freiburg im Breisgau	Waldseestraße 77, 79117 Freiburg im Breisgau
Telefon	+49 7667 93930	+49 761 35054	+49 761 767 9333
Koordinaten	48.0194 | 7.60829	47.99222 | 7.87389	47.98122 | 7.88147
Infos			
Öffnungszeiten	19.03. - 31.10.	ganzjährig	01.03. - 20.12.
Vergleichspreis	HS: 25,50 € | NS: 25,50 €	HS: 33,00 € | NS: 33,00 €	HS: 30,80 € | NS: 27,60 €
Link	**Mehr Infos & Anfrage:** www.camping.info/18981	**Mehr Infos & Anfrage:** www.camping.info/18975	**Mehr Infos & Anfrage:** www.camping.info/18978
Ausstattung			
Freizeit	Baden in nat. Gewässer: k. A.; Pool/Hallenbad: 3/5km; Spielplatz: ✗	Baden im Fluss: 200m; Pool/Hallenbad: 1km; Spielplatz am Platz: ✓	Baden im Fluss: 1km; Pool/Hallenbad: 1/1km; Spielplatz am Platz: ✓
Campingplatz	Hunde erlaubt: ✓; Schatten: ✗; WLAN (gegen Gebühr): ✓	Hunde willkommen: ✓; zur Hälfte Schatten: ✓; WLAN (begrenzt gratis): ✓	Hunde willkommen: ✓; wenig Schatten: ✓; WLAN: ✓
Versorgung	Lebensmittel: 2km; Brötchen am Platz: ✓; Restaurant am P.: ✓; Ver-/Entsorgung Womo: ✗; in den Ort: 2km	Lebensmittel: ✓; Brötchen am Platz: nur HS; Restaurant/Imbiss: 50m/✓; Ver-/Entsorgung Womo: ✓; in den Ort: 1km	Lebensmittel: ✓; Brötchen am Platz: ✓; Restaurant & Imbiss: ✓; Ver-/Entsorgung Womo: ✓; in den Ort: 500m
Anzahl der Plätze	Gesamt/Touristen: 50/45; Mietunterkünfte: ✗; Stellplätze vor Schranke: ✗	Gesamt/Touristen: 80/75; Mietunterkünfte: ✓; Stellplätze vor Schranke: ✗	Touristenplätze: 80; Mietunterkünfte: ✓; Stellplätze vor Schranke: ✓

Bewertung	1 Camping Münsterblick	2 Camping am Hirzberg Freiburg	3 Busses Camping am Möslepark
Gesamt	3.9 GUT (10 Bewertungen)	3.9 GUT (59 Bewertungen)	4.6 SEHR GUT (175 Bewertungen)
Lage	3.6	4.5	4.6
Ruhe	4.2	4.2	4.2
Sanitäranlagen	4.4	4.0	4.6
Sauberkeit Ø	4.6	4.2	4.9
Freundlichkeit	4.4	4.2	4.9
Stellplatz	3.9	3.4	4.2
Verpflegung	3.4	3.4	4.0
Freizeit	3.7	4.4	4.3
Preis-Leistung	3.7	4.0	4.5
Mietunterkünfte	-	4.8	4.5
Geeignet für			
Kinder b. 6 J.	2.9	3.4	4.0
Kinder b. 12 J.	2.6	3.7	4.2
Kinder b. 18 J.	2.7	4.0	4.2
Paare	4.6	4.3	4.8
Senioren	4.3	4.4	4.8
Gäste mit Zelt	3.9	3.8	4.5
Gäste mit Hund	3.4	4.2	4.6
Empfohlene Aktivitäten	Radfahren, Entspannen, Wandern	Sightseeing, Wandern, Radfahren	Wandern, Radfahren, Sightseeing

keine WOMOs ab 8 m; keine Jugendgruppen

8 Camping Sulzbachtal

Sonnmatt 4
79295 Sulzburg
+49 763 459 2568
www.camping-sulzbachtal.de
a-z@camping-sulzbachtal.de

ganzjährig

HS: 32,50 € | NS: 30,60 €

Mehr Infos & Anfrage:
www.camping.info/18989

Baden in nat. Gewässer	k. A.
Pool/Hallenbad	✓/10km
Spielplatz am Platz	✓
Hunde willkommen	✓
zur Hälfte Schatten	✓
WLAN (gegen Gebühr)	✓
Lebensmittel	500m
Brötchen am Platz	✓
Restaurant/Imbiss	1km/✓
Ver-/Entsorgung Womo	✓
in den Ort	1km
Gesamt/Touristen	95/85
Mietunterkünfte	✓
Stellplätze vor Schranke	✓

Willkommen in der Toskana Deutschlands: mit Naturbadesee und Weinbergblick.

Lage & Stellplatz

Idyllische Lage am Fuße der Weinberge mit platzeigenem Naturbadesee mitten in der „Toskana Deutschlands" – dem Markgräflerland im südlichen Schwarzwald. Das milde Klima lockt mit 2.000 Sonnenstunden im Jahr. Großzügige, in Terrassen angelegte Komfort-Standplätze mit Panoramablick auf die Weinberge.

Verpflegung

Genießen Sie einen typischen Flammkuchen und ein Viertele Gutedel in der platzeigenen Vesperstube mit Sonnenterrasse am Badesee. In direkter Umgebung gibt es viele Weingüter, Straußenwirtschaften und Feinschmecker-Restaurants, sogar mit Michelin-Sternen ausgezeichnet. Brötchenservice am Platz.

Sanitär

Großzügige, komfortable, gepflegte Sanitäranlagen mit barrierefreier Ausstattung, privaten Mietbädern, Babywickelraum, Waschmaschine und Wäschetrockner. Zentrale Lage, dadurch sehr bequem in kurzen Wegen von jedem der 115 Standplätze aus erreichbar.

Freizeit

Ob aktiv oder geruhsam, kulturell oder kulinarisch, entspannend oder geschichtsträchtig – hier gibt es für jeden Geschmack den passenden Freizeittipp: Baden, Wandern, Radfahren, Schlemmen, ein Ausflug in die sehenswerten Städte des Dreiländerecks und danach eine wohltuende Massage direkt am Platz.

Wohltuende Massage.

Genussvolle Weinbergs-Wanderung.

4.5 SEHR GUT
83 Bewertungen

Lage	4.4
Ruhe	4.4
Sanitäranlagen	4.4
Sauberkeit Ø	4.8
Freundlichkeit	4.8
Stellplatz	4.4
Verpflegung	3.4
Freizeit	4.2
Preis-Leistung	4.3
Mietunterkünfte	4.6

Geeignet für

4.9	Senioren
4.8	Paare
4.5	Gäste mit Hund
3.7	Gäste mit Zelt
3.6	Kinder b. 12 J.
3.5	Kinder b. 6 J.
3.3	Kinder b. 18 J.

Empfohlene Aktivitäten

Wandern · Radfahren · Entspannen · Mountainbiking · Schwimmen

Keine Jugendgruppen möglich. ECOCAMPING-Umweltmanagement.

Karte auf Seite 586

	4 Camping Kirchzarten	6 Camping Hochschwarzwald	7 Camping Münstertal
	Dietenbacherstraße 17 79199 Kirchzarten +49 7661 90 40 910 47.95958 | 7.95203	Oberhäuserstraße 6 79674 Todtnau-Muggenbrunn +49 7671 1288 47.86478 | 7.91598	Dietzelbachstraße 6 79244 Münstertal +49 7636 7080 47.85972 | 7.76333
Infos			
Öffnungszeiten	ganzjährig	ganzjährig	ganzjährig
Vergleichspreis	HS: 40,70 € | NS: 27,70 €	HS: 27,90 € | NS: 26,40 €	HS: 38,00 € | NS: 35,00 €
Link	**Mehr Infos & online buchen:** www.camping.info/18980	**Mehr Infos & Anfrage:** www.camping.info/18998	**Mehr Infos & Anfrage:** www.camping.info/18984
Ausstattung			
Freizeit	Baden in nat. Gewässer k. A. Pool/Hallenbad ✓/12km Spielplatz am Platz ✓	Baden im See 35km Pool/Hallenbad 7/1km Spielplatz am Platz ✓	Baden im See 12km Pool & Hallenbad ✓ Spielplatz am Platz ✓
Campingplatz	Hunde willkommen ✓ Schatten ✗ WLAN ✓	Hunde willkommen ✓ wenig Schatten ✓ WLAN (gegen Gebühr) ✓	Hunde willkommen ✓ zur Hälfte Schatten ✓ WLAN (gegen Gebühr) ✓
Versorgung	Lebensmittel ✓ Brötchen am Platz ✓ Restaurant & Imbiss ✓ Ver-/Entsorgung Womo ✓ in den Ort 300m	Lebensmittel 7km Brötchen am Platz ✓ Restaurant & Imbiss ✓ Ver-/Entsorgung Womo ✓ in den Ort 1km	Lebensmittel ✓ Brötchen am Platz ✓ Restaurant & Imbiss ✓ Ver-/Entsorgung Womo ✓ in den Ort 1km
Anzahl der Plätze	Gesamt/Touristen 495/365 Mietunterkünfte ✓ Stellplätze vor Schranke ✗	Gesamt/Touristen 90/50 Mietunterkünfte ✓ Stellplätze vor Schranke ✗	Gesamt/Touristen 322/310 Mietunterkünfte ✓ Stellplätze vor Schranke ✓

	4 Camping Kirchzarten	6 Camping Hochschwarzwald	7 Camping Münstertal
Gesamt	4.5 SEHR GUT, 497 Bewertungen	4.1 SEHR GUT, 15 Bewertungen	4.6 SEHR GUT, 278 Bewertungen
Lage	4.6	4.4	4.5
Ruhe	3.8	4.1	4.1
Sanitäranlagen	4.5	4.1	4.8
Sauberkeit Ø	4.2	4.5	4.8
Freundlichkeit	4.6	4.4	4.3
Stellplatz	4.3	3.9	4.6
Verpflegung	4.1	3.3	4.7
Freizeit	4.4	4.1	4.6
Preis-Leistung	4.2	4.4	4.2
Mietunterkünfte	4.4	3.0	4.4
Geeignet für			
Kinder b. 6 J.	4.4	3.8	4.5
Kinder b. 12 J.	4.6	3.9	4.5
Kinder b. 18 J.	4.0	3.9	4.0
Paare	4.4	4.5	4.7
Senioren	4.4	4.6	4.7
Gäste mit Zelt	4.1	4.5	3.7
Gäste mit Hund	4.1	4.5	4.5
Empfohlene Aktivitäten	Wandern Schwimmen Radfahren	Wandern Entspannen Ski	Wandern Schwimmen Radfahren

AWARD 2020

ANZEIGE

10 Dreiländer-Camping Gugel

Oberer Wald 1
79395 Neuenburg
+49 7631 7719

www.camping-gugel.de
info@camping-gugel.de

ganzjährig

HS: 34,50 € | NS: 34,50 €

Mehr Infos & Anfrage:
www.camping.info/18993

Baden im Fluss	3km
Pool & Hallenbad	✓
Spielplatz am Platz	✓
Hunde willkommen	✓
zur Hälfte Schatten	✓
WLAN	✓
Lebensmittel	✓
Brötchen am Platz	✓
Restaurant & Imbiss	✓
Ver-/Entsorgung Womo	✓
in den Ort	2km
Gesamt/Touristen	420/260
Mietunterkünfte	✗
Stellplätze vor Schranke	✓

1 km
47.79667 | 7.55028

Schönes Schwimmbad mit Sonnenterrasse und Beachbar.

Lage & Stellplatz

Im sonnenverwöhnten Markgräflerland, zwischen Freiburg, Basel, Schwarzwald und Rhein, liegt der schöne Campingpark inmitten des Rheinwaldes. Auf die Gäste warten 100 m² große Standardplätze (mit Strom), Komfortplätze mit Wasser- und Abwasser, SAT-TV und Strom sowie ein attraktives Freizeitprogramm.

Verpflegung

Das schöne Restaurant mit Nebenräumen (Kaminzimmer, Panoramazimmer) und Biergarten lockt mit leckeren Gerichten – auch Essen „to go". Im gut ausgestatteten Minimarkt erhält man ganzjährig alles für den täglichen Bedarf. Die Beachbar (Mai - August) am Pool an der Showbühne bietet Cocktails und Musik.

Sanitär

Auf dem Gelände befinden sich drei bestens ausgestattete, gepflegte Sanitärgebäude (eines neu in 2018). Darüber hinaus gibt es barrierefreie Kabinen, einen Babywickelraum, Waschmaschinen und Trockner. Individuelle Mietsanitärkabinen mit Dusche, Waschbecken und WC komplettieren das Angebot.

Freizeit

Ein Kinderspielplatz, das große Schwimmbad, Tennisplätze, Minigolf, ein Streichelzoo, Showbühne, das Animationsprogramm u. v. m. sorgen für Unterhaltung. Entspannung findet man in der Sauna, im Solarium oder bei einer Massage. Besonders beliebt sind auch die Kinovorführungen auf der Großleinwand.

Moderne Sanitäranlagen.

Ferienstellplätze im Fuchswald.

3.7 GUT
202 Bewertungen

Lage	3.8
Ruhe	3.7
Sanitäranlagen	3.5
Sauberkeit Ø	3.8
Freundlichkeit	4.2
Stellplatz	3.7
Verpflegung	3.6
Freizeit	3.9
Preis-Leistung	3.5
Mietunterkünfte	-

Geeignet für

Kinder b. 12 J.	4.1
Paare	4.1
Senioren	4.1
Gäste mit Hund	4.1
Kinder b. 6 J.	3.9
Gäste mit Zelt	3.9
Kinder b. 18 J.	3.7

Empfohlene Aktivitäten

Schwimmen
Radfahren
Entspannen
Wandern
Wellness

Für Staffelpreise und Angebote Platz kontaktieren. Preisangaben von 2020.

Karte auf Seite 586

9 Feriencamping Badenweiler

Weilertalstraße 73
79410 Badenweiler
+49 7632 1550
47.81033 | 7.67646

29.01. - 01.12.
HS: 30,70 € | NS: 28,70 €
Mehr Infos & Anfrage:
www.camping.info/18995

Baden in nat. Gewässer	k. A.
Pool/Hallenbad	50/800m
Spielplatz am Platz	✓
Hunde willkommen	✓
Schatten	✗
WLAN	✓
Lebensmittel	✓
Brötchen am Platz	✓
Restaurant/Imbiss	200m/✓
Ver-/Entsorgung Womo	✓
in den Ort	100m
Gesamt/Touristen	99/94
Mietunterkünfte	✗
Stellplätze vor Schranke	✗

4.2 SEHR GUT
38 Bewertungen

Lage	4.5
Ruhe	4.3
Sanitäranlagen	4.5
Sauberkeit Ø	4.7
Freundlichkeit	4.0
Stellplatz	4.3
Verpflegung	3.4
Freizeit	4.0
Preis-Leistung	4.0
Mietunterkünfte	-

Geeignet für

Kinder b. 6 J.	3.0
Kinder b. 12 J.	2.7
Kinder b. 18 J.	2.9
Paare	4.6
Senioren	4.8
Gäste mit Zelt	3.3
Gäste mit Hund	4.2

Empfohlene Aktivitäten
- Wandern
- Entspannen
- Wellness

11 Dreiländereck Ferienpark der Naturisten

FKK

Baslerköpfle 150
79395 Neuenburg / Steinenstadt
+49 7635 9576
47.7611 | 7.54949

01.03. - 30.10.
keine Angabe
Mehr Infos & Anfrage:
www.camping.info/22373

Baden im See am Platz	✓
Pool/Hallenbad	✓/4km
Spielplatz am Platz	✓
Hunde willkommen	✓
Schatten	✗
WLAN	✓
Lebensmittel	✓
Brötchen am Platz	✓
Imbiss	✓
Ver-/Entsorgung Womo	✓
in den Ort	1km
Touristenplätze	120
Mietunterkünfte	✓
Stellplätze vor Schranke	✗

4.1 SEHR GUT
36 Bewertungen

Lage	4.2
Ruhe	4.2
Sanitäranlagen	4.2
Sauberkeit Ø	4.4
Freundlichkeit	4.2
Stellplatz	4.0
Verpflegung	3.9
Freizeit	4.1
Preis-Leistung	3.6
Mietunterkünfte	4.2

Geeignet für

Kinder b. 6 J.	4.3
Kinder b. 12 J.	4.2
Kinder b. 18 J.	3.6
Paare	4.6
Senioren	4.8
Gäste mit Zelt	4.3
Gäste mit Hund	3.8

Empfohlene Aktivitäten
- Schwimmen
- Radfahren
- Entspannen

12 Campingpark Lug ins Land

Römerstraße 3
79415 Bad Bellingen-Bamlach
+49 7635 1820
47.71236 | 7.54652

ganzjährig
HS: 37,50 € | NS: 30,00 €
Mehr Infos & Anfrage:
www.camping.info/18996

Baden im Fluss	2km
Pool & Hallenbad	✓
Spielplatz am Platz	✓
Hunde willkommen	✓
wenig Schatten	✓
WLAN (gegen Gebühr)	✓
Lebensmittel	✓
Brötchen am Platz	✓
Restaurant & Imbiss	✓
Ver-/Entsorgung Womo	✓
in den Ort	500m
Gesamt/Touristen	340/200
Mietunterkünfte	✓
Stellplätze vor Schranke	✓

4.5 SEHR GUT
446 Bewertungen

Lage	4.0
Ruhe	3.7
Sanitäranlagen	4.4
Sauberkeit Ø	4.2
Freundlichkeit	4.6
Stellplatz	4.4
Verpflegung	4.1
Freizeit	4.2
Preis-Leistung	4.0
Mietunterkünfte	4.1

Geeignet für

Kinder b. 6 J.	4.4
Kinder b. 12 J.	4.5
Kinder b. 18 J.	3.8
Paare	4.5
Senioren	4.5
Gäste mit Zelt	4.2
Gäste mit Hund	4.0

Empfohlene Aktivitäten
- Wandern
- Radfahren
- Entspannen

AWARD 2020

Infos
Öffnungszeiten
Vergleichspreis
Link

Ausstattung
Freizeit
Campingplatz
Versorgung
Anzahl der Plätze

15 Camping Bankenhof GmbH

Bruderhalde 31a
79856 Hinterzarten am Titisee
+49 7652 1351
www.camping-bankenhof.de
info@camping-bankenhof.de

ganzjährig

HS: 33,00 € | NS: 28,50 €

Mehr Infos & online buchen:
www.camping.info/19003

Baden im See	2km
Pool/Hallenbad	2km
Spielplatz am Platz	✓
Hunde willkommen	✓
zur Hälfte Schatten	✓
WLAN (begrenzt gratis)	✓
Lebensmittel	✓
Brötchen am Platz	✓
Restaurant & Imbiss	✓
Ver-/Entsorgung Womo	✓
in den Ort	2km
Touristenplätze	180
Mietunterkünfte	✓
Stellplätze vor Schranke	✓

camping.info dieser Campingführer lebt! AWARD 2019

ECO CAMPING

Naturerlebnis

AWARD 2020 camping.info

Auf Camping Bankenhof im Schwarzwald ist auch im Winter was los.

Lage & Stellplatz

Urlaub auf Camping Bankenhof bietet garantierten Erholungsfaktor. Der Platz liegt sehr idyllisch nahe des Titisees im Naturschutzgebiet „Unteres Seebachtal". Der Familiencampingplatz ist mit 4 Sternen (DTV) ausgezeichnet und hat ganzjährig geöffnet. Die Stellplätze sind in eine herrliche Natur eingebettet, umgeben von Sträuchern und Hecken und teilweise sogar von Bäumen überdacht. Mit einer Größe von 75 bis 100 m² bieten die parzellierten und gekiesten Plätze genügend Raum für einen individuellen und erholsamen Urlaub.

Sanitär

Die drei beheizten Sanitärgebäude sind mit vielen Extras ausgestattet und verfügen über Warmwasser ohne Münzzähler, 24 WCs, 30 Waschbecken, 14 Einzelwaschkabinen, 22 Duschen sowie ein behindertengerechtes WC und Dusche. Als besonderen Service für Familien werden Familienwaschkabinen zur Miete angeboten. Das Sanitärgebäude, das speziell für die kleinen Campinggäste gestaltet wurde, ist mit niedrigeren, bunten Waschbecken, Baby-Bad und speziellen Duschen ausgestattet.

Ankunft beim Campingplatz.

Der moderne Sanitärbereich.

ECO CAMPING

AWARD 2020

8 x Wohnmobilstellplatz vor der Schranke, Ferienwohnung & Mietwohnwagen

Luftaufnahmen des Platzes in Richtung Titisee.

Verpflegung

Das platzeigene Restaurant mit großer Terrasse bietet in erster Linie regionaltypische Küche. Alle erhältlichen Speisen gibt es auch zum Mitnehmen. Außerdem kann auf Bestellung ein reichhaltiges Frühstück genossen werden. Täglich frische Brötchen können im Shop mit Stehcafé erworben werden – auch an Sonn- und Feiertagen. Darüber hinaus verfügt der Selbstbedienungsladen u. a. über ausgewählte Lebensmittel, Süßwaren, Zeitschriften, Hygieneartikel und Getränke.

Freizeit

Freizeitangebote auf dem Campingplatz: Spielplatz, Gokarts, Fahrräder und kleiner Roller zum Ausleihen. Tischtennis, Kinderkino täglich um 17 Uhr (je nach Saison), WLAN am Stellplatz, platzeigene gespurte Langlaufloipen (5 km), Rodelhang. In der Umgebung befinden sich: Titisee-Badeparadies, Skimuseum, Spielzeugmuseum, Adlerschanze, Feldberg-Naturlehrpfad, Wichtelpfad. In Todtnau: Hasenhorn Coaster. In Löffingen: Wildtierpark. Freiburgs historische Altstadt, Münster, Einkaufsstraßen. Europapark Rust. Blumbergs Sauschwänzlebahn.

5.0

Problemlose Buchung zweier Plätze mit Strom in direkter Nachbarschaft. Bei Ankunft freundliche und ausführliche Einweisung. Unkomplizierter Ablauf. Gute Atmosphäre. Schöne Ausgangslage für eine Wanderung um den Titisee, und eine tolle Tour zum und auf den Feldberg. Das Restaurant ist klasse, guter Service, gutes Essen, leckere Getränke. Wir kommen wieder!

Fam. Schlüller

Familie Schlüller ist bereits seit dem Jahr 2000 Camper und hat diesen Platz im Juni 2020 besucht.

Gemütliche Miethütte.

Wintercamping.

4.6 **SEHR GUT**
707 Bewertungen

Lage	4.5
Ruhe	4.6
Sanitäranlagen	4.7
Sauberkeit Ø	4.8
Freundlichkeit	4.9
Stellplatz	4.4
Verpflegung	4.0
Freizeit	4.4
Preis-Leistung	4.6
Mietunterkünfte	4.5

Geeignet für

Paare	4.8
Senioren	4.7
Gäste mit Hund	4.7
Gäste mit Zelt	4.6
Kinder b. 6 J.	4.4
Kinder b. 12 J.	4.4
Kinder b. 18 J.	4.1

Empfohlene Aktivitäten

Wandern · Entspannen · Radfahren · Mountainbiking · Schwimmen

13

Camping Lörrach - Drei-Länder-Camp

Grüttweg 8
79539 Lörrach (nahe Basel)
+49 762 182 588

47.62471 | 7.66154

15.03. - 30.10.

HS: 34,30 € | NS: 32,50 €

Mehr Infos & Anfrage:
www.camping.info/18997

Baden im Fluss	9km
Pool/Hallenbad	500m/5km
Spielplatz am Platz	✓
Hunde willkommen	✓
zur Hälfte Schatten	✓
WLAN	✓
Lebensmittel	250m
Brötchen am Platz	nur HS
Restaurant/Imbiss	✓/300m
Ver-/Entsorgung Womo	✓
in den Ort	1km
Gesamt/Touristen	165/150
Mietunterkünfte	✓
Stellplätze vor Schranke	✓

4.2 SEHR GUT
113 Bewertungen

Lage	4.4
Ruhe	4.3
Sanitäranlagen	4.3
Sauberkeit Ø	4.5
Freundlichkeit	4.6
Stellplatz	4.2
Verpflegung	3.8
Freizeit	4.3
Preis-Leistung	4.1
Mietunterkünfte	4.6

Geeignet für

Kinder b. 6 J.	4.2
Kinder b. 12 J.	4.3
Kinder b. 18 J.	4.4
Paare	4.5
Senioren	4.5
Gäste mit Zelt	4.6
Gäste mit Hund	4.7

Empfohlene Aktivitäten

- Radfahren
- Wandern
- Entspannen

weitere HS: 05.04. - 30.04.
weitere NS: 01.05. - 25.05.
+ 10.09. - 30.10.

14

Camping Rüttehof

Rüttehof 5
79736 Rickenbach-Rüttehof
+49 7765 1064

47.64 | 7.94

15.04. - 15.10.

HS: 21,50 € | NS: 21,50 €

Mehr Infos & Anfrage:
www.camping.info/24408

Baden im Fluss	8km
Pool/Hallenbad	✓/7km
Spielplatz am Platz	✓
Hunde willkommen	✓
wenig Schatten	✓
WLAN	✓
Lebensmittel	5km
Brötchen am Platz	✓
Restaurant	500m
Ver-/Entsorgung Womo	✓
in den Ort	5km
Touristenplätze	10
Mietunterkünfte	✓
Stellplätze vor Schranke	✗

4.6 SEHR GUT
8 Bewertungen

Lage	4.6
Ruhe	5.0
Sanitäranlagen	3.4
Sauberkeit Ø	4.9
Freundlichkeit	5.0
Stellplatz	4.1
Verpflegung	3.8
Freizeit	4.1
Preis-Leistung	4.8
Mietunterkünfte	-

Geeignet für

Kinder b. 6 J.	4.9
Kinder b. 12 J.	4.9
Kinder b. 18 J.	4.2
Paare	4.6
Senioren	4.8
Gäste mit Zelt	4.4
Gäste mit Hund	5.0

Empfohlene Aktivitäten

- Entspannen
- Wandern
- Radfahren

16

Terrassencamping Sandbank

Seerundweg 9
79822 Titisee

47.88694 | 8.13778

01.04. - 20.10.

HS: 25,70 € | NS: 22,80 €

Mehr Infos & Anfrage:
www.camping.info/19004

Baden im See am Platz	✓
Pool/Hallenbad	2/3km
Spielplatz am Platz	✓
Hunde erlaubt	✓
Schatten	✗
WLAN (gegen Gebühr)	teilweise
Lebensmittel	✓
Brötchen am Platz	✓
Restaurant am P.	✓
Ver-/Entsorgung Womo	✓
in den Ort	1km
Gesamt/Touristen	200/190
Mietunterkünfte	✗
Stellplätze vor Schranke	✓

4.0 SEHR GUT
79 Bewertungen

Lage	4.6
Ruhe	4.1
Sanitäranlagen	3.8
Sauberkeit Ø	4.2
Freundlichkeit	4.4
Stellplatz	3.6
Verpflegung	3.2
Freizeit	4.0
Preis-Leistung	4.1
Mietunterkünfte	-

Geeignet für

Kinder b. 6 J.	3.8
Kinder b. 12 J.	3.7
Kinder b. 18 J.	3.5
Paare	4.4
Senioren	4.2
Gäste mit Zelt	4.0
Gäste mit Hund	4.1

Empfohlene Aktivitäten

- Wandern
- Schwimmen
- Radfahren

17

Naturcamping Weiherhof am Titiseeufer

Bruderhalde 25
79856 Hinterzarten
+49 7652 1468

47.88947 | 8.13372

01.05. - 15.10.

HS: 27,20 € | NS: 26,20 €

Mehr Infos & Anfrage:
www.camping.info/19005

Baden im See am Platz	✓
Pool/Hallenbad	1/5km
Spielplatz am Platz	✓
Hunde willkommen	✓
viel Schatten	✓
WLAN (gegen Gebühr)	✓
Lebensmittel	✓
Brötchen am Platz	✓
Restaurant & Imbiss	✓
Ver-/Entsorgung Womo	✓
in den Ort	2km
Touristenplätze	150
Mietunterkünfte	✓
Stellplätze vor Schranke	✗

3.9 GUT
34 Bewertungen

Lage	4.6
Ruhe	4.1
Sanitäranlagen	3.2
Sauberkeit Ø	3.6
Freundlichkeit	4.4
Stellplatz	3.7
Verpflegung	3.5
Freizeit	3.9
Preis-Leistung	3.4
Mietunterkünfte	3.4

Geeignet für

Kinder b. 6 J.	4.1
Kinder b. 12 J.	4.4
Kinder b. 18 J.	4.2
Paare	4.6
Senioren	4.1
Gäste mit Zelt	4.4
Gäste mit Hund	4.7

Empfohlene Aktivitäten

- Wandern
- Schwimmen
- Entspannen

Karte auf Seite 586

18 Campingplatz Bühlhof

Bühlhofweg 13
79856 Hinterzarten am Titisee

47.8961 | 8.1373

keine Angabe
HS: 27,00 € | NS: 24,00 €
Mehr Infos & online buchen: www.camping.info/27266

Baden im See	3km
Pool & Hallenbad	✗
Spielplatz am Platz	✓
Hunde willkommen	✓
zur Hälfte Schatten	✓
WLAN (gegen Gebühr)	✓
Lebensmittel	5km
Brötchen	keine Angabe
Restaurant & Imbiss	✗
Ver-/Entsorgung Womo	✓
in den Ort	keine Angabe
Gesamt/Touristen	280/200
Mietunterkünfte	✗
Stellplätze vor Schranke	✗

3.9 GUT
8 Bewertungen

Lage	4.5
Ruhe	4.9
Sanitäranlagen	3.1
Sauberkeit Ø	4.8
Freundlichkeit	4.4
Stellplatz	3.5
Verpflegung	2.5
Freizeit	3.8
Preis-Leistung	3.8
Mietunterkünfte	-

Geeignet für

Kinder b. 6 J.	4.2
Kinder b. 12 J.	4.4
Kinder b. 18 J.	4.2
Paare	4.6
Senioren	4.0
Gäste mit Zelt	4.2
Gäste mit Hund	4.6

Empfohlene Aktivitäten

- Wandern
- Entspannen
- Radfahren

19 Kur-Camping Kreuzhof

Bonndorfer Straße 63
79853 Lenzkirch
+49 7653 1450

47.86175 | 8.22427

ganzjährig
HS: 35,00 € | NS: 33,00 €
Mehr Infos & Anfrage: www.camping.info/19006

Baden im Teich am Platz	✓
Pool/Hallenbad	3km/✓
Spielplatz am Platz	✓
Hunde willkommen	✓
zur Hälfte Schatten	✓
WLAN	✓
Lebensmittel	✓
Brötchen am Platz	✓
Restaurant/Imbiss	✓/2km
Ver-/Entsorgung Womo	✓
in den Ort	1km
Gesamt/Touristen	120/80
Mietunterkünfte	✓
Stellplätze vor Schranke	✗

4.4 SEHR GUT
181 Bewertungen

Lage	4.5
Ruhe	4.3
Sanitäranlagen	3.9
Sauberkeit Ø	4.2
Freundlichkeit	4.6
Stellplatz	4.1
Verpflegung	4.2
Freizeit	4.5
Preis-Leistung	4.1
Mietunterkünfte	4.3

Geeignet für

Kinder b. 6 J.	4.4
Kinder b. 12 J.	4.5
Kinder b. 18 J.	3.9
Paare	4.5
Senioren	4.5
Gäste mit Zelt	4.5
Gäste mit Hund	4.6

Empfohlene Aktivitäten

- Wandern
- Entspannen
- Radfahren

20 Camping Schluchsee

Gewann Zeltplatz 1
79859 Schluchsee
+49 7656 573

47.82172 | 8.16093

ganzjährig
HS: 35,60 €
Mehr Infos & Anfrage: www.camping.info/19273

Baden im See am Platz	✓
Pool/Hallenbad	1/12km
Spielplatz am Platz	✓
Hunde erlaubt	✓
zur Hälfte Schatten	✓
WLAN (gratis)	teilweise
Lebensmittel	✓
Brötchen am Platz	nur HS
Restaurant & Imbiss	✓
Ver-/Entsorgung Womo	✓
in den Ort	1km
Touristenplätze	200
Mietunterkünfte	✗
Stellplätze vor Schranke	✗

3.8 GUT
105 Bewertungen

Lage	4.4
Ruhe	3.7
Sanitäranlagen	3.9
Sauberkeit Ø	4.0
Freundlichkeit	3.9
Stellplatz	3.7
Verpflegung	3.3
Freizeit	4.3
Preis-Leistung	3.7
Mietunterkünfte	-

Geeignet für

Kinder b. 6 J.	3.9
Kinder b. 12 J.	4.1
Kinder b. 18 J.	3.9
Paare	4.2
Senioren	4.1
Gäste mit Zelt	4.0
Gäste mit Hund	4.2

Empfohlene Aktivitäten

- Wandern
- Schwimmen
- Radfahren

Infos

Öffnungszeiten
Vergleichspreis
Link

Ausstattung

Freizeit
Campingplatz
Versorgung
Anzahl der Plätze

21 Rothaus Camping

*

Mettmatalstraße 2
79865 Grafenhausen-Rothaus
+49 7748 800

47.79445 | 8.2357

ganzjährig

HS: 26,40 € | NS: 24,00 €

Mehr Infos & Anfrage:
www.camping.info/19007

Baden im See	3km
Hallenbad	3km
Spielplatz am Platz	✓
Hunde willkommen	✓
zur Hälfte Schatten	✓
WLAN (gegen Gebühr)	✓
Lebensmittel	✓
Brötchen am Platz	✓
Restaurant & Imbiss	✓
Ver-/Entsorgung Womo	✓
in den Ort	3km
Gesamt/Touristen	120/40
Mietunterkünfte	✓
Stellplätze vor Schranke	✗

3.9 GUT
29 Bewertungen

Lage	4.3
Ruhe	4.0
Sanitäranlagen	3.7
Sauberkeit Ø	4.5
Freundlichkeit	4.8
Stellplatz	3.5
Verpflegung	4.0
Freizeit	4.2
Preis-Leistung	4.3
Mietunterkünfte	3.3

Geeignet für

Kinder b. 6 J.	3.4
Kinder b. 12 J.	3.4
Kinder b. 18 J.	3.1
Paare	4.7
Senioren	4.7
Gäste mit Zelt	4.2
Gäste mit Hund	4.3

Empfohlene Aktivitäten

- Wandern
- Radfahren
- Entspannen

22 Schlüchttal Naturcamping

*

Neubergweg 39
79761 Waldshut-Tiengen
07741/3366

47.64662 | 8.24848

ganzjährig

HS: 22,50 € | NS: 22,50 €

Mehr Infos & Anfrage:
www.camping.info/27984

Baden in nat. Gewässer	k. A.
Pool/Hallenbad	2/5km
Spielplatz	keine Angabe
Hunde willkommen	✓
zur Hälfte Schatten	✓
WLAN	keine Angabe
Lebensmittel	200m
Brötchen	keine Angabe
Restaurant am P.	✓
Ver-/Entsorgung Womo	✗
in den Ort	200m
Gesamt/Touristen	60/40
Mietunterkünfte	✗
Stellplätze vor Schranke	✗

4.8 SEHR GUT
8 Bewertungen

Lage	4.4
Ruhe	3.1
Sanitäranlagen	4.6
Sauberkeit Ø	5.0
Freundlichkeit	5.0
Stellplatz	4.0
Verpflegung	3.8
Freizeit	4.3
Preis-Leistung	4.9
Mietunterkünfte	-

Geeignet für

Kinder b. 6 J.	4.0
Kinder b. 12 J.	4.0
Kinder b. 18 J.	3.5
Paare	5.0
Senioren	5.0
Gäste mit Zelt	4.4
Gäste mit Hund	4.8

Empfohlene Aktivitäten

- Radfahren
- Wandern
- Entspannen

23 Schlüchttal-Camping

*

Im Tal 10
79777 Ühlingen-Birkendorf
+49 77 43 53 73

47.75162 | 8.29281

ganzjährig

HS: 17,80 € | NS: 17,80 €

Mehr Infos & Anfrage:
www.camping.info/19001

Baden im See	700m
Hallenbad	1km
Spielplatz am Platz	✓
Hunde erlaubt	✓
Schatten	✗
WLAN	teilweise
Lebensmittel	✓
Brötchen am Platz	✓
Restaurant am P.	✓
Ver-/Entsorgung Womo	✓
in den Ort	1km
Gesamt/Touristen	150/65
Mietunterkünfte	✓
Stellplätze vor Schranke	✗

4.3 SEHR GUT
6 Bewertungen

Lage	4.0
Ruhe	4.7
Sanitäranlagen	3.5
Sauberkeit Ø	4.4
Freundlichkeit	5.0
Stellplatz	3.5
Verpflegung	4.7
Freizeit	3.7
Preis-Leistung	4.3
Mietunterkünfte	4.0

Geeignet für

Kinder b. 6 J.	3.2
Kinder b. 12 J.	3.7
Kinder b. 18 J.	3.7
Paare	4.7
Senioren	4.7
Gäste mit Zelt	4.0
Gäste mit Hund	5.0

Empfohlene Aktivitäten

- Wandern
- Radfahren
- Motorrad

24 Campingplatz Wutach

Ziegelhütte Ziegelhuette
79780 Stühlingen
+49 7744 422

47.74137 | 8.43992

15.03. - 15.10.

HS: 24,00 € | NS: 22,00 €

Mehr Infos & Anfrage:
www.camping.info/17846

Baden in nat. Gewässer	k. A.
Pool/Hallenbad	800m/18km
Spielplatz am Platz	✓
Hunde willkommen	✓
zur Hälfte Schatten	✓
WLAN	keine Angabe
Lebensmittel	300m
Brötchen	keine Angabe
Restaurant/Imbiss	500/300m
Ver-/Entsorgung Womo	✓
in den Ort	500m
Gesamt/Touristen	50/30
Mietunterkünfte	✓
Stellplätze vor Schranke	✗

3.7 GUT
7 Bewertungen

Lage	4.1
Ruhe	3.7
Sanitäranlagen	3.4
Sauberkeit Ø	4.6
Freundlichkeit	4.3
Stellplatz	3.9
Verpflegung	3.7
Freizeit	3.4
Preis-Leistung	4.4
Mietunterkünfte	3.0

Geeignet für

Kinder b. 6 J.	3.7
Kinder b. 12 J.	4.3
Kinder b. 18 J.	2.5
Paare	4.6
Senioren	5.0
Gäste mit Zelt	4.8
Gäste mit Hund	5.0

Empfohlene Aktivitäten

- Radfahren
- Wandern
- Entspannen

Karte auf Seite 586

25 Camping Kirnbergsee

❄

Seestraße 15
78199 Bräunlingen-Unterbränd
+49 7654 7510

47.92951 | 8.36467

Infos

Öffnungszeiten	keine Angabe
Vergleichspreis	HS: 25,90 € | NS: 25,90 €
Link	**Mehr Infos & Anfrage:** www.camping.info/18959

Ausstattung

Freizeit	Baden im See am Platz	✓
	Pool & Hallenbad	✗
	Spielplatz am Platz	✓
Campingplatz	Hunde willkommen	✓
	Schatten	✗
	WLAN (gegen Gebühr)	✓
Versorgung	Lebensmittel	✗
	Brötchen am Platz	✓
	Restaurant & Imbiss	✓
	Ver-/Entsorgung Womo	✗
	in den Ort	1km
Anzahl der Plätze	Gesamt/Touristen	132/60
	Mietunterkünfte	✗
	Stellplätze vor Schranke	✗

3.9 GUT – 8 Bewertungen

Lage	4.6
Ruhe	4.9
Sanitäranlagen	3.8
Sauberkeit Ø	4.1
Freundlichkeit	4.0
Stellplatz	4.0
Verpflegung	3.6
Freizeit	3.6
Preis-Leistung	3.6
Mietunterkünfte	-

Geeignet für

Kinder b. 6 J.	2.9
Kinder b. 12 J.	3.1
Kinder b. 18 J.	3.3
Paare	3.8
Senioren	3.7
Gäste mit Zelt	4.0
Gäste mit Hund	4.2

Empfohlene Aktivitäten

- Schwimmen
- Entspannen
- Radfahren

26 Riedsee-Camping

❄

Am Riedsee 11
78166 Donaueschingen
+49 771 5511

47.93669 | 8.53448

Infos

Öffnungszeiten	ganzjährig
Vergleichspreis	HS: 25,00 € | NS: 20,00 €
Link	**Mehr Infos & Anfrage:** www.camping.info/18958

Ausstattung

Freizeit	Baden im See am Platz	✓
	Pool/Hallenbad	5km
	Spielplatz am Platz	✓
Campingplatz	Hunde willkommen	✓
	wenig Schatten	✓
	WLAN (gegen Gebühr)	✓
Versorgung	Lebensmittel	✓
	Brötchen am Platz	✓
	Restaurant & Imbiss	✓
	Ver-/Entsorgung Womo	✓
	in den Ort	1km
Anzahl der Plätze	Gesamt/Touristen	450/80
	Mietunterkünfte	✗
	Stellplätze vor Schranke	✗

4.3 SEHR GUT – 36 Bewertungen

Lage	4.5
Ruhe	4.6
Sanitäranlagen	4.0
Sauberkeit Ø	4.5
Freundlichkeit	4.6
Stellplatz	4.2
Verpflegung	4.3
Freizeit	4.2
Preis-Leistung	4.6
Mietunterkünfte	-

Geeignet für

Kinder b. 6 J.	4.6
Kinder b. 12 J.	4.5
Kinder b. 18 J.	3.8
Paare	4.8
Senioren	4.9
Gäste mit Zelt	4.8
Gäste mit Hund	5.0

Empfohlene Aktivitäten

- Radfahren
- Schwimmen
- Wandern

27 Natur-Camping Bad Dürrheim

❄

Am Steigle 1
78073 Bad Dürrheim-Sunthausen
+49 7706 712

48.00444 | 8.58278

Infos

Öffnungszeiten	ganzjährig
Vergleichspreis	HS: 27,20 € | NS: 22,00 €
Link	**Mehr Infos & Anfrage:** www.camping.info/18957

Ausstattung

Freizeit	Baden im See am Platz	✓
	Pool/Hallenbad	4km
	Spielplatz am Platz	✓
Campingplatz	Hunde willkommen	✓
	zur Hälfte Schatten	✓
	WLAN	✓
Versorgung	Lebensmittel	✓
	Brötchen am Platz	✓
	Restaurant/Imbiss	500m/✓
	Ver-/Entsorgung Womo	✓
	in den Ort	500m
Anzahl der Plätze	Gesamt/Touristen	325/175
	Mietunterkünfte	✓
	Stellplätze vor Schranke	✗

3.7 GUT – 47 Bewertungen

Lage	4.2
Ruhe	4.5
Sanitäranlagen	3.7
Sauberkeit Ø	4.3
Freundlichkeit	4.2
Stellplatz	3.7
Verpflegung	3.1
Freizeit	3.9
Preis-Leistung	3.5
Mietunterkünfte	4.0

Geeignet für

Kinder b. 6 J.	4.1
Kinder b. 12 J.	4.0
Kinder b. 18 J.	3.5
Paare	4.2
Senioren	4.1
Gäste mit Zelt	4.4
Gäste mit Hund	4.6

Empfohlene Aktivitäten

- Schwimmen
- Radfahren
- Wandern

BADEN-WÜRTTEMBERG

5 Bodensee

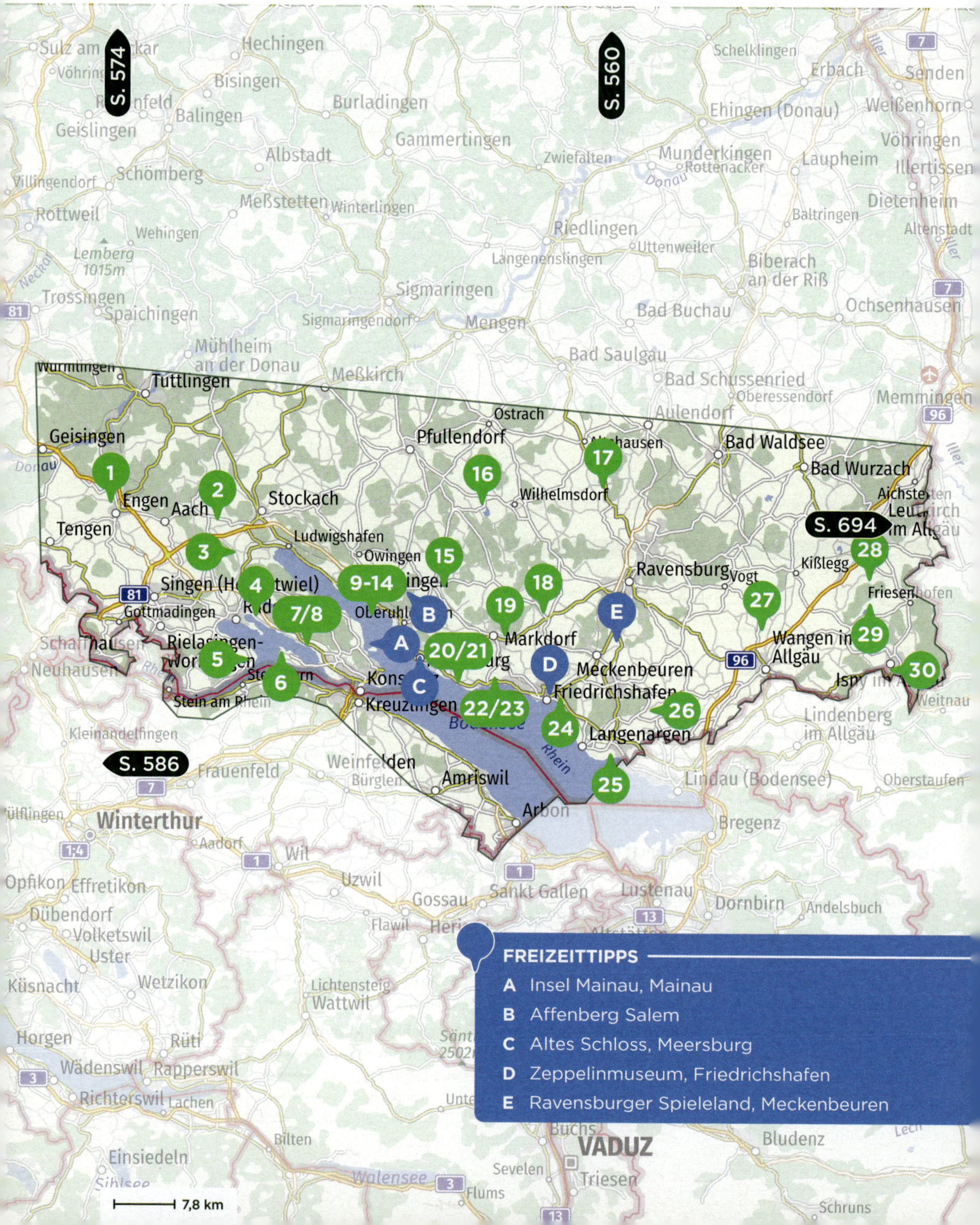

	Platz	Seite	Bewertung	Öffnungszeiten	
1	Camping Sonnental	602	3.9	ganzjährig	Wintercamping
2	Camping- und Ferienpark Orsingen	602	4.5	saisonal	Wintercamping
3	Campinggarten Wahlwies	602	4.6	saisonal	Wintercamping, Ecocamping
4	Camping Markelfingen	602	3.4	saisonal	
5	Camping Horn	603	3.9	saisonal	
6	Campingplatz Sandseele OHG	603	3.8	saisonal	Ecocamping
7	Campingplatz Allensbach	603	3.8	saisonal	Ecocamping
8	Camping Hegne	604	4.0	saisonal	Ecocamping
9	Campingplatz Klausenhorn	605	3.2	saisonal	Ecocamping
10	Camping Fliesshorn	605	4.5	saisonal	
11	Campingplatz Litzelstetten - Mainau	605	3.7	saisonal	
12	Campingplatz Nell	607	4.6	saisonal	
13	Campingplatz Brändle-Köhne	607	4.6	saisonal	
14	Camping Birnau-Maurach	607	4.4	k. A.	
15	Campinghof Salem	610	4.3	saisonal	Ecocamping
16	Camping Seewiese Illmensee	606	3.6	saisonal	Ecocamping
17	Buchseehof	610	4.1	ganzjährig	Wintercamping
18	Camping am Bauernhof	610	4.5	saisonal	Ecocamping
19	Camping Wirthshof beim Bodensee	608	4.4	saisonal	Wintercamping, Ecocamping, Onlinebuchung, Award
20	Camping Alpenblick	610	3.4	saisonal	
21	CEG Schloss Kirchberg	611	4.2	k. A.	
22	Schloss Helmsdorf OHG	611	4.2	saisonal	Ecocamping
23	Camping Fischbach	611	3.9	saisonal	Ecocamping
24	Cap Rotach	612	4.4	saisonal	Ecocamping
25	Camping Iriswiese	612	3.2	saisonal	
26	Gutshof Camping Badhütten	612	3.3	saisonal	
27	Camping Röhrenmoos	612	3.6	saisonal	
28	Camping Moorbad Riedle	613	4.4	saisonal	
29	Camping am Badsee	613	4.6	saisonal	
30	Waldbad Camping Isny	613	4.3	saisonal	Onlinebuchung

Wintercamping · FKK Textilfrei (ganz/teilweise) · Ecocamping · Award · Onlinebuchung

1 Camping Sonnental

Im Doggenhardt 1
78234 Engen
+49 77 33 / 75 29
47.86146 | 8.7608

ganzjährig
HS: 19,50 € | NS: 19,50 €
Mehr Infos & Anfrage:
www.camping.info/18960

Baden in nat. Gewässer	k. A.
Pool/Hallenbad	500m/15km
Spielplatz	keine Angabe
Hunde willkommen	✓
zur Hälfte Schatten	✓
WLAN	✓
Lebensmittel	k.A.
Brötchen am Platz	✓
Restaurant am P.	✓
Ver-/Entsorgung Womo	✓
in den Ort	1km
Gesamt/Touristen	180/90
Mietunterkünfte	✗
Stellplätze vor Schranke	✗

3.9 GUT
14 Bewertungen

Lage	4.1
Ruhe	4.0
Sanitäranlagen	4.2
Sauberkeit Ø	4.4
Freundlichkeit	3.9
Stellplatz	3.9
Verpflegung	3.2
Freizeit	3.8
Preis-Leistung	4.2
Mietunterkünfte	-

Geeignet für

Kinder b. 6 J.	4.0
Kinder b. 12 J.	4.2
Kinder b. 18 J.	4.4
Paare	4.6
Senioren	4.8
Gäste mit Zelt	4.8
Gäste mit Hund	4.8

Empfohlene Aktivitäten

- Wandern
- Radfahren
- Schwimmen

2 Camping- und Ferienpark Orsingen

Am Alten Sportplatz 8
78359 Orsingen-Nenzingen
+49 7774 99 99 100
47.84234 | 8.93673

01.03. - 18.12.
HS: 37,20 € | NS: 33,20 €
Mehr Infos & Anfrage:
www.camping.info/23445

Baden im See	4km
Pool/Hallenbad	✓/20km
Spielplatz am Platz	✓
Hunde willkommen	✓
wenig Schatten	✓
WLAN (begrenzt gratis)	✓
Lebensmittel	100m
Brötchen am Platz	✓
Restaurant & Imbiss	✓
Ver-/Entsorgung Womo	✓
in den Ort	200m
Gesamt/Touristen	173/143
Mietunterkünfte	✓
Stellplätze vor Schranke	✗

4.5 SEHR GUT
194 Bewertungen

Lage	4.3
Ruhe	4.5
Sanitäranlagen	4.5
Sauberkeit Ø	4.6
Freundlichkeit	4.7
Stellplatz	4.3
Verpflegung	4.3
Freizeit	4.3
Preis-Leistung	4.3
Mietunterkünfte	4.5

Geeignet für

Kinder b. 6 J.	4.6
Kinder b. 12 J.	4.6
Kinder b. 18 J.	4.0
Paare	4.5
Senioren	4.5
Gäste mit Zelt	4.6
Gäste mit Hund	4.5

Empfohlene Aktivitäten

- Schwimmen
- Radfahren
- Wandern

3 Campinggarten Wahlwies

Stahringer Str. 50
78333 Stockach-Wahlwies
+49 77 71 35 11
47.80883 | 8.96968

01.01. - 15.11.
15.12. - 31.12.
HS: 31,80 € | NS: 29,80 €
Mehr Infos & Anfrage:
www.camping.info/18964

Baden im See	5km
Pool/Hallenbad	5km
Spielplatz am Platz	✓
Hunde willkommen	✓
wenig Schatten	✓
WLAN	✓
Lebensmittel	700m
Brötchen am Platz	✓
Restaurant	500m
Ver-/Entsorgung Womo	✓
in den Ort	500m
Gesamt/Touristen	70/50
Mietunterkünfte	✓
Stellplätze vor Schranke	✓

4.6 SEHR GUT
81 Bewertungen

Lage	4.6
Ruhe	4.6
Sanitäranlagen	4.1
Sauberkeit Ø	4.8
Freundlichkeit	4.9
Stellplatz	4.5
Verpflegung	3.8
Freizeit	4.2
Preis-Leistung	4.8
Mietunterkünfte	4.8

Geeignet für

Kinder b. 6 J.	4.2
Kinder b. 12 J.	3.7
Kinder b. 18 J.	3.2
Paare	4.8
Senioren	4.8
Gäste mit Zelt	4.7
Gäste mit Hund	4.9

Empfohlene Aktivitäten

- Radfahren
- Entspannen
- Wandern

keine WOMOs ab 9 m;
keine Gruppen

4 Camping Markelfingen

Unterdorfstraße 25
78315 Radolfzell-Markelfingen
+49 773 210 611
47.73874 | 9.00295

15.03. - 15.10.
HS: 26,00 €
Mehr Infos & Anfrage:
www.camping.info/18962

Baden in nat. Gewässer	k. A.
Hallenbad	20km
Spielplatz am Platz	✓
Hunde erlaubt	✓
Schatten	✗
WLAN	✗
Lebensmittel	✓
Brötchen	keine Angabe
Restaurant & Imbiss	✓
Ver-/Entsorgung Womo	✓
in den Ort	keine Angabe
Gesamt/Touristen	120/70
Mietunterkünfte	✓
Stellplätze vor Schranke	✗

3.4 GUT
65 Bewertungen

Lage	4.2
Ruhe	3.2
Sanitäranlagen	3.5
Sauberkeit Ø	3.4
Freundlichkeit	3.4
Stellplatz	3.3
Verpflegung	3.1
Freizeit	3.6
Preis-Leistung	3.2
Mietunterkünfte	3.1

Geeignet für

Kinder b. 6 J.	3.8
Kinder b. 12 J.	3.8
Kinder b. 18 J.	3.3
Paare	3.9
Senioren	4.0
Gäste mit Zelt	4.0
Gäste mit Hund	3.6

Empfohlene Aktivitäten

- Schwimmen
- Radfahren
- Kayak/Kanu

Karte auf Seite 600

5 Camping Horn

Strandweg 18
78343 Gaienhofen-Horn
+49 7735 685
47.68774 | 8.99485

Infos

Öffnungszeiten	01.04. - 03.10.
Vergleichspreis	HS: 24,00 € | NS: 24,00 €
Link	**Mehr Infos & Anfrage:** www.camping.info/18965

Ausstattung

Freizeit	Baden im See	40m
	Pool/Hallenbad	500m/4km
	Spielplatz am Platz	✓
Campingplatz	Hunde erlaubt	nur NS
	zur Hälfte Schatten	✓
	WLAN	✓
Versorgung	Lebensmittel	✓
	Brötchen am Platz	✓
	Restaurant am P.	✓
	Ver-/Entsorgung Womo	✗
	in den Ort	400m
Anzahl der Plätze	Gesamt/Touristen	255/150
	Mietunterkünfte	✓
	Stellplätze vor Schranke	✗

3.9 GUT – 57 Bewertungen

Lage	4.3
Ruhe	3.7
Sanitäranlagen	3.4
Sauberkeit Ø	3.8
Freundlichkeit	4.0
Stellplatz	3.8
Verpflegung	3.2
Freizeit	3.9
Preis-Leistung	4.0
Mietunterkünfte	4.0

Geeignet für

Kinder b. 6 J.	4.4
Kinder b. 12 J.	4.3
Kinder b. 18 J.	3.6
Paare	3.8
Senioren	4.0
Gäste mit Zelt	3.7
Gäste mit Hund	3.3

Empfohlene Aktivitäten

- Schwimmen
- Radfahren
- Wandern

6 Campingplatz Sandseele OHG

Zum Sandseele 1
78479 Insel Reichenau
+49 7534 7384
47.69819 | 9.04512

Infos

Öffnungszeiten	16.03. - 07.10.
Vergleichspreis	HS: 36,10 € | NS: 36,10 €
Link	**Mehr Infos & Anfrage:** www.camping.info/18974

Ausstattung

Freizeit	Baden im See am Platz	✓
	Pool/Hallenbad	✓/15km
	Spielplatz am Platz	✓
Campingplatz	Hunde	✗
	Schatten	✗
	WLAN (gratis)	teilweise
Versorgung	Lebensmittel	✓
	Brötchen am Platz	✓
	Restaurant & Imbiss	✓
	Ver-/Entsorgung Womo	✓
	in den Ort	1km
Anzahl der Plätze	Gesamt/Touristen	220/136
	Mietunterkünfte	✓
	Stellplätze vor Schranke	✗

3.8 GUT – 42 Bewertungen

Lage	4.7
Ruhe	3.5
Sanitäranlagen	4.4
Sauberkeit Ø	4.2
Freundlichkeit	3.5
Stellplatz	3.4
Verpflegung	3.9
Freizeit	4.1
Preis-Leistung	3.6
Mietunterkünfte	3.6

Geeignet für

Kinder b. 6 J.	4.4
Kinder b. 12 J.	4.3
Kinder b. 18 J.	3.6
Paare	4.4
Senioren	4.4
Gäste mit Zelt	3.7
Hunde n. erlaubt	-

Empfohlene Aktivitäten

- Schwimmen
- Radfahren
- Kayak/Kanu

7 Campingplatz Allensbach

Strandweg 30
78476 Allensbach
+49 7533 9976565
47.71075 | 9.07976

Infos

Öffnungszeiten	15.03. - 15.10.
Vergleichspreis	HS: 29,70 € | NS: 29,70 €
Link	**Mehr Infos & Anfrage:** www.camping.info/25067

Ausstattung

Freizeit	Baden im See am Platz	✓
	Pool & Hallenbad	✗
	Spielplatz am Platz	✓
Campingplatz	Hunde erlaubt	nur NS
	zur Hälfte Schatten	✓
	WLAN	✓
Versorgung	Lebensmittel	800m
	Brötchen am Platz	✓
	Restaurant & Imbiss	✓
	Ver-/Entsorgung Womo	✓
	in den Ort	500m
Anzahl der Plätze	Gesamt/Touristen	160/137
	Mietunterkünfte	✓
	Stellplätze vor Schranke	✓

3.8 GUT – 49 Bewertungen

Lage	4.6
Ruhe	3.7
Sanitäranlagen	3.5
Sauberkeit Ø	3.8
Freundlichkeit	4.2
Stellplatz	3.7
Verpflegung	3.8
Freizeit	4.1
Preis-Leistung	3.6
Mietunterkünfte	4.0

Geeignet für

Kinder b. 6 J.	4.5
Kinder b. 12 J.	4.4
Kinder b. 18 J.	4.2
Paare	4.2
Senioren	4.2
Gäste mit Zelt	4.4
Gäste mit Hund	4.3

Empfohlene Aktivitäten

- Schwimmen
- Radfahren
- Kayak/Kanu

Camping Hegne

Nachtwaid 1
78476 Allensbach-Hegne
+49 7533 9493913
www.camping-hegne.de
info@camping-hegne.de

15.03. - 15.10.

HS: 35,20 € | NS: 35,20 €

Mehr Infos & Anfrage:
www.camping.info/18973

Baden im See am Platz	✓
Pool/Hallenbad	5km
Spielplatz am Platz	✓
Hunde willkommen	✓
zur Hälfte Schatten	✓
WLAN	✓
Lebensmittel	2km
Brötchen am Platz	✓
Restaurant & Imbiss	✓
Ver-/Entsorgung Womo	✓
in den Ort	1km
Gesamt/Touristen	160/110
Mietunterkünfte	✓
Stellplätze vor Schranke	✗

47.7039 | 9.09764

Luftaufnahme mit Blick auf das nahe gelegene Naturschutzgebiet.

Lage & Stellplatz

Der Campingplatz Hegne liegt direkt am Bodensee. Inmitten eines Naturschutzgebietes und gegenüber der Insel Reichenau erstreckt sich die moderne Anlage in 400 Höhenmetern auf einer Wiesenfläche von gut 2 ha. Das grüne Gelände ist mit einigen Laubbäumen und Hecken bewachsen.

Verpflegung

Das schicke, platzeigene Restaurant verfügt über eine Terrasse mit Seeblick. Auf der Speisekarte finden sich gutbürgerliche Gerichte sowie ein täglich wechselndes Tagesgericht. Darüber hinaus wird beinahe täglich ein reichhaltiges Frühstücksbuffet angeboten.

Sanitär

Die Anlage wurde im Jahr 2013 umfangreich modernisiert. In den Sanitäranlagen, die über eine Fußbodenheizung für die kalten Tage verfügt, werden keine Münzen oder Jetons zum Duschen benötigt. Außerdem gibt es eine Entsorgungsstation für Chemietoiletten und ein Geschirrspülbecken mit Warmwasser.

Freizeit

Das eigene Strandbad direkt am Bodensee bietet ausgiebige Schwimmmöglichkeiten sowie einen Kinderspielplatz. Aufgrund der unmittelbaren Bahnanbindung (ca. 150 m entfernt) ist der Platz der optimale Ausgangspunkt für interessante Ausflüge, z. B. nach Konstanz oder auf die Insel Mainau.

Campingplatzgebäude.

Strandbad am See.

4.0 SEHR GUT
105 Bewertungen

Lage	4.6
Ruhe	3.8
Sanitäranlagen	4.4
Sauberkeit Ø	4.2
Freundlichkeit	4.2
Stellplatz	3.7
Verpflegung	4.0
Freizeit	4.1
Preis-Leistung	3.9
Mietunterkünfte	4.2

Geeignet für

Paare	4.2
Kinder b. 6 J.	4.1
Kinder b. 12 J.	4.0
Gäste mit Zelt	4.0
Senioren	3.9
Kinder b. 18 J.	3.7
Gäste mit Hund	3.2

Empfohlene Aktivitäten

Schwimmen · Kayak/Kanu · Radfahren · Entspannen · Wandern

Hunde im eigenen Wohnwagen und Wohnmobil erlaubt.

9 Campingplatz Klausenhorn

Hornwiesenstraße 40/42
78465 Konstanz-Dingelsdorf
+49 7533 6372
47.74694 | 9.14727

01.04. - 13.10.
HS: 35,00 € | NS: 35,00 €
Mehr Infos & Anfrage: www.camping.info/18970

Baden im See am Platz	✓
Hallenbad	5km
Spielplatz am Platz	✓
Hunde	✗
zur Hälfte Schatten	✓
WLAN	✓
Lebensmittel	✓
Brötchen am Platz	✓
Restaurant/Imbiss	500m/✓
Ver-/Entsorgung Womo	✓
in den Ort	500m
Gesamt/Touristen	240/170
Mietunterkünfte	✓
Stellplätze vor Schranke	✗

3.2 GUT – 72 Bewertungen

Lage	4.3
Ruhe	3.4
Sanitäranlagen	3.4
Sauberkeit Ø	3.5
Freundlichkeit	3.7
Stellplatz	3.3
Verpflegung	2.9
Freizeit	3.8
Preis-Leistung	3.2
Mietunterkünfte	3.6

Geeignet für

Kinder b. 6 J.	4.1
Kinder b. 12 J.	4.1
Kinder b. 18 J.	3.4
Paare	3.9
Senioren	3.8
Gäste mit Zelt	4.0
Hunde n. erlaubt	-

Empfohlene Aktivitäten

- Schwimmen
- Radfahren
- Segeln

ECO CAMPING

10 Camping Fliesshorn

Am Fliesshorn 1
78465 Konstanz-Dingelsdorf
+49 7533 5262
47.73382 | 9.1724

30.03. - 07.10.
HS: 35,50 € | NS: 35,50 €
Mehr Infos & Anfrage: www.camping.info/18971

Baden im See am Platz	✓
Pool/Hallenbad	9km
Spielplatz am Platz	✓
Hunde erlaubt	✓
Schatten	✗
WLAN	✓
Lebensmittel	✓
Brötchen am Platz	✓
Restaurant am P.	✓
Ver-/Entsorgung Womo	✓
in den Ort	2km
Gesamt/Touristen	120/40
Mietunterkünfte	✓
Stellplätze vor Schranke	✗

4.5 SEHR GUT – 50 Bewertungen

Lage	4.6
Ruhe	4.5
Sanitäranlagen	4.7
Sauberkeit Ø	4.7
Freundlichkeit	4.9
Stellplatz	4.3
Verpflegung	4.2
Freizeit	4.3
Preis-Leistung	4.3
Mietunterkünfte	4.0

Geeignet für

Kinder b. 6 J.	4.5
Kinder b. 12 J.	4.3
Kinder b. 18 J.	3.9
Paare	4.7
Senioren	4.9
Gäste mit Zelt	4.5
Gäste mit Hund	4.3

Empfohlene Aktivitäten

- Schwimmen
- Radfahren
- Kayak/Kanu

keine WOMOs ab 9 m; schmale Einfahrt mit Einbahnverkehr

11 Campingplatz Litzelstetten - Mainau

Großherzog-Friedrich-Straße 43
78465 Konstanz - Litzelstetten
07531 9361824
47.71145 | 9.18024

23.03. - 15.10.
keine Angabe
Mehr Infos & Anfrage: www.camping.info/18969

Baden im See am Platz	✓
Hallenbad	8km
Spielplatz	keine Angabe
Hunde willkommen	✓
zur Hälfte Schatten	✓
WLAN (gratis)	teilweise
Lebensmittel	✓
Brötchen am Platz	✓
Restaurant	700m
Ver-/Entsorgung Womo	✓
in den Ort	keine Angabe
Gesamt/Touristen	30/25
Mietunterkünfte	✗
Stellplätze vor Schranke	✗

3.7 GUT – 11 Bewertungen

Lage	4.8
Ruhe	4.4
Sanitäranlagen	2.5
Sauberkeit Ø	3.5
Freundlichkeit	4.5
Stellplatz	3.2
Verpflegung	2.7
Freizeit	4.1
Preis-Leistung	3.7
Mietunterkünfte	-

Geeignet für

Kinder b. 6 J.	3.8
Kinder b. 12 J.	4.1
Kinder b. 18 J.	4.0
Paare	4.1
Senioren	3.2
Gäste mit Zelt	4.0
Gäste mit Hund	4.2

Empfohlene Aktivitäten

- Schwimmen
- Radfahren
- Kayak/Kanu

Karte auf Seite 600

Infos

Öffnungszeiten
Vergleichspreis
Link

Ausstattung

Freizeit
Campingplatz
Versorgung
Anzahl der Plätze

16 Camping Seewiese Illmensee

Kirchplatz 2/1
88636 Illmensee
+49 7558 466
www.camping-illmensee.de
info@camping-illmensee.de

01.05. - 06.10.

HS: 25,50 € | NS: 25,50 €

Mehr Infos & Anfrage:
www.camping.info/19124

Baden im See am Platz	✓
Hallenbad	7km
Spielplatz am Platz	✓
Hunde willkommen	✓
zur Hälfte Schatten	✓
WLAN	✓
Lebensmittel	400m
Brötchen am Platz	✓
Restaurant/Imbiss	✓/100m
Ver-/Entsorgung Womo	✓
in den Ort	100m
Gesamt/Touristen	125/50
Mietunterkünfte	✓
Stellplätze vor Schranke	✗

47.86066 | 9.37465

Luftaufnahme mit Blick auf den Illmensee.

Lage & Stellplatz

Der kleine und ruhige Campingplatz liegt am schönen Illmensee inmitten eines Erholungsgebiets der Ferienregion „Nördlicher Bodensee". Neben Stellplätzen für Wohnwagen und Wohnmobile gibt es für Gäste auch eine Zeltwiese, Mietwohnwagen, ein Schlaffass sowie einen eigenen Badestrand samt Liegewiese.

Verpflegung

Im Kiosk vor Ort können u. a. Getränke, Eis und Angelkarten gekauft werden. Im Dorf gibt es vier Gasthäuser, eine Pizzeria, eine Bäckerei, einen kleinen Supermarkt und einen Obst- und Gemüseladen – alles gut zu Fuß erreichbar. Weitere Einkaufsmöglichkeiten befinden sich in 5 km Entfernung.

Sanitär

Die sanitäre Ausstattung besteht aus Toiletten, Wasch- und Duschräumen sowie Einzelwaschkabinen. Des Weiteren gibt es zwei Waschmaschinen, zwei Trockner und einen Gästekochplatz. Ein Abfluss für Chemietoiletten sowie eine Ver- und Entsorgungsstelle für Wohnmobile sind ebenfalls vorhanden.

Freizeit

Der familienfreundliche Campingplatz verfügt über Kettcars für Kinder, einen Streichelzoo und direkten Seezugang. Radfahren und Wandern in der Region ist ebenso zu empfehlen wie das Angeln am Illmensee. Außerdem gibt es zahlreiche Möglichkeiten für Tagesausflüge, z. B. zum Wasserskipark Meersburg.

Ideal zum Baden.

Freitzeitspaß für Kinder.

3.6 GUT
48 Bewertungen

Lage	4.3
Ruhe	3.3
Sanitäranlagen	2.3
Sauberkeit Ø	3.6
Freundlichkeit	4.3
Stellplatz	3.5
Verpflegung	3.4
Freizeit	3.8
Preis-Leistung	3.6
Mietunterkünfte	3.5

Geeignet für

Gäste mit Zelt	4.3
Kinder b. 6 J.	4.2
Kinder b. 12 J.	4.1
Paare	3.7
Gäste mit Hund	4.2
Kinder b. 18 J.	3.7
Senioren	3.6

Empfohlene Aktivitäten

Schwimmen · Wandern · Angeln · Radfahren · Entspannen

Karte auf Seite 600

12 Campingplatz Nell

Zur Barbe 5
88662 Überlingen-Nußdorf
+49 7551/4254
47.75222 | 9.1925

01.04. - 15.10.
HS: 27,00 € | NS: 27,00 €
Mehr Infos & Anfrage:
www.camping.info/19126

Baden im See am Platz	✓
Pool & Hallenbad	✗
Spielplatz	400m
Hunde	✗
Schatten	✗
WLAN	✗
Lebensmittel	200m
Brötchen am Platz	✗
Restaurant/Imbiss	100/200m
Ver-/Entsorgung Womo	✓
im Ort	✓
Gesamt/Touristen	50/20
Mietunterkünfte	✗
Stellplätze vor Schranke	✗

4.6 SEHR GUT
14 Bewertungen

Lage	4.8
Ruhe	4.7
Sanitäranlagen	4.1
Sauberkeit Ø	4.8
Freundlichkeit	4.9
Stellplatz	4.3
Verpflegung	3.3
Freizeit	4.3
Preis-Leistung	4.4
Mietunterkünfte	-

Geeignet für

Kinder b. 6 J.	3.4
Kinder b. 12 J.	3.7
Kinder b. 18 J.	4.1
Paare	4.6
Senioren	4.9
Gäste mit Zelt	3.8
Hunde n. erlaubt	-

Empfohlene Aktivitäten

- Radfahren
- Schwimmen
- Entspannen

13 Campingplatz Brändle-Köhne

Untermaurach 4
88662 Überlingen
+49 7551 8328888
47.7467 | 9.213

30.03. - 13.10.
HS: 28,40 € | NS: 28,40 €
Mehr Infos & Anfrage:
www.camping.info/26286

Baden im See am Platz	✓
Pool/Hallenbad	1/6km
Spielplatz	500m
Hunde erlaubt	✓
zur Hälfte Schatten	✓
WLAN	✗
Lebensmittel	1km
Brötchen am Platz	✗
Restaurant/Imbiss	1km
Ver-/Entsorgung Womo	✗
in den Ort	1km
Gesamt/Touristen	50/10
Mietunterkünfte	✗
Stellplätze vor Schranke	✗

4.6 SEHR GUT
12 Bewertungen

Lage	4.8
Ruhe	4.8
Sanitäranlagen	4.3
Sauberkeit Ø	4.8
Freundlichkeit	4.8
Stellplatz	4.3
Verpflegung	3.4
Freizeit	4.4
Preis-Leistung	4.5
Mietunterkünfte	-

Geeignet für

Kinder b. 6 J.	3.5
Kinder b. 12 J.	4.4
Kinder b. 18 J.	4.6
Paare	4.6
Senioren	4.8
Gäste mit Zelt	4.7
Gäste mit Hund	4.4

Empfohlene Aktivitäten

- Schwimmen
- Radfahren
- Kayak/Kanu

14 Camping Birnau-Maurach

88690 Uhldingen-Mühlhofen
+49 7556 6699
47.74139 | 9.22583

keine Angabe
keine Angabe
Mehr Infos & Anfrage:
www.camping.info/19128

Baden in nat. Gewässer	k. A.
Pool & Hallenbad	✗
Spielplatz am Platz	✓
Hunde	✗
Schatten	✗
WLAN	✓
Lebensmittel	k.A.
Brötchen am Platz	✓
Restaurant & Imbiss	✓
Ver-/Entsorgung Womo	✗
in den Ort	keine Angabe
Gesamt	keine Angabe
Mietunterkünfte	✗
Stellplätze vor Schranke	✗

4.4 SEHR GUT
85 Bewertungen

Lage	4.6
Ruhe	4.2
Sanitäranlagen	4.6
Sauberkeit Ø	4.8
Freundlichkeit	4.6
Stellplatz	4.2
Verpflegung	3.9
Freizeit	4.3
Preis-Leistung	4.1
Mietunterkünfte	-

Geeignet für

Kinder b. 6 J.	4.1
Kinder b. 12 J.	4.0
Kinder b. 18 J.	3.5
Paare	4.6
Senioren	4.5
Gäste mit Zelt	4.2
Hunde n. erlaubt	-

Empfohlene Aktivitäten

- Radfahren
- Schwimmen
- Segeln

Infos

Öffnungszeiten
Vergleichspreis
Link

Ausstattung

Freizeit
Campingplatz
Versorgung
Anzahl der Plätze

19 Camping Wirthshof beim Bodensee

Steibensteg 10
88677 Markdorf-Steibensteg
+49 7544 96 270
www.wirthshof.de
info@wirthshof.de

11.01. - 17.12.

HS: 40,50 € | NS: 30,50 €

Mehr Infos & online buchen:
www.camping.info/19127

Baden im See	7km
Pool/Hallenbad	✓/6km
Spielplatz am Platz	✓
Hunde willkommen	✓
zur Hälfte Schatten	✓
WLAN	✓
Lebensmittel	✓
Brötchen am Platz	✓
Restaurant & Imbiss	✓
Ver-/Entsorgung Womo	✓
in den Ort	1km
Gesamt/Touristen	338/238
Mietunterkünfte	✓
Stellplätze vor Schranke	✗

Luftaufnahme Camping Wirthshof in Markdorf beim Bodensee.

Lage & Stellplatz

Der Campingplatz Wirthshof befindet sich am Ortsrand von Markdorf und ist nur ca. 7 km vom Bodenseeufer entfernt. Durch die zentrale Lage in der Bodenseeregion ist der Wirthshof der ideale Ausgangspunkt, um die umliegenden Sehenswürdigkeiten zu erkunden. Direkt am Platz startet einer von drei Premiumwanderwegen und ein Radweg Richtung Bodensee. Die 338 Stellplätze bestehen überwiegend aus großzügigen Rasenflächen. Es gibt Standard-, Komfort- und Premium-Stellplätze, die zwischen 70 und 140 m² groß sind und über Strom-, Wasser- und Abwasseranschlüsse verfügen.

Sanitär

Die modernen und gepflegten Sanitäranlagen verfügen über großzügige Duschen, Einzelwaschkabinen und Kinderwaschräume. Des Weiteren gibt es zwei behindertengerechte Duschen und Toiletten. Auch mehrere Waschmaschinen, Wäschetrockner und Geschirrspülmaschinen stehen den Gästen des Campingplatzes zur Verfügung. In zwei Sanitärgebäuden besteht außerdem die Möglichkeit, ein Mietbadezimmer für die Dauer des Aufenthalts zu buchen.

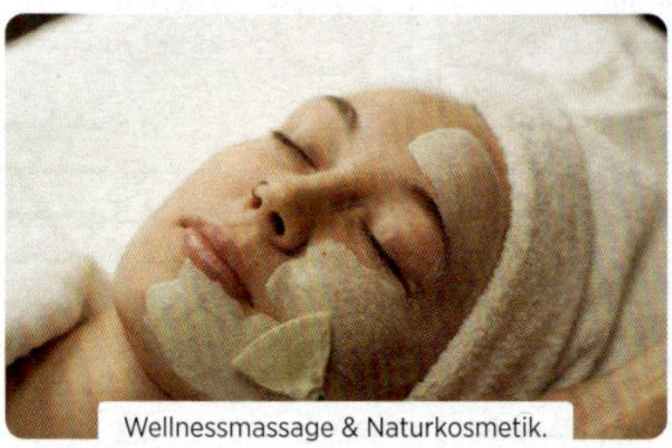

Wellnessmassage & Naturkosmetik.

Abenteuerspielplatz für Kids.

AWARD 2020

Teils schattige, teils sonnige Stellplätze im Grünen auf Camping Wirthshof, vom Standard- bis zum großzügigen Premiumplatz.

Verpflegung

Das Restaurant "Hofschenke" am Wirthshof bietet eine gutbürgerliche Küche und verwöhnt seine Gäste mit frischen Produkten und Weinen aus der Region. Heimische Erzeugnisse und täglich frische Brötchen sowie ein kleines Frühstück können im HofLaden erworben werden. Im dazugehörigen Hotel gibt es die Möglichkeit, ein Schlemmer-Frühstück zu genießen. Im Umkreis von 2 km befinden sich mehrere Lebensmittelgeschäfte sowie diverse Restaurants und Bars, die auch gut zu Fuß erreichbar sind.

Freizeit

Vom beheizten Freibad bis zum Abenteuerspielplatz bietet Camping Wirthshof ein vielfältiges Angebot an Freizeiteinrichtungen. Ein individuelles und abwechslungsreiches Bewegungsangebot unter professioneller Anleitung findet täglich statt (z. B. Qigong, Wohlfühlgymnastik oder Yoga). Für die kleinen Gäste hält der Campingplatz in den Ferienzeiten ein spannendes und spaßiges Animationsprogramm bereit. Bei schlechtem Wetter steht eine Indoor-Spielscheune zur Verfügung. Die Saunalandschaft und das Wirthshof-Spa laden zum Entspannen und Wohlfühlen ein.

5.0

Der Aufenthalt auf dem Wirthshof hat uns sehr gut gefallen, der Platz ist ein idealer Ausgangspunkt für Fahrradtouren rund um den Bodensee. Das Personal war super nett und hilfsbereit. Die sanitären Anlagen waren top und sehr sauber. Wir waren das erste Mal da – aber sicher nicht das letzte Mal.

Silke B.

Silke B. war im Juli 2020 auf dem Campingplatz Wirthshof beim Bodensee.

Indoor-Spielscheune.

Gepflegtes Sanitärgebäude.

4.4 **SEHR GUT**
374 Bewertungen

Lage	3.9
Ruhe	3.8
Sanitäranlagen	4.5
Sauberkeit Ø	4.5
Freundlichkeit	4.6
Stellplatz	4.4
Verpflegung	4.2
Freizeit	4.5
Preis-Leistung	4.2
Mietunterkünfte	4.6

Geeignet für

4.6 Kinder b. 6 J.
4.6 Kinder b. 12 J.
4.4 Paare
3.9 Kinder b. 18 J.
4.5 Gäste mit Zelt
4.4 Senioren
3.7 Gäste mit Hund

Empfohlene Aktivitäten

Radfahren · Wandern · Schwimmen · Entspannen · Wellness

15

Campinghof Salem

Weildorferstraße 46
88682 Salem
+49 755 3829695
47.77006 | 9.30812

01.04. - 31.10.
HS: 25,50 € | NS: 25,50 €
Mehr Infos & Anfrage:
www.camping.info/17843

Baden im See	1km
Pool/Hallenbad	5km
Spielplatz am Platz	✓
Hunde erlaubt	✓
zur Hälfte Schatten	✓
WLAN	✓
Lebensmittel	✓
Brötchen am Platz	✓
Restaurant & Imbiss	✓
Ver-/Entsorgung Womo	✓
in den Ort	500m
Gesamt/Touristen	90/80
Mietunterkünfte	✓
Stellplätze vor Schranke	✗

4.3 SEHR GUT
49 Bewertungen

Lage	4.4
Ruhe	4.2
Sanitäranlagen	4.2
Sauberkeit Ø	4.5
Freundlichkeit	4.6
Stellplatz	4.1
Verpflegung	4.1
Freizeit	4.3
Preis-Leistung	4.6
Mietunterkünfte	4.3

Geeignet für

Kinder b. 6 J.	4.6
Kinder b. 12 J.	4.6
Kinder b. 18 J.	3.9
Paare	4.5
Senioren	4.5
Gäste mit Zelt	4.5
Gäste mit Hund	4.6

Empfohlene Aktivitäten

- Radfahren
- Wandern
- Entspannen

17

Buchseehof

Buchsee 1
88273 Fronreute
+49 7502 1339
47.88037 | 9.57119

ganzjährig
HS: 21,00 € | NS: 21,00 €
Mehr Infos & Anfrage:
www.camping.info/25214

Baden im See	1km
Pool/Hallenbad	10km
Spielplatz am Platz	✓
Hunde willkommen	✓
viel Schatten	✓
WLAN	✗
Lebensmittel	3km
Brötchen am Platz	✗
Restaurant/Imbiss	2/1km
Ver-/Entsorgung Womo	✓
in den Ort	2km
Gesamt	10
Mietunterkünfte	✓
Stellplätze vor Schranke	✗

4.1 SEHR GUT
10 Bewertungen

Lage	4.3
Ruhe	4.4
Sanitäranlagen	3.8
Sauberkeit Ø	4.3
Freundlichkeit	5.0
Stellplatz	3.4
Verpflegung	2.3
Freizeit	3.2
Preis-Leistung	3.5
Mietunterkünfte	2.7

Geeignet für

Kinder b. 6 J.	4.1
Kinder b. 12 J.	4.0
Kinder b. 18 J.	3.7
Paare	4.0
Senioren	3.8
Gäste mit Zelt	4.7
Gäste mit Hund	4.9

Empfohlene Aktivitäten

- Wandern
- Schwimmen
- Radfahren

18

Camping am Bauernhof

Sankt Georg Straße 8
88094 Oberteuringen
+49 7546 24 46
47.74017 | 9.47172

13.04. - 15.09.
HS: 27,50 € | NS: 27,50 €
Mehr Infos & Anfrage:
www.camping.info/17844

Baden im Teich am Platz	✓
Pool/Hallenbad	5/10km
Spielplatz am Platz	✓
Hunde	✗
wenig Schatten	✓
WLAN	✓
Lebensmittel	500m
Brötchen am Platz	✓
Restaurant/Imbiss	1km/500m
Ver-/Entsorgung Womo	✓
in den Ort	2km
Touristenplätze	45
Mietunterkünfte	✓
Stellplätze vor Schranke	✗

4.5 SEHR GUT
35 Bewertungen

Lage	4.0
Ruhe	4.2
Sanitäranlagen	4.2
Sauberkeit Ø	4.5
Freundlichkeit	4.6
Stellplatz	4.5
Verpflegung	3.1
Freizeit	4.3
Preis-Leistung	4.5
Mietunterkünfte	4.2

Geeignet für

Kinder b. 6 J.	4.9
Kinder b. 12 J.	4.7
Kinder b. 18 J.	2.8
Paare	3.7
Senioren	3.6
Gäste mit Zelt	4.4
Hunde n. erlaubt	-

Empfohlene Aktivitäten

- Radfahren
- Schwimmen
- Wandern

20

Camping Alpenblick

Strandbadstr. 13
88090 Hagnau
+49 7532 495760
47.67218 | 9.32681

01.04. - 25.10.
HS: 32,00 € | NS: 27,50 €
Mehr Infos & Anfrage:
www.camping.info/22377

Baden im See am Platz	✓
Pool/Hallenbad	50m/3km
Spielplatz	50m
Hunde willkommen	✓
Schatten	✗
WLAN (gegen Gebühr)	✓
Lebensmittel	✓
Brötchen am Platz	✓
Restaurant & Imbiss	✓
Ver-/Entsorgung Womo	✓
in den Ort	500m
Gesamt/Touristen	180/50
Mietunterkünfte	✓
Stellplätze vor Schranke	✗

3.4 GUT
84 Bewertungen

Lage	3.9
Ruhe	3.0
Sanitäranlagen	4.2
Sauberkeit Ø	4.0
Freundlichkeit	3.4
Stellplatz	3.4
Verpflegung	3.5
Freizeit	3.6
Preis-Leistung	3.5
Mietunterkünfte	2.8

Geeignet für

Kinder b. 6 J.	3.0
Kinder b. 12 J.	3.4
Kinder b. 18 J.	3.5
Paare	4.0
Senioren	4.1
Gäste mit Zelt	3.2
Gäste mit Hund	3.4

Empfohlene Aktivitäten

- Schwimmen
- Radfahren
- Entspannen

21 CEG Schloss Kirchberg

Schloss Kirchberg 1
88090 Immenstaad
+49 7545 6413
47.67 | 9.33056

keine Angabe

keine Angabe
Mehr Infos & Anfrage: www.camping.info/19112

Baden in nat. Gewässer	k. A.
Pool & Hallenbad	✗
Spielplatz am Platz	✓
Hunde willkommen	✓
Schatten	✗
WLAN	✓
Lebensmittel	✓
Brötchen am Platz	✓
Restaurant & Imbiss	✓
Ver-/Entsorgung Womo	✗
in den Ort	keine Angabe
Gesamt	333
Mietunterkünfte	✗
Stellplätze vor Schranke	✗

4.2 SEHR GUT – 49 Bewertungen

Lage	4.7
Ruhe	3.8
Sanitäranlagen	4.0
Sauberkeit Ø	4.5
Freundlichkeit	4.7
Stellplatz	4.1
Verpflegung	3.3
Freizeit	4.1
Preis-Leistung	4.0
Mietunterkünfte	-

Geeignet für

Kinder b. 6 J.	4.4
Kinder b. 12 J.	4.4
Kinder b. 18 J.	4.1
Paare	4.7
Senioren	4.5
Gäste mit Zelt	4.3
Gäste mit Hund	4.5

Empfohlene Aktivitäten

- Schwimmen
- Radfahren
- Entspannen

22 Schloss Helmsdorf OHG

Schloss Helmsdorf 1
88090 Immenstaad
+49 7545 6252
47.66583 | 9.3775

29.03. - 11.10.

HS: 41,10 € | NS: 31,10 €
Mehr Infos & Anfrage: www.camping.info/19111

Baden im See am Platz	✓
Pool/Hallenbad	2km
Spielplatz am Platz	✓
Hunde	✗
Schatten	✗
WLAN	✓
Lebensmittel	✓
Brötchen am Platz	✓
Restaurant am P.	✓
Ver-/Entsorgung Womo	✓
in den Ort	1km
Gesamt/Touristen	300/87
Mietunterkünfte	✓
Stellplätze vor Schranke	✗

4.2 SEHR GUT – 69 Bewertungen

Lage	4.5
Ruhe	3.8
Sanitäranlagen	4.4
Sauberkeit Ø	4.7
Freundlichkeit	4.7
Stellplatz	4.1
Verpflegung	4.3
Freizeit	4.0
Preis-Leistung	4.0
Mietunterkünfte	5.0

Geeignet für

Kinder b. 6 J.	3.6
Kinder b. 12 J.	3.7
Kinder b. 18 J.	3.5
Paare	4.6
Senioren	4.6
Gäste mit Zelt	3.5
Hunde n. erlaubt	-

Empfohlene Aktivitäten

- Schwimmen
- Radfahren
- Segeln

23 Camping Fischbach

Grenzösch 3
88048 Friedrichshafen-Fischbach
+49 7541 42059
47.66944 | 9.40278

24.03. - 09.10.

HS: 25,20 € | NS: 22,60 €
Mehr Infos & Anfrage: www.camping.info/19108

Baden im See am Platz	✓
Pool	500m
Spielplatz am Platz	✓
Hunde	✗
Schatten	✗
WLAN	teilweise
Lebensmittel	500m
Brötchen am Platz	✓
Restaurant am P.	✓
Ver-/Entsorgung Womo	✓
in den Ort	500m
Gesamt/Touristen	120/80
Mietunterkünfte	✗
Stellplätze vor Schranke	✗

3.9 GUT – 49 Bewertungen

Lage	4.1
Ruhe	3.3
Sanitäranlagen	4.1
Sauberkeit Ø	3.9
Freundlichkeit	3.9
Stellplatz	4.0
Verpflegung	3.7
Freizeit	4.0
Preis-Leistung	4.0
Mietunterkünfte	-

Geeignet für

Kinder b. 6 J.	4.1
Kinder b. 12 J.	4.0
Kinder b. 18 J.	3.6
Paare	4.4
Senioren	4.1
Gäste mit Zelt	4.2
Hunde n. erlaubt	-

Empfohlene Aktivitäten

- Schwimmen
- Radfahren
- Kayak/Kanu

Karte auf Seite 600

Infos

Öffnungszeiten
Vergleichspreis
Link

Ausstattung

Freizeit
Campingplatz
Versorgung
Anzahl der Plätze

24 Cap Rotach

Lindauer Straße 2
88046 Friedrichshafen
+49 7541 700 777 77
47.64991 | 9.49633

24.03. - 30.10.
HS: 28,00 € | NS: 28,00 €
Mehr Infos & Anfrage: www.camping.info/26287

Baden in nat. Gewässer	k. A.
Pool & Hallenbad	✗
Spielplatz am Platz	✓
Hunde erlaubt	✓
Schatten	✗
WLAN (gegen Gebühr)	✓
Lebensmittel	✓
Brötchen am Platz	✓
Restaurant am P.	✓
Ver-/Entsorgung Womo	✗
in den Ort	1km
Gesamt/Touristen	75/65
Mietunterkünfte	✓
Stellplätze vor Schranke	✗

4.4 SEHR GUT – 17 Bewertungen

Lage	4.6
Ruhe	4.1
Sanitäranlagen	4.5
Sauberkeit Ø	4.7
Freundlichkeit	4.8
Stellplatz	3.8
Verpflegung	3.9
Freizeit	4.1
Preis-Leistung	4.1
Mietunterkünfte	4.0

Geeignet für

Kinder b. 6 J.	3.7
Kinder b. 12 J.	3.5
Kinder b. 18 J.	3.3
Paare	4.5
Senioren	4.7
Gäste mit Zelt	4.1
Gäste mit Hund	3.7

Empfohlene Aktivitäten

- Schwimmen
- Radfahren
- Kultur

25 Camping Iriswiese

Tunau 16
88079 Kressbronn
+49 7543 8010
47.58638 | 9.58277

24.03. - 15.10.
HS: 29,50 € | NS: 25,00 €
Mehr Infos & Anfrage: www.camping.info/19110

Baden im See am Platz	✓
Hallenbad	2km
Spielplatz am Platz	✓
Hunde willkommen	✓
zur Hälfte Schatten	✓
WLAN (gegen Gebühr)	✓
Lebensmittel	✓
Brötchen am Platz	✓
Restaurant & Imbiss	✓
Ver-/Entsorgung Womo	✓
in den Ort	2km
Gesamt/Touristen	400/200
Mietunterkünfte	✗
Stellplätze vor Schranke	✓

3.2 GUT – 48 Bewertungen

Lage	4.2
Ruhe	3.4
Sanitäranlagen	4.1
Sauberkeit Ø	4.0
Freundlichkeit	3.9
Stellplatz	3.3
Verpflegung	3.6
Freizeit	3.7
Preis-Leistung	3.4
Mietunterkünfte	-

Geeignet für

Kinder b. 6 J.	3.4
Kinder b. 12 J.	3.5
Kinder b. 18 J.	3.4
Paare	3.8
Senioren	3.9
Gäste mit Zelt	3.5
Gäste mit Hund	3.9

Empfohlene Aktivitäten

- Schwimmen
- Radfahren
- Entspannen

26 Gutshof Camping Badhütten

Badhütten 1
88069 Laimnau bei Tettnang
+49 7543 9633 0
47.63389 | 9.64722

26.03. - 04.11.
HS: 33,90 € | NS: 30,50 €
Mehr Infos & Anfrage: www.camping.info/19109

Baden im Fluss	1km
Pool/Hallenbad	✓/8km
Spielplatz am Platz	✓
Hunde willkommen	✓
zur Hälfte Schatten	✓
WLAN	✓
Lebensmittel	✓
Brötchen am Platz	✓
Restaurant/Imbiss	✓/8km
Ver-/Entsorgung Womo	✓
in den Ort	1km
Gesamt/Touristen	550/250
Mietunterkünfte	✓
Stellplätze vor Schranke	✗

3.3 GUT – 73 Bewertungen

Lage	3.8
Ruhe	4.1
Sanitäranlagen	3.2
Sauberkeit Ø	3.5
Freundlichkeit	3.1
Stellplatz	3.4
Verpflegung	3.0
Freizeit	3.5
Preis-Leistung	3.1
Mietunterkünfte	3.5

Geeignet für

Kinder b. 6 J.	4.0
Kinder b. 12 J.	4.0
Kinder b. 18 J.	3.3
Paare	4.0
Senioren	4.3
Gäste mit Zelt	4.0
Gäste mit Hund	4.4

Empfohlene Aktivitäten

- Wandern
- Radfahren
- Schwimmen

27 Camping Röhrenmoos

Röhrenmoos 1
88239 Wangen
+49 7522 21413
47.72179 | 9.8277

15.04. - 15.10.
HS: 20,60 €
Mehr Infos & Anfrage: www.camping.info/26459

Baden im See am Platz	✓
Pool & Hallenbad	✗
Spielplatz am Platz	✓
Hunde willkommen	✓
viel Schatten	✓
WLAN (begrenzt gratis)	✓
Lebensmittel	✓
Brötchen am Platz	✓
Restaurant & Imbiss	✓
Ver-/Entsorgung Womo	✓
in den Ort	keine Angabe
Gesamt	keine Angabe
Mietunterkünfte	✗
Stellplätze vor Schranke	✓

3.6 GUT – 9 Bewertungen

Lage	4.1
Ruhe	3.3
Sanitäranlagen	3.1
Sauberkeit Ø	3.7
Freundlichkeit	4.8
Stellplatz	3.3
Verpflegung	3.6
Freizeit	3.2
Preis-Leistung	3.9
Mietunterkünfte	-

Geeignet für

Kinder b. 6 J.	3.4
Kinder b. 12 J.	4.0
Kinder b. 18 J.	3.3
Paare	3.7
Senioren	3.2
Gäste mit Zelt	4.7
Gäste mit Hund	4.0

Empfohlene Aktivitäten

- Schwimmen
- Wandern
- Entspannen

Karte auf Seite 600

28 Camping Moorbad Riedle

Moorbad 2
88299 Leutkirch-Herlazhofen
+49 7561 3345
47.77847 | 10.00523

15.04. - 15.10.
HS: 19,00 € | NS: 19,00 €
Mehr Infos & Anfrage:
www.camping.info/19118

Baden im See am Platz	✓
Pool & Hallenbad	✗
Spielplatz am Platz	✓
Hunde	✗
zur Hälfte Schatten	✓
WLAN (gegen Gebühr)	✓
Lebensmittel	2km
Brötchen am Platz	✓
Restaurant am P.	✓
Ver-/Entsorgung Womo	✗
in den Ort	2km
Gesamt/Touristen	200/20
Mietunterkünfte	✓
Stellplätze vor Schranke	✗

4.4 SEHR GUT
5 Bewertungen

Lage	4.0
Ruhe	4.2
Sanitäranlagen	3.8
Sauberkeit Ø	3.5
Freundlichkeit	4.4
Stellplatz	3.4
Verpflegung	3.4
Freizeit	4.0
Preis-Leistung	4.2
Mietunterkünfte	1.0

Geeignet für

Kinder b. 6 J.	3.0
Kinder b. 12 J.	3.4
Kinder b. 18 J.	2.8
Paare	4.5
Senioren	4.2
Gäste mit Zelt	3.7
Hunde n. erlaubt	-

Empfohlene Aktivitäten
- Schwimmen
- Wandern
- Radfahren

29 Camping am Badsee

Allmisried 1
88316 Isny-Beuren
+49 7567 1026
47.75389 | 10.00528

15.04. - 15.10.
HS: 25,40 € | NS: 25,40 €
Mehr Infos & Anfrage:
www.camping.info/19119

Baden im See am Platz	✓
Pool/Hallenbad	10/15km
Spielplatz am Platz	✓
Hunde erlaubt	✓
zur Hälfte Schatten	✓
WLAN	✓
Lebensmittel	2km
Brötchen am Platz	✓
Restaurant & Imbiss	✓
Ver-/Entsorgung Womo	✓
in den Ort	2km
Gesamt/Touristen	300/100
Mietunterkünfte	✓
Stellplätze vor Schranke	✗

4.6 SEHR GUT
43 Bewertungen

Lage	4.6
Ruhe	4.7
Sanitäranlagen	4.6
Sauberkeit Ø	4.8
Freundlichkeit	4.7
Stellplatz	4.2
Verpflegung	4.1
Freizeit	4.1
Preis-Leistung	4.5
Mietunterkünfte	4.5

Geeignet für

Kinder b. 6 J.	4.6
Kinder b. 12 J.	4.6
Kinder b. 18 J.	3.9
Paare	4.6
Senioren	4.6
Gäste mit Zelt	4.4
Gäste mit Hund	4.5

Empfohlene Aktivitäten
- Wandern
- Schwimmen
- Radfahren

keine WOMOs ab 10 m; Gruppen nur beschränkt zugelassen

30 Waldbad Camping Isny

Lohbauerstraße 59 - 69
88316 Isny
+49 7562 2389
47.67782 | 10.0301

15.03. - 15.10.
HS: 32,50 € | NS: 29,50 €
Mehr Infos & online buchen:
www.camping.info/19120

Baden im See am Platz	✓
Pool/Hallenbad	15/5km
Spielplatz am Platz	✓
Hunde willkommen	✓
zur Hälfte Schatten	✓
WLAN (gegen Gebühr)	✓
Lebensmittel	1km
Brötchen am Platz	✓
Restaurant & Imbiss	✓
Ver-/Entsorgung Womo	✓
in den Ort	1km
Touristenplätze	50
Mietunterkünfte	✓
Stellplätze vor Schranke	✗

4.3 SEHR GUT
53 Bewertungen

Lage	4.6
Ruhe	4.6
Sanitäranlagen	4.0
Sauberkeit Ø	4.3
Freundlichkeit	4.4
Stellplatz	4.2
Verpflegung	3.3
Freizeit	3.9
Preis-Leistung	4.2
Mietunterkünfte	4.2

Geeignet für

Kinder b. 6 J.	4.4
Kinder b. 12 J.	4.5
Kinder b. 18 J.	3.8
Paare	4.6
Senioren	4.6
Gäste mit Zelt	4.4
Gäste mit Hund	4.7

Empfohlene Aktivitäten
- Wandern
- Schwimmen
- Entspannen

Infos
Öffnungszeiten
Vergleichspreis
Link

Ausstattung
Freizeit
Campingplatz
Versorgung
Anzahl der Plätze

BAYERN

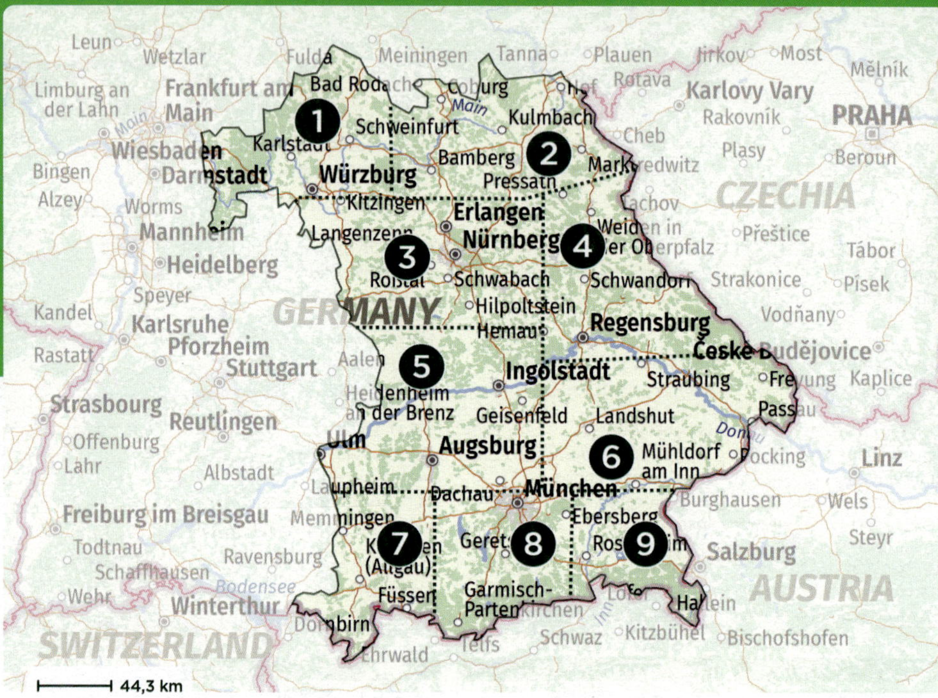

REGIONEN

TIPP DER REDAKTION

Camping Felbermühle

Bayerisch Schwaben | Nr. 15 | Seite 676

Laut Gästen ideal geeignet zum:

- Radfahren
- Entspannen
- Wandern

4.7

ALPENLÄNDISCHES BRAUCHTUM & GESCHICHTSTRÄCHTIGE STÄDTE

Bayern, das größte Bundesland Deutschlands, empfängt Urlauber mit herzlicher Gastlichkeit, landschaftlicher Schönheit und interessanten Städten. Hier ist traditionelles Brauchtum noch lebendig und die Liste interessanter Freizeitaktivitäten lang. Wintercamper zieht es in die Skiorte der Alpen und des Bayerischen Waldes.

URBANE HOTSPOTS

Kulturelles und wirtschaftliches Zentrum ist die Landeshauptstadt München. Hier zählen der Besuch des Marienplatzes mit dem Rathaus-Glockenspiel und ein Bummel über den bunten Viktualienmarkt zum Pflichtprogramm. Im Englischen Garten lädt der schattige Biergarten am Chinesischen Turm zur Brotzeit ein – während man davon träumt, welch tolles Campingareal man auf diesen riesigen Grünflächen errichten könnte. In ausgelassener Feierlaune präsentiert sich München alljährlich während des weltberühmten Oktoberfestes. In der Frankenmetropole Nürnberg liegen mit dem Albrecht-Dürer-Haus und dem Reichsparteitagsgelände künstlerische Höhenflüge und dunkle Kapitel der deutschen Geschichte nah beieinander. Die mächtige Kaiserburg thront wie ein Wächter über der Stadt. Zu ihren Füßen weht im Advent der Duft von Glühwein und Nürnberger Lebkuchen über den traditionsreichen Christkindlmarkt.

Ammerbach bei Lengenloh
© Clemens Zahn

Wanderer am Höhenglücksteig in Hirschbach
© Clemens Zahn

Ebenfalls in Franken befindet sich die Weltkulturerbe-Stadt Bamberg. Wunderschöne Einblicke in die tausendjährige Stadtgeschichte geben hier die hervorragend erhaltene Altstadt mit ihren romantischen Gassen, der Dom mit dem Bamberger Reiter und die Neue Residenz. Den Titel „UNESCO-Welterbe" verdankt auch Regensburg seinen 1.500 denkmalgeschützten Gebäuden. Wahrzeichen der von den Römern als „Castra Regina" gegründeten Stadt sind die Steinerne Brücke und der Dom. Nur wenige Schritte davon entfernt lockt am Ufer der Donau die 500 Jahre alte historische Wurstkuchl, wo sich schon im Mittelalter die Steinmetze und Hafenarbeiter stärkten.

LAND MIT VIELEN GESICHTERN

Bayern verdankt seine Attraktivität als Campingziel seiner landschaftlichen Vielfalt: In den Bayerischen Alpen sind Wanderer, Bergsteiger und Mountainbiker auf weiten Almböden und im hochalpinen Gelände unterwegs. Am nächsten kommen sie dem Himmel auf der 2.960 Meter hohen Zugspitze, Deutschlands höchstem Gipfel. Deutlich sanfter bergauf und bergab geht es im Bayerischen Wald. Zahlreiche beschauliche Campingplätze erwarten euch hier mit attraktiven Freizeitmöglichkeiten. Schöne Wanderungen führen in die

Rotwandhaus © Bayern Tourismus Marketing GmbH

Bamberg altes Rathaus © www.Fotolia.com

Saußbachklamm, auf den Lusen oder den Großen Arber. Im Freigehege des Nationalparkzentrums Lusen sind einheimische Wildtiere wie Braunbären, Biber und Wölfe zu Hause. Wassersportler finden auf dem Bodensee oder im von eiszeitlichen Gletschern geschaffenen Fünf-Seen-Land südlich von München ideale Bedingungen vor.

KULTURELLE HIGHLIGHTS

Seinen Reichtum an schmucken Schlössern verdankt Bayern dem sagenumwobenen Märchenkönig Ludwig II. Sein bekanntestes Erbe ist Schloss Neuschwanstein bei Füssen. Ein weiteres Kleinod hat der Monarch nach dem Vorbild von Versailles auf der Insel Herrenchiemsee erschaffen. Ähnlich berühmt ist die Walhalla bei Regensburg: In der Ruhmeshalle erhalten verdiente Persönlichkeiten seit 1842 in Form von Marmorbüsten besondere Ehre. Mit dem ältesten Volksschauspiel Deutschlands zieht das oberpfälzische Furth im Wald Jahr für Jahr im August tausende Besucher an: Seit mehr als 500 Jahren wälzt sich anlässlich des Drachenstichs ein mächtiges Ungeheuer durch die Straßen des kleinen Ortes.

INSIDER-TIPPS FÜR „ZUAGROASTE“

Typisch bayerisches Brauchtum wie Goaßlschnalzen und Schuhplattler sowie fesche Dirndl und Lederhosen gibt es bei den zahlreichen bayerischen Volksfesten zu bewundern. Weißwürste werden traditionell nur vor zwölf Uhr gegessen! In viele Biergärten dürfen die Gäste ihre Brotzeit noch immer selbst mitbringen, nur die Getränke müssen vor Ort gekauft werden.

BAYERN

❶ Unterfranken

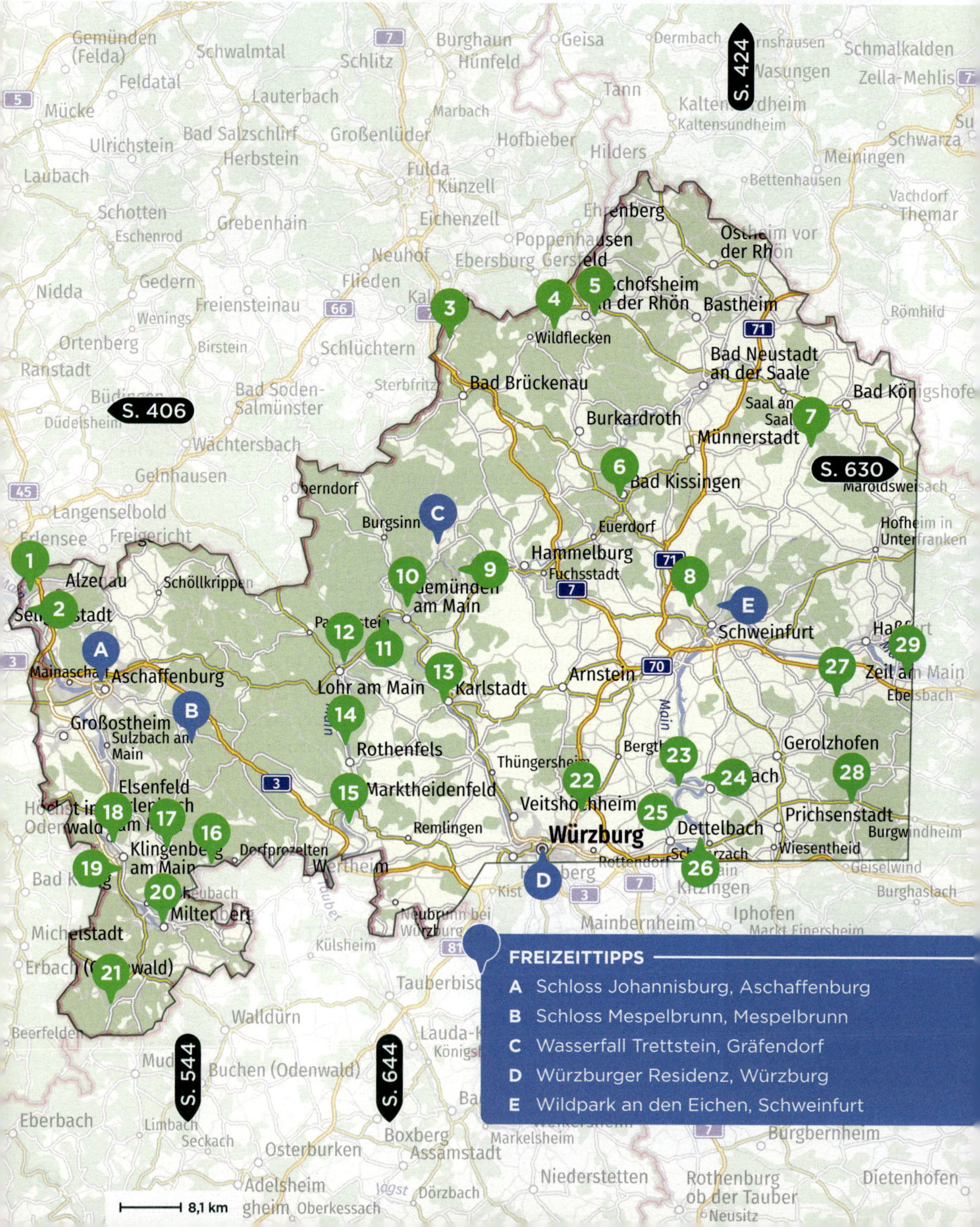

	Platz	Seite	Bewertung	Öffnungszeiten	
1	Campingplatz Kahl	620	3.5	saisonal	
2	Camping-Freizeitgebiet Grosswelzheim	620	3.7	ganzjährig	Wintercamping
3	Camping Rhoenperle	620	3.9	saisonal	
4	Camping Kreuzberg	620	3.6	ganzjährig	Wintercamping
5	Rhöncamping	621	4.4	saisonal	Wintercamping
6	KNAUS Campingpark Bad Kissingen	621	3.8	ganzjährig	Wintercamping
7	Campingplatz am Badesee	621	3.6	ganzjährig	Wintercamping
8	Stadtcamping Schweinfurt	622	4.6	ganzjährig	Award
9	Campingplatz Rossmühle	622	3.5	ganzjährig	Wintercamping
10	Campingplatz "Saaleinsel" Gemünden	622	3.9	saisonal	
11	Spessart-Camping Schönrain	622	4.3	saisonal	
12	Campingplatz Mainufer	623	3.8	saisonal	
13	Camping Karlstadt am Schwimmbad	623	4.1	saisonal	
14	Main Spessart Camping International	623	3.8	saisonal	Ecocamping
15	Camping Main-Spessart-Park	624	4.4	ganzjährig	
16	Camping Maintal	624	4.7	saisonal	
17	Campingplatz Heiter	624	4.3	saisonal	Wintercamping
18	Campingplatz Mainruh	624	3.8	saisonal	
19	Campingplatz Mainwiese	625	3.9	k. A.	
20	Camping Mainwiese	625	3.5	saisonal	
21	Campingpark Kirchzell GmbH	625	4.4	ganzjährig	Wintercamping
22	Camping Estenfeld	626	3.2	saisonal	
23	Campingplatz Escherndorf	627	4.6	saisonal	
24	Campingplatz Ankergrund	628	4.7	saisonal	Award
25	Camping Katzenkopf	627	4.1	saisonal	
26	Campingplatz Mainblick	627	3.6	k. A.	
27	Camping Schmittn Hof	629	4.8	k. A.	Wintercamping
28	Campingplatz Weihersee	629	3.8	saisonal	Onlinebuchung
29	Camping am See	629	3.5	saisonal	

1 Campingplatz Kahl

63796 Kahl
+49 618 844 9268
50.08375 | 9.01137

01.05. - 15.09.
HS: 27,00 € | NS: 27,00 €
Mehr Infos & Anfrage:
www.camping.info/22379

Baden im See am Platz	✓
Pool & Hallenbad	✗
Spielplatz am Platz	✓
Hunde	✗
Schatten	✗
WLAN	✓
Lebensmittel	✓
Brötchen am Platz	✓
Restaurant & Imbiss	✓
Ver-/Entsorgung Womo	✓
in den Ort	1km
Gesamt/Touristen	1000/65
Mietunterkünfte	✓
Stellplätze vor Schranke	✗

3.5 GUT
14 Bewertungen

Lage	4.1
Ruhe	2.8
Sanitäranlagen	2.9
Sauberkeit Ø	3.5
Freundlichkeit	3.3
Stellplatz	3.8
Verpflegung	3.5
Freizeit	3.7
Preis-Leistung	3.5
Mietunterkünfte	3.3

Geeignet für

Kinder b. 6 J.	3.8
Kinder b. 12 J.	3.9
Kinder b. 18 J.	4.2
Paare	3.1
Senioren	3.3
Gäste mit Zelt	3.9
Hunde n. erlaubt	-

Empfohlene Aktivitäten

- Schwimmen
- Entspannen
- Radfahren

2 Camping-Freizeitgebiet Grosswelzheim

*

Kirchweg 1
63791 Karlstein am Main
+49 6188 5094
50.05851 | 9.0127

ganzjährig
HS: 18,50 € | NS: 18,50 €
Mehr Infos & Anfrage:
www.camping.info/18824

Baden im See am Platz	✓
Pool/Hallenbad	6/1km
Spielplatz am Platz	✓
Hunde	✗
wenig Schatten	✓
WLAN	✓
Lebensmittel	1km
Brötchen am Platz	✓
Restaurant & Imbiss	✓
Ver-/Entsorgung Womo	✓
in den Ort	500m
Gesamt/Touristen	400/150
Mietunterkünfte	✗
Stellplätze vor Schranke	✗

3.7 GUT
12 Bewertungen

Lage	4.2
Ruhe	3.0
Sanitäranlagen	4.1
Sauberkeit Ø	4.2
Freundlichkeit	4.2
Stellplatz	3.6
Verpflegung	3.3
Freizeit	3.9
Preis-Leistung	4.2
Mietunterkünfte	-

Geeignet für

Kinder b. 6 J.	3.7
Kinder b. 12 J.	4.1
Kinder b. 18 J.	3.9
Paare	3.9
Senioren	3.9
Gäste mit Zelt	4.5
Hunde n. erlaubt	-

Empfohlene Aktivitäten

- Schwimmen
- Radfahren
- Angeln

NS: 01.10. - 31.03.

3 Camping Rhoenperle

Zum Schmelzhof 36
97786 Motten-Kothen
+49 9748 450
50.37362 | 9.77038

01.03. - 28.10.
HS: 25,00 € | NS: 25,00 €
Mehr Infos & Anfrage:
www.camping.info/19247

Baden im See am Platz	✓
Pool/Hallenbad	11km
Spielplatz	300m
Hunde willkommen	✓
wenig Schatten	✓
WLAN (gegen Gebühr)	✓
Lebensmittel	✗
Brötchen am Platz	✓
Restaurant	10m
Ver-/Entsorgung Womo	✓
im Ort	✓
Gesamt/Touristen	90/50
Mietunterkünfte	✗
Stellplätze vor Schranke	✗

3.9 GUT
49 Bewertungen

Lage	4.1
Ruhe	4.3
Sanitäranlagen	4.3
Sauberkeit Ø	4.7
Freundlichkeit	4.2
Stellplatz	3.7
Verpflegung	3.8
Freizeit	3.6
Preis-Leistung	4.1
Mietunterkünfte	-

Geeignet für

Kinder b. 6 J.	3.8
Kinder b. 12 J.	3.8
Kinder b. 18 J.	3.2
Paare	4.3
Senioren	4.4
Gäste mit Zelt	4.2
Gäste mit Hund	4.5

Empfohlene Aktivitäten

- Schwimmen
- Wandern
- Entspannen

4 Camping Kreuzberg

*

Schulstraße 7
97772 Oberwildflecken
+49 9745 2294
50.37947 | 9.95267

ganzjährig
HS: 12,50 € | NS: 12,50 €
Mehr Infos & Anfrage:
www.camping.info/19245

Baden im See	20km
Pool/Hallenbad	8/6km
Spielplatz am Platz	✓
Hunde willkommen	✓
wenig Schatten	✓
WLAN	✗
Lebensmittel	3km
Brötchen am Platz	✗
Restaurant/Imbiss	3km
Ver-/Entsorgung Womo	✓
in den Ort	200m
Gesamt/Touristen	120/50
Mietunterkünfte	✓
Stellplätze vor Schranke	✗

3.6 GUT
13 Bewertungen

Lage	4.5
Ruhe	4.7
Sanitäranlagen	3.0
Sauberkeit Ø	4.2
Freundlichkeit	4.9
Stellplatz	3.1
Verpflegung	1.7
Freizeit	3.7
Preis-Leistung	4.3
Mietunterkünfte	5.0

Geeignet für

Kinder b. 6 J.	2.7
Kinder b. 12 J.	2.7
Kinder b. 18 J.	2.9
Paare	4.1
Senioren	4.2
Gäste mit Zelt	4.1
Gäste mit Hund	4.0

Empfohlene Aktivitäten

- Wandern
- Entspannen
- Mountainbiking

Karte auf Seite 618

5 Rhöncamping

Kissinger Straße 53
97653 Bischofsheim
+49 9772 1350
50.39583 | 10.02055

01.01. - 30.10.
12.12. - 31.12.
HS: 22,00 € | NS: 22,00 €
Mehr Infos & Anfrage: www.camping.info/19239

Baden im See	5km
Pool/Hallenbad	✓/2km
Spielplatz am Platz	✓
Hunde willkommen	✓
zur Hälfte Schatten	✓
WLAN (gegen Gebühr)	✓
Lebensmittel	✓
Brötchen am Platz	✓
Restaurant/Imbiss	500m
Ver-/Entsorgung Womo	✓
in den Ort	500m
Gesamt/Touristen	160/70
Mietunterkünfte	✗
Stellplätze vor Schranke	✗

4.4 SEHR GUT – 58 Bewertungen

Lage	4.5
Ruhe	4.3
Sanitäranlagen	4.6
Sauberkeit Ø	4.7
Freundlichkeit	4.8
Stellplatz	4.3
Verpflegung	3.1
Freizeit	4.4
Preis-Leistung	4.7
Mietunterkünfte	-

Geeignet für

Kinder b. 6 J.	4.2
Kinder b. 12 J.	4.2
Kinder b. 18 J.	3.9
Paare	4.7
Senioren	4.8
Gäste mit Zelt	4.5
Gäste mit Hund	4.6

Empfohlene Aktivitäten
- Wandern
- Schwimmen
- Radfahren

keine WOMOs ab 10 m

6 KNAUS Campingpark Bad Kissingen

Euerdorfer Straße 1
97688 Bad Kissingen
0971 78 51 39 66
50.1896 | 10.07197

ganzjährig
HS: 35,40 € | NS: 35,40 €
Mehr Infos & Anfrage: www.camping.info/27430

Baden im See	7km
Pool/Hallenbad	1km/800m
Spielplatz am Platz	✓
Hunde willkommen	✓
zur Hälfte Schatten	✓
WLAN	keine Angabe
Lebensmittel	900m
Brötchen am Platz	✓
Restaurant/Imbiss	600/500m
Ver-/Entsorgung Womo	✓
in den Ort	1km
Gesamt/Touristen	104/83
Mietunterkünfte	✓
Stellplätze vor Schranke	✗

3.8 GUT – 31 Bewertungen

Lage	4.3
Ruhe	3.6
Sanitäranlagen	4.0
Sauberkeit Ø	4.3
Freundlichkeit	4.3
Stellplatz	3.8
Verpflegung	2.8
Freizeit	4.1
Preis-Leistung	3.2
Mietunterkünfte	4.7

Geeignet für

Kinder b. 6 J.	3.4
Kinder b. 12 J.	3.6
Kinder b. 18 J.	3.5
Paare	4.7
Senioren	4.7
Gäste mit Zelt	4.3
Gäste mit Hund	4.3

Empfohlene Aktivitäten
- Radfahren
- Wellness
- Wandern

7 Campingplatz am Badesee

Dr.-Grünewald-Str.
97633 Sulzfeld
+49 9761 1402
50.25274 | 10.40864

ganzjährig
HS: 19,60 € | NS: 19,60 €
Mehr Infos & Anfrage: www.camping.info/23249

Baden im See am Platz	✓
Pool/Hallenbad	5km
Spielplatz am Platz	✓
Hunde willkommen	✓
Schatten	✗
WLAN	✗
Lebensmittel	1km
Brötchen	keine Angabe
Restaurant/Imbiss	800/150m
Ver-/Entsorgung Womo	✓
in den Ort	1km
Gesamt/Touristen	280/50
Mietunterkünfte	✓
Stellplätze vor Schranke	✓

3.6 GUT – 8 Bewertungen

Lage	4.2
Ruhe	3.9
Sanitäranlagen	2.6
Sauberkeit Ø	3.2
Freundlichkeit	4.0
Stellplatz	3.1
Verpflegung	3.0
Freizeit	3.4
Preis-Leistung	4.1
Mietunterkünfte	4.0

Geeignet für

Kinder b. 6 J.	4.3
Kinder b. 12 J.	4.4
Kinder b. 18 J.	3.8
Paare	3.9
Senioren	3.6
Gäste mit Zelt	4.2
Gäste mit Hund	4.0

Empfohlene Aktivitäten
- Wandern
- Schwimmen
- Radfahren

Infos
Öffnungszeiten
Vergleichspreis
Link

Ausstattung
Freizeit
Campingplatz
Versorgung
Anzahl der Plätze

8 Stadtcamping Schweinfurt

Gretel-Baumbach-Straße 33
97424 Schweinfurt
+49 9721 4998060
50.06335 | 10.1984

ganzjährig
HS: 29,00 € | NS: 29,00 €
Mehr Infos & Anfrage:
www.camping.info/25171

Baden in nat. Gewässer	k. A.
Pool/Hallenbad	2km
Spielplatz	✗
Hunde erlaubt	✓
Schatten	✗
WLAN	✓
Lebensmittel	300m
Brötchen am Platz	✗
Restaurant	300m
Ver-/Entsorgung Womo	✓
in den Ort	3km
Touristenplätze	100
Mietunterkünfte	✗
Stellplätze vor Schranke	✗

4.6 SEHR GUT
80 Bewertungen

Lage	4.3
Ruhe	4.7
Sanitäranlagen	4.9
Sauberkeit Ø	4.8
Freundlichkeit	4.8
Stellplatz	4.5
Verpflegung	2.8
Freizeit	3.5
Preis-Leistung	4.3
Mietunterkünfte	-

Geeignet für

Kinder b. 6 J.	3.0
Kinder b. 12 J.	3.0
Kinder b. 18 J.	3.2
Paare	4.6
Senioren	4.7
Gäste mit Zelt	4.0
Gäste mit Hund	4.3

Empfohlene Aktivitäten
- Radfahren
- Entspannen
- Sightseeing

Keine Wohnmobile über 3,5 t.

9 Campingplatz Rossmühle

Rossmühle 7
97782 Gräfendorf-Weickersgrüben
+49 9357 1210
50.10734 | 9.78191

ganzjährig
HS: 22,00 € | NS: 22,00 €
Mehr Infos & Anfrage:
www.camping.info/19246

Baden in nat. Gewässer	k. A.
Pool/Hallenbad	12km
Spielplatz am Platz	✓
Hunde erlaubt	✓
Schatten	✗
WLAN	✗
Lebensmittel	✓
Brötchen am Platz	✓
Restaurant & Imbiss	✓
Ver-/Entsorgung Womo	✓
in den Ort	1km
Gesamt/Touristen	400/100
Mietunterkünfte	✓
Stellplätze vor Schranke	✗

3.5 GUT
22 Bewertungen

Lage	4.4
Ruhe	3.2
Sanitäranlagen	3.4
Sauberkeit Ø	4.0
Freundlichkeit	3.5
Stellplatz	3.4
Verpflegung	3.5
Freizeit	3.7
Preis-Leistung	3.8
Mietunterkünfte	3.4

Geeignet für

Kinder b. 6 J.	2.6
Kinder b. 12 J.	3.4
Kinder b. 18 J.	3.7
Paare	3.8
Senioren	3.2
Gäste mit Zelt	4.4
Gäste mit Hund	4.2

Empfohlene Aktivitäten
- Kayak/Kanu
- Wandern
- Radfahren

10 Campingplatz "Saaleinsel" Gemünden

Duivenallee
97737 Gemünden
+49 9351 8574
50.06121 | 9.69354

01.04. - 15.10.
HS: 23,50 € | NS: 23,50 €
Mehr Infos & Anfrage:
www.camping.info/19243

Baden in nat. Gewässer	k. A.
Pool/Hallenbad	✓/1km
Spielplatz am Platz	✓
Hunde willkommen	✓
wenig Schatten	✓
WLAN	✓
Lebensmittel	✓
Brötchen am Platz	✓
Restaurant/Imbiss	500m/✓
Ver-/Entsorgung Womo	✓
in den Ort	1km
Gesamt/Touristen	350/150
Mietunterkünfte	✗
Stellplätze vor Schranke	✓

3.9 GUT
32 Bewertungen

Lage	4.4
Ruhe	3.5
Sanitäranlagen	3.7
Sauberkeit Ø	4.0
Freundlichkeit	4.2
Stellplatz	3.8
Verpflegung	2.6
Freizeit	4.1
Preis-Leistung	3.8
Mietunterkünfte	-

Geeignet für

Kinder b. 6 J.	4.0
Kinder b. 12 J.	4.0
Kinder b. 18 J.	3.8
Paare	4.2
Senioren	4.3
Gäste mit Zelt	4.1
Gäste mit Hund	4.5

Empfohlene Aktivitäten
- Radfahren
- Schwimmen
- Wandern

11 Spessart-Camping Schönrain

Schönrainstraße 4 - 18
97737 Hofstetten bei Gemünden
+49 9351 8645
50.05165 | 9.65572

01.04. - 05.10.
HS: 22,40 € | NS: 22,40 €
Mehr Infos & Anfrage:
www.camping.info/19242

Baden im See	5km
Pool/Hallenbad	✓/3km
Spielplatz am Platz	✓
Hunde willkommen	✓
Schatten	✗
WLAN (begrenzt gratis)	✓
Lebensmittel	✓
Brötchen am Platz	✓
Imbiss	✓
Ver-/Entsorgung Womo	✓
in den Ort	300m
Gesamt/Touristen	100/70
Mietunterkünfte	✓
Stellplätze vor Schranke	✓

4.3 SEHR GUT
26 Bewertungen

Lage	4.3
Ruhe	4.7
Sanitäranlagen	4.8
Sauberkeit Ø	4.8
Freundlichkeit	4.8
Stellplatz	4.4
Verpflegung	3.5
Freizeit	4.1
Preis-Leistung	4.2
Mietunterkünfte	5.0

Geeignet für

Kinder b. 6 J.	4.2
Kinder b. 12 J.	4.0
Kinder b. 18 J.	3.6
Paare	4.6
Senioren	4.6
Gäste mit Zelt	4.8
Gäste mit Hund	4.8

Empfohlene Aktivitäten
- Radfahren
- Wandern
- Entspannen

Karte auf Seite 618

Infos

Öffnungszeiten

Vergleichspreis

Link

Ausstattung

Freizeit

Campingplatz

Versorgung

Anzahl der Plätze

12 Campingplatz Mainufer

Jahnstraße 12
97816 Lohr am Main
01637301846
49.99822 | 9.58254

15.04. - 15.10.

HS: 23,00 € | NS: 20,50 €

Mehr Infos & Anfrage: www.camping.info/17857

Baden im Fluss am Platz	✓
Pool/Hallenbad	200/100m
Spielplatz	✗
Hunde willkommen	✓
wenig Schatten	✓
WLAN (gratis)	teilweise
Lebensmittel	500m
Brötchen am Platz	✗
Restaurant/Imbiss	500/200m
Ver-/Entsorgung Womo	✓
in den Ort	500m
Gesamt/Touristen	120/80
Mietunterkünfte	✗
Stellplätze vor Schranke	✗

3.8 GUT 9 Bewertungen

Lage	4.6
Ruhe	3.8
Sanitäranlagen	3.4
Sauberkeit Ø	4.1
Freundlichkeit	4.1
Stellplatz	3.7
Verpflegung	2.6
Freizeit	3.6
Preis-Leistung	3.9
Mietunterkünfte	-

Geeignet für

Kinder b. 6 J.	3.0
Kinder b. 12 J.	3.0
Kinder b. 18 J.	2.5
Paare	4.0
Senioren	4.0
Gäste mit Zelt	3.5
Gäste mit Hund	4.5

Empfohlene Aktivitäten

- Radfahren
- Sightseeing
- Wandern

13 Camping Karlstadt am Schwimmbad

Baggertsweg 6
97753 Karlstadt
+49 9353 99 61 07
49.95861 | 9.76254

06.04. - 15.10.

HS: 15,70 € | NS: 15,70 €

Mehr Infos & Anfrage: www.camping.info/19244

Baden in nat. Gewässer	k. A.
Pool am Platz	✓
Spielplatz am Platz	✓
Hunde erlaubt	✓
Schatten	✗
WLAN	✓
Lebensmittel	500m
Brötchen am Platz	✓
Restaurant & Imbiss	✓
Ver-/Entsorgung Womo	✓
in den Ort	500m
Gesamt/Touristen	120/40
Mietunterkünfte	✗
Stellplätze vor Schranke	✗

4.1 SEHR GUT 26 Bewertungen

Lage	4.5
Ruhe	3.4
Sanitäranlagen	3.2
Sauberkeit Ø	4.3
Freundlichkeit	5.0
Stellplatz	3.5
Verpflegung	3.9
Freizeit	4.2
Preis-Leistung	4.6
Mietunterkünfte	-

Geeignet für

Kinder b. 6 J.	4.0
Kinder b. 12 J.	4.2
Kinder b. 18 J.	3.8
Paare	4.4
Senioren	4.1
Gäste mit Zelt	3.4
Gäste mit Hund	3.6

Empfohlene Aktivitäten

- Schwimmen
- Radfahren
- Wandern

14 Main Spessart Camping International

97845 Neustadt
+49 9393 639
49.91192 | 9.58353

25.03. - 03.10.

HS: 22,50 € | NS: 22,50 €

Mehr Infos & Anfrage: www.camping.info/17856

Baden im Fluss am Platz	✓
Pool/Hallenbad	✓/10km
Spielplatz am Platz	✓
Hunde willkommen	✓
wenig Schatten	✓
WLAN (gegen Gebühr)	✓
Lebensmittel	✓
Brötchen am Platz	✓
Restaurant/Imbiss	2km/✓
Ver-/Entsorgung Womo	✓
in den Ort	2km
Gesamt/Touristen	250/100
Mietunterkünfte	✗
Stellplätze vor Schranke	✗

3.8 GUT 50 Bewertungen

Lage	4.0
Ruhe	3.2
Sanitäranlagen	3.8
Sauberkeit Ø	4.0
Freundlichkeit	3.8
Stellplatz	3.9
Verpflegung	3.0
Freizeit	3.6
Preis-Leistung	3.9
Mietunterkünfte	-

Geeignet für

Kinder b. 6 J.	3.8
Kinder b. 12 J.	3.9
Kinder b. 18 J.	3.4
Paare	4.1
Senioren	4.1
Gäste mit Zelt	4.2
Gäste mit Hund	3.8

Empfohlene Aktivitäten

- Motorboot
- Radfahren
- Angeln

ECO CAMPING

15

Camping Main-Spessart-Park

Spessartstraße 30
97855 Triefenstein-Lengfurt
+49 9395 1079
49.8187 | 9.58841

ganzjährig
HS: 24,50 € | NS: 24,50 €
Mehr Infos & Anfrage:
www.camping.info/19248

Baden im See	3km
Pool	300m
Spielplatz am Platz	✓
Hunde willkommen	✓
Schatten	✗
WLAN	✓
Lebensmittel	✓
Brötchen am Platz	nur HS
Restaurant am P.	✓
Ver-/Entsorgung Womo	✓
in den Ort	1km
Gesamt/Touristen	360/180
Mietunterkünfte	✓
Stellplätze vor Schranke	✓

4.4 SEHR GUT
102 Bewertungen

Lage	4.3
Ruhe	4.2
Sanitäranlagen	4.5
Sauberkeit Ø	4.8
Freundlichkeit	4.7
Stellplatz	4.3
Verpflegung	4.0
Freizeit	4.1
Preis-Leistung	4.4
Mietunterkünfte	4.6

Geeignet für

Kinder b. 6 J.	4.3
Kinder b. 12 J.	4.2
Kinder b. 18 J.	3.9
Paare	4.6
Senioren	4.5
Gäste mit Zelt	4.3
Gäste mit Hund	4.5

Empfohlene Aktivitäten
- Radfahren
- Wandern
- Entspannen

keine WOMOs ab 8 m

16

Camping Maintal

Schloßstr. 42
97903 Collenberg
+49 9376 1270
49.76951 | 9.3418

01.04. - 15.10.
HS: 20,00 € | NS: 20,00 €
Mehr Infos & Anfrage:
www.camping.info/19253

Baden im Fluss am Platz	✓
Pool/Hallenbad	5/10km
Spielplatz am Platz	✓
Hunde erlaubt	✓
Schatten	✗
WLAN	✓
Lebensmittel	500m
Brötchen	keine Angabe
Restaurant am P.	✓
Ver-/Entsorgung Womo	✗
in den Ort	100m
Gesamt/Touristen	70/35
Mietunterkünfte	✗
Stellplätze vor Schranke	✗

4.7 SEHR GUT
13 Bewertungen

Lage	4.8
Ruhe	4.5
Sanitäranlagen	4.4
Sauberkeit Ø	4.8
Freundlichkeit	5.0
Stellplatz	4.6
Verpflegung	4.8
Freizeit	4.2
Preis-Leistung	4.8
Mietunterkünfte	-

Geeignet für

Kinder b. 6 J.	4.0
Kinder b. 12 J.	4.3
Kinder b. 18 J.	4.2
Paare	5.0
Senioren	5.0
Gäste mit Zelt	4.9
Gäste mit Hund	5.0

Empfohlene Aktivitäten
- Radfahren
- Motorboot
- Wandern

17

Campingplatz Heiter

Campingstrasse 2
63933 Mönchberg
+49 9374 1330
49.78967 | 9.26304

01.04. - 31.10.
01.10. - 31.10.
HS: 19,20 € | NS: 19,20 €
Mehr Infos & Anfrage:
www.camping.info/25961

Baden im See	19km
Pool/Hallenbad	400m/9km
Spielplatz	300m
Hunde willkommen	✓
wenig Schatten	✓
WLAN (gegen Gebühr)	teilweise
Lebensmittel	400m
Brötchen am Platz	✗
Restaurant/Imbiss	200/390m
Ver-/Entsorgung Womo	✓
in den Ort	10m
Gesamt/Touristen	40/30
Mietunterkünfte	✓
Stellplätze vor Schranke	✗

4.3 SEHR GUT
6 Bewertungen

Lage	4.2
Ruhe	4.3
Sanitäranlagen	4.2
Sauberkeit Ø	4.3
Freundlichkeit	5.0
Stellplatz	4.5
Verpflegung	3.8
Freizeit	3.7
Preis-Leistung	4.3
Mietunterkünfte	5.0

Geeignet für

Kinder b. 6 J.	4.2
Kinder b. 12 J.	4.2
Kinder b. 18 J.	3.6
Paare	5.0
Senioren	4.8
Gäste mit Zelt	5.0
Gäste mit Hund	5.0

Empfohlene Aktivitäten
- Wandern
- Radfahren
- Motorrad

18

Campingplatz Mainruh

Landstraße 85a
63939 Wörth
+49 9372 73359
49.79342 | 9.1656

01.04. - 31.10.
HS: 14,00 € | NS: 14,00 €
Mehr Infos & Anfrage:
www.camping.info/23222

Baden im Fluss am Platz	✓
Pool & Hallenbad	✗
Spielplatz	keine Angabe
Hunde erlaubt	✓
Schatten	✗
WLAN	keine Angabe
Lebensmittel	✗
Brötchen am Platz	✓
Restaurant am P.	✓
Ver-/Entsorgung Womo	✓
in den Ort	keine Angabe
Gesamt	keine Angabe
Mietunterkünfte	✓
Stellplätze vor Schranke	✗

3.8 GUT
8 Bewertungen

Lage	4.9
Ruhe	4.2
Sanitäranlagen	3.4
Sauberkeit Ø	4.0
Freundlichkeit	4.6
Stellplatz	4.0
Verpflegung	3.6
Freizeit	3.9
Preis-Leistung	4.2
Mietunterkünfte	5.0

Geeignet für

Kinder b. 6 J.	3.0
Kinder b. 12 J.	3.0
Kinder b. 18 J.	2.0
Paare	4.4
Senioren	4.2
Gäste mit Zelt	2.0
Gäste mit Hund	4.0

Empfohlene Aktivitäten
- Radfahren
- Wandern
- Entspannen

Karte auf Seite 618

Infos: Öffnungszeiten · Vergleichspreis · Link

Ausstattung: Freizeit · Campingplatz · Versorgung · Anzahl der Plätze

19 Campingplatz Mainwiese

Ringstr. 24
63911 Klingenberg

49.76035 | 9.18081

keine Angabe

keine Angabe

Mehr Infos & Anfrage:
www.camping.info/25144

Baden in nat. Gewässer	k. A.
Pool & Hallenbad	✗
Spielplatz	keine Angabe
Hunde	✗
Schatten	✗
WLAN	keine Angabe
Lebensmittel	k.A.
Brötchen	keine Angabe
Restaurant & Imbiss	✗
Ver-/Entsorgung Womo	✗
in den Ort	keine Angabe
Gesamt	keine Angabe
Mietunterkünfte	✗
Stellplätze vor Schranke	✗

3.9 GUT – 10 Bewertungen

Lage	4.5
Ruhe	3.6
Sanitäranlagen	2.8
Sauberkeit Ø	3.5
Freundlichkeit	4.5
Stellplatz	3.9
Verpflegung	2.0
Freizeit	4.3
Preis-Leistung	4.1
Mietunterkünfte	-

Geeignet für

Kinder b. 6 J.	3.2
Kinder b. 12 J.	4.2
Kinder b. 18 J.	3.0
Paare	4.0
Senioren	3.5
Gäste mit Zelt	3.5
Hunde n. erlaubt	-

Empfohlene Aktivitäten

- Radfahren
- Motorboot
- Wandern

20 Camping Mainwiese

Josef-Wirth-Straße 7
63897 Miltenberg
+49 9371 3985

49.70344 | 9.2538

01.04. - 30.09.

HS: 18,50 € | NS: 18,50 €

Mehr Infos & Anfrage:
www.camping.info/18826

Baden in nat. Gewässer	k. A.
Pool/Hallenbad	400m
Spielplatz am Platz	✓
Hunde erlaubt	✓
Schatten	✗
WLAN	✗
Lebensmittel	✓
Brötchen am Platz	✓
Restaurant	100m
Ver-/Entsorgung Womo	✓
im Ort	✓
Gesamt/Touristen	140/80
Mietunterkünfte	✗
Stellplätze vor Schranke	✗

3.5 GUT – 22 Bewertungen

Lage	4.7
Ruhe	3.4
Sanitäranlagen	2.2
Sauberkeit Ø	4.2
Freundlichkeit	4.4
Stellplatz	3.3
Verpflegung	3.0
Freizeit	3.9
Preis-Leistung	3.9
Mietunterkünfte	-

Geeignet für

Kinder b. 6 J.	3.4
Kinder b. 12 J.	3.8
Kinder b. 18 J.	3.6
Paare	4.5
Senioren	4.5
Gäste mit Zelt	4.3
Gäste mit Hund	3.9

Empfohlene Aktivitäten

- Wandern
- Radfahren
- Sightseeing

21 Campingpark Kirchzell GmbH

❄

Am Campingplatz 1
63931 Kirchzell
09373-566

49.6073 | 9.15876

ganzjährig

HS: 16,50 € | NS: 16,50 €

Mehr Infos & Anfrage:
www.camping.info/27231

Baden in nat. Gewässer	✗
Hallenbad	✓
Spielplatz am Platz	✓
Hunde willkommen	✓
wenig Schatten	✓
WLAN (gratis)	teilweise
Lebensmittel	1km
Brötchen am Platz	✓
Restaurant/Imbiss	5/1km
Ver-/Entsorgung Womo	✓
in den Ort	2km
Gesamt/Touristen	340/200
Mietunterkünfte	✗
Stellplätze vor Schranke	✗

4.4 SEHR GUT – 31 Bewertungen

Lage	4.4
Ruhe	4.7
Sanitäranlagen	3.7
Sauberkeit Ø	4.8
Freundlichkeit	5.0
Stellplatz	4.0
Verpflegung	3.5
Freizeit	4.2
Preis-Leistung	4.8
Mietunterkünfte	-

Geeignet für

Kinder b. 6 J.	4.5
Kinder b. 12 J.	4.4
Kinder b. 18 J.	3.9
Paare	4.9
Senioren	4.9
Gäste mit Zelt	4.6
Gäste mit Hund	4.8

Empfohlene Aktivitäten

- Wandern
- Schwimmen
- Entspannen

22 Camping Estenfeld

Maidbronner Straße 38
97230 Würzburg-Estenfeld
+49 9305 228
www.camping-estenfeld.de
cplestenfeld@freenet.de

29.05. - 16.08.

HS: 25,00 € | NS: 25,00 €

Mehr Infos & Anfrage:
www.camping.info/19231

Baden im Fluss	8km
Pool/Hallenbad	7/5km
Spielplatz am Platz	✓
Hunde willkommen	✓
wenig Schatten	✓
WLAN	✓
Lebensmittel	✓
Brötchen am Platz	✓
Restaurant/Imbiss	50m/✓
Ver-/Entsorgung Womo	✓
in den Ort	500m
Touristenplätze	40
Mietunterkünfte	✓
Stellplätze vor Schranke	✗

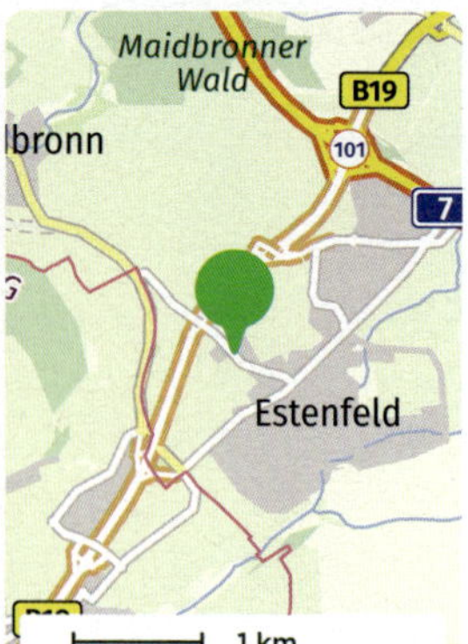

49.83267 | 9.99794

Einfahrt zum Campingplatz.

Lage & Stellplatz

Seit seiner Eröffnung im Jahr 1953 ist der Campingplatz ein Familienbetrieb. Obwohl er aufgrund seiner verkehrsgünstigen Lage leicht von der Autobahn aus anzusteuern ist (nur 5 km von der A7/E40 und 12 km von der A3/E41), bietet er eine ruhige und familiäre Atmosphäre im Grünen. WLAN vorhanden.

Verpflegung

Kiosk mit Getränken, Lebensmitteln, Brötchen, Kosmetik- und Campingbedarf sowie Eis und Zeitschriften am Platz. Gaststätte mit Außenterrasse, regionalem Bier- und Weinangebot sowie Frühstücksservice. In der Nähe befinden sich Restaurants, zwei Supermärkte, eine Tankstelle, Kfz-Werkstätten und ÖPNV.

Sanitär

Beheizte Sanitäranlage mit Dusch- und Waschkabinen, WCs (mit Sitzreiniger), Fußwaschbecken, Haarföhn, Händetrockner & Babywickeltisch. Waschmaschinen-, Trockner-, Bügelraum sind vorhanden. Es gibt eine Wintergarten-Campingküche mit Kochstellen und Waschbecken für Geschirr, Wäsche und Obst/Gemüse.

Freizeit

Nur 7 km von der Innenstadt entfernt ist der Platz der ideale Ausgangsort für Ausflüge nach Würzburg. Wegen der guten Busverbindungen und den Radwegen ist die Kulturstadt Würzburg auch ohne Pkw einfach zu erreichen. In Mainfranken gibt es viele weitere berühmte Ausflugsziele zu entdecken.

Wohnwagen-/Wohnmobilstellplatz.

Gemütlicher Zeltplatz im Grünen.

3.2 GUT
36 Bewertungen

Lage	3.8
Ruhe	3.4
Sanitäranlagen	2.6
Sauberkeit Ø	4.0
Freundlichkeit	4.3
Stellplatz	3.2
Verpflegung	3.1
Freizeit	3.0
Preis-Leistung	3.4
Mietunterkünfte	3.0

Geeignet für

Gäste mit Hund	4.1
Senioren	3.9
Paare	3.6
Gäste mit Zelt	3.2
Kinder b. 6 J.	2.8
Kinder b. 12 J.	2.5
Kinder b. 18 J.	2.4

Empfohlene Aktivitäten

Sightseeing · Kultur · Radfahren · Wandern · Kulinarik

Karte auf Seite 618

23 Campingplatz Escherndorf

An der Güß 9A
97332 Volkach-Escherndorf
+49 9381 2889
49.85949 | 10.17643

01.04. - 31.10.
HS: 25,50 € | NS: 25,50 €
Mehr Infos & Anfrage:
www.camping.info/19235

Baden im Fluss am Platz	✓
Pool/Hallenbad	4km
Spielplatz	keine Angabe
Hunde	×
Schatten	×
WLAN	✓
Lebensmittel	500m
Brötchen am Platz	✓
Restaurant & Imbiss	✓
Ver-/Entsorgung Womo	✓
in den Ort	500m
Gesamt/Touristen	100/75
Mietunterkünfte	×
Stellplätze vor Schranke	✓

4.6 SEHR GUT
84 Bewertungen

Lage	4.7
Ruhe	4.5
Sanitäranlagen	4.6
Sauberkeit Ø	4.8
Freundlichkeit	4.9
Stellplatz	4.2
Verpflegung	4.3
Freizeit	4.0
Preis-Leistung	4.3
Mietunterkünfte	-

Geeignet für

Kinder b. 6 J.	3.4
Kinder b. 12 J.	3.5
Kinder b. 18 J.	3.6
Paare	4.9
Senioren	4.9
Gäste mit Zelt	4.2
Hunde n. erlaubt	-

Empfohlene Aktivitäten

- Radfahren
- Wandern
- Kayak/Kanu

25 Camping Katzenkopf

Am See 7
97334 Sommerach am Main
09381 9215
49.82667 | 10.20111

01.04. - 08.11.
HS: 27,10 € | NS: 26,20 €
Mehr Infos & Anfrage:
www.camping.info/19236

Baden im Fluss am Platz	✓
Pool/Hallenbad	6km
Spielplatz am Platz	✓
Hunde erlaubt	✓
zur Hälfte Schatten	✓
WLAN (gratis)	teilweise
Lebensmittel	✓
Brötchen am Platz	✓
Restaurant/Imbiss	✓/300m
Ver-/Entsorgung Womo	✓
in den Ort	200m
Gesamt/Touristen	300/220
Mietunterkünfte	×
Stellplätze vor Schranke	×

4.1 SEHR GUT
114 Bewertungen

Lage	4.7
Ruhe	4.3
Sanitäranlagen	4.1
Sauberkeit Ø	4.2
Freundlichkeit	4.2
Stellplatz	3.9
Verpflegung	3.7
Freizeit	4.1
Preis-Leistung	4.1
Mietunterkünfte	-

Geeignet für

Kinder b. 6 J.	3.9
Kinder b. 12 J.	3.9
Kinder b. 18 J.	3.4
Paare	4.5
Senioren	4.6
Gäste mit Zelt	4.0
Gäste mit Hund	4.1

Empfohlene Aktivitäten

- Radfahren
- Wandern
- Entspannen

26 Campingplatz Mainblick

Mainstraße 2
97359 Schwarzach a. Main
49.8034 | 10.21696

keine Angabe
keine Angabe
Mehr Infos & Anfrage:
www.camping.info/28056

Baden in nat. Gewässer	k. A.
Pool & Hallenbad	×
Spielplatz	keine Angabe
Hunde	×
Schatten	×
WLAN	keine Angabe
Lebensmittel	k.A.
Brötchen	keine Angabe
Restaurant & Imbiss	×
Ver-/Entsorgung Womo	×
in den Ort	keine Angabe
Gesamt	keine Angabe
Mietunterkünfte	×
Stellplätze vor Schranke	×

3.6 GUT
8 Bewertungen

Lage	4.1
Ruhe	3.5
Sanitäranlagen	4.5
Sauberkeit Ø	4.3
Freundlichkeit	4.4
Stellplatz	3.4
Verpflegung	4.1
Freizeit	2.8
Preis-Leistung	3.2
Mietunterkünfte	-

Geeignet für

Kinder b. 6 J.	3.5
Kinder b. 12 J.	3.5
Kinder b. 18 J.	4.0
Paare	4.4
Senioren	3.8
Gäste mit Zelt	4.0
Hunde n. erlaubt	-

Empfohlene Aktivitäten

- Radfahren
- Angeln
- Kayak/Kanu

Infos

Öffnungszeiten
Vergleichspreis
Link

Ausstattung

Freizeit
Campingplatz
Versorgung
Anzahl der Plätze

24 Campingplatz Ankergrund

Fahrerstraße 7
97332 Volkach
+49 9381 6713

www.campingplatz-ankergrund.de
info@campingplatz-ankergrund.de

01.04. - 24.10.

HS: 30,50 € | NS: 30,50 €

Mehr Infos & Anfrage:
www.camping.info/19234

Baden im Fluss am Platz	✓
Pool/Hallenbad	500m/2km
Spielplatz am Platz	✓
Hunde willkommen	✓
zur Hälfte Schatten	✓
WLAN (gegen Gebühr)	✓
Lebensmittel	✓
Brötchen am Platz	✓
Restaurant/Imbiss	800m/✓
Ver-/Entsorgung Womo	✓
in den Ort	800m
Gesamt/Touristen	130/80
Mietunterkünfte	✗
Stellplätze vor Schranke	✗

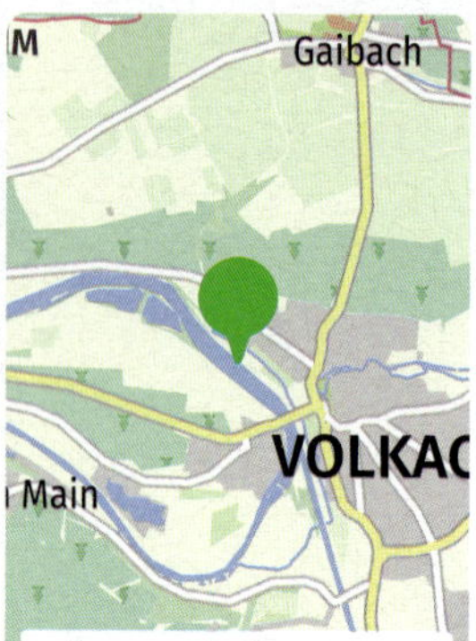

49.86838 | 10.21449

camping.info AWARD 2019

Schöner Campen am Main.

Lage & Stellplatz

Direkt am Main und eingebettet in die malerischen fränkischen Weinberge liegt der Familienbetrieb Camping Ankergrund mit seinen 120 Stellplätzen (je 100 - 140 m²). Die Komfort- und Premiumstellplätze sind mit direktem Zu- und Abwasseranschluss sowie teilweise Satellitenanschluss ausgestattet.

Verpflegung

Der Ankergrund-Shop versorgt die Gäste nicht nur mit dem kleinen Lebensmittelbedarf, sondern auch mit Gasflaschen. Frische Brötchen können täglich vorbestellt werden. Ein eigener Biergarten sorgt mit Kaffee, Brotzeit und Snacks für gemütliche Stunden. Gasthäuser sind zu Fuß in 10 Minuten erreichbar.

Sanitär

Die sanitären Anlagen wurden im Jahr 2014 durch ein zweites Gebäude erweitert. Sie bieten nun ausreichend Duschen und Waschkabinen und punkten mit größtem Komfort, Privatsphäre und äußerster Sauberkeit. Für Gäste mit Beeinträchtigungen ist ein separater Bereich via Aufzug barrierefrei erreichbar.

Freizeit

Von romantischen Rad- und Wanderwegen über diverse Wassersportmöglichkeiten, einer Floßfahrt am Main, dem Beachvolleyballplatz und Sandstrand am Platz bis hin zu kulturellen Ausflügen oder Wein- und Winzerfesten: In und um Volkach wird Spaß und Erholung für die gesamte Familie großgeschrieben.

Campingidylle Ankergrund.

Neues, modernes Sanitärgebäude.

4.7 SEHR GUT
304 Bewertungen

Lage	4.8
Ruhe	4.5
Sanitäranlagen	4.8
Sauberkeit Ø	4.8
Freundlichkeit	4.8
Stellplatz	4.7
Verpflegung	3.8
Freizeit	4.5
Preis-Leistung	4.5
Mietunterkünfte	-

Geeignet für

- 4.8 Paare
- 4.8 Senioren
- 4.6 Gäste mit Zelt
- 4.6 Gäste mit Hund
- 4.5 Kinder b. 12 J.
- 4.4 Kinder b. 6 J.
- 4.3 Kinder b. 18 J.

Empfohlene Aktivitäten

Radfahren · Entspannen · Wandern · Motorboot · Schwimmen

AWARD 2020

Keine Aufnahme von Guppen.

Karte auf Seite 618

27 Camping Schmittn Hof

Zabelsteinstraße 15
97478 Knetzgau-Wohnau

49.96361 | 10.45677

keine Angabe

keine Angabe
Mehr Infos & Anfrage:
www.camping.info/23824

Baden in nat. Gewässer	k. A.
Pool & Hallenbad	✗
Spielplatz	keine Angabe
Hunde erlaubt	✓
Schatten	✗
WLAN	keine Angabe
Lebensmittel	k.A.
Brötchen	keine Angabe
Restaurant & Imbiss	✗
Ver-/Entsorgung Womo	✗
in den Ort	2km
Gesamt/Touristen	12/6
Mietunterkünfte	✗
Stellplätze vor Schranke	✗

4.8 SEHR GUT
4 Bewertungen

Lage	4.8
Ruhe	5.0
Sanitäranlagen	4.2
Sauberkeit Ø	4.8
Freundlichkeit	4.8
Stellplatz	4.8
Verpflegung	4.2
Freizeit	4.0
Preis-Leistung	5.0
Mietunterkünfte	-

Geeignet für

Kinder b. 6 J.	4.5
Kinder b. 12 J.	4.0
Kinder b. 18 J.	4.5
Paare	5.0
Senioren	5.0
Gäste mit Zelt	4.7
Gäste mit Hund	5.0

Empfohlene Aktivitäten
- Wandern
- Radfahren
- Mountainbiking

28 Campingplatz Weihersee

Schwimmbadweg 21
96157 Ebrach
+49 9553 9890579

49.84564 | 10.48246

23.03. - 14.10.

HS: 23,00 € | NS: 23,00 €
Mehr Infos & online buchen:
www.camping.info/24393

Baden in nat. Gewässer	k. A.
Pool/Hallenbad	500m/15km
Spielplatz am Platz	✓
Hunde willkommen	✓
wenig Schatten	✓
WLAN (gegen Gebühr)	✓
Lebensmittel	1km
Brötchen am Platz	✓
Restaurant/Imbiss	1km/500m
Ver-/Entsorgung Womo	✓
in den Ort	1km
Gesamt/Touristen	100/80
Mietunterkünfte	✓
Stellplätze vor Schranke	✗

3.8 GUT
28 Bewertungen

Lage	4.2
Ruhe	4.3
Sanitäranlagen	4.3
Sauberkeit Ø	4.3
Freundlichkeit	4.1
Stellplatz	3.8
Verpflegung	2.0
Freizeit	3.8
Preis-Leistung	3.8
Mietunterkünfte	4.7

Geeignet für

Kinder b. 6 J.	3.9
Kinder b. 12 J.	4.2
Kinder b. 18 J.	3.3
Paare	4.2
Senioren	4.2
Gäste mit Zelt	4.6
Gäste mit Hund	4.8

Empfohlene Aktivitäten
- Wandern
- Radfahren
- Schwimmen

29 Camping am See

Pappelallee 7
97522 Sand am Main
+49 952 482 2270

49.99144 | 10.57966

01.04. - 31.10.

HS: 18,00 € | NS: 18,00 €
Mehr Infos & Anfrage:
www.camping.info/19238

Baden im See am Platz	✓
Pool/Hallenbad	3km
Spielplatz am Platz	✓
Hunde willkommen	✓
Schatten	✗
WLAN	✗
Lebensmittel	500m
Brötchen am Platz	✓
Restaurant/Imbiss	500m/✓
Ver-/Entsorgung Womo	✓
in den Ort	500m
Gesamt/Touristen	550/120
Mietunterkünfte	✗
Stellplätze vor Schranke	✗

3.5 GUT
40 Bewertungen

Lage	3.7
Ruhe	3.7
Sanitäranlagen	4.1
Sauberkeit Ø	4.2
Freundlichkeit	3.0
Stellplatz	3.5
Verpflegung	2.5
Freizeit	3.5
Preis-Leistung	4.4
Mietunterkünfte	-

Geeignet für

Kinder b. 6 J.	2.9
Kinder b. 12 J.	3.2
Kinder b. 18 J.	3.1
Paare	4.2
Senioren	4.3
Gäste mit Zelt	3.9
Gäste mit Hund	4.2

Empfohlene Aktivitäten
- Schwimmen
- Radfahren
- Wandern

Infos
Öffnungszeiten
Vergleichspreis
Link

Ausstattung
Freizeit
Campingplatz
Versorgung
Anzahl der Plätze

BAYERN

❷ Oberfranken

	Platz	Seite	Bewertung	Öffnungszeiten	
1	Camping Sonnland	632	3.8	ganzjährig	
2	Camping Rückert-Klause	632	-	saisonal	
3	Maincampingplatz Lichtenfels	632	4.3	saisonal	
4	Campingplatz Ebing	632	4.1	saisonal	
5	Marina Trosdorf TWF E.V.	633	4.3	saisonal	
6	DKV-Kanustation Bamberger Faltboot-Club	633	4.3	saisonal	
7	Camping Insel	633	4.3	ganzjährig	❄ 👍
8	Schlosscamping Kleinziegenfeld	635	3.6	k. A.	
9	Camping Waldmühle	635	4.2	saisonal	
10	Campingplatz Rothenbühl	635	3.6	k. A.	
11	Campingplatz Moritz	637	3.3	saisonal	❄
12	Camping Jurahöhe	637	3.6	ganzjährig	❄
13	Camping Bärenschlucht	637	3.8	ganzjährig	❄
14	Campingplatz Stadtsteinach	634	4.5	saisonal	
15	Camping Lichtenberg	639	3.6	ganzjährig	❄
16	Hotel & Camping Schloss Issigau	636	4.2	saisonal	❄
17	Campingplatz Auensee	639	4.1	ganzjährig	❄
18	Camping am Weissenstädter See	639	4.0	ganzjährig	❄
19	Campingplatz Fichtelsee	638	4.4	saisonal	❄
20	Camping Holderbach	641	4.0	ganzjährig	❄
21	Campingplatz Immenreuth	641	-	ganzjährig	❄
22	Camping am Erlenweiher	641	3.4	k. A.	
23	Panorama & Wellness-Campingplatz Großbüchlberg	642	4.7	ganzjährig	❄ 👍
24	Camping Platzermühle	640	4.4	ganzjährig	❄

❄ Wintercamping FKK Textilfrei (ganz/teilweise) Ecocamping 👍 Award Onlinebuchung

1 Camping Sonnland

Bahnhofstrasse 154
96145 Sesslach
+49 9569 220
50.19432 | 10.83763

ganzjährig
HS: 22,50 € | NS: 20,00 €
Mehr Infos & Anfrage:
www.camping.info/19222

Baden im Teich am Platz	✓
Pool/Hallenbad	✓/10km
Spielplatz	✗
Hunde erlaubt	✓
zur Hälfte Schatten	✓
WLAN (begrenzt gratis)	✓
Lebensmittel	500m
Brötchen am Platz	✗
Restaurant/Imbiss	500m
Ver-/Entsorgung Womo	✓
in den Ort	750m
Gesamt/Touristen	75/50
Mietunterkünfte	✓
Stellplätze vor Schranke	✗

3.8 GUT
36 Bewertungen

Lage	4.2
Ruhe	4.0
Sanitäranlagen	3.9
Sauberkeit Ø	4.2
Freundlichkeit	3.8
Stellplatz	3.9
Verpflegung	2.2
Freizeit	3.6
Preis-Leistung	4.1
Mietunterkünfte	3.2

Geeignet für

Kinder b. 6 J.	3.8
Kinder b. 12 J.	4.0
Kinder b. 18 J.	3.4
Paare	4.5
Senioren	4.7
Gäste mit Zelt	3.8
Gäste mit Hund	4.3

Empfohlene Aktivitäten

- Radfahren
- Wandern
- Entspannen

2 Camping Rückert-Klause

Wüstenwelsberg 16
96190 Untermerzbach
+49 95 33 2 88
50.13972 | 10.82389

01.04. - 31.10.
keine Angabe
Mehr Infos & Anfrage:
www.camping.info/19224

Baden in nat. Gewässer	k. A.
Pool & Hallenbad	✗
Spielplatz am Platz	✓
Hunde willkommen	✓
wenig Schatten	✓
WLAN	✗
Lebensmittel	✗
Brötchen am Platz	✗
Restaurant & Imbiss	✓
Ver-/Entsorgung Womo	✓
in den Ort	3km
Gesamt	keine Angabe
Mietunterkünfte	✗
Stellplätze vor Schranke	✗

- JETZT BEWERTEN!

Für diese Auswertung liegen leider noch nicht genügend Bewertungen vor.

Sei einer der Ersten, der diesen Campingplatz bewertet. Unter den Bewertern werden regelmäßig Gewinne verlost!

Mehr Infos dazu findest du in unserem allgemeinen Intro.

3 Maincampingplatz Lichtenfels

Krösswehrstraße 52
96215 Lichtenfels
+49 9571 71729
50.15583 | 11.08694

01.04. - 15.10.
HS: 15,10 € | NS: 15,10 €
Mehr Infos & Anfrage:
www.camping.info/19225

Baden im See am Platz	✓
Hallenbad	2km
Spielplatz am Platz	✓
Hunde erlaubt	✓
zur Hälfte Schatten	✓
WLAN	✓
Lebensmittel	1km
Brötchen am Platz	✓
Restaurant/Imbiss	400m/✓
Ver-/Entsorgung Womo	✓
in den Ort	2km
Gesamt/Touristen	136/86
Mietunterkünfte	✗
Stellplätze vor Schranke	✗

4.3 SEHR GUT
61 Bewertungen

Lage	4.5
Ruhe	4.2
Sanitäranlagen	3.6
Sauberkeit Ø	4.2
Freundlichkeit	4.7
Stellplatz	4.0
Verpflegung	3.3
Freizeit	4.2
Preis-Leistung	4.7
Mietunterkünfte	-

Geeignet für

Kinder b. 6 J.	4.0
Kinder b. 12 J.	4.3
Kinder b. 18 J.	4.2
Paare	4.5
Senioren	4.5
Gäste mit Zelt	4.4
Gäste mit Hund	4.4

Empfohlene Aktivitäten

- Radfahren
- Wandern
- Kayak/Kanu

4 Campingplatz Ebing

Ringstraße 5
96179 Rattelsdorf OT Ebing
50.00602 | 10.9095

01.04. - 30.09.
HS: 13,00 €
Mehr Infos & Anfrage:
www.camping.info/24628

Baden im See am Platz	✓
Pool & Hallenbad	✗
Spielplatz am Platz	✓
Hunde willkommen	✓
wenig Schatten	✓
WLAN	✓
Lebensmittel	✗
Brötchen am Platz	✓
Restaurant	1km
Ver-/Entsorgung Womo	✓
im Ort	✓
Gesamt	keine Angabe
Mietunterkünfte	✗
Stellplätze vor Schranke	✗

4.1 SEHR GUT
7 Bewertungen

Lage	4.3
Ruhe	3.3
Sanitäranlagen	4.1
Sauberkeit Ø	4.5
Freundlichkeit	4.4
Stellplatz	3.4
Verpflegung	3.0
Freizeit	3.8
Preis-Leistung	4.7
Mietunterkünfte	-

Geeignet für

Kinder b. 6 J.	3.0
Kinder b. 12 J.	3.8
Kinder b. 18 J.	3.4
Paare	4.8
Senioren	4.2
Gäste mit Zelt	4.2
Gäste mit Hund	4.3

Empfohlene Aktivitäten

- Schwimmen
- Radfahren
- Wandern

Karte auf Seite 630

	5	6	7
	Marina Trosdorf TWF E.V.	**DKV-Kanustation Bamberger Faltboot-Club**	**Camping Insel**
	Wasserwörth 3 96120 Bischberg bei Bamberg 09503-7114 49.91722 | 10.81464	Weidendamm 150 96047 Bamberg +49 9516 8624 (Anrufbeantworter) 49.90357 | 10.87445	Am Campingplatz 1 96049 Bamberg-Bug +49 951 56320 49.86151 | 10.91685

Infos

	Marina Trosdorf TWF E.V.	DKV-Kanustation Bamberger Faltboot-Club	Camping Insel
Öffnungszeiten	01.04. - 31.10.	01.08. - 20.10.	ganzjährig
Vergleichspreis	HS: 35,00 € | NS: 35,00 €	HS: 30,00 € | NS: 30,00 €	HS: 24,00 € | NS: 23,00 €
Link	**Mehr Infos & Anfrage:** www.camping.info/24993	**Mehr Infos & Anfrage:** www.camping.info/26131	**Mehr Infos & Anfrage:** www.camping.info/19220

Ausstattung

	Marina Trosdorf TWF E.V.	DKV-Kanustation Bamberger Faltboot-Club	Camping Insel
Freizeit	Baden im Fluss am Platz ✓ Pool/Hallenbad 3/5km Spielplatz am Platz ✓	Baden im Fluss 3km Pool/Hallenbad 2/3km Spielplatz 1km	Baden im Fluss am Platz ✓ Pool/Hallenbad 4km Spielplatz am Platz ✓
Campingplatz	Hunde erlaubt ✓ Schatten ✗ WLAN ✓	Hunde erlaubt ✓ wenig Schatten ✓ WLAN ✗	Hunde willkommen ✓ Schatten ✗ WLAN (begrenzt gratis) ✓
Versorgung	Lebensmittel 500m Brötchen am Platz ✗ Restaurant/Imbiss 500m Ver-/Entsorgung Womo ✓ in den Ort 1km	Lebensmittel 1km Brötchen am Platz ✗ Restaurant/Imbiss ✓/500m Ver-/Entsorgung Womo ✗ im Ort ✓	Lebensmittel ✓ Brötchen am Platz ✓ Restaurant & Imbiss ✓ Ver-/Entsorgung Womo ✓ in den Ort keine Angabe
Anzahl der Plätze	Gesamt/Touristen 70/10 Mietunterkünfte ✗ Stellplätze vor Schranke ✗	Touristenplätze 8 Mietunterkünfte ✗ Stellplätze vor Schranke ✗	Gesamt/Touristen 170/100 Mietunterkünfte ✗ Stellplätze vor Schranke ✗

Bewertungen

	Marina Trosdorf TWF E.V.	DKV-Kanustation Bamberger Faltboot-Club	Camping Insel
Gesamt	4.3 SEHR GUT, 3 Bewertungen	4.3 SEHR GUT, 13 Bewertungen	4.3 SEHR GUT, 199 Bewertungen
Lage	4.3	4.7	4.5
Ruhe	4.0	4.5	4.2
Sanitäranlagen	4.0	4.5	4.7
Sauberkeit Ø	4.5	4.4	4.7
Freundlichkeit	5.0	4.2	4.5
Stellplatz	5.0	3.6	3.8
Verpflegung	2.5	3.7	3.8
Freizeit	4.0	4.3	4.1
Preis-Leistung	4.3	4.2	4.3
Mietunterkünfte	-	-	-

Geeignet für

	Marina Trosdorf TWF E.V.	DKV-Kanustation Bamberger Faltboot-Club	Camping Insel
Kinder b. 6 J.	3.0	3.7	3.8
Kinder b. 12 J.	3.0	4.0	4.0
Kinder b. 18 J.	4.0	4.5	3.7
Paare	5.0	4.7	4.6
Senioren	5.0	4.3	4.6
Gäste mit Zelt	5.0	4.4	4.4
Gäste mit Hund	5.0	4.2	4.4

Empfohlene Aktivitäten

Marina Trosdorf TWF E.V.	DKV-Kanustation Bamberger Faltboot-Club	Camping Insel
Radfahren	Kayak/Kanu	Radfahren
Motorboot	Radfahren	Sightseeing
Kayak/Kanu	Sightseeing	Kayak/Kanu

Camping Insel: AWARD 2020

14 Campingplatz Stadtsteinach

Camping mit Herz: Hier fühlen sich Camper pudelwohl.

Badstraße 5
95346 Stadtsteinach
+49 922 580 0394
www.camping-stadtsteinach.de
info@camping-stadtsteinach.de

15.03. - 15.11.

HS: 28,00 € | NS: 25,40 €

Mehr Infos & Anfrage:
www.camping.info/19214

Baden in nat. Gewässer	k. A.
Pool/Hallenbad	✓/10km
Spielplatz am Platz	✓
Hunde willkommen	✓
wenig Schatten	✓
WLAN (begrenzt gratis)	✓
Lebensmittel	300m
Brötchen am Platz	✓
Restaurant am P.	✓
Ver-/Entsorgung Womo	✓
in den Ort	500m
Gesamt/Touristen	120/105
Mietunterkünfte	✓
Stellplätze vor Schranke	✗

1 km
50.16113 | 11.51693

Lage & Stellplatz

Dieser Campingplatz steht für Gastfreundschaft und Erholung im Frankenwald auf dem parzellierten Stellplatz, der Zeltwiese mit Spielplatz und großem Bällebad. Drei Schlaffässer und ein Schlafhäuschen für den etwas anderen Aufenthalt werden ebenfalls angeboten. Ferienwohnung oder Zimmer auf Anfrage.

Verpflegung

Der Mittelpunkt der Brauerei-Hochburg: Im Frankenwald bekommt man nicht nur die besten Grillhax'n, Sauerbraten und Klöße, sondern auch das beste Bier. Direkt am Platz können die Gäste im gemütlichen Biergarten verweilen. Lassen Sie sich von der Gastronomie überraschen. Nebenan gibt es eine Pizzeria.

Sanitär

Auf dem Platz befinden sich zwei Sanitärgebäude, die mit Ille-Hygiene sowie Desinfektion für Hände und WC-Sitze ausgestattet sind. Ein Waschhaus mit Waschmaschine und Wäschetrockner, sowie eine behindertengerechte Sanitäreinheit ist ebenfalls vorhanden.

Freizeit

Direkt gegenüber befindet sich ein großzügig ausgestattetes Freibad (für Campinggäste reduziert). Viele Wanderrouten durch den Frankenwald beginnen am Campingplatz. Sehenswerte Städte wie Kulmbach sind mit dem Rad erreichbar. Auch ein Ausflug in die nahe gelegene Festspielstadt Bayreuth lohnt sich.

Übernachtung in Fass oder Hütte.

...oder in den eigenen 4 Wänden.

4.5 SEHR GUT
93 Bewertungen

Lage	4.5
Ruhe	4.6
Sanitäranlagen	4.2
Sauberkeit Ø	4.9
Freundlichkeit	5.0
Stellplatz	4.5
Verpflegung	4.3
Freizeit	4.2
Preis-Leistung	4.7
Mietunterkünfte	4.7

Geeignet für

4.8 Paare

4.8	Senioren
4.7	Gäste mit Zelt
4.7	Gäste mit Hund
4.5	Kinder b. 6 J.
4.4	Kinder b. 12 J.
3.9	Kinder b. 18 J.

Empfohlene Aktivitäten

Wandern · Schwimmen · Radfahren · Entspannen · Mountainbiking

Mittagsruhe 13-14 Uhr. Ferienwohnung und Matratzenlager auf Anfrage.

Karte auf Seite 630

Infos: Öffnungszeiten · Vergleichspreis · Link

Ausstattung: Freizeit · Campingplatz · Versorgung · Anzahl der Plätze

8 Schlosscamping Kleinziegenfeld

Schlossweg 16
96260 Weismain
+49 95049237460
50.01813 | 11.20555

keine Angabe
HS: 22,00 €
Mehr Infos & Anfrage: www.camping.info/19226

Baden in nat. Gewässer	k. A.
Pool & Hallenbad	✗
Spielplatz am Platz	✓
Hunde erlaubt	✓
zur Hälfte Schatten	✓
WLAN	keine Angabe
Lebensmittel	✗
Brötchen am Platz	✗
Restaurant/Imbiss	500m
Ver-/Entsorgung Womo	✓
im Ort	✓
Gesamt	keine Angabe
Mietunterkünfte	✗
Stellplätze vor Schranke	✗

3.6 GUT – 5 Bewertungen

Lage	3.8
Ruhe	4.4
Sanitäranlagen	3.8
Sauberkeit Ø	4.0
Freundlichkeit	4.4
Stellplatz	3.6
Verpflegung	3.0
Freizeit	4.0
Preis-Leistung	4.0
Mietunterkünfte	-

Geeignet für

Kinder b. 6 J.	5.0
Kinder b. 12 J.	5.0
Kinder b. 18 J.	5.0
Paare	5.0
Senioren	3.8
Gäste mit Zelt	5.0
Gäste mit Hund	5.0

Empfohlene Aktivitäten

- Wandern
- Entspannen
- Radfahren

9 Camping Waldmühle

Freienfels 31
96142 Hollfeld-Freienfels
+49 9274 255
49.95917 | 11.25017

15.04. - 15.10.
HS: 15,50 €
Mehr Infos & Anfrage: www.camping.info/19221

Baden in nat. Gewässer	k. A.
Pool/Hallenbad	4km
Spielplatz am Platz	✓
Hunde erlaubt	✓
zur Hälfte Schatten	✓
WLAN	✗
Lebensmittel	4km
Brötchen am Platz	✓
Restaurant & Imbiss	✓
Ver-/Entsorgung Womo	✓
in den Ort	200m
Gesamt/Touristen	25/23
Mietunterkünfte	✓
Stellplätze vor Schranke	✗

4.2 SEHR GUT – 12 Bewertungen

Lage	4.3
Ruhe	3.8
Sanitäranlagen	3.9
Sauberkeit Ø	4.5
Freundlichkeit	4.8
Stellplatz	3.7
Verpflegung	3.5
Freizeit	3.9
Preis-Leistung	4.7
Mietunterkünfte	3.0

Geeignet für

Kinder b. 6 J.	3.9
Kinder b. 12 J.	3.8
Kinder b. 18 J.	3.2
Paare	4.9
Senioren	4.6
Gäste mit Zelt	4.9
Gäste mit Hund	5.0

Empfohlene Aktivitäten

- Wandern
- Klettern
- Mountainbiking

10 Campingplatz Rothenbühl

Rothenbühl 3a
91320 Ebermannstadt
+49 179 22 38 46 2
49.79037 | 11.20505

keine Angabe
keine Angabe
Mehr Infos & Anfrage: www.camping.info/23207

Baden in nat. Gewässer	k. A.
Pool	150m
Spielplatz	keine Angabe
Hunde	✗
Schatten	✗
WLAN	keine Angabe
Lebensmittel	1km
Brötchen	keine Angabe
Restaurant & Imbiss	✗
Ver-/Entsorgung Womo	✗
in den Ort	1km
Gesamt	keine Angabe
Mietunterkünfte	✗
Stellplätze vor Schranke	✗

3.6 GUT – 9 Bewertungen

Lage	4.1
Ruhe	4.2
Sanitäranlagen	3.0
Sauberkeit Ø	4.0
Freundlichkeit	3.9
Stellplatz	3.9
Verpflegung	2.5
Freizeit	4.4
Preis-Leistung	3.8
Mietunterkünfte	-

Geeignet für

Kinder b. 6 J.	5.0
Kinder b. 12 J.	4.7
Kinder b. 18 J.	4.5
Paare	4.7
Senioren	4.5
Gäste mit Zelt	4.5
Hunde n. erlaubt	-

Empfohlene Aktivitäten

- Kayak/Kanu
- Wandern
- Radfahren

ANZEIGE

16 Hotel & Camping Schloss Issigau

Altes Schloß 3
95188 Issigau
+49 9293 7173
www.schloss-issigau.de
info@schloss-issigau.de

15.03. - 31.10.

HS: 28,25 € | NS: 26,75 €

Mehr Infos & Anfrage:
www.camping.info/19211

Baden im See	3km
Pool/Hallenbad	6km
Spielplatz am Platz	✓
Hunde willkommen	✓
zur Hälfte Schatten	✓
WLAN	✓
Lebensmittel	800m
Brötchen am Platz	✓
Restaurant & Imbiss	✓
Ver-/Entsorgung Womo	✓
in den Ort	300m
Touristenplätze	40
Mietunterkünfte	✓
Stellplätze vor Schranke	✗

50.37415 | 11.72138

Blick von der Terrasse zum Sanitärgebäude.

Lage & Stellplatz

Der Campingplatz liegt am Ortsrand von Issigau, ca. 5 km von der A9, Abfahrt 31 Berg/Bad-Steben, entfernt. Die Stellplätze liegen im und rund um den Schlosshof. Es werden auch 1- bis 4-Bett-Zimmer und Ferienwohnungen angeboten. Zudem gibt es WLAN, Brötchenservice, Frühstück, Tischtennis u. v. m.

Verpflegung

Die Gaststätte bietet eine reichhaltige Auswahl an regionalen und überregionalen Speisen sowie Getränken an. Nachmittags gibt es hausgemachten Kuchen und Eisbecher. Ob in der Weinstube (Gewölbe aus dem 16. Jahrhundert), auf der Terrasse oder im gemütlichen Gastraum – ein Abend vergeht wie im Fluge.

Sanitär

Der im Frühjahr 2020 sanierte Sanitärbereich verfügt über Warm-/Kaltwasser, Einzelwasch- und Duschkabinen. Die Waschküche ist mit Waschmaschine, Trockner, Bügelstation und Handwaschbecken ausgestattet. Ebenfalls vorhanden: Chemie WC-Entsorgungsstation und Ver- und Entsorgungsstation für Wohnmobile.

Freizeit

Das zentral gelegene Schloss Issigau bietet sich nicht nur als Durchgangsplatz an, sondern auch um den schönen Frankenwald zu erkunden. In der Nähe befinden sich etliche Ausflugsziele wie das Besucherbergwerk im Naturpark Frankenwald, der Friedrich-Wilhelm-Stollen oder das wildromantische Höllental.

Stellplätze im Grünen.

Blick auf das Schloss.

4.2 SEHR GUT
54 Bewertungen

Lage	4.4
Ruhe	4.7
Sanitäranlagen	3.6
Sauberkeit Ø	4.5
Freundlichkeit	4.8
Stellplatz	3.9
Verpflegung	4.3
Freizeit	3.5
Preis-Leistung	4.4
Mietunterkünfte	4.5

Geeignet für

- 4.8 Senioren
- 4.6 Paare
- 4.5 Gäste mit Hund
- 4.3 Gäste mit Zelt
- 3.6 Kinder b. 6 J.
- 3.6 Kinder b. 12 J.
- 3.1 Kinder b. 18 J.

Empfohlene Aktivitäten

Wandern, Entspannen, Radfahren, Mountainbiking, Sightseeing

HS: 01.06. - 15.09.

Karte auf Seite 630

11 Campingplatz Moritz

✻

Moritz 14
91327 Gößweinstein
+49 9242 359
49.78045 | 11.30973

Infos

Öffnungszeiten	01.04. - 31.10.
Vergleichspreis	HS: 20,50 € | NS: 20,50 €
Link	**Mehr Infos & Anfrage:** www.camping.info/26215

Ausstattung

Freizeit	Baden in nat. Gewässer	k. A.
	Pool/Hallenbad	4/8km
	Spielplatz am Platz	✓
Campingplatz	Hunde erlaubt	✓
	zur Hälfte Schatten	✓
	WLAN	✗
Versorgung	Lebensmittel	4km
	Brötchen am Platz	nur HS
	Restaurant am P.	✓
	Ver-/Entsorgung Womo	✓
	in den Ort	4km
Anzahl der Plätze	Touristenplätze	40
	Mietunterkünfte	✓
	Stellplätze vor Schranke	✗

3.3 GUT – 6 Bewertungen

Lage	4.0
Ruhe	4.7
Sanitäranlagen	1.8
Sauberkeit Ø	3.8
Freundlichkeit	5.0
Stellplatz	2.5
Verpflegung	4.5
Freizeit	3.4
Preis-Leistung	4.2
Mietunterkünfte	-

Geeignet für

Kinder b. 6 J.	3.5
Kinder b. 12 J.	3.8
Kinder b. 18 J.	4.0
Paare	4.5
Senioren	3.8
Gäste mit Zelt	4.4
Gäste mit Hund	4.7

Empfohlene Aktivitäten

- Wandern
- Klettern
- Entspannen

12 Camping Jurahöhe

✻

Kleinlesau 9
91278 Kleinlesau
+49 9243 9173
49.79826 | 11.37557

Infos

Öffnungszeiten	ganzjährig
Vergleichspreis	HS: 20,40 € | NS: 20,40 €
Link	**Mehr Infos & Anfrage:** www.camping.info/19140

Ausstattung

Freizeit	Baden in nat. Gewässer	k. A.
	Hallenbad	4km
	Spielplatz am Platz	✓
Campingplatz	Hunde willkommen	✓
	wenig Schatten	✓
	WLAN	keine Angabe
Versorgung	Lebensmittel	4km
	Brötchen am Platz	✓
	Restaurant am P.	✓
	Ver-/Entsorgung Womo	✓
	in den Ort	keine Angabe
Anzahl der Plätze	Gesamt/Touristen	120/90
	Mietunterkünfte	✓
	Stellplätze vor Schranke	✗

3.6 GUT – 26 Bewertungen

Lage	4.4
Ruhe	4.8
Sanitäranlagen	3.3
Sauberkeit Ø	3.7
Freundlichkeit	3.4
Stellplatz	3.9
Verpflegung	3.5
Freizeit	3.6
Preis-Leistung	4.0
Mietunterkünfte	4.4

Geeignet für

Kinder b. 6 J.	3.2
Kinder b. 12 J.	3.5
Kinder b. 18 J.	3.2
Paare	4.3
Senioren	4.4
Gäste mit Zelt	4.4
Gäste mit Hund	4.2

Empfohlene Aktivitäten

- Entspannen
- Wandern
- Radfahren

13 Camping Bärenschlucht

✻

Bärenschlucht 1
91278 Pottenstein
+49 9243 206
49.77917 | 11.38526

Infos

Öffnungszeiten	ganzjährig
Vergleichspreis	HS: 22,00 € | NS: 22,00 €
Link	**Mehr Infos & Anfrage:** www.camping.info/19141

Ausstattung

Freizeit	Baden im Fluss am Platz	✓
	Pool/Hallenbad	2km
	Spielplatz am Platz	✓
Campingplatz	Hunde erlaubt	✓
	Schatten	✗
	WLAN	✗
Versorgung	Lebensmittel	✓
	Brötchen am Platz	✓
	Restaurant & Imbiss	✓
	Ver-/Entsorgung Womo	✓
	in den Ort	2km
Anzahl der Plätze	Gesamt/Touristen	180/120
	Mietunterkünfte	✓
	Stellplätze vor Schranke	✗

3.8 GUT – 106 Bewertungen

Lage	4.1
Ruhe	3.2
Sanitäranlagen	4.1
Sauberkeit Ø	4.3
Freundlichkeit	4.1
Stellplatz	3.6
Verpflegung	4.1
Freizeit	4.1
Preis-Leistung	3.9
Mietunterkünfte	4.1

Geeignet für

Kinder b. 6 J.	3.8
Kinder b. 12 J.	4.2
Kinder b. 18 J.	3.8
Paare	4.1
Senioren	3.9
Gäste mit Zelt	4.3
Gäste mit Hund	3.9

Empfohlene Aktivitäten

- Wandern
- Klettern
- Mountainbiking

19 Campingplatz Fichtelsee

*

Fichtelseestr. 30
95686 Fichtelberg
+49 9272 801
www.camping-fichtelsee.de
info@camping-fichtelsee.de

01.01. - 31.10.
18.12. - 31.12.
HS: 22,50 € | NS: 22,50 €

Mehr Infos & Anfrage:
www.camping.info/19216

Baden im See	100m
Pool/Hallenbad	5/15km
Spielplatz am Platz	✓
Hunde willkommen	✓
zur Hälfte Schatten	✓
WLAN (gegen Gebühr)	✓
Lebensmittel	2km
Brötchen am Platz	nur HS
Restaurant/Imbiss	200m/1km
Ver-/Entsorgung Womo	✓
in den Ort	1km
Gesamt/Touristen	118/100
Mietunterkünfte	✗
Stellplätze vor Schranke	✗

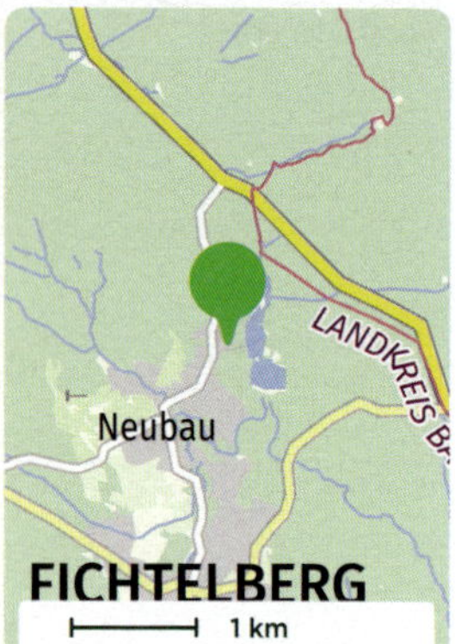

50.01674 | 11.85516

Ruhige, idyllische Lage am Wald nahe dem See – der Campingplatz Fichtelsee.

Lage & Stellplatz

Nordbayerns höchstgelegener Campingplatz liegt inmitten des Naturparks vor einer herrlichen Waldkulisse nur einen Steinwurf vom Fichtelsee entfernt. Die 118 Stellplätze befinden sich in sonniger Lage und sind mit Stromanschluss (16A) und teilweise mit TV-, Wasser- und Abwasseranschluss ausgestattet.

Verpflegung

Während der Saison gibt es einen täglichen Bäckerservice. Im kleinen Kiosk werden Getränke, Eis, Süßigkeiten und Souvenirs angeboten. Im Ortskern (2 km) befindet sich ein gut sortierter Supermarkt. Mehrere Restaurants mit fränkischer Küche liegen in unmittelbarer Nähe des Campingplatzes (ca. 250 m).

Sanitär

Der Platz verfügt über eine gepflegte Sanitärausstattung mit Einzelwaschkabinen, Babywickelraum und rollstuhlgerechter Sanitärkabine. Waschmaschine u. Trockner sind vorhanden. Trockenraum und Hundedusche runden das Angebot ab. Im Obergeschoss des Sanitärgebäudes II befindet sich ein Aufenthaltsraum.

Freizeit

Zahllose Möglichkeiten im Sommer wie im Winter, von Sport bis Kultur: Wandern, Nordic Walking, Schwimmen, Mountainbiking, Langlauf, Ski Alpin. Felsenlabyrinth, Zipline-Park, Alpin Coaster, Museen, Weltkulturerbe Opernhaus Bayreuth. Luisenburg-Festspiele und Richard-Wagner-Festspiele Bayreuth.

Ruhe genießen, Erholung tanken.

Ausgangspunkt für Wintersport.

4.4 SEHR GUT
121 Bewertungen

Lage	4.6
Ruhe	4.5
Sanitäranlagen	4.5
Sauberkeit Ø	4.7
Freundlichkeit	4.5
Stellplatz	4.2
Verpflegung	3.1
Freizeit	4.2
Preis-Leistung	4.4
Mietunterkünfte	-

Geeignet für

4.8 Senioren

4.7	Paare
4.6	Gäste mit Hund
4.2	Kinder b. 6 J.
4.1	Kinder b. 12 J.
4.1	Gäste mit Zelt
3.6	Kinder b. 18 J.

Empfohlene Aktivitäten

Wandern
Entspannen
Mountainbiking
Schwimmen
Radfahren

Strom n. Verbrauch 60 Cent pro KWS; einmalige Grundanschlussgebühr 1 €.

Karte auf Seite 630

15 Camping Lichtenberg

❄

Seestraße 161a
95192 Lichtenberg
+49 9288 6870
50.37377 | 11.66875

ganzjährig
HS: 12,50 € | NS: 12,50 €
Mehr Infos & Anfrage: www.camping.info/19212

Baden im See am Platz	✓
Pool/Hallenbad	2km
Spielplatz am Platz	✓
Hunde erlaubt	✓
Schatten	✗
WLAN	✗
Lebensmittel	1km
Brötchen	keine Angabe
Restaurant	1km
Ver-/Entsorgung Womo	✗
in den Ort	2km
Gesamt/Touristen	189/52
Mietunterkünfte	✗
Stellplätze vor Schranke	✗

3.6 GUT – 5 Bewertungen

Lage	4.2
Ruhe	4.6
Sanitäranlagen	3.2
Sauberkeit Ø	4.0
Freundlichkeit	4.3
Stellplatz	3.6
Verpflegung	2.0
Freizeit	3.8
Preis-Leistung	4.4
Mietunterkünfte	-

Geeignet für

Kinder b. 6 J.	3.0
Kinder b. 12 J.	3.2
Kinder b. 18 J.	3.4
Paare	4.6
Senioren	4.8
Gäste mit Zelt	4.0
Gäste mit Hund	4.7

Empfohlene Aktivitäten

- Wandern
- Motorrad
- Radfahren

17 Campingplatz Auensee

❄

Am Auensee 1
95189 Joditz-Köditz
+49 9295 381
50.375 | 11.8381

ganzjährig
HS: 18,60 € | NS: 18,60 €
Mehr Infos & Anfrage: www.camping.info/19213

Baden im See am Platz	✓
Pool/Hallenbad	10km
Spielplatz am Platz	✓
Hunde willkommen	✓
zur Hälfte Schatten	✓
WLAN	✓
Lebensmittel	500m
Brötchen am Platz	✓
Restaurant/Imbiss	200m
Ver-/Entsorgung Womo	✓
in den Ort	500m
Gesamt/Touristen	200/25
Mietunterkünfte	✗
Stellplätze vor Schranke	✗

4.1 SEHR GUT – 41 Bewertungen

Lage	4.2
Ruhe	4.5
Sanitäranlagen	3.8
Sauberkeit Ø	4.5
Freundlichkeit	4.9
Stellplatz	3.7
Verpflegung	3.6
Freizeit	3.8
Preis-Leistung	4.6
Mietunterkünfte	-

Geeignet für

Kinder b. 6 J.	4.2
Kinder b. 12 J.	4.1
Kinder b. 18 J.	4.0
Paare	4.5
Senioren	4.5
Gäste mit Zelt	4.4
Gäste mit Hund	4.5

Empfohlene Aktivitäten

- Wandern
- Schwimmen
- Entspannen

18 Camping am Weissenstädter See

❄

Badstrasse 91
95163 Weißenstadt
+49 9253 288
50.10917 | 11.87694

ganzjährig
HS: 26,00 € | NS: 26,00 €
Mehr Infos & Anfrage: www.camping.info/19210

Baden im See am Platz	✓
Pool am Platz	✓
Spielplatz	keine Angabe
Hunde erlaubt	✓
Schatten	✗
WLAN	✓
Lebensmittel	500m
Brötchen	keine Angabe
Restaurant & Imbiss	✓
Ver-/Entsorgung Womo	✓
in den Ort	1km
Gesamt/Touristen	315/200
Mietunterkünfte	✗
Stellplätze vor Schranke	✗

4.0 SEHR GUT – 21 Bewertungen

Lage	4.4
Ruhe	4.3
Sanitäranlagen	4.3
Sauberkeit Ø	4.2
Freundlichkeit	4.6
Stellplatz	3.6
Verpflegung	4.4
Freizeit	3.9
Preis-Leistung	4.6
Mietunterkünfte	-

Geeignet für

Kinder b. 6 J.	3.8
Kinder b. 12 J.	4.0
Kinder b. 18 J.	4.0
Paare	4.6
Senioren	4.7
Gäste mit Zelt	4.1
Gäste mit Hund	4.8

Empfohlene Aktivitäten

- Schwimmen
- Radfahren
- Wandern

Infos

Öffnungszeiten
Vergleichspreis
Link

Ausstattung

Freizeit
Campingplatz
Versorgung
Anzahl der Plätze

24 Camping Platzermühle

*

Platzermühle 2
95698 Bad- Neualbenreuth
+49 9638 912200
www.camping-sibyllenbad.de
info@camping-sibyllenbad.de

ganzjährig

HS: 25,00 € | NS: 25,00 €

Mehr Infos & Anfrage:
www.camping.info/23209

Baden im Teich	10km
Pool/Hallenbad	10km
Spielplatz am Platz	✓
Hunde willkommen	✓
zur Hälfte Schatten	✓
WLAN (gegen Gebühr)	✓
Lebensmittel	1km
Brötchen am Platz	✓
Restaurant	400m
Ver-/Entsorgung Womo	✓
in den Ort	1km
Gesamt/Touristen	48/30
Mietunterkünfte	✓
Stellplätze vor Schranke	✓

49.97064 | 12.44454

Camping Platzermühle.

Lage & Stellplatz

Camping Platzermühle liegt in idyllischer Lage am Rande des Tillenbergs im Oberpfälzer Wald an der tschechischen Grenze. Auf vier Terrassen befinden sich die ebenen Komfort-stellplätze, die zwischen 100 und 120 m² Größe haben und jeweils mit Strom-, Wasser und Abwasseranschluss ausgestattet sind.

Verpflegung

Die Gäste erfreuen sich am Brötchenservice mit Lieferung direkt zum Stellplatz. In der Rezeption gibt es einen kleinen Getränkeverkauf. Preiswerte und schmackhafte Gastronomie finden die Urlauber fußläufig vom Platz (ca. 300 m entfernt).

Sanitär

Auf Sauberkeit wird bei den großräumigen, ganzjährig beheizten Sanitäranlagen großer Wert gelegt. Die Gäste finden hier neben einem Wäsche- und Trockenraum ebenfalls einen Küchen- und Geschirrspülraum.

Freizeit

Zahlreiche Wander- und Mountainbiketouren führen um den Tillenberg auf deutscher und tschechischer Seite. Nach dem Naturerlebnis bietet das Sibyllenbad Wellness, Sauna, einen orientalischen Badetempel sowie eine Badelandschaft für die verdiente Entspannung. 18-Loch Golfplatz in 2 km Entfernung.

Die Sanitäranlagen.

Der Stellplatz.

4.4 SEHR GUT
12 Bewertungen

Lage	4.1
Ruhe	4.4
Sanitäranlagen	4.6
Sauberkeit Ø	4.6
Freundlichkeit	4.8
Stellplatz	4.2
Verpflegung	3.5
Freizeit	3.6
Preis-Leistung	4.6
Mietunterkünfte	4.5

Geeignet für

- 4.8 Gäste mit Hund
- 4.6 Paare
- 4.4 Senioren
- 4.3 Gäste mit Zelt
- 3.9 Kinder b. 6 J.
- 3.4 Kinder b. 18 J.
- 3.0 Kinder b. 12 J.

Empfohlene Aktivitäten

Wandern | Wellness | Entspannen | Schwimmen | Radfahren

Karte auf Seite 630

20 Camping Holderbach

*

Schafgasse 14
95694 Mehlmeisel
+49 9272 387
49.97462 | 11.85257

ganzjährig

keine Angabe

Mehr Infos & Anfrage: www.camping.info/19217

Baden in nat. Gewässer	k. A.
Pool & Hallenbad	✗
Spielplatz am Platz	✓
Hunde erlaubt	✓
Schatten	✗
WLAN	✓
Lebensmittel	k.A.
Brötchen	keine Angabe
Restaurant & Imbiss	✗
Ver-/Entsorgung Womo	✗
in den Ort	250m
Touristenplätze	50
Mietunterkünfte	✓
Stellplätze vor Schranke	✗

4.0 SEHR GUT
8 Bewertungen

Lage	4.1
Ruhe	4.6
Sanitäranlagen	3.4
Sauberkeit Ø	4.9
Freundlichkeit	5.0
Stellplatz	3.5
Verpflegung	2.4
Freizeit	4.1
Preis-Leistung	4.9
Mietunterkünfte	4.0

Geeignet für

Kinder b. 6 J.	3.8
Kinder b. 12 J.	3.5
Kinder b. 18 J.	2.2
Paare	4.3
Senioren	4.3
Gäste mit Zelt	4.0
Gäste mit Hund	4.8

Empfohlene Aktivitäten

- Wandern
- Entspannen
- Radfahren

21 Campingplatz Immenreuth

*

Gabellohe 21a
95505 Immenreuth
09642/1560
49.8886 | 11.86465

ganzjährig

keine Angabe

Mehr Infos & Anfrage: www.camping.info/23807

Baden in nat. Gewässer	k. A.
Pool/Hallenbad	✓/6km
Spielplatz am Platz	✓
Hunde willkommen	✓
Schatten	✗
WLAN	✗
Lebensmittel	1km
Brötchen am Platz	✗
Restaurant/Imbiss	2km/✓
Ver-/Entsorgung Womo	✗
in den Ort	1km
Gesamt/Touristen	112/12
Mietunterkünfte	✗
Stellplätze vor Schranke	✗

- JETZT BEWERTEN!

Für diese Auswertung liegen leider noch nicht genügend Bewertungen vor.

Sei einer der Ersten, der diesen Campingplatz bewertet. Unter den Bewertern werden regelmäßig Gewinne verlost!

Mehr Infos dazu findest du in unserem allgemeinen Intro.

22 Camping am Erlenweiher

Erlenweg 10
92703 Thumsenreuth
+49 9682 737
49.85639 | 12.10417

keine Angabe

keine Angabe

Mehr Infos & Anfrage: www.camping.info/19173

Baden in nat. Gewässer	k. A.
Pool & Hallenbad	✗
Spielplatz	keine Angabe
Hunde	✗
Schatten	✗
WLAN	keine Angabe
Lebensmittel	k.A.
Brötchen	keine Angabe
Restaurant & Imbiss	✗
Ver-/Entsorgung Womo	✗
in den Ort	keine Angabe
Gesamt	keine Angabe
Mietunterkünfte	✗
Stellplätze vor Schranke	✗

3.4 GUT
7 Bewertungen

Lage	3.6
Ruhe	4.1
Sanitäranlagen	4.0
Sauberkeit Ø	4.0
Freundlichkeit	3.3
Stellplatz	3.3
Verpflegung	3.3
Freizeit	3.2
Preis-Leistung	3.1
Mietunterkünfte	-

Geeignet für

Kinder b. 6 J.	3.8
Kinder b. 12 J.	3.7
Kinder b. 18 J.	3.3
Paare	3.9
Senioren	3.3
Gäste mit Zelt	3.6
Hunde n. erlaubt	-

Empfohlene Aktivitäten

- Entspannen
- Wandern
- Schwimmen

Infos

Öffnungszeiten
Vergleichspreis
Link

Ausstattung

Freizeit
Campingplatz
Versorgung
Anzahl der Plätze

Panorama & Wellness-Campingplatz Großbüchlberg

23

Großbüchlberg 32
95666 Mitterteich
+49 9633 400673
www.freizeithugl.de
camping@freizeithugl.de

ganzjährig

HS: 27,00 € | NS: 27,00 €

Mehr Infos & Anfrage:
www.camping.info/23161

Baden in nat. Gewässer	✗
Pool/Hallenbad	4km
Spielplatz	250m
Hunde willkommen	✓
wenig Schatten	✓
WLAN (gegen Gebühr)	✓
Lebensmittel	3km
Brötchen am Platz	✓
Restaurant/Imbiss	✓/250m
Ver-/Entsorgung Womo	✓
in den Ort	250m
Gesamt/Touristen	105/95
Mietunterkünfte	✗
Stellplätze vor Schranke	✓

camping.info AWARD 2018

camping.info AWARD 2019

AWARD 2020 camping.info

Der Panorama-Ruhepool: Das Herzstück der 300 m² großen Wellness-Oase.

Lage & Stellplatz

„Grüß Gott" aus der Oberpfalz! Gut ausgeschildert und verkehrstechnisch günstig gelegen (5 km von der Autobahn A93 und 15 km von Tschechien entfernt) gelangen Campinggäste schnell zum Platz. In 600 m Höhe wartet ganzjährig auf zwei Terrassen eine von 100 Ruheoasen auf Ihren idealen Urlaub! 24 Wohnmobile jeglicher Größe finden hier auf 40 - 60 m² großen Stellplätzen mit wettersicheren Rasengittersteinen Platz. 76 Caravans freuen sich auf die 80 - 120 m² großen Schotterrasenplätze der Anlage. Hier genießt man ein herrliches Panorama: bis zu 50 km weit reicht der Blick über das schöne Stiftland.

Sanitär

Das saubere und helle Sanitärgebäude punktet mit barrierefreiem Eingang und Bioenergie-Wärme. Wäschewaschen und -trocknen ist genauso möglich wie Geschirrspülen. Auch eigene, abschließbare Sanitärkabinen können die Gäste mieten. Dusch-, Wasch- und Toilettenkabinen sowie Urinale runden das sanitäre Angebot ab. Die 300 m² große Wellness-Oase bietet einen 12 x 6 m großen Panorama-Pool mit bis zu 35 Grad warmen Wasser, einen beheizten Ruheraum hinter großen Glasfronten sowie Außenliegen unter großzügigen Sonnenschirmen, eine Trockensauna und ein Dampfbad mit verschiedenen Aufgüssen bzw. Aromen.

Sonnenaufgang am Großbüchlberg.

Außenbereich des Ruheraums.

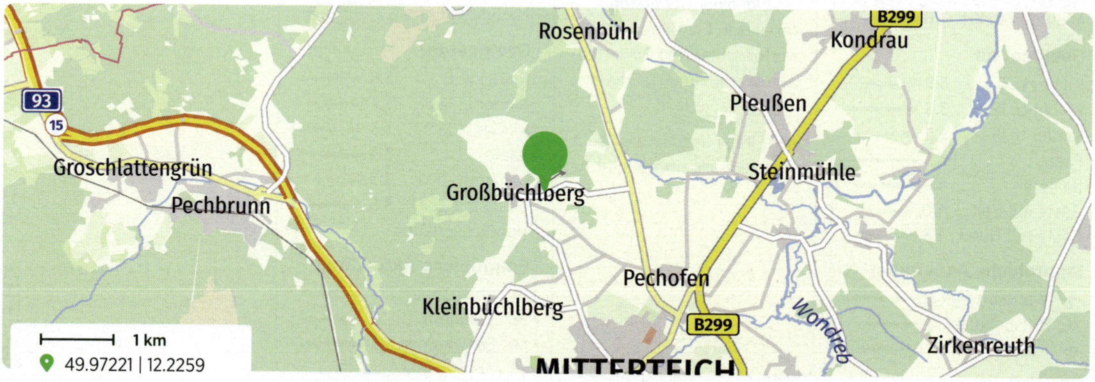

AWARD 2020

Unsere Platz- und Wellness-Ordnung klärt im Vorfeld fast alle Ihre Fragen.

Herrlich in die Natur eingebetteter Platz mit bis zu 50 km weitem Panoramablick. Nur ein paar Meter entfernt liegt das Restaurant „Petersklause".

Verpflegung

Auf Wunsch werden täglich bis 7:30 Uhr verschiedene Brötchen hausgebacken. Kleine und große Gasflaschen (Stahl und Alu) stehen ebenso zum Verkauf wie diverse Markengetränke, heimische Biere und Weine, regionale Wurst- und Honigspezialitäten sowie bekannte Eissorten und viele weitere Artikel des täglichen Bedarfs. Leckeres Essen wartet nur ein paar Schritte vom Platz entfernt im Restaurant „Petersklause" auf die Gäste: Die Speisekarte verfügt über eine große Auswahl an Fleisch- und Fischgerichten. Für gesundheitsbewusste Camper stehen auch Gerichte mit viel Gemüse und wenig Fett auf der Karte.

Freizeit

Kinder erobern den großen Spielplatz an der Petersklause-Sonnenterrasse oder machen große Sprünge auf den Netz- und Bungee-Trampolins. Beim Minigolf oder Hindernis-Billard ist Zielsicherheit gefragt und die 760 m lange Sommerrodelbahn verspricht rasante Abfahrten. Im Umkreis von 30 km warten einige Attraktionen, z. B. Porzellan- und Fischereimuseum, Dreifaltigkeitskirche Kappl, Stiftsbasilika mit Klosterbibliothek, Naturerlebnisgarten, Teichpfanne (rund 4.600 Fischweiher), Kurmittelhaus Sibyllenbad, Falknerei bzw. Greifvogelpark, Luisenburg-Festspiele und das tiefste Bohrloch der Erde.

5.0

Wir sind schon öfter auf diesem kleinen feinen ein Campingplatz gewesen und werden sicher immer wieder kommen. Die Sanitäranlagen sind supersauber, die Betreiber sehr nett und freundlich, der Pool ist klasse und die Aussicht einfach unschlagbar. Man kann tolle Radtouren und Wanderungen direkt vom Campingplatz aus machen. Gerne immer wieder!

Susanne B.

Susanne B. ist seit 2016 aktive Camperin mit Auto und Dachzelt. Sie hat im August 2020 den Panorama & Wellness-Campingplatz Großbüchlberg besucht.

Bezauberndes Panorama am Morgen.

Restaurant und Bimmelbahn.

4.7 **SEHR GUT**
108 Bewertungen

Lage	4.7
Ruhe	4.8
Sanitäranlagen	4.7
Sauberkeit Ø	4.7
Freundlichkeit	4.9
Stellplatz	4.6
Verpflegung	4.3
Freizeit	4.4
Preis-Leistung	4.7
Mietunterkünfte	-

Geeignet für

4.9	Paare
4.9	Senioren
4.6	Gäste mit Hund
4.0	Gäste mit Zelt
3.8	Kinder b. 6 J.
3.8	Kinder b. 12 J.
3.7	Kinder b. 18 J.

Empfohlene Aktivitäten

- Wandern
- Entspannen
- Wellness
- Radfahren
- Schwimmen

BAYERN

❸ Mittelfranken

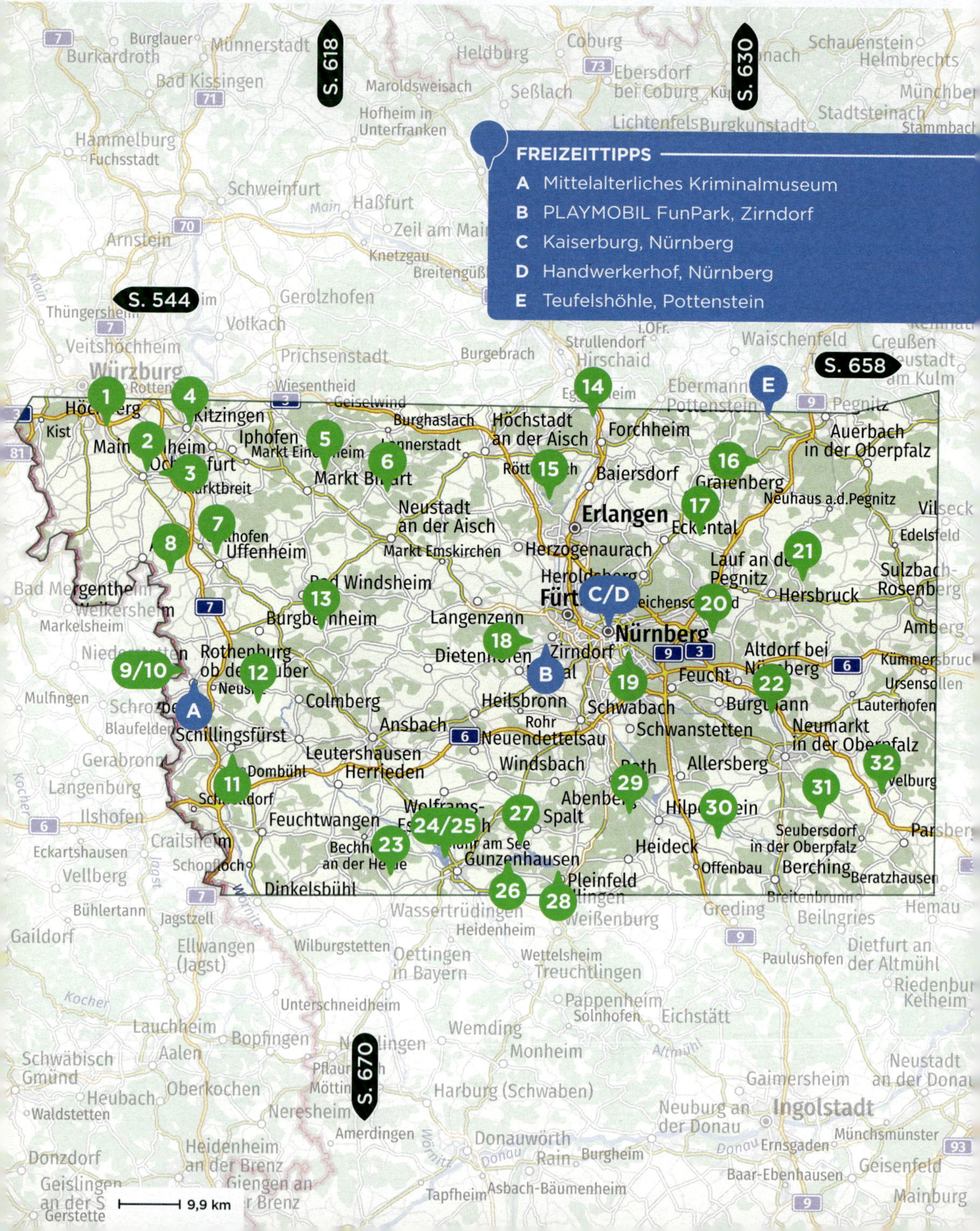

	Platz	Seite	Bewertung	Öffnungszeiten	
1	Wassersportclub Eibelstadt	646	4.0	ganzjährig	✱
2	KNAUS Campingpark Frickenhausen	646	3.8	ganzjährig	✱ 🍃
3	Camping Polisina	646	3.0	ganzjährig	✱
4	Camping Schiefer Turm	646	4.2	saisonal	
5	Campingplatz Scheinfeld	647	-	k. A.	✱
6	Steigerwald Camping Münchsteinach	647	3.5	ganzjährig	✱
7	Naturcamping Uffenheim am Freibad	647	4.3	saisonal	
8	Camping Paradies Franken	648	4.6	ganzjährig	✱ ϟ
9	Camping Tauberromantik	648	4.0	saisonal	✱
10	Camping Tauber Idyll	648	4.1	saisonal	
11	Campingplatz Frankenhöhe	648	3.9	ganzjährig	✱
12	Mohrenhof Franken	649	4.4	ganzjährig	✱ 🍃 ϟ
13	Seecamping Obernzenn	649	4.3	saisonal	
14	Caravan-Club Forchheim	649	-	k. A.	✱
15	Camping Rangau	650	3.8	saisonal	
16	Campingplatz Betzenstein	650	4.1	saisonal	
17	Camping Bergesruh	650	4.3	ganzjährig	✱
18	Camping "Zur Mühle"	650	3.6	saisonal	
19	KNAUS Campingpark Nürnberg	651	3.5	ganzjährig	
20	Camping Heiligenmühle	651	3.4	k. A.	
21	Pegnitz Camping	651	4.5	saisonal	
22	Camping in Berg	652	4.0	ganzjährig	✱
23	Campingplatz Dennenloher See	653	3.0	k. A.	
24	Campingplatz Fischer-Michl	653	4.4	saisonal	
25	Altmühlsee-Camping Herzog	653	3.9	ganzjährig	✱
26	See Camping Langlau	655	4.0	saisonal	🍃
27	Reisemobilhafen auf der Badehalbinsel Absberg	655	3.9	saisonal	🍃
28	Waldcamping Brombach e.K.	654	4.1	ganzjährig	✱
29	Camping Waldsee GmbH & Co. KG	656	3.5	ganzjährig	✱ 🍃
30	Naturcamp Kauerlach GmbH	655	3.8	ganzjährig	✱
31	Campingplatz Sippelmühle	657	4.5	ganzjährig	✱
32	Camping am Hauenstein	657	4.4	ganzjährig	✱

✱ Wintercamping FKK Textilfrei (ganz/teilweise) 🍃 Ecocamping 👍 Award ϟ Onlinebuchung

1 Wassersportclub Eibelstadt

*

Mainparkring
97246 Eibelstadt

49.7313 | 9.9873

ganzjährig

HS: 15,00 €

Mehr Infos & Anfrage:
www.camping.info/27346

Baden in nat. Gewässer	k. A.
Pool & Hallenbad	✗
Spielplatz am Platz	✓
Hunde willkommen	✓
wenig Schatten	✓
WLAN	✗
Lebensmittel	3km
Brötchen am Platz	nur HS
Restaurant am P.	✓
Ver-/Entsorgung Womo	✓
in den Ort	3km
Touristenplätze	90
Mietunterkünfte	✗
Stellplätze vor Schranke	✗

4.0 SEHR GUT
3 Bewertungen

Lage	3.7
Ruhe	4.0
Sanitäranlagen	3.7
Sauberkeit Ø	4.2
Freundlichkeit	4.0
Stellplatz	3.7
Verpflegung	3.5
Freizeit	3.5
Preis-Leistung	4.0
Mietunterkünfte	-

Geeignet für

Kinder b. 6 J.	-
Kinder b. 12 J.	-
Kinder b. 18 J.	-
Paare	5.0
Senioren	4.0
Gäste mit Zelt	-
Gäste mit Hund	5.0

Empfohlene Aktivitäten
- Kultur
- Radfahren
- Angeln

2 KNAUS Campingpark Frickenhausen

*

Ochsenfurter Straße 49
97252 Frickenhausen
+49 9331 3171

49.66921 | 10.07447

ganzjährig

HS: 34,50 € | NS: 31,40 €

Mehr Infos & Anfrage:
www.camping.info/19232

Baden im Fluss am Platz	✓
Pool/Hallenbad	✓/15km
Spielplatz am Platz	✓
Hunde willkommen	✓
zur Hälfte Schatten	✓
WLAN (gegen Gebühr)	✓
Lebensmittel	✓
Brötchen am Platz	✓
Restaurant am P.	✓
Ver-/Entsorgung Womo	✓
in den Ort	1km
Gesamt	148
Mietunterkünfte	✓
Stellplätze vor Schranke	✗

3.8 GUT
136 Bewertungen

Lage	4.1
Ruhe	3.5
Sanitäranlagen	3.6
Sauberkeit Ø	3.9
Freundlichkeit	4.2
Stellplatz	3.8
Verpflegung	3.4
Freizeit	3.9
Preis-Leistung	3.6
Mietunterkünfte	3.7

Geeignet für

Kinder b. 6 J.	3.6
Kinder b. 12 J.	3.7
Kinder b. 18 J.	3.4
Paare	4.2
Senioren	4.3
Gäste mit Zelt	3.9
Gäste mit Hund	3.8

Empfohlene Aktivitäten
- Radfahren
- Wandern
- Entspannen

weitere NS: 20.09. - 31.12.

3 Camping Polisina

*

Marktbreiter Straße 265
97199 Ochsenfurt
+49 9331 8440

49.66449 | 10.09623

ganzjährig

HS: 18,50 € | NS: 18,50 €

Mehr Infos & Anfrage:
www.camping.info/19228

Baden im Fluss	500m
Pool/Hallenbad	2/15km
Spielplatz am Platz	✓
Hunde erlaubt	✓
viel Schatten	✓
WLAN	✗
Lebensmittel	1km
Brötchen am Platz	✓
Restaurant am P.	✓
Ver-/Entsorgung Womo	✗
in den Ort	2km
Gesamt/Touristen	150/100
Mietunterkünfte	✗
Stellplätze vor Schranke	✗

3.0 GUT
4 Bewertungen

Lage	4.2
Ruhe	4.0
Sanitäranlagen	2.8
Sauberkeit Ø	2.6
Freundlichkeit	3.3
Stellplatz	2.8
Verpflegung	2.0
Freizeit	2.8
Preis-Leistung	3.0
Mietunterkünfte	-

Geeignet für

Kinder b. 6 J.	3.0
Kinder b. 12 J.	3.0
Kinder b. 18 J.	3.0
Paare	3.3
Senioren	2.7
Gäste mit Zelt	3.0
Gäste mit Hund	3.0

Empfohlene Aktivitäten
- Radfahren
- Entspannen
- Kulinarik

4 Camping Schiefer Turm

Marktbreiterstr. 20
97318 Kitzingen-Hohenfeld
+49 9321 33125

49.73202 | 10.16871

01.04. - 24.10.

HS: 28,00 € | NS: 28,00 €

Mehr Infos & Anfrage:
www.camping.info/19233

Baden im Fluss am Platz	✓
Pool/Hallenbad	200m
Spielplatz am Platz	✓
Hunde willkommen	✓
zur Hälfte Schatten	✓
WLAN	✓
Lebensmittel	300m
Brötchen am Platz	✓
Restaurant & Imbiss	✓
Ver-/Entsorgung Womo	✓
in den Ort	1km
Gesamt/Touristen	150/90
Mietunterkünfte	✗
Stellplätze vor Schranke	✗

4.2 SEHR GUT
91 Bewertungen

Lage	4.5
Ruhe	3.6
Sanitäranlagen	4.1
Sauberkeit Ø	4.5
Freundlichkeit	4.8
Stellplatz	4.1
Verpflegung	3.5
Freizeit	4.1
Preis-Leistung	4.3
Mietunterkünfte	-

Geeignet für

Kinder b. 6 J.	3.9
Kinder b. 12 J.	4.1
Kinder b. 18 J.	3.6
Paare	4.6
Senioren	4.6
Gäste mit Zelt	4.1
Gäste mit Hund	4.5

Empfohlene Aktivitäten
- Radfahren
- Schwimmen
- Motorboot

Karte auf Seite 644

5 Campingplatz Scheinfeld

*

Badstraße 6
91443 Scheinfeld

49.67425 | 10.46182

keine Angabe

keine Angabe

Mehr Infos & Anfrage: www.camping.info/27078

Baden in nat. Gewässer	k. A.
Pool/Hallenbad	200/300m
Spielplatz	keine Angabe
Hunde willkommen	✓
Schatten	✗
WLAN	keine Angabe
Lebensmittel	1km
Brötchen am Platz	nur HS
Restaurant/Imbiss	1km
Ver-/Entsorgung Womo	✓
in den Ort	keine Angabe
Touristenplätze	12
Mietunterkünfte	✗
Stellplätze vor Schranke	✗

- JETZT BEWERTEN!

Für diese Auswertung liegen leider noch nicht genügend Bewertungen vor.

Sei einer der Ersten, der diesen Campingplatz bewertet. Unter den Bewertern werden regelmäßig Gewinne verlost!

Mehr Infos dazu findest du in unserem allgemeinen Intro.

6 Steigerwald Camping Münchsteinach

*

Badstraße 10
91481 Münchsteinach
+49 9166 750

49.64018 | 10.59948

ganzjährig

HS: 18,00 € | NS: 18,00 €

Mehr Infos & Anfrage: www.camping.info/22381

Baden im See	5km
Pool/Hallenbad	8/10km
Spielplatz am Platz	✓
Hunde willkommen	✓
wenig Schatten	✓
WLAN	✗
Lebensmittel	200m
Brötchen am Platz	✗
Restaurant	500m
Ver-/Entsorgung Womo	✓
in den Ort	100m
Gesamt/Touristen	180/60
Mietunterkünfte	✗
Stellplätze vor Schranke	✗

3.5 GUT
6 Bewertungen

Lage	4.2
Ruhe	4.7
Sanitäranlagen	2.8
Sauberkeit Ø	4.0
Freundlichkeit	4.5
Stellplatz	3.4
Verpflegung	4.0
Freizeit	3.3
Preis-Leistung	3.7
Mietunterkünfte	-

Geeignet für

Kinder b. 6 J.	3.5
Kinder b. 12 J.	3.5
Kinder b. 18 J.	3.5
Paare	4.5
Senioren	3.7
Gäste mit Zelt	4.3
Gäste mit Hund	4.2

Empfohlene Aktivitäten

- Wandern
- Radfahren
- Entspannen

7 Naturcamping Uffenheim am Freibad

Sportstraße 3
97215 Uffenheim
+49 9842 1568

49.54318 | 10.22451

01.04. - 07.10.

HS: 23,00 €

Mehr Infos & Anfrage: www.camping.info/19229

Baden in nat. Gewässer	k. A.
Pool/Hallenbad	✓/300m
Spielplatz am Platz	✓
Hunde erlaubt	✓
zur Hälfte Schatten	✓
WLAN	✓
Lebensmittel	1km
Brötchen am Platz	✓
Restaurant/Imbiss	300m/✓
Ver-/Entsorgung Womo	✓
im Ort	✓
Touristenplätze	50
Mietunterkünfte	✓
Stellplätze vor Schranke	✓

4.3 SEHR GUT
23 Bewertungen

Lage	4.3
Ruhe	4.2
Sanitäranlagen	4.0
Sauberkeit Ø	4.5
Freundlichkeit	4.8
Stellplatz	4.2
Verpflegung	3.8
Freizeit	4.1
Preis-Leistung	4.5
Mietunterkünfte	4.5

Geeignet für

Kinder b. 6 J.	4.1
Kinder b. 12 J.	4.2
Kinder b. 18 J.	4.1
Paare	4.4
Senioren	4.5
Gäste mit Zelt	4.7
Gäste mit Hund	4.6

Empfohlene Aktivitäten

- Schwimmen
- Wandern
- Radfahren

Infos

Öffnungszeiten

Vergleichspreis

Link

Ausstattung

Freizeit

Campingplatz

Versorgung

Anzahl der Plätze

8 Camping Paradies Franken

Walkershofen 40
97215 Simmershofen
+49 9848 969633
49.52208 | 10.12304

ganzjährig
HS: 24,00 € | NS: 24,00 €
Mehr Infos & online buchen:
www.camping.info/23087

Baden im See	12km
Pool/Hallenbad	6/10km
Spielplatz am Platz	✓
Hunde willkommen	✓
wenig Schatten	✓
WLAN	✓
Lebensmittel	5km
Brötchen am Platz	✓
Restaurant & Imbiss	✓
Ver-/Entsorgung Womo	✓
in den Ort	300m
Gesamt/Touristen	90/80
Mietunterkünfte	✓
Stellplätze vor Schranke	✗

4.6 SEHR GUT
147 Bewertungen

Lage	4.4
Ruhe	4.9
Sanitäranlagen	4.7
Sauberkeit Ø	4.9
Freundlichkeit	4.7
Stellplatz	4.4
Verpflegung	4.4
Freizeit	3.7
Preis-Leistung	4.8
Mietunterkünfte	4.2

Geeignet für

Kinder b. 6 J.	4.1
Kinder b. 12 J.	3.6
Kinder b. 18 J.	3.1
Paare	4.9
Senioren	4.9
Gäste mit Zelt	4.6
Gäste mit Hund	4.8

Empfohlene Aktivitäten
- Entspannen
- Radfahren
- Wandern

9 Camping Tauberromantik

Detwang 39
91541 Rothenburg ob der Tauber-Detwang
+49 9861 6191
49.38768 | 10.16793

15.03. - 01.11.
HS: 28,00 € | NS: 25,00 €
Mehr Infos & Anfrage:
www.camping.info/19146

Baden im See	3km
Pool/Hallenbad	5km
Spielplatz am Platz	✓
Hunde willkommen	✓
zur Hälfte Schatten	✓
WLAN	✓
Lebensmittel	✓
Brötchen am Platz	✓
Restaurant/Imbiss	100/200m
Ver-/Entsorgung Womo	✓
in den Ort	1km
Touristenplätze	100
Mietunterkünfte	✓
Stellplätze vor Schranke	✗

4.0 SEHR GUT
68 Bewertungen

Lage	4.2
Ruhe	3.8
Sanitäranlagen	3.8
Sauberkeit Ø	4.3
Freundlichkeit	4.3
Stellplatz	4.0
Verpflegung	3.4
Freizeit	3.9
Preis-Leistung	4.2
Mietunterkünfte	3.5

Geeignet für

Kinder b. 6 J.	3.6
Kinder b. 12 J.	3.5
Kinder b. 18 J.	3.2
Paare	4.6
Senioren	4.5
Gäste mit Zelt	4.3
Gäste mit Hund	4.5

Empfohlene Aktivitäten
- Wandern
- Sightseeing
- Radfahren

10 Camping Tauber Idyll

Detwang 28a
91541 Rothenburg ob der Tauber-Detwang
+49 9861 3177
49.3875 | 10.16583

23.03. - 19.10.
HS: 25,00 € | NS: 22,50 €
Mehr Infos & Anfrage:
www.camping.info/19145

Baden im Fluss	100m
Pool/Hallenbad	3km
Spielplatz	100m
Hunde willkommen	✓
wenig Schatten	✓
WLAN	✓
Lebensmittel	✓
Brötchen am Platz	✓
Restaurant/Imbiss	100m
Ver-/Entsorgung Womo	✓
in den Ort	1km
Touristenplätze	50
Mietunterkünfte	✗
Stellplätze vor Schranke	✓

4.1 SEHR GUT
59 Bewertungen

Lage	4.5
Ruhe	4.3
Sanitäranlagen	3.5
Sauberkeit Ø	4.5
Freundlichkeit	4.8
Stellplatz	3.7
Verpflegung	3.6
Freizeit	3.8
Preis-Leistung	4.4
Mietunterkünfte	-

Geeignet für

Kinder b. 6 J.	3.3
Kinder b. 12 J.	3.2
Kinder b. 18 J.	3.2
Paare	4.6
Senioren	4.6
Gäste mit Zelt	4.3
Gäste mit Hund	4.3

Empfohlene Aktivitäten
- Sightseeing
- Radfahren
- Wandern

11 Campingplatz Frankenhöhe

Fischhaus 2
91583 Schillingsfürst
+49 9868 5111
49.27363 | 10.2655

ganzjährig
HS: 22,00 € | NS: 17,00 €
Mehr Infos & Anfrage:
www.camping.info/19148

Baden im See	100m
Pool/Hallenbad	100m/15km
Spielplatz am Platz	✓
Hunde willkommen	✓
zur Hälfte Schatten	✓
WLAN (gegen Gebühr)	✓
Lebensmittel	✓
Brötchen am Platz	nur HS
Restaurant & Imbiss	✓
Ver-/Entsorgung Womo	✓
in den Ort	2km
Gesamt/Touristen	160/90
Mietunterkünfte	✗
Stellplätze vor Schranke	✗

3.9 GUT
36 Bewertungen

Lage	4.1
Ruhe	4.0
Sanitäranlagen	4.0
Sauberkeit Ø	4.4
Freundlichkeit	4.5
Stellplatz	3.8
Verpflegung	3.3
Freizeit	3.5
Preis-Leistung	4.3
Mietunterkünfte	-

Geeignet für

Kinder b. 6 J.	3.2
Kinder b. 12 J.	3.3
Kinder b. 18 J.	2.8
Paare	4.1
Senioren	4.1
Gäste mit Zelt	3.9
Gäste mit Hund	4.4

Empfohlene Aktivitäten
- Wandern
- Radfahren
- Entspannen

Karte auf Seite 644

12 Mohrenhof Franken

Lauterbach 3
91608 Geslau
+49 9867 978 609
49.34592 | 10.32303

ganzjährig

HS: 28,00 € | NS: 24,00 €

Mehr Infos & online buchen: www.camping.info/22267

Baden im See am Platz	✓
Pool/Hallenbad	6/10km
Spielplatz am Platz	✓
Hunde willkommen	✓
Schatten	✗
WLAN	✓
Lebensmittel	✓
Brötchen am Platz	✓
Restaurant am P.	✓
Ver-/Entsorgung Womo	✓
in den Ort	300m
Gesamt/Touristen	289/211
Mietunterkünfte	✓
Stellplätze vor Schranke	✓

4.4 SEHR GUT – 307 Bewertungen

Lage	4.4
Ruhe	4.2
Sanitäranlagen	4.0
Sauberkeit Ø	4.5
Freundlichkeit	4.7
Stellplatz	4.3
Verpflegung	4.3
Freizeit	4.3
Preis-Leistung	4.6
Mietunterkünfte	4.5

Geeignet für

Kinder b. 6 J.	4.8
Kinder b. 12 J.	4.7
Kinder b. 18 J.	3.7
Paare	4.0
Senioren	3.9
Gäste mit Zelt	4.6
Gäste mit Hund	4.5

Empfohlene Aktivitäten

- Radfahren
- Entspannen
- Wandern

13 Seecamping Obernzenn

Urphertshofer Straße 17
91619 Obernzenn
+49 9844 1438
49.44552 | 10.45686

01.04. - 10.10.

HS: 21,80 € | NS: 17,00 €

Mehr Infos & Anfrage: www.camping.info/19149

Baden im See	50m
Pool/Hallenbad	8km
Spielplatz am Platz	✓
Hunde willkommen	✓
zur Hälfte Schatten	✓
WLAN (gegen Gebühr)	✓
Lebensmittel	300m
Brötchen am Platz	✓
Restaurant/Imbiss	150m
Ver-/Entsorgung Womo	✓
in den Ort	300m
Gesamt/Touristen	98/59
Mietunterkünfte	✓
Stellplätze vor Schranke	✓

4.3 SEHR GUT – 37 Bewertungen

Lage	4.4
Ruhe	4.4
Sanitäranlagen	4.0
Sauberkeit Ø	4.5
Freundlichkeit	4.5
Stellplatz	4.1
Verpflegung	3.6
Freizeit	4.1
Preis-Leistung	4.5
Mietunterkünfte	3.8

Geeignet für

Kinder b. 6 J.	4.3
Kinder b. 12 J.	4.3
Kinder b. 18 J.	3.8
Paare	4.6
Senioren	4.4
Gäste mit Zelt	4.4
Gäste mit Hund	4.2

Empfohlene Aktivitäten

- Schwimmen
- Entspannen
- Radfahren

14 Caravan-Club Forchheim

Pautzfelder Straße
91301 Forchheim

49.74799 | 11.04151

keine Angabe

HS: 22,00 €

Mehr Infos & Anfrage: www.camping.info/23567

Baden in nat. Gewässer	k. A.
Pool & Hallenbad	✗
Spielplatz	✗
Hunde willkommen	✓
kein Schatten	✓
WLAN	✓
Lebensmittel	✗
Brötchen am Platz	✗
Imbiss	✓
Ver-/Entsorgung Womo	✓
in den Ort	keine Angabe
Gesamt	keine Angabe
Mietunterkünfte	✗
Stellplätze vor Schranke	✗

- JETZT BEWERTEN!

Für diese Auswertung liegen leider noch nicht genügend Bewertungen vor.

Sei einer der Ersten, der diesen Campingplatz bewertet. Unter den Bewertern werden regelmäßig Gewinne verlost!

Mehr Infos dazu findest du in unserem allgemeinen Intro.

Infos

- Öffnungszeiten
- Vergleichspreis
- Link

Ausstattung

- Freizeit
- Campingplatz
- Versorgung
- Anzahl der Plätze

15 Camping Rangau

Campingstraße 44
91056 Erlangen-Dechsendorf
+49 91 35 88 66
49.63148 | 10.94782

01.04. - 30.09.
HS: 25,50 € | NS: 25,50 €
Mehr Infos & Anfrage:
www.camping.info/19136

Baden im See am Platz	✓
Pool	2km
Spielplatz am Platz	✓
Hunde erlaubt	✓
Schatten	✗
WLAN (gegen Gebühr)	✓
Lebensmittel	✓
Brötchen am Platz	✓
Restaurant am P.	✓
Ver-/Entsorgung Womo	✗
in den Ort	1km
Gesamt/Touristen	170/100
Mietunterkünfte	✗
Stellplätze vor Schranke	✗

3.8 GUT – 53 Bewertungen

Lage	4.1
Ruhe	3.7
Sanitäranlagen	3.9
Sauberkeit Ø	4.2
Freundlichkeit	4.4
Stellplatz	3.5
Verpflegung	3.8
Freizeit	3.5
Preis-Leistung	3.8
Mietunterkünfte	-

Geeignet für

Kinder b. 6 J.	3.8
Kinder b. 12 J.	3.7
Kinder b. 18 J.	3.5
Paare	4.1
Senioren	4.0
Gäste mit Zelt	3.5
Gäste mit Hund	4.4

Empfohlene Aktivitäten

- Wandern
- Radfahren
- Entspannen

16 Campingplatz Betzenstein

Hauptstraße 69
91282 Betzenstein
+49 9244 7305
49.68552 | 11.40217

15.03. - 15.11.
HS: 21,50 € | NS: 21,50 €
Mehr Infos & Anfrage:
www.camping.info/19143

Baden in nat. Gewässer	k. A.
Pool/Hallenbad	500m/15km
Spielplatz	keine Angabe
Hunde willkommen	✓
wenig Schatten	✓
WLAN (gegen Gebühr)	teilweise
Lebensmittel	✗
Brötchen am Platz	✗
Restaurant & Imbiss	✗
Ver-/Entsorgung Womo	✓
in den Ort	1km
Touristenplätze	60
Mietunterkünfte	✓
Stellplätze vor Schranke	✗

4.1 SEHR GUT – 20 Bewertungen

Lage	4.0
Ruhe	3.8
Sanitäranlagen	3.6
Sauberkeit Ø	4.4
Freundlichkeit	4.7
Stellplatz	3.6
Verpflegung	2.6
Freizeit	4.2
Preis-Leistung	4.1
Mietunterkünfte	3.0

Geeignet für

Kinder b. 6 J.	3.4
Kinder b. 12 J.	3.4
Kinder b. 18 J.	3.2
Paare	3.6
Senioren	3.8
Gäste mit Zelt	3.8
Gäste mit Hund	4.5

Empfohlene Aktivitäten

- Wandern
- Entspannen
- Klettern

17 Camping Bergesruh

Illhof 3
90542 Eckental Illhof
+49 9126 8956
49.5825 | 11.2725

ganzjährig
HS: 23,00 € | NS: 19,00 €
Mehr Infos & Anfrage:
www.camping.info/19135

Baden in nat. Gewässer	k. A.
Pool/Hallenbad	7/5km
Spielplatz am Platz	✓
Hunde erlaubt	✓
zur Hälfte Schatten	✓
WLAN	✓
Lebensmittel	6km
Brötchen am Platz	nur HS
Restaurant/Imbiss	700m/7km
Ver-/Entsorgung Womo	✓
in den Ort	7km
Gesamt/Touristen	100/15
Mietunterkünfte	✓
Stellplätze vor Schranke	✗

4.3 SEHR GUT – 53 Bewertungen

Lage	4.4
Ruhe	4.8
Sanitäranlagen	4.4
Sauberkeit Ø	4.7
Freundlichkeit	4.8
Stellplatz	3.9
Verpflegung	2.7
Freizeit	3.8
Preis-Leistung	4.5
Mietunterkünfte	5.0

Geeignet für

Kinder b. 6 J.	4.3
Kinder b. 12 J.	4.0
Kinder b. 18 J.	3.2
Paare	4.7
Senioren	4.8
Gäste mit Zelt	4.4
Gäste mit Hund	4.6

Empfohlene Aktivitäten

- Wandern
- Entspannen
- Radfahren

keine WOMOs ab 9 m;
keine Jugendgruppen

18 Camping "Zur Mühle"

Seewaldstr. 75
90513 Zirndorf-Leichendorf
+49 911 693801
49.43179 | 10.92536

01.04. - 15.11.
HS: 23,00 € | NS: 23,00 €
Mehr Infos & Anfrage:
www.camping.info/19134

Baden in nat. Gewässer	k. A.
Pool/Hallenbad	2/9km
Spielplatz am Platz	✓
Hunde willkommen	✓
wenig Schatten	✓
WLAN	✗
Lebensmittel	✓
Brötchen am Platz	✓
Restaurant am P.	✓
Ver-/Entsorgung Womo	✓
in den Ort	1km
Gesamt/Touristen	120/50
Mietunterkünfte	✗
Stellplätze vor Schranke	✗

3.6 GUT – 63 Bewertungen

Lage	3.8
Ruhe	3.5
Sanitäranlagen	3.3
Sauberkeit Ø	4.0
Freundlichkeit	4.3
Stellplatz	3.6
Verpflegung	3.6
Freizeit	4.0
Preis-Leistung	4.0
Mietunterkünfte	-

Geeignet für

Kinder b. 6 J.	3.9
Kinder b. 12 J.	3.9
Kinder b. 18 J.	2.9
Paare	3.9
Senioren	3.8
Gäste mit Zelt	4.2
Gäste mit Hund	3.6

Empfohlene Aktivitäten

- Sightseeing
- Radfahren
- Wandern

Karte auf Seite 644

19 KNAUS Campingpark Nürnberg

Hans-Kalb-Straße 56
90471 Nürnberg
+49 911 98127 17
49.42194 | 11.12139

ganzjährig
HS: 38,50 €
Mehr Infos & Anfrage:
www.camping.info/19133

Baden in nat. Gewässer	k. A.
Pool/Hallenbad	500m/3km
Spielplatz am Platz	✓
Hunde willkommen	✓
wenig Schatten	✓
WLAN (gegen Gebühr)	✓
Lebensmittel	✓
Brötchen	keine Angabe
Imbiss	✓
Ver-/Entsorgung Womo	✓
im Ort	✓
Touristenplätze	130
Mietunterkünfte	✓
Stellplätze vor Schranke	✗

3.5 GUT
247 Bewertungen

Lage	4.1
Ruhe	3.6
Sanitäranlagen	3.3
Sauberkeit Ø	3.4
Freundlichkeit	4.0
Stellplatz	3.6
Verpflegung	3.0
Freizeit	3.5
Preis-Leistung	2.9
Mietunterkünfte	3.6

Geeignet für

Kinder b. 6 J.	3.1
Kinder b. 12 J.	3.4
Kinder b. 18 J.	3.3
Paare	4.0
Senioren	3.9
Gäste mit Zelt	3.6
Gäste mit Hund	3.7

Empfohlene Aktivitäten
- Sightseeing
- Kultur
- Radfahren

20 Camping Heiligenmühle

Heiligenmühle
91227 Leinburg
+49 9120 222
49.44268 | 11.30312

keine Angabe
keine Angabe
Mehr Infos & Anfrage:
www.camping.info/23101

Baden in nat. Gewässer	k. A.
Pool & Hallenbad	✗
Spielplatz	keine Angabe
Hunde	✗
Schatten	✗
WLAN	keine Angabe
Lebensmittel	k.A.
Brötchen	keine Angabe
Restaurant & Imbiss	✗
Ver-/Entsorgung Womo	✗
in den Ort	keine Angabe
Gesamt	keine Angabe
Mietunterkünfte	✗
Stellplätze vor Schranke	✗

3.4 GUT
8 Bewertungen

Lage	3.2
Ruhe	4.2
Sanitäranlagen	2.8
Sauberkeit Ø	3.0
Freundlichkeit	3.7
Stellplatz	2.9
Verpflegung	3.7
Freizeit	2.8
Preis-Leistung	3.3
Mietunterkünfte	-

Geeignet für

Kinder b. 6 J.	2.7
Kinder b. 12 J.	3.0
Kinder b. 18 J.	2.7
Paare	3.9
Senioren	4.4
Gäste mit Zelt	4.0
Hunde n. erlaubt	-

Empfohlene Aktivitäten
- Entspannen
- Wandern
- Sightseeing

21 Pegnitz Camping

Eschenbacherweg 4
91224 Hohenstadt
+49 91541500
49.51814 | 11.49302

01.04. - 01.11.
keine Angabe
Mehr Infos & Anfrage:
www.camping.info/19139

Baden in nat. Gewässer	k. A.
Pool & Hallenbad	✗
Spielplatz	keine Angabe
Hunde erlaubt	✓
Schatten	✗
WLAN	keine Angabe
Lebensmittel	k.A.
Brötchen	keine Angabe
Restaurant & Imbiss	✗
Ver-/Entsorgung Womo	✗
in den Ort	keine Angabe
Gesamt/Touristen	120/80
Mietunterkünfte	✗
Stellplätze vor Schranke	✗

4.5 SEHR GUT
17 Bewertungen

Lage	4.3
Ruhe	4.5
Sanitäranlagen	4.7
Sauberkeit Ø	4.8
Freundlichkeit	4.6
Stellplatz	4.1
Verpflegung	2.8
Freizeit	4.0
Preis-Leistung	4.5
Mietunterkünfte	-

Geeignet für

Kinder b. 6 J.	3.6
Kinder b. 12 J.	3.4
Kinder b. 18 J.	3.9
Paare	4.5
Senioren	4.2
Gäste mit Zelt	4.9
Gäste mit Hund	4.8

Empfohlene Aktivitäten
- Kayak/Kanu
- Radfahren
- Wandern

Infos
Öffnungszeiten
Vergleichspreis
Link

Ausstattung
Freizeit
Campingplatz
Versorgung
Anzahl der Plätze

22 Camping in Berg

*

Hausheimer Str. 31
92348 Berg
+49 9189 1581
www.camping-in-berg.de
camping-in-berg@t-online.de

ganzjährig

HS: 23,00 € | NS: 18,00 €

Mehr Infos & Anfrage:
www.camping.info/22386

Baden im Fluss	300m
Pool/Hallenbad	6/1km
Spielplatz am Platz	✓
Hunde willkommen	✓
wenig Schatten	✓
WLAN	✓
Lebensmittel	900m
Brötchen	keine Angabe
Restaurant/Imbiss	500m/2km
Ver-/Entsorgung Womo	✓
in den Ort	500m
Gesamt/Touristen	63/35
Mietunterkünfte	✓
Stellplätze vor Schranke	✓

1 km
49.33028 | 11.42806

Mitten in der Natur – ideal zum Ausruhen, Wandern und Radfahren.

Lage & Stellplatz

„Camping in Berg" ist ein sehr schöner, sonniger und frei gelegener Platz, der mit 4 Sternen ausgezeichnet wurde. Inmitten einer reizvollen Landschaft, nahe der Gemeinde Berg in der Oberpfalz und direkt am „Fünf-Flüsse-Radweg", eignet sich die Anlage perfekt für den erholsamen Urlaub in der Natur.

Verpflegung

In der unmittelbaren Umgebung befinden sich zahlreiche Gaststätten, die für kulinarische Genussmomente sorgen. Diverse Einkaufsmöglichkeiten liegen direkt im Ort Berg, der auch zu Fuß problemlos zu erreichen ist.

Sanitär

Moderne und saubere Sanitäranlagen mit warmen Duschen, Wickelraum und Kindertoilette stehen den Gästen ganzjährig zur Verfügung. Reinigungsmöglichkeiten für Campingtoiletten sind ebenfalls vorhanden. Außerdem kann der Aufenthaltsraum mit vollausgestatteter Küche, Fernseher und WLAN genutzt werden.

Freizeit

Radfahrer und Wanderer genießen die reizvolle Landschaft direkt am Ludwig-Donau-Main-Kanal. Neben dem Besuch im Freibad in Neumarkt können auch zahlreiche Museen im Umkreis besichtigt werden. Angelfreunde können direkt am Kanal ihrem Hobby nachgehen. Im Winter stehen auch Langlaufloipen bereit.

Die Zeltwiese mit Feuerstelle.

Sanitär und Rezeption.

4.0 SEHR GUT
32 Bewertungen

Lage	4.2
Ruhe	4.3
Sanitäranlagen	4.3
Sauberkeit Ø	4.4
Freundlichkeit	4.5
Stellplatz	3.8
Verpflegung	2.9
Freizeit	3.7
Preis-Leistung	3.7
Mietunterkünfte	4.0

Geeignet für

- 4.2 Paare
- 4.2 Senioren
- 4.2 Gäste mit Hund
- 4.1 Gäste mit Zelt
- 3.9 Kinder b. 6 J.
- 3.6 Kinder b. 12 J.
- 3.3 Kinder b. 18 J.

Empfohlene Aktivitäten

Wandern · Radfahren · Entspannen · Mountainbiking · Kultur

Jugengruppen nur mit Betreuer.

Karte auf Seite 644

23 Campingplatz Dennenloher See

91743 Dennenlohe
+49 9836 970666
49.1041 | 10.61253

keine Angabe
keine Angabe
Mehr Infos & Anfrage:
www.camping.info/24466

Baden im See am Platz	✓
Pool & Hallenbad	✗
Spielplatz am Platz	✓
Hunde	✗
Schatten	✗
WLAN	keine Angabe
Lebensmittel	✓
Brötchen am Platz	✓
Restaurant am P.	✓
Ver-/Entsorgung Womo	✓
in den Ort	keine Angabe
Touristenplätze	60
Mietunterkünfte	✗
Stellplätze vor Schranke	✗

3.0 GUT
21 Bewertungen

Lage	4.0
Ruhe	4.0
Sanitäranlagen	2.5
Sauberkeit Ø	3.1
Freundlichkeit	2.8
Stellplatz	3.4
Verpflegung	3.2
Freizeit	3.5
Preis-Leistung	3.7
Mietunterkünfte	-

Geeignet für

Kinder b. 6 J.	4.0
Kinder b. 12 J.	4.1
Kinder b. 18 J.	3.6
Paare	3.7
Senioren	3.6
Gäste mit Zelt	4.2
Hunde n. erlaubt	-

Empfohlene Aktivitäten
- Angeln
- Radfahren
- Entspannen

24 Campingplatz Fischer-Michl

Wald Seezentrum 4
91710 Gunzenhausen
+49 9831 2784
49.12556 | 10.71611

01.04. - 31.10.
keine Angabe
Mehr Infos & Anfrage:
www.camping.info/19151

Baden im See am Platz	✓
Pool/Hallenbad	4km
Spielplatz am Platz	✓
Hunde willkommen	✓
wenig Schatten	✓
WLAN (gratis)	teilweise
Lebensmittel	✓
Brötchen am Platz	✓
Restaurant am P.	✓
Ver-/Entsorgung Womo	✓
in den Ort	1km
Touristenplätze	120
Mietunterkünfte	✗
Stellplätze vor Schranke	✗

4.4 SEHR GUT
73 Bewertungen

Lage	4.6
Ruhe	4.6
Sanitäranlagen	4.1
Sauberkeit Ø	4.5
Freundlichkeit	4.4
Stellplatz	4.4
Verpflegung	3.7
Freizeit	4.5
Preis-Leistung	4.5
Mietunterkünfte	-

Geeignet für

Kinder b. 6 J.	4.4
Kinder b. 12 J.	4.4
Kinder b. 18 J.	3.9
Paare	4.8
Senioren	4.7
Gäste mit Zelt	4.0
Gäste mit Hund	4.4

Empfohlene Aktivitäten
- Radfahren
- Schwimmen
- Wandern

25 Altmühlsee-Camping Herzog

Seestraße 12
91710 Gunzenhausen-Schlungenhof
+49 983 190 33
49.12694 | 10.7425

ganzjährig
HS: 24,90 € | NS: 24,90 €
Mehr Infos & Anfrage:
www.camping.info/19150

Baden im See am Platz	✓
Pool & Hallenbad	✗
Spielplatz	keine Angabe
Hunde erlaubt	✓
Schatten	✗
WLAN	teilweise
Lebensmittel	k.A.
Brötchen	keine Angabe
Restaurant & Imbiss	✗
Ver-/Entsorgung Womo	✗
in den Ort	keine Angabe
Gesamt/Touristen	250/180
Mietunterkünfte	✓
Stellplätze vor Schranke	✗

3.9 GUT
92 Bewertungen

Lage	4.3
Ruhe	3.9
Sanitäranlagen	3.9
Sauberkeit Ø	4.2
Freundlichkeit	3.7
Stellplatz	4.1
Verpflegung	3.9
Freizeit	4.4
Preis-Leistung	4.2
Mietunterkünfte	3.9

Geeignet für

Kinder b. 6 J.	3.9
Kinder b. 12 J.	4.0
Kinder b. 18 J.	3.9
Paare	4.4
Senioren	4.4
Gäste mit Zelt	4.2
Gäste mit Hund	4.5

Empfohlene Aktivitäten
- Radfahren
- Schwimmen
- Entspannen

Infos
Öffnungszeiten
Vergleichspreis
Link

Ausstattung
Freizeit
Campingplatz
Versorgung
Anzahl der Plätze

28 Waldcamping Brombach e.K.

*

Sportpark 13
91785 Pleinfeld
+49 9144 60809-0
www.waldcamping-brombach.de
anfrage@waldcamping-brombach.de

ganzjährig

HS: 38,85 € | NS: 26,85 €

Mehr Infos & Anfrage:
www.camping.info/19153

Baden im See	1km
Pool/Hallenbad	300m/15km
Spielplatz am Platz	✓
Hunde willkommen	✓
zur Hälfte Schatten	✓
WLAN (gratis)	teilweise
Lebensmittel	✓
Brötchen am Platz	✓
Restaurant & Imbiss	✓
Ver-/Entsorgung Womo	✓
in den Ort	1km
Gesamt/Touristen	590/450
Mietunterkünfte	✓
Stellplätze vor Schranke	✗

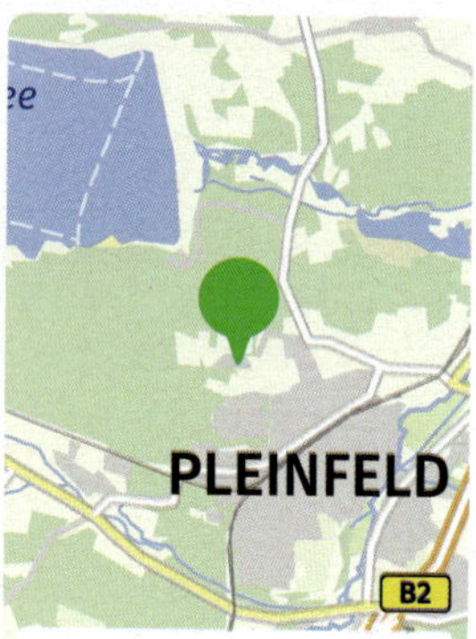

49.11194 | 10.97056

Nur 20 Gehminuten zum Großen Brombachsee, im Wald bei Pleinfeld gelegen.

Lage & Stellplatz

Der Waldcampingplatz ist ein 14 ha großes Paradies. Weitläufige, sonnige Wiesen, schattige Oasen, Plätze zum Spielen und beschauliche Ruheplätze im Wald finden sich am Ortsrand von Pleinfeld, nur 20 Gehminuten vom Großen Brombachsee. Hier gibt es rund 450 Stellplätze und 41 schöne Glamping-Objekte.

Verpflegung

Ganzjährig täglich frische Brötchen sowie ein Laden mit Produkten für den täglichen Bedarf, Zeitschriften und kleinen Snacks (Mai-Sept.). Imbiss am Pavillon mit Biergarten, warmen Speisen und regelmäßiger Livemusik (Mai-Sept.). Ganzjährig geöffneter Landgasthof Sonnenhof mit Brauhaus direkt nebenan!

Sanitär

Vier Sanitärgebäude – selbstverständlich mit Toilettenpapier, Seife und Einzelwaschkabinen ausgestattet. Duschen (ohne Münzeinwurf), Kinderland und Mutter-Kind-Bereich mit Wickeltisch und Badewanne im Sanitärgebäude 2. Hundedusche für vierbeinige Begleiter ebenfalls am Sanitärgebäude 2.

Freizeit

Am Platz: Großfeld Trampolinanlage, Niedrigseilgarten, Kinderspielplatz, Kinderanimation, Stockbrotbacken, Beachvolleyball und Fußballfeld. In der Umgebung: Soccer- und Minigolf (50 m entfernt), Waldfreibad (300 m entfernt), Sommerrodelbahn (3 km entfernt) und zahlreiche Rad- und Wanderwege vor Ort.

Zirkuswagen für max. 2 Personen.

Badestrand Pleinfeld am See.

4.1 SEHR GUT
740 Bewertungen

Lage	4.2
Ruhe	4.0
Sanitäranlagen	4.0
Sauberkeit Ø	4.2
Freundlichkeit	4.3
Stellplatz	4.1
Verpflegung	3.7
Freizeit	4.4
Preis-Leistung	4.1
Mietunterkünfte	4.5

Geeignet für

4.6	Kinder b. 12 J.
4.5	Kinder b. 6 J.
4.5	Gäste mit Zelt
4.5	Gäste mit Hund
4.3	Paare
4.2	Senioren
4.1	Kinder b. 18 J.

Empfohlene Aktivitäten

Radfahren · Wandern · Schwimmen · Entspannen · Segeln

Onlinebuchung direkt unter www.waldcamping-brombach.de

Karte auf Seite 644

26 See Camping Langlau

Seestraße 30
91738 Pfofeld-Langlau
+49 9834 96969
49.12702 | 10.86528

01.03. - 15.11.
HS: 25,90 € | NS: 22,40 €
Mehr Infos & Anfrage: www.camping.info/19152

Baden im See	100m
Pool/Hallenbad	8km
Spielplatz am Platz	✓
Hunde willkommen	✓
zur Hälfte Schatten	✓
WLAN (gegen Gebühr)	✓
Lebensmittel	✓
Brötchen am Platz	✓
Restaurant/Imbiss	100m/✓
Ver-/Entsorgung Womo	✓
in den Ort	800m
Gesamt/Touristen	425/325
Mietunterkünfte	✓
Stellplätze vor Schranke	✗

4.0 SEHR GUT – 110 Bewertungen

Lage	4.5
Ruhe	4.0
Sanitäranlagen	3.9
Sauberkeit Ø	4.0
Freundlichkeit	3.9
Stellplatz	4.0
Verpflegung	3.7
Freizeit	4.2
Preis-Leistung	4.1
Mietunterkünfte	3.9

Geeignet für

Kinder b. 6 J.	4.2
Kinder b. 12 J.	4.3
Kinder b. 18 J.	3.8
Paare	4.4
Senioren	4.5
Gäste mit Zelt	4.0
Gäste mit Hund	4.2

Empfohlene Aktivitäten
- Radfahren
- Schwimmen
- Wandern

27 Reisemobilhafen auf der Badehalbinsel Absberg

Badehalbinsel
91720 Absberg
+49 9144 571
49.14444 | 10.89052

01.03. - 15.11.
HS: 12,00 € | NS: 12,00 €
Mehr Infos & Anfrage: www.camping.info/25820

Baden im See	100m
Pool/Hallenbad	8km
Spielplatz am Platz	✓
Hunde willkommen	✓
wenig Schatten	✓
WLAN (gegen Gebühr)	teilweise
Lebensmittel	8km
Brötchen am Platz	nur HS
Restaurant/Imbiss	100m/✓
Ver-/Entsorgung Womo	✓
in den Ort	1km
Touristenplätze	240
Mietunterkünfte	✗
Stellplätze vor Schranke	✗

3.9 GUT – 14 Bewertungen

Lage	4.7
Ruhe	3.6
Sanitäranlagen	4.0
Sauberkeit Ø	4.2
Freundlichkeit	3.6
Stellplatz	4.0
Verpflegung	3.6
Freizeit	4.6
Preis-Leistung	4.0
Mietunterkünfte	-

Geeignet für

Kinder b. 6 J.	4.1
Kinder b. 12 J.	4.5
Kinder b. 18 J.	4.3
Paare	4.7
Senioren	4.2
Gäste mit Zelt	3.4
Gäste mit Hund	3.9

Empfohlene Aktivitäten
- Schwimmen
- Radfahren
- Wandern

30 Naturcamp Kauerlach GmbH

Kauerlach 4
91161 Hilpoltstein
09179 965091
49.15169 | 11.31364

ganzjährig
keine Angabe
Mehr Infos & Anfrage: www.camping.info/24665

Baden in nat. Gewässer	k. A.
Pool & Hallenbad	✗
Spielplatz	keine Angabe
Hunde willkommen	✓
wenig Schatten	✓
WLAN	keine Angabe
Lebensmittel	k.A.
Brötchen	keine Angabe
Restaurant & Imbiss	✗
Ver-/Entsorgung Womo	✗
in den Ort	3km
Gesamt/Touristen	130/50
Mietunterkünfte	✓
Stellplätze vor Schranke	✗

3.8 GUT – 24 Bewertungen

Lage	4.1
Ruhe	4.6
Sanitäranlagen	3.7
Sauberkeit Ø	4.0
Freundlichkeit	4.5
Stellplatz	3.6
Verpflegung	3.6
Freizeit	3.2
Preis-Leistung	4.1
Mietunterkünfte	3.7

Geeignet für

Kinder b. 6 J.	3.6
Kinder b. 12 J.	3.2
Kinder b. 18 J.	2.5
Paare	4.5
Senioren	4.6
Gäste mit Zelt	4.2
Gäste mit Hund	4.5

Empfohlene Aktivitäten
- Entspannen
- Radfahren
- Wandern

Infos
Öffnungszeiten
Vergleichspreis
Link

Ausstattung
Freizeit
Campingplatz
Versorgung
Anzahl der Plätze

ANZEIGE

29 Camping Waldsee GmbH & Co. KG

Badstraße 37
91154 Roth-Wallesau
+49 9171 5570
www.camping-waldsee.de
info@camping-waldsee.de

ganzjährig

HS: 22,80 € | NS: 20,00 €

Mehr Infos & Anfrage:
www.camping.info/19137

Baden im Teich am Platz	✓
Pool/Hallenbad	10/13km
Spielplatz am Platz	✓
Hunde willkommen	✓
zur Hälfte Schatten	✓
WLAN (gegen Gebühr)	✓
Lebensmittel	✓
Brötchen am Platz	✓
Restaurant am P.	✓
Ver-/Entsorgung Womo	✓
in den Ort	1km
Gesamt/Touristen	250/75
Mietunterkünfte	✓
Stellplätze vor Schranke	✗

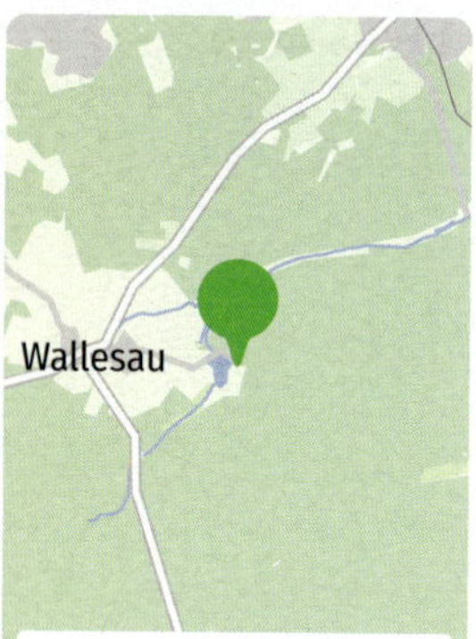

1 km
49.18916 | 11.12444

Panoramaaufnahme mit Blick auf den Campingplatz.

Lage & Stellplatz

Camping Waldsee befindet sich direkt an einem Badeweiher, unmittelbar an einem malerischen Waldrand gelegen. Insgesamt gibt es 250 Stellplätze, davon 59 Standard-Stellplätze (ca. 100 m^2) mit Stromanschluss und 16 Komfortstellplätze (ca. 100 m^2) mit Strom-, Wasser- und Abwasser- sowie TV-Anschlüssen.

Verpflegung

In zwei Gaststätten können die Gäste die fränkische Küche sowie den Ausblick von der Terrasse genießen. Einen täglichen Brötchenservice bietet die platzeigene Gaststätte „Waldsee Stuben". Im Kiosk ist eine Auswahl Lebensmittel erhältlich, der nächste Supermarkt ist ca. 6 km entfernt.

Sanitär

Der Campingplatz verfügt über zwei komplett ausgestattete, saubere Sanitärhäuser sowie einen eigenen Wickelraum mit Kinderbad. Darüber hinaus steht ein behindertengerechtes Bad mit Dusche zur Verfügung. Jeweils zwei Waschmaschinen und Wäschetrockner können kostenpflichtig genutzt werden.

Freizeit

Erholsame Urlaubstage inmitten der Natur sind auf Camping Waldsee ganzjährig möglich. Neben Wander- und Radtouren durch die attraktive Landschaft des fränkischen Seenlandes gibt es auch die Möglichkeit, den eigenen Natur-Badeweiher via Schlauch- und Tretboot zu erkunden oder darin zu angeln.

Stellplätze am Wald.

Genießen Sie Ihren Aufenthalt.

3.5 GUT
75 Bewertungen

Lage	4.1
Ruhe	4.1
Sanitäranlagen	3.6
Sauberkeit Ø	4.0
Freundlichkeit	4.1
Stellplatz	3.5
Verpflegung	3.3
Freizeit	3.5
Preis-Leistung	3.9
Mietunterkünfte	3.2

Geeignet für

Senioren	4.2
Gäste mit Hund	4.2
Paare	4.1
Kinder b. 6 J.	3.8
Gäste mit Zelt	3.8
Kinder b. 12 J.	3.7
Kinder b. 18 J.	2.9

Empfohlene Aktivitäten

Wandern · Radfahren · Entspannen · Schwimmen · Angeln

ECO CAMPING

Karte auf Seite 644

31 Campingplatz Sippelmühle

❄

Sippelmühle 1
92364 Deining
+49 9184 1646
49.1805 | 11.53783

Infos

Infos	
Öffnungszeiten	ganzjährig
Vergleichspreis	HS: 24,50 € | NS: 24,50 €
Link	**Mehr Infos & Anfrage:** www.camping.info/23164

Ausstattung

Ausstattung		
Freizeit	Baden im See am Platz	✓
	Pool/Hallenbad	7/17km
	Spielplatz am Platz	✓
Campingplatz	Hunde willkommen	✓
	zur Hälfte Schatten	✓
	WLAN (gegen Gebühr)	✓
Versorgung	Lebensmittel	7km
	Brötchen am Platz	nur HS
	Imbiss	7km
	Ver-/Entsorgung Womo	✓
	in den Ort	7km
Anzahl der Plätze	Gesamt/Touristen	200/40
	Mietunterkünfte	✗
	Stellplätze vor Schranke	✗

4.5 SEHR GUT
26 Bewertungen

Lage	4.7
Ruhe	4.8
Sanitäranlagen	4.6
Sauberkeit Ø	4.7
Freundlichkeit	4.6
Stellplatz	4.5
Verpflegung	3.8
Freizeit	4.0
Preis-Leistung	4.5
Mietunterkünfte	-

Geeignet für

Kinder b. 6 J.	4.4
Kinder b. 12 J.	4.8
Kinder b. 18 J.	3.9
Paare	4.7
Senioren	4.8
Gäste mit Zelt	4.7
Gäste mit Hund	5.0

Empfohlene Aktivitäten

- Wandern
- Entspannen
- Radfahren

32 Camping am Hauenstein

❄

Seestraße 9-11, Altenveldorf
92355 Velburg
+49 9182 454
49.2175 | 11.66889

Infos	
Öffnungszeiten	ganzjährig
Vergleichspreis	HS: 24,30 € | NS: 20,30 €
Link	**Mehr Infos & Anfrage:** www.camping.info/19161

Ausstattung		
Freizeit	Baden im See	200m
	Pool/Hallenbad	10km
	Spielplatz am Platz	✓
Campingplatz	Hunde willkommen	✓
	zur Hälfte Schatten	✓
	WLAN	✓
Versorgung	Lebensmittel	✓
	Brötchen am Platz	nur HS
	Restaurant/Imbiss	200m
	Ver-/Entsorgung Womo	✓
	in den Ort	1km
Anzahl der Plätze	Gesamt/Touristen	200/120
	Mietunterkünfte	✓
	Stellplätze vor Schranke	✗

4.4 SEHR GUT
19 Bewertungen

Lage	4.7
Ruhe	4.9
Sanitäranlagen	4.6
Sauberkeit Ø	4.7
Freundlichkeit	5.0
Stellplatz	4.4
Verpflegung	4.1
Freizeit	4.0
Preis-Leistung	4.3
Mietunterkünfte	3.7

Geeignet für

Kinder b. 6 J.	4.3
Kinder b. 12 J.	4.2
Kinder b. 18 J.	3.2
Paare	4.8
Senioren	4.9
Gäste mit Zelt	4.7
Gäste mit Hund	4.5

Empfohlene Aktivitäten

- Entspannen
- Wandern
- Radfahren

ℹ Jugendgruppen nur beschränkt zugelassen

BAYERN

❹ Oberpfalz

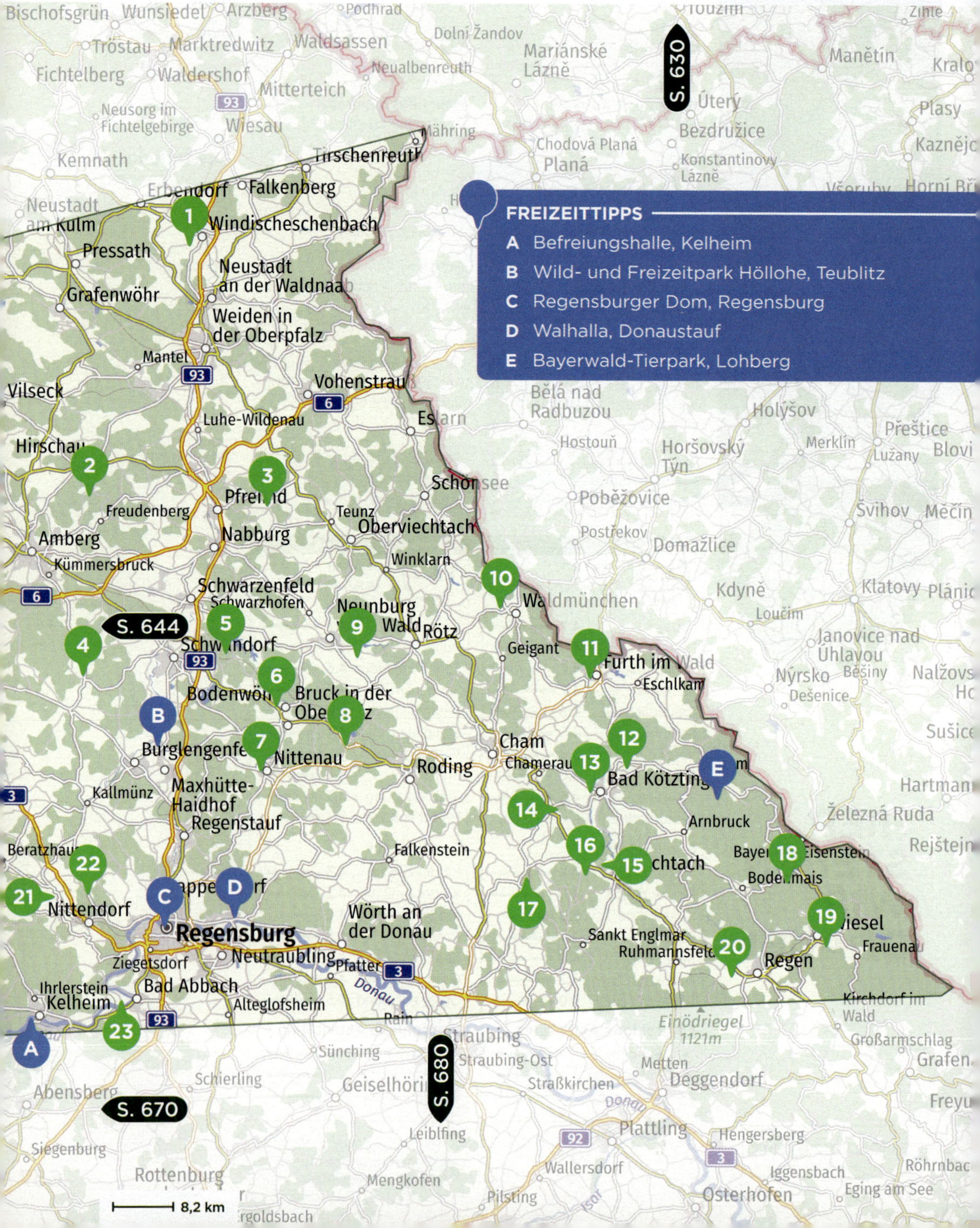

	Platz	Seite	Bewertung	Öffnungszeiten	
1	Camping Schweinmühle	**660**	**4.1**	saisonal	
2	Camping Monte Kaolino-Hirschau	**660**	**4.0**	ganzjährig	Wintercamping
3	Camping Trausnitz	**660**	**4.4**	saisonal	Wintercamping
4	Campingplatz Rieden	**660**	**3.3**	saisonal	
5	CampingPark Murner See	**661**	**4.1**	saisonal	
6	See-Camping Weichselbrunn	**662**	**4.7**	saisonal	
7	Campingplatz Stadt Nittenau	**661**	**4.5**	saisonal	
8	See-Campingpark- Neubäu	**661**	**4.6**	saisonal	Wintercamping
9	Camping Haus Seeblick	**665**	**4.1**	ganzjährig	Wintercamping
10	Ferienpark Perlsee Camping	**665**	**4.2**	ganzjährig	Wintercamping
11	Camping Einberg	**665**	**4.0**	saisonal	
12	Campingplatz Hohenwarth	**664**	**3.9**	saisonal	Wintercamping
13	Campingplatz Am Flussfreibad	**666**	**3.9**	saisonal	Wintercamping
14	Kanu&Camping Blaibach	**666**	**4.4**	saisonal	Onlinebuchung
15	Camping Höllensteinsee	**666**	**3.6**	saisonal	
16	Knaus Campingpark Viechtach	**666**	**4.2**	saisonal	Wintercamping, Ecocamping
17	Naturcamping Perlbach	**667**	**4.6**	ganzjährig	Wintercamping
18	Camping Heiner	**667**	**3.2**	k. A.	
19	Camping Green Village	**667**	**3.9**	saisonal	
20	Regental Aktiv Camping	**669**	**3.9**	saisonal	
21	Camping Hartlmühle	**669**	**4.0**	saisonal	
22	Internationaler Campingplatz Naabtal-Pielenhofen	**669**	**3.8**	ganzjährig	Wintercamping
23	Campingplatz Freizeitinsel	**668**	**4.7**	saisonal	Award

✱ Wintercamping FKK Textilfrei (ganz/teilweise) Ecocamping Award Onlinebuchung

1 Camping Schweinmühle

Schweinmühle 1
92670 Windischeschenbach
+49 9681 1359
49.81984 | 12.14454

01.04. - 15.10.
HS: 16,00 €
Mehr Infos & Anfrage: www.camping.info/19171

Baden in nat. Gewässer	k. A.
Pool/Hallenbad	3/20km
Spielplatz am Platz	✓
Hunde willkommen	✓
Schatten	✗
WLAN	✓
Lebensmittel	✓
Brötchen am Platz	✓
Restaurant & Imbiss	✓
Ver-/Entsorgung Womo	✓
in den Ort	3km
Gesamt/Touristen	130/70
Mietunterkünfte	✓
Stellplätze vor Schranke	✗

4.1 SEHR GUT – 17 Bewertungen

Lage	4.1
Ruhe	4.6
Sanitäranlagen	3.4
Sauberkeit Ø	4.1
Freundlichkeit	4.8
Stellplatz	3.8
Verpflegung	3.8
Freizeit	3.9
Preis-Leistung	4.1
Mietunterkünfte	5.0

Geeignet für

Kinder b. 6 J.	4.6
Kinder b. 12 J.	4.5
Kinder b. 18 J.	3.0
Paare	4.6
Senioren	4.6
Gäste mit Zelt	4.8
Gäste mit Hund	4.4

Empfohlene Aktivitäten
- Wandern
- Radfahren
- Entspannen

keine WOMOs ab 12 m

2 Camping Monte Kaolino-Hirschau

Wolfgang Droßbachstr. 114
92242 Hirschau
+49 9622 81 502
49.53066 | 11.96628

ganzjährig
HS: 25,50 €
Mehr Infos & Anfrage: www.camping.info/19156

Baden in nat. Gewässer	k. A.
Pool/Hallenbad	✓/15km
Spielplatz am Platz	✓
Hunde willkommen	✓
zur Hälfte Schatten	✓
WLAN	✓
Lebensmittel	✓
Brötchen am Platz	✓
Restaurant & Imbiss	✓
Ver-/Entsorgung Womo	✓
in den Ort	2km
Touristenplätze	200
Mietunterkünfte	✓
Stellplätze vor Schranke	✗

4.0 SEHR GUT – 39 Bewertungen

Lage	4.4
Ruhe	3.1
Sanitäranlagen	4.0
Sauberkeit Ø	4.0
Freundlichkeit	3.9
Stellplatz	3.9
Verpflegung	3.5
Freizeit	4.8
Preis-Leistung	4.4
Mietunterkünfte	4.0

Geeignet für

Kinder b. 6 J.	4.5
Kinder b. 12 J.	4.6
Kinder b. 18 J.	4.4
Paare	3.9
Senioren	3.2
Gäste mit Zelt	4.5
Gäste mit Hund	4.5

Empfohlene Aktivitäten
- Schwimmen
- Wandern
- Ski

3 Camping Trausnitz

Campingplatz 1
92555 Trausnitz
+49 9655 1304
49.51999 | 12.27745

01.03. - 31.12.
HS: 21,00 € | NS: 21,00 €
Mehr Infos & Anfrage: www.camping.info/19169

Baden im See am Platz	✓
Hallenbad	10km
Spielplatz am Platz	✓
Hunde willkommen	✓
zur Hälfte Schatten	✓
WLAN (begrenzt gratis)	teilweise
Lebensmittel	✓
Brötchen am Platz	nur HS
Restaurant & Imbiss	✓
Ver-/Entsorgung Womo	✓
in den Ort	1km
Gesamt/Touristen	100/40
Mietunterkünfte	✗
Stellplätze vor Schranke	✗

4.4 SEHR GUT – 16 Bewertungen

Lage	4.7
Ruhe	4.9
Sanitäranlagen	4.4
Sauberkeit Ø	4.5
Freundlichkeit	4.9
Stellplatz	3.9
Verpflegung	4.4
Freizeit	3.8
Preis-Leistung	4.4
Mietunterkünfte	-

Geeignet für

Kinder b. 6 J.	4.2
Kinder b. 12 J.	4.0
Kinder b. 18 J.	4.0
Paare	4.6
Senioren	4.1
Gäste mit Zelt	4.8
Gäste mit Hund	5.0

Empfohlene Aktivitäten
- Wandern
- Angeln
- Entspannen

4 Campingplatz Rieden

Vilshofener Straße 23
92286 Rieden
+49 172 8988482
49.31955 | 11.94868

01.04. - 15.10.
HS: 19,00 € | NS: 19,00 €
Mehr Infos & Anfrage: www.camping.info/19159

Baden im Fluss am Platz	✓
Pool/Hallenbad	20m/18km
Spielplatz am Platz	✓
Hunde erlaubt	✓
zur Hälfte Schatten	✓
WLAN	✓
Lebensmittel	500m
Brötchen am Platz	✓
Restaurant/Imbiss	200m/✓
Ver-/Entsorgung Womo	✓
in den Ort	1km
Gesamt/Touristen	150/30
Mietunterkünfte	✗
Stellplätze vor Schranke	✗

3.3 GUT – 15 Bewertungen

Lage	3.9
Ruhe	3.5
Sanitäranlagen	3.7
Sauberkeit Ø	3.5
Freundlichkeit	3.0
Stellplatz	3.3
Verpflegung	2.2
Freizeit	3.9
Preis-Leistung	3.6
Mietunterkünfte	-

Geeignet für

Kinder b. 6 J.	3.3
Kinder b. 12 J.	3.8
Kinder b. 18 J.	3.0
Paare	3.8
Senioren	4.0
Gäste mit Zelt	3.4
Gäste mit Hund	3.7

Empfohlene Aktivitäten
- Schwimmen
- Wandern
- Kayak/Kanu

Karte auf Seite 658

	5	7	8
	CampingPark Murner See	**Campingplatz Stadt Nittenau**	**See-Campingpark-Neubäu**
	Sonnenriederstraße 1 92442 Wackersdorf +49 9431 385797	Lärchenweg 13 93149 Nittenau +49 172 7 86 07 29	Seestraße 4 93426 Roding-Neubäu +49 9469 331
	49.34472 | 12.20861	49.20145 | 12.27207	49.23555 | 12.42388

Infos

	5	7	8
Öffnungszeiten	01.04. - 31.10.	01.04. - 15.10.	01.04. - 01.11. 01.12. - 31.03.
Vergleichspreis	HS: 27,50 € | NS: 19,60 €	HS: 26,50 € | NS: 26,50 €	HS: 26,00 € | NS: 19,00 €
Link	**Mehr Infos & Anfrage:** www.camping.info/19167	**Mehr Infos & Anfrage:** www.camping.info/19175	**Mehr Infos & Anfrage:** www.camping.info/19179

Ausstattung

	5	7	8
Freizeit	Baden im See am Platz ✓ Pool/Hallenbad 4/10km Spielplatz 1km	Baden im Fluss am Platz ✓ Pool am Platz ✓ Spielplatz ✗	Baden im See am Platz ✓ Pool/Hallenbad 8km Spielplatz am Platz ✓
Campingplatz	Hunde willkommen ✓ zur Hälfte Schatten ✓ WLAN (begrenzt gratis) ✓	Hunde erlaubt Nur HS zur Hälfte Schatten ✓ WLAN ✓	Hunde willkommen ✓ zur Hälfte Schatten ✓ WLAN (begrenzt gratis) ✓
Versorgung	Lebensmittel ✓ Brötchen am Platz ✓ Restaurant & Imbiss ✓ Ver-/Entsorgung Womo ✓ in den Ort 5km	Lebensmittel 500m Brötchen keine Angabe Restaurant/Imbiss 500m/✓ Ver-/Entsorgung Womo ✓ in den Ort 300m	Lebensmittel ✓ Brötchen am Platz nur HS Restaurant & Imbiss ✓ Ver-/Entsorgung Womo ✓ in den Ort 300m
Anzahl der Plätze	Gesamt/Touristen 210/100 Mietunterkünfte ✓ Stellplätze vor Schranke ✗	Gesamt/Touristen 46/14 Mietunterkünfte ✓ Stellplätze vor Schranke ✗	Gesamt/Touristen 220/80 Mietunterkünfte ✓ Stellplätze vor Schranke ✗

	5	7	8
Gesamt	4.1 SEHR GUT, 77 Bewertungen	4.5 SEHR GUT, 11 Bewertungen	4.6 SEHR GUT, 127 Bewertungen
Lage	4.5	4.5	4.8
Ruhe	4.3	4.5	4.7
Sanitäranlagen	4.2	3.5	4.8
Sauberkeit Ø	4.3	4.4	4.8
Freundlichkeit	4.6	4.4	4.8
Stellplatz	3.9	4.2	4.4
Verpflegung	3.4	3.7	4.6
Freizeit	4.2	4.2	4.2
Preis-Leistung	4.1	4.5	4.6
Mietunterkünfte	4.5	4.7	4.9
Geeignet für			
Kinder b. 6 J.	3.7	3.8	4.7
Kinder b. 12 J.	4.0	4.4	4.7
Kinder b. 18 J.	3.9	3.8	3.9
Paare	4.5	4.8	4.8
Senioren	4.5	4.6	4.8
Gäste mit Zelt	4.3	4.4	4.6
Gäste mit Hund	4.4	4.3	4.6
Empfohlene Aktivitäten	Schwimmen Radfahren Entspannen	Schwimmen Kayak/Kanu Radfahren	Schwimmen Wandern Entspannen

6 See-Camping Weichselbrunn

Ludwigsheide 50
92439 Bodenwöhr
+49 943 490 070
www.campingweichselbrunn.de
info@campingweichselbrunn.de

03.04. - 27.09.

HS: 30,50 € | NS: 30,50 €

Mehr Infos & Anfrage:
www.camping.info/19164

Baden im See am Platz	✓
Pool/Hallenbad	10/23km
Spielplatz am Platz	✓
Hunde willkommen	✓
viel Schatten	✓
WLAN	✓
Lebensmittel	✓
Brötchen am Platz	✓
Restaurant/Imbiss	500/400m
Ver-/Entsorgung Womo	✓
in den Ort	1km
Gesamt/Touristen	130/81
Mietunterkünfte	✓
Stellplätze vor Schranke	✗

See-Camping Weichselbrunn von oben.

Lage & Stellplatz

See-Camping Weichselbrunn liegt in Nordbayern im Oberpfälzer Wald, idyllisch am Rande des Erholungsortes Bodenwöhr und direkt am Südufer des Hammersees. Der Platz ist 15 km von Autobahnausfahrten der A93 entfernt und grenzt direkt an den See, den Wald und eine Siedlung. Die Stellplätze liegen auf einer leicht geneigten parkartigen Wiese mit großen Bäumen. Eine begehrte Reihe hat Blick direkt auf den See. Die meisten Stellplätze haben Rasen als Untergrund und trocknen schnell bei Regen. Die Plätze haben 16 A-Strom- und Satellitenanschluss. Wasser und Abwasser sind am Stellplatz nicht verfügbar.

Sanitär

Die zentrale Sanitäreinrichtung und ein kleines Nebengebäude enthalten alle nötigen Einrichtungen. Das mit seinem geschwungenen Dach sehr einladende Hauptgebäude bietet u. a. stets warme Duschen ohne Wertmarken oder Stopeinrichtungen für ungestörtes Duschen. Für gehbehinderte Gäste wird ein ansprechendes barrierefreies Badezimmer angeboten. Eine innovative Dachkonstruktion sorgt für frische Luft ohne Lüftungskanäle und viel natürliches Licht. Toilettenpapier, Seifenspender bei den Toiletten und Händetrockner oder Haarfön vor den Duschen umsorgen auch im Detail.

Blick auf den Platz.

Wassertrampolin.

Jugendgruppen und Wochenend-Erwachsenen-Gruppen nur unter Vorbehalt.

Idylle am See – schattige Stellplätze in wunderbarer Natur.

Verpflegung

In 1 km Entfernung, am wunderschönen Uferrundweg, liegen vier Gastwirtschaften mit solidem und preiswertem Angebot, darunter die bekannte „Brauereigaststätte Jacob“ mit dem weltmeisterlichen Bier und mit Seeblick. Der Kiosk direkt am Platz bietet einen morgendlichen Brötchenservice, Getränke, Eis, Kuchen und einige wichtige Lebensmittel. In 1,5 km Entfernung gibt es einen großen Supermarkt, der bis 20 Uhr geöffnet ist. Mit dem Fahrrad erreicht man viele weitere Gastwirtschaften mit qualitativ hochwertigen Speisen für wenig Geld.

Freizeit

Das Wassertrampolin mitten im See und ein großer Spielplatz sind absolute Highlights. Wandern und Radfahren ist in der direkten Umgebung vielfältig möglich, auch direkt um den idyllischen See, der in den Sommermonaten zum Schwimmen einlädt. Wunderschöne Strecken entlang von Flüssen und sogar in Kombination mit der Bahn laden zu ausgedehnteren Radtouren ein. Die Weltkulturerbe-Stadt Regensburg in 40 km Entfernung ist immer einen Besuch wert. Mehrere Erlebnisbäder in der Umgebung bieten auch bei Regenwetter Abwechslung. Viele weitere Ausflugstipps erhalten die Gäste an der Rezeption.

5.0

Sauberer gepflegter Platz direkt am See gelegen mit eigener Badestelle. In einer Minute ist man vom Platz aus im Wald und kann dort schier endlos wandern, Rad fahren, spazieren. Die Sanitäranlagen sind stets sauber. Die Atmosphäre am Platz ist entspannt und erholsam. Die Betreiber sind super nett. Am Platz und in der gesamten Region ist man sehr hundefreundlich. Wir kommen gerne wieder!

Susann U.

Susann wurde schon in der Kindheit vom Campingfieber befallen und reist heute mit eigenem Wohnwagen durch Europa. See-Camping Weichselbrunn hat sie im Juni 2020 besucht.

Sanitärgebäude von außen.

Spielplatz für die Kids.

4.7 SEHR GUT
179 Bewertungen

Lage	4.8
Ruhe	4.7
Sanitäranlagen	4.6
Sauberkeit Ø	4.8
Freundlichkeit	4.8
Stellplatz	4.5
Verpflegung	4.1
Freizeit	4.5
Preis-Leistung	4.6
Mietunterkünfte	4.9

Geeignet für

Kinder b. 12 J.	4.8
Paare	4.8
Senioren	4.8
Gäste mit Zelt	4.8
Gäste mit Hund	4.8
Kinder b. 6 J.	4.6
Kinder b. 18 J.	4.2

Empfohlene Aktivitäten

Schwimmen · Wandern · Entspannen · Radfahren · Angeln

12 Campingplatz Hohenwarth

✻

Ferienzentrum 3
93480 Hohenwarth
+49 9946 367
www.campingplatz-hohenwarth.de
info@campingplatz-hohenwarth.de

01.01. - 07.11.
13.12. - 31.12.

HS: 23,75 € | NS: 23,75 €

Mehr Infos & Anfrage:
www.camping.info/19185

Baden im See am Platz	✓
Pool/Hallenbad	3km/✓
Spielplatz am Platz	✓
Hunde willkommen	✓
zur Hälfte Schatten	✓
WLAN (gegen Gebühr)	✓
Lebensmittel	✓
Brötchen am Platz	✓
Imbiss	✓
Ver-/Entsorgung Womo	✓
in den Ort	1km
Gesamt/Touristen	400/280
Mietunterkünfte	✓
Stellplätze vor Schranke	✗

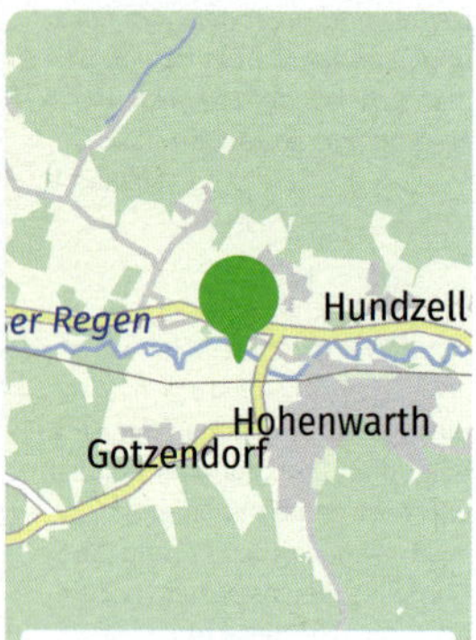

1 km
49.20619 | 12.92356

Camping Hohenwarth in der herrlichen Natur des Bayerischen Waldes.

Lage & Stellplatz

In der herrlichen Landschaft des Naturparks Oberer Bayerischer Wald liegt der Campingplatz Hohenwarth eingebettet zwischen zwei Bergen. Auf rund 10 ha werden 400 großzügige Stellplätze, eine idyllische Zeltwiese, ein eigener Freizeit-Badesee sowie ein Campingzubehör-Shop angeboten.

Verpflegung

Zur Versorgung dient der Backshop mit Frühstücksecke, Backwaren, Getränken, Zeitschriften, Wurst, Käse, Eis etc. Im Camper-Imbiss erhalten die Gäste Imbissgerichte und hausgemachte Tagesgerichte. Bayerische Gaststätten und Biergärten finden sich im nahe gelegenen Ort und in der Umgebung.

Sanitär

Zwei Sanitärgebäude mit umfassender Ausstattung – eines davon ist frisch renoviert. Neben kostenlosen Warmwasser-Duschen sind Toiletten, Einzelwaschkabinen, Wickelkabinen, ein barrierefreier Waschraum und Geschirrspülräume vorhanden. Außerdem Waschmaschinen u. Trockner, separater Chemie-WC-Raum etc.

Freizeit

Am Campingplatz Hohenwarth werden Natur, Erholung und Aktivurlaub vereint. Er ist ein idealer Ausgangspunkt für Wanderungen (z. B. zum Arber), Radtouren, Wintersport oder Ausflüge ins benachbarte Tschechien. Der Aufenthalt kann auch mit einer Kneipp- oder TCM-Kur in Bad Kötzting verbunden werden.

Campingleben in Hohenwarth.

Gepflegte Sanitärgebäude.

3.9 GUT
25 Bewertungen

Lage	4.4
Ruhe	4.4
Sanitäranlagen	3.6
Sauberkeit Ø	4.2
Freundlichkeit	4.3
Stellplatz	3.8
Verpflegung	3.0
Freizeit	4.1
Preis-Leistung	4.1
Mietunterkünfte	4.0

Geeignet für

4.6 Gäste mit Hund

4.4	Senioren
4.2	Paare
3.7	Kinder b. 6 J.
3.7	Kinder b. 12 J.
3.4	Gäste mit Zelt
3.2	Kinder b. 18 J.

Empfohlene Aktivitäten

Wandern
Entspannen
Radfahren
Schwimmen
Langlauf

Tolle Wochen-Angebote; bei schwacher Platzbelegung Hallenbad geschlossen.

9 Camping Haus Seeblick

Gütenland 16
92431 Neunburg vorm Wald
+49 9672 612
49.33681 | 12.44249

ganzjährig
HS: 17,10 € | NS: 15,60 €
Mehr Infos & Anfrage:
www.camping.info/19163

Baden im See	200m
Pool/Hallenbad	4km
Spielplatz am Platz	✓
Hunde willkommen	✓
zur Hälfte Schatten	✓
WLAN (gegen Gebühr)	✓
Lebensmittel	3km
Brötchen am Platz	✓
Restaurant	200m
Ver-/Entsorgung Womo	✓
in den Ort	1km
Gesamt/Touristen	90/45
Mietunterkünfte	✗
Stellplätze vor Schranke	✗

4.1 SEHR GUT
18 Bewertungen

Lage	4.5
Ruhe	4.6
Sanitäranlagen	4.1
Sauberkeit Ø	4.6
Freundlichkeit	4.6
Stellplatz	3.9
Verpflegung	3.4
Freizeit	3.8
Preis-Leistung	4.6
Mietunterkünfte	-

Geeignet für

Kinder b. 6 J.	4.2
Kinder b. 12 J.	4.2
Kinder b. 18 J.	3.7
Paare	4.7
Senioren	4.8
Gäste mit Zelt	4.5
Gäste mit Hund	4.4

Empfohlene Aktivitäten

- Wandern
- Schwimmen
- Radfahren

keine WOMOs ab 12 m

10 Ferienpark Perlsee Camping

Alte Ziegelhütte 6
93449 Waldmünchen
+49 9972 1469
49.39528 | 12.69833

ganzjährig
HS: 21,70 € | NS: 19,00 €
Mehr Infos & Anfrage:
www.camping.info/19182

Baden im See am Platz	✓
Hallenbad	1km
Spielplatz am Platz	✓
Hunde erlaubt	✓
Schatten	✗
WLAN (begrenzt gratis)	✓
Lebensmittel	2km
Brötchen am Platz	nur HS
Restaurant & Imbiss	✓
Ver-/Entsorgung Womo	✓
in den Ort	2km
Gesamt/Touristen	245/165
Mietunterkünfte	✓
Stellplätze vor Schranke	✗

4.2 SEHR GUT
37 Bewertungen

Lage	4.4
Ruhe	4.6
Sanitäranlagen	4.1
Sauberkeit Ø	4.2
Freundlichkeit	4.5
Stellplatz	3.9
Verpflegung	3.9
Freizeit	4.1
Preis-Leistung	4.3
Mietunterkünfte	4.3

Geeignet für

Kinder b. 6 J.	4.4
Kinder b. 12 J.	4.4
Kinder b. 18 J.	3.7
Paare	4.2
Senioren	4.5
Gäste mit Zelt	4.4
Gäste mit Hund	3.9

Empfohlene Aktivitäten

- Schwimmen
- Wandern
- Radfahren

11 Camping Einberg

Dabergerstraße 33
93437 Furth im Wald
+49 9973 1811
49.31092 | 12.85879

01.04. - 31.10.
HS: 22,00 € | NS: 19,00 €
Mehr Infos & Anfrage:
www.camping.info/19180

Baden in nat. Gewässer	k. A.
Pool	100m
Spielplatz am Platz	✓
Hunde erlaubt	✓
Schatten	✗
WLAN	✓
Lebensmittel	k.A.
Brötchen	keine Angabe
Imbiss	✓
Ver-/Entsorgung Womo	✗
in den Ort	keine Angabe
Gesamt/Touristen	55/50
Mietunterkünfte	✗
Stellplätze vor Schranke	✗

4.0 SEHR GUT
11 Bewertungen

Lage	4.3
Ruhe	4.3
Sanitäranlagen	3.9
Sauberkeit Ø	4.6
Freundlichkeit	4.0
Stellplatz	3.8
Verpflegung	3.7
Freizeit	4.1
Preis-Leistung	4.4
Mietunterkünfte	-

Geeignet für

Kinder b. 6 J.	3.7
Kinder b. 12 J.	3.8
Kinder b. 18 J.	3.4
Paare	4.0
Senioren	3.9
Gäste mit Zelt	3.6
Gäste mit Hund	4.2

Empfohlene Aktivitäten

- Wandern
- Radfahren
- Entspannen

Karte auf Seite 658

Infos
Öffnungszeiten
Vergleichspreis
Link

Ausstattung
Freizeit
Campingplatz
Versorgung
Anzahl der Plätze

13 Campingplatz Am Flussfreibad

Jahnstraße 42
93444 Bad Kötzting
0175/8625201
49.17953 | 12.86377

01.03. - 31.10.
HS: 32,00 € | NS: 32,00 €
Mehr Infos & Anfrage:
www.camping.info/17873

Baden im Fluss am Platz	✓
Pool/Hallenbad	500m
Spielplatz am Platz	✓
Hunde willkommen	✓
zur Hälfte Schatten	✓
WLAN	✓
Lebensmittel	1km
Brötchen am Platz	✓
Restaurant & Imbiss	✓
Ver-/Entsorgung Womo	✓
in den Ort	500m
Gesamt/Touristen	100/60
Mietunterkünfte	✓
Stellplätze vor Schranke	✗

3.9 GUT – 15 Bewertungen

Lage	4.7
Ruhe	4.3
Sanitäranlagen	3.3
Sauberkeit Ø	3.8
Freundlichkeit	4.2
Stellplatz	3.9
Verpflegung	4.1
Freizeit	4.2
Preis-Leistung	4.0
Mietunterkünfte	4.0

Geeignet für

Kinder b. 6 J.	3.9
Kinder b. 12 J.	4.3
Kinder b. 18 J.	3.8
Paare	4.5
Senioren	4.2
Gäste mit Zelt	4.8
Gäste mit Hund	4.2

Empfohlene Aktivitäten
- Wandern
- Radfahren
- Entspannen

14 Kanu&Camping Blaibach

Oberes Dorf 7
93476 Blaibach
+49 9941 4128
49.15944 | 12.80944

01.05. - 03.10.
HS: 20,00 € | NS: 20,00 €
Mehr Infos & online buchen:
www.camping.info/19184

Baden im Fluss am Platz	✓
Pool/Hallenbad	4/5km
Spielplatz am Platz	✓
Hunde willkommen	✓
zur Hälfte Schatten	✓
WLAN	✓
Lebensmittel	500m
Brötchen am Platz	✓
Imbiss	✓
Ver-/Entsorgung Womo	✓
im Ort	✓
Gesamt/Touristen	80/50
Mietunterkünfte	✓
Stellplätze vor Schranke	✓

4.4 SEHR GUT – 8 Bewertungen

Lage	4.9
Ruhe	4.1
Sanitäranlagen	4.1
Sauberkeit Ø	4.2
Freundlichkeit	4.7
Stellplatz	4.0
Verpflegung	3.3
Freizeit	4.6
Preis-Leistung	4.4
Mietunterkünfte	-

Geeignet für

Kinder b. 6 J.	3.8
Kinder b. 12 J.	4.7
Kinder b. 18 J.	4.0
Paare	4.3
Senioren	3.7
Gäste mit Zelt	4.2
Gäste mit Hund	3.3

Empfohlene Aktivitäten
- Kayak/Kanu
- Radfahren
- Wandern

15 Camping Höllensteinsee

Leitenweg 12
94234 Viechtach
49.10075 | 12.87852

27.04. - 07.10.
HS: 27,00 € | NS: 22,00 €
Mehr Infos & Anfrage:
www.camping.info/23218

Baden im See am Platz	✓
Pool/Hallenbad	3km
Spielplatz am Platz	✓
Hunde willkommen	✓
zur Hälfte Schatten	✓
WLAN	✓
Lebensmittel	✓
Brötchen am Platz	✓
Restaurant/Imbiss	3km
Ver-/Entsorgung Womo	✓
in den Ort	700m
Gesamt/Touristen	140/110
Mietunterkünfte	✗
Stellplätze vor Schranke	✗

3.6 GUT – 11 Bewertungen

Lage	4.7
Ruhe	4.7
Sanitäranlagen	2.5
Sauberkeit Ø	3.7
Freundlichkeit	4.0
Stellplatz	3.5
Verpflegung	2.8
Freizeit	4.2
Preis-Leistung	3.5
Mietunterkünfte	-

Geeignet für

Kinder b. 6 J.	3.5
Kinder b. 12 J.	3.7
Kinder b. 18 J.	3.0
Paare	4.1
Senioren	3.9
Gäste mit Zelt	4.0
Gäste mit Hund	4.3

Empfohlene Aktivitäten
- Kayak/Kanu
- Wandern
- Angeln

16 Knaus Campingpark Viechtach

Waldfrieden 22
94234 Viechtach
+49 9942 1095
49.08222 | 12.85389

07.01. - 04.11.
21.12. - 06.01.
HS: 37,10 € | NS: 34,40 €
Mehr Infos & Anfrage:
www.camping.info/22140

Baden in nat. Gewässer	k. A.
Pool/Hallenbad	700m/✓
Spielplatz am Platz	✓
Hunde willkommen	✓
zur Hälfte Schatten	✓
WLAN (gegen Gebühr)	✓
Lebensmittel	2km
Brötchen am Platz	✓
Restaurant/Imbiss	✓/1km
Ver-/Entsorgung Womo	✓
in den Ort	3km
Gesamt/Touristen	255/180
Mietunterkünfte	✓
Stellplätze vor Schranke	✗

4.2 SEHR GUT – 211 Bewertungen

Lage	4.1
Ruhe	4.3
Sanitäranlagen	4.0
Sauberkeit Ø	4.5
Freundlichkeit	4.6
Stellplatz	4.2
Verpflegung	3.4
Freizeit	4.1
Preis-Leistung	4.2
Mietunterkünfte	4.4

Geeignet für

Kinder b. 6 J.	4.2
Kinder b. 12 J.	4.3
Kinder b. 18 J.	4.0
Paare	4.6
Senioren	4.5
Gäste mit Zelt	4.2
Gäste mit Hund	4.8

Empfohlene Aktivitäten
- Wandern
- Schwimmen
- Entspannen

Winter: 18.12. - 10.01.

Karte auf Seite 658

17 Naturcamping Perlbach

✱

Unterholzen 7
94371 Rattenberg
+49 9963 701

49.07938 | 12.74931

Öffnungszeiten	ganzjährig
Vergleichspreis	HS: 16,00 € | NS: 15,00 €
Mehr Infos & Anfrage:	www.camping.info/19201

Baden im Fluss	100m
Pool/Hallenbad	10/5km
Spielplatz am Platz	✓
Hunde willkommen	✓
zur Hälfte Schatten	✓
WLAN	✗
Lebensmittel	1km
Brötchen am Platz	✓
Restaurant	100m
Ver-/Entsorgung Womo	✓
in den Ort	1km
Gesamt/Touristen	22/18
Mietunterkünfte	✓
Stellplätze vor Schranke	✗

4.6 SEHR GUT – 10 Bewertungen

Lage	4.8
Ruhe	4.8
Sanitäranlagen	4.8
Sauberkeit Ø	5.0
Freundlichkeit	5.0
Stellplatz	4.6
Verpflegung	4.7
Freizeit	4.5
Preis-Leistung	5.0
Mietunterkünfte	4.5

Geeignet für

Kinder b. 6 J.	4.7
Kinder b. 12 J.	5.0
Kinder b. 18 J.	5.0
Paare	5.0
Senioren	5.0
Gäste mit Zelt	4.8
Gäste mit Hund	5.0

Empfohlene Aktivitäten

- Radfahren
- Wandern
- Motorrad

18 Camping Heiner

Arberseestrasse 6
94252 Bayerisch Eisenstein

49.07905 | 13.20651

Öffnungszeiten	keine Angabe
Vergleichspreis	keine Angabe
Mehr Infos & Anfrage:	www.camping.info/24325

Baden in nat. Gewässer	k. A.
Pool & Hallenbad	✗
Spielplatz	keine Angabe
Hunde	✗
Schatten	✗
WLAN	keine Angabe
Lebensmittel	k.A.
Brötchen	keine Angabe
Restaurant & Imbiss	✗
Ver-/Entsorgung Womo	✗
in den Ort	keine Angabe
Gesamt	keine Angabe
Mietunterkünfte	✗
Stellplätze vor Schranke	✗

3.2 GUT – 8 Bewertungen

Lage	3.9
Ruhe	4.1
Sanitäranlagen	2.0
Sauberkeit Ø	3.8
Freundlichkeit	4.7
Stellplatz	3.2
Verpflegung	1.8
Freizeit	3.9
Preis-Leistung	3.8
Mietunterkünfte	-

Geeignet für

Kinder b. 6 J.	3.2
Kinder b. 12 J.	4.0
Kinder b. 18 J.	3.8
Paare	4.4
Senioren	4.4
Gäste mit Zelt	4.3
Hunde n. erlaubt	-

Empfohlene Aktivitäten

- Wandern
- Mountainbiking
- Cross Country

19 Camping Green Village

Zwieselau 13a
94258 Frauenau
+49 99 22 80 36 00

49.00849 | 13.2767

Öffnungszeiten	01.05. - 31.10.
Vergleichspreis	HS: 12,50 € | NS: 12,50 €
Mehr Infos & Anfrage:	www.camping.info/22388

Baden in nat. Gewässer	k. A.
Pool & Hallenbad	✗
Spielplatz am Platz	✓
Hunde	✗
Schatten	✗
WLAN	keine Angabe
Lebensmittel	3km
Brötchen	keine Angabe
Restaurant/Imbiss	500m/3km
Ver-/Entsorgung Womo	✓
in den Ort	keine Angabe
Gesamt/Touristen	37/35
Mietunterkünfte	✗
Stellplätze vor Schranke	✗

3.9 GUT – 21 Bewertungen

Lage	4.0
Ruhe	3.7
Sanitäranlagen	4.3
Sauberkeit Ø	4.5
Freundlichkeit	4.9
Stellplatz	3.6
Verpflegung	2.6
Freizeit	3.8
Preis-Leistung	4.0
Mietunterkünfte	-

Geeignet für

Kinder b. 6 J.	3.6
Kinder b. 12 J.	3.4
Kinder b. 18 J.	3.0
Paare	4.2
Senioren	4.4
Gäste mit Zelt	4.6
Hunde n. erlaubt	-

Empfohlene Aktivitäten

- Wandern
- Radfahren
- Entspannen

Infos

Öffnungszeiten
Vergleichspreis
Link

Ausstattung

Freizeit
Campingplatz
Versorgung
Anzahl der Plätze

23 Campingplatz Freizeitinsel

Inselstr. 1A
93077 Bad Abbach bei Regensburg
+49 9405 9570401
www.campingplatz-freizeitinsel.de
info@campingplatz-freizeitinsel.de

20.03. - 08.11.

HS: 31,00 € | NS: 28,00 €

Mehr Infos & Anfrage:
www.camping.info/25179

Baden im Fluss	300m
Pool/Hallenbad	500m/15km
Spielplatz am Platz	✓
Hunde willkommen	✓
kein Schatten	✓
WLAN	✓
Lebensmittel	2km
Brötchen am Platz	✓
Restaurant/Imbiss	1km/✓
Ver-/Entsorgung Womo	✓
in den Ort	500m
Gesamt/Touristen	96/76
Mietunterkünfte	✓
Stellplätze vor Schranke	✓

48.93693 | 12.02027

Willkommen auf dem Campingplatz Freizeitinsel.

Lage & Stellplatz

Idyllisch gelegen im schönen Donautal präsentiert sich der landschaftlich reizvolle Campingplatz seinen Besuchern vor den Toren Regensburgs. Der Platz ist terrassiert und es stehen parzellierte Stellplätze mit einer Größe von 120 m² sowie Kurzzeitparkplätze für Wohnmobile mit 60 m² zur Verfügung.

Verpflegung

Es gibt einen täglichen Brötchenservice und einen kleinen Kiosk. Große Einkäufe können im 2 km entfernten Supermarkt erledigt werden. Das nächste Gasthaus liegt ca. 1,5 km entfernt. Neu am Platz ist das Inselcafé mit eigener Konditorei, Frühstücksangebot, Kaffee und Kuchen sowie Brotzeiten.

Sanitär

Die Ausstattung des sauberen und gepflegten Sanitärgebäudes umfasst 8 Duschen, 4 Einzelwaschkabinen und Toiletten. Duschen ist im Preis inkludiert. Gegen Gebühr kann der Wäscheraum mit Trockner und Waschmaschine genutzt werden. Darüber hinaus gibt es Koch- und Spülmöglichkeiten für die Campinggäste.

Freizeit

Ein Radweg, der direkt am Campingplatz vorbeiführt, ermöglicht den Besuch der Städte Regensburg, Abensberg, Riedenburg, Kelheim und dem Kloster Weltenburg. Die nächste Bahnhaltestelle liegt nur 600 m entfernt. In unmittelbarer Platznähe befinden sich die Kaiser-Therme und das Inselbad.

Gemütlich essen & trinken.

Die charmante Umgebung.

4.7 SEHR GUT
90 Bewertungen

Lage	4.4
Ruhe	4.7
Sanitäranlagen	4.9
Sauberkeit Ø	4.9
Freundlichkeit	4.9
Stellplatz	4.4
Verpflegung	3.2
Freizeit	4.1
Preis-Leistung	4.6
Mietunterkünfte	4.1

Geeignet für

- 4.8 Paare
- 4.8 Senioren
- 4.8 Gäste mit Hund
- 4.4 Gäste mit Zelt
- 3.8 Kinder b. 6 J.
- 3.7 Kinder b. 12 J.
- 3.4 Kinder b. 18 J.

Empfohlene Aktivitäten

Radfahren, Entspannen, Wandern, Sightseeing, Schwimmen

AWARD 2020

HS: 20.04. - 20.09.

Karte auf Seite 658

20 Regental Aktiv Camping

Badstraße 18
94209 Regen
+49 9921 9603470
48.96661 | 13.11274

Infos	
Öffnungszeiten	01.04. - 31.10.
Vergleichspreis	HS: 23,20 € | NS: 23,20 €
Link	**Mehr Infos & Anfrage:** www.camping.info/23162

Ausstattung

Freizeit	Baden in nat. Gewässer	k. A.
	Pool/Hallenbad	✓/11km
	Spielplatz am Platz	✓
Campingplatz	Hunde erlaubt	✓
	Schatten	✗
	WLAN	✓
Versorgung	Lebensmittel	1km
	Brötchen	keine Angabe
	Imbiss	✓
	Ver-/Entsorgung Womo	✓
	in den Ort	1km
Anzahl der Plätze	Gesamt/Touristen	53/50
	Mietunterkünfte	✓
	Stellplätze vor Schranke	✗

3.9 GUT
28 Bewertungen

Lage	4.0
Ruhe	3.3
Sanitäranlagen	4.5
Sauberkeit Ø	4.6
Freundlichkeit	4.4
Stellplatz	4.0
Verpflegung	3.6
Freizeit	4.1
Preis-Leistung	4.0
Mietunterkünfte	4.5

Geeignet für

Kinder b. 6 J.	3.8
Kinder b. 12 J.	3.8
Kinder b. 18 J.	3.5
Paare	4.1
Senioren	4.0
Gäste mit Zelt	4.1
Gäste mit Hund	4.0

Empfohlene Aktivitäten

- Wandern
- Kayak/Kanu
- Radfahren

21 Camping Hartlmühle

Hartlmühle 1
93164 Laaber
+49 9498 533
49.05796 | 11.90436

Infos	
Öffnungszeiten	01.04. - 31.10.
Vergleichspreis	HS: 21,00 € | NS: 21,00 €
Link	**Mehr Infos & Anfrage:** www.camping.info/19176

Ausstattung

Freizeit	Baden in nat. Gewässer	k. A.
	Pool am Platz	✓
	Spielplatz am Platz	✓
Campingplatz	Hunde	✗
	Schatten	✗
	WLAN	keine Angabe
Versorgung	Lebensmittel	✓
	Brötchen am Platz	✓
	Restaurant am P.	✓
	Ver-/Entsorgung Womo	✗
	in den Ort	1km
Anzahl der Plätze	Gesamt	180
	Mietunterkünfte	✓
	Stellplätze vor Schranke	✗

4.0 SEHR GUT
28 Bewertungen

Lage	4.2
Ruhe	3.8
Sanitäranlagen	3.8
Sauberkeit Ø	4.1
Freundlichkeit	4.3
Stellplatz	4.1
Verpflegung	4.0
Freizeit	3.8
Preis-Leistung	3.9
Mietunterkünfte	3.5

Geeignet für

Kinder b. 6 J.	4.1
Kinder b. 12 J.	4.0
Kinder b. 18 J.	3.8
Paare	4.6
Senioren	4.4
Gäste mit Zelt	4.5
Hunde n. erlaubt	-

Empfohlene Aktivitäten

- Wandern
- Radfahren
- Sightseeing

22 Internationaler Campingplatz Naabtal-Pielenhofen

❄

Distelhausen 2
93188 Pielenhofen bei Regensburg
+49 9409 373
49.05833 | 11.95889

Infos	
Öffnungszeiten	ganzjährig
Vergleichspreis	HS: 26,00 € | NS: 26,00 €
Link	**Mehr Infos & Anfrage:** www.camping.info/19177

Ausstattung

Freizeit	Baden im Fluss am Platz	✓
	Pool/Hallenbad	15km
	Spielplatz am Platz	✓
Campingplatz	Hunde willkommen	✓
	zur Hälfte Schatten	✓
	WLAN (begrenzt gratis)	✓
Versorgung	Lebensmittel	✓
	Brötchen am Platz	✓
	Restaurant & Imbiss	✓
	Ver-/Entsorgung Womo	✓
	in den Ort	1km
Anzahl der Plätze	Gesamt/Touristen	270/100
	Mietunterkünfte	✓
	Stellplätze vor Schranke	✗

3.8 GUT
49 Bewertungen

Lage	4.0
Ruhe	3.2
Sanitäranlagen	3.8
Sauberkeit Ø	4.0
Freundlichkeit	4.1
Stellplatz	3.9
Verpflegung	3.9
Freizeit	4.0
Preis-Leistung	4.0
Mietunterkünfte	4.0

Geeignet für

Kinder b. 6 J.	3.9
Kinder b. 12 J.	4.3
Kinder b. 18 J.	3.9
Paare	4.3
Senioren	4.5
Gäste mit Zelt	4.4
Gäste mit Hund	4.4

Empfohlene Aktivitäten

- Radfahren
- Kayak/Kanu
- Wandern

keine WOMOs ab 10 m

BAYERN

❺ Bayerisch Schwaben

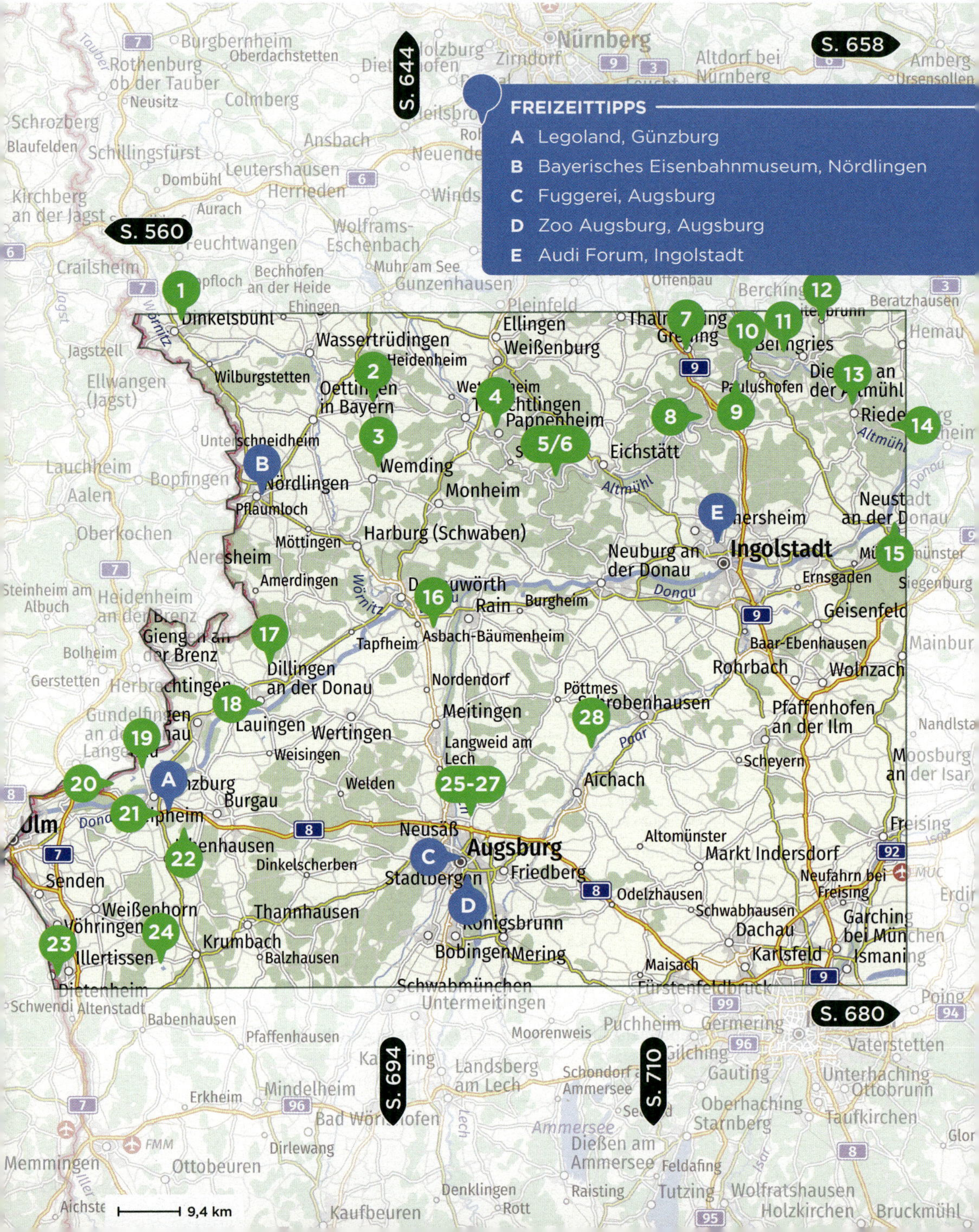

	Platz	Seite	Bewertung	Öffnungszeiten	
1	DCC-Campingpark Romantische Strasse	672	3.5	ganzjährig	Wintercamping
2	Campingplatz Hasenmühle	672	4.6	saisonal	
3	Campingpark Waldsee Wemding	672	3.6	saisonal	
4	Naturcamping Pappenheim	672	3.9	saisonal	
5	Camping Dollnstein	673	3.8	saisonal	
6	Zeltplatz Altmühltal	673	-	saisonal	
7	Hotel, Restaurant & Camping Bauer-Keller	673	3.8	saisonal	Wintercamping
8	AZUR Camping Altmühltal	674	3.3	saisonal	
9	Camping Kratzmühle	674	3.7	ganzjährig	Wintercamping, Ecocamping
10	Altmühltaler Naturpark Camping Beilngries	674	4.0	ganzjährig	Wintercamping
11	7 Täler Campingplatz, Altmühltal	674	4.2	saisonal	
12	Jura-Camping	675	3.3	ganzjährig	Wintercamping
13	Campingplatz Talblick	675	3.9	saisonal	
14	Camping Kastlhof	675	3.8	saisonal	
15	Camping Felbermühle	676	4.7	ganzjährig	Wintercamping, Award
16	Donau-Lech Camping	676	3.2	ganzjährig	Wintercamping
17	Goldberg-Camping Mörslingen	676	4.6	ganzjährig	Wintercamping
18	Donaucamping - Eichwaldstuben	676	3.5	ganzjährig	Wintercamping
19	Camping Gutshof Donauried	677	3.5	saisonal	Wintercamping
20	Campingplatz Schwarzfelder Hof	677	4.3	ganzjährig	Wintercamping
21	LEGOLAND® Feriendorf Campingplatz	677	3.9	saisonal	
22	Waldcamping Stubenweiher	678	3.8	saisonal	Wintercamping
23	Camping Illertissen	678	4.1	saisonal	
24	See Camping Günztal	678	4.0	saisonal	
25	Campingplatz Bella Augusta	678	3.2	ganzjährig	Wintercamping
26	Campingplatz Ludwigshof am See	679	4.3	saisonal	
27	Lech Camping	679	4.6	saisonal	
28	Campingplatz Paartal	679	3.2	ganzjährig	Wintercamping

Wintercamping   FKK Textilfrei (ganz/teilweise)   Ecocamping   Award   Onlinebuchung

1 DCC-Campingpark Romantische Strasse

❄

Kobeltsmühle 6
91550 Dinkelsbühl
+49 9851 7817
49.08113 | 10.3347

ganzjährig
HS: 24,70 € | NS: 0,00 €
Mehr Infos & Anfrage:
www.camping.info/19147

Baden im See am Platz	✓
Pool/Hallenbad	4/2km
Spielplatz am Platz	✓
Hunde willkommen	✓
zur Hälfte Schatten	✓
WLAN	✓
Lebensmittel	✓
Brötchen am Platz	✓
Imbiss	✓
Ver-/Entsorgung Womo	✓
in den Ort	1km
Gesamt/Touristen	430/270
Mietunterkünfte	✓
Stellplätze vor Schranke	✗

3.5 GUT – 73 Bewertungen

Lage	4.3
Ruhe	4.2
Sanitäranlagen	2.9
Sauberkeit Ø	3.5
Freundlichkeit	3.6
Stellplatz	3.6
Verpflegung	2.5
Freizeit	3.7
Preis-Leistung	3.8
Mietunterkünfte	2.8

Geeignet für

Kinder b. 6 J.	3.6
Kinder b. 12 J.	3.6
Kinder b. 18 J.	3.0
Paare	4.1
Senioren	4.1
Gäste mit Zelt	4.0
Gäste mit Hund	4.1

Empfohlene Aktivitäten

- Sightseeing
- Radfahren
- Entspannen

2 Campingplatz Hasenmühle

Hasenmühle 1
91719 Hechlingen am See
+49 9833 1696
48.97146 | 10.72673

01.03. - 15.11.
15.05. - 15.09.
HS: 19,50 € | NS: 17,00 €
Mehr Infos & Anfrage:
www.camping.info/17862

Baden im See	250m
Pool/Hallenbad	5/18km
Spielplatz am Platz	✓
Hunde willkommen	✓
zur Hälfte Schatten	✓
WLAN (gegen Gebühr)	✓
Lebensmittel	5km
Brötchen am Platz	nur HS
Restaurant/Imbiss	800/500m
Ver-/Entsorgung Womo	✓
in den Ort	1km
Gesamt/Touristen	72/33
Mietunterkünfte	✗
Stellplätze vor Schranke	✗

4.6 SEHR GUT – 23 Bewertungen

Lage	4.6
Ruhe	4.5
Sanitäranlagen	3.9
Sauberkeit Ø	4.5
Freundlichkeit	4.8
Stellplatz	4.3
Verpflegung	3.1
Freizeit	4.3
Preis-Leistung	4.7
Mietunterkünfte	-

Geeignet für

Kinder b. 6 J.	4.2
Kinder b. 12 J.	3.9
Kinder b. 18 J.	3.8
Paare	4.8
Senioren	4.9
Gäste mit Zelt	4.6
Gäste mit Hund	4.8

Empfohlene Aktivitäten

- Wandern
- Entspannen
- Schwimmen

keine WOMOs ab 12 m

3 Campingpark Waldsee Wemding

Wolferstädter Str. 100
86650 Wemding
+49 9092 90101
48.88454 | 10.73785

01.04. - 31.10.
HS: 27,00 € | NS: 24,00 €
Mehr Infos & Anfrage:
www.camping.info/17865

Baden im See am Platz	✓
Hallenbad	11km
Spielplatz am Platz	✓
Hunde willkommen	✓
zur Hälfte Schatten	✓
WLAN	✓
Lebensmittel	1km
Brötchen am Platz	nur HS
Restaurant & Imbiss	✓
Ver-/Entsorgung Womo	✓
in den Ort	1km
Gesamt/Touristen	330/210
Mietunterkünfte	✓
Stellplätze vor Schranke	✗

3.6 GUT – 47 Bewertungen

Lage	4.3
Ruhe	4.4
Sanitäranlagen	3.5
Sauberkeit Ø	4.0
Freundlichkeit	3.7
Stellplatz	3.6
Verpflegung	2.8
Freizeit	3.8
Preis-Leistung	3.9
Mietunterkünfte	4.1

Geeignet für

Kinder b. 6 J.	3.9
Kinder b. 12 J.	4.2
Kinder b. 18 J.	3.6
Paare	4.1
Senioren	3.9
Gäste mit Zelt	3.9
Gäste mit Hund	3.8

Empfohlene Aktivitäten

- Schwimmen
- Wandern
- Radfahren

4 Naturcamping Pappenheim

Badweg 1
91788 Pappenheim
+49 9143 1275
48.93469 | 10.96935

01.04. - 31.10.
HS: 20,00 € | NS: 20,00 €
Mehr Infos & Anfrage:
www.camping.info/19154

Baden im Fluss am Platz	✓
Pool/Hallenbad	800m/7km
Spielplatz am Platz	✓
Hunde erlaubt	✓
Schatten	✗
WLAN	keine Angabe
Lebensmittel	500m
Brötchen am Platz	✓
Restaurant	500m
Ver-/Entsorgung Womo	✗
in den Ort	500m
Gesamt/Touristen	100/80
Mietunterkünfte	✗
Stellplätze vor Schranke	✗

3.9 GUT – 19 Bewertungen

Lage	4.6
Ruhe	4.2
Sanitäranlagen	2.8
Sauberkeit Ø	4.0
Freundlichkeit	3.7
Stellplatz	3.6
Verpflegung	2.4
Freizeit	4.1
Preis-Leistung	4.1
Mietunterkünfte	-

Geeignet für

Kinder b. 6 J.	2.8
Kinder b. 12 J.	3.2
Kinder b. 18 J.	3.2
Paare	4.2
Senioren	3.8
Gäste mit Zelt	4.2
Gäste mit Hund	4.4

Empfohlene Aktivitäten

- Entspannen
- Kayak/Kanu
- Radfahren

Karte auf Seite 670

5 Camping Dollnstein

Brückenstraße 11a
91795 Dollnstein
+49 8422 846

48.87369 | 11.07647

20.03. - 31.10.

HS: 15,00 € | NS: 15,00 €

Mehr Infos & Anfrage:
www.camping.info/19155

Baden im Fluss am Platz	✓
Pool/Hallenbad	15/20km
Spielplatz am Platz	✓
Hunde willkommen	✓
wenig Schatten	✓
WLAN (gratis)	teilweise
Lebensmittel	300m
Brötchen am Platz	nur HS
Restaurant/Imbiss	300m/✓
Ver-/Entsorgung Womo	✗
im Ort	✓
Gesamt/Touristen	90/70
Mietunterkünfte	✓
Stellplätze vor Schranke	✗

3.8 GUT
41 Bewertungen

Lage	4.5
Ruhe	4.3
Sanitäranlagen	3.0
Sauberkeit Ø	3.9
Freundlichkeit	4.4
Stellplatz	3.8
Verpflegung	3.2
Freizeit	4.3
Preis-Leistung	4.3
Mietunterkünfte	4.5

Geeignet für

Kinder b. 6 J.	4.3
Kinder b. 12 J.	4.4
Kinder b. 18 J.	4.2
Paare	4.7
Senioren	4.7
Gäste mit Zelt	4.9
Gäste mit Hund	4.5

Empfohlene Aktivitäten

- Kayak/Kanu
- Wandern
- Radfahren

6 Zeltplatz Altmühltal

Schulstraße 13
91795 Dollnstein-Breitenfurt
+49 (0) 8422 567

48.87381 | 11.10229

01.04. - 31.10.

keine Angabe

Mehr Infos & Anfrage:
www.camping.info/26867

Baden im Fluss am Platz	✓
Pool am Platz	✓
Spielplatz am Platz	✓
Hunde willkommen	✓
Schatten	✗
WLAN	✓
Lebensmittel	k.A.
Brötchen am Platz	nur HS
Imbiss	✓
Ver-/Entsorgung Womo	✗
in den Ort	2km
Touristenplätze	20
Mietunterkünfte	✗
Stellplätze vor Schranke	✗

- JETZT BEWERTEN!

Für diese Auswertung liegen leider noch nicht genügend Bewertungen vor.

Sei einer der Ersten, der diesen Campingplatz bewertet. Unter den Bewertern werden regelmäßig Gewinne verlost!

Mehr Infos dazu findest du in unserem allgemeinen Intro.

7 Hotel, Restaurant & Camping Bauer-Keller

❄

Kraftsbucher Straße 1
91171 Greding
+49 8463 64000

49.0407 | 11.34972

01.01. - 15.11.

HS: 15,50 € | NS: 15,50 €

Mehr Infos & Anfrage:
www.camping.info/19138

Baden im Fluss	500m
Hallenbad	500m
Spielplatz am Platz	✓
Hunde willkommen	✓
wenig Schatten	✓
WLAN	✓
Lebensmittel	500m
Brötchen am Platz	✓
Restaurant am P.	✓
Ver-/Entsorgung Womo	✗
in den Ort	500m
Touristenplätze	80
Mietunterkünfte	✗
Stellplätze vor Schranke	✗

3.8 GUT
53 Bewertungen

Lage	4.0
Ruhe	2.3
Sanitäranlagen	4.0
Sauberkeit Ø	4.5
Freundlichkeit	4.7
Stellplatz	3.4
Verpflegung	4.4
Freizeit	2.0
Preis-Leistung	4.4
Mietunterkünfte	-

Geeignet für

Kinder b. 6 J.	3.8
Kinder b. 12 J.	3.9
Kinder b. 18 J.	3.9
Paare	4.3
Senioren	4.3
Gäste mit Zelt	3.2
Gäste mit Hund	4.2

Empfohlene Aktivitäten

- Wandern
- Kulinarik
- Sightseeing

Infos

Öffnungszeiten

Vergleichspreis

Link

Ausstattung

Freizeit

Campingplatz

Versorgung

Anzahl der Plätze

8 AZUR Camping Altmühltal

Campingstraße 1
85110 Kipfenberg
+49 8465 905167

48.94829 | 11.38846

08.04. - 25.10.

HS: 30,00 € | NS: 24,00 €

Mehr Infos & Anfrage:
www.camping.info/19079

Baden im Fluss am Platz	✓
Pool	500m
Spielplatz	keine Angabe
Hunde willkommen	✓
Schatten	✗
WLAN	keine Angabe
Lebensmittel	✓
Brötchen	keine Angabe
Restaurant/Imbiss	300m/✓
Ver-/Entsorgung Womo	✗
in den Ort	keine Angabe
Gesamt/Touristen	480/450
Mietunterkünfte	✗
Stellplätze vor Schranke	✓

3.3 GUT
74 Bewertungen

Lage	4.2
Ruhe	4.2
Sanitäranlagen	3.0
Sauberkeit Ø	3.6
Freundlichkeit	3.8
Stellplatz	3.5
Verpflegung	3.5
Freizeit	3.6
Preis-Leistung	2.9
Mietunterkünfte	-

Geeignet für

Kinder b. 6 J.	3.3
Kinder b. 12 J.	3.4
Kinder b. 18 J.	3.1
Paare	4.1
Senioren	4.2
Gäste mit Zelt	4.0
Gäste mit Hund	3.8

Empfohlene Aktivitäten

- Kayak/Kanu
- Wandern
- Radfahren

9 Camping Kratzmühle

Mühlweg 2
85125 Kinding-Kratzmühle
+49 8461 64170

49.00361 | 11.45167

ganzjährig

HS: 26,00 €

Mehr Infos & Anfrage:
www.camping.info/19080

Baden im See am Platz	✓
Hallenbad	10km
Spielplatz am Platz	✓
Hunde erlaubt	✓
zur Hälfte Schatten	✓
WLAN (begrenzt gratis)	✓
Lebensmittel	✓
Brötchen am Platz	nur HS
Restaurant am P.	✓
Ver-/Entsorgung Womo	✓
in den Ort	4km
Gesamt/Touristen	480/260
Mietunterkünfte	✓
Stellplätze vor Schranke	✗

3.7 GUT
128 Bewertungen

Lage	4.4
Ruhe	3.9
Sanitäranlagen	3.5
Sauberkeit Ø	3.8
Freundlichkeit	4.0
Stellplatz	3.6
Verpflegung	3.3
Freizeit	4.1
Preis-Leistung	3.7
Mietunterkünfte	4.0

Geeignet für

Kinder b. 6 J.	3.9
Kinder b. 12 J.	4.1
Kinder b. 18 J.	3.6
Paare	4.2
Senioren	4.2
Gäste mit Zelt	3.9
Gäste mit Hund	3.4

Empfohlene Aktivitäten

- Radfahren
- Kayak/Kanu
- Schwimmen

10 Altmühltaler Naturpark Camping Beilngries

An der Altmühl 24
92339 Beilngries
+49 8461 606730

49.02627 | 11.46991

ganzjährig

HS: 25,50 € | NS: 25,50 €

Mehr Infos & Anfrage:
www.camping.info/19160

Baden im See	3km
Pool/Hallenbad	✓/500m
Spielplatz am Platz	✓
Hunde willkommen	✓
Schatten	✗
WLAN	✓
Lebensmittel	✓
Brötchen am Platz	✓
Restaurant	500m
Ver-/Entsorgung Womo	✗
in den Ort	keine Angabe
Gesamt/Touristen	160/106
Mietunterkünfte	✓
Stellplätze vor Schranke	✓

4.0 SEHR GUT
149 Bewertungen

Lage	4.6
Ruhe	4.1
Sanitäranlagen	3.9
Sauberkeit Ø	4.0
Freundlichkeit	4.1
Stellplatz	4.0
Verpflegung	3.7
Freizeit	4.3
Preis-Leistung	4.0
Mietunterkünfte	4.7

Geeignet für

Kinder b. 6 J.	4.3
Kinder b. 12 J.	4.3
Kinder b. 18 J.	4.3
Paare	4.4
Senioren	4.3
Gäste mit Zelt	4.3
Gäste mit Hund	4.5

Empfohlene Aktivitäten

- Radfahren
- Wandern
- Kayak/Kanu

11 7 Täler Campingplatz, Altmühltal

Ottmaring 11
92345 Dietfurt
+49 8464 605 212

49.03565 | 11.54526

01.04. - 15.10.

HS: 25,00 € | NS: 25,00 €

Mehr Infos & Anfrage:
www.camping.info/25491

Baden im See	10km
Pool/Hallenbad	2/5km
Spielplatz	keine Angabe
Hunde willkommen	✓
zur Hälfte Schatten	✓
WLAN (gegen Gebühr)	✓
Lebensmittel	2km
Brötchen am Platz	nur HS
Restaurant & Imbiss	✗
Ver-/Entsorgung Womo	✓
in den Ort	4km
Touristenplätze	25
Mietunterkünfte	✓
Stellplätze vor Schranke	✗

4.2 SEHR GUT
22 Bewertungen

Lage	4.2
Ruhe	4.3
Sanitäranlagen	4.5
Sauberkeit Ø	4.6
Freundlichkeit	4.6
Stellplatz	3.9
Verpflegung	2.7
Freizeit	3.7
Preis-Leistung	3.9
Mietunterkünfte	4.5

Geeignet für

Kinder b. 6 J.	3.6
Kinder b. 12 J.	3.6
Kinder b. 18 J.	3.4
Paare	4.5
Senioren	4.5
Gäste mit Zelt	4.4
Gäste mit Hund	4.4

Empfohlene Aktivitäten

- Radfahren
- Wandern
- Entspannen

ECO CAMPING

12 Jura-Camping

❄

Badstraße 4
92363 Breitenbrunn
+49 9495 337
49.07822 | 11.62187

Öffnungszeiten	ganzjährig
Vergleichspreis	HS: 17,00 € | NS: 17,00 €
Link	**Mehr Infos & Anfrage:** www.camping.info/19162

Freizeit	Baden im Teich	50m
	Pool/Hallenbad	✓/12km
	Spielplatz am Platz	✓
Campingplatz	Hunde erlaubt	✓
	zur Hälfte Schatten	✓
	WLAN	✓
Versorgung	Lebensmittel	✓
	Brötchen am Platz	✓
	Restaurant/Imbiss	100m/✓
	Ver-/Entsorgung Womo	✓
	in den Ort	500m
Anzahl der Plätze	Gesamt/Touristen	150/70
	Mietunterkünfte	✓
	Stellplätze vor Schranke	✗

3.3 GUT – 12 Bewertungen

Lage	4.0
Ruhe	3.6
Sanitäranlagen	3.2
Sauberkeit Ø	3.6
Freundlichkeit	4.0
Stellplatz	3.4
Verpflegung	2.4
Freizeit	3.9
Preis-Leistung	4.0
Mietunterkünfte	4.0

Geeignet für

Kinder b. 6 J.	2.6
Kinder b. 12 J.	3.4
Kinder b. 18 J.	2.8
Paare	3.7
Senioren	4.6
Gäste mit Zelt	3.8
Gäste mit Hund	4.2

Empfohlene Aktivitäten

- Radfahren
- Wandern
- Entspannen

13 Campingplatz Talblick

Austr. 40
93339 Riedenburg
+49 9442 430
48.96799 | 11.68052

Öffnungszeiten	01.04. - 15.10.
Vergleichspreis	HS: 19,00 € | NS: 19,00 €
Link	**Mehr Infos & Anfrage:** www.camping.info/22385

Freizeit	Baden im See	1km
	Pool/Hallenbad	10/1km
	Spielplatz am Platz	✓
Campingplatz	Hunde erlaubt	✓
	zur Hälfte Schatten	✓
	WLAN	✗
Versorgung	Lebensmittel	500m
	Brötchen	keine Angabe
	Restaurant/Imbiss	500m
	Ver-/Entsorgung Womo	✓
	in den Ort	200m
Anzahl der Plätze	Gesamt/Touristen	150/100
	Mietunterkünfte	✓
	Stellplätze vor Schranke	✗

3.9 GUT – 18 Bewertungen

Lage	4.7
Ruhe	4.4
Sanitäranlagen	3.9
Sauberkeit Ø	4.2
Freundlichkeit	3.7
Stellplatz	3.7
Verpflegung	2.8
Freizeit	4.6
Preis-Leistung	4.2
Mietunterkünfte	3.5

Geeignet für

Kinder b. 6 J.	3.8
Kinder b. 12 J.	4.1
Kinder b. 18 J.	3.8
Paare	4.7
Senioren	4.8
Gäste mit Zelt	4.5
Gäste mit Hund	4.3

Empfohlene Aktivitäten

- Radfahren
- Wandern
- Entspannen

14 Camping Kastlhof

Pillhausen 1
93339 Riedenburg
+49 9447 698
48.94096 | 11.75627

Öffnungszeiten	01.03. - 31.10.
Vergleichspreis	HS: 14,50 € | NS: 14,50 €
Link	**Mehr Infos & Anfrage:** www.camping.info/24790

Freizeit	Baden in nat. Gewässer	k. A.
	Pool & Hallenbad	✗
	Spielplatz	keine Angabe
Campingplatz	Hunde erlaubt	✓
	Schatten	✗
	WLAN	keine Angabe
Versorgung	Lebensmittel	✗
	Brötchen am Platz	✓
	Restaurant am P.	✓
	Ver-/Entsorgung Womo	✗
	in den Ort	1km
Anzahl der Plätze	Touristenplätze	25
	Mietunterkünfte	✗
	Stellplätze vor Schranke	✗

3.8 GUT – 11 Bewertungen

Lage	4.6
Ruhe	3.5
Sanitäranlagen	2.4
Sauberkeit Ø	3.5
Freundlichkeit	4.6
Stellplatz	3.5
Verpflegung	3.8
Freizeit	3.9
Preis-Leistung	4.8
Mietunterkünfte	-

Geeignet für

Kinder b. 6 J.	3.0
Kinder b. 12 J.	3.6
Kinder b. 18 J.	3.7
Paare	4.0
Senioren	4.1
Gäste mit Zelt	4.1
Gäste mit Hund	4.1

Empfohlene Aktivitäten

- Wandern
- Radfahren
- Angeln

Karte auf Seite 670

15 Camping Felbermühle

Felbermühle 1
93333 Neustadt an der Donau
+49 9445 516
48.81667 | 11.77056

ganzjährig
HS: 24,00 € | NS: 19,80 €
Mehr Infos & Anfrage:
www.camping.info/19178

Baden im See	6km
Pool/Hallenbad	1km
Spielplatz	1km
Hunde willkommen	✓
zur Hälfte Schatten	✓
WLAN	✓
Lebensmittel	1km
Brötchen am Platz	✓
Restaurant/Imbiss	1km
Ver-/Entsorgung Womo	✓
in den Ort	1km
Gesamt/Touristen	66/64
Mietunterkünfte	✗
Stellplätze vor Schranke	✗

4.7 SEHR GUT
91 Bewertungen

Lage	4.4
Ruhe	4.5
Sanitäranlagen	4.9
Sauberkeit Ø	5.0
Freundlichkeit	4.8
Stellplatz	4.6
Verpflegung	3.4
Freizeit	4.0
Preis-Leistung	4.4
Mietunterkünfte	-

Geeignet für

Kinder b. 6 J.	2.7
Kinder b. 12 J.	3.0
Kinder b. 18 J.	3.1
Paare	4.7
Senioren	4.8
Gäste mit Zelt	4.5
Gäste mit Hund	4.6

Empfohlene Aktivitäten

- Radfahren
- Entspannen
- Wandern

AWARD 2020

16 Donau-Lech Camping

Campingweg 1
86698 Eggelstetten
+49 9090 4046
48.67553 | 10.8424

ganzjährig
keine Angabe
Mehr Infos & Anfrage:
www.camping.info/22390

Baden im See am Platz	✓
Hallenbad	1km
Spielplatz	✗
Hunde willkommen	✓
Schatten	✗
WLAN (gratis)	teilweise
Lebensmittel	5km
Brötchen am Platz	✗
Restaurant/Imbiss	300m/1km
Ver-/Entsorgung Womo	✓
in den Ort	1km
Gesamt/Touristen	130/100
Mietunterkünfte	✗
Stellplätze vor Schranke	✗

3.2 GUT
30 Bewertungen

Lage	3.6
Ruhe	4.1
Sanitäranlagen	3.4
Sauberkeit Ø	3.5
Freundlichkeit	3.6
Stellplatz	3.6
Verpflegung	2.2
Freizeit	3.2
Preis-Leistung	3.8
Mietunterkünfte	-

Geeignet für

Kinder b. 6 J.	3.2
Kinder b. 12 J.	3.6
Kinder b. 18 J.	3.1
Paare	3.6
Senioren	3.8
Gäste mit Zelt	3.6
Gäste mit Hund	3.9

Empfohlene Aktivitäten

- Radfahren
- Schwimmen
- Entspannen

17 Goldberg-Camping Mörslingen

Deisenhofer Straße 30
89435 Mörslingen
09074920294
48.62266 | 10.51675

ganzjährig
keine Angabe
Mehr Infos & Anfrage:
www.camping.info/27662

Baden im See	200m
Pool/Hallenbad	✓/5km
Spielplatz	200m
Hunde	✗
viel Schatten	✓
WLAN	keine Angabe
Lebensmittel	200m
Brötchen am Platz	✗
Restaurant/Imbiss	100/200m
Ver-/Entsorgung Womo	✗
in den Ort	5km
Gesamt	49
Mietunterkünfte	✓
Stellplätze vor Schranke	✗

4.6 SEHR GUT
5 Bewertungen

Lage	4.2
Ruhe	4.6
Sanitäranlagen	3.0
Sauberkeit Ø	4.8
Freundlichkeit	5.0
Stellplatz	3.8
Verpflegung	3.7
Freizeit	4.2
Preis-Leistung	4.4
Mietunterkünfte	3.0

Geeignet für

Kinder b. 6 J.	5.0
Kinder b. 12 J.	3.5
Kinder b. 18 J.	3.0
Paare	5.0
Senioren	5.0
Gäste mit Zelt	4.7
Hunde n. erlaubt	-

Empfohlene Aktivitäten

- Radfahren
- Wandern
- Entspannen

18 Donaucamping - Eichwaldstuben

Georg-Schmid-Ring 45
89407 Dillingen
+49 907 172 8445
48.56913 | 10.5019

ganzjährig
HS: 17,70 € | NS: 17,70 €
Mehr Infos & Anfrage:
www.camping.info/22384

Baden in nat. Gewässer	k. A.
Pool/Hallenbad	200m/1km
Spielplatz	✗
Hunde erlaubt	✓
Schatten	✗
WLAN	✗
Lebensmittel	500m
Brötchen	keine Angabe
Restaurant am P.	✓
Ver-/Entsorgung Womo	✓
in den Ort	1km
Gesamt/Touristen	75/70
Mietunterkünfte	✗
Stellplätze vor Schranke	✗

3.5 GUT
4 Bewertungen

Lage	3.2
Ruhe	3.0
Sanitäranlagen	4.2
Sauberkeit Ø	4.3
Freundlichkeit	4.7
Stellplatz	3.0
Verpflegung	4.0
Freizeit	3.8
Preis-Leistung	3.8
Mietunterkünfte	-

Geeignet für

Kinder b. 6 J.	2.3
Kinder b. 12 J.	2.7
Kinder b. 18 J.	3.0
Paare	4.2
Senioren	4.2
Gäste mit Zelt	4.5
Gäste mit Hund	4.3

Empfohlene Aktivitäten

- Radfahren
- Wandern
- Kayak/Kanu

Karte auf Seite 670

19 Camping Gutshof Donauried

❄

Heidenheimer Str. 115
89312 Günzburg
+49 8221 2076946

48.48729 | 10.25656

01.04. - 31.10.

HS: 18,00 € | NS: 18,00 €

Mehr Infos & Anfrage:
www.camping.info/26257

Baden im See am Platz	✓
Pool/Hallenbad	3/10km
Spielplatz am Platz	✓
Hunde willkommen	✓
wenig Schatten	✓
WLAN (gegen Gebühr)	✓
Lebensmittel	6km
Brötchen am Platz	✓
Restaurant/Imbiss	1km/✓
Ver-/Entsorgung Womo	✓
in den Ort	6km
Gesamt/Touristen	25/20
Mietunterkünfte	✓
Stellplätze vor Schranke	✗

3.5 GUT
11 Bewertungen

Lage	3.9
Ruhe	3.5
Sanitäranlagen	2.8
Sauberkeit Ø	3.9
Freundlichkeit	4.4
Stellplatz	3.3
Verpflegung	3.6
Freizeit	3.7
Preis-Leistung	3.8
Mietunterkünfte	4.2

Geeignet für

Kinder b. 6 J.	3.7
Kinder b. 12 J.	3.6
Kinder b. 18 J.	3.8
Paare	3.6
Senioren	3.4
Gäste mit Zelt	4.0
Gäste mit Hund	3.8

Empfohlene Aktivitäten

- Radfahren
- Schwimmen
- Entspannen

20 Campingplatz Schwarzfelder Hof

❄

Schwarzfelder Weg 1-3
89340 Leipheim-Riedheim
+49 822172628

48.46583 | 10.20305

ganzjährig

HS: 26,30 € | NS: 23,30 €

Mehr Infos & Anfrage:
www.camping.info/17870

Baden im See am Platz	✓
Pool/Hallenbad	7/3km
Spielplatz am Platz	✓
Hunde willkommen	✓
wenig Schatten	✓
WLAN (gegen Gebühr)	✓
Lebensmittel	1km
Brötchen am Platz	✓
Restaurant/Imbiss	1km/✓
Ver-/Entsorgung Womo	✓
in den Ort	1km
Gesamt/Touristen	80/60
Mietunterkünfte	✓
Stellplätze vor Schranke	✗

4.3 SEHR GUT
104 Bewertungen

Lage	4.4
Ruhe	4.2
Sanitäranlagen	3.7
Sauberkeit Ø	4.3
Freundlichkeit	4.7
Stellplatz	3.9
Verpflegung	3.4
Freizeit	4.4
Preis-Leistung	4.3
Mietunterkünfte	4.6

Geeignet für

Kinder b. 6 J.	4.8
Kinder b. 12 J.	4.6
Kinder b. 18 J.	3.6
Paare	3.5
Senioren	3.3
Gäste mit Zelt	4.5
Gäste mit Hund	4.5

Empfohlene Aktivitäten

- Schwimmen
- Radfahren
- Reiten

21 LEGOLAND® Feriendorf Campingplatz

LEGOLAND Allee 3
89312 Günzburg
+49 8221 700 185

48.42565 | 10.30203

24.03. - 04.11.

HS: 38,00 €

Mehr Infos & Anfrage:
www.camping.info/23009

Baden in nat. Gewässer	k. A.
Pool/Hallenbad	5/11km
Spielplatz am Platz	✓
Hunde	✗
wenig Schatten	✓
WLAN (gratis)	teilweise
Lebensmittel	5km
Brötchen am Platz	✓
Restaurant & Imbiss	✓
Ver-/Entsorgung Womo	✓
in den Ort	5km
Touristenplätze	165
Mietunterkünfte	✓
Stellplätze vor Schranke	✗

3.9 GUT
101 Bewertungen

Lage	4.4
Ruhe	3.4
Sanitäranlagen	4.2
Sauberkeit Ø	4.3
Freundlichkeit	4.6
Stellplatz	3.5
Verpflegung	3.0
Freizeit	4.5
Preis-Leistung	3.9
Mietunterkünfte	4.3

Geeignet für

Kinder b. 6 J.	4.6
Kinder b. 12 J.	4.6
Kinder b. 18 J.	3.7
Paare	2.9
Senioren	2.5
Gäste mit Zelt	3.0
Hunde n. erlaubt	-

Empfohlene Aktivitäten

- Klettern
- Radfahren
- Wandern

Infos

Öffnungszeiten
Vergleichspreis
Link

Ausstattung

Freizeit
Campingplatz
Versorgung
Anzahl der Plätze

22

Waldcamping Stubenweiher

*

Am Stubenweiher
89331 Limbach
+49 8223 797

48.41047 | 10.34079

01.04. - 31.10.

HS: 26,30 € | NS: 26,30 €

Mehr Infos & Anfrage:
www.camping.info/22391

Baden im Teich am Platz	✓
Pool & Hallenbad	✗
Spielplatz am Platz	✓
Hunde erlaubt	✓
zur Hälfte Schatten	✓
WLAN (gegen Gebühr)	teilweise
Lebensmittel	2km
Brötchen	keine Angabe
Restaurant am P.	✓
Ver-/Entsorgung Womo	✓
in den Ort	2km
Gesamt/Touristen	120/55
Mietunterkünfte	✗
Stellplätze vor Schranke	✗

3.8 GUT 17 Bewertungen

Lage	4.0
Ruhe	4.9
Sanitäranlagen	3.6
Sauberkeit Ø	4.0
Freundlichkeit	3.9
Stellplatz	3.4
Verpflegung	3.8
Freizeit	3.4
Preis-Leistung	3.9
Mietunterkünfte	-

Geeignet für

Kinder b. 6 J.	2.3
Kinder b. 12 J.	2.7
Kinder b. 18 J.	2.1
Paare	4.1
Senioren	4.5
Gäste mit Zelt	3.2
Gäste mit Hund	4.8

Empfohlene Aktivitäten

- Wandern
- Radfahren
- Schwimmen

23

Camping Illertissen

Dietenheimerstr. 91
D-89257 Illertissen
+49 7303 7888

48.21212 | 10.08724

01.04. - 31.10.

HS: 27,00 € | NS: 27,00 €

Mehr Infos & Anfrage:
www.camping.info/19132

Baden im See	3km
Pool/Hallenbad	✓/400m
Spielplatz am Platz	✓
Hunde willkommen	✓
zur Hälfte Schatten	✓
WLAN (gegen Gebühr)	✓
Lebensmittel	✓
Brötchen am Platz	✓
Restaurant & Imbiss	✓
Ver-/Entsorgung Womo	✓
in den Ort	1km
Gesamt/Touristen	150/50
Mietunterkünfte	✓
Stellplätze vor Schranke	✗

4.1 SEHR GUT 40 Bewertungen

Lage	4.1
Ruhe	4.4
Sanitäranlagen	4.2
Sauberkeit Ø	4.7
Freundlichkeit	4.4
Stellplatz	4.2
Verpflegung	3.9
Freizeit	3.7
Preis-Leistung	4.4
Mietunterkünfte	1.5

Geeignet für

Kinder b. 6 J.	3.8
Kinder b. 12 J.	3.6
Kinder b. 18 J.	3.2
Paare	4.5
Senioren	4.6
Gäste mit Zelt	4.7
Gäste mit Hund	4.6

Empfohlene Aktivitäten

- Radfahren
- Entspannen
- Wandern

24

See Camping Günztal

Oberrieder Weiherstraße 5
86488 Breitenthal
+49 8282 881870

48.22748 | 10.29444

17.04. - 23.10.

HS: 26,50 € | NS: 22,50 €

Mehr Infos & Anfrage:
www.camping.info/22167

Baden im See am Platz	✓
Pool/Hallenbad	6km
Spielplatz am Platz	✓
Hunde erlaubt	✓
wenig Schatten	✓
WLAN (gegen Gebühr)	✓
Lebensmittel	✓
Brötchen am Platz	✓
Restaurant/Imbiss	1km/✓
Ver-/Entsorgung Womo	✓
in den Ort	1km
Gesamt/Touristen	120/100
Mietunterkünfte	✓
Stellplätze vor Schranke	✓

4.0 SEHR GUT 38 Bewertungen

Lage	4.5
Ruhe	4.3
Sanitäranlagen	4.3
Sauberkeit Ø	4.0
Freundlichkeit	4.2
Stellplatz	3.9
Verpflegung	3.3
Freizeit	3.9
Preis-Leistung	4.3
Mietunterkünfte	4.7

Geeignet für

Kinder b. 6 J.	4.2
Kinder b. 12 J.	4.2
Kinder b. 18 J.	3.5
Paare	4.5
Senioren	4.6
Gäste mit Zelt	4.5
Gäste mit Hund	4.3

Empfohlene Aktivitäten

- Schwimmen
- Segeln
- Surfen

25

Campingplatz Bella Augusta

*

Mühlhauser Str. 54b
86169 Augsburg-Ost
+49 821 707575

48.41168 | 10.92081

ganzjährig

HS: 27,40 € | NS: 27,40 €

Mehr Infos & Anfrage:
www.camping.info/22392

Baden im See am Platz	✓
Pool & Hallenbad	✗
Spielplatz	500m
Hunde erlaubt	✓
zur Hälfte Schatten	✓
WLAN	✓
Lebensmittel	✓
Brötchen am Platz	nur HS
Restaurant & Imbiss	✓
Ver-/Entsorgung Womo	✓
in den Ort	1km
Gesamt/Touristen	160/65
Mietunterkünfte	✓
Stellplätze vor Schranke	✗

3.2 GUT 26 Bewertungen

Lage	3.4
Ruhe	2.6
Sanitäranlagen	3.1
Sauberkeit Ø	3.4
Freundlichkeit	4.2
Stellplatz	3.3
Verpflegung	3.0
Freizeit	3.4
Preis-Leistung	3.0
Mietunterkünfte	4.2

Geeignet für

Kinder b. 6 J.	3.1
Kinder b. 12 J.	3.1
Kinder b. 18 J.	2.6
Paare	3.5
Senioren	3.6
Gäste mit Zelt	3.5
Gäste mit Hund	3.7

Empfohlene Aktivitäten

- Sightseeing
- Radfahren
- Schwimmen

Karte auf Seite 670

26 Campingplatz Ludwigshof am See

Augsburgerstr. 36
86444 Affing-Mühlhausen bei Augsburg
+49 8207 9621500
48.43113 | 10.91826

01.04. - 31.10.
HS: 32,50 € | NS: 28,50 €
Mehr Infos & Anfrage:
www.camping.info/17869

Baden im See am Platz	✓
Pool/Hallenbad	5km
Spielplatz am Platz	✓
Hunde erlaubt	✓
zur Hälfte Schatten	✓
WLAN	✓
Lebensmittel	500m
Brötchen	keine Angabe
Restaurant & Imbiss	✓
Ver-/Entsorgung Womo	✓
in den Ort	500m
Gesamt/Touristen	80/40
Mietunterkünfte	✗
Stellplätze vor Schranke	✗

4.3 SEHR GUT
74 Bewertungen

Lage	4.4
Ruhe	4.3
Sanitäranlagen	4.1
Sauberkeit Ø	4.5
Freundlichkeit	4.5
Stellplatz	3.9
Verpflegung	4.3
Freizeit	4.0
Preis-Leistung	4.2
Mietunterkünfte	-

Geeignet für

Kinder b. 6 J.	4.2
Kinder b. 12 J.	4.3
Kinder b. 18 J.	3.9
Paare	4.6
Senioren	4.7
Gäste mit Zelt	4.5
Gäste mit Hund	4.2

Empfohlene Aktivitäten
- Schwimmen
- Entspannen
- Radfahren

Jugendgruppen nur mit Erwachsenen und nicht in der Hauptsaison

27 Lech Camping

Seeweg 6
86444 Affing-Mühlhausen bei Augsburg
+49 8207 2200
48.43745 | 10.9301

09.04. - 20.10.
HS: 37,50 € | NS: 29,90 €
Mehr Infos & Anfrage:
www.camping.info/17863

Baden im See am Platz	✓
Pool/Hallenbad	5km
Spielplatz am Platz	✓
Hunde willkommen	✓
zur Hälfte Schatten	✓
WLAN	✓
Lebensmittel	100m
Brötchen am Platz	✓
Restaurant & Imbiss	✓
Ver-/Entsorgung Womo	✓
in den Ort	100m
Touristenplätze	50
Mietunterkünfte	✓
Stellplätze vor Schranke	✗

4.6 SEHR GUT
219 Bewertungen

Lage	4.1
Ruhe	3.8
Sanitäranlagen	4.7
Sauberkeit Ø	4.8
Freundlichkeit	4.9
Stellplatz	4.6
Verpflegung	4.0
Freizeit	4.4
Preis-Leistung	4.3
Mietunterkünfte	4.7

Geeignet für

Kinder b. 6 J.	4.6
Kinder b. 12 J.	4.5
Kinder b. 18 J.	3.9
Paare	4.7
Senioren	4.7
Gäste mit Zelt	4.6
Gäste mit Hund	4.5

Empfohlene Aktivitäten
- Entspannen
- Sightseeing
- Radfahren

Zwischensaison: 29.05. - 30.06., 36,20 €

28 Campingplatz Paartal

✻

Am Badesee 1
86556 Radersdorf
+49 8257 997767
48.50946 | 11.15841

ganzjährig
HS: 20,50 € | NS: 20,50 €
Mehr Infos & Anfrage:
www.camping.info/24654

Baden im See am Platz	✓
Pool & Hallenbad	✗
Spielplatz am Platz	✓
Hunde erlaubt	✓
Schatten	✗
WLAN (gegen Gebühr)	✓
Lebensmittel	✓
Brötchen am Platz	nur HS
Restaurant am P.	✓
Ver-/Entsorgung Womo	✓
in den Ort	keine Angabe
Gesamt	keine Angabe
Mietunterkünfte	✗
Stellplätze vor Schranke	✗

3.2 GUT
12 Bewertungen

Lage	3.4
Ruhe	3.3
Sanitäranlagen	3.8
Sauberkeit Ø	4.0
Freundlichkeit	3.9
Stellplatz	3.2
Verpflegung	3.4
Freizeit	3.3
Preis-Leistung	3.7
Mietunterkünfte	-

Geeignet für

Kinder b. 6 J.	3.5
Kinder b. 12 J.	4.0
Kinder b. 18 J.	3.2
Paare	3.1
Senioren	3.9
Gäste mit Zelt	2.7
Gäste mit Hund	3.9

Empfohlene Aktivitäten
- Schwimmen
- Wandern
- Entspannen

Infos
Öffnungszeiten
Vergleichspreis
Link

Ausstattung
Freizeit
Campingplatz
Versorgung
Anzahl der Plätze

❻ Niederbayern

FREIZEITTIPPS

- **A** Burg Trausnitz, Landshut
- **B** Wildpark Schloß Ortenburg
- **C** Nationalpark Bayerischer Wald, St. Oswald-Riedlhütte
- **D** Veste Oberhaus, Passau
- **E** Baumwipfelpfad Bayerischer Wald, Neuschönau

	Platz	Seite	Bewertung	Öffnungszeiten	
1	Camping Landshut	682	3.8	ganzjährig	✻ Eco
2	Vilstalsee Camping	682	3.2	k. A.	✻
3	Camping Straubing	682	4.2	saisonal	
4	Campingland Bernrieder Winkl	682	4.6	ganzjährig	✻
5	Camping auf dem Kapfelberg	683	4.5	saisonal	
6	Camping Resort Bodenmais	683	4.0	k. A.	✻
7	Sommer- und Wintercamping am Nationalpark	683	3.4	ganzjährig	✻
8	Donautal Camping	684	4.2	saisonal	✻
9	Camping- und Bootsterminal	684	-	k. A.	
10	Bavaria Kur- und Sportcampingpark	684	3.5	ganzjährig	✻
11	Pullman-Camping	684	4.6	saisonal	
12	Camping Rotbrunn	685	4.4	k. A.	
13	Camping Schrottenbaummühle	685	4.1	k. A.	
14	KNAUS Campingpark Lackenhäuser	685	4.4	saisonal	✻
15	Ferienhof Schiermeier	686	4.0	ganzjährig	✻
16	Camping Passau	687	5.0	saisonal	
17	Terrassencamping Theresienhof	687	-	ganzjährig	✻
18	Kur-Gutshof-Camping Arterhof	688	4.5	ganzjährig	✻ Eco
19	Vital CAMP Bayerbach	690	4.4	ganzjährig	✻ Eco Onlinebuchung
20	Kur- & Feriencamping Holmernhof Dreiquellenbad	687	4.7	ganzjährig	✻ Eco Award
21	Seecamp Rottal	691	4.0	ganzjährig	✻ Eco
22	Camping Holmernhof	691	4.8	ganzjährig	✻ Eco Award
23	Camping Riedlhof	691	4.3	k. A.	
24	Preishof Direkt am Golfplatz Bad Füssing-Kirchham	693	3.9	ganzjährig	✻
25	Kurcamping Fuchs	693	4.1	ganzjährig	✻
26	Kur- und Feriencamping Max 1	692	4.7	ganzjährig	✻ Eco Award
27	Campingplatz am Marktler Badesee	693	4.7	saisonal	Eco

✻ Wintercamping FKK Textilfrei (ganz/teilweise) Ecocamping Award Onlinebuchung

1 Camping Landshut

Breslauerstraße 122
84028 Landshut
+49 8715 33 66
48.55458 | 12.17991

ganzjährig
HS: 23,50 € | NS: 23,50 €
Mehr Infos & Anfrage:
www.camping.info/19072

Baden in nat. Gewässer	k. A.
Pool/Hallenbad	2km
Spielplatz am Platz	✓
Hunde erlaubt	✓
Schatten	✗
WLAN	✗
Lebensmittel	1km
Brötchen am Platz	✗
Restaurant	500m
Ver-/Entsorgung Womo	✗
in den Ort	keine Angabe
Gesamt	47
Mietunterkünfte	✗
Stellplätze vor Schranke	✗

3.8 GUT
30 Bewertungen

Lage	4.5
Ruhe	4.4
Sanitäranlagen	4.0
Sauberkeit Ø	4.1
Freundlichkeit	4.0
Stellplatz	3.8
Verpflegung	1.8
Freizeit	3.6
Preis-Leistung	3.7
Mietunterkünfte	-

Geeignet für

Kinder b. 6 J.	2.9
Kinder b. 12 J.	3.1
Kinder b. 18 J.	3.3
Paare	4.2
Senioren	4.5
Gäste mit Zelt	3.9
Gäste mit Hund	3.7

Empfohlene Aktivitäten
- Radfahren
- Sightseeing
- Kultur

2 Vilstalsee Camping

Milchstraße 55
84163 Marklkofen
+49 8734 932346
48.57138 | 12.57527

keine Angabe
HS: 17,00 € | NS: 17,00 €
Mehr Infos & Anfrage:
www.camping.info/19073

Baden im See	500m
Pool/Hallenbad	300m/15km
Spielplatz am Platz	✓
Hunde erlaubt	nur NS
Schatten	✗
WLAN	✗
Lebensmittel	800m
Brötchen	keine Angabe
Restaurant am P.	✓
Ver-/Entsorgung Womo	✓
in den Ort	700m
Gesamt/Touristen	100/20
Mietunterkünfte	✓
Stellplätze vor Schranke	✗

3.2 GUT
13 Bewertungen

Lage	3.5
Ruhe	3.5
Sanitäranlagen	2.1
Sauberkeit Ø	3.3
Freundlichkeit	4.3
Stellplatz	3.5
Verpflegung	2.5
Freizeit	3.7
Preis-Leistung	4.1
Mietunterkünfte	5.0

Geeignet für

Kinder b. 6 J.	3.6
Kinder b. 12 J.	3.7
Kinder b. 18 J.	3.0
Paare	3.9
Senioren	4.0
Gäste mit Zelt	5.0
Gäste mit Hund	4.3

Empfohlene Aktivitäten
- Radfahren
- Schwimmen
- Wandern

3 Camping Straubing

Wundermühlweg 5
94315 Straubing
+49 942 189 794
48.89342 | 12.57562

01.05. - 15.10.
HS: 23,50 € | NS: 23,50 €
Mehr Infos & Anfrage:
www.camping.info/19200

Baden im See	3km
Pool/Hallenbad	2km
Spielplatz am Platz	✓
Hunde willkommen	✓
Schatten	✗
WLAN	✓
Lebensmittel	400m
Brötchen am Platz	✓
Restaurant & Imbiss	✓
Ver-/Entsorgung Womo	✓
in den Ort	1km
Touristenplätze	74
Mietunterkünfte	✗
Stellplätze vor Schranke	✓

4.2 SEHR GUT
37 Bewertungen

Lage	4.4
Ruhe	4.5
Sanitäranlagen	4.2
Sauberkeit Ø	4.2
Freundlichkeit	4.3
Stellplatz	4.3
Verpflegung	3.6
Freizeit	3.7
Preis-Leistung	4.2
Mietunterkünfte	-

Geeignet für

Kinder b. 6 J.	3.6
Kinder b. 12 J.	3.5
Kinder b. 18 J.	3.5
Paare	4.6
Senioren	4.6
Gäste mit Zelt	4.9
Gäste mit Hund	4.7

Empfohlene Aktivitäten
- Radfahren
- Wandern
- Entspannen

keine großen Partygruppen

4 Campingland Bernrieder Winkl

Grub 6
94505 Bernried
+49 9905 8574
48.91488 | 12.88662

ganzjährig
HS: 24,50 € | NS: 23,50 €
Mehr Infos & Anfrage:
www.camping.info/19204

Baden in nat. Gewässer	k. A.
Pool/Hallenbad	1/9km
Spielplatz am Platz	✓
Hunde erlaubt	✓
zur Hälfte Schatten	✓
WLAN (gratis)	teilweise
Lebensmittel	1km
Brötchen am Platz	✓
Restaurant	50m
Ver-/Entsorgung Womo	✓
in den Ort	500m
Gesamt/Touristen	60/30
Mietunterkünfte	✓
Stellplätze vor Schranke	✗

4.6 SEHR GUT
31 Bewertungen

Lage	4.6
Ruhe	4.9
Sanitäranlagen	4.9
Sauberkeit Ø	4.8
Freundlichkeit	5.0
Stellplatz	4.5
Verpflegung	3.7
Freizeit	4.2
Preis-Leistung	4.8
Mietunterkünfte	4.2

Geeignet für

Kinder b. 6 J.	4.0
Kinder b. 12 J.	3.9
Kinder b. 18 J.	3.8
Paare	4.8
Senioren	4.7
Gäste mit Zelt	4.5
Gäste mit Hund	4.7

Empfohlene Aktivitäten
- Wandern
- Entspannen
- Radfahren

Karte auf Seite 680

5 Camping auf dem Kapfelberg

Kapfelberg 2
94560 Offenberg/Neuhausen
+49 9905 645
48.87559 | 12.8803

Infos	
Öffnungszeiten	01.04. - 31.10.
Vergleichspreis	HS: 24,00 € | NS: 24,00 €
Link	**Mehr Infos & Anfrage:** www.camping.info/17864

Ausstattung		
Freizeit	Baden in nat. Gewässer	k. A.
	Pool/Hallenbad	4/10km
	Spielplatz am Platz	✓
Campingplatz	Hunde erlaubt	✓
	zur Hälfte Schatten	✓
	WLAN	✓
Versorgung	Lebensmittel	2km
	Brötchen	keine Angabe
	Restaurant	2km
	Ver-/Entsorgung Womo	✓
	in den Ort	1km
Anzahl der Plätze	Touristenplätze	33
	Mietunterkünfte	✓
	Stellplätze vor Schranke	✗

4.5 SEHR GUT
13 Bewertungen

Lage	4.6
Ruhe	4.7
Sanitäranlagen	4.5
Sauberkeit Ø	5.0
Freundlichkeit	4.7
Stellplatz	4.0
Verpflegung	2.4
Freizeit	3.7
Preis-Leistung	4.4
Mietunterkünfte	2.0

Geeignet für

Kinder b. 6 J.	3.8
Kinder b. 12 J.	4.0
Kinder b. 18 J.	3.7
Paare	4.9
Senioren	4.9
Gäste mit Zelt	4.8
Gäste mit Hund	4.8

Empfohlene Aktivitäten

- Wandern
- Entspannen
- Radfahren

6 Camping Resort Bodenmais

Regener Straße 45
94249 Bodenmais
+49 9924 943208-0
48.91131 | 13.10157

Infos	
Öffnungszeiten	keine Angabe
Vergleichspreis	keine Angabe
Link	**Mehr Infos & Anfrage:** www.camping.info/30003

Ausstattung		
Freizeit	Baden in nat. Gewässer	k. A.
	Pool & Hallenbad	✗
	Spielplatz	keine Angabe
Campingplatz	Hunde	✗
	Schatten	✗
	WLAN	keine Angabe
Versorgung	Lebensmittel	k.A.
	Brötchen	keine Angabe
	Restaurant & Imbiss	✗
	Ver-/Entsorgung Womo	✗
	in den Ort	1km
Anzahl der Plätze	Gesamt	142
	Mietunterkünfte	✓
	Stellplätze vor Schranke	✗

4.0 SEHR GUT
15 Bewertungen

Lage	4.2
Ruhe	3.7
Sanitäranlagen	4.7
Sauberkeit Ø	4.8
Freundlichkeit	4.7
Stellplatz	4.4
Verpflegung	3.5
Freizeit	4.3
Preis-Leistung	3.7
Mietunterkünfte	4.8

Geeignet für

Kinder b. 6 J.	2.3
Kinder b. 12 J.	2.7
Kinder b. 18 J.	2.0
Paare	4.7
Senioren	4.6
Gäste mit Zelt	1.3
Hunde n. erlaubt	-

Empfohlene Aktivitäten

- Wandern
- Mountainbiking
- Entspannen

7 Sommer- und Wintercamping am Nationalpark

Bergstraße 44
94518 Klingenbrunn
+49 8553 727
48.91726 | 13.33147

Infos	
Öffnungszeiten	ganzjährig
Vergleichspreis	HS: 23,70 € | NS: 20,70 €
Link	**Mehr Infos & Anfrage:** www.camping.info/19205

Ausstattung		
Freizeit	Baden im See	2km
	Pool/Hallenbad	✓/1km
	Spielplatz am Platz	✓
Campingplatz	Hunde willkommen	✓
	wenig Schatten	✓
	WLAN (begrenzt gratis)	✓
Versorgung	Lebensmittel	1km
	Brötchen am Platz	✓
	Restaurant & Imbiss	✓
	Ver-/Entsorgung Womo	✓
	in den Ort	1km
Anzahl der Plätze	Gesamt/Touristen	90/70
	Mietunterkünfte	✓
	Stellplätze vor Schranke	✗

3.4 GUT
31 Bewertungen

Lage	4.2
Ruhe	4.4
Sanitäranlagen	3.1
Sauberkeit Ø	3.8
Freundlichkeit	4.2
Stellplatz	3.5
Verpflegung	2.8
Freizeit	3.6
Preis-Leistung	3.8
Mietunterkünfte	3.6

Geeignet für

Kinder b. 6 J.	3.0
Kinder b. 12 J.	3.2
Kinder b. 18 J.	3.0
Paare	4.3
Senioren	4.2
Gäste mit Zelt	3.6
Gäste mit Hund	4.8

Empfohlene Aktivitäten

- Wandern
- Radfahren
- Mountainbiking

8 Donautal Camping

*

Schillerstrasse
94577 Neßlbach
+49 8545 1233

48.69416 | 13.11611

01.03. - 30.11.

HS: 18,40 € | NS: 15,90 €

Mehr Infos & Anfrage:
www.camping.info/19208

Baden im See	500m
Pool/Hallenbad	2/8km
Spielplatz am Platz	✓
Hunde erlaubt	✓
Schatten	✗
WLAN	✗
Lebensmittel	500m
Brötchen	keine Angabe
Restaurant/Imbiss	500m
Ver-/Entsorgung Womo	✓
in den Ort	500m
Gesamt/Touristen	45/35
Mietunterkünfte	✗
Stellplätze vor Schranke	✗

4.2 SEHR GUT
16 Bewertungen

Lage	4.3
Ruhe	4.5
Sanitäranlagen	3.5
Sauberkeit Ø	4.4
Freundlichkeit	4.4
Stellplatz	3.9
Verpflegung	3.2
Freizeit	3.4
Preis-Leistung	4.6
Mietunterkünfte	-

Geeignet für

Kinder b. 6 J.	3.0
Kinder b. 12 J.	3.0
Kinder b. 18 J.	3.0
Paare	4.7
Senioren	4.8
Gäste mit Zelt	5.0
Gäste mit Hund	4.8

Empfohlene Aktivitäten

- Radfahren
- Wandern
- Entspannen

9 Camping- und Bootsterminal

94474 Vilshofen

48.63914 | 13.18643

keine Angabe

keine Angabe

Mehr Infos & Anfrage:
www.camping.info/26952

Baden in nat. Gewässer	k. A.
Pool & Hallenbad	✗
Spielplatz	keine Angabe
Hunde	✗
Schatten	✗
WLAN	keine Angabe
Lebensmittel	k.A.
Brötchen	keine Angabe
Restaurant & Imbiss	✗
Ver-/Entsorgung Womo	✗
in den Ort	keine Angabe
Gesamt	keine Angabe
Mietunterkünfte	✗
Stellplätze vor Schranke	✗

- JETZT BEWERTEN!

Für diese Auswertung liegen leider noch nicht genügend Bewertungen vor.

Sei einer der Ersten, der diesen Campingplatz bewertet. Unter den Bewertern werden regelmäßig Gewinne verlost!

Mehr Infos dazu findest du in unserem allgemeinen Intro.

10 Bavaria Kur- und Sportcampingpark

*

Grafenauer Straße 31
94535 Eging am See
+49 854 480 89

48.72111 | 13.26555

ganzjährig

HS: 23,00 € | NS: 23,00 €

Mehr Infos & Anfrage:
www.camping.info/19206

Baden im See	600m
Hallenbad	500m
Spielplatz am Platz	✓
Hunde willkommen	✓
zur Hälfte Schatten	✓
WLAN (gegen Gebühr)	✓
Lebensmittel	✓
Brötchen am Platz	✓
Restaurant & Imbiss	✓
Ver-/Entsorgung Womo	✓
in den Ort	600m
Gesamt/Touristen	160/110
Mietunterkünfte	✓
Stellplätze vor Schranke	✓

3.5 GUT
17 Bewertungen

Lage	4.2
Ruhe	4.1
Sanitäranlagen	3.5
Sauberkeit Ø	3.3
Freundlichkeit	3.8
Stellplatz	3.5
Verpflegung	3.2
Freizeit	3.8
Preis-Leistung	3.9
Mietunterkünfte	5.0

Geeignet für

Kinder b. 6 J.	3.4
Kinder b. 12 J.	3.9
Kinder b. 18 J.	3.6
Paare	4.2
Senioren	4.4
Gäste mit Zelt	4.0
Gäste mit Hund	3.9

Empfohlene Aktivitäten

- Wandern
- Schwimmen
- Radfahren

11 Pullman-Camping

Ruberting 35
94535 Eging am See
+49 854 491 8167

48.69556 | 13.26472

01.04. - 03.11.

HS: 30,00 € | NS: 30,00 €

Mehr Infos & Anfrage:
www.camping.info/19207

Baden im See	4km
Pool/Hallenbad	4/3km
Spielplatz am Platz	✓
Hunde willkommen	✓
wenig Schatten	✓
WLAN (gegen Gebühr)	✓
Lebensmittel	1km
Brötchen am Platz	✓
Restaurant/Imbiss	100m
Ver-/Entsorgung Womo	✓
in den Ort	1km
Gesamt/Touristen	130/92
Mietunterkünfte	✓
Stellplätze vor Schranke	✓

4.6 SEHR GUT
80 Bewertungen

Lage	4.6
Ruhe	4.2
Sanitäranlagen	4.6
Sauberkeit Ø	4.8
Freundlichkeit	4.9
Stellplatz	4.2
Verpflegung	3.8
Freizeit	4.5
Preis-Leistung	4.5
Mietunterkünfte	4.6

Geeignet für

Kinder b. 6 J.	4.3
Kinder b. 12 J.	4.5
Kinder b. 18 J.	4.6
Paare	4.6
Senioren	4.2
Gäste mit Zelt	4.4
Gäste mit Hund	4.6

Empfohlene Aktivitäten

- Wandern
- Entspannen
- Reiten

Karte auf Seite 680

12 Camping Rotbrunn

94154 Neukirchen vorm Wald

48.68611 | 13.37306

keine Angabe

keine Angabe

Mehr Infos & Anfrage: www.camping.info/19196

Baden in nat. Gewässer	k. A.
Pool & Hallenbad	✗
Spielplatz	keine Angabe
Hunde	✗
Schatten	✗
WLAN	keine Angabe
Lebensmittel	k.A.
Brötchen	keine Angabe
Restaurant & Imbiss	✗
Ver-/Entsorgung Womo	✗
in den Ort	keine Angabe
Gesamt	keine Angabe
Mietunterkünfte	✗
Stellplätze vor Schranke	✗

4.4 SEHR GUT 5 Bewertungen

Lage	4.0
Ruhe	4.4
Sanitäranlagen	4.2
Sauberkeit Ø	4.6
Freundlichkeit	5.0
Stellplatz	3.6
Verpflegung	3.2
Freizeit	3.2
Preis-Leistung	4.2
Mietunterkünfte	-

Geeignet für

Kinder b. 6 J.	4.0
Kinder b. 12 J.	3.0
Kinder b. 18 J.	3.0
Paare	5.0
Senioren	4.3
Gäste mit Zelt	3.5
Hunde n. erlaubt	-

Empfohlene Aktivitäten

- Radfahren
- Entspannen
- Wandern

13 Camping Schrottenbaummühle

Schrottenbaummühle 1
94142 Fürsteneck
+49 8504 1739

48.73424 | 13.43698

keine Angabe

keine Angabe

Mehr Infos & Anfrage: www.camping.info/26136

Baden in nat. Gewässer	k. A.
Pool & Hallenbad	✗
Spielplatz	keine Angabe
Hunde	✗
Schatten	✗
WLAN	keine Angabe
Lebensmittel	k.A.
Brötchen	keine Angabe
Restaurant & Imbiss	✗
Ver-/Entsorgung Womo	✗
in den Ort	keine Angabe
Gesamt	keine Angabe
Mietunterkünfte	✗
Stellplätze vor Schranke	✗

4.1 SEHR GUT 14 Bewertungen

Lage	4.6
Ruhe	4.6
Sanitäranlagen	3.4
Sauberkeit Ø	4.1
Freundlichkeit	4.6
Stellplatz	3.4
Verpflegung	4.2
Freizeit	3.9
Preis-Leistung	4.5
Mietunterkünfte	-

Geeignet für

Kinder b. 6 J.	3.5
Kinder b. 12 J.	4.1
Kinder b. 18 J.	4.0
Paare	4.5
Senioren	4.5
Gäste mit Zelt	4.5
Hunde n. erlaubt	-

Empfohlene Aktivitäten

- Wandern
- Radfahren
- Entspannen

14 KNAUS Campingpark Lackenhäuser

❄

Lackenhäuser 127
94089 Neureichenau
+49 8583 311

48.74917 | 13.81722

07.01. - 04.11.
21.12. - 06.01.

HS: 32,80 € | NS: 30,20 €

Mehr Infos & Anfrage: www.camping.info/19190

Baden in nat. Gewässer	k. A.
Pool & Hallenbad	✓
Spielplatz am Platz	✓
Hunde willkommen	✓
Schatten	✗
WLAN (gegen Gebühr)	✓
Lebensmittel	✓
Brötchen am Platz	✓
Restaurant am P.	✓
Ver-/Entsorgung Womo	✓
in den Ort	6km
Gesamt/Touristen	330/250
Mietunterkünfte	✓
Stellplätze vor Schranke	✓

4.4 SEHR GUT 166 Bewertungen

Lage	4.6
Ruhe	4.7
Sanitäranlagen	4.4
Sauberkeit Ø	4.4
Freundlichkeit	4.6
Stellplatz	4.4
Verpflegung	4.1
Freizeit	4.2
Preis-Leistung	4.2
Mietunterkünfte	4.4

Geeignet für

Kinder b. 6 J.	4.3
Kinder b. 12 J.	4.3
Kinder b. 18 J.	3.7
Paare	4.5
Senioren	4.4
Gäste mit Zelt	4.4
Gäste mit Hund	4.6

Empfohlene Aktivitäten

- Wandern
- Entspannen
- Schwimmen

weitere NS: 20.09. - 18.12.
Winter: 18.12. - 10.01.

Infos

Öffnungszeiten

Vergleichspreis

Link

Ausstattung

Freizeit

Campingplatz

Versorgung

Anzahl der Plätze

15 Ferienhof Schiermeier

Kelchham 4a
94136 Thyrnau
+49 8501 93110
www.hof-schiermeier.de
konrad.schiermeier@t-online.de

ganzjährig

HS: 17,00 € | NS: 17,00 €

Mehr Infos & Anfrage:
www.camping.info/19194

Baden im See	300m
Pool/Hallenbad	4/15km
Spielplatz am Platz	✓
Hunde willkommen	✓
zur Hälfte Schatten	✓
WLAN (gegen Gebühr)	✓
Lebensmittel	3km
Brötchen am Platz	✓
Restaurant/Imbiss	3km
Ver-/Entsorgung Womo	✓
in den Ort	4km
Touristenplätze	15
Mietunterkünfte	✓
Stellplätze vor Schranke	✗

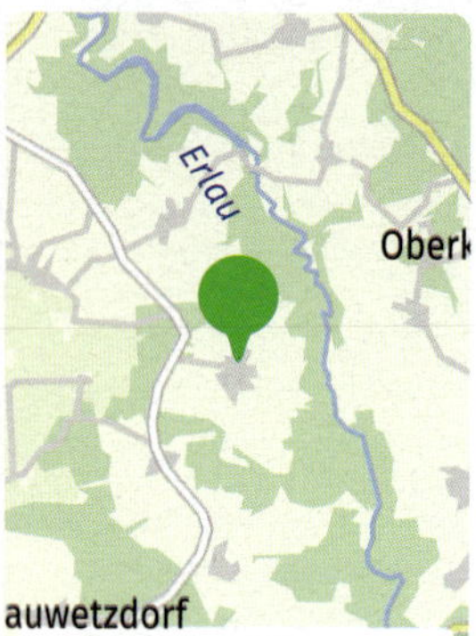

1 km
48.64812 | 13.5514

Camping auf dem Ferienhof Schiermeier im Bayerischen Wald.

Lage & Stellplatz

Camping- und Zeltplatz des herrlichen Bauernhof-Platzes liegen ruhig und idyllisch am Ortsrand, sind als Terrassen angelegt und bieten ein traumhaftes Panorama. Der Platz verfügt über 15 Stellplätze mit je 150 m^2 Stellfläche und Stromanschluss. Der Zeltplatz bietet ausreichend Raum für 100 Personen.

Sanitär

Den Camping- und Zeltgästen steht eine komfortable, behindertengerechte Sanitäranlage mit Einzelduschkabinen, Spülbecken, Waschmaschine und Trockner zur Verfügung.

Verpflegung

Eine separate Versorgungshütte (16 m x 10 m) für 90 Personen mit Grillplatz, auf Wunsch auch mit Kühlschrank, E-Herd und Stromanschluss stehen Ihnen zur Verfügung. Einen Imbiss und Restaurants finden die Urlauber in etwa 3 km Entfernung.

Freizeit

Das große Freizeitangebot am Hof bietet alle Möglichkeiten für Sport, Spiel und Spaß für Klein und Groß. Vom Badesee (Naturfreibad) mit Rutsche über Bolzplatz mit zwei Toren und dem großen Spielplatz mit Kletterburg, Schaukeln, Seilbahn und Tischtennisplatte ist für jeden etwas dabei.

Naturfreibad mit Rutsche.

Großer Spielplatz.

4.0 SEHR GUT
25 Bewertungen

Lage	4.4
Ruhe	3.3
Sanitäranlagen	3.7
Sauberkeit Ø	4.2
Freundlichkeit	4.3
Stellplatz	3.8
Verpflegung	2.9
Freizeit	4.3
Preis-Leistung	4.3
Mietunterkünfte	3.0

Geeignet für

4.6 Gäste mit Zelt
4.5 Kinder b. 6 J.
4.2 Kinder b. 12 J.
4.1 Gäste mit Hund
3.7 Kinder b. 18 J.
3.6 Paare
3.6 Senioren

Empfohlene Aktivitäten

Wandern · Schwimmen · Reiten · Entspannen · Radfahren

Ein Aufenthaltsraum mit Internetanschluss ist verfügbar.

Karte auf Seite 680

Infos: Öffnungszeiten | Vergleichspreis | Link

Ausstattung: Freizeit | Campingplatz | Versorgung | Anzahl der Plätze

16 Camping Passau

Halser Straße 34
94034 Passau
+49 85141457
48.58199 | 13.47366

15.04. - 15.10.
keine Angabe
Mehr Infos & Anfrage:
www.camping.info/26875

Baden im Fluss am Platz	✓
Pool & Hallenbad	✗
Spielplatz	500m
Hunde erlaubt	✓
Schatten	✗
WLAN (gratis)	teilweise
Lebensmittel	k.A.
Brötchen	keine Angabe
Restaurant am P.	✓
Ver-/Entsorgung Womo	✗
im Ort	✓
Touristenplätze	130
Mietunterkünfte	✗
Stellplätze vor Schranke	✗

5.0 AUSGEZEICHNET
3 Bewertungen

Lage	5.0
Ruhe	5.0
Sanitäranlagen	4.3
Sauberkeit Ø	4.3
Freundlichkeit	4.7
Stellplatz	4.0
Verpflegung	5.0
Freizeit	5.0
Preis-Leistung	5.0
Mietunterkünfte	-

Geeignet für

Kinder b. 6 J.	5.0
Kinder b. 12 J.	5.0
Kinder b. 18 J.	5.0
Paare	5.0
Senioren	4.0
Gäste mit Zelt	5.0
Gäste mit Hund	5.0

Empfohlene Aktivitäten
- Radfahren
- Kayak/Kanu
- Entspannen

17 Terrassencamping Theresienhof

Breindoblweg 6
84364 Bad Birnbach
+49 8563 96320
48.45056 | 13.09389

ganzjährig
HS: 26,40 €
Mehr Infos & Anfrage:
www.camping.info/19075

Baden in nat. Gewässer	k. A.
Pool/Hallenbad	1/10km
Spielplatz	✗
Hunde willkommen	✓
zur Hälfte Schatten	✓
WLAN	✗
Lebensmittel	500m
Brötchen	keine Angabe
Restaurant/Imbiss	500m
Ver-/Entsorgung Womo	✓
in den Ort	500m
Gesamt	24
Mietunterkünfte	✓
Stellplätze vor Schranke	✓

- JETZT BEWERTEN!

Für diese Auswertung liegen leider noch nicht genügend Bewertungen vor.

Sei einer der Ersten, der diesen Campingplatz bewertet. Unter den Bewertern werden regelmäßig Gewinne verlost!

Mehr Infos dazu findest du in unserem allgemeinen Intro.

20 Kur- & Feriencamping Holmernhof Dreiquellenbad

Singham 40
94086 Bad Griesbach
+49 8532 96130
48.42031 | 13.19238

ganzjährig
HS: 34,90 € | NS: 34,10 €
Mehr Infos & Anfrage:
www.camping.info/19189

Baden im Teich am Platz	✓
Pool & Hallenbad	✓
Spielplatz am Platz	✓
Hunde erlaubt	✓
Schatten	✗
WLAN	✓
Lebensmittel	✓
Brötchen am Platz	✓
Restaurant & Imbiss	✓
Ver-/Entsorgung Womo	✓
in den Ort	500m
Touristenplätze	195
Mietunterkünfte	✓
Stellplätze vor Schranke	✓

4.7 SEHR GUT
422 Bewertungen

Lage	4.0
Ruhe	4.3
Sanitäranlagen	4.7
Sauberkeit Ø	4.6
Freundlichkeit	4.7
Stellplatz	4.5
Verpflegung	4.6
Freizeit	4.4
Preis-Leistung	4.5
Mietunterkünfte	4.5

Geeignet für

Kinder b. 6 J.	3.0
Kinder b. 12 J.	3.1
Kinder b. 18 J.	3.1
Paare	4.6
Senioren	4.8
Gäste mit Zelt	3.4
Gäste mit Hund	4.4

Empfohlene Aktivitäten
- Wellness
- Entspannen
- Radfahren

AWARD 2020

ANZEIGE

18 Kur-Gutshof-Camping Arterhof

Hauptstraße 3
84364 Bad Birnbach-Lengham
+49 8563 96130
www.arterhof.de
info@arterhof.de

ganzjährig

HS: 29,50 € | NS: 27,00 €

Mehr Infos & Anfrage:
www.camping.info/19074

Baden im Teich am Platz	✓
Pool & Hallenbad	✓
Spielplatz am Platz	✓
Hunde willkommen	✓
zur Hälfte Schatten	✓
WLAN	✓
Lebensmittel	✓
Brötchen am Platz	✓
Restaurant & Imbiss	✓
Ver-/Entsorgung Womo	✓
in den Ort	1km
Touristenplätze	250
Mietunterkünfte	✓
Stellplätze vor Schranke	✓

Entspannung: Thermalbad mit Orginal Bad Birnbacher Heilwasser am Platz.

Lage & Stellplatz

Der familiengeführte Spitzencampingplatz liegt im niederbayrischen Bäderdreieck. Inmitten der vor Farbe und Leben strotzender Rottaler Natur genießen Sie auf dem ehemaligen Gutshof einmalige Urlaubsmomente. Das Bad Birnbacher Heilwasser sorgt nicht nur im Winter für ein angenehmes Wohlbefinden. Über 100 m² große Stellplätze, zwei moderne Sanitärhäuser, Privat-Badezimmer direkt am Platz, Wasser-, Abwasser-, Gas- und TV-Anschluss u. v. m. garantieren höchsten Komfort. NEU: In den Nostalgiewohnwagen können wildromantische Campingabenteuer mit dem Komfort von Appartements verbunden werden.

Sanitär

Die beiden modernen Waschhäuser sind mit vielen Extras ausgestattet. Hell und freundlich versprühen Sie sofort beim Eintreten einen wohligen Charakter. Im stilechten, rustikalen Landlook kommt auch das neueste und erst kürzlich in Betrieb genommene Sanitärgebäude daher und betont mit seiner Holzoptik außen wie innen einmal mehr das Gutshof-ambiente des Arterhofs. Neun Mietbäder, ein Kleinkindbad mit Wanne, eine Hundedusche und 17 geräumige Einzelwaschkabinen bieten viel Platz und gewähren eine angenehme Intimsphäre. Zudem besteht die Möglichkeit von Privat-Badezimmern direkt am Stellplatz.

Traumlage in Traumumgebung.

Bayrisch-regional genießen.

Günstige Pauschalen, Wellness und Gesundheit, Top-Winterstellplätze.

Romantik pur im Guts-Innenhof.

Verpflegung

Kulinarische Höhepunkte finden Sie im Nostalgie-Wirtshaus Roßstall, zum Beispiel mit dem Fleisch vom hauseigenen Galloway-Rind. Das urige Gewölbe lädt Sie auch zu weiteren zahlreichen niederbayrischen Gaumenfreuden ein. Im Hofladen finden Sie sämtliche Grundnahrungsmittel, sowie auch regionale Spezialitäten. Den Nachmittag können Sie bei Kaffee und Kuchen im Hofcafé genießen. Ebenso können Sie reichhaltig und gesund frühstücken.

Freizeit

Entspannung treffen Sie im Wellnessbereich inkl. Naturhallenbad mit kostenlosem Aquafit, Saunalandschaft und Fitnessraum an. Das i-Tüpfelchen ist das Thermalaußenbecken mit original Bad Birnbacher Heilwasser. Großes Augenmerk liegt deshalb auch auf Ihrer Gesundheit: Begleitung Ihrer Kur mit eigener Badearztpraxis und Vitalwelt. Direkt vom Platz aus finden Sie viele Rad- und Wanderwege rund um das schöne Rottal. Auf der großzügigen Anlage finden Sie einen Badesee, eine Golfübungsanlage, Freiluftschach, einen Streichelzoo u. v. m. Vom Arterhof aus sind viele nahe gelegene Golfplätze erreichbar.

5.0

Hier bleiben keine Wünsche offen. Familiär geführter Platz auf dem man sich direkt wohlfühlt. Alles sauber und gepflegt. Absolute Ruheoase. Publikum gemischt; von jung bis alt und Paaren genauso wie Familien mit Kindern. Platz ist prima als Ausgangspunkt für Fahrradfahrer und Wanderer. Hundebesitzer haben viele Möglichkeiten direkt vom Platz mit dem Hund loszugehen. Supermärkte quasi vor der Tür. Wir kommen definitiv wieder.

Manuela N.

Manuela N. ist Camperin seit 2016 und hat den Kur-Gutshof-Camping Arterhof im Juli 2020 besucht.

Moderne Sanitäranlagen.

Nostalgie-Wohnwagen zum Mieten.

4.5 **SEHR GUT**
282 Bewertungen

Lage	4.4
Ruhe	4.5
Sanitäranlagen	4.3
Sauberkeit Ø	4.5
Freundlichkeit	4.6
Stellplatz	4.5
Verpflegung	4.6
Freizeit	4.1
Preis-Leistung	4.2
Mietunterkünfte	4.1

Geeignet für

4.9 Senioren

4.6 Paare · 3.3 Gäste mit Zelt · 2.7 Kinder b. 12 J.

4.3 Gäste mit Hund · 2.7 Kinder b. 6 J. · 2.6 Kinder b. 18 J.

Empfohlene Aktivitäten

Wellness · Radfahren · Wandern · Entspannen · Schwimmen

19 Vital CAMP Bayerbach

Huckenham 11
94137 Bayerbach
+49 8532 92 78 070
www.vitalcamping-bayerbach.de
info@vitalcamping-bayerbach.de

ganzjährig

HS: 29,90 € | NS: 23,90 €

Mehr Infos & online buchen:
www.camping.info/24244

Baden im See am Platz	✓
Pool/Hallenbad	4km/✓
Spielplatz am Platz	✓
Hunde willkommen	✓
wenig Schatten	✓
WLAN	✓
Lebensmittel	500m
Brötchen am Platz	✓
Restaurant & Imbiss	✓
Ver-/Entsorgung Womo	✓
in den Ort	600m
Gesamt/Touristen	330/300
Mietunterkünfte	✓
Stellplätze vor Schranke	✓

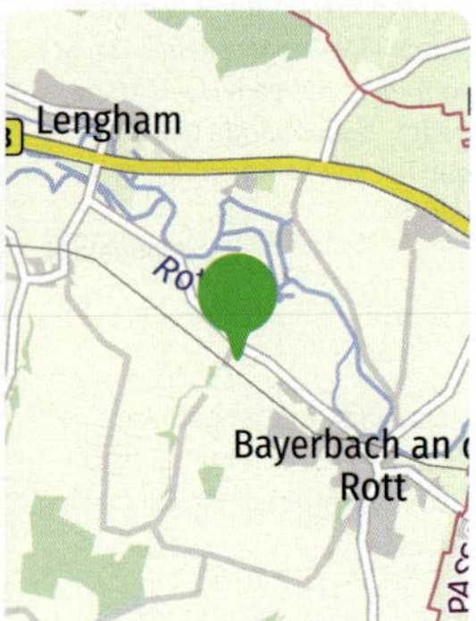

1 km
48.41812 | 13.12898

Badeseen mit Fontänen, Insel, Liegewiese und neuer Outdoor-Spiellandschaft.

Lage & Stellplatz

Das ideale Reiseziel für alle Generationen, ob Wellnesscamper, Aktivurlauber oder Familien. Umgeben von weiten Feldern und bewaldeten Hügeln laden drei Seen zum erfrischenden Badespaß ein. Sollte das Wetter nicht passen, verspricht ein Thermalbad mit großzügigem Spa-Bereich Erholung und Entspannung.

Verpflegung

Erleben Sie niederbayerische Gastfreundschaft in uriger Gemütlichkeit. Genießen Sie regionale Schmankerl und kühle Getränke: Der Huckenhamer Stadl lädt Sie zu jeder Tageszeit zum gemütlichen Verweilen ein. Semmelverkauf und Kiosk direkt am Platz. Ein gut sortierter Supermarkt ist ca. 500 m entfernt.

Sanitär

Zwei Sanitärgebäude mit umfassender Innenausstattung: getrennte Dusch-/Waschkabinen, Kinder-/Familienbad, großzügige Mietbäder, ein Babybad, ein behindertengerechtes Bad, eine Spülküche, Wirtschaftsraum mit Waschmaschine u. Trockner, Trockenraum, Fahrradraum, Entsorgungsraum und Hundedusche.

Freizeit

Genießen Sie im eigenen Wellnesszentrum die SaunaWelt oder gehen Sie Wandern, Radfahren, zum Golf oder Tennis: Den Möglichkeiten kaum Grenzen gesetzt. Passau ist ein tolles Ausflugsziel und die nahegelegenen Orte Bad Birnbach, Bad Füssing und Bad Griesbach sind wahre Paradiese für Wellnessliebhaber.

Spiel und Spaß im Grünen.

Gratis: 1.200 m² Spa mit Therme.

4.4 SEHR GUT
294 Bewertungen

Lage	4.3
Ruhe	4.5
Sanitäranlagen	4.4
Sauberkeit Ø	4.5
Freundlichkeit	4.7
Stellplatz	4.3
Verpflegung	3.9
Freizeit	3.9
Preis-Leistung	4.4
Mietunterkünfte	4.3

Geeignet für

Senioren	4.6
Paare	4.5
Gäste mit Hund	4.3
Gäste mit Zelt	3.9
Kinder b. 6 J.	3.7
Kinder b. 12 J.	3.7
Kinder b. 18 J.	3.4

Empfohlene Aktivitäten

Wellness · Entspannen · Radfahren · Schwimmen · Wandern

ECO CAMPING

NEU: Outdoor-Spiellandschaft, Bolzplatz, Außensauna, Fit- und Vitalprogramm

Karte auf Seite 680

21 Seecamp Rottal

Haid 3a/b
94060 Pocking
+49 176 19779012
48.38378 | 13.30351

Öffnungszeiten	ganzjährig
Vergleichspreis	HS: 15,00 € | NS: 15,00 €
Link	**Mehr Infos & Anfrage:** www.camping.info/23144

Freizeit	Baden im See am Platz	✓
	Pool & Hallenbad	✗
	Spielplatz	keine Angabe
Campingplatz	Hunde willkommen	✓
	Schatten	✗
	WLAN	keine Angabe
Versorgung	Lebensmittel	✓
	Brötchen am Platz	✓
	Restaurant am P.	✓
	Ver-/Entsorgung Womo	✗
	in den Ort	3km
Anzahl der Plätze	Touristenplätze	20
	Mietunterkünfte	✓
	Stellplätze vor Schranke	✗

4.0 SEHR GUT – 12 Bewertungen

Lage	3.7
Ruhe	4.3
Sanitäranlagen	4.5
Sauberkeit Ø	4.5
Freundlichkeit	4.3
Stellplatz	3.5
Verpflegung	2.3
Freizeit	3.3
Preis-Leistung	4.2
Mietunterkünfte	5.0

Geeignet für

Kinder b. 6 J.	3.3
Kinder b. 12 J.	2.9
Kinder b. 18 J.	3.1
Paare	4.8
Senioren	4.5
Gäste mit Zelt	3.0
Gäste mit Hund	4.3

Empfohlene Aktivitäten

- Radfahren
- Wandern
- Schwimmen

22 Camping Holmernhof

Am Tennispark 10
94072 Bad Füssing
+49 8531 24740
48.35849 | 13.30675

Öffnungszeiten	ganzjährig
Vergleichspreis	HS: 26,50 € | NS: 26,50 €
Link	**Mehr Infos & Anfrage:** www.camping.info/19186

Freizeit	Baden in nat. Gewässer	k. A.
	Pool/Hallenbad	✓/350m
	Spielplatz am Platz	✓
Campingplatz	Hunde	✗
	Schatten	✗
	WLAN	✓
Versorgung	Lebensmittel	✓
	Brötchen am Platz	✓
	Restaurant/Imbiss	✓/1km
	Ver-/Entsorgung Womo	✓
	in den Ort	300m
Anzahl der Plätze	Touristenplätze	160
	Mietunterkünfte	✓
	Stellplätze vor Schranke	✓

4.8 SEHR GUT – 514 Bewertungen

Lage	4.4
Ruhe	4.2
Sanitäranlagen	4.9
Sauberkeit Ø	4.5
Freundlichkeit	4.8
Stellplatz	4.9
Verpflegung	4.3
Freizeit	4.7
Preis-Leistung	4.6
Mietunterkünfte	3.0

Geeignet für

Kinder b. 6 J.	3.4
Kinder b. 12 J.	3.5
Kinder b. 18 J.	3.3
Paare	4.8
Senioren	4.9
Gäste mit Zelt	3.1
Hunde n. erlaubt	-

Empfohlene Aktivitäten

- Radfahren
- Wellness
- Schwimmen

keine WOMOs ab 8 m

23 Camping Riedlhof

Bachstraße 23
94072 Bad Füssing-Safferstetten
48.346 | 13.30873

Öffnungszeiten	keine Angabe
Vergleichspreis	keine Angabe
Link	**Mehr Infos & Anfrage:** www.camping.info/19188

Freizeit	Baden in nat. Gewässer	k. A.
	Pool & Hallenbad	✗
	Spielplatz	keine Angabe
Campingplatz	Hunde	✗
	Schatten	✗
	WLAN	keine Angabe
Versorgung	Lebensmittel	k.A.
	Brötchen	keine Angabe
	Restaurant & Imbiss	✗
	Ver-/Entsorgung Womo	✗
	in den Ort	keine Angabe
Anzahl der Plätze	Gesamt	keine Angabe
	Mietunterkünfte	✗
	Stellplätze vor Schranke	✗

4.3 SEHR GUT – 3 Bewertungen

Lage	4.3
Ruhe	4.3
Sanitäranlagen	4.3
Sauberkeit Ø	4.5
Freundlichkeit	4.5
Stellplatz	3.3
Verpflegung	4.0
Freizeit	3.0
Preis-Leistung	4.7
Mietunterkünfte	-

Geeignet für

Kinder b. 6 J.	3.0
Kinder b. 12 J.	2.0
Kinder b. 18 J.	1.5
Paare	4.3
Senioren	5.0
Gäste mit Zelt	2.0
Hunde n. erlaubt	-

Empfohlene Aktivitäten

- Radfahren
- Entspannen
- Spazieren

ANZEIGE

26 Kur- und Feriencamping Max 1

Egglfing / Falkenstraße 12
94072 Bad Füssing
+49 8537 96170
www.campingmax.de
info@campingmax.de

ganzjährig

HS: 35,40 € | NS: 28,70 €

Mehr Infos & Anfrage:
www.camping.info/19187

Baden im Teich am Platz	✓
Pool & Hallenbad	✓
Spielplatz am Platz	✓
Hunde willkommen	✓
zur Hälfte Schatten	✓
WLAN	✓
Lebensmittel	✓
Brötchen am Platz	✓
Restaurant & Imbiss	✓
Ver-/Entsorgung Womo	✓
in den Ort	500m
Gesamt/Touristen	164/144
Mietunterkünfte	✓
Stellplätze vor Schranke	✓

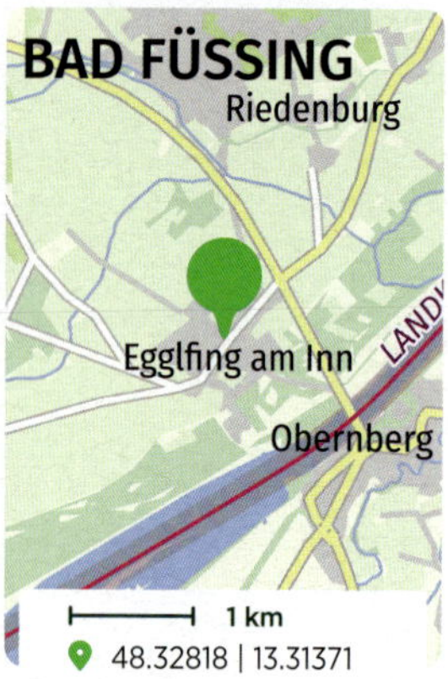

Große Thermal-Bade- und Saunalandschaft mit Innen- & Außenpool.

Lage & Stellplatz

Komfortable Lässigkeit mit einem Quäntchen Luxus: Ebene Stellplätze im gepflegten Grünen am Naturschutzgebiet in Europas beliebtestem Heilbad. Naturbadesee, große Thermal-Bade- und Saunalandschaft mit Innen- & Außenpool, Wellness- & Gesundheitszentrum samt Physiotherapie, Fitness & Kosmetik.

Verpflegung

Mahlzeit im Schmankerlrestaurant Maxwirt & „Servus" im Minimarkt: Frühstücksbuffet, Halbpension, Schlemmereien à la carte, Genusstermine wie Seefest, Biergartengrillen, Candle-Light-Dinner & Leibgerichte vom Ripperl-BBQ bis zum Beeren-Panna Cotta. Frische-Shop mit Leckereien, Gebäck & Camperbedarf.

Sanitär

Frisch gewaschen und herrlich erfrischt! Drei Sanitärhäuser mit modernen Einzelwaschkabinen und schicken Komfortbädern. Fünf separate Mietbäder für mehr Privatsphäre, behindertengerechte und barrierefreie Sanitärbereiche, alle mit Föhn. Waschsalon mit Waschmaschine & Trockner, Bügeleisen und -brett.

Freizeit

Sanfte Landschaft, die „Bayerische Toskana": 430 km Radwege durch Naturschutzgebiete und wildromantische Inn-Auen. Ursprüngliche Biergärten und Mostbauern zur Einkehr. Rundum gibt's alles: Golfparadies, Kutschfahrten, Bustouren, Gesundheitspfade, Reiten, Tennis, Bootfahren, viel Kultur & Amüsement.

Stellplätze am Naturbadesee.

Schmankerlrestaurant Maxwirt.

4.7 SEHR GUT
333 Bewertungen

Lage	4.4
Ruhe	4.6
Sanitäranlagen	4.6
Sauberkeit Ø	4.7
Freundlichkeit	4.7
Stellplatz	4.5
Verpflegung	4.4
Freizeit	4.2
Preis-Leistung	4.4
Mietunterkünfte	4.4

Geeignet für

4.9	Senioren
4.7	Paare
4.3	Gäste mit Hund
3.0	Gäste mit Zelt
2.9	Kinder b. 18 J.
2.5	Kinder b. 12 J.
2.3	Kinder b. 6 J.

Empfohlene Aktivitäten

Wellness, Radfahren, Entspannen, Schwimmen, Wandern

ECO CAMPING

AWARD 2020

Für Jugendgruppen leider nicht geeignet.

Karte auf Seite 680

24 Preishof Direkt am Golfplatz Bad Füssing-Kirchham

Angloh 1
94148 Kirchham
+49 8537 9192 00
48.33768 | 13.28265

ganzjährig

HS: 21,80 € | NS: 21,80 €

Mehr Infos & Anfrage: www.camping.info/17868

Baden im See	10km
Hallenbad	34km
Spielplatz am Platz	✓
Hunde willkommen	✓
wenig Schatten	✓
WLAN	✓
Lebensmittel	2km
Brötchen am Platz	✓
Restaurant/Imbiss	200m/1km
Ver-/Entsorgung Womo	✓
in den Ort	1km
Gesamt	240
Mietunterkünfte	✓
Stellplätze vor Schranke	✗

3.9 GUT – 17 Bewertungen

Lage	4.2
Ruhe	4.7
Sanitäranlagen	3.0
Sauberkeit Ø	4.2
Freundlichkeit	4.2
Stellplatz	4.2
Verpflegung	3.0
Freizeit	3.9
Preis-Leistung	4.0
Mietunterkünfte	2.0

Geeignet für

Kinder b. 6 J.	1.7
Kinder b. 12 J.	2.0
Kinder b. 18 J.	1.9
Paare	3.6
Senioren	4.6
Gäste mit Zelt	3.8
Gäste mit Hund	5.0

Empfohlene Aktivitäten

- Radfahren
- Wellness
- Golf

25 Kurcamping Fuchs

Falkenstraße 14
94072 Bad Füssing/Egglfing
+49 8537 356
48.33208 | 13.31458

ganzjährig

HS: 22,70 € | NS: 22,70 €

Mehr Infos & Anfrage: www.camping.info/17871

Baden im See	7km
Pool/Hallenbad	✓/2km
Spielplatz am Platz	✓
Hunde willkommen	✓
zur Hälfte Schatten	✓
WLAN	✓
Lebensmittel	✓
Brötchen	keine Angabe
Restaurant am P.	✓
Ver-/Entsorgung Womo	✓
in den Ort	300m
Touristenplätze	100
Mietunterkünfte	✓
Stellplätze vor Schranke	✗

4.1 SEHR GUT – 25 Bewertungen

Lage	3.9
Ruhe	4.3
Sanitäranlagen	4.3
Sauberkeit Ø	4.8
Freundlichkeit	4.8
Stellplatz	3.9
Verpflegung	4.3
Freizeit	4.1
Preis-Leistung	4.6
Mietunterkünfte	5.0

Geeignet für

Kinder b. 6 J.	2.8
Kinder b. 12 J.	3.1
Kinder b. 18 J.	3.2
Paare	4.5
Senioren	4.7
Gäste mit Zelt	2.7
Gäste mit Hund	4.1

Empfohlene Aktivitäten

- Radfahren
- Wellness
- Entspannen

27 Campingplatz am Marktler Badesee

Queng 3
84533 Marktl
+49 8678 1786
48.26766 | 12.83133

01.03. - 31.10.

HS: 23,50 € | NS: 21,00 €

Mehr Infos & Anfrage: www.camping.info/22230

Baden im See	100m
Pool/Hallenbad	14km
Spielplatz am Platz	✓
Hunde erlaubt	✓
zur Hälfte Schatten	✓
WLAN (gratis)	teilweise
Lebensmittel	2km
Brötchen am Platz	nur HS
Restaurant/Imbiss	2km
Ver-/Entsorgung Womo	✓
in den Ort	2km
Touristenplätze	15
Mietunterkünfte	✗
Stellplätze vor Schranke	✓

4.7 SEHR GUT – 50 Bewertungen

Lage	4.6
Ruhe	4.4
Sanitäranlagen	4.9
Sauberkeit Ø	5.0
Freundlichkeit	5.0
Stellplatz	4.4
Verpflegung	3.9
Freizeit	4.3
Preis-Leistung	4.7
Mietunterkünfte	-

Geeignet für

Kinder b. 6 J.	4.8
Kinder b. 12 J.	4.7
Kinder b. 18 J.	4.3
Paare	4.7
Senioren	4.6
Gäste mit Zelt	4.8
Gäste mit Hund	4.5

Empfohlene Aktivitäten

- Schwimmen
- Radfahren
- Entspannen

Infos

Öffnungszeiten
Vergleichspreis
Link

Ausstattung

Freizeit
Campingplatz
Versorgung
Anzahl der Plätze

BAYERN

7 Allgäu

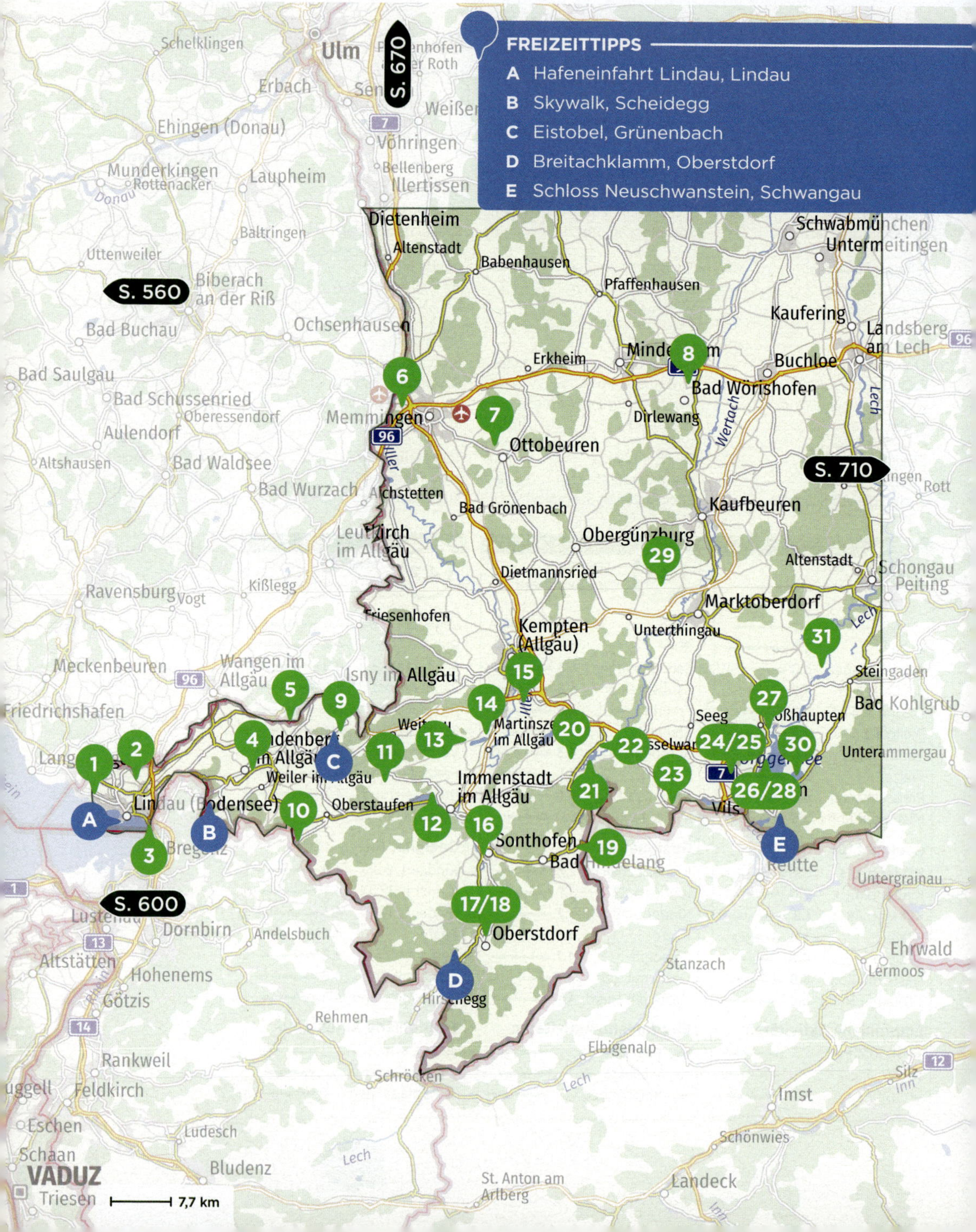

	Platz	Seite	Bewertung	Öffnungszeiten	
1	Camping Eschbach	696	4.0	saisonal	
2	Campingpark Gitzenweiler Hof	696	4.1	ganzjährig	Wintercamping, Ecocamping
3	Park-Camping Lindau am See	696	4.2	saisonal	Ecocamping
4	Camping Alpenblick	696	4.2	ganzjährig	Wintercamping, Onlinebuchung
5	Ferienhof Maurus	697	4.2	saisonal	
6	Camping am See International	697	3.8	saisonal	
7	Camping Ottobeuren GmbH	697	4.9	saisonal	
8	Kur und Vitalcamping	698	4.1	saisonal	Wintercamping
9	Camping Sonnenbuckl	698	4.7	saisonal	Wintercamping
10	Camping-Aach bei Oberstaufen	698	3.8	ganzjährig	Wintercamping
11	Campingplatz Wiederhofen	698	4.0	ganzjährig	Wintercamping
12	Alpsee Camping	699	3.9	saisonal	Wintercamping
13	Camping Zeh am See/ Allgäu	699	4.4	ganzjährig	Wintercamping, Ecocamping
14	Insel Camping am See mit Ferienwohnung / Allgäu	699	4.7	ganzjährig	Wintercamping, Ecocamping
15	Camping Öschlesee	703	4.0	ganzjährig	Wintercamping
16	IllerCamping	700	3.9	saisonal	Wintercamping
17	rubi-camp Oberstdorf	702	4.1	saisonal	Wintercamping
18	Camping Oberstdorf	703	4.2	ganzjährig	Wintercamping
19	Camping-Bergheimat	703	3.1	ganzjährig	Wintercamping
20	Camping Waldesruh	704	4.2	saisonal	Wintercamping
21	Camping-Grüntensee-International	704	4.0	ganzjährig	Wintercamping
22	Wertacher Hof	704	3.1	k. A.	Wintercamping
23	Camping Pfronten	704	4.7	saisonal	
24	Camping Guggemos	705	4.0	saisonal	
25	Camping Hopfensee	705	4.8	saisonal	Wintercamping, Award
26	Camping Magdalena	705	4.2	saisonal	
27	Campingplatz Seewang	707	4.5	ganzjährig	Wintercamping
28	Camping Brunnen	706	4.4	ganzjährig	Wintercamping
29	Camping Elbsee	708	4.6	ganzjährig	Wintercamping
30	Camping Bannwaldsee	707	3.8	ganzjährig	Wintercamping
31	Via Claudia Camping	707	4.5	ganzjährig	Wintercamping, Ecocamping, Award

* Wintercamping FKK Textilfrei (ganz/teilweise) Ecocamping Award Onlinebuchung

1 Camping Eschbach

Höhenstrasse 16
88142 Wasserburg
+49 8382 887715
47.56848 | 9.63912

18.05. - 20.09.
HS: 42,00 € | NS: 42,00 €
Mehr Infos & Anfrage:
www.camping.info/19115

Baden im See	80m
Pool	200m
Spielplatz	80m
Hunde	✗
zur Hälfte Schatten	✓
WLAN	✗
Lebensmittel	100m
Brötchen	keine Angabe
Restaurant/Imbiss	100m
Ver-/Entsorgung Womo	✓
im Ort	✓
Gesamt/Touristen	52/42
Mietunterkünfte	✗
Stellplätze vor Schranke	✗

4.0 SEHR GUT 33 Bewertungen

Lage	4.6
Ruhe	4.3
Sanitäranlagen	4.4
Sauberkeit Ø	4.8
Freundlichkeit	4.4
Stellplatz	4.0
Verpflegung	2.8
Freizeit	3.8
Preis-Leistung	3.7
Mietunterkünfte	-

Geeignet für

Kinder b. 6 J.	3.8
Kinder b. 12 J.	3.4
Kinder b. 18 J.	3.0
Paare	4.1
Senioren	4.5
Gäste mit Zelt	4.0
Hunde n. erlaubt	-

Empfohlene Aktivitäten

- Radfahren
- Schwimmen
- Entspannen

2 Campingpark Gitzenweiler Hof

Gitzenweiler 88
88131 Lindau (Bodensee)
+49 8382 / 9494-0
47.58457 | 9.70472

ganzjährig
HS: 36,00 € | NS: 31,00 €
Mehr Infos & Anfrage:
www.camping.info/19113

Baden in nat. Gewässer	k. A.
Pool/Hallenbad	✓/5km
Spielplatz am Platz	✓
Hunde willkommen	✓
zur Hälfte Schatten	✓
WLAN (gegen Gebühr)	teilweise
Lebensmittel	✓
Brötchen am Platz	✓
Restaurant & Imbiss	✓
Ver-/Entsorgung Womo	✓
in den Ort	1km
Gesamt/Touristen	700/350
Mietunterkünfte	✓
Stellplätze vor Schranke	✓

4.1 SEHR GUT 481 Bewertungen

Lage	4.0
Ruhe	3.6
Sanitäranlagen	4.1
Sauberkeit Ø	4.2
Freundlichkeit	4.4
Stellplatz	3.9
Verpflegung	4.1
Freizeit	4.3
Preis-Leistung	3.9
Mietunterkünfte	4.2

Geeignet für

Kinder b. 6 J.	4.6
Kinder b. 12 J.	4.5
Kinder b. 18 J.	3.8
Paare	3.8
Senioren	3.6
Gäste mit Zelt	4.3
Gäste mit Hund	4.3

Empfohlene Aktivitäten

- Wandern
- Schwimmen
- Radfahren

keine WOMOs ab 10 Meter; keine Jugendgruppen

3 Park-Camping Lindau am See

Fraunhoferstraße 20
88131 Lindau-Zech
+49 8382 72236
47.53684 | 9.72989

19.03. - 05.11.
HS: 35,00 € | NS: 28,00 €
Mehr Infos & Anfrage:
www.camping.info/19114

Baden im See am Platz	✓
Pool/Hallenbad	2km
Spielplatz am Platz	✓
Hunde erlaubt	✓
zur Hälfte Schatten	✓
WLAN (begrenzt gratis)	✓
Lebensmittel	✓
Brötchen am Platz	✓
Restaurant & Imbiss	✓
Ver-/Entsorgung Womo	✓
in den Ort	500m
Gesamt/Touristen	330/280
Mietunterkünfte	✗
Stellplätze vor Schranke	✓

4.2 SEHR GUT 238 Bewertungen

Lage	4.6
Ruhe	3.9
Sanitäranlagen	4.4
Sauberkeit Ø	4.5
Freundlichkeit	4.2
Stellplatz	4.0
Verpflegung	4.2
Freizeit	4.4
Preis-Leistung	4.1
Mietunterkünfte	-

Geeignet für

Kinder b. 6 J.	4.3
Kinder b. 12 J.	4.3
Kinder b. 18 J.	4.0
Paare	4.6
Senioren	4.6
Gäste mit Zelt	4.6
Gäste mit Hund	4.3

Empfohlene Aktivitäten

- Radfahren
- Schwimmen
- Wandern

keine WOMOs ab 9 m

4 Camping Alpenblick

Schreckenmanklitz 18
88171 Weiler-Simmerberg
+49 8381 3447
47.59936 | 9.90097

ganzjährig
HS: 26,70 € | NS: 22,10 €
Mehr Infos & online buchen:
www.camping.info/19117

Baden in nat. Gewässer	k. A.
Pool/Hallenbad	2/1km
Spielplatz am Platz	✓
Hunde erlaubt	✓
zur Hälfte Schatten	✓
WLAN	✓
Lebensmittel	500m
Brötchen am Platz	✓
Restaurant & Imbiss	✓
Ver-/Entsorgung Womo	✓
in den Ort	500m
Gesamt/Touristen	190/90
Mietunterkünfte	✓
Stellplätze vor Schranke	✗

4.2 SEHR GUT 62 Bewertungen

Lage	4.4
Ruhe	4.2
Sanitäranlagen	3.6
Sauberkeit Ø	4.3
Freundlichkeit	4.5
Stellplatz	3.9
Verpflegung	3.6
Freizeit	4.1
Preis-Leistung	4.3
Mietunterkünfte	4.8

Geeignet für

Kinder b. 6 J.	4.6
Kinder b. 12 J.	4.4
Kinder b. 18 J.	3.5
Paare	4.5
Senioren	4.2
Gäste mit Zelt	4.1
Gäste mit Hund	4.3

Empfohlene Aktivitäten

- Wandern
- Entspannen
- Mountainbiking

Karte auf Seite 694

Infos: Öffnungszeiten · Vergleichspreis · Link

Ausstattung: Freizeit · Campingplatz · Versorgung · Anzahl der Plätze

5 Ferienhof Maurus

In der Höll 1
88167 Röthenbach
+49 8383 617

47.65248 | 9.96424

01.05. - 15.09.

HS: 15,00 € | NS: 15,00 €

Mehr Infos & Anfrage:
www.camping.info/23800

Baden in nat. Gewässer	k. A.
Pool/Hallenbad	6/10km
Spielplatz	keine Angabe
Hunde	✗
zur Hälfte Schatten	✓
WLAN	keine Angabe
Lebensmittel	✗
Brötchen	keine Angabe
Restaurant & Imbiss	✗
Ver-/Entsorgung Womo	✗
in den Ort	1km
Touristenplätze	20
Mietunterkünfte	✓
Stellplätze vor Schranke	✗

4.2 SEHR GUT
8 Bewertungen

Lage	4.4
Ruhe	4.9
Sanitäranlagen	2.9
Sauberkeit Ø	3.8
Freundlichkeit	4.8
Stellplatz	3.9
Verpflegung	2.4
Freizeit	3.8
Preis-Leistung	4.4
Mietunterkünfte	-

Geeignet für

Kinder b. 6 J.	4.8
Kinder b. 12 J.	4.4
Kinder b. 18 J.	2.7
Paare	4.2
Senioren	4.0
Gäste mit Zelt	4.0
Hunde n. erlaubt	-

Empfohlene Aktivitäten
- Wandern
- Mountainbiking
- Entspannen

6 Camping am See International

Am Weiherhaus 7 a
87740 Buxheim
+49 833 171 800

47.99337 | 10.13547

01.04. - 30.09.

HS: 23,50 € | NS: 23,50 €

Mehr Infos & Anfrage:
www.camping.info/19107

Baden im See am Platz	✓
Hallenbad	3km
Spielplatz am Platz	✓
Hunde erlaubt	✓
Schatten	✗
WLAN	✗
Lebensmittel	3km
Brötchen am Platz	nur HS
Restaurant/Imbiss	✓/3km
Ver-/Entsorgung Womo	✓
in den Ort	1km
Gesamt/Touristen	130/50
Mietunterkünfte	✗
Stellplätze vor Schranke	✗

3.8 GUT
13 Bewertungen

Lage	3.9
Ruhe	3.9
Sanitäranlagen	3.5
Sauberkeit Ø	3.7
Freundlichkeit	4.2
Stellplatz	3.5
Verpflegung	4.1
Freizeit	3.7
Preis-Leistung	3.8
Mietunterkünfte	-

Geeignet für

Kinder b. 6 J.	4.0
Kinder b. 12 J.	4.0
Kinder b. 18 J.	3.7
Paare	4.0
Senioren	4.7
Gäste mit Zelt	3.2
Gäste mit Hund	4.0

Empfohlene Aktivitäten
- Wandern
- Schwimmen
- Kulinarik

7 Camping Ottobeuren GmbH

Hawanger Straße 20
87724 Ottobeuren
08332 925 66 20

47.9512 | 10.2871

01.01. - 10.01.
01.03. - 31.12.

HS: 31,00 € | NS: 31,00 €

Mehr Infos & Anfrage:
www.camping.info/27543

Baden in nat. Gewässer	k. A.
Pool/Hallenbad	1/10km
Spielplatz	2km
Hunde willkommen	✓
kein Schatten	✓
WLAN	✓
Lebensmittel	2km
Brötchen am Platz	✓
Imbiss	2km
Ver-/Entsorgung Womo	✓
in den Ort	1km
Touristenplätze	85
Mietunterkünfte	✗
Stellplätze vor Schranke	✗

4.9 SEHR GUT
25 Bewertungen

Lage	4.7
Ruhe	4.7
Sanitäranlagen	5.0
Sauberkeit Ø	5.0
Freundlichkeit	5.0
Stellplatz	4.6
Verpflegung	3.6
Freizeit	4.2
Preis-Leistung	4.7
Mietunterkünfte	-

Geeignet für

Kinder b. 6 J.	3.4
Kinder b. 12 J.	3.8
Kinder b. 18 J.	4.1
Paare	4.9
Senioren	5.0
Gäste mit Zelt	4.5
Gäste mit Hund	4.9

Empfohlene Aktivitäten
- Radfahren
- Wandern
- Mountainbiking

8 Kur und Vitalcamping

❄

Walter-Schulz-Str. 4-6
86825 Bad Wörishofen
+49 8247 9973735

48.02484 | 10.59929

01.01. - 13.01.
02.03. - 31.12.

HS: 29,50 € | NS: 29,50 €

Mehr Infos & Anfrage:
www.camping.info/19081

Baden im Fluss	2km
Pool/Hallenbad	1km/500m
Spielplatz	500m
Hunde willkommen	✓
zur Hälfte Schatten	✓
WLAN	✓
Lebensmittel	100m
Brötchen am Platz	✓
Restaurant & Imbiss	✓
Ver-/Entsorgung Womo	✓
in den Ort	2km
Gesamt/Touristen	60/30
Mietunterkünfte	✓
Stellplätze vor Schranke	✓

4.1 SEHR GUT 37 Bewertungen

Lage	3.9
Ruhe	4.5
Sanitäranlagen	3.9
Sauberkeit Ø	4.5
Freundlichkeit	4.8
Stellplatz	3.9
Verpflegung	3.9
Freizeit	4.1
Preis-Leistung	4.0
Mietunterkünfte	4.2

Geeignet für

Kinder b. 6 J.	2.9
Kinder b. 12 J.	2.9
Kinder b. 18 J.	3.0
Paare	4.3
Senioren	4.7
Gäste mit Zelt	3.9
Gäste mit Hund	4.4

Empfohlene Aktivitäten

- Entspannen
- Wellness
- Radfahren

9 Camping Sonnenbuckl

❄

Riedholz 16
88167 Riedholz bei Maierhöfen
+49 8383 383

47.64219 | 10.03915

01.06. - 31.10.
06.12. - 31.05.

HS: 27,60 € | NS: 27,60 €

Mehr Infos & Anfrage:
www.camping.info/19116

Baden in nat. Gewässer	k. A.
Pool am Platz	✓
Spielplatz	✗
Hunde willkommen	✓
zur Hälfte Schatten	✓
WLAN	✓
Lebensmittel	✓
Brötchen am Platz	nur HS
Restaurant am P.	✓
Ver-/Entsorgung Womo	✓
in den Ort	3km
Gesamt/Touristen	37/13
Mietunterkünfte	✓
Stellplätze vor Schranke	✓

4.7 SEHR GUT 12 Bewertungen

Lage	4.8
Ruhe	4.9
Sanitäranlagen	4.2
Sauberkeit Ø	4.8
Freundlichkeit	5.0
Stellplatz	4.3
Verpflegung	4.5
Freizeit	4.8
Preis-Leistung	4.6
Mietunterkünfte	5.0

Geeignet für

Kinder b. 6 J.	4.2
Kinder b. 12 J.	4.4
Kinder b. 18 J.	4.2
Paare	5.0
Senioren	5.0
Gäste mit Zelt	4.9
Gäste mit Hund	4.6

Empfohlene Aktivitäten

- Wandern
- Mountainbiking
- Entspannen

10 Camping-Aach bei Oberstaufen

❄

Aach 1
87534 Oberstaufen
+49 8386 363

47.52314 | 9.9737

ganzjährig

keine Angabe

Mehr Infos & Anfrage:
www.camping.info/19094

Baden im See	15km
Pool/Hallenbad	5km
Spielplatz am Platz	✓
Hunde willkommen	✓
zur Hälfte Schatten	✓
WLAN	✓
Lebensmittel	✓
Brötchen am Platz	✓
Restaurant & Imbiss	✓
Ver-/Entsorgung Womo	✓
im Ort	✓
Gesamt/Touristen	120/40
Mietunterkünfte	✓
Stellplätze vor Schranke	✓

3.8 GUT 11 Bewertungen

Lage	4.2
Ruhe	4.2
Sanitäranlagen	3.2
Sauberkeit Ø	4.2
Freundlichkeit	5.0
Stellplatz	3.7
Verpflegung	3.9
Freizeit	4.7
Preis-Leistung	4.3
Mietunterkünfte	4.0

Geeignet für

Kinder b. 6 J.	4.3
Kinder b. 12 J.	4.6
Kinder b. 18 J.	4.6
Paare	4.6
Senioren	4.5
Gäste mit Zelt	4.5
Gäste mit Hund	5.0

Empfohlene Aktivitäten

- Wandern
- Ski
- Cross Country

11 Campingplatz Wiederhofen

❄

Zur Thaler Höhe 12
87547 Missen-Wilhams

47.58732 | 10.11265

ganzjährig

HS: 21,10 €

Mehr Infos & Anfrage:
www.camping.info/24373

Baden in nat. Gewässer	k. A.
Pool	1km
Spielplatz	✗
Hunde willkommen	✓
zur Hälfte Schatten	✓
WLAN (begrenzt gratis)	✓
Lebensmittel	k.A.
Brötchen am Platz	nur HS
Restaurant & Imbiss	✓
Ver-/Entsorgung Womo	✓
in den Ort	keine Angabe
Gesamt	keine Angabe
Mietunterkünfte	✗
Stellplätze vor Schranke	✓

4.0 SEHR GUT 6 Bewertungen

Lage	4.8
Ruhe	5.0
Sanitäranlagen	3.7
Sauberkeit Ø	4.6
Freundlichkeit	5.0
Stellplatz	3.7
Verpflegung	3.7
Freizeit	4.2
Preis-Leistung	4.8
Mietunterkünfte	-

Geeignet für

Kinder b. 6 J.	4.0
Kinder b. 12 J.	3.7
Kinder b. 18 J.	2.0
Paare	4.5
Senioren	4.7
Gäste mit Zelt	4.0
Gäste mit Hund	4.7

Empfohlene Aktivitäten

- Wandern
- Entspannen
- Mountainbiking

Karte auf Seite 694

	12	13	14
	Alpsee Camping	**Camping Zeh am See / Allgäu**	**Insel Camping am See mit Ferienwohnung / Allgäu**
	Seestraße 25 87509 Immenstadt-Bühl +49 8323 7726 47.57257 | 10.19321	Burgstraße 27 87448 Niedersonthofen +49 8379 7077 47.63009 | 10.24572	Insel 32 3/4 87448 Waltenhofen / Memhölz +49 8379 881 47.6404 | 10.2786
Infos			
Öffnungszeiten	07.04. - 08.01.	ganzjährig	ganzjährig
Vergleichspreis	keine Angabe	HS: 25,50 € | NS: 23,40 €	HS: 23,00 € | NS: 19,00 €
Link	**Mehr Infos & Anfrage:** www.camping.info/19092	**Mehr Infos & Anfrage:** www.camping.info/19086	**Mehr Infos & Anfrage:** www.camping.info/19087
Ausstattung			
Freizeit	Baden im See am Platz ✓ Pool/Hallenbad 1/3km Spielplatz am Platz ✓	Baden im See am Platz ✓ Pool/Hallenbad 10/7km Spielplatz am Platz ✓	Baden im See am Platz ✓ Pool/Hallenbad 8km Spielplatz am Platz ✓
Campingplatz	Hunde willkommen ✓ wenig Schatten ✓ WLAN ✓	Hunde willkommen ✓ zur Hälfte Schatten ✓ WLAN ✓	Hunde erlaubt nur NS zur Hälfte Schatten ✓ WLAN ✓
Versorgung	Lebensmittel ✓ Brötchen am Platz ✓ Restaurant/Imbiss 500m Ver-/Entsorgung Womo ✓ in den Ort 2km	Lebensmittel ✓ Brötchen am Platz nur HS Restaurant & Imbiss ✓ Ver-/Entsorgung Womo ✓ in den Ort 400m	Lebensmittel ✓ Brötchen am Platz ✓ Restaurant & Imbiss ✓ Ver-/Entsorgung Womo ✓ in den Ort 4km
Anzahl der Plätze	Touristenplätze 180 Mietunterkünfte ✗ Stellplätze vor Schranke ✗	Gesamt/Touristen 110/60 Mietunterkünfte ✗ Stellplätze vor Schranke ✗	Gesamt/Touristen 100/60 Mietunterkünfte ✓ Stellplätze vor Schranke ✓

	12	13	14
Gesamt	3.9 GUT, 176 Bewertungen	4.4 SEHR GUT, 113 Bewertungen	4.7 SEHR GUT, 168 Bewertungen
Lage	4.6	4.6	4.8
Ruhe	4.1	4.7	4.7
Sanitäranlagen	4.6	4.6	4.4
Sauberkeit Ø	4.3	4.7	4.8
Freundlichkeit	4.4	4.5	4.9
Stellplatz	3.7	4.0	4.5
Verpflegung	3.2	3.7	3.7
Freizeit	4.3	4.3	4.4
Preis-Leistung	3.7	4.3	4.7
Mietunterkünfte	-	-	4.8
Geeignet für			
Kinder b. 6 J.	3.8	4.2	4.7
Kinder b. 12 J.	4.0	4.2	4.6
Kinder b. 18 J.	3.9	3.8	4.1
Paare	4.5	4.6	4.8
Senioren	4.6	4.6	4.8
Gäste mit Zelt	3.5	4.3	4.6
Gäste mit Hund	4.5	4.4	4.4
Empfohlene Aktivitäten	Wandern Schwimmen Radfahren	Wandern Schwimmen Radfahren	Wandern Schwimmen Entspannen
		keine WOMOs ab 8 m	ECO CAMPING

16 IllerCamping

*

Sinwagstraße 2
87527 Sonthofen
+49 8321 2350
www.illercamping.de
info@illercamping.de

01.01. - 01.11.
15.12. - 31.12.

HS: 26,00 € | NS: 26,00 €

Mehr Infos & Anfrage:
www.camping.info/19093

Baden im See	1km
Pool/Hallenbad	500m
Spielplatz am Platz	✓
Hunde willkommen	✓
wenig Schatten	✓
WLAN	✓
Lebensmittel	300m
Brötchen am Platz	✓
Restaurant & Imbiss	✓
Ver-/Entsorgung Womo	✗
im Ort	✓
Gesamt/Touristen	70/40
Mietunterkünfte	✓
Stellplätze vor Schranke	✗

Spaß für die Kleinen am „platzeigenen" Wasserlauf.

Lage & Stellplatz

„IllerCamping" befindet sich in Sonthofen und ist vom 01.01. bis 01.11. und vom 15. bis 31.12. p.a. geöffnet. Sonthofen ist die südlichste Stadt Deutschlands. Direkt an der Iller und der Sinwag gelegen, verfügt der Campingplatz über 70 Stellplätze, die eine Größe von ca. 70 bis 140 m² aufweisen. Die Stellplätze haben Wasser-, Abwasser- sowie Stromanschluss (230 V/10 A) und sind eben und großzügig bemessen, sodass selbst große Campingfahrzeuge abgestellt werden können. In unmittelbarer Nähe ist das Freizeitbad „Wonnemar", das von den Campinggästen zum ermäßigten Eintritt benutzt werden kann.

Sanitär

Die Sanitäranlagen sind sowohl bei den Damen als auch bei den Herren ausreichend mit Duschen, Einzelwaschkabinen und Waschbecken bemessen. Im Damenbereich gibt es außerdem einen Babywickeltisch. Die Toilettenräume sind von den Dusch- und Waschräumen getrennt. Darüber hinaus existiert ein großer behindertengerechter Dusch- und Waschraum mit WC und separatem Zugang. Ein Wasch- und Trockenraum mit Waschmaschine und Trockner sowie ein „Hauswirtschaftsraum" mit Spüle und Kochgelegenheiten runden das umfassende Angebot ab.

Baden im Sonthofer See.

Blick auf die Allgäuer Berge.

1 km
47.50526 | 10.27507

keine WOMOs ab 9 m

Luftaufnahme des südlichen Platzteils mit Blick auf die Hörnerkette.

Verpflegung

Das Bistro des Campingplatzes bietet Speisen (Tagesangebote) und Getränke, die auch hervorragend auf der Terrasse genossen werden können. In lediglich 5 Gehminuten erreicht man einen Supermarkt, einen Metzger, eine Apotheke und ein medizinisches Versorgungszentrum mit diversen Fachärzten. Nur wenige Schritte weiter befindet sich bereits die Sonthofer Fußgängerzone mit umfassenden Einkaufsmöglichkeiten sowie vielfältigen Gastronomiebetrieben der Oberallgäuer Kreisstadt.

Freizeit

Das „Freizeitland Sonthofen" bietet eine Sportarena, ein Freizeitbad, die Kinder- und Jugendfreizeitanlage „Biberhof" und eine Tennisanlage. Den 18-Loch-Golfplatz der Sonnenalp – einer der schönsten in Deutschland – erreicht man mit dem Auto in 10 Minuten. Auf dem Campingplatz ist die Canyoning- und Raftingstation „Splashing A" integriert. Unmittelbar am Platz beginnen auch die Wander- und Radlmöglichkeiten auf dem Illerdamm, der ausschließlich für Wanderer und Radler geschaffen wurde. Nordische und alpine Wintersportler können in der Umgebung außerdem zahlreiche Loipen und Skipisten erkunden.

4.0

Ein einfacher Platz in zentraler Lage. Gut für Ausflüge nach Sonthofen und Umgebung.

Helmut S.

Helmut S. hat den Campingplatz IllerCamping im September 2019 besucht.

Übernachten im Fass.

Abenteuerliches Rafting.

3.9 **GUT**
39 Bewertungen

Lage	4.2
Ruhe	3.6
Sanitäranlagen	4.2
Sauberkeit Ø	4.2
Freundlichkeit	4.0
Stellplatz	3.6
Verpflegung	3.7
Freizeit	4.4
Preis-Leistung	4.1
Mietunterkünfte	4.7

Geeignet für

4.7 Senioren

4.4 Paare
4.4 Gäste mit Hund
3.7 Kinder b. 18 J.
3.6 Kinder b. 12 J.
3.4 Gäste mit Zelt
3.2 Kinder b. 6 J.

Empfohlene Aktivitäten

Wandern · Radfahren · Mountainbiking · Kayak/Kanu · Schwimmen

17 rubi-camp Oberstdorf

*

Rubinger Straße 34
87561 Oberstdorf
+49 8322 959202
www.rubi-camp.de
info@rubi-camp.de

01.05. - 10.11.
15.12. - 30.04.

HS: 40,00 € | NS: 32,00 €

Mehr Infos & Anfrage:
www.camping.info/19096

Baden in nat. Gewässer	k. A.
Pool/Hallenbad	2/1km
Spielplatz am Platz	✓
Hunde erlaubt	✓
wenig Schatten	✓
WLAN (begrenzt gratis)	✓
Lebensmittel	✓
Brötchen am Platz	✓
Restaurant am P.	✓
Ver-/Entsorgung Womo	✓
in den Ort	1km
Touristenplätze	100
Mietunterkünfte	✗
Stellplätze vor Schranke	✗

47.42379 | 10.27782

Das rubi-camp liegt direkt am Fuß des Rubihorn.

Lage & Stellplatz

Das rubi-camp liegt idyllisch am Ortsrand von Oberstdorf zwischen Wiesen und Bergen. Die 80 - 100 m^2 großen Parzellen verfügen über Wasser-, Abwasser- und TV-Anschluss. Die Stellplätze sind mit Rasengittersteinen befestigt, der Einstiegsbereich ist gepflastert und hat eine 70 m^2 große Rasenfläche.

Verpflegung

Für das leibliche Wohl sorgen der tägliche Brötchenservice sowie regionale Spezialitäten und Produkte des täglichen Bedarfs im Campingshop. Im Bistro werden die Gäste mit hausgemachten Kuchen, kleinen Speisen und heimischen Gerichten verwöhnt. Für Selbstversorger gibt es eine Küche mit Ceranfeldern.

Sanitär

Das rubi-camp verfügt über moderne Sanitäranlagen mit Fußbodenheizung, mehrere voll ausgestattete Privatbäder/Mietkabinen mit Fußbodenheizung und zwei barrierefreie Waschräume (WC, Waschbecken, Dusche). Des Weiteren gibt es einen Trockenraum, einen Waschraum mit Trockner und eine Hundedusche.

Freizeit

Der Campingplatz hat eine sehr gute Lage für sämtliche Aktivitäten in den Allgäuer Alpen, egal ob Sommer oder Winter. Spazierengehen, Wandern, Fahrrad- oder Skifahren, Klettern oder einfach nur Relaxen – die Möglichkeiten sind vielfältig. Auch das sonstige Kultur- und Freizeitangebot ist groß.

Waschhaus, Bistro und Rezeption.

Das Rubihorn frisch verschneit.

4.1 SEHR GUT
147 Bewertungen

Lage	4.5
Ruhe	4.3
Sanitäranlagen	4.3
Sauberkeit Ø	4.3
Freundlichkeit	4.2
Stellplatz	4.3
Verpflegung	3.4
Freizeit	4.5
Preis-Leistung	3.8
Mietunterkünfte	-

Geeignet für

4.7	Senioren
4.6	Paare
4.5	Gäste mit Hund
3.9	Gäste mit Zelt
3.7	Kinder b. 18 J.
3.6	Kinder b. 6 J.
3.5	Kinder b. 12 J.

Empfohlene Aktivitäten

Wandern · Radfahren · Entspannen · Mountainbiking · Klettern

Strom nach Verbrauch 0,70 €/kWh. Anschlusswert 16 A

Karte auf Seite 694

Infos: Öffnungszeiten | Vergleichspreis | Link

Ausstattung: Freizeit | Campingplatz | Versorgung | Anzahl der Plätze

15 Camping Öschlesee

❄

Moos 1
87477 Sulzberg
+49 8376 93040

47.675 | 10.33444

ganzjährig

HS: 27,00 € | NS: 27,00 €

Mehr Infos & Anfrage:
www.camping.info/19089

Baden im See	250m
Pool/Hallenbad	7km
Spielplatz am Platz	✓
Hunde willkommen	✓
zur Hälfte Schatten	✓
WLAN	✓
Lebensmittel	1km
Brötchen am Platz	nur HS
Restaurant & Imbiss	✓
Ver-/Entsorgung Womo	✓
in den Ort	1km
Gesamt/Touristen	250/100
Mietunterkünfte	✗
Stellplätze vor Schranke	✗

4.0 SEHR GUT
41 Bewertungen

Lage	4.2
Ruhe	3.8
Sanitäranlagen	4.2
Sauberkeit Ø	4.2
Freundlichkeit	4.6
Stellplatz	3.8
Verpflegung	3.6
Freizeit	3.8
Preis-Leistung	4.0
Mietunterkünfte	-

Geeignet für

Kinder b. 6 J.	4.0
Kinder b. 12 J.	4.2
Kinder b. 18 J.	3.8
Paare	4.5
Senioren	4.4
Gäste mit Zelt	4.2
Gäste mit Hund	4.2

Empfohlene Aktivitäten

- Wandern
- Radfahren
- Schwimmen

Schranke in HS 12-14 Uhr und 22-7 Uhr geschlossen, keine Partygruppen

18 Camping Oberstdorf

❄

Rubingerstraße 16
87561 Oberstdorf
+49 8322 6525

47.42307 | 10.27691

ganzjährig

HS: 26,10 €

Mehr Infos & Anfrage:
www.camping.info/19095

Baden im See	1km
Pool/Hallenbad	5/1km
Spielplatz am Platz	✓
Hunde willkommen	✓
wenig Schatten	✓
WLAN	✓
Lebensmittel	1km
Brötchen am Platz	nur HS
Restaurant & Imbiss	✓
Ver-/Entsorgung Womo	✓
in den Ort	1km
Gesamt/Touristen	150/100
Mietunterkünfte	✗
Stellplätze vor Schranke	✗

4.2 SEHR GUT
46 Bewertungen

Lage	4.1
Ruhe	3.2
Sanitäranlagen	4.3
Sauberkeit Ø	4.7
Freundlichkeit	4.8
Stellplatz	4.0
Verpflegung	4.0
Freizeit	4.5
Preis-Leistung	4.5
Mietunterkünfte	-

Geeignet für

Kinder b. 6 J.	3.9
Kinder b. 12 J.	3.9
Kinder b. 18 J.	4.0
Paare	4.7
Senioren	4.7
Gäste mit Zelt	4.4
Gäste mit Hund	4.7

Empfohlene Aktivitäten

- Wandern
- Klettern
- Mountainbiking

19 Camping-Bergheimat

❄

Paßstrasse 60
87541 Bad Hindelang
+49 8324 7108

47.51795 | 10.42179

ganzjährig

keine Angabe

Mehr Infos & Anfrage:
www.camping.info/24280

Baden in nat. Gewässer	k. A.
Pool/Hallenbad	1/16km
Spielplatz	1km
Hunde erlaubt	✓
zur Hälfte Schatten	✓
WLAN	✓
Lebensmittel	1km
Brötchen	keine Angabe
Restaurant/Imbiss	1km/✓
Ver-/Entsorgung Womo	✗
in den Ort	1km
Gesamt/Touristen	60/20
Mietunterkünfte	✓
Stellplätze vor Schranke	✗

3.1 GUT
7 Bewertungen

Lage	4.0
Ruhe	2.7
Sanitäranlagen	3.1
Sauberkeit Ø	3.2
Freundlichkeit	3.3
Stellplatz	3.1
Verpflegung	2.7
Freizeit	4.9
Preis-Leistung	3.3
Mietunterkünfte	5.0

Geeignet für

Kinder b. 6 J.	2.5
Kinder b. 12 J.	2.0
Kinder b. 18 J.	2.0
Paare	4.2
Senioren	4.5
Gäste mit Zelt	3.0
Gäste mit Hund	3.0

Empfohlene Aktivitäten

- Wandern
- Mountainbiking
- Klettern

20 Camping Waldesruh

✻

Bahnhofstraße 19
87497 Wertach
+49 8365 1004

47.609 | 10.41755

01.01. - 08.11.
25.11. - 31.12.

HS: 27,60 € | NS: 26,10 €

Mehr Infos & Anfrage:
www.camping.info/19090

Baden im See	1km
Pool/Hallenbad	1/7km
Spielplatz am Platz	✓
Hunde willkommen	✓
zur Hälfte Schatten	✓
WLAN (begrenzt gratis)	✓
Lebensmittel	500m
Brötchen am Platz	✓
Restaurant/Imbiss	500m
Ver-/Entsorgung Womo	✓
in den Ort	500m
Gesamt/Touristen	150/40
Mietunterkünfte	✓
Stellplätze vor Schranke	✗

4.2 SEHR GUT
21 Bewertungen

Lage	4.5
Ruhe	4.7
Sanitäranlagen	4.3
Sauberkeit Ø	4.8
Freundlichkeit	4.9
Stellplatz	4.0
Verpflegung	3.1
Freizeit	4.3
Preis-Leistung	4.6
Mietunterkünfte	5.0

Geeignet für

Kinder b. 6 J.	4.0
Kinder b. 12 J.	4.2
Kinder b. 18 J.	3.8
Paare	4.7
Senioren	4.7
Gäste mit Zelt	3.6
Gäste mit Hund	4.6

Empfohlene Aktivitäten

- Wandern
- Radfahren
- Entspannen

keine WOMOs ab 8,5 m; Jugendgruppen nur mit Erwachsenen

21 Camping-Grüntensee-International

✻

Grüntenseestraße 41
87497 Wertach
+49 8365 375

47.61055 | 10.44611

ganzjährig

HS: 35,60 € | NS: 35,60 €

Mehr Infos & Anfrage:
www.camping.info/19091

Baden im See am Platz	✓
Pool/Hallenbad	3km
Spielplatz am Platz	✓
Hunde willkommen	✓
zur Hälfte Schatten	✓
WLAN	✓
Lebensmittel	✓
Brötchen am Platz	✓
Restaurant & Imbiss	✓
Ver-/Entsorgung Womo	✓
in den Ort	3km
Gesamt/Touristen	320/180
Mietunterkünfte	✓
Stellplätze vor Schranke	✓

4.0 SEHR GUT
99 Bewertungen

Lage	4.5
Ruhe	4.0
Sanitäranlagen	4.2
Sauberkeit Ø	4.2
Freundlichkeit	4.3
Stellplatz	3.7
Verpflegung	3.7
Freizeit	4.2
Preis-Leistung	3.7
Mietunterkünfte	3.7

Geeignet für

Kinder b. 6 J.	4.3
Kinder b. 12 J.	4.3
Kinder b. 18 J.	3.7
Paare	4.3
Senioren	4.2
Gäste mit Zelt	4.2
Gäste mit Hund	4.4

Empfohlene Aktivitäten

- Wandern
- Radfahren
- Schwimmen

Außerdem Wohnmobilstellplatz am Wildbach; Zeltplatz; Ferienwohnungen.

22 Wertacher Hof

✻

Grüntenseestraße
87466 Oy/Mittelberg
+49 8361 770

47.62806 | 10.45889

keine Angabe

keine Angabe

Mehr Infos & Anfrage:
www.camping.info/17859

Baden in nat. Gewässer	k. A.
Pool & Hallenbad	✗
Spielplatz	keine Angabe
Hunde	✗
Schatten	✗
WLAN	keine Angabe
Lebensmittel	k.A.
Brötchen	keine Angabe
Restaurant & Imbiss	✗
Ver-/Entsorgung Womo	✗
in den Ort	keine Angabe
Gesamt	keine Angabe
Mietunterkünfte	✗
Stellplätze vor Schranke	✗

3.1 GUT
7 Bewertungen

Lage	4.4
Ruhe	4.3
Sanitäranlagen	2.7
Sauberkeit Ø	3.2
Freundlichkeit	4.4
Stellplatz	3.1
Verpflegung	4.2
Freizeit	4.8
Preis-Leistung	4.0
Mietunterkünfte	-

Geeignet für

Kinder b. 6 J.	3.2
Kinder b. 12 J.	3.8
Kinder b. 18 J.	4.0
Paare	4.8
Senioren	4.8
Gäste mit Zelt	5.0
Hunde n. erlaubt	-

Empfohlene Aktivitäten

- Radfahren
- Wandern
- Mountainbiking

23 Camping Pfronten

Tiroler Straße 184
87459 Pfronten-Steinach
08363 8353

47.56357 | 10.57839

11.05. - 04.10.

HS: 25,50 € | NS: 25,50 €

Mehr Infos & Anfrage:
www.camping.info/19088

Baden in nat. Gewässer	k. A.
Pool/Hallenbad	3km
Spielplatz am Platz	✓
Hunde willkommen	✓
Schatten	✗
WLAN (gratis)	teilweise
Lebensmittel	✓
Brötchen am Platz	✓
Restaurant	250m
Ver-/Entsorgung Womo	✓
in den Ort	2km
Touristenplätze	100
Mietunterkünfte	✗
Stellplätze vor Schranke	✗

4.7 SEHR GUT
38 Bewertungen

Lage	4.8
Ruhe	4.6
Sanitäranlagen	4.0
Sauberkeit Ø	4.8
Freundlichkeit	4.8
Stellplatz	4.0
Verpflegung	3.4
Freizeit	4.3
Preis-Leistung	4.7
Mietunterkünfte	-

Geeignet für

Kinder b. 6 J.	3.8
Kinder b. 12 J.	3.7
Kinder b. 18 J.	3.7
Paare	4.7
Senioren	4.8
Gäste mit Zelt	4.1
Gäste mit Hund	4.7

Empfohlene Aktivitäten

- Wandern
- Radfahren
- Mountainbiking

Karte auf Seite 694

	24	25	26
	Camping Guggemos	**Camping Hopfensee**	**Camping Magdalena**
	Uferstr. 42 87629 Füssen +49 8362 3334 47.60947 | 10.66851	Fischerbichl 17 87629 Füssen - Hopfen am See +49 8362 917710 47.5994 | 10.68318	Bachtalstraße 10 87669 Osterreinen +49 8362 49 31 47.61568 | 10.72371

Infos

	Camping Guggemos	Camping Hopfensee	Camping Magdalena
Öffnungszeiten	01.04. - 01.11.	15.12. - 03.11.	01.04. - 31.10.
Vergleichspreis	HS: 24,40 € | NS: 24,40 €	keine Angabe	HS: 25,40 € | NS: 22,90 €
Link	**Mehr Infos & Anfrage:** www.camping.info/23801	**Mehr Infos & Anfrage:** www.camping.info/19101	**Mehr Infos & Anfrage:** www.camping.info/19105

Ausstattung

	Camping Guggemos		Camping Hopfensee		Camping Magdalena	
Freizeit	Baden im See am Platz	✓	Baden im See am Platz	✓	Baden im See am Platz	✓
	Pool & Hallenbad	✗	Hallenbad	✓	Pool/Hallenbad	8km
	Spielplatz	keine Angabe	Spielplatz am Platz	✓	Spielplatz am Platz	✓
Campingplatz	Hunde	✗	Hunde willkommen	✓	Hunde willkommen	✓
	Schatten	✗	Schatten	✗	wenig Schatten	✓
	WLAN	keine Angabe	WLAN	✓	WLAN (begrenzt gratis)	✓
Versorgung	Lebensmittel	✗	Lebensmittel	✓	Lebensmittel	100m
	Brötchen am Platz	✓	Brötchen am Platz	✓	Brötchen am Platz	✓
	Restaurant & Imbiss	✗	Restaurant & Imbiss	✓	Restaurant & Imbiss	✓
	Ver-/Entsorgung Womo	✓	Ver-/Entsorgung Womo	✓	Ver-/Entsorgung Womo	✓
	in den Ort	keine Angabe	im Ort	✓	in den Ort	1km
Anzahl der Plätze	Gesamt	keine Angabe	Touristenplätze	376	Gesamt/Touristen	120/80
	Mietunterkünfte	✓	Mietunterkünfte	✓	Mietunterkünfte	✓
	Stellplätze vor Schranke	✗	Stellplätze vor Schranke	✗	Stellplätze vor Schranke	✗

Bewertungen

	Camping Guggemos	Camping Hopfensee	Camping Magdalena
Gesamt	4.0 SEHR GUT, 19 Bewertungen	4.8 SEHR GUT, 548 Bewertungen	4.2 SEHR GUT, 28 Bewertungen
Lage	4.5	4.8	4.7
Ruhe	4.4	4.3	4.2
Sanitäranlagen	3.3	4.8	4.3
Sauberkeit Ø	4.2	4.8	4.4
Freundlichkeit	4.1	4.8	4.5
Stellplatz	4.2	4.6	3.7
Verpflegung	2.8	4.1	3.9
Freizeit	4.2	4.7	4.2
Preis-Leistung	4.0	4.3	4.3
Mietunterkünfte	5.0	4.7	4.3

Geeignet für

	Camping Guggemos	Camping Hopfensee	Camping Magdalena
Kinder b. 6 J.	3.8	4.8	4.1
Kinder b. 12 J.	4.2	4.8	4.2
Kinder b. 18 J.	3.1	4.4	3.8
Paare	4.3	4.8	4.5
Senioren	4.3	4.7	4.0
Gäste mit Zelt	3.9	2.8	4.3
Hunde n. erlaubt	-		
Gäste mit Hund		4.7	4.3

Empfohlene Aktivitäten

Camping Guggemos	Camping Hopfensee	Camping Magdalena
Wandern	Wandern	Schwimmen
Radfahren	Schwimmen	Wandern
Schwimmen	Radfahren	Segeln

Camping Hopfensee: AWARD 2020

28 Camping Brunnen

*

Seestraße 81
87645 Brunnen
+49 8362 8273
www.camping-brunnen.de
info@camping-brunnen.de

ganzjährig

HS: 42,00 € | NS: 36,00 €

Mehr Infos & Anfrage:
www.camping.info/19103

Baden im See am Platz	✓
Pool/Hallenbad	3km
Spielplatz am Platz	✓
Hunde willkommen	✓
zur Hälfte Schatten	✓
WLAN	✓
Lebensmittel	✓
Brötchen am Platz	✓
Restaurant & Imbiss	✓
Ver-/Entsorgung Womo	✓
in den Ort	2km
Gesamt/Touristen	330/275
Mietunterkünfte	×
Stellplätze vor Schranke	×

47.59741 | 10.73741

Campingplatz direkt am Forggensee. Lädt zum Baden und Wassersport ein!

Lage & Stellplatz

Beeindruckende Lage unmittelbar am Forggensee mit Panoramablick zum weltberühmten Königsschloss Neuschwanstein. Im Sommer wie Winter geöffnet, bieten die 300 Stellplätze des 5-Sterne-Campingplatzes ideale Urlaubsmöglichkeiten im Königswinkel zu Füßen der Allgäuer Berge.

Verpflegung

Entdecken Sie bayerische Gemütlichkeit im Restaurant mit Biergarten! Lassen Sie sich mit einheimischen Spezialitäten aus dem Allgäu sowie bayerischen Schmankerln herzhaft verwöhnen. Backwaren, Lebensmittel und alle Artikel des täglichen Bedarfs erhalten Sie im Minimarkt direkt am Platz.

Sanitär

Die Sanitärbereiche sind neu gebaut, zeichnen sich durch höchsten Komfort aus und umfassen Fußbodenheizung, Einzelduschen, Mietkabinen mit Endreinigung, behindertengerechte Ausstattung, Babybad, Wickelraum, Waschmaschinen, Trockner, Spülküche mit Spülmaschine und ein Hundebad mit Hundedusche.

Freizeit

Das Allgäu verspricht Freizeitspaß vom Feinsten, das ganze Jahr hindurch für Aktive, Ruhesuchende und Familien: Baden, Stand-up-Paddling, Segeln, Angeln, Radfahren, Bergwandern, Reiten, Gleitschirmfliegen, Golf, Thermal- und Schwimmbäder sowie alle Skisportarten im Winter lassen keine Wünsche offen.

365 Tage im Jahr geöffnet.

Schöner, uriger Wellnessbereich.

4.4 SEHR GUT
239 Bewertungen

Lage	4.8
Ruhe	4.4
Sanitäranlagen	4.3
Sauberkeit Ø	4.5
Freundlichkeit	4.4
Stellplatz	4.3
Verpflegung	3.8
Freizeit	4.5
Preis-Leistung	4.0
Mietunterkünfte	-

Geeignet für

- 4.6 Paare
- 4.6 Senioren
- 4.5 Gäste mit Hund
- 4.2 Kinder b. 12 J.
- 4.1 Kinder b. 6 J.
- 3.9 Gäste mit Zelt
- 3.7 Kinder b. 18 J.

Empfohlene Aktivitäten

Wandern | Radfahren | Schwimmen | Entspannen | Mountainbiking

Wellnessbereich, Mietkabinen, Zelthügel, Kinder bis 1 Jahr campen gratis.

Karte auf Seite 694

27 Campingplatz Seewang

Tiefental 1
87669 Rieden
+49 8367 406
47.64332 | 10.73127

ganzjährig
HS: 31,90 € | NS: 27,90 €
Mehr Infos & Anfrage: www.camping.info/24645

Baden im See am Platz	✓
Pool & Hallenbad	✗
Spielplatz am Platz	✓
Hunde willkommen	✓
zur Hälfte Schatten	✓
WLAN (gegen Gebühr)	✓
Lebensmittel	✓
Brötchen am Platz	✓
Restaurant & Imbiss	✓
Ver-/Entsorgung Womo	✓
in den Ort	1km
Touristenplätze	108
Mietunterkünfte	✓
Stellplätze vor Schranke	✓

4.5 SEHR GUT – 62 Bewertungen

Lage	4.7
Ruhe	4.5
Sanitäranlagen	4.3
Sauberkeit Ø	4.6
Freundlichkeit	4.7
Stellplatz	4.3
Verpflegung	3.6
Freizeit	4.5
Preis-Leistung	4.4
Mietunterkünfte	4.7

Geeignet für

Kinder b. 6 J.	3.7
Kinder b. 12 J.	4.0
Kinder b. 18 J.	3.8
Paare	4.7
Senioren	4.7
Gäste mit Zelt	4.4
Gäste mit Hund	4.2

Empfohlene Aktivitäten
- Schwimmen
- Wandern
- Radfahren

30 Camping Bannwaldsee

Münchener Straße 151
87645 Schwangau
+49 8362 93000
47.59241 | 10.77196

ganzjährig
HS: 33,80 € | NS: 28,80 €
Mehr Infos & Anfrage: www.camping.info/19102

Baden im See am Platz	✓
Pool/Hallenbad	3km
Spielplatz am Platz	✓
Hunde willkommen	✓
zur Hälfte Schatten	✓
WLAN	✓
Lebensmittel	✓
Brötchen am Platz	✓
Restaurant & Imbiss	✓
Ver-/Entsorgung Womo	✓
in den Ort	3km
Gesamt/Touristen	650/450
Mietunterkünfte	✓
Stellplätze vor Schranke	✓

3.8 GUT – 216 Bewertungen

Lage	4.5
Ruhe	3.3
Sanitäranlagen	3.4
Sauberkeit Ø	3.6
Freundlichkeit	3.9
Stellplatz	3.7
Verpflegung	3.9
Freizeit	4.2
Preis-Leistung	3.5
Mietunterkünfte	3.7

Geeignet für

Kinder b. 6 J.	4.0
Kinder b. 12 J.	4.1
Kinder b. 18 J.	3.8
Paare	4.3
Senioren	4.2
Gäste mit Zelt	3.8
Gäste mit Hund	3.9

Empfohlene Aktivitäten
- Wandern
- Schwimmen
- Radfahren

31 Via Claudia Camping

Via Claudia 6
86983 Lechbruck
+49 8862 8426
47.71198 | 10.81834

ganzjährig
HS: 33,90 € | NS: 26,90 €
Mehr Infos & Anfrage: www.camping.info/19085

Baden im See am Platz	✓
Pool/Hallenbad	12/20km
Spielplatz am Platz	✓
Hunde willkommen	✓
zur Hälfte Schatten	✓
WLAN (gegen Gebühr)	✓
Lebensmittel	✓
Brötchen am Platz	✓
Restaurant & Imbiss	✓
Ver-/Entsorgung Womo	✓
in den Ort	1km
Gesamt/Touristen	800/500
Mietunterkünfte	✓
Stellplätze vor Schranke	✓

4.5 SEHR GUT – 542 Bewertungen

Lage	4.5
Ruhe	4.4
Sanitäranlagen	4.5
Sauberkeit Ø	4.5
Freundlichkeit	4.7
Stellplatz	4.4
Verpflegung	3.7
Freizeit	4.3
Preis-Leistung	4.2
Mietunterkünfte	4.3

Geeignet für

Kinder b. 6 J.	4.4
Kinder b. 12 J.	4.5
Kinder b. 18 J.	4.0
Paare	4.7
Senioren	4.5
Gäste mit Zelt	4.5
Gäste mit Hund	4.7

Empfohlene Aktivitäten
- Wandern
- Radfahren
- Entspannen

AWARD 2020

Infos
Öffnungszeiten
Vergleichspreis
Link

Ausstattung
Freizeit
Campingplatz
Versorgung
Anzahl der Plätze

29 Camping Elbsee

Am Elbsee 3
87648 Aitrang
+49 8343 248
www.elbsee.eu
info@elbsee.de

ganzjährig

HS: 38,10 € | NS: 31,70 €

Mehr Infos & Anfrage:
www.camping.info/19104

Baden im See	200m
Pool/Hallenbad	12km
Spielplatz am Platz	✓
Hunde willkommen	✓
zur Hälfte Schatten	✓
WLAN (gegen Gebühr)	✓
Lebensmittel	✓
Brötchen am Platz	✓
Restaurant/Imbiss	200m/✓
Ver-/Entsorgung Womo	✓
in den Ort	2km
Gesamt/Touristen	300/120
Mietunterkünfte	✓
Stellplätze vor Schranke	✓

5-Sterne-Camping, Hotel und Ferienwohnungen für Groß, Klein, Jung und Alt.

Lage & Stellplatz

Idyllisch liegt der 5-Sterne-Campingplatz im Allgäuer Voralpenland in einem Moor-Landschaftsschutzgebiet zwischen Wiesen und Wäldern direkt am Ufer des Elbsees. Der Platz ist teilweise in Terrassen angelegt und mit Büschen, Bäumen und Hecken naturnah gestaltet. Die großzügigen Komfort-Stellplätze verfügen über Wasser- und Abwasseranschluss sowie Strom. Für längere Aufenthalte bietet der Platz auch Saison-Camping an. Tipp: Im angrenzenden 3-Sterne-Superior-Hotel und den Ferienwohnungen können Sie zusammen mit Familie und Freunden Urlaub machen, auch wenn diese keine Camper sind.

Sanitär

In den zwei Sanitärgebäuden sorgen hochwertige, komfortable und moderne Sanitäranlagen für eine richtige Wohlfühlatmosphäre. Auch für Familien ist gesorgt: Ein Kinderbad und Familienkabinen sowie Wickelraum und Babybadewanne machen den Aufenthalt noch angenehmer. Möchten Sie Ihr eigenes Bad? Hierfür gibt es die beliebten Mietbäder für die Zeit Ihres Aufenthalts - bitte rechtzeitig reservieren! Selbstverständlich sind die Sanitärgebäude auch barrierefrei. Hundebesitzer können ihre Vierbeiner bequem in einer separaten Hundedusche waschen. Waschmaschine und Trockner sind auch vorhanden.

Entspannen im Wellnessbereich.

3-Sterne-Hotel direkt am Platz.

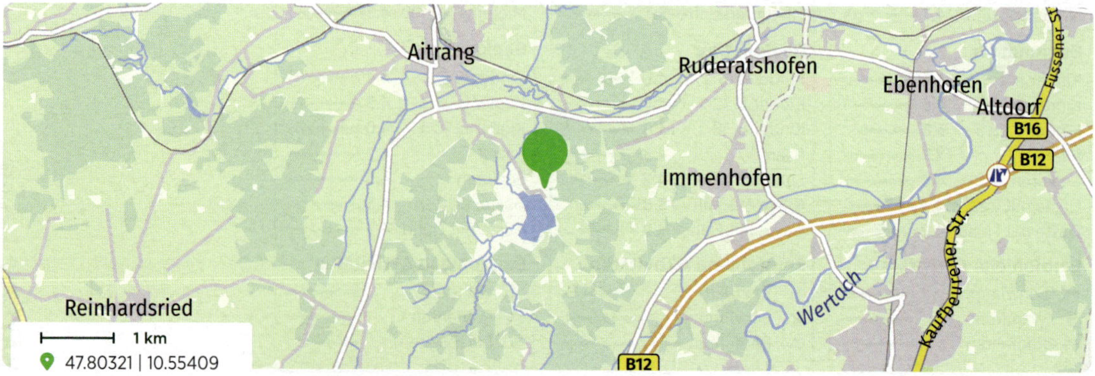

47.80321 | 10.55409

Jugendgruppen nur beschränkt zugelassen.

Der Campingplatz, idyllisch mit Alpenpanorama, im Herzen des Allgäus am wunderschönen Elbsee gelegen.

Verpflegung

Für einen guten Start in den Tag sorgt das kulinarische Schlemmerfrühstück. Zur Stärkung am Morgen haben Sie eine breite Auswahl an frischen und teilweise auch regionalen Produkten. Nur ein paar Schritte entfernt auf der Seeterrasse gibt es tagsüber und am Abend die Möglichkeit, im nahe gelegenen „Elbsee Restaurant“ stets frisch zubereitete Köstlichkeiten zu genießen. Alle Selbstversorger können sich im platzeigenen Laden mit vielen leckeren, regionalen Produkten eindecken. Tipp: Am Restaurant gibt es einen Ruderbootverleih für eine gemütliche Ausfahrt auf den See.

Freizeit

Besonders beliebt ist der Wellnessbereich mit Sauna, Dampfbad, Salzgrotte und Ruhebereich. Dem Alltag können Sie mit einer entspannenden Massage oder einer Kosmetikbehandlung entfliehen und die Seele baumeln lassen. Wer aktiver sein möchte, der kann direkt vom Platz aus in das ausgedehnte Rad- und Wanderwegenetz starten. Kinder haben mit einem großen Spielplatz und den Sportbereichen viel Freude. In der Umgebung gibt es auch viel zu entdecken: z. B. Schloss Neuschwanstein, Wieskirche Steingaden, Käsereien, Freizeitparks, Ski- und Snowboardgebiete oder einfach das bezaubernde Allgäu.

5.0

Sehr sauberer gepflegter Platz. Hier wird sich wirklich viel Mühe gegeben. Toller Spielplatz, daher für Kinder top. Super Gassiwege für Hunde, man ist sofort in der Natur.

Claudia T.

Claudia hat mit Familie und Hund den Platz im Juni 2020 besucht.

Ferienwohnungen am Platz.

Wintercamping mit Flair.

4.6 **SEHR GUT**
136 Bewertungen

Lage	4.4
Ruhe	4.8
Sanitäranlagen	4.6
Sauberkeit Ø	4.8
Freundlichkeit	4.7
Stellplatz	4.4
Verpflegung	4.1
Freizeit	4.1
Preis-Leistung	4.4
Mietunterkünfte	4.2

Geeignet für

Senioren	4.8
Gäste mit Hund	4.7
Paare	4.6
Kinder b. 6 J.	4.4
Kinder b. 12 J.	4.3
Gäste mit Zelt	4.3
Kinder b. 18 J.	3.7

Empfohlene Aktivitäten

Wandern · Schwimmen · Entspannen · Radfahren · Wellness

8 München bis Zugspitze

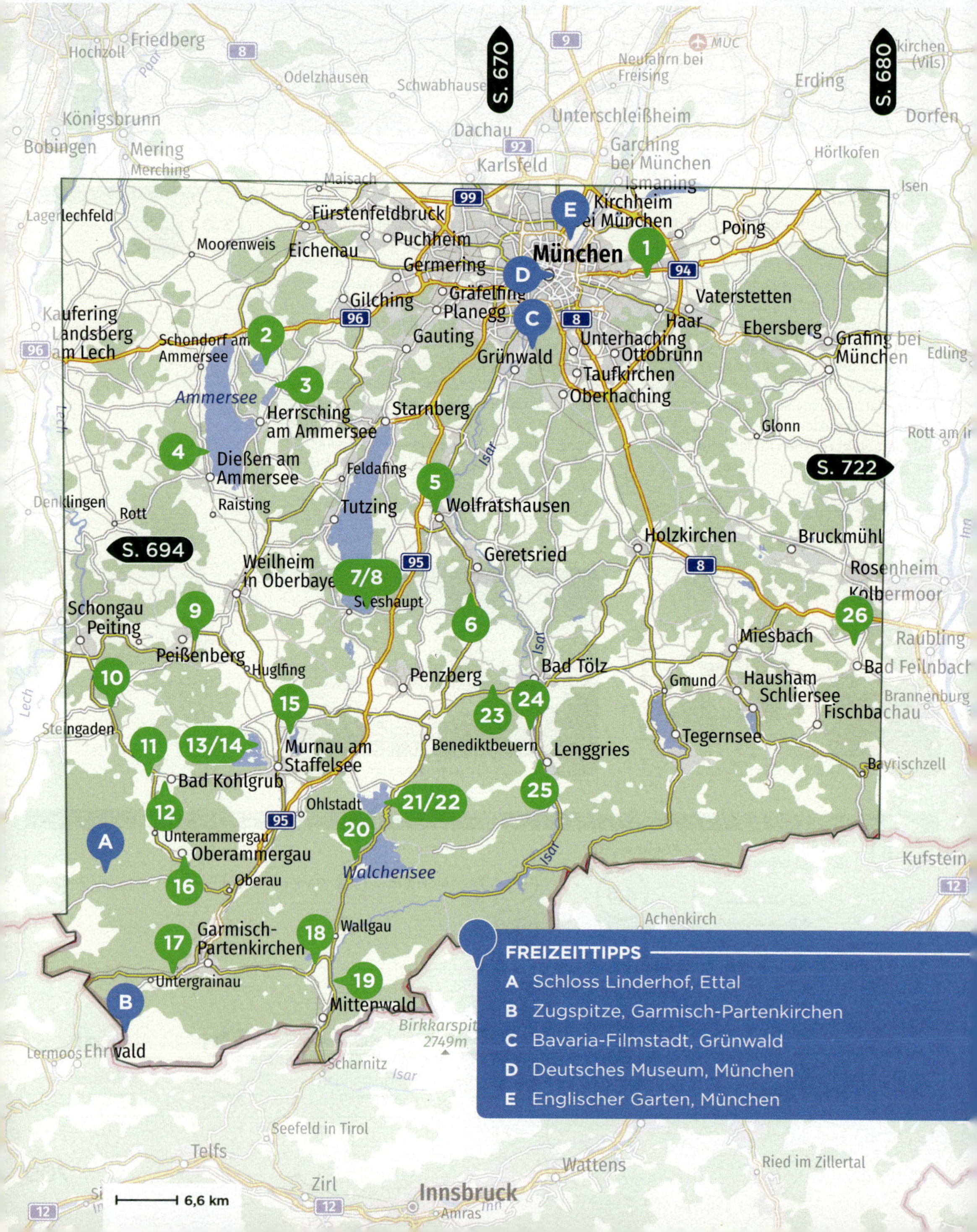

	Platz	Seite	Bewertung	Öffnungszeiten	
1	Oktoberfest-Camping München	713	-	saisonal	
2	Campingplatz am Wörthsee	713	4.2	saisonal	
3	Camping am Pilsensee	712	4.3	ganzjährig	Wintercamping
4	Camping St. Alban	713	4.2	saisonal	
5	Campingplatz Wolfratshausen	714	4.1	ganzjährig	Wintercamping
6	Campingplatz Königsdorf am Bibisee	714	4.0	ganzjährig	Wintercamping, Ecocamping
7	Campingplatz beim Fischer	714	4.1	saisonal	
8	Camping Seeshaupt	714	4.4	saisonal	
9	Campingplatz Ammertal	715	3.8	ganzjährig	Wintercamping
10	Terrassen-Camping am Richterbichl	715	3.6	ganzjährig	Wintercamping, Ecocamping
11	Naturfreundehaus Saulgrub	715	-	saisonal	
12	Campingoase Fam. Reindl Bad Kohlgrub	716	4.3	ganzjährig	Wintercamping
13	Camping Aichalehof	716	3.8	saisonal	
14	Camping Halbinsel Burg	716	4.2	saisonal	
15	Camping Brugger am Riegsee	716	4.1	saisonal	Ecocamping
16	Campingpark Oberammergau	717	4.1	saisonal	Wintercamping
17	Camping Resort Zugspitze	717	4.6	ganzjährig	Wintercamping, Award
18	Alpen-Caravanpark Tennsee	718	4.4	saisonal	Wintercamping, Ecocamping
19	Naturcampingpark Isarhorn	717	3.9	saisonal	Wintercamping, Ecocamping
20	Camping Walchensee e. K.	719	4.2	saisonal	
21	Camping Kesselberg	719	4.1	saisonal	
22	Campingplatz Renken am Kochelsee	719	4.7	saisonal	
23	Campingplatz Demmelhof	720	4.8	ganzjährig	Wintercamping, Award
24	Alpen-Camping Arzbach	721	3.8	k. A.	Wintercamping
25	Lenggrieser Bergcamping	721	4.6	ganzjährig	Wintercamping, Onlinebuchung
26	Kaiser Camping Outdoor Resort	721	4.5	saisonal	Wintercamping, Award

Wintercamping FKK Textilfrei (ganz/teilweise) Ecocamping Award Onlinebuchung

3 Camping am Pilsensee

*
Am Pilsensee 2
82229 Seefeld
+49 8152 999741
www.camping-pilsensee.de
info@camping-pilsensee.de

ganzjährig

HS: 25,10 € | NS: 22,50 €

Mehr Infos & Anfrage:
www.camping.info/19014

Baden im See am Platz	✓
Hallenbad	15km
Spielplatz am Platz	✓
Hunde willkommen	✓
zur Hälfte Schatten	✓
WLAN	✓
Lebensmittel	✓
Brötchen am Platz	✓
Restaurant & Imbiss	✓
Ver-/Entsorgung Womo	✓
in den Ort	1km
Gesamt/Touristen	500/150
Mietunterkünfte	✓
Stellplätze vor Schranke	×

48.02944 | 11.19972

Großzügige Stellplätze im Grünen am schönen Pilsensee.

Lage & Stellplatz

Der Campingplatz Pilsensee liegt südwestlich von München, direkt am malerischen Pilsensee mit Blick auf die Alpen. Der Platz mit neuer Rezeption bietet tolle Zelt- und Stellplätze sowie kuschelige Schlaffässer (z. T. mit Kühlschrank), moderne Mobilheime und ein liebevoll eingerichtetes Jagdhäuschen.

Verpflegung

Für das leibliche Wohl der Gäste sorgt der Supermarkt inklusive Frühstücksangebot sowie eine Gaststätte mit Biergarten, die direkt am Seeufer gelegen ist. Der schnelle Hunger lässt sich in den Sommermonaten zusätzlich am Badekiosk stillen, der in unmittelbarer Nähe der Badewiese aufgebaut ist.

Sanitär

Zu den Einrichtungen am Campingplatz zählen auch moderne, sehr saubere Sanitäranlagen. Hier können Sie auf Wunsch Ihr eigenes Bad für die Dauer Ihres Aufenthalts mieten. Eine Kochgelegenheit sowie ein Grillplatz sind ebenfalls vorhanden.

Freizeit

Boots- und SUP-Verleih direkt am Platz, Angeln und Segeln ebenfalls möglich. Kinder lieben den Spielplatz mit Tischtennis und Bolzplatz. Die Region zwischen Starnberger See und Ammersee bietet Ihnen zahlreiche Ausflugsmöglichkeiten zu berühmten Sehenswürdigkeiten, sowie schöne Rad- und Wanderwege.

Gaststätte mit Biergarten.

SUP-Verleih direkt am Platz.

4.3 **SEHR GUT**
930 Bewertungen

Lage	4.5
Ruhe	3.8
Sanitäranlagen	3.8
Sauberkeit Ø	3.9
Freundlichkeit	4.2
Stellplatz	4.3
Verpflegung	3.9
Freizeit	4.1
Preis-Leistung	3.8
Mietunterkünfte	4.2

Geeignet für

- 4.5 Kinder b. 12 J.
- 4.5 Paare
- 4.4 Senioren
- 4.3 Kinder b. 6 J.
- 4.2 Kinder b. 18 J.
- 4.2 Gäste mit Zelt
- 4.0 Gäste mit Hund

Empfohlene Aktivitäten

Schwimmen | Entspannen | Radfahren | Wandern | Kayak/Kanu

keine WOMOs ab 7,5 m;
keine Jugendgruppen

Karte auf Seite 710

	1 Oktoberfest-Camping München	2 Campingplatz am Wörthsee	4 Camping St. Alban
	De-Gasperi-Bogen 81829 München	Wörthseestr. 29 82229 Seefeld +49 815 239 625 86	Seeweg Süd 85 86911 Dießen-St. Alban +49 8807 7305
	48.13347 | 11.70743	48.04693 | 11.18021	47.96507 | 11.10524
Infos			
Öffnungszeiten	18.09. - 07.10.	01.04. - 30.09.	15.04. - 30.09.
Vergleichspreis	keine Angabe	HS: 28,00 € | NS: 28,00 €	HS: 33,00 € | NS: 33,00 €
Link	**Mehr Infos & Anfrage:** www.camping.info/26775	**Mehr Infos & Anfrage:** www.camping.info/23851	**Mehr Infos & Anfrage:** www.camping.info/19083
Ausstattung			
Freizeit	Baden in nat. Gewässer: k. A. Pool & Hallenbad: ✗ Spielplatz: keine Angabe	Baden im See am Platz: ✓ Pool & Hallenbad: ✗ Spielplatz am Platz: ✓	Baden im See am Platz: ✓ Hallenbad: 2km Spielplatz: keine Angabe
Campingplatz	Hunde: ✗ Schatten: ✗ WLAN: keine Angabe	Hunde: ✗ Schatten: ✗ WLAN: keine Angabe	Hunde erlaubt: ✓ Schatten: ✗ WLAN: ✗
Versorgung	Lebensmittel: ✓ Brötchen: keine Angabe Restaurant & Imbiss: ✓ Ver-/Entsorgung Womo: ✗ im Ort: ✓	Lebensmittel: k.A. Brötchen am Platz: ✓ Imbiss: ✓ Ver-/Entsorgung Womo: ✓ in den Ort: 1km	Lebensmittel: ✗ Brötchen: keine Angabe Restaurant am P.: ✓ Ver-/Entsorgung Womo: ✗ in den Ort: 1km
Anzahl der Plätze	Gesamt: 1500 Mietunterkünfte: ✗ Stellplätze vor Schranke: ✓	Gesamt/Touristen: 76/17 Mietunterkünfte: ✓ Stellplätze vor Schranke: ✗	Touristenplätze: 45 Mietunterkünfte: ✗ Stellplätze vor Schranke: ✗

1 Oktoberfest-Camping München

- JETZT BEWERTEN!

Für diese Auswertung liegen leider noch nicht genügend Bewertungen vor.

Sei einer der Ersten, der diesen Campingplatz bewertet. Unter den Bewertern werden regelmäßig Gewinne verlost!

Mehr Infos dazu findest du in unserem allgemeinen Intro.

2 Campingplatz am Wörthsee

4.2 SEHR GUT
27 Bewertungen

Lage	4.7
Ruhe	4.4
Sanitäranlagen	4.5
Sauberkeit Ø	4.4
Freundlichkeit	4.2
Stellplatz	4.2
Verpflegung	4.0
Freizeit	3.9
Preis-Leistung	4.2
Mietunterkünfte	-

Geeignet für

Kinder b. 6 J.	4.5
Kinder b. 12 J.	4.4
Kinder b. 18 J.	4.1
Paare	4.6
Senioren	4.7
Gäste mit Zelt	4.0
Hunde n. erlaubt	-

Empfohlene Aktivitäten

- Schwimmen
- Kayak/Kanu
- Entspannen

4 Camping St. Alban

4.2 SEHR GUT
15 Bewertungen

Lage	4.5
Ruhe	3.6
Sanitäranlagen	4.6
Sauberkeit Ø	4.3
Freundlichkeit	4.3
Stellplatz	3.9
Verpflegung	3.7
Freizeit	3.9
Preis-Leistung	4.1
Mietunterkünfte	-

Geeignet für

Kinder b. 6 J.	3.4
Kinder b. 12 J.	3.7
Kinder b. 18 J.	3.2
Paare	4.5
Senioren	4.8
Gäste mit Zelt	3.8
Gäste mit Hund	4.2

Empfohlene Aktivitäten

- Radfahren
- Schwimmen
- Segeln

5 Campingplatz Wolfratshausen

Badstraße 2
82515 Wolfratshausen
+49 8171 78795
47.90824 | 11.41834

ganzjährig
HS: 26,00 € | NS: 26,00 €
Mehr Infos & Anfrage: www.camping.info/19026

Baden im Teich am Platz	✓
Pool & Hallenbad	✗
Spielplatz am Platz	✓
Hunde erlaubt	✓
Schatten	✗
WLAN	✓
Lebensmittel	2km
Brötchen	keine Angabe
Restaurant am P.	✓
Ver-/Entsorgung Womo	✓
in den Ort	500m
Gesamt/Touristen	45/30
Mietunterkünfte	✓
Stellplätze vor Schranke	✗

4.1 SEHR GUT – 25 Bewertungen

Lage	4.0
Ruhe	4.4
Sanitäranlagen	4.1
Sauberkeit Ø	4.3
Freundlichkeit	4.7
Stellplatz	3.7
Verpflegung	3.8
Freizeit	3.9
Preis-Leistung	4.1
Mietunterkünfte	4.7

Geeignet für

Kinder b. 6 J.	3.8
Kinder b. 12 J.	3.6
Kinder b. 18 J.	3.7
Paare	4.4
Senioren	4.5
Gäste mit Zelt	4.5
Gäste mit Hund	4.4

Empfohlene Aktivitäten
- Sightseeing
- Radfahren
- Wandern

6 Campingplatz Königsdorf am Bibisee

Zum Lindenrain 8
82549 Königsdorf
+49 8171 81580
47.83778 | 11.46944

ganzjährig
HS: 24,00 € | NS: 22,00 €
Mehr Infos & Anfrage: www.camping.info/19029

Baden im See am Platz	✓
Pool/Hallenbad	500m/3km
Spielplatz am Platz	✓
Hunde erlaubt	✓
zur Hälfte Schatten	✓
WLAN	✓
Lebensmittel	✓
Brötchen am Platz	✓
Restaurant & Imbiss	✓
Ver-/Entsorgung Womo	✓
in den Ort	1km
Gesamt/Touristen	400/100
Mietunterkünfte	✗
Stellplätze vor Schranke	✗

4.0 SEHR GUT – 14 Bewertungen

Lage	4.2
Ruhe	4.4
Sanitäranlagen	4.1
Sauberkeit Ø	4.2
Freundlichkeit	4.2
Stellplatz	4.0
Verpflegung	3.8
Freizeit	3.6
Preis-Leistung	4.2
Mietunterkünfte	-

Geeignet für

Kinder b. 6 J.	3.9
Kinder b. 12 J.	4.1
Kinder b. 18 J.	3.3
Paare	4.6
Senioren	4.1
Gäste mit Zelt	4.1
Gäste mit Hund	4.3

Empfohlene Aktivitäten
- Radfahren
- Entspannen
- Schwimmen

ECO CAMPING

7 Campingplatz beim Fischer

Buchscharnstraße 10
82541 Münsing/St. Heinrich
+49 8801 802
47.82652 | 11.33939

15.03. - 30.09.
01.10. - 30.11.
HS: 30,50 € | NS: 27,70 €
Mehr Infos & Anfrage: www.camping.info/19028

Baden im See	200m
Pool/Hallenbad	200m/15km
Spielplatz am Platz	✓
Hunde erlaubt	✓
zur Hälfte Schatten	✓
WLAN (gegen Gebühr)	✓
Lebensmittel	✓
Brötchen am Platz	nur HS
Restaurant/Imbiss	200/300m
Ver-/Entsorgung Womo	✓
in den Ort	4km
Gesamt/Touristen	151/76
Mietunterkünfte	✓
Stellplätze vor Schranke	✗

4.1 SEHR GUT – 67 Bewertungen

Lage	4.2
Ruhe	4.1
Sanitäranlagen	4.1
Sauberkeit Ø	4.3
Freundlichkeit	4.7
Stellplatz	4.0
Verpflegung	3.4
Freizeit	4.1
Preis-Leistung	4.3
Mietunterkünfte	4.4

Geeignet für

Kinder b. 6 J.	4.0
Kinder b. 12 J.	4.1
Kinder b. 18 J.	3.7
Paare	4.3
Senioren	4.4
Gäste mit Zelt	4.5
Gäste mit Hund	4.2

Empfohlene Aktivitäten
- Schwimmen
- Radfahren
- Segeln

8 Camping Seeshaupt

St.-Heinricher-Straße 127
82402 Seeshaupt
+49 880 191 468 80
47.82058 | 11.32355

01.04. - 06.10.
HS: 46,50 € | NS: 39,50 €
Mehr Infos & Anfrage: www.camping.info/19017

Baden im See am Platz	✓
Hallenbad	9km
Spielplatz	keine Angabe
Hunde willkommen	✓
wenig Schatten	✓
WLAN (gegen Gebühr)	✓
Lebensmittel	2km
Brötchen am Platz	nur HS
Restaurant/Imbiss	500m/✓
Ver-/Entsorgung Womo	✓
in den Ort	2km
Gesamt/Touristen	130/70
Mietunterkünfte	✓
Stellplätze vor Schranke	✗

4.4 SEHR GUT – 173 Bewertungen

Lage	4.2
Ruhe	4.1
Sanitäranlagen	4.6
Sauberkeit Ø	4.5
Freundlichkeit	4.5
Stellplatz	4.5
Verpflegung	3.8
Freizeit	4.2
Preis-Leistung	4.1
Mietunterkünfte	3.9

Geeignet für

Kinder b. 6 J.	4.2
Kinder b. 12 J.	4.2
Kinder b. 18 J.	3.9
Paare	4.6
Senioren	4.6
Gäste mit Zelt	4.0
Gäste mit Hund	3.5

Empfohlene Aktivitäten
- Schwimmen
- Radfahren
- Segeln

keine Jugendgruppen ab 5 Personen

Karte auf Seite 710

9 Campingplatz Ammertal

Badstraße 51
82380 Peißenberg
+49 8803 2797
47.78718 | 11.08474

ganzjährig
HS: 22,80 € | NS: 21,70 €
Mehr Infos & Anfrage:
www.camping.info/19015

Baden im See am Platz	✓
Pool/Hallenbad	2km
Spielplatz am Platz	✓
Hunde willkommen	✓
zur Hälfte Schatten	✓
WLAN (gegen Gebühr)	✓
Lebensmittel	2km
Brötchen am Platz	nur HS
Restaurant & Imbiss	✓
Ver-/Entsorgung Womo	✗
in den Ort	3km
Gesamt/Touristen	200/100
Mietunterkünfte	✓
Stellplätze vor Schranke	✗

3.8 GUT
29 Bewertungen

Lage	4.1
Ruhe	4.2
Sanitäranlagen	3.5
Sauberkeit Ø	4.5
Freundlichkeit	4.8
Stellplatz	3.9
Verpflegung	2.8
Freizeit	4.0
Preis-Leistung	4.0
Mietunterkünfte	4.0

Geeignet für

Kinder b. 6 J.	4.3
Kinder b. 12 J.	4.4
Kinder b. 18 J.	3.6
Paare	4.5
Senioren	4.6
Gäste mit Zelt	4.3
Gäste mit Hund	4.8

Empfohlene Aktivitäten

- Radfahren
- Wandern
- Entspannen

10 Terrassen-Camping am Richterbichl

Solder 1
82401 Rottenbuch
+49 8867 1500
47.72709 | 10.96623

ganzjährig
HS: 22,00 € | NS: 22,00 €
Mehr Infos & Anfrage:
www.camping.info/19016

Baden im Teich am Platz	✓
Pool/Hallenbad	4/8km
Spielplatz am Platz	✓
Hunde erlaubt	✓
zur Hälfte Schatten	✓
WLAN (gegen Gebühr)	✓
Lebensmittel	✓
Brötchen am Platz	nur HS
Restaurant/Imbiss	500m/✓
Ver-/Entsorgung Womo	✓
in den Ort	500m
Gesamt/Touristen	100/60
Mietunterkünfte	✓
Stellplätze vor Schranke	✓

3.6 GUT
19 Bewertungen

Lage	3.8
Ruhe	3.6
Sanitäranlagen	3.6
Sauberkeit Ø	3.9
Freundlichkeit	3.5
Stellplatz	4.0
Verpflegung	3.5
Freizeit	4.2
Preis-Leistung	4.1
Mietunterkünfte	4.2

Geeignet für

Kinder b. 6 J.	3.5
Kinder b. 12 J.	3.9
Kinder b. 18 J.	3.7
Paare	4.2
Senioren	4.2
Gäste mit Zelt	3.8
Gäste mit Hund	3.8

Empfohlene Aktivitäten

- Wandern
- Radfahren
- Schwimmen

11 Naturfreundehaus Saulgrub

Achelestraße 11
82442 Saulgrub
+49 88451715
47.66414 | 11.02038

01.05. - 31.10.
HS: 22,50 €
Mehr Infos & Anfrage:
www.camping.info/23803

Baden in nat. Gewässer	k. A.
Hallenbad	8km
Spielplatz am Platz	✓
Hunde erlaubt	✓
Schatten	✗
WLAN	keine Angabe
Lebensmittel	1km
Brötchen	keine Angabe
Restaurant am P.	✓
Ver-/Entsorgung Womo	✗
in den Ort	1km
Gesamt	keine Angabe
Mietunterkünfte	✗
Stellplätze vor Schranke	✗

- JETZT BEWERTEN!

Für diese Auswertung liegen leider noch nicht genügend Bewertungen vor.

Sei einer der Ersten, der diesen Campingplatz bewertet. Unter den Bewertern werden regelmäßig Gewinne verlost!

Mehr Infos dazu findest du in unserem allgemeinen Intro.

Infos

Öffnungszeiten
Vergleichspreis
Link

Ausstattung

Freizeit
Campingplatz
Versorgung
Anzahl der Plätze

12 Campingoase Fam. Reindl Bad Kohlgrub

Sonnen 93
82433 Bad Kohlgrub
+49 8845 74100
47.65833 | 11.04306

ganzjährig

HS: 20,00 € | NS: 18,00 €

Mehr Infos & Anfrage:
www.camping.info/19022

Baden in nat. Gewässer	k. A.
Pool/Hallenbad	8km/150m
Spielplatz am Platz	✓
Hunde willkommen	✓
wenig Schatten	✓
WLAN	teilweise
Lebensmittel	1km
Brötchen	keine Angabe
Restaurant/Imbiss	100m
Ver-/Entsorgung Womo	✓
in den Ort	1km
Gesamt	16
Mietunterkünfte	✓
Stellplätze vor Schranke	✗

4.3 SEHR GUT
6 Bewertungen

Lage	4.5
Ruhe	5.0
Sanitäranlagen	3.7
Sauberkeit Ø	4.3
Freundlichkeit	4.8
Stellplatz	3.7
Verpflegung	4.7
Freizeit	4.2
Preis-Leistung	4.8
Mietunterkünfte	5.0

Geeignet für

Kinder b. 6 J.	4.0
Kinder b. 12 J.	3.8
Kinder b. 18 J.	3.3
Paare	4.5
Senioren	4.5
Gäste mit Zelt	4.0
Gäste mit Hund	4.7

Empfohlene Aktivitäten

- Wandern
- Wellness
- Mountainbiking

13 Camping Aichalehof

Aichalehof 4
82449 Uffing am Staffelsee
+49 8846 211
47.69861 | 11.15861

01.05. - 30.09.

HS: 24,50 € | NS: 24,50 €

Mehr Infos & Anfrage:
www.camping.info/19023

Baden im See am Platz	✓
Pool & Hallenbad	✗
Spielplatz am Platz	✓
Hunde erlaubt	Nur HS
Schatten	✗
WLAN	teilweise
Lebensmittel	✓
Brötchen am Platz	✓
Restaurant am P.	✓
Ver-/Entsorgung Womo	✓
in den Ort	1km
Gesamt/Touristen	400/120
Mietunterkünfte	✗
Stellplätze vor Schranke	✗

3.8 GUT
20 Bewertungen

Lage	4.4
Ruhe	3.3
Sanitäranlagen	4.0
Sauberkeit Ø	4.3
Freundlichkeit	4.0
Stellplatz	3.1
Verpflegung	3.1
Freizeit	4.2
Preis-Leistung	3.7
Mietunterkünfte	-

Geeignet für

Kinder b. 6 J.	3.9
Kinder b. 12 J.	4.0
Kinder b. 18 J.	3.4
Paare	3.9
Senioren	3.7
Gäste mit Zelt	4.1
Gäste mit Hund	4.0

Empfohlene Aktivitäten

- Schwimmen
- Kayak/Kanu
- Wandern

14 Camping Halbinsel Burg

Burgweg 41
82418 Seehausen a. Staffelsee
+49 8841 9870
47.68476 | 11.17792

01.01. - 02.11.

HS: 30,20 € | NS: 22,10 €

Mehr Infos & Anfrage:
www.camping.info/22393

Baden im See am Platz	✓
Pool/Hallenbad	1/19km
Spielplatz am Platz	✓
Hunde	✗
viel Schatten	✓
WLAN	✗
Lebensmittel	✓
Brötchen am Platz	✓
Restaurant am P.	✓
Ver-/Entsorgung Womo	✓
in den Ort	1km
Gesamt/Touristen	150/130
Mietunterkünfte	✗
Stellplätze vor Schranke	✗

4.2 SEHR GUT
32 Bewertungen

Lage	4.9
Ruhe	4.5
Sanitäranlagen	3.6
Sauberkeit Ø	4.0
Freundlichkeit	4.3
Stellplatz	4.1
Verpflegung	4.4
Freizeit	4.3
Preis-Leistung	4.4
Mietunterkünfte	-

Geeignet für

Kinder b. 6 J.	4.1
Kinder b. 12 J.	4.5
Kinder b. 18 J.	4.1
Paare	4.6
Senioren	4.5
Gäste mit Zelt	4.3
Hunde n. erlaubt	-

Empfohlene Aktivitäten

- Schwimmen
- Radfahren
- Wandern

15 Camping Brugger am Riegsee

Seestrasse 2
82447 Spatzenhausen/OT Hofheim
+49 8847 728
47.70646 | 11.21642

30.03. - 20.10.

HS: 31,00 € | NS: 25,40 €

Mehr Infos & Anfrage:
www.camping.info/19018

Baden im See am Platz	✓
Hallenbad	15km
Spielplatz am Platz	✓
Hunde willkommen	✓
zur Hälfte Schatten	✓
WLAN	✓
Lebensmittel	✓
Brötchen am Platz	✓
Restaurant & Imbiss	✓
Ver-/Entsorgung Womo	✓
in den Ort	1km
Gesamt/Touristen	420/120
Mietunterkünfte	✗
Stellplätze vor Schranke	✓

4.1 SEHR GUT
71 Bewertungen

Lage	4.7
Ruhe	4.4
Sanitäranlagen	4.3
Sauberkeit Ø	4.3
Freundlichkeit	4.3
Stellplatz	3.8
Verpflegung	3.8
Freizeit	4.1
Preis-Leistung	4.1
Mietunterkünfte	-

Geeignet für

Kinder b. 6 J.	4.2
Kinder b. 12 J.	4.3
Kinder b. 18 J.	3.8
Paare	4.4
Senioren	4.4
Gäste mit Zelt	4.1
Gäste mit Hund	4.1

Empfohlene Aktivitäten

- Schwimmen
- Wandern
- Radfahren

Karte auf Seite 710

16 Campingpark Oberammergau

Ettalerstraße 56b
82487 Oberammergau
+49 8822 94105
47.59027 | 11.07018

01.01. - 07.11.
10.12. - 07.11.
HS: 25,00 € | NS: 25,00 €
Mehr Infos & Anfrage: www.camping.info/17867

Baden im Fluss	1km
Pool/Hallenbad	1km
Spielplatz am Platz	✓
Hunde willkommen	✓
wenig Schatten	✓
WLAN	✓
Lebensmittel	1km
Brötchen am Platz	✓
Restaurant/Imbiss	100m
Ver-/Entsorgung Womo	✓
in den Ort	800m
Gesamt/Touristen	120/80
Mietunterkünfte	✓
Stellplätze vor Schranke	✓

4.1 SEHR GUT 54 Bewertungen

Lage	4.5
Ruhe	3.8
Sanitäranlagen	4.2
Sauberkeit Ø	4.5
Freundlichkeit	4.7
Stellplatz	4.1
Verpflegung	3.7
Freizeit	4.2
Preis-Leistung	4.2
Mietunterkünfte	4.5

Geeignet für

Kinder b. 6 J.	3.8
Kinder b. 12 J.	3.8
Kinder b. 18 J.	3.7
Paare	4.3
Senioren	4.4
Gäste mit Zelt	3.9
Gäste mit Hund	4.5

Empfohlene Aktivitäten

- Wandern
- Radfahren
- Entspannen

17 Camping Resort Zugspitze

Griesener Straße 9
82491 Grainau
+49 8821 94 39 115
47.47736 | 11.05353

ganzjährig
HS: 50,00 € | NS: 36,00 €
Mehr Infos & Anfrage: www.camping.info/25531

Baden im See	8km
Pool/Hallenbad	2km
Spielplatz am Platz	✓
Hunde willkommen	✓
wenig Schatten	✓
WLAN	✓
Lebensmittel	✓
Brötchen am Platz	✓
Restaurant/Imbiss	250m/✓
Ver-/Entsorgung Womo	✓
in den Ort	500m
Gesamt	125
Mietunterkünfte	✓
Stellplätze vor Schranke	✗

4.6 SEHR GUT 448 Bewertungen

Lage	4.6
Ruhe	4.2
Sanitäranlagen	4.7
Sauberkeit Ø	4.7
Freundlichkeit	4.8
Stellplatz	4.6
Verpflegung	4.3
Freizeit	4.6
Preis-Leistung	4.1
Mietunterkünfte	4.7

Geeignet für

Kinder b. 6 J.	3.6
Kinder b. 12 J.	3.8
Kinder b. 18 J.	4.0
Paare	4.8
Senioren	4.7
Gäste mit Zelt	3.1
Gäste mit Hund	4.2

Empfohlene Aktivitäten

- Wandern
- Entspannen
- Mountainbiking

AWARD 2020

19 Naturcampingpark Isarhorn

Am Horn 4
82481 Mittenwald
+49 8823 5216
47.47322 | 11.27604

16.12. - 31.10.
HS: 28,00 € | NS: 25,90 €
Mehr Infos & Anfrage: www.camping.info/17855

Baden im Fluss am Platz	✓
Pool/Hallenbad	4km
Spielplatz am Platz	✓
Hunde willkommen	✓
zur Hälfte Schatten	✓
WLAN	✓
Lebensmittel	✓
Brötchen am Platz	✓
Restaurant & Imbiss	✓
Ver-/Entsorgung Womo	✓
in den Ort	3km
Gesamt/Touristen	300/180
Mietunterkünfte	✓
Stellplätze vor Schranke	✗

3.9 GUT 97 Bewertungen

Lage	4.4
Ruhe	3.8
Sanitäranlagen	3.8
Sauberkeit Ø	3.7
Freundlichkeit	3.8
Stellplatz	3.7
Verpflegung	3.4
Freizeit	4.2
Preis-Leistung	3.8
Mietunterkünfte	4.1

Geeignet für

Kinder b. 6 J.	3.7
Kinder b. 12 J.	3.9
Kinder b. 18 J.	3.9
Paare	4.5
Senioren	4.1
Gäste mit Zelt	4.2
Gäste mit Hund	3.8

Empfohlene Aktivitäten

- Wandern
- Klettern
- Radfahren

Infos

Öffnungszeiten
Vergleichspreis
Link

Ausstattung

Freizeit
Campingplatz
Versorgung
Anzahl der Plätze

ANZEIGE

18 Alpen-Caravanpark Tennsee

Am Tennsee 1
82494 Klais-Krün
+49 8825 170
www.camping-tennsee.de
info@camping-tennsee.de

15.12. - 07.11.

HS: 36,30 € | NS: 32,50 €

Mehr Infos & Anfrage:
www.camping.info/19025

Baden im See	2km
Hallenbad	16km
Spielplatz am Platz	✓
Hunde erlaubt	✓
wenig Schatten	✓
WLAN (gegen Gebühr)	✓
Lebensmittel	✓
Brötchen am Platz	✓
Restaurant & Imbiss	✓
Ver-/Entsorgung Womo	✓
in den Ort	2km
Touristenplätze	250
Mietunterkünfte	✓
Stellplätze vor Schranke	✓

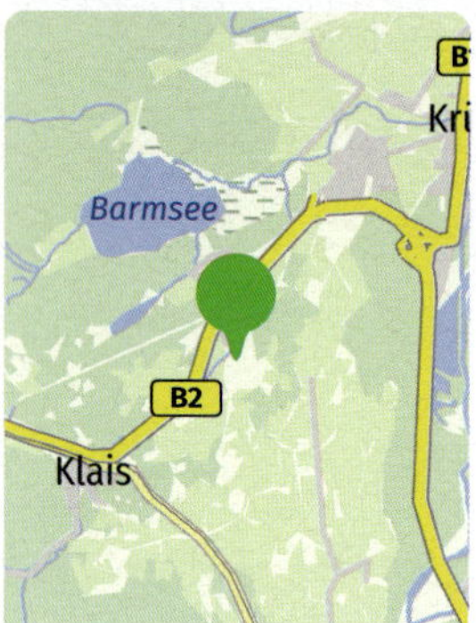

1 km
47.48944 | 11.25556

Alpen-Caravanpark mit grandioser Aussicht auf die Alpenwelt Karwendel.

Lage & Stellplatz

Der Alpen-Caravanpark Tennsee liegt optimal an der B2 zwischen Garmisch und Mittenwald. Vom Platz aus genießt man den traumhaften Blick auf die Zugspitze und das Karwendel. Für Gäste gibt es Terrassen- und Komfortstellplätze (inkl. Gasanschluss) sowie 37 Wohnmobilstellplätze mit allen Anschlüssen.

Verpflegung

Neben einem gut sortierten Laden mit täglich frischen Semmeln bietet das Restaurant „Beim Mini" mit seiner schönen Terrasse eine reichhaltige Speisekarte mit bayerischen und internationalen Spezialitäten (auch zum Mitnehmen). Frisch gebratene Hähnchen und Schweinshaxen gibt es an der Grillstation.

Sanitär

Die Benutzung der Sanitäranlagen gehobenen Standards erfolgt für alle Gäste ohne Aufpreis (auch für Reisemobile). Zusätzlich zu den Duschen, Waschkabinen und Badezimmern gibt es noch ein barrierefreies Bad und ein Babybad sowie 44 private Mietkabinen mit Dusche, Waschbecken, Bidet und Toilette.

Freizeit

In einer der schönsten Bergregionen Bayerns bieten sich vom Platz aus tolle Wander- und Radtouren an. Vor Ort können auch E-Bikes ausgeliehen werden. Des Weiteren gibt es im Winter zahlreiche Möglichkeiten für einen Ski- oder Langlauf-Ausflug. Eine kostenlose Beratung erhält man an der Rezeption.

Bayerische & int. Spezialitäten.

Alpen-Caravanpark im Winter.

4.4 SEHR GUT
163 Bewertungen

Lage	4.5
Ruhe	4.2
Sanitäranlagen	4.5
Sauberkeit Ø	4.6
Freundlichkeit	4.5
Stellplatz	4.2
Verpflegung	4.4
Freizeit	4.4
Preis-Leistung	4.1
Mietunterkünfte	4.5

Geeignet für

4.7	Paare
4.7	Senioren
4.5	Gäste mit Hund
4.0	Kinder b. 6 J.
4.0	Kinder b. 12 J.
3.8	Kinder b. 18 J.
3.7	Gäste mit Zelt

Empfohlene Aktivitäten

Wandern · Radfahren · Entspannen · Mountainbiking · Klettern

Ecocamping, günstige Winterpauschalen, Seniorenangebote, Familienpauschalen

Karte auf Seite 710

20 Camping Walchensee e. K.

Lobisau
82432 Walchensee
+49 8858 929168
47.58291 | 11.31012

Infos	
Öffnungszeiten	10.05. - 03.10.
Vergleichspreis	HS: 27,00 € | NS: 27,00 €
Link	**Mehr Infos & Anfrage:** www.camping.info/19021

Ausstattung		
Freizeit	Baden im See am Platz	✓
	Pool/Hallenbad	16/18km
	Spielplatz am Platz	✓
Campingplatz	Hunde erlaubt	✓
	wenig Schatten	✓
	WLAN (gegen Gebühr)	teilweise
Versorgung	Lebensmittel	✓
	Brötchen am Platz	✓
	Restaurant/Imbiss	500m/✓
	Ver-/Entsorgung Womo	✓
	in den Ort	500m
Anzahl der Plätze	Touristenplätze	120
	Mietunterkünfte	✗
	Stellplätze vor Schranke	✗

4.2 SEHR GUT
49 Bewertungen

Lage	4.7
Ruhe	4.1
Sanitäranlagen	3.6
Sauberkeit Ø	4.1
Freundlichkeit	4.4
Stellplatz	4.0
Verpflegung	3.7
Freizeit	4.5
Preis-Leistung	4.4
Mietunterkünfte	-

Geeignet für

Kinder b. 6 J.	4.2
Kinder b. 12 J.	4.3
Kinder b. 18 J.	4.0
Paare	4.6
Senioren	4.7
Gäste mit Zelt	4.7
Gäste mit Hund	4.1

Empfohlene Aktivitäten

- Wandern
- Schwimmen
- Radfahren

21 Camping Kesselberg

Altjoch 2 1/2
82431 Kochel am See
+49 8851 464
47.63773 | 11.34779

Infos	
Öffnungszeiten	24.04. - 04.10.
Vergleichspreis	HS: 25,00 € | NS: 25,00 €
Link	**Mehr Infos & Anfrage:** www.camping.info/19020

Ausstattung		
Freizeit	Baden im See am Platz	✓
	Pool/Hallenbad	4km
	Spielplatz am Platz	✓
Campingplatz	Hunde erlaubt	✓
	zur Hälfte Schatten	✓
	WLAN	✓
Versorgung	Lebensmittel	✓
	Brötchen am Platz	✓
	Restaurant & Imbiss	✓
	Ver-/Entsorgung Womo	✓
	in den Ort	4km
Anzahl der Plätze	Gesamt/Touristen	100/65
	Mietunterkünfte	✓
	Stellplätze vor Schranke	✗

4.1 SEHR GUT
32 Bewertungen

Lage	4.7
Ruhe	4.1
Sanitäranlagen	3.4
Sauberkeit Ø	4.2
Freundlichkeit	4.6
Stellplatz	3.8
Verpflegung	4.2
Freizeit	4.4
Preis-Leistung	4.3
Mietunterkünfte	2.7

Geeignet für

Kinder b. 6 J.	4.4
Kinder b. 12 J.	4.5
Kinder b. 18 J.	4.3
Paare	4.6
Senioren	4.0
Gäste mit Zelt	4.4
Gäste mit Hund	4.1

Empfohlene Aktivitäten

- Wandern
- Schwimmen
- Kayak/Kanu

22 Campingplatz Renken am Kochelsee

Mittenwalder Strasse 106
82431 Kochel am See
+49 8851 615505
47.63968 | 11.35422

Infos	
Öffnungszeiten	30.05. - 01.11.
Vergleichspreis	HS: 26,00 € | NS: 26,00 €
Link	**Mehr Infos & Anfrage:** www.camping.info/22183

Ausstattung		
Freizeit	Baden im See am Platz	✓
	Pool/Hallenbad	2km
	Spielplatz am Platz	✓
Campingplatz	Hunde willkommen	✓
	wenig Schatten	✓
	WLAN (gratis)	teilweise
Versorgung	Lebensmittel	2km
	Brötchen am Platz	✓
	Restaurant/Imbiss	1km/✓
	Ver-/Entsorgung Womo	✓
	in den Ort	2km
Anzahl der Plätze	Gesamt/Touristen	50/40
	Mietunterkünfte	✓
	Stellplätze vor Schranke	✗

4.7 SEHR GUT
34 Bewertungen

Lage	4.2
Ruhe	3.5
Sanitäranlagen	4.2
Sauberkeit Ø	4.7
Freundlichkeit	5.0
Stellplatz	4.5
Verpflegung	4.4
Freizeit	4.8
Preis-Leistung	4.7
Mietunterkünfte	3.9

Geeignet für

Kinder b. 6 J.	4.4
Kinder b. 12 J.	4.6
Kinder b. 18 J.	4.2
Paare	4.6
Senioren	4.3
Gäste mit Zelt	4.7
Gäste mit Hund	4.8

Empfohlene Aktivitäten

- Wandern
- Schwimmen
- Radfahren

ANZEIGE

23 Campingplatz Demmelhof

Stallau 148
83646 Bad Tölz-Stallau
+49 8041 8121
www.campingplatz-demmelhof.de
info@campingplatz-demmelhof.de

ganzjährig

HS: 31,00 € | NS: 31,00 €

Mehr Infos & Anfrage:
www.camping.info/19069

Baden im See am Platz	✓
Pool/Hallenbad	5km
Spielplatz am Platz	✓
Hunde willkommen	✓
zur Hälfte Schatten	✓
WLAN (gegen Gebühr)	✓
Lebensmittel	✓
Brötchen am Platz	nur HS
Restaurant & Imbiss	✓
Ver-/Entsorgung Womo	✓
in den Ort	3km
Gesamt/Touristen	130/65
Mietunterkünfte	✓
Stellplätze vor Schranke	✓

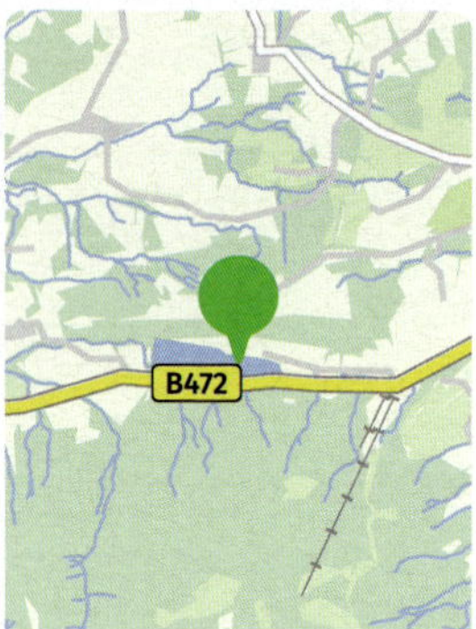

1 km
47.74978 | 11.49989

Grüß Gott auf dem Demmelhof: Nicht nur Camping, sondern auch Glamping.

Lage & Stellplatz

Verbringt erholsame Urlaubstage auf dem Campingplatz Demmelhof in Wackerberg und genießt den Blick auf den glitzernden Stallauer Weiher. Die Umgebung eignet sich ideal für Wander- und Radtouren, die direkt vom Platz aus losgehen, z. B. die Route Bodensee-Königssee oder den Isarradweg.

Verpflegung

Alle Gäste kommen voll auf ihre Kosten: Während sich die Kleinen auf dem platzeigenen Spielplatz austoben, die Tiere im Streichelzoo besuchen oder den neuen Indoorspielplatz nutzen, verweilen die Großen im Stüberl oder im Biergarten. Auch Brötchenservice wird geboten, Bestellung bis zum Vorabend.

Sanitär

Die modernen Sanitäranlagen sind mit Toiletten, Waschbecken, Duschen, Waschmaschinen und Trockner ausgestattet. Zusätzlich gibt es einen Babywickelraum mit Baby-Badewanne und barrierefreie Toiletten. Die sanitären Anlagen stehen den Gästen kostenlos zur Verfügung.

Freizeit

Der Campingplatz ist der perfekte Ausgangspunkt für Wanderungen oder Ausflüge, z. B. in die Kulturstädte München oder Salzburg. Das Tölzer Land bietet Urlaubern das ganze Jahr über eine traumhafte Kulisse und vielfältige Sport- und Erholungsmöglichkeiten (z. B. die nur 600 m entfernte Blombergbahn).

Der neue Indoor „Spielstall".

Esel Emil genießt die Aussicht.

4.8 SEHR GUT
234 Bewertungen

Lage	4.7
Ruhe	4.5
Sanitäranlagen	4.8
Sauberkeit Ø	4.9
Freundlichkeit	5.0
Stellplatz	4.6
Verpflegung	4.5
Freizeit	4.7
Preis-Leistung	4.8
Mietunterkünfte	4.9

Geeignet für

- 4.8 Kinder b. 6 J.
- 4.8 Kinder b. 12 J.
- 4.8 Paare
- 4.8 Senioren
- 4.8 Gäste mit Hund
- 4.7 Gäste mit Zelt
- 4.6 Kinder b. 18 J.

Empfohlene Aktivitäten

Wandern · Radfahren · Entspannen · Schwimmen · Mountainbiking

AWARD 2020

Womos ab 7,50m:normaler Campingplatzpreis; extra Jugendplatz vorhanden

24 Alpen-Camping Arzbach

Alpenbadstraße 20
83646 Arzbach
+49 8042 84 08
47.70769 | 11.5496

keine Angabe

keine Angabe

Mehr Infos & Anfrage:
www.camping.info/19068

Baden in nat. Gewässer	k. A.
Pool & Hallenbad	✗
Spielplatz	keine Angabe
Hunde	✗
Schatten	✗
WLAN	keine Angabe
Lebensmittel	k.A.
Brötchen	keine Angabe
Restaurant & Imbiss	✗
Ver-/Entsorgung Womo	✗
in den Ort	500m
Gesamt	keine Angabe
Mietunterkünfte	✗
Stellplätze vor Schranke	✗

3.8 GUT
26 Bewertungen

Lage	4.5
Ruhe	4.4
Sanitäranlagen	3.8
Sauberkeit Ø	4.0
Freundlichkeit	4.4
Stellplatz	3.7
Verpflegung	4.3
Freizeit	4.0
Preis-Leistung	4.2
Mietunterkünfte	-

Geeignet für

Kinder b. 6 J.	4.1
Kinder b. 12 J.	3.9
Kinder b. 18 J.	3.4
Paare	4.4
Senioren	4.4
Gäste mit Zelt	3.8
Hunde n. erlaubt	-

Empfohlene Aktivitäten

- Wandern
- Radfahren
- Mountainbiking

25 Lenggrieser Bergcamping

Gilgenhöfe 4
83661 Lenggries
080425640602
47.68037 | 11.5631

ganzjährig

HS: 30,00 € | NS: 30,00 €

Mehr Infos & online buchen:
www.camping.info/27492

Baden im Fluss	500m
Pool/Hallenbad	1km
Spielplatz am Platz	✓
Hunde willkommen	✓
wenig Schatten	✓
WLAN	✓
Lebensmittel	500m
Brötchen am Platz	✓
Restaurant am P.	✓
Ver-/Entsorgung Womo	✓
in den Ort	500m
Touristenplätze	24
Mietunterkünfte	✓
Stellplätze vor Schranke	✗

4.6 SEHR GUT
16 Bewertungen

Lage	4.6
Ruhe	4.8
Sanitäranlagen	4.8
Sauberkeit Ø	4.8
Freundlichkeit	4.8
Stellplatz	4.0
Verpflegung	4.4
Freizeit	4.4
Preis-Leistung	4.1
Mietunterkünfte	5.0

Geeignet für

Kinder b. 6 J.	3.7
Kinder b. 12 J.	3.8
Kinder b. 18 J.	3.6
Paare	4.8
Senioren	4.2
Gäste mit Zelt	2.9
Gäste mit Hund	5.0

Empfohlene Aktivitäten

- Wandern
- Radfahren
- Mountainbiking

26 Kaiser Camping Outdoor Resort

Reithof 2
83075 Bad Feilnbach
+49 806 688 4400
47.78876 | 12.00512

01.03. - 08.11.
14.12. - 07.01.

HS: 29,00 € | NS: 25,00 €

Mehr Infos & Anfrage:
www.camping.info/19030

Baden im Fluss am Platz	✓
Pool/Hallenbad	✓/7km
Spielplatz am Platz	✓
Hunde erlaubt	✓
zur Hälfte Schatten	✓
WLAN	✓
Lebensmittel	✓
Brötchen am Platz	✓
Restaurant & Imbiss	✓
Ver-/Entsorgung Womo	✓
in den Ort	1km
Gesamt/Touristen	650/370
Mietunterkünfte	✗
Stellplätze vor Schranke	✗

4.5 SEHR GUT
388 Bewertungen

Lage	4.6
Ruhe	4.5
Sanitäranlagen	4.4
Sauberkeit Ø	4.5
Freundlichkeit	4.8
Stellplatz	4.5
Verpflegung	4.2
Freizeit	4.6
Preis-Leistung	4.5
Mietunterkünfte	-

Geeignet für

Kinder b. 6 J.	4.7
Kinder b. 12 J.	4.7
Kinder b. 18 J.	4.1
Paare	4.7
Senioren	4.7
Gäste mit Zelt	4.6
Gäste mit Hund	4.5

Empfohlene Aktivitäten

- Wandern
- Radfahren
- Entspannen

AWARD 2020

Karte auf Seite 710

Infos

Öffnungszeiten
Vergleichspreis
Link

Ausstattung

Freizeit
Campingplatz
Versorgung
Anzahl der Plätze

BAYERN

9 Chiemgau

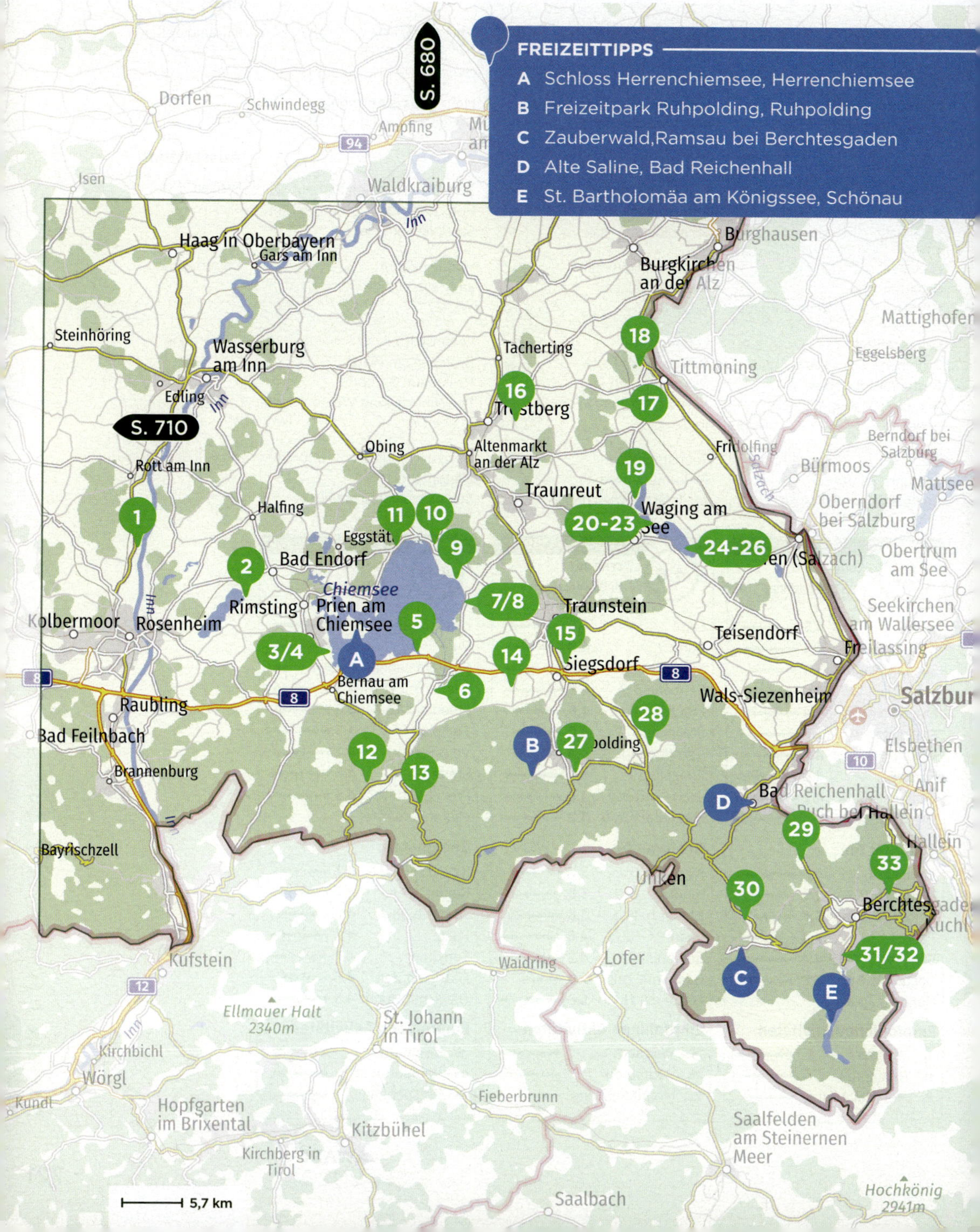

	Platz	Seite	Bewertung	Öffnungszeiten	
1	Camping Erlensee	724	4.0	ganzjährig	❄
2	Camping Stein	724	4.3	saisonal	
3	Camping Hofbauer	724	3.9	saisonal	
4	Panorama Camping Harras	724	3.1	saisonal	
5	Chiemsee-Camping Rödlgries	725	4.2	saisonal	
6	Bauernhof Steiner	725	4.2	saisonal	
7	Chiemsee Strandcamping	725	4.1	saisonal	
8	Camping Möwenplatz	726	3.7	saisonal	
9	Campingplatz Seehäusl	726	4.4	ganzjährig	
10	Camping Kupferschmiede	726	3.8	saisonal	
11	Chiemsee Camping Lambach am Chiemsee	726	3.4	saisonal	
12	Camping Zellersee	727	3.8	saisonal	🍃
13	Camping Litzelau	727	3.9	ganzjährig	❄
14	Campingplatz Wagnerhof	727	4.1	saisonal	❄
15	Alpen-Camping	728	3.2	ganzjährig	❄
16	Camping Oberhofer	728	-	saisonal	⚡
17	Ferienparadies Huber-Hof	728	-	k. A.	
18	Camping Seebauer	728	4.2	saisonal	
19	Seecamping Taching am See	729	4.2	saisonal	
20	Camping Tettenhausen	729	4.0	ganzjährig	❄
21	Ferienparadies Gut Horn	729	4.4	saisonal	
22	Strandcamping Waging am See	730	4.1	ganzjährig	❄
23	Camping Schwanenplatz	732	4.7	saisonal	🍃 👍
24	Camping Stadler	733	4.2	saisonal	
25	Camping Strandbad Bootsverleih Wagner	733	4.6	saisonal	
26	Camping Ferienpark Hainz am See	733	4.6	saisonal	
27	Camping Ortnerhof	736	4.6	k. A.	❄
28	Camping Lindlbauer	736	4.6	saisonal	❄ 👍
29	Camping Winkl-Landthal	736	3.2	saisonal	❄
30	Camping Simonhof	734	4.7	saisonal	❄
31	Camping-Grafenlehen	737	3.7	ganzjährig	❄
32	Camping und Pension Mühlleiten	737	3.2	saisonal	
33	Camping-Resort Allweglehen	737	4.5	ganzjährig	❄ 🍃

1 Camping Erlensee

❄

Rosenheimer Straße 63
83135 Schechen
+49 8039 16 95

47.92465 | 12.13693

ganzjährig

HS: 22,50 € | NS: 17,50 €

Mehr Infos & Anfrage:
www.camping.info/19033

Baden im See am Platz	✓
Pool & Hallenbad	✗
Spielplatz	✗
Hunde erlaubt	✓
Schatten	✗
WLAN	✓
Lebensmittel	800m
Brötchen	keine Angabe
Restaurant am P.	✓
Ver-/Entsorgung Womo	✓
in den Ort	1km
Gesamt/Touristen	170/50
Mietunterkünfte	✗
Stellplätze vor Schranke	✗

4.0 SEHR GUT
22 Bewertungen

Lage	4.0
Ruhe	4.1
Sanitäranlagen	4.0
Sauberkeit Ø	4.3
Freundlichkeit	4.4
Stellplatz	3.9
Verpflegung	4.0
Freizeit	3.2
Preis-Leistung	4.2
Mietunterkünfte	-

Geeignet für

Kinder b. 6 J.	3.4
Kinder b. 12 J.	2.8
Kinder b. 18 J.	2.7
Paare	4.4
Senioren	4.7
Gäste mit Zelt	4.3
Gäste mit Hund	4.6

Empfohlene Aktivitäten

- Entspannen
- Schwimmen
- Radfahren

2 Camping Stein

See 10
83093 Bad Endorf
+49 8053 9349

47.88472 | 12.26861

15.04. - 06.10.

HS: 32,00 € | NS: 26,00 €

Mehr Infos & Anfrage:
www.camping.info/19032

Baden im See am Platz	✓
Pool/Hallenbad	4km
Spielplatz am Platz	✓
Hunde erlaubt	nur NS
wenig Schatten	✓
WLAN (gegen Gebühr)	✓
Lebensmittel	✓
Brötchen am Platz	nur HS
Restaurant/Imbiss	2km
Ver-/Entsorgung Womo	✓
in den Ort	4km
Gesamt/Touristen	140/65
Mietunterkünfte	✓
Stellplätze vor Schranke	✓

4.3 SEHR GUT
97 Bewertungen

Lage	4.6
Ruhe	4.3
Sanitäranlagen	4.1
Sauberkeit Ø	4.3
Freundlichkeit	4.4
Stellplatz	4.2
Verpflegung	3.2
Freizeit	3.9
Preis-Leistung	4.3
Mietunterkünfte	3.9

Geeignet für

Kinder b. 6 J.	4.5
Kinder b. 12 J.	4.4
Kinder b. 18 J.	3.6
Paare	4.5
Senioren	4.6
Gäste mit Zelt	4.5
Gäste mit Hund	3.8

Empfohlene Aktivitäten

- Schwimmen
- Wandern
- Radfahren

keine WOMOs ab 8 m; max. Höhe von Bad Endorf kommend 2,65 m; keine Gruppen

3 Camping Hofbauer

Bernauerstraße 110
83209 Prien am Chiemsee
+49 8051 4136

47.83892 | 12.35104

01.04. - 27.10.

HS: 26,30 € | NS: 22,00 €

Mehr Infos & Anfrage:
www.camping.info/19035

Baden im See	1km
Pool/Hallenbad	✓/3km
Spielplatz am Platz	✓
Hunde willkommen	✓
zur Hälfte Schatten	✓
WLAN	✓
Lebensmittel	600m
Brötchen am Platz	✓
Restaurant am P.	✓
Ver-/Entsorgung Womo	✓
in den Ort	1km
Gesamt/Touristen	120/80
Mietunterkünfte	✓
Stellplätze vor Schranke	✗

3.9 GUT
47 Bewertungen

Lage	3.6
Ruhe	3.4
Sanitäranlagen	3.6
Sauberkeit Ø	4.2
Freundlichkeit	4.7
Stellplatz	3.8
Verpflegung	3.9
Freizeit	4.1
Preis-Leistung	4.0
Mietunterkünfte	4.9

Geeignet für

Kinder b. 6 J.	3.8
Kinder b. 12 J.	3.8
Kinder b. 18 J.	3.3
Paare	4.2
Senioren	4.5
Gäste mit Zelt	3.9
Gäste mit Hund	4.3

Empfohlene Aktivitäten

- Radfahren
- Wandern
- Entspannen

4 Panorama Camping Harras

Harrasserstraße 135
83209 Prien OT Harras
+49 8051 90 4613

47.84049 | 12.37339

12.04. - 31.10.

HS: 35,00 € | NS: 31,60 €

Mehr Infos & Anfrage:
www.camping.info/19036

Baden im See am Platz	✓
Pool/Hallenbad	3km
Spielplatz am Platz	✓
Hunde willkommen	✓
zur Hälfte Schatten	✓
WLAN	✗
Lebensmittel	✓
Brötchen am Platz	✓
Restaurant am P.	✓
Ver-/Entsorgung Womo	✓
in den Ort	3km
Gesamt/Touristen	200/160
Mietunterkünfte	✓
Stellplätze vor Schranke	✗

3.1 GUT
152 Bewertungen

Lage	4.4
Ruhe	3.4
Sanitäranlagen	3.6
Sauberkeit Ø	3.7
Freundlichkeit	3.5
Stellplatz	2.9
Verpflegung	3.5
Freizeit	3.6
Preis-Leistung	2.9
Mietunterkünfte	2.9

Geeignet für

Kinder b. 6 J.	3.4
Kinder b. 12 J.	3.5
Kinder b. 18 J.	3.4
Paare	3.8
Senioren	3.7
Gäste mit Zelt	3.4
Gäste mit Hund	3.6

Empfohlene Aktivitäten

- Schwimmen
- Radfahren
- Wandern

Karte auf Seite 722

5 Chiemsee-Camping Rödlgries

Rödlgries 1
83236 Übersee
+49 8642 470
47.84219 | 12.47188

Öffnungszeiten	01.04. - 31.10.
Vergleichspreis	HS: 35,00 € | NS: 32,00 €
Link	**Mehr Infos & Anfrage:** www.camping.info/19039

Baden im See am Platz	✓
Pool/Hallenbad	15/18km
Spielplatz am Platz	✓
Hunde	✗
Schatten	✗
WLAN (gegen Gebühr)	✓
Lebensmittel	3km
Brötchen	keine Angabe
Restaurant	2km
Ver-/Entsorgung Womo	✗
in den Ort	3km
Gesamt/Touristen	510/330
Mietunterkünfte	✗
Stellplätze vor Schranke	✗

4.2 SEHR GUT
152 Bewertungen

Lage	4.4
Ruhe	3.5
Sanitäranlagen	4.4
Sauberkeit Ø	4.6
Freundlichkeit	4.1
Stellplatz	4.4
Verpflegung	3.5
Freizeit	4.3
Preis-Leistung	4.0
Mietunterkünfte	-

Geeignet für

Kinder b. 6 J.	4.4
Kinder b. 12 J.	4.3
Kinder b. 18 J.	3.9
Paare	4.5
Senioren	4.5
Gäste mit Zelt	4.3
Hunde n. erlaubt	-

Empfohlene Aktivitäten

- Schwimmen
- Radfahren
- Wandern

keine WOMOs ab 7,5 m; bevorzugt keine Zeltcamper und Jugendgruppen

6 Bauernhof Steiner

Almfischer 11
83236 Übersee
086421383
47.80934 | 12.49116

Öffnungszeiten	01.03. - 30.11.
Vergleichspreis	keine Angabe
Link	**Mehr Infos & Anfrage:** www.camping.info/25217

Baden in nat. Gewässer	k. A.
Pool & Hallenbad	✗
Spielplatz	keine Angabe
Hunde	✗
Schatten	✗
WLAN	keine Angabe
Lebensmittel	k.A.
Brötchen	keine Angabe
Restaurant & Imbiss	✗
Ver-/Entsorgung Womo	✗
in den Ort	keine Angabe
Touristenplätze	37
Mietunterkünfte	✗
Stellplätze vor Schranke	✗

4.2 SEHR GUT
17 Bewertungen

Lage	4.6
Ruhe	4.1
Sanitäranlagen	4.1
Sauberkeit Ø	4.7
Freundlichkeit	5.0
Stellplatz	3.9
Verpflegung	3.8
Freizeit	4.5
Preis-Leistung	4.6
Mietunterkünfte	-

Geeignet für

Kinder b. 6 J.	3.8
Kinder b. 12 J.	4.0
Kinder b. 18 J.	4.0
Paare	4.8
Senioren	4.8
Gäste mit Zelt	1.2
Hunde n. erlaubt	-

Empfohlene Aktivitäten

- Radfahren
- Wandern
- Mountainbiking

7 Chiemsee Strandcamping

Am Chiemsee 1
83355 Grabenstätt/Unterhochstätt
+49 8664 500
47.87649 | 12.5286

Öffnungszeiten	01.04. - 03.10.
Vergleichspreis	HS: 31,50 € | NS: 24,50 €
Link	**Mehr Infos & Anfrage:** www.camping.info/19055

Baden im See am Platz	✓
Hallenbad	20km
Spielplatz am Platz	✓
Hunde willkommen	✓
wenig Schatten	✓
WLAN	✓
Lebensmittel	✓
Brötchen am Platz	✓
Restaurant/Imbiss	1km/✓
Ver-/Entsorgung Womo	✓
in den Ort	1km
Gesamt/Touristen	120/80
Mietunterkünfte	✗
Stellplätze vor Schranke	✗

4.1 SEHR GUT
50 Bewertungen

Lage	4.4
Ruhe	3.1
Sanitäranlagen	4.1
Sauberkeit Ø	4.3
Freundlichkeit	4.6
Stellplatz	3.9
Verpflegung	3.6
Freizeit	4.2
Preis-Leistung	4.1
Mietunterkünfte	-

Geeignet für

Kinder b. 6 J.	4.0
Kinder b. 12 J.	4.1
Kinder b. 18 J.	4.0
Paare	4.4
Senioren	4.2
Gäste mit Zelt	4.2
Gäste mit Hund	4.1

Empfohlene Aktivitäten

- Schwimmen
- Radfahren
- Wandern

Infos

Öffnungszeiten
Vergleichspreis
Link

Ausstattung

Freizeit
Campingplatz
Versorgung
Anzahl der Plätze

8 Camping Möwenplatz

Grabenstätter Straße 18
83339 Chieming
+49 8664 361
47.88056 | 12.53282

01.04. - 01.10.
HS: 22,50 € | NS: 22,50 €
Mehr Infos & Anfrage:
www.camping.info/19052

Baden im See am Platz	✓
Pool & Hallenbad	✗
Spielplatz am Platz	✓
Hunde	✗
zur Hälfte Schatten	✓
WLAN	✗
Lebensmittel	✓
Brötchen am Platz	✓
Restaurant/Imbiss	500m
Ver-/Entsorgung Womo	✗
in den Ort	800m
Gesamt/Touristen	65/40
Mietunterkünfte	✓
Stellplätze vor Schranke	✗

3.7 GUT
27 Bewertungen

Lage	3.8
Ruhe	2.2
Sanitäranlagen	3.7
Sauberkeit Ø	4.6
Freundlichkeit	4.5
Stellplatz	3.8
Verpflegung	2.7
Freizeit	3.7
Preis-Leistung	3.8
Mietunterkünfte	4.8

Geeignet für

Kinder b. 6 J.	3.4
Kinder b. 12 J.	3.3
Kinder b. 18 J.	3.0
Paare	4.1
Senioren	4.1
Gäste mit Zelt	2.2
Hunde n. erlaubt	-

Empfohlene Aktivitäten

- Schwimmen
- Radfahren
- Wandern

9 Campingplatz Seehäusl

Beim Seehäusl 1
83339 Chieming-Stöttham
+49 8664 303
47.90222 | 12.52025

ganzjährig
HS: 32,50 € | NS: 24,50 €
Mehr Infos & Anfrage:
www.camping.info/23213

Baden im See am Platz	✓
Pool/Hallenbad	10km
Spielplatz	1km
Hunde willkommen	✓
zur Hälfte Schatten	✓
WLAN (begrenzt gratis)	✓
Lebensmittel	1km
Brötchen am Platz	✓
Restaurant/Imbiss	✓/1km
Ver-/Entsorgung Womo	✓
in den Ort	500m
Gesamt/Touristen	50/44
Mietunterkünfte	✗
Stellplätze vor Schranke	✗

4.4 SEHR GUT
128 Bewertungen

Lage	4.7
Ruhe	4.5
Sanitäranlagen	3.9
Sauberkeit Ø	4.3
Freundlichkeit	4.6
Stellplatz	3.9
Verpflegung	4.3
Freizeit	4.3
Preis-Leistung	4.4
Mietunterkünfte	-

Geeignet für

Kinder b. 6 J.	4.3
Kinder b. 12 J.	4.3
Kinder b. 18 J.	3.9
Paare	4.7
Senioren	4.5
Gäste mit Zelt	4.3
Gäste mit Hund	4.6

Empfohlene Aktivitäten

- Schwimmen
- Radfahren
- Wandern

10 Camping Kupferschmiede

Trostbergerstraße 4
83339 Arlaching
+49 8667 1266
47.92955 | 12.49343

01.04. - 03.10.
HS: 24,40 € | NS: 22,90 €
Mehr Infos & Anfrage:
www.camping.info/19053

Baden im See am Platz	✓
Pool/Hallenbad	1km
Spielplatz am Platz	✓
Hunde erlaubt	✓
Schatten	✗
WLAN (gegen Gebühr)	✓
Lebensmittel	✓
Brötchen am Platz	✓
Restaurant & Imbiss	✓
Ver-/Entsorgung Womo	✓
in den Ort	500m
Gesamt/Touristen	221/80
Mietunterkünfte	✗
Stellplätze vor Schranke	✗

3.8 GUT
33 Bewertungen

Lage	4.2
Ruhe	2.9
Sanitäranlagen	3.4
Sauberkeit Ø	4.2
Freundlichkeit	4.5
Stellplatz	3.9
Verpflegung	3.7
Freizeit	3.9
Preis-Leistung	4.2
Mietunterkünfte	-

Geeignet für

Kinder b. 6 J.	3.3
Kinder b. 12 J.	3.7
Kinder b. 18 J.	3.6
Paare	4.0
Senioren	4.0
Gäste mit Zelt	4.2
Gäste mit Hund	4.3

Empfohlene Aktivitäten

- Schwimmen
- Radfahren
- Wandern

11 Chiemsee Camping Lambach am Chiemsee

Lambach 3
83358 Seebruck am Chiemsee
+49 8667 7889
47.92793 | 12.45045

01.04. - 01.10.
HS: 30,60 € | NS: 30,60 €
Mehr Infos & Anfrage:
www.camping.info/19056

Baden im See am Platz	✓
Pool/Hallenbad	14km
Spielplatz	2km
Hunde willkommen	✓
wenig Schatten	✓
WLAN	✓
Lebensmittel	✓
Brötchen am Platz	✓
Restaurant & Imbiss	✓
Ver-/Entsorgung Womo	✓
in den Ort	1km
Gesamt/Touristen	80/60
Mietunterkünfte	✗
Stellplätze vor Schranke	✗

3.4 GUT
25 Bewertungen

Lage	3.8
Ruhe	2.9
Sanitäranlagen	3.6
Sauberkeit Ø	3.6
Freundlichkeit	3.7
Stellplatz	3.3
Verpflegung	3.8
Freizeit	3.4
Preis-Leistung	3.4
Mietunterkünfte	-

Geeignet für

Kinder b. 6 J.	3.4
Kinder b. 12 J.	3.7
Kinder b. 18 J.	3.5
Paare	3.9
Senioren	4.2
Gäste mit Zelt	4.2
Gäste mit Hund	3.8

Empfohlene Aktivitäten

- Schwimmen
- Radfahren
- Kayak/Kanu

12 Camping Zellersee

Zellersee Weg 3
83259 Schleching
+49 864 998 6719
47.73506 | 12.41485

Öffnungszeiten	01.05. - 30.09.
Vergleichspreis	HS: 33,00 € | NS: 29,00 €
Link	**Mehr Infos & Anfrage:** www.camping.info/19044

Baden im See am Platz	✓
Pool/Hallenbad	7/15km
Spielplatz am Platz	✓
Hunde	✗
zur Hälfte Schatten	✓
WLAN (gegen Gebühr)	✓
Lebensmittel	✓
Brötchen am Platz	nur HS
Restaurant/Imbiss	500m/✓
Ver-/Entsorgung Womo	✓
in den Ort	2km
Gesamt/Touristen	90/75
Mietunterkünfte	✓
Stellplätze vor Schranke	✗

3.8 GUT
16 Bewertungen

Lage	4.1
Ruhe	3.8
Sanitäranlagen	3.8
Sauberkeit Ø	4.4
Freundlichkeit	3.9
Stellplatz	3.4
Verpflegung	2.6
Freizeit	4.1
Preis-Leistung	3.8
Mietunterkünfte	3.5

Geeignet für

Kinder b. 6 J.	3.8
Kinder b. 12 J.	4.0
Kinder b. 18 J.	3.3
Paare	4.4
Senioren	4.5
Gäste mit Zelt	4.3
Hunde n. erlaubt	-

Empfohlene Aktivitäten

- Wandern
- Klettern
- Schwimmen

13 Camping Litzelau

Litzelau 4
83246 Oberwössen bei Reit im Winkl
+49 8640 8704
47.71728 | 12.4788

Öffnungszeiten	ganzjährig
Vergleichspreis	HS: 24,60 € | NS: 24,60 €
Link	**Mehr Infos & Anfrage:** www.camping.info/19042

Baden im Fluss am Platz	✓
Pool	8km
Spielplatz am Platz	✓
Hunde willkommen	✓
zur Hälfte Schatten	✓
WLAN	✓
Lebensmittel	1km
Brötchen	keine Angabe
Restaurant am P.	✓
Ver-/Entsorgung Womo	✓
in den Ort	2km
Touristenplätze	80
Mietunterkünfte	✓
Stellplätze vor Schranke	✓

3.9 GUT
19 Bewertungen

Lage	4.3
Ruhe	4.3
Sanitäranlagen	3.4
Sauberkeit Ø	3.9
Freundlichkeit	4.4
Stellplatz	3.6
Verpflegung	3.7
Freizeit	4.1
Preis-Leistung	4.1
Mietunterkünfte	4.5

Geeignet für

Kinder b. 6 J.	3.5
Kinder b. 12 J.	3.8
Kinder b. 18 J.	3.7
Paare	4.6
Senioren	4.6
Gäste mit Zelt	4.2
Gäste mit Hund	4.4

Empfohlene Aktivitäten

- Wandern
- Entspannen
- Radfahren

14 Campingplatz Wagnerhof

Campingstraße 11
83346 Bergen am Hochfelln
+49 8662 85 57
47.81274 | 12.58884

Öffnungszeiten	16.12. - 14.11.
Vergleichspreis	HS: 28,50 € | NS: 24,00 €
Link	**Mehr Infos & Anfrage:** www.camping.info/19054

Baden im Teich am Platz	✓
Pool/Hallenbad	✓/15km
Spielplatz am Platz	✓
Hunde willkommen	✓
zur Hälfte Schatten	✓
WLAN (gegen Gebühr)	✓
Lebensmittel	✓
Brötchen am Platz	nur HS
Restaurant/Imbiss	500m
Ver-/Entsorgung Womo	✓
im Ort	✓
Gesamt/Touristen	150/130
Mietunterkünfte	✓
Stellplätze vor Schranke	✗

4.1 SEHR GUT
29 Bewertungen

Lage	4.4
Ruhe	4.6
Sanitäranlagen	3.5
Sauberkeit Ø	4.2
Freundlichkeit	4.1
Stellplatz	4.1
Verpflegung	3.2
Freizeit	4.3
Preis-Leistung	3.7
Mietunterkünfte	3.7

Geeignet für

Kinder b. 6 J.	4.1
Kinder b. 12 J.	3.8
Kinder b. 18 J.	3.4
Paare	4.3
Senioren	4.5
Gäste mit Zelt	3.9
Gäste mit Hund	4.3

Empfohlene Aktivitäten

- Wandern
- Radfahren
- Schwimmen

Karte auf Seite 722

Infos
Öffnungszeiten
Vergleichspreis
Link

Ausstattung
Freizeit
Campingplatz
Versorgung
Anzahl der Plätze

15 Alpen-Camping

Hochberg Aigen 4
83313 Siegsdorf-Hochberg
+49 8662 2576
47.83331 | 12.6535

ganzjährig

HS: 23,00 € | NS: 23,00 €

Mehr Infos & Anfrage:
www.camping.info/19046

Baden in nat. Gewässer	k. A.
Pool & Hallenbad	✗
Spielplatz	keine Angabe
Hunde	✗
Schatten	✗
WLAN	keine Angabe
Lebensmittel	✗
Brötchen	keine Angabe
Restaurant am P.	✓
Ver-/Entsorgung Womo	✗
in den Ort	1km
Gesamt	keine Angabe
Mietunterkünfte	✗
Stellplätze vor Schranke	✗

3.2 GUT
12 Bewertungen

Lage	3.8
Ruhe	3.9
Sanitäranlagen	2.5
Sauberkeit Ø	3.2
Freundlichkeit	4.6
Stellplatz	2.9
Verpflegung	3.8
Freizeit	3.0
Preis-Leistung	3.8
Mietunterkünfte	-

Geeignet für

Kinder b. 6 J.	4.7
Kinder b. 12 J.	4.7
Kinder b. 18 J.	4.0
Paare	4.2
Senioren	4.2
Gäste mit Zelt	3.5
Hunde n. erlaubt	-

Empfohlene Aktivitäten

- Wandern
- Mountainbiking
- Kultur

16 Camping Oberhofer

Rohrigham 5
83308 Trostberg-Rohrigham
+49 8621 3819
48.02833 | 12.59194

01.04. - 30.09.

HS: 16,00 €

Mehr Infos & online buchen:
www.camping.info/19045

Baden in nat. Gewässer	k. A.
Pool/Hallenbad	4/10km
Spielplatz am Platz	✓
Hunde erlaubt	✓
zur Hälfte Schatten	✓
WLAN	✗
Lebensmittel	4km
Brötchen am Platz	✗
Restaurant/Imbiss	4km
Ver-/Entsorgung Womo	✗
in den Ort	3km
Gesamt/Touristen	20/13
Mietunterkünfte	✗
Stellplätze vor Schranke	✗

- JETZT BEWERTEN!

Für diese Auswertung liegen leider noch nicht genügend Bewertungen vor.

Sei einer der Ersten, der diesen Campingplatz bewertet. Unter den Bewertern werden regelmäßig Gewinne verlost!

Mehr Infos dazu findest du in unserem allgemeinen Intro.

17 Ferienparadies Huber-Hof

Ollerding 2
84529 Tittmoning
48.04039 | 12.71545

keine Angabe

keine Angabe

Mehr Infos & Anfrage:
www.camping.info/25220

Baden in nat. Gewässer	k. A.
Pool & Hallenbad	✗
Spielplatz	keine Angabe
Hunde	✗
Schatten	✗
WLAN	keine Angabe
Lebensmittel	k.A.
Brötchen	keine Angabe
Restaurant & Imbiss	✗
Ver-/Entsorgung Womo	✗
in den Ort	keine Angabe
Gesamt	keine Angabe
Mietunterkünfte	✗
Stellplätze vor Schranke	✗

- JETZT BEWERTEN!

Für diese Auswertung liegen leider noch nicht genügend Bewertungen vor.

Sei einer der Ersten, der diesen Campingplatz bewertet. Unter den Bewertern werden regelmäßig Gewinne verlost!

Mehr Infos dazu findest du in unserem allgemeinen Intro.

18 Camping Seebauer

Furth 9
84529 Tittmoning
+49 8683 1216
48.07275 | 12.73945

01.04. - 15.10.

HS: 25,00 € | NS: 25,00 €

Mehr Infos & Anfrage:
www.camping.info/19077

Baden im See am Platz	✓
Pool/Hallenbad	✓/15km
Spielplatz am Platz	✓
Hunde erlaubt	✓
zur Hälfte Schatten	✓
WLAN	✓
Lebensmittel	3km
Brötchen am Platz	✓
Restaurant/Imbiss	100m
Ver-/Entsorgung Womo	✓
in den Ort	3km
Gesamt/Touristen	150/70
Mietunterkünfte	✓
Stellplätze vor Schranke	✗

4.2 SEHR GUT
13 Bewertungen

Lage	4.5
Ruhe	4.8
Sanitäranlagen	4.3
Sauberkeit Ø	4.5
Freundlichkeit	4.4
Stellplatz	4.2
Verpflegung	3.0
Freizeit	3.8
Preis-Leistung	4.0
Mietunterkünfte	-

Geeignet für

Kinder b. 6 J.	4.4
Kinder b. 12 J.	4.0
Kinder b. 18 J.	3.0
Paare	4.6
Senioren	4.7
Gäste mit Zelt	4.0
Gäste mit Hund	4.0

Empfohlene Aktivitäten

- Schwimmen
- Radfahren
- Entspannen

Karte auf Seite 722

19 Seecamping Taching am See

Am Strandbad 1
83373 Taching am See
+49 8681 9548
47.96206 | 12.73211

01.04. - 15.10.
HS: 24,95 € | NS: 19,45 €
Mehr Infos & Anfrage:
www.camping.info/19059

Baden im See am Platz	✓
Pool/Hallenbad	15/20km
Spielplatz am Platz	✓
Hunde willkommen	✓
zur Hälfte Schatten	✓
WLAN	✓
Lebensmittel	500m
Brötchen am Platz	✓
Restaurant & Imbiss	✓
Ver-/Entsorgung Womo	✓
in den Ort	500m
Gesamt/Touristen	196/100
Mietunterkünfte	✓
Stellplätze vor Schranke	✗

4.2 SEHR GUT
41 Bewertungen

Lage	4.6
Ruhe	4.5
Sanitäranlagen	3.8
Sauberkeit Ø	4.5
Freundlichkeit	4.6
Stellplatz	3.9
Verpflegung	3.1
Freizeit	4.1
Preis-Leistung	4.6
Mietunterkünfte	4.3

Geeignet für

Kinder b. 6 J.	4.5
Kinder b. 12 J.	4.5
Kinder b. 18 J.	3.7
Paare	4.7
Senioren	4.8
Gäste mit Zelt	4.6
Gäste mit Hund	4.4

Empfohlene Aktivitäten

- Schwimmen
- Wandern
- Radfahren

keine WOMOs ab 8 m; Gruppen nur mit Reservierung

20 Camping Tettenhausen

❄

Hauptstraße 2
83329 Waging-Tettenhausen
+49 868 116 22
47.9532 | 12.7522

ganzjährig
HS: 23,50 € | NS: 21,50 €
Mehr Infos & Anfrage:
www.camping.info/19048

Baden im See am Platz	✓
Pool & Hallenbad	✗
Spielplatz am Platz	✓
Hunde erlaubt	✓
Schatten	✗
WLAN	keine Angabe
Lebensmittel	✓
Brötchen am Platz	✓
Restaurant am P.	✓
Ver-/Entsorgung Womo	✗
in den Ort	500m
Gesamt/Touristen	130/90
Mietunterkünfte	✗
Stellplätze vor Schranke	✗

4.0 SEHR GUT
14 Bewertungen

Lage	4.7
Ruhe	3.8
Sanitäranlagen	4.0
Sauberkeit Ø	4.3
Freundlichkeit	4.5
Stellplatz	3.9
Verpflegung	4.6
Freizeit	4.4
Preis-Leistung	4.2
Mietunterkünfte	-

Geeignet für

Kinder b. 6 J.	4.4
Kinder b. 12 J.	4.4
Kinder b. 18 J.	4.0
Paare	4.5
Senioren	4.3
Gäste mit Zelt	4.0
Gäste mit Hund	4.7

Empfohlene Aktivitäten

- Schwimmen
- Radfahren
- Wandern

21 Ferienparadies Gut Horn

Gut Horn 2
83329 Waging am See
+49 8681 227
47.94638 | 12.75638

01.03. - 30.11.
HS: 29,40 € | NS: 28,00 €
Mehr Infos & Anfrage:
www.camping.info/19049

Baden im See am Platz	✓
Pool/Hallenbad	16km
Spielplatz am Platz	✓
Hunde willkommen	✓
zur Hälfte Schatten	✓
WLAN (gegen Gebühr)	✓
Lebensmittel	✓
Brötchen am Platz	✓
Restaurant & Imbiss	✓
Ver-/Entsorgung Womo	✓
in den Ort	1km
Gesamt/Touristen	350/250
Mietunterkünfte	✓
Stellplätze vor Schranke	✗

4.4 SEHR GUT
165 Bewertungen

Lage	4.7
Ruhe	4.0
Sanitäranlagen	4.6
Sauberkeit Ø	4.6
Freundlichkeit	4.5
Stellplatz	4.0
Verpflegung	4.3
Freizeit	4.1
Preis-Leistung	4.4
Mietunterkünfte	4.4

Geeignet für

Kinder b. 6 J.	4.4
Kinder b. 12 J.	4.4
Kinder b. 18 J.	4.0
Paare	4.6
Senioren	4.5
Gäste mit Zelt	4.5
Gäste mit Hund	4.4

Empfohlene Aktivitäten

- Schwimmen
- Radfahren
- Wandern

Infos

Öffnungszeiten
Vergleichspreis
Link

Ausstattung

Freizeit
Campingplatz
Versorgung
Anzahl der Plätze

22 Strandcamping Waging am See

*

Am See 1
83329 Waging a. See
+49 8681 552
www.strandcamp.de
info@strandcamp.de

ganzjährig

HS: 44,00 € | NS: 29,00 €

Mehr Infos & Anfrage:
www.camping.info/19051

Baden im See am Platz	✓
Pool/Hallenbad	20km
Spielplatz am Platz	✓
Hunde willkommen	✓
zur Hälfte Schatten	✓
WLAN (gegen Gebühr)	✓
Lebensmittel	✓
Brötchen am Platz	✓
Restaurant & Imbiss	✓
Ver-/Entsorgung Womo	✓
in den Ort	500m
Touristenplätze	700
Mietunterkünfte	✓
Stellplätze vor Schranke	✓

Member of LeadingCampings

WAGINGER SEE

Luftaufnahme vom Strandcamping Waging am See.

Lage & Stellplatz

Ein Leading-Campingplatz mit 5-Sterne-Auszeichnung im Herzen des bayerischen Alpenvorlands: Der parkähnlich angelegte Platz liegt direkt am Waginger See und bietet schöne Ausblicke auf die umliegenden Hügel des Chiemgaus. Zahlreiche Stellplatzkategorien stehen den Gästen zur Auswahl bereit. Diese reichen von 80 m² messenden Standardplätzen bis zu 200 m² großen Super-Comfort-Stellplätzen mit Wasser- und Abwasseranschluss. Die Stellplätze liegen unter großem, alten Baumbestand und bieten alle eine schöne Rasenfläche. Von zahlreichen Stellplätzen hat man einen schönen Blick auf den See.

Sanitär

„Strandcamping Waging am See" verfügt über drei gepflegte Sanitäranlagen. Eine davon wurde im Juni 2019 komplett neu eröffnet. Es stehen großzügige und modern eingerichtete Duschkabinen mit Waschbecken, großer Dusche, Ablagemöglichkeiten, Sitzgelegenheit und Spiegel zur Verfügung. Die einzelnen Toiletten sind durch feste Wände getrennt. Auf unschöne Trennwände wurde hier gänzlich verzichtet. 17 private Mietbadezimmer können je nach Wunsch gebucht werden. In jedem Sanitärgebäude befindet sich auch eine barrierefreie Sanitäreinrichtung.

Radweg entlang des Sees.

Stellplatz direkt am Wasser.

Panoramaaufnahme mit Blick auf den Waginger See und die umliegenden Berge.

Verpflegung

Direkt am Campingplatz befindet sich eine große Gastronomie mit gutbürgerlicher, bayerischer Küche. Die Seeterrasse bietet Platz für zahlreiche Gäste und offenbart tolle Blicke über den Waginger See. Im platzeigenen Biergarten mit Imbiss gibt es bayerische Schmankerl vom Grill sowie einfache und preiswerte Imbissgerichte. Außerdem befinden sich eine Wein-Lounge sowie ein Fußball-Pub am Platz. Der gut sortierte, platzeigene Supermarkt mit Bäckerei und Frischetheke ist eine Bereicherung für jeden Campinggast. Im nächsten Ort findet man außerdem einige große Supermärkte bekannter Ketten.

Freizeit

Der große platzeigene Badepark am Ufer des Waginger Sees zählt zu den schönsten Naturfreibädern Bayerns. Mehrere Kinderspielplätze, ein Nichtschwimmerbereich und eine große Badeplattform sind im Badepark zu finden. In den Sommermonaten bietet der Platz täglich Kinder- und Sportanimation. Geführte Wander-, Berg- und Mountainbike-Touren erfreuen sich großer Beliebtheit. Im Jahr 2016 eröffnete hier Europas erste 18-Loch Fußballgolf Anlage auf einem Campingplatz. Die nähere Umgebung bietet darüber hinaus zahlreiche Ausflugsmöglichkeiten (z. B. Salzburg 20 km, Burghausen 20 km, Chiemsee 20 km).

5.0

Sehr gepflegter und professionell geführter Campingplatz. Direkt am See. Sehr gute Infrastruktur. Perfekte sanitäre Einrichtungen (Familienbad, Hundebad, Kinderbad, ...), Supermarkt, Restaurant. Traumhafte Lage direkt am See. Blick auf die Berge.

Kai P.

Kai P. ist seit 2010 aktiver Camper und reist zusammen mit seiner Partnerin und dem gemeinsamen Bulli. Im Juli 2020 waren sie auf diesem Platz zu Besuch.

Seeblick direkt vom Stellplatz.

Moderne Sanitäreinrichtung.

4.1 **SEHR GUT**
364 Bewertungen

Lage	4.5
Ruhe	3.7
Sanitäranlagen	4.2
Sauberkeit Ø	4.2
Freundlichkeit	4.4
Stellplatz	4.1
Verpflegung	4.1
Freizeit	4.2
Preis-Leistung	3.9
Mietunterkünfte	4.0

Geeignet für

Paare	4.4
Gäste mit Hund	4.4
Senioren	4.3
Gäste mit Zelt	4.2
Kinder b. 12 J.	4.3
Kinder b. 6 J.	4.2
Kinder b. 18 J.	3.9

Empfohlene Aktivitäten

Schwimmen · Radfahren · Wandern · Entspannen · Segeln

23 Camping Schwanenplatz

Am Schwanenplatz 1
83329 Waging / Gaden
+49 8681 281
www.schwanenplatz.de
info@schwanenplatz.de

27.04. - 03.10.

HS: 28,20 € | NS: 23,00 €

Mehr Infos & Anfrage:
www.camping.info/19050

Baden im See am Platz	✓
Hallenbad	25km
Spielplatz am Platz	✓
Hunde	✗
wenig Schatten	✓
WLAN (gegen Gebühr)	✓
Lebensmittel	1km
Brötchen am Platz	✓
Restaurant & Imbiss	✓
Ver-/Entsorgung Womo	✓
in den Ort	1km
Gesamt/Touristen	240/155
Mietunterkünfte	✗
Stellplätze vor Schranke	✗

1 km
47.9368 | 12.76106

Camping Schwanenplatz mit Blick auf die Berchtesgadener Alpen.

Lage & Stellplatz

Kleine Buchten, feine Rieselstrände, der wärmste See Oberbayerns: Über eine 4 ha große Halbinsel des Waginger Sees erstreckt sich Camping Schwanenplatz. Dieser bietet mit 240 Stellplätzen (85 bis 110 m²) in gewachsener Parklandschaft und mit Blick auf das südostbayrische Alpenvorland Natur pur.

Verpflegung

Wasser und Berge vereint auch das Restaurant Seealm. Auf der herrlichen Sonnenterrasse kann man frische, liebevoll zubereitete Schmankerl nach deutsch-mediterraner Art genießen – mit herrlichem Blick auf den See und die Alpen. Ein Kiosk im Lokal bietet zudem täglich ab 8 Uhr frische Backwaren an.

Sanitär

Das Badehaus lässt von Waschplätzen bis zu Komfortduschen mit Umkleidebereich keine Wünsche offen. Wasser fließt dank Sensorarmaturen ganz nach Bedarf. Überdies warten ein Wickelraum, ein Kinderbad, ein barrierefreies Badezimmer sowie Waschmaschinen und Wäschetrockner darauf, genutzt zu werden.

Freizeit

Neben Fahrradfahren & Wandern steht das Badevergnügen im Waginger See klar im Vordergrund. Besonders der Nichtschwimmer-Bereich am Spielplatz ist ideal für alle Schwimmanfänger. Auch SUP-Fans finden perfekte Möglichkeiten. Ausflüge ins Berchtesgadener Land & ins Salzkammergut sind empfehlenswert.

Stellplätze direkt am See.

Genuss am Seeufer.

4.7 SEHR GUT
620 Bewertungen

Lage	4.8
Ruhe	4.7
Sanitäranlagen	4.7
Sauberkeit Ø	4.8
Freundlichkeit	4.8
Stellplatz	4.7
Verpflegung	3.9
Freizeit	4.6
Preis-Leistung	4.6
Mietunterkünfte	4.3

Geeignet für

- 4.7 Paare
- 4.7 Senioren
- 4.6 Kinder b. 6 J.
- 4.5 Kinder b. 12 J.
- 4.4 Gäste mit Zelt
- 3.8 Kinder b. 18 J.
- - Gäste mit Hund nicht erlaubt

Empfohlene Aktivitäten

Schwimmen · Radfahren · Wandern · Entspannen · Kayak/Kanu

AWARD 2020

Jugendliche nur mit Erziehungsberechtigten

Karte auf Seite 722

24 Camping Stadler

Strandbadstraße 11
83367 Petting
+49 8686 8037
47.92826 | 12.80253

01.04. - 10.10.
HS: 30,00 € | NS: 25,00 €
Mehr Infos & Anfrage:
www.camping.info/19057

Baden im See am Platz	✓
Hallenbad	25km
Spielplatz am Platz	✓
Hunde erlaubt	✓
zur Hälfte Schatten	✓
WLAN (gegen Gebühr)	✓
Lebensmittel	1km
Brötchen am Platz	✓
Restaurant/Imbiss	200m
Ver-/Entsorgung Womo	✓
in den Ort	3km
Gesamt/Touristen	50/25
Mietunterkünfte	✓
Stellplätze vor Schranke	✗

4.2 SEHR GUT
12 Bewertungen

Lage	4.7
Ruhe	4.6
Sanitäranlagen	3.2
Sauberkeit Ø	4.5
Freundlichkeit	4.6
Stellplatz	3.9
Verpflegung	2.8
Freizeit	3.9
Preis-Leistung	4.0
Mietunterkünfte	5.0

Geeignet für

Kinder b. 6 J.	4.4
Kinder b. 12 J.	4.2
Kinder b. 18 J.	3.1
Paare	4.6
Senioren	4.8
Gäste mit Zelt	4.6
Gäste mit Hund	4.0

Empfohlene Aktivitäten

- Wandern
- Schwimmen
- Entspannen

25 Camping Strandbad Bootsverleih Wagner

Strandbadstraße 7
83367 Petting
+49 86 86 98 44 77
47.92898 | 12.80208

01.05. - 31.10.
HS: 24,50 € | NS: 22,50 €
Mehr Infos & Anfrage:
www.camping.info/26431

Baden im See am Platz	✓
Pool/Hallenbad	15/25km
Spielplatz am Platz	✓
Hunde willkommen	✓
Schatten	✗
WLAN	✓
Lebensmittel	1km
Brötchen am Platz	nur HS
Restaurant & Imbiss	✓
Ver-/Entsorgung Womo	✓
in den Ort	3km
Gesamt/Touristen	63/23
Mietunterkünfte	✓
Stellplätze vor Schranke	✓

4.6 SEHR GUT
19 Bewertungen

Lage	4.9
Ruhe	4.5
Sanitäranlagen	4.2
Sauberkeit Ø	4.7
Freundlichkeit	4.7
Stellplatz	4.3
Verpflegung	3.9
Freizeit	4.2
Preis-Leistung	4.5
Mietunterkünfte	4.5

Geeignet für

Kinder b. 6 J.	4.2
Kinder b. 12 J.	4.2
Kinder b. 18 J.	3.9
Paare	4.7
Senioren	4.5
Gäste mit Zelt	4.3
Gäste mit Hund	4.5

Empfohlene Aktivitäten

- Schwimmen
- Radfahren
- Entspannen

26 Camping Ferienpark Hainz am See

Hainz am See 2
83367 Petting
+49 8686 287
47.9211 | 12.7936

15.05. - 15.09.
HS: 32,40 € | NS: 27,60 €
Mehr Infos & Anfrage:
www.camping.info/19058

Baden im See am Platz	✓
Pool/Hallenbad	16/18km
Spielplatz am Platz	✓
Hunde	✗
viel Schatten	✓
WLAN	✓
Lebensmittel	2km
Brötchen am Platz	✓
Restaurant	2km
Ver-/Entsorgung Womo	✗
in den Ort	2km
Touristenplätze	50
Mietunterkünfte	✗
Stellplätze vor Schranke	✗

4.6 SEHR GUT
22 Bewertungen

Lage	4.9
Ruhe	5.0
Sanitäranlagen	4.6
Sauberkeit Ø	4.8
Freundlichkeit	4.5
Stellplatz	4.6
Verpflegung	3.4
Freizeit	3.9
Preis-Leistung	4.6
Mietunterkünfte	-

Geeignet für

Kinder b. 6 J.	4.2
Kinder b. 12 J.	4.0
Kinder b. 18 J.	3.3
Paare	4.6
Senioren	4.7
Gäste mit Zelt	4.2
Hunde n. erlaubt	-

Empfohlene Aktivitäten

- Schwimmen
- Radfahren
- Entspannen

Infos

Öffnungszeiten
Vergleichspreis
Link

Ausstattung

Freizeit
Campingplatz
Versorgung
Anzahl der Plätze

30 Camping Simonhof

✱

Alte Reichenhaller Straße 110
83486 Ramsau
+49 8657 284

www.camping-simonhof.de
info@camping-simonhof.de

01.04. - 31.10.
15.12. - 15.01.

HS: 34,60 € | NS: 28,60 €

Mehr Infos & Anfrage:
www.camping.info/19065

Baden im See	2km
Pool/Hallenbad	12/18km
Spielplatz am Platz	✓
Hunde erlaubt	✓
Schatten	✗
WLAN (gegen Gebühr)	✓
Lebensmittel	✓
Brötchen am Platz	✓
Imbiss	✓
Ver-/Entsorgung Womo	✓
in den Ort	4km
Gesamt/Touristen	110/75
Mietunterkünfte	✓
Stellplätze vor Schranke	✗

camping.info dieser Campingführer lebt!
AWARD 2019

Neu erbaute Sanitäranlagen mit Duschkabinen, Spülküche & WC.

Lage & Stellplatz

Eingebettet zwischen Reiteralm und Lattengebirge liegt der mit vier Sternen ausgezeichnete Campingplatz Simonhof absolut ruhig und idyllisch an der Grenze des Nationalparks Berchtesgaden im Bergsteigerdorf Ramsau. Abseits von viel befahrenen Straßen ist der Campingplatz ideal geeignet, um einen entspannten Urlaub im Einklang mit der Natur zu verbringen. Direkt vor den Toren des Campingplatzes taucht man in die wunderbare Wanderwelt der Berchtesgadener Berge ein, die für jeden Geschmack etwas zu bieten hat. Auch Hunde und Katzen sind herzlich willkommen und gehören zu gern gesehenen Gästen.

Sanitär

Der Campingplatz bietet seinen Gästen ein brandneues Funktionsgebäude mit großen Einzeldusch- und Waschkabinen, Kindersanitär und Trockenraum. Das zweite Sanitärhaus wurde renoviert und verfügt nun auch über ein Babybad. Im Abspülraum befinden sich außerdem eine Waschmaschine und ein Trockner. Die durch Hecken getrennten, parzellierten Stellplätze verfügen alle über Strom (16 Ampere) sowie Wasser- und Abwasser. Für die Gäste mit Zelt stehen zwei große Zeltwiesen mit Versorgungssäulen zur Verfügung.

Kiosk am Simonhof.

Moderner Aufenthaltsraum.

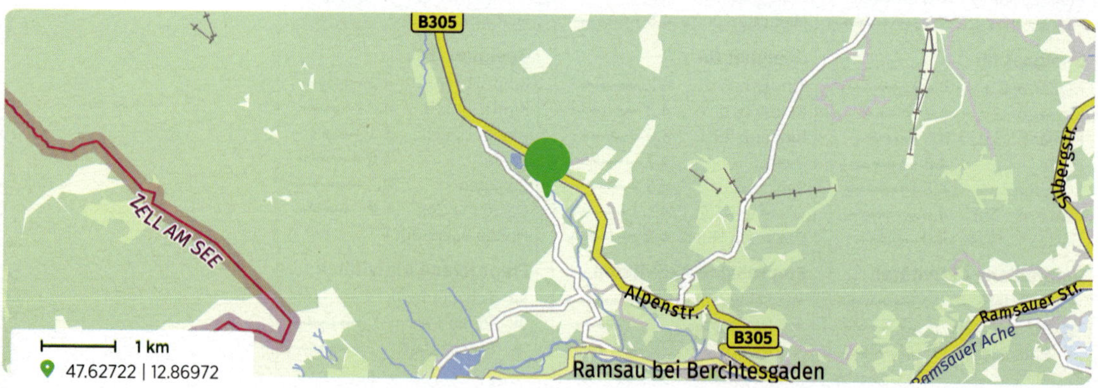

Idyllischer Naturcampingplatz zwischen Reiteralm und Lattengebirge.

Verpflegung

Am Campingplatz Simonhof finden die Gäste einen kleinen Minimarkt, wo täglich frische Brötchen sowie Kaffee erworben werden können. Außerdem gibt es einen beheizten Aufenthaltsraum mit Kochgelegenheit und einem TV. Die nächste Gaststätte befindet sich in einer Entfernung von 500 m.

Freizeit

Die kleinen Gäste können sich gerne auf dem Spielplatz oder im eigenen Wald austoben. Der nahe gelegene Hintersee lädt zu einer Ruder- oder Tretbootfahrt ein. Ebenso können die Kinder im Nationalpark (Klausbachtalhaus) an geführten Wanderungen teilnehmen. Zu den Sehenswürdigkeiten in der näheren Umgebung zählen beispielsweise die Almbachklamm und die Wimbachklamm, die berühmte Ramsauer Kirche, der Nationalpark Berchtesgaden, der Königssee St. Bartholomä sowie das Kehlsteinhaus („Eagles Nest"), die Jennerbahn, das Salzbergwerk in Berchtesgaden und die nahe gelegene Kulturstadt Salzburg.

5.0

Auf dem Weg zum Platz waren wir schon total geflasht von der Umgebung. Dann hatten wir Glück, dass noch Platz für uns vorhanden war. Wir haben uns SEHR wohlgefühlt in der Zeit auf dem Platz und hatten leider nicht viel Zeit um länger zu bleiben. Aber für uns ist sicher: Wir werden diesen Platz in Zukunft wieder direkt, gern und für längere Zeit ansteuern!

Carsten S.

Carsten S. war mit seiner Familie im Juni 2020 auf dem Campingplatz Simonhof.

Parzellierte Stellplätze.

Winterliches Camping.

4.7 **SEHR GUT**
156 Bewertungen

Lage	4.8
Ruhe	4.7
Sanitäranlagen	4.6
Sauberkeit Ø	4.8
Freundlichkeit	4.8
Stellplatz	4.4
Verpflegung	3.7
Freizeit	4.4
Preis-Leistung	4.6
Mietunterkünfte	4.7

Geeignet für

Gäste mit Zelt	4.9
Paare	4.8
Gäste mit Hund	4.8
Senioren	4.7
Kinder b. 6 J.	4.4
Kinder b. 12 J.	4.4
Kinder b. 18 J.	4.0

Empfohlene Aktivitäten

Wandern · Entspannen · Mountainbiking · Klettern · Radfahren

27 Camping Ortnerhof

*

Ort 5
83324 Ruhpolding
+49 8663 1764

47.74247 | 12.66347

keine Angabe

HS: 31,30 € | NS: 29,60 €

Mehr Infos & Anfrage:
www.camping.info/19047

Baden im See	10km
Pool/Hallenbad	3km
Spielplatz am Platz	✓
Hunde	✗
wenig Schatten	✓
WLAN (gegen Gebühr)	✓
Lebensmittel	1km
Brötchen am Platz	✓
Restaurant/Imbiss	1/3km
Ver-/Entsorgung Womo	✓
in den Ort	3km
Gesamt/Touristen	180/100
Mietunterkünfte	✓
Stellplätze vor Schranke	✓

4.6 SEHR GUT
72 Bewertungen

Lage	4.6
Ruhe	4.7
Sanitäranlagen	4.7
Sauberkeit Ø	4.9
Freundlichkeit	4.7
Stellplatz	4.3
Verpflegung	3.3
Freizeit	4.5
Preis-Leistung	4.4
Mietunterkünfte	4.3

Geeignet für

Kinder b. 6 J.	4.5
Kinder b. 12 J.	4.4
Kinder b. 18 J.	4.2
Paare	4.8
Senioren	4.7
Gäste mit Zelt	4.4
Hunde n. erlaubt	-

Empfohlene Aktivitäten

- Wandern
- Radfahren
- Mountainbiking

keine WOMOs ab 9 m;
keine Jugendgruppen

28 Camping Lindlbauer

*

Kreuzfeldstraße 44
83334 Inzell
+49 8665 928 99 88

47.76667 | 12.75403

01.01. - 06.11.
19.12. - 31.12.

HS: 29,20 € | NS: 29,20 €

Mehr Infos & Anfrage:
www.camping.info/24093

Baden im See	200m
Pool/Hallenbad	200m
Spielplatz am Platz	✓
Hunde willkommen	✓
wenig Schatten	✓
WLAN (gegen Gebühr)	✓
Lebensmittel	500m
Brötchen am Platz	✓
Restaurant/Imbiss	100m
Ver-/Entsorgung Womo	✓
in den Ort	300m
Gesamt/Touristen	91/81
Mietunterkünfte	✓
Stellplätze vor Schranke	✗

4.6 SEHR GUT
136 Bewertungen

Lage	4.7
Ruhe	4.7
Sanitäranlagen	4.9
Sauberkeit Ø	5.0
Freundlichkeit	4.7
Stellplatz	4.4
Verpflegung	3.7
Freizeit	4.5
Preis-Leistung	4.3
Mietunterkünfte	4.8

Geeignet für

Kinder b. 6 J.	4.1
Kinder b. 12 J.	4.2
Kinder b. 18 J.	3.7
Paare	4.8
Senioren	4.7
Gäste mit Zelt	4.2
Gäste mit Hund	4.6

Empfohlene Aktivitäten

- Wandern
- Entspannen
- Radfahren

AWARD 2020

29 Camping Winkl-Landthal

*

Klaushäuslweg 7
83483 Bischofswiesen-Winkl
+49 8652 8164

47.67634 | 12.93577

01.01. - 28.10.
01.12. - 31.12.

HS: 30,50 € | NS: 30,50 €

Mehr Infos & Anfrage:
www.camping.info/19064

Baden im Teich	4km
Pool/Hallenbad	4/9km
Spielplatz am Platz	✓
Hunde willkommen	✓
zur Hälfte Schatten	✓
WLAN	✓
Lebensmittel	500m
Brötchen am Platz	nur HS
Restaurant/Imbiss	1km
Ver-/Entsorgung Womo	✓
in den Ort	3km
Gesamt/Touristen	100/75
Mietunterkünfte	✓
Stellplätze vor Schranke	✗

3.2 GUT
55 Bewertungen

Lage	4.0
Ruhe	3.3
Sanitäranlagen	3.8
Sauberkeit Ø	4.2
Freundlichkeit	3.0
Stellplatz	3.2
Verpflegung	2.4
Freizeit	4.0
Preis-Leistung	3.3
Mietunterkünfte	3.2

Geeignet für

Kinder b. 6 J.	3.1
Kinder b. 12 J.	3.8
Kinder b. 18 J.	3.3
Paare	4.1
Senioren	4.2
Gäste mit Zelt	4.3
Gäste mit Hund	4.3

Empfohlene Aktivitäten

- Wandern
- Radfahren
- Mountainbiking

31 Camping-Grafenlehen

Königser Fussweg 71
83471 Königsee
+49 865 265 544 88
47.59516 | 12.98641

ganzjährig
HS: 31,00 € | NS: 31,00 €
Mehr Infos & Anfrage:
www.camping.info/19063

Baden im See	500m
Pool/Hallenbad	800m/6km
Spielplatz am Platz	✓
Hunde erlaubt	✓
zur Hälfte Schatten	✓
WLAN (begrenzt gratis)	✓
Lebensmittel	✓
Brötchen am Platz	✓
Restaurant am P.	✓
Ver-/Entsorgung Womo	✓
in den Ort	800m
Gesamt/Touristen	200/170
Mietunterkünfte	✓
Stellplätze vor Schranke	✗

3.7 GUT
86 Bewertungen

Lage	4.6
Ruhe	4.2
Sanitäranlagen	3.5
Sauberkeit Ø	4.0
Freundlichkeit	4.5
Stellplatz	3.8
Verpflegung	3.3
Freizeit	4.5
Preis-Leistung	3.8
Mietunterkünfte	3.6

Geeignet für

Kinder b. 6 J.	3.1
Kinder b. 12 J.	3.4
Kinder b. 18 J.	3.6
Paare	4.5
Senioren	4.5
Gäste mit Zelt	4.0
Gäste mit Hund	4.3

Empfohlene Aktivitäten

- Wandern
- Klettern
- Mountainbiking

32 Camping und Pension Mühlleiten

Koenigsseer Straße 70
83471 Schönau am Königssee
+49 865 245 84
47.60023 | 12.98904

27.03. - 01.11.
HS: 33,20 € | NS: 33,20 €
Mehr Infos & Anfrage:
www.camping.info/19061

Baden in nat. Gewässer	k. A.
Hallenbad	4km
Spielplatz am Platz	✓
Hunde erlaubt	✓
Schatten	✗
WLAN	✓
Lebensmittel	✓
Brötchen	keine Angabe
Restaurant	50m
Ver-/Entsorgung Womo	✗
in den Ort	1km
Gesamt/Touristen	100/80
Mietunterkünfte	✓
Stellplätze vor Schranke	✗

3.2 GUT
39 Bewertungen

Lage	3.8
Ruhe	2.6
Sanitäranlagen	3.3
Sauberkeit Ø	3.0
Freundlichkeit	3.9
Stellplatz	2.8
Verpflegung	3.0
Freizeit	3.7
Preis-Leistung	2.9
Mietunterkünfte	2.3

Geeignet für

Kinder b. 6 J.	3.2
Kinder b. 12 J.	3.0
Kinder b. 18 J.	3.0
Paare	3.9
Senioren	3.7
Gäste mit Zelt	3.9
Gäste mit Hund	3.8

Empfohlene Aktivitäten

- Wandern
- Mountainbiking
- Klettern

33 Camping-Resort Allweglehen

Allweggasse 4
83471 Berchtesgaden
+49 8652 2396
47.6475 | 13.04027

ganzjährig
HS: 49,70 € | NS: 46,10 €
Mehr Infos & Anfrage:
www.camping.info/19062

Baden im See	5km
Pool/Hallenbad	✓/3km
Spielplatz am Platz	✓
Hunde willkommen	✓
zur Hälfte Schatten	✓
WLAN	✓
Lebensmittel	✓
Brötchen am Platz	✓
Restaurant & Imbiss	✓
Ver-/Entsorgung Womo	✓
in den Ort	3km
Gesamt/Touristen	150/140
Mietunterkünfte	✓
Stellplätze vor Schranke	✓

4.5 SEHR GUT
312 Bewertungen

Lage	4.7
Ruhe	4.4
Sanitäranlagen	4.5
Sauberkeit Ø	4.5
Freundlichkeit	4.7
Stellplatz	4.3
Verpflegung	4.4
Freizeit	4.6
Preis-Leistung	4.2
Mietunterkünfte	4.7

Geeignet für

Kinder b. 6 J.	4.1
Kinder b. 12 J.	4.3
Kinder b. 18 J.	4.1
Paare	4.7
Senioren	4.3
Gäste mit Zelt	4.6
Gäste mit Hund	4.6

Empfohlene Aktivitäten

- Wandern
- Mountainbiking
- Entspannen

Ecocamping, extra Wohnmobilstellplatz, Aktivprogramm, Wintercamping

Karte auf Seite 722

Infos
Öffnungszeiten
Vergleichspreis
Link

Ausstattung
Freizeit
Campingplatz
Versorgung
Anzahl der Plätze

ORTSREGISTER

A

B

C

D

E

F

G

H

I

J

K

L

M

N

O

P

Q

R

S

T

U

V

W

FKK PLÄTZE

Region	Platz		Seite
Schleswig-Holstein / Hamburg	FKK-Zeltplatz Amrum	FKK	25
	Campingplatz Ostseesonne	FKK	38
	FKK Camping Ostsee GmbH	FKK	71
	Camping - und Ferienpark Wulfener Hals	FKK	96
	Camping Seerögen	FKK	103
Niedersachsen / Bremen	Campingplatz Hooksiel	FKK	121
	Aussendeich Campingplatz Cappel-Neufeld	FKK	138
	Freizeitpark Kronensee	FKK	192
	Naturisten FamilienSport- und NaturCamp Sonnensee	FKK	198

❄ Wintercamping   FKK Textilfrei (ganz/teilweise)   🍃 Ecocamping   👍 Award   ⚡ Onlinebuchung

REGIONENVERZEICHNIS